TRAUNER VERLAG
UNIVERSITÄT

SCHRIFTENREIHE FÜR
BERUFS- UND
BETRIEBSPÄDAGOGIK
HERAUSGEGEBEN VON
GERHARD NIEDERMAIR

6

GERHARD NIEDERMAIR (HRSG.)

Kompetenzen entwickeln, messen und bewerten

Impressum

Gerhard Niedermair (Hrsg.)
Kompetenzen entwickeln, messen und bewerten

© 2012
Alle Rechte beim Herausgeber

Umschlagbild:
Künstler:
Christian Ludwig Attersee
Titel: Tautor
Jahr: 2009/11
Technik: Mischtechnik / Karton
Format: 50 x 70 cm

Fördermittel stellten zur
Verfügung:
Bundesministerium für Wissenschaft und Forschung, Wien
Linzer Hochschulfonds, Linz
Wirtschaftskammer Oberösterreich, Linz

Herstellung:
TRAUNER DRUCK GmbH & Co KG,
4020 Linz, Köglstraße 14,
Österreich/Austria

Kommissionsverlag:
TRAUNER
Verlag + Buchservice GmbH
4020 Linz, Köglstraße 14,
Österreich/Austria

ISBN 978-3-85499-872-3
www.trauner.at

Inhalt

Gerhard Niedermair
Einleitung oder: von der Qualifikation zur Kompetenz 7

I.
Berufsbildungstheoretische Annäherungen, systematische Rekonstruktionen und kritische Reflexionen

Karin Büchter
Berufs- und wirtschaftspädagogischer Diskurs vor und nach der
kompetenzorientierten Wende 23

Rita Meyer
Kompetenz- und Organisationsentwicklung im Kontext moderner Beruflichkeit
Theoretische und methodologische Annäherungen an die Sichtbarmachung
organisationaler Deutungsmuster und pädagogischer Ordnungen 43

Ulrike Buchmann / Tobias Zielke
Kompetenzen fördern über Entwicklungsaufgaben 59

Wolfgang Wittwer
Kompetenzentwicklung – Individualisierung oder Normierung?
Plädoyer für mehr Mut in der Personalentwicklung 81

II.
Modellierung von Kompetenzen: Berufliche Kompetenzmodelle

Lutz von Rosenstiel
Dispositionen zum selbstorganisierten Handeln entfalten:
Wege der Kompetenzentwicklung 103

Hermann G. Ebner
Bedingungen der Kompetenzentwicklung 123

Karin Rebmann / Tobias Schlömer
Ermittlung und Beschreibung beruflicher Kompetenzen und Kompetenzentwicklung
aus systemisch-konstruktivistischer Perspektive am Beispiel der
Handelslehrer/-innen-Bildung 135

Ilse Schrittesser
Professionelle Kompetenzen: der Versuch einer systematischen Annäherung 161

III.
Ausgewählte Facetten von Kompetenz

Dieter Euler
Von der programmatischen Formel zum didaktischen Konzept:
Sozialkompetenzen präzisieren, fördern und beurteilen 183

Josef Oberneder
Soziale Kompetenz – neuer Trend oder alte Mode? 199

Susanne Weber / Matthias Hofmuth
Messung unterschiedlicher Facetten von interkultureller Kompetenz 209

Peter Slepcevic-Zach / Michaela Stock
Web 2.0 im Kontext der lernenden Organisation 223

Anneliese Aschauer
Krisenkompetenz von Führungskräften 239

Alexandra Eder / Klaus Rütters
Lernortkooperative Fortbildungen von Lehrern/Lehrerinnen und Ausbildern/Ausbilderinnen in der dualen Ausbildung zum Mechatroniker/zur Mechatronikerin
Ausgangspunkte einer fachlichen, pädagogischen und lernortkooperativen
Kompetenzverbesserung des Ausbildungspersonals 257

Karl Wilbers
Überfachliche Kompetenzen im Fachunterricht beruflicher Schulen fördern 281

IV.
Kompetenzerfassung und -entwicklung in der Praxis und bei ausgewählten Zielgruppen

Katharina Mallich / Ernst Domayer / Karin Gutiérrez-Lobos
Erkennen, Einschätzen und Bewerten von Kandidaten-/Kandidatinnenkompetenzen in Berufungsverfahren an Universitäten 311

Bernhard Wolfschütz / Bernhard Wöss
Expedition Führung
Strategische Führungs- und Führungskräfteentwicklung am Beispiel der Oberbank AG 327

Susanne Lanzerstorfer / Andrea Ristl / Barbara M. Weber
Managemententwicklung bei BIS mit dem Programm „Nachhaltig leistungsfähig" 343

Gerhard Hochreiter / Fritz Zehetner
Kompetenzmanagement als ein Schlüssel zur High-Performance-Kultur
Mit einem Praxisbeispiel der Fritz Holter Gesellschaft m.b.H. Wels 369

Claudia Stingl / Marcel Braumann
Das Kompetenzmodell als Teil des Performance-Managements bei Deloitte 385

Roland Beranek / Martin Fenzl
Die BMD-Fachkarriere in Schulung und Support 395

Martin Barth / Harald Dietinger / Rainer Griessl / Kurt Winter
Kompetenzen in einer Fachgewerkschaft 403

Yasmin Kavossi
Was nützt eine Zertifizierung der Kompetenz, wenn sie niemand kennt? 417

Karl Straßer
Gruppencoaching für Manager/-innen in der Energie AG Oberösterreich
Ein Instrument zur Professionalisierung der Führungskompetenz 433

Hans-Joachim Müller
Didaktische Transformationen zur Gestaltung kompetenzorientierter Lehr- und
Prüfungsarrangements 447

Helmut Ernst / Gisela Westhoff
Flexible Aus- und Weiterbildungskonzepte: Kompetenzentwicklung im
Spannungsfeld von Berufsfähigkeit und Unternehmensorientierung 473

V.
Messung und Validierung beruflicher Kompetenzen

Markus Hirschmann / Hans Gruber / Stefan Degner
Beiträge der Expertiseforschung zur Kompetenzmessung 491

Frank Achtenhagen / Esther Winther
Kompetenzmessung im beruflichen Bereich – Notwendigkeiten
und Möglichkeiten eines internationalen Vergleichs 505

Volker Bank / Sam F. Schaal
Feststellung betrieblichen Weiterbildungsbedarfs als Messung
vorhandener und fehlender Kompetenzen 523

Reinhold Nickolaus / Stephan Abele / Tobias Gschwendtner
Valide Kompetenzabschätzungen als eine notwendige Basis zur Effektbeurteilung beruflicher Bildungsmaßnahmen – Wege und Irrwege 537

Heidi Möller / Arthur Drexler
Bildungscontrolling: das Innsbrucker Modell zur Evaluation von
Coachingausbildungen 555

Fritz Schermer
Das Matrix-Verfahren – ein Beitrag zur Professionalisierung
der Kompetenzdiagnostik 563

Sandra Bohlinger
Anerkennung und Validierung von Lernergebnissen und
Berufserfahrung im internationalen Vergleich 581

Die Autoren/Autorinnen 599

Gerhard Niedermair
Johannes Kepler Universität Linz

Einleitung oder: von der Qualifikation zur Kompetenz

Wir leben – pointiert formuliert – in einem Zeitalter der Kompetenzorientierung: Kompetenz ist gefragt, Kompetenzen sind „in". „Kompetenz" ist als Begriff, (theoretisches) Konzept respektive Konstrukt heute gesellschaftsfähig, allgegenwärtig und in den unterschiedlichsten Bildungs- und Lernarenen anzutreffen. Der „neue" Geist der Kompetenzorientierung weht auf schulischen, betrieblichen und überbetrieblichen Plattformen. Aus Lehr- und Studienplänen sowie (berufs-)bildungspolitischen Papieren, aber auch aus Firmenleitbildern und betrieblichen Personalentwicklungskonzepten ist diese Leitkategorie kaum mehr wegzudenken. Während Kompetenzen hohe Aufmerksamkeit und einen unaufhaltsamen Bedeutungszuwachs genießen, scheint die Ausrichtung auf Qualifikationen im Allgemeinen und auf Schlüsselqualifikationen im Besonderen, überspitzt formuliert, nicht mehr en vogue zu sein.

Kompetenzen sollen Menschen (und Organisationen) bekanntlich befähigen, vielschichtige und komplexe Anforderungen, die sich aufgrund gesellschaftlicher, ökonomischer, sozialer, beruflicher und kultureller Entwicklungen ergeben, erfolgreich zu meistern. Die Kompetenz der Mitarbeiter/-innen stellt sowohl für Profit- als auch Non-Profit-Organisationen einen wesentlichen Wettbewerbsfaktor dar. Kompetente Mitarbeiter/-innen gewährleisten für die Kunden/Kundinnen und die Organisation Effizienz, Effektivität, Qualität, Flexibilität und Innovation. Kompetentes (berufliches) Handeln zeigt sich, wie hinlänglich bekannt ist, in Performanz, also in ganz konkret wahrnehmbaren Handlungen. Dass Kompetenzen und kompetentes Handeln nicht per se existieren, sondern dass sie (auch) mithilfe pädagogischer Handlungsstrategien und Interventionen generiert werden müssen, ist eine Binsenweisheit. Allerdings offenbart die rege Kompetenzdebatte der letzten Jahre – mit der aus ihr resultierenden fachspezifischen Literatur – eine Fülle unterschiedlicher, keineswegs durchgängig konsensfähiger Begriffskonnotationen, Konzeptualisierungen, Ansätze und Modelle. Bekanntermaßen ist die Auslegung jedes Begriffes beziehungsweise Konstruktes abhängig von Erkenntnisinteressen, Verwendungszwecken, Perspektiven, Kontextbezügen und Verwertungszusammenhängen.

Die Autoren und Autorinnen dieser Publikation widmen sich daher mit Tiefgang dem regen und facettenreichen Diskurs um die komplexe Materie „Kompetenzen", um durch aktuelle Standortbestimmung, umfassende Spurensicherung und fundierte Reflexion wertvolle Hinweise darauf zu geben, wie Kompetenzen in einer von Internationalisierung, Globalisierung, Komplexität und Verflechtung gekennzeichneten Gesellschaft (in unterschiedlichen pädagogisch relevanten Handlungsfeldern) entwickelt, gemessen, validiert und zertifiziert werden könn(t)en. Im Sammelwerk werden multiple Blicke auf das Thema „Kompetenzen entwickeln, messen und bewerten" geworfen und hochwertige wissenschaftliche Erklärungen sowie Antworten auf mannigfaltigste Fragen gegeben. Nachfolgende Fragestellungen sollen einige Bereiche, die behandelt werden, exemplarisch benennen:

- Welche Facetten von Kompetenz lassen sich unterscheiden?
- Über welche Kompetenzen müssen bestimmte Berufsgruppen verfügen, um den konkreten beruflichen Herausforderungen gewachsen zu sein?
- Wie lassen sich relevante Leistungsmerkmale kompetent und professionell agierender Personen operationalisieren?
- Welche Qualitätsstandards zeichnen nachhaltige Wege der Kompetenzentwicklung aus?
- Wie kann der Erwerb bestimmter Kompetenzen wirksam gefördert werden?
- Unter welchen Voraussetzungen und Bedingungen handelt jemand kompetent?
- Nach welchen Kriterien lassen sich erstrebenswerte Kompetenzen (etwa Sozialkompetenzen) erfassen und messen?
- Wie lassen sich formal, nonformal und informal erworbene Kompetenzen validieren?

Band 6 der Schriftenreihe für Berufs- und Betriebspädagogik verfolgt durchaus das Ziel, die (kontrovers geführte) Kompetenzdebatte zu aktualisieren, konstruktiv zu befeuern und so eine neue Diskussionsgrundlage zu bieten. Die thematische Linie des vorliegenden Fachbuches fußt dabei auf zwei Säulen: Zum einen versammelt das Werk die im Rahmen des 2. Internationalen Symposiums für Berufs- und Betriebspädagogik, das im Oktober 2010 stattfand (und von mir wissenschaftlich und in Gesamtverantwortung geleitet wurde), gehaltenen Vorträge der Experten/Expertinnen. Zum anderen habe ich zusätzlich renommierte Persönlichkeiten aus Wissenschaft, Wirtschaft und Praxis gebeten, mit einem Gastbeitrag an diesem Sammelband mitzuwirken. Insgesamt finden sich somit in diesem Werk 33 Beiträge – abgefasst von 37 Autoren und 20 Autorinnen aus dem In- und Ausland –, die thematisch 5 Schwerpunktfeldern zugeordnet wurden. Diese Abschnitte werden nun überblicksartig vorgestellt:

Abschnitt I: Berufsbildungstheoretische Annäherungen, systematische Rekonstruktionen und kritische Reflexionen

KARIN BÜCHTER zeichnet in ihrem Beitrag „Berufs- und wirtschaftspädagogischer Diskurs vor und nach der kompetenzorientierten Wende" die historische Entwicklungslinie von der berufsbildungstheoretischen Orientierung über die Qualifikationsorientierung hin zur Kompetenzorientierung unter einer berufs- und wirtschaftspädagogischen Perspektive nach. Ausgangspunkt von Büchters aufschlussreicher Rekonstruktion bildet das Berufsbildungsverständnis der Klassiker, gefolgt von der Fokussierung der realistischen Wende und Ideologiekritik. In weiterer Folge konzentriert sie sich auf die emanzipatorische Dimension des Qualifikationsbegriffs, die Lösungsansätze zur Entschärfung der Abstimmungsproblematik zwischen Bildungs- und Beschäftigungssystem (etwa das Konzept der Schlüsselqualifikationen) und die Curriculumdiskussion der 1960er- und 1970er-Jahre, für die beispielsweise charakteristisch war, dass der Kompetenzbegriff dem Qualifikationsbegriff untergeordnet wurde. In Abschnitt 7 widmet sich Büchter in ihrer Analyse den (vorrangig industriesoziologisch motivierten) Debatten um eine sozial verträgliche Technikgestaltung und einen humanen Technikeinsatz, die etwa zu einer Neuauslegung des Qualifikationsbegriffs innerhalb der gestaltungsorientierten Berufsbildungsdiskussion und dem berufs- und wirtschaftspädagogischen Diskurs um berufliche Gestaltungs- und Handlungskompetenz führte. Als weiteren Meilenstein in der Kompetenzdebatte führt die Autorin in Abschnitt 8 ihres (begriffsgeschichtlich orientierten) Fachbeitrages die Wiederentdeckung des Lernortes Arbeitsplatz und die Hinweise auf Dezentralisierung sowie Arbeits- und Geschäftsprozessorientierung an. Abschließend skizziert sie mit Blick auf die aktuell stattfindende Kompetenzdiskussion noch einige aus der

Komplexität des Kompetenzbegriffs resultierende Problembereiche und lässt ihren Beitrag mit einem kurzen Fazit enden.

RITA MEYER thematisiert in ihrer Analyse „Kompetenz- und Organisationsentwicklung im Kontext moderner Beruflichkeit" den (starken) Zusammenhang von individueller Kompetenz- und betrieblicher Organisationsentwicklung im Rahmen des Konzeptes von Beruflichkeit in der modernen Gesellschaft. Dazu präsentiert sie zunächst in theoretischer Hinsicht Ansätze der Kompetenzentwicklung aus drei Perspektiven: aus der individuellen, der betrieblichen und der gesellschaftlichen. In der Folge konzentrieren sich die Ausführungen von Meyer auf die von ihr vertretene These, dass die neue (versus traditionelle) Beruflichkeit, die beispielsweise durch eine geringere Formalisierung, eine Entgrenzung beruflichen Lernens, Individualisierung und Selbstorganisation gekennzeichnet ist, individuelle, organisationale und gesellschaftliche Entwicklungsprozesse miteinander koppelt. Anschließend werden von der Autorin methodologische Überlegungen zur Kompetenz- und Organisationsforschung angestellt, wobei sie etwa für die Realisierung ethnografischer Forschungsmethoden plädiert, da diese ihrer Meinung nach die Sichtbarmachung organisationaler Deutungsmuster und pädagogischer Orientierungen ermöglichen. Im vorläufigen Beitragsfazit weist die Autorin auf die Bedeutung und Notwendigkeit empirischer Studien zur Fundierung und Erweiterung der in diesem Artikel gemachten Annäherungen hin.

ULRIKE BUCHMANN und TOBIAS ZIELKE zeigen in ihrem Beitrag „Kompetenzen fördern über Entwicklungsaufgaben" dezidiert die Notwendigkeit auf, über Fragen der Kompetenzentwicklung und -entfaltung unter betriebs-, berufs- und wirtschaftspädagogischer Perspektive neu nachzudenken. Dazu erörtern sie aktuelle gesellschaftliche Transformationsprozesse mit den essenziellen bildungspolitischen und -theoretischen Implikationen respektive Legitimationen, beispielsweise die Mitwirkungsverpflichtung und Leistungsgewährung im New Public Management und die Selektionslogik des Berufsbildungssystems. Die nachfolgenden Ausführungen konzentrieren sich zum einen auf den erziehungswissenschaftlichen Diskurs, der die Wechselbeziehung von Entwicklungsaufgaben und Bildungsgängen beziehungsweise Curricula in den Fokus rückt, zum anderen auf die Beantwortung der Fragestellung, wie Entwicklungsaufgaben als Repräsentationen von Welt – im Sinne der Subjektbildung und eines dynamischen, anschlussfähigen Kompetenzerwerbs – zu modellieren sind. Buchmann und Zielke begreifen Kompetenz im Besonderen im Sinne von Autonomie, Emanzipation, Gestaltungsfähigkeit, Mündigkeit, Selbstbestimmung und Urteilsfähigkeit. In der Folge wird exemplarisch die (subjektorientierte, Potenzial generierende und gestaltungsorientierte) Entwicklungsaufgabe „Betriebliche und berufsschulische Ausbildung kompetent mitgestalten" aus einem aktuellen Forschungsprojekt präsentiert, wobei auch unterschiedliche Produktivitätsformen von Wissen mit Beispielen überblicksartig dargestellt werden.

WOLFGANG WITTWER setzt sich, wie der Titel seines Aufsatzes „Kompetenzentwicklung – Individualisierung oder Normierung?" verrät, kritisch mit der zunehmenden Entsubjektivierung des Kompetenzbegriffs auseinander und plädiert für mehr Mut, Vertrauen und Risikobereitschaft in der betrieblichen Weiterbildung und Personalentwicklung. Er skizziert sein Kompetenzverständnis, wobei für ihn Kompetenzen individuelle Stärken darstellen und er damit klar den unmittelbaren Subjektbezug des Begriffs hervorstreicht. Nach seiner Auffassung lassen sich Kompetenzen auch mit noch so raffiniert modellierten Testmethoden nicht messen, sehr wohl aber Qualifikationen. Auch darin sieht Wittwer einen entscheidenden Grund für das für ihn unzweifelhaft konstatierbare Abrücken vom Subjektbezug im Kompetenzbegriff. Darüber hinaus geht er mit Blick auf Mitarbeiter/-innen und organisationale

Strukturen auf das dialektische Verhältnis von Ermöglichung und Restriktion ein und zeigt in diesem Zusammenhang eine paradoxe Situation auf. In der Folge stellt der Autor in Form des sogenannten „dritten Weges" eine Möglichkeit vor, mit dieser Paradoxie produktiv – im Sinne der Vereinigung der Gegensätze – umzugehen. Im Abschnitt 5 nimmt Wittwer im Besonderen die Leistung der (kritischen) Selbstreflexion in den Blick. Der Schluss seiner Abhandlung steht ganz im Zeichen der Beschreibung von zwei Instrumenten zur biografischen Reflexion individueller Kompetenzen und Erfahrungen.

Abschnitt II: Modellierung von Kompetenzen: Berufliche Kompetenzmodelle

LUTZ VON ROSENSTIEL widmet sich in seinem essayistischen Beitrag „Dispositionen zum selbstorganisierten Handeln entfalten: Wege der Kompetenzentwicklung" zunächst im Kontext der aktuellen Kompetenzdebatte der Erhellung des Begriffes „Kompetenz", indem er auch eine Kompetenzarchitektur vorstellt und dabei zwischen Metakompetenz, Grundkompetenzen, abgeleiteten Kompetenzen und Querschnittskompetenzen unterscheidet. In der Folge entfaltet der Autor in der gebotenen Kürze den Zusammenhang von Kompetenzen, Qualifikationen, Fertigkeiten und Wissen, wobei er beispielsweise Qualifikationen als Basis der Kompetenzentwicklung interpretiert. In diesem Konnex wird auch unmissverständlich klargestellt, dass der Erwerb von Kompetenzen immer mit Wertelernen kombiniert ist. Anschließend richtet Lutz von Rosenstiel unter dem Gesichtspunkt der Kompetenzerfassung und -entwicklung sein Augenmerk auf die Personalauswahl und -entwicklung. In weiterer Folge arbeitet der Autor unter der pointierten Überschrift „Vom Oberlehrer zur Kompetenzhebamme" besondere Prinzipien bei der Entwicklung von Kompetenzen heraus und zeigt Hindernisse und Stolpersteine auf, die der strategischen Kompetenzentwicklung in Unternehmen oftmals entgegenstehen, beispielsweise der Kontrollwahn, die mangelnde Fehlertoleranz, die fehlende Reflexionsarbeit, die Angst vor einer Wissensenteignung und das Misstrauen.

HERMANN G. EBNER legt in seinem Aufsatz „Bedingungen der Kompetenzentwicklung" zuerst sein Verständnis von Kompetenz dar. Die Grundlage von respektive für Kompetenz bildet für ihn Wissen, wobei vier zentrale Wissenstypen unterschieden werden: Faktenwissen, konzeptuelles Wissen, prozedurales Wissen und metakognitives Wissen. Gleichwohl ist Kompetenz in seinen Augen mehr als Wissen. In der Folge konzentriert sich der Autor auf das Konzept der beruflichen Handlungskompetenz und die Bedingungen der Kompetenzentwicklung in beruflichen Kontexten. Dazu rekurriert er zunächst auf Ergebnisse eigener Studien, um anschließend ein Modell der Kompetenzentwicklung am Arbeitsplatz vorzustellen. Als wesentliche Bedingungen für die Kompetenzentwicklung bei Mitarbeitern/Mitarbeiterinnen – damit diese also befähigt werden, effektive und effiziente Handlungen situativ zu generieren – werden im Besonderen unter Beachtung des Bedürfnisses von Menschen, sich als selbstbestimmt (also kompetent, sozial integriert und autonom) Handelnde zu erleben, erläutert: „Wahlmöglichkeiten/Entscheidungsspielräume eröffnen", „Anerkennung anderer Standpunkte/Sichtweisen" und „Kontrolle über die eigenen Arbeitsergebnisse". Ebner schließt seinen Beitrag mit der Formulierung von drei zusammenfassenden Thesen.

Die von KARIN REBMANN und TOBIAS SCHLÖMER in ihrem Beitrag „Ermittlung und Beschreibung beruflicher Kompetenzen und Kompetenzentwicklung aus systemisch-konstruktivistischer Perspektive am Beispiel der Handelslehrer/-innen-Bildung" entfalteten Überlegungen zielen primär auf die Konzeptualisierung einer differenzierten Analyse, Deskription, Prognose und Reflexion von Kompetenz und Kompetenzentwicklung in der beruflichen Bildungsarbeit. Nachdem Rebmann und Schlömer, rekurrierend auf mannigfaltige Auslegungen und Konzepte, ihr Verständnis von Kompetenz dargelegt haben, konzentrieren sie sich auf die Präsentation eines Modells zur Deskription individuellen Lernens und Begründung von Prozessen der Kompetenzentwicklung in Beruf und Arbeit. Das vorliegende Rahmenmodell fußt zum einen auf einer systemisch-konstruktivistischen Theorie sozialen Handels, zum anderen auf einem kognitionstheoretisch-konstruktivistischen Lernansatz. Im kreisstrukturellen Kompetenzmodell werden insgesamt sechs Dimensionen beruflicher Kompetenz unterschieden: Fach-, Methoden-, Gestaltungs-, moralisch-ethische, Sozial- und Abstraktionskompetenz. In weiterer Folge wird die Möglichkeit zur Anwendung dieses (beruflichen) Kompetenzstrukturmodells in der Handelslehrer/-innen-Bildung aufgezeigt und damit verdeutlicht, wie Kompetenzentwicklung in diesem Ausbildungsbereich anhand des von ihnen entwickelten Modells systematisch analysiert und erklärt werden kann.

ILSE SCHRITTESSER destilliert in ihrer Schrift „Professionelle Kompetenzen: der Versuch einer systematischen Annäherung" unter Bezugnahme auf professionstheoretische Zugänge essenzielle Strukturdeterminanten von Professionalität heraus, um stringent einen Kompetenzbegriff abzuleiten und professionelle Kompetenzen von Pädagogen/Pädagoginnen zu bestimmen. In ihrem Artikel schenkt die Autorin zunächst dem Sinnhorizont menschlichen Handelns Aufmerksamkeit und arbeitet den ihren Überlegungen zugrunde liegenden Handlungsbegriff heraus. Anschließend widmet sich Schrittesser der besonderen Strukturlogik professionalisierten Handelns und bestimmt zentrale Strukturmomente, beispielsweise die stellvertretende Krisenbewältigung, die Fallorientierung und die Signifikanz der (krisenanfälligen) Sachthematik. In der Folge konzentriert sie sich unter anderem auf die Identifizierung von Übereinstimmungen und Differenzen zwischen pädagogischen Berufen und klassischen Professionen, wobei beispielsweise ein zentraler Unterschied darin ausgemacht wird, dass pädagogisches Handeln prospektiv ausgerichtet ist, während das Handeln klassischer Professionen retrospektiv orientiert ist. Gegen Ende ihres Artikels diskutiert die Autorin schließlich auf Basis unterschiedlicher kompetenztheoretischer Überlegungen Facetten des Verständnisses von Kompetenz, wobei sie mit Blick auf pädagogische Professionalität fünf Kompetenzfelder respektive Domänen erarbeitet: Reflexions-/Diskursfähigkeit, Kooperation/ Kollegialität, Differenzfähigkeit, Professionsbewusstsein und Personal Mastery.

Abschnitt III: Ausgewählte Facetten von Kompetenz

DIETER EULER bestimmt in seinem Buchartikel „Von der programmatischen Formel zum didaktischen Konzept: Sozialkompetenzen präzisieren, fördern und beurteilen" aus einer didaktischen Erkenntnissicht zunächst Sozialkompetenzen begrifflich näher, wobei er Sozialkompetenzen über die drei Handlungsdimensionen Erkennen, Werten und Können elaboriert. Anschließend geht er der aktuellen Frage nach der Förderung von Sozialkompetenzen nach. In einem ersten Schritt werden dazu aus unterschiedlichen Lerntheorien (beispielsweise der behavioristischen, kognitiven und konstruktivistischen) adäquate „Andockstellen" für das Lernen sozialer Kompetenzen freigelegt, um am Ende dieser Ausführungen verschiedene lehrmethodische Prinzipien und Techniken für die Entwicklung von Sozialkompetenzen abzuleiten. Im Folgenden wird beispielsweise das Prinzip des problemorientierten Lernens, welches das Erleben, Erproben und Reflektieren von konkreten Erfahrungen kennzeichnet, skizziert. In weiterer Folge widmet sich Euler in der gebotenen Kürze der Feststellung und Beurteilung von Sozialkompetenzen. Dazu stellt er einige Erhebungsverfahren dar und skizziert fragmentarisch zwei Messinstrumente, die am Institut für Wirtschaftspädagogik der Universität St. Gallen zur Diagnose spezifischer Sozialkompetenzen entwickelt und erprobt wurden.

JOSEF OBERNEDER unternimmt in seinem Beitrag „Soziale Kompetenz – neuer Trend oder alte Mode?" zunächst den Versuch, die komplexe Begrifflichkeit „Soziale Kompetenz" zu bestimmen. In der Folge wendet er sich mit Bezugnahme auf ein erfahrungsorientiertes Lernmodell gegen ein vorrangig reproduzierendes Lernen aus der Vergangenheit und plädiert angesichts der Komplexität der Umwelt und der daraus resultierenden Aufgabenstellungen, rekurrierend auf Otto C. Scharmer, für ein soziales Lernen aus der Zukunft. Damit dieses neue soziale Lernen gelingt, müssen verschiedene Lernbarrieren (etwa die Inkompetenz, zu erkennen, was man sieht) überwunden werden. Eine zentrale soziale Kompetenz ist für den Autor die Fähigkeit des Zuhörens, wobei in der Textierung vier verschiedene Arten des Zuhörens unterschieden werden: gewohnheitsmäßiges, differenziertes, empathisches und schöpferisches Zuhören. Gegen Ende seiner Ausführungen widmet sich der Autor im Kontext von Change-Management der Logik der Gefühle (versus Logik der Zahlen), wobei für Oberneder Sozialkompetenz – im Sinne des Erkennens und Verstehens von emotionaler Logik – eine essenzielle Erfolgskomponente bei Veränderungsprozessen darstellt.

SUSANNE WEBER und MATTHIAS HOFMUTH führen in ihrem Werk „Messung unterschiedlicher Facetten von interkultureller Kompetenz" eine Modellierung und Operationalisierung des Konzepts für interkulturelle Kompetenz durch. Dazu geben sie zunächst Einblick in die von ihnen gewählte theoretische Rahmung. In der Folge werden zwei Studien zur Messung ausgewählter Facetten interkultureller Kompetenz vorgestellt. Während sich Untersuchung 1 auf die Erfassung von Wissen über wahrgenommene Identitätsdimensionen (etwa kulturelle, ethnische, Facework- und Beziehungsidentität) konzentrierte, zielte die 2. Studie auf die Messung und Visualisierung von Mindful-Identity-Negotiation-Strategien (beispielsweise Gesichtswahrung, Reflektieren des Selbst, Infragestellen des eigenen Orientierungsrahmens und Entwicklung einer gemeinsamen Vision). Im Abschnitt 4 ihrer Ausführungen realisieren die Autorin und der Autor auf Basis der Untersuchungsbefunde eine zusammenfassende Diskussion mit Implikationen, die in der Folge in einen Ausblick mündet. So sehen die nächsten Arbeiten von Weber und Hofmuth beispielsweise die Validierung der vorliegenden Forschungsergebnisse mithilfe qualitativer Interviews mit Experten/Expertinnen vor.

PETER SLEPCEVIC-ZACH und MICHAELA STOCK gehen in ihrer Analyse „Web 2.0 im Kontext der lernenden Organisation" der Frage nach, ob Web 2.0 mit seinen Technologien auch ein organisationales Lernen (versus individuelles Lernen) fördern und sicherstellen kann. Dazu wird zunächst auf die verschiedenen Entwicklungsphasen des E-Learnings eingegangen, um im Anschluss daran einige erfolgreiche Web-2.0-Lernarrangements vorzustellen. Im Rahmen dieser exemplarisch dargelegten Fallstudien werden die Möglichkeiten, mit Web-2.0-Tools (etwa Blogs, Foren und Wikis) das (formelle und informelle) Lernen und den Kompetenzerwerb der Mitarbeiter/-innen zu fördern, offensichtlich. In der Folge konzentrieren sich Slepcevic-Zach und Stock auf die Bestimmung und Entwicklung von Medienkompetenz bzw. Media Literacy, skizzieren relevante Verbindungen zum Lifelong Learning und streichen die Bedeutung des selbstorganisierten Lernens (in digitalen Lernwelten) hervor. Im Anschluss daran wird Licht auf die Organisationsentwicklung mit Web 2.0 und die Voraussetzungen respektive Bedingungen für ein gelingendes organisationales Lernen durch Web-2.0-Anwendungen geworfen.

ANNELIESE ASCHAUER beschreibt in ihrem Beitrag „Krisenkompetenz von Führungskräften" jene Kompetenzen von Führungskräften, über die diese verfügen sollten, um sowohl Mitarbeiter/-innen als auch sich selbst erfolgreich durch Krisen zu steuern. Zur Beantwortung ihrer Fragestellung überträgt sie psychologische und psychiatrische Ansätze sowie psychotherapeutische Konzeptionen zum Umgang mit krisenhaften Veränderungsprozessen, zur Krisenintervention und zur Krisentherapie auf den unternehmerischen Kontext. Neben Arten, Bedingungen und psychosozialen Dynamiken von Krisen legt die Autorin den Fokus auf die Aufgaben und Optionen von (resilienten) Führungskräften in den verschiedenen Krisenphasen. Dazu verknüpft sie im Besonderen Erkenntnisse aus der psychosozialen Krisenforschung mit Konzepten zur Salutogenese und Resilienz. Ihr Beitrag endet mit der fragmentarischen Darlegung einiger Ansätze zur achtsamen Entwicklung von Krisenkompetenz bei Führungskräften, etwa dem Konzept des kollegialen Führungscoachings.

ALEXANDRA EDER und KLAUS RÜTTERS befassen sich in ihrem Artikel „Lernortkooperative Fortbildungen von Lehrern/Lehrerinnen und Ausbildern/Ausbilderinnen in der dualen Ausbildung zum Mechatroniker/zur Mechatronikerin" mit der Fragestellung, ob gemeinsame Fortbildungen von berufsschulischen und betrieblichen Lehrpersonen ein wirksames Mittel sind, um Lernortkooperationen zu fördern. Zunächst wird dazu auf die strukturelle Verortung der Lernortkooperation auf den unterschiedlichen Ebenen (Makro-, Meso- und Mikroebene) des dualen Berufsausbildungssystems in Deutschland eingegangen. In der Folge wird ein adäquater Modellversuch, der noch bis Oktober 2012 läuft, hinsichtlich Beteiligte, Zielsetzungen, Forschungsdesign und dergleichen mehr dargestellt. Dieses Projekt resultiert einerseits aus den allgemein zu konstatierenden Defiziten hinsichtlich der Lernortkooperation im dualen System der deutschen Berufsausbildung, andererseits aus der speziellen Ausbildungssituation im Beruf „Mechatroniker/-in", zumal es bis dato kaum entsprechend ausgebildete berufsschulische und betriebliche Lehrkräfte gibt. Im Rahmen lernortkooperativer Fortbildungen sollen beim beteiligten Lehrpersonal die dringend erforderlichen fachlichen, methodisch-didaktischen und lernortkooperativen Kompetenzen professionell entwickelt werden, damit jene in der Berufsschule und den Betrieben fähig sind, den Auszubildenden der Mechatronik die beruflichen Handlungskompetenzen vermitteln zu können, die diese zur erfolgreichen Ausübung ihres Berufes benötigen.

KARL WILBERS zeigt in seiner Textierung „Überfachliche Kompetenzen im Fachunterricht beruflicher Schulen fördern" deutlich auf, wie eine Förderung überfachlicher Kompetenzen im Fachunterricht erfolgen kann. Zunächst wird hierzu das zugrunde liegende Verständnis überfachlicher Kompetenzen expliziert, wobei folgende Dimensionen unterschieden werden: Sozial-, Lern-, Selbst- und Sprachkompetenz. Diese vier Kompetenzdimensionen werden vom Autor wiederum in unterschiedliche Teilkompetenzen und Teil-Teilkompetenzen ausdifferenziert. In der Folge stellt Wilbers ein sechs Schritte umfassendes Modell zur Förderung überfachlicher Kompetenzen im Fachunterricht vor, das auf die Realisierung von Förderatomen setzt. Die Generierung und Implementierung dieses Kompetenzfördermodells ist als hochkomplexes Schul- respektive Unterrichtsentwicklungsprojekt zu verstehen und umfasst die kooperative Modellierung der relevanten Kompetenzen im Lehrer/-innen-Kollegium, das Assessment, das Profiling, die Integration und die Kompetenzentwicklung, wobei der Autor Möglichkeiten zur Förderung der Sprachkompetenz im Fachunterricht aufzeigt. Abschließend wird auf die Evaluierung und Dokumentation des Kompetenzerwerbs eingegangen.

Abschnitt IV: Kompetenzerfassung und -entwicklung in der Praxis und bei ausgewählten Zielgruppen

KATHARINA MALLICH, ERNST DOMAYER und KARIN GUTIÉRREZ-LOBOS beschäftigen sich in ihrem Buchbeitrag „Erkennen, Einschätzen und Bewerten von Kandidaten-/Kandidatinnen-Kompetenzen in Berufungsverfahren an Universitäten" mit der Auswahl von Professoren/Professorinnen im Rahmen von Berufungsverfahren, wobei im Besonderen das Erkennen und Beurteilen überfachlicher Qualifikationen (etwa Sozialkompetenz) fokussiert wird. Im Text wird vorerst auf die Bedeutung der Personalauswahl eingegangen und darüber hinaus ein Überblick über verschiedene Instrumente der Potenzialeinschätzung gegeben. Anschließend wird ein Verfahren zur Einschätzung überfachlicher Qualifikationen am Beispiel der Auswahl von Kandidaten/Kandidatinnen im Rahmen von Berufungsverfahren an der Medizinischen Universität Wien präsentiert, das einen Beitrag zur universitätsinternen Professionalisierung von und Qualitätssicherung in Berufungsverfahren leisten soll. Dabei werden die – in einem Kompetenzprofil respektive -katalog zusammengefassten – essenziellen Schlüsselkompetenzen von Professoren/Professorinnen der Medizinischen Universität Wien (wie etwa Leadership- und Selbstkompetenz) ebenso expliziert, wie die für Mitglieder von Berufungskommissionen angebotenen Workshops zur Personalbeurteilung, die Begleitung der Hearings durch externe Facilitatoren und die Evaluierung der Hearings Erwähnung finden.

BERNHARD WOLFSCHÜTZ und BERNHARD WÖSS fokussieren in ihrem Text „Expedition Führung" die Entwicklung und Implementierung der strategischen Führungs- und Führungskräfteentwicklung in der Oberbank AG. In einem ersten Projektschritt wurde das Verständnis von Führung thematisiert, Leistungsstandards für Führungskräfte wurden definiert und diese Standards im Wege des seit Jahren etablierten MbO-Systems in der Organisation implementiert. In der Folge wurde eine neue Führungskräfteausbildung konzipiert, wobei die Integration des Prinzips des lebenslangen Lernens eine essenzielle Zielsetzung war. Für die Architektur der neuen Führungskräfteakademie ist die plakative Trias „Basic", „Advanced" und „Expert" charakteristisch, innerhalb derer in unterschiedlichen Modulen die notwendigen Kompetenzen trainiert werden. In einem dritten Schritt wurde im Hinblick auf die Kompetenzen der Führungskräfte ein Evaluierungs- und Bewertungssystem entwickelt und eingeführt. Ihren Beitrag schließen die beiden Autoren mit einem kurzen Resümee über erfolgskritische Projektfaktoren und einem Ausblick auf zukünftig notwendige Aktivitäten.

SUSANNE LANZERSTORFER, ANDREA RISTL und BARBARA M. WEBER gewähren in ihrem Artikel „Managemententwicklung bei BIS mit dem Programm ‚Nachhaltig leistungsfähig'" Einblick in die Personalentwicklung der Bilfinger Berger Industrial Services Group im Allgemeinen und die Managemententwicklung im Besonderen. Nach einer kurzen Vorstellung der Unternehmensgruppe erfolgt die Darstellung der firmenspezifischen Personalentwicklung, wobei die BIS Academy überblicksartig präsentiert wird. Im Weiteren erhalten die Leser/-innen Informationen zum Topmanagementprogramm „Nachhaltig leistungsfähig". Anschließend wird – vor dem Hintergrund der mit Daten belegten Zunahme von physischen und psychischen Erkrankungen aufgrund der permanent steigenden Leistungsanforderungen – auf die Herzratenvariabilität und deren eminente Bedeutung im Personalmanagement als Indikator für Talent- und Ressourcenerkennung eingegangen. Die innovative Autonom-Talent-Methode, in deren Rahmen beispielsweise die aktuelle körperliche und mentale Leistungsfähigkeit eines Menschen gemessen und die Basistalente „Tun & Umsetzen", „Denken & Analysieren" sowie „Einfühlen & Verstehen" erhoben werden, wird vorgestellt.

GERHARD HOCHREITER und FRITZ ZEHETNER gehen in ihrem Beitrag „Kompetenzmanagement als ein Schlüssel zur High-Performance-Kultur" der Frage nach, wie High Performance in Organisationen entwickelt werden kann. Nach ihrem Verständnis charakterisieren High-Performance-Kulturen vier Qualitäten: Organisational Capabilities, People Capabilities, Leadership und High Performance. In den Augen der beiden Autoren ist Kompetenzmanagement ein geeigneter Weg zur Modellierung einer Unternehmensentwicklung in Richtung High-Performance-Kultur. Kompetenzmanagement umfasst beispielsweise nicht nur die Aufgabe, (aktuell und zukünftig) benötigte Kompetenzen stringent von der Firmenstrategie abzuleiten und diese genau zu deskribieren beziehungsweise zu operationalisieren, sondern auch vorhandene Kompetenzen optimal zu nutzen und neue (erfolgskritische) Kompetenzen gezielt zu entwickeln. Die Autoren präsentieren in der Folge das duale Messverfahren von SIZE Prozess®, mithilfe dessen sowohl ein Persönlichkeitsprofil als auch ein Kompetenzprofil differenziert erstellt werden können. Anschließend wird auf das im österreichischen Sanitär- und Heizungs-Großhandelsunternehmen Fritz Holter GmbH realisierte Kompetenzmanagementprojekt näher eingegangen, wobei etwa die Projektziele und Implementierungsschritte erläutert werden. Ihre Darlegung schließen Hochreiter und Zehetner mit einem erfahrungsgetränkten Blick auf die zentralen Erfolgsfaktoren dieses Praxisbeispiels.

CLAUDIA STINGL und MARCEL BRAUMANN bringen mit „Das Kompetenzmodell als Teil des Performance-Managements bei Deloitte" einen Report zum Kompetenzmodell von Deloitte, das die Grundlage für die Realisierung eines hochqualitativen Performance-Managements bildet. Dazu schildern sie zunächst die Ausgangssituation bei Deloitte Österreich und die mit der Implementierung des Kompetenzmodells verbundenen Zielsetzungen, um folglich die verschiedenen Arbeitsphasen im Rahmen der Implementierung darzulegen. Daran schließt sich die konzeptionelle Skizzierung des Kompetenzmodells, das insgesamt zwölf Kernkompetenzen und weitere spezielle Kompetenzen, die jeweils in den Levels Foundation, Advanced und Mastery beherrscht werden können, umfasst. Im Anschluss wird die enge Verknüpfung des Kompetenzmodells mit dem bei Deloitte Österreich realisierten Mitarbeiter/-innen-Gespräch verdeutlicht. In ihrem Resümee geben Stingl und Braumann Einblick in die (kritischen) Erfolgsfaktoren und (notwendigen) Qualitätsstandards bei der Gestaltung und Implementierung eines Kompetenzmodells.

ROLAND BERANEK und MARTIN FENZL konzentrieren sich in ihrem Beitrag „Die BMD-Fachkarriere in Schulung und Support" auf die Beschreibung des Fachkarrieresystems im Support der BMD Systemhaus GmbH. Nach einer kurzen Firmenvorstellung legen die beiden Autoren den (möglichen) Karriereweg im Support dar, wobei sich dieser grundsätzlich in zwei Segmente spaltet: Zum einen gibt es hier die Fachkarriere im Hotline-Support, zum anderen die Fachkarriere in der Schulung/Beratung im Außendienst. Der Karrierepfad im Hotline-Support umfasst insgesamt drei Stufen: First Level, Second Level und Third Level. Im Hinblick auf das Softwaretraining im Außendienst unterteilt sich die entsprechende Fachkarriere in vier Stufen: Trainer/-in, zertifizierter Trainer/zertifizierte Trainerin, Consultant und Senior Consultant. Mit Blick auf die notwendigen Kompetenzen der Mitarbeiter/-innen, um eine professionelle und seriöse Betreuung der Kunden/Kundinnen sicherzustellen, werden im Unternehmen grundsätzlich drei Kompetenzbereiche unterschieden, nämlich der methodische, soziale und persönliche Kompetenzbereich. In der firmenspezifischen Kompetenzenmatrix werden die je nach Tätigkeitsbereich erforderlichen Kompetenzen dargestellt und bewertet.

MARTIN BARTH, HARALD DIETINGER, RAINER GRIESSL und KURT WINTER beschäftigen sich in ihrer Textierung „Kompetenzen in einer Fachgewerkschaft" mit den vielfältigen Aufgaben und notwendigen Kompetenzen von Betriebsräten/-rätinnen und gewerkschaftlichen Funktionären/Funktionärinnen. Nach der Skizzierung des österreichischen Modells der Sozialpartnerschaft und ihrer gesetzlichen Grundlagen zu Beginn ihres Beitrages identifizieren die Autoren – vorerst ganz generell – die zentralen Aufgabenstellungen und Rollenverständnisse von Betriebsräten/-rätinnen. Im Anschluss daran wird im Besonderen auf die Kompetenzen der in der gewerkschaftlichen Domäne Bau-Holz Oberösterreich tätigen Betriebsräte/-rätinnen und Funktionäre/Funktionärinnen eingegangen, wobei die drei dominanten Kompetenzbereiche „Arbeitsrecht", „Betriebswirtschaft und Branchen-Know-how" und „soziale Fähigkeiten" behandelt werden. Da neu gewählte Betriebsratsmitglieder vor der wichtigen Aufgabe stehen, sich innerhalb kürzester Zeit zu einem erfolgreich agierenden Betriebsratsteam zu formieren, nehmen die vier Autoren des Weiteren die Thematik „Teamentwicklung" in den Blick. In diesem Konnex verweisen sie in einem kurzen Exkurs auch auf das in den Jahren 2009 und 2010 realisierte Teamentwicklungsprojekt der Gewerkschaft Bau-Holz, in dessen Rahmen rund 20 Teamentwicklungsklausuren durchgeführt wurden.

YASMIN KAVOSSI verweist in ihrer Ausfertigung „Was nützt eine Zertifizierung der Kompetenz, wenn sie niemand kennt?" zunächst auf die zentralen Kriterien eines organisationalen Kompetenzmanagements. Die Autorin legt Kompetenzmanagement als ein Personalentwicklungsinstrument aus, das dazu dient, die in der Organisation vorhandenen Kompetenzen zu identifizieren, zu erfassen und zu beurteilen, um folglich den Bildungsbedarf systematisch abzuleiten. In der Folge geht Kavossi auf die Akkreditierungsfähigkeit von Kompetenzen im Rahmen der Zertifizierung von Personen ein und beleuchtet einzelne Nutzenaspekte von Zertifizierungen, beispielsweise die Sicherstellung qualitativ hochwertiger Aus- und Weiterbildungen, die anerkannten Qualitätsstandards unterliegen. Im Rahmen ihrer weiteren Ausführungen zeigt sie den – nicht zuletzt durch die Finanz- und Wirtschaftskrise bedingten – hohen Stellenwert von Zertifizierungen im Bankensektor auf und stellt zwei übersektorale Ausbildungsbeispiele aus dem Bildungsangebot der Raiffeisenakademie Wien vor: den zertifizierten Lehrgang zum Diplom-Finanzberater/zur Diplom-Finanzberaterin und den zertifizierten Lehrgang zum Diplom-Kommerzkundenbetreuer/zur Diplom-Kommerzkundenbetreuerin.

KARL STRAßER liefert mit „Gruppencoaching für Manager/-innen in der Energie AG Oberösterreich" einen instruktiven Bericht zur Implementierung des Gruppencoaching (versus Einzelcoaching) als Instrument zur Professionalisierung der Führungskompetenz. Nachdem er kurz auf das Unternehmen eingeht, begründet Straßer in seinen Ausführungen, ausgehend vom Leitbild und Konzernführungsmodell, die firmeninterne Entscheidung für diese Art des Coachings. In der Folge wird das Setting des Gruppencoachings mit den konkreten Zielvorstellungen (beispielsweise die systematische Reflexion von Themen des Führungsalltags und die Generierung von emotionaler Entlastung bei den Führungskräften) und adäquaten Rahmenbedingungen aufgezeigt, und es werden einzelne Implementierungsschritte in nachvollziehbarer Form dargelegt, wobei Straßer auch neuralgische Punkte im Implementierungsprozess antippt. Im Hinblick auf die im Gruppencoaching von den Führungskräften bearbeitete Themenlandschaft gibt der Autor einige Themenstellungen exemplarisch preis, etwa Informationstransfer, Life-Balance und Umgang mit Widerständen. Darüber hinaus werden bereits realisierte Evaluationen mit einzelnen Ergebnissen fragmentarisch skizziert. Straßers Bericht mündet schließlich in der Präsentation unterschiedlicher Thesen für die Zukunft des Gruppencoaching in der Energie AG Oberösterreich.

HANS-JOACHIM MÜLLER befasst sich in seinem Artikel „Didaktische Transformationen zur Gestaltung kompetenzorientierter Lehr- und Prüfungsarrangements" zunächst mit dem Neuartigen am Kompetenzkonstrukt, wobei er drei Spezifika hervorhebt: Entgrenzung, Selbstwirksamkeit und Zweiseitigkeit. In der Folge skizziert der Autor Bedingungen erfolgreicher Kompetenzentwicklung bei Lernenden und plädiert dabei beispielsweise für die Umsetzung der Schlüsselprinzipien „Selbsterschließung" und „Selbstevaluation". Im Anschluss erfolgt einesteils eine Konzentration auf vier didaktische Transformationsschritte zur didaktischen Gestaltung von kompetenzorientierten Lernszenarios (etwa die didaktische Transformation von in Lehrplänen und Ausbildungsordnungen niedergeschriebenen curricularen Vorgaben in kompetenzorientierte Eckdaten), anderenteils werden (Planungs-)Werkzeuge präsentiert, mithilfe derer diese didaktischen Transformationen von den beruflichen Aus- und Weiterbildnern/Aus- und Weiterbildnerinnen realisiert werden können. So werden zum Beispiel das „Planungs-6-Eck" und eine „2-Perspektiven-Matrix" erläutert. Müller schließt seinen Beitrag mit Überlegungen zu handlungs- respektive kompetenzorientierten Prüfungen und der exemplarischen Präsentation eines Planungswerkzeuges für die Konstruktion einer kompetenzorientierten Prüfungsaufgabe.

HELMUT ERNST und GISELA WESTHOFF stellen in ihrem Schriftstück „Flexible Aus- und Weiterbildungskonzepte: Kompetenzentwicklung im Spannungsfeld von Berufsfähigkeit und Unternehmensorientierung" ausgewählte Ergebnisse aus Modellversuchen im Programm „Flexibilitätsspielräume für die Aus- und Weiterbildung in kleinen und mittleren Unternehmen" dar. Zunächst erfolgt im Kontext gestaltungsoffener Berufsbildung eine Darlegung der wichtigsten Zielsetzungen und Schwerpunkte des Modellversuchsprogramms, beispielsweise die Entwicklung, Erprobung, Evaluierung und Verbreitung von neuen Konzeptionen und Angeboten für Klein- und Mittelbetriebe. In der Folge wird der Prozess zur Findung einer gemeinsamen Kompetenzdefinition im Programmarbeitskreis erläutert, wobei eine Anlehnung an die von der Kultusministerkonferenz forcierten Kompetenzdimensionen und das Strukturmodell des deutschen Qualifikationsrahmens erfolgte. Im Weiteren werden von dem Autor und der Autorin einzelne Ergebnisse der Selbstevaluation zur Kompetenzfeststellung und -entwicklung, an der insgesamt 20 Modellversuche teilnahmen, präsentiert. Darüber hinaus wird anhand eines konkreten Modellversuchsbeispiels zur Herausbildung von externem Aus- und Weiterbildungsmanagement auf die Kompetenz- und Organisationsentwicklung in einer modernen deutschen Berufsbildungsinstitution eingegangen: Im Schweriner Ausbildungszentrum wurde mit dem Einsatz von Service-Aus- und -Weiterbildnern/-Weiterbildnerinnen eine innovative, an einer flexiblen, gestaltungsoffenen und kompetenzbasierten Berufsbildung orientierte Dienstleistung generiert.

Abschnitt V: Messung und Validierung beruflicher Kompetenzen

MARKUS HIRSCHMANN, HANS GRUBER und STEFAN DEGNER widmen sich in ihrem Text „Beiträge der Expertiseforschung zur Kompetenzmessung" der fruchtbringenden Symbiose zwischen Expertise- und Kompetenzforschung. Dazu skizzieren sie zunächst generell die Grundzüge der Expertiseforschung. Nach ihrem Verständnis zeichnet Menschen mit Expertise eine herausragende und dauerhafte Leistungsfähigkeit in einer ganz bestimmten Domäne aus, und die vornehme Aufgabe der Expertiseforschung besteht darin, die Entstehung und den Aufbau von Kompetenz und Expertise – etwa mithilfe kontrastiver Vergleiche von Experten/Expertinnen und Novizen/Novizinnen – zu explorieren. Darüber hinaus thematisieren die Autoren Konzepte beruflicher Handlungskompetenz und streichen die exorbitante

Bedeutung der Deliberate Practice, also des zielgerichteten und systematischen Übens zur Erhöhung der Performanzqualität, hervor. In ihrem Beitrag zeichnen sie schließlich die Kompetenzentwicklung (vom Neuling hin zum Experten/zur Expertin) anhand dreier unterschiedlicher Tätigkeitsbereiche (Jazzmusik, Medizin und Universitätslehre) nach und stellen einige interessante Untersuchungsergebnisse vor.

FRANK ACHTENHAGEN und ESTHER WINTHER befassen sich in ihrer Explikation „Kompetenzmessung im beruflichen Bereich – Notwendigkeiten und Möglichkeiten eines internationalen Vergleichs" vorrangig mit der computergestützten Messung verschiedener berufsfachlicher Kompetenzstrukturen in der kaufmännisch-verwaltenden Berufsbildung. Nachdem ein kurzer Blick auf die Kompetenzmessung im internationalen Vergleich geworfen wurde, erfolgt eine Konzentration auf die Messung beruflicher Kompetenzen am Beispiel der Ausbildung von Industriekaufmännern/-frauen. Ein Strukturkonzept der kaufmännischen Kompetenz, das sich in eine domänenverbundene und eine domänenspezifische Kompetenz aufteilt, wird skizziert und das Vorgehen bei der Modellierung berufstypischer und wirklichkeitsgetreuer Aufgabenformate dargestellt. Das für angehende Industriekaufleute entwickelte Testverfahren sowie einzelne Testsituationen und -aufgaben zur Leistungserfassung werden illustriert. Im Rahmen einer empirischen Untersuchung zur Konstruktvalidität von Simulationsaufgaben wurden die entwickelten Aufgaben – vor dem Hintergrund (technologiebasierter) Messung berufsfachlicher Kompetenz in der kaufmännischen Bildung – bei 264 auszubildenden Industriekaufleuten in 7 kaufmännischen Schulen getestet. Ausgewählte Studienergebnisse werden in der Folge präsentiert und abschließend einzelne Schlussfolgerungen gezogen.

VOLKER BANK und SAM F. SCHAAL gewähren in ihrem Fachbeitrag „Feststellung betrieblichen Weiterbildungsbedarfs als Messung vorhandener und fehlender Kompetenzen" Einblick in einen extensiven Ansatz zur Kompetenzmessung, der auf einer Kombination von lernzieltheoretischen Überlegungen mit Likert-Skalierungen fußt. Nach einer Skizze zum Kompetenzbegriff und zu Zugängen einer Bildungsbedarfsanalyse wird von den beiden Autoren auf die Prognoseproblematik und verschiedene Prognoseverfahren (etwa die Delphi-Methode und die Szenariotechnik) eingegangen. Anschließend wird anhand eines Beispiels die erforderliche Transformation einer Prognose in ein Messinstrument expliziert, wobei sich Bank und Schaal bei der Ermittlung des Weiterbildungsbedarfs dezidiert für den Einsatz von Radar-Charts (versus konventionelle Soll-Ist-Profile) aussprechen, zumal bei diesen neben der „Soll"- und „Ist"-Struktur auch die „Will"- und „Kann"-Struktur dargestellt werden und dadurch präzisere Aussagen im Hinblick auf die erfolgreiche Modellierung und Realisierung von Weiterbildungsaktivitäten getätigt werden können. Zur Messung der vorhandenen und fehlenden (kognitiven, affektiven und psychomotorischen) Kompetenzen schlagen die Autoren die Verwendung von Likert-Skalen mit Rating-Items vor.

REINHOLD NICKOLAUS, STEPHAN ABELE und TOBIAS GSCHWENDTNER sprechen mit „Valide Kompetenzabschätzungen als eine notwendige Basis zur Effektbeurteilung beruflicher Bildungsmaßnahmen – Wege und Irrwege" eine komplexe Materie an, die seit geraumer Zeit intensiv diskutiert wird. In ihrem Aufsatz konzentrieren sich die drei Autoren auf Ansätze, Probleme und Perspektiven einer validen Abschätzung von beruflichen Fachkompetenzen, vorrangig expliziert am Beispiel des kraftfahrzeugtechnischen Bereichs. Zunächst widmen sie sich bekannten Ansätzen und Konzepten zur Abschätzung beruflicher Kompetenzen und deren Eignung zur Generierung valider Aussagen. Im Zuge dieser Abhandlung klassifizieren sie beispielsweise die in der Berufsbildung weitverbreiteten Selbsteinschätzungen zur Kompetenzerfassung als Irrweg. In ihrem dritten Artikelabschnitt präsentieren die Autoren einige Befunde zu Studien zur Kompetenzstruktur- und Kompetenzniveaumodellierung. Des Weiteren wird in der Textierung auf Potenziale computerbasierter Simulationen eingegangen. Im Zusammenhang mit der Reliabilitäts- und Validitätsproblematik im Bereich fachlicher Problemlösefähigkeit wird von Nickolaus, Abele und Gschwendtner auch auf Formen adaptiven Testens und die Generierung von Aufgabenstellungen, die in kürzerer Zeit bearbeitet werden können, hingewiesen. Ihre Darlegung schließen die Autoren mit einem kurzen Blick auf zukünftig notwendige Forschungsarbeiten, wobei sie der Realisierung eines kohärenten Forschungsprogramms das Wort reden.

HEIDI MÖLLER und ARTHUR DREXLER stellen in ihrem Bericht „Bildungscontrolling: das Innsbrucker Modell zur Evaluation von Coachingausbildungen" nach einleitenden Worten zum Bildungscontrolling zunächst zwei Coachinglehrgänge, durchgeführt an der Universität Innsbruck und in Schloss Hofen, vor. Anschließend wird auf Basis dieser beiden Lehrgänge ein Evaluationsdesign zur Messung und Beurteilung der Effekte und Resultate von Aus- und Weiterbildungen präsentiert. Folgende Evaluationsinstrumente kamen bei diesen beiden Lehrgängen zu unterschiedlichen Messzeitpunkten zum Einsatz: Affekterkennungstest, Arbeitsprobe, betriebswirtschaftlicher Wissenstest, psychometrische Persönlichkeitsfragebögen (Freiburger Persönlichkeitsinventar und Bochumer Inventar zur berufsbezogenen Persönlichkeitsbeschreibung), (subjektive) Selbsteinschätzungen und Skulpturarbeit. In der Folge werden von Möller und Drexler wesentliche Evaluationsergebnisse und Interpretationen präsentiert. Beispielsweise fanden bei den Lehrgangsteilnehmern/-teilnehmerinnen Veränderungen bei einzelnen Persönlichkeitsmerkmalen (etwa Extraversion und Leistungsorientierung) statt. Darüber hinaus ließen sich Tendenzen zur verbesserten Affekterkennung in beiden Lehrgangsgruppen erkennen. Zudem wurden die von den Teilnehmern/Teilnehmerinnen entwickelten Lösungsansätze bei der Bearbeitung konkreter, coachingspezifischer Fälle merklich prägnanter und realistischer.

FRITZ SCHERMER charakterisiert in seinem Text „Das Matrix-Verfahren – ein Beitrag zur Professionalisierung der Kompetenzdiagnostik" ein spezielles Verfahren zur berufsbezogenen Eignungs- und Kompetenzbeurteilung, das den in der DIN 33430 für berufliche Eignungsdiagnostik definierten Standards und Qualitätskriterien entspricht. Ausgehend von einem kurzen Blick auf die gegenwärtige Situation der Eignungsfeststellung in Österreich wendet sich der Autor in der Folge den wesentlichsten Vorgaben zu, die an die Entwicklung eines neuen Verfahrens zur Eignungsdiagnostik gestellt wurden. Genannt werden dabei beispielsweise die Qualität des Ergebnisberichtes des Verfahrens in der Güte eines Fachgutachtens, die Fachkompetenzen der prozessbegleitenden Personen, die Statusverschiebung der untersuchten Person, der Mix unterschiedlicher theoretischer Ansätze und Instrumente sowie die individuell flexible Einsetzbarkeit. Im Anschluss daran wird der Ablauf des Matrix-Verfahrens beschrieben, wobei zur Illustration fallweise Ergebnisse aus einem konkreten Praxisfall eingeschoben werden. Im Rahmen der insgesamt fünf Verfahrensmodule kommen vorrangig (biografische) Gespräche und psychometrische Testungen zur Kompetenzerkennung zum Einsatz. Das mehrdimensionale Diagnoseverfahren mündet in die Erstellung eines Laufbahnplans für die teilnehmende Person.

SANDRA BOHLINGER zieht in ihrem Aufsatz „Anerkennung und Validierung von Lernergebnissen und Berufserfahrung im internationalen Vergleich" Bilanz über die Validierungssysteme und -strategien in Europa und Nordamerika. Mit dem Begriff „Validierung" wird die Identifizierung, Erfassung, Beurteilung und Anerkennung formal, nonformal und informal erworbener Kompetenzen zum Ausdruck gebracht. Die Autorin zeigt mit Blick auf die Validierungsdiskussion in Europa die mannigfaltigen Wege der einzelnen Länder bei der Realisierung ihrer Validierungsansätze von Lernergebnissen auf, wobei sie hinsichtlich der Anerkennung informell und nicht formal erworbener Kenntnisse, Fähigkeiten und Fertigkeiten dezidiert auch auf die in den meisten Ländern der Europäischen Union vorherrschende Unsicherheit hinweist. Bei ihrem Blick auf Nordamerika beleuchtet die Autorin zunächst das Prior Learning Assessment and Recognition in Kanada, wobei sie für die Validierungssituation in Kanada, das wie die USA über kein nationales Bildungssystem verfügt, ein uneinheitliches Bild zeichnet. Bohlinger diagnostiziert die Curricula der Colleges und Universitäten als essenzielle Schwachstelle bei der Validierung in den USA, zumal diese keine Lernergebnisorientierung aufweisen. Am Ende ihres Artikels gibt die Autorin einen Ausblick auf wichtige zukünftige Handlungs- und Forschungsfelder, etwa die Klärung von Fragen zur Wertigkeit unterschiedlicher Lernformen und zur Wirksamkeit von Validierungsmethoden.

Wie dieser Überblick offenbart, stellen die Entwicklung, Messung und Bewertung von Kompetenzen aktuelle und herausfordernde Aufgabenstellungen dar. Die Leser/-innen stoßen bei der Lektüre dieser Publikation also einesteils auf kritische Situationsanalysen und wissenschaftlich kompakte Explikationen plausibel erscheinender theoretischer Überlegungen, anderenteils auf nüchterne, aber äußerst anschauliche Ergebnisse empirischer Studien, sehr praktische, forschungsgeleitete „Kunstgriffe" und innovative Praxisansätze.

Dieses Buch wäre ohne die produktive und ambitionierte Mitwirkung der beteiligten Symposiumsvortragenden und Gastautoren/-autorinnen nicht entstanden. Mein Dank richtet sich daher vorrangig und speziell an sie. Ihnen allen danke ich sehr herzlich für die wohlwollenden Gespräche, die reputierlichen Texte und die gedeihliche Kooperation. Herzlich bedanke ich mich auch bei meinen Mitarbeiterinnen Maria Hofbauer und Michaela Mittermaier, die mir im Besonderen bei den Formatierungs- und Layoutierungsarbeiten professionell und engagiert zur Seite standen. Eine wertvolle Hilfe war mir auch Frau Iris Zauner, die mich als erfahrene Textkorrektorin vorzüglich unterstützte. Ebenso geht mein Dank an Frau Elisabeth Kindermann und Herrn Jürgen Haunschmidt vom Trauner Verlag für die konstruktive Zusammenarbeit.

Linz, im Januar 2012

I.
Berufsbildungstheoretische Annäherungen, systematische Rekonstruktionen und kritische Reflexionen

Karin Büchter
Berufs- und wirtschaftspädagogischer Diskurs vor und nach der
kompetenzorientierten Wende 23

Rita Meyer
Kompetenz- und Organisationsentwicklung im Kontext moderner Beruflichkeit
Theoretische und methodologische Annäherungen an die Sichtbarmachung
organisationaler Deutungsmuster und pädagogischer Ordnungen 43

Ulrike Buchmann / Tobias Zielke
Kompetenzen fördern über Entwicklungsaufgaben 59

Wolfgang Wittwer
Kompetenzentwicklung – Individualisierung oder Normierung?
Plädoyer für mehr Mut in der Personalentwicklung 81

Karin Büchter
Helmut-Schmidt-Universität Hamburg

Berufs- und wirtschaftspädagogischer Diskurs vor und nach der kompetenzorientierten Wende

1 Einleitung: Aktuelle Kompetenzforschung und -diskussion und Anliegen des Beitrags 23
2 Klassische Wirtschaftspädagogik und Berufsbildungstheorie: Berufung und Sozialintegration 25
3 Realistische Wende und Ideologiekritik: Qualifikation und Sozialisation 27
4 Emanzipatorische Perspektive: Qualifikation und kritische Kompetenz 28
5 Abstimmung zwischen Bildungs- und Beschäftigungssystem: Schlüsselqualifikationen und Selbstregulation 29
6 Curriculumreform: Qualifikation und Persönlichkeit 30
7 Resubjektivierung der Arbeit: Gestaltungs- und Handlungskompetenz 32
8 Dezentralisierung und Arbeitsorientierung: Erfahrungen und Implizites 34
9 Komplexität des Kompetenzbegriffs und das Problem des Umgangs damit 35
10 Fazit 36
Literaturverzeichnis 36

1 Einleitung: Aktuelle Kompetenzforschung und -diskussion und Anliegen des Beitrags

In der Berufs- und Wirtschaftspädagogik hat der Kompetenzbegriff in den 1980er-Jahren zunehmend Eingang in ihre fachspezifischen Publikationen gefunden. Anstöße hierfür gaben Erkenntnisse aus und Programmatiken zu den verschiedenen Referenzbereichen beruflicher Bildung: Arbeit, Beruf, Beschäftigung, Betrieb. Der bis dahin gültige Qualifikationsbegriff wurde immer häufiger als nur auf äußere Anforderungen gerichtete und damit einseitig verwertungsbezogene Kategorie kritisiert und zugunsten der subjektbezogenen Kategorie der Kompetenz an die Seite gerückt (vgl. Arnold & Gonon 2006, S. 96). Für die Berufs- und Wirtschaftspädagogik war mit dieser Kompetenzorientierung die Hoffnung verbunden, berufsbildungstheoretische Ansprüche auf Persönlichkeitsentfaltung im Kontext beruflicher Bildung realisieren zu können (vgl. Harteis 2002, S. 3). So wurde in den Folgejahren, „unter dem Gesichtspunkt, dass die Bildung und die Rechte des Individuums unter beruflicher Perspektive zentrale Bezugspunkte der Berufspädagogik sind, […] der neue Begriff ‚Kompetenz' begrüßt" (Vonken 2005, S. 69).

Mittlerweile liegt eine Fülle an Beiträgen vor, in denen mit verschiedenen Interessen und Zielen und aus unterschiedlichen Perspektiven über Kompetenzen bzw. konnotierte Begriffe wie Kompetenzentwicklung, -förderung, -analysen, -diagnostik, -messung und -bewertung geschrieben wird. Insgesamt lassen sich die berufs- und wirtschaftspädagogischen Beiträge zu Kompetenzen folgendermaßen rubrizieren:

Auf einer Metaebene existieren Überblicksartikel zur Kompetenzforschung (vgl. Seeber & Nickolaus 2010). Ferner werden unterschiedliche Diskussionszusammenhänge, in denen der Kompetenzbegriff eingebunden ist, vorgestellt (vgl. Clement & Piotrowski 2008). Zudem werden Ergebnisse von Diskursanalysen präsentiert (vgl. Haeske 2007), und aus (berufs-) bildungstheoretischer und gesellschaftskritischer Sicht werden die Kompetenzdebatte und -forschung reflektiert (vgl. Bolder & Dobischat 2009).

Zahlreich sind vor allem jene Beiträge, die eine Klärung des Kompetenzbegriffs beinhalten. Häufig setzen sich hierbei die Autoren/Autorinnen vom herkömmlichen Qualifikationsbegriff ab, vergleichen den Kompetenzbegriff mit dem Bildungsbegriff und entwickeln Kategoriesysteme zur Klassifikation von Kompetenz. Bei dem Bemühen der begrifflichen Konkretisierung zeigt sich dann nach wie vor deutlich, dass jegliche Versuche der Ausdifferenzierung von Klassifikationen oder Rastern mit folgender Schwierigkeit konfrontiert sind: „Eine Systematik, die den Anspruch erhebt, weite Tätigkeitsfelder abzudecken, wäre zwangsweise so umfassend und komplex, dass sie unweigerlich zu einem Bildungs-Taylorismus führen würde. [...] Eine Beschränkung auf wenige Kategorien [...] würde angesichts ihrer mangelnden Differenzierung und ihres zwangsläufig hohen Aggregationsniveaus kaum als valides Instrument der Kompetenzbewertung anerkannt werden." (Weiß 1999, S. 442) Aber genau diese Paradoxie und die Diffusität des Begriffs ist eine wesentliche Voraussetzung dafür, dass sich der Kompetenzbegriff interessenübergreifend als positiv besetzte Kategorie durchsetzen konnte.

Weitere Beiträge konzentrieren sich auf die Frage der Messung von Kompetenzen. Hierbei geht es um die Entwicklung von Methoden zur Analyse von Berufsfeldern, beruflichen Tätigkeiten, Arbeitsprozessen und -aufgaben, um darüber Anhaltspunkte für die betriebliche und schulische Kompetenzentwicklung zu bekommen. Außerdem geht es um die Entwicklung von Testmethoden und -instrumenten der Kompetenzdiagnostik im Anwendungsfeld des Berufsbildungs-Pisa (vgl. Rauner, Haasler, Heinemann & Grollmann 2009), von Verfahren und Instrumenten für die Messung von Fach- und Basiskompetenzen im Prozess der beruflichen Ausbildung und in bestimmten Ausbildungsberufen (vgl. Becker, Fischer & Spöttl 2010; Grollmann & Haasler 2009; Gschwendtner, Geißler & Nickolaus 2007), um Bilanzierung praktizierter (summativer und formativer) Verfahren der Kompetenzerfassung in der Ausbildung (vgl. Bürmann 2009) und um Möglichkeiten der Diagnostik von Kompetenzen von Lernenden im Übergangssystem mit dem Ziel, Aussagen für individuelle Förderkonzepte zu bekommen (vgl. Kremer & Zoyke 2010; Quante-Brandt, Anslinger & Grabow 2008).

Andere Publikationen befassen sich mit der Modellierung von Kompetenzen (vgl. Minnameier & Berg 2010), beispielsweise dort, wo unter der Perspektive der Kompetenz- und Outcome-Orientierung eine Revision curricularer Grundlagen der Berufsbildung und bestehender Prüfungsmodalitäten (vgl. Frommberger & Milolaza 2010; Reetz 2010) beabsichtigt ist, Kompetenzstrukturmodellen mit unterschiedlichen Kompetenzdimensionen für bestimmte Berufsfelder/Berufe (vgl. Nickolaus, Gschwendtner & Geißler 2008; Nickolaus, Gschwendtner, Geißler & Abele 2010; Winther & Achtenhagen 2008) entwickelt werden, Konzepte berufsbiografischer Gestaltungskompetenz zur Bewältigung diskontinuierlicher Lebensläufe (vgl. Hendrich 2002) entworfen werden und Vorschläge zur Gestaltung von Lehr-Lern-Prozessen zur Förderung von Kompetenzen bzw. ihrer verschiedenen Dimensionen unterbreitet werden (vgl. Straka 2006).

Schließlich lassen sich noch jene Beiträge nennen, in denen es um Validierung, Anerkennung und Zertifizierung von Kompetenzen auf nationaler, europäischer und internationaler Ebene geht, wobei da aktuell der Fokus auf informell erworbenen Kompetenzen liegt (vgl. Bohlinger 2010; Geldermann, Seidel & Severing 2009; Münk & Schelten 2010).

Angesichts dieser Fülle an Beiträgen zu „Kompetenz" stellt sich die Frage danach, ob es ein übergreifendes berufs- und wirtschaftspädagogisch typisches Interesse in der Kompetenzforschung gibt. Diese Frage führt hin zu der nach dem Selbstverständnis und dem Erkenntnisinteresse der Disziplin einerseits und der Genese der Kompetenzdiskussion und -forschung in der Berufs- und Wirtschaftspädagogik andererseits. Die Berufs- und Wirtschaftspädagogik gilt bislang noch als erziehungswissenschaftliche Disziplin, deren konstitutives Moment aus dem Dualismus eines nach ökonomischen Prinzipien gesteuerten Beschäftigungssystems, auf dessen Zugehörigkeit die Gesellschaftsmitglieder aus existenziellen Gründen angewiesen sind, zum einen und zum anderen eines – zumindest dem Anspruch nach – auf dem Grundsatz der freien Entfaltung der Person basierenden Bildungssystems resultiert und sich durch die wissenschaftliche Auseinandersetzung mit der diesen Dualismus versöhnenden Berufsbildung bestimmt. Die historisch konstante und übergreifende Frage, auf die sich die Berufs- und Wirtschaftspädagogik wissenschaftlich konzentriert, ist also die nach der Berufsbildung des sich auf einen Beruf oder eine berufliche Tätigkeit vorbereitenden jungen Menschen unter Berücksichtigung der an ihn gestellten beruflichen Anforderungen einerseits und die seiner persönlichen Interessen, Neigungen und Entfaltung andererseits. Im Kern geht es immer um die Dualität bzw. die Vermittlung dessen, was Lipsmeier (1982) als „Tüchtigkeit" und „Mündigkeit" bezeichnet hat.

Auch wenn die aktuelle Kompetenzorientierung in der Berufs- und Wirtschaftspädagogik durch die Vermutung, dass der Kompetenzbegriff in „seinem Subjektbezug bildungstheoretische Ziele und Inhalte auf[nimmt]" (Dehnbostel 2009, S. 216) und hierdurch die lang ersehnte „Konvergenz von Bildung und Ökonomie" (ebenda) realisierbar sei, Aufwind bekommen hat, wird in dieser Perspektive paradigmatischen Wechsels übersehen, dass es auf der Entwicklungslinie von Berufsbildung über Qualifikation hin zu Kompetenz immer schon und immer noch um ein Oszillieren zwischen den beiden unterschiedlichen Positionen ging und geht.

Im folgenden Beitrag soll die Entwicklung von der berufsbildungstheoretischen Orientierung über die Qualifikationsorientierung hin zur Kompetenzorientierung im Kontext verschiedener berufs- und wirtschaftspädagogischer Diskussionszusammenhänge rekonstruiert werden. Gezeigt werden soll, dass das genannte Spannungsverhältnis und das Bemühen, dieses zu versöhnen, eine Konstante der berufs- und wirtschaftspädagogischen Diskussion ist, ob es nun um Berufsbildung, Qualifikation oder Kompetenzen geht, und dass sich die Art und Weise, wie dieses gelöst wird, sich im Laufe der Entwicklung von der Berufsbildung über Qualifikation zu Kompetenz nicht unbedingt verbessert hat, auch wenn Kompetenz derzeit als Allheilmittel kommuniziert wird.

2 Klassische Wirtschaftspädagogik und Berufsbildungstheorie: Berufung und Sozialintegration

Im Sinne einer „sekundären Disziplinierung" (Harney 2009) folgten Entwicklung und Ausdifferenzierung der Berufs- und Wirtschaftspädagogik zunächst berufsbildungspolitischen und -praktischen Problemen. So waren die ersten universitären Vorläufer der heutigen Disziplin zu Beginn des 20. Jahrhunderts eine Folge der damaligen Fortbildungs- bzw. Berufsschulbewegung, die wiederum zur Institutionalisierung bzw. Akademisierung der entsprechenden Lehrer-/Lehrerinnenschaft führte.

Zu den zentralen Themen universitärer Berufsschullehrer/-innen-Bildung gehörten die Fachwissenschaften, Methodik der Fächer sowie Organisation und Recht der Berufsschule. Im Zuge der „Reformüberlegungen zur Verwissenschaftlichung und Intensivierung der pädagogischen Studien" (Pleiss 1973, S. 160) ab Mitte der 1920er-Jahre kam es zu einer Aufwertung pädagogischer Inhalte im Studium und in diesem Zusammenhang zu einer Integration von Themen der psychologischen und pädagogischen Jugendkunde in die Studienpläne. Die häufiger gestellte Frage danach, unter welchen geistig-seelischen Voraussetzungen und Bedingungen die „Berufs- und Fachschuljugend" (Feld 1928, S. 56) zu Beruf und Wirtschaft erzogen werden kann, berührten auch das disziplinäre Selbstverständnis: „Die Berufsschul- und Wirtschaftspädagogik ist eine auf kulturphilosophischer Basis ruhende erziehungswissenschaftliche Disziplin, die unter spezifischer Auswertung der jugendkundlichen, wirtschaftswissenschaftlich-beruflichen und soziologischen Erkenntnisse sich die Aufgabe stellt, die in die wirtschaftlich gerichteten Lebensberufe hineinwachsende Generation unter Beachtung ihrer besonderen Lebensform durch Entfaltung der eigentümlichen Kräfte und Anlagen für ihr Eigen-, Berufs- und Gemeinschaftsleben heranzubilden, wobei der Weg zu dieser vollwertigen Persönlichkeitsbildung von der grundlegenden Bildung ausgeht und über die Berufsbildungssphäre hinwegführt." (Feld 1932, S. 15) Es ging also um das Hineinwachsen in „wirtschaftlich gerichtete Lebensberufe", die Integration in das „Berufs- und Gemeinschaftsleben" und um „vollwertige [...] Persönlichkeitsbildung".

Die ebenfalls in den 1920er-Jahren begründete Berufsbildungstheorie, die „nicht direkt" (Zabeck 2009, S. 513) an der akademischen Etablierung der Berufs- und Wirtschaftspädagogik beteiligt war, konzentrierte sich auf die Frage, wie die Berufsbildung Jugendlicher ausgerichtet sein müsste, damit diese dem Erlernen der beruflichen Arbeit, die jedem eine Lebensaufgabe zu sein habe, gerecht wird, gleichzeitig den sozialintegrativen Erfordernissen entspricht und darüber hinaus die interessenpsychologischen Aspekte des Jugendalters berücksichtigt. „Arbeit als didaktisches Zentrum" und Fachbildung waren die Antworten auf die Frage danach, wie Berufsbildung curricular-didaktisch zu gestalten wäre, „staatsbürgerliche Erziehung" war die Antwort auf die Frage nach sozialintegrativen Erfordernissen und das „Grundaxiom des Bildungsprozesses" (Kerschensteiner 1931) oder das „persönliche Bildungszentrum" (Spranger 1929) waren die Konzepte, die zur Realisierung subjektiver Entfaltungsinteressen Jugendlicher in der (Berufs-)Bildung vorgeschlagen wurden. Die Entwicklung in der industriellen Arbeit und auf dem Arbeitsmarkt blieben in Kerschensteiners und Sprangers Berufsbildungstheorie zugunsten einer einseitigen Orientierung am traditionellen Handwerk weitgehend ausgeblendet. So spielte das künstlerisch-handwerkliche Fachwissen eine wichtige Rolle, und angesichts der weiteren Aufgaben, die Berufsbildung erfüllen sollte, durfte sich diese auf keinen Fall hierauf reduzieren: „Die Berufsbildung ist so zu gestalten, dass sie sich nicht in einem engen Fachwissen erschöpft, sondern erstens an einem umfassenderen Berufstypus die Berufsidee und das Berufsethos überhaupt entwickelt, zweitens die Umstellung auf verwandte Berufe ermöglicht und drittens den organischen Mittelpunkt abgibt für eine nach allen Seiten des gesellschaftlichen und geistigen Lebens ausstrahlende Allgemeinbildung." (Spranger 1920, S. 57) Auch Kerschensteiner (1931) entfaltete mit den „drei Seiten des Bildungsbegriffs", der axiologischen, der psychologischen oder formalen und der teleologischen Seite, verschiedene Dimensionen des Bildungsbegriffs auf dem Kontinuum zwischen gesellschaftlicher Gebundenheit und Individualität.

3 Realistische Wende und Ideologiekritik: Qualifikation und Sozialisation

Die Kritik am konservativ-restaurativen Anspruch der Sozialintegration sowie an einer unrealistischen Auffassung von Arbeit einerseits, sowie der Einfluss des Kritischen Rationalismus und der Kritischen Theorie in der Erziehungswissenschaft und Berufs- und Wirtschaftspädagogik andererseits, haben in den 1960er-Jahren dazu beigetragen, dass das Berufsbildungsverständnis der Klassiker als unzeitgemäß interpretiert. Angesichts der Erfahrungen mit dem totalitären System des Nationalsozialismus und der Hinweise auf das kapitalistische Interesse an der reellen Subsumtion der Arbeitskraft wurde Berufsbildung als Medium der Funktionalisierung interpretiert. Einmal gehe es um Qualifizierung, also um die Vermittlung von Kenntnissen, Fähigkeiten und Fertigkeiten, die eine Person besitzen muss, um die fachlichen Anforderungen von Arbeit bewältigen zu können, andererseits gehe es um die Steuerung von Verhalten und Orientierung von Arbeitskräften im Sinne einer reibungslosen arbeitsteiligen Produktion und der Reproduktion kapitalistischer Gesellschaft (vgl. Baethge 1970; Greinert 1966; Lempert 1971). Eine argumentative Basis für solche deterministischen Dualismusansätze boten soziologische Qualifikationskonzepte, in denen zwischen funktionalen und extrafunktionalen (vgl. Dahrendorf 1959), prozessabhängigen und prozessunabhängigen Qualifikationen (vgl. Kern & Schumann 1970) unterschieden wurde. Auch die Konzepte der „normativen Orientierungen" (Offe 1970) interpretierten Qualifikationen als zentrale Elemente der Reproduktion einer herrschaftsgesteuerten, standardisierten Produktions- und Sozialstruktur. Denn die weitgehend entsubjektivierten Arbeitsprozesse, so der Tenor, verlangten neben technischen Qualifikationen auch opportunistische Einstellungen der Arbeiter/-innen im Sinne einer konfliktfreien Produktion (vgl. Lempert & Franzke 1976, S. 18). Aus historiografisch-ideologiekritischer Sicht ging es bei der Berufsbildung bzw. Qualifizierung immer auch um die ideelle Subsumtion der Arbeit unter das Kapital und um die Herstellung von „Arbeit und Gehorsam" (Kipp & Manz 1985). Die kritische berufliche Sozialisationsforschung der 1960er- und 1970er-Jahre stellte dementsprechend auch die „beruflichen und betrieblichen Rollenanforderungen und Regelwerke" (Heinz 2006, S. 323) und die Prozesse der Internalisierung normativer Erwartungen durch die Jugendlichen und Erwachsenen in Arbeit, Beruf und Berufsbildung in den Mittelpunkt der Betrachtung.

Auch wenn in der aktuellen Kompetenzdebatte die Qualifikationsdiskussion der 1960er- und 1970er-Jahre zu einem gewissen Teil als einseitig strukturfunktionalistisch kritisiert werden kann, ist dies nicht die ganze Wahrheit. So meldeten sich damals auch ideologiekritische Stimmen, die aber die Rolle von Qualifikationen nicht ausschließlich in ihrer reproduktiven Funktion im Zuge der Entsubjektivierung von Arbeit thematisieren wollten. Vielmehr wurden Qualifikationen auch als Chance begriffen, unter den Zwängen von Arbeit die Persönlichkeit nicht verkommen zu lassen, sondern ihre Entwicklung zu fördern. So sah Röhrs (1963) in seiner Auseinandersetzung mit der „Bildungsfrage in der modernen Gesellschaft" zwar einerseits den Verwertungs- und Unterwerfungsgedanken im Qualifikationsverständnis, deutete dies aber gleichzeitig als Herausforderung für die Pädagogik. Angesichts einer inhaltlichen Verflachung von „Arbeit und Beruf" (ebenda, S. 81) und der Tatsache, dass die Arbeitswelt „unter dem harten Gesetz der Rentabilität und Produktivität nur in sehr begrenztem Maße Raum für allgemein-menschliche Rücksichten und Erwägungen" ließe, dürfte sich berufliche Bildung nicht in der „speziellen Zurichtung auf den umgrenzten Tätigkeitsbereich in perfekter fachlicher Qualifikation" (ebenda, S. 82) erschöpfen. Das „Hineintragen der pädagogischen Grundanliegen" in die Arbeitswelt müsse zum berufspädagogischen Anliegen werden.

Die Idee, sich von einer funktionsbezogenen Vereinseitigung des Qualifikationsbegriffs zu distanzieren, hat in der Berufs- und Wirtschaftspädagogik rasch Konsens gefunden, zumal ohne diese Perspektive keine Anknüpfungspunkte für bildungstheoretische Überlegungen bzw. für curriculare und didaktische Ansätze zur Förderung subjektiven Handelns und damit zur Persönlichkeitsentwicklung gegeben wären (vgl. Kutscha 1976).

4 Emanzipatorische Perspektive: Qualifikation und kritische Kompetenz

In diesem Zusammenhang konzentrierte sich die kritische Berufs- und Wirtschaftspädagogik auf die Idee, die Verhältnisse in der Gesellschaft und der Arbeitswelt nicht einfach durch die qualifikatorische Anpassung von Arbeitskraft zu reproduzieren, sondern durch eine kritisch-reflektierte subjektive Aneignung und Anwendung von Qualifikationen zu verändern.

Um der Anpassung oder Unterwerfung der Persönlichkeit unter technisch-ökonomische Bedingungen zu entgegnen, wurden unterschiedliche Vorschläge unterbreitet, wie die Verzahnung von Allgemeinbildung und Berufsbildung, wobei das Verständnis von Berufsbildung – anders als in der klassischen Berufsbildungstheorie – die Entwicklungen der industriellen Arbeitswelt mit aufnahm: „Der Mensch ist Zweck, nie bloßes Mittel, d. h., die Ausbildung darf den Menschen nicht als bloße Arbeitskraft verfügbar machen wollen. Als pädagogische Veranstaltung ist die Berufsausbildung so anzulegen, dass sie zugleich etwas für die Personwerdung des Menschen leistet." (Blankertz 1971, S. 291) Dies gelinge nur, wenn zwei Bedingungen erfüllt würden: „Die Ausbildung muss in einem Bereich erfahrbarer Sinnhaftigkeit erfolgen" und „Ausbildung und Bildung [sind] als Einheit zu fassen" (ebenda). Im Zusammenhang mit der Förderung von Kritikfähigkeit fand sodann immer häufiger auch der Kompetenzbegriff Verwendung: „Kompetenz heißt hier freilich wie auch sonst: Ermächtigung zu Kritik und Distanz, zu produktiver Teilhabe und Verantwortung." (Blankertz 1976, S. 6)

In der Berufsbildungsdiskussion stellten die inzwischen viel zitierten Überlegungen von Heinrich Roth (1971) – also die Unterteilung in Sozialkompetenz, die als die Fähigkeit aktiver Teilnahme und Auseinandersetzung mit Hintergründen und Prozessen gesellschaftlicher Entwicklung, in Selbstkompetenz als die Fähigkeit, sich selbst zu erkennen, zu erfahren und über sich selbst zu bestimmen auf der Basis allgemein menschlicher Verbindlichkeiten, in Sachkompetenz als Fähigkeit, Sachgüterwelt kooperativ und verantwortlich so zu gebrauchen und zu gestalten, dass sie der gesamten Menschheit nutzbar gemacht werden – einen Anknüpfungspunkt dar; und hier wiederum insbesondere der zentrale Bezugspunkt der Kompetenzfassung Roths: die Mündigkeit.

So wurde Kompetenz in der kritischen Berufsbildungstheorie der 1960er- und 1970er-Jahre auch in erster Linie als Merkmal einer mündigen Person begriffen und unter Rückgriff auf die kritische Kommunikations- und Identitätstheorie der Soziologie und Psychologie diskutiert. Kompetenz wurde in diesem Zusammenhang gleichgesetzt mit Kritik und Kommunikationsfähigkeit. Geißler (1974) sah in der Befähigung zur „kritischen Kompetenz" eine zentrale berufspädagogische Aufgabe. Das Subjekt komme ohne Kritikkompetenz nicht aus, „wenn es die eigenaktive Leistung von Identitätserfahrung (berufliche Identitätserfahrung) immer wieder erfolgreich bestehen will. Konkret bedeutet dies die Explikation des Phänomens

‚Kritik' in seiner Relation zur beruflichen Identität und damit zur Realisierung des Sinnes von Erziehung überhaupt." (ebenda, S. 10) Lempert & Franzke (1976) begriffen die „technische Intelligenz", die „Lern- und Leistungsmotivation" und die „kommunikative Kompetenz" als „außerordentlich bedeutsam[e]" Komponenten der Persönlichkeit.

5 Abstimmung zwischen Bildungs- und Beschäftigungssystem: Schlüsselqualifikationen und Selbstregulation

Die kritische Berufsbildungstheorie wurde ab Anfang der 1970er-Jahre jedoch von der Entwicklung des Arbeitsmarktes und deren Auswirkungen auf die Berufsbildung überschattet. Vor dem Hintergrund zunehmender Arbeitslosigkeit, die auch qualifizierte Arbeitskräfte betraf, wurde Ende der 1960er-, Anfang der 1970er-Jahre deutlich, dass die bis dahin weitgehend funktionierende Abstimmung zwischen Bildungs- und Beschäftigungssystem problematisch war. Dies führte zunächst zu unterschiedlichen Forschungsinitiativen (vgl. Baethge & Teichler 1984, S. 209): der bildungsökonomisch-humankapitaltheoretischen Forschung, der Arbeitsmarktforschung, der Qualifikationsforschung und der Sozialisationsforschung. Als Erstes sollte dieser Abstimmungsproblematik zwischen Bildungs- und Beschäftigungssystem durch bildungsökonomische Modelle zur Prognose des Arbeitskräftebedarfs begegnet werden. Angesichts der Unzulänglichkeit solcher Instrumentarien setzte die Arbeitsmarkt- und Berufsforschung im Rahmen ihrer Flexibilitätsforschung bald auf die Anpassung an unkalkulierbare Bedarfsentwicklungen durch die individuelle berufliche Flexibilität der Arbeitenden selbst.

Das angeblich arbeitsmarktpolitisch nicht mehr allein lösbare Problem der Abstimmung zwischen Bildungs- und Beschäftigungssystem wurde damit dem Einzelnen übertragen. In diesem Zusammenhang gewannen Bezeichnungen wie „individuelle Flexibilität" und „selbstregulative Abstimmung" (Beck, Brater & Daheim 1980) an Bedeutung. Ausdrücke, die die Silbe „selbst" enthielten, nahmen in der Qualifikationsdebatte immer mehr zu, wobei auch der Kompetenzbegriff, der bereits in erziehungswissenschaftlichen Diskussionskontexten durch seine persönlichkeitsbezogenen Merkmale Eingang gefunden hatte, auch im (berufs-)bildungspolitischen Zusammenhang immer häufiger rezipiert wurde. Das von Heinrich Roth (1971) inspirierte Kompetenzkonzept des Deutschen Bildungsrates (1974), mit dem Kompetenzen von Qualifikationen abgegrenzt und als „Lernerfolg im Hinblick auf den Lernenden selbst und seine Befähigung zu selbstverantwortlichem Handeln" (ebenda, S. 65) gefasst wurden, erfuhr nicht nur in der kritischen (Berufs-)Bildungsdiskussion, sondern auch in der auf Selbstregulation setzenden Arbeitsmarktforschung eine positive Resonanz. Dabei wurde auch deutlich, dass die bislang mit dem Kompetenzbegriff in Verbindung gebrachten Anliegen der Kritikfähigkeit und Mündigkeit sowie die daran geknüpften Erfordernisse der Selbstbestimmung redefiniert wurden in Selbststeuerungsfähigkeit und Selbstverantwortung vor dem Hintergrund eines unscharfen Arbeitsmarktes. Ein Grundsatzstreit über die Funktion des „Selbst" blieb aus und wurde durch das Furore machende Konzept der Schlüsselqualifikationen abgefangen.

Der damalige Direktor des Instituts für Arbeitsmarkt- und Berufsforschung (IAB), Dieter Mertens, formulierte die „Schlüsselqualifikationen" (1974) als „Schlüssel zur raschen und reibungslosen Erschließung von wechselndem Spezialwissen" (ebenda, S. 36). Schlüsselqualifikationen sollten vier Elemente umfassen: Basisqualifikationen, Horizontalqualifikationen (Informationen über Informationen), Breitenelemente (ubiquitäre Ausbildungsinhalte) und

Vintage-Faktoren (generationsbedingte Begriffssysteme). Ähnlich wie der derzeitige Kompetenzbegriff wurde der Begriff der Schlüsselqualifikationen zu einer allumfassenden Kategorie, die aufgrund ihrer Vagheit zugleich verschiedene Facetten menschlicher Entwicklung im Spannungsfeld zwischen Beschäftigung und Persönlichkeitsentfaltung umfassen und zugleich interessenpolitische Differenzen harmonisieren konnte.

Ab Mitte der 1980er-Jahre erfolgte dann „eine Flut von Veröffentlichungen mit unterschiedlichen Absichten und Schwerpunkten. Gemeinsam ist allen Sichtweisen, dass der Auszubildende mit einem universalen Schlüssel ‚auszustatten' ist, der im Arbeitsmarkt der Gegenwart und Zukunft möglichst viele Türen öffnet und den Einzelnen befähigt, berufliche, gesellschaftliche wie auch individuelle Probleme selbstständig zu lösen. Der Mitarbeiter der Zukunft soll flexibel einsetzbar, lernfähig und kooperationsbereit sein, um sich auf der Grundlage einer soliden beruflichen Qualifikation das jeweils notwendige spezifische Fachwissen schnell anzueignen." (Dörig 1995, S. 117) Insgesamt übte der Ausdruck „Schlüsselqualifikationen", der im Laufe der 1990er-Jahre allmählich in den Begriff der Schlüsselkompetenzen überführt wurde, insbesondere auch deshalb eine starke Faszination aus, weil mit ihm suggeriert werden konnte, dass der Einzelne frei sei, zwischen unterschiedlichen Möglichkeiten im Beschäftigungssystem und Bildungssystem entscheiden zu können. Aus kritischer Sicht ging es aber um die Erzeugung von „Haltungen und Einstellungen der Arbeitenden" und darum, dass „ihre ‚Unbeweglichkeit' […] als zentrale Ursache vielfältiger Arbeitsmarktprobleme ausgegeben werden [sollte]" (Beck, Brater & Daheim 1980, S. 106).

Während die einen Kritiker/-innen die Elastizität und Interpretationsoffenheit des Terminus als arbeitsmarkt- und berufsbildungspolitische Strategie zur „Überwindung von Schwachstellen in der beruflichen Bildung" (vgl. Dubs 2006, S. 198) deuteten, interpretierten andere Schlüsselqualifikationen positiv und konstruktiv und sahen hierin auch emanzipatorisches Potenzial, mithilfe dessen die Spielräume im Verhältnis zwischen Bildungs- und Beschäftigungssystem im Sinne einer Beeinflussung und Mitgestaltung sozialer Strukturen genutzt werden könnten (vgl. Arnold 1991). Dies inspirierte dann zusätzlich die berufs- und wirtschaftspädagogische Curriculumdiskussion, die von Beginn an mit einem umfassenden Qualifikationsbegriff arbeitete.

6 Curriculumreform: Qualifikation und Persönlichkeit

An die Qualifikationsdiskussion und -forschung der 1960er- und 1970er-Jahre, die eine Antwort auf die künftigen Qualifikationsentwicklungen zu liefern bemüht war und gleichzeitig sich mit der Frage nach der ökonomischen und pädagogischen Funktion von Qualifizierungsprozessen auseinandersetzte, knüpfte die frühe berufs- und wirtschaftspädagogische Curriculumdiskussion an, in deren Mittelpunkt die Frage danach stand, wie berufliche Curricula konzipiert werden müssten, um einem möglichst aktuellen und umfassenden Qualifikationsbegriff gerecht zu werden.

Die Komplexität des Qualifikationsbegriffs wurde in der Berufs- und Wirtschaftspädagogik im Anschluss an die „Curriculumrevision" von Saul Robinsohn deutlich hervorgehoben. Trotz aller Kritik an seiner Programmschrift räumte Robinsohn (1967) dem Qualifikationsbegriff eine „besondere Stellung" (Reetz 1984, S. 13) ein, befreite ihn aus der funktionalistischen Verengung und gab Impulse dafür, dass er bildungstheoretisch diskutiert werden konnte. Die bildungstheoretisch ausgerichtete Curriculumreformbewegung fand ihren Niederschlag beispielsweise in dem Strukturgitteransatz von Blankertz (1975) oder im politökonomischen Curriculum von Kutscha (1976). Diese operierten mit einem Qualifikationsbegriff, der sich nicht deduktiv aus sich scheinbar sachlogisch vollziehenden Entwicklungen ableiten ließ, sondern sich als Instrument verstand, das im politisch-aufklärerischen Interesse funktionalisiert werden sollte. In dieser Diskussion – und in der Curriculumdiskussion der 1970er-Jahre überhaupt – galt der Qualifikationsbegriff noch als Oberbezeichnung, unter den der Kompetenzbegriff subsumiert wurde: „Qualifikation sei verstanden als Gesamtheit, als System der einzelnen Kompetenzen eines Handelnden, bezogen auf einen Verhaltensbereich mit bestimmten Leistungsansprüchen. Kompetenz sei die erworbene Disposition (Wissen, Fertigkeit, Fähigkeit) des Handelnden für angemessenes Verhalten in einer spezifischen Situation. [...] Diese Unterscheidung erscheint aus zwei Gründen als sinnvoll: zum einen bedeutet Qualifikation immer eine komplexe und relativ dauerhafte Größe, die Fähigkeit zu systematisch miteinander verbundenen Einzelleistungen. Zum anderen setzt sich [...] der Begriff der Kompetenz durch als Bezeichnung für das Lernergebnis in einer bestimmten Verhaltensdimension." (Lüdtke 1975, S. 175f.)

Aus der Perspektive der Curriculumkonstruktion ging es Reetz (1984) darum, das Konzept funktional-fachlicher Qualifikationen zu erweitern um die individuellen und sozialen Aspekte. Vor dem Hintergrund des erweiterten normativen Qualifikationsbegriffs, so seine Folgerung, müsste dann auch nach „pädagogische[n] Grundsätze[n]" (ebenda, S. 77) gefragt werden, die für die Lernzielfrage Orientierung sein sollen. Diese Grundsätze sah Reetz mit den drei miteinander verwobenen curricularen Prinzipien gegeben: dem Wissenschaftsprinzip, dem Situationsprinzip und dem Persönlichkeitsprinzip. Von diesem Standpunkt aus bedeutet Qualifizierung für eine berufliche Tätigkeit und die dafür erforderliche Curriculumkonstruktion niemals nur die Reduzierung auf die Vermittlung funktionaler Qualifikationen zur Reaktion auf wissenschaftliche, technische Objektivationen, sondern immer auch die Berücksichtigung von subjektiven Interessen und Entwicklungsmöglichkeiten der Lernenden. Gemeint seien in diesem Zusammenhang „Persönlichkeitsaspekte in Form von Fähigkeiten und Kompetenzen [...]: Mündigkeit, Kritikfähigkeit, Entscheidungsfähigkeit, Kreativität, Problemlösungsfähigkeit" (ebenda, S. 96). Der erweiterte Qualifikationsbegriff berücksichtige die „Funktion der Vermittlung zwischen den subjektiven und objektiven Bedingungen beruflich-gesellschaftlicher Situationsbewältigung" und den „Anspruch des Individuums auf Entwicklung der Persönlichkeit" (ebenda, S. 129). So gesehen erhielten „das Persönlichkeitsprinzip mit seiner kompetenzorientierten Variante und das Situationsprinzip [...] für unseren Qualifikationsbegriff konstitutiven Charakter." (ebenda)

Die Curriculumdiskussion der 1960er- und 1970er-Jahre fiel fast zeitlich mit der damaligen Qualifikationsforschung der Industriesoziologie und der außeruniversitären Arbeitsmarkt- und Berufsforschung und Berufsbildungsforschung zusammen, deren Ziel u. a. darin bestand, anhand von Analysen von Qualifikationsstruktur und -bedarf zu nützlichen Aussagen für die Berufsbildungsplanung zu gelangen. Für die Curriculumdiskussion neu war, dass Qualifikationen von nun auch unter Berücksichtigung arbeitspsychologischer Untersuchungen als ein Ensemble von Fertigkeiten, Kenntnissen, Fähigkeiten und Können gefasst wurden. Dabei ging es vor allem auch darum zu zeigen, dass es sich bei Qualifikationen um einen Komplex handelt, der sich zwar durch die Anforderungen in Arbeit und Beruf bestimmt, diese Qualifikationen jedoch erst aufgrund der subjektiven Rezeption und Interpretation Substanz gewännen. Der Qualifikationsbegriff könne damit nicht einfach von der Subjektivität in Handlungen überführt werden. Die objektive Realität als Inhalt von Tätigkeit „wird in Form von Begriffen,

Vorstellungen, Werturteilen oder Kenntnissen vom Subjekt erkannt, das heißt psychisch abgebildet. Sie stellen gewissermaßen das Material dar, mit dem die Persönlichkeit [...] operiert bzw. durch die die objektive Realität regulierend in den Tätigkeitsablauf eingreift." (Boehm, Mende, Riecker & Schuchardt 1974, S. 114) Subjektivität und Persönlichkeit waren hier nicht mehr Additiva, sondern inhärente Momente bei der Anwendung von Qualifikationen in der Berufsbildung und in der Arbeitstätigkeit und erhielten damit auf die Art und Weise, wie sich die Qualifikationen in Handeln manifestierten, steuernde Wirkung. Hieran konnte wiederum die gestaltungsorientierte Berufsbildungsdiskussion mit ihrem Qualifikationsverständnis anknüpfen.

7 Resubjektivierung der Arbeit: Gestaltungs- und Handlungskompetenz

Die emanzipatorische Dimension des Qualifikationsbegriffs, wie sie bereits in der kritischen Berufsbildungstheorie und in den Ansätzen der Curriculumreform mitgedacht waren, erhielt zusätzliche Argumente durch die Diskussion um die Gestaltung von Technik und die Humanisierung der Arbeit, wie sie innerhalb der Industriesoziologie der 1970er-Jahre geführt und zumindest ansatzweise auch in der Berufs- und Wirtschaftspädagogik aufgenommen wurde (vgl. Georg & Kißler 1981). Demzufolge sind Qualifikationsanforderungen steuernde Voraussetzungen für die Gestaltung von Technik und Arbeit. Unter den Stichworten „sozialverträgliche Technikgestaltung" und „Befähigung zur Mitgestaltung von Arbeit und Technik" wurde dafür plädiert, Kriterien für einen humanen Technikeinsatz und eine anspruchsvolle Arbeit zu entwickeln, die Bezugspunkte für Qualifikationen und Qualifizierungsprozesse sein sollten. Mit dieser Absicht entwickelten beispielsweise Industriesoziologen/-soziologinnen das Konzept der „innovatorischen Qualifikationen" (vgl. Fricke & Schuchardt 1985), mit denen die Fähigkeiten der Arbeitenden gemeint waren, „ihre Arbeitsbedingungen nach ihren Interessen selbst zu gestalten; sie geben den Arbeitenden die vielfältig behinderte und eingeschränkte Möglichkeit, als Subjekte der Arbeit zu agieren." (Fricke 2009, S. 179)

Mit dem Hinweis auf neue Produktionskonzepte prognostizierte Mitte der 1980er-Jahre die Industriesoziologie das Ende tayloristischer Massenproduktion und damit das Ende der Arbeitsteilung (vgl. Kern & Schumann 1984). Die Rücknahme einer weitgehenden Zerlegung industrieller Arbeit, der Reduktion lebendiger Arbeit auf rein mechanische und geistlose Ausführungen sowie der Entsubjektivierung der Arbeitsorganisation sei das Ergebnis eines manageriellen, arbeitspolitischen Paradigmenwechsels, der auf ganzheitliche Produktion, einen integrierten Aufgabenzuschnitt und Reprofessionalisierung von industrieller Arbeit setze. Trotz aller Kritik an der empirischen Reichweite dieser industriesoziologischen Befunde bekam die Berufs- und Wirtschaftspädagogik hierdurch etliche Impulse für eine Neufassung des Qualifikationsbegriffs, so innerhalb der „gestaltungsorientierten" Berufsbildungsdiskussion (vgl. Dybowski, Pütz & Rauner 1995), bei der das Anliegen im Zentrum stand, „möglichst viele zu befähigen, daran [Technik] planend, lernend und produzierend mitzuwirken." (Rauner 1985, S. 139) Nicht der reagierende und lediglich ausführende Arbeiter bzw. ebensolche Arbeiterin, sondern der mitdenkende, selbstständig handelnde und gestaltende Mitarbeiter bzw. ebensolche Mitarbeiterin sei die Voraussetzung dafür, die Chancen der neuen Produktions- und Verwaltungskonzepte in ihrem Interesse zu nutzen.

Ihren berufsbildungspraktischen Ausdruck fand diese neue Sichtweise in den Neuordnungen der industriellen Elektro- und Metallberufe im Jahr 1987 im gewerblich-technischen Bereich und der Neuordnung der Büroberufe im Jahre 1991 im kaufmännisch-verwaltenden Bereich. Ebenfalls 1991 wurde in der „Rahmenvereinbarung über die Berufsschule" der Kultusministerkonferenz (KMK) die Handlungsorientierung als Ziel des Unterrichts betont. Seitdem ist der Begriff der Handlungskompetenz eine selbstverständliche Kategorie in der Alltagssprache der Berufsbildung, in verschiedenen berufsbildungspolitischen Programmatiken, in Ausbildungsordnungen, berufsschulischen Curricula und als „berufliche Handlungsfähigkeit" im reformierten Berufsbildungsgesetz (BBIG) von 2005 verankert.

Obwohl sich historisch nachweisen lässt, dass bereits vor den Neuordnungsverfahren das „vollständige" oder „ganzheitliche" Handeln sowohl in Schule als auch im Betrieb erwartet wurde (vgl. Kipp 2005; Straka & Macke 2010, S. 221), gilt der Terminus seit den 1980er-Jahren als etabliert – auch wenn (oder gerade weil) „noch keine allgemein geltende oder zumindest dominierende definitorische Konvention erzielt werden [konnte]." (Czycholl & Ebner 2006, S. 53) Dennoch trug diese Diskussion um Handlungsorientierung und -kompetenz wesentlich dazu bei, dass sich in der Berufs- und Wirtschaftspädagogik seit den 1990er-Jahren der Kompetenzbegriff durchsetzte. Gestützt wurde die starke Rezeption der Bezeichnungen „Handlungsorientierung" und „Handlungskompetenz" auch durch unterschiedliche, sich gegenseitig begünstigende wissenschaftliche Erkenntnisse und berufsbildungspolitische Entwicklungen. Hierzu gehörte beispielsweise die kognitive Wende in der Lehr-Lern-Forschung, die mit einer Abkehr von behavioristischen Ansätzen zugunsten eines kognitiven Paradigmas verbunden war. Von nun an wurden Vorgänge, Einflüsse und Mechanismen menschlichen Denkens als Ausgangspunkt für die Gestaltung von Lernprozessen gesehen, und eine enge Verbindung zwischen Handeln und Denken wurde betont. Einen weiteren Impulsgeber stellte die arbeitspsychologische Handlungsregulationstheorie dar, wonach Handeln durch das Denken gesteuert ist und aus Teilhandlungen und Bewegungen besteht, deren Regulation berufliche Handlungskompetenz voraussetzt. Auch die neueren Theorien der Entwicklungsaufgaben in Anlehnung an Robert J. Havighurst, die davon ausgehen, dass das Lösen beruflicher Aufgaben am ehesten zur Entwicklung von Kompetenzen beiträgt, förderten den Eingang des Begriffs „berufliche Handlungskompetenz" in die Berufs- und Wirtschaftspädagogik (vgl. Achtenhagen 2006; Straka 2006).

Allerdings werden parallel zu programmatischen, konzeptionellen und theoretischen Ausführungen der Bezeichnung die damit verbundenen Vorstellungen als unkonkret und bedingt realisierbar kritisiert (vgl. Lempert 2010; Straka & Macke 2010). So wird auch die Dreiteilung des Begriffs „Handlungskompetenz" in Fach-, Sozial- und Methodenkompetenz kritisch betrachtet. Diese Begriffe taugten „zur Verwendung in empirischen Untersuchungen nicht […], da sie normativ, damit empirisch unscharf und aus methodologischen Gründen nicht operationalisierbar sind." (Bremer & Saniter 2010, S. 197) Bis heute kann „das inhaltliche Kernstück der dualen Ausbildung in Deutschland, die umfassende berufliche Handlungskompetenz" (Baethge 2010, S. 23) nicht umfassend empirisch untersucht werden. Diese Problematik wird derzeit durch die Erweiterung des Begriffs „formale Handlungskompetenzen" um (zunächst) nicht regulierbares, fassbares oder sichtbares Wissen und Können verstärkt statt reduziert.

8 Dezentralisierung und Arbeitsorientierung: Erfahrungen und Implizites

Einen weiteren Anstoß bekam die Kompetenzdebatte in der Berufs- und Wirtschaftspädagogik durch die Hinweise auf eine „Renaissance des Lernortes Arbeitsplatz", auf Dezentralisierung, Deregulierung, Arbeits- und Geschäftsprozessorientierung von beruflichem Lernen. Obwohl der Arbeitsplatz auch in der Geschichte industrieller Arbeit immer schon Lernort war, wurde dieser erst seit den 1990er-Jahren zunehmend zum Thema der Berufsbildungsdiskussion, auf das die Wiederentdeckung des in der Arbeit inkorporierten Wissens unmittelbar anschloss. In diesem Zusammenhang wurde das Arbeitsprozesswissen als „ein Element beruflicher Kompetenz" (Fischer 2006, S. 308) erkannt, das im Arbeitsprozess benötigt und dort erworben werde und schließlich „reflektierte Erfahrungen", „implizites Wissen" und „fachsystematisches Wissen" umfasse. Das Arbeitsprozesswissen, so die Folgerungen, drücke sich in beruflicher Handlung aus, die gestalterisches und emanzipatorisches Potenzial insofern habe, als es die subjektiven Kenntnisse der konkreten Arbeitshandlung und „das Wissen um die objektspezifischen, technischen, organisatorischen und sozialen Bestimmungsfaktoren" (ebenda, S. 311) einschließt.

Die seit den 1990er-Jahren in der Berufspädagogik intensiver geführte Diskussion um Arbeitsprozesswissen knüpfte an die industriesoziologischen Erkenntnissen zu „Erfahrung im Arbeitsprozess" (Böhle & Milkau 1988) an. Mit dem Hinweis darauf, dass Ereignisse im Produktions- und Arbeitsablauf unvorhersehbar, Arbeitstätigkeiten und Qualifikationen nur begrenzt planbar seien, und Fachwissen nicht ohne Weiteres in praktisches Arbeitshandeln übertragbar sei, wurde Erfahrung als „heimliche Ergänzungshilfe" (Lippe 1975, S. 256) im Arbeitsprozess erkannt. In der weiteren Auseinandersetzung mit Erfahrung als Produktionsressource wurde der Begriff „Erfahrungswissen" als jenes Wissen, „das im praktischen Handeln erworben und angewandt wird" (Böhle 2009, S. 74) und das sich „nicht oder nur mit erheblichen Einschränkungen in die Kriterien für ein explizites Wissen und kognitiv-rationales Handeln einfügen [lässt], entfaltet. Beispiele hierfür sind das ‚Gespür' und ‚Gefühl' für Maschinen und technische Anlagen." (ebenda, S. 77) Die Diskussion um Erfahrung und Erfahrungswissen konnte wiederum an die Forschungsansätze zum „Tacit Knowing" und „impliziten Wissen" anknüpfen, die Anhaltspunkte für die Binnenstruktur von Erfahrung geben sollten. „Der Begriff des impliziten Wissens bezeichnet das im Verhalten i. w. S., das heißt in Prozessen des Wahrnehmens, Beurteilens, Erwartens, Denkens, Entscheidens oder Handelns verausgabte, durch das Subjekt und u. U. auch den analysierenden Beobachter jedoch nicht, nicht vollständig oder nicht angemessen explizierbare (verbalisierbare, objektivierbare, formalisierbare, technisierbare) Wissen einer Person." (Neuweg 2006, S. 581)

Für die Diskussion um Kompetenz ist seit den 1990er-Jahren die Erweiterung der Bezeichnung um das Immanente oder Implizite symptomatisch. Kompetenzen werden in diesem Kontext auch als „interne Bedingungen [begriffen], die nicht nur motorische und kognitive Dispositionen mit Wissen sowie Kenntnissen verknüpfen, sondern zusätzlich motivationale und emotionale Dispositionen umfassen." (Straka & Macke 2010, S. 63) Dieses Verständnis hat Chancen und Risiken zugleich. Einerseits werden Auszubildende und Beschäftigte in ihrer Vielfältigkeit erfasst, die dann bei der Gestaltung und Bewertung von Lernprozessen in ihrem Sinne zu berücksichtigen ist. Andererseits fördern diese Erkenntnisse das Interesse daran, diese Vielfalt zu bemessen.

9 Komplexität des Kompetenzbegriffs und das Problem des Umgangs damit

Zu Beginn des Beitrags wurde auf die Fülle der berufs- und wirtschaftspädagogischen Publikationen zum Thema „Kompetenzen" hingewiesen. Aktuell stellt sich die Frage der Messbarkeit angesichts der gestiegenen Komplexität des Terminus um das Nichtfassbare und Implizite. Aufgrund ihrer Subjektgebundenheit, der weder anhand von biologischen, psychologischen, sozialisationstheoretischen noch lerntheoretischen Modellen hinreichend auf den Grund zu kommen ist, sperren sich Kompetenzen gegen wissenschaftliche Analysen, Messungen, Systematisierungen, Steuerungen und Formalisierungen. Mit diesem Dilemma haben die vielfältigen Mess- und Anerkennungsverfahren umzugehen. „Im beruflichen Bereich besteht demnach, wie auch häufig noch in der allgemein bildenden Kompetenzdiagnostik [...], eine große Schwierigkeit darin, theoretisch gehaltvolle Annahmen über die Struktur von Kompetenzen zu treffen, die sich empirisch bestätigen lassen." (Spöttl 2010, S. 172)

All dies wirft die Frage danach auf, ob die außeruniversitäre Berufsbildungsforschung und universitäre Berufs- und Wirtschaftspädagogik mit den Geistern, die sie riefen, nicht mehr umgehen können. Mehr noch: Steckt hinter dem Messbedürfnis nicht letztlich doch wieder das Bedürfnis nach Vermessung, nach Rationalisierung und Rundumnutzung von Subjektivität, insbesondere auch da, wo es um „technologieorientierte Kompetenzmessung" (BMBF 2011) geht? Wäre es im Sinne einer subjektorientierten Berufsbildung nicht konsequent, im Sinne Goethes „das Erforschliche erforscht zu haben und das Unerforschte ruhig zu verehren"? (2006, Sentenz 1033, S. 49) Können die Kompetenzen derjenigen Menschen, die im Beschäftigungssystem nicht durch formal nachweisbares Wissen und Können „anerkannt" werden, nicht besser durch zwischenmenschliche Beziehung, Einfühlung und Vertrauen ans Tageslicht geführt werden statt durch technokratische Messverfahren, denen (auch) eine hohe Fehleranfälligkeit zugrunde liegt? All dies mag romantisch klingen, soll jedoch auch daran erinnern, dass Pädagogik keine Ingenieurwissenschaft ist.

Der europäische und internationale Kompetenzdiskurs wird insbesondere mit dem Anliegen geführt, eine gemeinsame Währung zu finden, anhand derer Kompetenzen in den verschiedenen Bildungs- und Beschäftigungssystemen bewertet werden können. Zu den neuralgischen Punkten, die bei diesem Großvorhaben derzeit diskutiert werden, gehören das Fehlen eines konsensfähigen Kompetenzmodells, die Uneindeutigkeiten des Kompetenzbegriffs, die berufsbildungshistorisch und -politisch, interessenpolitisch bedingten und subjektiven Differenzen in der Auslegung von Kompetenzen und die eingeschränkte Flexibilität von Zu- und Übergängen im Bildungs- und Beschäftigungssystem, die insbesondere Anschlussmöglichkeiten beruflicher Teilqualifikationen an die Beschäftigungs- und Qualifikationsstruktur behindern. Abgesehen von der Kritik an der Rationalitätsgläubigkeit psychometrischer und technologieorientierter Kompetenzmessverfahren ist deren Sinn auch vor dem Hintergrund des zuletzt genannten Punktes zu hinterfragen. Wäre Durchlässigkeit im Bildungs- und Beschäftigungssystem von allen gewollt, wäre das Engagement in der Kompetenzmessung möglicherweise nur halb so groß bzw. erforderlich.

10 Fazit

Intention des Beitrags war es, zu zeigen, dass der aktuellen berufs- und wirtschaftspädagogischen Kompetenzdebatte ab der klassischen Berufsbildungstheorie weder ein eindimensionales oder realitätsfernes bildungsphilosophisches noch ein einseitiges ökonomisch-funktionalistisches Verständnis dessen zugrunde lag, was Menschen können, wissen und wozu sie fähig sein sollen. Seit der Klassik ging es aus verschiedenen Perspektiven, mit unterschiedlichen Bezügen und differenten Interessen um die Konstruktion komplexer Kategorien und übergreifend um den Ausgleich zwischen Anpassung an Anforderungen durch Arbeit und Beruf und Subjektbildung der Jugendlichen und jungen Erwachsenen in der Berufsbildung. In der aktuellen Kompetenzdiskussion wird jedoch das Bemühen, immer tiefer das Subjekt auch in seinem subjektiven Gut der Heimlichkeit zu begreifen und transparent zu machen, deutlich. Dahinter steht ein reduziertes Menschenbild, das die Annahme der Zweckbezogenheit und Objektivierbarkeit von Denken, Handeln und Fühlen enthält. Würde sich dieses Menschenbild auch in der Diskussion und in der Praxis der Berufsbildung verbreiten, wäre das ein Rückschritt hinter die subjektorientierten Qualifikationsansätze und die Klassik der Berufsbildungstheorie.

Literaturverzeichnis

Achtenhagen, Frank (2006): Lehr-Lern-Forschung. In: Arnold, Rolf & Lipsmeier, Antonius (Hrsg.): Handbuch der Berufsbildung. 2. Auflage. Wiesbaden: Verlag für Sozialwisssenschaften, S. 586–609.

Arnold, Rolf (1991): Betriebliche Weiterbildung. Bad Heilbrunn: Klinkhardt.

Arnold, Rolf & Gonon, Philipp (2006): Einführung in die Berufspädagogik. Opladen: Budrich.

Baethge, Martin (1970): Ausbildung und Herrschaft. Unternehmerinteressen in der Bildungspolitik. Frankfurt am Main: Europäische Verlagsanstalt.

Baethge, Martin (2010): Ein europäisches Berufsbildungs-Pisa als methodisches und politisches Projekt. In: Münk, Dieter & Schelten, Andreas (Hrsg.): Kompetenzermittlung für die Berufsbildung. Bielefeld: Bertelsmann, S. 19–36.

Baethge, Martin & Teichler, Ulrich (1984): Bildungssystem und Beschäftigungssystem. In: Baethge, Martin & Nevermann, Knut (Hrsg.): Organisation, Recht und Ökonomie des Bildungswesens. Stuttgart: Klett, S. 206–225.

Beck, Ulrich, Brater, Michael & Daheim, Hansjürgen (1980): Soziologie der Arbeit und der Berufe. Rowohlt: Reinbek bei Hamburg.

Becker, Matthias, Fischer, Martin & Spöttl, Georg (2010; Hrsg.): Von der Arbeitsanalyse zur Diagnose beruflicher Kompetenzen. Methoden und methodologische Beiträge aus der Berufsbildungsforschung. Frankfurt am Main: Lang.

Blankertz, Herwig (1971): Die Integration von studienbezogenen und berufsqualifizierenden Bildungsgängen. In: Zeitschrift für Pädagogik 17, Heft 6, S. 21–43.

Blankertz, Herwig (1975): Theorien und Modelle der Didaktik. München: Juventa.

Blankertz, Herwig (1976): Vorwort. In: Kutscha, Günter (Hrsg.): Das politisch-ökonomische Curriculum. Wirtschaftsdidaktische Studien zur Reform der Sekundarstufe II. Frankfurt am Main: Kronberg, S. 5–7.

Boehm, Ulrich, Mende, Michael, Riecker, Peter & Schuchardt, Wilgart (1974): Qualifikationsstruktur und berufliche Curricula. Hannover: Schroedel.

Böhle, Fritz (2009): Erfahrungswissen – Wissen durch objektivierendes und subjektivierendes Handeln. In: Bolder, Axel & Dobischat, Rolf (Hrsg.): Eigen-Sinn und Widerstand. Kritische Beiträge zum Kompetenzentwicklungsdiskurs. Wiesbaden: Verlag für Sozialwissenschaften, S. 70–88.

Böhle, Fritz & Milkau, Brigitte (1988): Vom Handrad zum Bildschirm – Eine Untersuchung zur sinnlichen Erfahrung im Arbeitsprozeß. Frankfurt am Main und New York: Campus.

Bohlinger, Sandra (2010): Validierung von Kompetenzen und Anerkennung von Lernergebnissen – Nationale Ansätze zur Umsetzung europapolitischer Ziele. In: Münk, Dieter & Schelten, Andreas (Hrsg.): Kompetenzermittlung für die Berufsbildung. Bielefeld: Bertelsmann, S. 37–50.

Bolder, Axel & Dobischat, Rolf (2009; Hrsg.): Eigen-Sinn und Widerstand. Kritische Beiträge zum Kompetenzentwicklungsdiskurs. Wiesbaden: Verlag für Sozialwissenschaften.

Bremer, Rainer & Saniter, Andreas (2010): Ein Kompetenzentwicklungsmodell und seine Inkompatibilität mit der Kompetenzdiagnostik. In: Becker, Matthias, Fischer, Martin & Spöttl, Georg (Hrsg.): Von der Arbeitsanalyse zur Diagnose beruflicher Kompetenzen. Methoden und methodologische Beiträge aus der Berufsbildungsforschung. Frankfurt am Main: Lang, S. 194–212.

Bürmann, Thorsten (2009): Kompetenzbilanzierung in pädagogischen Prozessen: Hintergründe, Verfahren, Potenziale und Grenzen. In: Der pädagogische Blick. Zeitschrift für Wissenschaft und Praxis in pädagogischen Berufen 17, Heft 3, S. 132–146.

Clement, Ute & Piotrowski, Anke (2008): Kompetenz zwischen Potenzial und Standard. Stuttgart: Steiner.

Czycholl, Reinhard & Ebner, Hermann (2006): Handlungsorientierung in der Berufsbildung. In: Arnold, Rolf & Lipsmeier, Antonius (Hrsg.): Handbuch der Berufsbildung. 2. Auflage. Wiesbaden: Verlag für Sozialwissenschaften, S. 44–54.

Dahrendorf, Ralf (1959): Class and class conflict in industrial society. Stanford: Stanford University Press.

Dehnbostel, Peter (2009): Berufliche Weiterbildung. Berlin: Sigma.

Deutscher Bildungsrat (1974): Empfehlungen der Bildungskommission. Zur Neuordnung der Sekundarstufe II. Stuttgart: Klett.

Dörig, Roman (1995): Schlüsselqualifikationen – Transferwissen und pädagogische Denkhaltung. In: Zeitschrift für Berufs- und Wirtschaftspädagogik 91, Heft 2, S. 117–133.

Dubs, Rolf (2006): Entwicklung von Schlüsselqualifikationen in der Berufsschule. In: Arnold, Rolf & Lipsmeier, Antonius (Hrsg.): Handbuch der Berufsbildung. 2. Auflage. Wiesbaden: Verlag für Sozialwissenschaften, S. 191–203.

Dybowski, Gisela, Pütz, Helmut & Rauner, Felix (1995): Berufsbildung und Organisationsentwicklung. Bremen: Donat.

Feld, Friedrich (1928): Grundfragen der Berufsschul- und Wirtschaftspädagogik. Langensalza: Beltz.

Feld, Friedrich (1932): Wirtschaftspädagogische Problematik in Leitgedanken. Langensalza: Beltz.

Fischer, Martin (2006): Arbeitsprozesswissen. In: Rauner, Felix (Hrsg.): Handbuch Berufsbildungsforschung. 2. Auflage. Bielefeld: Bertelsmann, S. 308–315.

Fricke, Werner (2009): Innovatorische Qualifikationen. Ihre Entfaltung und Anwendung im Prozess des Lernens und Handelns in Arbeitssituationen. In: Bolder, Axel & Dobischat, Rolf (Hrsg.): Eigen-Sinn und Widerstand. Kritische Beiträge zum Kompetenzentwicklungsdiskurs. Wiesbaden: Verlag für Sozialwissenschaften, S. 179–206.

Fricke, Werner & Schuchardt, Wilgart (1985; Hrsg.): Innovatorische Qualifikationen. Eine Chance gewerkschaftlicher Arbeitsmarktpolitik. Bonn: Friedrich-Ebert-Stiftung.

Frommberger, Dietmar & Milolaza, Anita (2010): Kompetenzorientierte Prüfungen in der beruflichen Bildung in Deutschland. In: Loebe, Herbert & Severing, Eckart (Hrsg.): Mobilität steigern – Durchlässigkeit fördern: europäische Impulse für die Berufsbildung. Bielefeld: Bertelsmann, S. 117–132.

Geißler, Karlheinz A. (1974): Berufserziehung und kritische Kompetenz. Ansätze einer Interaktionspädagogik. München und Basel: Reinhardt.

Geldermann, Brigitte, Seidel, Sabine & Severing, Eckart (2009): Rahmenbedingungen zur Anerkennung informell erworbener Kompetenzen. Bielefeld: Bertelsmann.

Georg, Walter & Kißler, Leo (1981): Arbeitshumanisierung und Empirische Sozialforschung. Baden-Baden: Nomos.

Goethe, Johann W. von (2006): Maximen und Reflexionen. (hrsg. von Koopmann, Helmut). München: Deutscher Taschenbuch Verlag und Beck.

Greinert, Wolf-Dietrich (1966): Technischer Fortschritt und Berufsausbildung. In: Die Deutsche Berufs- und Fachschule 62, Heft 2, S. 103–112.

Grollmann, Philipp & Haasler, Bernd (2009): Berufliche Kompetenzentwicklung als Maßstab für die Qualität beruflicher Bildung: Vorstellung eines Instruments. In: Münk, Dieter & Weiss, Reinhold (Hrsg.): Qualität in der beruflichen Bildung. Forschungsergebnisse und Desiderata. Bielefeld: Bertelsmann, S. 68–89.

Haeske, Udo (2007): Kompetenz im Diskurs: eine Diskursanalyse des Kompetenzdiskurses. Berlin: Pro Business.

Harney, Klaus (2009): Beruf als Referenz von Aus- und Weiterbildung – Überlegungen zur theoretischen Grundlegung der Berufs- und Wirtschaftspädagogik. In: Lisop, Ingrid & Schlüter, Anne (Hrsg.): Bildung im Medium des Berufs? Diskurslinien der Berufs- und Wirtschaftspädagogik. Frankfurt am Main: Gesellschaft zur Förderung arbeitsorientierter Forschung und Bildung, S. 37–64.

Harteis, Christian (2002): Kompetenzfördernde Arbeitsbedingungen. Zur Konvergenz ökonomischer und pädagogischer Prinzipien betrieblicher Personal- und Organisationsentwicklung. Wiesbaden: Deutscher Universitäts-Verlag.

Heinz, Walter (2006): Berufliche Sozialisation. In: Rauner, Felix (Hrsg.): Handbuch Berufsbildungsforschung. 2. Auflage. Bielefeld: Bertelsmann, S. 321–329.

Hendrich, Wolfgang (2002): „Heimliche" Schlüsselkompetenzen und berufliche Flexibilität – Impulse für anderes Lernen in der beruflichen Weiterbildung. In: Hendrich, Wolfgang (Hrsg.): Anderes Lernen in der beruflichen Bildung. Flensburger Beiträge zur Berufspädagogik 1. Goldebek: Mohland, S. 77–96.

Kern, Horst & Schumann, Michael (1970): Industriearbeit und Arbeiterbewußtsein. (Band 1 und 2). Frankfurt am Main: Europäische Verlagsanstalt.

Kern, Horst & Schumann, Michael (1984): Das Ende der Arbeitsteilung? Rationalisierung in der industriellen Produktion. München: Beck.

Kerschensteiner, Georg (1931): Theorie der Bildung. Berlin und Leipzig: Teubner.

Kipp, Martin & Manz, Wolfgang (1985): Arbeit und Gehorsam. Berufspädagogische Beiträge zur Sozialgeschichte der Arbeit in Deutschland. In: Zeitschrift für Berufs- und Wirtschaftspädagogik 81, Heft 3, S. 195–209.

Kremer, H.-Hugo & Zoyke, Andrea (2010): Kompetenzdiagnose als Basis individueller Förderung – Zum Geheimnis einer Black Box!? In: Münk, Dieter & Schelten, Andreas (Hrsg.): Kompetenzermittlung für die Berufsbildung: Verfahren, Probleme und Perspektiven im nationalen, europäischen und internationalen Raum. Bielefeld: Bertelsmann, S. 145–160.

Kutscha, Günter (1976): Das politisch-ökonomische Curriculum. Wirtschaftsdidaktische Studien zur Reform der Sekundarstufe II. Weinheim: Kronberg.

Lempert, Wolfgang (1971): Leistungsprinzip und Emanzipation. Studien zur Realität, Reform und Erforschung des beruflichen Bildungswesens. Frankfurt am Main: Suhrkamp.

Lempert, Wolfgang (2010): Gestaltung von Arbeit und Technik als Ziel beruflicher Ausbildung und Erziehung. Realutopie oder Selbstbetrug? Dilemmata und Paradoxien. In: Becker, Matthias, Fischer, Martin & Spöttl, Georg (Hrsg.): Von der Arbeitsanalyse zur Diagnose beruflicher Kompetenzen. Methoden und methodologische Beiträge aus der Berufsbildungsforschung. Frankfurt am Main: Lang, S. 230–246.

Lempert, Wolfgang & Franzke, Reinhard (1976): Die Berufserziehung. München: Juventa.

Lippe, Rudolf zur (1975): Objektiver Faktor Subjektivität. In: Lippe, Rudolf zur (Hrsg.): Bürgerliche Subjektivität: Autonomie als Selbstzerstörung. Frankfurt am Main: Campus, S. 239–256.

Lipsmeier, Antonius (1982): Ziele der Berufsausbildung. In: Schanz, Heinrich (Hrsg.): Berufspädagogische Grundprobleme. Stuttgart: Holland & Josenhans, S. 21–35.

Lüdtke, Hartmut (1975): Funktionen der Aus- und Fortbildung in der Curriculumreform. In: Frey, Karl (Hrsg.): Curriculum Handbuch. (Band III). München und Zürich: Piper, S. 173–190.

Mertens, Dieter (1974): Schlüsselqualifikationen. Thesen zur Schulung für eine moderne Gesellschaft. In: Mitteilungen aus der Arbeitsmarkt- und Berufsforschung 7, S. 36–53.

Minnameier, Gerhard & Berg, Sarah (2010): Kompetenzmodellierung und kompetenzorientierte Prüfungen – Zur Frage der Substanz und der Komponenten von Kompetenz. In: Münk, Dieter & Schelten, Andreas (Hrsg.): Kompetenzermittlung für die Berufsbildung. Bielefeld: Bertelsmann, S. 173–186.

Münk, Dieter & Schelten, Andreas (2010; Hrsg.): Kompetenzermittlung für die Berufsbildung. Bielefeld: Bertelsmann.

Neuweg, Georg H. (2006): Implizites Wissen als Forschungsgegenstand. In: Rauner, Felix (Hrsg.): Handbuch Berufsbildungsforschung. Bielefeld: Bertelsmann, S. 581–588.

Nickolaus, Reinhold, Gschwendtner, Tobias & Geißler, Bernd (2008): Entwicklung und Modellierung beruflicher Fachkompetenz in der gewerblich-technischen Grundbildung. In: Zeitschrift für Berufs- und Wirtschaftspädagogik 104, Heft 1, S. 48–73.

Nickolaus, Reinhold, Gschwendtner, Tobias, Geißler, Bernd & Abele, Stephan (2010): Konzeptionelle Vorstellungen zur Kompetenzerfassung und Kompetenzmodellierung im Rahmen eines VET-LSA bei Kfz-Mechatronikern und Elektronikern. In: Münk, Dieter & Schelten, Andreas (Hrsg.): Kompetenzermittlung für die Berufsbildung. Bielefeld: Bertelsmann, S. 251–268.

Offe, Claus (1970): Leistungsprinzip und industrielle Arbeit. Frankfurt am Main: Europäische Verlagsanstalt.

Pleiss, Ulrich (1973): Wirtschaftslehrerbildung und Wirtschaftspädagogik. Göttingen: Schwarz.

Rauner, Felix (1985): Technik und Bildung. (Wiederabdruck). In: Fischer, Martin, Heidegger, Gerald, Petersen, Willi & Spöttl, Georg (2001; Hrsg.): Gestalten statt Anpassen in Arbeit, Technik und Beruf. Bielefeld: Bertelsmann, S. 115–141.

Rauner, Felix, Haasler, Bernd, Heinemann, Lars & Grollmann, Philipp (2009; Hrsg.): Messen beruflicher Kompetenzen. Band I: Grundlagen und Konzeption des KOMET-Projektes. 2. Auflage. Münster: LIT.

Reetz, Lothar (1984): Wirtschaftsdidaktik. Eine Einführung in Theorie und Praxis wirtschaftsberuflicher Curriculumentwicklung und Unterrichtsgestaltung. Bad Heilbrunn: Klinkhardt.

Reetz, Lothar (2010): Untersuchungen zur Praxis der Erfassung beruflicher Handlungskompetenz bei den Abschlussprüfungen im dualen System der deutschen Berufsbildung. In: Münk, Dieter & Schelten, Andreas (Hrsg.): Kompetenzermittlung für die Berufsbildung. Bielefeld: Bertelsmann, S. 101–118.

Robinsohn, Saul (1967): Bildungsreform als Revision des Curriculum. Neuwied: Luchterhand.

Röhrs, Hermann (1963): Die Bildungsfrage in der modernen Gesellschaft. In: Die Deutsche Berufs- und Fachschule 59, Heft 2, S. 81–90.

Roth, Heinrich (1971): Pädagogische Anthropologie. Band II: Entwicklung und Erziehung. Hannover, Berlin, Darmstadt und Dortmund: Schroedel.

Seeber, Susan & Nickolaus, Reinhold (2010): Kompetenz, Kompetenzmodelle und Kompetenzentwicklung in der beruflichen Bildung. In: Nickolaus, Reinhold, Pätzold, Günter, Reinisch, Holger & Tramm, Tade (Hrsg.): Handbuch Berufs- und Wirtschaftspädagogik. Bad Heilbrunn: Klinkhardt, S. 247–256.

Spöttl, Georg (2010): Berufsstrukturen und berufliche Kompetenz. In: Becker, Matthias, Fischer, Martin & Spöttl, Georg (Hrsg.): Von der Arbeitsanalyse zur Diagnose beruflicher Kompetenzen. Frankfurt am Main: Lang, S. 159–176.

Spranger, Eduard (1920): Allgemeinbildung und Berufschule. In: Stratmann, Karlwilhelm & Bartel, Werner (1975; Hrsg.): Berufspädagogik. Ansätze zu ihrer Grundlegung und Differenzierung. Köln: Kiepenheuer & Witsch, S. 42–61.

Spranger, Eduard (1929): Berufsbildung und Allgemeinbildung. In: Kühne, Alfred (Hrsg.): Handbuch für das Berufs- und Fachschulwesens. 2. Auflage. Leipzig: Quelle & Meyer, S. 27–42.

Straka, Gerald (2006): Lehr-Lern-Forschung. In: Rauner, Felix (Hrsg.): Handbuch Berufsbildungsforschung. Bielefeld: Bertelsmann, S. 391–397.

Straka, Gerald & Macke, Gerd (2010): Sind das „Dogma vollständige Handlung" und der „Pleonasmus Handlungskompetenz" Sackgassen der bundesdeutschen Berufsbildungsforschung? In: Becker, Matthias, Fischer, Martin & Spöttl, Georg (Hrsg.): Von der Arbeitsanalyse zur Diagnose beruflicher Kompetenzen. Methoden und methodologische Beiträge aus der Berufsbildungsforschung. Frankfurt am Main: Lang, S. 215–229.

Vonken, Matthias (2005): Handlung und Kompetenz. Theoretische Perspektiven für die Erwachsenen- und Berufspädagogik. Wiesbaden: Verlag für Sozialwissenschaften.

Weiß, Reinhold (1999): Erfassung und Bewertung von Kompetenzen – empirische und konzeptionelle Probleme. In: Arbeitsgemeinschaft Qualifikations-Entwicklungs-Management (Hrsg.): Kompetenzentwicklung '99. Aspekte einer neuen Lernkultur. Argumente, Erfahrungen, Konsequenzen. Berlin: AGBWF, S. 433–493.

Winther, Esther & Achtenhagen, Frank (2008): Kompetenzstrukturmodell für die kaufmännische Ausbildung. In: Zeitschrift für Berufs- und Wirtschaftspädagogik 104, Heft 4, S. 511–538.

Zabeck, Jürgen (2009): Geschichte der Berufserziehung und ihre Theorie. Paderborn: Eusl.

Internetquellen:

BBIG – Berufsbildungsgesetz (2005): http://www.gesetze-im-internet.de/bundesrecht/bbig_2005/gesamt.pdf [02.04.2011].

BMBF – Bundesministerium für Bildung und Forschung (2011): Bekanntmachung des Bundesministeriums für Bildung und Forschung von Richtlinien zur Förderung von Forschung und Entwicklung auf dem Gebiet technologieorientierter Kompetenzmessung in der Berufsbildung im Bereich „Entwicklung und Erprobung von technologieorientierten Messinstrumenten zur Feststellung der beruflichen Handlungskompetenz am Ende der Ausbildung in ausgewählten Berufen auf nationaler Ebene"; http://www.bmbf.de/foerderungen/15827.php [02.04.2011].

Gschwendtner, Tobias, Geißel, Bernd & Nickolaus, Reinhold (2007): Förderung und Entwicklung der Fehleranalysefähigkeit in der Grundstufe der elektrotechnischen Ausbildung. In: bwp@, Ausgabe 13; http://www.bwpat.de/ausgabe13/gschwendtner_etal_bwpat13.pdf [12.02.2011].

Kipp, Martin (2005): Betrieb als Lernort. Ganzheitliche Facharbeiterausbildung im Volkswagen-Vorwerk Braunschweig – Best Practice-Beispiel der Deutschen Arbeitsfront. In: bwp@, Ausgabe 9; http://www.bwpat.de/ausgabe9/kipp_bwpat9.shtml [23.03.2011].

KMK – Kultusministerkonferenz/Sekretariat der Ständigen Konferenz der Kultusminister der Länder in der Bundesrepublik Deutschland (1991): Rahmenvereinbarung über die Berufsschule. (Beschluss der Kultusministerkonferenz vom 15.03.1991); http://www.kmk.org/fileadmin/veroeffentlichungen_beschluesse/1991/1991_03_15-Rahmenvereinbarung-Berufsschule.pdf [02.04.2011].

Quante-Brandt, Eva, Anslinger, Eva & Grabow, Theda (2008): Erweiterung beruflicher Handlungskompetenzen durch förderdiagnostische Bestimmung von Lese- und Schreibkompetenzen benachteiligter Jugendlicher und junger Erwachsener. In: bwp@, Ausgabe 14; http://www.bwpat.de/ausgabe14/quante-brandt_etal_bwpat14.pdf [20.01.2011].

Rita Meyer
Universität Trier

Kompetenz- und Organisationsentwicklung im Kontext moderner Beruflichkeit
Theoretische und methodologische Annäherungen an die Sichtbarmachung organisationaler Deutungsmuster und pädagogischer Ordnungen

1 Vorbemerkungen 43
2 Kompetenzentwicklung aus individueller Perspektive 44
3 Kompetenzentwicklung aus betrieblicher Perspektive 45
4 Kompetenzentwicklung aus gesellschaftlicher Perspektive 47
5 Moderne Beruflichkeit als Koppelung individueller, organisationaler
  und gesellschaftlicher Entwicklungsprozesse 50
6 Methodologische Überlegungen zur Kompetenz- und Organisationsforschung 52
7 Vorläufiges Fazit 54
Literaturverzeichnis 55

1 Vorbemerkungen

Kompetenzentwicklung ist einerseits eng an das Individuum gebunden, sie ist aber andererseits verknüpft mit institutionellen und organisationalen Kontexten. Derzeit werden in verschiedenen Disziplinen unterschiedliche Diskurse geführt, die sich mit den Bedingungen und Möglichkeiten einer „gelungenen" Kompetenzentwicklung befassen, wobei die Maßstäbe für die Bewertung des Erfolgs von Kompetenzentwicklungsprozessen nur schwer zu bestimmen sind.

In diesem Beitrag soll es darum gehen, aus berufspädagogischer Perspektive den Zusammenhang von Kompetenz- und Organisationsentwicklung im Kontext des Berufskonzeptes theoretisch zu entfalten und die Möglichkeiten seiner Erforschung zu reflektieren. Dabei wird davon ausgegangen, dass individuelle Kompetenzentwicklung sowohl organisatorisch durch die Konstituierung entsprechender betrieblicher Kontextbedingungen als auch bildungspolitisch durch die berufsförmige Organisation von Arbeit gerahmt wird. Diese Rahmenbedingungen bilden wiederum Ansatzpunkte für die praktische Gestaltung von Kompetenz- und Organisationsentwicklungsprozessen. Dass ein Zusammenhang zwischen individueller Kompetenzentwicklung und betrieblicher Organisationsentwicklung besteht, ist eine sogenannte „Binsenweisheit". Allerdings ist dieser Zusammenhang – der neben ökonomischen und sozialen auch pädagogischen Prozessen und Strukturlogiken unterliegt – in erziehungswissenschaftlicher Perspektive theoretisch nur ansatzweise entfaltet und empirisch kaum erforscht. Hier besteht, gerade vor dem Hintergrund einer zunehmend prozessorientierten Betriebsorganisation und projektorientierten Arbeitsform, ein deutlicher Forschungsbedarf: Die erhöhten Anforderungen an Partizipation und Selbststeuerung von Arbeitnehmern/

Arbeitnehmerinnen setzten bereits Kompetenzen zur Mitgestaltung voraus. Das Vorhandensein oder auch das Defizit dieser hat wiederum direkte Auswirkungen auf die Organisation und ihre Entwicklung. Aus berufspädagogischer Perspektive stellt sich darüber hinaus die Frage, welchen Stellenwert das Berufskonzept mit der engen Koppelung von Person und Organisation noch hat. Kommt es zu einer „Entberuflichung", in deren Kontext das Berufskonzept durch „Kompetenz" ersetzt wird? Oder gewinnt bzw. verdient es entgegen den Erosionsverkündungen in diesem Zusammenhang sogar einen neuen Stellenwert im Sinne einer modernen Beruflichkeit?

Diesen Fragen wird im Folgenden nachgegangen. Es werden zunächst Ansätze für die theoretische Entfaltung des Zusammenhangs von Person, Organisation und Beruf präsentiert. Dabei wird den jeweiligen Implikationen von individueller Kompetenzentwicklung, sowie betrieblicher und gesellschaftlicher Arbeitsorganisation nachgegangen. Im Anschluss daran werden methodologische Überlegungen zur Erforschung dieses Zusammenhanges thematisiert.

2 Kompetenzentwicklung aus individueller Perspektive

Lernen ist ein Prozess, der an das Subjekt, also an das Individuum gebunden ist. Die nur schwer zu bestimmenden und kaum zuverlässig zu messenden Ergebnisse bzw. Erträge des Lernens in Arbeit und Beruf sind Kompetenzen und Wissensbestände, die individuell und betrieblich verwertbar sein können. Bildungspolitische Programmatiken und diverse erziehungswissenschaftliche Diskurse suggerieren in diesem Zusammenhang die vermeintliche Möglichkeit einer zuverlässigen Kompetenzmessung.

Im berufspädagogischen Diskurs wird der Begriff der Kompetenz von dem Begriff der Qualifikation abgegrenzt: Während Qualifikationen fachbezogen sind und von den Anforderungen des Arbeitsmarktes und des betrieblichen Arbeitsplatzes her definiert werden, bezeichnet Kompetenz die Befähigung des/der Einzelnen zu eigenverantwortlichem Handeln in privaten, beruflichen und gesellschaftlichen Situationen und ist demzufolge an das einzelne Subjekt gebunden. Als Kompetenzen sind damit Fähigkeiten, Methoden, Wissen, Einstellungen und Werte zu verstehen, deren Erwerb, Entwicklung und Verwendung sich auf die gesamte Lebenszeit eines Menschen beziehen (vgl. Dehnbostel 2001, S. 76). Formale Abschlüsse in Institutionen spielen dabei eine untergeordnete Rolle, vielmehr ist die Herausbildung von Kompetenzen – die Kompetenzentwicklung – ein lebensbegleitender Prozess.

Aus berufs- und betriebspädagogischer Perspektive kann darüber hinaus auch Bildung – die Entwicklung und Entfaltung der Persönlichkeit – das Ergebnis beruflicher und betrieblicher Lernprozesse sein. Darauf verweisen empirische Studien, die zeigen, dass das Lernen in der Arbeit jenseits von Bildungsinstitutionen auch Arbeitnehmern/Arbeitnehmerinnen eine „zweite Chance" zur persönlichen Entfaltung bietet (vgl. Baethge & Baethge-Kinsky 2004). Auch Bildung ist im Ergebnis nur schwer bestimmbar, es handelt sich dabei um einen offenen Prozess, dessen Ende immer nur vorläufig sein kann. Der Prozess des Weiterlernens ist damit im Bildungsbegriff selbst angelegt. Das „Weiter" in der Bildung entfaltet seinen Sinn somit aus institutioneller Perspektive als eine Entgrenzung von Lernphasen und Lernorten oder auch, wie Kade (1993, S. 391) titelt, als „Aneignungsverhältnisse diesseits und jenseits der Erwachsenenbildung."

Kompetenzentwicklung beschränkt sich aus individueller Perspektive nicht auf bestimmte biografische Phasen oder auf das Berufsleben, sondern reicht weit in soziale und persönliche Bereiche hinein. Kompetenzentwicklung kann somit per se kein kurzfristig angelegter Qualifizierungsprozess im Sinne einer Anpassung an technische oder ökonomische Erfordernisse sein. Bildung im Sinne von Persönlichkeitsentwicklung ist in diesem Verständnis von Kompetenz eingeschlossen. Kompetenz ist zudem mit der Dimension der Handlung verwoben. Dies gilt nicht zuletzt deshalb, weil Kompetenz nur in der Performanz sichtbar wird, also dann, wenn sie in einer Handlungssituation ihre spezifische Relevanz erhält. Habermas (1971) verweist darauf, dass der Gebildete über eine Orientierung im Handeln verfügt. Allein das Verfügen können über Wissen reiche nicht aus und sei mit der „Potenz aufgeklärten Handelns nicht zu verwechseln." (S. 365) In der individuellen Perspektive zielt Kompetenzentwicklung damit inhaltlich auf die Herausbildung einer umfassenden beruflichen Handlungskompetenz. Sie stellt eine wesentliche Basis für die Beschäftigungsfähigkeit als Grundlage des Erwerbs dar und ist auch Voraussetzung dafür, dass Beschäftigte mit ihren Selbstorganisationspotenzialen an der Gestaltung von Arbeits- und Geschäftsprozessen verantwortungsvoll partizipieren und so einen sinnvollen Beitrag zur betrieblichen Organisationsentwicklung leisten können.

3   Kompetenzentwicklung aus betrieblicher Perspektive

Wird Kompetenzentwicklung aus der betrieblichen Perspektive thematisiert, dann sind v. a. die Interessen der Unternehmen in den Blick zu nehmen: Hier geht es explizit um Qualifizierung, d. h. um die Anpassung der Kenntnisse, Fähigkeiten und Fertigkeiten der Beschäftigten an die technischen und ökonomischen Anforderungen des Arbeitsprozesses. Im Vordergrund steht die Sicherstellung störungsfreier betrieblicher Abläufe. Dieses Ziel wird nicht nur durch Weiterbildung über Qualifizierungsprozesse erreicht, sondern auch durch spezifische Maßnahmen der Einbindung der Arbeitnehmer/-innen in die Betriebsgemeinschaft mit dem Ziel der Herstellung ihrer Loyalität gegenüber dem Unternehmen.

Unternehmen stehen unter dem Primat der Ökonomie und agieren unter den Prämissen des globalen Wettbewerbs. Den Beschäftigten kommen die Betriebe in Qualifizierungsfragen allenfalls dann entgegen, wenn sich damit für sie ein Nutzen verbindet. Zunächst einmal stehen die an den ökonomischen Erfordernissen orientierten Qualifizierungsinteressen der Unternehmen den subjektiven Lern- und Entwicklungsbedürfnissen der Beschäftigten gegenüber. Aber die Unternehmen können dem immanenten Zusammenhang von individueller Kompetenzentwicklung und betrieblicher Organisationsentwicklung faktisch nicht ausweichen. Somit werden scheinbar rein ökonomische Prozesse auch für erziehungswissenschaftliche Fragestellungen interessant. Gonon & Stolz (2004) haben diesbezüglich die Transformation von ökonomischer und pädagogischer Handlungslogik aufgrund der Bedarfsorientierung betrieblichen Lernens identifiziert. Insgesamt lässt sich trotz divergierender Interessen eine zunehmende Konvergenz betrieblicher und pädagogischer Fragestellungen konstatieren (vgl. Harteis 2004).

Empirisch ist ein bedeutsamer Zusammenhang von individueller Kompetenzentwicklung und betrieblicher Organisationsentwicklung aufgrund methodischer Erhebungsprobleme kaum nachzuweisen. Dennoch ist es unbestritten, dass es im Rahmen betrieblicher Weiterbildung zu einer wechselseitigen Beeinflussung von betrieblicher Produktion und individueller Qualifikation kommt. Nach Harney (1998) findet im Zuge von betrieblichen Weiterbildungsmaßnahmen gleichzeitig eine Reproduktion von Person und Organisation statt. Dabei zielt die Reproduktionsleistung der Organisation darauf, betriebliche Anpassungsleistungen zu erbringen. Die Personen haben jedoch demgegenüber auch eigene Autonomiebestrebungen, die sie vor einer Vereinnahmung für betriebliche Zwecke schützen. Insofern wird in diesem Prozess immer auch eine Integrationsleistung von Organisation und Person erbracht. Dies gilt v. a. dann, wenn betriebliche Organisationsprozesse explizit mit individuellen Lernprozessen gekoppelt werden. Berufsbildung am Lernort Betrieb wird damit selbst zu einem integralen Bestandteil der betrieblichen Organisationsentwicklung (vgl. Kühnlein 1997). So tragen einerseits die Maßnahmen der betrieblichen Bildung zur Personalentwicklung und Organisationsentwicklung bei. Andererseits können aber auch betriebliche Reorganisationsmaßnahmen Auswirkungen auf die Qualifikation der Mitarbeiter/-innen haben, ohne dass sie explizit als Maßnahme einer internen Qualifizierung ausgewiesen sind. Hier deutet sich an, dass die Kompetenzentwicklung von Beschäftigten durch die betriebliche Organisation der Arbeits- und Geschäftsprozesse positiv oder negativ beeinflusst werden kann.

Für die Beschäftigten hat diese Funktionslogik der betrieblichen Fortbildung zur Folge, dass die betriebliche Weiterbildungspolitik auch individuelle Formen des Lernens steuert. Im Zuge der Verschränkung von Arbeiten und Lernen und mit der zunehmenden „Subjektivierung der Arbeit" (vgl. Moldaschl & Voß 2002) erfolgt ein erweiterter Zugriff auf persönliche Lebensbereiche. Konfliktpotenzial liegt v. a. darin, dass die Arbeitnehmer/-innen auf der einen Seite ihr gesamtes Potenzial und ihre persönlichen Ressourcen in das Unternehmen bis hin zur Selbstrationalisierung einbringen sollen. Auf der anderen Seite nehmen die prekären Arbeitsverhältnisse zu, denn zugleich werden die kollektiven Schutz- und Sicherungsmechanismen immer weiter reduziert. Arbeitswissenschaftliche Untersuchungen belegen, dass beispielsweise widersprüchliche Vorgaben und gezielte Überforderung viele Angestellte unter Stress setzen, der nicht selten auch zu erheblichen psychischen Belastungen führt (vgl. Dunkel, Kratzer & Menz 2010). Beschäftigte, die davon betroffen sind, können und wollen ihre Kompetenzen dann nicht in dem Maße in die Organisation einbringen, wie es unter anderen Bedingungen gegebenenfalls möglich wäre. Die Überforderung von Mitarbeitern/Mitarbeiterinnen, wie sie zum Teil im Kontext moderner Arbeitsformen zur Normalität geworden ist, ist so gesehen als dysfunktional für die betriebliche Organisationsentwicklung zu bewerten.

Insgesamt ist festzustellen, dass die Ansprüche der Beschäftigten auf Anerkennung ihrer Kompetenzen und ihrer Leistung, z. B. über eine angemessene, tariflich abgesicherte Vergütung oder über Zertifikate, die ihre Mobilitätschancen auf dem Arbeitsmarkt erhöhen, in den flexiblen Steuerungsformen der Arbeitsorganisation kaum Berücksichtigung finden. Das mag einer der Gründe sein, warum Arbeitnehmer/-innen nicht uneingeschränkt positiv auf die Durchführung von betrieblichen Qualifizierungsprojekten reagieren. Empirische Studien belegen, dass bei den Beschäftigten durchaus Vorbehalte und Widerstände gegen das Lernen in der betrieblichen Weiterbildung zu verzeichnen sind. Faulstich (2006) kennzeichnet dieses Phänomen als das „Sinnlosigkeitssyndrom", das besagt, dass die Betroffenen oftmals keine positive Erwartung, bezogen auf eine Veränderung ihrer Arbeits- und Lebensbedingungen im Zusammenhang mit der Lernanstrengung, sehen. Dies bestätigen empirische Untersuchungen: In einer Befragung nannten zwei Drittel der Weiterbildungsverweigerer mangelnde berufliche Verwertungschancen als Grund für ihre Lernabstinenz (vgl. Bolder 2006, S. 29f.). Gerade bei Minderqualifizierten führt dies zu einem doppelten Exklusionsprozess: „Praktisch ausgeschlossen schließen sie sich selbst aus, verweigern sie aus negativen persönlichen oder auch kollektiven Erfahrungen in der Familie, bei Freunden und Kollegen die Teilnahme" an Weiterbildungsmaßnahmen (ebenda, S. 31). Insofern ist festzuhalten, dass sich der Zusammenhang zwischen individueller Kompetenzentwicklung und betrieblicher Organisationsentwicklung an der Frage der Bereitschaft bzw. auch der Gelegenheit der Mitarbeiter/-innen, ihre Kompetenzen kontextbezogen adäquat in das Unternehmen einzubringen, manifestiert. Je größer die Handlungsspielräume der Arbeitnehmer/-innen dazu sind, desto enger ist die Koppelung von Person und Organisation. Explizit lernförderlich gestaltete Arbeitsbedingungen (vgl. Dehnbostel 2001) unterstützen und fördern z. B. die Möglichkeit, dass Beschäftigte ihre Kompetenzen in die Organisation einbringen. Aber es bleibt dabei: Letztlich entscheidet der/die Lernende selbst über seine/ihre Teilnahme oder Nichtteilnahme an Weiterbildung und auch darüber, inwieweit die individuellen Kompetenzen in den Arbeitsprozess eingebracht werden. Dies relativiert ein Stück weit die scheinbar uneingeschränkte Macht, die die Unternehmen im Rahmen der betrieblichen Weiterbildung haben.[1]

4   Kompetenzentwicklung aus gesellschaftlicher Perspektive

In deutschsprachigen Ländern wird die individuelle Kompetenzentwicklung über das Prinzip der Beruflichkeit der bloßen ökonomischen Verwertbarkeit eines einzelnen Betriebes enthoben und erfährt im Berufsprinzip eine Universalisierung. Das Berufsprinzip kann nach Harney (1998) als deutsche Besonderheit gelten, weil hier die spezifischen Ordnungsstrukturen „für eine besondere institutionelle Zäsur zwischen universalistischen und partikularistischen Sphären der Weiterbildung" (S. 26) sorgen. Dies wird u. a. dadurch begünstigt, dass die Institutionen des Korporatismus (also die Kammern) stellvertretend für den Staat eine Moderatoren-/Moderatorinnenrolle übernehmen und damit die berufliche Bildung den jeweiligen einzelbetrieblichen Verwertungsinteressen entheben: „Durch seinen öffentlich-rechtlichen Status und die von dort her bestimmten Zulassungs-, Kontroll- und Zertifizierungsrechte wird die privatbetriebliche Trägerschaft der Ausbildung sozusagen entpartikularisiert. Für das deutsche Berufsbildungssystem ist der Betrieb eine quasi öffentliche Einrichtung, die man mit universalistischen Standards und Erwartungen belasten kann." (ebenda, S. 27)

Es besteht damit also nicht nur ein Zusammenhang zwischen individueller Kompetenzentwicklung und betrieblicher Organisationsentwicklung, wie bereits dargestellt wurde, sondern über das Berufsprinzip erfolgt eine enge Koppelung von Individuum, Organisation und Gesellschaft. Dem Beruf kommt damit – das haben schon Emile Durkheim und Max Weber beschrieben – eine Schlüsselfunktion in der Ausdifferenzierung moderner Gesellschaften zu. Darauf Bezug nehmend beschreibt Kurtz (2005) in einer systemtheoretischen Analyse, dass der Beruf unterschiedliche soziale Systeme – nämlich sowohl Wirtschaft und Erziehung als auch Person und Sozialsystem – miteinander koppelt. Wenn die Schnittstellen dieser Koppelung nicht funktionieren, entstehen Strukturprobleme aufgrund der Anschlussfähigkeit dieser Systeme, die dann „biografisiert" (S. 221) werden und zur Exklusion aus Organisationen bzw. aus den Teilsystemen der Gesellschaft führen. Der Beruf bildet damit nach Kurtz mit seiner „Ausgangsunterscheidung zwischen pädagogischen und ökonomischen Kommunikationen

---

[1]   Es ändert jedoch nichts daran, dass ein Großteil der Nichtbeteiligung an Weiterbildung systematischer Natur ist und mit den subjektiven und individuellen Beweggründen der Einzelnen nichts zu tun hat. Die systematische Ausgrenzung von der Weiterbildungsbeteiligung hat, wie auch das Berichtssystem Weiterbildung des BMBF eindeutig belegt, strukturelle Gründe (vgl. BMBF 2005, S. 109; Gillen, Elsholz & Meyer 2010).

genau die gesellschaftliche Schnittstelle" (S. 237), an der z. B. auch soziale Ungleichheiten deutlich werden.

Es macht auch hier v. a. in der Interessenperspektive einen Unterschied, Kompetenzentwicklung im betrieblichen oder im beruflichen Kontext zu thematisieren. Daher wird im Folgenden noch einmal ausgeführt, was genau die berufliche Organisation von Arbeit auf der gesellschaftlichen Ebene als Rahmenbedingung von Organisation und Person ausmacht: Nach Manz (1998) gibt es einen spezifisch deutschen Typus von Beruflichkeit, der in anderen Industriegesellschaften in dieser Form nicht existiert und der sich durch eine „wirksame Mischung von Traditionsbeständen und modernen Formen der Institutionalisierung" (S. 222) auszeichnet. Ein wesentliches Merkmal von Berufen in Deutschland ist, dass sie sich nicht nur über Inhalte und Kompetenzanforderungen legitimieren, sondern auch über den Prozess des Zustandekommens, der durch föderalistische und durch korporatistische Steuerungselemente geprägt ist. Berufe werden von den sogenannten „vier Bänken" (Bund und Ländern sowie den Sozialpartnern/-partnerinnen, vertreten durch Arbeitgeber/-innen- und Arbeitnehmer/-innen-Verbände) im Konsensverfahren „geordnet". Damit sind Berufe soziale Konstrukte, die zunächst spezifischen Qualifikationserwartungen von betrieblicher Seite unterliegen, in die aber auch die jeweiligen sozialen Interessenlagen der Arbeitnehmer/-innen- und Arbeitgeber/-innen-Seite eingehen. In sogenannten Berufsprofilen, die damit mehr sind als Qualifikations- oder Kompetenzbündel, werden spezifische Elemente festgeschrieben und im Sinne einer Institutionalisierung auf Dauer gestellt.

Im Einzelnen können als Ausdruck einer berufsförmigen Gestaltung von Arbeit die folgenden Merkmale gelten:

- Die einheitliche Definition von Qualifikationsstandards über Ordnungsmittel.
- Die Organisation des Qualifikationserwerbs, d. h. die Schaffung von formalen Aus- und Weiterbildungsgängen.
- Die Zertifizierung von Qualifizierungsgängen und Handlungskompetenzen.
- Die Regelung spezifischer Zuständigkeiten nach dem Föderalismus- und Korporatismusprinzip.
- Die Beteiligung von unterschiedlichen Interessengruppen (Partizipationsprinzip).
- Die kollektive Absicherung von Gratifikationen (z. B. über Tarifverträge).

Hervorzuheben ist zudem, dass neben der Erwerbssicherung und der beruflichen Qualifizierung die Entwicklung einer sozialen Identität – individuell oder als Berufsgruppe – ein zentraler Effekt von Berufen ist. Wenn erkennbar wird, dass diese Elemente unter der kollektiven Beteiligung der Betroffenen selbst geregelt werden, deuten sich Prozesse der Verberuflichung bzw. auf einer höheren Ebene Prozesse der Professionalisierung an.

Beruflichkeit kann sich also auf unterschiedlichen Ebenen ausdrücken, die von unorganisierter Arbeit zu Berufen und Professionen reichen (vgl. Hartmann 1968). Als unorganisierte Arbeit gilt z. B. die Arbeit von Tagelöhnern und neuerdings sogenannten „Ich-AGs" oder auch die private Arbeit, die nach wie vor meist von Frauen geleistet wird; weitgehend unorganisiert ist im Erwerbssektor z. B. auch die Arbeit von Beschäftigten im Reinigungsgewerbe, in modernen Dienstleistungen und in der Wissensarbeit. Handelt es sich um beruflich organisierte Arbeit, dann ist mit dem Berufsbild, das ein Bündel von Qualifikationen repräsentiert, ein Muster zum Tausch von Arbeitskraft gegen Geld gegeben, und damit wird die materielle Basis der Lebensführung weitgehend abgesichert. Die höchste Stufe der beruflichen Organisation von Arbeit ist nach den berufssoziologischen Theorien die Profession. Klassische

Professionen sind die der Mediziner/-innen, Juristen/Juristinnen und die sogenannten „freien" Berufe. Die Professionen zeichnen sich u. a. durch ein hohes Maß an Autonomie, hohes Einkommen, hohen sozialen Status und gesellschaftliche Anerkennung aus. Es handelt sich bei den Prozessen der Verberuflichung und der Professionalisierung, die immer mit einer Steigerung im Abstraktionsgrad des Wissens und einer zunehmenden sozialen Vergemeinschaftung einhergehen, um fließende Übergänge, die sozial gestaltbar sind und in die partikulare Interessen eingehen. Wenn man Prozesse der individuellen Kompetenzentwicklung aus dieser Perspektive thematisiert, dann liegt der Schluss nahe, dass es sich auch dabei um einen Prozess der Steigerung von Beruflichkeit handelt. Das Ziel von Kompetenzentwicklung ist damit auch die Entwicklung in Richtung einer professionsorientierten Beruflichkeit (vgl. Meyer 2000). Dies gilt aus individueller Perspektive mit Blick auf das lebenslange Lernen und aus organisationaler Perspektive hinsichtlich der Existenz von Aufstiegs- und Karrierewegen.

Kompetenzentwicklung als berufliche Weiterbildung ist im Vergleich zur Erstausbildung – gemessen am Grad der Institutionalisierung und der sozialen Organisation – eher gering professionalisiert und aufgrund der geringen Regelungsdichte ist sie in hohem Maße individualisiert. Hier wirkt sich die Verflechtung der gesellschaftlichen und der betrieblichen Ebene mit der individuellen Ebene deutlich aus: Dem/Der Einzelnen wird nicht zuletzt mit dem Konzept des lebenslangen Lernens und unter dem bildungspolitischen Paradigma der „Employability" ein immer höheres Maß an Eigenverantwortung für den Erhalt seiner Beschäftigungs- und Berufsfähigkeit abverlangt. Die Unternehmen profitieren davon, denn sie sind im Kontext moderner Formen der Arbeitsorganisation auf die Selbstorganisationsfähigkeit ihrer Mitarbeiter/-innen angewiesen. Allerdings mündet die zunehmende Selbstverantwortung in den von Voß & Pongratz (1998) identifizierten Typus des „Arbeitskraftunternehmers"/der „Arbeitskraftunternehmerin", d. h., sie führt zur Selbstentfremdung und endet nicht selten in Überforderung (vgl. Lehmkuhl 2006, S. 88 ff.). Die Verantwortung dafür, eine angemessene Balance zwischen Arbeiten, Lernen und Leben herzustellen, wird faktisch auf das Individuum verlagert, obwohl sowohl ein betriebliches als auch ein gesellschaftliches Interesse besteht, dass diese Bereiche in einem ausgewogenen Verhältnis zu einander stehen.[2]

Gerade deshalb kommt dem Konzept der Beruflichkeit bildungspolitisch eine entscheidende Bedeutung zu: Die mit staatlichem Einfluss geregelte, berufsförmige Gestaltung von Arbeit befreit den Einzelnen/die Einzelne von dem Zwang, individuelle soziale Regelungen zu treffen. Berufsbilder, Zertifikate und die o. a. spezifischen Gestaltungs- und Kontrollmechanismen der Berufsbildung sind die Basis für eine gegenseitige realistische und erwartungsgemäße Einschätzung von Qualifikationen einerseits und einer angemessenen Entlohnung andererseits. Der Beruf als Form sorgt somit für soziale Struktur. Allerdings ist die traditionelle, historisch konkretisierte Form des Berufs vom abstrakteren Begriff der Beruflichkeit zu unterscheiden. Im Folgenden wird die These vertreten, dass das Konzept einer modernen Beruflichkeit individuelle, organisationale und gesellschaftliche Entwicklungsprozesse miteinander verbindet.

---

[2] Vor diesem Hintergrund wird an der Universität Trier das Projekt ALLWISS (ARBEITEN – LERNEN – LEBEN IN DER WISSENSARBEIT) durchgeführt. Es handelt sich dabei um ein Forschungs- und Entwicklungsvorhaben im Bereich „Förderung der Innovationsfähigkeit durch das Prinzip der Work-Life-Balance" der BMBF-Initiative „Balance von Flexibilität und Stabilität in einer sich wandelnden Arbeitswelt". Laufzeit ist von 01. 08. 2009 bis 30. 04. 2013; http://www.allwiss.de.

5 Moderne Beruflichkeit als Koppelung individueller, organisationaler und gesellschaftlicher Entwicklungsprozesse

Historische Elemente der traditionellen Berufsform treten zugunsten einer modernen Form von Beruflichkeit zurück. Beruflichkeit als abstraktes Organisationsprinzip beinhaltet gegenüber der traditionellen Berufsform eine räumliche, zeitliche und inhaltliche Entgrenzung der beruflichen Bildung, jedoch ohne damit das Berufsprinzip, wie es oben beschrieben wurde, grundsätzlich zur Disposition zu stellen. Dies lässt sich an modernen Dienstleistungsberufen, insbesondere im Bereich der Wissensarbeit (z. B. in der IT-Arbeit) zeigen.

Als Ausdruck einer modernen Beruflichkeit können die folgenden Merkmale gelten:

- Eine geringere Formalisierung, die insbesondere in Bezug auf Gratifikations- und Sozialleistungen sowie bezogen auf die sozialen Abstimmungsprozesse zu verzeichnen ist.
- Eine Entgrenzung beruflichen Lernens – damit ist eine räumliche Entgrenzung aus den Lernorten Schule und Betrieb gemeint und eine zeitliche Entgrenzung aus der Phase der Erstausbildung in die Weiterbildung sowie eine inhaltliche Entgrenzung durch das Verschwimmen der Fachgrenzen und disziplinären Zuständigkeiten.
- Die Auflösung traditioneller Strukturen: von einer Funktionsorientierung zu einer Prozessorientierung – diese gilt als neues Leitbild für die Arbeitsorganisation und auch für die betrieblichen Lernprozesse.

Weitere Merkmale einer modernen Beruflichkeit sind zunehmende permanente Veränderung, geringe zeitliche Konstanz, hohe Flexibilität und damit verbunden die Bereitschaft zu lebenslangem Lernen. Konstitutiv sind auch Individualisierung und Selbstorganisation – dies gilt bezogen auf den Qualifikationserwerb wie auch auf die eigenverantwortliche Steuerung und Gestaltung von Arbeits- und Qualifizierungsprozessen. Mit einem höheren Maß an Autonomie verbinden sich die Zunahme der Chance zur individuellen Mitgestaltung und Selbstbestimmung sowie die Aufhebung der Begrenzungen, die für die traditionelle Berufsform kennzeichnend waren. In dieser Form schließt eine moderne Beruflichkeit auch diskontinuierliche Erwerbsverläufe jenseits des Normalarbeitsverhältnisses ein – diese sind für eine moderne Beruflichkeit sogar elementar. Aufgrund der unbestimmten Qualifikationsanforderungen muss sich Beruflichkeit als eine reflexive Beruflichkeit auf der individuellen Ebene permanent selbst wiederherstellen. (vgl. Kreutzer 1999) Auch hier wird also die Verantwortung auf das Individuum verlagert, seine Beruflichkeit immer wieder zu reproduzieren. Die Fähigkeit dazu setzt wiederum bestimmte Kompetenzen voraus, die zunächst im Bildungs- und Erwerbssystem erlangt und weiterentwickelt werden müssen. Dazu gehören neben fachlichen Kompetenzen auch prozessbezogene Handlungs- und Reflexionskompetenzen. Hier wird der Zusammenhang von Kompetenz- und Organisationsentwicklung einerseits und dem Konzept der Beruflichkeit andererseits nochmals offensichtlich.

Sowohl in seiner historischen Form als auch in der modernen Version ist die Verberuflichung von Arbeit immer auch als eine Form der Rationalisierung zu bewerten (vgl. Hesse 1972). Dies gilt aus individueller wie aus betrieblicher und gesellschaftlicher Perspektive: Auf der Mikroebene geht es um Strategien der Individuen zur Sicherung des Arbeitskraftverwertungsinteresses[3], es geht um Routinisierung, aber auch wie oben beschrieben gegebenenfalls um den Widerstand gegen ständig neue Zumutungen und Arbeitsbelastungen. Für den Einzelnen/die Einzelne beinhaltet diese Rationalisierung planvolle Entscheidungen zur Berufswahl und -ausbildung, zum Berufswechsel sowie zur Weiterbildung zu treffen. Auf der Mesoebene der betrieblichen Arbeit spielt die planvolle und effiziente Gestaltung der Geschäfts- und Arbeitsprozesse eine entscheidende Rolle. Auf der Makroebene der gesellschaftlichen Subsysteme – Arbeitsmarkt- und Beschäftigungs- wie auch Bildungssystem – geht es um die arbeitsmarkt-, bildungs- und sozialpolitische Gestaltung der ordnungspolitischen Rahmenbedingungen im Sinne einer Verrechtlichung und um die Verwertung von Interessen.

Insofern kann konstatiert werden, dass mit der berufsförmigen Organisation von Erwerbsarbeit im Unterschied zu nichtberuflich organisierter Arbeit auch die Gestaltung zentraler sozialer Chancen (wie z. B. horizontaler und vertikaler Mobilität und die Öffnung von Entwicklungs- und Karrierewegen) zumindest ermöglicht, wenn auch nicht garantiert wird. Damit ist Beruflichkeit immer auch als prinzipielle Chance zur sozialen Gestaltbarkeit von Arbeit zu verstehen. Dies gilt, wie gezeigt wurde, auf individueller, organisationaler und gesellschaftlicher Ebene, wobei diese Bereiche über eine enge strukturelle und institutionelle Koppelung aufeinander verwiesen sind.

Festzuhalten sind als Zwischenfazit zum Zusammenhang von individueller Kompetenzentwicklung, betrieblicher Organisationsentwicklung und dem gesellschaftlichen Prinzip der Beruflichkeit drei Thesen:

- Individuelle Kompetenzentwicklung und betriebliche Organisationsentwicklung verweisen aufeinander und konstituieren sich gegenseitig.
- Eine moderne, professionsorientierte Beruflichkeit stellt sich auch als individuelle, reflexive Beruflichkeit nicht zuletzt über das Zusammenwirken von Kompetenz- und Organisationsentwicklung her.
- In wissensintensiven Arbeitsfeldern sind der Zusammenhang zwischen selbstgesteuerter Kompetenzentwicklung und Organisationsentwicklung sowie das Konzept der modernen Beruflichkeit besonders stark ausgeprägt.

Diese Thesen lassen sich in Teilen empirisch belegen. Besonders die empirischen Forschungen zur IT-Arbeit zeigen, dass über projektförmige Arbeitsstrukturen die oben beschriebenen Zusammenhänge wirksam werden (vgl. Ewers & Hoff 2006; Molzberger 2007; Rohs 2008).

An der Universität Trier wird im Rahmen eines interdisziplinären Forschungsprojektes (Berufspädagogik, Betriebswirtschaftslehre und Organisationspsychologie) sowie einer Nachwuchsforscher/-innen-Gruppe der Zusammenhang zwischen Kompetenz- und Organisationsentwicklung in innovationsintensiven Branchen empirisch untersucht.[4] Dieses Feld kann als exemplarisch zur Veranschaulichung des Zusammenhangs von individueller Kompetenz- und betrieblicher Organisationsentwicklung gelten: Das liegt v. a. daran, dass die Generierung von Innovationen als betriebliche und gesellschaftliche Neuerungen kein linearer Prozess ist, sondern dass sie vielmehr in Netzwerke und komplexe Wissensarchitekturen ein-

---

[3] Zu den potenziellen Interessen von Arbeitnehmern/Arbeitnehmerinnen an Weiterbildung und der Interessengenese vgl. ausführlich Grotlüschen 2010.

[4] Das interdisziplinäre Projekt „Kompetenz- und Organisationsentwicklung als Faktoren erfolgreicher Wissensarbeit", in dessen Rahmen drei Fallstudien durchgeführt werden, hat eine Laufzeit von einem Jahr (01.04.2010 bis 31.05.2011) und wird durch die Hans-Böckler-Stiftung finanziert. Beteiligt sind die Fächer BWL, Organisationspsychologie sowie Berufspädagogik.

gebunden ist, wobei spezifische Aneignungsbedingungen von neuem Wissen eine besondere Rolle spielen (vgl. Gerlach & Ziegler 2010, S. 2). Als eine Voraussetzung für Innovation gilt die Verknüpfung von Innovationswegen und Lernmöglichkeiten, wobei die entsprechenden individuellen Selbststeuerungspotenziale einerseits und die organisationalen Partizipationsspielräume andererseits als Bedingung bzw. Voraussetzung anerkannt sind. Die Gestaltung der Geschäftsprozesse und der Arbeitsbedingungen – das ist auch im arbeitswissenschaftlichen Diskurs nicht infrage gestellt – spielt dabei eine bedeutende Rolle.

Grundsätzlich werden Unternehmen als Systeme verstanden, die aufgrund ihrer spezifischen Prozesse und der Strukturelemente über die Fähigkeit verfügen, sich durch interne Reproduktions- und Wandlungsprozesse weiterzuentwickeln. Bei der Transformation von Ressourcen in nutzbare Kompetenzen kommt den sogenannten „organisationalen Routinen" eine besondere Rolle zu (vgl. Kirner, Weißfloch & Jäger 2010, S. 87). Diese organisationalen Routinen, die der Zusammenführung von individuellem und unternehmensbezogenem Wissen dienen, stehen im Fokus der o. a. Forschungsprojekte. Es stellt sich in diesem Zusammenhang allerdings die grundsätzliche Frage nach den Forschungskonzepten und -methoden, mit denen diese Routinen und die damit einhergehenden individuellen und organisationalen Deutungsmuster überhaupt einer Beschreibung und Analyse zugänglich gemacht werden können. Methodologische Überlegungen zu diesem Problem werden nachfolgend und abschließend kurz skizziert.

6 Methodologische Überlegungen zur Kompetenz- und Organisationsforschung

Es wird von der europäischen und nationalen Bildungspolitik sowie von potenziellen Drittmittelgebern/-geberinnen (z. B. BMBF) immer häufiger der Anspruch erhoben, die Praxis durch die Erarbeitung von wissenschaftlich fundierten Konzepten zu unterstützen. In diesem Zusammenhang bedarf es entsprechender (inter-)disziplinärer Forschungsansätze zu einer gelingenden Verbindung von Theorie und Praxis. Ein Theorieverständnis mit entsprechendem Praxisbezug und Nutzenorientierung gilt es jedoch in der Disziplin Berufs- und Wirtschaftspädagogik erst noch zu entwickeln. Gerade mit Blick auf das Zusammenwirken von Kompetenz- und Organisationsentwicklung sind z. B. auch Forschungszugänge aus benachbarten Disziplinen (beispielsweise der Sozialpädagogik oder der Arbeitswissenschaft) von Interesse und geben Anstöße zu einem neuen Forschungsverständnis.

Es spricht einiges dafür, dass z. B. ethnografische Forschungsmethoden besonders geeignet sind, den Zusammenhang zwischen Kompetenz- und Organisationsentwicklung sichtbar zu machen. Sie leisten eine Erweiterung des disziplinären Methodenspektrums jenseits der tradierten qualitativen und quantitativen Forschungsmethoden (vgl. Meyer & Elsholz 2009, S. 9 f.). Der Beitrag der Ethnografie liegt darin, zum pädagogischen Verstehen sozialer und institutioneller Felder und den ihnen jeweils zugrunde liegenden kulturellen Mustern beizutragen. Ethnografische Forschung wird als Feldforschung verstanden, d. h., die sozialen Handlungsformen von Menschen werden in ihrer alltäglichen Umgebung erfasst. Es ist Aufgabe des ethnografischen Forschers/der ethnografischen Forscherin, seine/ihre eigene Perspektive weitestmöglich abzulegen, um die spezifische Perspektive der Personen im Feld einschließlich ihrer subjektiven Sinnzuschreibungen nachvollziehen zu können. Es handelt sich im Vergleich zu herkömmlicher teilnehmender Beobachtung um eine Steigerung der

Partizipation im Feld, in deren Mittelpunkt die Beobachtung aus der Perspektive der Akteure/Akteurinnen steht (vgl. Zinnecker 2000, S. 385).

Der Fokus liegt auf der Kontextualisierung sozialer Interaktionen und Umgangsformen und zwar explizit derer, die zur Alltagskultur gehören und sich dadurch üblichen Erhebungsinstrumenten (z. B. Befragungen) entziehen. Dabei deutet sich an, dass sich diese Methode z. B. gerade für die Explikation des impliziten und informellen Lernens in den beruflichen und betrieblichen Ordnungs- und Organisationsmustern eignet und damit auch Aufschluss über bisher Unbekanntes geben könnte. Dies gilt insbesondere für die Sichtbarmachung des Zusammenhanges von Kompetenz- und Organisationsentwicklung bzw. auch für die Strategien, die im Kontext einer modernen Beruflichkeit von einzelnen oder von Berufsgruppen entwickelt werden. Letztlich geht es dabei um die Beobachtung einer sozialen Ordnung, die sich im Zusammenspiel von individueller Kompetenz- und betrieblicher Organisationsentwicklung ausdrückt. Ziel ist es, betriebliche und gesellschaftliche Ordnungs- und Organisationsmittel erfassbar zu machen, wobei eben nicht die Thematisierung von organisationalen Strukturen, die sich z. B. in Stellen, Abteilungen und Positionen sowie deren Verhältnis zueinander ausdrücken, im Mittelpunkt steht. Vielmehr wird nach spezifischen Regel- und Normenkomplexen gesucht, nach Sanktionen und nach Zweck-Mittel-Relationen. Denn diese organisationalen „Ordnungskategorien stellen Deutungs-, Abstraktions- und Bewertungsmuster für Ereignisse und Sinnzusammenhänge bereit." (Türk 1995, S. 292)

Ein grundlegendes methodologisches Forschungsproblem besteht darin, dass bisher unbekannte Zusammenhänge sichtbar und der Reflexion zugänglich gemacht werden sollen. Damit kann die Art und Weise der Forschung ihrerseits prinzipiell Anstöße für individuelle und organisationale Reflexionsprozesse geben. Als problematisch wird allerdings im erziehungswissenschaftlichen Diskurs thematisiert, dass Programm und Praxis häufig derart eng miteinander verschmolzen sind, dass sich die Ordnung der Beobachtung und der reflexiven Wahrnehmung entzieht: „Alles wird immer schon in seiner Ordnung angetroffen, ohne dass die Herstellung dieser Ordnung (etwa in der Gestalt einer Praxis des Programms, die selbst die Differenz von Programm und Praxis bearbeitet) je zum Thema werden müsste." (Neumann 2010, S. 2) Neumann plädiert vor diesem Hintergrund aus der Sicht einer sozialpädagogischen Organisationsforschung für eine Empirie des Pädagogischen, die auf „Aussagen jenseits des nur Wünschbaren und des immer schon Gewussten" (ebenda) zielt.

Aus berufs- und betriebspädagogischer Perspektive ist auch die Frage relevant, ob und inwiefern es sich mit dem Blick auf Unternehmen und deren organisationale Entwicklung um eine Wirklichkeit handelt, die sich selbst als eine pädagogische betrachtet. Es ist anzunehmen, dass die Betriebe eher ökonomische Beobachtungen vornehmen als pädagogische. Insofern gilt es zunächst das Feld und die pädagogischen Prozesse in diesem Feld zu ermitteln und als solche zu beschreiben. Statt einer gegenstandsbezogenen Perspektive wird in diesem Forschungsverständnis eine gegenstandskonstituierende Perspektive eingenommen. Es geht weniger um die Objektivität des Gegebenen als um die „Formen der Organisation der Realität und die theoretischen Mittel, mit denen diese zur Darstellung gebracht werden kann." (ebenda, S. 7) Eine Grundannahme dieses Forschungsverständnisses ist: Es gibt eine pädagogische Ordnung, die als solche beschrieben werden kann, ohne dass schon gewusst werden müsste, was daran pädagogisch ist. Es geht um lokal situierte Praktiken: „Die Ordnung als eine ‚pädagogische Form' gerät also genau dann in den Blick, wenn die Praxis des Ordnens selbst als ein Moment der Pädagogisierung des Geschehens rekonstruiert werden kann." (ebenda, S. 9)

Es ist in berufs- und betriebspädagogischer Perspektive zu prüfen, ob und inwiefern dieses Forschungsverständnis einen Beitrag zur Sichtbarmachung des Zusammenhangs von Kompetenz- und Organisationsentwicklung leisten könnte. Wenn es darum geht, organisationale Routinen in einer Art und Weise transparent werden zu lassen, dass sie zugleich einer Reflexion zugänglich gemacht werden können, bietet sich ein weiterer methodischer Zugang mit Blick auf den arbeitssoziologischen Diskurs an. Latniak & Wilkesmann (2005, S. 65 ff.) beschreiben z. B. die Grundzüge einer „anwendungsorientierten Forschung" zwischen dienstleistungsorientierter Organisationsberatung und theoriegeleiteter Forschung. Durch die zunehmende Einbindung der Forschung in direkte Anwendungskontexte erfolgt demnach eine problemorientierte Wissensproduktion, woraus zum einen veränderte Qualitätsanforderungen an die Forschung erwachsen und sich zum anderen der Legitimationsdruck der Wissensproduktion erhöht. Forschung vermischt sich hier mit Beratung, was dazu führt, dass nicht zuletzt aufgrund der implizierten Kunden-/Kundinnenorientierung die traditionellen Maßstäbe der quantitativen und auch der qualitativen Sozialforschung tendenziell außer Kraft gesetzt werden. Latniak & Wilkesmann fordern daher, dass neue Standards für die Bedingungen der Durchführung und Umsetzung anwendungsorientierter Forschung entwickelt werden, und liefern erste Ansatzpunkte: Sie plädieren dafür, dass bei den Forschern/Forscherinnen eine Verbindung von theoretischem Wissen und praktischem Können bestehen sollte, die eine direkte Anwendung wissenschaftlicher Erkenntnisse in der Praxis der Institutionen ermöglicht. Darüber hinaus sollte Forschung gegenstandsadäquat und reflexiv gestaltet sein, d. h., es sind Methoden einzusetzen, die den Kommunikationsprozess zwischen dem Forscher/der Forscherin und seinem/ihrem Feld strukturieren und den Reflexionsprozess der Praktiker/-innen unterstützen. Nicht zuletzt fordern die beiden Autoren die Anschlussfähigkeit anwendungsorientierten Wissens an den wissenschaftlichen Diskurs einerseits und den praktischen Diskurs andererseits, wobei die Güte der Forschung daran zu messen ist, inwiefern dieser „Brückenschlag" gelingt.

Dieses Forschungsverständnis setzt voraus, dass die Forscher/-innen mit der Praxis vertraut sind und im besten Fall betriebliche und berufliche Kontexte als Rahmen ihrer individuellen Aneignungsprozesse biografisch erfahren haben. Auch hier ist also die Koppelung von personalen und organisationalen (betrieblichen und gesellschaftlichen) Strukturen hervorzuheben.

7 Vorläufiges Fazit

Eine Voraussetzung dafür, dass sich Kompetenzen auf der individuellen Ebene entwickeln können, ist ihre Einbindung in organisationale und institutionelle Kontexte. Diese müssen so gestaltet sein, dass die Prozesse der Kompetenzentwicklung unterstützt und gefördert werden – und nicht behindert und blockiert.

Das Zusammenwirken von individueller Kompetenzentwicklung und betrieblicher Organisationsentwicklung ist hier im Kontext des Konzeptes einer modernen Beruflichkeit ansatzweise in theoretischer Hinsicht und mit Blick auf die Möglichkeit seiner Erforschung entfaltet worden. Diese Überlegungen müssen durch empirische Untersuchungen fundiert und erweitert werden. Indem durch Forschungsprozesse selbst individuelle und organisationale Reflexionsprozesse angestoßen werden, könnte diese Art von Forschung ihrerseits Potenziale für Kompetenz- und Organisationsentwicklungsprozesse freisetzen – und sie könnte Hinweise darauf geben, wie unter den Bedingungen einer sich permanent wandelnden Arbeitswelt Beruflichkeit unter Berücksichtigung divergierender sozialer Interessenlagen so gestaltet werden kann, dass Synergien zwischen individuellem, betrieblichem und gesellschaftlichem Nutzen erzeugt werden. Dies erfordert auch eine empirische Erfassung und kritische Analyse der Governance-Strukturen, die durch eine Vielfalt der steuernden Akteure/Akteurinnen geprägt sind (vgl. Hartz & Schrader 2008). Die unterschiedlichen Interessen zu ermitteln, die in diesem Prozess auf der individuellen, der betrieblichen und der gesellschaftlichen Ebene wirksam werden, ist eine zentrale Frage der Weiterbildungsforschung.

Literaturverzeichnis

Baethge, Martin & Baethge-Kinsky, Volker (2004): Der ungleiche Kampf um das lebenslange Lernen. Münster und New York: Waxmann.

BMBF – Bundesministerium für Bildung und Forschung (2005; Hrsg.): Berichtssystem Weiterbildung. Bonn: Bundesministerium für Bildung und Forschung.

Bolder, Axel (2006): Warum Lisa M. und Otto N. nicht weiter weitergebildet werden wollen. In: Faulstich, Peter & Bayer, Mechthild (Hrsg.): Lernwiderstände – Anlässe für Vermittlung und Beratung. Hamburg: Verlag für das Studium der Arbeiterbewegung, S. 26–38.

Dehnbostel, Peter (2001): Perspektiven für das Lernen in der Arbeit. In: Arbeitsgemeinschaft Betriebliche Weiterbildungsforschung e. V. (Hrsg.): Kompetenzentwicklung 2001. Tätigsein – Lernen – Innovation. Münster und New York: Waxmann, S. 53–93.

Dunkel, Wolfgang, Kratzer, Nick & Menz, Wolfgang (2010): „Permanentes Ungenügen" und „Veränderung in Permanenz" – Belastungen durch neue Steuerungsformen. In: WSI-Mitteilungen 63, Heft 7, S. 357–364.

Ewers, Eyko & Hoff, Ernst-H. (2006): Arbeit als Lebensinhalt? Neue Formen der Lebensgestaltung bei Beschäftigten im IT-Bereich. Berlin: Waxmann.

Faulstich, Peter (2006): Lernen und Widerstände. In: Faulstich, Peter & Bayer, Mechthild (Hrsg.): Lernwiderstände – Anlässe für Vermittlung und Beratung. Hamburg: Verlag für das Studium der Arbeiterbewegung, S. 7–25.

Gerlach, Frank & Ziegler, Astrid (2010): Das deutsche Modell auf den Prüfstand – Innovationen in der Krise. In: WSI-Mitteilungen 63, Heft 2, S. 63–69.

Gillen, Julia, Elsholz, Uwe & Meyer, Rita (2010): Soziale Ungleichheit in der beruflichen und betrieblichen Weiterbildung. Stand der Forschung und Forschungsbedarf. (Arbeitspapier Bildung und Qualifizierung 191). Düsseldorf: Hans-Böckler-Stiftung.

Gonon, Philipp & Stolz, Stefanie (2004; Hrsg.): Betriebliche Weiterbildung. Empirische Befunde, theoretische Perspektiven und aktuelle Herausforderungen. Bern: hep.

Grotlüschen, Anke (2010): Erneuerung der Interessetheorie – Die Genese von Interesse an Erwachsenen- und Weiterbildung. Wiesbaden: Verlag der Sozialwissenschaften.

Habermas, Jürgen (1971): Theorie und Praxis. 4. Auflage. Frankfurt am Main: Suhrkamp.

Harney, Klaus (1998): Handlungslogik betrieblicher Weiterbildung. Stuttgart: Hirzel.

Harteis, Christian (2004): Zur Diskussion über die Konvergenz ökonomischer und pädagogischer Prinzipien betrieblicher Personal- und Organisationsentwicklung. In: Zeitschrift für Erziehungswissenschaft 7, Heft 2, S. 277–290.

Hartmann, Heinz (1968): Arbeit, Beruf, Profession. In: Soziale Welt 19, Heft 2, S. 193–216.

Hartz, Stefanie & Schrader, Josef (2008): Steuerung und Organisation in der Weiterbildung – ein vernachlässigtes Thema? In: Hartz, Stefanie & Schrader, Josef (Hrsg.): Steuerung und Organisation in der Weiterbildung. Bad Heilbrunn: Klinkhardt, S. 9–30.

Hesse, Hans A. (1972): Berufe im Wandel. Stuttgart: Enke.

Kade, Jochen (1993): Aneignungsverhältnisse diesseits und jenseits der Erwachsenenbildung. In: Zeitschrift für Pädagogik 39, Heft 3, S. 391–408.

Kirner, Eva, Weißfloch, Ute & Jäger, Angela (2010): Beteiligungsorientierte Organisation und Innovation. In: WSI-Mitteilungen 63, Heft 2, S. 87–93.

Kreutzer, Florian (1999): Beruf und Gesellschaftsstruktur – Zur reflexiven Institutionalisierung von Beruflichkeit in der modernen Gesellschaft. In: Harney, Klaus & Tenorth, Heinz-E. (Hrsg.): Beruf und Berufsbildung – Situation, Reformperspektiven, Gestaltungsmöglichkeiten. Weinheim und Basel: Beltz, S. 61–84.

Kühnlein, Gertrud (1997): „Verbetrieblichung" von Weiterbildung als Zukunftstrend? Anmerkungen zum Bedeutungswandel von beruflicher Weiterbildung und Konsequenzen für die Bildungsforschung. In: Arbeit 6, Heft 3, S. 267–281.

Kurtz, Thomas (2005): Die Berufsform der Gesellschaft. Weilerswist: Velbrück Wissenschaft.

Latniak, Erich & Wilkesmann, Uwe (2005): Anwendungsorientierte Sozialforschung: Ansatzpunkte zu einer Abgrenzung von Organisationsberatung und akademischer Forschung in den Sozialwissenschaften. In: Soziologie 1, Heft 34, S. 65–82.

Lehmkuhl, Kirsten (2006): „Das erschöpfte Selbst" – Befindlichkeiten und Befremdlichkeiten im flexiblen Kapitalismus. In: Elsholz, Uwe, Gillen, Julia, Meyer, Rita, Molberger, Gabriele & Zimmer, Gerhard (Hrsg.): Berufsbildung heißt: Arbeiten und Lernen verbinden! Bildungspolitik, Kompetenzentwicklung, Betrieb. Münster und New York: Waxmann, S. 83–95.

Manz, Wolfgang (1998): Systemprobleme der Berufsausbildung? In: Schütte, Friedhelm & Uhe, Ernst (Hrsg.): Die Modernität des Unmodernen. Das „deutsche System" der Berufsausbildung zwischen Krise und Akzeptanz. Berlin und Bonn: IFA, S. 221–236.

Meyer, Rita (2000): Qualifizierung für moderne Beruflichkeit. Soziale Organisation der Arbeit von Facharbeiterberufen bis zu Managertätigkeiten. Münster und New York: Waxmann.

Moldaschl, Manfred & Voß, Günter (2002): Subjektivierung von Arbeit. (Band 2). München: Hampp.

Molzberger, Gabriele (2007): Rahmung informellen Lernens. Zur Erschließung neuer Lern- und Weiterbildungsperspektiven. Wiesbaden: Verlag der Sozialwissenschaften.

Neumann, Sascha (2010): Die soziale Ordnung des Pädagogischen und die Pädagogik sozialer Ordnungen – Feldtheoretische Perspektiven. (Vortragsmanuskript; Vortrag vom 17.03.2010; gehalten am 22. Kongress der DGfE: „Bildung in der Demokratie"; Forschungsforum 14 „Methodologien einer Empirie pädagogischer Ordnungen"; Johannes Gutenberg-Universität Mainz). Mainz: o.V.

Rohs, Matthias (2008): Connected Learning. Zur Verbindung formellen und informellen Lernens in der IT-Weiterbildung. Saarbrücken: Verband deutscher Musikschulen.

Türk, Klaus (1995): „Die Organisation der Welt": Herrschaft durch Organisation in der modernen Gesellschaft. Opladen: Verlag der Sozialwissenschaften.

Voß, Günter G. & Pongratz, Hans J. (1998): Der Arbeitskraftunternehmer. Eine neue Grundform der Ware Arbeitskraft? In: Kölner Zeitschrift für Soziologie und Sozialpsychologie 50, Heft 1, S. 131–158.

Zinnecker, Jürgen (2000): Pädagogische Ethnographie. In: Zeitschrift für Erziehungswissenschaft 3, Heft 3, S. 381–400.

Internetquellen:

BMBF – Bundesministerium für Bildung und Forschung (2009): Initiative „Balance von Flexibilität und Stabilität in einer sich wandelnden Arbeitswelt"; http://www.allwiss.de.

Meyer, Rita & Elsholz, Uwe (2009): Berufliche und betriebliche Weiterbildung als Gegenstand der Berufs- und Wirtschaftspädagogik – Desiderata und neue Perspektiven für Theorie und Forschung. In: bwp@, Ausgabe 16; http://www.bwpat.de/content/uploads/media/meyer_elsholz_bwpat16.pdf.

Ulrike Buchmann / Tobias Zielke
Universität Siegen

Kompetenzen fördern über Entwicklungsaufgaben

1 Einleitung 59
2 Bildungspolitische und bildungstheoretische Implikationen 60
   2.1   New Public Management: Mitwirkungsverpflichtung und
         Leistungsgewährung 61
   2.2   Kompetenzförderung und Subjektkonstitution 62
        2.2.1   Selektionslogik – durch operationalisierte Kompetenz 63
        2.2.2   Ausgleichslogik – über ein Kompetenzsurrogat 63
        2.2.3   Gestaltungslogik – durch nicht instrumentelle Kompetenz 64
3 Entwicklungsaufgaben – Bildungsgang – Kompetenz 65
4 Potenzial generierende Entwicklungsaufgaben und
   Gestaltungsfähigkeit 68
   4.1   Entwicklungsaufgaben, subjektorientiert gedacht 69
   4.2   Eine Entwicklungsaufgabe aus dem Projekt „DiPaL" 70
        4.2.1   Zur Ausgangslage 71
        4.2.2   Gesellschaftliche Implikationen und Strukturinsuffizienzen 71
        4.2.3   Die Entwicklungsaufgabe „Betriebliche und schulische
               Ausbildung kompetent mitgestalten" 72
5 Fazit und Ausblick 77
Literaturverzeichnis 78

1   Einleitung

Der Kompetenzbegriff der politischen und pädagogischen Praxis ist in eine Begriffsentwicklungsgeschichte eingebunden, im Verlauf derer sich angesichts der Kritik am Bildungsbegriff, der Macht- und Herrschaftsansprüche unreflektiert transportiere, zunächst der – vermeintlich – neutralere und weniger belastete Qualifikationsbegriff etablierte. Dieser sollte zudem den mit der realistischen Wende[1] (1960er-Jahre) stärker ins (auch in das bildungswissenschaftliche) Blickfeld rückenden Anforderungen am Arbeitsplatz Rechnung tragen. Mit zunehmender Ungewissheit im Hinblick auf die zu bewältigenden Anforderungen an Erwerbsarbeitsplätzen rückten die sogenannten extrafunktionalen oder Schlüsselqualifikationen in den Mittelpunkt des gesellschaftlichen Interesses, was letztlich eine Verschiebung zulasten der beruflich-fachlichen und zugunsten von politisch-sozialen und individuell-humanen Qualifikationen im-

---

[1] Unter dem Titel „Die realistische Wendung in der Pädagogischen Forschung" hat Roth 1962 seine Antrittsvorlesung vor der Philosophischen Fakultät der Universität Göttingen gehalten. Die Rede von der „realistischen Wendung in der Pädagogischen Forschung" wurde in der „Neuen Sammlung" (Roth 1962) abgedruckt.

plizierte, die de facto jedoch häufig auf soziale und methodische Aspekte reduziert wurden. Inzwischen haben die Kompetenzen dem Qualifikationsbegriff wie auch den Schlüsselqualifikationen offensichtlich den Rang abgelaufen. Ob allerdings mit dieser begrifflichen Entwicklung tatsächlich die gesellschaftlich relevanten und zu bearbeitenden Probleme sowie Aufgabenfelder angemessen und besser zu erfassen sind, bleibt zunächst offen.

Die Notwendigkeit, über die Fragen der Kompetenzgenerierung auch im berufs- und wirtschaftspädagogischen Kontext neu nachzudenken, lässt sich – neben der allseitigen Präsenz der Begrifflichkeit im Alltag bei gleichzeitig unreflektiertem Sprachgebrauch und der damit einhergehenden Aufklärungsbedarfe – unseres Erachtens aus mindestens zwei zentralen Zusammenhängen begründen:

1) aus einem bildungspolitischen, der mit der betreffend die neue Steuerungslogik im Bereich öffentlicher Dienstleistungen gesetzten Notwendigkeit zur Überprüfung der Aufgabenerfüllung im Bildungssystem einhergeht;
2) aus einem bildungstheoretischen, insofern, als sich die aktuellen gesellschaftlichen Herausforderungen explizit auf den mündigen Bürger/die mündige Bürgerin beziehen und damit die Subjektkonstitution im Prozess der Moderne präjustieren.

Dass über die Begründungszusammenhänge auch politökonomische Implikationen angesprochen sind, soll hier zwar nicht unerwähnt bleiben, kann gleichzeitig aber nicht explizit ausgeführt werden: Sie sind letztlich Ausdruck einer neuen, in ihrer Wechselseitigkeit und Intensität historisch bisher einmaligen Verschränkung von Wissenschaft, Ökonomie und Politik. Die bildungspolitischen wie bildungstheoretischen Argumentationen, gestützt durch die politökonomische Sicht, lassen die Modernisierungsrückstände zutage treten. Sie sind ideen- wie realgeschichtlicher Natur, betreffen sowohl die bildungswissenschaftlichen Wissensbestände als auch die Handlungspraxen, seien sie nun didaktischer, curricularer oder institutioneller Art. Nachfolgend fokussieren wir diese Desiderate auf curriculare Zusammenhänge, weil sie die Notwendigkeit einer Zusammenschau von Kompetenz und Entwicklung unter Berücksichtigung der Regulationsmodi – repräsentiert über Curricula nämlich – in besonderer Weise dokumentieren.

Unter Rückbezug auf die bildungspolitischen und bildungstheoretischen Zusammenhänge werden wir im Folgenden deshalb zunächst die bildungspolitischen und -theoretischen Legitimationen ausführen, anschließend den disziplinären Wissensbestand im Hinblick auf das Verhältnis von Kompetenzentwicklung und Entwicklungsaufgaben zusammenfassend rekapitulieren, bevor anhand eines Beispiels bildungstheoretisch begründete Entwicklungsaufgaben konkretisiert werden.

2 Bildungspolitische und bildungstheoretische Implikationen

Die Entwicklungen im Bildungssystem verlaufen seit Implementierung der Unterrichtspflicht (als bildungspolitischer Zäsur) durch den absolutistischen Staat (1794) – und der damit realgeschichtlich auf den Weg gebrachten Vergesellschaftung der nachwachsenden Generation – asynchron. Solche zeitlichen Disparitäten können sich als historische Zäsuren herausarbeiten lassen, die Weichenstellungen u. a. im Hinblick auf Akteurskonstellationen, Zielverständigungen und/oder Aufgabenzuschreiben für das Bildungswesen markieren. Demokratische Gesellschaftsstrukturen erfordern in ähnlichen Konstellationen andere Legitimationen, nämlich einen Klärungsprozess, in dem die gesellschaftlichen Mächte um Interessendurchsetzung ringen (vgl. Blankertz 1975); wobei immer auch die Ressourcenbereitstellung und die Finanzierung der Bildungsinstitutionen zur Debatte stehen und zu einer günstigen Konjunkturlage im Sinne politischer Gelegenheitsstrukturen beitragen bzw. diese verhindern.

2.1 New Public Management: Mitwirkungsverpflichtung und Leistungsgewährung

Als eine vergleichbare bildungspolitische Zäsur ist aktuell das New Public Management (NPM) zu begreifen, das sich seit Mitte der 1990er-Jahre als politisch gewollte, liberalisierende, deregulierende und privatisierende (Steuerungs-)Logik in der gesellschaftlichen Reproduktion etabliert. Davon ist insbesondere die nachwachsende Generation betroffen und damit auch die berufliche Bildung als eine spezifische Reproduktionsinstitution. Deren Erziehungs- und Bildungsinstitutionen sind in der Folge dieser neuen Steuerungsimperative einerseits in ihrer Autonomie gestärkt, aber andererseits gleichzeitig auch aufgefordert, ihren Beitrag zum gesellschaftlichen Auftrag explizit zu formulieren, ihn über outputorientierte Verfahren systematischer Überprüfung zuzuführen und gegebenenfalls die Ziele, Arbeitsorganisationsprozesse und/oder -strukturen einer Überarbeitung bzw. Neuregulierung zu unterziehen. Denn: Das in der Verfassung zugrunde gelegte Subsidiaritätsprinzip wird unter den Bedingungen des New Public Managements als Verpflichtung zur Mitwirkung konkretisiert. Das neue Integrationsprinzip „Teilnahme" substituiert das bisherige Integrationsprinzip „Teilhabe", mit der Folge, dass bei einer Mitwirkungsverweigerung auch ein Leistungsausschluss erfolgen kann. Das heißt konkret, dass die öffentliche Leistungsgewährung in Form von Personal-, Sach- oder Finanzmitteln an die Erfüllung des Bildungsauftrags – codiert in Ziel- und Leistungsvereinbarungen – gekoppelt ist. Die Dialektik dieser neuen Handlungsregulationen basiert einerseits auf Elementen einer neoliberalen Ökonomik, konstituiert sich andererseits aber auch durch kommunitaristische Elemente. Insofern haben wir es gleichzeitig mit einer Kontextsteuerung „von oben" und einer zivilen Bürger/-innen-Gesellschaft „von unten" zu tun. Dabei muss die ökonomische Handlungsrationalität nicht notwendigerweise die soziale bzw. die pädagogische dominieren. Die aufgeworfene Frage müsste dann aber lauten: Was ist ein angemessener Bürger/eine angemessene Bürgerin dieser realen Utopie, der bzw. die in der Lage ist, die vorhandenen Autonomiespielräume substanziell zu füllen?

Die aktuellen Antworten auf die – über NPM neu aufgeworfene – Frage nach der Ausgestaltung des horizontalen Gesellschaftsvertrags stimmen nachdenklich: Fast unisono wird derzeit auf den Kompetenzbürger/die Kompetenzbürgerin Bezug genommen; im günstigeren Fall bleibt dabei unklar, woraus sich diese Kompetenz speist und woraufhin sie gerichtet ist; im ungünstigsten Fall wird (unreflektiert) Bestehendes perpetuiert, was ursprünglich Anlass und Anknüpfungspunkt der kritischen Analyse war, auf die politisch mit NPM reagiert wurde. Um nicht wiederum lediglich bei einer Bedarfs- bzw. Anspruchsartikulation zu verharren, den Verpflichtungen des NPM nachzukommen und darin Autonomie zu wahren, käme es u. E. darauf an, die wissenschaftlichen Wissensbasen und ihr Verhältnis zueinander dahingehend kritisch zu hinterfragen, ob sie sich angesichts der komplexen Anforderungen an einen autonomen Bürger/eine autonome Bürgerin – wie sie NPM voraussetzt – als Grundlage für die Vergesellschaftung der nachwachsenden Generation in diesem Sinne überhaupt noch eignen, oder aber modifiziert, reorganisiert oder neu reguliert werden müssten. Genau dazu nämlich verpflichtet uns die neue administrative Steuerungslogik – insbesondere auch mit Blick auf die Kompetenzfrage.

2.2 Kompetenzförderung und Subjektkonstitution

NPM erfordert gleichsam als Voraussetzung wie als Ziel den mündigen Bürger/die mündige Bürgerin bzw. handlungstheoretisch und -praktisch gewendet Professionalität. Konkret u. a. deshalb, weil Handlungspraxen zu vielfältigen Übergangsrisiken im Lebenslauf für die betroffenen Subjekte führen, zu deren Bewältigung sie auf die Entwicklung eines komplexen Kompetenzspektrums von Selbst-, Sach- und Sozialkompetenz, auf eine technisch-ökonomische, ökologisch-gesundheitliche sowie politisch-soziale Grundbildung angewiesen sind, um die gesellschaftlich erzwungene Neukonfigurationen zwischen Erwerbsarbeit, öffentlicher Arbeit und privater Reproduktionsarbeit bewältigen und zukunftsweisend gestalten zu können. Dass sie, nämlich die Neukonfiguration, nur bedingt gelingt, bewirken die Diskurse um Benachteiligte, um soziale Ungleichheit, um kompensatorische Erziehung, um Binnendifferenzierung, aber auch um Politikverdrossenheit, um die Erosion des Ehrenamtes bzw. der öffentlichen Arbeit und Familienstrukturen wie auch um Mismatches auf dem Arbeitsmarkt deutlich, die sich phänomenologisch in sogenannten Passungsproblematiken, also z. B. in hohen Ausbildungs- und Studienabbruchquoten, in einem stetig wachsenden Übergangssystem, in geringen Wahlbeteiligungen, Vernachlässigungen etc. niederschlagen.

Die subjektbezogene Ursachenanalyse beschäftigt sich insbesondere mit dem (gesellschaftlich verursachten) Verlust des „Locus of Control". Die diesbezüglichen Diskurse verweisen auf ein komplexes Abhängigkeitsverhältnis von individueller und gesellschaftlicher Entwicklung, ohne diesem andererseits in Gänze gerecht werden zu können: So verwies Rotter bereits 1954 aus sozialpsychologischer Sicht in seiner sozialen Lerntheorie auf das Zusammenspiel von Erwartungen und Bewertungen bei der Bildung von Handlungsoptionen, das später im Konzept der Kontrollüberzeugung zwar vielfach, aber eben nur parzelliert rezipiert wurde, das in der Attribuierungstheorie vor allem im Hinblick auf eigenständige Setzung von Gütemaßstäben in Bezug auf leistungsorientiertes Verhalten (teil)gedeutet wurde (z. B. Heckhausen 1980) und inzwischen häufig im Zusammenhang mit Krankheit und Kontrolle (Beispiele: Rolle der Selbstkontrolle bei der Raucherentwöhnung oder der Bewältigung von Krebserkrankungen bzw. als Erklärung für negative Entwicklungen [u. a. erlernte Hilflosigkeit, vgl. dazu Aronson, Wilson & Akert 2008]) fokussiert wird. Indessen konstatierten Mönks & Knoers aus entwicklungspsychologischer Sicht in den 1970er-Jahren sehr deutlich, dass „eine Synthese zwischen Interaktionismus, der Theorie der Entwicklungsaufgaben und der Emanzipationstheorie sich am besten dazu eignet, die Entwicklung des Menschen zu erklären und zu verstehen." (1976, S. 23f.) Sie betonten damit nicht nur die Komplexität der wechselseitigen Abhängigkeit von gesellschaftlicher und individueller Entwicklung, sondern gleichzeitig auch das Gestaltungsmoment als entwicklungsimmanente Dimension.

Auch die Erziehungswissenschaft macht zunächst mit der Handlungsorientierung auf die Erosion des „Locus of Control" aufmerksam, die inzwischen über eine Dekade von mehr als drei Jahrzehnten auf reine Methodendiskussionen verengt wird, ohne das Abhängigkeitsverhältnis von Subjektkonstitution und gesellschaftlicher Entwicklung reflektiert und damit einen Beitrag zur Aufklärung und Gestaltung der Vergesellschaftung von Jugend im Prozess der Moderne geleistet zu haben (vgl. u. a. Huisinga 1990, S. 129ff.).

2.2.1 Selektionslogik – durch operationalisierte Kompetenz

Die aktuelle gesellschaftliche wie disziplinäre Kompetenzdebatte ist u. E. ebenfalls im Zusammenhang mit der Erosion des „Locus of Control" bzw. dem Verlust der internen Kontrolle bei gleichzeitig implementierter Outputorientierung als eines der zentralen Prinzipien des NPM zu betrachten: Geht es doch offensichtlich vor allem darum, die verlorene interne Kontrolle durch verschärfte externe Kontrollmechanismen zu ersetzen. Dann allerdings ist die begriffsgeschichtliche Entwicklung weg vom vermeintlich belasteten Bildungsbegriff hin zur Qualifikation (als gesellschaftlich codierte Anforderungen) und über die Schlüsselqualifikationen bis hin zu heute operationalisierten Kompetenzen nicht anders zu deuten als eine Geschichte der Differenzierung von Selektionssichten. Die Selektionsfunktion des Bildungssystems wie speziell des Berufsbildungssystems – manifestiert in der Dreigliedrigkeit der Sekundarstufe 1 sowie in den horizontal und vertikal gegliederten Berufsausbildungsgängen – legitimiert sich historisch ausschließlich über eine arbeitsteilig organisierte gesellschaftliche Aufgabenverteilung, die in einer entsprechenden Ausdifferenzierung des Erwerbsarbeitsmarktes ihre spezifische Formgebung erfuhr. Diese historisch bedingte Arbeitsteilung von dreigliedrigem Schulsystem und diesbezüglich segmentierten Arbeitsmärkten gerät in den aktuellen Transformationsprozessen an ihre Grenzen; für nichts anderes steht NPM, wenn es eben nicht nur auf Outputorientierung, sondern gleichzeitig auf Netzwerkarbeit und Inklusion rekurriert, also den Gedanken des Gemeinwesens, der griechischen Polis bzw. der Zivilgesellschaft und der gesellschaftlichen Teilnahme transportiert. Noch allerdings dominiert die Selektionslogik die Inklusionslogik durch politisch gesetzte Standardisierungen der Leistungsüberprüfung (u. a. über Kompetenzchecks, Schulleistungsvergleichstests, aber auch das Zentralabitur). Die Selektionslogik erzeugt dabei eine Paradoxie, insofern, als Leistung als individualisierte Grenzziehung ausgedeutet wird, wo doch der gesellschaftliche Fortschritt mehr denn je die kollektive Leistung präferiert. Die erziehungswissenschaftliche Fragestellung, wie sich die Antinomie von (geforderter) Standardisierung und (realgeschichtlich entstandener) Individualisierung zugunsten der lernenden Subjekte – etwa über eine neue Gestaltung von Bildungsmoratorien auch (vielleicht sogar insbesondere) im Berufsausbildungssystem – auflösen lässt, wird unbegreiflicherweise gar nicht erst thematisiert.

2.2.2 Ausgleichslogik – über ein Kompetenzsurrogat

Bereits mit der in der Mitte des letzten Jahrhunderts einsetzenden Verwissenschaftlichung gesellschaftlicher Praxis gewinnt der Kompensationsgedanke zunehmend an Bedeutung – zunächst über das 1969 implementierte Berufsbildungsgesetz, das als gesellschaftliches Befriedungsangebot über die Regulierung des Ausbildungssystems eine Statusdistribuierung versprach, dessen Befriedungskraft jedoch mit zunehmenden Mismatches auf dem Arbeitsmarkt zwischenzeitlich erodierte. An dessen Stelle tritt als Ersatzregulation nun zunehmend die Kompetenz und offenbart ein Versäumnis: Die Kompensation über Statusdistribution im Sinne des sozialen Aufstiegs in Zeiten wirtschaftlicher Prosperität und Vollbeschäftigung – also bis etwa in die Mitte der 1970er-Jahre hinein – vernachlässigte die kompetenztheoretischen Implikationen der differenzierten Bildungsgangstrukturen, also die Fragen des Erwerbs bzw. der Kompensation formaler Bildung. Ein Versäumnis, das sich unter den nachfolgend restriktiveren Arbeitsmarktbedingungen verschärfte, insofern nämlich, als sich nun selbst der

Sozialstatus-Erhalt über eine (Qualifikations-)Anpassung nur noch bedingt realisieren ließ und eine Aufstiegsperspektive mit der zunehmenden Verwissenschaftlichung von Produktion und Dienstleistung (vgl. u. a. Bell 1985; Buchmann 2007; Huisinga 1990) seit Beginn der 1990er-Jahre marginalisiert. Das Übergangssystem zeugt aktuell von diesem generellen Mismatch und der weiterhin problematischen Förderlogik. Die dort realisierten Maßnahmen setzen nämlich erst dann ein, wenn bereits eine Exklusion erfolgt ist (Kompensationslogik). Sie beruhen überwiegend auf Alltags- bzw. Erfahrungswissen, werden ohne Reflexion der komplexen Entstehungszusammenhänge initiiert (Defizitorientierung), machen zudem die eigenen Sozialisationserfahrungen und -bedingungen zum Maßstab (Wertedifferenz) und bedienen im günstigen Fall eine Bestandslogik, die als modernisierungsbedürftig eingeschätzt wurde und zu Beginn der 1990er-Jahre den Weg für die neuen Steuerungsmodelle bereitet hatte.

2.2.3 Gestaltungslogik – durch nicht instrumentelle Kompetenz

Unter der Prämisse der Entwicklung und Entfaltung des Humanvermögens und orientiert an den Grundsätzen bzw. Gütemaßstäben Professionalität, Potenzial- bzw. Ressourcenorientierung und Prophylaxe hätten pädagogische Interventionen auch die politischen, rechtlichen, ökonomischen und bildungswissenschaftlichen Implikationen im Sinne der Gestaltung zu berücksichtigen.

Eine in diesem Sinne angelegte Entwicklung und Entfaltung des Humanvermögens in den aktuellen Prozessen der Freisetzung und (Neu-)Vergesellschaftung sehen wir als eine gleichermaßen hohe wie langfristig anspruchsvolle kompetenztheoretische Aufgabe – auch in der Berufs- und Wirtschaftspädagogik. Sie erfordert nichts Geringeres als eine Prüfung der disziplinären Referenzrahmen hinsichtlich ihrer aktuellen Erklärungskraft (z. B. Wissen über die nachwachsende Generation, ihre national wie international differenten Lebenswelten) wie auch ihrer zukünftig tragfähigen Problemlösepotenziale, um Erziehungs- und Bildungsfragen aus der nachholenden Bearbeitung zu entbinden und in ein Forecasting zu bringen. Damit allerdings ist notwendigerweise auf einen Kompetenzbegriff zu rekurrieren, der das Zuständig- und Befugtsein nicht nur juristisch codiert, sondern aufgrund der entsprechenden Qualifikations- und Bildungsprozesse eine freie Verfügung über das menschliche Humanum intendiert, also über Kräfte, Kenntnisse, Fähigkeiten und Fertigkeiten, Erfahrungen, Werte etc. – häufig konnotiert als Mündigkeit, Aufklärung, Emanzipation und Gestaltung (vgl. Buchmann 1999 und 2007; Kell 2000; Lisop & Huisinga 2004; Roth 1971).

Aus einem erziehungswissenschaftlichem Erkenntnisinteresse heraus steht deshalb das neu zu gestaltende Verhältnis von Subjekt (und seine Konstitution) und Gesellschaft, ihre Institutionen, Strukturen und Formen im (Forschungs-)Fokus. Historisch gesehen konstituiert sich unter den Bedingungen des NPM eine besondere (politische) Gelegenheitsstruktur zur Rückgewinnung der Kategorie des Subjekts. Nachfolgend ist der erziehungswissenschaftliche Diskurs, der auf eine Korrelation von Bildungsgang und Entwicklungsaufgaben Bezug nimmt, besonders in den Blick zu nehmen, da diese Perspektive eine Koinzidenz mit der von uns bisher skizzierten Position verspricht.

3 Entwicklungsaufgaben – Bildungsgang – Kompetenz

Das Konzept der Entwicklungsaufgaben gewann im Rahmen wissenschaftlicher Diskurse und pädagogischer Praxis an Bedeutung, wenn es um die Frage ging, welchen „Aufgaben" Jugendliche – bezogen auf ihre biologische, psychische wie kognitive Entwicklung – gegenüberstehen respektive gegenüberstehen sollten. Was unter diesen Aufgaben zu verstehen ist, wie diese (auch historisch) konnotiert sind und warum sie im Spiegel der im vorherigen Kapitel geschilderten aktuellen gesellschaftlichen Transformationsprozesse einer neuen Konnotation bedürfen, soll in diesem Kapitel herausgearbeitet werden.

Das von Robert J. Havighurst, US-amerikanischer Erziehungswissenschaftler und Soziologe, Mitte des 20. Jahrhunderts ins Feld geführte und von ihm geprägte Konzept der Entwicklungsaufgaben ist vielfach adaptiert, diskutiert und kritisiert worden. Die historische wie inhaltliche Entstehungsgeschichte soll an dieser Stelle nicht ausgeführt werden.[2] Eine definitorische Annäherung ist allerdings unerlässlich, um davon ausgehend Grenzen wie Chancen des Ansatzes aufzuzeigen. Havighurst definiert eine Entwicklungsaufgabe wie folgt: "A developmental task is a task which arises at or about a certain period in the life of the individual, successful achievement of which leads to his happiness and to success with later tasks, while failure leads to unhappiness in the individual, disapproval by the society, and difficulty with later tasks." (1963, S. 2) Entwicklungsaufgaben sind demnach also Aufgaben, mit denen Individuen im Laufe ihrer Entwicklung konfrontiert werden, also letztlich auch Bildungsgang, Curriculum usw. Ihre Lösung führt zu persönlicher Zufriedenheit und gesellschaftlicher Akzeptanz, wohingegen eine nicht erfolgreiche Bewältigung Unzufriedenheit und gesellschaftliche Missbilligung provozieren. Die Entstehung von Entwicklungsaufgaben realisiert sich, so Havighurst, in einem Wirkungsgefüge innerer Ressourcen eines Individuums (hier wird die physische und biologische Komponente adressiert) und äußerer Kräfte (d. s. durch die Gesellschaft formulierte Erwartungen und Anforderungen), deren implikatives Verwiesensein die Entwicklung der Persönlichkeit des Individuums bedingt.

Wie sich nun konkrete Entwicklungsaufgaben darstellen, wird jeweils, auch im Zeitverlauf und mit Blick auf unterschiedliche Zielgruppen, unterschiedlich bewertet. Problematisch wird es vor allem im schulischen Kontext, hierbei aus unserer Sicht immer dann, wenn Entwicklungsaufgaben als normative Kanonisierung gesellschaftlich oder auch milieuspezifisch tradierter Erwartungen erscheinen. Lechte & Trautmann stellen zu Recht die Frage in den Raum, ob Entwicklungsaufgaben „eher gesellschaftliche Anforderungen oder subjektive Bedürfnisse" (2004, S. 64) zu kolportieren hätten respektive darstellen. Diese Frage ist zentral, da mit ihrer Beantwortung eine paradigmatische Grundannahme zu treffen ist: Will man Entwicklungsaufgaben konzeptualisiert in einer Erwachsenenperspektive (Objektsicht) verorten, oder lässt man sich auf eine Subjektperspektive ein, die dann eine Vermittlung im Hegel'schen Sinne zwischen objektiv-systemweltlichen Anforderungen und individuell-lebensweltlichen Bedürfnissen zu leisten hätte?

Bei genauerer Betrachtung wird deutlich, dass letztere Alternative eigentlich keine ist, sondern vielmehr eine Unabdingbarkeit. Denn die objektiven, d. h. gesellschaftlichen Anfor-

---

[2] Es sei stattdessen auf den Sammelband „Entwicklungsaufgaben im Bildungsgang" von Matthias Trautmann (2004; Hrsg.) verwiesen, in dem u. a. diese herausgearbeitet wird.

derungen als Produkt von Freisetzung und Vergesellschaftung[3] implizieren die positive oder negative Bewältigung von (Entwicklungs-)Aufgaben durch die Subjekte selbst. Diese Aufgaben sind also zugleich Resultat und Voraussetzung von Freisetzung und Vergesellschaftung, insofern, als sie Umschlagspunkte darstellen, in denen sich die Gesellschaft reproduziert und gleichsam erneuert. Da aber eine Reproduktion allein nur die Wahrung des gesellschaftlichen Status quo ermöglicht, bedarf es eines darüber hinausgehenden „Mehr". Dieses „Mehr" kann nur durch die Subjekte selbst als Gestalter/-innen von Welt (Subjekt-Objekt-Dialektik) erzielt werden; sie sind es, die über die Trias Weltaufschluss-Weltverfügung-Weltgestaltung gesellschaftliche Anforderungen erkennen, kommunizieren, interpretieren, bewerten, aushandeln und diese dann annehmen, ablehnen oder modifizieren bzw. reformulieren.

Was bedeutet dies für Entwicklungsaufgaben im schulischen Kontext, für die Gestaltung von Lehr-Lern-Arrangements? Aus dieser Perspektive schränken Entwicklungsaufgaben dann ein, wenn sie lediglich vorgegebenen Spielraum für subjektive Deutungen und eine anschließende Bearbeitung bieten und tatsächliche Bedürfnisse, Wünsche und Interessen der Lernenden ausblenden. Dergestalt wird „der im Lebensinteresse liegende Zuwachs an Weltaufschluss und Verfügungsinteresse der Schüler […] geleugnet" (Sturm 2004, S. 217) und so nicht zuletzt Potenzial desavouiert. Subjektorientierte und damit Potenzial generierende Entwicklungsaufgaben müssen alternative Lösungswege, alternative Fragen und Aufgaben ermöglichen. Das Zulassen von Neugierde, Wissbegierde, Genuss, Spaß und Erfüllung bei der Entdeckung von Neuem, aber auch von Rückgriffen auf schon vorhandene – möglicherweise außerschulisch erworbene – Wissens- und Könnensbasen sowie gegebenenfalls auch auf fehlerhafte Lösungen, die erkannt werden, wird diesem Anspruch gerecht.

Der bei Havighurst zentrale Aspekt der subjektiven Bedeutsamkeit stellt aus unserer Sicht per se eine zu starke bis ausschließliche Interpretation bzw. Formulierung von Entwicklungsaufgaben aus „objektiver" Warte infrage. Vielmehr ist er nach unserem Dafürhalten ein Plädoyer für eine dezidierte Betrachtung des sachstrukturellen Entwicklungsstandes jedes/jeder einzelnen Lernenden und dessen/deren individueller Subjekthaftigkeit. Der Begriff „sachstruktureller Entwicklungsstand" ist maßgeblich von Heckhausen geprägt und „bezeichnet die Menge abfragbaren Wissens ebenso wie Erfahrungen, Übung, Denk- und Urteilsmuster sowie logische Verfahren, über welche die Lernenden verfügen." (Lisop 2006, S. 373) Entwicklungsaufgaben dergestalt „als Deutungen, Orientierungen und Leistungen der Subjekte [zu] verstehen" (Kordes 1996, S. 40) bedeutet, Abschied zu nehmen von

- Universalitätsannahmen (Entwicklungsaufgaben gelten nicht universell für alle Zeiten),
- Homogenitätsannahmen (Entwicklungsaufgaben stellen sich nicht für alle Individuen gleich) und
- Kontinuitätsannahmen (Entwicklungsaufgaben bilden einen gestuften Prozess),

wie Lechte & Trautmann (2004, S. 69) unter Bezug auf Kordes (1996) konstatieren.

Diese Annahmen mögen in früheren Epochen vielleicht noch ihre Berechtigung gehabt haben; in einer Zeit äußerst dynamischer gesellschaftlicher Strukturwandelprozesse und Brüche sowie Enttraditionalisierungsprozesse sind solch statische Hypothesen jedoch nicht

---

[3] Das Theorem Freisetzung und Vergesellschaftung „besagt, dass Gesellschaftsprozesse durch eine permanente Reorganisation bzw. Neukonfiguration charakterisiert sind, deren Pole mit Freisetzung und Vergesellschaftung bezeichnet werden". (Lisop & Huisinga 2004, S. 93f. und vgl. S. 97f.). Die Reproduktion der gesellschaftlichen wie individuellen Existenz kann auf der Folie der Subjekt-Objekt-Dialektik (vgl. Lisop & Huisinga 2004) nachgezeichnet werden.

aufrechtzuerhalten. Deshalb plädiert Combe (2004, S. 61) für einen Sichtwechsel, der die Aneignungsperspektive der Lernenden in den Mittelpunkt stellt. Diese Aneignungsperspektive lässt sich als Näherungsweise der Lernenden an die Gegenstände des Unterrichtes auffassen, also als einen Attribuierungsvorgang, in dem sie ihre Entwicklungsaufgabe individuell rückverweisen auf psychodynamische und gesellschaftliche Implikationen.

Auch im berufs- und wirtschaftspädagogischen Kontext wird das Konzept der Entwicklungsaufgaben von Havighurst rezipiert; so nimmt der berufswissenschaftliche Ansatz (vgl. Rauner 2004) die Ergebnisse sozialwissenschaftlicher Forschung auf, die eine (antitayloristische) Veränderung der Formgebung gesellschaftlicher Arbeit auf die Informatisierung, Technisierung und Verwissenschaftlichung ganzer Produktionssysteme zurückführen, was mit Blick auf die Entwicklung und Entfaltung des Humanvermögens insofern von Bedeutung ist, als damit quasi zwangsläufig eine Form von Wissensintegration intendiert ist und folglich die curriculare Frage in der Berufsbildung nach dem Verhältnis von allgemeiner und spezieller Bildung neu zu klären wäre. Der Bremer Ansatz geht von einem Set an beruflichen (realen) Arbeitsaufgaben aus, die in Lernaufgaben transformiert werden. Hier liegt u. E. der Unterschied zum Ansatz von Lisop & Huisinga (2004), auf den wir bereits weiter oben rekurriert haben: Die arbeitsorientierte Exemplarik transformiert nämlich keine realen Arbeitsaufgaben in Lernaufgaben. Sie fragt vielmehr, was es an den realen Arbeitsaufgaben zu erkennen gilt und in welchem Verhältnis das zu Erkennende zum entwickelten Humanvermögen steht; dafür steht der Ausdruck Konkreszenz (Lisop & Huisinga 1994, S. 176 und 2004, S. 436). Im berufswissenschaftlichen Ansatz geht es demgegenüber um die Entschlüsselung des in der nach fachlichen Domänen organisierten Berufsarbeit inkorporierten Wissens und Könnens, d. h. um für einen Beruf charakteristische Arbeitsaufgaben. Über welches Können und welches explizite und implizite Wissen verfügen beispielsweise Industrieelektroniker/-innen in ihrer Domäne der Instandhaltung von komplexen netz-, computer- und medienintegrierten industriellen Prozessen? Experten-/Expertinnen-Facharbeiter/-innen-Workshops gelten als Instrument der Identifizierung von Arbeitsaufgaben und Lernaufgaben. Als Kriterium der Geltung für ein Curriculum fungieren der Diskurs selbst sowie die im Diskurs eingebrachten Deutungsmuster, d. h. Curriculum qua Faktizität. Neben der fraglichen Annahme, dass Arbeitsprozesse berufsförmig organisiert seien, beschränkt sich der berufswissenschaftliche Ansatz auf die Erforschung des beruflichen Arbeitsprozesswissens, um daraus für verschiedene Kompetenzniveaus charakteristische Entwicklungsaufgaben zu begründen. Für die Berufe des Berufsfeldes Elektrotechnik/Informationstechnik wird derzeit in einem sich auf zwei Elektroberufe konzentrierenden Projekt (KOMET) eine Methode der Kompetenzerfassung für die berufliche Bildung erprobt, die darauf zielt, neben der beruflichen Kompetenzentwicklung (im Sinne der beruflichen Handlungskompetenz) auch die Entwicklung beruflicher Identität und das darauf basierende berufliche Engagement zu messen. Dabei stehe „die Organisation des Zusammenspiels zwischen wissenschaftlicher, praktischer und administrativer Kompetenz in ‚Veränderungsprozessen' mit vorher auszuhandelnden Zielen" (Rauner, Haasler, Heinemann & Grollmann 2009, S. 18) im Fokus. Der damit prinzipiell in den Blick genommenen Öffnung in Richtung Prophylaxe und Gestaltungsoffenheit wird man allerdings nicht gerecht, bleiben doch damit die zentralen Fragen des Zusammenhangs von Kompetenz und Performanz unter den bereits mehrfach benannten, nämlich veränderten Bedingungen der Subjektkonstitution auch hier ungeklärt.

Das Konzept der Entwicklungsaufgabe kann also – wie oben im theoretischen Kontext gezeigt – weiter gedacht werden und muss es auch, um

- bildungstheoretisch wie -politisch legitimierbar zu bleiben,
- Potenzial generierend den Erwerb anschlussfähiger Kompetenzen zu ermöglichen und
- zu einer nachhaltigen Entwicklung und Entfaltung des Humanvermögens beizutragen.

Das Verhältnis von Kompetenz und Performanz ist unter den aktuellen Rahmenbedingungen als spezifische Bedingungen der Subjektkonstitution deshalb von besonderer Bedeutung, weil demografischer und sozialer Wandel unterschiedliche Beziehungen von Jugendlichen und Erwachsenen zu Gütern, Dienstleistungen und zur Arbeit provozieren, über die sich Wissen, Normen und Werte relativieren und damit auch die Erwachsenen als Autoritäten in Bildungsprozessen (Werte- bzw. Mentalitätsdifferenzen). Die Entwicklung von Bildungsgängen bzw. Curricula macht aber nur Sinn unter Rückbezug auf die gesellschaftliche Lage der nachwachsenden Generation. Die Realentwicklung spiegelt etwas anderes: Derzeit erreichen wir rund 30 Prozent eines Geburtenjahrgangs über Bildungsprozesse weder kognitiv noch emotional oder sozial. Das sind die bereits genannten „Benachteiligten im Bildungssystem", die nach dem Ende der allgemeinen Schulpflicht im sogenannten „Übergangssystem" und im günstigsten Fall in unattraktiven Ausbildungsgängen „geparkt" werden, um dann zum größeren Teil an der nächsten Statuspassage (Übergang Ausbildung – Arbeitsmarkt) zu scheitern (vgl. u. a. die jährlich erscheinenden Berufsbildungsberichte).

So drängt sich die Frage auf, ob sich über die disziplinären Wissensbestände, mit denen wir bei der Curriculumkonstruktion, Unterrichtsplanung und -durchführung und eben auch bei der Kompetenzüberprüfung und -generierung operieren, überhaupt noch Strategien zur Bewältigung dieser Problemlagen generieren lassen? Was heißt beispielsweise Literalität oder Alphabetisierung, wenn Jugendliche einerseits Probleme haben, einen halbseitigen Text fehlerfrei zu verfassen und zu verstehen, gleichzeitig aber seitenweise bloggen, weltweit twittern, stundenlang rappen, Xing-Profile anlegen, Web-2.0-gestützt ihr Mofatuning erklären und nebenbei ihren Second-Life-Charakter pflegen? Offensichtlich erschöpfen sich die disziplinären Wissensbestände, Vorstellungen etc. über den Zusammenhang von Kompetenz und Performance, treten Mismatches mit Blick auf die nachwachsende Generation zutage – als spezifischer Fall dessen, was Ogburn (1922) so treffend als Cultural Lag bezeichnete –, die eine Neubewertung und Relationierung der disziplinären Wissensbestände im Sinne einer neuen Wissensarchitektur induzieren. Das allerdings hat Konsequenzen für die Gestaltung von Entwicklungsaufgaben, wie im Folgenden auszuführen sein wird und durch ein Beispiel verdeutlicht werden soll.

4 Potenzial generierende Entwicklungsaufgaben und Gestaltungsfähigkeit

Wir halten Entwicklungsaufgaben im Sinne eines Stufen- oder Kanonmodells für nicht zielführend, sind es doch die Subjekte selbst, die in korrelative Aushandlungsprozesse mit sich selbst, untereinander (Peers) und mit ihrer Umwelt treten und individuelle, gleichwohl exogen konnotierte Entwicklungsaufgaben formulieren. Die Annahme einer allgemeingültigen Logik oder gar Kausalattribuierungen bezüglich der Entstehung und Bearbeitung von Entwicklungsaufgaben käme einer Schließung gleich, insofern, als die Frage, nach welchem Gesetz die Probanden/Probandinnen bereit sind, sich der so formulierten Entwicklungsaufgabe zu stellen, unbeantwortet bleibt.

4.1 Entwicklungsaufgaben, subjektorientiert gedacht

Wie also sind Entwicklungsaufgaben im Sinne einer Kompetenzgenerierung bildungstheoretisch zu fassen? Zur Beantwortung dieser Frage bedarf es zunächst einer Grundlegung des Kompetenzbegriffs. Wir orientieren uns an dem Kompetenzverständnis der Arbeitsorientierten Exemplarik (vgl. Lisop & Huisinga 2004). Ausgehend vom Kompetenzbegriff nach Roth, der zwischen Selbst-, Sach- und Sozialkompetenz unterscheidet und in ihnen diverse Wissensarten und -formen gebunden sieht (allerdings dies zwecks Summierung explizit nicht auf bestimmte Domänen herunterbricht) (vgl. Lisop & Huisinga 2004, S. 45), wird diese Kompetenztrias aufgegriffen und um eine spezifische Subjektperspektive erweitert. Kompetenz wird als Mündigkeit, Autonomie und Emanzipation als Resultat von Bildung und Qualifikation begriffen. So gesehen offenbart sie sich

- als Selbstkompetenz: das Subjekt ist fähig, in Bezug auf sich selbst urteils- und handlungsfähig zu sein;
- als Fachkompetenz: das Subjekt ist fähig, in Bezug auf Sachbereiche urteils- und handlungsfähig zu sein;
- als Sozialkompetenz: das Subjekt ist fähig, in Bezug auf soziale, gesellschaftliche und politische Fragen urteils- und handlungsfähig zu sein.

Hier wird die methodische Kompetenz jeweils impliziert (vgl. ebenda, S. 436). Mit anderen Worten: „Eine autonome […] wie effektive und verantwortliche Handlungsfähigkeit setzt Sacheinsicht und Sachkompetenz (intellektuelle Mündigkeit) voraus; sie setzt Sozialeinsicht und Sozialkompetenz (soziale Mündigkeit) voraus; sie setzt schließlich Werteinsicht und Ich-Kompetenz (Selbstbestimmung und moralische Mündigkeit) voraus." (Roth 1971, S. 17)

Der öffentliche Bildungsauftrag wird aber historisch und aktuell – wie oben ausgeführt – unter Rückbezug auf Teillogiken (wie sie in Kapitel 2.2 ausgeführt wurden) interpretiert. Dies hat zur Folge, dass in formalen Bildungsprozessen mit unterschiedlichen Kompetenzverständnissen operiert wird. Wie Abbildung 1 im Folgenden zeigt, kann lediglich ein Kompetenzverständnis, das Potenzial generierend und gestaltungsorientiert ausgerichtet ist – und damit den oben skizzierten Kompetenzbegriff von Roth bedient – Ermöglichungsstrukturen für eine autonome und verantwortliche Handlungsfähigkeit der Subjekte und ihre Selbstbestimmung und Mündigkeit zulassen. Ein solches Kompetenzverständnis überwindet Selektions- und Ausgleichslogiken zugunsten einer wahrhaftigen Gestaltungsperspektive, indem es die Potenziale der Subjekte fokussiert und nicht bei deren (vermeintlichen) Defiziten ansetzt.

Kompetenz-verständnis	Beschreibung	Teillogik
1. Selektiv	Über Kompetenzbeschreibung und Kompetenzmessung erfolgt eine Selektion	Selektionslogik – durch operationalisierte Kompetenz
2. Fördernd	Die Förderperspektive begründet sich aus einer Defizithypothese bzgl. eines Kompetenzerwerbs → reaktiv	Ausgleichslogik – über ein Kompetenzsurrogat
3. Potenzial generierend und gestaltungsorientiert	Betrachtung und Rückgriff auf die individuellen Potenziale der Subjekte als Ausgangspunkt und Vehikel zugunsten eines dynamischen Kompetenzerwerbs → aktiv, präventiv	Gestaltungslogik – durch nicht instrumentelle Kompetenz

Abbildung 1: Kompetenzverständnisse

Demzufolge sind, je nach Perspektive, Entwicklungsaufgaben unterschiedlich zu fassen, sind Akzentuierungen auf der performativen Ebene verschieden gesetzt. Entwicklungsaufgaben, die Potenzial generierend Öffnungen ermöglichen sollen, können keiner strukturfunktionalen Engführung unterworfen werden. Sie müssen vielmehr zugleich die Gattungsspezifik des Menschen berücksichtigen und über die Stoffseite (Inhalte) durch Exemplarik Gesetzmäßigkeiten (physikalischer, technischer, biologischer, mathematischer, sprachlicher, politischer, sozialer etc. Natur) zur Aufklärung bringen, die für das lernende Individuum eine subjektive Bedeutsamkeit im Hinblick auf Gestaltungsfähigkeit (Gestaltung von Welt) besitzen. Einen nach wie vor bemerkenswerten Ansatz bietet hier Wagenschein, der das genetisch-sokratisch-exemplarische Lehren und Lernen (als Lehrkunst beschrieben) proklamierte, und u. E. – zwar aus Sicht der Didaktik respektive Lehrkunst und nicht aus bildungswissenschaftlicher Sicht – zeigt, wie sich über Lernprozesse Schritte zu Weltaufschluss-Weltverfügung-Weltgestaltung in institutionellem Rahmen initiieren lassen (vgl. Berg 1993; Berg & Schulze 1995).

Es geht also darum, die natürlichen Entwicklungstendenzen und Lernbereitschaften der Subjekte als Startpunkt des individuellen Bildungsgangs hin zu einer freien Entwicklung mündiger, kritischer und produktiver Moralität (vgl. Roth 1971, S. 382) wahrzunehmen. Das nachfolgende Beispiel ist als – wenn hier auch noch nicht erschöpfend darstellbare – Konkretion dieser Überlegungen zu begreifen.

4.2 Eine Entwicklungsaufgabe aus dem Projekt „DiPaL"

Anhand des folgenden Beispiels aus dem BMBF-Forschungsprojekt „Didaktische Parallelität und Lernortflexibilisierung (DiPaL)" möchten wir nun zeigen, wie Entwicklungsaufgaben Potenzial generierend zu begreifen sind und hinsichtlich der Subjektkonstitution auch als Gestaltung von Welt wirksam werden.

4.2.1 Zur Ausgangslage

In der beruflichen Erstausbildung entstehen aufgrund der Struktur der Lernorte und der damit zu entwickelnden Theorie-Praxis-Kopplung Problem- und Risikolagen, die durch gesetzliche, administrative oder informelle Regelungen bislang nicht befriedigend aufgelöst werden konnten. Offensichtlich „passt" gegenwärtig der historisch gewachsene strukturelle, institutionelle und inhaltliche Zuschnitt der gesellschaftlichen Reproduktion über das Bildungswesen mitsamt ihren vielfältig zu beobachtenden Erstarrungs- und Verselbstständigungstendenzen nicht mehr zu veränderten Erziehungs- und Sozialisationsrealitäten unserer Gesellschaft. Die organisatorische Trennung der dualen Ausbildung in die Vermittlung eher theoretischer Grundlagen (Berufsschule) und deren eher praktische Anwendung (Ausbildungsbetrieb) bedingt, dass der/die einzelne Lernende für sich selbst die Verbindung zwischen Theorie und Praxis schaffen muss.[4] Eine Lernortkooperation von Betrieb, Berufsschule und gegebenenfalls Bildungsstätte soll dieses unterstützen. Die Ausbildung im realen Kontext aber ist zwar formal transparent, wird im Detail jedoch oftmals inhaltlich aufgrund des relativ hohen Koordinierungsaufwands und des Fehlens bzw. der unzureichenden Implementierung notwendiger Kommunikationsstrukturen nicht konkret genug abgestimmt. Darüber hinaus verhindern nicht selten lernortspezifisch geprägte Interessen und deren eng geführte Verfolgung letztlich genau das, was eigentlich das die gemeinsame Arbeit verbindende Ziel sein sollte: die Entwicklung und Entfaltung der Persönlichkeit des/der Auszubildenden (vgl. Pätzold, Drees & Thiele 1993, S. 25). Im ungünstigsten Fall schafft also eine fehlende Kooperation hinsichtlich didaktischer Ziele lediglich Anlässe – wenn nämlich Steuerungsprobleme auftauchen – zu einer Zusammenarbeit zwischen den beteiligten Institutionen, die jedoch ausschließlich auf die Beseitigung von diesen Schwierigkeiten gerichtet ist. Kooperationen finden in aller Regel also nur dann statt, wenn Auszubildende als Problem- oder Verwaltungsfall wahrgenommen werden (vgl. Euler 2003, S. 30).

4.2.2 Gesellschaftliche Implikationen und Strukturinsuffizienzen

Insofern handelt es sich um hochkomplexe gesellschaftliche Faktorengefüge, die, ebenso wie die latente Ungewissheit der Prozessverläufe innerhalb von Lehr-Lernprozessen, nach einem individuellen und gesellschaftlichen Zukunftsbezug verlangen, sollen sie optimiert und die gesellschaftliche Reproduktion wie auch die individuelle Existenz gesichert werden. Das dreifach gelagerte Problem der Passung zwischen

- wirtschaftlichem Handlungsvollzug,
- notwendiger Herausbildung eines allgemeinen Potenzialniveaus sowie
- einer domänenspezifischen Umsetzung

verkompliziert eine entsprechende Umsetzung und zeigt sich u. a. in Form von inhaltlichen, zielbezogenen, methodischen und zeitlichen Insuffizienzen. Kumuliert treten die zuvor be-

---

[4] Anders als im oben genannten KOMET-Projekt gehen wir davon aus, dass sich über die Lernortkooperation Subjektkonstitution als Überwindung der benannten Strukturinsuffizienzen – bei entsprechender Gestaltung von Entwicklungsaufgaben – realisieren kann.

nannten Strukturinsuffizienzen als Kernproblem in Erscheinung bei dem Versuch, didaktische Parallelität mittels Lernortkooperation zu erreichen. Didaktische Parallelität wird hier also definiert als die Abstimmung der unterschiedlichen Lernorte im Hinblick auf curriculare Vorgaben. Theoretisch notwendige Lernortkooperation ist in der praktischen Umsetzung überholungsbedürftig, wenn nicht gar erst zu implementieren. Die Problemlagen der didaktischen Parallelität zeigen sich demzufolge z. B. in Gestalt von

- Ungleichzeitigkeiten in ort- und zeitstruktureller Hinsicht,
- Ungleichzeitigkeiten in inhaltlicher Hinsicht und
- Problemen der individuellen Transferleistung.

4.2.3 Die Entwicklungsaufgabe „Betriebliche und schulische Ausbildung kompetent mitgestalten"

Wie kann der Umgang mit den zuvor beschriebenen strukturellen Insuffizienzen in Form einer Entwicklungsaufgabe gefasst werden? Das Ziel ist, mithilfe spezieller Schemata innerhalb IT-basierter Konzepte die angesprochenen Problemlagen innerhalb der Lernortkooperation optimierend in Richtung einer Lernortflexibilisierung aufzulösen. Wie kann also mit Hilfe digitaler Medien eine kommunikative und didaktische Entgrenzung zwischen den Lernorten durch die Entwicklung und Entfaltung des Humanvermögens in Lehr-Lern-Prozessen erreicht werden? Die zugrundeliegende Hypothese lautet: Das Problem der Theorie-Praxis-Kopplung in seinen vielfältigen Erscheinungsformen in der beruflichen Bildung lässt sich nicht institutionell (gleichsam statisch) zufriedenstellend bewältigen, sondern nur über eine (dynamische) Subjektkonstitution, die auf eine Selbstorganisation und -gestaltung des Ausbildungskontextes ausgerichtet ist.

Vor diesem Hintergrund kann die Entwicklungsaufgabe (EA) folgendermaßen artikuliert werden: „Die Lernenden befähigen sich, ihre betriebliche wie schulische Ausbildung (und somit das System der dualen Berufsausbildung) vor dem Hintergrund einer institutionell insuffizienten Lernortkooperation und infolgedessen unzulänglichen Theorie-Praxis-Kopplung aktiv mit- und/oder neu zu gestalten. Unter Einbezug und Förderung ihres persönlichen Fundus an – auch außerschulisch – erworbenen Kompetenzen (Selbst-, Sach-, Fachkompetenz, Sprach- und Kommunikationsfähigkeiten, sachgerechter Umgang mit Medien etc.) ist Aufklärung, Emanzipation und Autonomie zu ermöglichen. Über einen Rückgriff auf ihre lebensweltlichen Erfahrungen im Rahmen IT-gestützter Unterrichtsverfahren sollen ihre unterschiedlichen Denk-, Wert-, Urteils- und Wahrnehmungsmuster in die Lehr- und Lernprozesse der Ausbildung integriert werden und zur interpersonellen Verarbeitung der Strukturinsuffizienzen beitragen."

Abbildung 2 zeigt die im Rahmen des Projekts erfolgte Herleitung der oben formulierten Entwicklungsaufgabe in einer Prozessstruktur, die sich in der realen Umsetzung selbstredend weit weniger stringent und im Ablauf linear darstellt.

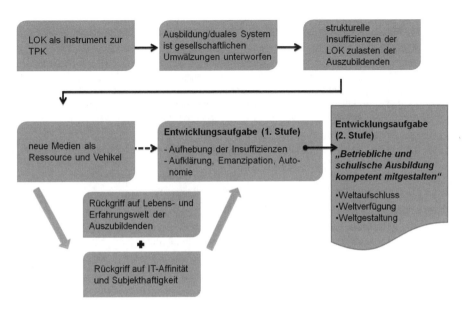

Abbildung 2: Herleitung einer Potenzial generierenden und gestaltungsorientierten Entwicklungsaufgabe

Es geht also nicht darum, den bis dato ungelösten Problemen der Theorie-Praxis-Kopplung in der beruflichen Bildung lediglich mithilfe eines rein instrumentellen Einsatzes von Informationstechnologien zu begegnen. Dies wäre nach unserem Verständnis von Kompetenz zu kurz gedacht. Vielmehr wird intendiert, über entfaltetes Humanvermögen im Sinne der Subjektbildung in Verbund mit informationstechnologisch basierten Schemata eine kontinuierliche und nachhaltige Verbesserung der Lernortkooperation zu erreichen. Nach didaktischen Prinzipien sinn- und planvoll in Lehr-Lern-Arrangements implementierte informationstechnologische Szenarien (z. B. Web-2.0-Applikationen) bieten die Chance von Öffnungen, von Potenzial generierenden Momenten, mit denen ein Kompetenzzuwachs auf unterschiedlichen Ebenen realisiert werden kann. Die Perspektive der Gestaltung von Welt ist zentral, geht es nämlich darum, die Lernenden zu „selbstbestimmten, aktiven, die [...] umgebende Welt und die Geschichte gestaltenden wie sich selbst durch Arbeit entfaltenden Menschen" (Lisop & Huisinga 2004, S. 440) werden zu lassen. In diesem Falle ist es die subjektbildende Bewältigung von Sachthemen, die die Lernenden auf ihrem Weg vom Weltaufschluss über die Weltverfügung zur Weltgestaltung unterstützen soll, wobei gleichzeitig (neue) performative Aspirationen der Jugendlichen bzw. jungen Erwachsenen Zulassung und Berücksichtigung finden.

Hierbei sehen wir die Produktivitätsformen von Wissen mehrdimensional tangiert, da sich zum Beispiel Aspekte der Informationstechnologie mit Aspekten von schulischen wie betrieblichen Rahmenbedingungen der Ausbildung verschränken. Der nachfolgende Überblick erhebt daher keinen Anspruch auf Vollständigkeit; vielmehr stellt er beispielhaft die Komplexität des Feldes wie auch die Diversifizierungsmöglichkeiten an Zugängen dar.

Wissens- und Erkenntnisform	Decodierter/kontextualisierter Inhalt	Funktionscharakter[1]
Denominatives Wissen	• Lernorte: Betrieb, Schule, Berufsbildungszentrum • Desktop-PC, Laptop, Headset, USB-Stick, LAN/WLAN-Verbindung etc. (→ Hardware) • Menüfunktionen, Autorensoftware, Account, User Generated Content, Upload, Onlineplattform etc. (→ Software)	Benennen zwecks Selbstvergewisserung und Verständigung in Kooperationen
Operatives Wissen	Anforderung/Problem → Werkzeuge/Hilfsmittel → Lösung • Um eine zeitgemäße Präsentation zu halten, könnte ich einen PowerPoint-Vortrag vorbereiten. Also muss ich die zentralen Inhalte und Aussagen in ppt-Folien darstellen. • Um einen mechanischen Defekt eines Kundenfahrzeuges im Schulunterricht zu zeigen, kann ich mit meinem Handy ein Foto/Video erstellen und dies dem Lehrer/der Lehrerin per E-Mail schicken. Ich muss die Foto- bzw. Videofunktion meines Handys benutzen und die Daten auf den PC übertragen. • Der Meister/Die Meisterin bittet mich, einen Zahnriemen zu wechseln. Ich benötige dafür die Markierungspunkte von Kurbel- und Nockenwelle und evtl. Dieselpumpe. Dazu schaue ich im Werkstattinformationssystem unter dem entsprechenden Fahrzeug nach.	Routine(n) operational und effizient erledigen
Zusammenhangs- und Wirkungswissen	• Meine Präsentation darf nicht übertrieben bunt und inhaltlich überladen sein, da sonst meine Mitschüler/-innen mir nur schlecht folgen können. • Mein Lehrer/Meine Lehrerin und mein Ausbilder/meine Ausbilderin treffen sich im Rahmen von Konferenzen regelmäßig, um über Schüler/-innen, Inhalte und Probleme zu sprechen. Ich sollte besser nicht versuchen, meinen Ausbilder/meine Ausbilderin gegen meinen Lehrer/meine Lehrerin auszuspielen. • Wenn ich einen Zahnriemen wechseln möchte, muss ich auf die Steuerzeiten achten, damit das richtige Zusammenspiel von Kurbel- und Nockenwelle und evtl. Dieselpumpe gewährleistet ist; andernfalls riskiere ich einen kapitalen Motorschaden. (→ Hier wären u. a. Gesetzmäßigkeiten der Mechanik, Thermodynamik und das Boyle-Mariotte-Gesetz zur Aufklärung zu bringen!).	Zusammenhänge beachten, Interdependenzen berücksichtigen, Probleme erkennen und lösen
Normenwissen	• Urheberrechte bei der Veröffentlichung im Netz • Aktuelle Dateiformate und Layout-Konventionen als Maßstab • (Rahmen-)Lehrpläne, Berufsbildungsgesetz, Ausbildungsordnung, Jugendschutzgesetz, Herstellernormen (z. B. VW-Norm) etc.	Qualitätssicherung, Bewertung, Befriedung, Sicherheit

Kognition	• Schulisches Wissen in betrieblichen Situationen anwenden • Komplexe Sachverhalte erklären • Strukturinsuffizienzen u. Ebenen von LOK erkennen • Möglichkeiten des Web-2.0 abwägen und beurteilen	Orientierung und Entscheidungsfähigkeit
Reflexion	• Warum funktioniert die Kooperation zwischen meiner Schule und dem Ausbildungsbetrieb nicht? • Was kann ich tun, damit ich für mich eine inhaltliche Parallelität schaffen kann? • Wie nehme ich mich selbst und meine Rolle im Ausbildungskontext wahr? • Wie kann Ausbildung zukunftsfähig gestaltet werden? Brauche ich dazu überhaupt verschiedene Lernorte? • Wie kann ich meinen Mitschülern/Mitschülerinnen und Kollegen/Kolleginnen einen komplizierten Sachverhalt so erklären, dass sie ihn verstehen und in der praktischen Arbeit nachvollziehen können?	Qualitätssicherung, Konfliktregulierung, Innovation

[1] Die Kompetenztrias Selbst-, Sach- und Sozialkompetenz wird innerhalb der einzelnen Wissensformen in unterschiedlicher Ausprägung und Intensität aktiviert.

Abbildung 3: Produktionsformen von Wissen mit Beispielen

Beispielhaft soll an dieser Stelle das im Forschungsprojekt zentrale Schema des Produzierens von Lernbausteinen angeführt werden. Um der problembehafteten und vielschichtig inkongruenten Parallelität der Ausbildungsprozesse begegnen zu können, produzieren die Lernenden an einem Lernort digitale Lernbausteine selbst, die sich für eine (Nach-)Nutzung an unterschiedlichen Lernorten im Rahmen unterschiedlicher Notwendigkeiten (z. B. Prüfungsvorbereitung, reale Kunden-/Kundinnenaufträge etc.) eignen. Die Lernenden werden also selbst zu Produzenten/Produzentinnen und erarbeiten z. B. in Partner- oder Gruppenarbeit problemorientiert Sachthemen.

Abbildung 4: Produktion eines audiovisuellen Lernbausteins

Sie verknüpfen im Rahmen der medialen Erstellung des visuellen oder audio-visuellen Lernbausteins betriebliches, schulisches und privates (Erfahrungs-)Wissen und bringen Fähigkeiten und Fertigkeiten ein, die bislang vielleicht so im Bildungskontext nicht zugelassen oder eingefordert wurden (künstlerisches, musisches oder sprachliches Talent, IT-Kenntnisse, Sozialverhalten etc.). Angesichts der Notwendigkeit einer permanenten Perspektivenverschränkung „Lehrender/Lehrende ↔ Lernender/Lernende", müssen die Lernenden sich weitaus intensiver und reflexiver mit Inhalt und immanenter Logik des Stoffes auseinandersetzen, als dies in herkömmlichen Unterrichtsszenarien der Fall sein dürfte. Über eine Veröffentlichung auf einer entsprechenden Plattform (www.baustein-netzwerk.de) wird zudem die Identifikation mit dem eigenen Produkt verstärkt und eine zeit- und ortsunabhängige Nutzung ermöglicht. Letztere bietet zudem an, dass die Lernenden sich einer kritisch-reflexiven Auseinandersetzung mit dem Thema Lernortkooperation auf thematischer, inhaltlicher, organisatorischer, institutioneller und politischer Ebene unterziehen.

Die in Abbildung 5 und 6 dargestellten Beispiele sind Screenshots und somit Ausschnitte von durch Lernende selbst erstellte digitale Lernbausteine[5]. Mithilfe dieser Lernbausteine, deren Anfertigung durch eine didaktische Inszenierung initiiert wurde, die auf einem Potenzial generierenden und gestaltungsorientierten Kompetenzverständnis fußte, haben die Lernenden die Chance, eine didaktische Entgrenzung der Lernorte unter Rückgriff auf die jeweils subjektive Bedeutsamkeit der Lerninhalte (mit Blick auf schulische wie betriebliche Anforderungen und möglicherweise daraus resultierende Widersprüche) und unter Einbezug individueller Fertigkeiten, Fähigkeiten und Kompetenzen aufgeklärt, emanzipiert und autonom herbeizuführen (Entwicklungsaufgabe, 1. Stufe). Indem sie diese Chancen erkennen, für sich annehmen und reflektiert unter Einbezug all ihrer vielfältigen – und im Rahmen des Produktionsprozesses geförderten – Kompetenzen umsetzen bzw. ausgestalten, ermöglichen sie es sich selbst, betriebliche und schulische Ausbildungsprozesse aktiv mitzugestalten (Entwicklungsaufgabe, 2. Stufe).

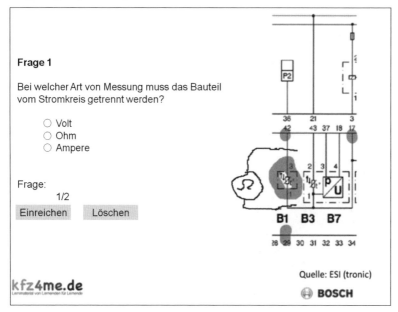

Abbildung 5: Beispiel 1 von selbsterstellten Lernbausteinen

---

[5] Die Lernbausteine, von denen die Screenshots angefertigt wurden, sind auf www.baustein-netzwerk.de hinterlegt. Da sie sich bis zum Zeitpunkt der Drucklegung noch in einem geschlossenen Bereich (einer Kfz-Klasse) befanden, kann hier ein externer Zugriff allerdings nicht versprochen werden.

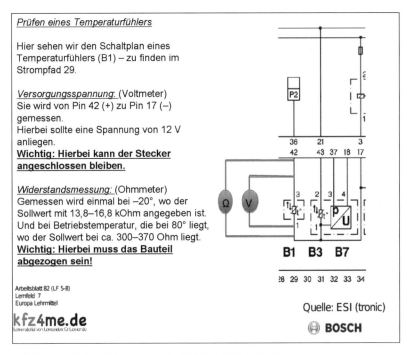

Abbildung 6: Beispiel 2 von selbsterstellten Lernbausteinen

5 Fazit und Ausblick

Es sind also insbesondere die Widersprüche, Antinomien und Ungleichzeitigkeiten der skizzierten Entwicklungen und Anforderungen, aber auch ihre Chancen und ihre Gestaltungsoffenheit, die im berufs- und wirtschaftspädagogischen Kompetenzdiskurs zu erörtern wären, um über eine daran rückgebundene Theorie der Entwicklungsaufgaben die Grundlage für professionelles Handeln in den Bildungsinstitutionen zu schaffen. Diese Professionalität ist unabdingbare Voraussetzung zur Nutzung der Autonomiespielräume, um Kompetenzentwicklung und -entfaltung zu initiieren, eine Grundvoraussetzung zur Sicherung von Emanzipation, Autonomie und gesellschaftlicher Teilhabe- bzw. Teilnahmemöglichkeiten. Mit Blick auf die intra- und interdisziplinären Diskurse besteht für uns eine anspruchsvolle Herausforderung und Verantwortung für den berufs- und wirtschaftspädagogischen Kompetenzdiskurs darin, die disziplinären Wissensbasen auf ihren Beitrag zu gesellschaftlichen Verteilungsfragen, zur ökologisch und ökonomisch nachhaltigen Ressourcenbewirtschaftung inklusive des Umgangs mit den individuellen Vermögen zu hinterfragen, und zwar

- jenseits parzellierter paradigmatischer Sichten und in Auseinandersetzung – Reflexion wie Transfer betreffend – mit den Handlungspraxen sowie
- dahingehend, ob sie sich angesichts der komplexen Anforderungen an einen autonomen Bürger/eine autonome Bürgerin – wie sie NPM voraussetzt – als Grundlage für die Enkulturation der nachwachsenden Generation eignen oder aber modifiziert, reorganisiert oder neureguliert werden müssten.

An den speziellen Kontexten von Erwerbsarbeit wäre im Rahmen der Kompetenzförderung das zugrunde liegende Allgemeine zur Aufklärung zu bringen, um die nachwachsende Generation im Hinblick auf Erwerbsarbeit, öffentliche Arbeit und private Reproduktionsarbeit urteils-, handlungs- und gestaltungsfähig – eben kompetent – zu machen. Insbesondere auch mit Blick auf die mit der neuen Steuerungslogik initiierte Neukonfiguration der drei oben benannten Bereiche ist die Entwicklung und Entfaltung des Humanvermögens zu sichern, und zwar zulasten der bisher – vornehmlich wie gleichermaßen mäßig erfolgreich – bemühten ökonomischen Ratio.

Dieses Kompetenzverständnis ist auf die Sicherung von Bildungsprozessen gerichtet, die eine Entwicklung von Urteils-, Handlungs- und Gestaltungsfähigkeit in den antinomischen Bezügen von Freiheit und Verantwortung ermöglichen. Sie ist als eine fundamentale Voraussetzung dafür zu begreifen, die aktuelle bildungspolitische Zäsur – trotz oder gerade wegen des erhöhten Risiko- und Gefährdungspotenzials – als günstige politische Gelegenheitsstruktur zugunsten einer Neuorientierung im Sinne der Zivilgesellschaft zu nutzen. Das allerdings erfordert eine Wertentscheidung: Die notwendige Zukunftssicherung unter NPM präjustiert nämlich zwingend ein kritisches Moment und induziert damit in der aktuellen Zäsur nichts Geringeres als die Frage nach der realen Utopie einer zukünftigen Gesellschaft. Wollen wir eine Gesellschaft, in der mündige Bürger/Bürgerinnen autonom entscheiden, dann ist das Erkenntnisinteresse auf die Entwicklung und Entfaltung des Humanvermögens zu richten; mit der Konsequenz, dass sich alle pädagogischen Interventionen, Bildungsgänge, Curricula etc. daran messen lassen müssen, ob sie im Sinne von Entwicklungsaufgaben als Repräsentationen von Welt taugen, also einen Beitrag leisten zur Aufklärung, Emanzipation, Mündigkeit, Gestaltungsfähigkeit etc.

Entwicklungsaufgaben – von der Subjektkonstitution her gedacht – bieten das notwendige Potenzial, die angesichts der aktuellen gesellschaftlichen Herausforderungen notwendige Sensibilität für die übergreifenden, unumgehbaren Prinzipien der Menschheit bei gleichzeitiger Sensibilität für die situativen Sach-, Sozial- und Wertbezüge (in Bildungskontexten) zu induzieren (vgl. Roth 1971, S. 383). Für Roth sind es Fantasie, Intuition, Imagination, „die zu neuen produktiven und kreativen Lösungen von Konflikten befähigen" (ebenda, S. 383) – moderner kann man Kompetenz eigentlich gar nicht beschreiben!

Literaturverzeichnis

Aronson, Elliot, Wilson, Timothy D. & Akert, Robin M. (2008): Sozialpsychologie. München: Pearson.

Bell, Daniel (1985): Die nachindustrielle Gesellschaft. (Erstausgabe 1972). Frankfurt am Main: Campus.

Berg, Hans Ch. (1993): Suchlinien. Studien zur Lehrkunst und Schulvielfalt. Berlin: Luchterhand.

Berg, Hans Ch. & Schulze, Theodor (1995): Lehrkunst. Lehrbuch der Didaktik. Berlin: Luchterhand.

Blankertz, Herwig (1975): Theorien und Modelle der Didaktik. München: Juventa.

Buchmann, Ulrike (1999): Die akademische Berufsausbildung aus Sicht der Parteien. Eine empirisch-sprachanalytische Studie zur Hochschulpolitik in Parteiprogrammen. (Dissertation). Siegen: o. V.

Buchmann, Ulrike (2007): Subjektbildung und Qualifikation. Ein Beitrag zur Entwicklung berufsbildungswissenschaftlicher Qualifikationsforschung. Frankfurt am Main: Gesellschaft zur Förderung arbeitsorientierter Forschung und Bildung.

Combe, Arno (2004): Brauchen wir eine Bildungsgangforschung? Grundbegriffliche Klärungen. In: Trautmann, Matthias (Hrsg.): Entwicklungsaufgaben im Bildungsgang. Wiesbaden: Verlag für Sozialwissenschaften, S. 48–63.

Euler, Dieter (2003; Hrsg.): Handbuch der Lernortkooperation. Band 1: Theoretische Fundierungen. Bielefeld: Bertelsmann.

Havighurst, Robert J. (1963): Human Development and Education. (Reprint der Ausgabe von 1953). New York: Longmans+Green.

Heckhausen, Heinz (1980): Motivation und Handeln. Lehrbuch der Motivationspsychologie. Berlin: Springer.

Huisinga, Richard (1990): Dienstleistungsgesellschaft und Strukturwandel der Ausbildung. Gutachten für die Enquete-Kommission „Zukünftige Bildungspolitik – Bildung 2000" des Deutschen Bundestags. Frankfurt am Main: Gesellschaft zur Förderung arbeitsorientierter Forschung und Bildung.

Kell, Adolf (2000): Beruf und Bildung. Entwicklungstendenzen und Perspektiven. In: Benner, Dietrich & Tenorth, Heinz-Elmar (Hrsg.): Bildungsprozesse und Erziehungsverhältnisse im 20. Jahrhundert. Praktische Entwicklungen und Formen der Reflexion im historischen Kontext. (Zeitschrift für Pädagogik, 42. Beiheft). Weinheim und Basel: Beltz, S. 212–238.

Kordes, Hagen (1996): Entwicklungsaufgabe und Bildungsgang. Münster: LIT.

Lechte, Mari-Annukka & Trautmann, Matthias (2004): Entwicklungsaufgaben in der Bildungsgangtheorie. In: Trautmann, Matthias (Hrsg.): Entwicklungsaufgaben im Bildungsgang. Wiesbaden: Verlag für Sozialwissenschaften, S. 64–88.

Lisop, Ingrid (2006): Lehren in schulischen Vermittlungsprozessen. In: Arnold, Rolf & Lipsmeier, Antonius (Hrsg.): Handbuch der Berufsbildung. Wiesbaden: Verlag für Sozialwissenschaften, S. 370–383.

Lisop, Ingrid & Huisinga, Richard (1994): Arbeitsorientierte Exemplarik. Theorie und Praxis subjektbezogener Bildung. Frankfurt am Main: Gesellschaft zur Förderung arbeitsorientierter Forschung und Bildung.

Lisop, Ingrid & Huisinga, Richard (2004): Arbeitsorientierte Exemplarik. Subjektbildung – Kompetenz – Professionalität. Frankfurt am Main: Gesellschaft zur Förderung arbeitsorientierter Forschung und Bildung.

Mönks, Franz J. & Knoers, Alfons M. (1976): Entwicklungspsychologie. Eine Einführung. Stuttgart, Berlin, Köln und Mainz: Kohlhammer.

Ogburn, William F. (1922): Social Change: With Respect to Culture and Original Nature. New York: Huebsch.

Pätzold, Günter, Drees, Gerhard & Thiele, Heino (1993): Lernortkooperation – Begründungen, Einstellungen, Perspektiven. In: Berufsbildung in Wissenschaft und Praxis 22, Heft 2, S. 24–32.

Rauner, Felix (2004): Qualifikationsforschung und Curriculum – ein aufzuklärender Zusammenhang. In: Rauner, Felix (Hrsg.): Qualifikationsforschung und Curriculum. Analysieren und Gestalten beruflicher Arbeit und Bildung. (Reihe: Berufsbildung, Arbeit und Innovation, Band 25). Bielefeld: Bertelsmann, S. 9–43.

Rauner, Felix, Haasler, Bernd, Heinemann, Lars & Grollmann, Philipp (2009; Hrsg.): Messen beruflicher Kompetenzen. Band I: Grundlagen und Konzeption des KOMET-Projektes. 2. Auflage. Berlin: LIT.

Roth, Heinrich (1962): Die realistische Wendung in der Pädagogischen Forschung. In: Neue Sammlung 2, S. 481–490.

Roth, Heinrich (1971): Pädagogische Anthropologie. Band II: Entwicklung und Erziehung. Hannover, Berlin, Darmstadt und Dortmund: Schroedel.

Rotter, Julian B. (1954): Social learning and clinical psychology. New York: Prentice-Hall.

Sturm, Tanja (2004): Entwicklungsaufgaben, Lernen und Subjekt. In: Trautmann, Matthias (Hrsg.): Entwicklungsaufgaben im Bildungsgang. Wiesbaden: Verlag für Sozialwissenschaften, S. 205–219.

Trautmann, Matthias (2004): Entwicklungsaufgaben bei Havighurst. In: Trautmann, Matthias (Hrsg.): Entwicklungsaufgaben im Bildungsgang. Wiesbaden: Verlag für Sozialwissenschaften, S. 19–40.

Internetquelle:

Das Baustein-Netzwerk DiPaL: http://www.baustein-netzwerk.de.

Wolfgang Wittwer
Gesellschaft für Innovationen im Bildungswesen

Kompetenzentwicklung – Individualisierung oder Normierung?
Plädoyer für mehr Mut in der Personalentwicklung

1 Die Entdeckung der Kompetenz 81
2 Vermeintliche Sicherheit in unsicheren Zeiten: die Vermessung des Subjekts 84
3 Dialektisches Verhältnis von Ermöglichung und Restriktion 86
4 Der „dritte" Weg 88
5 Reflektieren statt „messen" 89
6 Instrumente zur biografischen Reflexion 91
    6.1 Diagnose-Instrument: Selbsteinschätzungsbogen 92
    6.2 Entwicklungsinstrument: Erfahrungsraum 93
    6.3 Einschätzung des Konzepts durch die Beteiligten 95
7 Das Geheimnis guter Manager/-innen 96
Literaturverzeichnis 96

1 Die Entdeckung der Kompetenz

Vor dem Hintergrund technischer und wirtschaftsstruktureller Entwicklungen sowie gesellschafts- und arbeitsmarktpolitischer Veränderungen in den 80er- bzw. 90er-Jahren des letzten Jahrhunderts erfuhr der Kompetenzbegriff in der Berufs- und Erwachsenenbildung bzw. Bildungspolitik eine Renaissance. Anknüpfend an die Debatte um die Schlüsselqualifikationen wurde jetzt mit dem Kompetenzbegriff im Gegensatz zum Qualifikationsbegriff die Orientierung am Subjekt betont. Es geht dabei um die Fähigkeit, „in Situationen unter Berücksichtigung der personalen Handlungsvoraussetzungen und der äußeren Handlungsbedingungen Ziele zu erreichen und Pläne zu realisieren." (Hof 2002, S. 85) Zugleich erhielt der Begriff eine gesellschaftspolitische Konnotation, die letztlich seine Karriere bestimmte. Im Zusammenhang mit der Qualifizierungsoffensive in den neuen Bundesländern sollte den Menschen dort signalisiert werden, dass es hier nicht um eine „pauschalierte Abwertung berufsfachlicher Qualifikationen [gehe], sondern mit der Arbeit an neuen Werthaltungen und Einstellungen begonnen werden sollte." (Kirchhof 2007, S. 85)

    Zur Erinnerung: Charakteristisches Merkmal von Kompetenzen ist ihr Subjektbezug. Insofern sind sie einmalig. Dominant ist der Subjektaspekt in dem Verständnis von Kompetenzen als individueller Stärke (ausführlich hierzu Wittwer 2003a und 2010). Die individuelle Stärke wird von einem Individuum in unverwechselbarer Weise beherrscht und in neuen bzw. fremden Situationen angewendet. Kompetenzen in diesem Sinn können in vorher nicht definierten Situationen unter Berücksichtigung der Besonderheit der jeweiligen Situation erfolgreich eingesetzt werden. Erst in der aktuellen Situation erweist sich dann, ob der/die Betreffende kompetent gehandelt hat. Gerade die Umsetzung einer Kompetenz in Handeln – und nicht nur deren Besitz – ist für die Erbringung von Kompetenz wichtig. Diesem Verständnis von Kompetenz liegt „die Idee der Selbsterzeugung des Subjekts im eigenen Handeln [zugrunde], so versucht sich das Subjekt selbst zu entdecken in dem, was es kann." (Kirchhof 2010, S. 23; siehe hierzu die Differenzierung von Kompetenz und Performanz, vgl. Chomsky 1970; Habermas 1971; bzw. von Kernkompetenz und Veränderungskompetenz, vgl. Wittwer 2003a, S. 26). Für unser Verständnis von Kompetenz ist dieser enge Subjektbezug konstitutiv. Zur Abgrenzung gegenüber einem eher verkürzten Kompetenzverständnis wird daher im Folgenden von „individueller Kompetenz" gesprochen.

Mit diesem Verständnis von Kompetenz wird gleichsam die Perspektive des Subjekts eingenommen, indem gefragt wird: Was können die Individuen am besten und wo und wie können sie ihre Stärken am Arbeitsmarkt einsetzen. In der Praxis – und das gilt auch für die meisten Kompetenzansätze – wird dagegen vom Bedarf der Gesellschaft, des Arbeitsmarktes, der Wirtschaft etc. her argumentiert. Dieser verlangt von den Menschen ganz bestimmte Kompetenzen. Wer diese nicht erfüllt, hat ein Problem. Dabei wissen wir jedoch alle, dass diese „Prognosen" bestenfalls kurzfristig etwas taugen. Die Fehlbesetzung bei Berufspositionen – beispielsweise bei Führungspositionen – belegen diese Situation. Es gibt keine gesicherten längerfristigen Vorhersagen. Ein altes arabisches Sprichwort sagt: „Wer sich mit der Vorhersage der Zukunft befasst, lügt selbst dann, wenn er die Wahrheit spricht."

Heute muss festgestellt werden, dass die Bildungspraxis – insbesondere die Bildungsarbeit in Unternehmen – vom unmittelbaren Subjektbezug des Begriffs wieder abrückt. Die Gründe hierfür sind in gleicher Weise vielfältig wie vielschichtig. Eine wesentliche Ursache liegt in der mangelnden theoretischen Fundierung des Begriffs sowie in dem fehlenden konkreten Disziplinbezug in der jeweiligen Diskussion. So wurde im Laufe der Zeit eine Vielzahl an Konnotationen und Definitionen entwickelt, die wildwuchsartig und inflationär verwendet werden. Dadurch wird die Debatte um die Frage, was Kompetenzen sind, welche Funktion sie für wen haben und wie sie entwickelt werden können, simplifiziert, und sie führt u. a. zu Lesarten, die die pädagogische Dimension des Kompetenzbegriffs ausblenden und ökonomisch verkürzen (vgl. Arnold 2002, S. 27). Der fehlende Ausweis des jeweiligen Theorieansatzes bzw. Disziplinstandorts in der Diskussion zeigt sich insbesondere in der Auseinandersetzung um die Messbarkeit von Kompetenzen. Je nachdem, ob von einem eher psychologischen oder pädagogischen Verständnis von Kompetenz ausgegangen wird, wird die Messbarkeit bejaht oder verneint. Ein weiterer wesentlicher Grund für die zunehmende Entsubjektivierung des Kompetenzbegriffs liegt in dem Wunsch nach „sicherer" Prognose des menschlichen Verhaltens im Arbeitsprozess (vgl. Kapitel 2).

Der Blick auf die Kompetenzen der Beschäftigten erfolgt daher heute in der Personalentwicklung einseitig durch die „Brille" des Unternehmens, gleichsam von außen, und spiegelt die temporären ökonomischen Interessen des Unternehmens bzw. des Arbeitsmarktes wider. Der Begriff entwickelt sich damit wieder zurück in Richtung „Qualifikationskompetenz", indem von den Beschäftigten nun vorgegebene Kompetenzen erfüllt werden müssen. Für die betriebliche Personalentwicklung sind jedoch beide Perspektiven wichtig. Beide Sichtweisen haben eine gemeinsame Schnittmenge – aber eben nicht nur. Die fehlende Verschränkung dieser beiden Perspektiven in der Personalentwicklung kann in der Praxis zu geringeren Arbeitsleistungen aufseiten der Beschäftigten führen (siehe nachfolgend).

- Mangelndes Wollen und Können

„Mitarbeiter/-innen halten sich bei ihrer Leistung zurück" – so die Kernaussage einer aktuellen Forsa-Befragung (o.A. 2010, S.V2/9) bei Arbeitnehmern/Arbeitnehmerinnen. Die Frage ist, wollen oder können die Mitarbeiter/-innen nicht? Die Antwort lautet: Sie dürfen nicht! Denn ein wesentlicher Grund für ihre Zurückhaltung liegt in der mangelnden Wertschätzung ihrer individuellen Stärken durch die Unternehmen sowie in den fehlenden Leistungsmöglichkeiten, so jedenfalls die Ergebnisse der Untersuchung. Viele Unternehmen „spielen", um eine Analogie von Buckingham & Clifton (2002) aufzugreifen, heute immer noch „Dame" mit ihren Mitarbeitern/Mitarbeiterinnen. Sie gehen davon aus, dass alle Mitarbeiter/-innen bei derselben Aufgabe ähnliche Züge machen und dasselbe Problembewusstsein besitzen und dass diese auf dieselbe Weise lernen und auf dieselbe Art der Förderung ansprechen. Diese Unternehmen setzen in der Regel die Stärken ihrer Mitarbeiter/-innen als gegeben voraus und konzentrieren sich darauf, deren Schwächen durch Qualifizierungsmaßnahmen zu minimieren. Die Angst vor der Schwäche der Mitarbeiter/-innen ist größer als das Vertrauen in deren Stärke. Nur wenige Unternehmen dagegen lassen ihre Mitarbeiter/-innen „Schach spielen". Diese Unternehmen haben verstanden, dass jede Figur anders zieht. Sie wissen, dass ein Turm nicht wie ein Springer und ein Springer nicht wie ein Turm zu behandeln ist. Den Springer wie auch den Turm würde es frustrieren, wenn seine Kompetenzen nicht berücksichtigt würden und dadurch der „Spielerfolg" beeinträchtigt würde. Deshalb investieren diese Unternehmen Zeit und Geld, um die stärksten Züge jeder Figur kennenzulernen, Potenziale zu fördern und diese für das Unternehmen einzusetzen. Die Mitarbeiter/-innen fühlen sich beim „Damespiel" unterfordert, in ihren Fähigkeiten nicht erkannt, letztlich nicht wertgeschätzt. Deshalb erbringen sie nicht ihre volle Leistung.

- Geringe Veränderungskompetenz bei Mitarbeitern/Mitarbeiterinnen

In der Untersuchung wurde allerdings noch ein zweiter wichtiger Grund genannt, die „innerbetrieblichen Veränderungen". Die Beschäftigten haben z.T. Probleme, mit den neuen beruflichen bzw. betrieblichen Anforderungen produktiv umzugehen. Sie erleben immer öfter Änderungen im Unternehmen, die sich auf ihre persönliche Arbeitssituation teilweise gravierend auswirken. So werden Abteilungen und Arbeitsbereiche umstrukturiert, neu organisiert, oder es werden ganze Unternehmensteile ausgelagert oder ganz aufgegeben. Der Umgang mit „offenen Arbeitsprozessen" beispielsweise war bisher eine Aufgabe von Führungskräften. Heute wird die Bewältigung des „Nichtplanbaren" immer mehr zu einer Aufgabe der Beschäftigten auf nahezu allen Hierarchie- und Funktionsebenen (vgl. Böhle 2005, S. 10). Auf diese neuen Anforderungen sind allerdings die meisten Beschäftigten nicht vorbereitet und sie sind für diese neuen Aufgaben auch nicht qualifiziert. Unternehmen wie Beschäftigte haben also heute Probleme. Die einen können das Potenzial der Mitarbeiter/-innen nicht voll ausschöpfen, da sie es nicht kennen bzw. die Mitarbeiter/-innen falsch einsetzen. Die anderen benötigen Orientierung, um mit den inner- wie außerbetrieblichen Veränderungsprozessen produktiv umgehen zu können (vgl. Wittwer 2011). Bei den beiden Problemen handelt es sich gleichsam um „zwei Seiten einer Medaille". Die „Medaille" ist die individuelle Kompetenz der Mitarbeiter/-innen.

Einzelne Personalentwickler/-innen haben die Bedeutung der individuellen Kompetenzen für ein Unternehmen bereits vor Jahren hervorgehoben, indem sie vom Mitarbeiter/von der Mitarbeiterin als imitationsgeschütztem Wettbewerbsfaktor sprachen (vgl. o.A. 1991, S. 13). Auch wenn in diesem Begriff der Mitarbeiter/die Mitarbeiterin instrumentalisiert wird, so hebt er doch die Subjektivität des Mitarbeiters/der Mitarbeiterin hervor.

Mit dem Konzept „Managing Diversity" hat heute die Personalentwicklung einen weiteren Zugang zur Berücksichtigung individueller Kompetenzen im Arbeitsprozess gefunden, allerdings nur in begrenztem Umfang und meistens nur für ausgewählte Zielgruppen. Das Anderssein des anderen, das in der Vergangenheit, sieht man von einzelnen Ausnahmen ab, in unserem Bildungssystem eher bekämpft als gefördert wurde, wird bei diesem Konzept bewusst zugelassen, ja gefördert. Die Vielfalt der Menschen wird als Ressource und Potenzial genutzt. In den USA arbeiten mittlerweile 75 % der umsatzstärksten Unternehmen mit einem Diversity-Programm (vgl. Behnke 2001). Verschiedenheit wird von ihnen als Ressource und nicht als Defizit betrachtet.

Fasst man die Entwicklung der Diskussion um den Kompetenzbegriff zusammen, dann waren der Subjektbezug von Kompetenzen und die Offenheit des Anwendungsbereichs zu Beginn der Debatte wesentliche Merkmale des Kompetenzbegriffs und machten die Differenz zum Qualifikationsbegriff aus. Darüber herrschte eine Zeit lang Konsens. Dieser Konsens wird heute mehr oder weniger offen aufgegeben. Warum?

2 Vermeintliche Sicherheit in unsicheren Zeiten: die Vermessung des Subjekts

In der Diskussion um den Kompetenzbegriff in den letzten 20 Jahren und der Förderung und Anwendung von Kompetenzen in der Praxis spiegelt sich der Vergesellschaftungsprozess der Individualisierung wider, wie ihn Ulrich Beck beschrieben hat (vgl. 1986, S. 211). Die Freiheit individueller Verhaltens- und Handlungsmuster, die in dem Subjektbezug der Kompetenz angelegt ist, wird eingeschränkt durch betrieblich bzw. gesellschaftlich vorgegebene Konnotationen von Kompetenz, die das Subjekt sich anzueignen hat.

Hinter diesem Prozess stehen auf Betriebsseite zwei Optionen. Zum einen der Wunsch, Kompetenz als betriebliches Steuerungsinstrument einzusetzen, mit dessen Hilfe sich zieloffene Entwicklungsprozesse strukturieren, planen und steuern lassen. Zum anderen will man sich von dem individuellen Moment der Kompetenz und damit von der vermeintlichen Abhängigkeit von den Mitarbeitern/Mitarbeiterinnen lösen. „Ein robusterer und nachhaltigerer Erfolg der Organisation lässt sich nur durch eine relative Unabhängigkeit von individuellen Kompetenzen erzielen." (Eberl 2009, S. 31) Um diese Optionen umsetzen zu können, müssen Kompetenzen transparent gemacht, dokumentiert und nach kurzfristigen betrieblichen Interessen ausgewählt sowie kontrolliert bzw. gemessen werden. Dass dies nicht geht und im Widerspruch zur selbst vorgenommenen Abgrenzung zum Qualifikationsbegriff steht, wird dabei „übersehen". In einer nicht kontrollierten Anwendungssituation lässt sich Kompetenz nicht messen. Sie kann in ihrem Wirken nur dann erhoben werden, „wenn die Situation kontrolliert ist und wenn beim messenden Beobachter klar ist, wie sich kompetentes Handeln kreativ manifestieren würde. Wenn aber schon bekannt ist, was kreativ passieren muss, wenn sich Kreativität in ein festes Muster pressen lässt, dann geht es möglicherweise nicht mehr um Kompetenzen, sonder lediglich um Qualifikation." (Brater, Haselbach & Stefer 2010, S. 15)

Objektive Messverfahren, so Frey & Balzer (2003, S. 156), beinhalten Aufgaben, deren Lösungen rein mit „richtig" oder „falsch" bewertet werden. Anhand der „richtigen" Lösungen wird ein Gesamtwert für die Leistungsfähigkeit im Umgang mit Situationen und Problemen errechnet. Diese Art von Tests haben sich aber bei der Messung von Fähigkeiten in sozialen Situationen nicht durchgesetzt, „da die ihnen zugrundegelegten, meist sehr abstrakten und dekontextualisierten Items wenig oder gar nichts mit dem zu tun haben, was die aktuelle Kompetenz einer Person in einer beruflichen Situation ausmacht." (Frey & Balzer 2003, S. 156 in Anlehnung an Schuler & Barthelme 1995; siehe auch Karkoschka 1998, S. 34) Ebenso scheiden auch jegliche Formen von Intelligenztests aus. Es können nämlich keine richtigen oder falschen beruflichen Kompetenzen abgefragt werden. Die Untersuchung bezieht sich vielmehr „auf das Maß der individuellen oder kollektiven Ausprägung bezüglich methodischer und sozialer Kompetenzen unterschiedlicher Individuen und Personengruppen." (Frey & Balzer 2003, S. 156)

Bei dem hier angesprochenen Verständnis von Kompetenz macht zudem auch ein Messen keinen Sinn, weil Messen immer „vergleichen" bedeutet. Meine Stärke ist jedoch meine Stärke. An wen oder was soll ich sie messen? Und was sagt mir das Ergebnis? Vielleicht, dass meine Stärke doch nicht so groß ist, weil ein anderer darin stärker ist als ich. Trotzdem ist das meine Stärke! Das Messen macht nur dann Sinn, wenn gesellschaftlich bzw. betrieblich definiert ist, was eine bestimmte Kompetenz auszeichnet (siehe oben). Dann ist diese jedoch unabhängig vom Subjekt definiert und als Qualifikation zu verstehen. Dann bin ich aber wieder bei der Defizitanalyse angelangt. Der Wunsch, Kompetenzen zu messen, lässt sich auch nicht durch noch so raffinierte Testverfahren, z. B. „Assessment-Center", erfüllen. Denn „es ist prinzipiell nicht möglich, in standardisierten Testverfahren dauerhaft einen Horizont des Unerwartbaren offenzuhalten. Kompetenzen aber können nur ‚gemessen' werden, wo die Horizonte des Handelns offen sind." (Brater, Haselbach & Stefer 2010, S. 15) Dies bestätigen letztlich auch die Ergebnisse der Personalauswahl durch Assessment-Center. Trotz dieser aufwendigen Verfahren erweisen sich viele Führungskräfte als nicht geeignet für die besetzte Position bzw. haben große Probleme und müssen gecoacht werden.

Die vermeintlichen zwei Optionen der Unternehmen zur Sicherung ihrer Entwicklung wie sie oben beschrieben wurden, greifen heute – und in Zukunft erst recht – nicht mehr. Im Gegenteil, sie sind kontraproduktiv. „Alles muss sich ändern, damit es bleibt, wie es ist." Dieses Zitat aus dem Roman „Der Leopard" von Giuseppe Tomasi di Lampedusa charakterisiert sehr treffend die Ambivalenz der Situation von Menschen und Organisationen in der Moderne. Sie müssen sich verändern, ohne sich aufzugeben. Das Problem ist jedoch, dass ihnen beispielsweise im Bereich von Arbeit und Beruf immer weniger Orientierungen zur Verfügung stehen. Zum einen verlieren die tradierten Orientierungsmuster wie Berufsordnung bzw. Berufsstruktur und Arbeitsmarkt sowie berufliche Verhaltensweisen und Karrieremuster immer mehr an Bedeutung. Zum anderen haben wir es heute mit zieloffenen Entwicklungsprozessen zu tun (vgl. Schäffter 1998). Das heißt, wir kennen im besten Fall noch die Ausgangssituation, die verändert werden muss, aber nicht die Zielsituation, die wir erreichen wollen. Wir müssen daher, wie der Philosoph Kierkegaard sagt, das Leben zwar vorwärts leben, können es aber nur rückwärts verstehen (vgl. Kierkegaard; zitiert nach O'Rand 1996, S. 74). Der Mensch lebt also sein Leben „vorwärts" unter Unsicherheit. Wir müssen lernen, mit dieser Unsicherheit umzugehen.

Ein Unternehmen, das beispielsweise diese Philosophie verinnerlicht hat, ist Toyota. Umgang mit Unsicherheit ist dort ein wichtiges Moment der Unternehmenskultur. „Der Weg von da, wo wir sind, dorthin, wo wir sein wollen, ist eine Grauzone voller unvorhersehbarer Hindernisse, Probleme und Themen, die wir nur auf dem Weg entdecken können." (Rother 2009, S. 26) Dieser Weg kann nur mit Mitarbeitern/Mitarbeiterinnen begangen werden, die fähig sind, wirksam Situationen zu verstehen und kluge Lösungen zu entwickeln – also in deren Aktionen und Reaktionen (vgl. ebenda, S. 32). Sie benötigen dazu „offene Horizonte des Handelns." Diesen Weg zuzulassen und damit immer wieder täglich neue Lösungen zu entwickeln bzw. Strukturen zu verändern, setzt Mut und Vertrauen aufseiten der Führungskräfte bzw. des Unternehmens voraus. „Einer Zukunft, von der keiner weiß, wie sie aussieht, kann man nur begegnen, wenn wir Vielfalt wirklich zulassen", so Gerd Doege, Geschäftsführer bei RWE (zitiert in Wüthrich, Osmetz & Kaduk 2006, S. 132).

3 Dialektisches Verhältnis von Ermöglichung und Restriktion

Man kann also in einem Unternehmen Zukunft nicht einseitig über Strukturen, verbindliche Vorgaben und Regeln ermöglichen, man braucht dazu auch die Subjektivität der Beschäftigten. Entwicklungen bzw. Veränderungen erfolgen im Wechselspiel von Akteur/-in und Struktur. Sie sind Resultat einer Auseinandersetzung von individuellen psycho-physischen und sozialen Dispositionen einerseits und den jeweiligen kontextuellen Strukturen andererseits.

Giddens (1988) hat in seiner Theorie der Strukturierung darauf hingewiesen, dass Strukturen nicht nur das Handeln beschränken, sondern dieses auch ermöglichen. Strukturen sind daher nicht einseitig als äußere Rahmenbedingungen zu sehen. Sie sind zugleich auch Produkt und Medium des Handelns sozialer Akteure/Akteurinnen und können somit nicht von diesen abgetrennt werden. Giddens bezeichnet diese Doppelfunktion als „Dualität von Strukturen" (ebenda, S. 77). „Die Konstitution von Handelnden und Strukturen betrifft nicht zwei unabhängig voneinander gegebene Mengen von Phänomenen – einen Dualismus –, sondern beide Momente stellen eine Dualität dar. Gemäß dem Begriff der Dualität von Struktur sind Strukturmomente sozialer Systeme sowohl Medium wie Ergebnis der Praktiken, die sie rekursiv organisieren. Struktur ist den Individuen nicht ‚äußerlich': in der Form von Erinnerungsspuren und als in sozialen Praktiken verwirklicht ist sie im gewissen Sinne ihren Aktivitäten eher ‚inwendig'." (ebenda, S. 77f.)

Strukturen und soziale Akteure/Akteurinnen stehen somit in einem dialektischen Verhältnis von Ermöglichung und Restriktion. Der Mitarbeiter/Die Mitarbeiterin als Subjekt braucht für seine/ihre Entwicklung Beruf und Arbeit, d.h. den Betrieb, wie auch der Betrieb die Subjektivität, also die Besonderheit bzw. Einzigartigkeit des Mitarbeiters/der Mitarbeiterin benötigt. Betrieb und Subjekt gewinnen also ihre Stärke im Kontext des jeweils anderen. Diese Behauptung soll an dem bekannten Umkippbild mit den zwei Gesichtern oder dem Pokal verdeutlicht werden (vgl. Abbildung 1). Auf dem Umkippbild sieht man entweder zwei Gesichter im Profil mit einem hellen Zwischenraum oder aber einen hellen Pokal vor einem dunklen Hintergrund. Das Wesentliche ist hier, dass in beiden Sichtweisen jeder Teil der Grenzlinie zwischen Hell und Dunkel seine Identität nur im Kontext der anderen Teile und des Ganzen gewinnt. Genau dieselben Stücke der Grenzlinie können je nach Sichtweise jeweils zu etwas völlig anderem werden – zu einem Gesicht oder zu einem Pokal.

Kompetenzentwicklung – Individualisierung oder Normierung?

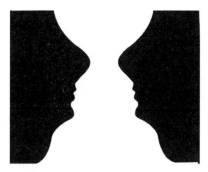

Abbildung 1: Umkippbild

Übertragen auf die individuelle Kompetenzentwicklung im Betrieb heißt das, individuelle Kompetenzentwicklung erfolgt auf der Folie der jeweiligen Organisation, und die Entwicklung der Organisation erfolgt auf der Basis der Entwicklung der Subjekte im Unternehmen. Voraussetzung dafür ist, dass die Beschäftigten sich nicht nur weiterqualifizieren, sondern sich auch als Person weiterentwickeln und dass die Organisation hierzu die entsprechenden Rahmenbedingungen liefert. Dadurch, so Erich Staudt, „beeinflussen die Mitarbeiterinnen und Mitarbeiter letztlich auch Produktprogramm und Verfahrensentwicklung. Das ist dann nicht nur mehr Mitbestimmung, sondern Mitgestaltung im technisch-organisatorischen Bereich. Das ist dann auch nicht mehr nur Ergänzung oder Sozialtechnologie, sondern auch in den Augen konventioneller Unternehmensführung eine Revolution." (Staudt, Kröll & Hören 1993, S. 76)

Die Frage ist also, inwieweit lassen es die gegebenen Strukturen im Unternehmen zu, dass die Beschäftigten ihre individuellen Kompetenzen produktiv zur Erreichung des Betriebsziels einsetzen können. Oder anders formuliert, wie elastisch sind die Strukturen für (notwendige) Veränderungen durch die Mitarbeiter/-innen? Diese Frage ist berechtigt, denn das Zulassen dieser Elastizität bzw. die volle Nutzung der Elastizitätsspanne ist für Unternehmen nicht ganz unproblematisch. Geht man davon aus, dass die Interessen der verschiedenen Wirtschaftsakteure/-akteurinnen nicht immer deckungsgleich sind, dann stellt sich die Frage, wie Unternehmen bei ihren Handlungs- und Entscheidungprozessen „auf die Subjektivität ihrer Beschäftigten zugreifen und umgekehrt, welche Handlungschancen und -restriktionen die Organisationsmitglieder in solchen Organisationen und darüber hinaus realisieren können" (Holtgrewe 2006, S. 9) und wollen.

Nach dem Verständnis von Organisationen als nicht triviale Systeme können organisationale Lernprozesse als selbstorganisatorische Veränderungen der internen Strukturen verstanden werden (vgl. Wittwer 2000). Diese nicht triviale Systemsicht impliziert für die Unternehmensleitung eine eingeschränkte Steuerung bzw. Kontrolle organisationaler Prozesse. Die Mitarbeiter/-innen handeln zwar als Subjekte in ihrer spezifischen betrieblichen Funktion, als solche handeln sie jedoch nicht als bloße „Agenten/Agentinnen der Arbeitsorganisation". Insofern sie über selbstreflexive Fähigkeiten verfügen, kommt ihnen nach Foerster (zitiert nach Baitsch 1996, S. 218) der Status einer „nicht trivialen Maschine" zu. Nicht triviale Maschinen sind aus der Sicht des Systems nicht vollständig berechenbar. Bezogen auf unser Thema: Ein Unternehmen kann nicht ohne Weiteres steuern, welche Kompetenzen die

Mitarbeiter/-innen in das Unternehmen einbringen, wie sie diese ganz individuell einsetzen bzw. wie sie diese in die Durchführung organisationaler Aufträge mit einbeziehen.

Damit ist die Kontrolle über das konkrete Handeln der Beschäftigten eingeschränkt. „Das System ‚bezahlt' die Erhöhung der eigenen Fähigkeit zur Selbstorganisation mit erhöhter Unsicherheit. Umgekehrt reduziert die Reglementierung und Unterdrückung dieser menschlichen Fähigkeiten eine notwendige Voraussetzung von Lerngelegenheiten." (Baitsch 1996, S. 221) Das Unternehmen sieht sich hier in einer paradoxen Situation. Einerseits können sich individuelle Kompetenzen störend auf die Entwicklung des Systems auswirken, andererseits bieten diese aber auch die Chance zur Weiterentwicklung – vielleicht sogar zur Erhaltung – des Systems. Zum Beispiel arbeitet die Produktion eines Unternehmens nach einer eigenen (planungstechnischen) Logik, die nicht durch die Individualität der Mitarbeiter/-innen gestört werden darf. Da es jedoch im technischen System immer wieder zu Störungen kommt, wird die Kreativität und das eigenverantwortliche Handeln der Mitarbeiter/-innen benötigt, um diese Störungen schnell zu beheben oder erst gar nicht auftreten zu lassen. Ein Unternehmen muss sich dieser paradoxen Situation stellen. „Paradoxien", so Knut Bleicher, „stehen [...] als Widerstreit zweier gleichbegründeter Sinngehalte. Sie stehen im Gegensatz zur kausalen Logik, denn die Vereinigung von Gegensätzen verlangt den Verzicht auf Kausalität." (Bleicher 2004, zitiert nach Wüthrich, Osmetz & Kaduk 2006, S. 39) Paradoxien kann man daher nicht lösen, man kann nur versuchen, mit ihnen umzugehen, d. h. einen dritten Weg zu finden.

4 Der „dritte" Weg

Dieser „dritte" Weg kann in einer modifizierten Form der „organisationalen Kompetenz" gesehen werden. Beim Ansatz der „organisationalen Kompetenz" „geht es nicht um eine kumulierte Kompetenz einiger Organisationsmitglieder, [...], sondern um eine systemische Qualität. Es geht um die spezifische Fähigkeit eines Systems, Ressourcen in einer solchen Weise zu kombinieren, dass schwierige oder in einer anderen Weise herausfordernde Aufgaben immer wieder erfolgreich bewältigt werden." (Schreyögg & Kliesch-Eberl 2008, S. 7) Zur spezifischen Fähigkeit eines Systems (organisationale Kompetenz) muss es jedoch auch gehören – gleichsam als Voraussetzung –, dass es bewusst die individuellen Fähigkeiten der Beschäftigten zulässt bzw. sie entwickeln lässt im Sinne der „Dualität von Strukturen".

Ein Beispiel dafür, wie eine produktive Verbindung zwischen den Gegensätzen hergestellt und ein „dritter Weg" beschritten werden kann, liefert das Unternehmen Gore. Dort hat jeder Mitarbeiter/jede Mitarbeiterin zwei Führungskräfte, einen Leader/eine Leaderin und einen Sponsor/eine Sponsorin. Der Leader/Die Leaderin ist vergleichbar mit der klassischen Führungskraft. Der Sponsor wird von der Arbeitskraft selbst bestimmt. Entgegen dem Leader ist er „nicht für in Zahlen messbare Ergebnisse zuständig. Er ist vielmehr derjenige", der den Mitarbeiter „in seiner Persönlichkeit und seinem Können reflektiert, der ihm hilft, das zu erkennen, was er am besten kann, ihn fördert, aber auch fordert. [...] Dabei steht das Unternehmen nicht im Mittelpunkt, sondern es geht um die Entwicklung der Person." (Wüthrich, Osmetz & Kaduk 2006, S. 147f.)

Auf Basis dieses Verständnisses von organisationaler Kompetenz sind Unternehmen in der Lage, mit der Paradoxie der Vergesellschaftung der Individualität, wie sie in dem verkürzten Verständnis von Kompetenz zum Ausdruck kommt, umzugehen. Ähnlich wie bei einer „lernenden Organisation", in der immer die einzelnen Mitglieder lernen, besteht die organisationale Kompetenz aus den individuellen Kompetenzen der Mitglieder. (Sie ist allerdings mehr als die Summe der einzelnen Kompetenzen der Mitglieder.) Es ist gerade das Subjekt, „welches mit seinen Kompetenzen zur Generierung gemeinschaftlicher Kompetenzen beiträgt." (Kirchhof 2010, S. 69) Organisationale Kompetenz entwickelt sich in Auseinandersetzung bzw. in Anerkennung von individuellen Kompetenzen und organisationalen Strukturen, Ordnungen sowie Werte- und Verhaltensmustern. Individuelle Kompetenzen sind somit immer virulent in einer Organisation. Sie können und dürfen nicht ausgeblendet werden, da sie sonst subversiv wirken.

Daraus folgt für die Personalentwicklung, dass die Entwicklung bzw. Förderung von Kompetenzen nicht einseitig als Anpassung der Beschäftigten an die gegebenen Ziele und Strukturen der Organisation gesehen werden kann. Sie ist als zieloffener Prozess anzulegen, mit allen Risiken und Chancen (vgl. Wittwer 2010). Sie soll die Chance bieten:

- aus Sicht der Mitarbeiter/-innen: die eigenen Kompetenzen herauszufinden und weiterzuentwickeln; selbstverantwortlich nach Problemlösungen zu suchen; neugierig und risikobereit zu sein und neue Wege im Arbeitsprozess auszuprobieren.
- aus Sicht des Unternehmens: das individuelle Potenzial der Mitarbeiter/-innen zu entdecken, dieses weiterzuentwickeln und es gezielt zur Erreichung des Betriebsziels einzusetzen.

Ein Unternehmen muss also bei der Kompetenzentwicklung auch die Perspektive der Mitarbeiter/-innen einnehmen. Denn nur gemeinsam können die künftigen Anforderungen bewältigt werden. Handeln und Entscheiden in einer Organisation sind das Resultat einer Auseinandersetzung von individuellen psycho-physischen und sozialen Dispositionen einerseits und den jeweiligen kontextuellen Strukturen andererseits. Diese Sichtweise kennzeichnet den „dritten" Weg. Dieser Weg setzt allerdings aufseiten des Unternehmens eine gewisse Risikobereitschaft und eine „Kultur des Vertrauens" voraus. Vertrauen darin, dass die Mitarbeiter/-innen ihre individuellen Stärken im Sinne des Unternehmensziels einsetzen. An diesem Vertrauen scheint es allerdings zurzeit noch zu mangeln.

5 Reflektieren statt „messen"

„Wenn jemand behauptet, die geplanten Schritte hin zu einem angestrebten Ziel wären sicher und stünden fest, sollte man gewarnt sein", so eine Managementüberzeugung bei Toyota. „Unsicherheit ist normal, der Weg kann nicht exakt vorhergesagt werden, und deshalb ist es von immenser Bedeutung, wie wir damit umgehen und woher wir unsere Sicherheit und Zuversicht gewinnen können." (Rother 2009, S. 26 f.) Wenn wir jedoch nicht wissen, wie wir das angestrebte Ziel erreichen können, kennen wir auch die Kompetenzen nicht, die zur Zielerreichung erforderlich sind. Das einzige, das uns in dieser Situation Sicherheit geben kann, ist das Wissen um unsere individuellen Kompetenzen sowie um die Fähigkeit, mit wechselnden bzw. fremden Situationen umgehen zu können, d. h. unsere Veränderungskompetenz.

Die neue Unsicherheit zeigt sich u. a. im Prozess der „Entberuflichung" (vgl. Wittwer 2003b). Nicht mehr der Beruf prägt heute vorrangig die Biografie, sondern umgekehrt, der Beruf wird immer mehr zum Gestaltungsfeld der Biografie, so Michael Brater. „Das Konzept des Berufs wird heute ersetzt durch das Konzept der Berufsbiografie; an die Stelle der vordefinierten Entwicklungsschablone ‚Beruf' tritt der Prozeß des arbeitsbezogenen Lebenslaufs, der potenziell individuell selbst gestaltet sein kann." (Brater 1998, S. 40) Die biografische Reflexion beruflicher Arbeit, d. h. die reflexive Vergewisserung der eigenen Biografie und der Lebensperspektive, wird damit immer wichtiger. „Reflexion ergänzt das bisher vorrangige Qualifikationskonzept." (Siebert 2004, S. 109)

Reflexivität ist darüber hinaus auch ganz allgemein eine wesentliche Voraussetzung für die Auseinandersetzung des Menschen mit sich und seiner Umwelt. Wir leben, so Hans Tietgens, im Modus der Auslegung. „Die Annahme, die Umwelt begegne uns unmittelbar, ist eine Fiktion, die ein gewisses Maß an Lebenssicherheit vermitteln soll, dies zeitweilig auch kann, zugleich aber Kommunikation erschwert. [...] Es ist darauf zu reflektieren, daß gesellschaftliche Wirklichkeit existent ist im Modus ihrer menschlichen Deutung. Es gilt die Vorstellung zu übersteigen, daß Subjekt und Objekt eindeutig voneinander zu trennen sind, daß allgemein verbindlich gesagt werden kann, was zum Ich und was zur Welt gehört. [...] Das, was nicht zum Menschen gehört, begegnet ihm nicht, wie es ist, sondern wie es in seinem Verhältnis zu ihm durch seine Interpretationen bestimmt wird." (Tietgens 1981, S. 90 f.)

Im Zeitalter der Aufklärung ist theoretisches Reflektieren eine allgemeine Basiskompetenz und ein wesentliches Merkmal von Professionalität (vgl. Siebert 2004, S. 104). Sie lässt sich umschreiben mit Verben wie analysieren, differenzieren, vergleichen, infrage stellen, in Beziehung setzen oder erinnern. Das handelnde Subjekt übernimmt die Verantwortung für sein Lern- und Arbeitshandeln und versteht sich zugleich in der Rolle des „Bewerters"/der „Bewerterin". Man spricht in diesem Zusammenhang von „reflexiver Selbstevaluation" (vgl. Löser 2008). Das Individuum ist zugleich Subjekt und Objekt des Reflexionsprozesses. Im Fokus der Reflexion steht hier die (Berufs-)Biografie. Der Begriff „Biografie" bedeutet so viel wie Lebensbeschreibung und Interpretation des Lebenslaufs. Er beinhaltet Momente des Lebens wie Handlungsmotive, Ursachen und Bedingungen von Handlungen und Entscheidungen eines Individuums, die Gegenstand der Reflexion sein können. In einem Prozess der Selbstreflexion kann nicht nur die eigene Geschichte retrospektiv aufgearbeitet, sondern auch und vor allem der Lebenslauf bzw. die berufliche Karriere prospektiv geplant werden. Dieser Prozess sollte Grundlage der individuellen Kompetenzentwicklung sein.

Damit erhalten in der Personalentwicklung Instrumente an Bedeutung, die zu Reflexionsprozessen über die eigenen Kompetenzen anregen. Denn das Individuum selbst kann am besten Auskunft über sich geben. Diese Selbstauskunft wird zudem „der Subjektivität von komplexem Handeln am ehesten gerecht." (Amelang & Bartussek 2001, zitiert nach Frey & Balzer 2003, S. 155) Mithilfe entsprechender Reflexionsprozesse können individuelle Kompetenzportfolios erstellt werden. Vorgesetzte können den Prozess unterstützen. Damit erhalten diese wieder eine wichtige Führungsfunktion, die sie bei den formalisierten Diagnoseverfahren an Dritte abgetreten haben. Sie werden zu Mentoren/Mentorinnen der individuellen Kompetenzentwicklung. Für diese Aufgabe müssen sie sich allerdings, wie die nachfolgenden Kompetenzdiagnose- und Kompetenzentwicklungsinstrumente zeigen, Zeit nehmen.

6 Instrumente zur biografischen Reflexion

Voraussetzung für die Entwicklung und Förderung der individuellen Kompetenzen der Mitarbeiter/-innen ist, dass diese allen Akteuren/Akteurinnen – Mitarbeitern/Mitarbeiterinnen wie Vorgesetzten – bekannt sind. Davon kann nur im Einzelfall ausgegangen werden.

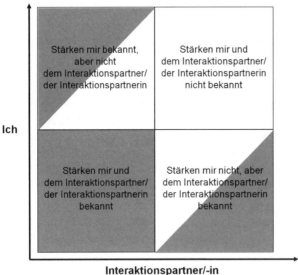

Abbildung 2: Portfolio individueller Kompetenzen (in Anlehnung an das Johari-Fenster)

Wie in Abbildung 2 dargestellt, gibt es einerseits individuelle Kompetenzen, die das Individuum zwar selbst kennt, andere jedoch nicht. Andererseits können von anderen Personen individuelle Kompetenzen bei einem Menschen wahrgenommen werden, die dieser selbst bislang nicht erkannt hat. Schließlich besteht die Möglichkeit, dass jemand Kompetenzen in sich trägt, die weder er/sie noch andere Personen bisher entdeckt haben. Übertragen auf den Arbeitsbereich bedeutet das, ein Mitarbeiter/eine Mitarbeiterin, der/die über Jahre Aufgaben ausführt, die immer dieselben Kompetenzen erfordern, hat wenig Chancen, bei sich neue Kompetenzen zu entdecken und zu entwickeln. Aber auch der/die Vorgesetzte erhält von dessen/deren individuellen Kompetenzen nur ein einseitiges Bild. Der Mitarbeiter/Die Mitarbeiterin kann sich dadurch unterfordert bzw. verkannt fühlen. Ziel des/der Vorgesetzten bzw. der Personalentwicklung sollte es jedoch sein: Möglichst alle individuellen Kompetenzen der Mitarbeiter/-innen zu kennen und sie dementsprechend einzusetzen, z.B. dadurch, dass ihnen unterschiedliche Aufgaben übertragen werden, bei denen sie ihre noch nicht entdeckten Kompetenzen „erfahren" können.

Der Bereich der individuellen Kompetenzen, die dem Mitarbeiter/der Mitarbeiterin selbst und dem/der Vorgesetzten bekannt sind, sollte möglichst groß sein. Für diesen Prozess steht eine Vielzahl von reflexiven Diagnose- und Entwicklungsinstrumenten zur Verfügung. Zwei von ihnen sollen hier kurz vorgestellt werden. Sie wurden im Rahmen eigener Projekte eingesetzt (weitere Instrumente siehe Löser 2008, S. 232 ff.). Die Instrumente werden im Folgenden im Hinblick auf ihre Funktion als Diagnose- und Entwicklungsinstrumente unterschieden und können auch in Kombination eingesetzt werden.

6.1 Diagnose-Instrument: Selbsteinschätzungsbogen

Eine Möglichkeit, die individuellen Kompetenzen zu erkennen, bietet ein Selbsteinschätzungsbogen. Hierzu liegen mittlerweile unterschiedliche Formate vor. Es soll hier daher kein einzelner Fragebogen vorgestellt, sondern nur auf dessen Funktion eingegangen werden. Der Fragebogen dient in erster Linie als Vehikel zur Selbstreflexion. Mithilfe dieses Instruments soll sich der Mitarbeiter/die Mitarbeiterin daran erinnern, welche Aufgaben bzw. Tätigkeiten er/sie bisher in den verschiedensten Lebensbereichen wie Familie, Ausbildung, Beruf, Hobby oder Freizeit ausgeführt und welche Stärken er/sie dabei an sich entdeckt hat, was ihm/ihr geholfen hat, die entsprechenden Anforderungen zu erfüllen, sowie ob ihm/ihr diese Kompetenzen immer wieder und in den verschiedensten Lebenssituationen geholfen haben. Dabei ist wichtig, dass er/sie sich die jeweiligen Situationen ganz genau in Erinnerung ruft, in der er/sie die individuellen Kompetenzen an sich erlebt hat. Diese Kompetenzen sollen nicht ganz konkret beschrieben werden.

Biografische Selbstreflexion beinhaltet nur in einem ersten Schritt eine retrospektive Diagnose der Berufsbiografie. Sie ist immer auch zukunftsorientiert, d. h. entwicklungsbezogen. Hierzu können folgende Fragen dienen:

- Welche individuellen Kompetenzen sollen beispielsweise in den nächsten zwölf Monaten weiterentwickelt werden?
- Warum sind diese Kompetenzen für mich so wichtig?
- In welchen Situationen sollen diese Kompetenzen eingesetzt werden?
- Was will ich konkret für die Weiterentwicklung meiner individuellen Kompetenzen tun?

Zur Spiegelung des Selbstbildes – und damit zur Überprüfung der eigenen Wahrnehmung – kann die Selbsteinschätzung mit einer Fremdeinschätzung durch Vorgesetzte, Kollegen/Kolleginnen, Freunde/Freundinnen, Familienmitglieder etc. konfrontiert werden. Eine wichtige Erkenntnis kann dabei aus einer möglichen Diskrepanz zwischen Selbst- und Fremdbild gezogen werden. Sie kann Anlass für eine Überprüfung der eigenen Wahrnehmung oder für eine deutlichere Präsentation der eigenen Kompetenzen sein. Generell dienen sie als Anlass, mit dem „Fremdeinschätzer"/der „Fremdeinschätzerin" darüber zu sprechen.

Die Gegenüberstellung von Selbst- und Fremdeinschätzung und der anschließende Austausch über die jeweiligen Wahrnehmungen in einem Gespräch kann noch weitere Vorteile bringen:

- Die Selbsteinschätzung bietet die Möglichkeit, eine Person aus einer anderen Perspektive kennenzulernen und sein eigenes Bild von ihr zu überprüfen.
- Die Gegenüberstellung des eigenen Selbstbildes mit einer Fremdsicht kann zu einer vertiefenden Auseinandersetzung mit den eigenen Kompetenzen anregen.

- Die gegenseitigen Rückmeldungen zu Selbst- und Fremdeinschätzung und der Austausch über unterschiedliche Wahrnehmungen können zu einer Angleichung der Einschätzungen führen. Dadurch können nachhaltige Lernprozesse und Entwicklungen angestoßen werden.

Voraussetzung für ein entsprechendes Entwicklungsgespräch (beispielsweise zwischen Mitarbeiter/Mitarbeiterin und Vorgesetztem/Vorgesetzter) ist allerdings:

- eine vertrauensvolle Gesprächsatmosphäre, in der sich beide Seiten offen über die (unterschiedlichen) Wahrnehmungen äußern können und bei der dem Mitarbeiter/der Mitarbeiterin bewusst ist, dass aus seiner Selbsteinschätzung keine negativen Konsequenzen gezogen werden; nötig ist auch
- ein Mindestmaß an Reflexionsfähigkeit aufseiten des Mitarbeiters/der Mitarbeiterin. (Die Selbsteinschätzung wie das Entwicklungsgespräch selbst können die Reflexionsfähigkeit fördern.)

Das Gespräch muss daher gut vorbereitet werden. Sinnvoll ist es, für das Gespräch einen Leitfaden zu entwickeln. Ein Ergebnis dieses Entwicklungsgesprächs können Maßnahmen zur Förderung der individuellen Kompetenzen sein. Gegenüber der Methode der Selbst- und Fremdeinschätzung gibt es allerdings auch gewisse Bedenken wie:

- „Bei Selbsteinschätzung wird doch ein verschöntes Bild abgegeben", oder
- „Mitarbeiter/-innen antworten so, wie sie denken, dass es von ihnen erwartet wird" („soziale Erwünschtheit"). Ein weiterer Grund für Skepsis:
- „Die Fremdeinschätzung des/der Vorgesetzten kann absichtlich negativer ausfallen, um Leistungsdruck aufzubauen. Wo bleibt dann die Objektivität?"

Nun, Einschätzungen bzw. Bewertungen sind immer subjektiv, auch wenn sie nach vermeintlich objektiven Kriterien erfolgen. Außerdem, über berufliche Kompetenzen kann die betreffende Person selber am besten Auskunft geben. „Doch selbst wenn die Selbstbeurteilung einer Person objektiv fehlerhaft sein sollte, so wäre diese Selbstbeurteilung subjektiv eher handlungsleitend und damit für die Beschreibung von Verhalten auf jeden Fall von zentraler Bedeutung." (Balzer, Frey, Renold & Nenninger 2002; zitiert nach Frey & Balzer 2003, S. 155)

6.2   Entwicklungsinstrument: Erfahrungsraum

Für die Entdeckung und Entwicklung individueller Kompetenzen ist es wichtig, dass die Mitarbeiter/-innen immer wieder neue Herausforderungen im Arbeitsleben erhalten, d.h., dass sie mit neuen und fremden Situationen konfrontiert werden. Eine Chance hierzu bietet das Konzept „Erfahrungsraum". Der Erfahrungsraum wird als ein Ort verstanden, an dem die Mitarbeiter/-innen ihre individuellen Kompetenzen (Stärken und Veränderungskompetenzen) entdecken und entwickeln und – damit verbunden – Fachqualifikationen erwerben und anwenden können. Die Mitarbeiter/-innen lernen, sich in einem sozialen Raum zu bewegen und diesen Raum zugleich als Lernraum zu nutzen. Der Erfahrungsraum wird hier in seiner soziologischen, psychologischen und pädagogischen Dimension angesprochen.

Wolfgang Wittwer

Unter Erfahrungsraum werden reale Arbeits- und Lernsituationen verstanden, die strukturell-organisatorisch und didaktisch-methodisch so angelegt sind, dass dort bei hohen Selbststeuerungsanteilen der Lernenden in einem zeitlich begrenzten Rahmen gezielt Kompetenzen (hier verstanden als individuelle Stärke/Besonderheit) entdeckt und weiterentwickelt sowie neue Fachqualifikationen erworben werden können. Erfahrungsräume sind neu und fremd für die Lernenden und stellen somit für diese eine Lernherausforderung dar. Sie können in formalisierte Bildungsmaßnahmen bzw. Arbeitsprozesse integriert werden, sie können aber auch im sozialen Umfeld eines Betriebes situiert sein (vgl. Wittwer 2003a, S. 20). Den Lernenden eröffnen sich in diesen Erfahrungsräumen zudem (neue) berufliche Optionen, indem sie erleben, wo sie überall mit ihren Qualifikationen arbeiten können.

Kennzeichnend für Lernen in Erfahrungsräumen ist die Integration von informell generiertem Erfahrungswissen und von über formelle Lernprozesse aufgebautem Theorie- und systematisiertem praktischem Wissen. Der Erfahrungsraum ist damit ein Ort, an dem informelles Lernen und intentionales, geplantes und bewusstes Lernen gezielt zusammengeführt werden.

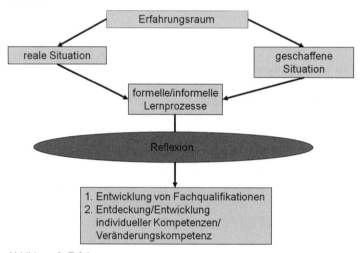

Abbildung 3: Erfahrungsraum

Neue und schwierige Situationen kommen zwar immer wieder im Arbeitsprozess vor, z. B. im Rahmen von Projekten, sie werden jedoch nur selten dazu genutzt, den persönlichen Umgang mit eben diesem Neuen (Veränderungskompetenz) sowie der individuellen Kompetenz zu reflektieren und bewusst Erfahrungen daraus zu ziehen. Bei einem Projekt beispielsweise geht es in erster Linie um ein vordefiniertes Ergebnis, das in einem bestimmten Zeitraum erzielt werden soll. Beim Erfahrungsraum ist zwar auch das erzielte Ergebnis wichtig, doch zugleich stehen der gewählte Weg zum Ziel und die Reflexion der individuellen Erfahrungen auf diesem Weg im Mittelpunkt. Arbeiten und Lernen im Erfahrungsraum ist prozess- oder „wegorientiert" („Wie bin ich von der unsicheren Ausgangslage zum Ergebnis gelangt?").

Der Mitarbeiter/Die Mitarbeiterin geht also bewusst in die neue Situation und erlebt bewusst seinen Umgang mit dieser Situation. Er erlebt, wie hilfreich – oder nicht – seine individuellen Kompetenzen sein können, er entdeckt neue Kompetenzen an sich und entwickelt

Veränderungskompetenz. Bewusstes Erleben und bewusste Reflexion sind wichtige Bestandteile eines Erfahrungsraumes. Dieser Prozess ist wichtig, da in einem Lern- und Arbeitsprozess Wissen niemals „nur so" erworben bzw. angewendet wird, sondern immer im Hinblick auf eine ganz bestimmte berufliche Situation. Der Reflexionsprozess ist zudem eine wesentliche Voraussetzung für einen produktiven Transfer der neu erworbenen Qualifikationen und Kompetenzen. Reflexionen begleiten daher ständig die Arbeit im Erfahrungsraum:

- Einstiegsreflexion

Einstimmung auf die neue Aufgabe anhand eines Fragebogens. Mögliche Fragen: Welche Anforderungen erwarte ich? Welche Stärken will ich einsetzen? Welche Stärken will ich ausbauen? Was will ich erreichen? Mit welcher inneren Einstellung gehe ich in den Erfahrungsraum? Ziel der Einstiegsreflexion ist es, dass sich der Mitarbeiter/die Mitarbeiterin im Rahmen der neuen Situation „Erfahrungsraum" ganz persönliche Ziele für diese Situation setzt, die er dann während der Durchführung zu erreichen sucht. Diese Ziele sind dem/der Vorgesetzten transparent zu machen.

- Erleben der Situation

Der Mitarbeiter/Die Mitarbeiterin arbeitet in der definierten Arbeitssituation und reflektiert diese: Er/Sie erlebt seine/ihre individuellen Kompetenzen und entdeckt gegebenenfalls neue. Er/Sie erfährt, wie er/sie mit dieser neuen Situation umgeht. Während dieses Prozesses wird er/sie durch den Vorgesetzten/die Vorgesetzte bzw. einen Mentor/eine Mentorin begleitet.

- Abschlussreflexion

Der Mitarbeiter/Die Mitarbeiterin soll sich (gegebenenfalls anhand von Fragen) bewusst werden, inwieweit er/sie seine/ihre Ziele erreicht hat, welche individuelle Kompetenzen und Qualifikationen ihm/ihr bei der Bewältigung der Aufgabe geholfen und welche neuen Kompetenzen er/sie in der Situation an sich entdeckt hat. Der/Die Vorgesetzte tauscht sich mit dem Mitarbeiter/der Mitarbeiterin darüber aus. Gemeinsam wird überlegt, welche weiteren Schritte im Rahmen der individuellen Personalentwicklung vorzusehen sind.

6.3 Einschätzung des Konzepts durch die Beteiligten

Nach Aussagen der beteiligten Beschäftigten sind ihnen durch die Erfahrungsräume ihre individuellen Kompetenzen bewusst geworden. Sie sind nun in der Lage, Veränderungssituationen zu bewältigen. Für die künftige Planung wünschen sie sich eine engere Verzahnung der Erfahrungsräume mit ihren bisherigen Erfahrungen und Kompetenzen.

> „Der optimale Erfahrungsraum sollte eine Situation sein, in der ich meine Potenziale ausbauen kann. Dadurch wird er herausfordernd für mich und setzt überhaupt erst ein Bewältigungshandeln in Gang! Und er soll andererseits so sein, dass ich auch Kompetenzen von mir einsetzen kann. Dadurch werde ich nicht überfordert und kann meine Selbstwirksamkeitserwartung steigern. Diese Kombination steigert die Motivation." (Aussage eines Teilnehmers)

Wolfgang Wittwer

Auch die Personalverantwortlichen haben einen sehr positiven Eindruck von dieser Form der arbeitsintegrierten Weiterbildung gewonnen. Sie hat ihnen u. a. die Möglichkeit geboten, ihre Mitarbeiter/-innen besser kennenzulernen. Dabei ist ihnen allerdings auch klar geworden, dass sie sich mehr Zeit für individuelle Gespräche mit diesen nehmen und stärker die Rolle des individuellen Begleiters/der individuellen Begleiterin übernehmen müssen. Erfahrungsräume sind daher für sie ein wichtiges Instrument der Personalentwicklung.

7 Das Geheimnis guter Manager/-innen

Gute Manager/-innen „finden bei ihren Mitarbeitern zuerst heraus, was sie besonders gut können und sorgen dafür, dass sich diese Begabungen so gut wie möglich entfalten können [...] Gute Manager versuchen nicht, ihre Leute zu perfektionieren oder zu kontrollieren. Sie vertrauen ihnen, bevollmächtigen sie und helfen ihnen, ihr einzigartiges Potenzial zu entwickeln. Es ist Unsinn, alle Leute gleich zu behandeln. Jeder hat andere Stärken und andere Bedürfnisse." (Beckstein 2001, S. 24) Gute Führungskräfte müssen sich also ihren Mitarbeitern/Mitarbeiterinnen zuwenden und deren individuelle Potenziale entdecken und fördern. Das geht nicht mit genormten bzw. standardisierten Messinstrumenten. Individualität lässt sich nicht auf einer Skala von 1 bis 100 messen. Die Maßeinheit trägt jeder Mitarbeiter/jede Mitarbeiterin in sich.

Literaturverzeichnis

Amelang, Manfred & Bartussek, Dieter (2001): Differenzielle Psychologie und Persönlichkeitsforschung. Stuttgart: Kohlhammer.

Arnold, Rolf (2002): Von der Bildung zur Kompetenzentwicklung. In: Nuissl, Ekkehard, Schiersmann, Christiane & Siebert, Horst (Hrsg.): Kompetenzentwicklung statt Bildungsziele? (Literatur- und Forschungsreport Weiterbildung 49). Bielefeld: Bertelsmann, S. 26–38.

Baitsch, Christof (1996): Wer lernt denn da? Bemerkungen zum Subjekt des Lernens. In: Geißler, Harald (Hrsg.): Arbeit, Lernen und Organisation. Weinheim: Beltz, S. 215–231.

Balzer, Lars, Frey, Andreas, Renold, Ursula & Nenninger, Peter (2002): Reform der kaufmännischen Grundausbildung. Band 3: Ergebnisse der Evaluation. Landau: Empirische Pädagogik.

Beck, Ulrich (1986): Risikogesellschaft. Auf dem Weg in eine andere Moderne. Frankfurt am Main: Suhrkamp.

Beckstein, Dieter (2001): Kleines Führungs-Geheimnis. In: Süddeutsche Zeitung 53, S. 24.

Behnke, Andrea (2001): Bunt gemischt zum Erfolg. Unternehmen setzen zunehmend auf „diversity management". In: Die Zeit, Heft 2, S. 5.

Bleicher, Knut (2004): Das Konzept Integriertes Management: Visionen – Missionen – Programme. 7. Auflage. Frankfurt am Main: Campus.

Böhle, Fritz (2005): Erfahrungswissen hilft bei der Bewältigung des Unplanbaren. In: Berufsbildung in Wissenschaft und Praxis 34, Heft 5, S. 9–13.

Brater, Michael (1998): Beruf und Biographie. Esslingen: Gesundheitspflege Initiativ.

Brater, Michael, Haselbach, Dieter & Stefer, Artonice (2010): Kompetenzen sichtbar machen. Frankfurt am Main: Lang.

Buckingham, Marcus & Clifton, Donald O. (2002): Entdecken Sie Ihre Stärken jetzt! Das Gallup-Prinzip für die individuelle Entwicklung und erfolgreiche Führung. Frankfurt am Main und New York: Campus.

Chomsky, Noam (1970): Aspekte der Syntax-Theorie. Frankfurt am Main: Suhrkamp.

Eberl, Martina (2009): Die Dynamisierung organisationaler Kompetenzen. Eine kritische Rekonstruktion und Analyse der Dynamic Capability Debatte. Hamburg: Kovac.

Frey, Andreas & Balzer, Lars (2003): Soziale und methodische Kompetenzen – der Beurteilungsbogen smk: Ein Verfahren für die Diagnose von sozialen und methodischen Kompetenzen. In: Empirische Pädagogik. Zeitschrift zu Theorie und Praxis erziehungswissenschaftlicher Forschung 17, Heft 2, S. 148–175.

Giddens, Anthony (1988): Die Konstitution der Gesellschaft. Grundzüge einer Theorie der Strukturierung. Frankfurt am Main und New York: Suhrkamp.

Habermas, Jürgen (1971): Vorbereitende Bemerkungen zu einer Theorie der kommunikativen Kompetenz. In: Habermas, Jürgen & Luhmann, Niklas (Hrsg.): Theorie der Gesellschaft oder Sozialtechnologie – Was leistet die Systemforschung? Frankfurt am Main: Suhrkamp, S. 101–141.

Hof, Christiane (2002): Von der Wissensvermittlung zur Kompetenzentwicklung. In: Nuissl, Ekkehard, Schiersmann, Christiane & Siebert, Horst (Hrsg.): Literatur- und Forschungsreport Weiterbildung 49. Kompetenzentwicklung statt Bildungsziele? Bielefeld: Bertelsmann, S. 80–89.

Holtgrewe, Ursula (2006): Flexible Menschen in flexiblen Organisationen. Berlin: Edition Sigma.

Karkoschka, Urs (1998): Validität eignungsdiagnostischer Verfahren zur Messung sozialer Kompetenzen. Frankfurt am Main: Lang.

Kirchhof, Stefan (2007): Informelles Lernen und Kompetenzentwicklung für und in beruflichen Werdegängen. Münster: Waxmann.

Kirchhof, Stefan (2010): Von der lernenden Organisation zur kompetenten Organisation. (Masterthesis). Augsburg: o. V.

Löser, Angela (2008): Die reflexive Selbstevaluation als Teil der Lernhandlung in der beruflichen Weiterbildung. (Dissertation). Bielefeld: o. V.

o. A. (1991): Vorbemerkungen. In: Sattelberger, Thomas (Hrsg.): Innovative Personalentwicklung. Grundlagen, Konzepte, Erfahrungen. 2. Auflage. Wiesbaden: Gabler, S. 13–14.

o.A. (2010): Mitarbeiter halten sich bei ihrer Leistung zurück. In: Süddeutsche Zeitung, Heft 36, 13./14.02.2010, S. V2/9.

O'Rand, Angela (1996): Linking Social Structures to Personal Development. In: Weymann, Ansgar & Heinz, Walter R. (Eds.): Society and Biography. Interrelationship between Social Structure, Institutions and the Life Course. Weinheim: Beltz, pp. 76–82.

Rother, Mike (2009): Die Kata des Weltmarktführers. Toyotas Erfolgsmethoden. Frankfurt am Main: Campus.

Schäffter, Ortfried (1998): Weiterbildung in der Transformationsgesellschaft. Berlin: Geschäftsstelle der Arbeitsgemeinschaft Betriebliche Weiterbildungsforschung e.V.

Schreyögg, Georg & Kliesch-Eberl, Martina (2008): Das Kompetenzparadoxon: Wie dynamisch können organisationale Kompetenzen sein? In: Revue für postheroisches Management, Heft 3, S. 6–19.

Schuler, Heinz & Barthelme, Dorothea (1995): Soziale Kompetenz als berufliche Anforderung. In: Seyrfried, Brigitte (Hrsg.): Stolperstein Sozialkompetenz: Was macht es so schwierig sie zu erfassen, zu fördern und zu beurteilen. Bielefeld: Bertelsmann, S. 77–116.

Siebert, Horst (2004): Theorien für die Praxis. (Studientexte für Erwachsenenbildung). Bielefeld: Bertelsmann.

Staudt, Erich, Kröll, Martin & Hören, Martin von (1993): Die Lernende Unternehmung. Innovation zwischen Wunschvorstellung und Wirklichkeit. In: Frieling, Ekkehart & Reuther, Ursula (Hrsg.): Das Lernende Unternehmen. (Dokumentation einer Fachtagung am 6. Mai 1993 in München). Hochheim: Neres, S. 51–88.

Tietgens, Hans (1981): Die Erwachsenenbildung. München: Juventa.

Wittwer, Wolfgang (2000): Die lernende Gruppe – selbstgesteuertes Lernen am Beispiel einer Open Space-Veranstaltung. In: Geißler, Harald (Hrsg.): Berufliche Bildung für das lernende Unternehmen. Bielefeld: Bertelsmann, S. 58–70.

Wittwer, Wolfgang (2003a): „Lern für die Zeit, werd tüchtig fürs Haus". Gewappnet ins Leben trittst du hinaus – Förderung der Nachhaltigkeit informellen Lernens durch individuelle Kompetenzentwicklung. In: Wittwer, Wolfgang & Kirchhof, Stefan (Hrsg.): Informelles Lernen und Weiterbildung. Neue Wege zur Kompetenzentwicklung. München und Unterschleißheim: Luchterhand.

Wittwer, Wolfgang (2003b): Die neue Beruflichkeit – Der Trend zur Virtualisierung des Berufskonzepts. In: Arnold, Rolf (Hrsg.): Berufsbildung ohne Beruf? Baltmannsweiler: Schneider Verlag Hohengehren, S. 64–88.

Wittwer, Wolfgang (2010): Vom „Betroffenen" zum Change Agent – Management von Entwicklungs- und Veränderungsprozessen durch individuelle Veränderungskompetenz. In: Strikker, Frank (Hrsg.): Human Ressource im Wandel. Bielefeld: Bertelsmann, S. 159–180.

Wittwer, Wolfgang (2011): Die richtige Position spielen. In: Personalwirtschaft, Heft 2, S. 30–32.

Wüthrich, Hans A., Osmetz Dirk & Kaduk, Stefan (2006): Musterbrecher. Führung neu leben. 2. Auflage. Wiesbaden: Gabler.

II.
Modellierung von Kompetenzen: Berufliche Kompetenzmodelle

Lutz von Rosenstiel
Dispositionen zum selbstorganisierten Handeln entfalten: Wege der
Kompetenzentwicklung 103

Hermann G. Ebner
Bedingungen der Kompetenzentwicklung 123

Karin Rebmann / Tobias Schlömer
Ermittlung und Beschreibung beruflicher Kompetenzen und Kompetenzentwicklung
aus systemisch-konstruktivistischer Perspektive am Beispiel der
Handelslehrer/-innen-Bildung 135

Ilse Schrittesser
Professionelle Kompetenzen: der Versuch einer systematischen Annäherung 161

Lutz von Rosenstiel
Ludwig-Maximilians-Universität München / Universität Hohenheim

Dispositionen zum selbstorganisierten Handeln entfalten: Wege der Kompetenzentwicklung

1 Einleitung 103
2 Die aktuelle Kompetenzdebatte: mehr als eine Mode? 104
3 Ebenen der Kompetenz: Kompetenzarchitektur 105
    3.1   Metakompetenz 105
    3.2   Grundkompetenzen 105
    3.3   Abgeleitete Kompetenzen 106
    3.4   Querschnittskompetenzen 106
4 Kompetenz und Qualifikation – ein Gegensatz? 107
5 Was fordert die Praxis? 108
    5.1   Personalauswahl 110
    5.2   Personalentwicklung 111
6 Prinzipien der Kompetenzentwicklung: „Vom Oberlehrer zur Kompetenzhebamme" 113
7 Probleme: Beispiele für Stolpersteine 117
8 Fazit 119
Literaturverzeichnis 119

1 Einleitung

Über Kompetenzen wird in jüngerer Zeit viel diskutiert. Welcher Begriff aber steckt hinter diesem Wort? Wir wollen versuchen, darauf eine – von möglicherweise vielen Sichtweisen – Antwort zu geben und für diesen Zweck auch eine „Kompetenzarchitektur" vorzustellen: Ausgehend von der Metakompetenz zu den Grundkompetenzen, abgeleiteten Kompetenzen und Querschnittskompetenzen. Wie aber verhalten sich Kompetenzen zum Wissen, zu den Fertigkeiten, zur Qualifikation? Sind die Begriffe deckungsgleich oder gar gegensätzlich? Beides soll hier verneint und in der Folge durch die Feststellung der Aspekte verdeutlicht werden, wo Gemeinsamkeiten und Unterschiede dieser Konzepte zu suchen sind.

      Was ergibt sich daraus für die Praxis? Letztlich – wie auf vielen anderen Gebieten auch – eine Diagnose und eine darauf aufbauende Intervention oder Therapie. In unserem Zusammenhang also die Kompetenzerfassung und die Kompetenzentwicklung, wobei hier der Schwerpunkt auf der Entwicklung liegen soll – als einem Bestandteil der Personalentwicklung. Was nun die besonderen Prinzipien sind, wenn Kompetenzen aufgebaut werden sollen, und welche „Stolpersteine" dem im Unternehmen häufig entgegenstehen, soll dann diskutiert werden.

Lutz von Rosenstiel

2 Die aktuelle Kompetenzdebatte: mehr als eine Mode?

Kompetenzen sind in aller Munde. Es finden in der Praxis und an Hochschulen Tagungen zu diesem Thema statt, einschlägige Forschungsanträge werden von öffentlicher Seite gefördert, in der Praxis entwickelt man Kompetenzmodelle der Unternehmen und sucht diese u. a. mit Maßnahmen der strategischen Kompetenzentwicklung zu realisieren. Ist dies alles nur eine Mode oder steckt doch mehr dahinter? Im Verständnis vieler ist Kompetenz in erster Linie eine Berechtigung. Da hat etwa der Bankberater im Firmenkunden-/Firmenkundinnengeschäft die Kompetenz, die Berechtigung, Kredite bis zu 250 000 Euro zu vergeben. Aber im hier zu besprechenden Kontext gelten Kompetenzen als Merkmale einer Person, vielleicht auch eines Unternehmens, einer Region oder gar einer ganzen Nation. Wir wollen uns allerdings auf individuelle Kompetenzen beschränken.

Im Alltag, selbst innerhalb der meisten Personalabteilungen großer Unternehmen, wird das Wort Kompetenz als gleichbedeutend mit Wissen, Fertigkeit, Erfahrung, Fähigkeit, Qualifikation etc. verwendet. Wenn wirklich nichts anderes gemeint wäre, müssten wir uns hier mit dem Konzept nicht auseinandersetzen. Die spezifische Debatte setzte Anfang der 70er-Jahre in der Psychologie durch eine provokative Arbeit des wohl bedeutendsten Motivationspsychologen des vergangenen Jahrhunderts, David McClelland (1973) ein, der forderte, statt oder neben der Intelligenz künftig Kompetenzen zu messen.

Was aber sind nun diese Kompetenzen? Sie sind sicherlich in seinem Sinne handlungsnäher und auf komplexe (berufliche) Anforderungssituationen bezogen. In einem später von ihm mitentwickelten vielschichtigen diagnostischen Verfahren, dem „Behavioral Event Inventar" (BEI), werden erfolgreiche Führungskräfte – etwa im Vergleich zu etwas weniger erfolgreichen – daraufhin mit qualitativen Methoden untersucht, wie sie emotional, motivational, kognitiv und schließlich im Handeln auf Krisensituationen, auf komplexe Anforderungen, in Entscheidungsdilemmata, bei schwerwiegenden Misserfolgen etc. reagieren, um so ihre Fähigkeit zu erkennen, wie sie selbstorganisiert mit unerwarteten sowie komplexen Herausforderungen umgehen können. In eine ähnliche Richtung verweist der Versuch von Heyse & Erpenbeck (1999), „Kompetenzbiografien" nachzuzeichnen. Ganz offensichtlich ist das Konzept der Selbstorganisation der Schlüssel zum Verständnis dessen, was heute vielfach unter Kompetenzen verstanden wird. So werden sie häufig als „Fähigkeiten zum selbstorganisierten Handeln" bzw. als „Selbstorganisationsdispositionen" (Erpenbeck & Rosenstiel 2007b) definiert. Dabei gilt ein Handeln in offenen, unerwarteten und komplexen Problem- und Entscheidungssituationen als selbstorganisiert, und daraus ergibt sich wohl auch das starke Interesse von Unternehmen der Wirtschaft an diesem Konzept. Dort – aber keineswegs nur dort – stehen Fach- und Führungskräfte vor einer zunehmenden Veränderungsdynamik, die von ihnen fordert, sich mit instabilen, unerwarteten und vielschichtigen Prozessen, etwa im Rahmen des Change-Managements, auseinanderzusetzen. Noch so große fachliche Qualifikation hilft angesichts einer Situation, in der alte Erfahrung nicht mehr greift, kaum noch. Man wird dann sehr schnell zum „Fachidioten"/zur „Fachidiotin" mit dem Wissen von gestern. Kurz: Es werden Personen benötigt, die selbstständig und selbstorganisiert gänzlich neue Probleme bewältigen. Hier hilft häufig auch ein Chef/eine Chefin oder ein Personalentwickler/ eine Personalentwicklerin wenig, denn auch für diese ist ja die aktuelle Situation neu.

3 Ebenen der Kompetenz: Kompetenzarchitektur

Kompetenzen, wie sie soeben begrifflich gefasst wurden, lassen sich auf unterschiedlichen Ebenen der Abstraktion und der inhaltlichen Breite beschreiben, wofür sich der Begriff der Kompetenzarchitektur anbietet. In diesem Sinne spricht man dann von Metakompetenz, Grundkompetenzen, abgeleiteten Kompetenzen und schließlich Querschnittskompetenzen. Das sei nun kurz beschrieben.

3.1 Metakompetenz

Zuvor wurden Kompetenzen als Selbstorganisationsdispositionen gekennzeichnet. Der Begriff Disposition weist darauf hin, dass ein Potenzial da sein muss, dieses aber zu entwickeln ist. Geht es um Kompetenzen, so erfolgt diese Entwicklung durch ein Handeln in unerwarteten und komplexen Anforderungssituationen. Metakompetenzen sind die Basis dafür, konkrete, inhaltlich bestimmte Kompetenzen entwickeln zu können. Wie lassen sie sich umschreiben? Hall (2002) und in dessen Nachfolge Dimitrova (2008) sehen im Kern dieser Metakompetenzen zwei Persönlichkeitsmerkmale. Zum einen

- „Self Awareness". Diese ist zu verstehen als ein Sich-seiner-selbst-bewusst-Sein und als ein Vorgang, sich selbst zu reflektieren, sodass man offen und sensibel für eigenes Handeln, für eigene Stärken und Schwächen ist.
- „Adaptability" ist das zweite Merkmal. Dieses sollte man – orientiert man sich an den Interpretationen bei Hall – nicht einfach als die Anpassungsfähigkeit oder Anpassungsbereitschaft verstehen, also als ein passives Sicheinstellen auf neue Bedingungen, sondern als Offenheit für Neues, um sich dann damit auseinanderzusetzen und aktiv sowie selbstorganisiert durch Veränderung im eigenen Verhalten den Umgang mit dem Neuen bewältigen zu können.

3.2 Grundkompetenzen

Welche Kompetenzen sich dann auf der Basis bestehender Metakompetenz entwickeln, wird meist inhaltlich festgemacht, unterscheidet sich aber mehr oder weniger stark bei verschiedenen auf diesem Feld publizierenden Autoren/Autorinnen. Eine relativ häufig anzutreffende Überlegung geht davon aus, dass Menschen sich mit der sie umgebenden Sachwelt auseinandersetzen müssen und dazu fachlich-methodische Kompetenzen benötigen, dass sie aber auch in neue zwischenmenschliche Situationen geraten, wofür soziale und kommunikative Kompetenzen erforderlich sind. In der Folge müssen sie sich innerhalb derartiger veränderter Herausforderungen selbst reflektieren und selbstorganisiert steuern, was sich in der personalen Kompetenz zeigt, und schließlich sollte der auf den drei genannten Feldern Kompetente angesichts neuer Herausforderungen nicht „bei des Gedankens Blässe" (wie Shakespeares Hamlet) stehen bleiben, sondern aktiv handeln, was auf eine aktivitäts- und handlungsbezogene Kompetenz verweist.

Da ist also die „Fähigkeit, mit fachlichem und methodischem Wissen gut ausgerüstet, schier unlösbare Probleme schöpferisch zu bewältigen". Hier spricht man von einer fachlich-methodischen Kompetenz. Da ist die „Fähigkeit, sich aus eigenem Antrieb mit anderen zusammen- und auseinanderzusetzen, kreativ zu kooperieren und zu kommunizieren". Das ist die sozial-kommunikative Kompetenz. Dann ist da „die Fähigkeit, sich selbst gegenüber klug und kritisch zu sein, produktive Einstellungen, Werthaltungen und Ideale zu entwickeln", was sich als personale Kompetenz kennzeichnen lässt. Und schließlich geht es um „die Fähigkeit, alles Wissen und Können, alle Ergebnisse sozialer Kommunikation, alle persönlichen Werte und Ideale auch wirklich willensstark und aktiv umsetzen zu können und dabei alle anderen Kompetenzen zu integrieren" (Erpenbeck & Rosenstiel 2007a, S. XXIV). Das ist dann die aktivitäts- und handlungsbezogene Kompetenz.

3.3 Abgeleitete Kompetenzen

Die genannten Grundkompetenzen befinden sich noch immer auf einem relativ hohen Abstraktionsniveau. Hier gilt es in konkreten Situationen anforderungsgerecht zu differenzieren. Es gibt auf diesem Feld eine kaum zu überblickende Anzahl von Versuchen, die man z. B. in den Kompetenzmodellen größerer Unternehmen findet. Solche Modelle werden meist aus den Strategien der Unternehmen abgeleitet und geben an, was künftige Mitarbeiter/-innen oder auch die Organisation insgesamt an Kompetenz benötigen und was es entsprechend zu entwickeln gilt. Einen bekannten und viel zitierten Versuch, die abgeleiteten Kompetenzen systematisch aufzufinden und zu entwickeln, haben Heyse & Erpenbeck (2009) mit ihrem „Kompetenzenatlas" vorgelegt, den Abbildung 1 zeigt. Man erkennt, dass die zuvor genannten vier Grundkompetenzen die Ausgangspunkte sind, die sich in relativ reiner Form an den vier Ecken des großen Quadrats finden. Je weiter man sich nun innerhalb dieses Quadrats zur Mitte hin bewegt, desto größer werden die relativen Anteile der jeweils benachbarten Kompetenzen. Damit nähern sich diese den „gemischten abgeleiteten Kompetenzen", dem Konzept der Querschnittskompetenzen, an.

3.4 Querschnittskompetenzen

Die „reinen" abgeleiteten Kompetenzen werden kaum je isoliert zur Bewältigung komplexer Situationen ausreichen. Bei konkreten Herausforderungen des beruflichen Handelns werden in aller Regel alle oder doch die meisten Grundkompetenzen in unterschiedlichem Mischverhältnis erforderlich sein. Dies sind dann Querschnittskompetenzen. In diesem Sinne sind z. B. Medienkompetenz, Führungskompetenz, Innovationskompetenz und unternehmerische Kompetenz zu verstehen sowie auch die besonders häufig zitierte „interkulturelle Kompetenz". Am Beispiel dieses Konzepts sei gezeigt, was hier alles zusammenkommt. Gefordert ist sicherlich kulturbezogenes Wissen, was zur fachlich-methodischen Kompetenz gehört, dann selbstverständlich eine spezifische Kommunikationsfähigkeit in kulturellen Überschneidungssituationen, was die sozial-kommunikative Kompetenz betrifft, eine ausgesprochen kultursensible Empathie, Vorurteilsfreiheit und Ambiguitätstoleranz, was alles zur personalen Kompetenz zählt, und schließlich eine selbstorganisierte Handlungsfähigkeit in kulturellen Überschneidungssituationen, was der Aktivitäts- und Handlungskompetenz zuzurechnen ist.

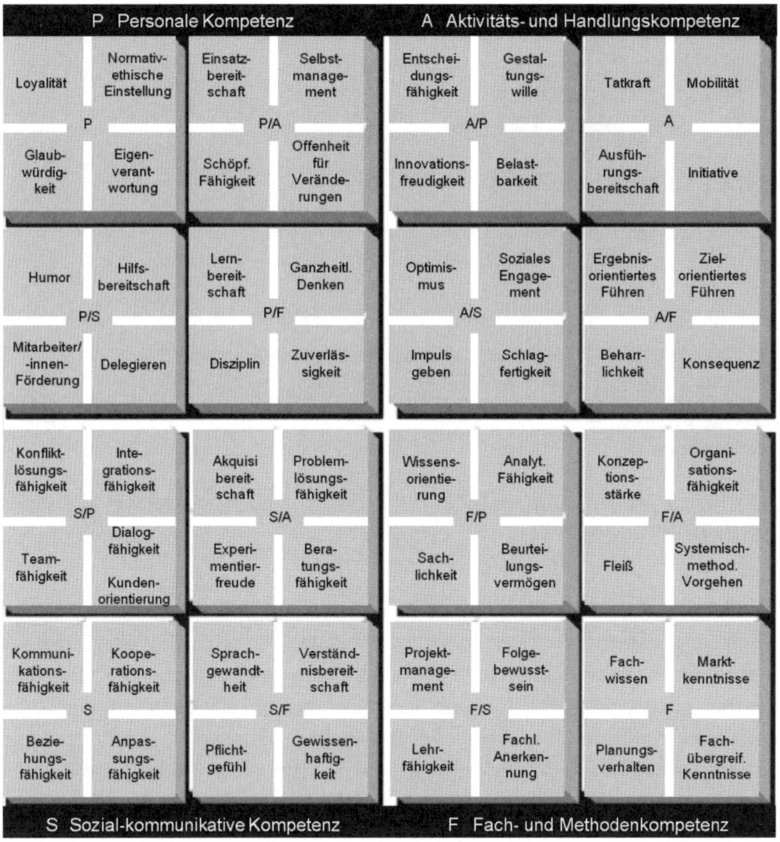

Abbildung 1: Der „Atlas" abgeleiteter Kompetenzen (vgl. Heyse & Erpenbeck 2009, S. XIII)

4 Kompetenz und Qualifikation – ein Gegensatz?

Man findet in kontroversen Debatten und auch in manchen Veröffentlichungen, z.B. bei Arnold (2000), gelegentlich eine schroffe und scharf abgrenzende Gegenüberstellung von Qualifikation und Kompetenz, die nahezu den Eindruck macht, als handle es sich hier um unvereinbare Konstrukte. So weist etwa Arnold darauf hin, dass sich Qualifikation immer auf die Erfüllung vorgegebener Zwecke richtet, also fremdorganisiert ist, dass sie für die Befriedigung konkreter Nachfragen und Anforderungen entwickelt wird und somit objektbezogen zu verstehen ist und dass sie sich auf unmittelbar tätigkeitsbezogene Kenntnisse, Fähigkeiten und Fertigkeiten verengen muss, während demgegenüber die Kompetenz die Selbstorganisationsfähigkeit thematisiert, subjektbezogen ist und sich auf die ganze Person bezieht und somit einen ganzheitlichen Ansatz verfolgt. Das ist karikaturhaft überpointiert und kann bei einer Kontroverse Argumente und „Feuer" liefern, wird aber wohl dem Grundgedanken der Kompetenzdebatte kaum gerecht. Danach lassen sich die Kompetenzen eher so verstehen, wie es Abbildung 2 verdeutlicht.

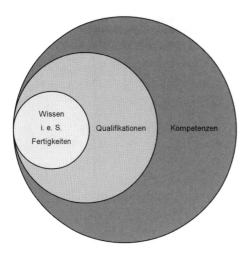

Abbildung 2: Wissen, Fertigkeiten und Qualifikationen als Grundlagen der Kompetenzen (vgl. Erpenbeck & Rosenstiel 2009, S. 8)

Man erkennt, dass eine notwendige, aber keineswegs zureichende Bedingung der Kompetenzen das einschlägige Wissen und die einschlägigen Fertigkeiten sind. Das sind gewissermaßen die Elemente, die es dann später zu ordnen und zusammenzufügen gilt. Geschieht dies in einer anforderungsbezogenen Weise, so kommt es zur Qualifikation, die die personale Bedingung dafür ist, dass ein Mensch den konkreten und aktuellen Herausforderungen seines Berufs gewachsen ist. Diese Anforderungen aber ändern sich häufig in einer unvorhersehbaren Weise, sodass niemand, der außen steht, dem/der Handelnden dafür konkrete Ratschläge vermitteln kann. Der/Die Handelnde selbst muss mit der neuen Situation zurandekommen, d. h., er/sie muss sie selbstorganisiert erfolgreich bewältigen können, wozu – auf der Grundlage bestehender Qualifikationen – Kompetenzen erforderlich sind.

Ein weiterer wichtiger Aspekt ist hier zu beachten: Da für den Handelnden/die Handelnde die Situation und damit die Herausforderungen neu sind, verfügt er/sie über keine einschlägigen Normen, Regeln und Bewertungsmaßstäbe. Es gilt also Bewertungskriterien mit Blick auf Akzeptanz oder Handlungsalternativen, ganz allgemein gesprochen also Werte, zu entwickeln. Kompetenzerwerb ist so betrachtet stets mit Wertelernen verbunden.

5   Was fordert die Praxis?

Sollen berufliche Anforderungen erfolgreich bewältigt werden, so müssten Personen mit den für sie kennzeichnenden Merkmalen die Herausforderungen, die sich aus der Aufgabe und Organisation ergeben, bewältigen können. Hier ist der sogenannte Person-Environment-Fit (Edwards, Caplan & Harrison 2000) erforderlich. Um diese Übereinstimmung zu sichern, kann man bei den Personen und bei den Bedingungen ansetzen und dann jeweils auf die Auswahl, die Selektion, oder auf die Veränderung, die Modifikation also, setzen. Abbildung 3 verdeutlicht das.

Dispositionen zum selbstorganisierten Handeln entfalten

		Interventionsstrategie	
		Selektion	Modifikation
Implementierungsrichtung	Personen	• Personalselektion Auswahl an Personen, ggf. mit Zuweisung vorgegebener Arbeitsplätze (Platzierung), nach Optimierungskriterien	• Verhaltensmodifikation Ausbildungs- und Trainingsprogramme zu Kompetenz-, Performanz- und Motivationssteigerung
	Bedingungen	• Bedingungsselektion Auswahl optimaler Bedingungen für vorgegebene Personen (z. B. Berufsberatung)	• Bedingungsmodifikation Verbesserung des Arbeitsplatzes und der Arbeitsgestaltung (Humanisierung der Arbeitswelt)

Abbildung 3: Person und Bedingungen – Wege der Annäherung

Da hier auf den Einzelnen/die Einzelne, das Individuum, geschaut wird, sind die zentralen Interventionsstrategien die Personalselektion, also die Auswahl der Geeigneten, und die Verhaltensmodifikation, also die anforderungsgerechte Entwicklung. Betrachten wir diesen „Job-Fit" etwas näher, so kommen wir zu einer Sicht, wie sie Abbildung 4 verdeutlicht.

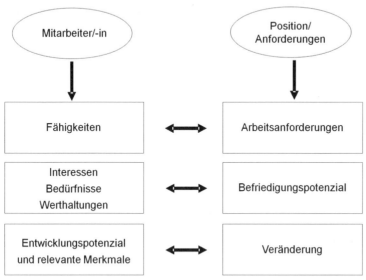

Abbildung 4: Eignung und Neigung vs. Anforderungen des Arbeitsplatzes

Man erkennt, dass es hier zunächst um das Können geht, z. B. die Fähigkeiten, die den inhaltlichen Anforderungen des Arbeitsplatzes entsprechen müssen. Aber auch das „Wollen" ist wichtig, also die Interessen, Bedürfnisse und Werthaltungen des/der Einzelnen, denen ein korrespondierendes Befriedigungspotenzial der Aufgabe bzw. der Organisation insgesamt gegenüberstehen muss. Man gelangt sonst zu solchen Fällen, wie sie Rosenstiel, Nerdinger & Spieß (1998) beschrieben haben, also z. B. zum Fall jenes Absolventen eines chemischen Studiums mit brillanten Noten, der einschlägige Jobangebote aus der chemischen Industrie bekommt, diese aber ablehnt, weil er glaubt, angesichts seiner ökologischen Werthaltungen in Konflikt mit dem Arbeitgeber/der Arbeitgeberin zu geraten, der seiner Auffassung nach stark zur Belastung oder gar zur Zerstörung der natürlichen Umwelt beiträgt.

Dazu aber kommen auf der Anforderungsseite vermehrt und beschleunigt Prozesse der Veränderung (vgl. Rosenstiel & Comelli 2003). Zwar hat es derartige Veränderungen im Unternehmen immer gegeben, aber deren Häufigkeit und Geschwindigkeit haben fraglos deutlich zugenommen. Das weist auf die Notwendigkeit hin, dass der Mitarbeiter/die Mitarbeiterin lern- und veränderungsbereit ist, aber auch die entsprechenden Fähigkeiten besitzt. Daraus ergibt sich zum einen die häufig formulierte Notwendigkeit des lebenslangen Lernens, aber auch die Forderung nach Kompetenz, insbesondere dann, wenn die Veränderungen sich als komplex erweisen und unerwartet auftreten, sodass eine antizipatorische weitgehend fremdbestimmte Qualifikation nicht möglich ist.

5.1 Personalauswahl

Kaum ein Teilgebiet der Arbeits-, Personal- und Organisationspsychologie (vgl. Rosenstiel 2007; Schuler 2006) ist in der Forschung so erfolgreich und für die Praxis so bedeutsam wie das Feld der Personalauswahl. Hier geht es darum, heute an bestimmten Indikatoren Personen zu erkennen, die morgen die – möglicherweise veränderten – Anforderungen erfüllen werden. Wie man hier vorgehen könnte, deutet das Konzept des sogenannten trimodalen Ansatzes an, den Abbildung 5 zu verdeutlichen sucht.

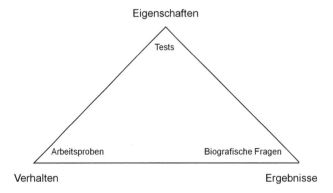

Abbildung 5: Der trimodale Ansatz (vgl. Schuler 2006, S. 103)

Man erkennt, dass man zum einen relativ stabile Persönlichkeitsmerkmale wie etwa die Intelligenz, die Extraversion oder das Leistungsmotiv zu erfassen sucht, wofür in erster Linie standardisierte Testverfahren herangezogen werden. Als weiterer Zugang bietet sich die Beobachtung des Verhaltens in Situationen an, die die künftigen Anforderungen simulieren. Dies geschieht mithilfe von Arbeitsproben, wobei eine besonders komplexe und vielschichtige Ausprägung davon das Assessment-Center (vgl. Kleinmann 2003) ist. Schließlich kann man von der gut fundierten Annahme ausgehen, dass nichts künftiges Verhalten so gut prognostiziert wie vergangenes Verhalten, und man versucht, entsprechende Ergebnisse dieses Verhaltens zu erfassen, die jemand im Zuge seiner bisherigen Biografie, etwa im Rahmen seiner Erwerbstätigkeit bei früheren Arbeitgebern/Arbeitgeberinnen, erzielt hat. All dies sucht man z. B. mithilfe biografischer Inventare oder mit strukturierten Bewerber/-innen-Gesprächen (vgl. Schuler 2002) zu ermitteln. Geht es nun spezifisch um Kompetenzen, so bietet sich auf diesem Feld eine Vielzahl von Verfahren an, die meist in der Praxis Akzeptanz fanden, jedoch innerhalb einer akademisch-wissenschaftlichen Forschung oft vernachlässigt wurden (vgl. Erpenbeck & Rosenstiel 2007b). Die hier gebräuchlichen Vorgehensweisen beziehen sich zu einem kleineren Teil auf die angesprochenen Tests, häufiger auf Verhaltensbeobachtungen, am häufigsten aber auf Ereignisse und Ergebnisse innerhalb der Biografie. Konkret findet man bei den Versuchen, Kompetenzen zu erfassen und zu bilanzieren, Kompetenztests, Kompetenzpässe, Kompetenzbiografien, Kompetenzsimulationen und ein beobachtendes Herangehen an Menschen in Situationen, die Kompetenzen in besonderem Maße erfordern. Dies aber soll hier nicht vertieft werden, da die Kompetenzentwicklung als ein Teil der Personalentwicklung im Zentrum dieser Überlegungen stehen soll.

5.2 Personalentwicklung

Im deutschen Sprachraum ist der Begriff der Personalentwicklung relativ neu (vgl. Conradi 1983). Er hat sich wohl in Anlehnung an den älteren der Organisationsentwicklung (vgl. Gebert 1974) formiert. Zuvor sprach man meist von Training, Schulung, Fort- oder Weiterbildung etc., ohne zu thematisieren, dass dies jeweils nur einen Teilaspekt der Personalentwicklung kennzeichnet. Personalentwicklung lässt sich höchst unterschiedlich umschreiben oder gar definieren (vgl. Neuberger 1994; Sonntag 2006). Das sei an zwei recht konträren Beispielen illustriert. So schreibt Rüter (1988, S. 3) zur Personalentwicklung: „Sie umfasst die [...] systematisch vorbereitete, durchgeführte und kontrollierte Förderung der Anlagen und Fähigkeiten des Mitarbeiter in Abstimmung mit seinen Erwartungen und unter besonderer Berücksichtigung der Veränderung der Arbeitsplätze und Tätigkeiten [...]" Dagegen setzt Neuberger (1994, S. 3) die knappe Aussage: *„PE ist die Umformung des unter Verwertungsabsicht zusammengefaßten Arbeitsvermögens."*

Man erkennt: Bei Rüter geht es um die einzelne Person, den individuellen Mitarbeiter/die individuelle Mitarbeiterin. Die Maßnahmen, die dann eingeleitet werden, stehen einerseits im Interesse dieser Person, aber auch in jenem der Gesamtorganisation. Anders sieht es innerhalb der Begriffsbestimmung von Neuberger aus. Hier steht das Personal als Aggregat, als „Arbeitsvermögen", im Mittelpunkt, und die Maßnahmen stehen allein im Interesse der Organisation („Verwertungsabsicht"). Bedenkt man schließlich, was die beiden Definitionen nicht thematisieren, dass nämlich das Lernen entweder explizit, also im Rahmen einer institutionalisierten bewussten und zielorientierten Fort- und Weiterbildungsmaßnahme, oder implizit durch neue Herausforderungen bei der Aufgabenerfüllung, z. B. innerhalb eines Projektes oder im Rahmen eines Auslandsaufenthaltes, erfolgen kann, so ergibt sich eine weitere Unterscheidungsdimension. Sucht man das Ganze zu visualisieren, so gelangt man zu einer Darstellung, wie sie Abbildung 6 zeigt.

Lutz von Rosenstiel

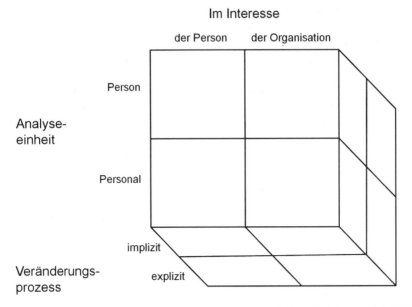

Abbildung 6: Dimensionen des Begriffs der Personalentwicklung (vgl. Rosenstiel 2007, S. 218)

Während auf die Analyseeinheit Person vs. Personal und die Interessenzentrierung an der Person oder an der Organisation bereits eingegangen wurde, sei hier nun etwas zum impliziten oder expliziten Lernen ergänzt. Diese Thematik – obwohl in der psychologischen und pädagogischen Forschung schon lange präsent und etwa bei Nonaka & Takeuchi (1997) für das Gebiet des Organisationslernens (Dierkes, Berthoin Antal, Child & Nonaka 2001) besonders hervorgehoben – hat durch einen provokativen Beitrag von Staudt & Kriegesmann (1999) die Auseinandersetzung heftig aktualisiert und befeuert. Diese Arbeit trägt den irritierenden Titel: „Weiterbildung – ein Mythos zerbricht". Die Autoren vertreten hier – gestützt auf eine größere Zahl zitierter Untersuchungen – die Auffassung, dass höchstens 20 % dessen, was künftig bei veränderten Herausforderungen beherrscht werden muss, über institutionalisierte Fort- und Weiterbildung erworben wird, zumindest 80 % aber durch ein implizites Lernen, insbesondere im Prozess der Arbeit und im sozialen Umfeld. Hat man vor Augen, dass z. B. in Deutschland im Rahmen der betrieblichen Weiterbildung mindestens 20 Milliarden Euro umgesetzt werden, so kann man sich vorstellen, dass innerhalb dieser „Branche" die Argumentation von Staudt & Kriegesmann heftig verunsicherte. Es soll nun nicht darüber spekuliert werden, ob sich die von den Autoren so mutig genannten Prozentzahlen (80 % vs. 20 %) halten lassen, sondern es soll lediglich festgehalten werden, dass der Kern des Arguments, dass nämlich ein Großteil des für die Bewältigung der zukünftigen Anforderungen wichtigen Lernens impliziter Art ist, sicherlich trifft. Dies kann angesichts der Ergebnisse einschlägiger Forschungen nicht bezweifelt werden. Dieses implizite Lernen, meist durch ein selbstorganisiertes Handeln in komplexen neuen Situationen, z. B. im Rahmen eines interdisziplinären Projektes oder bei einem Auslandsaufenthalt, sind Königswege der Kompetenzentwicklung.

6 Prinzipien der Kompetenzentwicklung: „Vom Oberlehrer zur Kompetenzhebamme"

Kompetenzen zeigen sich, wie bereits mehrfach betont, im selbstorganisierten Handeln, das in unerwarteten komplexen Situationen gefordert wird, und entwickeln sich auch bei der Auseinandersetzung mit den entsprechenden Herausforderungen. Darum seien ein wenig plakativ einige Prinzipien genannt, die der Personalentwickler/die Personalentwicklerin beachten sollte, wenn es nicht um Wissen, Fertigkeiten und Qualifikationen, sondern spezifisch um Kompetenzen geht. Die Kapitelüberschrift „Vom Oberlehrer zur Kompetenzhebamme" illustriert, was gemeint ist. Der Personalentwickler/Die Personalentwicklerin sollte nicht versuchen, seinen/ihren Wissensvorsprung nach dem Prinzip des „Nürnberger Trichters" an den Lernenden/die Lernende weiterzugeben, sondern in einem angemessenen, nicht fremd bestimmenden Weg den Lernenden/die Lernende dabei so fördern und begleiten, dass er/sie seine/ihre Dispositionen entfalten und selbstorganisiert entwickeln kann. Woran könnte man dabei konkret denken?

- Keine Lernziele vorformulieren, sondern offen sein für das Arbeits- und Lebensfeld des/der Lernenden!

Natürlich gilt das nicht für den Erwerb von Wissen, für den Aufbau von Qualifikation. Bei den Kompetenzen aber ist es anders. Hier geht es ja um die selbstorganisierte Entfaltung der Person in komplexen Situationen, was die Fremdbestimmung, die ja in der Vorformulierung von Lernzielen deutlich wird, ausschließt.

- Erfahrung vermitteln und diese gemeinsam mit dem/der Lernenden reflektieren!

Hier sollte einem bewusst sein, dass Menschen kaum durch Erfahrung allein lernen, sondern diese nur dann für künftiges Handeln bedeutsam wird, wenn man sie reflektiert. Daraus ergeben sich für den Personalentwickler/die Personalentwicklerin veränderte Anforderungen. Er/Sie sollte Situationen schaffen, z. B. durch Situationsgestaltung oder bestimmte Formen der Platzierung (z. B. drei Monate im Ausland), in denen spezifische Erfahrungen gewonnen werden, um diese danach gemeinsam im Sinne eines Coaching-Prozesses mit dem/der Lernenden zu reflektieren, auszuwerten und gegebenenfalls zu generalisieren.

- Nicht von den heutigen Anforderungen ausgehen, sondern gemeinsam abwägen, was kommen könnte!

Natürlich ist es verständlich und entspricht einer menschlichen Beharrungstendenz, anzunehmen, dass das, was heute gefordert wird, auch morgen verlangt werden wird. Angesichts des angesprochenen raschen Wandels ist dies aber in einer großen Zahl von beruflichen Feldern eher unwahrscheinlich. Jetzt können natürlich Experten/Expertinnen mit Methoden der reflektierten Trendfortschreibung, mithilfe der Szenariotechnik, der Delphi-Methode oder im Rahmen strategischer Workshops erarbeiten, wie eine wahrscheinliche Zukunft aussehen könnte. Daraus lassen sich Lernziele ableiten, die dann Grundlagen einer zukunftsorientierten Qualifikationsentwicklung sein können. Dies aber bedeutet natürlich Fremdbestimmung. Geht es um Kompetenzen, so sollte der/die Lernende hier gewichtig eingezogen werden und insbesondere auch das berücksichtigt wissen, was seine/ihre persönlichen beruflichen Ziele (vgl. Brunstein & Maier 1996) ausmacht.

- Unterstützung geben beim Bewusstmachen impliziten Wissens!

Manch einer/eine handelt richtig, geht erfolgreiche Wege und weiß nicht warum. Das Selbstverständliche gelangt nicht in die Helle einer verbalisierungsfähigen Bewusstheit. Nonaka & Takeuchi (1997) haben in ihrer schon genannten Konzeption des organisationalen Lernens darauf hingewiesen. In diesem Sinne haben z. B. im Rahmen der Pflege Büssing & Glaser (1999) gezeigt, dass bei manchen Krankenschwestern die Patienten/Patientinnen rascher gesund wurden als bei anderen. Die Befragung der erfolgreicheren Pflegepersonen führte zu keinem Ergebnis. Sie wussten nicht präzise anzugeben, warum sie das, was sie tun, machen. Darauf wurden Videofilme ihres Handelns und jenes der weniger erfolgreichen Kolleginnen gefertigt und vergleichend gezeigt. Dieser Kontrast diente der Klärung und ermöglichte es, die nun bewussten Handlungsschritte auch zu verbalisieren, was dann die Grundlage für eine mögliche Weitergabe der Kenntnisse an andere war.

- Das Weitergeben expliziten Wissens fördern!

Seit Langem ist es ein Prinzip organisationalen Lernens, die, wie es Volpert (1984) polemisch formuliert, Experten/Expertinnen zu „enteignen", ihr Wissen der Organisation zur Verfügung zu stellen. Für andere erweitert sich damit der Lern- und Handlungsraum und kann angesichts der sich dadurch eröffnenden Alternativen Kompetenzentwicklung fördern. So gibt es in einigen Unternehmen den Versuch, Menschen zur Weitergabe ihrer Erfahrungen und ihres neu gewonnenen Wissens durch extrinsische Anreize zu motivieren, z. B. durch die Auszahlung von 10 Euro für jede einschlägige Information, die sie ins Intranet stellen. Derartige Versuche sind weitestgehend gescheitert. Besser bewährt sich hier ein direkter kommunikativer Austausch, z. B. in der Form, dass eine kritische Diskussion eines abgeschlossenen Projektes gemeinsam von den Projektmitgliedern mit anderen Interessierten erfolgt, sodass der Austausch entsprechende Anregungen vermittelt und ein Lernen in der sozialen Interaktion fördert.

- Vernetztes gemeinsames Lernen anregen!

Die Potenziale von Menschen sind unterschiedlich. So wird bei einem gleichen Lernstoff, bei gleicher betrieblicher Anforderungssituation, der/die eine eher dies, der/die andere das besonders gut aufnehmen. Lernt man gemeinsam und reflektiert man den Lernprozess, so wird man bald erkennen, wo eigene Schwächen und Stärken, wo aber auch fremde Stärken und Schwächen liegen. Zeigt sich dann künftig eine ähnliche Herausforderung, so kann man den/die, der/die auf diesem Feld besonders befähigt ist, anrufen oder – besser noch – man kann persönlich mit ihm/ihr sprechen, um so gemeinsam das Problem zu diskutieren, sinnvolle Lösungen herbeizuführen und möglicherweise sogar einschlägige Kompetenz zu fördern. Argyle (1974) hat entsprechende Erfahrungen und Untersuchungen publiziert.

- Statt eines Curriculums von Kursen ein systematisch aufeinander aufbauendes Curriculum von Arbeitserfahrungen gestalten!

Vielfach bieten mittlere und große Unternehmen geradezu perfektionierte Fort- und Weiterbildungsmaßnahmen an, die in Seminarform wesentliche Inhalte durch unterschiedliche didaktische Konzepte vermitteln. Es handelt sich hierbei häufig durchaus um eine sehr nützliche Vorgehensweise, die aber als ein institutionalisiertes fremdbestimmtes explizites Lernen beschrieben werden kann. Manche Personalabteilungen sind nun dazu übergegangen, die zentralen Inhalte, um die es gehen soll, auf andere Weise zu vermitteln (vgl. Hauser 2006).

So werden etwa im Unternehmen gezielt solche Projekte gesucht, die hinsichtlich der Anforderungen systematisch aufeinander aufbauen und innerhalb derer die Lernenden eine zielführende Projektarbeit leisten und dabei einschlägige Erfahrungen sammeln. Der Weiterbildner/Die Weiterbildnerin „doziert" dann nicht, sondern ist nachträglich der Partner/die Partnerin, der/die die neuen Erfahrungen mit dem/der Lernenden bespricht und ihn/sie zur Reflektion anregt.

- Wahrnehmung für Veränderung schärfen!

Steht man selbst in einer Situation, innerhalb derer sich Dinge langsam ändern, so bemerkt man dies häufig nicht – oder erst dann, wenn es (zu) spät ist. Manch einer/eine legt sich wohlig in die heiße Badewanne, die langsam auskühlt, und er/sie bemerkt erst reichlich spät, dass ihm/ihr kalt geworden ist und ihm/ihr ein Infekt droht. Hier sollte ein anderer/eine andere seine/ihre Hand in die Wanne tauchen. Entsprechend kann es hilfreich sein, wenn durch interne Jobrotation, durch das Einfügen von Novizen/Novizinnen ins Team oder andere Maßnahmen der Sensibilisierung eine rechtzeitige Wahrnehmung der Veränderung erleichtert und auf dieser Grundlage Kompetenzentwicklung angestoßen wird.

- Kommunikation in und zwischen Organisationen fördern!

Es konnte vielfach nachgewiesen werden (vgl. Arbeitsgemeinschaft betriebliche Weiterbildungsforschung 1998–2006), dass Kompetenzerwerb im sozialen Umfeld, in der Auseinandersetzung mit anderen, erfolgt. Dies aber wird häufig durch Organisationsprinzipien der Formalisierung, Strukturierung und Standardisierung behindert, die sich u. a. in der Forderung nach einer strikten Einhaltung des vorgeschriebenen Dienstweges zeigen. Dies kann anregende und Kompetenz fördernde Kontakte mit anderen massiv behindern. So konnte z. B. Meißner (1989) am Beispiel zweier Unternehmen der Elektronikbranche zeigen, dass kein anderes von ihm untersuchtes Merkmal der Person oder der Organisation Innovationen so gut zu prognostizieren in der Lage ist wie die Möglichkeit, frei von Regelungen und Barrieren mit anderen spontan in Kontakt treten zu können. In ähnliche Richtung weisen Untersuchungsergebnisse von Schrader (1990), der einen interessanten Befund vorlegt: Was in Forschungs- und Entwicklungsabteilungen erarbeitet wird, gilt ja in den meisten Unternehmen als streng geheim und darf, gemäß einer impliziten oder expliziten Regel, keinesfalls an die Konkurrenz weitergegeben werden. Schrader zeigte nun in anregenden Untersuchungen, dass derartige Regeln in der Praxis höchst unterschiedlich beachtet werden, wobei der Grad der Regeleinhaltung stärker durch die Kultur des jeweiligen Unternehmens als durch Persönlichkeitsmerkmale der Individuen definiert wird. Bei informellen Treffen am Rande von Tagungen sprachen die F-Mitarbeiter/-innen und E-Mitarbeiter/-innen mancher Unternehmen mit den Kollegen/Kolleginnen von der Konkurrenz tatsächlich nur im Sinne eines „Small Talks". Andere dagegen berichteten über ihre Entwicklungen, aber nicht in naiver „Blauäugigkeit", sondern nur in kleinen Ausschnitten, bis auch der/die andere über seine entsprechenden Arbeiten erzählte, sodass sich allmählich eine „Brücke des Vertrauens" aufbaute und man in einen weitgehend offenen Austausch trat. Der Clou: Unternehmen, die eine derartige Offenheit implizit erlaubten, waren zugleich jene, die erfolgreicher waren.

- Arbeitsinhalte lernförderlich gestalten!

Es ist ein viel zitiertes Ergebnis der arbeitspsychologischen Forschung, die innerhalb des Programms „Humanisierung des Arbeitslebens" der deutschen Bundesregierung durchgeführt wurde, dass Arbeitsinhalte, die durch einen erheblichen Handlungsspielraum gekennzeichnet sind, vom Einzelnen/von der Einzelnen längerfristige Planung fordern, und Arbeitsinhalte, die im Kontakt mit anderen durchgeführt werden, persönlichkeitsförderliche Effekte (vgl. Hacker 1986) haben. Untersuchungen, die gezielt die Kompetenzentwicklung analysierten (vgl. Bergmann & Sonntag 2006) kamen hier zu vergleichbaren Ergebnissen. Kompetenzentwicklung erfolgt besonders intensiv im Prozess der Arbeit. Das allerdings setzt voraus, dass die Arbeit Lernpotenziale beinhaltet, denn jeder/jede weiß, dass Arbeit auch zur „Verdummung" führen und Kompetenzen reduzieren oder absterben lassen kann (vgl. Greif 1978).

- Fehler erlauben und als Lernchance nutzen!

Es ist zwar bekannt, wird aber als Prinzip häufig nicht beachtet, dass Fehler eine Chance sein können, nämlich dann, wenn man sie reflektiert und damit zugleich etwas lernt. Nicht selten aber werden in der Praxis Fehler hart negativ sanktioniert, sodass der/die Einzelne sie nachhaltig zu vermeiden sucht und zur Risikominderung bewährte, aber wenig innovative und ausgefahrene Gleise verfolgt. Es entwickelt sich keine „Fehlerkultur". Um solchen Tendenzen entgegenzuwirken, gab es z. B. in einem spezifischen Bereich des BMW-Werks in Regensburg (vgl. Bihl 1993) die Prämierung des „kreativen Fehlers des Monats". Hier wurde ein Mitarbeiter/eine Mitarbeiterin öffentlich ausgezeichnet, der/die nicht aus Schlamperei, sondern beim Versuch, einen neuen Weg zu finden, gescheitert war. Die Auszeichnung sollte signalisieren, dass der Misserfolg nicht Anlass dazu sein sollte, kein Risiko mehr einzugehen, sondern dass dies eine zu akzeptierende Nebenwirkung der Suche nach besseren Lösungen sei und dass man sich nicht durch den Rückschlag entmutigen lassen sollte.

- Vertrauenskultur aufbauen!

Sein Wissen und seine Erfahrungen weitergeben sowie über Fehler und Misserfolge öffentlich sprechen setzen ein hohes Maß an Vertrauen voraus. Wer sein Wissen weitergibt, macht sich möglicherweise entbehrlich, wer seine Fehler eingesteht muss gegebenenfalls mit negativen Sanktionen rechnen. Hier ist es für das Unternehmen wichtig, glaubhaft – beispielsweise durch die Vorbildwirkung höherer Führungskräfte – eine Kultur des Vertrauens aufzubauen, die derartige Befürchtungen überflüssig macht.

- Durch konkrete Erfahrungen bisheriges Wissen verunsichern!

Wer sich seiner Sache sicher ist, wer mit gewohntem Verhalten immer wieder zu (scheinbaren) Erfolgen gelangt, der wird selten bereit sein, etwas Neues zu erlernen. Wird er/sie aber in eine Situation geraten, die ihm/ihr die Grenzen seines bisherigen Wissens verdeutlicht, so wird er/sie als Erfolgsgewohnter/Erfolgsgewohnte plötzlich „einbrechen". Das ist zwar subjektiv schmerzhaft, öffnet ihn/sie aber mit höherer Wahrscheinlichkeit dafür, nach neuen, künftig Erfolg versprechenden Wegen zu suchen. Insofern ist die persönliche Beunruhigung ein Nährboden, der zum Aufbau neuer Kompetenzen beitragen kann (vgl. Erpenbeck & Sauter 2007).

- Helfen, dass Erfahrungen aus anderen Lebensbereichen in die Arbeitssituation übertragen werden!

Häufig sind die verschiedenen Lebensbereiche, etwa die des Beruflichen und die des Privaten, streng voneinander abgeschottet. Werden diese Mauern durchlässig, so kann dies deutlich zur Kompetenzentwicklung beitragen. Man denke exemplarisch an eine junge Frau, die einige Jahre erfolgreich in der Erwerbsarbeit stand, jedoch nach der Geburt ihrer Kinder für eine längere Zeit Familienarbeit leistete und die häuslichen Abläufe, die Aktivitäten ihrer Kinder, die notwendige Koordination der Arztbesuche, die Strukturierung der Freizeit etc. plante und gestaltete. Sie erwarb mit hoher Wahrscheinlichkeit im Prozess dieses Handelns ganz spezifische Kompetenzen. Will sie dann, nachdem auch das jüngste Kind im Kindergarten untergebracht ist, zurück in die Erwerbsarbeit, so wird man dort häufig negativ vermerken, dass die Wiedereinsteigerin ja für mehrere Jahre „nicht mehr gearbeitet hat", aber man wird nicht erkennen, dass sie in diesen Jahren vielfältige Kompetenzen entwickelt hat. Die Erfahrungen der Familienarbeit sollten gemeinsam reflektiert werden, damit der jungen Frau deutlich wird, welche Möglichkeiten des Transfers bestehen, und das wiederum könnte dann in einer Kompetenzenbilanz auch dokumentiert werden.

- Dazu beitragen, dass die Arbeitsgruppe und/oder das Unternehmen zur offenen Gesellschaft werden!

In einem seiner späten Bücher hat Sir Karl Popper (1980) für eine offene Gesellschaft geworben und dieser als negatives Kontrastbild die geschlossene gegenübergestellt, in der man leicht ein totalitäres Regime erkennt. Eine offene Gesellschaft lässt sich letztlich mit einem Experiment vergleichen. Keiner/Keine weiß mit Gewissheit, was richtig ist. Jeder/Jede hat die Chance, neue Wege zu suchen und außerhalb von hierarchischen Zwängen und starren Regeln seine/ihre Ideen zu erproben. Wenn er/sie scheitert, kann der/die Nächste etwas anderes erproben. Sanktionen sind kaum zu befürchten, denn, so sinngemäß Popper: Lasst die Ideen sterben (die sich nicht bewährt haben), nicht die Menschen! Es ist letztlich das Modell einer Demokratie, innerhalb derer man die nicht erfolgreiche Regierung abwählt und anderen Parteien oder Personen die Chance gibt. Gebert & Boerner (1995) haben die zentralen Ideen des Popper'schen Ansatzes auf Organisationen der Wirtschaft übertragen und zugleich ein Messverfahren entwickelt, mit dessen Hilfe man den Grad der Offenheit im Unternehmen abschätzen kann. Zwar wird man kaum aus einem Industriebetrieb oder einer Behörde eine gänzlich „offene Gesellschaft" formen können, da dies vermutlich im Chaos enden würde. Man kann sich jedoch dem Prinzip „So viel Offenheit wie möglich" verpflichten, weil auch dies wiederum der Kompetenzentwicklung dient.

7 Probleme: Beispiele für Stolpersteine

Die Entwicklung der Kompetenz von Mitarbeitern/Mitarbeiterinnen sollte jeder Organisation ein wünschenswertes Ziel sein. Dennoch stößt man immer wieder auf Barrieren, nachhaltige Hindernisse und „Stolpersteine". Das Beharren der Hierarchien auf den Prinzipien einer weitgehend geschlossenen Gesellschaft im Unternehmen, die klare Regeln für das hat, was richtig und was falsch ist, die Hierarchie besonders betont und damit ihre Position sichert, könnte ein Beispiel dafür sein. Es gibt aber eine Vielzahl anderer, aber doch verwandter Mechanismen, die der Kompetenzentwicklung entgegenstehen und die nur knapp genannt sein sollen, weil sie bereits angesprochen worden sind:

- Kontroll-„Wahn" der Organisation

Hier herrscht Angst vor selbstständigen Wegen der Mitarbeiter/-innen, weil die Hierarchie, die Verwaltung, das Controlling oder andere einschlägige Instanzen alles jederzeit im Griff haben möchten und dadurch Handlungsspielräume extrem eingeschränkt werden.

- Das Wissen von gestern und die Macht von heute bei den Entscheidern/Entscheiderinnen

Vielfach haben die heute Mächtigen in ihren Führungspositionen ihre fachlichen Erfahrungen vor vielen Jahren gemacht und dabei durchaus erfolgreich gearbeitet. Die Zeiten aber haben sich gewandelt, einschlägiges Wissen ist in der Zwischenzeit geradezu „explodiert". Sie selbst hatten angesichts neuer Generalistenaufgaben kaum die Möglichkeit, sich im Detail auf dem Laufenden zu halten. Die ihnen unterstellten Spezialisten/Spezialistinnen aber wissen hier mehr. Wollen diese nun innovative, aber wissensbasierte Wege beschreiten, die von dem abweichen, was ihr Chef/ihre Chefin von früher kennt, so wird er/sie sie dabei behindern, und ihnen dies im Extremfall untersagen. Der Chef/Die Chefin hat eben das Wissen von gestern, aber er/sie hat die Macht von heute, und dies behindert Kompetenzentwicklung und Innovation.

- Gleichsetzung von Kompetenzentwicklung mit Schulung

In der Tradition vieler Unternehmen ist Personalentwicklung mit Maßnahmen der institutionalisierten Fort- und Weiterbildung identisch. Wege eines selbstorganisierten Lernens erscheinen suspekt oder sie sind unbekannt. Entsprechend wird so etwas nicht gefördert und nicht selten sogar behindert.

- Kein Raum für „Experimente"

Es ist wie in der empirischen Forschung: Hypothesen, die durch Experimente überprüft werden sollen, können scheitern, können also zu „Fehlern" führen. Die Angst vieler, dass etwas „schiefgehen" könnte führt nun dazu, dass man nahezu jedes Risiko und die Erprobung neuer Wege vermeidet.

- Mangelnde Fehlertoleranz

Eng mit dem eben Gesagten ist der gänzliche Mangel an Fehlertoleranz verwandt. In jedem Fehler wird ein Versagen, ein „Unglück", gesehen. Also sind Fehler, so die Maxime, zu vermeiden und jeder/jede, der/die einen Fehler gemacht hat, ist negativ zu sanktionieren. Fehler werden nicht als Lernchance gesehen, sodass damit ein Weg der Kompetenzentwicklung verbaut ist.

- Kaum Zeit zur Reflexion

Zeitverwendungsstudien von Personen in Organisationen, insbesondere aber von Fach- und Führungskräften, zeigen (Neuberger 2006; Schirmer 1991), dass die gedrängten Aufgaben innerhalb der Arbeitszeit den Stelleninhabern/Stelleninhaberinnen kaum Zeit zur Reflexion lassen. Erfahrungen aber – es wurde darauf hingewiesen – sind nur dann eine Lernchance, wenn sie reflektiert werden. Diese Reflexion aber, sei es allein oder mit anderen, findet kaum statt.

- Angst vor „Wissensenteignung"

Für viele gilt: „Wissen ist Macht." Diese Macht ist selbstverständlich am größten, wenn man allein über dieses Wissen verfügt; man macht sich unentbehrlich. Entsprechend gilt es die Angst, zumindest aber die Sorge, dass man sich entbehrlich macht, wenn man über eigenes Wissen, eigene erfolgreiche Erfahrungen berichtet, zu mindern oder gar zu zerstreuen.

- Misstrauen

In vielen Unternehmen herrscht eine Misstrauenskultur. Man unterstellt anderen Böses, vermutet, dass diese nur die Chance suchen, einen zu schädigen. Beispielsweise sind nicht selten Eigner/-innen mittelständischer Unternehmen zutiefst davon überzeugt, dass die Mitarbeiter/-innen Dinge, die im Besitz der Organisation sind, entwenden, möglichst zu spät zur Arbeit kommen und zu früh gehen. Als Antwort werden entsprechende Kontrollsysteme aufgebaut, von der Zeiterfassungsanlage am Werkstor über die minutiöse Spesenkontrolle bis hin zu unangekündigten Verfahrenskontrollen bei der Arbeit. All dies untergräbt den Wunsch von Mitarbeitern/Mitarbeiterinnen nach Initiative, dämpft damit das Sammeln neuer Erfahrungen und steht der Kompetenzentwicklung im Wege.

8 Fazit

Kompetenzen lassen sich als „Selbstorganisationsdispositionen" interpretieren. Dabei weist der Begriff Disposition darauf hin, dass es sich um Potenziale handelt, die entwickelt werden können. Derartige Entwicklungen, die insbesondere bei Individuen, aber auch bei Gruppen, Organisationen oder in ganzen Regionen erfolgen können, sind dann wahrscheinlich, wenn es darum geht, unerwartete komplexe und herausfordernde Situationen zu bewältigen, bei denen eine Vorbereitung – etwa fremdgesteuert durch Fort- und Weiterbildung – nicht möglich war. Da nun in Zeiten eines sich beschleunigenden Wandels derartige Situationen häufiger werden und immer mehr Menschen treffen, gewinnen Kompetenzen an Gewicht. Man sollte sie nicht im Gegensatz zu Qualifikationen sehen. Diese werden in aller Regel in institutionalisierter Form lernzielorientiert im Rahmen einer fremdbestimmten Ausbildung erworben und sind die Basis für die Bewältigung umschriebener beruflicher Anforderungen, wie sie zum gegenwärtigen Zeitpunkt gelten. Man kann sie durchaus als Grundlage der Kompetenzentwicklung interpretieren, die dann darauf aufbaut, wenn es gilt, Neues und Unerwartetes zu bewältigen. Entsprechend kann eine systematische Personalentwicklung kaum mit jenen Methoden, die dem Erwerb einer Qualifikation oder einer jeweiligen Aktualisierung des Wissens und der Fertigkeiten dienen, den Kompetenzaufbau sichern. Sie kann ihn aber durchaus fördern, wenn sie Menschen im Prozess der Arbeit oder im sozialen Umfeld mit Herausforderungen konfrontiert, die mit der bestehenden Qualifikation nicht bewältigt werden können und die über bisherige Erfahrungen hinausgehen.

Literaturverzeichnis

Argyle, Michael (1974): Soziale Interaktion. Köln: Kiepenheuer & Witsch.

Arbeitsgemeinschaft Betriebliche Weiterbildungsforschung e.V. (1998–2006; Hrsg.): Kompetenzentwicklung. (Jahresbände 1998–2006). Münster: Waxmann.

Arnold, Rolf (2000): Qualifikation. In: Arnold, Rolf, Nolda, Sigrid & Nuissl, Ekkehard (Hrsg.): Wörterbuch Erwachsenenpädagogik. Bad Heilbrunn: Klinkhardt, S. 269–279.

Bergmann, Bärbel & Sonntag, Karlheinz (2006): Transfer: Die Umsetzung und Generalisierung erworbener Kompetenzen in den Arbeitsalltag. In: Sonntag, Karlheinz (Hrsg.): Personalentwicklung in Organisationen. Göttingen: Hogrefe, S. 355–388.

Bihl, Gerhard (1993): Unternehmen und Wertewandel: Wie lauten die Antworten für die Personalführung? In: Rosenstiel, Lutz von, Djarrahzadeh, Maryam, Einsiedler, Herbert E. & Streich, Richard K. (Hrsg.): Wertewandel. Herausforderung für die Unternehmenspolitik in den 90er Jahren. 2. Auflage. Stuttgart: Schäffer-Poeschel, S. 83–94.

Brunstein, Joachim C. & Maier, Günter W. (1996): Persönliche Ziele: Ein Überblick zum Stand der Forschung. In: Psychologie Rundschau 47, Heft 3, S. 146–160.

Büssing, André & Glaser, Jürgen (1999): Interaktionsarbeit. Konzept und Methode der Erfassung im Krankenhaus. In: Zeitschrift für Arbeitspsychologie 53, Heft 3, S. 164–173.

Conradi, Walter (1983): Personalentwicklung. Stuttgart: Enke.

Dierkes, Meinolf, Berthoin Antal, Ariane, Child, John & Nonaka, Ikujiro (2001): Handbook of Organizational Learning und Knowledge. Oxford: University Press.

Dimitrova, Diana (2008): Das Konzept der Metakompetenz. Wiesbaden: Gabler.

Edwards, Jeffrey R., Caplan, Louis R. & Harrison, Richard van (2000): Person-environment fit theory. In: Cooper, Cary L. (Ed.): Theory of organizational stress. Oxford: University Press.

Erpenbeck, John & Rosenstiel, Lutz von (2007a): Einführung. In: Erpenbeck, John & Rosenstiel, Lutz von (Hrsg.): Handbuch Kompetenzmessung. 2. Auflage. Stuttgart: Schäffer-Poeschel, S. XVII–XLVI.

Erpenbeck, John & Rosenstiel, Lutz von (2007b; Hrsg.): Handbuch Kompetenzmessung. 2. Auflage. Stuttgart: Schäffer-Poeschel.

Erpenbeck, John & Sauter, Werner (2007): Kompetenzen im Netz. New Blended Learning im Web 2.0. München: Luchterhand.

Erpenbeck, John & Rosenstiel, Lutz von (2009): Vom Oberlehrer zur Kompetenzhebamme. In: Weiterbildung. Zeitschrift für Grundlagen, Praxis und Trends 20, Heft 2, S. 6–9.

Gebert, Diether (1974): Organisationsentwicklung. Stuttgart: Kohlhammer.

Gebert, Diether & Boerner, Sabine (1995): Manager im Dilemma. Frankfurt am Main: Campus.

Greif, Siegfried (1978): Intelligenzabbau und Dequalifizierung durch Industriearbeit? In: Frese, Michael, Greif, Siegfried & Semmer, Norbert (Hrsg.): Industrielle Psychopathologie. Bern: Huber, S. 232–256.

Hacker, Winfried (1986): Arbeitspsychologie. Psychische Regulation von Arbeitstätigkeiten. Bern: Huber.

Hall, Douglas T. (2002): Careers in and out of organizations. Thousend oaks: Sage.

Hauser, Bernhard (2006): Action Learning im Management Developement. Eine vergleichende Analyse von Action-Learning-Programmen zur Entwicklung von Führungskräften in drei verschiedenen Unternehmen. (Schriftenreihe Organisation und Personal, Band 16). München und Mering: Hampp.

Heyse, Volker & Erpenbeck, John (1999): Die Kompetenzbiographie. Strategien der Kompetenzentwicklung durch selbst organisiertes Lernen und multimediale Kommunikation. Münster: Waxmann.

Heyse, Volker & Erpenbeck, John (2009): Kompetenztraining. Stuttgart: Schäffer-Poeschel.

Kleinmann, Martin (2003): Assessment-Center. Göttingen: Verlag für Angewandte Psychologie.

McClelland, David C. (1973): Testing for competence rather than for intelligence. In: American Psychologist 28, pp. 1–14.

Meißner, Wolfgang (1989): Innovation und Organisation. Die Initiierung von Innovationsprozessen in Organisationen. Stuttgart: Verlag für Angewandte Psychologie.

Neuberger, Oswald (1994): Personalentwicklung. 2. Auflage. Stuttgart: Enke.

Neuberger, Oswald (2006): Führen und führen lassen. Stuttgart: Lucius.

Nonaka, Ikujiro & Takeuchi, Hirotaka (1997): Die Organisation des Wissens. Frankfurt am Main: Suhrkamp.

Popper, Karl R. (1980): Die offene Gesellschaft und ihre Feinde. (Band 1 und 2). Tübingen: Franke.

Rosenstiel, Lutz von (2007): Grundlagen der Organisationspsychologie. 6. Auflage. Stuttgart: Schäffer-Poeschel.

Rosenstiel, Lutz von & Comelli, Gerhard (2003): Führung zwischen Stabilität und Wandel. München: Vahlen.

Rosenstiel, Lutz von, Nerdinger, Friedemann & Spieß, Erika (1998; Hrsg.): Von der Hochschule in den Beruf. Göttingen: Verlag für Angewandte Psychologie.

Rüter, Horst D. (1988): Personalentwicklung bei der Landesbank Rheinland-Pfalz. In: Wirtschaft und Gesellschaft im Beruf, Sonderheft Oktober, S. 35–41.

Schirmer, Frank (1991): Aktivitäten von Managern: Ein kritischer Review über 40 Jahre "Work Activity"-Forschung. In: Staehle, Wolfgang H. & Sydow, Jörg (Hrsg.): Managementforschung. Berlin: DeGruyter, S. 205–253.

Schrader, Stefan (1990): Zwischenbetrieblicher Informationstransfer. Berlin: Duncker & Humblot.

Schuler, Heinz (2002): Das Einstellungsinterview. Göttingen: Hogrefe.

Schuler, Heinz (2006; Hrsg.): Lehrbuch der Personalpsychologie. Göttingen: Hogrefe.

Sonntag, Karlheinz H. (2006; Hrsg.): Personalentwicklung in Organisationen. 3. Auflage. Göttingen: Hogrefe.

Staudt, Erich & Kriegesmann, Bernd (1999): Weiterbildung: Ein Mythos zerbricht. In: Arbeitsgemeinschaft Qualifikations-Entwicklungs-Management (Hrsg.): Kompetenzentwicklung 99. Münster: Waxmann, S. 17–60.

Volpert, Walter (1984): Das Ende der Kopfarbeit oder: Daniel Düsentrieb enteignet sich selbst. In: Psychologie heute 11, Heft 10, S. 29–39.

Hermann G. Ebner
Universität Mannheim

Bedingungen der Kompetenzentwicklung

1 Einleitung 123
2 Kompetenz 123
    2.1   Faktenwissen 124
    2.2   Konzeptuelles Wissen 124
    2.3   Prozedurales Wissen 124
    2.4   Metakognitives Wissen 125
3 Berufliche Handlungskompetenz 125
    3.1   Professionswissen 126
    3.2   Interaktionswissen 126
    3.3   Folgenwissen 127
4 Bedingungen der Kompetenzentwicklung – Indizien aus Studien 127
5 Bedingungen der Kompetenzentwicklung – ein Modell 129
    5.1   Wahlmöglichkeiten/Entscheidungsspielräume eröffnen 131
    5.2   Anerkennung anderer Standpunkte/Sichtweisen 131
    5.3   Kontrolle über die eigenen Arbeitsergebnisse 131
6 Zusammenfassende Thesen 132
Literaturverzeichnis 132

1   Einleitung

Die nachfolgenden Ausführungen sind auf drei Aspekte hin orientiert: Zunächst wird präzisiert, was hier mit „Kompetenz" gemeint ist und wie die Beziehung zu „Wissen" gesehen wird. Anschließend geht es darum, eine Vorstellung bezüglich des Konzepts „berufliche Handlungskompetenz" zu gewinnen. Im darauffolgenden Abschnitt referiere ich zunächst Beispiele aus unseren Studien und präsentiere dann ein Modell, mit dem sich beschreiben und auch erklären lässt, wodurch Kompetenzentwicklung unterstützt werden kann. Insgesamt wird in diesem Beitrag die Perspektive der Kompetenzentwicklung am Arbeitsplatz eingenommen – es geht also nicht primär um „organisierte" Lerngelegenheiten, sondern um die Bedingungen, berufliche Handlungskompetenz zu entwickeln respektive weiterzuentwickeln.

2   Kompetenz

„Kompetenz" wird zumeist als ein wissensbasiertes, individuelles Entwicklungs- oder Handlungspotenzial aufgefasst. Dieses Potenzial wird im Zusammenhang mit der Bearbeitung einer Aufgabe aktiviert. Die dabei erbrachte bzw. beobachtbare Leistung wird als Ausdruck der individuellen Kompetenz betrachtet und als „Performanz" bezeichnet.

„Kompetenz" und „Performanz" können differieren, denn es ist nicht sicher, dass es der Person bei der Aufgabenbearbeitung gelingt, ihr gesamtes aufgabenrelevantes Potenzial zu aktivieren. Dieser Auffassung entsprechend kann von den gezeigten Leistungen auf die Kompetenz lediglich geschlossen, „Kompetenz" jedoch nicht gemessen werden. Die erbrachte Leistung ist zwar ein Indikator der individuellen Kompetenz, sie spiegelt sie jedoch nicht zwingend vollständig wider. Kompetenz beruht auf Wissen. In Anlehnung an die neueren Vorschläge (Anderson & Krathwohl 2001; Mayer 2008) erscheint es gut begründet, v. a. vier Typen von Wissen zu unterscheiden: Faktenwissen, konzeptuelles Wissen, prozedurales Wissen und metakognitives Wissen.

2.1   Faktenwissen

Damit wird jenes Wissen bezeichnet, das Sachverhalte umfasst, die keine Spielräume individueller Rekonstruktion oder Erfordernisse der kommunikativen Validierung aufweisen; Faktenwissen wird in der „Anwendungssituation" – im Vergleich zur Speicherung – unverändert eingesetzt. Beispiele: „Vaduz ist die Hauptstadt von Liechtenstein." „Die Europäische Zentralbank hat ihren Sitz in Frankfurt am Main." „Dem deutschen Wort ‚Fahrrad' entspricht im Englischen das Wort ‚bicycle'."

2.2   Konzeptuelles Wissen

Diese Bezeichnung wird für ein Wissen verwendet, das „Denkwerkzeuge" umfasst.

Zu diesen Werkzeugen gehören u. a.

- Kategorien (Fernverkehr, Nahverkehr),
- Modelle (Organigramm eines Betriebs) und
- Prinzipien (Transparenz der Wettbewerbsbedingungen).

Im Unterschied zum Faktenwissen ist „Verstehen" das zentrale Merkmal dieses Typs von Wissen. Die Bedeutung eines Werkzeugs muss einer Person klar sein, damit sie in der Lage ist, akute Phänomene ihrer Umwelt damit zu verarbeiten[1], also z. B. eine Skizze als Organigramm eines Betriebs zu erkennen und korrekte Schlüsse bezüglich der Aufgabenverteilung oder der hierarchischen Position von Personen zu ziehen.

2.3   Prozedurales Wissen

Als „prozedural" wird ein Wissen bezeichnet, das eine Art mentale Ausführungsanweisung für einzelne Arbeitsschritte bei der Aufgabenbearbeitung darstellt. Diesem Typ von Wissen werden z. B. durch Üben automatisiertes operatives Wissen, wie das Starten des Motors eines Automobils, zugerechnet und ebenso das Wissen um die Ermittlung der Rendite einer zehn-

---

[1]   Um die Frage nach dem Sitz der Europäischen Zentralbank korrekt zu beantworten, ist es z. B. nicht erforderlich, zu wissen, was die Funktion der Bank ist oder in welchem Land Frankfurt am Main liegt oder was „am Main" bedeutet.

jährigen Anleihe. Für beide Fälle gilt, dass mithilfe dieses Wissens eine Person in der Lage ist, die einzelnen Arbeitsschritte auszuführen und ein korrektes Ergebnis zu erzielen.

2.4 Metakognitives Wissen

Darunter wird ein Wissen verstanden, das Informationen über die eigenen kognitiven Leistungen bereithält. Wichtig sind u. a. Überzeugungen (z. B. Zutrauen) hinsichtlich der eigenen Fähigkeit, übertragene Aufgaben zu lösen oder sich überhaupt Wissen auf einem bestimmten Gebiet aneignen zu können. „Kompetenz", „Performanz" und „Wissen" sind bis zu diesem Punkt vor dem Hintergrund ihrer kognitionspsychologischen Konzeptualisierung und inhaltsneutral erörtert worden. Die aktuelle Diskussion in der Fachliteratur wird dagegen aus sehr verschiedenen Quellen gespeist, wobei häufig alltagssprachliche Vorverständnisse dominieren oder auch Missverständnisse und Fehlkonzepte anzutreffen sind – einen ersten Einblick in die Verschiedenartigkeit der Konzeptualisierungsstränge bietet z. B. der Beitrag von Mulder, Weigel & Collins (2007): Sie unternehmen eine ausführliche Darstellung und Kritik der Implementierung des Kompetenzkonzepts im Berufsbildungssystem ausgewählter Mitgliedsstaaten der Europäischen Union.

Im nachfolgenden Abschnitt geht es um Handlungskompetenz in beruflichen Kontexten, d. h., die kognitionspsychologisch bestimmten Wissenstypen werden nun in für kompetentes Handeln kritische Wissensbereiche eingebettet.

3 Berufliche Handlungskompetenz

Zur Grundlegung eines Verständnisses von „beruflicher Handlungskompetenz" können folgende Überlegungen angestellt werden: Als fachlich kompetent wird eine Person angesehen, die in ihrem Arbeitsgebiet die Aufgaben und Probleme sachgerecht und kontextgemäß löst. Wer kompetent ist und über viel bewährtes Erfahrungswissen (Expertise) verfügt, gilt als „Experte"/„Expertin". Um genauere Hinweise zu erhalten, welche Fähigkeiten und welche Arbeitsweise für besonders kompetente Personen (Experten/Expertinnen) kennzeichnend sind, liegt es nahe, als Experten/Expertinnen geltende Personen und Personen, die als weniger kompetent eingeschätzt werden, in Bezug auf die beiden Dimensionen miteinander zu vergleichen. Winfried Hacker (1992) hat sich mit diesem Thema beschäftigt – als besonders bedeutsam betrachte ich folgende Ergebnisse seiner Recherchen und Studien:

- Experten/Expertinnen beherrschen Aufgaben als Können (kein bloßer Kenntnisreichtum).
- Experten/Expertinnen sind in der Lage, neuartige oder unklare Aufgaben gedanklich umzuformen; es werden dabei interne Aufgabenrepräsentationen entwickelt, die den individuellen Leistungsvoraussetzungen angepasst sind.
- Experten/Expertinnen verfügen über Vorgehensweisen (das Wissen, wie …) neben den Kenntnissen über Sachverhalte (das Wissen, was …), sie
  – wissen mehr über Eingriffspunkte, differenzierte Rückmeldesignale, Heuristiken für die Informations-/Ursachensuche, diagnostische Prozeduren,
  – sie verwenden mehr Zeit auf die Identifikation von Handlungserfordernissen,
  – sie verfügen über größere Anteile psychisch automatisierter Prozeduren;

- Experten-/Expertinnenwissen ist verkürzt und verdichtet, Experten/Expertinnen verfügen aber zugleich über Auffaltungs- oder Erzeugungsprozeduren.
- Experten/Expertinnen ergänzen, modifizieren und reorganisieren ihr aufgabenkompatibel organisiertes Wissen aufgrund neuer Erfahrungen/Erkenntnisse.
- Experten-/Expertinnenwissen hat einen stärkeren Kontextbezug, Experten/Expertinnen verknüpfen öfter ihr Wissen aus verschiedenen Sachgebieten.
- Experten/Expertinnen sind fähig zur effektiven kooperativen Arbeit, zu kompetenter Kommunikation.
- Experten/Expertinnen können Folgen von Maßnahmen differenzierter und weitsichtiger vorhersehen, bewerten und prospektiv optimierend einsetzen.

Diese Befunde lassen sich auf drei Inhaltsbereiche von Wissen verdichten: Professionswissen, Interaktionswissen und Folgenwissen.

3.1 Professionswissen

Dieser Wissensbereich umfasst jenes Wissen, das eng mit den inhaltlichen Anforderungen der Aufgabe verbunden ist. Dazu gehören vertiefte Kenntnisse des betreffenden Fachgebiets und ebenso das praktische Können, das die sichere Ausführung ermöglicht. Hierzu zählen präzise Kenntnisse der betreffenden Prozesse, die Beherrschung einschlägiger Diagnose- und Entscheidungsverfahren sowie Strategien. Ohne ein bestimmtes Maß an solchem Wissen können Aufgaben nicht oder nicht hinreichend sachgerecht gelöst werden. Personen, die schwierige Aufgaben lösen und dabei eine hohe Lösungsgüte erzielen, weisen auch eine hohe Ausprägung der Merkmale in diesem Wissensbereich auf.

Beispiel: Wenn einer Person die Unterschiede zwischen einer Rechnung, einer Mahnung, einem Angebot, einem Lieferschein oder einem Werbeschreiben nicht bekannt sind, wenn sie über keine systematischen, kontextgemäßen Sortierregeln verfügt, dann wird es ihr kaum gelingen, die in einem Betrieb eingehende Post sachgerecht zu bearbeiten.

3.2 Interaktionswissen

Neben dem eng mit der Sache verbundenen Wissen sind Experten/Expertinnen offenbar auch in besonderer Weise in der Lage, mit anderen Personen aufgabenbezogen Information auszutauschen und zielgerichtet zu kooperieren. Die Fähigkeit, Kommunikations- und Interaktionsprozesse in der kooperativen Aufgabenbearbeitung zielgerichtet und erfolgreich zu gestalten, markiert den zweiten Wissensbereich.

Beispiel: Kooperatives Arbeiten bietet sich v. a. unter zwei Bedingungen an: (a) wenn der Arbeitsumfang zu groß ist, um in der gesetzten Zeit von einer Person bewältigt zu werden, oder (b) wenn das zur Bearbeitung benötigte Wissen über mehrere Personen verteilt ist. In beiden Konstellationen können Störungen in der Interaktion zu gravierenden Verzögerungen oder Fehlentwicklungen führen. Interaktionswissen ist erforderlich, um z. B. im Fall (b) das verteilte Wissen für die Aufgabenbearbeitung nutzbar zu machen – es bedarf bestimmter Verfahren, das an verschiedene Personen gebundene Wissen zu aktivieren und auf die Lösung der Aufgabe zu konzentrieren.

3.3 Folgenwissen

Ein weiterer Wissensbereich, der sich abgrenzen lässt, ist der des Folgenwissens. Das Wissen dieses Bereichs hat hoch entwickeltes Professionswissen zur Grundlage und weist darüber hinaus noch Besonderheiten auf: Mit diesem Wissen können dynamische Modelle generiert werden, dieses Wissen weist transdisziplinäre Schnittstellen auf, und es umfasst Verfahren und Instrumente zur Bewertung multivariabler Probleme.

Beispiel: Wenn Lehr- und Lernräume mit neuer Technik ausgestattet werden sollen, dann geht es darum, eine Vorstellung davon zu gewinnen, wie das Lehren und Lernen in den nächsten Jahren aussehen wird bzw. soll. Es geht darum, abzuschätzen, welche neuen instruktionalen Möglichkeiten eröffnet werden, es geht aber auch um Fragen der Aufmerksamkeitssteuerung, um gesundheitliche Belastungsrisiken, um mögliche ungewollte Veränderungen in der Kommunikation zwischen Lehrenden und Lernenden.

Zusammenfassend: „Berufliche Handlungskompetenz" lässt sich verstehen als die Fähigkeit, sach- und kontextgerechte Lösungen für berufliche Aufgabenstellungen generieren zu können. Diese Disposition beruht auf der Vernetzung von Professions-, Interaktions- und Folgenwissen. Dabei wird davon ausgegangen, dass der Elaboriertheitsgrad des Faktenwissens, des konzeptuellen, prozeduralen und metakognitiven Wissens in diesen drei Bereichen und die Ausprägung der Handlungskompetenz korrelieren.

4 Bedingungen der Kompetenzentwicklung – Indizien aus Studien

Im Zusammenhang mit der Studie „Ausbildung aus der Sicht der Auszubildenden" wurden rund 3 200 Auszubildende im Berufsfeld „Wirtschaft und Verwaltung" in ausgewählten deutschen Bundesländern (Klumpenstichprobenverfahren) u. a. zu ihrer Einschätzung der Ausbildungsbedingungen befragt (vgl. Ebner 2000). Besondere Bedeutung wurde der Frage beigemessen, wie sich die Jugendlichen entscheiden würden, wenn sie aktuell – also einige Zeit nach Aufnahme der Ausbildung und damit auf der Basis der inzwischen gewonnenen Erfahrungen – noch einmal die Entscheidung bezüglich ihres Ausbildungsberufs bzw. ihres Ausbildungsbetriebs zu treffen hätten. Bei dieser Fragestellung wird davon ausgegangen, dass die zum Ausdruck gebrachte Bereitschaft, sowohl den Ausbildungsberuf als auch den Ausbildungsbetrieb wieder zu wählen, sich als Zufriedenheit mit den Bedingungen der Ausbildung interpretieren lässt. Demgegenüber wird die fehlende Bereitschaft als Ausdruck geringerer Zufriedenheit interpretiert. Von Bedeutung ist nun, welche Zusammenhänge zwischen den Entscheidungen und den von den Jugendlichen wahrgenommenen Bedingungen im Ausbildungsbetrieb sich feststellen lassen.

In Abbildung 1 werden Ergebnisse für die Gruppe der Jugendlichen in betrieblichen Ausbildungsverhältnissen (andere und hier nicht berücksichtigte Gruppen befinden sich in vollzeitschulischen Bildungsgängen) dargestellt. Auf der Y-Achse sind die Punktwerte einer Lernkulturskala abgetragen, deren Minimum bei null und deren Maximum bei dem Wert acht liegt. Diese Punktwerte werden ermittelt anhand der Antworten auf Items wie z. B. „Ich fühle mich anerkannt", „Ich darf auch einmal einen Fehler machen", „Es gibt Aufgaben, die ich selbst erledigen darf" oder „Ich glaube, dass mir vom Betrieb Weiterbildungsmöglichkeiten angeboten werden". Mit dieser Skala soll erfasst werden, wie die Jugendlichen die Bedingungen in ihrem Ausbildungsbetrieb erleben: Finden sie in ihrer betrieblichen Lernumgebung Indizien, dass sie wertgeschätzt werden, gibt es für sie Hinweise, dass man ihnen etwas „zutraut", sehen sie Anzeichen dafür, dass der Ausbildungsbetrieb daran interessiert ist, sie zu fördern?

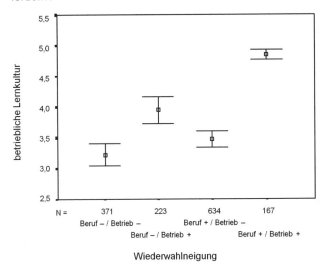

Abbildung 1: Beziehungen zwischen der bekundeten Bereitschaft, Ausbildungsberuf bzw. -betrieb wieder zu wählen, und der wahrgenommenen betrieblichen Lernkultur

Der Abbildung ist zu entnehmen, dass die Gruppe von Auszubildenden, die weder ihren Ausbildungsberuf noch ihren Ausbildungsbetrieb wieder wählen würde (Beruf –/Betrieb –), die Lernkultur ihres Betriebs am ungünstigsten bewertet (der niedrigste Mittelwert auf der Lernkulturskala). Das Gegenstück findet sich bei den Jugendlichen, die ihre Bereitschaft bekunden, sowohl ihren Ausbildungsberuf als auch ihren Ausbildungsbetrieb wieder zu wählen (Beruf +/Betrieb +). Eine entsprechende Passung findet sich auch bei den beiden jeweils gegensinnigen Konstellationen, wobei erkennbar ist, dass die Jugendlichen klar zwischen berufsbezogenen und betriebsbezogenen Bedingungen differenzieren.

Neben der Gruppe, die sich sowohl von ihrem Ausbildungsberuf als auch von ihrem Ausbildungsbetrieb distanziert, ist es auch in Bezug auf die beiden „mittleren" Gruppen fraglich, ob es den Betrieben unter den gegebenen Umständen gelingt, die Kompetenzentwicklung der Jugendlichen hinreichend zu unterstützen und – aus der Perspektive des Unternehmens – den angestrebten Aufbau von Humankapital zu realisieren. Diese Ergebnisse lassen vermuten, dass die Bedingungen von Lernumgebungen einen relevanten Einfluss darauf haben, in welchem Ausmaß sich Individuen auf die Lernangebote einlassen, welchen Nutzen sie daraus zu ziehen vermögen und wie zuversichtlich sie ihrer beruflichen Entwicklung gegenüberstehen.

Im Rahmen einer vom Autor durchgeführten Mitarbeiter-/-innen-Befragung in einem Krankenhaus wurden die Beschäftigten gefragt, in welchem Maße sie die Erfahrung machen, dass ihre Leistung Anerkennung findet. Der nachfolgenden Tabelle ist zu entnehmen, dass zwar die meisten der Befragten angeben, ihre Leistungen würden „oft" bis „fast immer" anerkannt werden. Zugleich jedoch ist zu sehen, dass (a) diese Meinung von nicht ganz zwei Dritteln der Befragten geteilt wird und dass (b) zwischen den Beschäftigtengruppen deutliche Unterschiede bestehen.

	oft / fast immer (Prozent)	sehr wenig / überhaupt nicht (Prozent)
Ärztliches Personal (n=73)	68,5	31,5
Pflegepersonal (ohne Personen in Ausbildung) (n=379)	66,5	33,5
Medizinisch-Technisches Personal n=71	57,7	42,3
Personal aus den Bereichen Hauswirtschaft, Technik und Versorgung (n=101)	46,5	53,5
Verwaltung (n=84)	70,2	29,8
Auszubildende, Praktikanten/ Praktikantinnen, Schüler/-innen (n=91)	53,8	46,2
Gesamtverteilung (Prozent)	62,3	37,7
Nennungen (absolut)	498	301

Tabelle 1: Wahrgenommene Anerkennung von Leistungen, differenziert nach Beschäftigtengruppen

Rückmeldung zu den eigenen Leistungen zu erhalten ist sowohl in Lern- als auch in Arbeitskontexten bedeutsam für die Bereitschaft, sich anzustrengen, sich zu engagieren. Dieser Zusammenhang wird von aktuellen Motivationstheorien herausgestellt. Mit positivem Feedback werden Erfahrungsmöglichkeiten bereitgestellt, die als Bedingungen der Kompetenzentwicklung anzusehen sind. Im folgenden Abschnitt werden diese Beziehungen anhand eines Modells erörtert.

5   Bedingungen der Kompetenzentwicklung – ein Modell

Die oben kurz skizzierte Konstruktion einer Lernkulturskala ist an den Überlegungen von Deci & Ryan (1985) orientiert, die mit der von ihnen formulierten Selbstbestimmungstheorie viel Beachtung gefunden haben. Für Menschen – so die Autoren – ist es von zentraler Bedeutung, sich als selbstbestimmt handelnde Personen zu erleben; „selbstbestimmt" bedeutet dabei, dass man für sich Wahlmöglichkeiten sieht, d. h. Möglichkeiten, selbst entscheiden zu können. Nach Deci & Ryan hängt es zu großen Teilen von dieser Erfahrung ab, ob eine Person Kreativität entwickelt, ob sie bereit ist, zu lernen, ob sie ein positives Selbstwertgefühl entwickelt, sich letztlich insgesamt wohlfühlt.

Dieses Gefühl, „selbstbestimmt zu handeln", setzt sich aus der Ausprägung von drei elementaren Bedürfnissen zusammen: Die Autoren postulieren, dass jeder Mensch das Bedürfnis hat, sich als kompetent zu erleben; darüber hinaus nehmen sie an, dass Menschen sich als sozial zugehörig, d. h. in eine Gemeinschaft eingebunden erleben möchten. Und als dritte Komponente führen sie das Bedürfnis nach Autonomie an. Die Erfahrung, dass diese Bedürfnisse erfüllt werden (können) ist eine Art psychische Vermittlungsstelle für Kompetenzentwicklung. Die Frage ist, durch welche Bedingungen diese Bedürfnisse im betrieblichen Kontext berücksichtigt werden können bzw. was es zu vermeiden gilt, soll es nicht zu den oben skizzierten „Verlusten" kommen.

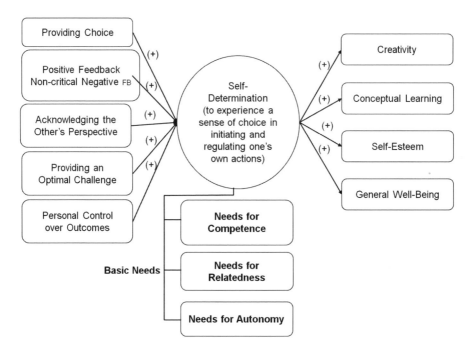

Abbildung 2: Beziehungen zwischen den Konstituenten der Selbstbestimmungstheorie

Die in der Studie von Deci, Connell & Ryan (1989) ermittelten Beziehungen (gilt auch für die Version von Gagné & Deci 2005) weisen einige Begrenzungen auf: Die Ergebnisse gelten v. a. unter der Bedingung, dass Arbeitsplatzsicherheit, angemessene Entlohnung und ein – in den wesentlichen Linien – untereinander kompatibles unternehmenspolitisches Handeln der verschiedenen Managementebenen gegeben sind. Unter Berücksichtigung dieser Einschränkungen bieten die Befunde m. E. relevante Hinweise, die auch mit Überlegungen, wie sie z. B. von Keller (2008) präsentiert werden, übereinstimmen. Einige Bedingungen, die in der Studie in Bezug auf die Einschätzung, selbstbestimmt handeln zu können, und damit für die Kompetenzentwicklung als förderlich ermittelt wurden, werden im Folgenden näher ausgeführt.

5.1 Wahlmöglichkeiten/Entscheidungsspielräume eröffnen

Diese Bedingung wird in Arbeits- und auch in Lernkontexten z. B. häufig deshalb nicht geboten, weil vermeintlich bereits der beste Lösungsweg, die optimale Form der Bearbeitung oder Aufbereitung gefunden ist. In Arbeitskontexten lassen sich in Arbeitsabläufen jedoch nicht selten Abschnitte ermitteln, die durchaus noch transparenter oder effizienter gestaltet werden könnten. Die Bedingung „Wahlmöglichkeiten/Entscheidungsspielräume eröffnen" wird dann eingelöst, wenn (a) die Festlegungen auf die Bereiche beschränkt sind, für die diese Fixierungen tatsächlich sachlich zwingende Erfordernisse darstellen, und (b) auch normierte Abläufe oder Verfahren geprüft und erörtert werden können.

In vielen Organisationen findet sich eine Tendenz zur Überregulierung. Dabei ist i. d. R. wohl intendiert, das Funktionieren zu sichern, die Prozesse möglichst störungs- bzw. unterbrechungsfrei zu halten, die Mitarbeiter/-innen zu entlasten, da regulierte Operationen nicht jedes Mal geprüft und entschieden werden müssen, sondern schnell ausgeführt werden können. Mit dieser „Vereinfachung" wird – wenn sie die Arbeitstätigkeit insgesamt dominiert – die Kompetenzentwicklung massiv erschwert, da in diesem Fall die Ausführung nicht zwingend auf Verstehen angewiesen ist. „Eingriffspunkte", wie von Hacker (1992) – siehe oben – als Merkmal von Experten/Expertinnen identifiziert, können kaum erkannt, Konsequenzen verschiedener Vorgehensweisen können gedanklich kaum modelliert werden. Entsprechend kann eine solche Arbeitsgestaltung sowohl die motivationale als auch die inhaltliche Seite der Kompetenzentwicklung beeinträchtigen.

5.2 Anerkennung anderer Standpunkte/Sichtweisen

Wenn eine Person die Erfahrung macht, dass ihre Sicht auf die Dinge, ihre Einschätzung der Lage, ihre Vorschläge zur Kenntnis genommen und in einigen Fällen angenommen werden, dann wird sie darin wohl zumeist eine Bestätigung dafür sehen, dass sie in der Lage ist, wichtige Beiträge zu leisten, dass sie Aufgabenstellungen und Sachverhalte versteht und tragfähige Problemlösungen zu generieren vermag. Neben der kompetenzbezogenen Verarbeitung solcher Erfahrungen können diese zugleich auch als Bestätigung dafür erlebt werden, dass man in der betreffenden Gruppe „gehört" wird, dass man akzeptiert ist.

Bei der Erfüllung dieser Bedingung geht es nicht primär darum, dass man mit seinen Vorschlägen immer durchdringt, oder dass andere Personen durchweg die eigene Einschätzung teilen. Bedeutsam ist vielmehr, dass sich die handelnde Person in sozialen Kontexten als kompetenter Partner erlebt. Mit den Autoren ist davon auszugehen, dass diese Erfahrungen nicht nur dazu beitragen, das Selbstwertgefühl der Person zu stärken. Vielmehr dürfte darüber hinaus auch die Bereitschaft, sich Neuem auszusetzen, neue Lösungswege zu erkunden und sich der Anstrengung zu unterziehen, neues Wissen zu erwerben, erhalten oder noch weiter erhöht werden.

5.3 Kontrolle über die eigenen Arbeitsergebnisse

Sowohl die horizontale als auch die vertikale Strukturierung der Aufgabenbearbeitung können dazu führen, dass an dem einzelnen Arbeitsplatz die Kontrolle über die eigenen Arbeitsergebnisse weitgehend verloren geht. Besonders deutlich tritt dieses Problem dort hervor, wo in hierarchischen Beziehungen die Person in der höheren Position der unterstellten Person/ den unterstellten Personen das Arbeitsergebnis faktisch entzieht und nach außen als die ausschließliche Produzentin auftritt.

Auch zwischen Organisationsmitgliedern, die sich auf der gleichen Hierarchie-Ebene befinden, können Formen der Arbeitsorganisation dazu beitragen, dass z. B. individuelles Wissen nicht in arbeitsplatzübergreifende Einrichtungen des Wissensmanagements eingestellt wird. Diese Zurückhaltung – so die These – ist nicht ausschließlich ein Resultat direkter Konkurrenzerfahrung oder der Bemühungen, die Wichtigkeit der eigenen Person an diesem Platz zu sichern. Vielmehr wird z. B. durch die anonymisierte Distribution individuell entwickelter Wege der Problemlösung die Kontrolle über das Arbeitsergebnis abgegeben, und damit werden auch Bezugspunkte für das Kompetenzerleben gelöscht oder zumindest entwertet.

Kontrolle über die eigenen Arbeitsergebnisse schließt demgegenüber ein, dass die bearbeitende Person zunächst einmal die Möglichkeit hat, die Güte ihres Arbeitsergebnisses selbst beurteilen zu können, und ebenso, dass sie eine Rückmeldung bezüglich der Güte erhält. Diese Voraussetzung wird z. B. häufig in der Form nicht erfüllt, dass solche Rückmeldungen, sofern sie überhaupt erfolgen, bei den Vorgesetzten „hängen" bleiben.

6   Zusammenfassende Thesen

- Kompetenzentwicklung unter den oben angeführten Prämissen des Verständnisses von „Kompetenz" und „beruflicher Handlungskompetenz" bedeutet mehr als die Aneignung von Wissen oder die Perfektionierung von Routinen durch Übung.
- „Berufliche Handlungskompetenz" wird hier verstanden als aufgabenbezogen aktivierbares Wissenssystem zur situativen Generierung effektiver Handlungen in beruflichen Kontexten.
- Für den Aufbau bzw. die Weiterentwicklung dieses generativen Apparats sind – neben den individuellen Voraussetzungen – die Umgebungsbedingungen entscheidend. Förderlich sind solche Bedingungen, die geeignet sind, das Bedürfnis, sich als selbstbestimmt handelnde Person zu erleben, zu befriedigen.

Literaturverzeichnis

Anderson, Lorin W. & Krathwohl, David R. (2001; Eds.): A taxonomy for learning, teaching, and assessing: A revision of Bloom's Taxonomy of educational objectives. New York: Longman.

Deci, Edward L. & Ryan, Richard M. (1985): Intrinsic Motivation and Self-Determination in Human Behavior. New York: Plenum Press.

Deci, Edward L., Connell, James P. & Ryan, Richard M. (1989): Self-Determination in a Work Organization. In: Journal of Applied Psychology 74, pp. 580–590.

Ebner, Hermann G. (2000): Berufsausbildung aus der Sicht der Auszubildenden. In: Czycholl, Reinhard (Hrsg.): Berufsbildung, Berufsbildungspolitik und Berufsbildungsforschung auf dem Wege in das dritte Jahrtausend. Oldenburg: Bibliotheks- und Informationssystem, S. 85–103.

Gagné, Marylène & Deci, Edward L. (2005): Self-determination theory and work motivation. In: Journal of Organizational Behaviour 26, pp. 331–362.

Hacker, Winfried (1992): Expertenkönnen. Erkennen und Vermitteln. (Band II). Göttingen: Hogrefe.

Keller, John (2008): An integrative theory of motivation, volition, and performance. In: Technology, Instruction, Cognition and Learning, No. 6, pp. 79–104.

Mayer, Richard E. (2008): Learning and Instruction. 2nd edition. Upper Saddle River: Pearson Prentice Hall.

Mulder, Martin, Weigel, Tanja & Collins, Kate (2007): The concept of competence in the development of vocational education and training in selected EU member states: a critical analysis. In: Journal of Vocational Education and Training 59, No. 1, pp. 67–88.

Karin Rebmann / Tobias Schlömer
Carl von Ossietzky Universität Oldenburg

Ermittlung und Beschreibung beruflicher Kompetenzen und Kompetenzentwicklung aus systemisch-konstruktivistischer Perspektive am Beispiel der Handelslehrer/-innen-Bildung

1	Einleitung	135
2	Kompetenz und Kompetenzmodellierung	137
	2.1 Verwendung des Kompetenzbegriffs in der beruflichen Bildung	137
	2.2 Sozialwissenschaftliches Grundverständnis von Kompetenz	138
	2.3 Kompetenzmodelle	139
	2.4 Performanzen als Referenz der Kompetenzmodellierung	141
3	Konstruktivistisch-systemtheoretische Modellierung von Performanz und Kompetenz	143
	3.1 Handeln aus Sicht einer Theorie sozialer Systeme	144
	3.2 Lernen aus kognitionswissenschaftlich-konstruktivistischer Sicht	146
4	Ermittlung und Beschreibung von Kompetenzentwicklung in der Handelslehrer/-innen-Bildung	150
	4.1 Systemstrukturen und -prozesse	150
	4.2 Lernprozesse und Kompetenzen	151
	4.3 Systemverknüpfungen	153
5	Schlussbemerkung	153
	Literaturverzeichnis	154

1   Einleitung

Der Kompetenzbegriff ist in den vielfältigen curricularen Strukturen der beruflichen Bildung mittlerweile fest verankert. In der beruflichen Praxis ist Kompetenz zur akzeptierten Zielformel für die Planung, Gestaltung und Erfolgsbewertung von Lehr-Lern-Prozessen an schulischen, betrieblichen wie überbetrieblichen Lernorten gereift. So gelten seit knapp 15 Jahren lernfeldstrukturierte Rahmenlehrpläne als zentrale Vorgabe für die Erarbeitung schulischer Stoffverteilungspläne und die unterrichtliche Umsetzung mit dem Ziel, solche berufliche Handlungskompetenzen zu fördern, die typischerweise in betrieblichen Geschäfts- und Arbeitsprozessen gefordert werden. Auch an betrieblichen Lernorten wird durchgängig kompetenzorientiert aus- und weitergebildet. Zumindest sind in den Ausbildungsordnungen Kompetenzziele als Sollanforderungen abstrakt in Berufsbezeichnungen und Berufsbildern sowie recht konkret in Ausbildungsrahmenplänen und Prüfungsanforderungen vorgegeben. Diese berufspädagogisch begründeten Kompetenzziele sollen dann für den Ausbildungsbetrieb im jeweiligen Ausbildungsplan verfeinert werden. Auch aus einer betriebswirtschaftlichen Perspektive auf betriebliches Lernen finden sich Kompetenzziele ferner in Plänen der Personal- und Organisationsentwicklung: Hier wird Lernerfolg als ein Beitrag für die organisationale Leistungsfähigkeit bzw. Unternehmenskompetenz betrachtet.

Kompetenzorientiert ist inzwischen ebenfalls durchgängig die Ausbildung von Lehrkräften an berufsbildenden Schulen wie auch von betrieblichen Ausbildern/Ausbilderinnen. So werden in den Standards für die Bildungswissenschaften ausdifferenzierte Kompetenzbereiche des Unterrichtens, Erziehens, Beurteilens und Innovierens eine Fülle an Teilkompetenzen benannt, die ein sehr genaues Profil von pädagogischer Professionalität vorgeben (vgl. KMK 2004, S. 4). Diese Standards sind als Vorgabe zu verstehen, die es in alle drei Phasen der Lehrer/-innen-Bildung zu implementieren und anzuwenden gilt, d. h. in die Studienordnungen der Lehramtsstudiengänge, in den Vorbereitungsdienst und die Fort- und Weiterbildung der Lehrer/-innen. Auch in der zuletzt reformierten Ausbildereignungsverordnung (AEVO) – veröffentlicht am 30. Januar 2009 im Bundesgesetzblatt – ist nunmehr ein kompetenzorientiertes Anforderungsprofil eingeschrieben, das auf professionelles berufspädagogisches Handeln der Ausbilder/-innen in folgenden vier Handlungsfeldern abstellt: „Ausbildungsvoraussetzungen prüfen und Ausbildung planen", „Ausbildung vorbereiten und bei der Einstellung von Auszubildenden mitwirken", „Ausbildung durchführen" sowie „Ausbildung abschließen".

Im Gesamtbild ist festzustellen, dass in den vielfältigen Zusammenhängen von beruflicher Bildung der Kompetenzbegriff allgegenwärtig ist und dort inflationär Verwendung findet. Damit verbunden ist eine enorme Vielfalt an Auslegungen von Kompetenz und Kompetenzentwicklung in der beruflichen Bildungspraxis, die weitreichende Konsequenzen und Schwierigkeiten für die Analyse und Fortentwicklung von Theorien beruflicher Lehr-Lern-Prozesse aufwirft. Sichtbar wird dies insbesondere, wenn die in der Praxis vorzufindenden Phänomene genutzt werden sollen, um empirisch gesicherte Modelle zur Beschreibung, Erklärung, Prognose und Gestaltung von beruflicher Kompetenzentwicklung zu erhalten. So ist häufig unklar, welches Kompetenzverständnis z. B. in Schulbüchern und Unterrichtssequenzen, in betrieblichen Lernkonzepten oder in der Ausbildung von Lehrkräften überhaupt zugrunde gelegt wird, welche Intention und Reichweite die Verwendung des Kompetenzbegriffs haben und ob ein konstruktiver Zusammenhang zwischen einzelnen Teilkompetenzen gesehen wird. Weiterhin ist häufig kaum abgegrenzt, ob der Begriff der Kompetenz funktional als objektivierbares und in erster Linie bildungspolitisch legitimiertes Lernziel beruflicher Bildungsprozesse verwendet wird oder ob er als hypothetisches Konstrukt zur Beschreibung der Ergebnisse höchstindividueller Lernprozesse verstanden wird und damit lerntheoretisch begründbar ist. Und wenn Kompetenz und Kompetenzentwicklung aus beruflichen Tätigkeiten abgeleitet und zugleich daran orientiert sind, ergeben sich fast immer schwer durchschaubare Systembezüge: Berufliches Handeln und Kommunizieren ist durch hohe Komplexität und Vielfältigkeit geprägt, weil es immer in sozialen Systemen wie Unternehmen, Schulen und überbetrieblichen Bildungsstätten stattfindet.

Mit Blick auf diese Komplexität in der Verwendung von Kompetenz und Kompetenzentwicklung wird im vorliegenden Beitrag eine theoriebasierte Folie vorgestellt, auf der eine differenzierte und zugleich systematische Beschreibung, Erklärung, Prognose und Gestaltung beruflicher Kompetenzentwicklung aufsetzen kann. Dazu wird zunächst das in diesem Beitrag zugrunde gelegte Verständnis von Kompetenz unter Rückgriff auf wichtige Entwicklungslinien dieses Begriffs dargestellt. Daran anschließend wird ein Rahmenmodell zur Ermittlung und Beschreibung von Kompetenz und Kompetenzentwicklung präsentiert. Dieses Modell wird zweiperspektivisch aufgebaut und im Beitrag ausdifferenziert, indem zum einen auf eine Theorie sozialen Handelns zurückgegriffen wird und zum anderen eine lerntheoretische Fundierung erfolgt. Im Anschluss daran wird eine Einsatzmöglichkeit dieses Modells dargelegt. So wurden entsprechende systemisch-konstruktivistische Modelle bereits vielfach in theoretischen und empirischen Studien angewandt, um Kompetenzentwicklung in betrieblichen Lernkonzepten zu erfassen und zu erklären (vgl. Kastrup 2008; Rebmann & Tenfelde 2008; Schlömer 2009). In diesem Beitrag sollen zum Abschluss perspektivisch auch Einsatzmöglichkeiten zur Beschreibung und Analyse von Kompetenzentwicklung in der Handelslehrer/ -innen-Ausbildung aufgezeigt werden.

2 Kompetenz und Kompetenzmodellierung

Im alltäglichen Sprachgebrauch wird der Kompetenzbegriff mit jeweils situationsspezifischen Konnotationen belegt und entsprechend häufig verwendet. Neben einer subjektzentrierten Auslegung von Kompetenz – diese bezieht sich abstrakt beschrieben auf das Leistungsvermögen, über das ein Individuum verfügt, um angemessen handeln zu können – ist auch eine Konnotation von Kompetenz geläufig, die sich auf Befugnisse und Zuständigkeiten von Institutionen bezieht (vgl. Vonken 2005, S. 16f.). Geschichtlich lässt sich die begriffliche Entwicklung bis ins 13. Jahrhundert zurückverfolgen. So bedeutet „competens" im Lateinischen „angemessen" und im deutschen Sprachgebrauch bezeichnete Kompetenz das bei Zwangsvollstreckungen notwendige Vermögen, das Schuldnern/Schuldnerinnen zur Fortführung ihres Lebensunterhaltes zugestanden wurde (vgl. Müller-Ruckwitt 2008, S. 104ff.).

2.1 Verwendung des Kompetenzbegriffs in der beruflichen Bildung

In der Wissenschaft werden Fragen zur Kompetenz und zur Kompetenzentwicklung seit Jahrzehnten aus der Sicht unterschiedlicher Disziplinen intensiv erforscht. Inzwischen wurde eine Vielzahl an Definitionen und Erklärungsmodellen in diesem Feld generiert, sodass eine einheitliche Bestimmung des Begriffs der Kompetenz nicht mehr möglich ist (vgl. im Folgenden Schlömer 2009, S. 15ff.). Innerhalb eng gezogener Grenzen einzelner Disziplinen bzw. einzelner Sprachgemeinschaften ist jedoch die Klärung, was genau unter Kompetenz verstanden wird, unerlässlich, um diesen Begriff in der Wissenschaftssprache verwenden zu können (vgl. Bergmann & Daub 2008, S. 76; Mulder 2007, S. 5ff.; Müller-Ruckwitt 2008, S. 13f.).

Die pluralistische Verwendung des Kompetenzbegriffs schlägt sich schließlich auch in Praxis und Forschung der beruflichen Bildung nieder. Versuche, den Begriff der Kompetenz in berufs- und wirtschaftspädagogischer Lesart zu definieren, erstrecken sich nach Rützel (2007, S. 2) entlang einer Spanne, die „von Teilfunktionen/-prozessen des Handelns, über Handlungsvoraussetzungen und Resultate/Produkte des Handelns bis zu Persönlichkeitsmerkmalen (Begabung/Intelligenz) und umfangreich erworbenem Wissen oder (fachbezogenen) Fertigkeiten [reicht]." Diese Spanne lässt sich zu einem verallgemeinerten Verständnis von Kompetenz „als ein komplexes, mehrdimensionales Konstrukt […], das sich auf vielfältige, hochkomplexe Ziel-, Handlungs- und Anwendungskontexte bezieht, [verdichten]." (ebenda)

Auf welche Handlungskontexte das Kompetenzkonstrukt konkret bezogen wird, hängt davon ab, unter welchen theoretischen Annahmen es verwendet wird. Zudem steht der Kompetenzbegriff als Zielvorgabe beruflicher Lernprozesse in Konkurrenz zu Begriffen der Bildung und Qualifikation, von denen er theoretisch und praktisch abzugrenzen ist (vgl. Reinisch 2006, S. 267).

Neben generalisierten Zielformulierungen einer beruflichen Handlungskompetenz existiert eine Vielzahl an spezifischen Auslegungen des Kompetenzbegriffs. So finden sich in der beruflichen Bildung Konzepte, die Kompetenz z. B. als Veränderungskompetenz bei Erwerbstätigen (vgl. Wittwer 2007), als moralische Urteilskompetenz (vgl. Lempert 2005), als Ausbildungsreife von Jugendlichen (vgl. Müller & Rebmann 2008) oder als Kompetenz für nachhaltiges Wirtschaften verstehen (vgl. dazu u. a. Fischer, Hahne & Kutt 2004, S. 20). Im Umgang mit dem Kompetenzbegriff bedarf es daher offenzulegen, unter welcher Betrachtungsweise der Begriff gesehen bzw. auf welche Bildungsziele er bezogen wird und welche Elemente als konstituierend definiert werden (vgl. Kaufhold 2006, S. 106 ff. und 2007, S. 16).

2.2 Sozialwissenschaftliches Grundverständnis von Kompetenz

Die heutige sozialwissenschaftliche Verwendung des Begriffs der Kompetenz im Sinne von individuumsbezogenem Handlungsvermögen gründet maßgeblich auf zwei Strängen (vgl. Klieme & Hartig 2007, S. 15). Erstens ist ein psychologischer Entwicklungsstrang zu nennen, der Ende der 1950er-Jahre im Kontext der Motivationstheorie nach White (1959) entstand und durch den erstmals ein subjektbezogenes Verständnis von Kompetenz Einzug hielt. Kompetenz bezeichnete hier „die Ergebnisse der Entwicklung grundlegender Fähigkeiten, die nicht bloß angeboren oder das Produkt von Reifungsprozessen sind und auch nicht ausreichend durch die klassischen Triebtheorien der Psychoanalyse und die behavoristische Lerntheorie erklärt werden könnte." (Reinisch 2006, S. 261)

Neben diesem psychologischen Strang entwickelte Chomsky (1970) seinen sprachtheoretischen Ansatz, an dem sich heute die deutschsprachige Wissenschaftsdiskussion in den Erziehungswissenschaften wohl am deutlichsten orientiert (vgl. Vonken 2005, S. 19 f.). Mit Chomsky hielt eine differenziertere Sicht Einzug, in der das Konstrukt der Kompetenz als persönliches Potenzial von der Performanz als beobachtbares (Sprech-)Verhalten unterschieden wird. Die Darstellung und Ermittlung individueller Kompetenzen ist bei Chomsky mit der Frage verbunden, „wie man ein kognitives System, das kontingentes Verhalten (Performanz) erzeugt, aber nicht mit diesem identisch ist, verstehen, beschreiben und hinsichtlich seiner Funktionsmerkmale abschätzen kann." (Klieme & Hartig 2007, S. 15)

Die strikte Trennung von Kompetenz und Performanz führt schließlich zu Prämissen, die die Ermittlung und Beschreibung individueller Kompetenzen betreffen. Die kognitionswissenschaftliche Sicht auf Kompetenz schließt eine direkte Ermittlung dieser aus. Stattdessen lässt sich über die Analyse von Handlungen eine Annäherung an individuelle Kompetenzen leisten, indem Momente des kompetenten Handelns beschrieben werden (vgl. Vonken 2006, S. 15). Das Konstrukt der Kompetenz ist deshalb auch als ein hypothetisches Konstrukt zu betrachten: Kompetenzen lassen sich letztendlich nur als dispositionelle Voraussetzungen vermuten, die Individuen erforderlicherweise in ihr Handeln einbringen und entwickeln, „um zielgerichtete absichtliche Zustandsänderungen in Situationen beziehungsweise an beliebigen Orten [...] herbeizuführen." (Veith 2003, S. 32) Mit der Abtrennung des Handlungsvermögens von der tatsächlichen Handlungsausführung wird zugleich Kompetenz differenzierter betrachtet. So bedeutet „das Vorhandensein von Kompetenz nicht zwangsläufig, dass diese auch entsprechend angewandt und umgesetzt wird." (Gillen & Kaufhold 2005, S. 367) Rückschlüsse auf Kompetenzen von Individuen beziehen sich also nicht nur auf das Potenzial, eine Handlung ausführen zu können, sondern zugleich auch auf die Bereitschaft, diese Handlung ausführen zu wollen.

2.3 Kompetenzmodelle

Die über die handlungstheoretische Analyse gewonnenen Rückschlüsse auf individuell ausgeprägte Kompetenzen lassen sich in Modellen darstellen (vgl. im Folgenden Schlömer 2009, S. 18 ff.). Entsprechende Kompetenzmodelle sollen das Verhalten und die Verhaltensveränderungen von Individuen in Handlungssituationen zusammenfassend beschreiben und erklären können (vgl. Achtenhagen & Winther 2006, S. 347 f.; BMBF 2007, S. 73; Schmidt 2005, S. 163; Sloane & Dilger 2005, S. 15). Dabei sind streng genommen Kompetenzstrukturmodelle von Kompetenzstufenmodellen zu unterscheiden (vgl. Seeber 2008, S. 74 f.). Ein Kompetenzstrukturmodell ermöglicht es, die Struktur und Bestandteile von Kompetenzen – in der Regel durch den Ausweis von Teilkompetenzen bzw. Kompetenzdimensionen – domänenspezifisch und mit Bezug zu Lerninhalten und Lerngegenständen zu definieren (vgl. Seeber 2008, S. 87 f.; Winther & Achtenhagen 2008, S. 514). Kompetenzstufenmodelle weisen das individuelle Handlungspotenzial in Form von Kompetenzniveaus aus. Diese Niveaus sind nach dem sogenannten Inklusionsprinzip aufgebaut, d. h. höhere Kompetenzniveaus umschließen niedrigere Niveaus (vgl. Breuer 2006, S. 202; Lorig & Schreiber 2007, S. 7).

Kompetenzmodelle sind schließlich für zwei miteinander in Beziehung stehende berufs- und wirtschaftspädagogische Einsatzfelder relevant. Erstens werden Kompetenzmodelle verwendet, um Bildungs- und Lernziele im Kontext unterschiedlicher Bildungszusammenhänge darstellen zu können. Ein aktuelles Beispiel sind solche Kompetenzmodelle, wie sie in der Diskussion um Bildungsstandards vorkommen. Hier werden letztendlich verallgemeinerte Aussagegehalte zur Leistungsfähigkeit eines ganzen Bildungssystems modelliert (vgl. BMBF 2007; Sloane 2007). Voraussetzung dafür, dass Kompetenzmodelle hinsichtlich dieses Leitzielcharakters für Bildungsprozesse legitimiert werden können, ist, dass sie theoretisch begründet und empirisch geprüft sind. So wird am durch die KMK (2007) in die Rahmenrichtlinien eingeschriebenen Modell der Handlungskompetenz mit seinen Teilkompetenzen von Fach-, Personal- und Sozialkompetenz inzwischen erhebliche Kritik hinsichtlich der empirischen Standhaftigkeit, der theoretischen Begründbarkeit sowie auch begrifflicher Unklarheiten geübt (vgl. Nickolaus 2008; Straka & Macke 2008).

Zweitens stellen theoretisch begründete und empirisch geprüfte Kompetenzmodelle das Fundament zur Entwicklung von psychometrischen Modellen zur Kompetenzmessung dar (vgl. Klieme & Leutner 2006, S. 883; Preiß 2005, S. 67). Erst auf Basis eines empirisch abgesicherten Modells lassen sich Kompetenzen von Individuen hermeneutisch-qualitativ ableiten oder gar im Sinne quantitativer Messverfahren diagnostizieren (vgl. Klieme & Hartig 2007, S. 23). In der Zusammenführung der Messergebnisse zu individuellen Kompetenzen lassen sich dann Rückschlüsse auf die tatsächliche Leistungsfähigkeit von ganzen Systemen ziehen, z. B. von Arbeitssystemen oder auch komplexen Bildungssystemen. So wird inzwischen auch für den Bereich der beruflichen Bildung der Bedarf sichtbar, Testverfahren nach dem Vorbild des „Programms for an International Student Assessment" (PISA), das im allgemeinbildenden Bereich eingesetzt wird, zu entwickeln (vgl. Sloane & Dilger 2005).

Mit dem handlungstheoretischen Interpretationsansatz, der mit dem auf Chomsky zurückgehenden Kompetenzverständnis einhergeht, wird eine wichtige Grundannahme zur Konstruktion von Kompetenzmodellen aufgestellt: Diese betont, dass „es nicht möglich ist, Kompetenzmodelle mittels eines logisch-deduktiven Verfahrens aus einem allgemeinen Bildungsziel zu schlussfolgern, sondern sie sind zunächst in einem kreativen Verfahren zu entwickeln und anschließend daraufhin zu überprüfen, ob sie den in dem Bildungsziel formulierten Kriterien standhalten oder nicht." (Kornmilch-Bienengräber 2006, S. 328)

Die Konstruktion und Entwicklung von Kompetenzmodellen sollten also induktiv aus dem spezifischen Handlungskontext heraus erfolgen. Diese Annahme kann anhand diverser kompetenzbezogener Fragestellungen der Berufs- und Wirtschaftspädagogik untersucht werden. Beispielsweise lässt sich der Grad an Ausbildungsreife von Jugendlichen kompetenzorientiert, genauer gesagt als Berufseignung und damit als Potenzial, in ein Ausbildungsverhältnis vermittelt werden zu können, beschreiben (vgl. Rebmann & Tredop 2006). Solche die Ausbildungsreife beschreibenden Kompetenzen lassen sich dabei nur begrenzt aus bestehenden Kompetenzzielen, wie sie in Ausbildungsordnungen und Lernfeldcurricula definiert sind, ableiten. Stattdessen ist hier eine empirische Ermittlung der Merkmalsausprägungen von Ausbildungsreife zielleitend, in der dann sichtbar werden kann, mit welchen Kenntnissen, Fähigkeiten, Fertigkeiten und geistigen Dispositionen das Konstrukt umschrieben werden kann und wie diese miteinander in Bezug stehen. Diese Teilkompetenzen lassen sich grundsätzlich auf zwei unterschiedlichen Wegen ermitteln (vgl. Kaufhold 2006). Einerseits können sie sowohl anforderungsorientiert, d.h. im Kontext von Ausbildungsreife aus der Perspektive der Ausbildungsplatzanbieter/-innen (Ausbildungsbetriebe, Berufsschulen, beteiligten Kammern) als für den Handlungskontext „Einstieg in Ausbildung" benötigte Kompetenzen, beschrieben werden. Andererseits kann das kreative Verfahren der Ermittlung, Beschreibung und Modellierung von Kompetenzen an den Persönlichkeitsmerkmalen der beruflich Handelnden orientiert und initiiert werden. Aus Sicht des Konstrukts „Ausbildungsreife" wäre dann u.a. zu fragen, welche allgemeinbildenden Kenntnisse und Fähigkeiten der Jugendlichen aus Mathematik, Naturwissenschaften, Deutsch etc. bei Beginn einer Ausbildung eingebracht werden oder auch welche motivationalen und volitionalen Einstellungen seitens der Ausbildungsplatzbewerber/-innen vorhanden sind.

Obgleich sich der anforderungsorientierte und der entwicklungsorientierte Weg zur Ermittlung, Beschreibung und Modellierung von Kompetenzen und Kompetenzentwicklung hinsichtlich der Ausgangspunkte grundsätzlich unterscheiden, haben sie eines gemeinsam: In beiden Ansätzen hängt die Aussagequalität des zu generierenden Kompetenzmodells in entscheidendem Maße davon ab, welche Handlungen bzw. welches Spektrum an Handlungen als Referenz für die Ermittlung und Beschreibung individueller Kompetenzen gewählt wird. Es sind solche Handlungsbezüge herzustellen, die die bestmöglichen Rückschlüsse auf Kompetenzen für Arbeit und Beruf erlauben. Grundsätzlich sollten die als Referenz für die Beschreibung von Kompetenzen in Modellen herbeigeführten Performanzbeschreibungen die Komplexität der Handlungssysteme, in denen Individuen ihre Kompetenzen entwickeln und aktualisieren, angemessen repräsentieren.

2.4 Performanzen als Referenz der Kompetenzmodellierung

Mit der Konstruktion von Kompetenzmodellen wird in der Regel die Absicht verfolgt, Aussagen zu mehr als nur einer einzigen Handlung treffen zu können. Die in Kompetenzmodellen referierten Performanzen sollten also die Vielfalt und das Typische des individuellen Handels in sozialen Zusammenhängen von Arbeit und Beruf wiedergeben können (vgl. Gillen 2004, S. 82). In der beruflichen Bildung werden dazu Orientierungspunkte in den Domänen der beruflichen Praxis gesucht, um ein Abbild der Realität rekonstruieren zu können (vgl. Baethge, Achtenhagen, Arends, Babic, Baethge-Kinsky & Weber 2006, S. 30). Diese Strategie ist mit der Idee vergleichbar, die das sogenannte Situationsprinzip vertritt, das in der Curriculumentwicklung seit den 1970er-Jahren diskutiert und inzwischen in den Rahmenlehrplänen der beruflichen Bildung auch verwirklicht wird.

Gemäß dem Situationsprinzip sind Lernziele und Lerninhalte danach auszuwählen, was in jetzigen und künftigen Lebenssituationen der Lernenden als bedeutsam erachtet wird. Es wird angenommen, dass die Lebenssituationen, mit denen Lernende konfrontiert werden, objektivierbare Anforderungssituationen der Gesellschaft bzw. der Arbeitswelt repräsentieren (vgl. Speth 1996, S. 482). Die einzelnen Realfälle von Lebenssituationen eines Individuums werden schließlich curricular gebündelt (vgl. Neuweg 1992, S. 35). Zu berücksichtigen ist dabei jedoch, dass das Situationsprinzip seinerzeit nicht auf das Kompetenzkonstrukt, sondern auf Qualifikation als Lernziel von beruflichen Bildungsprozessen abstellte. Zur Bewältigung der situativen Anforderungen sollen die Lernenden im Sinne des Situationsprinzips vorbereitet werden, indem sie Qualifikationen erwerben (vgl. Euler 2003, S. 129). Der Qualifikationsbegriff und das originäre Situationsprinzip sind durch ihre funktionale Ausrichtung – d. h., Qualifikationen sollen zur Bewältigung der jeweils aktuellen und an sich objektivierbaren Anforderungen in abgegrenzten Situationsausschnitten vermittelt werden – sehr eng gefasst. Sie sind damit von einer Orientierung am Konstrukt der Kompetenz eindeutig zu unterscheiden (vgl. Reetz 2003, S. 117). Dennoch lassen sich mit einer reflektierten Lesart aus dem Situationsprinzip durchaus Hinweise für Auswahlstrategien von Handlungssituationen gewinnen, an denen eine Kompetenzmodellierung orientiert werden kann.

Generell ergeben sich mit der Umsetzung einer situations- und handlungsorientierten Auswahlstrategie für Zwecke der Modellierung von Kompetenzen jedoch erhebliche Herausforderungen. So ist die Auswahl der Performanzfelder für die Konstruktion von Kompetenzmodellen vor allem mit der Frage verbunden, „wie umfangreich eine Domäne anzusehen" ist (Winther & Achtenhagen 2008, S. 520). Sind schließlich derartige Bestimmungs- bzw. Auswahlentscheidungen für Ziele der Kompetenzdiagnostik zu treffen, verschärft sich diese Schwierigkeit. Dann wird eine Messung von Kompetenzen im Arbeitsprozess zu aufwendig, weil „unter dem Aspekt der Repräsentativität das Arbeits- und Tätigkeitsbündel sehr umfassend zu ermitteln" wäre (Achtenhagen & Baethge 2007, S. 62).

Gerade in Abgrenzung einer berufs- und wirtschaftspädagogischen Sicht auf Kompetenz zu einer allgemeinpädagogischen zeigt sich, dass die Modellierung beruflicher Performanzfelder und die Interpretation von Kompetenzen durch eine Mehrdimensionalität in beruflichen Domänen geprägt sind. Dadurch sind Domänen komplexer strukturiert als in relativ eindeutig abstimmbaren Fachdisziplinen im allgemeinbildenden Bereich (vgl. Tramm & Seeber 2006, S. 275 f.). Diese Mehrdimensionalität lässt sich systematisch aufdecken durch eine Analyse der Geschäfts- und Arbeitsprozesse, in der Beruf und Arbeit eingebunden sind (vgl. hierzu Rebmann & Schlömer 2009). Beispielsweise zeigt die empirische Analyse der industriebetrieblichen Sachbearbeitung im Vertrieb diese Mehrdimensionalität als eine eindrucksvolle Aufgabenvielfalt und -vernetzung auf (vgl. Schlömer 2009, S. 237 ff.): eigenverantwortliche Kunden-/Kundinnenbetreuung, Informationsbeschaffung für Auftragsakquise im Key-Account-Management, kaufmännische Steuerung von Waren- und Belegströmen, interne Koordinierungsaufgaben (z. B. hinsichtlich Produktions- und Lieferterminen, Bündelung von Versandaufträgen), organisatorische Unterstützung externer Leistungspartner/-innen (z. B. Zollamt bei Exportaufträgen) sowie Reklamationskoordination.

Die Prozessanalyse deckt folglich die Bedeutung von Berufstätigkeit im Handlungsgefüge eines Unternehmens auf. Durch Beruf und Arbeit wird entweder direkt (z. B. durch Tätigkeiten im Vertrieb, im Bereich der Güterproduktion oder der Dienstleistungserstellung) oder indirekt durch Unterstützung der Kernprozesse (z. B. durch berufliche Tätigkeiten in der Kostenrechnung) eine Wertschöpfung für den Gesamtbetrieb generiert. Die gesamte Komplexität beruflicher Performanzen kann jedoch auch mit dieser recht umfangreichen Prozessanalyse, die ihre Wurzeln in betriebswirtschaftlichen Konzepten des Business Process Reengineering der 1990er-Jahre hat, nicht abgebildet werden. Schließlich sind weitere Faktoren zu nennen, die nicht im Zusammenhang mit einem ökonomischen Kalkül des Arbeitssystems stehen, die das menschliche Arbeitshandeln dennoch erheblich beeinflussen können. So sind beispielsweise auch Normen und Werthaltungen, die in Arbeitsorganisationen eingeschrieben sind, handlungsleitend für Individuen in Beruf und Arbeit (vgl. Vonken 2005, S. 138 ff.). Damit wird die Beschreibung von Domänen als Performanzfelder noch weiter erschwert.

Festzuhalten ist, dass eine handlungstheoretische Analyse unumgänglich ist, um ein gehaltvolles Bild von berufs- und arbeitsbezogenen Performanzen zu ermitteln und um daraus Kompetenzen rekonstruieren und modellieren zu können. Für die Konstruktion von theoretisch begründbaren Kompetenzmodellen ist demzufolge ein Kompromiss zu finden, der sowohl dem Anspruch der Repräsentativität des abgebildeten Arbeits- und Tätigkeitsbündels mit seiner ganzen Komplexität und Mehrdimensionalität gerecht wird als auch den für die Verwendung des Modells notwendigen Anspruch der Überschaubarkeit berücksichtigt. Dabei sind für die Ermittlung der Performanzen drei wesentliche Herausforderungen zu bewerkstelligen: Erstens ist die Erkundung zukünftiger Anforderungen in Beruf und Arbeit mit besonderen Prognoseschwierigkeiten behaftet. Zweitens sind die Performanzen von Beruf und Arbeit offenkundig durch eine hohe Komplexität bzw. Mehrdimensionalität gekennzeichnet, die eine vollständige Erfassung schwierig gestaltet. Und drittens greift eine Beschreibung beruflichen Handelns als technokratische Transformation von Informationen zu kurz. Vielmehr ist berufliches Handeln eine domänenspezifische Auslegung sozialer Interaktionen, deren Erkundung kreative Zugänge erfordert.

Zur Bewerkstelligung dieser Herausforderungen reicht es kaum aus, sich ausschließlich auf das aktuelle und vom sozialen Kontext losgelöste individuelle Handeln einzelner Berufsgruppen zu beziehen. So bedarf die Erkundung beruflichen Handelns einer Perspektive, mit der sich das soziale Handeln von Individuen in sozialen Systemen beschreiben lässt. Schließlich sind die Ergebnisse individuellen Handelns als Beiträge zur Gesamtleistung eines Sozialsystems „Unternehmen" zu verstehen. Die Unternehmensleistung wiederum wirkt sich aus einer Theorie sozialen Handelns betrachtet auf dessen Umwelt aus. In dieser Sichtweise hat berufliches Handeln soziale Auswirkungen direkt auf die eigene Arbeitsgemeinschaft und indirekt auch auf Veränderungen in der Gesellschaft. Die in Geschäfts- und Arbeitsprozessen abgerufene individuelle Handlungskompetenz hat damit nicht nur ihre Bedeutung für die Erfüllung beruflicher Ziele, sondern auch für soziale Belange, die außerhalb des betrieblichen Arbeitens zu finden sind. In dieser Lesart ist auch die Positionierung der KMK (2007, S. 10) zu interpretieren, die berufliche Handlungskompetenz definiert als „Bereitschaft und Befähigung des Einzelnen, sich in beruflichen, gesellschaftlichen und privaten Situationen sachgerecht durchdacht sowie individuell und sozial verantwortlich zu verhalten."

Um die Prognoseschwierigkeiten zur Beschreibung zukünftiger Anforderungen und Veränderungen in Geschäfts- und Arbeitsprozessen erfassen zu können, ist zu berücksichtigen, dass diese primär von Entscheidungen und Entwicklungen bestimmt werden, die weitestgehend losgelöst sind vom Handlungshorizont einzelner Berufsgruppen (vgl. Wittwer 2007). Sie werden also größtenteils auf Handlungsebenen einer höheren Ordnung determiniert: Veränderungen, die in der Umwelt von Unternehmen geschehen, führen zu einer Anpassung dieser, die vornehmlich auf Managemententscheidungen beruhen. Analog verhält es sich mit der Beschreibung der Komplexität, die dem individuellen Handeln in Beruf und Arbeit zugrunde liegt. Hier bedarf die Erkundung der handlungsbestimmenden Faktoren also einer Perspektive, die über die Sichtweise der betroffenen Individuen hinausgeht. Der Ansatz liegt darin, die Performanzen der gesamten Arbeitsorganisation zu erfassen, wie es vorrangig ressourcen- und kompetenzorientierte Perspektiven ermöglichen, die im Bereich des strategischen Managements und der kompetenzorientierten Forschung entwickelt werden (vgl. Dietrich 2007, S. 180 ff.).

Gleichwohl sollte dabei, aus einer berufs- und wirtschaftspädagogischen Perspektive betrachtet, der individuumszentrierte Blick auf Persönlichkeit und Kompetenz nicht verwässert werden. Es wird vielmehr eine Sichtweise auf Kompetenz und Kompetenzentwicklung benötigt, die einerseits das soziale Handeln und Kommunizieren innerhalb von Beruf und Arbeit systemisch erfasst und die zugleich auf einem individuumsbezogenen Lernverständnis gründet. Im nachfolgenden Kapitel wird der Versuch unternommen, eine solche Perspektive aufzuzeigen. Dabei wird eine systemisch-konstruktivistische Theorie sozialen Handelns zugrunde gelegt, um dadurch ein verbindendes Konstrukt von Performanz und Kompetenz herzustellen. Kompetenz wird in dem Zusammenhang als das Resultat kognitiver Prozesse des Wahrnehmens, des Erfahrungmachens, des Erwerbs und der Strukturierung von Wissen, des Handelns und des Gebrauchs der Sprache konzeptualisiert.

3 Konstruktivistisch-systemtheoretische Modellierung von Performanz und Kompetenz

Der Weg zu einer gehaltvollen Beschreibung von Performanzfeldern, in denen berufliches Handeln und Kommunizieren abgebildet wird, führt zunächst über die Ermittlung sozialer Bereiche (vgl. im Folgenden im Besonderen Klemisch, Schlömer & Tenfelde 2008, S. 114). Diese entstehen, wenn einzelnen Handlungen der Individuen Sinnzuweisungen zugrunde liegen und Handlungen mit einer bestimmten Bedeutung verbunden werden. Indem Individuen aufeinander bezogen interagieren, tauschen sie ihre Sichtweisen auf die Wirklichkeit aus. Durch Kommunikation und Handlungen legen Individuen schließlich gemeinsame Bedeutungen sozial fest und bilden dadurch einen konsensuellen Bereich koordinierten Verhaltens aus. (vgl. Hejl 1993, S. 216 und 1996, S. 317 f.)

3.1 Handeln aus Sicht einer Theorie sozialer Systeme

Die Ausbildung eines sozialen Bereichs lässt sich anhand der betrieblichen Kommunikation und Interaktion zwischen Mitarbeitern/Mitarbeiterinnen eines Unternehmens darstellen (vgl. im Folgenden Schlömer 2009, S. 54 f.). So diskutieren beispielsweise Mitarbeiter/-innen einer Vertriebsabteilung – die in unterschiedlichen Handlungsbereichen tätig sind und somit bisher nicht zusammengearbeitet haben – darüber, wie sie gemeinsam ein neues Geschäftsfeld erschließen könnten. Themen einer solchen Diskussion wären die Bedarfsermittlung und Prognosen zu den Kaufentscheidungen der noch unbekannten Kunden-/Kundinnengruppen sowie auch schon Konzepte zu gemeinsamen Kunden-/Kundinnenangeboten. In einer solchen Diskussion werden unterschiedliche Vorstellungen und Vermutungen der Beteiligten eingebracht, die auf den individuellen Erfahrungen basieren, die sie in ihren jeweiligen Domänen gesammelt haben. Gelingt es den Beteiligten, sich auf ein gemeinsames Konzept zu verständigen und einen Konsens zu finden, erzeugen sie zugleich eine gemeinsame Vorstellung über die durch sie wahrgenommene Wirklichkeit, in diesem Fall über die wirklichen Kunden-/Kundinnenbedarfe und die Möglichkeiten der Entwicklung und Bereitstellung adäquater Kunden-/Kundinnenangebote seitens des Unternehmens. Mit der Verständigung und dem Erzeugen eines konsensuellen bzw. sozialen Bereichs haben die Mitarbeiter/-innen dann die Basis geschaffen für weitere sinnhaft aufeinander bezogene Interaktionen, also in diesem Beispiel für den Aufbau einer neuen Vertriebs-Geschäftseinheit und der erfolgreichen Markterschließung.

Die konsensuellen bzw. sozialen Bereiche stellen folglich einen zwischenzeitlich ausgebildeten Zustand vergleichbarer und handlungswirksamer Realitätskonstruktionen zwischen Individuen dar. Zugleich bilden sie die Voraussetzung für weitere sinnhaft aufeinander bezogene Interaktionen der Individuen. Finden tatsächlich weitere Interaktionen statt, die das gemeinsame Verständnis von Individuen festigen. Es entstehen synreferenziell-soziale Systeme, in denen ihre Mitglieder Handlungen aufeinander beziehen, anhand der vereinbarten Sinnkriterien bewerten und damit unterscheiden zwischen sinnvollen Handlungen und solchen, die nur außerhalb des Systems gültig und damit der Systemumwelt zuzuweisen sind. (vgl. Hejl 1996, S. 318 ff.; Rebmann, Tenfelde & Schlömer 2011, S. 85 ff.) Mit dem Begriff der „Synreferenzialität" wird deutlich, dass Beschreibungen sozialer Systeme den Zusammenhang zwischen individuellem und organisationalem Handeln erfassen. So bedeutet synreferenziell erstens, dass die Individuen ihre Wahrnehmungen, Denkprozesse und Handlungen durch soziale Interaktionen selbstreferenziell erzeugen und dabei als Systemmitglieder eine gemeinsame Vorstellung von der beobachteten Wirklichkeit mit anderen teilen. (vgl. Hejl 1992b, S. 280) Zweitens werden die gemeinsam ausgebildeten Konstruktionen über die Wirklichkeit in einem synreferenziell-sozialen System dauerhaft handlungswirksam, d. h., die Systemmitglieder entscheiden und begründen ihre Handlungen mit den gemeinsam elaborierten und präzisierten Wissensbeständen. Damit sind zwei grundlegende Bedingungen umschrieben, die Individuen für eine Systemmitgliedschaft zu erfüllen haben. (vgl. Hejl & Stahl 2000, S. 110 ff.)

Neben der Synreferenz sind die Komponenten und die Organisation wesentliche Bestandteile sozialer Systeme, deren Wechselbeziehungen es zu berücksichtigen gilt, um das Verhalten eines Sozialsystems erklären zu können. Als Komponenten eines sozialen Systems können entweder Teilsysteme oder Individuen betrachtet werden. Letztendlich werden die systembezogenen Aktivitäten jedoch Individuen zugeordnet, die innerhalb der Systemorganisation handeln. (vgl. ebenda, S. 112) So lassen sich beispielsweise einzelne Arbeitssysteme als soziale Systeme ausweisen, die zugleich Komponenten eines übergeordneten sozialen Systems „Unternehmen" sind. Sollen schließlich Verhaltensänderungen – z. B. ein serviceorientierteres Auftreten gegenüber den Kunden/Kundinnen innerhalb der Vertriebsprozesse beschrieben werden –, lassen sich gehaltvolle Aussagen nur durch eine Analyse des tatsächlichen Verhaltens der einzelnen Mitarbeiter/-innen gewinnen, die in diesem Fall als Komponenten des untergeordneten Sozialsystems betrachtet werden. Mit der Komponentensicht wird auch deutlich, dass Individuen stets mehrere synreferenziell-soziale Systeme konstituieren können: zum einen darüber, dass sie einem Subsystem und darüber zugleich einem übergeordneten System angehören können, zum anderen aber auch dadurch, dass sie in anderen Handlungsbereichen – z. B. in privaten Zusammenhängen – weitere soziale Systeme mitbegründen können. (vgl. Hejl 1996, S. 329f.)

Eine Verhaltensanalyse führt im Ergebnis dazu, dass die Eigenschaften und weiterführend der Zustand einzelner Komponenten ermittelt werden können. Mit letzterer Erkenntnis kann erklärt werden, „welche Ereignisse zu einem gegebenen Zeitpunkt als Inputs auf die Komponente wirken können und welche Outputs die Komponente aufgrund ihres Spontanverhaltens erzeugen wird." (Hejl 1992a, S. 184f.) Auf das obige Beispiel bezogen, könnte eine Zustandsbeschreibung der Systemkomponente „Mitarbeiter/-in" die Deutung von nicht kunden-/kundinnenorientiertem Verhalten ermöglichen.

Wird der Fokus auf die Interaktionen zwischen den einzelnen Komponenten ausgeweitet, lässt sich der Begriff der Organisation im Sinne der konstruktivistisch-systemtheoretischen Überlegungen von Hejl wie folgt definieren: „Die Organisation eines Systems ist das Interaktionsmuster zwischen ihren Komponenten, das in einem Beobachtungsintervall stabil bleibt." (ebenda, S. 185) Das Muster ist das Resultat sich stetig wiederholender Interaktionen zwischen den Komponenten und bildet daher eine Regelmäßigkeit ab, die sich in einem Sozialsystem über ein zeitlich flexibles Intervall hinweg beobachten lässt (vgl. Hejl 1992b, S. 277). Aufgrund der ausgebildeten Interaktionsmuster ist das Verhalten in Sozialsystemen gefestigt und deshalb durch eine relativ hohe Autonomisierung gegenüber Verhaltensänderungen einzelner Komponenten geprägt. Anders gesagt, eine Organisationsveränderung wird nicht durch Verhaltensänderungen einzelner Komponenten herbeigeführt, solange die Mehrheit der Systemkomponenten nach dem konservativen Muster weiter interagiert (vgl. Hejl 1994, S. 118; Hejl & Stahl 2000, S. 114).

Die Tendenz von Sozialsystemen zum Konservatismus wird durch die zweite wesentliche Eigenschaft der Selektivität von Organisationen noch deutlich verstärkt. Gemeint ist damit, dass in Sozialsystemen immer nur bestimmte Komponenten miteinander interagieren und durch ein Muster abgebildet werden. Zurückzuführen sind selektive Interaktionsmuster auf die interne Differenzierung innerhalb sozialer Systeme. Mit anderen Worten: Die unterschiedlichen Eigenschaften der Komponenten, vorgegebene Kooperationspfade und/oder eine Überlastung der Komponenten durch ein Übermaß an Interaktionsangeboten sind einige gewichtige Ursachen dafür, dass Interaktionen über den Zeitlauf hinweg herausgebildeten Pfaden folgen. Die Organisation bzw. die Interaktionsmuster von Sozialsystemen sind demzufolge durch bestimmte Pfadabhängigkeiten geprägt. (vgl. Hejl 1994, S. 119; Hejl & Stahl 2000, S. 115)

Die referierten systemisch-konstruktivistischen Überlegungen eröffnen eine analytische Perspektive, um ein differenziertes Bild von Berufs- und Arbeitshandeln entwickeln zu können. Individuen werden aus dieser sozialtheoretischen Sicht als Komponenten bzw. Mitglieder sozialer Systeme beschrieben, die ihr berufliches Handeln an Sinnkriterien ausrichten, die sie in der Interaktion mit anderen Systemmitgliedern entwickelt haben. Zu beachten gilt es, dass mit dem im nachfolgenden Abschnitt zu vollziehenden Übergang von den Beschreibungen der Interaktionen in sozialen Systemen zu Beschreibungen kognitiver Lernprozesse ein anderes Verständnis des Handelns zugrunde zu legen ist (vgl. Hejl 1992a, S. 195). So bilden Individuen im aufeinander bezogenen Handeln ein gemeinsames Verständnis bzw. eine gemeinsam geteilte Vorstellung von der Wirklichkeit aus. Beispielsweise entwickeln Teams, die in der betrieblichen Produktion arbeiten, eine gemeinsame Vorstellung darüber, wie sie die Materialausschussquote senken können. Die Ausbildung solcher gemeinsam geteilter Vorstellungen beruht auf den beschriebenen synreferenziellen Handlungen (vgl. Hejl 1994, S. 113). Die synreferenziellen Handlungen bilden wichtige Bezugspunkte, um soziale Systeme beschreiben zu können. Sollen schließlich die kognitiven Prozesse der Systemmitglieder, also die Ausbildung der individuellen Vorstellungen über die Wirklichkeit, analysiert werden, z. B. in dem Sinn, wie Produktionsprozesse effizient zu gestalten seien, sind selbstreferenzielle Handlungen als Bezugspunkte heranzuziehen. Dieses unterschiedliche Handlungsverständnis ist im Zuge der Beschreibung des beruflichen Handelns und des Lernens explizit zu berücksichtigen.

3.2 Lernen aus kognitionswissenschaftlich-konstruktivistischer Sicht

Lernen wird in unserem Verständnis als kognitive Prozesse des Wahrnehmens, des Erfahrungmachens, des Erwerbs und der Strukturierung von Wissen, des Handelns und des Gebrauchs der Sprache konzeptualisiert. Mit diesem Verständnis geht eine andere Systemsicht als die im vorangegangen Abschnitt vorgestellte Betrachtung sozialer Systeme einher (vgl. zur begrifflichen Unterscheidung Schmidt 1993, S. 309ff.). So beziehen sich die folgenden theoriegeleiteten Beschreibungen des Lernens auf die kognitiven Prozesse lebender Systeme. Dabei wird auf ein kognitionstheoretisch-konstruktivistisches Modell des vollständigen Lernens zurückgegriffen, das „Lernen i. w. S. als ein kreisstrukturell geschlossenes System kognitiver Operationen" beschreibt (Rebmann & Tenfelde 2008, S. 36; vgl. auch Rebmann 2001, S. 42ff.; Rebmann & Tenfelde 2002). Abbildung 1 zeigt die Vorstellungen von Lernen als Teil einer umfassenden Kognitionsmodellierung im Überblick.

Perturbationen sind subjektiv wahrgenommene Störungen, die insbesondere durch (sprachliche) Interaktionen und unbefriedigende Handlungsergebnisse hervorgerufen werden (die folgenden Ausführungen orientieren sich an Rebmann & Tenfelde 2008, S. 37ff.). Diese Störungen können als Dispositionen, Konflikte oder Widersprüche von Individuen vor dem Hintergrund ihrer bisherigen Erfahrungen neu erfahren werden und lösen Wahrnehmungen aus. Bei einer Wahrnehmung werden demnach nicht Informationen von außen aufgenommen oder wiedergegeben, sondern es handelt sich um Konstruktionen im Sinne des „Etwas-für-wahr-Nehmen", mit deren Hilfe das Individuum Erfahrungen erzeugen kann (vgl. Rebmann & Tenfelde 2008, S. 39; Richards & Glasersfeld 1996, S. 195). Erfahrungen entstehen also aus aktuellen Wahrnehmungen, die mit Erinnerungen an vergangene Wahrnehmungen verknüpft werden (vgl. Rebmann & Tenfelde 2008, S. 40). Auch Erinnern ist eine konstruktive Leistung von Lernenden in der Gegenwart und ist eine wichtige Voraussetzung für Lernen, das immer dann gelingt, wenn Lernende im Erinnern die Bedeutung vergangener Erfahrungen antizipieren und mögliche Chancen für zukünftiges Handeln in der Verbindung erinnerter und aktueller Erfahrungen erkennen (vgl. ebenda). Lernende erproben also aktuelle Erfahrungen auf deren Anschlussfähigkeit an ihre bisherigen Erfahrungen (vgl. Rebmann 2001, S. 277). Jeder, der schon über Wissen verfügt, muss deshalb selbst entscheiden, ob neue Erfahrungen in seine Erfahrungswelt passen und dort mit den bisherigen Erfahrungen zu Wissen verknüpft werden können und damit anschlussfähig sind. Wissen dient dem begrifflichen Gleichgewicht (Äquilibrium) im kognitiven Bereich des Individuums. Der Aufbau von Wissen vollzieht sich durch Prozesse der Erzeugung von Ordnung und Organisation von Erfahrungen (vgl. Krüssel 1993, S. 72). So organisieren Individuen induktiv schließend ihre Erfahrungswelt so, dass sie verlässliche Vorhersagen ermöglicht und deshalb „Sinn" macht. Individuen organisieren in sozialen Interaktionen ferner ihre Erfahrungswelt so, dass sie ein Zusammenpassen kognitiver Systeme ermöglicht, also ein Verstehen erlaubt.

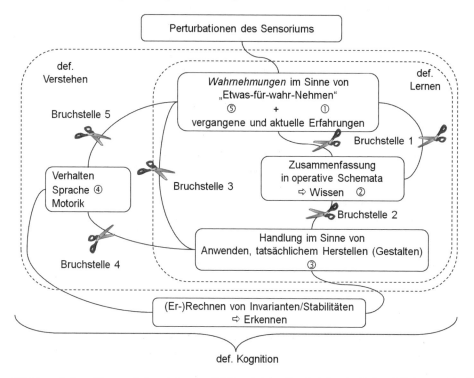

Abbildung 1: Kognitionsmodell und dessen Schlüssel- bzw. Bruchstellen im Teilmodell „Lernen" (vgl. Rebmann & Tenfelde 2008, S. 37)

Wissen erzeugen die Individuen nur selbst in der handelnden Auseinandersetzung und auf der Grundlage ihrer aktuellen und bisherigen Erfahrungen; und sie überprüfen die Viabilität (Brauchbarkeit) von Wissen in der wechselseitigen Orientierung an den Erfahrungen anderer. Viables Wissen ist also Wissen, das sich in Handlungen bewährt oder bereits bewährt hat. „Handeln ist insofern als Anwendung des erworbenen Wissens zu deuten, wobei die Lernenden stets die Handlung ausführen werden, die sie als erfolgreich und viabel antizipieren." (Rebmann & Tenfelde 2008, S. 45)

Wissen ist folglich dann effektiv, wenn es in Handlungen im Sinne von Anwenden bzw. tatsächlichem Herstellen von Vorstellungen durch Tätigkeiten erprobt wird (vgl. Rebmann & Tenfelde 2002, S. 132). Wissen ist aber nicht nur Bedingung, sondern auch Ergebnis des selbstreferenziellen Handelns, sodass der Wissenserwerb stets an Handlungen gekoppelt ist (vgl. Andresen 2003, S. 293). Handeln ist daher ein aktiver Prozess, bei dem Individuen ihr Wissen in Beziehung zu ihren früheren Erfahrungen stellen und an Kriterien des Erfolgs bzw. Misserfolgs bewerten. Indem aktuelle mit vergangener Erfahrung zu Wissen verknüpft und im effektiven Handeln überprüft wird, entsteht das übergreifende Konstrukt des Lernens (vgl. Rebmann & Tenfelde 2008, S. 46). Lernen tritt immer dann auf, wenn zunächst ein Schema (Wissen) nicht zu einem erwarteten Ergebnis führt, sondern stattdessen zu Störungen, Widersprüchen oder Perturbationen, die das Äquilibrium des Individuums durcheinanderbringen (vgl. Glasersfeld 1994, S. 34). Daraufhin kann das Individuum versuchen, die Störung zu beseitigen. Gelingt dies, endet der Versuch. Gelingt dies nicht, können entweder vorhandene kognitive Strukturen eines subjektiven Erfahrungsbereichs weiterentwickelt werden, oder es kann auf Merkmalen des situativen Kontextes aufbauend nach „neuen" Zusammenhängen gesucht und ein neuer subjektiver Erfahrungsbereich entwickelt werden (vgl. Aufschnaiter, Fischer & Schwedes 1992, S. 394). Durch Akkommodation kognitiver Strukturen gelingt es dem Individuum, das Äquilibrium wiederherzustellen (vgl. Glasersfeld 1994, S. 369). Lernen basiert hier auf der Möglichkeit des induktiven Schließens.

Lernen ist also ein aktiver Prozess des Individuums und damit untrennbar mit dessen Biografie und dessen aktueller Befindlichkeit verbunden (vgl. auch Balgo 1998, S. 61). Von außen können Lernprozesse nicht fremdbestimmt werden. Das Außen bietet hingegen mögliche Lernanlässe in Form von Perturbationen, die in der Regel im Kontext von (sprachlichen) Interaktionen und Kommunikation stattfinden (vgl. Rebmann & Tenfelde 2008, S. 47). Um Lernprozesse als Lehrende dennoch fördern zu können, lassen sich prinzipiell zwei Vorgehensweisen unterscheiden (vgl. ebenda, S. 53). Erstens: Lehrende modellieren Lehr-Lern-Prozesse bereits in der Planung und Vorbereitungsphase als vollständige und komplexe kognitive Prozesse. Zweitens: Sie fokussieren besonders die Schlüsselstellen im Lernprozess, „an denen Brüche in der Kreisstruktur des Lernens auftreten können." (ebenda) Mit anderen Worten: Sie sichern damit die Anschlüsse kognitiver (Teil-)Prozesse im Kognitionsmodell des vollständigen Lernens.

Als Schlüsselstellen bzw. mögliche Bruchstellen können im Prozess des Lernens benannt werden (vgl. z.B. Rebmann 2004, S. 13f.; siehe auch Abbildung 1):

- Schlüsselstelle 1: Wahrnehmungen und selbstständig Erfahrungen machen.
  Bruchstelle 1: Lernende machen Wahrnehmungen und Erfahrungen im Lernen, die sie aber nicht an ihre bisherigen Wahrnehmungen und Erfahrungen anschließen können.
- Schlüsselstelle 2: die eigene Lerngeschichte mit aktuellen Lernanforderungen zu operativen Schemata im Wissen verbinden.
  Bruchstelle 2: Lernende erweitern ihre (Lern-)Erfahrungen und erzeugen Wissen, können dieses aber nicht in Gestaltungsaufgaben erproben. Das Wissen bleibt träge.
- Schlüsselstelle 3: Gestaltungsaufgaben in der Lernsituation erfinden und bearbeiten.
  Bruchstelle 3: Lernende reflektieren ihr Handeln nicht auf ihre vergangenen und gegenwärtigen (Lern-)Erfahrungen.

- Schlüsselstelle 4: eine gemeinsame Sprache in der Kommunikation entwickeln.
Bruchstelle 4: Lernende erproben neue Erfahrungen und neues Wissen in Gestaltungsaufgaben, sie werden jedoch daran gehindert, selbstständig sprachlich koordinierte Verhaltensweisen auszulösen und sich sprachlich zu verständigen.
- Schlüsselstelle 5: selbstständig Verallgemeinerungen als Abstraktion des Gelernten entwerfen und erproben – und damit neue Wahrnehmungen und Erfahrungen ermöglichen.
Bruchstelle 5: Lernende eignen sich abstrakte Darstellungs- und Präsentationsmuster an, können diese aber nicht für neue Erfahrungen oder für die Umstrukturierung bisheriger Erfahrungen nutzen.

Das vorgestellte Kognitionsmodell dient der Beschreibung individuellen Lernens und zugleich der Begründung von Prozessen der Kompetenzentwicklung. Werden die dargelegten rekursiven Kognitionsprozesse mit ihren Schlüsselstellen nämlich kompetenzorientiert gedeutet, lassen sich sechs Teilkompetenzen identifizieren (vgl. ausführlicher Rebmann, Tenfelde & Schlömer 2011, S. 133 ff.): berufsrelevantes Wissen (Sachkompetenz); Fähigkeit, berufsrelevantes Wissen im praktischen Handeln überprüfen und berufliche Praxis beschreiben und erklären können (Methodenkompetenz); Fähigkeit, an der Gestaltung beruflicher Praxis sachkompetent und orientiert an moralischen und ethischen Leitvorstellungen mitzuwirken (Gestaltungskompetenz); Entwickeln eigener Wertvorstellungen, Orientierung beruflichen Handelns und Gestaltens an gemeinsamen Wertvorstellungen, Solidarität mit anderen, aber auch Kritikfähigkeit (moralisch-ethische Kompetenz); Entwicklung von beruflichem Selbstbewusstsein und Ich-Identität, Förderung von Sprache und Kommunikation (Sozialkompetenz); Entwickeln sprachlicher Verallgemeinerungen, Fähigkeit zur sprachlichen Verständigung mit anderen über Fachgrenzen hinweg (Abstraktionsfähigkeit).

Diese sechs Dimensionen der beruflichen Kompetenz sind unter Rückgriff auf die obigen kognitionstheoretischen Überlegungen kreisstrukturell miteinander verbunden (siehe Abbildung 2). In der kreisstrukturellen Verknüpfung der Kompetenzen wird damit ein Grad an Komplexität erzeugt, der es nicht mehr erlaubt, in die Prozesse der rekursiven Kompetenzentwicklung ohne deren Zerstörung einzugreifen.

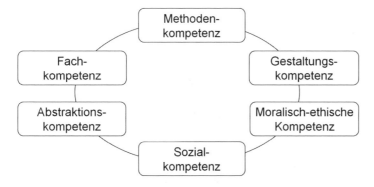

Abbildung 2: Kreisstrukturelles Kompetenzmodell (vgl. Rebmann, Tenfelde & Schlömer 2011, S. 133)

4 Ermittlung und Beschreibung von Kompetenzentwicklung in der Handelslehrer/-innen-Bildung

Mit der dargelegten systemisch-konstruktivistischen Sichtweise auf berufliches Handeln und der kognitionstheoretischen Sichtweise auf individuelles Lernen in Beruf und Arbeit ist ein Rahmenkonzept zur Beschreibung und Modellierung von Kompetenz und Kompetenzentwicklung skizziert. Das Konzept lässt sich in der Empirie auf die Ermittlung und Beschreibung ganz unterschiedlicher Phänomene von beruflicher Kompetenz und Kompetenzentwicklung anwenden. So lässt es sich beispielsweise auch auf die Lehrer/-innen-Bildung beziehen, im Speziellen auf die aktuell kontrovers diskutierte Frage, welche Bedeutung den Phasen Studium und Vorbereitungsdienst für die Kompetenzentwicklung im Lehrer/-innen-Beruf zukommt und wie die Phasen sinnhaft aufeinander bezogen werden könnten. Klarerweise beansprucht die Klärung dieser Frage einen empirischen Zugang, gleichwohl bedarf es einer theoretischen Fundierung bzw. Begründung. Letzteres kann mit dem systemisch-konstruktivistischen und kognitionstheoretischen Rahmenkonzept geleistet werden, indem folgende Leitfragen an den Forschungsgegenstand angelegt werden:

- In welchen Systemstrukturen und -prozessen wird die Professionalisierung von Handelslehrern/-lehrerinnen gestaltet und welche Sinnkriterien werden in den sozialen Systemen Universität, Studienseminar und berufsbildende Schulen zugrunde gelegt?
- Welche Lernprozesse und Kompetenzen werden durch die systemspezifischen Prozesse und Strukturen mit ihren inkorporierten Lernangeboten bei Studierenden und Referendaren/Referendarinnen gefördert?
- Welche Systemverknüpfungen bieten sich auf Basis der ermittelten Sinnkriterien im Sinne einer phasenbezogenen Lehrer/-innen-Bildung an?

Erste Antworten auf die Fragen sollen im Folgenden skizziert werden.

4.1 Systemstrukturen und -prozesse

Die erste Phase an Universitäten oder rechtlich gleichgestellten wissenschaftlichen Hochschulen ist als akademische Ausbildung und wissenschaftliche Begründung für den Lehrer/-innen-Beruf angelegt, die ihn als solchen auch positioniert: nicht nur in Bezug auf die rechtliche Stellung und Besoldung, sondern vor allem auf die Gestaltungsaufgabe von Handelslehrern/-lehrerinnen in schulischen, betrieblichen und überbetrieblichen Tätigkeitsfeldern. Das universitäre Ausbildungssystem von Handelslehrern/-lehrerinnen ist daher polyvalent ausgerichtet, was sich in seinen Prozessen und Strukturen bzw. seinen Mechanismen und Lerninhalten darstellt. So geht es in berufs- und wirtschaftspädagogischen Studien darum, Theorien und Modelle anzubieten, die für die Begründung, Erklärung, Gestaltung und Reflexion von beruflichen Lehr-Lern-Prozessen maßgeblich sind (vgl. Kremer & Sloane 2007, S. 11 f.). In der Lehre sollen dabei direkte und indirekte Bezüge zur Praxis der beruflichen Bildung nicht nur die Anwendbarkeit der Theorien und Modelle aufzeigen, sondern vielmehr auch eine Überprüfung und Modifizierung dieser ermöglichen (vgl. Rebmann & Schlömer 2010, S. 341 ff.). Damit werden zugleich die wesentlichen Performanzen skizziert, auf die sich die akademische Ausbildung von Handelslehrern/-lehrerinnen bezieht: Handelslehrer/-innen werden nicht einfach nur als Umsetzer/-innen bildungspolitischer Vorgaben betrachtet, sondern als Innovatoren/Innovatorinnen, Promotoren/Promotorinnen und Multiplikatoren/Multiplikatorinnen einer zukunftsgerichteten und dynamischen beruflichen Bildung.

Die zweite Phase des Vorbereitungsdienstes ist dual organisiert und ebenso wie die universitäre Ausbildung bundeslandspezifisch ausgestaltet. In Niedersachsen findet an Ausbildungsschulen eine praxisnahe Vorbereitung auf den Schuldienst und an Studienseminaren eine theoriegeleitete Vorbereitung im pädagogischen Seminar, im Fachseminar der beruflichen Fachrichtung und im Fachseminar des Unterrichtsfachs statt. In dieser Struktur soll der Vorbereitungsdienst eine schulpraktische Professionalisierung angehender Handelslehrer/-innen leisten. Schwerpunkt bildet dabei die Ausbildung für das Performanzfeld „Unterrichten". Referendare/Referendarinnen sollen nicht nur Unterrichtshospitationen ableisten, sondern insbesondere eigenverantwortliche Unterrichtserfahrungen sammeln, die durch das Ausbildungspersonal fachlich und reflexiv begleitet und bewertet werden (vgl. Bellenberg & Thierack 2003, S. 42f.; Schubarth, Speck & Seidel 2007, S. 231f.). In der Staatsprüfung werden daher auch überwiegend Performanzen des Unterrichtens bewertet (vgl. § 11 ff. der Verordnung über die Ausbildung und Prüfung von Lehrkräften im Vorbereitungsdienst [APVO]).

4.2 Lernprozesse und Kompetenzen

Mit den Standards für die Bildungswissenschaften ist es zwar gelungen, Profile von pädagogischer Professionalität für die Lehrer/-innen-Bildung vorzugeben, gleichwohl besteht keineswegs Konsens darin, welche Aspekte in welcher Ausbildungsphase gefördert werden sollten und wie sie auf die spezifischen Kontexte z.B. von berufsbildenden Schulen herunterzubrechen sind (vgl. Kuhlee & Buer 2009, S. 492). Neben dem Erwerb fachwissenschaftlicher Expertise sollten angehende Handelslehrer/-innen vor allem auch differenzierte Vorstellungen und (epistemologische) Überzeugungen z.B. über den Wissenserwerb oder über didaktische Planungs- und Gestaltungsprozesse, Reflexionsfähigkeiten, Einstellungen und moralische Urteilsfähigkeiten sowie Argumentationsmuster entwickeln.

Die Ausbildung der Handelslehrer/-innen an der Universität Oldenburg z.B. nimmt diese Kompetenzen zum Ausgangspunkt und Leitziel ihrer Lernangebote. Exemplarisch lässt sich dies am Beispiel der Module im Professionalisierungsbereich (PB) des Zwei-Fächer-Bachelor-Studiengangs Wirtschaftswissenschaften (Schwerpunkt: berufliche Bildung) darlegen: Im ersten Semester werden die Grundlagen der Berufs- und Wirtschaftspädagogik im Modul PB23 durch eine Vorlesung und ein begleitendes Tutorium gelegt. Die Studierenden entwickeln dabei anhand eines Strukturmodells (vgl. hierzu das Lehrbuch: Rebmann, Tenfelde & Schlömer 2011) ihr eigenes Zusammenhangswissen und ihre Vorstellungen über die wesentlichen Begriffe, Prozesse und Phänomene der Berufs- und Wirtschaftspädagogik. Im zweiten Semester werden im Modul PB24 (Grundlagen des beruflichen Lehrens und Lernens) behavioristische, kognitivistische und konstruktivistische Lehr-Lern-Theorien entwicklungshistorisch voneinander abgegrenzt, kritisch reflektiert und hinsichtlich ihrer zugrundeliegenden Annahmen und Prinzipien eingeordnet. Darüber hinaus werden die sozialen und strukturellen Bedingungsfaktoren des Lern- und Leistungshandelns in Arbeit und Beruf herausgearbeitet. Die Kompetenzentwicklung der Studierenden wird durch die Portfoliomethode angeleitet, indem sie aus eigenen Texten ihre Vorstellungen über Prozesse und Strukturen des beruflichen Lehrens und Lernens schrittweise entwickeln und zunehmend stärker theoriegeleitet begründen.

Das für das dritte Semester vorgesehene Modul PB25 (Beruf, Qualifikation und System) ist ein Exempel für die Anwendung, Überprüfung und Modifizierung von Theorie in der Berufsbildungspraxis. Die Studierenden erwerben einerseits Kenntnisse über theoriebasierte Modelle und ausgewählte empirische Befunde zur Interpretation der Arbeits- und Berufswelt. Andererseits entwickeln sie ihre gewonnenen Vorstellungen in Form von Erkundungen in Bildungseinrichtungen fort und überprüfen diese auf Passung. Diese empirische Ausrichtung wird fortgesetzt im Modul PB26 (Berufsbildungsforschung). Hier werden in Vorlesungs- und Seminarform Kenntnisse über Ziele und Arbeitsschwerpunkte der Berufsbildungsforschung, elementares Wissen über die Methoden der empirischen Sozialforschung und theoretisches wie methodisches Wissen zur Durchführung einer eigenen empirischen Studie vermittelt. Das Modul wird damit vor allem dem Anspruch der Mitgestaltung von Innovationsprozessen durch Lehrer/-innen gerecht.

Schließlich soll das Modul PB27 „Ausgewählte Probleme in berufs- und wirtschaftspädagogischen Handlungsfeldern" den Studierenden ermöglichen, ihre spezifischen und beruflichen Interessen zu vertiefen. Es bieten sich hier problemorientierte Seminarthemen an wie z. B. zu Lernstörungen und Lerninterventionen oder zur Berufsbildung für nachhaltiges Wirtschaften, mit denen sich angehende Handelslehrer/-innen Expertise zu ihren künftigen Tätigkeitsbereichen in Schule und Betrieb aneignen. Im anschließenden Studiengang Master of Education (Wirtschaftspädagogik) wird diese Kompetenzentwicklung und Profilbildung pädagogischer Professionalität fortgeführt. Idealtypisch sollen im Vorbereitungsdienst die entwickelten Kompetenzen aus dem Universitätsstudium vor allem in Bezug auf das schulpraktische Handeln angewandt und weiterentwickelt werden. Gleichwohl wird diese Anschlussfähigkeit zwischen dem in der ersten Phase erworbenen Wissen und dessen Anwendung in der zweiten Phase nicht selten durch die Referendare/Referendarinnen selbst stark kritisiert (vgl. Böhner 2009, S. 441).

Spezifizieren lässt sich die Ausrichtung der Kompetenzentwicklung im Rückgriff auf die Verordnung über die Ausbildung und Prüfung von Lehrkräften im Vorbereitungsdienst. Hier wird in § 2 als Ziel ausgegeben, Lehrkräfte im Vorbereitungsdienst (LiV) im Hinblick auf den Bildungsauftrag der Schule nach § 2 des Niedersächsischen Schulgesetzes (NSchG 1998) zu befähigen, Schüler/-innen individuell so zu fordern und zu fördern, dass diese ihr Leben eigenverantwortlich gestalten und in Gesellschaft und Beruf Verantwortung für sich und andere übernehmen können. In der Anlage werden dann 67 (!) Teilkompetenzen aus den vier Bereichen „Unterrichten", „Erziehen", „Beurteilen, Beraten und Unterstützen, Diagnostizieren und Fördern" sowie „Personale Kompetenzen" genannt. Mit diesem umfangreichen und komplexen Kompetenzspektrum sollen Lehrer/-innen als „reflektierende Praktiker/-innen" ausgebildet werden, die sich bewusst sind über ihre eigenen Einstellungen und Wertvorstellungen, Erfahrungen und Kompetenzen und die diese eigenverantwortlich weiterentwickeln. Das Studienseminar für das Lehramt an berufsbildenden Schulen in Oldenburg stützt diese Reflexions- und Kompetenzentwicklungsprozesse durch den Einsatz eines Ausbildungs- und Entwicklungsportfolios. Mithilfe der Portfolios sollen „Lehrkräfte im Vorbereitungsdienst ihre Aktivitäten selbstständig steuern und bewusst mitgestalten und insbesondere die oft geforderte Reflexivität gegenüber der eigenen Lehr- und Lernpraxis weiter entwickeln. Durch die Portfolios sollen die Lehrer/-innen im Vorbereitungsdienst dazu angeleitet werden, darüber nachzudenken, an welcher Stelle sie sich in ihrem Professionalisierungsprozess zur Lehrkraft befinden, welche ‚Subjektiven Theorien' sie verfolgen und worin ihre Stärken und Schwächen liegen, um einerseits in Beratungssituationen mit den Ausbildern und im Hinblick zur Arbeit mit ihren Lerntandempartnern die eigene Selbstbeobachtung und -beurteilung sowie die Fähigkeit zur Metakognition auszubauen." (vgl. http://www.studienseminar-ol-bbs.de)

4.3 Systemverknüpfungen

Mit dem Einsatz der Portfoliomethode ist ein gemeinsames Prozessmerkmal der Phasen des Studiums an der Universität Oldenburg und des Vorbereitungsdienstes am Studienseminar Oldenburg benannt. Der Portfolioeinsatz repräsentiert einen geeigneten Knotenpunkt zwischen den beiden Ausbildungssystemen. Die Studierenden bzw. Referendare/Referendarinnen erfahren den Umgang und den Nutzen der Methode in unterschiedlichen Zusammenhängen: Im Studium nutzen sie sie für ein abgegrenztes Modul, konkret für die Dokumentation, Begründung und Reflexion ihrer Vorstellungen über Kognitionen, Lehr-Lern-Prozesse und Berufsbildungsstrukturen. Im Vorbereitungsdienst soll sie am Standort Oldenburg als übergreifendes Instrumentarium der Ermittlung, Beschreibung und Reflexion der eigenen Kompetenzentwicklung dienen. Zukünftig könnten die unterschiedlichen Einsatzszenarien miteinander verzahnt werden, um damit die in den Standards für die Bildungswissenschaften benannten Kompetenzen tatsächlich system- bzw. phasenbezogen stärker fördern zu können.

Ein portfoliogestützter Knotenpunkt könnte differenziert ausgestaltet werden, indem in beiden Phasen ein noch deutlicherer Bezug zur benachbarten Phase hergestellt wird. Dies würde bedeuten, dass das im Bachelorstudium eingesetzte Portfolio auf weitere Module (auch aus dem Masterstudium) ausgeweitet wird. Inhaltlich könnten sowohl fachwissenschaftliche als auch praxisbezogene Lernprozesse berücksichtigt werden. Letztere sammeln die Studierenden im Allgemeinen Schulpraktikum und im Fachpraktikum. Ihre Praktika dokumentieren und werten die Studierenden derzeit durch eigenständige Berichte aus. Für das im Vorbereitungsdienst eingesetzte Portfolio würde eine stärkere Verzahnung bedeuten, die im Studium erworbene Expertise und die Praxis- und Empirie-Erfahrungen intensiver im Rahmen der schulpraktischen Professionalisierung abzurufen. Eine weitere Evolutionsstufe könnte schließlich ein phasenübergreifendes Portfolio darstellen, das die Handelslehrer/-innen-Bildung vom ersten Studiensemester über den Vorbereitungsdienst bis in die Berufseinstiegsphase systematisch begleitet. Ein solches Vorhaben bedarf einer engen Kooperation zwischen den beteiligten Phasen und eines grundlegenden Verständnisses von abgestimmter Lehrer/-innen-Bildung.

5 Schlussbemerkung

Die in diesem Beitrag vorgestellten Überlegungen sollen eine differenzierte und zugleich systematische Ermittlung und Beschreibung von Kompetenz und Kompetenzentwicklung in beruflicher Bildung konzeptualisieren. Die Konzepte können dann eine Erklärung, Prognose und Gestaltung beruflicher Kompetenzentwicklung anleiten. Für den Bereich der Handelslehrer/-innen-Bildung eignet sich dies in besonderer Weise, da hier hochkomplexe und vernetzte Systeme involviert sind.

Literaturverzeichnis

Achtenhagen, Frank & Winther, Esther (2006): Möglichkeiten des Kompetenzaufbaus und seiner Erfassung bei Schülerinnen und Schülern in der kaufmännischen Erstausbildung. In: Minnameier, Gerhard & Wuttke, Eveline (Hrsg.): Berufs- und wirtschaftspädagogische Grundlagenforschung. Frankfurt am Main: Lang, S. 345–360.

Achtenhagen, Frank & Baethge, Martin (2007): Kompetenzdiagnostik als Large-Scale-Assessment im Bereich der beruflichen Aus- und Weiterbildung. In: Prenzel, Manfred, Gogolin, Ingrid & Krüger, Heinz-Hermann (Hrsg.): Kompetenzdiagnostik. (Zeitschrift für Erziehungswissenschaft, Sonderheft 8). Wiesbaden: Verlag für Sozialwissenschaften, S. 51–70.

Andresen, Maike (2003): Corporate Universities als Instrument des strategischen Managements von Person, Gruppen und Organisation. Frankfurt am Main: Lang.

Aufschnaiter, Stefan von, Fischer, Hans E. & Schwedes, Hannelore (1992): Kinder konstruieren Welten. In: Schmidt, Siegfried J. (Hrsg.): Kognition und Gesellschaft. Frankfurt am Main: Suhrkamp, S. 380–424.

Baethge, Martin, Achtenhagen, Frank, Arends, Lena, Babic, Edvin, Baethge-Kinsky, Volker & Weber, Susanne (2006): Berufsbildungs-PISA. Machbarkeitsstudie. Stuttgart: Steiner.

Balgo, Rolf (1998): Lehren und Lernen. In: Pädagogik 50, Heft 7/8, S. 58–62.

Bellenberg, Gabriele & Thierack, Anke (2003): Ausbildung von Lehrerinnen und Lehrern in Deutschland. Opladen: Leske + Budrich.

Bergmann, Gustav & Daub, Jürgen (2008): Systemisches Innovations- und Kompetenzmanagement. 2. Auflage. Wiesbaden: Gabler.

BMBF – Bundesministerium für Bildung und Forschung (2007; Hrsg.): Expertise. Zur Entwicklung nationaler Bildungsstandards. Berlin: BMBF.

Böhner, Markus M. (2009): Wirkungen des Vorbereitungsdienstes auf die Professionalität von Lehrkräften. In: Zlatkin-Troitschanskaia, Olga, Beck, Klaus, Sembill, Detlef, Nickolaus, Reinhold & Mulder, Regina (Hrsg.): Lehrerprofessionalität. Weinheim: Beltz, S. 439–450.

Breuer, Klaus (2006): Kompetenzdiagnostik in der beruflichen Bildung. In: Zeitschrift für Berufs- und Wirtschaftspädagogik 102, Heft 2, S. 194–210.

Chomsky, Noam (1970): Aspekte der Syntaxtheorie. Frankfurt am Main: Suhrkamp.

Dietrich, Andreas (2007): Die Entwicklung organisatorischer Kompetenz. In: Zeitschrift für Wirtschafts- und Unternehmensethik 2, Heft 8, S. 178–195.

Euler, Dieter (2003): Theoretische Zugänge zur Wirtschaftsdidaktik. In: Bredow, Antje, Dobischat, Rolf & Rottmann, Joachim (Hrsg.): Berufs- und Wirtschaftspädagogik von A-Z. Baltmannsweiler: Schneider Verlag Hohengehren, S. 119–134.

Fischer, Andreas, Hahne, Klaus & Kutt, Konrad (2004): Berufsbildung für eine nachhaltige Entwicklung. In: Rützel, Josef, Bendig, Burkhard, Herzog, Christiane E. & Sloane, Peter F. E. (Hrsg.): BerufsBildung in der globalen NetzWerkGesellschaft. (13. Hochschultage Berufliche Bildung 2004). Bielefeld: Bertelsmann, S. 15–38.

Gillen, Julia (2004): Kompetenzanalysen in der betrieblichen Bildung. In: Dehnbostel, Peter & Pätzold, Günter (Hrsg.): Innovationen und Tendenzen der beruflichen Berufsbildung. Beiheft 18. Stuttgart: Steiner, S. 76–85.

Gillen, Julia & Kaufhold, Marisa (2005): Kompetenzanalysen – kritische Reflexion von Begrifflichkeiten und Messmöglichkeiten. In: Zeitschrift für Berufs- und Wirtschaftspädagogik 101, Heft 3, S. 364–378.

Glasersfeld, Ernst von (1994): Piagets konstruktivistisches Modell. In: Rusch, Gebhard & Schmidt, Siegfried J. (Hrsg.): Piaget und der radikale Konstruktivismus. Frankfurt am Main: Suhrkamp, S. 16–42.

Hejl, Peter M. (1992a): Die zwei Seiten der Eigengesetzlichkeit. In: Schmidt, Siegfried J. (Hrsg.): Kognition und Gesellschaft. Frankfurt am Main: Suhrkamp, S. 167–213.

Hejl, Peter M. (1992b): Selbstorganisation und Emergenz in sozialen Systemen. In: Krohn, Wolfgang & Küppers, Günter (Hrsg.): Emergenz. Frankfurt am Main: Suhrkamp, S. 269–292.

Hejl, Peter M. (1993): Soziale Systeme. In: Riegas, Volker & Vetter, Christian (Hrsg.): Zur Biologie der Kognition. Frankfurt am Main: Suhrkamp, S. 205–236.

Hejl, Peter M. (1994): Die Entwicklung der Organisation von Sozialsystemen und ihr Beitrag zum Systemverhalten. In: Rusch, Gebhard & Schmidt, Siegfried J. (Hrsg.): Konstruktivismus und Sozialtheorie. Frankfurt am Main: Suhrkamp, S. 109–132.

Hejl, Peter M. (1996): Konstruktion der sozialen Konstruktion. In: Schmidt, Siegfried J. (Hrsg.): Der Diskurs des radikalen Konstruktivismus. 7. Auflage. Frankfurt am Main: Suhrkamp, S. 303–339.

Hejl, Peter M. & Stahl, Heinz K. (2000): Management und Selbstregelung. In: Hejl, Peter M. & Stahl, Heinz K. (Hrsg.): Management und Wirklichkeit. Das Konstruieren von Unternehmen, Märkten und Zukünften. Heidelberg: Carl-Auer, S. 100–138.

Kastrup, Julia (2008): Betriebliche Umweltbildung. Mering: Hampp.

Kaufhold, Marisa (2006): Kompetenz und Kompetenzerfassung. Wiesbaden: Verlag für Sozialwissenschaften.

Kaufhold, Marisa (2007): Kompetenzerfassung in der Berufsbildung. In: berufsbildung 61, Heft 103/104, S. 18–23.

Klemisch, Herbert, Schlömer, Tobias & Tenfelde, Walter (2008): Wie können Kompetenzen und Kompetenzentwicklung für nachhaltiges Wirtschaften ermittelt und beschrieben werden? In: Bormann, Inka & Haan, Gerhard de (Hrsg.): Kompetenzen der Bildung für nachhaltige Entwicklung. Wiesbaden: Verlag für Sozialwissenschaften, S. 103–122.

Klieme, Eckhard & Leutner, Detlev (2006): Kompetenzmodelle zur Erfassung individueller Lernergebnisse und zur Bilanzierung von Bildungsprozessen. In: Zeitschrift für Pädagogik 52, Heft 6, S. 876–903.

Klieme, Eckhard & Hartig, Johannes (2007): Kompetenzkonzepte in den Sozialwissenschaften und im erziehungswissenschaftlichen Diskurs. In: Prenzel, Manfred, Gogolin, Ingrid & Krüger, Heinz-Hermann (Hrsg.): Kompetenzdiagnostik. (Zeitschrift für Erziehungswissenschaft, Sonderheft 8). Wiesbaden: Verlag für Sozialwissenschaften, S. 11–32.

KMK – Sekretariat der Ständigen Konferenz der Kultusminister der Länder in der Bundesrepublik Deutschland (2007): Handreichungen für die Erarbeitung von Rahmenlehrplänen der Kultusministerkonferenz für den berufsbezogenen Unterricht in der Berufsschule und ihre Abstimmung mit Ausbildungsordnungen des Bundes für anerkannte Ausbildungsberufe.

Kornmilch-Bienengräber, Thomas (2006): Zur Entwicklung situationsorientierter Bildungsstandards in der kaufmännischen Berufsbildung. In: Minnameier, Gerhard & Wuttke, Eveline (Hrsg.): Berufs- und wirtschaftspädagogische Grundlagenforschung. Frankfurt am Main: Lang, S. 321–334.

Krüssel, Hermann (1993): Konstruktivistische Unterrichtsforschung. Frankfurt am Main: Lang.

Kuhlee, Dina & Buer, Jürgen van (2009): Professionalisierung in der neuen gestuften Lehrerbildung. In: Zlatkin-Troitschanskaia, Olga, Beck, Klaus, Sembill, Detlef, Nickolaus, Reinhold & Mulder, Regina (Hrsg.): Lehrerprofessionalität. Weinheim: Beltz, S. 489–502.

Lempert, Wolfgang (2005): Entwicklung moralischer Urteilskompetenz. In: Rauner, Felix (Hrsg.): Handbuch Berufsbildungsforschung. Bielefeld: Bertelsmann, S. 329–336.

Lorig, Barbara & Schreiber, Daniel (2007): Ausgestaltung kompetenzbasierter Ausbildungsordnungen. In: Berufsbildung in Wissenschaft und Praxis 36, Heft 6, S. 5–9.

Mulder, Martin (2007): Kompetenz – Bedeutung und Verwendung des Begriffs in der beruflichen Erstausbildung und Weiterbildung. In: Europäische Zeitschrift für Berufsbildung 1, Heft 40, S. 5–24.

Müller, Sarah & Rebmann, Karin (2008): Ausbildungsreife von Jugendlichen im Urteil von Lehrkräften. In: Zeitschrift für Berufs- und Wirtschaftspädagogik 104, Heft 4, S. 573–589.

Müller-Ruckwitt, Anne (2008): „Kompetenz" – Bildungstheoretische Untersuchungen zu einem aktuellen Begriff. Würzburg: Ergon.

Neuweg, Georg H. (1992): Betriebswirtschaftslehre und Wirtschaftsdidaktik. Bergisch-Gladbach: Hobein.

Nickolaus, Reinhold (2008): Modellierungen zur beruflichen Fachkompetenz und ihre empirische Prüfung. In: Zeitschrift für Berufs- und Wirtschaftspädagogik 104, Heft 1, S. 1–6.

NSchG – Niedersächsisches Schulgesetz (1998): Niedersachsen: Niedersächsische Landesregierung (Stand: 16.03.2011).

Preiß, Peter (2005): Entwurf eines Kompetenzkonzepts für den Inhaltsbereich Rechnungswesen/Controlling. In: Gonon, Philipp, Klauser, Fritz, Nickolaus, Reinhold & Huisinga, Richard (Hrsg.): Kompetenz, Kognition und neue Konzepte der beruflichen Bildung. Wiesbaden: Verlag für Sozialwissenschaften, S. 67–85.

Rebmann, Karin (2001): Planspiel und Planspieleinsatz. Hamburg: Kovac.

Rebmann, Karin (2004): Didaktik beruflichen Lernens und Lehrens. In: Grundlagen der Weiterbildung – Praxishilfen, Heft 57, S. 1–20.

Rebmann, Karin & Schlömer, Tobias (2009): Lernen im Prozess der Arbeit. In: bwp@, Profil 2, S. 1–17.

Rebmann, Karin & Schlömer, Tobias (2010): Konzeptualisierung der Lehrer/-innen-Ausbildung der kaufmännischen Beruflichen Fachrichtungen. In: Pahl, Jörg-Peter & Herkner, Volkmar (Hrsg.): Handbuch der Beruflichen Fachrichtungen. Bielefeld: Bertelsmann, S. 336–347.

Rebmann, Karin & Tenfelde, Walter (2002): Selbstlernen in der betrieblichen Ausbildung. In: Kraft, Susanne (Hrsg.): Selbstgesteuertes Lernen in der Weiterbildung. Baltmannsweiler: Schneider Verlag Hohengehren, S. 60–75.

Rebmann, Karin & Tenfelde, Walter (2008): Betriebliches Lernen. München: Hampp.

Rebmann, Karin & Tredop, Dietmar (2006): Ausbildungsreife – Worthülse oder Inhalt? In: berufsbildung 60, Heft 102, S. 3–6.

Rebmann, Karin, Tenfelde, Walter & Schlömer, Tobias (2011): Berufs- und Wirtschaftspädagogik. 4. Auflage. Wiesbaden: Gabler.

Reetz, Lothar (2003): Prinzipien der Ermittlung, Auswahl und Begründung relevanter Lernziele und Inhalte. In: Kaiser, Franz-Josef & Kaminski, Hans (Hrsg.): Wirtschaftsdidaktik. Bad Heilbrunn: Klinkhardt, S. 99–124.

Reinisch, Holger (2006): Kompetenz, Qualifikation und Bildung. In: Minnameier, Gerhard & Wuttke, Eveline (Hrsg.): Berufs- und wirtschaftspädagogische Grundlagenforschung. Frankfurt am Main: Lang, S. 259–272.

Richards, John & Glasersfeld, Ernst von (1996): Die Kontrolle von Wahrnehmung und die Konstruktion von Realität. In: Schmidt, Siegfried J. (Hrsg.): Der Diskurs des radikalen Konstruktivismus. 7. Auflage. Frankfurt am Main: Suhrkamp, S. 192–228.

Rützel, Josef (2007): Kompetenz – Popanz oder Leitprinzip? In: berufsbildung 61, Heft 103/104, S. 2.

Schlömer, Tobias (2009): Berufliches Handeln und Kompetenzen für nachhaltiges Wirtschaften. München: Hampp.

Schmidt, Siegfried J. (1993): Der beobachtete Beobachter. In: Riegas, Volker & Vetter, Christian (Hrsg.): Zur Biologie der Kognition. Frankfurt am Main: Suhrkamp, S. 308–328.

Schmidt, Siegfried J. (2005): Lernen, Wissen, Kompetenz, Kultur. Heidelberg: Carl-Auer.

Schubarth, Wilfried, Speck, Carsten & Seidel, Andreas (2007): Endlich Praxis! Die zweite Phase der Lehrerbildung. Frankfurt am Main: Lang.

Seeber, Susan (2008): Ansätze zur Modellierung beruflicher Fachkompetenz in kaufmännischen Ausbildungsberufen. In: Zeitschrift für Berufs- und Wirtschaftspädagogik 104, Heft 1, S. 74–97.

Sloane, Peter F. E. (2007): Bildungsstandards in der beruflichen Bildung. Paderborn: Eusl.

Speth, Hermann (1996): Theorie und Praxis des Wirtschaftslehre-Unterrichts. 3. Auflage. Rinteln: Merkur.

Straka, Gerald A. & Macke, Gerd (2008): Handlungskompetenz – und wo bleibt die Sachstruktur? In: Zeitschrift für Berufs- und Wirtschaftspädagogik 104, Heft 4, S. 590–600.

Tramm, Tade & Seeber, Susan (2006): Überlegungen und Analysen zur Spezifität kaufmännischer Kompetenz. In: Minnameier, Gerhard & Wuttke, Eveline (Hrsg.): Berufs- und wirtschaftspädagogische Grundlagenforschung. Frankfurt am Main: Lang, S. 273–288.

Veith, Hermann (2003): Kompetenzen und Lernkulturen. Münster: Waxmann.

Vonken, Matthias (2005): Handlung und Kompetenz. Wiesbaden: Verlag für Sozialwissenschaften.

Vonken, Matthias (2006): Qualifizierung versus Kompetenzentwicklung. In: Gonon, Philipp, Klauser, Fritz & Nickolaus, Reinhold (Hrsg.): Kompetenz, Qualifikation und Weiterbildung im Berufsleben. Opladen: Budrich, S. 11–26.

White, Robert W. (1959): Motivation reconsidered. In: Psychological Review 66, pp. 297–333.

Winther, Esther & Achtenhagen, Frank (2008): Kompetenzstrukturmodell für die kaufmännische Bildung. In: Zeitschrift für Berufs- und Wirtschaftspädagogik 104, Heft 4, S. 509–538.

Wittwer, Wolfgang (2007): Veränderungskompetenz. Navigator der beruflichen Entwicklung. In: berufsbildung 61, Heft 103/104, S. 3–7.

Internetquellen:

AEVO – Ausbildereignungsverordnung (2009): Bonn: Bundesministerium für Bildung und Forschung. In: Bundesgesetzblatt Jahrgang 2009, Teil I, Nr. 5, S. 88–92; http://www.bmbf.de/pubRD/aevo_banz.pdf [22.07.2011].

APVO-Lehr – Verordnung über die Ausbildung und Prüfung von Lehrkräften im Vorbereitungsdienst (2010): Niedersachsen: Niedersächsische Landesregierung; http://www.mk.niedersachsen.de/live/live.php?navigation_id=1903&article_id=6521&_psmand=8 [22.07.2011].

KMK – Sekretariat der Ständigen Konferenz der Kultusminister der Länder in der Bundesrepublik Deutschland (2004): Standards für die Lehrerbildung: Bildungswissenschaften; http://www.kmk.org/fileadmin/veroeffentlichungen_beschluesse/2004/2004_12_16-Standards-Lehrerbildung.pdf [17.12.2010].

Kremer, H.-Hugo & Sloane, Peter F. (2007): Das Paderborner Modell Berufsbildung – Studienkonzept am Beispiel der Überführung der Handelslehrerausbildung in BA-/MA-Strukturen. In: bwp@, Ausgabe 12; http://www.bwpat.de/ausgabe12/kremer_sloane_bwpat12.pdf [22.07.2011].

Sloane, Peter F. E. & Dilger, Bernadette (2005): The Competence Clash. In: bwp@, Heft 8; http://www.bwpat.de/ausgabe8/sloane_dilger_bwpat8.pdf [22.07.2011].

Studienseminar Oldenburg für das Lehramt an berufsbildenden Schulen (o. J.): http://www.studienseminar-ol-bbs.de [17.12.2010].

Ilse Schrittesser
Leopold-Franzens-Universität Innsbruck

Professionelle Kompetenzen: der Versuch einer systematischen Annäherung

1 Ausgangssituation 161
2 Der Sinnhorizont menschlichen Handelns vor dem Hintergrund der Rede
  vom Mängelwesen Mensch 162
3 Zentrale Strukturmomente professionalisierten Handelns 168
4 Sonderfall pädagogische Professionalität 170
5 Facetten des Verständnisses von Kompetenz 171
Literaturverzeichnis 176

1 Ausgangssituation

Zum Thema professionelle Kompetenzen wie zum Thema Professionalität wurden im letzten Jahrzehnt zahlreiche mehr oder weniger ausdeklinierte Konzepte und Kataloge vorgelegt. Dabei ist zu beobachten, dass die Kompetenzkataloge zwar aus durchaus treffenden, jedoch im Grunde beliebig erweiterbaren Auflistungen exemplarischer Vorstellungsbilder oder Tätigkeitsfelder professionellen Handelns bestehen (vgl. zu dieser Beobachtung auch Prange & Strobel-Eisele 2006, S. 31 ff.). Gemeinsam haben sie die Tendenz, Fähigkeitsbereiche im Hinblick auf die gegebenen Anforderungen des Berufsfeldes in kleinteilige Tätigkeitsstrukturen herunterzubrechen – zu „operationalisieren" –, um auf diese Weise eine möglichst stringente Überprüfung der jeweiligen Ausprägung der genannten Kompetenzen zu gewährleisten. Darüber hinaus fällt auf, dass in den meisten bislang entworfenen Kompetenzkonzepten jene Bereiche offenbleiben, die sich nicht auf unmittelbare und performativ sichtbare Problemlösungsfähigkeiten beschränken lassen. Diese Einschränkung stellt – neben der fehlenden Systematik – ein weiteres Problemfeld des Mainstreams von Kompetenzerfassung dar. Ein systematisch begründeter, professionstheoretisch gerahmter Entwurf mit phänomenerschließender Kraft steht damit bislang noch aus. Insgesamt befassen sich soziologische und daran anschließende pädagogische Professionstheorien mit Fragen der Bestimmung von Professionalität, weniger mit daraus strukturlogisch abzuleitenden Kompetenzvorstellungen, die ihrerseits an die Bestimmung eines Proprium von Professionalität anschlussfähig wären. Die Diskussion um die Frage, was eine Profession im Kern ausmacht, hat zwar nach wie vor Konjunktur, die Frage der daraus abzuleitenden professionellen Kompetenzen wird jedoch zumindest in diesem Zusammenhang eher frei assoziativ als systematisch gestellt. Im Folgenden wird der Versuch unternommen, aus vorliegenden professionstheoretischen Überlegungen zentrale Strukturmomente von Professionalität bzw. von professionalisiertem

Handeln herauszuarbeiten und daran anschließend Überlegungen zu formulieren, welcher Kompetenzbegriff und welche Kompetenzen sich aus diesen Momenten als Proprium von Professionalität ableiten ließen.[1]

Bestimmungsversuche von Professionalität beziehen sich notwendigerweise immer auf die Konturierung professioneller Kompetenzen, auch wenn solche Kompetenzen nicht explizit genannt werden. Diese wiederum äußern sich, so viel kann eingangs festgestellt werden, in Performanz, d. h. in wahrnehmbaren, konkreten Handlungen. Um sich daher an Professionalitätsbestimmungen und einen sich daraus erschließenden Kompetenzbegriff annähern zu können, ist zunächst ein Blick auf den vorausgesetzten Handlungsbegriff zu werfen (vgl. zu den folgenden Ausführungen auch Schrittesser 2007, insbesondere S. 39 ff.).

2 Der Sinnhorizont menschlichen Handelns vor dem Hintergrund der Rede vom Mängelwesen Mensch

Johann Gottfried Herder beschreibt 1772 in seiner „Abhandlung über den Ursprung des Menschen" die Sonderstellung des Menschen in der Natur, indem er den Menschen als mangelhaft ausgestattetes Wesen bezeichnet, das jedoch aufgrund dieser Mangelhaftigkeit besondere Kräfte – Verstand, Vernunft, Besonnenheit – zu entwickeln gezwungen ist. Herder argumentiert – und das ist das Interessante an seiner Darstellung –, dass der Unterschied zwischen Mensch und Tier kein gradueller sei, sondern ein prinzipieller: „Es ist die ganze Einrichtung aller menschlichen Kräfte; die ganze Haushaltung seiner sinnlichen und erkennenden, seiner erkennenden und wollenden Natur, oder vielmehr – es ist die einzige positive Kraft des Denkens, die mit einer gewissen Organisation des Körpers verbunden, bei den Menschen so Vernunft heißt, wie sie bei den Tieren Kunstfähigkeit wird, die bei ihm [dem Menschen, Anm. der Autorin] Freiheit heißt und bei den Tieren Instinkt wird." (Herder 1966 [1772], S. 26)

Der Mensch, auch wenn er in seinen Instinkten unterbestimmt ist, sei also zwar als mangelhaft ausgestattetes, aber auch als besonders begabtes Wesen zu verstehen. Neben Vernunft, Besonnenheit und Reflexion sei dem Menschen auch die Sprache als wesentliche und schöpferische Ausdruckskraft gegeben (ebenda, S. 31 f.) Auf der Basis dieser Grundannahme dekliniert Herder die menschlichen Kräfte in ihren diversen Erscheinungsformen (der Mensch als horchendes, sprechendes und merkendes Geschöpf), um schließlich die mangelhafte Ausstattung des Menschen, diesmal aus der Sicht seiner notwendigen Sozialität noch einmal aufzugreifen: *„Eben deswegen kommt der Mensch so schwach, so dürftig, so verlassen von dem Unterricht der Natur, so ganz ohne Fertigkeiten und Talente auf die Welt,* wie kein Tier, *damit er,* wie kein Tier, *eine Erziehung genieße* und *das menschliche Geschlecht,* wie kein Tiergeschlecht, *ein innigverbundenes Ganze werde!"* [Hervorh. im Original] (ebenda, S. 97)

Die den Menschen auszeichnenden besonderen Fähigkeiten hängen demnach – so lässt sich Herders Argumentation verstehen – unmittelbar mit dessen zunächst mangelhaft wirkender Ausstattung zusammen. Der Mangel wird als Vorteil gedeutet. In moderner Wendung spricht Max Scheler etwa 150 Jahre später von der „Weltoffenheit" des Menschen als Folge seiner Instinktarmut und bestimmt diese als Kennzeichen der „Stellung des Menschen im Kosmos" (1995 [1927]). Etwa zur gleichen Zeit artikuliert Helmuth Plessner eine weitere

---

[1] Vgl. dazu auch die Ausführungen und Zugänge in Schratz, Paseka & Schrittesser 2010.

Variante der Betrachtung des Menschen und seiner Spezifika in ähnlicher Argumentationsrichtung. Bei ihm ist die Rede von der „exzentrischen Position", die der Mensch in der Welt einnimmt (1975 [1928]). Diese Position bringt den Menschen in eine Differenz zur Natur, die bearbeitet und bewältigt werden will. Auch Arnold Gehlen – eine dritte maßgebliche Stimme im Konzert anthropologischen Denkens des 20. Jahrhunderts – greift die Denkfigur des Mängelwesens als konstitutives Moment menschlicher Existenz auf, jedoch in weniger optimistischer Färbung als Herder, und folgert aus der besonderen Verfasstheit der menschlichen Natur, dass einzig Handlungsfähigkeit die mangelhafte Ausstattung des Menschen kompensieren kann. Gehlen argumentiert, dass „die Bestimmung des Menschen zur Handlung das durchlaufende Aufbaugesetz aller menschlichen Funktionen und Leistungen ist, und dass sich diese Bestimmung aus der physischen Organisation des Menschen eindeutig ergibt: ein physisch so verfasstes Wesen ist nur als handelndes lebensfähig". (1993 [1940], S. 20)

Der Sinnhorizont menschlichen Handelns ist demnach als Überlebensstrategie zu denken. Betrachten wir in der Folge Handeln mit Max Weber, der in der Denktradition der Moderne den subjektorientierten Handlungsbegriff wesentlich prägt, als sinnorientierte Tätigkeit – „Handeln soll […] ein menschliches Verhalten (einerlei, ob äußeres oder innerliches Tun, Unterlassen oder Dulden) heißen, wenn und insofern als der oder die Handelnden mit ihm einen subjektiven Sinn verbinden" (1995 [1919], S. 303) –, so lässt sich die oben beschriebene Mängel- und Differenzbewältigung als die allgemeinste Ausprägung der Sinnhaftigkeit menschlichen Handelns auffassen. Geht diese Prämisse mit der Annahme eines Strebens nach weitgehend autonomer Lebenspraxis einher, so ist aufgrund des existenziellen Unterworfenseins unter Situationsbedingungen das Streben nach Autonomie nur denkbar, wenn dem Handeln ein kreatives Moment innewohnt, das sich jeder determinierenden Dimension entzieht und dem Menschen ermöglicht, die sich ihm anbietende oder entgegenstellende Welt nach seinen Bedürfnissen zu gestalten.

Mit dieser Annahme leiten wir zur Formulierung eines handlungstheoretischen Ansatzes über, den Hans Joas in seiner Abhandlung zur Kreativität des Handelns vorlegt (1996 [1992]). Joas arbeitet für seinen Handlungsbegriff Kreativität als analytische Dimension allen menschlichen Handelns heraus. Auch er bezieht sich auf Herder und dessen Verständnis des Menschen als Mängelwesen, das in der Differenz zur Natur instinktmäßig nicht festgelegt ist und das aus dieser Differenzsituation heraus seine besonderen Eigenschaften zu entwickeln beginnt. Joas interpretiert die Position Herders folgendermaßen: „Eine von den Mängeln erzwungene, den Menschen aber ganzheitlich von den Tieren unterscheidende reflexive Distanz zu den Gegebenheiten der Welt und zu sich selbst wird [bei Herder] zum einheitsstiftenden Prinzip." (ebenda, S. 118) Herders Bestimmung des Menschen unterscheide sich aber – so Joas – radikal von einem ausschließlich rationalistischen Bild eines menschlichen Vernunftwesens. Vernunft und Sinnlichkeit seien im Begriff der „Besonnenheit" einander nicht gegenübergestellt, sondern bestimmten erst im Bezug aufeinander die menschliche Umgangsweise mit sich und der Welt. Der sprachliche „Ausdruck" entstehe daher auch nicht in einem Dualismus vom Innen und Außen – nicht etwas, was innen ist, dringt nach außen, um sich auszudrücken –, der sich ausdrückende Mensch erkenne sich vielmehr im Prozess des Sichausdrückens selbst, werde dabei auch von sich überrascht und führe zunächst Diffuses erst im Ausdruck, der sich immer an andere Menschen richtet, seiner Klarheit zu.

„Damit hat der Ausdruck zwei Eigenheiten [...]. Zum einen gewinnen wir die Klarheit über die uns vorschwebenden Bedeutungsgehalte nur durch unsere Bemühung um deren Ausdruck; zum anderen stellen wir bei unserer Bemühung um einen Ausdruck das Ausgedrückte immer in einer auch für andere Menschen wahrnehmbaren Weise dar." (ebenda, S. 119) Ausdrucksfähigkeit stellt für Joas daher einen Handlungstypus dar, in dem Kreativität bildhaft, als Metapher, zum Tragen kommt – Ausdruck steht für Kreativität. Dem stellt Joas zwei Denkrichtungen gegenüber, in denen Kreativität nicht an einen Typus gebunden ist, sondern – analog zu seiner eigenen Auffassung – „als eine analytische Dimension" (ebenda, S. 173) begriffen wird: Gemeint sind die europäische Lebensphilosophie einerseits und der amerikanische Pragmatismus andererseits. Während laut Joas in der europäischen Lebensphilosophie – mit ihren Vertretern Schopenhauer, Nietzsche und Dilthey (Letzterer schon als Übergangserscheinung zu einem subjektorientierten Handlungsbegriff) – Kreativität im Begriff des „Lebens" und des „Willens" eine metaphysische Kraft darstellt, stehen im amerikanischen Pragmatismus die Kategorien von „Krise", „kooperativer Wahrheitssuche" und „Rekonstruktion" bzw. Problemlösung im Zentrum.[2] Die Lebensphilosophie – so Joas – fasse unter Rückgriff auf Schopenhauer die allem Leben innewohnende Schaffenskraft als blinden Willen auf, als einen Willen, der noch allgemeiner als alles menschliche Handeln zu denken sei, zumal hier der einzelne Mensch zum Werkzeug – zum Kanal – eines kosmischen Willens werde (Joas 1996 [1992], S. 183). Nietzsche schließe an Schopenhauer an, fasse aber Leben als „immanente Steigerung" (ebenda, S. 184) auf, die ihren deutlichsten Ausdruck im „Willen zur Macht" fände. Beide Formen lösten die Idee des Lebens aus den unmittelbaren, subjektorientierten Handlungskontexten heraus und verliehen ihr eine metaphysische Dimension. Wilhelm Dilthey – in der ausdrucksanthropologischen Tradition Herders stehend, aber im weitesten Sinne der Lebensphilosophie zuzurechnen – orientiere „Leben" bereits an der Gestalt menschlicher Erfahrung und Handlung (ebenda, S. 185f.). Der Pragmatismus wiederum würde zwar kein begrifflich konturiertes Verständnis kreativen Handelns kennen (wie es etwa die Begriffe des Ausdrucks und des Lebens darstellen), dennoch stecke die Idee der Kreativität – wie Hans Joas überzeugend argumentiert – im pragmatistischen Verständnis vom menschlichen Handeln selbst (ebenda, S. 187). Hier sieht Joas Querverbindungen zwischen Herders Ausdruckstheorie und dem pragmatistischen Denken, wenn auch nicht in einer nachgewiesenen Rezeption Herders durch die Pragmatisten, so doch in der Analogie des Denkansatzes. Das verbindende Moment sei die vergemeinschaftende Kraft der Sprache: „Unser Verhältnis zu uns selbst ist damit über ein Medium vermittelt, das wir mit anderen teilen." (ebenda, S. 119)

Diese Überlegungen führen zu Grundannahmen, aus denen Joas seine Theorie der situierten Kreativität herleitet. Einerseits sei von der Sprache und andererseits von der Situation als jeweils gemeinschaftsbildende Dimensionen auszugehen. Vor diesem Hintergrund spiele das Prinzip einer aus der Situation entstehenden kooperativen Wahrheitssuche und gemeinsamen Problembewältigung, das v. a. in der Philosophie von Charles Sanders Peirce der kartesianischen Leitidee des methodischen Zweifels entgegengestellt wird, eine wesentliche Rolle. Wahrnehmung werde in diesem Ansatz zwar zunächst unreflektiert von Gewohnheiten und scheinbar selbstverständlichen Gegebenheiten geleitet, die übernommenen Muster würden aber immer wieder durch die Widerständigkeit der Welt erschüttert, es kom-

---

[2] Zur genauen Herleitung beider Zugänge zur Kreativität vgl. Joas 1996 (1992), S. 175ff. Zur Handlungstheorie des Pragmatismus vgl. auch Joas 1999 (1992), S. 7ff., S. 23ff. und S. 281ff. Ebenso: Oevermann 2001, S. 209–254.

me zur Krise, die nach der Rekonstruktion des gestörten Zusammenhangs verlange. Diese Rekonstruktion sei nun insofern als kreative Leistung zu verstehen, als die Situation mit ihren Bedingungen die Kreativität menschlichen Handelns immer wieder herausfordert, diese aber in ihren Lösungsentscheidungen nicht festlegen kann (ebenda, S. 190). Die Menschen seien unter den gegebenen existenziellen Bedingungen von einer intersubjektiv gestimmten Wahrheitssuche (bei Peirce: „Inquiry" [1983]) geleitet, in deren Vollzug sie die Krisensituationen des täglichen Lebens gemeinsam so zu deuten versuchen, dass Selbst- und Welterkenntnis ein Bild ergeben, das sich im Überlebensprozess als sinnvoll erweist und die menschliche Handlungsfähigkeit mit erweiterter Verfügungsmacht anreichert.[3]

„Jede Situation", schreibt Joas, „enthält nach Auffassung der Pragmatisten einen Horizont von Möglichkeiten, der in der Krise des Handelns neu erschlossen werden muss. Es werden Hypothesen aufgestellt: Vermutungen über neue Brücken zwischen Handlungsimpulsen und Situationsgegebenheiten. Nicht jede solche Brücke ist tragfähig. Gelingt es aber, eine neue Brücke zu schlagen, dann hat sich die Handlungsfähigkeit konkret angereichert." (Joas 1996 [1992], S. 196) Die Situation ist dabei nicht nur als Beziehung zwischen Mensch und gegenständlicher Welt zu denken, sondern ist immer – wie schon in der doppelten Rolle der Sprache als Erkenntnis- und Vergemeinschaftungsorgan deutlich wird – sozial bestimmt.

John Dewey schließt in seiner Theorie der menschlichen Erfahrung an Peirce an: Alle Erfahrung entsteht in Deweys Sichtweise aus einer sich in der Situation stellenden Problematik und den sich daraus ergebenden Handlungsmöglichkeiten (1987 [1934] und 1980 [1938]). Im Fall der Ganzheitlichkeit einer Erfahrung, die sich dann einstellt, wenn sich alle in der Situation stattfindenden Teilhandlungen zu einer gemeinsamen Bedeutung zusammenschließen, spricht Dewey von ästhetischer Erfahrung. Diese sei aber nicht nur im Akt des Künstlerischen zu suchen, sondern ist mögliche Dimension jeder Alltagserfahrung. Laut Joas sei daher sinnvolles Handeln bei Dewey „ein Handeln, in dem alle Teilhandlungen vom Sinn der Gesamthandlung durchströmt werden und die individuelle Handlung als Teil eines überindividuellen Handelns erfahren wird." (S. 206)

„Überindividuell" stehe nicht synonym für ein Kollektivsubjekt, sondern bezeichne die soziale Einbettung menschlichen Handelns in (physische und soziale) Situationen, aus der sich logisch die relative Unbestimmtheit der Handlungsziele und eine Reziprozität von Zielen und Mitteln ergeben – erst im Handeln konstituiere sich, welche Orientierungen jeweils relevant werden, welche Wege eingeschlagen und welche Orientierungen verworfen werden.[4] Dabei sei zwischen vorweg gesetzten Zielen (dazu zählen sowohl von außen kommende als auch eigene) und Zielen zu unterscheiden, die sich im Handeln in der Situation einstellen. So findet sich bei Dewey sowohl der Aspekt der Situiertheit menschlichen Handelns, der sich über den Prozess der Erfahrung äußert – man kann nur in Situationen zu Erfahrungen gelangen – wie auch der Aspekt der Kreativität, der sich aus der relativen Unbestimmtheit der Handlungsziele und aus der Reziprozität von Zielen und Mitteln ergibt. George Herbert Mead (1973 [1934] und 1980), ebenso wie Dewey an Peirce anknüpfend, bestimmt aus analogen

---

[3] Zu einem ähnlichen Schluss kommt Ulrich Oevermann in seiner Peirce-Interpretation, der Peirces Philosophie als eine „Philosophie der Krise" bezeichnet (2001).

[4] Vgl. dazu Joas' Erläuterungen des pragmatistischen Begriffs von Intentionalität als „Selektion eines dominanten Motivs". Im Fluss des Handelns erfolgt die Zwecksetzung als ein „Resultat der Reflexion auf Widerstände", auf die das Verhalten trifft. (1999, S. 31)

Ilse Schrittesser

Voraussetzungen die Quellen der Entfaltung des Selbst in der „Dynamik interpersonaler Beziehungen" als „Social Act" und verortet die Entstehung des Selbst damit in den Strukturen der Kommunikation (Joas, 1996 [1992], S. 202).

Fußend auf der durch Peirce, Dewey und Mead formulierten Grundannahmen entfaltet Joas seinen Handlungsbegriff, der mit dem Motiv der Situationsbewältigung als Ausgangspunkt menschlichen Handelns und mit der kooperativen und sprachlich vermittelten Wahrheitssuche (Peirce), mit der aus der Situation genährten Welterfahrung als einem zwischen Zielen und Mitteln offen oszillierenden Prozess (Dewey) und mit der in kommunikativen Strukturen begründeten Konstitution des Selbst (Mead) eine Heuristik bietet, die auch der Anlage des vorliegenden Konzepts entspricht. Im Zusammenspiel von Situiertheit und Kreativität entfaltet sich der Sinnhorizont menschlichen Handelns.

Auf Basis der bisherigen Überlegungen ist demnach vorläufig festzuhalten: Handeln als fundamentalste Form der Differenzbewältigung ist immer an die Situation gebunden, auf die es zu antworten sucht. Im Umgang mit den Situationsbedingungen ist es aber aufgrund seiner kreativen Dimension zukunftsoffen und relativ unbestimmt. Wenn Situiertheit und Kreativität grundlegende Dimensionen menschlicher Weltbewältigung darstellen, so stehen Entscheidungsoffenheit und Nichtdeterminiertheit menschlichen Handelns immer den vorweg gegebenen Bedingungen der Situation gegenüber. Unter dem Gesichtspunkt der situierten Kreativität treten die Akteure/Akteurinnen den – ihre Entstehungslogiken in sich tragenden – Wirklichkeitsbedingungen gegenüber. Die situierten und kreativen Momente verdichten sich im Zusammenspiel der Akteure/Akteurinnen zu einem Gemisch aus beabsichtigten und unbeabsichtigten Handlungsfolgen. In diesem Sinne ist übrigens – wie Joas argumentiert – von einem „realistischen" Systembegriff auszugehen, der von den Akteuren/Akteurinnen nicht absieht, sondern deren Handlungen als die (konkret körperlich zu verortenden) Ausgangspunkte der Systemprozesse versteht. Letztere präsentieren sich dem Betrachter/der Betrachterin zwar als fertige Ergebnisse, deren Ursprung linear kausal in der Regel nicht mehr zurückverfolgt werden kann, dennoch gibt es diesen an subjektive Handlungen gebundenen Ursprung, der sich im Konzert mit weiteren Handlungen zu dem jeweils vorliegenden vorläufigen Ergebnis aggregiert hat. Mit jeder weiteren Handlung können sich Veränderungen einstellen, können neue Momente eingeführt werden. Das heißt: Die Strukturen bleiben gestaltungsoffen, auch wenn die Akteure/Akteurinnen v. a. in komplexen und gewachsenen Systemen – das Bildungssystem ist ein gutes Beispiel – häufig einen anderen Eindruck haben.

Auf Handeln als Weltbewältigung Bezug nehmend konzipiert auch Ulrich Oevermann den seiner Professionalisierungstheorie zugrundeliegenden Handlungsbegriff mit Blick auf einen Idealtypus professionalisierten Handelns (1996). Er rückt dabei – ebenfalls im Anschluss an Peirce – den Begriff der Krise in den Mittelpunkt seines Ansatzes. Durch die sich in der Auseinandersetzung mit der Welt in jeder neuen Konfrontation mit der Vielfalt der Wirklichkeit eröffnende Bandbreite an Optionen und der sich stellenden Frage, welche Option gewählt wird, würde – so Oevermann – eine potenzielle Krise erzeugt und den handelnden Subjekten ein Entscheidungsdruck auferlegt, der erst im Vollzug der konkreten Entscheidung für eine Option das Einlösen des Autonomiepotenzials der subjektiven Lebenspraxis ermöglicht (1996, S. 77 f.). Die Einlösung des Autonomiepotenzials gelangt jedoch niemals an ihr Ende – denn: „[J]eder Schritt in der Sukzession der lebenspraktischen Autonomisierung entbindet neue, bisher unbekannte Krisenmöglichkeiten." (ebenda, S. 78)

Im Kontext der dem Menschen in jedem Moment seines Daseins gegenübertretenden Widerständigkeit der Welt, der die handelnden Subjekte ausgeliefert sind, bedeutet der Begriff der Krise demnach nichts anderes als die „nach ihrer Schließung rufende Öffnung der Zukunft". (ebenda, S. 75)[5] Unter Krise sei daher, so Oevermann in einer jüngeren Publikation, „das je Überraschende und Unerwartete zu verstehen, das sich aus der Zukunftsoffenheit des Ablaufs von Praxis und der damit verbundenen Ungewissheit" ergibt. (2008, S. 57)

Die Wirklichkeit präsentiert sich in einer Sequenz von Situationen, die nicht stumm sind, die sowohl eine Aufforderungs- als auch eine Anforderungsstruktur aufweisen und daher zum Handeln anregen und/oder den Handelnden/die Handelnde unter Druck bringen. Jeder Lösungsversuch eröffnet den Blick auf neue Formen und Möglichkeiten der Situationsbewältigung und enthält daher einerseits ein kreatives, ein schöpferisch gestaltendes Moment, hinterlässt aber andererseits auch Erfahrung und Routine als Ergebnis sich bewährt habender Lösungen – gleichsam als eine „zweite Natur", die das Gesamt der Dispositionen der Subjekte, „also ihre bewussten und unbewussten Wünsche, Erwartungen, Absichten, Zielvorstellungen, Wertorientierungen, Motive, Vorlieben" (Oevermann 1996, S. 77) in sich trägt. Oevermann bezeichnet die je individuell einzigartigen Zugänge mit „Fallstruktur". Diese stellt die jedem Menschen aufgrund seiner Biografie typische Art und Weise, mit der Wirklichkeit umzugehen, dar, indem sie auf bislang gemachte Erfahrungen und daraus entstandene Routinen verweist, die hinlänglich Sicherheit bieten. Im Normalfall wirkt die Fallstruktur wie eine Navigationshilfe, die dazu da ist, sich in der Wirklichkeit Augenblick für Augenblick zurechtzufinden. Jeder der Grenzfälle hingegen, in denen die erworbenen Erfahrungen und Routinen nicht greifen, ist höchst riskant und bedroht die bereits konstituierten Ordnungen des Verhältnisses von Mensch und Welt.

Damit ergibt sich der Brückenschlag zur Anforderungsmatrix der Profession als gesellschaftlicher Strukturort der Grenzfallbewältigung, der sich aus einer allgemeinen Handlungsgrammatik, wie sie skizziert wurde, als Sonderform herauskristallisiert. Bevor dieser Gedankengang hier weiterverfolgt werden kann, ist noch ein weiterer Theorieansatz zu beleuchten, der für die im vorliegenden Text intendierte Argumentation bedeutsam ist: die Theorie der Strukturierung bei Anthony Giddens. Giddens baut sein Theoriegebäude auf praxisphilosophische Grundlagen auf – wenn ihm auch vorgeworfen wird, in seinem Ansatz nicht ausreichend konsistent zu sein und/oder eine nur mangelhafte anthropologische Fundierung vorgelegt zu haben (vgl. u. a. Joas 1999 [1992], S. 216 ff.) Dieses behauptete Defizit ist für die hier verfolgte Intention allerdings deshalb sekundär, da im Zuge der vorliegenden Überlegungen der Entwurf eines Menschenbildes bereits formuliert wurde und dieser – wie sich zeigen wird – der Theorie der Strukturierung stimmig vorausgehen kann. Was sich jedoch an Giddens' Theorie v. a. für eine kompetenzorientierte systematische Bestimmung von Professionalität (und darum geht es hier) fruchtbar machen lässt, ist die dort vorgelegte Beziehung von Handlung und Struktur.

Ein menschliches Wesen zu sein heißt bei Giddens „ein zweckgerichtet Handelnder zu sein, der sowohl Gründe für seine Handlungen hat, als auch fähig ist, diese Gründe auf Befra-

---

[5] Die Methode der Sequenzanalyse im Rahmen des von Oevermann entwickelten Interpretationsverfahrens der Objektiven Hermeneutik bildet diese Prozesse methodisch ab: Auch hier geht es um die Eröffnung eines Spektrums an Fortsetzungsmöglichkeiten nach jeder Textsequenz. Die in den „Protokollen der Wirklichkeit" dann jeweils vorgefundene konkret gewählte Option gewinnt ihre spezifische Bedeutung vor der Folie an nicht gewählten, jedoch ebenso als Möglichkeit aufgetretenen Varianten. (vgl. u. a. Oevermann 2000, S. 58 ff.)

gung hin diskursiv darzulegen (oder auch: zu verbergen)." (1997 [1995], S. 52) Allerdings will Giddens Begriffe wie „Zweck", „Intention", „Grund", und „Motiv", die einem bei der Rede von zweckgerichtetem Handeln einfallen mögen, nicht voluntaristisch verstanden wissen, sondern als Vollzug einer raumzeitlichen „Durée", eines kontinuierlich verlaufenden Verhaltensstroms (ebenda, S. 53). Theorien, die Gesellschaft als vorrangig deterministische Ordnung darstellen, hinter der die Eingriffsmöglichkeiten des Subjekts verblassen, lehnt Giddens ebenso ab wie Theorien, die gesellschaftliche Ordnung als Produkt souveräner Subjekte beschreiben. Beide Zugänge bezeichnet er als reduktionistisch. Vielmehr konstituiere sich soziale Praxis aus der Dualität von Struktur.

„Konstitution von Handelnden und Strukturen betrifft nicht zwei unabhängig voneinander gegebene Mengen von Phänomenen – einen Dualismus –, sondern beide Momente stellen eine Dualität dar. Gemäß dem Begriff der Dualität von Struktur sind die Strukturmomente sozialer Systeme sowohl Medium wie Ergebnis der Praktiken, die sie rekursiv organisieren." (ebenda, S. 77) Auf eine ausführliche Darstellung in der Unterscheidung der Begriffe Struktur als Menge von Regeln und Ressourcen, Strukturen als Transformations- und- Vermittlungsbeziehungen und Strukturmomenten als Formen der Gerinnung von Strukturen zu dauerhafter Charakteristiken sozialer Systeme, die Giddens detailliert darlegt (vgl. ebenda, S. 76), kann hier nicht näher eingegangen werden. Für die vorliegende Absicht Giddens' Strukturbegriff als heuristische Grundlage eines neu zu konzipierenden Kompetenzbegriffs heranzuziehen und diesen wieder als Basis für dessen Sonderform der professionellen Kompetenz zu nehmen, müsste jedenfalls ausreichen, das Augenmerk auf die dialektische Konzeptualisierung von Handlung und Struktur zu richten. Das dialektische Moment zeigt sich im Begriff der Rekursivität, der darauf verweist, dass Strukturmomente sowohl Medium als auch Ergebnis der Praktiken sind, die sie organisieren.

Ein weiterer wesentlicher Aspekt ergibt sich aus diesen Voraussetzungen: dass nämlich Struktur nicht bloß als das Handeln restringierend zu denken ist, sondern auch als Ermöglichung von Handeln. „Struktur darf nicht mit Zwang gleichgesetzt werden: sie schränkt Handeln nicht nur ein, sondern ermöglicht es auch." (ebenda, S. 78) Struktur wird damit zwar auch als beschränkend, aber ebenso als Möglichkeiten eröffnend, als Ergebnis und als Medium von Handeln begriffen. Wir kommen darauf weiter unten bei der Bestimmung des hier gesuchten Kompetenzbegriffs zurück. Zunächst wenden wir uns der Frage zu, wie sich eine Handlungsgrammatik professionalisierten Handelns aus der Bestimmung des gesellschaftlichen Strukturorts von Professionen ableiten lässt.

3   Zentrale Strukturmomente professionalisierten Handelns

In ihrer frühmodernen Ausformung wurde von Angehörigen einer Profession erwartet, im Besitz eines Korpus gelehrten Wissens und daher befähigt zu sein, jene Sachthematiken zu bearbeiten, die eine herausragende gesellschaftliche Bedeutung hatten. So spiegelte sich die mehr oder minder exklusive Zuständigkeit für die Bearbeitung des menschlichen Verhältnisses zu Gott, zu anderen Menschen und zu sich selbst in der Konturierung der sogenannten klassischen Professionen, der Theologie, der Rechtswissenschaft und der Medizin wider, denen auch heute noch weitgehend unbestritten professioneller Status zugeschrieben wird (vgl. dazu Combe & Helsper 1996, S. 15; Stichweh 1992, S. 37, 1994, S. 363 und 1996, S. 53f.). Der Gelehrtenstatus sicherte der Profession in ihrer ständisch strukturierten Umwelt über ihre spezifische Zuständigkeit hinaus eine Sonderstellung und führt zur Zuschreibung einer gewissen „Generalzuständigkeit selbst für sachgebietsferne Tätigkeitsfelder" (Combe & Helsper 1996, S. 15). Diese Vorrangstellung der Profession im System der Gelehrsamkeit wird spätestens im 19. Jahrhundert vor dem Hintergrund eines sich zunehmend funktional ausdifferenzierenden Gesellschaftssystems neutralisiert und in eine funktionale Spezialisierung übergeführt. Professionen lassen im Zuge dieser Entwicklung den Status einer gelehrten Korporation hinter sich und werden zu funktionalen Handlungssystemen. Bei Talcott Parsons – jenem Theoretiker, der den Funktionscharakter moderner Professionen analysierte und auf den mehr oder minder alle jüngeren professionstheoretischen Ansätze Bezug nehmen – werden die Merkmale professionalisierter Handlungsmuster aus dieser funktionalen Konturierung heraus begreiflich: Da Professionen die Funktion haben, dem Gemeinwohl der Gesellschaft zu dienen und den gesellschaftlichen Zusammenhalt einerseits sowie demokratisch legitimierte individuelle Rechte und Interessen andererseits abzusichern, folgen Professionelle Parsons gemäß einer universalistischen und nicht einer partikularen Interessen verpflichteten, einer (rollen)spezifischen im Gegensatz zu einer diffusen oder privatistischen, einer neutralen und nicht affektiv aufgeladenen und einer leistungs- statt statusbezogenen und damit unter Rechtfertigungsdruck stehenden Handlungslogik. (vgl. u. a. Parsons 1964, S. 39).

Ulrich Oevermann unternimmt nun den Versuch, den funktionalistischen Zugang Parsons zu überschreiten und einen Idealtypus professionalisierten Handelns zu entwerfen, und zwar abgeleitet aus einem im Motiv der Krisenbewältigung fundierten Handlungsbegriff, wie er weiter oben skizziert wurde. Er begreift Professionen nicht aus der Perspektive ihrer Funktion, sondern aus ihrer Handlungslogik heraus als Strukturort, der für die Bewältigung potenzieller und realer individueller und gesellschaftlicher Krisen zuständig ist und zieht daraus Folgerungen für die Beschaffenheit professionellen Handelns und die damit in Verbindung stehenden Erfordernisse im Hinblick auf den Prozess der Professionalisierung. Ziel des Unternehmens ist, die „innere auf die von [Professionen] typischerweise zu lösenden Handlungsprobleme zurückzuführende handlungslogische Notwendigkeit" (Oevermann 1996, S. 70) ins Zentrum der Überlegungen zu rücken und diese erkenntnistheoretisch zu begründen.

Professionen firmieren demnach als Instanzen „der systematischen, das heißt *nicht zufälligen Erzeugung des Neuen durch Krisenbewältigung* [Hervorh. im Original]" (ebenda, S. 81). Parallel zur akuten Krisenbewältigung sind die mit den getroffenen Entscheidungen einhergehenden Geltungsfragen zu bearbeiten, da in jedem Fall einer Entscheidung und den daraus resultierenden neuen Sachlagen Bedarf gegeben ist, Krisenlösungen nachhaltig zu sichern. Als umfassendes Ziel professionalisierten Handelns stellen sich der Schutz sowie die Wiederherstellung autonomer Lebenspraxis dar. Aufgrund der potenziellen Krisenhaftigkeit des Einsatzgebietes wird Angehöriger einer Profession nur, wer eine fundierte Ausbildung durchlaufen und in der Folge über eine erweiterte Wissensbasis, weitgehend gesichertes, methodisiertes Wissen und interventionspraktisch wirksames Können verfügt.

Vor dem Hintergrund dieser Überlegungen bleibt zu resümieren: Die besondere Strukturlogik professionalisierten Handelns ist – grob gefasst – als Bewältigungsversuch aus der exponierten Stellung des Menschen in der Welt abzuleiten. Die zentralen Momente der beschriebenen Strukturlogik ergeben sich erstens aus dem Verständnis der Positionierung der handelnden Subjekte in einer Welt, die laufend krisenhafte Momente produziert, denen man zwar immer wieder sich bewährt habende Routinen entgegenhalten kann, deren Bewährung aber nicht auf Dauer gestellt ist; zweitens aus der Konzeption einer insofern autonomen

Lebenspraxis als sich das Subjekt in jeder gegebenen Situation mit einer offenen Bandbreite an Optionen konfrontiert sieht, die zwar durch ein Regelsystem geordnet sind, das aber keine ultimative Sicherheit bietet – die Wahl der jeweils situationsadäquaten Lösung bleibt dem subjektiven Entscheidungsvermögen überlassen; drittens durch die daraus resultierende spezifische Bewährungsdynamik des menschlichen Lebens und die aus ihr abzuleitenden Vermittlungsversuche zwischen Subjekt und Welt.

Für die Formulierung eines systematisch aus der spezifischen professionellen Handlungslogik abgeleiteten Kompetenzbegriffs ist hervorzuheben, dass demnach ein Strukturkern professionalisierten Handelns in der stellvertretenden Krisenbewältigung mit dem Ziel des Schutzes und der Wiederherstellung möglichst weitgehend selbstbestimmter Lebenspraxis besteht. Darüber hinaus ergeben sich weitere Strukturmomente professionalisierten Handelns, die für die hier verfolgte Argumentation von Relevanz sind: erstens die Signifikanz der jeweiligen Sachthematik (Fragen des Rechts, der Gesundheit und der Bildung), für die die jeweilige Profession zuständig ist und aus der sich hohe Verantwortlichkeit und Begründungsverpflichtung ableiten; zweitens die interpretative und interaktive Komponente – es geht nicht um technische Fragen, nicht um bloße Anwendungen von Wissen, sondern darum, einen Bezug zum jeweiligen besonderen und immer einzigartigen Fall herzustellen; drittens soll im Vollzug der Klient/die Klientin ein Stück seines/ihres durch die Problemlage verloren gegangenen oder beeinträchtigten Autonomiepotenzials zurückgewinnen.

4 Sonderfall pädagogische Professionalität

Im Kontext des Bestimmungsversuchs einer aus anthropologischen Voraussetzungen und gesellschaftlichen Bedingungen abgeleiteten Handlungslogik von Professionen stellt sich die Frage nach den relevanten Momenten pädagogischer Professionalität und nach dem Verbindungsmodus der spezifischen Handlungsgrammatik pädagogischen Handelns mit der Strukturlogik professionalisierten Handelns.

Wir haben Professionen als jene Strukturorte in spätmodernen Gesellschaften beschrieben, die aufgrund ihrer speziellen Expertise in einem gesellschaftlich überlebensrelevanten Bereich besonders dafür ausgewiesen und lizenziert sind, die dort möglicherweise auftretenden Krisen stellvertretend für die Mitglieder der Gesellschaft – für einzelne oder für ein Kollektiv – zu bearbeiten. Einen solchen kollektiven Auftrag haben Lehrer/Lehrerinnen mit Einführung der Schulpflicht erhalten – auch wenn dieser Auftrag in seinen Anfängen bis spät ins 20. Jahrhundert hinein für den Großteil des Lehrer/-innen-Standes noch naturwüchsig und unterbestimmt war. Mit zunehmender Wissensorientierung und Technologisierung und der damit zusammenhängenden, laufend bedeutsamer werdenden Vermittlung von Wissen und Können an die Heranwachsenden werden diese Kernaufgaben von Pädagogen/Pädagoginnen zur unverzichtbaren Ressource gesellschaftlicher Entwicklung und ein Versagen dieser Vermittlung zu einem unkalkulierbaren Risiko. Daraus lässt sich die Professionalisierungsbedürftigkeit pädagogischer Berufe und der Anspruch ableiten, pädagogische Professionalität voranzutreiben, um sicherzustellen, dass immanente Vermittlungskrisen von den zuständigen Pädagogen/Pädagoginnen identifiziert und so gut als möglich bearbeitet werden können.

In der Form der Bearbeitung sind einerseits Strukturanalogien mit professionalisiertem Handeln feststellbar, andererseits sind Spezifika pädagogischen Handelns zu identifizieren. Suchen wir zunächst nach den Strukturanalogien, zeigen sich drei Aspekte, die pädagogisches und professionalisiertes Handeln in eine Art Selbstähnlichkeitsbezug bringen. So zeichnen sich auch professionelle Pädagogen/Pädagoginnen durch ihre besondere Zuständigkeit für eine gesellschaftlich besonders relevante, krisenanfällige Sachthematik aus, für die es keine Standardlösung gibt (1). Auch der Anspruch der Fallorientierung und die daraus resultierende Interaktivität der Handlungsstruktur vor dem Hintergrund der Nichtstandardisierbarkeit sind typisch für pädagogische Professionalität. Damit unmittelbar verbunden ist das Moment der Ungewissheit aufgrund der nicht verallgemeinerbaren Besonderheit jedes Einzelfalls, zugespitzt auf das Wissen um dessen Einzigartigkeit und um die unüberbrückbare Differenz zum jeweils anderen (2). Aus der Krisenanfälligkeit und der Relevanz der Sachthematik lässt sich das Erfordernis, eine besondere Expertise und eine erweiterte, wissenschaftlich fundierte Wissensbasis für diese Sachthematik zu entfalten, ableiten sowie das erforderliche Verantwortungsbewusstsein und das daher unerlässliche Bekenntnis zur Begründungsverpflichtung, was die gesetzten Handlungen betrifft (3).

Grundlegende Differenzen zwischen pädagogischen Berufen und klassischen Professionen wären erstens darin zu sehen, dass – mit Oevermann (1996, S. 162 ff.) – etwa das Arbeitsbündnis zwischen Lehrern/Lehrerinnen und Schülern/Schülerinnen wegen der bestehenden Schulpflicht nicht wie in anderen professionellen Tätigkeitsfeldern freiwillig geschlossen werden kann. Darüber hinaus sind Schüler/Schülerinnen – mit Dewe, Ferchhoff & Radtke – keine kontraktfähigen Klienten/Klientinnen. Weiters ist der direkte Fallbezug in institutionellen Kontexten wie der Schule nur bedingt gegeben – das Schüler/-innen-Subjekt tritt Lehrern/Lehrerinnen tendenziell als ein kollektives und nur in besonderen Ausschnitten ihres Handelns als individuelles gegenüber. Schließlich ist pädagogisches Handeln nicht wie die klassischen Professionen retrospektiv, sondern prospektiv orientiert (vgl. Dewe, Ferchhoff & Radtke 1992, S. 15). Es handelt sich demgemäß eher um Prophylaxe (vgl. Oevermann 1996, S. 149 f.) als um Wiederherstellung beeinträchtigter Lebenspraxis. Das bedeutet jedoch nicht, dass pädagogische Berufe nicht als Professionen verstanden werden können, vielmehr ist der Eigensinn pädagogischer Professionalität daraus abzuleiten: Der pädagogische Handlungsmodus, um dessen Erschließung es geht, ist gegenüber den klassischen Professionen als different und nicht als defizitär zu betrachten. (vgl. Dewe, Ferchhoff & Radtke 1992, S. 16)

Damit wären die wesentlichen Koordinaten pädagogischer Professionalität vorläufig festgelegt. Welche Konsequenzen sich daraus für die Bestimmung professioneller Kompetenzen von Pädagogen/Pädagoginnen ergeben, wird im nächsten Abschnitt diskutiert.

5 Facetten des Verständnisses von Kompetenz

Die Geschichte des Kompetenzbegriffs ist zwar relativ kurz, gleicht jedoch – nimmt man die zunehmende Verwendungsdichte des Begriffs – einer unerhörten Erfolgsstory. Dass es bislang kein einheitliches Verständnis des Kompetenzbegriffs gibt, hängt wohl unter anderem auch mit dieser Erfolgsstory zusammen. Zu viele und zu divergente Aspekte und Interessen heften sich an die Idee der Kompetenz. Ein Schlüsselmerkmal des Kompetenzbegriffs, so Klieme & Hartig in einer ausführlichen begriffsgeschichtlichen Analyse, sei jedenfalls fachhistorisch „der stärkere Bezug zum ‚wirklichen Leben'" (2007, S. 17). Demgemäß lässt sich

Kompetenz grob als lebenspraktisch ausgerichtete Leistung des Subjekts umreißen, die es erbringt, um Situationen unterschiedlicher Komplexität zu bewältigen.

Auf breiter Basis und systematisch eingeführt wurde der Begriff der Kompetenz in die erziehungswissenschaftliche Diskussion durch Heinrich Roth, der im zweiten Band seiner Schrift zur „Pädagogischen Anthropologie" (1971) von Sach-, Selbst- und Sozialkompetenz als grundlegende menschliche Fähigkeiten spricht und diese in Bezug zur Idee der Mündigkeit bringt und damit mit einem emanzipatorischen Anspruch verbindet: „Mündigkeit, wie sie von uns verstanden wird, ist als Kompetenz zu interpretieren, und zwar in einem dreifachen Sinne: a) als Selbstkompetenz (Self-Competence), d.h. als Fähigkeit, für sich selbstverantwortlich handeln zu können, b) als Sachkompetenz, d.h. als Fähigkeit, für Sachbereiche urteils- und handlungsfähig und damit zuständig sein zu können, und c) als Sozialkompetenz, d.h. als Fähigkeit, für sozial, gesellschaftlich und politisch relevante Sach- oder Sozialbereiche urteils- und handlungsfähig und also ebenfalls zuständig sein zu können." (S. 180) Dieses Kompetenzmodell findet im weiteren Diskurs v.a. in der beruflichen Bildung Eingang (vgl. auch Baethge, Achtenhagen, Arends, Babic, Baethge-Kinsky & Weber (2006), wird aber insgesamt in der Erziehungswissenschaft breit rezipiert.

Ähnlich verhält es sich mit dem aktuell am meisten referenzierten Kompetenzmodell, das auf Franz E. Weinerts Bestimmung von Kompetenz basiert. Weinert intendiert mit seinem viel zitierten Konzept, sich von einem „vieldeutigen Leistungsbegriff" (2001, S. 27) durch eine stringentere Formulierung mit Fokus auf Problembewältigungsfähigkeit abzugrenzen. Kompetenzen werden von Weinert (2001), dessen Bestimmung von Kompetenz hier der Vollständigkeit halber trotz hinlänglicher Bekanntheit des Konzepts angeführt wird, demnach als „die bei Individuen verfügbaren oder durch sie erlernbaren kognitiven Fähigkeiten und Fertigkeiten, um bestimmte Probleme zu lösen", verstanden, „sowie [als] die damit verbundenen motivationalen, volitionalen und sozialen Bereitschaften und Fähigkeiten, die Problemlösungen in variablen Situationen erfolgreich und verantwortungsvoll nutzen zu können". (S. 27f.)

In beiden Ansätzen von Kompetenz fällt die stark individualisierte Dimensionierung auf: Es geht in beiden Fällen um die Perspektive erster Person, bei Weinert (ebenda) explizit um Dispositionen und Bereitschaften des Individuums, die sich ihrerseits um kognitive Fähigkeiten gruppieren und diese im Vollzug von Problemlösungen zur Entfaltung bringen. Probleme lösen lässt sich in einem so gedachten Kontext als ein Vorgang interpretieren, dessen ganz allgemeines Ziel es ist, sich erfolgreich der Welt zu bemächtigen, um gegebene Bedingungen persönlich fruchtbar werden zu lassen. Das heißt, es geht um funktionale, auf Performanz ausgerichtete Handlungslogiken. Diese werden zwar durch den Appell zur verantwortungsvollen Nutzung der vorhandenen Gelegenheiten im Hinblick auf bloße Gewinnoptimierung normativ gerahmt, dennoch lässt sich die Reichweite des von Weinert vorgelegten Kompetenzverständnisses auf das Feld einer funktional motivierten, stark individualisierten Handlungsrationalität relativ klar einschränken.

Dieses Feld ist ein durchaus wesentliches, wenn es darum geht, soziale und kulturelle Partizipationsfähigkeit sicherzustellen. Ohne Kulturtechniken – und im Grunde ist der beschriebene Kompetenzbegriff nichts anderes als ein komplexerer, den Bedingungen technologisch hoch entwickelter Gesellschaften angepasster Nachfolger der klassischen Kulturtechniken des Lesens, Schreibens und Rechnens – lässt sich in der Gegenwartswelt kein Staat machen, geschweige denn ein einigermaßen eigenständiges und selbstbestimmtes Leben führen. Da ein Innehalten der zunehmend sich beschleunigenden Entwicklungen kaum abzusehen ist, ist es daher nur verantwortungsvoll, die – nicht nur von Heranwachsenden

– anzueignenden Fähigkeiten und Fertigkeiten im Lichte einer problemlösungsorientierten Kompetenzvermittlung zu betrachten. Nur so kann zumindest den grundlegenden Anforderungen der Welt sehenden Auges begegnet oder können Defizite etwa unserer Schulsysteme in den Blick genommen werden – wenn das auch mit den aktuellen Schulleistungstests nicht immer und konsistent gelingt. Dennoch ist der Horizont eines gelingenden Lebens mit dem in diesem Ansatz konturierten Fähigkeitsspektrum bei Weitem nicht ausgeleuchtet. Eher geht es um eine basale Infrastruktur an Kompetenzen, die zwar so etwas wie der Vorhof zur Teilhabe und Eigenständigkeit ist, durch den man hindurch muss, will man den Raum einer zumindest hinlänglich autonomen Lebenspraxis erreichen. In diesem Vorhof stehen zu bleiben kann jedoch keinem gewünscht werden.

Auch im Kompetenzspektrum professionalisierten Handelns lassen sich solche technischen Fähigkeitsbereiche als Stützfunktionen und als Voraussetzungen erweiterter Handlungsfähigkeit herauslösen, und auch hier haben sie grundlegende, aber nicht eigenständige, sondern eben stützende (operative) Bedeutung. In diesem Bereich könnte man Expertise verorten, die zwar eine erforderliche, jedoch keine hinreichende Voraussetzung für Professionalität darstellt (vgl. dazu auch Pfadenhauer 2003, S. 26 ff.). Kompetenzen wie sie u. a. in der Rezeption der Roth'schen und Weinert'schen Ansätze mehrheitlich definiert werden, erfassen jedenfalls nicht jene Bereiche, die im Rahmen von Schulbildung das bloße Aneignen von Kulturtechniken überschreiten bzw. im Kontext professioneller Aufgaben nach Formen von Problembewältigung verlangen, die mit einer wie auch immer entfalteten Problemlösungsfähigkeit nicht hinreichend abgedeckt sind. Nimmt man die Handlungslogik von Professionen in den Blick, die sich ihrerseits aus der Anforderungsstruktur professionalisierten Handelns erschließt, so zeigt sich ein über Experten-/Expertinnentum und Funktionalität hinausgehender Anspruch, auf den in der Diskussion um Professionalisierung immer dann hingewiesen wird, wenn Professionalität auf wissenschaftliches Wissen und Expertise eingeschränkt zu werden droht (vgl. dazu Dietrich Benners Hinweis zur besonderen Gestaltungsproblematik verberuflichter pädagogischer Praxis im Horizont der Profession [2001, S. 55[6]]).

Auf der Basis dieser Vorüberlegungen – Kompetenz als Leistung des Subjekts zur Wirklichkeitsbewältigung, als performativer Ausdruck von Mündigkeitsstreben, als Problemlösefähigkeit zur erfolgreichen Weltbewältigung – ergeben sich einige Konsequenzen für den im vorliegenden Konzept von Professionalität maßgeblichen Kompetenzbegriff, in dessen Formulierung versucht wird, das Motiv der Wirklichkeits- und Problembewältigung zu überschreiten. Erstens – übrigens in Analogie zu Roths Brückenschlag zwischen Kompetenz und Mündigkeit – indem argumentiert wird, dass professionalisiertes Handeln im Zuge stellvertretender Krisenbewältigung ein Stück lebenspraktischer Autonomie entweder wieder herstellen oder

---

[6] Auf die von Benner angeführte Differenz zwischen Berufstätigkeit und Praxis, die besonders auf pädagogisches Handeln zutrifft, kann im Rahmen des vorliegenden Artikels nicht weiter eingegangen werden. Nur so viel zur groben Erläuterung des hier angeführten Hinweises: Benner bezieht sich in seiner Argumentation auf die Aufgabe pädagogischer Praxis, „durch Professionalisierung die Verberuflichung der Praxis so zu gestalten, dass auch deren nicht-verberuflichte Horizonte erhalten und weiterentwickelt werden". Dabei gälte es der Sorge Rechnung zu tragen, „dass die Praktiken nicht nur in professionalisierter Form, sondern darüber hinaus zugleich im alltäglichen Zusammenleben der Gesellschaftsmitglieder ausgeübt werden". Dieser Aspekt wäre vor dem Hintergrund des hier angeführten Begriffs von Professionalität weiter zu diskutieren. Vor allem wäre im Auge zu behalten, dass die Professionalisierung von gesellschaftlichen Tätigkeitsbereichen keinen Freibrief für Entsorgungsversuche gesellschaftlicher Probleme durch deren lückenlose Delegation an Professionen darstellen kann.

überhaupt erst gewinnen hilft und sich dabei strukturell an menschliches Handeln allgemein anschmiegt, dieses aber gleichzeitig im Bedarfsfall kontrapunktisch begleitet; zweitens indem die Form der Krisenbewältigung nicht ergebnishaft festgehalten wird, sondern prozesshaft als Gestaltungsmöglichkeit und als Lernanlass für die Betroffenen aufgefasst wird, etwa wenn die Erzeugung des Neuen durch Krisenbearbeitung als Maxime und als wesentliche Kompetenz professionalisierten Handelns in den Blick kommt oder wenn es darum geht, aus der jeweils gefundenen Krisenlösung für die betroffenen Akteure/Akteurinnen Vorstellungen für zukünftige und dann selbst vertretene Krisenbewältigungsmöglichkeiten abzuleiten. (vgl. dazu Oevermanns Rede von der Hilfe zur Selbsthilfe, 1996, S. 152 und 2008, S. 63)

Vor diesem Hintergrund wird im vorliegenden Ansatz ein Kompetenzbegriff formuliert, der neben den Dimensionen einschlägigen Wissens und Könnens sowohl eine grundlegende Kreativität professionalisierten Handels sowie dessen Situiertheit als Antwort auf gegebene Strukturen in den Vordergrund rückt. Kreativität ist dabei im Sinne der von Joas weiter oben allgemein für menschliches Handeln bestimmten Dimension gemeint, allerdings in einer exponierteren Form: Professionen schaffen das Neue aus vorgefundenen Krisen unter öffentlicher Beobachtung in besonders brisanten Zusammenhängen und daher unter verstärktem Erfolgsdruck. Auch der Aspekt des Quasidialogs mit der Wirklichkeit, des Antwortens auf Situationen seitens des Subjekts, wurde als eine allgemeine Dimension menschlichen Handelns dargestellt, und auch dieser Aspekt tritt uns im professionalisierten Handeln in ausgeprägterer Form entgegen, da es sich um eine besondere Form der Wirklichkeitsbewältigung handelt, in der die dialektische Beziehung von Subjekt und Situation bzw. im Anschluss an Giddens von Subjekt und Struktur spezifisches Gewicht erhält: Professionen gehen mit den gegebenen Rahmenbedingungen bewusst um, indem sie die Macht der Bedingungen durch ihr Handeln geltend machen oder außer Kraft setzen – d. h. die Bedingungen nicht als Gegebenheiten einschätzen, denen sie schlicht ausgesetzt sind – und zwar auch das unter ständiger gesellschaftlicher Beobachtung ihres Tuns. Ihre Kompetenz erschöpft sich daher nicht in individuellen Fähigkeiten und Fertigkeiten, sondern steht immer auch in direktem Bezug zu gesellschaftlichen Rahmenbedingungen und den für ihren Bereich gültigen sozialen Praktiken. Um dieses dialektische Moment im hier dargestellten Theorierahmen deutlich zu machen, wird nicht einfach von Kompetenz, sondern von Kompetenzfeldern – von „Domänen" – gesprochen.

Für pädagogische Professionalität wurden fünf solche Domänen herausgearbeitet, deren Verfasstheit das oben skizzierte widersprüchliche Spannungsgefüge als ein Zusammenspiel von Akteur/-in und Situation, von Subjekt und Struktur bezogen auf pädagogische Handlungsfelder abbilden soll und gleichzeitig eine möglichst allgemeine Rahmung von Professionalität zugrunde legt. Die erarbeiteten Kompetenzfelder ergeben sich aus der Anforderungsstruktur und der daraus folgenden Handlungslogik von (pädagogischer) Professionalität, deren Darstellung in ihren wesentlichen Strukturmomenten im vorigen Abschnitt versucht wurde. Im Folgenden wird die Intention verfolgt, die jeweiligen Anforderungen und die daraus resultierenden Ableitungen in Verbindung zu bringen. Lineare Beziehungen lassen sich allerdings nicht herstellen, etwa nach dem Modell: hier die Anforderungsstruktur dort die zugehörige Domäne. Vielmehr stehen sowohl Anforderungsstruktur als auch Domänen in mehreren Verschränkungen miteinander in Verbindung.

So spiegelt sich der Aspekt der Signifikanz der jeweiligen krisenanfälligen Sachthematik und der damit im Zusammenhang stehenden Aufgabe der stellvertretenden Krisenbewältigung in der Domäne Reflexions- und Diskursfähigkeit wider (1). Dieses Kompetenzfeld drückt sich in problembezogener Reflexivität aus, d. h. in der Fähigkeit, Situationen methodisch abgesichert zu erfassen und mit hinreichender Distanz systematisch und unter Heranziehen von Theoriewissen zu ordnen und analysieren zu können. Diskursfähigkeit bedeutet dann, die im Bearbeiten der Situation auftauchenden Interpretationen und Lösungsmöglichkeiten (meist ex post) diskursiv und abgestützt auf eine tragfähige Wissensbasis hin verarbeiten und begründen zu können. Das heißt, diese Domäne antwortet auch auf die Anforderungsbereiche der Fallorientierung und der Begründungsverpflichtung. Um einen solcherart professionellen Diskurs führen und mit Leben erfüllen zu können, bedarf es des kontinuierlichen und lebendigen Austausches mit Kollegen/Kolleginnen inkl. der dafür förderlichen Strukturen im Hinblick auf Raum, Zeit, Verantwortlichkeit etc. Dieser Anspruch wird durch die Domäne Kooperation und Kollegialität erfasst (2). Sie stellt einen halböffentlichen Ort des Diskurses zur Verfügung, an dem die Aufarbeitung der stellvertretenden Krisenbewältigung sowie die vorausgehende Krisenanalyse und schließlich die nachfolgende Legitimation und Kritik der gesetzten Handlungen und getroffenen Entscheidungen kollektiv und im Austausch mit Kollegen/Kolleginnen stattfinden kann. Das ist auch der Ort, an dem aus den gewonnenen Erfahrungen, den gesammelten Expertisen und Einschätzungen neues Professionswissen entsteht.

Fallorientierung und damit in Verbindung Falldeutung verlangen – neben Reflexivität und der Entwicklung eines Fachdiskurses – auch nach differenzierten Blicken auf die Situation und einer damit in Verbindung stehenden Wahrnehmung und Anerkennung des anderen in seinem Eigenrecht: Differenzfähigkeit (3). Die Domäne Differenzfähigkeit wiederum bezieht sich nicht nur auf differenzierende, hermeneutische Fähigkeiten, sondern auch auf die für professionalisiertes pädagogisches Handeln konstitutive Ungewissheit und auf die damit zusammenhängenden Antinomien. Dazu zählt etwa die für pädagogisches Handeln typische paradoxale Ausgangslage, durch Erziehung Selbsttätigkeit herbeiführen zu sollen, dies aber nicht eigenhändig zu können, da dies nur die zu Erziehenden selbst übernehmen können. Ebenso gehören das antinomische Verhältnis zwischen der Notwendigkeit pädagogischen Wissens zur Situationsbewältigung und das für pädagogische Situationen konstitutive Nichtwissen-Können dazu, das sich im unvertretbaren Eigensinn des Einzelfalls und der unüberbrückbaren Differenz zum jeweils anderen zuspitzt. Differenzfähigkeit verweist daher sowohl auf Differenzierungsfähigkeit in dem Sinne, dass Situationen (etwa Lernprobleme oder besondere Begabungen) diagnostisch erfasst und interpretiert werden sollen, als auch auf die Fähigkeit, die Differenz zum Anderen aushalten und respektieren zu können und dennoch handlungsfähig zu bleiben.

Professionsbewusstsein zu entfalten – das vierte Kompetenzfeld (4) –, verweist auf die öffentliche Verpflichtung, sich als Profession zu legitimieren und den damit einhergehenden Anspruch – angesichts der Signifikanz des Zuständigkeitsbereichs –, eine Art öffentliches Bekenntnis zur übertragenen Verantwortung abzulegen, sich öffentlich zu legitimieren, aber auch die Grenzen der Verantwortung und Zuständigkeit mit entsprechender Seriosität im Blick zu behalten. Professionsbewusstsein konturiert somit die Zuständigkeitsbereiche der Profession und ist zugleich der öffentliche Austragungsort professioneller Positionen. Professionen haben im Rahmen ihrer Legitimationspflicht die Aufgabe, öffentlich zu Fragen, die inhaltlich und formal die Profession betreffen (also wenn es etwa um die Aufarbeitung der Ergebnisse von Schulleistungstests geht oder um Fragen der Organisation der Lehrer/-innen-Bildung), Stellung zu beziehen und damit im Dialog mit der Öffentlichkeit und im engeren Sinne mit der sie beauftragenden Gesellschaft zu bleiben. Dieser Dialog ist auch Gestaltungsort des öffentlichen Bildes und der Statuszuschreibung einer Profession.

Personal Mastery (5), ein Begriff, der auf den Organisationsentwickler Peter Senge (1996) zurückgeht, zielt schließlich auf das professionelle Selbst ab, das nicht nur in der Fähigkeit zum Ausdruck kommt, Professionswissen und -können situationsbezogen einzusetzen, sondern auch den Umgang mit sich selbst bewusst zu gestalten. Es handelt sich dabei um die biografische Perspektive der Entfaltung von Professionalität und wie sich diese über die Lebensspanne erweitern, vertiefen und jeweils neu akzentuieren lässt.

Kooperation und Kollegialität, Professionsbewusstsein und Personal Mastery sind im Konzert der fünf Domänen als ermöglichende, ja unerlässliche Infrastruktur sowohl individueller Kompetenz als auch struktureller Bedingungen zu betrachten. Sie bilden die Folie, vor deren Hintergrund Reflexions-, Diskurs- und Differenzfähigkeit zur Entfaltung kommen.

Rufen wir uns abschließend noch einmal die als die wesentlichen Strukturmomente herausgearbeiteten Aspekte von pädagogischer Professionalität in Erinnerung: die Signifikanz der Sachthematik, stellvertretende Krisenbewältigung, allerdings nicht in retrospektiver, sondern in prospektiver Orientierung, die interpretative und interaktive Komponente und die Fallorientierung mit der besonderen Herausforderung, keine voll kontraktfähigen Klienten/ Klientinnen vor sich zu haben.

So wird zusammenfassend noch einmal deutlich, wie die genannten Aspekte mit den fünf Domänen in Bezug stehen bzw. wie sie in den Domänen bearbeitbar werden: Die Signifikanz der Sachthematik und die damit in Verbindung stehende hohe Verantwortlichkeit und Legitimationspflicht entspricht der Domäne der Reflexions- und Diskursfähigkeit als Ort der Fundierung und Überprüfung professionsbezogenen Wissens und Könnens ebenso wie der Domäne Professionsbewusstsein, der darin aufgehobenen öffentlichen Lizenzierung sowie des öffentlichen Bekenntnisses zur Begründungsverpflichtung. Die Domäne Kooperation und Kollegialität trägt als Ort der Methodisierung und Weiterentwicklung von Professionswissen und -können dazu bei, dass eine prospektiv orientierte, quasi prophylaktische stellvertretende Krisenbewältigung in abgesicherten Wissensbeständen und in der Kultivierung interventionspraktischen Könnens fundiert ist. Der interpretative und interaktive Vollzug professionalisierten Handelns findet in der Domäne Differenzfähigkeit eine Antwort, ebenso wie die dort verortete pädagogische Fallorientierung, die aufgrund der besonders verletzlichen Klientel und deren wachsenden Autonomieanspruchs nach einer höchst sensiblen Vorgangsweise in Bezug auf die Falldifferenzierung und im Hinblick auf die Anerkennung uneinholbarer Differenz verlangt. Nicht zuletzt ist ein Entfalten der Kompetenzfelder erst dann gewährleistet, wenn Pädagogen/Pädagoginnen ein bewusstes Verhältnis zu sich selbst und zu anderen entfalten können und sich dieser Bewusstheit immer wieder von Neuem stellen.

Literaturverzeichnis

Baethge, Martin, Achtenhagen, Frank, Arends, Lena, Babic, Edvin, Baethge-Kinsky, Volker & Weber, Susanne (2006): Berufsbildungs-PISA. Machbarkeitsstudie. Stuttgart: Steiner.

Benner, Dietrich (2001): Allgemeine Pädagogik. Eine systematisch-problemgeschichtliche Einführung in die Grundstruktur pädagogischen Denkens und Handelns. 4. Auflage. Weinheim und München: Juventa.

Combe, Arno & Helsper, Werner (1993 [1996]): Einleitung: Pädagogische Professionalität. Historische Hypotheken und aktuelle Entwicklungstendenzen. In: Combe, Arno & Helsper, Werner (Hrsg.): Pädagogische Professionalität. Untersuchungen zum Typus pädagogischen Handelns. Frankfurt am Main: Suhrkamp, S. 9–48.

Dewe, Bernd, Ferchhoff, Wilfried & Radtke, Frank-Olaf (1992): Auf dem Wege zu einer aufgabenzentrierten Professionstheorie pädagogischen Handelns. In: Dewe, Bernd, Ferchhoff, Wilfried & Radtke, Frank-Olaf (Hrsg.): Erziehen als Profession. Zur Logik professionellen Handelns in pädagogischen Feldern. Opladen: Leske + Budrich, S. 7–20.

Dewey, John (1980 [1938]): The Theory of Inquiry. New York: Holt.

Dewey, John (1987 [1934]): Kunst als Erfahrung. Frankfurt am Main: Suhrkamp.

Gehlen, Arnold (1993 [1940]): Der Mensch: Seine Natur und seine Stellung in der Welt. (Textkritische Edition unter Einbeziehung des gesamten Textes der 1. Auflage von 1940. Band 3.1 und 3.2, herausgegeben von Rehberg, Karl-Siegbert). Frankfurt am Main: Klostermann.

Giddens, Anthony (1997 [1995]): Die Konstitution der Gesellschaft: Grundzüge einer Theorie der Strukturierung. Frankfurt am Main und New York: Campus.

Herder, Johann G. (1966 [1772]): Abhandlung über den Ursprung der Sprache. Stuttgart: Reclam.

Joas, Hans (1996 [1992]): Die Kreativität des Handelns. Frankfurt am Main: Suhrkamp.

Joas, Hans (1999 [1992]): Pragmatismus und Gesellschaftstheorie. Frankfurt am Main: Suhrkamp.

Klieme, Eckhard & Hartig, Johannes (2007): Kompetenzkonzepte in den Sozialwissenschaften und im erziehungswissenschaftlichen Denken. In: Prenzel, Manfred, Gogolin, Ingrid & Krüger, Heinz-Hermann (Hrsg.): Kompetenzdiagnostik. (Zeitschrift für Erziehungswissenschaft, Sonderheft 8). Wiesbaden: Verlag für Sozialwissenschaften, S. 11–29.

Mead, George H. (1973 [1934]): Geist, Identität und Gesellschaft. Frankfurt am Main: Suhrkamp.

Mead, George H. (1980 [1983]): Gesammelte Aufsätze. (2 Bände, herausgegeben von Joas, Hans). Frankfurt am Main: Suhrkamp.

Oevermann, Ulrich (1996): Theoretische Skizze einer revidierten Theorie professionalisierten Handelns. In: Combe, Arno & Helsper, Werner (Hrsg.): Pädagogische Professionalität. Untersuchungen zum Typus pädagogischen Handelns. Frankfurt am Main: Suhrkamp, S. 70–182.

Oevermann, Ulrich (2000): Die Methode der Fallrekonstruktion in der Grundlagenforschung sowie der klinischen und pädagogischen Praxis. In: Kraimer, Klaus (Hrsg.): Die Fallrekonstruktion. Sinnverstehen in der sozialwissenschaftlichen Forschung. Frankfurt am Main: Suhrkamp, S. 58–156.

Oevermann, Ulrich (2001): Die Philosophie von Charles Sanders Peirce als Philosophie der Krise. In: Wagner, Hans-Josef (Hrsg.): Objektive Hermeneutik und Bildung des Subjekts. Weilerswist: Velbrück Wissenschaft, S. 209–254.

Oevermann, Ulrich (2008): Profession contra Organisation? Strukturtheoretische Perspektiven zum Verhältnis von Organisation und Profession in der Schule. In: Helsper, Werner, Busse, Susanne, Hummrich, Merle & Kramer, Rolf-Torsten (Hrsg.): Pädagogische Professionalität in Organisationen. Neue Verhältnisbestimmungen am Beispiel der Schule. Wiesbaden: Verlag für Sozialwissenschaften, S. 55–77.

Parsons, Talcott (1964): The Professions and Social Structure. In: Parsons, Talcott (Ed.): Essays in Sociological Theory. New York: Free Press, S. 34–49.

Peirce, Charles S. (1983): Phänomen und Logik der Zeichen. (Collected papers, herausgegeben und übersetzt von Pape, Helmut). Frankfurt am Main: Suhrkamp.

Pfadenhauer, Michaela (2003): Professionalität. Eine wissenssoziologische Rekonstruktion institutionalisierter Kompetenzdarstellungskompetenz. Opladen: Leske + Budrich.

Plessner, Helmut (1975 [1928]): Die Stufen des Organischen und der Mensch. Einleitung in die philosophische Anthropologie. Berlin: Gruyter.

Prange, Klaus & Strobel-Eisele, Gabriele (2006): Die Formen des pädagogischen Handelns. Eine Einführung. Stuttgart: Kohlhammer.

Roth, Heinrich (1971): Pädagogische Anthropologie. Band II: Entwicklung und Erziehung. Hannover, Berlin, Darmstadt und Dortmund: Schroedel.

Scheler, Max (1995 [1927]): Die Stellung des Menschen im Kosmos. 13. Auflage. Bonn: Bouvier.

Schratz, Michael, Paseka, Angelika & Schrittesser, Ilse (2010; Hrsg.): Pädagogische Professionalität: Quer denken – umdenken – neu denken. Impulse für next practice im Lehrerberuf. Wien: Facultas.

Schrittesser, Ilse (2007): Bildung: organisierter Widerspruch? Frankfurt am Main: Lang.

Senge, Peter M. (1996): Die fünfte Disziplin. Kunst und Praxis der lernenden Organisation. Stuttgart: Klett-Cotta.

Stichweh, Rudolf (1992): Professionalisierung, Ausdifferenzierung von Funktionssystemen, Inklusion. Betrachtungen aus systemtheoretischer Sicht. In: Dewe, Bernd, Ferchhoff, Wilfried & Radtke, Frank-Olaf (Hrsg.): Erziehen als Profession. Zur Logik professionellen Handelns in pädagogischen Feldern. Opladen: Leske + Budrich, S. 36–48.

Stichweh, Rudolf (1993 [1996]): Professionen in einer funktional differenzierten Gesellschaft. In: Combe, Arno & Helsper, Werner (Hrsg.): Pädagogische Professionalität. Untersuchungen zum Typus pädagogischen Handelns. Frankfurt am Main: Suhrkamp, S. 49–69.

Stichweh, Rudolf (1994): Wissenschaft, Universität, Profession. Soziologische Analysen. Frankfurt am Main: Suhrkamp.

Weber, Max (1995 [1919]): Schriften zur Soziologie. (herausgegeben und eingeleitet von Sukale, Michael). Stuttgart: Reclam.

Weinert, Franz E. (2001): Vergleichende Leistungsmessung in Schulen – eine umstrittene Selbstverständlichkeit. In: Weinert, Franz E. (Hrsg.): Leistungsmessung in Schulen. Weinheim und Basel: Beltz, S. 17–31.

III.
Ausgewählte Facetten von Kompetenz

Dieter Euler
Von der programmatischen Formel zum didaktischen Konzept:
Sozialkompetenzen präzisieren, fördern und beurteilen 183

Josef Oberneder
Soziale Kompetenz – neuer Trend oder alte Mode? 199

Susanne Weber / Matthias Hofmuth
Messung unterschiedlicher Facetten von interkultureller Kompetenz 209

Peter Slepcevic-Zach / Michaela Stock
Web 2.0 im Kontext der lernenden Organisation 223

Anneliese Aschauer
Krisenkompetenz von Führungskräften 239

Alexandra Eder / Klaus Rütters
Lernortkooperative Fortbildungen von Lehrern/Lehrerinnen und Ausbildern/Ausbilderinnen in der dualen Ausbildung zum Mechatroniker/zur Mechatronikerin
Ausgangspunkte einer fachlichen, pädagogischen und lernortkooperativen
Kompetenzverbesserung des Ausbildungspersonals 257

Karl Wilbers
Überfachliche Kompetenzen im Fachunterricht beruflicher Schulen fördern 281

Dieter Euler
Universität St. Gallen

Von der programmatischen Formel zum didaktischen Konzept: Sozialkompetenzen präzisieren, fördern und beurteilen

1 Ausgangspunkte 183
2 Präzisierung von Sozialkompetenzen 184
3 Förderung von Sozialkompetenzen 186
4 Diagnose und Beurteilung von Sozialkompetenzen 190
5 Abschluss 195
Literaturverzeichnis 196

1 Ausgangspunkte

Sozialkompetenzen als ein relevantes Konstrukt in der Berufsbildung oder der Wirtschaftspädagogik auszuweisen käme der Aussage gleich, dass der Schnee weiß ist. In den Wissenschaften werden dabei sowohl zwischen als auch innerhalb von einzelnen Disziplinen unterschiedliche Ausgangspunkte und Zugänge zur Präzisierung gewählt. Im Einzelnen existieren zahlreiche Ansätze, Sozialkompetenzen zu definieren bzw. konzeptionell zu erfassen. Die Bestimmung eines Konstrukts wie Sozialkompetenz ist unvermeidbar erkenntnisinteressen- bzw. verwendungsgeleitet. Entsprechend kann man nicht mit dem Anspruch auf Allgemeingültigkeit behaupten, was Sozialkompetenz „ist", sondern es ist lediglich möglich, das eigene Verständnis in Hinblick auf ein bestimmtes Interesse auszudrücken und zu begründen. Insofern ist eine (Nominal-)Definition immer nur als Konstruktion passend, nützlich oder schlüssig für den eigenen Zweck.

Die folgenden Betrachtungen und Untersuchungen erfolgen aus einer didaktischen Erkenntnisperspektive. Aus didaktischer Sicht sollen im Folgenden drei Fragestellungen aufgenommen werden:

- Wie können Sozialkompetenzen präzisiert werden, um sie a) als Zielgröße für die Gestaltung von Lernprozessen und b) als Bestimmungsgröße zur Diagnose der Lernvoraussetzungen von Menschen zu verwenden? (Kap. 2)
- Wie kann der Erwerb von Sozialkompetenzen gefördert werden? Welche lerntheoretischen Verständnisse liegen entsprechenden Lehrinterventionen zugrunde? (Kap. 3)
- Wie können Sozialkompetenzen festgestellt bzw. gemessen werden, sei es a) zur Feststellung bzw. Überprüfung des Erfolgs von gestalteten Lernprozessen oder b) zur Diagnose (bereits) verfügbarer Lernvoraussetzungen von Menschen? (Kap. 4)

2 Präzisierung von Sozialkompetenzen

Sollen soziale Kompetenzen gezielt gefördert werden, muss zunächst ein klares Verständnis über den Bedeutungsgehalt des Begriffs bestehen. Sozialkompetenzen werden als ein zentraler Bereich von (beruflichen) Handlungskompetenzen verstanden. Diese bezeichnen das Potenzial für das Handeln in spezifischen Situationskontexten. Die Kompetenzbereiche sind dabei häufig eng miteinander verknüpft. So sollen beispielsweise Kundenberater/-innen in einer Bank das Potenzial erwerben, Anlageformen im Bankgeschäft zu unterscheiden (Sachkompetenzen), Kontakt zu Kunden/Kundinnen in Beratungsgesprächen aufzunehmen (Sozialkompetenzen) oder sich selbstständig aktuelle Informationen etwa über die Angebote von Wettbewerbern/Wettbewerberinnen zu erschließen (Selbstkompetenz). Handlungskompetenzen beziehen sich jeweils auf einen Typus von Situation (zum Beispiel die Kunden-/Kundinnenberatung), innerhalb dessen eine Vielzahl variierender Bedingungen zu je spezifischen Ausprägungen des jeweiligen Typs führen können (beispielsweise aggressive oder freundliche Kunden/Kundinnen; anspruchsvolle oder einfache Sachlage). Aus diesem Zusammenhang resultiert das didaktische Problem, aus dem konkreten Handeln in singulären Situationen (zum Beispiel in einer Prüfung) auf das generelle Vorhandensein stabiler Handlungskompetenzen zu schließen.

Handlungskompetenzen in den drei grundlegenden Bereichen der Sachkompetenz (Disposition zum kompetenten Umgang mit Sachen), der Sozialkompetenz (Disposition zum kompetenten Umgang mit anderen Menschen) und der Selbstkompetenz (Disposition zum kompetenten Umgang mit Facetten der eigenen Person) (vgl. Euler & Hahn 2007, S. 124) können in einem nachfolgenden Schritt jeweils über drei Handlungsdimensionen ausdifferenziert werden. Im Überblick entsteht der folgende Zusammenhang:

Handlungsdimension / Handlungskompetenzbereiche	Erkennen (Wissen)	Werten (Einstellungen)	Können (Fertigkeiten)
SACHKOMPETENZEN Umgang mit Sachen (z. B. Anlageform, IT-Anwendungsprogramm)			
SOZIALKOMPETENZEN Umgang mit anderen Menschen (z. B. Kunden/Kundinnen, Kollegen/Kolleginnen, Vorgesetzten)			
SELBSTKOMPETENZEN Umgang mit eigener Person (z. B. Lernen, Emotionen, Moral)			

Abbildung 1: Handlungskompetenzbereiche und Handlungsdimensionen

Die Handlungsdimensionen lassen sich in Hinblick auf den Bereich der Sozialkompetenzen wie folgt erläutern (vgl. auch Bransford, Brown & Cocking 2002, S. 4; sie unterscheiden zwischen „skills, knowledge and attitudes"):

- In der Dimension des Erkennens bzw. Wissens stehen kognitive Handlungsschwerpunkte im Vordergrund. Es existiert beispielsweise Wissen über die Beziehung zu anderen Menschen oder über Interaktionsmodelle. Die kognitive Aktivität wiederum kann unterschiedliche Ausprägungen haben wie etwa Verstehen, Analysieren oder Evaluieren.
- In der Dimension des Wertens bzw. der Einstellungen dominieren affektive und moralische Schwerpunkte des Handelns (z. B. Einstellung gegenüber dem Interaktionspartner). Der Begriff der „Einstellung" wird in der Literatur mit unterschiedlichen Bedeutungszuordnungen verbunden (vgl. Rosch & Frey 1994, S. 296 f.). In der Sozialpsychologie dient er als Sammelbegriff für innere Zustände des Individuums – von Stimmungen über emotionale Erregung bis zu Bewertungen – gegenüber Objekten, (anderen) Personen, Ideen usw. Häufig wird eine analytische Trennung zwischen (eher kognitiv ausgerichteten) Bewertungen sowie (eher emotional ausgerichteten) Gefühlsäußerungen vorgenommen.
- In der Dimension des Könnens bzw. der Fertigkeiten ist in erster Linie das handhabend-gestaltende Wirken angesprochen. Der/Die Handelnde will beispielsweise die Beziehung zu anderen Menschen effektiv gestalten oder verändern und verwendet hierzu spezifische Techniken.

In diesem Rahmen sollen Sozialkompetenzen definiert werden „als Disposition zur zielgerichteten Interaktion mit anderen Menschen über sachliche, soziale oder persönliche Themen in spezifischen Typen von Situationen." (Euler & Bauer-Klebl 2009, S. 23). Die Konstituenten der Definition werden wie folgt konkretisiert:

- „Interaktion mit anderen Menschen"

Der Begriff der „Interaktion" soll zum Ausdruck bringen, dass sich das vertretene Verständnis von Sozialkompetenzen auf jene Form des sozialen Handelns bezieht, das nicht lediglich auf eine Wirkung des eigenen Handelns auf andere abzielt, sondern bei dem eine Koordination im Rahmen einer sozialen Beziehung angestrebt wird. Die Handlungskoordination wird demnach zu einem Kernelement der Interaktion (vgl. Euler 1988, S. 59 ff.). Unter Handlungskoordination wird die Abstimmung des eigenen mit dem Handeln der Interaktionspartner/-innen verstanden. Wesentlich ist dabei, dass der/die andere als ein Subjekt mit eigenen Zielen, Interessen, Erfahrungen, Gefühlen usw. wahrgenommen und akzeptiert wird.

- „Zielgerichtete Interaktion"

Interaktion als eine Form des Handelns erfolgt per Definition zielgerichtet, wobei hinsichtlich der Ziel- bzw. Wertausrichtung keine Festlegung getroffen wird. Sozialkompetenzen lösen vielerorts deshalb positive Vorstellungen aus, weil sie mit Werten wie Hilfsbereitschaft, Höflichkeit, Glaubwürdigkeit, Offenheit, Altruismus oder dem solidarischen Eintreten für den Mitmenschen verbunden werden. Diese positive Konnotation ist jedoch keineswegs zwangsläufig. So ließe sich argumentieren, dass Menschen auch dann Sozialkompetenzen besitzen, wenn sie sich gezielt mit ausgeprägter Geschicklichkeit gemeinsamen Verpflichtungen entziehen oder Mitmenschen „über den Tisch ziehen". Ob heroische Selbstlosigkeit oder schrankenloser Egoismus – in jedem Fall liegen der sozialen Interaktion spezifische Werte und Ziele zugrunde. Zudem können spezifische Sozialkompetenzen unterschiedlichen Zwecken dienen. So kann beispielsweise die Fähigkeit zur Klärung von Konflikten mit einem Mitarbeiter/einer Mitarbeiterin oder in einem Team hinsichtlich der normativen Ausrichtung sowohl im Sinne der Suche nach einer gemeinsamen Position als auch der Durchsetzung der eigenen Interessen dienen. Kurz: Es gibt keine eindeutige Verbindung zwischen Sozialkompetenzen und bestimmten Ziel- oder Wertausrichtungen. „Zielgerichtet" kann vor diesem Hintergrund nicht bedeuten, dass inhaltlich spezifizierte Ziele für eine sozialkompetente Interaktion vorgegeben werden. So könnten die Lehrenden in didaktischen Situationen zwar ihre eigenen Ziel- und Wertpräferenzen zum Ausdruck bringen, aber sie müssen sich bewusst sein, dass zu deren Erreichung erworbene Sozialkompetenzen auch für andere Ziele instrumentalisiert werden können. Mit dieser Aussage verbindet sich die Prämisse, die besagt, dass Lernergebnisse nicht gegen den Willen des/der Lernenden bewirkt werden können. Damit korrespondiert eine normative Grundhaltung für pädagogisches Handeln, nach der anderen Menschen keine Ziele und Werte aufgezwungen werden sollten, sondern die besagt, dass sie als selbstverantwortliche Lernende in der Klärung und Bestimmung ihrer eigenen Ziele und Werte unterstützt werden sollten.

- „Über sachliche, soziale und persönliche Themen"

Interaktion bedarf eines inhaltlich-thematischen Bezuges. Neben der Hervorhebung dieses Sachverhalts wird in der Definition eine Unterscheidung zwischen sachlichen, sozialen und persönlichen Themen eingeführt. Da eine soziale Interaktion auch selbst zum Gegenstand des Austauschs werden kann, wäre als weiterer Bezug der Austausch über die Interaktion (Metakommunikation) zu nennen.

- „In bestimmten Typen von Situationen"

Die Themen einer Interaktion werden über die Angabe des Situationskontextes näher präzisiert. So kann es beispielsweise für einen Kundenberater/eine Kundenberaterin einen Unterschied bedeuten, ob er/sie die Produkte Privat- oder Geschäftskunden/-kundinnen, aufgeschlossenen oder reservierten Kunden/Kundinnen präsentiert. Einzelne Situationen, die in einigen wesentlichen Merkmalen ähnliche Handlungsanforderungen an den Kommunizierenden/die Kommunizierende stellen, lassen sich zu einem Situationstyp zusammenfassen. In didaktischer Hinsicht grenzt ein Situationstyp den Praxiskontext ab, in dem ein Mensch sozialkompetent handeln soll. So können beispielsweise die „Beratung von Privatkunden/-kundinnen" oder die „Beratung von Geschäftskunden/-kundinnen" als verschiedene Situationstypen unterschieden werden. Aus diesen Grundlegungen ergibt sich für die weiteren Überlegungen die Prämisse, dass Sozialkompetenzen nicht generell, sondern situationsspezifisch erworben und angewendet werden. Für die Bestimmung von Sozialkompetenzen resultiert daraus, dass Menschen nicht „per se" und universell sozialkompetent sind, sondern immer nur in Hinblick auf spezifische Situationstypen.

3   Förderung von Sozialkompetenzen

Die Förderung von Sozialkompetenzen kann sich prinzipiell auf die gleichen lernpsychologischen Grundlagen stützen, wie sie für die Handlungsdimensionen des Wissens sowie der Einstellungen und Fertigkeiten für die beiden anderen unterschiedenen Handlungsbereiche der Sach- bzw. Selbstkompetenzen gelten. Nachfolgend sollen daher zunächst zentrale theoretische Grundlagen aufgenommen und auf die Frage hin untersucht werden, welche Anknüpfungspunkte sie für das Lernen von Sozialkompetenzen bieten. Anschließend werden auf dieser Grundlage in einer zusammenführenden Betrachtung einige lehrmethodische Prinzipien für die Förderung von Sozialkompetenzen vorgestellt.

Die lernpsychologischen Kerntheorien besitzen unterschiedliche Affinitäten zur Förderung von Wissen, Fertigkeiten und Einstellungen. Ohne die Bezüge an dieser Stelle im Detail herausarbeiten zu können, sollen wesentliche Verbindungslinien zumindest konturiert werden.

Für behavioristische Lerntheorien ist ein von außen gesetztes Ziel grundlegend, an das der/die Lernende mit seinem/ihrem Verhalten durch verschiedene Formen der Verstärkung herangeführt werden soll. Für die Förderung von Sozialkompetenzen begründet dies das Postulat, durch den Einsatz von geeigneten Verstärkungsreizen ein gezeigtes Interaktionsverhalten in die gewünschte Richtung zu lenken. Beispielsweise wird die Befolgung erwünschter sozialer Regeln belohnt, deren Verletzung hingegen negativ sanktioniert. Bezogen auf einzelne Sozialkompetenzen kann mithilfe des Lernens durch Verstärkung versucht werden, bestimmte Interaktionsroutinen aufzubauen, um typische Situationen wie Kontaktaufnahme mit einem neuen Kunden/einer neuen Kundin oder Präsentation von Produktinformationen zu bewältigen. Ferner können konkrete Interaktionsereignisse, die wiederholt zu Schwierigkeiten führen, zum Gegenstand einer Verhaltensmodifikation gemacht werden. Insofern gibt diese Theorie keine Aufklärung über das Lernen, sondern sie bietet in erster Linie eine Orientierung für Lehraktivitäten. Das zugrunde liegende Menschenbild dieses Verständnisses von Lernen basiert bezogen auf das Lernen von Sozialkompetenzen auf der Vorstellung, den Lernenden/die Lernende an ein (fremd)bestimmtes Verhaltensideal anzupassen. Diese Prämisse begründet zentrale Einwände und Fragen: Führt die Ausrichtung des Lehrens und Lernens an einem bestimmten Verhaltensideal (wie „Man begrüßt den Kunden/die Kundin richtigerweise wie folgt: ...") nicht zu einem ritualisierten und marionettenhaften Verständnis von sozialer Interaktion? Inwieweit können die Interaktionspartner/-innen ihre Persönlichkeit in der sozialen Interaktion zum Ausdruck bringen?

Sozial-kognitive Lerntheorien (Lernen am Modell) werden häufig als die Lernform hervorgehoben, „whereby most social behaviors are learned" (Cartledge & Milburn 1995, S. 76). Eine ähnliche Auffassung vertritt Aebli: „Gerade im Bereich des sozialen Lernens [...] kann man annehmen, dass der Großteil der Lernprozesse durch Beobachtung und Nachahmung ausgelöst wird." (1987, S. 120) Lernen am Modell geht von der Annahme aus, dass der Mensch eine Vielzahl von Verhaltensmöglichkeiten aus der Beobachtung und Imitation sozialer Modelle erwirbt. In seiner Theorie strukturiert Bandura (1976, 1979 und 1986) die einzelnen Schritte, die den Erfolg des Modell-Lernens maßgeblich beeinflussen. Zunächst erscheint das Lernen jener Sozialkompetenzen, die auf Beobachtungen basieren wie einzelne Sozialkompetenzen in der Dimension der Fertigkeiten (z. B. paraphrasieren, Feedback geben), auf die Theorie von Bandura anwendbar. Die Theorie bietet konkrete Aussagen, die zur gezielten Ausrichtung von Lehraktivitäten aufgenommen werden können. Hinsichtlich der Lernprozesse zur Förderung von Sozialkompetenzen in der Dimension des Wissens erscheint die Theorie prinzipiell nicht anwendbar, es sei denn, „auch innerliche Prozesse wie das Nachdenken und die Beurteilung von Situationen werden durch lautes Vordenken beobachtbar" (Aebli 1987, S. 121) und auf diese Weise zugänglich gemacht.

Kognitive Lerntheorien beschäftigen sich mit der Frage, wie der Mensch die Erfahrungen mit seiner Umwelt zu Wissen verarbeitet. Es stehen zahlreiche Theorien zur Verfügung, mit deren Hilfe unterschiedliche Wissensformen und kognitive Verarbeitungsprozesse erklärt werden. Bezogen auf das Lernen von Sozialkompetenzen wird vor diesem Hintergrund deutlich, dass die kognitiven Lerntheorien einige Anknüpfungspunkte in der Dimension des Wissens besitzen. So könnten diese Lerntheorien Aufschluss darüber geben, inwieweit Wissen über Interaktion, das zumindest teilweise aus der unmittelbaren Erfahrung erlebter Interaktionssituationen generiert wird, das sozial-kommunikative Handeln steuern kann. Es wird beispielsweise im Kontext der Entwicklung emotionaler Kompetenzen darauf hingewiesen, dass eine sprachlich differenzierte Bezeichnung von emotionalen Befindlichkeiten auch die Wahrnehmung und Steuerung von Emotionen beeinflusst (vgl. Goleman 1997, insbesondere S. 328 ff.). Gleichwohl ist an dieser Stelle der Zusammenhang von Wissen und Handeln angesprochen, der im Rahmen der kognitiven Lerntheorie zwar grundgelegt, aber erst im Kontext von handlungsorientierten oder konstruktivistischen Didaktikansätzen eingehender diskutiert wird.

Handlungstheoretische sowie konstruktivistische Ansätze (Lernen durch Handeln und Problemlösen) befassen sich in besonderer Form mit dem Zusammenhang von Wissen und Handeln, von motorischer Aktion und mentaler Reflexion, von praktischem Tun und geistiger Durchdringung. Dabei schließt Handeln sowohl den Aufbau von Wissen als auch dessen Anwendung in Form von gedanklichen oder motorischen Fertigkeiten ein. In diesem Kontext kann das Lernen von Sozialkompetenzen als eine spezifische Form des Handlungslernens aufgefasst werden. Im Einzelnen werden Handlungsprozesse entworfen, in denen es jeweils zu einer mit unterschiedlichen Begriffen bezeichneten Verzahnung von Phasen der Aktion und Reflexion, von aufgenommener Erfahrung und deren reflexiver Verarbeitung kommt. In den letzten Jahren haben die handlungsorientierten Theorien eine gewisse Akzentuierung durch konstruktivistische Ansätze erfahren. Die zentrale Annahme des Konstruktivismus, nach der das Erkennen von Wirklichkeit subjektabhängig ist, impliziert eine offene und tolerante Haltung gegenüber alternativen Perspektiven und Positionen und damit die Notwendigkeit, eigene Konstruktionen von Wirklichkeit in eine soziale Verständigung einzubringen und die Vereinbarung geteilter Konstruktionen anzustreben. Duffy & Jonassen sprechen von „negotiating the environments" (1992, S. 5). "Knowledge is a dialect process the essence of which is that individuals have opportunities to test their constructed ideas on others, persuade others of the virtue of their thinking, and be persuaded. By continually negotiating the meaning of observations, data, hypotheses, and so forth, groups of individuals construct systems that are largely consistent with one another." (Cognition and Technology Group at Vanderbilt University 1992, S. 116). Interaktionen dienen mithin der verständigungsorientierten Erreichung solcher Vereinbarungen. Es ist eine wesentliche Voraussetzung für die Erweiterung kognitiver Strukturen und die Herbeiführung sozialer Verständigung.

Die verschiedenen lerntheoretischen Fundierungen werden nunmehr aufgenommen und in Hinblick auf die Frage konkretisiert, welche Prinzipien und Techniken die Förderung von Sozialkompetenzen anleiten können. Dazu werden die skizzierten Grundlagen verdichtet und in begründete Prinzipien für die Entwicklung von Lehrmethoden überführt.

- Dramaturgisches Prinzip: von der unbewussten Inkompetenz zur unbewussten Kompetenz

Das Handeln in einer Interaktion stützt sich häufig auf soziale Kompetenzen, deren Unzulänglichkeit für die Handelnden nicht deutlich oder einsichtig ist. Daraus lässt sich als dramaturgisches Prinzip für die Gestaltung von Lernumgebungen formulieren, dass ausgehend von einem Zustand der unbewussten Inkompetenz (d. h., bestehende Unzulänglichkeiten in der Situationsbewältigung sind nicht bewusst) zunächst die Schwächen bewusst gemacht werden sollten und auf diese Weise eine Situation der bewussten Inkompetenz geschaffen werden sollte. Als nächste Entwicklungsstufe wird eine Situation der bewussten Kompetenz aufgebaut, in der betont auf ein angemessenes Handeln geachtet wird. Im Zielzustand der unbewussten Kompetenz werden die Interaktionsanforderungen unbewusst richtig bewältigt, d. h., die zur Situationsbewältigung notwendigen sozial-kommunikativen Teilkompetenzen sind soweit verinnerlicht, dass sie routini(si)ert zum Einsatz kommen.

- Prinzip des problembezogenen Lernens durch Erfahrung

Dieses Prinzip nimmt die lerntheoretisch begründete Verzahnung von Reflexion und Aktion auf. Ausgangs- und Bezugspunkt des Lernens sind demnach konkrete Erfahrungen, deren Reflexion zur Entwicklung von Handlungskompetenzen führt. Erfahrungen können erlebend nachvollzogen oder gestaltend erprobt werden. Reflektieren bezieht sich dann zum einen auf das Nachdenken über erlebte Situationen, zum anderen auf das Vordenken von eigenen Erprobungen. Das Prinzip folgt der Einsicht, dass Sozialkompetenzen vorgelebt oder durch die Reflexion lehrreicher, nicht notwendigerweise nur guter, Beispiele grundgelegt werden. Nicht Belehrung, sondern Erfahrungen sammeln und reflektieren markieren den Wegweiser. Lernorganisatorisch sind diese Überlegungen im Rahmen von „On-the-Job"-, „Off-the-Job"- und „Near-the-Job"-Maßnahmen zu realisieren, die auch miteinander verbunden werden können.

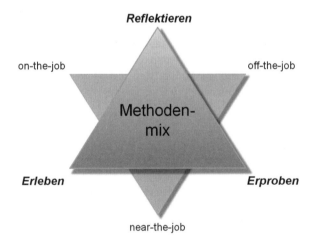

Abbildung 2: Prinzip des problemorientierten Lernens durch Erfahrung

Im Folgenden werden beispielhaft Möglichkeiten vorgestellt, die drei Schwerpunkte zu gestalten. Für den Schwerpunkt des Erlebens geht es darum, reale oder simulierte Interaktionssituationen zu schaffen, die ein Potenzial zur Entwicklung der angestrebten Sozialkompetenzen besitzen. Dazu gehören im Einzelnen:

- Praxissituationen aufnehmen (erzählend, filmisch, multimedial o. ä.).
- Didaktische Situationen inszenieren; hier wird die Tatsache genutzt, dass Lern- bzw. Seminarsituationen selbst eine Form der sozialen Interaktion darstellen. Diese können gezielt

auf spezifische sozial-kommunikative Anforderungen hin arrangiert werden, um das so ermöglichte Erleben zum Ausgangspunkt von Reflexion und Kompetenzerwerb zu machen.
- Praxissituationen aufsuchen (z. B. Betriebserkundung, Praktikum oder Exkursion).
- Praxissituationen inszenieren, zum Beispiel über Methoden der Erlebnispädagogik (z. B. Outdoortraining).

Für den Schwerpunkt des Reflektierens existieren vielfältige Konzepte sowohl auf der mikrodidaktischen Ebene von einzelnen Lehreinheiten als auch auf der makrodidaktischen Ebene spezifischer Rahmenkonzepte. Auf der mikrodidaktischen Ebene können folgende Beispiele angeführt werden:

- Situationsanalysen (reale, videoaufgezeichnete – von gelungenen und gestörten Interaktionssituationen)
- Kognitive Interaktionsübungen (z. B. Äußerungen aus Interaktionssituationen interpretieren lassen)
- Reflexion erlebter Interaktionsprozesse (z. B. Evaluation einer Gruppenarbeit); Vergleich Selbst- und Fremdevaluation
- Auf der makrodidaktischen Ebene bieten Organisationsformen wie Erfahrungsgruppen, Qualitäts- und Hospitationszirkel, die Einbindung des/der Lernenden in Lernpartnerschaften, Coaching, Mentoring oder Paten-/Patinnensysteme sowie die Arbeit mit geleiteten Beobachtungsaufträgen in Lern- oder Praxissituationen besondere Potenziale

Während im Schwerpunkt des Erlebens die Auseinandersetzung mit abgelaufenen Geschehnissen im Vordergrund steht, konzentriert sich das Erproben auf das eigene Agieren in Interaktionssituationen. Im Rahmen von didaktischen Kontexten befindet sich hier das Feld der Interaktionsübungen, beispielsweise im Rahmen von videogestützten Rollenspielen. Weitergehend ist aber auch das bewusste Erproben von (neuen) Interaktionsformen in Realsituationen der Praxis einzubeziehen. Exemplarisch sind hier Formen des gelenkten Praxiseinsatzes, der Jobrotation im Betrieb oder das Sozialpraktikum (vgl. das Projekt „Seitenwechsel" bei Hauser 2001) zu nennen.

4 Diagnose und Beurteilung von Sozialkompetenzen

Zunächst ist zu betonen, dass für die Beurteilung von Sozialkompetenzen prinzipiell die gleichen Gütekriterien und Anforderungen gelten, wie sie der Diagnose anderer Kompetenzen mit ihren verschiedenen Handlungsdimensionen zugrunde gelegt werden. Zu nennen sind hier insbesondere die Validität, die Reliabilität, die Objektivität und die Ökonomie (vgl. Bauer-Klebl, Gomez, Euler, Keller & Walzik 2009, S. 151 ff.). Auf dieser Grundlage sollen nachfolgend Verfahren identifiziert werden, die für die Beurteilung von Sozialkompetenzen relevant sind. Zudem werden zwei Messinstrumente skizziert, die am Institut für Wirtschaftspädagogik der Universität St. Gallen für die Diagnose spezifischer Sozialkompetenzen entwickelt und erprobt wurden.
    In der Literatur finden sich zahlreiche Verfahren zur Diagnose sozialer Kompetenzen, die sich in unterschiedlicher Weise klassifizieren lassen (vgl. ebenda, S. 156 ff.). Hinsichtlich der unterschiedenen Handlungsdimensionen sozialer Kompetenz kann zwischen primär kognitiv,

behavioral oder affektiv-moralisch ausgerichteten Diagnoseverfahren unterschieden werden. Kognitive Tests erfassen vor allem das Wissen über soziale Interaktionen in Hinblick auf den jeweiligen Situationstyp. Verhaltensorientierte Verfahren fokussieren das gezeigte Verhalten bzw. das Können (Fertigkeiten) in sozialen Situationen. Bei den affektiv-moralischen Erhebungsverfahren stehen Aspekte des Wertens im Vordergrund, z. B. die Einstellungen im Umgang mit anderen Personen. Nach der Anzahl der erfassten Handlungsdimensionen wären ein oder mehrdimensionale Tests zu unterscheiden. Hinsichtlich der methodischen Zugänge lassen sich in diesem Rahmen kognitive Leistungstests, Verhaltensbeobachtung, Verhaltensbefragung und sogenannte komplexe Kompetenzindikatoren unterscheiden.

Wissen über soziale Interaktionen lässt sich über kognitive Leistungstests erfassen. Diese bilden das Konstrukt der Sozialkompetenz jedoch nicht umfassend ab, da sie Fertigkeiten und Einstellungen nicht berücksichtigen. Die Probanden/Probandinnen werden bei kognitiven Leistungstests mit unterschiedlichen Aufgaben konfrontiert. Die inhaltliche Dimension, die mithilfe kognitiver Leistungstests geprüft werden kann, ist sehr breit. Denkbar sind alle Inhalts- bzw. Handlungsbereiche, die im Kontext einer sozialen Interaktion von Bedeutung sind. Dazu zählen beispielsweise Aufgaben zur Identifikation von Situationstypen, zur Geltung sozialer Regeln und Normen in sozialen Situationen, zur Identifikation und zum Umgang mit Konfliktstörungen usw. Die Aufgaben können kognitive Anforderungen auf unterschiedlichen Taxonomiestufen (vgl. Anderson, Krathwohl & Bloom 2001) prüfen, von der Reproduktion von Wissen über soziale Interaktion (z. B. Nennung von Merkmalen, die den Situationstyp „Konfliktgespräch" charakterisieren) bis hin zur Evaluation von Problemsituationen mithilfe von Wissen über soziale Interaktion (z. B. Bewertung der Angemessenheit von interaktivem Handeln).

Kognitive Leistungstests liefern keine Aussagen über die sozialen Fertigkeiten einer Person. Um diese zu erfassen, muss das Verhalten in sozialen Situationen analysiert werden. Dies kann durch Verhaltensbeobachtung oder Verhaltensbefragung geschehen. Bei Verhaltensbeobachtungen wird das Sozialverhalten einer Person unmittelbar in einer sozialen Situation, die Bezug zur jeweiligen Kompetenz hat, beobachtet. Geht es beispielsweise darum, herauszufinden, inwieweit ein Lernender/eine Lernende in der Lage ist, Konfliktgespräche angemessen zu führen, so könnte man diesen Lernenden/diese Lernende beim Führen eines Konfliktgesprächs mit einem Kollegen/einer Kollegin beobachten. Allerdings ist eine einmalige Beobachtung nicht ausreichend.

Um auf die Ausprägung der vorliegenden sozialen Kompetenz schließen zu können, wären Beobachtungen in mehreren Konfliktklärungssituationen notwendig. Problematisch ist vor diesem Hintergrund, dass Prüfungen in Schulen Punktbetrachtungen sind. So werden beispielsweise in einer Abschlussprüfung Kunden-/Kundinnenberatungsgespräche durchgeführt mit dem Ziel, Anhaltspunkte über die Sozialkompetenzen in Kunden-/Kundinnenberatungssituationen zu erhalten. Da sich die Diagnose jedoch nur auf ein einzelnes Kunden-/Kundinnenberatungsgespräch bezieht, können auf diese Weise keine Kompetenzen ermittelt, sondern es kann lediglich aktuelles Verhalten (Performanz) diagnostiziert werden. Beobachtungen lassen sich anhand verschiedener Kriterien differenzieren (vgl. Bortz & Döring 2003, S. 263f. und S. 267ff.; Friedrichs 1990, S. 272; Ingenkamp 1997, S. 56ff.).

Die folgende Abbildung fasst die möglichen Differenzierungsformen zusammen (vgl. Bauer-Klebl, Gomez, Euler, Keller & Walzik 2009, S. 171):

Kriterium	Ausprägungen	
Person des Beobachters/ der Beobachterin	Fremdbeobachtung	Selbstbeobachtung
Beobachtungskontext	künstliches Setting	natürliches Setting
Transparenz der Beobachtung	offen	verdeckt
Integration des Beobachters/ der Beobachterin	teilnehmend	nicht teilnehmend
Anzahl der Beobachter/-innen	ein Beobachter/ eine Beobachterin	zwei oder mehrere Beobachter/-innen
Systematisierungsgrad der Beobachtung	standardisierte/systematische Beobachtung	freie/nicht standardisierte Beobachtung

Abbildung 3: Differenzierungskriterien von Verhaltensbeobachtungen

Der Vorteil der Verhaltensbeobachtung gegenüber den anderen diagnostischen Vorgehensweisen zur Erfassung sozialer Fertigkeiten besteht darin, dass das Sozialverhalten, in dem sich die sozialen Fertigkeiten einer Person ausdrücken, unmittelbar betrachtet und erfasst werden kann. Einschränkend ist festzuhalten, dass Beobachtungen trotz aller Standardisierungsbemühungen „so gut wie nie einer ‚realitätsgetreuen Abbildung' des zu Beobachtenden entspricht [...] Beobachten heißt gleichzeitig, Entscheidungen darüber zu treffen, was ins Zentrum der Aufmerksamkeit rücken soll und wie das Beobachtete zu interpretieren bzw. zu deuten ist." (Bortz & Döring 2003, S. 263) Entsprechend bedeutsam ist es daher, dass die Auswahl des zu beobachtenden Verhaltens möglichst bewusst und kriterienorientiert erfolgt. Ist dies der Fall, dann stellt die Beobachtung, insbesondere die Fremdbeobachtung, das wohl aussagekräftigste Instrument zur Diagnose sozialer Fertigkeiten dar oder, um es mit Merrell (1994, S. 219) zu sagen: "For the [...] investigator who is serious about conducting valid assessments of child and adolescent social behaviors, mastering the basic methods of observational measurement [...] is a must."

Wie bei den Beobachtungsverfahren werden auch bei der Verhaltensbefragung soziale Kompetenzen nicht unmittelbar gemessen, sondern aus dem Sozialverhalten einer Person erschlossen. „Dabei wird das interessierende Verhalten in der Regel nicht von professionell geschulten Beobachtern systematisch protokolliert, sondern von ‚Beobachtungslaien' im Alltag wahrgenommen und später in der diagnostischen Situation zusammenfassend beschrieben." (Kanning 2003, S. 72) Grundlage dieser Beschreibung bildet eine schriftliche oder mündliche Befragung. Am häufigsten dürfte in der Praxis die Interviewmethode zum Einsatz kommen, und zwar sowohl zur Selbst- als auch zur Fremdbeurteilung von Individuen oder Gruppen. Bei der Fremdbeschreibung werden nicht die Probanden/Probandinnen selbst, sondern Personen interviewt, die über die fragliche Person oder Gruppe Auskunft geben können. Interviews können mehr oder weniger stark standardisiert sein, wobei teil- und nicht standardisierte Interviewverfahren häufiger zur Anwendung kommen als vollstandarisierte Interviews. Zusätzlich oder anstelle von Interviews werden zur Messung von Sozialkompetenzen häufig individuumbezogene, standardisierte Fragebogen zur Selbstbeschreibung eingesetzt. In den meisten Fällen handelt es sich um Fragebogen mit gebundener Aufgabenbeantwortung, bei denen eine Person ihr Sozialverhalten entlang vorgegebener Items durch Ankreuzen auf einer mehrstufigen Ratingskala beschreibt. Ein Beispiel ist der von Buhrmeister, Furmann, Wittenberg & Reis (1988) entwickelte und von Riemann & Allgöwer (1993) ins Deutsche übersetzte Interpersonal Competence Questionnaire (ICQ; vgl. vertiefend Erpenbeck & Rosenstiel 2003, Kanning 2003 oder Merrell 1994). Es handelt sich hierbei um einen formellen Test, der im Gegensatz zu den meisten anderen standardisierten Instrumenten ausschließlich soziale Kompetenzen fokussiert. Konkret erfasst der ICQ das Sozialverhalten einer Person über insgesamt fünf Dimensionen, bestehend aus jeweils acht Items. Wie Kanning (2003, S. 29) anmerkt, steht und fällt „die Qualität der Verhaltensbefragung [...] mit der Fähigkeit und Bereitschaft des Beschreibenden, sich gegen die systematischen Fehler und Verzerrungen seiner eigenen Urteilsbildung zu wappnen". Grundsätzlich ist davon auszugehen, dass „die Verwertbarkeit von Testergebnissen generell von der Kooperationsbereitschaft der Testperson, der Zusammenstellung und Formulierung der Testitems sowie der Testsituation abhängt" (Bortz & Döring 2003, S. 231). Trotz bestehender Fehlerquellen (z. B. bewusster Verzerrung durch Selbstdarstellung; Tendenz zur sozialen Erwünschtheit) verfügen Verhaltensbefragungen zur Messung sozialer Kompetenzen im Vergleich zu anderen Verfahren über eine Reihe von Vorzügen (z. B. Ökonomie der Datenerhebung, keine Schulungsanforderungen). Ein weiterer, entscheidender Vorteil besteht in der Möglichkeit, das Sozialverhalten in Alltags- bzw. Realsituationen zu erfassen. Für den Einsatz von Selbstbeschreibungsverfahren spricht ferner die Tatsache, dass „Menschen [...] nicht auf der Basis der objektiven Gegebenheiten, sondern vor dem Hintergrund ihrer subjektiven Wahrnehmung und Interpretation derselben handeln. Will man menschliches Verhalten verstehen und nicht nur – wie z. B. in der Personalauswahl – bewerten, so ist die Messung des Subjektiven unerlässlich" (Kanning 2003, S. 104). Selbstbeschreibungsverfahren stellen deshalb vielfach den ersten Schritt im Rahmen einer mehrdimensionalen, ganzheitlichen Sozialkompetenzdiagnostik dar.

Komplexe Kompetenzindikatoren erheben die Konsequenzen des Sozialverhaltens einer Person. „Der Begriff ‚komplex' soll dabei verdeutlichen, dass keine einfache, lineare Beziehung zwischen den Kompetenzen auf der einen Seite und den Konsequenzen eines Sozialverhaltens auf der anderen Seite besteht, da die Konsequenzen einer Handlung auch vom Verhalten der Interaktionspartner sowie den Spezifika des räumlich-zeitlichen Kontextes abhängen." (Kanning 2003, S. 106) Außerhalb des klinischen Anwendungskontextes kommen komplexe Kompetenzindikatoren vor allem in Gestalt biografischer Fragebogen, Tagebücher und soziometrischer Verfahren vor (vgl. Bauer-Klebl, Gomez, Euler, Keller & Walzik 2009, S. 187 ff.).

Die Darstellungen legen nahe, dass eine umfassende Diagnostik sozialer Kompetenzen multidimensional angelegt sein sollte. Sämtlichen der in den vorangegangenen Kapiteln betrachteten Erhebungsmethoden sind diesbezüglich Grenzen gesetzt. Zur Sicherung der Inhaltsvalidität sollte sich der Diagnostiker/die Diagnostikerin dabei zuerst die Frage stellen, welche Facetten sozialer Kompetenz in einem konkreten Fall besonders relevant sind. Entsprechend ist zu klären, was genau beurteilt werden soll. Um soziale Kompetenzen möglichst objektiv und zuverlässig zu erfassen, empfiehlt es sich, das Sozialverhalten aus multiplen Perspektiven, d. h. aus Sicht mehrerer Individuen, zu beleuchten.

Nachfolgend werden die zentralen Aussagen zusammengefasst. Sie dienen als allgemeine Bezugspunkte für die Konstruktion und Beurteilung von Instrumenten zur Sozialkompetenzmessung (vgl. Bauer-Klebl, Gomez, Euler, Keller & Walzik 2009, S. 191):

- Soziale Kompetenzen dienen der Bewältigung spezifischer Anforderungen, die sich in der zielgerichteten Interaktion mit anderen Menschen in spezifischen Typen von Situationen stellen. Vor diesem Hintergrund sind sie situationstypbezogen zu präzisieren. Daraus ergibt sich, dass kein universelles Instrument zur Messung von Sozialkompetenzen existiert. Dies erfordert die Auswahl oder Konstruktion spezifischer, auf den diagnostischen Kontext (Situationstyp) abgestimmter Verfahren.
- Eine einzelne Situation kann einen zugehörigen Situationstyp nie umfassend abbilden. Zudem determinieren das Sozialverhalten, der singuläre Kontext und die Person einander wechselseitig. Um valide Rückschlüsse auf die situationstypbezogene soziale Kompetenz eines Individuums oder eines Kollektivs ziehen zu können, sollte das Sozialverhalten im Rahmen des Situationstyps über mehrere Situationen hinweg gemessen werden.
- Soziale Kompetenz umfasst mehrere Handlungsdimensionen und sollte deshalb möglichst mehrdimensional erhoben werden. In diesem Zusammenhang ist zu unterscheiden zwischen Wissen über situationstypspezifische soziale Interaktionen, sozialen Fertigkeiten sowie Einstellungen und Haltungen. Dort, wo aus plausiblen Gründen eine mehrdimensionale Messung nicht infrage kommt, muss sich der Diagnostiker/die Diagnostikerin auf jene Facette sozialer Kompetenz festlegen, der er/sie im konkreten Fall die größte Relevanz beimisst. Erst vor diesem Hintergrund kann er/sie ein inhaltlich valides Verfahren auswählen oder selbst konstruieren.
- Sozialkompetenz stellt ein komplexes, mehrdimensionales Konstrukt dar. Es erscheint deshalb unwahrscheinlich, soziale Kompetenzen mit einem einzigen Instrument vollkommen valide erfassen zu können. Demzufolge sollte sich die Diagnose von Sozialkompetenzen – wenn möglich – auf mehr als ein Instrument abstützen und sollte zur Erhöhung der Objektivität aus multiplen Perspektiven erfolgen. Dies gilt unabhängig davon, ob eine oder mehrere Dimensionen sozialer Kompetenz gemessen werden.

Auf der Grundlage der skizzierten theoretischen Überlegungen wurden am Institut für Wirtschaftspädagogik der Universität St. Gallen zwei Instrumente zur Diagnose spezifischer Sozialkompetenzen entwickelt und getestet. Es handelt sich dabei um Fragebogen zur Selbstbeurteilung von sozialen Kompetenzen in den beiden Situationstypen „Konfliktgespräche führen" und „In schulischen Gruppen arbeiten" (vgl. Bauer-Klebl, Gomez, Euler, Keller & Walzik 2009, S. 193 ff.).

Beide Fragebogen fokussieren auf gezeigtes Verhalten in sozialen Situationstypen, die auf der Grundlage einer Befragung in insgesamt 209 Schweizer Berufsfachschulen als besonders relevant beurteilt wurden. Die Fragebogen können als Leistungstests klassifiziert werden, d. h., es wird unterstellt, dass je nach Häufigkeit des gezeigten Verhaltens dieses als mehr oder weniger „richtig" bzw. „falsch" eingeschätzt werden kann. Die Konstruktion eines Leistungstests erscheint deshalb plausibel, weil im Berufsbildungskontext vorhandene Defizite im Sozialverhalten aufgedeckt, darauf bezogene Fördermaßnahmen initiiert und Lernfortschritte evaluiert werden sollen. Was die Analyseeinheit angeht, drängt sich für die Diagnose des Handelns in Konfliktgesprächen ein individuumbezogenes Verfahren auf. Die Beurteilung des Verhaltens während Gruppenarbeiten kann individuum- oder gruppenbezogen erfolgen. Letzteres setzt allerdings die Existenz von Teams voraus, die über einen längeren Zeitraum oder über verschiedene Situationen hinweg in nahezu unveränderter personeller Konstellation zusammengearbeitet haben. Im Kontext der Berufsfachschule ist diese Bedingung selten erfüllt. Deshalb knüpft auch der Teamfragebogen beim/bei der einzelnen Lernenden an. Die Verknüpfung von Selbstbeurteilung, gebundener Aufgabenbeantwortung und Befragung liefert gleich mehrere, wesentliche Vorteile: Da weder eine spezielle Schulung der Berufsbildner/-innen noch der Auszubildenden erforderlich ist, kann innerhalb kurzer Zeit bei vielen Lernenden eine Vielzahl von Informationen mit vergleichsweise geringem materiellen und personellen Aufwand eingeholt werden. Zudem wird die Auswertungsobjektivität erhöht und gleichzeitig die Datenerhebung und -auswertung einfach gehalten. Die Beschränkung des Aufwandes auf das Notwendigste und die Sicherstellung einer hohen Objektivität erhöhen die Wahrscheinlichkeit, dass die Fragebogen Akzeptanz und somit Abnehmer/-innen in der Berufsbildungspraxis finden. Diese Wahrscheinlichkeit wäre bei einem Fremdbeurteilungsverfahren, bei dem die Berufsbildner/-innen die Lernenden einschätzen müssen, geringer, denn ein solches Verfahren wäre nicht nur unökonomischer, sondern es würde vermutlich auch viele Lehrkräfte überfordern. Gleiches gilt für die Verhaltensbeobachtung: Auch eine solche wäre viel zeitintensiver. Was das Handeln in Konfliktgesprächen angeht, bestünde zudem die Gefahr, dass die Lernenden die inszenierten Gesprächssituationen nicht als Ernstsituation empfinden. Dies kann Auswirkungen auf das gezeigte Verhalten haben und in der Folge die Beobachtungsergebnisse und die Validität des Messverfahrens beeinträchtigen. Um dieses Risiko möglichst gering zu halten, müsste eine Reihe von Vorkehrungen getroffen werden, die jedoch zu einem erheblichen Mehraufwand bei der Planung, Durchführung und Auswertung der Rollenspiele führen.

Die Fragebogen sollen den Einsatz in wissenschaftlichen Forschungsprojekten der beruflichen Bildung erlauben und gleichzeitig das Potenzial haben, sich in der Berufsschulpraxis anschlussfähig zu erweisen. Parallel dazu soll der gestiegenen Nachfrage seitens der Berufsbildungspraxis nach formellen Verfahren entsprochen werden. Zu diesen Zwecken wurden die Fragebogen standardisiert, d. h. wissenschaftlich entwickelt und in Bezug auf die wichtigsten Testgütekriterien geprüft. Beide Fragebogen sind als Einzeltests konzipiert, denn es erscheint nicht zwingend notwendig, dass die Lernenden zur gleichen Zeit und am gleichen Ort befragt werden.

Hinsichtlich der theoretischen Fundierung, der daraus resultierenden Skalen, der Phasen der Testentwicklung sowie der Einschätzung der Testgütekriterien wird auf die ausführliche Darstellung in Bauer-Klebl, Gomez, Euler, Keller & Walzik (2009) verwiesen.

5 Abschluss

Die Bestimmung, Förderung und Beurteilung von Sozialkompetenzen besitzen eine ähnliche Komplexität wie die Entwicklung von Kompetenzen in anderen pädagogisch relevanten Handlungsfeldern. Niemand käme auf den Gedanken, eine Fremdsprache oder den Erwerb von mathematischen oder naturwissenschaftlichen Kompetenzen in einem kurzen Projekt zu organisieren. Entsprechend benötigt auch das Lernen von Sozialkompetenzen ein Curriculum und eine didaktische Handlungsstrategie. In diesem Rahmen ist die Entwicklung von Sozialkompetenzen kein Ereignis, sondern ein Prozess, innerhalb dessen schrittweise unterschiedliche Teilkompetenzen und Handlungsdimensionen gelernt werden. Auch hier gilt die alte pädagogische Weisheit: Alles, was überdauern soll, benötigt Zeit zum Aufbau!

Literaturverzeichnis

Aebli, Hans (1987): Grundlagen des Lehrens. Stuttgart: Klett.

Anderson, Lorin W., Krathwohl, David R. & Bloom, Benjamin S. (2001): A taxonomy for learning, teaching, and assessing a revision of Bloom's taxonomy of educational objectives. New York: Longman.

Bandura, Albert (1976): Social learning theory. Englewood Cliffs: Prentice-Hall.

Bandura, Albert (1979): The self system in reciprocal determinism. In: American Psychologist 33, pp. 344–358.

Bandura, Albert (1986): The social foundations of thought and action a social cognitive theory. Englewood Cliffs: Prentice-Hall.

Bauer-Klebl, Annette, Gomez, José, Euler, Dieter, Keller, Martin & Walzik, Sebastian (2009): Diagnose von Sozialkompetenzen. In: Euler, Dieter (Hrsg.): Sozialkompetenzen in der beruflichen Bildung. Bern: Haupt, S. 149–222.

Bortz, Jürgen & Döring, Nicola (2003): Forschungsmethoden und Evaluation für Human- und Sozialwissenschafter. 3. Auflage. Berlin und Heidelberg: Springer.

Bransford, John D., Brown, Anne L. & Cocking, Rodney R. (2002; Eds.): How People Learn: Brain, Mind, Experience, and School. Expanded Edition. Washington: National Academy Press.

Buhrmeister, Duanne, Furmann, Wyndol, Wittenberg, Mitchell T. & Reis, Harry T. (1988): Five domains of interpersonal competence in peer relationships. In: Journal of Personality and Social Psychology 55, pp. 991–1008.

Cartledge, Gwendolyn & Milburn, Joanne F. (1995): Teaching Social Skills to Children and Youth. 3rd Edition. Boston: Allyn and Bacon.

Cognition and Technology Group at Vanderbilt University (1992): Technology and the Design of Generative Learning Environments. In: Duffy, Thomas M. & Jonassen, David H. (Eds.): Constructivism and the Technology of Instruction. Hillsdale: Lawrence Erlbaum, pp. 77–89.

Duffy, Thomas M. & Jonassen, David H. (1992): Constructivism: New Implications for Instructional Technology. In: Duffy, Thomas M. & Jonassen, David H. (Eds.): Constructivism and the Technology of Instruction. Hillsdale: Lawrence Erlbaum, pp. 1–16.

Erpenbeck, John & Rosenstiel, Lutz von (2003; Hrsg.): Handbuch Kompetenzmessung: Erkennen, Verstehen und Bewerten von Kompetenzen in der betrieblichen, pädagogischen und psychologischen Praxis. Stuttgart: Schäffer-Poeschel.

Euler, Dieter (1988): Kommunikationsfähigkeit und computerunterstütztes Lernen. Köln: Botermann & Botermann.

Euler, Dieter & Bauer-Klebl, Annette (2009): Bestimmung von Sozialkompetenzen als didaktisches Konstrukt. In: Euler, Dieter (Hrsg.): Sozialkompetenzen in der beruflichen Bildung. Bern: Haupt, S. 21–60.

Euler, Dieter & Hahn, Angela (2007): Wirtschaftsdidaktik. 2. Auflage. Bern: Haupt.

Friedrichs, Jürgen (1990): Methoden empirischer Sozialforschung. (Band 28). Opladen: Westdeutscher Verlag.

Goleman, Daniel (1997): Emotionale Intelligenz. München: DTV.

Hauser, Leo (2001): Seitenwechsel – Lernen in anderen Arbeitswelten. In: Grundlagen der Weiterbildung, Heft 4, S. 174–178.

Ingenkamp, Karlheinz (1997): Lehrbuch der pädagogischen Diagnostik. Weinheim: Beltz.

Kanning, Uwe P. (2003): Diagnostik sozialer Kompetenzen. (Kompendien Psychologische Diagnostik, Band 4). Göttingen: Hogrefe.

Merrell, Kenneth W. (1994): Assessment of behavioral, social, & emotional problems. Direct & objective methods for use with children and adolescents. New York: Longman.

Riemann, Rainer & Allgöwer, Annette (1993): Eine deutschsprachige Fassung des "Interpersonal Competence Questionaire" (ICQ). In: Zeitschrift für Differentielle und Diagnostische Psychologie 14, S. 153–163.

Rosch, Marita & Frey, Dieter (1994): Soziale Einstellungen. In: Frey, Dieter & Greif, Siegfried (Hrsg.): Sozialpsychologie. 3. Auflage. Weinheim: Psychologie-Verlags-Union, S. 296–305.

Josef Oberneder
Magistrat der Stadt Linz

Soziale Kompetenz – neuer Trend oder alte Mode?

1 Einleitung 199
2 Soziale Kompetenz – die Begriffsbestimmung, nur ein Versuch! 200
3 Haben wir wirklich ein „Social Brain"? 201
4 Soziale Kompetenz – eine neue Technik? 201
5 Neue Qualität des Lernens 203
6 Wie erkennen wir soziale Kompetenz? 205
7 Soziale Kompetenz oder Sozialromantik? 205
8 Change-Management der Zukunft braucht soziale Kompetenz und
   emotionale Logik 206
Literaturverzeichnis 207

1 Einleitung

Soziale Kompetenz ist zu einer Art Schlüsselqualifikation in der postmodernen Gesellschaft avanciert. Wer nicht sozial kompetent ist, kann keine Leitungsfunktion einnehmen, wer nicht sozial kompetent ist, ist in vielen Berufsfeldern fehl am Platz. Ja selbst der leitende erste Offizier einer militärischen Einheit braucht soziale Kompetenz. Kaum ein Unternehmen und kaum eine Berufssparte verzichtet bei ihren Ausschreibungstexten auf die zukünftig eingeforderte soziale und kommunikative Kompetenz – manchmal auch unter dem Stichwort „Soft Skills" zusammengefasst: „Persönlich überzeugen Sie durch ein hohes Maß an Kommunikations- und Teamfähigkeit, eine rasche Auffassungsgabe sowie Kreativität. Ihre selbstständige und kreative Arbeitsweise zeichnet Sie ebenso aus wie Ihre Serviceorientierung." (vgl. Der Standard 2010, S. K 9)

Zu lesen ist von unterschiedlichen Kompetenzen wie etwa Teamfähigkeit, Belastbarkeit, Lösungsorientierung, Durchsetzungsvermögen, Zielorientierung, Empathie, Kommunikationsfähigkeit, Kreativität und vielen anderen Fähigkeiten. Soziale und kommunikative Kompetenz gelten dabei immer als Schlüssel, sowohl für den persönlichen Erfolg als auch für den Erfolg des Unternehmens. Soziale Kompetenz sei die Fähigkeit, zwischenmenschliche Kommunikation und Interaktion v. a. emotional konstruktiv zu gestalten. Mit einer hohen emotionalen und sozialen Kompetenz würde es Managern/Managerinnen gelingen, immer wieder neue Ideen und Denkansätze zu generieren. Soziale Kompetenz ein neuer Trend oder doch nur eine alte Mode? Vielleicht bestand ursprünglich einfach die Intention, speziell Führungskräften soziale Kompetenz als eine Fähigkeit zu erklären, dass sie nicht nur von oben nach unten Arbeit anschaffen können – gleichsam in einer Art direktiver Order, so wie eben Führung häufig definiert wurde. Sicher sollten jedenfalls jene Fähigkeiten und Fertigkeiten unter sozialer Kompetenz verstanden werden, die die Führungskräfte in ihrem Verhalten mit

Menschen und Gruppen zeigen, also die Fähigkeit, mit Teams verständnisvoll und verantwortungsvoll umzugehen.

Nunmehr, in Zeiten wirtschaftlicher Turbulenzen, scheint es darum zu gehen, dass soziale Kompetenz immer noch, oder schon wieder, große Berechtigung im Unternehmensalltag gefunden hat. Ganze Berufsgruppen leben von Trainings und Workshops zum Thema soziale und kommunikative Kompetenz. Und diejenigen im Unternehmen, die die großflächigen Schulungen der sozialen Kompetenz fordern, haben für sich die Möglichkeit erkannt, sich selbst so weit zu positionieren, dass sie mit dieser Forderung zum Ausdruck bringen können, selbst ein sozial kompetentes Unternehmen oder eben eine sozial kompetente Führungskraft zu sein.

2 Soziale Kompetenz – die Begriffsbestimmung, nur ein Versuch!

Soziale Kompetenz ist – wie wir sehen konnten – als Terminus schon seit vielen Jahren in Organisationen eingeschrieben. Der Begriff wird oft zitiert, von den Mitarbeitern/Mitarbeiterinnen eingefordert, von den Vorgesetzten beklagt, aber wenige wissen, was gemeint ist. Wichtig scheint lediglich zu sein, dass seitens jener Führungskräfte in Unternehmen, die soziale Kompetenz einmahnen, jederzeit eine Form von Zweifel, Skepsis und Gegenposition zur Verfügung stehen, gegen jene, die scheinbar keine soziale Kompetenz hätten. Junge Abgänger/-innen von Hochschulen und Universitäten hätten noch zu geringe Erfahrung, um sozial kompetent zu agieren, ältere, erfahrene Mitarbeiter/-innen hätten in ihrer beruflichen Laufbahn wenig bis gar keine Schulungsmaßnahmen zur Sozialkompetenz absolviert, und schließlich gebe es noch jene, die es nie mehr lernen werden.

Zum Zeitpunkt des Verfassens dieses Textes ergab eine Internetrecherche für den Begriff „soziale Kompetenz" übrigens ein Ergebnis von 582 000 Treffern in 0,42 Sekunden (vgl. www.google.com).

Wer und was ist nun sozial kompetent? Sind es jene Manager/-innen und Mitarbeiter/-innen, die angepasst sind, die im Gleichklang mit den Unternehmenszielen und den Vorstellungen des Vorstandes korrespondieren, sich eben systemkonform verhalten? Sind es jene Mitarbeiter/-innen, die sich in unterschiedlichen Berufs- und Sozialkontexten bewegen können, die Unterscheidungen als produktive Herausforderung sehen? Oder sind es jene Unangepassten, die auch einmal die Stimme gegen den Chef/die Chefin erheben? Die Beantwortung dieser Fragen wird hier in der Kürze dieses Beitrags nicht gelingen.

Innerhalb der wissenschaftlichen Psychologie gibt es weder einen begrifflichen noch einen praktischen (theoretischen) Kontext, in dem soziale Kompetenz als explizites Konstrukt eine wesentliche Rolle spielt. Sprachlich betrachtet setzt sich der Begriff „soziale Kompetenz" aus den Begriffen „sozial" (auf das Zwischenmenschliche, das Gemeinschaftliche bezogen) und „Kompetenz" (Vermögen, Fähigkeit, Zuständigkeit, Befugnis; von lat. competere: zusammentreffen, zusammenfallen, ausreichen, kräftig sein, zustehen, zutreffen, möglich sein, verlangen, begehren) zusammen (vgl. http://arbeitsblaetter.stangl-taller.at). Durch die vielfältige Nutzung der Begrifflichkeit „soziale Kompetenz" in unterschiedlichen Teilbereichen entstehen ungewollt große Interpretationsspielräume. Nigsch (1999, S. 6) stellt die Verwendbarkeit des Begriffes an sich infrage, da dieser, bezogen auf die Kriterien der „Präzision" und „Konsistenz", nur von eingeschränkter wissenschaftlicher Brauchbarkeit sei.

Irgendwie scheint es bei sozialer Kompetenz, wie eben schon angesprochen, um eine Art Fähigkeit in der zwischenmenschlichen Beziehung zu gehen, die man braucht, um andere Menschen zu verstehen und in angemessener Weise mit ihnen in Beziehung treten zu können. Um diese Fähigkeit wahrzunehmen, muss man die eigenen Gefühle und das eigene Verhalten verstehen. Sozial kompetente Menschen experimentieren demnach mit interpersonalen Situationen und zeigen dabei angemessene verbale und nonverbale Reaktionen. Sozial kompetente Menschen haben somit einen hohen Grad an „Personal Mastery" entwickelt und sind demzufolge im Einklang mit sich selbst und ihren relevanten Umwelten.

3   Haben wir wirklich ein „Social Brain"?

Bauer (2006, S. 33 ff.) spricht davon, dass wir aus neurobiologischer Sicht auf Resonanz und Kooperation angelegte Wesen sind. Es sei ein genuiner Motivationstrieb, auf soziale Gemeinschaft und gelingende Beziehungen mit anderen Individuen zu streben. Nichts aktiviere die Motivationssysteme so sehr wie der Wunsch, von anderen gesehen zu werden, sowie die Aussicht auf soziale Anerkennung. Die eher geringen und unspektakulären Begegnungen mit anderen Menschen schaffen uns Anerkennung und Zuwendung. Wir hätten ein „Social Brain". Diese Erkenntnis ergab sich erst in den letzten fünf bis zehn Jahren. In groß angelegten Untersuchungen (vgl. beispielsweise ebenda, S. 35 ff.) wurde entdeckt, dass unsere Motivationssysteme abschalten, wenn keine Chance auf soziale Zuwendung besteht, und sie springen an, wenn das Gegenteil der Fall ist, wenn Anerkennung und Zuwendung im Spiel sind. Unabhängig von neurobiologischer Studien ist aus psychologischen Untersuchungen (vgl. etwa Spitz 1976) seit Jahrzehnten bekannt, dass Isolation und Abgrenzung, wenn sie über längere Zeit anhält, zu einer Form von psychischem Hospitalismus führen kann. Dies kann demnach einen „biologischen Kollaps" der Motivationssysteme des Gehirns zur Folge haben. Hingegen schaffen gelingende Beziehungen mit anderen, dass es zu einer Belohnung durch unser Gehirn kommt, weil Botenstoffe ausgesendet werden, die für unser Glücksgefühl und unsere Gesundheit verantwortlich sind. Bauer (2006, S. 35 ff.) meint sogar, dass das Bemühen des Menschen, als Person gesehen zu werden, noch vor dem, was landläufig als Selbsterhaltungstrieb bezeichnet wird, steht. Das bedeutet aus neurobiologischer Sicht, dass soziale Kompetenz eine Art Conditio sine qua non für unsere Motivationssysteme ist.

4   Soziale Kompetenz – eine neue Technik?

Um sozial kompetent zu sein, bedarf es nach Scharmer (2009, S. 124 ff.) eines besonderen neuen Denkens und Handels. Scharmer geht davon aus, dass unser Handeln und Denken häufig auf Gewohnheitsmustern basiert. Ein vertrauter Stimulus löst eine gewohnte Reaktion aus. Wir handeln gleichsam aus der Vergangenheit und wiederholen dabei eingeübte Muster, die ein großes Hindernis darstellen können. Dieses gewohnheitsmäßige Herunterladen behindert uns im Blick auf die vor uns liegende Realität.

Wir orientieren uns viel zu häufig an einem erfahrungsorientierten Lernansatz (vgl. Kolb 1975, S. 24 ff.) und lernen reproduzierend aus der Vergangenheit. Als Ausgangspunkt zur Beschreibung des Lernzyklus (siehe Abbildung 1) wählen wir die konkrete Erfahrung. Es könnte aber ebenso reflektierendes Beobachten, abstrakte Theoriebildung oder aktives Experimentieren als Start genommen werden. Als Phasen (A, B, C, D) definieren wir jene Lernschritte, bei denen es jeweils um die Integration zweier spezifischer Fähigkeiten geht.

- Phase A: Vom konkreten Erleben zum reflektierenden Beobachten

In dieser Phase des Lernzyklus ist es von entscheidender Bedeutung, sich ganz offen und unvoreingenommen in neue Situationen zu begeben, gut wahrzunehmen und konkrete Situationen von vielen Perspektiven zu sehen. Mit einer aufnehmenden, akzeptierenden Haltung können fantasievoll neue Ideen generiert werden. Künstlerische und rechtshemisphärische Methoden sind für die Wissensgenerierung bedeutender als analytische Zugänge.

- Phase B: Vom reflektierenden Beobachten zur abstrakten Konzeptbildung

Das reflektierende Beobachten ist die Grundlage für eine gute Konzeptbildung. Beobachtungsresultate werden eher auf induktivem Wege geordnet und zu „Theorien" verbunden. Das Integrieren unterschiedlichster Beobachtungsergebnisse in ein Erklärungsmodell ist das Entscheidende dieser Phase. Dazu braucht es mehr logisch-rationale Fähigkeiten, aber auch mehr emotionale Distanz zum konkreten Erleben.

- Phase C: Von der abstrakten Konzeptbildung zum aktiven Experimentieren

Die Auswertung von Ideen, Konzepten und Theorien ist der Schwerpunkt dieser Phase des Lernzyklus. Im Gegensatz zu induktiven „Vorgehensweisen" werden durch deduktive Aktivitäten Hypothesen in Bezug auf spezifische Aufgabenstellungen gebildet. Es gilt, Pläne zu erarbeiten und diese für Problemlösungen und Entscheidungen nutzbar zu machen – so konkret, dass abgeleitete Maßnahmen praktisch ausprobiert werden können.

- Phase D: Vom aktiven Experimentieren zum konkreten Erleben

In dieser Phase geht es um praktisches Tun und das Gewinnen neuer Erfahrungen. Häufig verlieren Problemlösungsteams mit der Einsicht, wie eine Lösung in der Praxis funktionieren kann, das weitere Interesse. Der Lernzyklus ist aber erst rund, wenn die Lösung verantwortungsbewusst erprobt wird und man gleichzeitig für neue konkrete Erfahrungen offen ist.

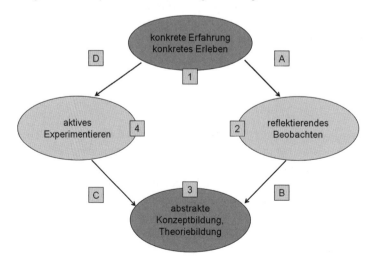

Abbildung 1: Lernzyklus nach Kolb (1975)

Um uns von den Lernbarrieren der Vergangenheit zu lösen und ein neues, soziales Lernen aus der Zukunft zu generieren, müssen wir verschiedene Barrieren der Veränderung und des Lernens überwinden (vgl. Scharmer 2009, S. 131 ff.):

- Lernbarriere 1 – nicht erkennen was man sieht. Diese Barriere ist die Unfähigkeit, zu erkennen, was man sieht. Wenn wir soziale Kompetenz aufbauen wollen, müssen wir eine neue Qualität des Beobachtens üben.
- Lernbarriere 2 – nicht sagen, was man denkt. Sehr häufig können wir diese Qualität in Unternehmen beobachten. Um kulturadäquat zu handeln, ist es nicht empfehlenswert, das zu sagen, was man denkt. Das sichert einem das „Überleben" im Unternehmen. Gleichzeitig ist diese Barriere jedoch dafür verantwortlich, dass Mitarbeiter/-innen nicht aus ihren eigenen Erfahrungen lernen können.
- Lernbarriere 3 – nicht tun, was man sagt. Es wird viel geredet über soziale Kompetenz und wie wichtig sie im Falle der Übernahme eines Führungsjobs ist. Nur: Wie überprüfen wir die sozialen Fähigkeiten? Das viele schöne Gerede wird von den Mitarbeitern/Mitarbeiterinnen beobachtet und dann anders erlebt. Wenn es in der Organisation dann noch zu „Nepotismus" kommt, ist Lernbarriere 3 bestätigt.
- Lernbarriere 4 – nicht sehen was man tut. Wer durch diese Lernbarriere getrieben ist, handelt v. a. mit Mustern aus der Vergangenheit. Der Glaube an die Nichtveränderbarkeit ist sehr stark ausgeprägt. Um aber soziale Kompetenz zu erhöhen, braucht es eine ungetrübtere Wahrnehmung der Realität, eine neue Qualität des Hinsehens und des Handelns.

5 Neue Qualität des Lernens

Wie wir sehen können, verlangen unsere komplexe Umwelt und die damit verbunden Aufgabenstellungen eine neue Qualität des Lernens, die sich nicht nur auf erfahrungsorientiertes Lernen konzentriert, sondern neue soziale Kompetenzen berücksichtigt. Eine wesentliche Kompetenz dafür ist die Fähigkeit des Zuhörens. Scharmer (2009, S. 296) unterscheidet auch hier wieder vier verschiedene Arten des Zuhörens:

- Die erste Grundart des Zuhörens dient der Bestätigung bereits vorhandener Urteile. Wann immer Sie sich in einer Situation befinden, wo alles, was geschieht, genau das bestätigt, was Sie schon immer wussten, dann sind Sie in diesem Modus des Zuhörens. Sie nehmen nur das wahr, was dem gewohnheitsmäßigen Urteilen entspricht. Besonders häufig ist diese Qualität des Zuhörens bei Personalrecruiting-Prozessen beobachtbar. Beim Hearing zur Auswahl einer neuen Führungskraft werden Fragen so gestellt, um die erwartbaren Antworten bestätigt zu bekommen. Da kann es dann schon auch einmal vorkommen, dass es beim Fragenkomplex zur sozialen Kompetenz zu „projektiven Identifikationen" kommt. Vorurteile können so bestätigt werden und als Abwehr- und Ablenkmechanismus von einem selbst auf den Kandidaten/die Kandidatin projiziert werden.
- Die zweite Grundart des Zuhörens bezieht sich auf eine Menge von Gegenständen, Sachverhalten etc., an denen es neue Unterscheidungen hinsichtlich der tatsächlichen Aussagen und Fakten gibt. Bei dieser Art des Zuhörens wird die Differenz eingeführt. Soziale Kompetenz wird dabei als eine Fähigkeit erkennbar, die es erlaubt, über die jeweiligen So-

zialkontexte hinaus, aus denen jemand kommt, Unterscheidungen zu beherrschen. Wer sozial kompetent ist, registriert die jeweilige Anschlussfähigkeit der Unterscheidungen im entsprechenden Kontext. Mit anderen Worten, sozial kompetente Mitarbeiter/-innen müssen flexibel sein und sich möglichst rasch auf unterschiedliche berufliche Situationen einstellen können. Mitarbeiter/-innen mit dieser Form der sozialen Kompetenz haben gelernt, mit Abweichungen und Unterschieden umzugehen. Sie beobachten und stellen Fragen. Ziel ist dabei nicht, mit größtmöglicher Ordnung umzugehen, sondern mit noch zulässiger Unordnung und Differenz zu agieren. Sie fokussieren auf diejenigen Aspekte der Realität, die von den eigenen Vorstellungen abweichen, anstatt die Unterschiede zu verleugnen.

- Eine dritte und noch tiefere Art der sozialen Kompetenz ist das empathische Zuhören. In dieser Qualität des Zuhörens findet eine Form dialogischer Bewegung statt, von der aus ein mitfühlendes Handeln möglich wird. In diesem Fall verschiebt sich unsere Wahrnehmung aus unserem Ich in das Feld hinaus, zum anderen, zu dem Ort, von dem aus der andere spricht. Wir können uns in die Befindlichkeit des anderen hineinversetzen und können damit Gedanken und Gefühle nachempfinden. Dies ermöglicht uns eine tiefere Beziehung, in der wir unser Gegenüber in einer Art „koevolutionärer" Realität wahrnehmen können. Wenn wir zu dieser Form des Zuhörens kommen wollen, müssen wir unsere empathische Fähigkeit aktivieren, um so eine direkte Verbindung zu der anderen Person aufzubauen. Wir müssen lernen, die Logik der Gefühle als aktives Wahrnehmungssensorium „auszufahren." Gelingt dies, so spüren wir eine substanzielle Veränderung: Wir vergessen unseren eigenen Plan und beginnen die Welt mit den Augen des anderen zu sehen. In diesem Modus können wir in der Regel erspüren, was der andere sagen möchte, ohne dass er jedoch die Worte bereits ausgesprochen hat. In dem Zustand können wir erkennen, ob unser Gesprächspartner/unsere Gesprächspartnerin das richtige oder falsche Wort gewählt hat, um etwas Bestimmtes auszudrücken. Empathisches Zuhören als Fähigkeit der sozialen Kompetenz ist jedoch nur möglich, wenn wir ein Gespür für das haben, was der andere sagen will, bevor wir zu analysieren beginnen. Wir reden von einer Fähigkeit, die wie jede andere menschliche Fähigkeit kultiviert und entwickelt werden kann.

- Und nicht zuletzt gibt es eine vierte Ebene des Zuhörens. Diese vierte Ebene geht über die drei Grundarten des Zuhörens hinaus und schließt an einen noch tieferen Bereich von Emergenz an. Wir können diese Ebene des Zuhörens und der sozialen Kompetenz als schöpferisches Zuhören oder Zuhören aus dem in Entstehen begriffenen Feld der Zukunft bezeichnen. Buber (2001) hatte schon im letzten Jahrhundert auf die Qualität des gemeinsamen Dialoges hingewiesen, wenn es um die direkte Begegnung mit einem Gesprächspartner/einer Gesprächspartnerin geht.

In dieser Qualität des erspürenden Zuhörens verspüren wir eine noch tiefere Resonanz mit unseren Gesprächspartnern/-partnerinnen. Wenn wir auf dieser Ebene des Zuhörens arbeiten, konzentrieren wir uns nicht auf das eigene Ego. Wir suchen nicht mehr außerhalb von uns selbst. Wir sind nicht mehr empathisch mit jemandem, der uns gegenübersitzt, verbunden. Wir befinden uns in einem Zustand der Resonanz, in dem etwas Neues und Zukünftiges entstehen kann, weil wir in einem inneren Dialog mit unseren Gesprächspartnern/-partnerinnen sind.

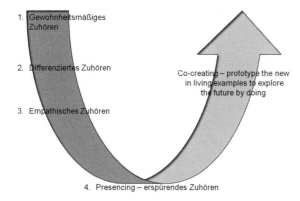

Abbildung 2: Vier Qualitäten des Zuhörens nach Scharmer (2009, S. 296)

6 Wie erkennen wir soziale Kompetenz?

Hearing, oder doch lieber ein aufwendiges Assessment-Center? Eignungstest oder lieber ein unstrukturiertes Interview? Die Fragen nach den Stärken und Schwächen, nach den beruflichen Zielen und Nichtzielen sollen Auskunft geben über die soziale Kompetenz. Man sei besonders interessiert an der Teamfähigkeit und an der Entscheidungsstärke der Bewerber/-innen. So müsse in einem Gruppengespräch herausgefunden werden, wer die Entscheidung für die nächste Investition trifft. Das Team müsse im Planspiel dann noch analysieren, wer die besten Beiträge zum Erfolg geliefert habe – geübte Teilnehmer/-innen an Testverfahren kennen mittlerweile die Aufgaben und verhalten sich so, wie es gerne erwartet wird.

Bei all den aufwendigen Verfahren und Prüfungen im Personalrecruiting kann man manchmal zur Erkenntnis kommen, dass die Prüfung der sozialen Kompetenz eines Mitarbeiters/einer Mitarbeiterin auf das „Bauchgefühl" reduzierbar wäre. Es müsse die „Chemie" stimmen, und den leicht beobachtbaren Alltagsanforderungen müsse entsprochen werden: Wie wird Blickkontakt aufgenommen? Wie begrüßt der Bewerber/die Bewerberin die Beobachter/-innen? Werden Fragen konkret beantwortet? Vielleicht könnte ein verstärkt biografischer Zugang von Nutzen sein. Die künftigen Mitarbeiter/-innen einfach Geschichten aus ihrer Biografie erzählen lassen. Weniger faktische Beschreibungen und mehr Erzählungen würden die erlebten Erfahrungen besser widerspiegeln, was auch ein besseres Einschätzen der sozialen Kompetenz zuließe. Dabei würden nicht nur Ergebnisse und Fakten geschildert, sondern vielmehr auch auf die inneren Erlebnisse und Denkmuster rekurriert.

7 Soziale Kompetenz oder Sozialromantik?

Noch immer gelingt es unseren Ausbildungssystemen, organisationale Karrieremuster und Regelsysteme so zu etablieren, dass in erster Linie konkurrierendes Einzelkämpfertum/Einzelkämpferinnentum gefördert wird. Die „einsamen Helden/Heldinnen" werden trainiert und ausgebildet, in ihrem Fach und ihrer Logik zum effizienten Handeln. So lernen beispielsweise Medizinstudenten/-studentinnen in ihren exklusiven Studien (vgl. Oberneder 2006, S. 21) recht früh konkurrierendes Verhalten kennen, das dann mitunter sozial kompetentes Verhalten an den Rand rückt. Über ein sehr begrenzt zur Verfügung stehendes Kontingent an Studien- und Praxisplätzen wird isoliertes Einzelkämpfertum/Einzelkämpferinnentum trainiert, das in der unmittelbar folgenden medizinischen Praxis kaum noch Relevanz hat. Komplexe Problemstellungen müssen nämlich dann im Team und mit hoher sozialer und kommunikativer Kompetenz gelöst werden.

Bei einem Beratungsgespräch in einer Klinik, das erst vor Kurzem stattfand, schilderte ein junger Turnusarzt seinen Dienstbeginn: Er habe gleich nach dem Studium einen Ausbildungsplatz erhalten. Erster Tag: Dienst in der Ambulanz – Aufnahmetag. Dutzende Patienten/Patientinnen strömen in die Klinik, sie alle müssen versorgt werden. Angesagt ist operativer Aktionismus, weit entfernt sind erklärende Einstiegsgespräche. Die Hektik des Alltags setzt sich fort, so die Schilderungen des jungen Ausbildungsarztes. Nach genau vier Wochen kommt es auch beim leitenden Team zu Überforderungstendenzen, die schließlich in einer hektischen Gesprächsführung mit dem Jungarzt münden: Er sei noch keine wirkliche Hilfe, man könne sich noch nicht auf ihn verlassen und irgendwie hätte man vielleicht doch zu wenig mit ihm gesprochen. Dieses Beispiel demonstriert einmal mehr, wie einfach manchmal kommunikative und soziale Kompetenz übergangen wird. Im genannten Fall wurde plötzlich ein defizitorientierter Kommunikationsstil gewählt, wurden ausschließlich Probleme fokussiert, und kommunikative Grundregeln (soziale Integration von neuen Mitarbeitern/Mitarbeiterinnen etc.), die zum Führen einer Organisation bzw. eines Teams erforderlich sind, wurden nicht beachtet.

8 Change-Management der Zukunft braucht soziale Kompetenz und emotionale Logik

Warum werden wir wütend, wenn wir ungerecht behandelt werden? Oder warum können wir mit Freude an eine Aufgabe gehen, wenn wir in guter Stimmung sind? Warum werden Vorgesetzte nervös, wenn ein Mitarbeiter/eine Mitarbeiterin nicht dem gewünschten Verhalten entspricht? Gefühle spielen in unserem Leben eben eine zentrale Rolle.

Menschen regulieren ihre Emotionszustände auf völlig unterschiedliche Art und Weise. Emotionen sind der Treiber für Veränderung. Nur wenn wir die Logik der Emotionen verstehen, können wir mit Veränderung adäquat umgehen. Heitger & Doujak (2002) beschreiben einen fundamentalen Unterschied zwischen der Logik der Gefühle und der Logik der Zahlen. Gefühle sind in ihrer Intensität nicht steuerbar und v. a. in ihrer Dauer nicht prognostizierbar. Gefühle und Emotionen haben eine spezielle Funktion und einen besonderen Wert, wenn es im Unternehmen um Change-Prozesse geht. Nur mit dem Verstehen dieser ganz speziellen Logik und mit der Verstärkung und Deutung kann konstruktiv ein Veränderungsprozess initiiert werden. Soziale Kompetenz im Sinne des Verstehens von emotionaler Logik ist ein Erfolgsfaktor für das Change-Management der Zukunft.

„Aber, Herr Kollege bleiben Sie doch bei der Sache. Emotionen haben in unserem Business keinen Platz." Der beißende Blick des Vorstands lässt jede Emotion im Keim ersticken. Es sei im Unternehmen ein absolutes „Don't", wenn jemand Gefühlsregungen zeigt. Man habe zu funktionieren und nicht emotionale Gefühlzustände abzufragen – das sei Aufgabe von Softies, die vorwiegend in Sozialberufen agieren. Hier ginge es um beinhartes Management.

Häufig kommt es in Unternehmen mit einer derartigen Organisationskultur zu einer belastenden Logik der Gefühle. Mitarbeiter/-innen entwickeln dabei eine Form von kollektiver Sympathie gegenüber abwertenden Gefühlszuständen. Sie erklären sich solidarisch und fühlen sich nicht verstanden und gehört. Sie registrieren, dass der „emotionale Aufschrei" bei einem neuerlichen Change-Projekt vom Vorstand nicht berücksichtigt wird und in seiner Funktion auch nicht gesehen wird. „Die sollen nicht jammern, sondern arbeiten", könnte die Aussage des Vorstandes sein.

Die Logik der Zahlen und der Ratio müssen in Change-Projekten mit der Logik der Gefühle gekoppelt werden. Es braucht eine Veränderung der Veränderung. Vor allem geht es darum, dass im Change-Management der Zukunft die Gefühle von Mitarbeitern/Mitarbeiterinnen auch kognitiv von den Veränderern erkannt und trainiert werden. Gefühle und soziale Kompetenz müssen salonfähig werden. Barack Obama, idealisierender Visionär und zugleich jedoch auch mit Bodenhaftung ausgezeichneter Rationalist, zeigt es vor. Er hat erkannt, wie mächtig Gefühle sind. Als Geschichtenerzähler vermittelt er gekonnt seine Emotionszustände und seine soziale Kompetenz. Seine größte Stärke besteht aber darin, Glauben zu wecken für eine gestaltbare und bessere Zukunft. Er setzt dabei, auch rhetorisch gekonnt, auf die Logik der Gefühle.

Ich bin hier nicht für Zukunftsprognosen im Management zuständig, es könnte aber schon die Vermutung auftauchen, dass eine unserer Folgegenerationen in einem skeptischen Rückblick sich etwas verlegen und mit so manch emotionalem Zustand erinnern, wie Management in Zeiten der Wirtschaftskrise vonstattenging. Change-Management braucht im Sinne einer radikalen Neupositionierung ein professionelles Know-how im Bereich der sozialen und emotionalen Kompetenz.

Literaturverzeichnis

Bauer, Joachim (2006): Prinzip Menschlichkeit. Warum wir von Natur aus kooperieren. Hamburg: Hoffmann und Campe.

Buber, Martin (2001): Das dialogische Prinzip: Ich und Du. Zwiesprache. Die Frage an den Einzelnen. Elemente des Zwischenmenschlichen. Zur Geschichte des dialogischen Prinzips. Gütersloh: Gütersloher Verlagshaus.

Der Standard vom 23./24. 10. 2010, S. K 9.

Heitger, Barbara & Doujak, Alexander (2002): Harte Schnitte, neues Wachstum. Die Logik der Gefühle und die Macht der Zahlen im Changemanagement. Heidelberg: Redline.

Nigsch, Otto (1999): Was ist Sozialkompetenz? In: Österreichische Zeitschrift für Soziologie 24, Heft 1, S. 3–30.

Oberneder, Josef (2006): Zur Motivation motivieren. In: Zeitschrift für systemisches Management und Organisation, Heft 29, S. 20–25.

Scharmer, Otto C. (2009): Theorie U. Von der Zukunft her führen. Heidelberg: Carl-Auer.

Spitz, Rene (1976): Vom Säugling zum Kleinkind. Naturgeschichte der Mutter-Kind-Beziehungen im ersten Lebensjahr. Stuttgart: Klett.

Internetquellen:

Google (o. J.): http://www.google.at.

Kolb, David (1975): Lernzyklus. In: Open Business School: Professional Diploma in Management – B 751 Managing Development and Change; http://www.infed.org/biblio/b-explrn.htm.

Stangl, Werner (2010): Soziale Kompetenz – Begriffsbestimmung; http://arbeitsblaetter.stangl-taller.at/KOMMUNIKATION/SozialeKompetenz.shtml [22. 10. 2010].

Susanne Weber / Matthias Hofmuth
Ludwig-Maximilians-Universität München

Messung unterschiedlicher Facetten von interkultureller Kompetenz

1 Motivation 209
2 Facetten interkultureller Kompetenz 210
3 Studie 1: Messung von Wissen über wahrgenommene Identitätsdimensionen 211
   3.1   Aufbau des Testlets und Datenerhebung 212
   3.2   Ergebnisse der Studie 1 213
4 Studie 2: Messung des Verhandlungsprozesses „Mindful Identity Negotiation" 215
   4.1   Aufbau des Testlets und Datenerhebung 216
   4.2   Ergebnisse der Studie 2 217
5 Zentrale Ergebnisse und Diskussion 219
6 Implikationen und Ausblick 219
Literaturverzeichnis 220

1   Motivation

Megatrends wie Globalisierung, Internationalisierung und Migration – unterstützt durch die neuen Medien – korrespondieren mit der Notwendigkeit und Bedeutung der Ausbildung interkultureller Kompetenz, um in herausfordernden Situationen im Berufs- und Privatleben bestehen zu können. Von daher wundert es nicht, dass in zahlreichen national und international geführten Curriculum-Diskussionen – sowohl wissenschaftlich als auch politisch – interkulturelle Kompetenz als zentrale „21st Century Skill" für die Aus- und Weiterbildung (vgl. Binkley, Erstad, Herman, Raizen, Ripley & Rumble 2010; Rychen & Salganik 2001) hervorgehoben wird. Auch wenn die Entwicklung und Förderung einer interkulturellen Kompetenz weitgehend unbestritten ist, scheint die Frage ihrer Konzeptualisierung bzw. Operationalisierung weniger einheitlich. So gibt es eine Fülle unterschiedlicher Ansätze zur Klärung des Begriffs der interkulturellen Kompetenz (vgl. u. a. Bolten 2007a und 2007b). Diese Ansätze reichen von einfachen Namensgebungen für interkulturell sensible Themenbereiche (u. a. interkulturelle Missverständnisse, Stereotype, Kulturschock) (vgl. Layes 2003, S. 121 f.; Oberg 1960; Paige 1993) über die Identifikation von überdauernden Persönlichkeitsmerkmalen erfolgreicher Manager/-innen (u. a. Zee & Oudenhoven 2001) bis hin zu Kenntnissen über spezifische kulturrelevante Phänomene, wie z. B. „Gesichtswahrung in Asien", und Fakten zu einer Kultur bzw. Nation sowie bis zum Vergleich von Erfahrungen in einer fremden Kultur (z. B. Kauffmann, Martin & Weaver 1992). Nur selten wird interkulturelle Kompetenz als Handlung bzw. als Prozess der Interaktion operationalisiert (vgl. u. a. Bolten 2007a und 2007b; Layes 2000; Thomas 2003, S. 112). Das Bildungs- und Lernziel „interkulturelle Kompetenz" kann jedoch nur dann zielgerichtet gefördert werden, wenn das Konzept präziser theoriegeleitet definiert und operationalisiert ist. Nur so können korrespondierende, theoretisch fundierte instruktionale Maßnahmen eingesetzt und schließlich Veränderungen bzw. Lernerfolge gemessen werden. Ziel unseres Projektes ist es daher, das Konzept „interkulturelle Kompetenz" zu operationalisieren sowie über zwei Zugänge ausgewählte Facetten der interkulturellen Kompetenz zu messen.

Im Rahmen unserer beiden Studien messen wir einerseits das „Wissen über verschiedene Identitätsdimensionen, die in interkulturellen Überschneidungssituationen relevant werden" (Studie 1), und visualisieren andererseits den „Prozess der Mindful Identity Negotiation" (Studie 2). In beiden Studien haben wir uns von folgenden übergreifenden Forschungsfragen leiten lassen:

- Können unterschiedliche Fähigkeitsniveaus interkultureller Kompetenz individuenbezogen dargestellt werden?
- Können Aufgaben gestaltet werden, deren Bewältigung interkulturell kompetentes Verhalten auf unterschiedlichem Niveau erfordert?

Im folgenden Punkt 2 wird zunächst der theoretische Rahmen und im Punkt 3 werden die zwei Studien (inklusive spezifizierter Forschungsfrage, Aufgabenkonstruktion, Design, Durchführung und Ergebnisse der Untersuchungen) vorgestellt. Im Punkt 4 erfolgt eine zusammenfassende übergreifende Diskussion, die dann zu den Schlussfolgerungen und zum Ausblick im Punkt 5 führt.

2 Facetten interkultureller Kompetenz

In unserem Ansatz orientieren wir uns an der pragmatischen Kompetenzdefinition nach Weinert (2001, S. 45ff.): Hiernach definiert sich Kompetenz durch „die bei Individuen verfügbaren oder durch sie erlernbaren kognitiven Fähigkeiten und Fertigkeiten, um bestimmte Probleme zu lösen, sowie die damit verbundenen motivationalen, volitionalen und sozialen Bereitschaften und Fähigkeiten, um die Problemlösungen in variablen Situationen erfolgreich und verantwortungsvoll nutzen zu können." Nach Weinert (ebenda, S. 50ff.) sollte das Konzept „Kompetenz" auch nur verwendet werden,

- wenn es um die erfolgreiche Bewältigung komplexer (selbstorganisiertes Handeln verlangender) Anforderungen geht.
- wenn zur Bewältigung der komplexen Anforderungen sowohl kognitive (fachlich-methodische) als auch motivationale, ethische (personale), willensmäßige (aktivitätsbezogene) und soziale (sozial-kommunikative) Komponenten gehören.
- wenn der Komplexitätsgrad der Anforderungen hoch genug ist (d.h. ohne Selbstorganisationsprozesse nicht zu bewältigen ist), um kompetentes Verhalten zu zeigen, und sich damit abgrenzt von routinierten Fertigkeiten.
- wenn Lernprozesse (Kompetenzentwicklungsprozesse) zu den notwendigen Voraussetzungen gehören, um die komplexen Anforderungen zu bewältigen (d.h. Fähigkeiten zu entwickeln, die nicht genetisch bedingt sind oder durch Reifung entstehen).
- wenn Metakompetenzen als Wissen, Strategien oder auch Motivationen vorhanden sind, die den Erwerb und die Anwendung von Kompetenzen in verschiedenen Inhaltsbereichen erleichtern (vgl. auch Erpenbeck & Rosenstiel 2003, S. XXXI; Franke 2005 S. 34f.).

Messung von Facetten interkultureller Kompetenz

Ziel unserer Arbeit ist es, auf Basis dieser Kompetenzstruktur eine theoriegeleitete Kompetenzdefinition für den interkulturellen Kontext zu generieren, die es ermöglicht, interkulturelle Kompetenzmodelle zu formulieren, die eine empirische Überprüfbarkeit zulassen. Hierfür wurde Ting-Toomeys (1999) „Mindful Identity Negotiation"-(MIN-)Ansatz herangezogen und weitergehend operationalisiert, da er unterschiedliche interkulturelle Forschungs- und Kommunikationsansätze integriert. Dabei werden auf der Grundlage verschiedener Forschungsergebnisse zunächst Merkmale interkultureller Überschneidungssituationen spezifiziert (z.B. hinsichtlich Machtunterschieden, privater vs. öffentlicher Situationen oder Übernahme von spezifischen Rollen) (vgl. Thomas 2003, S. 46 und S. 98 ff.; Ting-Toomey 1999, S. 57 ff.). Gleichzeitig werden in diesem Ansatz zentrale Dispositionen hervorgehoben, die bei der Bewältigung interkultureller Überschneidungssituationen relevant werden (z.B. Wissen über verschiedene Identitätsdimensionen, Offenheit gegenüber Fremden, emotionale Befindlichkeiten beim Umgang mit Fremden). Ebenso werden im MIN-Ansatz Strategien zur kompetenten Bewältigung der interkulturellen Herausforderungen vorgeschlagen (z.B. „Mindfull Identity Negotiation" inklusive zahlreicher Techniken, wie z.B. „Mindful Listening und Facework").

Interkulturelle Kompetenz kann als soziale Kompetenz verstanden werden, da es sich hierbei um die Fähigkeit handelt, kooperatives und unterstützendes Verhalten gegenüber anderen Interaktionsmitgliedern (bzw. Mitgliedern einer anderen Kultur) zu zeigen und dadurch zu einem erfolgreichen Abschluss der gestellten Aufgaben zu kommen (u.a. durch Kommunikation, Konfliktlösung und Teamarbeit) (vgl. Sonntag 2000, S. 113). In Anlehnung an Kanning (2009, S. 26 ff.) lässt sich damit interkulturelle Kompetenz über vier verschiedene Zugänge festmachen und visualisieren: 1) durch die Erfassung von interkulturellem Wissen über interkulturell kompetentes Verhalten (z.B. anhand kognitiver Leistungstests), 2) über die direkte Beobachtung interkulturellen Verhaltens in „realen" oder „simulierten" Situationen, 3) durch die Beschreibung des Verhaltens von Probanden/Probandinnen in interkulturellen Situationen (als Selbstauskunft in Form von Fragebögen, Essays etc. oder als Fremdbeurteilung in Form von Gutachten, Zeugnissen etc.) sowie 4) durch unterschiedliche Indikatoren, die auf das Vorhandensein einer interkulturellen Kompetenz hinweisen sollen (wie z.B. Auslandsaufenthalte). In unseren beiden Studien fokussieren wir auf den ersten und den dritten Zugang.

3 Studie 1: Messung von Wissen über wahrgenommene Identitätsdimensionen

Ting-Toomey (1999) geht in ihrem „Mindful Identity Negotiation"-Ansatz davon aus, dass je nach (interkultureller) Situation unterschiedliche Identitätsdimensionen relevant werden (z.B. die Identität des Gesichtwahrens). Interkulturell kompetentes Handeln zeichnet sich dadurch aus, dass diese situationsspezifisch jeweils relevant gewordenen Identitätsdimensionen erkannt und in der Interaktion behutsam und respektvoll balanciert werden („Mindful Identity Negotiation"). Ting-Toomey (1999) formuliert insgesamt acht Identitätsdimensionen, die relevant werden können (siehe Abbildung 1). Unter die eher grundlegenden überdauernden primären Identitäten subsumiert sie die kulturelle, die ethnische, die persönliche Identität und die Identität des Geschlechts. Unter den situativen Identitäten werden die Rollen-, die Beziehungs-, die Facework-Identität und die Identität der symbolischen Interaktion zusammengefasst. Die situativen Identitäten werden in der jeweiligen Handlungssituation aktiviert und sind variabel in Inhalt und Ausmaß – abhängig von der jeweiligen Situation und den interagierenden Personen. Beispielsweise kommt einer Führungskraft bei der Führung von Verhandlungen die Erwartung zu, ihrer konkreten Rolle adäquat gerecht zu werden.

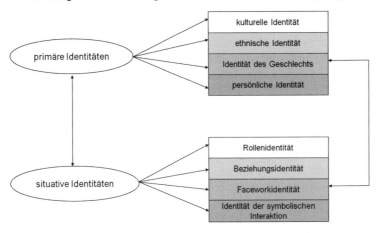

Abbildung 1: Identitätsdimensionen (in Anlehnung an Ting-Toomey 1999, S. 29)

Ausgehend von dieser Überlegung generierten wir in Anlehnung an den 4-Building-Blocks-Ansatz (vgl. Wilson 2005) eine Construct-Map, die das theoretische Kompetenzmodell repräsentiert und die unsere Überlegungen bei der Itementwicklung zur Erfassung kompetenten Verhaltens sowie der Skalierung und der Auswahl des Messmodells leitete. Wir verstehen interkulturelle Kompetenz als Konstrukt, das linear von einem geringen bis zu einem hohen Maß ansteigt: Level 1 (Novize/Novizin): „Die Antwort trifft die Anforderungen nicht", Level 2 (Fortgeschrittener/Fortgeschrittene): „Die Antwort trifft die Anforderungen teilweise", Level 3 (Halbexperte/-expertin): „Die Antwort trifft die Anforderungen weitgehend" sowie Level 4 (Experte/Expertin): „Die Antwort trifft die Anforderungen umfassend".

3.1 Aufbau des Testlets und Datenerhebung

Die Aufgaben, die in diesem kognitiven Leistungstest Anwendung fanden, beruhen auf Case-Studies (vgl. Appl, Koytek & Schmid 2007; Kartari 1995; Petzold, Ringel & Thomas 2005; Slate & Schroll-Machl 2006; Thomas & Schenk 2001) und zugehörigen „Rank-order Multiple Choice (MC)"-Items (vgl. Wilson 2003 und 2005), die mithilfe unserer „Construct-Map" adaptiert wurden. In jeder Case-Study ist eine interkulturelle Clash-Situation modelliert, in der ein deutscher Expatriate mit einer der betrachteten Zielkulturen (China, Japan, Türkei und USA) fehlerhaft interagiert bzw. in der eine deutsche Führungskraft Probleme bei der Durchsetzung ihrer Weisungen an einem deutschen Produktionsstandort hat. Durch das fehlerhafte Verhalten der Führungskräfte/Expatriates fühlen sich deren Geschäftspartner/-innen aufgrund kulturell divergierender Handlungsspielräume in ihren Identitätsdimensionen verletzt; zugleich werden die Identitätsdimensionen der Führungskräfte/Expatriates aufgrund der Reaktionen der verletzten Geschäftspartner/-innen ebenfalls verletzt. Damit entstehen jeweils unbefriedigende Verhandlungs-Outcomes.

Das vollständige Testlet besteht aus sieben Case-Studies mit jeweils drei Items. Jedes Item umfasst vier Antwortkategorien. Diese sind von einem Distraktor „falsch" über teilweise und weitgehend richtige Alternativen bis hin zu einer vollständig richtigen Antwortoption skaliert. Der Grad der korrekt erläuterten Identitätsdimensionen steigt innerhalb jedes Items streng monoton an. So erklärt beispielsweise das Item 3 in der untersten Kategorie keine Identitätsdimension korrekt, dagegen in der zweiten Kategorie eine (Item 3.1), in der dritten Kategorie zwei (Item 3.2) und in der vierten Kategorie vier Identitätsdimensionen (Item 3.3) korrekt.

Zur Erhebung der Daten wurde ein Onlinefragebogen eingesetzt. Die Probanden/Probandinnen wurden per E-Mail eingeladen und darüber hinaus gebeten, den Teilnahmelink weiterzuverbreiten. Insgesamt konnten 545 vollständige Datensätze gewonnen werden. Die Reihenfolge der Antwortkategorien eines Items war randomisiert, um systematische Verzerrungen zu vermeiden. Um im Testlet voranzuschreiten, mussten jeweils alle Items gelöst werden. Rund die Hälfte der Befragten konnte über einen längeren Auslandsaufenthalt berichten, und 14 % der Teilnehmer/-innen haben einen direkten oder indirekten (familiären) Migrationshintergrund. Dies zeigt uns, dass in der Stichprobe ein großer Teil der Testees bereits Erfahrungen mit interkulturellen Austauschprozessen hat. 385 Personen sind weiblich; 75 % der Teilnehmer/-innen können als höchsten Bildungsabschluss die Hochschulzugangsberechtigung vorweisen, weitere 19 % sogar ein abgeschlossenes Hochschulstudium. Die Daten wurden mit einem Partial Credit Model (PCM), einem Modell für ordinale Daten aus der Rasch-Familie, sowie einem Rasch-Modell analysiert. Die Auswertung erfolgte mithilfe des Programms Conquest (vgl. Wu, Adams, Wilson & Haldane 2007).

3.2 Ergebnisse der Studie 1

Der Tabelle 1 können die Schätzer für die Schwierigkeitsgrade der Items im dichotomen Rasch-Modell entnommen werden. Sie entsprechen alle signifikant den Modellerwartungen (Infit und Outfit). Der durchschnittliche Schwierigkeitsgrad ist auf 0 normiert. Die Range der Schwierigkeitsgrade reicht von −0,81 für das leichteste Item 1 bis 0,65 für das schwierigste Item 3. Interessant ist, dass das leichteste Item (Item 1) und das schwerste Item (Item 3) auf dieselbe Aufgabenstellung einer Case-Study zurückgehen. Somit kann man folgern, dass die Gestaltung von Assessment-Aufgaben auf unterschiedlichen Niveaustufen erfolgreich war.

	Item	Estimate	Error	MNSQ	T	MNSQ	T
				unweighted Fit		weighted Fit	
1	Sit_1	−0,808	0,034	1,02	0,3	1,00	0,1
2	Sit1_2	0,100	0,029	1,02	0,7	1,04	1,0
3	Sit1_3	0,649	0,032	1,00	−0,0	1,00	0,0
4	Sit3_1	−0,200	0,035	1,03	0,6	1,01	0,1
5	Sit3_2	0,298	0,028	1,04	0,7	1,03	0,8
6	Sit3_3	−0,227	0,027	1,00	0,1	1,01	0,1
7	Sit4_1	0,528	0,037	0,99	−0,2	1,00	0,0
8	Sit4_2	0,397	0,031	1,01	0,2	1,01	0,2
9	Sit4_4	0,065	0,029	1,00	0,1	1,00	0,1
10	Sit7_1	−0,253	0,028	0,98	−0,3	0,98	−0,6

11	Sit7_2	-0,113	0,032	1,00	0,1	1,00	0,0
12	Sit7_3	-0,324	0,029	0,96	-0,6	0,97	-0,6
13	Sit5_1	-0,072	0,033	1,00	0,0	1,00	0,0
14	Sit5_2	-0,044	0,029	1,04	0,7	1,04	1,0
15	Sit5_3	-0,257	0,031	1,03	0,6	1,02	0,5
16	Sit2_1	0,167	0,031	1,00	0,1	1,01	0,2
17	Sit2_2	-0,280	0,029	0,96	-0,6	0,97	-0,9
18	Sit2_4	-0,266	0,030	0,95	-0,8	0,96	-0,9
19	Sit6_1	-0,035	0,031	0,97	-0,5	0,98	-0,5
20	Sit6_2	0,346	0,031	1,00	-0,0	1,00	-0,1
21	Sit6_3	0,328	0,138	1,00	-0,0	0,99	-0,2

Tabelle 1: Itemestimates und FIT-Indizes Rasch-Modell

Der durchschnittlich erreichte Fähigkeitskoeffizient der Probanden/Probandinnen liegt bei 0,07[1] und der durchschnittlich erreichte Testscore bei 34,59[2], wobei maximal ein Score von 63[3] erzielt werden konnte. Bei der weitergehenden, differenzierteren Auswertung mit dem Partial Credit Model konnten diese Befunde ebenfalls bestätigt werden. Die Reihenfolge der Items entsprach wiederum den Modellerwartungen.[4]

Abbildung 2 zeigt die Wright-Map, die die grafisch-empirische Repräsentation der theoretischen Construct-Map ist. Auf der rechten Seite der Wright-Map stehen die Items mit ihren Kategorieschwellen. Sie sind dort im Kontinuum verankert, wo eine Lösungswahrscheinlichkeit von 0,5 errechnet wurde. Auf der linken Seite steht je ein x für 3,6 Personen, deren Fähigkeit an dieser Stelle errechnet wurde. Als Beispiel sei das Item 1 mit seinen Ausprägungen betrachtet, das als leichtestes Item sehr weit unten steht. Je höher ein Item verortet ist, desto höher ist die notwendige Fähigkeit einer Person, um es mit einer Wahrscheinlichkeit von 50% zu lösen.

Die Wright-Map bildet die Skalierung der konstruierten Antwortkategorien ab: So ist beispielsweise die Kategorie 3 (Bestantwort) des Items 3 deutlich schwieriger (oberer Bildrand) als die Kategorie 2 (in der Bildmitte) und die Kategorie 1 (unten im Bild). Die Schwierigkeitsgrade der einzelnen Kategorien folgen den Erwartungen, die im Vorfeld durch die Verwendung der Identitätsdimensionen in unterschiedlicher Graduierung innerhalb der Antwortkategorien gewählt wurden. Damit sehen wir unsere theoretische Einstufung empirisch als repliziert.

Zusammenfassend lässt sich festhalten, dass unsere erste Studie bezüglich der Wissensdimension von interkultureller Kompetenz die Möglichkeit aufzeigt, interkulturelles Wissen zu erfassen.

---

[1] SD = 0,2
[2] Kategoriescores: 0 – Distraktor, 1 – teilweise richtige Lösung, 2 – weitgehend richtige Lösung, 3 – bestmögliche Lösung; SD = 6,35.
[3] Eine Antwort in der höchsten Kategorie wurde bei allen 21 Items mit 3 gescort.
[4] Alle MNSQ-Werte liegen zwischen 0,95 und 1,07.

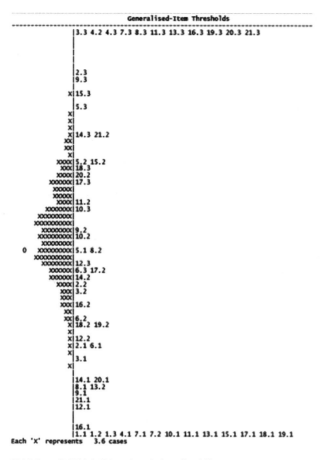

Abbildung 2: Wright Map: Interkulturelles Wissen

4 Studie 2: Messung des Verhandlungsprozesses „Mindful Identity Negotiation"

Die zweite Studie zielte auf die Erfassung und Visualisierung von Mindful-Identity-Negotiation-Strategien als weitere Facette interkultureller Kompetenz. Im MIN-Ansatz von Ting-Toomey (1999) werden unterschiedliche Fähigkeiten und Fertigkeiten formuliert, die interkulturelle Kommunikation und Interaktion erfordern und deren Anwendung interkulturelle Austauschprozesse fördern oder oft erst ermöglichen.

Dies sind insbesondere die Strategien „Präsentieren eigener Denk- und Sichtweisen", „Provozieren/Herausfordern der fremden Denk- und Sichtweisen", „Aufbau von Beziehungen", „Gesichtswahrung", „Konfliktmanagement", „pragmatisches Problemlösen", „Reflektieren des eigenen Verhaltens", „Infragestellen des eigenen Orientierungsrahmens", „Herbeiführung eines schnellen Ergebnisses" und „Entwicklung einer gemeinsamen Vision". Diese Fähigkeiten sollten in einer gegebenen interkulturellen Situation zur Lösung eines entstandenen Konflikts angewandt werden. In Anlehnung an den 4-Building-Blocks-Ansatz (vgl. Wilson 2005) wurde eine Construct-Map entwickelt, die das theoretische Kompetenzmodell repräsentiert (Abbildung 3). Auf der linken Seite der Construct-Map werden die Richtung der Problemlösegüte und die hierfür notwendigen Fähigkeiten und Fertigkeiten abgebildet. Auf der rechten Seite werden die korrespondierenden MIN-Strategien mit Anchor-Beispielen operationalisiert.

4.1 Aufbau des Testlets und Datenerhebung

Die Aufgabenstellung ist durch eine Fallstudie gegeben, die eine konkrete Wohnheimsituation zweier Studierender unterschiedlicher Kulturzugehörigkeit während ihrer Auslandssemester beschreibt. Es interagieren zwei Personen, die stereotypisch individualistisch bzw. kollektivistisch handeln. Nach einigen Zuspitzungen eskaliert der Konflikt zwischen den beiden Studierenden, als ein Buch abhandenkommt und der Betroffene den Angeschuldigten vor einer Gruppe Dritter zur Rede stellt (vgl. Pedersen 1996; Weber 2005).

Die Probanden/Probandinnen müssen sich zuerst entscheiden, mit welchem der beiden Stereotype sie sich mehr identifizieren, ehe sie aus dessen Sicht eine Einschätzung der Situation und mögliche Lösungsvorschläge schriftlich in einem offenen Aufgabenformat (Essay) festhalten. Nach einem Treatment (vgl. hierzu im Detail Weber 2005) wird den Probanden/Probandinnen erneut die Fallstudie mit der entsprechenden Aufgabe vorgelegt (Erhebungszeitpunkt t2), um zu prüfen, ob und bezüglich welcher MIN-Strategien ein besonderer Einfluss festgestellt werden kann.

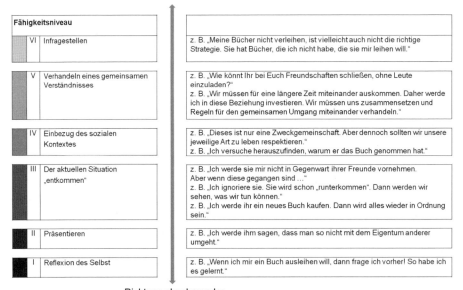

Abbildung 3: Construct Map „Mindful Identity Negotiation"

Befragt wurden insgesamt 61 angehende Versicherungs- und Industriekaufleute. Zwischen Vor- und Nachtest lagen sechs Wochen. Die Ergebnisse der Kontrollgruppe, bei der sich auf keiner Dimension ein Lernfortschritt zeigte, werden hier nicht dargestellt (hierzu vgl. Weber 2005). Die verbalen Daten werden anhand eines Kodierplanes, der sich an den Mindful-Identity-Strategien sowie dem theoretischen Kompetenzmodell (vgl. Abbildung 2 Concept-Map) orientiert, inhaltsanalytisch dichotom ausgewertet. Die so gewonnenen Datensätze aus beiden Erhebungszeitpunkten wurden mit einem Rasch-Modell analysiert. Die Auswertung erfolgte mithilfe des Programms Conquest (vgl. Wu, Adams, Wilson & Haldane 2007).

4.2 Ergebnisse der Studie 2

Die Items des ersten Erhebungszeitraumes werden mit 1–10 kodiert, die des zweiten Zeitraumes mit 11–20. Dabei entspricht Item 1 der Vorerhebung dem Item 11 der Nacherhebung etc. Die Darstellung in Abbildung 5 verdeutlicht, dass die Reihenfolge der Schwierigkeitsgrade der Items über die Zeit hinweg weitgehend stabil geblieben ist. Einzige Ausnahmen bilden das Item 6 „Infragestellung des eigenen Orientierungsrahmens", das zum Zeitpunkt 1 noch eindeutig das schwierigste war, aber zum Zeitpunkt 2 nur noch als mittelschweres Item gelten kann, und das Item 1 „Präsentieren", das zum Zeitpunkt 1 relativ einfach, zum Zeitpunkt 2 jedoch schwerer zu lösen war. Die Rangkorrelation aller zehn Items nach Spearman beträgt 0,78 (p < 0,01). Somit lässt sich ein relativ großer Zusammenhang zwischen den Itemreihenfolgen in t = 1 und t = 2 konstatieren.

Item t1			Schätzer t1	T
VI	8	Infragestellen eines eigenen Orientierungsrahmens	3,567	0,1
V	2	Provozieren / Herausfordern	2,006	1,1
	10	Entwicklung einer Vision	1,434	
IV	3	Aufbau von Beziehungen	1,278	-1,9
	5	Konfliktmanagement	1,118	-1,3
III	4	Gesichtswahrung	0,457	-1,2
	6	Pragmatische Lösung	0,451	0,5
	9	Schnelles Ergebnis	0,104	0,9
II	1	Präsentation	0,005	0,9
I	7	Reflexion	-0,849	2,7

Item t2			Schätzer t2	T
VI	20	Entwicklung einer Vision	0,007	-1,0
	12	Provozieren / Herausfordern		1,2
V	13	Aufbau von Beziehungen	-0,428	-1,6
	15	Konfliktmanagement	-0,733	-1,7
IV	18	Infragestellung eines eigenen Orientierungsrahmens	-1,137	2,2
III	16	Pragmatische Lösung	-1,138	-2,1
	11	Präsentation	-1,146	0,2
	19	Schnelles Ergebnis	-1,341	-1,7
	14	Gesichtswahrung	-1,499	-1,6
II				
I	17	Reflexion	-2,095	0,7

Abbildung 4: Rangfolge der Item-Estimates im Prä- und Posttest „t"

Die Wright-Map (Abbildung 5) als grafisch-empirische Repräsentation unseres theoretischen Kompetenzmodells (visualisiert in der Construct-Map in Abbildung 3) zeigt ebenfalls die angenommenen Niveaustufen (Wilson, Boeck & Carstensen 2008). Item 1 (t1) und Item 11 (t2) bzw. Item 7 (t1) und Item 17 (t2) finden sich als besonders leichte Items im unteren Bild; Item 2 (t1) bzw. Item 12 (t2) als auch Item 10 (t1) bzw. Item 20 (t2) rangieren als schwierige Items im oberen Bildbereich. Jedes Item ist dort abgetragen, wo die Lösungswahrscheinlichkeit der getesteten Probanden/Probandinnen genau 50% beträgt, so sie denn dieses Fähigkeitsniveau haben. Eine Person mit der Fähigkeit von 0 löst also die Items 1,9 und 20 mit 50%iger Wahrscheinlichkeit korrekt, das Item 10 aber beispielsweise mit weniger als 50%, da es schwieriger ist. Folglich steigt die Lösungswahrscheinlichkeit von „Schaffung einer gemeinsamen Vision" (Item 10 bzw. 20) über den Zeitablauf hinweg, was mit dem Absinken des Schätzers von 1,434 in t1 auf 0,007 in t2 deutlich wird.

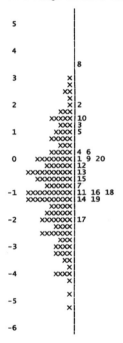

Abbildung 5: Wright-Map MIN-Strategien

Die Schätzer für den Schwierigkeitsgrad der Items liegen in t=1 zwischen 3,57 und −0,85 und in t=2 zwischen 0,01 und −2,1.

Zusammenfassend kann festgestellt werden, dass es auch in diesem Testlet gelungen ist, Aufgaben zu gestalten, deren Bewältigung unterschiedliche Fähigkeitsniveaus erforderlich macht, sowie die jeweilige Fähigkeit auf individueller Ebene grafisch darzustellen. Der geschätzte Fähigkeitskoeffizient der Probanden/Probandinnen hat in diesem Test eine Range von −4,3 bis 3,6, was als sehr hohe Spannbreite gilt.

5 Zentrale Ergebnisse und Diskussion

Beide Studien können als erste Schritte gesehen werden, interkulturelle Kompetenz zu modellieren, zu operationalisieren und einen Test für ihre individuumsbezogene Messung zu entwickeln. Es konnten unterschiedliche Grade der Aufgabenschwierigkeit ermittelt sowie verschiedene Niveaus interkultureller Kompetenz (in den betrachteten Dimensionen) auf der individuellen Ebene festgestellt werden. Sowohl die unterschiedlichen Aufgabenschwierigkeiten als auch die Fähigkeitsniveaus (auf dem individuellen Kompetenzlevel) ließen sich grafisch darstellen und theoretisch begründen. Die theoretischen Annahmen in beiden Studien haben sich empirisch bestätigt: Die Überlegungen zu den erklärten Identitätsdimensionen wurden ebenso bekräftigt wie die zeitkonstante Elaborationstiefe der MIN-Strategien. Das Niveau der Aufgabenschwierigkeiten korrespondiert mit den Fähigkeitsniveaus der getesteten Probanden/Probandinnen. Die Beziehung ist, wie in der zweiten Studie gezeigt werden konnte, für die unterschiedlichen Beobachtungszeitpunkte weitgehend stabil. Außerdem scheint es möglich, Aufgaben nach bestimmten Schwierigkeitsklassen zu generieren, um eine kriteriumsorientierte Interpretation zu ermöglichen (vgl. Klieme, Hartig & Rauch 2008).

Allerdings bleiben offene Fragen: Zunächst sollte die separierte Erfassung der Wissensdimension und der Dimension der Fähigkeiten und Fertigkeiten überwunden werden. Dies könnte entweder durch eine Integration der MIN-Strategien in ein Design mit „Rank-order MC"-Items gelingen oder durch die Erweiterung offener Antwortmöglichkeiten, um Fragen zum kulturellen Wissen zu integrieren. Darüber hinaus sind zur Prüfung der Reliabilität der bisherigen Befunde noch Replikationsstudien erforderlich. Zudem ist auch eine Validierung mit anderen Konstrukten unumgänglich.

6 Implikationen und Ausblick

Die Notwendigkeit, unsere Forschung in dieser Richtung weiterzutreiben, sehen wir insbesondere dadurch gegeben, dass die Evaluation interkultureller Trainings noch nicht auf messmethodisch robustem Niveau geschieht und somit ein optimaler Fit zwischen Training und Trainee nicht vorhanden ist. Zeit- und kostenintensive Reibungsverluste sind die Folge; ein für alle Seiten zufriedenstellender Trainingserfolg tritt oft nicht ein. Aber auch innerhalb von Trainings kann ein zuverlässiges Assessment-Instrument eine bedeutende Rolle spielen: Der individuelle Lernfortschritt lässt sich durch die Rückmeldung des individuellen Leistungsstands in einem formativen Assessment fördern, in dem z. B. die Testees zur Reflexion angehalten werden.

Zudem kann für Wirtschaftsunternehmen ein Messinstrument für interkulturelle Kompetenz Bedeutung besitzen. Zu denken sei hier beispielsweise an die effiziente Auswahl eines geeigneten Mitarbeiters/einer geeigneten Mitarbeiterin, der/die eine Unternehmung im Ausland vertreten soll. Bei diesem Selektionsprozess, bei dem oft sehr große Beträge auf dem Spiel stehen, ist die Eignungsdiagnose nicht nur bezüglich der sachlichen und fachlichen Kompetenz unabdingbar, sondern eben auch der interkulturellen. Im Zuge dieser Überlegungen könnte ein ausgereifter Test bereits den Recruitingprozess neuer Mitarbeiter/-innen unterstützen und damit eine Prognosemöglichkeit erlauben, wie sich der Stellenbewerber/-innen-Fit gestaltet.

Unsere weitere Forschung sieht zunächst die Validierung der Befunde und die Untersuchung der Reliabilität der gewonnenen Testlets durch Re-Tests vor. Derzeit laufen mehrere Studien, die mit unterschiedlichen Methoden die Gütekriterien prüfen. So sind quantitative Replikationen mit der Known-Group-Methode im Feld, aber auch qualitative Studien mit Fokusgruppen respektive Experten-/Expertinneninterviews geplant. Eine Kombination der Testergebnisse mit anderen Konstrukten und Persönlichkeitsmerkmalen ist nach der Prüfung der Validität und Reliabilität mittelfristig vorgesehen, sobald die nächste Entwicklungsstufe der Items abgeschlossen ist. Diese Entwicklungsstufe soll bereits die Kombination zwischen der Fähigkeits- und der Wissensdimension enthalten, aber auch eine strukturell und methodisch standardisierte Testung erlauben. Geplant ist die Entwicklung eines Itempools, der den Anforderungen einer robusten Schätzung interkultureller Kompetenz auf der individuellen Ebene gerecht wird.

Literaturverzeichnis

Appl, Claudia, Koytek, Annalena & Schmid, Stefan (2007): Beruflich in der Türkei. Trainingsprogramm für Manager, Fach- und Führungskräfte. Göttingen: Vandenhoeck & Ruprecht.

Binkley, Marilyn, Erstad, Ola, Herman, Joan, Raizen, Senta, Ripley, Martin & Rumble, Mike (2010): Draft White Paper 1: Defining 21st century skills. Melbourne: ACTS.

Bolten, Jürgen (2007a): Interkulturelle Kompetenz (Neubearbeitung). Erfurt: Landeszentrale für politische Bildung Thüringen.

Bolten, Jürgen (2007b): Was heißt „Interkulturelle Kompetenz"? Perspektiven für die internationale Personalpolitik. In: Künzer, Vera & Berninghausen, Jutta (Hrsg.): Wirtschaft als interkulturelle Herausforderung. Business Across Cultures. Frankfurt am Main: IKO, S. 21–42.

Erpenbeck, John & Rosenstiel, Lutz von (2003; Hrsg.): Handbuch Kompetenzmessung. Stuttgart: Schäffer-Poeschel.

Franke, Guido (2005): Facetten der Kompetenzentwicklung. Bielefeld: Bertelsmann.

Kanning, Uwe P. (2009): Diagnostik sozialer Kompetenzen. 2. Auflage. Göttingen: Hogrefe.

Kartari, Asker (1995): Deutsch-türkische Kommunikation am Arbeitsplatz. Münster: Waxmann.

Kauffmann, Norman, Martin, Judith, & Weaver, Henry with Weaver, Judy (1992): Students abroad, strangers at home: education for a global society. Yarmouth: Intercultural Press.

Klieme, Eckhard, Hartig, Johannes & Rauch, Dominique (2008): The Concept of Competence in Educational Contexts. In: Hartig, Johannes, Klieme, Eckhard & Leutner, Detlev (Eds.): Assessment of Competencies in Educational Contexts. Göttingen: Hogrefe, pp. 3–22.

Layes, Gabriel (2000): Grundformen des Fremderlebens. Münster: Waxmann.

Layes, Gabriel (2003): Interkulturelles Identitätsmanagement. In: Thomas, Alexander, Kinast, Eva U. & Schroll-Machl, Sylvia (Hrsg.): Handbuch interkulturelle Kommunikation und Kooperation. (Band 1). Göttingen: Vandenhoeck & Ruprecht, S. 117–125.

Oberg, Kalvero (1960): Cultural Shock: Adjustment to new cultural environments. In: Practical Anthropology 7, pp. 177–182.

Paige, R. Michael (1993; Ed.): Education for the Intercultural Experience. 2nd Edition. Yarmouth: Intercultural Press.

Pedersen, Anne B. (1996): Double-Loop Thinking: Seeing Two Perspectives. In: Seelye, Ned (Ed.): Experiential activities for intercultural learning. (Volume 1). Yarmouth: Intercultural Press, pp. 105–111.

Petzold, Iris, Ringel, Nadja & Thomas, Alexander (2005): Beruflich in Japan. Trainingsprogramm für Manager, Fach- und Führungskräfte. Göttingen: Vandenhoeck & Ruprecht.

Rychen, Dominique S. & Salganik, Laura H. (2001; Eds.): Defining and selecting key competencies. Seattle: Hogrefe & Huber.

Slate, Emily J. & Schroll-Machl, Sylvia (2006): Beruflich in den USA. Trainingsprogramm für Manager, Fach- und Führungskräfte. Göttingen: Vandenhoeck & Ruprecht.

Sonntag, Karlheinz (2000): „Lebenslanges Lernen" – Beiträge der Arbeits- und Organisationspsychologie. In: Achtenhagen, Frank & Lempert, Wolfgang (Hrsg.): Lebenslanges Lernen im Beruf – Seine Grundlegung im Kindes- und Jugendalter (III). Opladen: Leske + Budrich, S. 111–132.

Thomas, Alexander (2003): Analyse der Handlungswirksamkeit von Kulturstandards. In: Thomas, Alexander (Hrsg.): Psychologie interkulturellen Handelns. 2. Auflage. Göttingen: Hogrefe, S. 107–135.

Thomas, Alexander & Schenk, Eberhard (2001): Beruflich in China. Trainingsprogramm für Manager, Fach- und Führungskräfte. Göttingen: Vandenhoeck & Ruprecht.

Ting-Toomey, Stella (1999): Communicating across cultures. New York: Guilford Press.

Weber, Susanne (2005): Intercultural Learning as Identity Negotiation. Frankfurt am Main: Lang.

Weinert, Franz E. (2001): Concept of Competence: A Conceptual Clarification. In: Rychen, Dominique S. & Salganik, Laura H. (Eds.): Key competencies for a successful life and a well-functioning society. Seattle: Hogrefe & Huber, pp. 45–65.

Wilson, Mark (2003): On Choosing a Model for Measuring. In: Methods of Psychological Research Online 1, Volume 8, pp. 1–22.

Wilson, Mark (2005): Constructing measures. An item response modeling approach. Mahwah: Erlbaum.

Wilson, Mark, Boeck, Paul de & Carstensen, Claus H. (2008): Explanatory Item Response Models: A Brief Introduction. In: Hartig, Johannes, Klieme, Eckhard & Leutner, Detlev (Hrsg.): Assessment of Competencies in Educational Contexts. Göttingen: Hogrefe, pp. 91–120.

Wu, Margaret L., Adams, Raymond J., Wilson, Mark & Haldane, Sam A. (2007): Acer Conquest. Version 2.0. Camberwell: Acer Press.

Zee, Karen I. van der & Oudenhoven, Jan P. van (2001): The Multicultural Personality Questionnaire: Reliability and Validity of Self and Other Ratings of Multicultural Effectiveness. In: Journal of Research in Personality 35, pp. 278–288.

Peter Slepcevic-Zach / Michaela Stock
Karl-Franzens-Universität Graz

Web 2.0 im Kontext der lernenden Organisation

1 Einleitung 223
2 Lernende Organisation 224
3 Von Web 1.0 zu Web 2.0 225
4 Lernen der Mitarbeiter/-innen durch Web 2.0 226
    4.1   Erfolgreiche Umsetzung 226
    4.2   Medienkompetenz 229
    4.3   Lifelong Learning und Selbstorganisation durch Web 2.0 231
5 Organisationsentwicklung mit Web 2.0 und Lernen der Organisation
   durch Web 2.0 232
6 Zusammenfassung 234
Literaturverzeichnis 234

1 Einleitung

Für den Begriff der lernenden Organisation lassen sich generell sehr unterschiedliche Definitionen finden (vgl. Probst & Büchel 1994, S. 178), wobei aber immer das Ergebnis des Lernens genuiner Bestandteil derselben sein sollte. Argyris & Schön (1999, S. 19) gehen davon aus, dass alle Organisationen lernen, sobald sich ihr Informationsstand erweitert, womit aber noch nicht gesagt ist, ob dies für die Organisation gut oder schlecht ist. Das Lernen der Organisationen hat durch die technische Entwicklung in den letzten Jahrzehnten einige Veränderungen erfahren, sodass die Weiterbildung der Mitarbeiter/-innen durch den Einsatz der neuen Medien, insbesondere der Anwendungen, die unter Web 2.0 zusammengefasst werden können, ein zentrales betriebspädagogisches Thema geworden ist, das sich einerseits mit den Möglichkeiten der Weiterbildung und andererseits mit Didaktik und Methodik beschäftigt.

    Die Frage, die sich stellt, ist, ob die Möglichkeiten von Web 2.0 nicht nur ein Lernen der Lernenden, sondern auch ein Lernen der Organisation sicherstellen bzw. dieses unterstützen können. In einem ersten Schritt wird im vorliegenden Beitrag für die Diskussion dieser Frage näher auf die Entwicklung von Web 2.0 und des Blended Learning eingegangen. Anschließend wird das Lernen der Mitarbeiter/-innen durch Web 2.0 anhand von einigen Fallstudien dargestellt, um die Möglichkeiten in diesem Bereich aufzuzeigen. Die (hoffentlich) damit einhergehende Medienkompetenz bzw. generell die Kompetenzentwicklung werden anschließend näher beleuchtet, und die Verbindungen zum Lifelong Learning werden aufgezeigt. Eine kurze Auseinandersetzung mit dem Thema des selbstorganisierten Lernens rundet dieses Kapitel ab. Die Organisationsentwicklung mit und das Lernen durch Web 2.0 in eine fruchtbringende Symbiose zu bringen, soll das letzte Kapitel dieses Beitrages anregen.

2 Lernende Organisation

Probst & Büchel (1994, S. 177) definieren organisationales Lernen als „die Fähigkeit einer Organisation […], als Ganzes Fehler zu entdecken, diese zu korrigieren sowie die organisationale Wert- und Wissensbasis zu verändern, so daß neue Problemlösungs- und Handlungsfähigkeiten erzeugt werden." Senge (1997), der die einzelnen Instrumente und Maßnahmen, die für eine lernende Organisation erforderlich sind, sehr detailliert dargestellt hat, weist dabei besonders auf das Denken in Systemen hin. Essenziell im Zusammenhang mit lernenden Organisationen ist aber, dass diese „Organisationen [nur] lernen […], wenn die einzelnen Menschen etwas lernen." (ebenda, S. 171). Leider kann aber nicht angenommen werden, dass die Organisation automatisch das Richtige lernt, wenn die einzelnen Personen in der Organisation lernen. Der Unternehmenswandel stellt das eigentliche Ziel der lernenden Organisation dar, und je nach Art des Lernens ergibt sich ein Wandel der Organisation, der mit Abbildung 1 veranschaulicht werden soll.

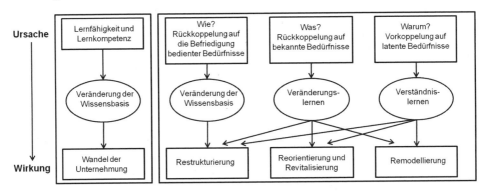

Abbildung 1: Zusammenhang zwischen Lernen und Unternehmungswandel (Krüger & Bach 1997, S. 29)

Im Sinne einer lernenden Organisation ist Wandel – respektive Veränderung – der Normalfall. Um organisationales Lernen entstehen zu lassen, muss das individuelle und kooperative Lernen aller Organisationsmitglieder durch Lernbrücken verbunden werden. Ebenso muss die Organisation zur Erkenntnis gelangt sein, dass bestimmte Rahmenbedingungen notwendig sind, um dieses Lernen in der gesamten Organisation langfristig zu gewährleisten (vgl. Arnold 1997, S. 184f.; Pätzold & Lang 1999, S. 93). Diese Rahmenbedingungen sind nicht zu unterschätzen, da diese – selbst wenn die Organisationsmitglieder lernen, mit dem komplexen System, in dem sie sich befinden, umzugehen – die individuellen Lernerfolge der Mitglieder einschränken oder sogar negieren können (vgl. Lütge & Vollmer 1997, S. 184).

Die im besten Fall durch die Rahmenbedingungen geförderten Lernprozesse können nach Argyris & Schön in Single-Loop-Learning, Double-Loop-Learning und Deuterolearning unterschieden werden. Beim Single-Loop-Learning werden eine Handlung und das Ergebnis dieser Handlung miteinander verglichen, d. h., es wird ein Fehler gesucht, anschließend eine mögliche Lösung für diesen entwickelt, und diese wird dann umgesetzt respektive die Auswirkungen dieser Lösung werden beurteilt. Beim Double-Loop-Learning werden auf Basis der Ergebnisse nicht nur die jeweiligen Handlungen, sondern auch die Zielsetzungen, aus denen diese Handlungen entstanden sind, hinterfragt. Hierbei besteht natürlich auch einiges an Konfliktpotenzial, da bei diesem Vorgehen bestehende Werte und Normen der Organisation geprüft werden. Das Lernen des Lernens stellt das Deuterolearning dar, wobei hier sowohl die Bedingungen des Kontextes des Lernens als auch die Aspekte des jeweiligen Lernprozesses reflektiert werden und nach den Zusammenhängen zwischen diesen Parametern gesucht wird (vgl. Argyris 1996, S. 8ff.; Argyris & Schön 1974, S. 18f.). Bezogen auf das Single-Loop-Learning kann dieses Deuterolearning beispielsweise die Entwicklung von Kompetenzen darstellen, die es den Organisationsmitgliedern ermöglichen, neue Verfahren effizienter zu implementieren. Beim Double-Loop-Learning wären dies solche Kompetenzen, die es gestatten, Reflexionsprozesse über die Werte und Normen der Organisation erfolgreicher abzuwickeln (vgl. Felsch 1999, S. 99).

3 Von Web 1.0 zu Web 2.0

„Viele Leute denken, dass der Begriff Web 2.0 eine neue Version des Internets bezeichnen sollte – aber darum ging es gar nicht. Nach der Dotcom-Pleite erlebten wir die Wiederkehr des Internets – rund um die Idee, Netzwerkeffekte zu nutzen und in mancher Hinsicht Anwendungen tatsächlich über kollektive Intelligenz zu schaffen." (O'Reilly 2008, S. 2) O'Reilly & Dougherty sind die Namensgeber des Begriffes Web 2.0 und sehen diesen als Sammelbegriff für Anwendungen im Word Wide Web, die durch bestimmte Strukturmerkmale bzw. einem dahinterliegenden Geschäftsmodell gekennzeichnet sind. Eine andere Sichtweise ist die, dass Web 2.0 eine veränderte Wahrnehmung und Nutzung des Internets darstellt (vgl. Kerres & Nattland 2007, S. 40), darüber hinaus besteht auch die Meinung, dass Web 2.0 keine Neuentwicklung ist, sondern nur bereits Bestehendes neu vermarktet wird (vgl. Gehrke & Gräßer 2007, S. 12f.).

Unabhängig vom Begriff ist aber eindeutig, dass das Web 2.0 (bzw. die Anwendungen, die unter diesem Begriff subsummiert werden können, wie beispielsweise Foren, Blogs oder Wikis) immer schneller in Alltag und Beruf vordringt, auch wenn hier relativierend festgehalten werden muss, dass bei der Nutzung des Internets die bisherigen Angebote von Web 1.0 immer noch im Vordergrund stehen bzw. Web-2.0-Anwendungen oftmals nur passiv verwendet werden.

Durch die Möglichkeiten von Web 2.0 haben sich auch die verschiedenen Formen des E-Learnings stark verändert und mehrere Entwicklungsphasen durchlaufen, wie in Abbildung 2 zu sehen ist. Begonnen in der Mitte der 90er-Jahre des vorherigen Jahrhunderts mit dem Fokus auf die Vermittlung von Fachwissen (CBT) ging es über die ersten Online-Ansätze (WBT) hin zu Blended-Learning-Konzepten, in denen aktuell eben diese Web-2.0-Anwendungen integriert werden (vgl. Erpenbeck & Sauter 2007, S. 146f.).

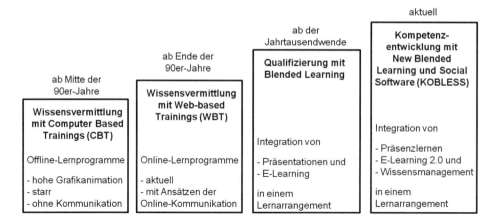

Abbildung 2: Vier Wellen des E-Learnings (vgl. Erpenbeck & Sauter 2007, S. 146)

Blended Learning kann mit der Integration der Anwendungen von Web 2.0 und des Wissensmanagements sehr gut zur Kompetenzentwicklung der Lernenden eingesetzt werden, wobei für eine erfolgreiche Umsetzung eine spezifische Didaktik und Methodik notwendig ist (vgl. Erpenbeck & Sauter 2007, S. 150 ff.).

4 Lernen der Mitarbeiter/-innen durch Web 2.0

Mitarbeiter/-innen eines Unternehmens können mit Hilfe von Blended-Learning-Konzepten sehr gut in die Lage versetzt werden, neue Kompetenzen aufzubauen. In diesem Kapitel sollen einige erfolgreiche Umsetzungen von solchen Konzepten dargestellt werden, um dann in einem zweiten Schritt näher auf die Medienkompetenz einzugehen, die die Mitarbeiter/-innen benötigen bzw. die durch diese Lernarrangements ausgebildet werden kann. Abschließend werden noch die Begriffe Lifelong Learning und selbstorganisiertes Lernen aufgeworfen und mit den Überlegungen zu den Web-2.0-Anwendungen verknüpft.

4.1 Erfolgreiche Umsetzung

Dass es möglich ist, mithilfe von Web-2.0-Anwendungen Lernprozesse in Unternehmen zu fördern und zu forcieren, soll anhand von einigen Fallstudien gezeigt werden. Dabei sollen auch einige der kritischen Faktoren herausgearbeitet werden, die für eine erfolgreiche Umsetzung solcher Lernarrangements erforderlich sind. Die hier angeführten Beispiele betreffen allesamt große Unternehmen, wobei die eingesetzten Web-2.0-Anwendungen in (fast) jedem Unternehmen verwendbar wären.

Hewlett-Packard nutzt Web-2.0-Anwendungen sehr stark im Bereich des informellen Lernens. Das Unternehmen verwendet ein 70-20-10-Modell (vgl. dazu Cross 2003), d. h., 10 % des gesamten Lernens finden in formalen Bildungsmaßnahmen (z. B. Vorträgen, aber auch virtuellen Klassenzimmern), 20 % durch den Aufbau und Ausbau von Netzwerken und

Erfahrungsaustausch (Diskussionsforen, Gremienarbeit etc.) und 70% durch Erfahrungslernen statt. Das Erfahrungslernen setzt natürlich voraus, dass die Mitarbeiter/-innen ihr neues Wissen direkt in ihrer Arbeit anwenden können. Damit steigt aber auch die Wahrscheinlichkeit, dass Fehler gemacht werden. Dieser Umstand ist Hewlett-Packard aber durchaus bewusst, und Fehler werden als weitere Lernchance gesehen. Die Web-2.0-Anwendungen werden primär für die Unterstützung des informellen Lernens eingesetzt (d. h. Erfahrungslernen bzw. Vernetzung der Mitarbeiter/-innen) sowie bei der Nachbereitung von Trainings. Voraussetzung dafür, dass diese Web-2.0-Anwendungen eingesetzt werden können, ist eine Kultur im Unternehmen, die sowohl Eigeninitiative und Eigenständigkeit fördert. Ebenso müssen das Unternehmen und die Mitarbeiter/-innen einander vertrauen, damit Informationen auch geteilt werden. Dass ein Großteil des Lernens informell abläuft, ermöglicht auch einen Einsatz der Web-2.0-Anwendungen, der über die Bereitstellung von Informationen oder Selbstlernprogrammen hinausgeht. Große Unternehmen haben den Vorteil, dass es leichter ist, Lernarrangements zu etablieren, die von der aktiven Beteiligung der Mitarbeiter/-innen leben. Andererseits müssen die angebotenen Anwendungen sehr gut auf die Zielgruppen abgestimmt werden. (vgl. Brahm & Hirning 2009, S. 38 ff.)

Eine andere Strategie für die Weiterbildung verfolgt die Helios Klinikgruppe. Diese umfasst 62 Krankenhäuser und steht damit vor dem Problem, dass es sehr schwierig ist, alle Mitarbeiter/-innen direkt vor Ort anzusprechen. Weiters gab es das Problem, dass die Mitarbeiter/-innen erst an das Lernen mit Web-2.0-Anwendungen hingeführt werden mussten. Um anatomische und therapeutische Themen bzw. die damit verbundenen Neuerungen verbreiten zu können, wurden kurze Videos in Form von Edutainment entwickelt, die über diese Neuerungen informieren und auch unterhalten. Das Ziel besteht darin, die Grundkenntnisse des Personals aufzufrischen bzw. zu erweitern und gleichzeitig den Computer als Lernmittel zu etablieren. Diese kurzen Videos werden durch Wikis unterstützt, die weitere Informationen und Ressourcen zu den jeweiligen Themen anbieten. Die Lernvideos werden sehr gut angenommen, v. a. von den Ärzten/Ärztinnen, die während des Klinikbetriebes keine Zeit für länger dauernde Fortbildungen hätten, aber grundsätzlich an neuen Informationen interessiert sind. Beim Pflegepersonal gibt es jedoch noch Potenzial, da sich hier noch keine Lernkultur etablieren konnte, weil das Lernen immer noch als zusätzliche Belastung gesehen wird. (vgl. Brahm & Fotuhi 2009, S. 47 ff.)

Eine weitere gute Umsetzung von Wikis im Zusammenspiel mit Blogs findet sich bei Bayer Business Service (Bayer Konzern). Die Wikis werden hier zum Austausch von Projekterfahrung während und nach der angebotenen Projektmanagement-Ausbildung eingesetzt. Da befürchtet wurde, dass für die volle Nutzung der Wikis zu wenige Nutzer/-innen vorhanden sind, werden zusätzlich Blogs benutzt. Dies sind die persönlichen Blogs der Trainer/-innen, die damit ein Tagebuch zur Ausbildung führen. Weiters werden die Blogs vor den Trainings zur Kontaktaufnahme mit den Teilnehmern/Teilnehmerinnen (Abfrage von Erwartungen, Vorwissen etc.) verwendet. Durch die Integration der Web-2.0-Anwendungen in die Ausbildungen kann auf eine große Gruppe von Personen zurückgegriffen werden, die jene benutzt und somit die Wikis und Blogs mit Leben erfüllen. Unterstützung kommt dabei von den Trainern/Trainerinnen, die die Teilnehmer/-innen aktiv zum Bloggen bzw. zur Nutzung der Wikis animieren. (vgl. Brahm 2009a, S. 54 ff.)

Die hier als Beispiel angeführten Fallstudien zeigen, dass eine Kompetenzentwicklung mit Web-2.0-Anwendungen erreicht werden kann, wenn bestimmte Rahmenbedingungen beachtet werden. Sehr wichtig scheint dabei eine Verknüpfung des informellen und formellen

Lernens zu sein und dessen Integration in Blended-Learning-Konzepte. Wie bei jeder Gestaltung von Lernarrangements muss hier ebenfalls ein kritischer Blick auf die eingesetzten Mittel erlaubt sein. Die Web-2.0-Anwendungen dürfen nicht um ihrer selbst willen verwendet werden, sondern aufgrund eines didaktischen oder methodischen Mehrwertes, der durch diese erbracht werden kann. Natürlich wird die Wichtigkeit der Didaktik generell von niemandem infrage gestellt, „faktisch finden Prinzipien des didaktischen Designs [im E-Learning] dennoch vergleichsweise selten Anwendung. [...] Teilweise herrscht die Vorstellung, dass die Produktion von E-Learning darin bestünde, mehr oder weniger multimedial aufbereitete Dokumente auf einen Server zu kopieren. [...] Oft bleiben Projekte technikverliebt und sind nicht konsequent auf die Lösung von Bildungsproblemen ausgerichtet." (Kerres 2006, S. 156) Wenn Web-2.0-Anwendungen genutzt werden sollen, müssen diese für den gesamten Bildungszyklus (Bildungsbedarf bestimmen, Planung, Durchführung, Nachbereitung, Evaluation und Rückkopplung) Beachtung finden und sich nicht auf punktuelle Interventionen beschränken.

Mit Web-2.0-Anwendungen ist es sehr gut möglich, bestimmte Kompetenzen der Mitarbeiter/-innen zu fördern. Gerade die Verschränkung von formellem und informellem Lernen ist damit möglich. Voraussetzung für das Lernen der Mitarbeiter/-innen mit Web-2.0-Anwendungen ist, abgesehen von den didaktischen und methodischen Überlegungen, die bei Lernarrangements immer Anwendung finden, zum einen diese sinnvoll in den Lernprozess zu integrieren und nicht als technische Spielerei zu sehen und zum anderen eine Lernkultur im Unternehmen, die diese Anwendungen (z. B. Vertrauen in die Mitarbeiter/-innen oder Eigeninitiative) zulässt und fördert. (vgl. Brahm 2009b, S. 89 ff.)

Die Zugänge der Lernenden zu solchen digitalen Lernwelten sind aber höchst unterschiedlich und abhängig von der individuellen Einschätzung und den generellen Bildungsaktivitäten der Anwender/-innen. Dass die Beteiligung an Weiterbildungen v. a. stark nach dem jeweiligen Bildungsstand divergiert, bestätigen viele Studien (vgl. z. B. Brödel & Yendell 2008), und es steht die Befürchtung im Raum, dass diese Unterschiede durch den Einsatz von Web-2.0-Anwendungen und dem damit verbundenen Fokus auf das informelle Lernen eher größer werden. Dabei ist der Einsatz von Lernen mithilfe von EDV-Unterstützung zumindest in großen Unternehmen schon sehr verbreitet (in Deutschland in jedem zweiten Unternehmen [vgl. Michel 2009, S. 6]), und auch wenn hier bei den KMU noch Aufholbedarf besteht (ca. ein Viertel der KMU setzt auf EDV-Unterstützung [vgl. Michel 2006, S. 6]), geht die Tendenz eindeutig in Richtung eines verstärkten Einsatzes. Generell scheinen Blended-Learning-Konzepte, die Präsenzveranstaltungen und E-Learning kombinieren, für das Lernen erfolgversprechender als reine Web-Anwendungen zu sein. Unterstützt wird dies mit dem Einsatz der Web-2.0-Anwendungen v. a. im Bereich des Social Web. Diese Einbindung der Social-Software birgt aber die Gefahr „einer digitalen Bildungskluft" (Meister & Kamin 2010, S. 134) in sich, da bei der Nutzung dieser starke Alters- und Bildungsdifferenzen bestehen. Diese Unterschiede zeigen sich aber nicht nur in der Nutzung, sondern auch im Lernertrag, die die Personen aus den Web-2.0-Anwendungen ziehen können (vgl. Brödel & Yendell 2008, S. 64).

Für die Lernenden der Zukunft werden damit wahrscheinlich noch mehr Unterstützungsleistungen und Strukturen erforderlich sein müssen, die jenen helfen, sich in der neuen Lernwelt zurechtzufinden. Vor allem betrifft dies Personen, die eher zu den Verlierern/Verliererinnen der digitalen Lernwelten gehören (vgl. Meister & Kamin 2010, S. 138).

4.2 Medienkompetenz

Bevor auf die Medienkompetenz eingegangen wird, soll der Kompetenzbegriff von mehreren Seiten beleuchtet werden. Damit soll dann im Anschluss die Medienkompetenz dahingehend überprüft werden, ob sich diese wirklich in das Kompetenzkonstrukt einpassen lässt. Kurz zusammengefasst bezeichnet Kompetenz das Handlungsvermögen einer Person (vgl. Arnold 2001, S. 176). Bei Weinert (2002, S. 27) wird dieses Handlungsvermögen auf kognitive Fähigkeiten etwas eingeschränkt: „Unter Kompetenzen versteht man die bei Individuen verfügbaren oder durch sie erlernbaren kognitiven Fähigkeiten und Fertigkeiten, um bestimmte Probleme zu lösen, sowie die damit verbundenen motivationalen, volitionalen und sozialen Bereitschaften und Fähigkeiten, um Problemlösungen in variablen Situationen erfolgreich und verantwortungsvoll nutzen zu können." Peterßen (2001) teilt die Kompetenz in Fach-, Methoden-, Sozial- und Selbstkompetenzen ein, die zusammen zu einer Handlungsfähigkeit führen.

Vier Grundmerkmale sind für das Verständnis von Kompetenz von großer Bedeutung und können diese sehr gut beschreiben (vgl. Kaufhold 2006, S. 22 ff.):

- Handlungssituationen: Kompetenz ist die Voraussetzung dafür, dass Menschen in einer Situation handeln können. Umgekehrt bedeutet dies, dass erst die Bewältigung einer Situation Kompetenz beweist und diese nur aus dieser Handlung heraus beobachtet und bewertet werden kann (vgl. z. B. Hof 2001, S. 151; Vonken 2005, S. 54).
- Situations- und Kontextbezug: Jede Handlung hat einen Situations- bzw. Kontextbezug. Somit wird auch die Kompetenz einer Person abhängig von den jeweiligen Situationen und den darin gestellten Anforderungen aktiviert. Kompetenzen, die in der Situation nicht erforderlich sind, kommen nicht zur Anwendung und können somit auch nicht beobachtet oder gemessen werden (vgl. z. B. Moore & Theunissen 1994, S. 74 f.).
- Subjektivität bzw. Subjektgebundenheit: Wenig überraschend sind Kompetenzen an eine Person gebunden und zeigen, was diese Person tut, und nicht unbedingt, was von ihr verlangt werden könnte (vgl. z. B. Arnold 2001, S. 176; Klieme & Leutner 2006, S. 876 ff.).
- Veränderbarkeit: Die Kompetenz einer Person kann nicht als Konstante angesehen werden, da eine Weiterentwicklung bzw. Veränderung immer möglich ist. Umgekehrt kann nur dann von Kompetenz gesprochen werden, wenn die Handlungen einer Person zu verschiedenen Zeitpunkten zumindest ähnlich sind. Kompetenzen sind somit grundsätzlich erlern- und vermittelbar (vgl. z. B. Kanning 2003, S. 12).

Entsprechend diesen Merkmalen ist Kompetenz somit weder gleichzusetzen mit Intelligenz, noch – auch wenn sie sich nur in Handlungssituationen zeigt – mit der gezeigten Leistung bzw. der Performance. Kompetenz zeigt sich in Verbindung mit den vorgestellten vier Grundmerkmalen: Handlungssituation, Situationsbezug, Subjektivität und Veränderbarkeit. Abbildung 3 zeigt, wie sich Begriffe wie Wissen, Fertigkeiten oder Qualifikationen zur Kompetenz verhalten bzw. gesehen werden können.

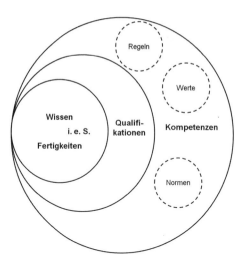

Abbildung 3: Wissen – Qualifikationen – Kompetenzen (Erpenbeck & Rosenstiel 2007, S. XII)

Die Kompetenzorientierung ist keine akademische Diskussion, sondern zwingend für die Vorbereitung der jungen Menschen auf die heutige Gesellschaft mit ihren komplexen Zusammenhängen notwendig. Generell sind Kompetenzen gefragt, „die dem Menschen helfen, über die konkrete Einzelsituation hinaus unterschiedliche Situationen und Handlungsfelder zu erschließen und zu gestalten." (Knoll 2006, S. 139) Eine dieser Kompetenzen ist die angesprochene Medienkompetenz, die als ein theoretisches Konzept der Medienpädagogik seit Anfang der 90er-Jahre des vorherigen Jahrhunderts diskutiert wird (vgl. Hugger 2008, S. 93).

Die 1992 von Aspen Media Literacy Leadership aufgestellte Definition der Medienkompetenz bzw. Media-Literacy, die sehr häufig zitiert wird, wurde 2010 adaptiert: "Media Literacy is a 21st century approach to education. It provides a framework to access, analyze, evaluate, create and participate with messages in a variety of forms – from print to video to the Internet. Media literacy builds an understanding of the role of media in society as well as essential skills of inquiry and self-expression necessary for citizens of a democracy." (Center for Media Literacy 2010, o. S.) Baacke (1996, S. 120) definiert Medienkompetenz prägnanter als die Fähigkeit, mit Medien umzugehen, und teilt diese in vier Dimensionen ein, die jeder Mensch entwickeln sollte: Medienkritik (Fähigkeit gesellschaftliche Prozesse, wie z. B. Medienkonzentrationen, in ethischer Weise zu analysieren und reflektieren), Medienkunde (Wissen über das Mediensystem), Mediennutzung (sowohl rezeptiv als auch interaktiv) und Mediengestaltung.

Medienkompetenz kann in dem Peterßen-Modell in allen Kompetenzbereichen verortet werden. Als Sachkompetenz (um beispielsweise Facebook als Programm bedienen zu können), als Methodenkompetenz (um Informationen aus anderen Anwendungen in Facebook zu integrieren), als Selbstkompetenz (um sich beispielsweise selbst die Frage stellen zu können, ob nicht zu viel Zeit in Facebook verbracht wird) und als Sozialkompetenz (um mit den Freunden/Freundinnen in Facebook auch zu interagieren). Bei anderen Web-2.0-Anwendungen mag es vorkommen, dass einer der vier Kompetenzbereiche nicht angesprochen wird, dies stellt aber eher die Ausnahme dar.

Auch bezogen auf die vier beschriebenen Grundmerkmale von Kompetenz kann die Medienkompetenz sehr gut dargestellt werden, da sich diese immer in einer konkreten Handlung (oder deren Unterlassung) zeigt, abhängig ist von der konkreten Situation in der diese stattfindet, immer an die Person gebunden ist (gerade für den Bereich der Social Media von großer Bedeutung) und sich natürlich verändern kann. Im Zusammenhang mit dem in Abbildung 3 dargestellten Modell von Erpenbeck & Rosenstiel lässt sich zeigen, dass in der Medienkompetenz immer auch die jeweiligen Regeln (auch in den Online-Communitys herrschen wie in allen anderen Gruppen bestimmte Regeln, an die sich die Teilnehmer/-innen halten müssen; diese Regeln sind zumeist nicht festgeschrieben, beispielsweise bestimmte Sprachcodes), Werte (wie viel an Information wird beispielsweise auf Facebook gestellt) und Normen zum Bereich der Medienkompetenz gehören.

4.3 Lifelong Learning und Selbstorganisation durch Web 2.0

Der Begriff „lebenslanges Lernen" kann sehr unterschiedlich aufgefasst werden (vgl. z.B. Holzer 2004; Prisching, Lenz & Hauser 2003), für den Bereich der Web-2.0-Anwendungen ist es zielführend, eine sehr breite Definition heranzuziehen. Lebenslanges Lernen wird in diesem Beitrag definiert als jede zielgerichtete Lernaktivität, ob formal oder informal durchgeführt, mit dem Ziel der Verbesserung von Wissen, Fähigkeiten und Kompetenzen (vgl. Kommission der Europäischen Gemeinschaften 2000, S. 3).

Für das lebenslange Lernen können folgende fünf Leitlinien vorgegeben werden (vgl. für eine genauere Beschreibung dazu Slepcevic & Stock 2008, S. 9ff.), die erfüllt sein müssen, um dieses auch sicherzustellen: Lebensphasenorientierung, Lernende in den Mittelpunkt stellen, Lifelong Guidance, Kompetenzorientierung und Förderung der Teilnahme an LLL (vgl. LLL-ExpertInnengruppe 2005, S. 4f.). Die Lebensphasenorientierung ist gerade im Hinblick auf Web-2.0-Anwendungen essenziell, v.a. für die Personen, die mit diesen Anwendungen nicht aufgewachsen sind und erst an diese herangeführt werden müssen. Aber auch Personen, die in ihrer Jugend beispielsweise Social-Media-Anwendungen benutzt haben, müssen durch die Entwicklung dieser Anwendungen, die durch die technische Entwicklung sehr rasch vor sich geht, das Lernen in diesem Bereich immer wieder aufnehmen. Für die Forderung, dass die Lernenden in den Mittelpunkt gestellt werden sollen, bieten sich Web-2.0-Anwendungen aus technischer Sicht sehr gut an (beispielsweise die Möglichkeit, neue Lernorte zur Verfügung zu stellen), da hier die Chance der Individualisierung gegeben ist. Natürlich erfordert dies, wie beispielsweise in einem traditionellen Unterricht, auch mehr Einsatz der Lehrenden. Gerade für Personen, deren Medienkompetenz noch nicht sehr ausgeprägt ist, kommt auch dem Punkt Lifelong Guidance eine wichtige Rolle zu. Da die Verantwortung für das lebenslange Lernen immer in erster Linie bei den Lernenden selbst liegt, besteht hier, wie bei der Medienkompetenz bereits angesprochen, die Gefahr des Auseinanderdriftens von Personen, die bereits mit Web-2.0-Anwendungen vertraut sind, und solchen, denen diese Erfahrung noch fehlt. Der gezielte Ausbau von Bildungs-, Berufs- und Karriereberatung kann hier einen Ausgleich schaffen, sofern die Medienkompetenz dabei stark in den Fokus gerückt wird. Die Forderung nach einer Kompetenzorientierung für das lebenslange Lernen trifft sich genau mit den Überlegungen zur Medienkompetenz und kann hier nur bestätigt werden. Die letzte Leitlinie ist die Förderung der Teilnahme an lebenslangem Lernen. Hier bieten Web-2.0-Anwendungen für Personen, die damit vertraut sind, eine große Chance (beispielsweise, dass das Lernen zeit- und ortsunabhängig geschehen kann) für eine Steigerung dieser Bereitschaft zur Teilnahme. Auch hier ist wieder die Medienkompetenz der Teilnehmenden dahingehend zu analysieren, ob diese mit dem Angebot bereits umgehen können bzw. ob diese nicht zuerst das Instrument erlernen müssen.

Um die Potenziale von Web-2.0-Anwendungen (Kollaboration, Netzwerkbildung etc.) v. a. im Bereich des lebenslangen Lernens nutzen zu können, benötigen die Lernenden ein hohes Maß an Selbstorganisation. Der Begriff der Selbstorganisation wird von unterschiedlichen Disziplinen (Hirnforschung, Pädagogik, Systemtheorie u. a.) verwendet, wobei diese dabei nicht exakt dasselbe meinen. Als gemeinsamer Nenner lässt sich aber die Entstehung bzw. Herstellung von Ordnung durch die Selbstorganisation finden (vgl. Sembill, Wuttke, Seifried, Egloffstein & Rausch 2007, S. 3). Auf die Rolle der Lehrenden bzw. Lernenden bezogen geht es dabei um eine selbstbestimmte Entstehung dieser Ordnung (vgl. Reinmann 2010, S. 78).

Die Lernenden müssen, um selbstorganisiert lernen zu können, ihre Lernprozesse selbstständig planen, durchführen, bewerten und entsprechend regulieren. Dazu ist es erforderlich, den jeweiligen Lernkontext zu analysieren und sich daraus Lernziele zu setzen, die dafür passenden Lernmethoden bzw. -strategien zu wählen und umzusetzen, den eigenen Lernfortschritt permanent hinsichtlich der Zielerreichung zu kontrollieren und zu bewerten und letztlich auch über das eigene Lernen nachzudenken und sich entsprechenden Änderungsprozessen zu stellen (vgl. Dubs 2000, S. 99).

Um ein selbstorganisiertes Lernen mit Web 2.0 zu ermöglich, müssen sowohl die personalen als auch die situationalen Voraussetzungen gegeben sein. Bei den personalen Voraussetzungen darf nicht der Fehler begangen werden, zu glauben, dass alle Personen, die mit den Web-2.0-Anwendungen aufgewachsen sind, automatisch dadurch einen besseren Zugang zum selbstorganisierten Lernen haben. Dies liegt u. a. daran, dass das, was das Web 2.0 ausmacht (partizipatorische Nutzung, eigenständiges Erstellen, Kollaboration), nur von einem sehr geringen Teil der Nutzer/-innen auch verwendet wird. Nach einer Studie von Treumann, Meister, Sander, Burkatzki, Hagedorn, Kämmerer, Strotmann & Wegener (2007), die die Medienkompetenz Jugendlicher in sieben Typen des Medienhandels einteilen, sind nur 3 % der Jugendlichen dem Typ des Gestalters/der Gestalterin und des kreativen Machers/der kreativen Macherin zuzuordnen. Weiters muss auch der Wille zur Selbstorganisation und zum Lernen vorhanden sein. Web-2.0-Anwendungen bieten hinsichtlich der situationalen Voraussetzungen in Unternehmen äußerst günstige Bedingungen an. Das Problem für diese ist aber, dass „Kontrollen, interne Regeln und Geheimhaltungsvereinbarungen […] schnell mit der Idee offener Netzprojekte und mündiger Partizipation" (Reinmann 2010, S. 85) kollidieren. Außerdem kann unterstellt werden, dass für Unternehmen das Ziel eher in einem selbstgesteuerten Lernen der Mitarbeiter/-innen liegt, d. h., dass diese nicht nur in einem Weiterbildungsarrangement lernen, sondern auch beispielsweise ihre Freizeit oder generell ihren Arbeitsplatz dafür verwenden (vgl. ebenda, S. 82 ff.).

5 Organisationsentwicklung mit Web 2.0 und Lernen der Organisation durch Web 2.0

Die Anforderungen, die das selbstorganisierte Lernen an die Lernenden stellt, sind sehr ähnlich der in Kapitel 2 definierten Fähigkeit einer Organisation zum organisationalen Lernen nach Probst & Büchel. Alleine hier zeigt sich, dass Lernende, die selbstorganisert bzw. zumindest selbstgesteuert lernen können, auch das Lernen der Organisation an sich positiv beeinflussen, was sich auch mit der Grundannahme von Senge, dass die Organisation nur lernen kann, wenn die Menschen in ihr lernen, gut zur Deckung bringen lässt. Die für das organisationale Lernen notwendigen Lernbrücken, die das individuelle und das kooperative Lernen verbinden sollen, lassen sich durch Web-2.0-Anwendungen sehr gut einrichten, da hier die Kollaboration der Lernenden immer mit einfließt. Die Lernkultur in einem Unternehmen bekommt gerade mit diesen Web-2.0-Anwendungen einen noch wichtigeren Stellenwert, da natürlich strukturelle Einschränkungen den individuellen Lernerfolg leicht zunichtemachen können. Den Lernenden in der Organisation muss es möglich sein, alle Lernprozesse (Single-Loop-Learning, Double-Loop-Learning und Deuterolearning) grundsätzlich beschreiten zu können. Hier können die Web-2.0-Anwendungen eine gute Methode zur Unterstützung darstellen; beispielsweise die Beurteilung von Lösungsansätzen inklusive deren Veränderung auf Foren oder die Hinterfragung der Unternehmenswerte über einen (anonymen) Blog.

Die kurz dargestellten Beispiele für eine erfolgreiche Umsetzung von Web-2.0-Anwendungen in Unternehmen zeigen einen Punkt sehr deutlich: Um die Möglichkeiten dieser Anwendungen wirklich ausnutzen zu können und damit auch das Lernen der Organisation weiter zu stärken, bedarf es eines großen Vertrauens des Unternehmens zu seinen Mitarbeitern/Mitarbeiterinnen und auch des Zugeständnisses, dass Fehler innerhalb der Lernprozesse auftreten werden. Umgekehrt müssen aber auch die Lernenden Vertrauen in die Organisation beweisen und z. B. ihre Erkenntnisse mit anderen teilen und diskutieren, um damit zu einer Weiterentwicklung beizutragen. Die Aufrechterhaltung dieses Vertrauens von beiden Seiten bedarf sicherlich hoher Anstrengungen des Managements bzw. der Unternehmensleitung, da diese stark proaktiv agieren müssen. Anhand der Beispiele zeigt sich auch, dass immer auf die Medienkompetenz der Lernenden Rücksicht genommen werden muss und diese oftmals erst durch relativ einfache Web-2.0-Anwendungen aufgebaut werden muss.

Das Zusammenspiel von Medienkompetenz und zumindest selbstgesteuertem Lernen ist die wichtigste Voraussetzung für das erfolgreiche Lernen mit Web-2.0-Anwendungen, v. a. da „sich gerade im beruflichen Bereich das Zentrum der Lernkultur insgesamt von einer fremdgesteuerten, formellen, auf deutliches Wissen gerichteten zu einer selbst organisierten, informellen, auf deutendes Wissen gerichteten, insbesondere Kompetenzen und Werte einschließenden Lernkultur verschiebt" (Erpenbeck & Sauter 2008, S. 32).

Selbstorganisiertes Lernen benötigt große Handlungs- und Entscheidungsspielräume der Lernenden. Dabei muss es für diese zum einen möglich sein, auch selbstgesteuert zu lernen, und zum anderen muss vonseiten des Unternehmens auch ein gewisses Maß an selbstgesteuertem Lernen toleriert bzw. viel mehr gefordert und gefördert werden. Gerade der letzte Punkt bietet aber sehr großes Konfliktpotenzial für das Lernen in Organisationen. Es wird aber auch umgekehrt viel von den Lernenden selbst verlangt; angefangen von der Medienkompetenz bis zu den personalen Voraussetzungen, die für ein selbstorganisiertes Lernen notwendig sind. Ein individuelles Lernen geschieht durch neue Synapsenverbindungen – oder anders formuliert: Es entstehen damit neue Strukturen im Gehirn. Das Gleiche gilt für Organisationen – Lernen von Organisationen bedeutet auch Veränderung von Strukturen und Schaffen von lernfördernden Arbeitsbedingungen.

Die Entwicklung von Medienkompetenz bei den Lernenden dient v. a. der Vermeidung von sozialer Spaltung durch die Möglichkeit der Teilnahme bzw. Nichtteilnahme am Lernen mit Web-2.0-Anwendungen. Gerade in Bereichen, die nicht zu den modernen Branchen gezählt werden können, ist eine solche Media-Literacy notwendig, damit die Lernenden diese neuen Anwendungen als Bestandteil ihrer Arbeitswelt akzeptieren und nutzen (vgl. Manski & Meyer 2008, S. 17).

6 Zusammenfassung

Natürlich müssen viele Aspekte bei der Einbindung von Web-2.0-Anwendungen in das Lernen einer Organisation beachtet werden (Ziele, Didaktik, Methodik etc.), aber das Grundprinzip, damit eine Organisation durch Web 2.0 auch eine lernende Organisation ist, ist sehr einfach: „Wer Handlungsfähigkeit will, muss handeln lassen! [bzw.] Wer Selbständigkeit will, muss Selbständigkeit gewähren!" (Peterßen 2001, S. 142). Schaffen es sowohl die Organisation als auch die Lernenden, ein Vertrauensverhältnis zueinander aufzubauen, dann kann dies gelingen, und Strukturen im Sinne von Synapsenverbindungen einerseits und lernfördernden Arbeitsbedingungen andererseits können wachsen.

Literaturverzeichnis

Argyris, Chris (1996): On Organizational Learning. 2nd edition. Oxford: Blackwell.

Argyris, Chris & Schön, Donald (1974): Theory in Practice. Increasing professional effectiveness. San Francisco: Jossey Bass.

Argyris, Chris & Schön, Donald (1999): Die lernende Organisation. Stuttgart: Schäffer-Poeschel.

Arnold, Rolf (1997): Betriebspädagogik. 2. Auflage. Berlin: Schmidt.

Arnold, Rolf (2001): Kompetenz. In: Arnold, Rolf, Nolda, Sigrid & Nuissl, Ekkehard (Hrsg.): Wörterbuch Erwachsenenpädagogik. Bad Heilbrunn: Klinkhardt, S. 176.

Baacke, Dieter (1996): Medienkompetenz – Begrifflichkeit und sozialer Wandel. In: Rein, Antje von (Hrsg): Medienkompetenz als Schlüsselbegriff. Bad Heilbrunn: Klinkhardt, S. 112–124.

Brahm, Taiga (2009a): Web 2.0-Tools in der Weiterbildung am Beispiel von Bayer Business Services. In: Brahm, Taiga & Seufert, Sabine (Hrsg.): Kompetenzentwicklung mit Web 2.0. Good Practices aus Unternehmen. (scil Arbeitsbericht 21). St. Gallen: Universität St. Gallen, S. 54–62.

Brahm, Taiga (2009b): Didaktisches Design von formeller und informeller Kompetenzentwicklung mit Web 2.0-Technologien: Synthese der Fallstudien. In: Brahm, Taiga & Seufert, Sabine (Hrsg.): Kompetenzentwicklung mit Web 2.0. Good Practices aus Unternehmen. (scil Arbeitsbericht 21). St. Gallen: Universität St. Gallen, S. 89–106.

Brahm, Taiga & Fotuhi, Parwis (2009): „Schlauer in 90 Sekunden" bei der HELIOS Akademie. In: Brahm, Taiga & Seufert, Sabine (Hrsg.): Kompetenzentwicklung mit Web 2.0. Good Practices aus Unternehmen. (scil Arbeitsbericht 21). St. Gallen: Universität St. Gallen, S. 47–53.

Brahm, Taiga & Hirning, Anke (2009): Unterstützung der informellen Kompetenzentwicklung durch Web 2.0-Technologien bei Hewlett-Packard. In: Brahm, Taiga & Seufert, Sabine (Hrsg.): Kompetenzentwicklung mit Web 2.0. Good Practices aus Unternehmen. (scil Arbeitsbericht 21). St. Gallen: Universität St. Gallen, S. 38–46.

Brödel, Rainer & Yendell, Alexander (2008): Weiterbildungsverhalten und Eigenressourcen. NRW-Studie über Geld, Zeit und Erträge beim lebenslangen Lernen. Bielefeld: Bertelsmann.

Dubs, Rolf (2000): Selbstorganisation des Lernens. In: Harteis, Christian, Heid, Helmut & Kraft, Susanne (Hrsg.): Kompendium Weiterbildung. Aspekte und Perspektiven betrieblicher Personal- und Organisationsentwicklung. Opladen: Leske + Budrich, S. 97–109.

Erpenbeck, John & Rosenstiel, Lutz von (2007; Hrsg.): Handbuch Kompetenzmessung. Erkennen, verstehen und bewerten von Kompetenzen in der betrieblichen, pädagogischen und psychologischen Praxis. 2. Auflage. Stuttgart: Schäffer-Poeschel.

Erpenbeck, John & Sauter, Werner (2007): Kompetenzentwicklung im Netz. Köln: Luchterhand.

Erpenbeck, John & Sauter, Werner (2008): Selbst organisiertes Lernen und Kompetenzentwicklung im Netz. In: Hornung-Prähäuser, Veronika, Luckmann, Michaela & Kalz, Marco (Hrsg.): Selbstorganisiertes Lernen im Internet. Innsbruck: Studienverlag, S. 31–40.

Felsch, Anke (1999): Personalentwicklung und Organisationales Lernen. 2. Auflage. Berlin: Schmidt.

Gehrke, Gernot & Gräßer, Lars (2007): Neues Web, neue Kompetenz? In: Gehrke, Gernot (Hrsg.): Web 2.0 – Schlagwort oder Megatrend. (Schriftenreihe Medienkompetenz des Landes Nordrhein-Westfahlen, Band 6). Düsseldorf und München: Kopaed, S. 11–36.

Hof, Christiane (2001): Wie lässt sich soziale Kompetenz konkreter bestimmen? In: Grundlagen der Weiterbildung 12, Heft 4, S. 151–154.

Holzer, Daniela (2004): Widerstand gegen Weiterbildung. Weiterbildungsabstinenz und die Forderung nach lebenslangem Lernen. Wien: LIT.

Hugger, Kai-Uwe (2008): Medienkompetenz. In: Sander, Uwe, Gross, Friederike & Hugger, Kai-Uwe (Hrsg.): Handbuch Medienpädagogik. Wiesbaden: Verlag für Sozialwissenschaften, S. 93–99.

Kanning, Uwe P. (2003): Diagnostik sozialer Kompetenzen. (Kompendien Psychologischer Diagnostik, Band 4). Göttingen: Hogrefe.

Kaufhold, Marisa (2006): Kompetenz und Kompetenzerfassung. Wiesbaden: Verlag der Sozialwissenschaften.

Kerres, Michael (2006): Didaktisches Design und E-Learning. In: Miller, Damian (Hrsg.): eLearning. Eine multiperspektivische Standortbestimmung. Bern: Haupt, S. 156–182.

Kerres, Michael & Nattland, Axel (2007): Implikationen von Web 2.0 für das E-Learning. In: Gehrke, Gernot (Hrsg.): Web 2.0 – Schlagwort oder Megatrend. (Schriftenreihe Medienkompetenz des Landes Nordrhein-Westfahlen, Band 6). Düsseldorf und München: Kopaed, S. 37–54.

Klieme, Eckhard & Leutner, Detlev (2006): Kompetenzmodelle zur Erfassung individueller Lernergebnisse und zur Bilanzierung von Bildungsprozessen. In: Zeitschrift für Pädagogik 52, Heft 6, S. 876–903.

Knoll, Jörg (2006): ... dass eine Bewegung entsteht. In: QUEM-report 67, S. 135–148.

Krüger, Wilfried & Bach, Norbert (1997): Lernen als Instrument des Unternehmungswandels. In: Wieselhuber, Norbert (Hrsg.): Handbuch Lernende Organisation. Wiesbaden: Gabler, S. 23-32.

Lütge, Christoph & Vollmer, Gerhard (1997): Lernen aus Sicht der Evolutionären Erkenntnistheorie. In: Wieselhuber, Norbert (Hrsg.): Handbuch Lernende Organisation. Wiesbaden: Gabler, S. 177–185.

Meister, Dorothee M. & Kamin, Anna-Maria (2010): Digitale Lernwelten in der Erwachsenen- und Weiterbildung. In: Hugger, Kai-Uwe & Walber, Markus (2010): Digitale Lernwelten: Konzepte, Beispiele und Perspektiven. Wiesbaden: Verlag für Sozialwissenschaften, S. 129–140.

Moore, Andrew & Theunissen, Anne-Francoise (1994): Qualifikation versus Kompetenz. In: Europäische Zeitschrift für Berufsbildung, Heft 1, S. 74–80.

Pätzold, Günter & Lang, Martin (1999): Lernkulturen im Wandel. Didaktische Konzepte für eine wissensbasierte Organisation. Bielefeld: Bertelsmann.

Peterßen, Wilhelm H. (2001): Kleines Methoden-Lexikon. München: Oldenbourg Schulbuchverlag.

Prisching, Manfred, Lenz, Werner & Hauser, Werner (2003): Lebenslanges Lernen als selbstverantwortliches Berufshandeln. (Schriften zum Bildungsrecht und zur Bildungspolitik). Wien: Verlag Österreich.

Probst, Gilbert J. B. & Büchel, Bettina (1994): Organisationales Lernen. Wiesbaden: Gabler.

Reinmann, Gabi (2010): Selbstorganisation auf dem Prüfstand: Das Web 2.0 und seine Grenzen(losigkeit). In: Hugger, Kai-Uwe & Walber, Markus (Hrsg.): Digitale Lernwelten: Konzepte, Beispiele und Perspektiven. Wiesbaden: Verlag für Sozialwissenschaften, S. 75–89.

Senge, Peter M. (1997): Die fünfte Disziplin. Kunst und Praxis der lernenden Organisation. 4. Auflage. Stuttgart: Klett-Cotta.

Treumann, Klaus, Meister, Dorothee, Sander, Uwe, Burkatzki, Eckhard, Hagedorn, Jörg, Kämmerer, Manuela, Strotmann, Mareike & Wegener, Claudia (2007): Medienhandeln Jugendlicher. Mediennutzung und Medienkompetenz. Bielefelder Medienkompetenzmodell. Wiesbaden: Verlag für Sozialwissenschaften.

Vonken, Matthias (2005): Handlung und Kompetenz. Wiesbaden: Verlag der Sozialwissenschaften.

Weinert, Franz E. (2002): Leistungsmessung an Schulen. Weinheim: Beltz.

Internetquellen:

Center for Media Literacy (2010): Media Literacy: A Definition and More; http://www.medialit.org/media-literacy-definition-and-more [20.11.2010].

Cross, Jay (2003): Informal Learning – the other 80%; http://www.internettime.com/Learning/The%20Other%2080%25.htm [10.11.2010].

Kommission der Europäischen Gemeinschaften (2000): Memorandum über Lebenslanges Lernen; http://www.bologna-berlin2003.de/pdf/MemorandumDe.pdf [25.10.2010].

LLL-ExpertInnengruppe (2005): Vorschläge zur Implementierung einer kohärenten LLL-Strategie in Österreich bis 2010; http://neu.oeibf.at/db/calimero/tools/proxy.php?id=13298 [25.10.2010].

Manski, Katja & Meyer, Rita (2008): Medien in der beruflichen Bildung – Mit Web 2.0, ERP & Co. zu neuen Lernwelten? In: bwp@, Ausgabe 15; http://www.bwpat.de/ausgabe15/manski_meyer_bwpat15.pdf [27.10.2010].

Michel, Lutz P. (2006): Trendstudie: E-Learning in Deutschland 2006/2007. In: Trendbook E-Learning; http://www.mmb-institut.de/download/fachbeitraege/Trendbook_E-Learning_2006-07.pdf [20.11.2010].

Michel, Lutz P. (2009): MMB-Trendmonitoring I/2009. Learning Delphi 2009, E-Learning 2.0 unterstützt Blended Learning; http://www.mmb-institut.de/2004/pages/trendmonitor/download/MMB-Trendmonitor_2009_I.pdf [20.11.2010].

O´Reilly, Tim (2008): Interview erschienen im Branchenmagazin Börsenblatt des Deutschen Buchhandels. Heft 44; http://www.oreilly.de/artikel/2008/12/bbl_2008_44_interview.pdf [20.11.2010].

Sembill, Detlef, Wuttke, Eveline, Seifried, Jürgen, Egloffstein, Marc & Rausch, Andreas (2007): Selbstorganisiertes Lernen in der beruflichen Bildung – Abgrenzungen, Befunde und Konsequenzen. In: bwp@, Ausgabe 13; http://www.bwpat.de/ausgabe13/sembill_etal_bwpat13.pdf [27.10.2010].

Slepcevic, Peter & Stock, Michaela (2008): Lifelong Learning im Kontext der Betriebspädagogik. In: bwp@-Spezial 3; http://www.bwpat.de/ATspezial/slepcevic_stock_atspezial.pdf [20.11.2010].

Anneliese Aschauer
Psychologische Praxis & Coaching

Krisenkompetenz von Führungskräften

1 Einleitung 239
2 Krisen im persönlichen und im Unternehmenskontext 240
3 Schwierigkeiten bei der Krisenbewältigung 242
4 Psychodynamische Prozesse in Krisenzeiten 245
    4.1 Phasen einer Krise 245
    4.2 Praxisbezug des Phasenmodells für Krisen in Unternehmen 246
5 Krisenkompetenz für Führungskräfte 248
    5.1 Das Phasenmodell für Krisen konstruktiv nutzen 249
    5.2 Resilienz und Kohärenzgefühl entwickeln 250
    5.3 Resiliente, krisensichere Führungskräfte – was sie auszeichnet 252
6 Krisenkompetenz entwickeln 253
    6.1 Schulung und Coaching von Führungskräften 254
    6.2 Einführung von Modellen des kollegialen Führungscoachings 255
7 Schlussbemerkung 255
Literaturverzeichnis 256

1 Einleitung

Führen bedeutet heute, Menschen in sich ständig verändernden Unternehmensbedingungen so zu begleiten, dass sie rasch und flexibel mit Veränderungen umgehen können und dennoch konstant gute Leistungen und hohe „Performance" bringen. Führungskräfte sind verstärkt mit Situationen konfrontiert, in denen sie tief greifende Veränderungen in Unternehmen steuern und durchführen müssen. Wirtschaftlich angespannte Zeiten, hohe internationale Konkurrenz und rasch wechselnde Managementstrukturen führen dazu, dass langfristige Planungen plötzlich nicht mehr gelten und notwendige Veränderungen und Reorganisationen bedrohliche Auswirkungen auf Unternehmensziele, innerbetriebliche Abläufe, die Mitarbeiter/-innen-Struktur und bisher gültige Unternehmenswerte haben.

Veränderungen, sowohl im Berufsleben als auch im Privatleben, haben für Menschen unterschiedlich bedrohliche Wirkungen und können, wenn mit ihnen nicht gut und achtsam umgegangen wird, krisenhafte Phänomene nach sich ziehen. Führungskräfte stellen in Krisenzeiten wesentliche Orientierungspfeiler für die Mitarbeiter/-innen dar. Dabei sind sie aber auch selbst massiven Bedrohungen und Dynamiken ausgesetzt: Sie sollen durch die Krise steuern, dabei „stark" sein, sollen Orientierung vermitteln, und gleichzeitig müssen sie mit der eigenen Betroffenheit gut umgehen können.

In vielen Begleitungs- und Coachingprozessen wird auf der Führungsebene eine hohe Ambivalenz spürbar. Einerseits sollen Führungskräfte als „Leader" die Veränderungen durchziehen – ja, oft sogar anstoßen und „pushen", andererseits erleben sie dabei viele Widerstände und Verunsicherungen – sowohl bei den Mitarbeitern/Mitarbeiterinnen, aber auch in sich selbst.

Wie wir als Privatpersonen und auch in der Rolle als Mitarbeiter/-in und Führungskraft mit krisenhaften Veränderungen umgehen, spiegeln unsere biografischen Lernerfahrungen und die damit erworbenen mehr oder weniger hilfreichen Handlungsstrategien. Unternehmen können ein bedeutendes Lernfeld für den konstruktiven Umgang mit Veränderungen und Krisen bieten. Veränderungen werden je nach der Betroffenheit und dem Ausmaß der erlebten Bedrohung für die eigene Existenz, für das eigene Image und damit den Selbstwert zunächst immer schmerzhaft und mit Widerständen verbunden sein. Das Handeln und vor allem die Haltung der Führungskräfte tragen hier in einem beachtlichen Ausmaß dazu bei, ob eine krisenhafte Veränderung tatsächlich zur Chance werden kann.

Dieser Beitrag stellt den Versuch dar, psychologische und psychotherapeutische Erfahrungen und Konzepte zum Umgang mit Krisen und zur Krisenintervention auf den unternehmerischen Kontext zu übertragen. Das Interesse an dieser Kontextverknüpfung entstand aus meinen Erfahrungen in vielfältigen Verläufen der Begleitung von Unternehmen, aber auch von Einzelpersonen in krisenhaften Veränderungsprozessen. Als klinische Psychologin und Arbeitspsychologin einerseits und Unternehmensberaterin andererseits erlebe ich, dass Führungskräfte und Manager/-innen in den letzten Jahren ein großes Interesse am richtigen Umgehen mit Krisen entwickelten. Die spürbare emotionale Krisendynamik und die starke eigene Betroffenheit in Veränderungssituationen machen Führungskräfte unsicher und blockieren sie darin, als Führungskraft konstruktiv zu handeln.

Theoretisches Wissen über Krisen und ihre psychosozialen Dynamiken bieten einen wesentlichen Rahmen, in dem sich Führungskräfte selbst orientieren können. Dieser Artikel soll der Frage nachgehen, welche Bedingungen es sind, die dazu führen, dass Unternehmen und deren Mitarbeiter/-innen Krisen konstruktiv bewältigen können, und in welchem Rahmen Führungskräfte für das Herstellen eben dieser Bedingungen sorgen können. Sowohl im persönlichen Leben als auch im unternehmerischen Kontext gibt es jene, die an Krisen wachsen, und jene, die daran zerbrechen.

Ich erlebe Führungskräfte als „die" Gestalter von Krisenzeiten – diese Gestaltung kann positiv, aber auch destruktiv verlaufen. Das Thema ist: Welche Kompetenzen benötigen Führungskräfte, um sich selbst, Teams und Mitarbeiter/-innen durch Krisen zu steuern? Dabei geht es nicht nur um Führungstools, sondern vor allem um eine innere „Haltung" der Wertschätzung und Empathie und auch der Lösungs- und Zukunftsorientierung, die Führungskräfte so dringend benötigen. Erkenntnisse aus der psychosozialen Krisenforschung werden verknüpft mit lösungsorientierten Modellen der Salutogenese und Resilienzforschung.

2 Krisen im persönlichen und im Unternehmenskontext

Krisen ereignen sich zumeist nicht aus heiterem Himmel, sondern sie entwickeln sich Schritt für Schritt. Dabei liegt die Wurzel von Krisen in kleineren oder größeren Schwierigkeiten und

Problemen, die tagtäglich erlebt werden, aber aus verschiedenen Gründen nicht ernst genommen werden – vor allem in guten Zeiten kann man diese Schwierigkeiten gut aushalten. Damit es überhaupt zu einer Krise kommt, tritt zumeist ein auslösendes Ereignis auf, das den letzten Anstoß für das Akutwerden der bereits bestehenden Probleme gibt. Häufig treten im Rahmen von Krisen Herausforderungen auf, die schwere psychische oder auch physische Belastungen nach sich ziehen. Das Geschehen in krisenhaften Veränderungen liegt außerhalb der üblichen Alltagserfahrungen, überfordert die normalen Anpassungsstrategien des Menschen und stellt daher eine Bedrohung dar. Psychosoziale Krisen haben viele Analogien zu Krisen in Unternehmenskontexten, und es lassen sich in der Interventionsforschung zu Krisen eine Reihe von Ableitungen für notwendige unterstützende Interventionen bei Unternehmenskrisen finden.

Im Rahmen der „psychosozialen Krisen" unterscheidet Sonneck (2000, S. 32 ff.) in Anlehnung an Cullberg (1978) zwischen folgenden Krisen:

- Traumatische Krisen: „Die traumatische Krise ist eine durch einen Krisenanlass mit subjektiver Wertigkeit plötzlich aufkommende Situation von allgemein schmerzlicher Natur, die auf einmal die psychische Existenz, die soziale Identität und Sicherheit und/oder die fundamentalen Befriedigungsmöglichkeiten bedroht." (Cullberg 1978, zitiert nach Sonneck 2000, S. 33) Bei traumatischen Krisen steht das plötzlich und überraschend einsetzende, zumeist tragische Ereignis im Vordergrund, das unmittelbar und rasch zu einer Bedrohung des bisher Gewohnten, der sozialen Identität und sozialen Beziehungen und der Existenz führt.
- Veränderungskrisen setzen hingegen nicht schlagartig ein, sondern entwickeln sich innerhalb unterschiedlicher Zeitverläufe. Sie entstehen zumeist schleichend, und es wird im Prozess immer deutlicher, dass eine gravierende Veränderung ansteht. Die Notwendigkeit, aus gewohnten Abläufen, Lebensbezügen und sozialen Beziehungen auszusteigen, wird zunehmend deutlicher. Auch hier erleben Menschen zumeist eine starke Bedrohung und das Bedürfnis, am „Gewohnten" festzuhalten.

Die folgenden Abbildungen liefern Beispiele für traumatische und Veränderungskrisen sowohl im persönlichen/privaten Bereich als auch im Unternehmenskontext.

Traumatische Krisen	
Persönlich/Privatleben	**Unternehmenskontext**
<ul><li>Plötzlicher Verlust einer nahestehenden Person</li><li>Bekanntwerden einer schweren Erkrankung</li><li>Der plötzliche Verlust des Arbeitsplatzes</li><li>Plötzliche Beziehungsbedrohungen (Untreue, Scheidung)</li><li>Äußere Katastrophen</li></ul>	<ul><li>Suizid eines Kollegen/einer Kollegin</li><li>(Tödliche) Arbeitsunfälle</li><li>Betriebsunfälle (Explosionen etc.)</li><li>Unerwartete Mitteilung über eine Großkündigung</li><li>Unerwartete Kündigung</li></ul>

Abbildung 1: Traumatische Krisen im privaten Leben und im Unternehmenskontext

Veränderungskrisen	
Persönlich/Privatleben	**Unternehmenskontext**
• Verlassen des Elternhauses • Umzug • Trennung/Scheidung • Pensionierung • Neuorientierung im Beruf oder beispielsweise die Entwicklung zu einem Burnout	• Wirtschaftlich schwierige Zeiten, die Veränderungen mit massiven Einschnitten einleiten • Umstrukturierungen und Change-Prozesse • Fusionierungen • Teamveränderungen • Umbau von Strukturen und Hierarchien

Abbildung 2: Veränderungskrisen im privaten Leben und im Unternehmenskontext

3 Schwierigkeiten bei der Krisenbewältigung

Krisen äußern sich sowohl im privaten als auch im Unternehmenskontext durch Störungen der Problemlösung und -bewältigung und in der Kommunikationsfähigkeit. Die von Sonneck (2000, S. 58) angeführten Schwierigkeiten bei der Krisenbewältigung im persönlichen Leben können folgendermaßen auf den Unternehmenskontext übertragen werden:

- Aus der Unfähigkeit, das Problem wahrzunehmen bzw. zu definieren

Unternehmensbeispiele:

– Konflikte werden zwar wahrgenommen, aber nicht angesprochen.
– Ineffizienzen in den Abläufen werden jahrelang mitgeschleppt.
– Burnout-Phänomene eines Mitarbeiters/einer Mitarbeiterin werden vom Betroffenen/von der Betroffenen selbst geleugnet, und auch die Führungskraft hofft, dass die problematische Symptomatik (z. B. erhöhte Gereiztheit) nicht mit betrieblichen Abläufen in Zusammenhang steht und sich „schon wieder legen wird".

- Aus der Unfähigkeit, eine bestimmte, als sinnvoll erkannte Lösung durchzuführen, z. B. wegen falscher oder fehlender Strategien

– Offensichtlich notwendige Umstrukturierungsprozesse werden nicht durchgeführt.
– Veränderungsprozesse scheitern am beharrlichen Festhalten an langjährig tradierten Gewohnheiten.
– Die Burnout-Symptomatik eines Mitarbeiters/einer Mitarbeiterin wird nicht angesprochen bzw. es werden keine lösungsorientierten Maßnahmen eingeleitet (wie z. B. begleitende Beratung oder im Akutfall Krankenstandsempfehlung durch die Führungskraft).

- Wegen fehlender oder mangelnder emotionaler oder realer Unterstützung durch die Umwelt

– Führungskräfte berichten häufig über die sogenannte „Führungseinsamkeit". Gerade in Umbruch- und Krisenzeiten können sie sich weder mit ihren eigenen Führungskräf-

ten (sofern vorhanden) noch mit Kollegen/Kolleginnen (Angst vor Konkurrenz) bzw. mit den Mitarbeitern/Mitarbeiterinnen (Notwendigkeit, Informationen gut zu steuern und keine Panik entstehen zu lassen) austauschen. Sich Unterstützung von außen in Form von beispielsweise Coaching zu holen, wird auch heute noch zu selten praktiziert.
- Mitarbeiter/-innen fühlen sich in Krisenzeiten häufig „alleingelassen". Die Führungskraft widmet sich ganz der Bewältigung der Krise und der dadurch auftretenden Herausforderungen und erkennt nicht, dass gerade in Krisenzeiten Kommunikation und eine präsente Führung entlastend wirken.
- Aufgrund der eigenen Unsicherheit im Umgang mit Emotionalität zieht sich die Führungskraft vermehrt zurück. Die Mitarbeiter/-innen haben den Eindruck, die Führungskraft ginge ihnen aus dem Weg – dies verschärft das Misstrauen.

- Wegen starker Emotionen und unkontrollierbarer Bedingungen, die aus dem Krisenanlass entstehen
  - Krisensituationen in Betrieben lösen ebenso wie persönliche Krisen starke Emotionen aus. Diese verstärken sich häufig durch die kollektive Betroffenheit in Gruppen.
  - Beispiele für Emotionen bei Unternehmenskrisen:
    - Gefühle der Hoffnungs- und Perspektivenlosigkeit
    - Wut und Ärger, z. B. auf das Management und die Führungskräfte
    - Orientierungslosigkeit: „Wie soll das weitergehen?"
    - Angst vor der Zukunft, z. B. bei Kündigungsmaßnahmen: „Wen wird es treffen?"
    - Sich ohnmächtig „denen oben" oder „der Situation" ausgeliefert fühlen
    - Aggression und Gereiztheit
    - Depressive Symptome wie Antriebslosigkeit, Schlafstörungen, Perspektivenlosigkeit oder Ohnmacht
  - Krisenhafte Veränderungen in Unternehmen produzieren undurchschaubare bzw. unkontrollierbare Bedingungen. Es entsteht Chaos, und die Belegschaft hat den Eindruck von überfordernder Komplexität bzw. von Ohnmacht und Ausgeliefertsein.

- Aufgrund der sich verschlechternden psychischen und physischen Verfassung

Durch die oben genannten Emotionen entstehen wiederum neue sekundäre Problemstellungen, wie z. B.:

- Erhöhte Krankenstände
- Leistungsabfall
- Ineffiziente Abläufe
- Produktionseinbrüche
- Konkurrenz, Spannungen, Konflikte

- Störungen der Kommunikation zeigen sich in Krisenzeiten in Unternehmen auf mehreren Ebenen und lassen sich folgendermaßen zusammenfassen:

Verringerung der Kommunikationsqualität und der Kommunikationsquantität:

- Die Kommunikationsqualität ist häufig geprägt von einer erhöhten Gereiztheit und einem erhöhten Konfliktpotenzial.
- Veränderungen bedeuten immer eine Gefahr für den Selbstwert, dadurch entsteht ein hoher Bedarf an Wertschätzung, der selten ausreichend abgedeckt wird.

- Zudem wird versucht, das Augenmerk auf die Sachziele zu lenken und Emotionalität auszuklammern – die Mitarbeiter/-innen fühlen sich in ihrer Betroffenheit nicht ernst genommen.
- Gerade in Zeiten, in denen Kommunikation dazu beitragen kann, dass Krisen konstruktiver gemeistert werden können, lässt sich feststellen, dass vor allem Führungskräfte weniger präsent sind und für Gespräche nicht zur Verfügung stehen. Die Gründe dafür sind:
  - Führungskräfte sind beschäftigt mit den Herausforderungen der Krise und haben weniger Zeit für Gespräche,
  - sie erkennen nicht, dass Kommunikation „heilsam" sein kann,
  - sie stehen mitten im Spannungsfeld des Informationsflusses: Sie müssen genau entscheiden, worüber wer wann informiert wird. Die vermeintlich „sichere" Devise lautet häufig: lieber gar keine als die falsche Information.
  - Führungskräfte sind verunsichert im Hinblick auf die starke Emotionalität der Mitarbeiter/-innen und versuchen daher, der Konfrontation auszuweichen.

Psychologische Abwehrmechanismen stellen sich in allen Situationen ein, in denen der Selbstwert von Menschen bedroht ist, und führen zu kommunikativen Stressmustern (vgl. Satir 1990, S. 115), die leider Menschen bzw. Mitarbeiter/-innen in Krisen nicht unterstützen, sondern die emotionale Dynamik noch verstärken können. Virginia Satir beschreibt 4 schädliche Kommunikationsmuster im Umgang mit emotionalem Stress (vgl. ebenda S. 120 ff.):

- Rationalisieren
- Ablenken oder unpassend/irrelevant Reagieren
- Beschwichtigen
- Beschuldigen und Anklagen

Meiner Erfahrung nach kommen je nach Persönlichkeit der Führungskraft und Kontext alle 4 Kommunikationsmuster zur Anwendung.

- Der „Rationalisierer"/Die „Rationalisiererin" bewältigt seine/ihre eigene Betroffenheit und Unsicherheit im Umgang mit starken Emotionen durch eine Betonung der sachlichen und ökonomischen Zwänge.
- Der „Ablenker"/Die „Ablenkerin" versucht Emotionen einfach zu ignorieren und bleibt beim „Tagesgeschäft", in der Hoffnung, die angespannte Situation würde schon „vergehen".
- Der „Beschwichtiger"/Die „Beschwichtigerin" ist verführt, harte Entscheidungen wieder rückgängig zu machen und unhaltbare Versprechungen zu machen.
- Der „Ankläger"/Die „Anklägerin" spielt die „Schuld" und Verantwortung allen anderen zu und geht damit selbst aus der Verantwortung.

Gerade Führungskräfte stehen in Veränderungszeiten häufig unter massiver Kritik und Erfolgszwang, und ihr eigenes Selbstwertgefühl ist vielen Bedrohungen ausgesetzt. Es bedarf einer hohen Reflexionsfähigkeit, um sich mit diesen intrapsychischen Dynamiken auseinanderzusetzen und permanent an einer kongruenten, authentischen und wertschätzenden Kommunikation zu arbeiten, die bewirkt, dass man nicht in Abwehrmechanismen verfällt, die wiederum zwar den eigenen Selbstwert schützen, für das Umfeld aber destruktiv sind.

Dies gelingt nur im achtsamen Wahrnehmen und Handeln auf 3 Ebenen:

- In Übereinstimmung mit mir selbst und meinen Gefühlen
- In ehrlich interessierter Wahrnehmung meines Gegenübers und dessen Befindlichkeit und Bedürfnisse
- In einem Anerkennen des Kontextes und der Anforderungen aus der Situation

4 Psychodynamische Prozesse in Krisenzeiten

In psychosozialen Krisenzeiten wird das individuelle und kollektive Anpassungsvermögen weit überschritten (vgl. Cullberg 1978, S. 25). Die betroffenen Personen nehmen dies in Form von Gefühlen der Rat- und Hoffnungslosigkeit („Wie soll es jetzt weitergehen?") und in einer erlebten Spannung und „Enge" wahr. Die Spannung kann sowohl als Angst oder Panik auftreten, aber auch als depressive Verstimmung. All diese Gefühle können sich in körperlichen Beschwerden äußern.

Sonneck (2000, S. 58) beschreibt körperliche Phänomene folgendermaßen:

- Von Angst ausgelöst: Herzrasen, Atemnot, Erstickungsanfälle, Schweißausbrüche, motorische Unruhe
- Von Depression ausgelöst: Appetitverminderung, Gewichtsverlust, Durchschlafstörungen, Verlangsamung der Motorik, Erschöpfung
- Von Spannung ausgelöst: Einschlafstörungen, Kopfschmerzen, Kreislaufbeschwerden, Verdauungsstörungen, Zittern („Nervosität")

Krisenphänomene entstehen nicht nur in der Akutreaktion auf ein traumatisches Erlebnis, sondern vor allem durch das Erleben, die entstandene Situation nicht bewältigen zu können und machtlos zu sein. Die Auswirkungen der Krise sind stark von der Unterstützung durch das soziale Umfeld abhängig – diese wirkt wie ein „Puffer", der hilft, die Krise unbeschadet durchzustehen.

4.1 Phasen einer Krise

Krisen haben eine eigene Dynamik, die sich in unterschiedlichen Kontexten in einem allgemeingültigen Phasenmodell abbilden lässt. Das Phasenmodell von Krisen (siehe Abbildung 3) wurde von Kübler-Ross (1971) im Rahmen der Sterbeforschung entwickelt und dient als Basis für vielfältigste Krisenmodelle: z. B. Krisenforschung (vgl. Cullberg 1978), Resilienzforschung (vgl. Bilinski 2010) oder Change-Management-Konzepte (vgl. Heitger & Doujak 2002).

Dieses Phasenmodell als Führungskraft zu kennen, erscheint mir als einer der wesentlichsten krisenpräventiven Ansätze im Rahmen von Unternehmenskrisen. Damit wird es für die handelnden Personen möglich, Krisenphänomene zu antizipieren und sich damit auf die bevorstehenden Dynamiken besser vorzubereiten, um dann adäquat zu reagieren. Jede Phase erfordert Akzeptanz und Empathie – durch das rationale und emotionale Verstehen der auftretenden Reaktionen verliert das Krisengeschehen an Bedrohlichkeit. Es wird verstehbar, vorhersehbar und dadurch besser kontrollierbar.

Anneliese Aschauer

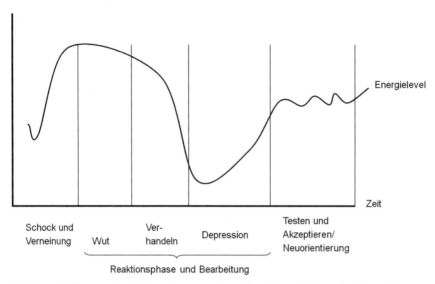

Abbildung 3: Phasen einer Krise und vorhandener Energielevel in den einzelnen Stufen

4.2 Praxisbezug des Phasenmodells für Krisen in Unternehmen

- Schock und Verneinung: die Phase des „Nicht-wahrhaben-Wollens"

Werden Menschen mit einer Nachricht konfrontiert, die ihr bisheriges Leben ändert oder ändern könnte, so kommt es in einem ersten Schritt zur natürlichen Stressreaktion des Schocks. Diese Reaktion schützt uns vor emotionaler und somatischer Schmerzüberflutung und führt zu einer Art Betäubung bzw. chaotisch-ungesteuerten Aktionen. So tritt häufig das Phänomen auf, dass Personen während einer Kündigung diese Botschaft scheinbar gar nicht richtig registrieren bzw. diese nicht wahrhaben können; oder Mitarbeiter/-innen in Teams gehen nach einschneidenden Veränderungsbotschaften zum Tagesgeschäft über, als sei nichts geschehen. Schockzustände bewirken eine Reduktion der körperlichen und kognitiven Prozesse und sind in manchen Situationen für das Überleben notwendig. Nach außen wirken Personen im Schock entweder gefasst, kontrolliert und emotionslos, oder sie handeln völlig inadäquat zur Situation: z. B. so, als wäre nichts geschehen.

Die Gefahr für Führungskräfte ist, sich von dieser scheinbaren emotionalen Distanziertheit der betroffenen Person täuschen zu lassen und anzunehmen, dass sie mit der Nachricht gut zurechtkäme.

- Wut

Dies ist der erste Schritt in Richtung Bewusstwerdung – der Mensch spürt jetzt die Konfrontation mit der Realität – er beginnt zu hadern mit dem Ereignis, den Konsequenzen und dem Schicksal. „Man ist wütend, da man es ungerecht findet, dass einem so etwas widerfahren musste. Auch der Neid auf jene, die nicht betroffen sind, spielt dabei eine Rolle." (Bilinski

2010, S. 33) So wird im Rahmen eines Kündigungsgespräches wütend geäußert: „Warum gerade ich?" Oder auch: „Ich hab schon immer gespürt, dass Sie mich nicht mögen." Nach einem Betriebsunfall kommt es zu Wutausbrüchen: „Weil sich hier nie jemand an die Sicherheitsvorschriften hält!" Nach Veränderungsbotschaften kann es auch zu aggressiven Teamgesprächen mit Schuldzuschreibungen (nach oben und gegenseitig) kommen.

Nur wenige Menschen haben in ihrem Leben gelernt, mit starker Emotionalität „heilsam" umzugehen – wir neigen dazu, Emotionen zu unterdrücken und rasch zu beruhigen. Führungskräfte fürchten sich vor emotionalen Ausbrüchen – unabhängig davon, ob diese in Form von Aggression und Wut oder depressivem Verhalten (Tränen) auftreten. Der erste reaktive Impuls ist zumeist, diese starken Gefühle zu rationalisieren bzw. erst gar nicht aufkommen zu lassen. Das „Niederdrücken" von Emotionen führt im Normalfall zu einer Verstärkung des Verhaltens. Die Botschaft „Reiß dich doch zusammen" führt bei vielen Personen zur verbitterten Reaktion: „Du hast leicht reden, du bist ja nicht betroffen ..." Diese Phase der Wut ist der Auftakt in die nächste Phase des Verhandelns.

- Verhandeln

Sowohl der Krisenanlass als auch die negativen Konsequenzen werden hinterfragt, es erfolgt der Versuch, Entscheidungen zu verhandeln bzw. die negativen Auswirkungen zu reduzieren. Beispiele hierfür können sein: „Kann man die Kündigung nicht doch rückgängig machen?" „Gibt es nicht doch noch eine Chance auf Heilung?" „Wird es vielleicht in Wahrheit gar nicht so weit kommen, dass unsere Abteilung aufgelöst wird?" „Ist das denn wirklich notwendig – vielleicht ändert sich die Situation ja noch mal!"

Führungskräfte spüren hier zumeist eine starke „Verführung", sich die Entscheidung doch noch mal zu überlegen, die negativen Auswirkungen etwas zu relativieren, um irgendwie doch noch Hoffnung zu machen. Unrealistische Hoffnungen zu schüren fördert jedoch das Krisen- und Konfliktpotenzial in der Folgezeit enorm.

- Depression

Das Erkennen, dass die Veränderung unabwendbar ist und nichts mehr zu machen ist, führt zumeist zu Resignation, Verzweiflung bis hin zu psychischer und physischer Energielosigkeit. Die Betroffenen beginnen zu weinen, spüren Hoffnungs- und Perspektivenlosigkeit, suchen die Schuld bei sich selbst und ziehen sich in sich zurück. Die erlebte Trauer ist zusätzlich von Angst begleitet. Diese Phase ist für das Umfeld aufgrund der stark traurigen und trauernden Emotionalität oft nur schwer zu ertragen, für den Krisenverlauf jedoch heilsam und wichtig. Beispiele dafür sind Tränen nach der Kündigung, geäußerte Ohnmacht und Hoffnungslosigkeit nach massiven Veränderungsschritten, Trauer über verlorene Kollegen/Kolleginnen oder Führungskräfte, Schuldgefühle bei den sogenannten „Survivors" nach Kündigungsprozessen oder aber auch Trauer über die nicht mehr gültigen Werte und Traditionen der Vergangenheit und „das, was uns einmal wichtig war".

Aufgrund der hohen Hoffnungslosigkeit und Ohnmacht birgt die Phase der Depression ein gewisses Gefahrenpotenzial in sich. Im Extremfall kann dies bis zu Suizidgedanken oder auch -handlungen führen. Personen, die in depressiven Zuständen sind, benötigen Begleitung und ein soziales Umfeld. Erschwerend ist, dass diese Phase nicht unmittelbar nach dem Krisenauslöser auftreten muss, sondern oft erst Stunden oder Tage später. Für den Krisenverlauf ist es notwendig, diese Phase auszuhalten, nicht zu unterdrücken und als heilsamen Prozess zuzulassen.

- Testen und Akzeptieren/Neuorientierung

Wenn die vorangegangenen Phasen durchlebt wurden und auch die Emotionen wie Wut und Trauer ausreichend Platz einnehmen durften, dann erst kann die veränderte Situation als Tatsache wahrgenommen werden, und es erfolgt eine Loslösung von der Vergangenheit. Man erkennt die neue Situation mit ihren Grenzen, aber auch Chancen, und man beginnt neue Wege zu erkennen und auszuprobieren. Hier beginnt die Integration der neuen Situation ins eigene Leben, und es werden sogar Chancen der Veränderung bzw. ein dahinterliegender Sinn für das eigene Leben erkannt. Erst jetzt kann das Geschehene akzeptiert werden, und es kann wieder Eigenverantwortung übernommen werden.

In der Traumaforschung wird betont, dass das bewusste Zulassen der Phasen notwendig ist, um aus Krisen gestärkt hervorzugehen: „Das Ideal der Tapferkeit, des Sich-be-Herrschens mag zwar für die Mitmenschen angenehm sein, führt aber leicht dazu, dass hier der Trauerprozess zu einem Stillstand kommt." (vgl. Kast 2000, S. 71) Und weiter: „Dabei gilt die Regel, dass sie (die Betroffenen) rascher wieder gefasster sind, wenn sie ihre Gefühle wirklich ausdrücken durften, vielleicht dazu sogar ermuntert worden sind." (ebenda) Diese wesentliche Erkenntnis aus der Traumaforschung für den Umgang mit Krisen und der Notwendigkeit, Emotionen zuzulassen, ist leider nur wenigen Menschen bekannt. So ist zumeist nicht einmal beim tragischen Verlust eines bedeutenden „Lebensmenschen" (Partner, Freundin, Kind etc.) eine angemessene Trauerphase wirklich erlaubt, sondern das Umfeld ist froh, wenn der Alltag wieder weiterläuft. Diese Handlungsweise entsteht vor allem aus Unwissenheit über Krisen und aus der eigenen Unsicherheit im Umgang mit starker Emotionalität.

Gerade Führungskräfte, die dafür sorgen sollen, dass das Tagesgeschäft weitergeht, sind geneigt, „störende" Emotionen am besten schon von Vornherein auszuschalten, und sie sind auf jeden Fall abgeneigt, diese sogar zu fördern. Dadurch entstehen massive Schwierigkeiten bei der Bewältigung von Krisen – die emotionalen Dynamiken verschärfen sich.

5 Krisenkompetenz für Führungskräfte

„Das Ziel der Krisenintervention ist die Unterstützung der eigenen Fähigkeiten des Betroffenen und seiner Umgebung, sich selbst zu helfen. Nicht der Ersatz von Verlorenem oder die Verleugnung der schmerzlichen Realität, sondern die Stütze und das Mitgefühl (Empathie) sowie die Ermutigung, Gefühle von Trauer, Schmerz, Feindseligkeit und Aggression zu zeigen, ist die Funktion des Helfers." (Sonneck 2000, S. 62) Diese Beschreibung von Krisenintervention stellt hervorragende Handlungsanleitungen für Führungskräfte in Krisenphasen zur Verfügung. Es geht darum, Mitarbeiter/-innen so weit zu unterstützen, dass sie lernen, selbst mit den neuen Anforderungen umzugehen. Vor allem wird die Bedeutung des Zulassens der Emotionalität betont. Dieser Aspekt ist für viele Führungskräfte der schwierigste. In vielen Beratungs- und Coachingprozessen zeigt sich die Angst vor Emotionalität. Dies führt zu einer starken „Rationalisierung" und Überbetonung der sachlichen und ökonomischen Notwendigkeiten.

5.1 Das Phasenmodell für Krisen konstruktiv nutzen

Die folgende Abbildung 4 verbindet die Phasen einer psychosozialen Krise mit den jeweils notwendigen Interventionen und Handlungen der Führungskraft und stellt somit einen handlungsanleitenden Rahmen dar:

Phase	Aufgaben und Möglichkeiten der Führungskraft

1) Schock und Verneinung	Unmittelbar nach einer schlechten Nachricht:
	• Botschaften wiederholen
	• Der eigenen „Erleichterung" über die Nichtemotionalität nicht „trauen": nicht aus dem Kontakt gehen und das Gespräch nicht beenden, sondern bewusst präsent bleiben, bis emotionale Reaktion spürbar wird!
	• Verarbeitungsprozess sogar einleiten:
	   – „Was bedeutet die Nachricht für dich/euch?"
	   – „Was geht Ihnen durch den Kopf?"
	   – „Was beschäftigt Sie jetzt?"

2) Wut	• Zulassen • Verständnis zeigen • Anerkennen, dass die Situation schwierig ist • Innerlich wissen, dass dies der erste und vor allem ein notwendiger Verarbeitungsschritt ist – erst jetzt ist die Nachricht beim Gegenüber wirklich angekommen und wird mit allen Konsequenzen realisiert (Natürlich ist es aber angebracht, bei Übergriffigkeiten und persönlichen Androhungen Grenzen zu setzen: „Ich verstehe deinen Ärger, aber das geht mir jetzt zu weit!")
3) Verhandeln	• Klar bleiben • Zu Entscheidungen stehen • Botschaften wiederholen: „Ich weiß, dass diese Nachricht sehr schwerwiegend ist, aber es wird sich daran nichts mehr ändern." • Definieren Sie zuvor sehr genau Ihre Verhandlungsspielräume und -grenzen • „Verführungen" standhalten und sich zu keinen Verhandlungen hinreißen lassen • Verständnis ausdrücken, aber nichts zusagen, was nicht einzuhalten ist

4) Depression und Trauer	• Nähe und Kontakt herstellen • Einfach einmal „aktiv" zuhören • Verstehen und begreifen • Verständnis zeigen und anerkennen, dass die Situation schwierig ist • Unterstützung anbieten • Soziales Umfeld schaffen: sich gegenseitig unterstützen

5) Neuorientierung
 	
In 2 Stufen:
 	
a) Die nächsten Schritte zur Krisenbewältigung
	Signale für diese Phase:
	
	Nach der Wut und Trauer wird der Blick von den Betroffenen in die Zukunft gelenkt: „Wie soll das jetzt weitergehen?", „Wie sag ich es meiner Familie, meinem Team?", „Was soll ich jetzt tun?"
	• Klarheit über die nächsten Schritte herstellen
	  – Was passiert als Nächstes?
	  – Was ist jetzt zu tun?
	  – Was ist jetzt dringend?
	• Unterstützung für das unmittelbar Bevorstehende anbieten

b) Lösungs- und Zukunftsorientierung	Erst nachdem Wut und Trauer gezeigt worden sind, ist eine Orientierung in die Zukunft möglich. Menschen haben abhängig vom Grad der Bedrohung und auch aufgrund von früheren Erfahrungen unterschiedliche Tempi im Verarbeiten von Krisen. Am Beginn zur Neuorientierung benötigen die Personen Perspektiven und Lösungsorientierung. • Neue Chancen aufzeigen • Nutzen verdeutlichen • Vision und Strategie kommunizieren, „das Feuer schüren" • Commitment erzeugen über Einbindung • Den persönlichen Beitrag jedes/jeder Einzelnen transparent machen

Abbildung 4: Aufgaben der Führungskraft

In längeren Veränderungsprozessen können sich die Phasen 2–5 wiederholen. Dann besteht die Kunst für die Führungskraft darin, diesen emotionalen Dynamiken sowohl ihren Platz zu geben als auch die Lösungsorientierung und die neuen Chancen, die daraus entstehen, stärker in das Blickfeld zu bringen.

5.2 Resilienz und Kohärenzgefühl entwickeln

Um mit Krisen als Führungskraft konstruktiv umgehen zu können, sind Konzepte und Ansätze hilfreich, die Wege aufzeigen, wie Menschen Belastungen besser bewältigen können und sprichwörtlich die Krise als Chance nutzen können. Die Konzepte zur Salutogenese bzw. zur Resilienz bieten Zugänge, die Krisen nicht nur als Gefahrenpotenzial für Krankheiten und psychische Störungen sehen, sondern es wird versucht, auch die Schutzfaktoren zu identifizieren, die für die Entwicklung und den Erhalt seelischer Gesundheit mit verantwortlich sind. Die Aufgabe von Führungskräften in Krisenzeiten ist unter anderem, Menschen so zu fördern, dass sie die herausfordernden Situationen bewältigen und an der Krise wachsen können. Führungskräfte gestalten Rahmenbedingungen, und sie sind selbst eine Arbeitsbedingung für ihre Mitarbeiter/-innen.

Das Salutogenese-Konzept (vgl. Antonovsky 1997) mit dem zentral gesundheitserhaltenden Kohärenzgefühl bietet Führungskräften klare Handlungsanleitungen für den Führungsalltag, aber auch für Krisensituationen:

- Arbeit, Entscheidungen und Abläufe transparent und verstehbar gestalten
- Arbeit qualitativ und quantitativ bewältigbar machen
- Der Arbeit einen „Sinn" und Bedeutungszusammenhang geben – klären, warum Entscheidungen passieren, Einbindung und Klarheit über Vision und Ziele schaffen und die Bedeutung der Leistung jedes/jeder Einzelnen für die Erreichung der Ziele veranschaulichen

Die Resilienzforschung (vgl. Fröhlich-Gildhoff & Rönnau-Böse 2009) beschäftigte sich ursprünglich mit den Fähigkeiten von Kindern, trotz risikoreicher Bedingungen, widriger Umstände und traumatischer Erlebnisse gesund zu bleiben und eine stabile, widerstandsfähige Persönlichkeit zu entwickeln. Übertragen auf den Unternehmenskontext bietet das Resilienzkonzept wertvolle Ansätze, die helfen, trotz Krisenphasen und Turbulenzen stabil zu bleiben und neue Entwicklungen und Chancen zu generieren. Resilienz entsteht also nicht dort, wo salutogene Arbeits- und Lebensbedingungen entstehen, sondern vor allem im „Trotzdem" – dies lässt sich ausdrücken in der Frage, warum manche Personen trotz Krisen und Belastungen gesund bleiben oder sich relativ rasch von Störungen erholen, während andere langfristig an den Krisen und den Folgen leiden.

„Unter Resilienz versteht man die Fähigkeit, negative Situationen, Krisen und Rückschläge zu meistern – etwa eigenen Kummer zu bewältigen statt darin zu ertrinken, auch negativen Erfahrungen Sinn zu geben und sie dadurch positiv umzudeuten, Selbstheilungskräfte zu mobilisieren und Herausforderungen mit Mut, Disziplin und Glauben an die eigene Selbstwirksamkeit zu begegnen, ohne dabei in unrealistische Illusionen zu verfallen." (Rummel 2006, S. 1) Resilienz und Kohärenzsinn können einerseits als Faktoren beschrieben werden, die die Führungskraft selbst benötigt, um ihren Aufgaben gerecht zu werden, und andererseits als Faktoren, die Führungskräfte bei ihren Mitarbeitern/Mitarbeiterinnen bewusst entwickeln sollten, um Leistungsfähigkeit und Krisenkompetenz zu fördern.

Die Resilienzforschung beschreibt 7 Merkmale, die sich als wesentlich für den konstruktiven und heilsamen Umgang mit schwierigen Lebenssituationen herausgestellt haben (vgl. Huber 2010, S. 15):

- Optimismus („Irgendwie werde ich es trotzdem schaffen.")
- Akzeptanz („O.k., so ist es. Es gefällt mir teilweise gar nicht, aber es ist so.")
- Lösungsorientierung („Was genau wird mir helfen, da herauszukommen?")
- Verlassen der Opferrolle („Genug gejammert. Es ist schwer, aber ich krempel jetzt die Ärmel auf.")
- Verantwortung übernehmen („Ich entscheide das jetzt so, und wenn's schiefgeht, werde ich daraus lernen und es das nächste Mal besser machen.")
- Netzwerkorientierung („Was ich nicht allein schaffe, das schaffen wir zusammen.")
- Zukunftsplanung („Die Richtung stimmt. Da geht's lang.")

Die Anwendung des Resilienzmodells findet in Begleitungsprozessen stets eine hohe positive Resonanz – sowohl bei Führungskräften als auch bei Mitarbeitern/Mitarbeiterinnen, da das Modell mit diesen 7 Säulen klare Handlungsanleitungen bietet, wie es gelingt, trotz Krisen gesund zu bleiben und gestärkt aus diesen hervorzugehen.

5.3 Resiliente, krisensichere Führungskräfte – was sie auszeichnet

- Sie haben einen grundsätzlichen Optimismus, dass sich das Leben und die Geschehnisse gut entwickeln werden und dass Ereignisse einen „Sinn" haben, der Menschen in ihrem Leben weiterbringt. In der Führung kultivieren sie einen Blick auf das „Gute im Schlechten" und auf übergeordnete Sinnzusammenhänge. Häufig haben sie Humor und eine gute Distanz zu den Geschehnissen.
- Sie akzeptieren sehr rasch neue Rahmenbedingungen und reflektieren permanent ihre eigenen Handlungsspielräume und -grenzen, indem sie diese ausprobieren und rasch erkennen, wann Akzeptanz gefragt ist. Damit ist nicht ein vorbehaltloses Hinnehmen von vorgesetzten Veränderungen gemeint, sondern die Fähigkeit, der Realität ins Auge zu sehen und dementsprechende Maßnahmen in die Wege zu leiten. Sie erkennen häufig früher die Warnzeichen für bevorstehende Veränderungen und sind aufgrund des frühzeitigen Antizipierens und Akzeptierens den Veränderungen ein Stück voraus. In der Mitarbeiter/-innen-Führung informieren sie über die Tatsachen, sie beschönigen nichts, machen keine falschen Versprechungen und Hoffnungen und sie fördern stark die Akzeptanz von Nichtveränderbarem und die Nutzung der neuen Rahmenbedingungen.
- Sie haben permanent den Ansatz der Lösungsorientierung im Kopf und den Gedanken: „Was würde dazu beitragen, dass die Situation nur ein bisschen besser oder anders ist?" Das Motto ist häufig „Das Beste daraus machen", wenn es gilt, aus der vorgegebenen Situation und dem vorhandenen Material etwas gutes Neues zu schaffen. Abrahamson (2001, S. 95) hat diese Fähigkeit in 3 Aspekte gegliedert:
    - Tüfteln: ein spielerisches Herangehen an die Dinge und ein kreatives Schaffen von Neuem und Ungewohnten. Daraus können sogar neue Produkte, Zielgruppen etc. entstehen.
    - Improvisieren.
    - „Schritt halten": in Veränderungsphasen nicht nur auf Wandel zu setzen, sondern auch für Erholungsphasen zu sorgen.
- Sie beherrschen das Navigieren zwischen Lösungsorientierung und Emotionsregulation und können Vergangenes würdigen und die Zukunft hereinlassen.
    - Fähigkeit zur Emotionsregulation: die eigenen und „fremde" Emotionen wahrnehmen und zulassen können: kongruent und authentisch handeln.
    - „Starke" Emotionen, die für die Verarbeitung und das Ablösen von Früherem wichtig sind, bewusst zulassen und sogar fördern.
    - Gleichzeitig den Blick in die Zukunft lenken:
        - Klarheit für die nächsten Schritte herstellen – Sicherheit stiften
        - Step by Step, aber dennoch das große Ganze vor Augen haben
        - Sinnstiftung: hinter dem Warum und Wozu stehen
        - Für Orientierung sorgen und Chancen erkennbar machen

- Lösungsorientierung und Verantwortung übernehmen bedeutet ein klares Aussteigen aus der Opferrolle, es schafft Energien für Neues. In allen Lebensbezügen, in denen der Eindruck des Ausgeliefertseins entsteht, wird nach Hebeln gesucht, die man selbst bewegen kann, um seine Situation zu verändern. Resiliente Führungskräfte und Mitarbeiter/-innen wissen über ihre Gestaltungsmöglichkeiten selbst in Situationen, die „auswegslos" erscheinen.
- Sie übernehmen Verantwortung für die Geschehnisse, indem sie diese mitgestalten. Sie übernehmen klar und sichtbar ihre Rolle und Funktion als Führungskraft und leben diese in aller Verantwortlichkeit vor. „Führungskräfte müssen trotz widersprüchlicher Ziele, konkurrierender Werte und Interessen in der Lage sein, zu handeln. Dies bedeutet in der Entscheidungsfähigkeit zu bleiben, d.h. sich festzulegen und mit den Konsequenzen leben zu müssen." (Aschauer, Auinger & Hofer 2007, S. 9) Und weiter: „Entscheidungen können angesichts der heutigen Dynamik, Mehrdeutigkeit und Komplexität nur mit dem Risiko des Scheiterns getroffen werden. Sich mit dieser Begrenztheit von ‚richtigen Entscheidungen' abzufinden und zu wissen, dass Entscheidungen stets mit höchster Verantwortung und dem bewussten Sortieren und Abwägen von Einflussfaktoren und Folgen passieren, sollte Führungskräfte entlasten. Dabei ist wichtig, dass vor allem auch der eigenen Intuition ein hoher Stellenwert eingeräumt wird – letzten Endes muss ich als Führungskraft und auch als Mensch hinter der Entscheidung stehen können." (ebenda, S. 12)
- Sie sind hervorragende Netzwerker und sie gestalten und bilden Gemeinschaften. Gerade in Krisenzeiten sorgen sie für soziale Kontakte, erhöhen die Kommunikation und binden Menschen ein. Sie sorgen für menschlichen Zusammenhalt, um dem/der Einzelnen Unterstützung zu bieten. Sie erhöhen die Präsenz und wirken als „die" Stabilisatoren für betroffene Personen. Sie sind anschlussfähig, stehen für Gespräche zur Verfügung und definieren Gruppen und ein „Wir"-Gefühl, um schwierige Phasen sicher durchzustehen und sie etablieren eine Kultur des Dankes für Unterstützung und des „Getragenwerdens".
- Sie sorgen für sich selbst, pflegen die eigenen stabilen Zonen (Beziehungen, Hobbys etc.), sie umgeben sich mit unterstützenden Menschen, gehen in reflektierenden Austausch und achten auf Auszeiten, um die Geschehnisse achtsam zu reflektieren und zu adaptieren.
- Sie planen die Zukunft. Krisensichere Menschen und damit auch Führungskräfte navigieren auf der Timeline permanent mit dem Blick nach vorne. Sie verlassen die Vergangenheitsorientierung und sind permanent am Antizipieren, Gestalten und „Hereinlassen" der Zukunft. Die Kraft eines starken Zukunftsbildes wird in vielen Begleitungsprozessen sichtbar – häufig bringt dies den Turnaround in der Veränderung, plötzlich kommen Menschen in Bewegung, sie spüren das „Wozu" der Veränderung und können damit verstehen, dass „Zukunft gestalten" häufig nur durch „Vergangenheit loslassen" möglich ist.

6 Krisenkompetenz entwickeln

Die Herausforderungen für Führungskräfte in Krisenzeiten sind hochkomplex und dynamisch. In diesen Phasen „krisensicher" zu führen stellt für viele Führungskräfte eine starke fachliche und menschliche Überforderung dar. Führungskräfte mit Know-how hinsichtlich Krisen und Skills für den Umgang mit krisenhaften Veränderungen auszustatten, ist aus meiner Sicht aufgrund der sich permanent und rasch verändernden Landschaften in und um Unternehmen eine der zentralen Führungskompetenzen der Zukunft.

Besonderes Augenmerk muss aber auf die biografischen Erfahrungen mit Krisen jeder einzelnen Führungskraft gelegt werden. In Stress-Situationen greift der Mensch in Sekundenschnelle auf seine erlernten und mehr oder minder erprobten Stress-Bewältigungsmuster und Abwehrstrategien zurück. Diese sind erfahrungsgemäß nicht immer konstruktiv für den Umgang mit Emotionalität und Betroffenheit, sondern dienen in erster Linie dem Überleben des Selbstwertes der Führungskraft. Entwicklungsprogramme für Führungskräfte bedeuten die Schaffung einer Kultur, in der Krisen empathisch und kongruent begegnet werden kann, und sie fordern vor allem eine Bereitschaft zur ständigen Reflexion des eigenen Führungshandelns, der eigenen Betroffenheit und der persönlichen Stressmuster. Im Folgenden werden einige Ansätze zur Entwicklung der Krisenkompetenz für Führungskräfte angeführt.

6.1 Schulung und Coaching von Führungskräften

In Seminaren, Workshops und Coachings können Führungskräfte die Grundlagen der Krisenforschung und der psychosozialen Dynamik von Krisen erlernen. Bei Personalentwicklungsprogrammen zur Krisenkompetenz für Führungskräfte haben sich folgende Trainingsinhalte bewährt:

- Reflexion der persönlichen Krisenerfahrung (persönlich und beruflich) – Biografie-Arbeit
- Unterscheidung von Krisen in traumatische und Lebens-Veränderungskrisen
- Dynamiken von Krisen (Phasenmodell von Krisen) und Bewusstwerdung über die Notwendigkeit der Verarbeitungsprozesse
- Typische Schwierigkeiten beim Umgang mit Krisen:
  - Störungen der Problembewältigung
  - Störungen der Kommunikation
- Reflexion der persönlichen Muster im Umgang mit Krisen und Drucksituationen
- Krisenkompetenzen und -fähigkeiten
- Auseinandersetzung mit Modellen der Salutogenese und der Resilienz und Anwendbarkeit im Führungs- und Teamalltag
- Training der kommunikativen Kompetenz und Führungstools in Krisensituationen (Fallbeispiele)
- Aufgaben von Führungskräften in Krisenzeiten: Rolle, Verantwortung, aber auch Grenzen
- Die eigene Psychohygiene in Krisenzeiten

Besonderes Augenmerk zur Entwicklung von Krisenkompetenz liegt meiner Erfahrung nach auf folgenden Punkten:

- Der persönliche Zugang zu Krisen resultiert aus einer Reihe von biografischen Erfahrungen, die im Normalfall selbst mit hohen Emotionen besetzt waren. Um das eigene Verhalten in Krisen bewusst und damit veränderbar zu machen, ist es notwendig, dass sich die Führungskräfte auf ein Stück „Selbsterfahrung" und damit Persönlichkeitsentwicklung einlassen.
- Ein reines Skill-Training (z. B. Kommunikationskompetenz oder Know-how über Krisenphasen) erhöht zwar das theoretische Wissen – die notwendige „Haltung" von Empathie und Kongruenz wird aber nur über die Auseinandersetzung auf einer stark persönlichen Ebene entwickelt.
- Die Bewusstwerdung der eigenen Stress- und Abwehrmechanismen erfordert Mut und

eine hohe Reflexionsbereitschaft. Dabei werden kritische Themen wie Selbstwertgefühl, eigene Bedürfnisse nach Anerkennung, Zugehörigkeit oder Macht, Ängste vor Imageverlust bis hin zu Existenzängsten oder die Neigung zu Schuldgefühlen und übersteigertem oder negiertem Verantwortungsbewusstsein aktualisiert.

- Das so wichtige Zulassen der Emotionalität in Krisenzeiten und die Schaffung von sicheren Rahmenbedingungen, wo auch Wut, Ärger und Trauer gezeigt werden dürfen, gelingt nur, wenn die Führungskräfte die innere Stärke besitzen, dies „auszuhalten", und nicht von den eigenen Ängsten und Flucht- bzw. Angriffsmustern überrollt werden.
- Lernen bedeutet konkrete Erfahrungen zu machen, Theoretisches auf den Boden der Alltagserfahrungen zu holen und vor allem „erlebbare" und „spürbare" Ereignisse zu schaffen. Sicherheit für Führungskräfte zu schaffen bedeutet daher unbedingt auch, sie mit „Skills" und „Tools" aus der Krisenintervention auszustatten und dies anhand von konkreten Situationen aus dem Führungsalltag zu bearbeiten. Was bisher nicht gelernt wurde, kann jederzeit neu gelernt werden – eine empathische Form der Kommunikation kann erlebt und neu integriert werden. Meiner Erfahrung nach müssen Trainer/-innen und Coachs hier Erfahrungswissen und konkretes Kommunikations-Know-how zur Verfügung stellen bis hin zum „Ausprobieren" von sprachlichen Formulierungen und Sätzen. Das Erleben, wie sich unterschiedliche Sprache und Körperhaltung auf das Krisenempfinden des Gegenübers auswirkt, schafft Lernen und Persönlichkeitsentwicklung.

6.2 Einführung von Modellen des kollegialen Führungscoachings

Resilienz bedeutet vor allem soziale Unterstützung. Krisen gut durchleben zu können hängt in erster Linie von der Verfügbarkeit tragfähiger Beziehungen und unterstützender Menschen im Umfeld ab. Führungskräfte beschreiben die bereits oben genannte Führungseinsamkeit und haben zumeist eine große Scheu, von sich aus Hilfe und Unterstützung in Anspruch zu nehmen. In der psychosozialen Krisenintervention gibt es hilfreiche Unterstützungssysteme der Supervision (mit einem externen Supervisor/einer externen Supervisorin) und der Intervision (Reflexion und Bearbeitung von Krisenfällen mit Kollegen/Kolleginnen). Ähnliche Systeme können für Führungskräfte das Coaching mit einem externen Berater/einer externen Beraterin und das kollegiale Führungscoaching mit Kollegen/Kolleginnen sein. Schwierige (Lebens-)Situationen erfordern Menschen, die unterstützen. Kollegiales Führungscoaching, das in regelmäßigen Intervallen institutionalisiert wird, fördert einerseits den kompetenten Umgang mit Krisen- und anderen schwierigen Situationen, und es generiert vor allem eine resiliente Führungskultur und Haltung.

7 Schlussbemerkung

Krisenkompetenz ist vielmehr eine Haltung als eine Fertigkeit. Es erfordert selbstbewusste Menschen, die sich einlassen können, die gut für sich selbst und andere sorgen, die den Mut haben, hinter die Kulissen der eigenen Ängste und Blockaden zu schauen, und die gerade unter Druck entschleunigen, um somit sowohl Authentizität als auch Empathie leben zu können. Diese Kompetenzen zu entwickeln bedeutet nicht nur den Aufbau von skills und Fertigkeiten, sondern Entwicklung der Persönlichkeit und des Menschen „hinter" der Führungskraft.

Literaturverzeichnis

Abrahamson, Eric (2001): Unternehmenswandel ohne Schmerzen. In: Harvard Businessmanager 1, S. 95–99.

Antonovsky, Aaron (1997): Salutogenese: Zur Entmystifizierung der Gesundheit. Tübingen: Dgvt.

Aschauer, Anneliese, Auinger, Franz & Hofer, Peter (2007): Gesund führen: Identifikation durch nachhaltige Strategien. In: Böhnisch, Wolf R., Reber, Gerhard, Leichtfried, Gerlinde & Hechenberger, Doris (Hrsg.): Werteorientierte Unternehmensführung in Theorie und Praxis. (Band 2). Frankfurt am Main, Berlin, Bern, Bruxelles, New York, Oxford und Wien: Lang, S. 143–173.

Bilinski, Wolfgang (2010): Phönix aus der Asche. Resilienz – wie erfolgreiche Menschen Krisen für sich nutzen. Freiburg: Haufe.

Cullberg, Johan (1978): Krisen und Krisentherapie. In: Psychiatrische Praxis 5, S. 25–34.

Fröhlich-Gildhoff, Klaus & Rönnau-Böse, Maike (2009): Resilienz. München: Reinhardt-UTB Profile.

Heitger, Barbara & Doujak, Alexander (2002): Harte Schnitte, neues Wachstum: Die Logik der Gefühle und die Macht der Zahlen im Changemanagement – Das Konzept der unbalanced transformation. Frankfurt und Wien: Überreuter.

Huber, Michaela (2010): Der innere Garten. Ein achtsamer Weg zur persönlichen Veränderung. 4. Auflage. Paderborn: Junfermann.

Kast, Verena (2000): Lebenskrisen werden Lebenschancen. Wendepunkte des Lebens aktiv gestalten. 2. Auflage. Freiburg: Herder/Spektrum.

Kübler-Ross, Elisabeth (1971): Interviews mit Sterbenden. Stuttgart und Berlin: Kreuz.

Satir, Virginia (1990): Kommunikation – Selbstwert – Kongruenz. Konzepte und Perspektiven familientherapeutischer Praxis. Paderborn: Junfermann.

Sonneck, Gernot (2000): Krisenintervention und Suizidverhütung. Wien: Facultas.

Internetquelle:

Rummel, Martina (2006): Leadership in der Krise: Resilienz aufbauen; http://www.dialog-btc.de/pdf/Leadership_in_der_Krise_-_Resilienz_aufbauen.pdf [18.01.2010].

Alexandra Eder / Klaus Rütters
Leibniz-Universität Hannover

Lernortkooperative Fortbildungen von Lehrern/ Lehrerinnen und Ausbildern/Ausbilderinnen in der dualen Ausbildung zum Mechatroniker/ zur Mechatronikerin

Ausgangspunkte einer fachlichen, pädagogischen und lernortkooperativen Kompetenzverbesserung des Ausbildungspersonals

1 Einleitung 258
2 Lernortkooperation als Grundelement des dualen Systems
   in Deutschland 258
   2.1 Lernortkooperation auf Makro-, Meso- und Mikroebene der dualen
        Berufsausbildung in Deutschland 259
        2.1.1 Lernortkooperation auf der Makroebene 259
        2.1.2 Lernortkooperation auf der Mesoebene 261
        2.1.3 Lernortkooperation auf der Mikroebene 262
   2.2 Zusammenfassung und Überleitung 264
3 Projekt „Lernortkooperative Fortbildungen von Lehrern/Lehrerinnen
   sowie Ausbildern/Ausbilderinnen in der dualen Berufsausbildung von
   Mechatronikern/Mechatronikerinnen" 264
   3.1 Initiative, Beteiligte und Zielperspektiven des Projektes 265
   3.2 Ziele des Modellversuchs 265
        3.2.1 Fachliche Kompetenzentwicklung von Lehrkräften und
               Ausbildern/Ausbilderinnen 266
        3.2.2 Pädagogische Kompetenzentwicklung von Ausbildern/Ausbilde-
               rinnen und Lehrkräften 266
        3.2.3 Verbesserung der Lernortkooperation zwischen der Berufsschule
               und den Ausbildungsbetrieben 267
   3.3 Befragung von Auszubildenden der Mechatronik zur Lernortkooperation 268
        3.3.1 Forschungshypothesen und ausgewählte Ergebnisse der
               Befragung 268
        3.3.2 Zusammenfassung 273
   3.4 Verbesserung der Kooperation durch lernortkooperative Fortbildungen 274
        3.4.1 Ermittlung des Fortbildungsbedarfs in unserem Modellversuch 274
        3.4.2 Durchführung der Fortbildungsveranstaltungen 276
4 Fazit 276
Literaturverzeichnis 277

Alexandra Eder / Klaus Rütters

1 Einleitung

Lernortkooperation stellt ein konstitutives Element der dualen Berufsausbildung in Deutschland dar. Dieser Sachverhalt wird von Lehrkräften und Ausbildern/Ausbilderinnen ebenso gesehen wie von der Berufsbildungsforschung, der Berufsbildungspolitik und inzwischen auch gesetzlich gefordert. Lernortkooperation muss institutionell gewollt und abgesichert sein, was sich insbesondere in einer Abstimmung und Zusammenarbeit von Ausbildern/Ausbilderinnen und Lehrkräften zeigt. Erfolgreiche Lernortkooperation erfordert gegenseitige Akzeptanz und Wertschätzung der beteiligten Akteure/Akteurinnen. Ob gemeinsame Fortbildungen von Lehrkräften und Ausbildern/Ausbilderinnen ein probates Mittel darstellen, Lernortkooperation zu initiieren oder zu fördern, soll in dem folgenden Beitrag am Beispiel des Ausbildungsberufs „Mechatroniker/-in" untersucht werden.

Der Ausbildungsberuf „Mechatroniker/-in" ist ein relativ neuer Beruf, der in den letzten 12 Jahren große Beachtung erlangt hat (vgl. Drinkhut & Schlottau 2006, S. 17). Es sind zukunftsorientierte Ordnungsmittel erarbeitet und eine immer größere Anzahl an Ausbildungsplätzen bereitgestellt worden. Eine Besonderheit dieses Berufes ist es, dass er Inhalte der Elektrotechnik, Mechanik und Informationstechnik umfasst, die möglichst integrativ vermittelt werden sollen. Da die überwiegende Mehrheit der Lehrkräfte und Ausbilder/-innen selbst aber nur über Ausbildungen in den einzelnen Fachgebieten, aber nicht in „Mechatronik" verfügen, kann jeder/jede Einzelne nur relevante Inhalte seines/ihres Fachgebiets vermitteln, und der/die Auszubildende muss diese isoliert vermittelten Inhalte in seinem/ihrem komplexen Arbeitsfeld „Mechatronik" anwenden.

Ausgehend von diesem Sachverhalt haben ausgewählte Wirtschaftsunternehmen und eine berufsbildende Schule – die als Innovations- und Zukunftszentrum für Mechatronik in der Region Hannover gilt – einen Modellversuch initiiert, dessen wesentliches Ziel darin besteht, Ausbildende und Lehrkräfte so fortzubilden, dass sie am Ende des Modellversuchs das komplexe Fachgebiet Mechatronik zumindest auf dem Niveau eines Facharbeiters/einer Facharbeiterin integrativ unterrichten bzw. ausbilden können. Die theoretischen Grundlagen, die Gestaltung und erste Ergebnisse dieses Modellversuchs werden im Folgenden dargestellt und kritisch reflektiert.

2 Lernortkooperation als Grundelement des dualen Systems in Deutschland

Schon 1964 postulierte der Deutsche Ausschuss für das Erziehungs- und Bildungswesen, dass der Erfolg des dualen Ausbildungssystems entscheidend von der Fähigkeit und Bereitschaft der Ausbildungsbetriebe und der Berufsschule zur Lernortkooperation abhängt (vgl. Deutscher Ausschuss 1966, S. 503). Kooperation ist dementsprechend ein systemimmanenter Bestandteil der als „dual-korporatistisch" klassifizierten Berufsausbildung, die v. a. im deutschen Kulturraum realisiert wird (vgl. Greinert 2005, S. 14). An der hohen Bedeutungszuschreibung von Lernortkooperation hat sich bis heute nichts geändert. So wurde im Jahr 2008 vom Bundesinstitut für Berufsbildung (BiBB) im Rahmen eines Berufsbildungsexperten-/-expertinnen-Ratings (n=355) Lernortkooperation als ein wesentlicher Indikator[1] für die Qualität der beruflichen Ausbildung identifiziert (vgl. Beicht, Krewerth, Eberhard & Granato 2009, S. 5). Trotz dieses allgemein anerkannten hohen Stellenwertes war Lernortkooperation bisher gesetzlich nicht verankert. Erst 2005 wurde sie im Berufsbildungsgesetz festgeschrieben.

Im Folgenden wird dargestellt, inwieweit auf den verschiedenen Systemebenen des dualen Systems Lernortkooperation verankert ist und aktiv praktiziert wird. Die Ausführungen sollen dazu beitragen, ein besseres Verständnis der strukturellen Voraussetzungen von Lernortkooperation im dualen System in Deutschland zu erlangen.

2.1 Lernortkooperation auf Makro-, Meso- und Mikroebene der dualen Berufsausbildung in Deutschland

Bildungsforschung, so auch die Berufspädagogik, analysiert Bildungsprozesse bzw. Steuerungsprozesse im Bildungssystem häufig in Bezug auf die Makroebene (Gesellschaftsebene), Mesoebene (Organisationsebene) und Mikroebene (personelle Interaktionsebene) (vgl. Brüsemeister 2008, S. 11; Fend 2008, S. 16). Im Folgenden wird dargelegt, welche Regulierungsinstrumente zur Steuerung der Lernortkooperation im dualen System in Deutschland auf diesen unterschiedlichen Systemebenen bestehen und welche Akzeptanz von Lernortkooperation sich feststellen lässt. Da unsere Untersuchung vornehmlich Erfahrungen aus einem Modellversuch zu „Lernortkooperativen Fortbildungen von Lehrern/Lehrerinnen und Ausbildern/Ausbilderinnen in der dualen Ausbildung zum Mechatroniker/zur Mechatronikerin" widerspiegelt, der im Raum Hannover durchgeführt wird, beziehen sich unsere länderspezifischen Ausführungen zur Lernortkooperation überwiegend auf das Bundesland Niedersachsen.

2.1.1 Lernortkooperation auf der Makroebene

Nach einer Definition von Fend (vgl. 2008, S. 16) manifestieren sich Regulierungsinstrumente im Bildungssystem auf der Makroebene in Form von z. B. Schulgesetzen, Bildungsplänen und Verordnungen der Schulverwaltung, wohingegen sich das faktische/empirische Geschehen auf dieser Ebene in der Bildungspolitik, Lehrplanarbeit bzw. aktuellen Bildungsverwaltungsarbeit erkennen lässt. Untersucht man nun, inwieweit Lernortkooperation im dualen System gesetzlich verankert ist, zeigt sich auf Bundes- und auf Länderebene ein ambivalentes Bild.

So wird, wie bereits erwähnt, im novellierten Berufsbildungsgesetz in § 2 Absatz 2 seit 2005 explizit postuliert:

„Die Lernorte […] wirken bei der Durchführung der Berufsbildung zusammen (Lernortkooperation)." (BMBF 2005b, S. 14) Diese ausdrückliche gesetzliche Verankerung im BBiG von 2005 stellt ein Novum dar, d.h., im BBiG von 1969 wurde Lernortkooperation als Aufgabe der Akteure/Akteurinnen beruflicher Bildung nicht explizit formuliert. Diese Festschreibung wird von den Verfassern/Verfasserinnen des BBiG von 2005 u.a. damit begründet, dass die

---

[1] Der Indikator Kooperation der Lernorte ging mit 15% Gewichtung in die Gesamtbeurteilung der Ausbildungsqualität ein.

beiden Partner der dualen Berufsausbildung (Betrieb und Berufsschule) sich im permanenten Wandel befinden und die damit verbundenen veränderten Anforderungen durch die Berufsausbildung nur kooperativ gemeistert werden können.

Veränderte Qualifikationsanforderungen, neue bzw. neu geordnete Ausbildungsberufe und eine Orientierung der inhaltlichen und methodisch-didaktischen Gestaltung der Ausbildung an Arbeits- und Geschäftsprozessen fordern eine stärkere Zusammenarbeit der Dualpartner (vgl. BMBF 2005a, S. 14). „Die durch Ausbildungsordnung und Rahmenlehrplan aufeinander abgestimmten Ausbildungsinhalte für die Lernorte Betrieb und Berufsschule können diesen neuen Anforderungen besser im Rahmen enger Lernortkooperation begegnen." Daher ist diese „als ständige Aufgabe im Gesetz aufzunehmen. Deshalb sind auch die Länder aufgefordert, die durch das neue Gesetz verbesserten Möglichkeiten [...] zu nutzen, um die Verknüpfung der Lernorte nach Qualität, Quantität und zeitlicher Effizienz der Bildungswege zu optimieren." (ebenda)

Eine Analyse der aktuellen Schulgesetze der 16 deutschen Bundesländer zeigt, dass die Vorgaben des BBiG von 2005 zur Lernortkooperation nur in wenigen Bundesländern in den Schulgesetzen konkretisiert wurden. In zwei Gesetzestexten findet sich keine Anmerkung zu diesem Thema (Baden-Württemberg und Saarland), in neun Bundesländern (Bayern, Bremen, Hessen, Mecklenburg-Vorpommern, Nordrhein-Westfalen, Rheinland-Pfalz, Sachsen, Sachsen-Anhalt und Thüringen) werden vorsichtige Absichtserklärungen zur Lernortkooperation formuliert, und lediglich in fünf Bundesländern (Berlin, Brandenburg, Hamburg, Niedersachsen und Schleswig-Holstein) werden im Schulgesetz relativ konkrete Vorgaben gemacht, wie Lernortkooperation zwischen Schule und Betrieb zu organisieren ist.

So heißt es in § 35 a des niedersächsischen Schulgesetzes: „Die Bildungsgangs- und Fachgruppen entscheiden über die fachlichen und unterrichtlichen Angelegenheiten, die den jeweiligen Bildungsgang oder das Fach betreffen, insbesondere [...] über die Zusammenarbeit mit Betrieben und weiteren an der Aus- und Weiterbildung beteiligten Einrichtungen." (NSchG 2010) Weitere Ausführungen gibt es dazu nicht. Auch in Zusatzverordnungen zum berufsbildenden Schulwesen (z.B. in der „Verordnung über berufsbildende Schulen" [BbS-VO 2009] und den „Bestimmungen für das berufsbildende Schulwesen" [EB-BbS 2009]) wird Lernortkooperation nicht gefordert, und dementsprechend sind auch keine Ressourcen (z. B. Stundenentlastung für Lehrkräfte oder Funktionsstellen) für die Umsetzung von Lernortkooperation vorgesehen.

Im Hinblick auf eine gesetzliche Verankerung von Lernortkooperation im Schulgesetz muss das Bundesland Hamburg als Positivbeispiel genannt werden. Hier gibt es einen eindeutig formulierten Paragrafen „Lernortkooperationen" (§ 78 a), der regelt, dass an staatlichen berufsbildenden Schulen überinstitutionelle Gruppen – sogenannte Lernortkooperationen – einzurichten sind, die „die Zusammenarbeit zwischen Betrieben und Schulen fördern und durch Absprachen die Qualität der Berufsausbildung weiterentwickeln" (HmbSG 2010, S. 68f.) sollen. Des Weiteren ist geregelt, welche Institutionen Vertreter/-innen in diese überinstitutionelle Gruppe entsenden sollen bzw. das Recht auf Mitwirkung haben und welche Teilziele durch die Umsetzung dieser Lernortkooperationen angestrebt werden. Zusammenfassend kann festgestellt werden, dass eine dezidierte Festschreibung von Lernortkooperation aktuell in der überwiegenden Mehrheit der Bundesländer kaum erfolgte.

Geregelt ist dagegen die Abstimmung von Ausbildungsordnungen und Rahmenlehrplänen der im dualen System anerkannten Ausbildungsberufe. Im Rahmen eines Bund-Länder-Koordinierungsausschusses werden unter Federführung des Bundes und unter Einbezug der

Ländervertreter/-innen und der Sozialpartner/-innen (Arbeitgeber/-innen, Gewerkschaften) in einem eindeutig geregelten Verfahren die Ordnungsmittel beruflicher Bildung gemeinsam erstellt und aufeinander abgestimmt (vgl. KMK 2007, S. 24ff.). Seit dem Jahr 2008 werden zudem in neu geordneten Ausbildungsberufen die Lernfelder der lernfeldorientierten Rahmenlehrpläne für die Berufsschulen den Positionen in den betrieblichen Ausbildungsrahmenplänen so zugeordnet, dass eine zeitliche und sachliche Abstimmung der schulischen und betrieblichen Ausbildung im Ausbildungsverlauf erleichtert wird. Diese Zuordnung erfolgt mit dem Ziel, „die Kooperation der Lernorte vor Ort zu verbessern und zu intensivieren." (KMK 2010, S. 25)

Zusammenfassend kann für die Makroebene der Lernortkooperation in Deutschland festgestellt werden, dass durch das Berufsbildungsgesetz von 2005 die Lernortkooperation eindeutig festgeschrieben ist, diese Festschreibung in Schulgesetzen der Länder aber wenig konkretisiert ist. Klar und eindeutig ist dagegen die Abstimmung der Rahmenlehrpläne und Ausbildungsordnungen der schulischen und betrieblichen Ausbildung zwischen Bund und Ländern geregelt. Für die Kooperation der an Berufsausbildung beteiligten Instanzen auf der Makroebene des dualen Systems sind im Hinblick auf bundeseinheitliche Gesetzgebung und Ordnungsvorgaben relativ positive Bedingungen geschaffen, die auch für die Akteure/Akteurinnen auf Meso- und Mikrosystemebene allseits gefordert werden. Auf Länderebene besteht dagegen die Notwendigkeit, Lernortkooperation stärker als bisher auch gesetzlich zu regeln.

2.1.2 Lernortkooperation auf der Mesoebene

Kooperation auf der Makroebene erfolgt laut Fend überwiegend auf dem Papier bzw. aus der Ferne durch Bildungspolitiker/-innen und Behörden. Auf der Mesoebene geht es dagegen bereits um die Zusammenarbeit zwischen Organisationen, was eine Konkretisierung der Makroebene bedeutet (vgl. Fend 2008, S. 145). Akteure/Akteurinnen der Organisationsebene des dualen Systems „rekontextualisieren die Ordnungsvorgaben der Makroebene" (ebenda, S. 154) auf die Handlungsebene der Einzelorganisation und die lokalen Gegebenheiten. Die Organisationen, die auf der Mesoebene im dualen System zusammenarbeiten, sind v. a. die Berufsschule und die Ausbildungsbetriebe, aber auch die Kammern, die Schulaufsichtsbehörden und die Schulträger. Ausprägungen für das empirische Erscheinungsbild auf der Mesoebene sind für die Schule z. B. die Schulführung, Schulentwicklungsarbeit, kommunale Beteiligung und Schulkultur (vgl. ebenda, S. 16).

Die Lernortkooperation auf der Mesoebene wird im dualen System als gelungen bewertet, wenn Berufsschulen und Betriebe gemeinsam dafür sorgen, dass die Auszubildenden die notwendigen Handlungskompetenzen ihres jeweiligen Ausbildungsberufs erwerben (vgl. Beicht, Krewerth, Eberhard & Granato 2009, S. 4f.). Die übergeordnete Ziel- und Bildungsperspektive „Entwicklung der beruflichen Handlungskompetenz von Auszubildenden" steht folglich im Fokus jeglicher Kooperation im dualen System (vgl. Euler 2004, S. 12). Lernortkooperation (zumindest in Niedersachsen) ist – wie auf der Makroebene schon deutlich wurde – für die berufsbildenden Schulen gesetzlich wenig geregelt, was für die Akteure/Akteurinnen in der dualen Berufsausbildung bedeutet, dass nur wenige Vorgaben zur Zusammenarbeit vorliegen. Einzige Festlegung für Berufsschulen in Niedersachsen ist, wie bereits erwähnt, dass die Bildungsgangs- und Fachgruppen über die Zusammenarbeit mit den Ausbildungsbetrieben entscheiden. An dieser Tatsache ändern auch die Landesausschüsse für Berufsbildung wenig, die die Landesregierung in Fragen der Ausbildung mit dem Ziel beraten, im Interesse einer einheitlichen Berufsbildung auf eine Zusammenarbeit zwischen der schulischen und betrieblichen Berufsausbildung hinzuwirken (vgl. BBiG 2005, § 83).

Ein Element zur Förderung der Lernortkooperation auf der Mesoebene stellen die Prüfungsausschüsse dar, die von den Kammern eingerichtet werden und in denen Vertreter/-innen der Arbeitgeber/-innen, Arbeitnehmer/-innen und der Berufsschule zusammenarbeiten (vgl. ebenda, §§ 39 und 40). Kammern, Betriebe und Berufsschulen müssen in diesem Bereich überinstitutionell zusammenarbeiten, um eine ausbildungsadäquate Prüfung gestalten und durchführen zu können. Damit ist festzuhalten, dass rechtliche Vorgaben die Zusammenarbeit in der dualen Berufsausbildung auf der Mesoebene, z. B. durch die Einrichtung von gemeinsam arbeitenden Ausschüssen, teilweise fördern.

Wie einleitend erwähnt, muss Lernortkooperation auch institutionell gewollt und abgesichert sein. In diesem Zusammenhang lässt sich feststellen, dass Lernortkooperation bei Leitern/Leiterinnen berufsbildender Schulen eine hohe Akzeptanz findet. So ergab eine Befragung von 209 Schulleitern/-leiterinnen aus den 1990ern (vgl. Brandes 1999, S. 171), dass

- 85 % regelmäßige Gespräche von Ausbildern/Ausbilderinnen und Lehrkräften zur inhaltlichen und zeitlichen Abstimmung der Ausbildung und gemeinsamen Weiterbildung,
- 88 % die Durchführung gemeinsamer Projekte von Schule und Betrieb und
- 81 % die gemeinsame Förderung/Beratung von Auszubildenden

als sinnvoll erachten.

Trotz dieser hohen Akzeptanz und der die Lernortkooperation fordernden und fördernden rechtlichen Vorgaben bleibt festzustellen, dass es für die pädagogisch-didaktische Zusammenarbeit der schulischen Lehrkräfte und betrieblichen Ausbilder/-innen im dualen System keine klaren gesetzlichen Vorgaben, festen Ressourcen bzw. flächendeckend umgesetzten Verfahren gibt.

2.1.3 Lernortkooperation auf der Mikroebene

Lernortkooperation in der dualen Berufsausbildung hängt damit v. a. von der Initiative und Motivation einzelner Lehrkräfte und Ausbilder/-innen ab (vgl. Schmidt 2004, S. 56). Dazu unterscheidet Euler drei Intensitätsstufen:

- Informieren: Ausbilder/-innen und Lehrkräfte tauschen Informationen über das Ausbildungsgeschehen am jeweiligen Lernort aus. Themen dieses Informationsaustausches können sein: zeitliche Anordnung der Ausbildungsinhalte, Disziplinprobleme und Lernschwierigkeiten der Auszubildenden, Erwartungshaltungen und Erfahrungen im Ausbildungsalltag. In dieser Stufe geht es vorwiegend darum, zu kommunizieren, was sich am eigenen Lernort ereignet, und wahrzunehmen, was am anderen Lernort stattfindet.
- Abstimmen: Basierend auf den ausgetauschten Informationen wird das Ausbildungsgeschehen am jeweiligen Lernort inhaltlich, zeitlich und didaktisch-methodisch zu einem gewissen Grad aufeinander abgestimmt und arbeitsteilig von den schulischen und betrieblichen Akteuren/Akteurinnen unter den jeweiligen organisatorischen Rahmenbedingungen umgesetzt. Hierbei handelt es sich eher um eine lernortübergreifende Koordination des Ausbildungsgeschehens, weniger um eine Zusammenarbeit.

- Zusammenwirken: Lehrkräfte und Ausbilder/-innen planen gemeinsam konkrete (Ausbildungs-)Projekte und führen sie phasenweise arbeitsteilig und/oder gemeinsam durch – wie z. B. Herstellung/Anbieten konkreter Produkte und Dienstleistungen. Darüber hinaus kann auch die Realisierung von gemeinsamen Fortbildungsveranstaltungen zur kooperativen Kompetenzerweiterung des Ausbildungspersonals auf dieser Intensitätsstufe eingeordnet werden. Beide Formen des Zusammenwirkens von Ausbildern/Ausbilderinnen und Lehrkräften zielen dabei mittelbar und/oder unmittelbar auf die Förderung der beruflichen Handlungskompetenz der Auszubildenden. (vgl. Euler 2004, S. 15)

In einer für das Bundesgebiet repräsentativen Studie des Bundesinstituts für Berufsbildung (BiBB) aus dem Jahre 2008, in der ca. 6 000 Auszubildende die Abstimmung zwischen der schulischen und der betrieblichen Ausbildung beurteilen sollten, ergab sich z. B. ein Durchschnittswert von 3,8[2]. Dieser Wert bedeutet, dass Auszubildende lernortkooperative Maßnahmen auf der Ebene des Zusammenwirkens wie

- „Inhalte, die in der Berufsschule gelernt werden, werden auch im Betrieb angewendet"
- „Arbeiten, die Auszubildende im Betrieb erlernen, werden auch in der Schule behandelt"
- „Ausbildungsprojekte werden von Betrieb und Berufsschule gemeinsam geplant und durchgeführt"

„eher wenig" wahrgenommen haben, d. h., die Lernortkooperation im dualen System wird durchaus negativ beurteilt (vgl. Beicht, Krewerth, Eberhard & Granato 2009, S. 6 ff.).

Darüber hinaus dokumentieren bereits erwähnte repräsentative Befragungen von Auszubildenden aus den 1990ern, dass in dieser Hinsicht in den letzten Jahren kaum Fortschritte erzielt wurden. So gaben z. B. von 3 317 befragten Auszubildenden im Bundesgebiet lediglich 7,5 % an, dass die Ausbildung im Betrieb und der Unterricht in der Berufsschule gut aufeinander abgestimmt sind (vgl. Berger 1999, S. 174). Im Rahmen dieser Studie wurden ebenfalls 2 624 Ausbilder/-innen und 1 413 Lehrkräfte befragt, deren Angaben mit der Einschätzung der Schüler/-innen in der Tendenz übereinstimmen. So gaben 57 % der Ausbilder/-innen und 39 % der Lehrkräfte an, nicht oder nur sporadisch zu kooperieren. Eine kontinuierliche Zusammenarbeit auch in methodisch-didaktischen Fragen im Hinblick z. B. auf die Umsetzung lernortkooperativer Projekte praktizierten nach eigenen Angaben lediglich 16 % der Ausbilder/-innen und Lehrkräfte (vgl. Walden 1999, S. 138). Häufigere Kooperations- bzw. Kommunikationsanlässe waren Disziplinprobleme, Lernschwierigkeiten und die Organisation von Zwischen- und Abschlussprüfungen. Trotz der begrenzten Zusammenarbeit von Lehrkräften und Ausbildern/Ausbilderinnen schätzten 84 % der Lehrkräfte und 78 % der Ausbilder/-innen die Zusammenarbeit mit dem anderen Lernort als sehr wichtig bis wichtig ein (vgl. Brandes 1999, S. 158).

Vor diesem Hintergrund und mit Fokus auf die Festlegung, dass Lernortkooperation im dualen System v. a. dann als gelungen bewertet werden kann, wenn die Auszubildenden Berufsschule und Betrieb als zusammenarbeitende Lernorte erleben, die es ihnen ermöglichen, die berufliche Handlungskompetenz ihres Ausbildungsberufes zu erschließen, verwundert es nicht, dass Berufspädagogen/-pädagoginnen die Situation im dualen System noch immer als ein zusammenhangsloses Nebeneinander unterschiedlicher Lernorte bezeichnen (vgl. Berger 1999, S. 195; Euler 2004, S. 18; Lipsmeier 2004, S. 69; Pätzold 1997, S. 122).

---

[2] 1 = trifft sehr stark zu, 2 = trifft stark zu, 3 = trifft eher stark zu, 4 = trifft eher wenig zu, 5 = trifft wenig zu , 6 = trifft gar nicht zu.

2.2 Zusammenfassung und Überleitung

Trotz der hohen Bedeutung der Kooperation der Lernorte im dualen System der Berufsbildung in Deutschland lässt sich zusammenfassend feststellen, dass die gesetzliche Regelung von Lernortkooperation auf Bundesebene in den letzten Jahren durch das Berufsbildungsgesetz von 2005 und durch die aufeinander abgestimmten Rahmenlehrpläne und Ausbildungsrahmenplänen ausreichend geregelt ist, die Steuerungsmechanismen auf Meso- und Mikroebene des dualen Systems in einzelnen Bundesländern dagegen als unzureichend einzustufen sind. So wurde es in einigen Bundesländern versäumt, entsprechende Regelungen auch in die Schulgesetze der Länder zu übernehmen. Dieses Manko bringt als Problem mit sich, dass auf der Meso- und Mikroebene des dualen Systems jeder einzelne Ausbilder/jede einzelne Ausbilderin bzw. jede einzelne Lehrkraft eigene Strategien zur Umsetzung von Lernortkooperation entwickeln und um die notwendigen Ressourcen dafür ersuchen muss. Dies führt dazu, dass die Zusammenarbeit im dualen System nur von einem Teil der Ausbilder/-innen und der Lehrkräfte auf organisatorischer und pädagogisch-didaktischer Ebene umfassend realisiert wird.

Vor dem Hintergrund einer allgemein defizitären Lernortkooperation im dualen System der Berufsausbildung in Deutschland und einer sehr spezifischen Problemstellung in der Ausbildung von Mechatronikern/Mechatronikerinnen wurde das Projekt „Lernortkooperative Fortbildungen von Lehrern/Lehrerinnen sowie Ausbildern/Ausbilderinnen in der dualen Berufsausbildung von Mechatronikern/Mechatronikerinnen" im Raum Hannover initiiert, über das im Folgenden besonders referiert wird.

3 Projekt „Lernortkooperative Fortbildungen von Lehrern/Lehrerinnen sowie Ausbildern/Ausbilderinnen in der dualen Berufsausbildung von Mechatronikern/Mechatronikerinnen"

Ausgangsüberlegung für die Initiierung dieses Modellversuchs war die besondere Ausbildungssituation im Beruf „Mechatroniker/-in", in der mechanische, elektrische und informationstechnische Kompetenzen möglichst integriert vermittelt werden sollen. Da es für diesen Ausbildungsberuf bisher aber kaum speziell qualifizierte Lehrkräfte und Ausbilder/-innen gibt, wird die berufliche Erstausbildung in diesem Beruf von Personen durchgeführt, die in der Regel lediglich in einem der drei Bereiche (Mechanik, Elektrotechnik oder Informationstechnik) ausgebildet sind. Dabei wird davon ausgegangen, dass die Auszubildenden die getrennt vermittelten Inhalte bei der Bearbeitung mechatronischer Aufgaben und Projekte anwenden können. Diese wenig befriedigende Situation will der Modellversuch überwinden, indem Ausbilder/-innen und Lehrkräfte gemeinsam so fortgebildet werden, dass sie am Ende der Laufzeit eine fachlich integrierte Ausbildung von Mechatronikern/Mechatronikerinnen in den Betrieben und in der Schule durchführen können.

3.1 Initiative, Beteiligte und Zielperspektiven des Projektes

Das Projekt „Lernortkooperative Fortbildungen von Lehrern/Lehrerinnen sowie Ausbildern/ Ausbilderinnen in der dualen Ausbildung von Mechatronikern/Mechatronikerinnen", das durch die Projektbeteiligten und Mittel des europäischen Regionalfonds (EFRE) finanziert wird, hat eine Laufzeit von November 2009 bis Oktober 2012. Es wurde von folgenden Hauptakteuren/ -akteurinnen initiiert:

1. einer berufsbildenden Schule der Region Hannover, die sich aktuell als regionales Kompetenzzentrum bzw. Zukunftszentrum im Bereich Mechatronik etabliert und technisch hervorragend ausgestattet ist. In dieser Berufsschule werden zurzeit 274 Auszubildende im Beruf „Mechatroniker/-in" geschult, die in mehr als 50 Betrieben ausgebildet werden;
2. einem Großbetrieb der Automobilzubehörbranche, der jährlich etwa sechs Mechatroniker/ -innen ausbildet und zusätzlich für andere Unternehmen Ausbildungsanteile im Beruf Mechatronik anbietet;
3. der Industrie- und Handelskammer Hannover (IHK) und
4. der Abteilung Berufspädagogik des Instituts für Berufspädagogik und Erwachsenenbildung (IfBE) der Leibniz Universität Hannover, die die wissenschaftliche Begleitung übernommen hat.

Für das Projekt wurden neun weitere Betriebe für eine Mitarbeit gewonnen, sodass zurzeit Ausbilder/-innen aus zehn Betrieben und elf Lehrkräfte aus der Berufsschule aktiv im Modellversuch mitwirken. Es handelt sich um einen weiteren Großbetrieb und acht Mittelbetriebe. Als Projektziele haben sich aus der Antragstellung und durch Diskussion mit den Beteiligten folgende Ziele ergeben:

- Fachliche Kompetenzentwicklung von Lehrkräften und Ausbildern/Ausbilderinnen
- Didaktisch-methodische Kompetenzentwicklung von Ausbildern/Ausbilderinnen und Lehrkräften
- Verbesserung der Lernortkooperation zwischen der Berufsschule und den Ausbildungsbetrieben

3.2 Ziele des Modellversuchs

Die Bezeichnung „Mechatronik" stellt ein Kunstwort dar und deutet auf die Interdisziplinarität des Berufes hin. „Mecha" steht für Mechanik und „tronik" für Elektronik. Es handelt sich hierbei um einen „Querschnittsberuf", der für unterschiedliche technische Branchen entwickelt wurde. Insgesamt werden, wie bereits erwähnt, im Ausbildungsberufsbild „Mechatroniker/-in" fachliche Kompetenzen in den Bereichen Mechanik (Maschinenbau, Feinwerktechnik), Elektrotechnik (Mikro- und Leistungselektronik, Sensorik, Aktorik) und Informationstechnik (Regelungs- und Automatisierungstechnik, Softwaretechnik) integriert. Ausbildungsziel ist jedoch nicht die Vermittlung von Kompetenzen im Umgang mit den einzelnen Teiltechniken, sondern die Befähigung zur Anwendung dieser Kompetenzbereiche in komplexen Arbeitsprozessen.

3.2.1 Fachliche Kompetenzentwicklung von Lehrkräften und Ausbildern/Ausbilderinnen

Die Kompetenzvermittlung in der beruflichen Erstausbildung soll es angehenden Fachkräften ermöglichen, komplexe mechatronische Systeme im Rahmen der unterschiedlichen Anwendungsfelder zu bauen, zu montieren/demontieren, zu programmieren, zu bedienen und instand zu halten. Dies erfordert die Fähigkeit zum vernetzten Denken und Handeln sowohl bei den Auszubildenden als auch bei den Lehrkräften und Ausbildern/Ausbilderinnen der Mechatronik (vgl. BMBF 2002, S. 7 ff.). Gemessen an den abgeschlossenen Ausbildungsverträgen des letzten Jahrzehnts kann die Einführung dieses anerkannten Ausbildungsberufes als Erfolgsgeschichte gesehen werden. So wurden 1998 im Jahr der Einführung 1 311 neue Ausbildungsverträge abgeschlossen, und innerhalb von zehn Jahren stieg diese Zahl um mehr als das Sechsfache, nämlich auf 8 031 neu abgeschlossene Ausbildungsverträge im Jahr 2008 (vgl. BiBB 2010, S. 142). Im Jahr 2009 sank die Zahl der abgeschlossenen Ausbildungsverträge zwar etwas, aber der Beruf gehörte bei den männlichen Auszubildenden auch in diesem Jahr zu den 13 am häufigsten gewählten Ausbildungsberufen (vgl. BMBF 2010, S. 19).

Die Bereitstellung eines diesen Ansprüchen entsprechenden schulischen und betrieblichen Ausbildungsangebots erfordert Lehrkräfte und Ausbilder/-innen mit einer Ausbildung in Mechatronik. Die 11 Lehrkräfte im Bildungsgang „Mechatroniker/-in" haben ihre Expertise jedoch durch ein Universitätsstudium in den beruflichen Fachrichtungen Elektrotechnik, Metalltechnik oder Informationstechnik erworben. Dies kann dazu führen, dass Auszubildende sich am Ende ihrer Ausbildung einzelnen Lehrern/Lehrerinnen bzw. einzelnen Ausbildern/Ausbilderinnen in Bezug auf die Lösung mechatronischer Fragestellungen fachlich überlegen fühlen. Diesem Sachstand will der Modellversuch begegnen, indem als übergeordnetes Projektziel formuliert wurde: Die am Projekt beteiligten Lehrkräfte und Ausbilder/-innen erreichen durch lernortkooperative Fortbildungen in den drei Technologiefeldern Metall-, Elektrotechnik und Informatik einen Wissensstand, der für die Ausbildung eines Mechatronikers/einer Mechatronikerin erforderlich ist. Verfügbare technische Ressourcen in Schule und Betrieb werden als Lernträger für die Auszubildenden gemeinsam genutzt.

3.2.2 Pädagogische Kompetenzentwicklung von Ausbildern/Ausbilderinnen und Lehrkräften

Neben einer hohen fachlichen Kompetenz erfordert die Ausbildung von Mechatronikern/Mechatronikerinnen auch eine besondere didaktisch-methodische Kompetenz der Lehrkräfte und Ausbilder/-innen, da es darum geht, den Auszubildenden die zum Teil hochkomplexen Zusammenhänge mechatronischer Systeme verständlich zu machen und sie zu befähigen, diese Systeme zu bauen, zu reparieren, zu optimieren und/oder zu warten. Dies kann nur in entsprechend komplexen Lehr- und Lernsituationen in Schule und Betrieb realisiert werden.

Dazu kommen die heterogenen Eingangsvoraussetzungen der Auszubildenden (Realschulabschluss bzw. Abitur), die besonderes didaktisch-methodisches Vorgehen erfordern, um allen eine erfolgreiche Ausbildung zu ermöglichen. Eine bedeutsame Zielperspektive auch aus Sicht der Betriebe stellt die pädagogische Befähigung der Ausbilder/-innen dar, mit den heterogenen Ausbildungsvoraussetzungen der Jugendlichen konstruktiv umzugehen. Aus Sicht der wissenschaftlichen Begleitung erscheint es darüber hinaus wichtig, die Ausbilder/-innen über das Konzept des lernfeldorientierten, handlungsorientierten Unterrichts zu informieren, damit sie die aktuelle berufsschulische Realität nachvollziehen und darauf in der betrieblichen Ausbildung eingehen können.

3.2.3 Verbesserung der Lernortkooperation zwischen der Berufsschule und den Ausbildungsbetrieben

Betriebsbesuche und erste Gespräche der Mitglieder der wissenschaftlichen Begleitung mit den Ausbildern/Ausbilderinnen der zehn Betriebe und den elf Lehrkräften an der berufsbildenden Schule ergaben, dass alle Beteiligten die Kooperation zwischen der Schule und den Betrieben im Bereich Mechatronik außerordentlich positiv bewerten. Regelmäßige Treffen (mehrmals im Jahr) von Lehrkräften und Ausbildern/Ausbilderinnen, z. B. an Sprechtagen der Schule/des Betriebs oder bei der Organisation von Zwischen- und Abschlussprüfungen, bieten viele Gelegenheiten zur gegenseitigen Information, zur Abstimmung und zu Absprachen über gemeinsame Aktionen. Darüber hinaus informieren Lehrkräfte die Ausbilder/-innen über die Leistungsstände der Schüler/-innen, und die Schule führt mit einigen Betrieben bereits gemeinsame Ausbildungsprojekte durch. Nach Aussage der Ausbilder/-innen und der Lehrkräfte kann somit der Schluss gezogen werden, dass die bestehende Lernortkooperation überwiegend als zufriedenstellend bis gut eingeschätzt wird und auf den ersten Blick wenig akuter Handlungsbedarf zur Verbesserung derselben besteht.

Trotz dieser positiven Bewertung wurden einige Verbesserungsbereiche identifiziert. Aus Sicht der Ausbilder/-innen soll durch Besuche der Lehrkräfte in den Betrieben erreicht werden, dass diese genauere Einblicke in die Tätigkeitsfelder eines Mechatronikers/einer Mechatronikerin erhalten. Umgekehrt wird von den Lehrkräften auch angeregt, dass die Ausbilder/-innen die schulische Arbeit durch Besuche in der Schule besser kennen und verstehen lernen sollten. Ein weiteres wichtiges Anliegen erscheint aus schulischer und betrieblicher Sicht die Verstetigung und Institutionalisierung der Kooperationsbeziehungen und der Transfer von Kooperationsstrategien auf Bildungsgänge, in denen Lernortkooperation bisher weniger stattfindet.

Die Qualität und das Ausmaß der Kooperation hängen nach Einschätzung einiger Ausbilder/-innen direkt vom persönlichen Verhältnis des jeweiligen Ausbilders/der jeweiligen Ausbilderin zur jeweiligen Lehrkraft ab und finden häufig informell statt. Scheidet eine Lehrkraft aus dem Berufsleben aus, leidet die bestehende Lernortkooperation deutlich oder kommt zum Teil völlig zum Erliegen. Die Kooperationsmaßnahmen müssten so kommuniziert, formalisiert und eingefordert werden – z. B. mithilfe einer Informations- und Kommunikationsplattform – dass auch andere Lehrkräfte mit Ausbildern/Ausbilderinnen kooperieren können und über bestehende Projekte und Absprachen informiert sind.

Ein besonderes Anliegen der IHK ist es, auch Kleinbetriebe in die Lernortkooperation einzubeziehen. Als Problem ergibt sich dabei, dass Ausbilder/-innen in Kleinbetrieben meist voll in den Arbeits- und Produktionsprozess integriert sind und lediglich einen geringen Teil ihrer Arbeitszeit für Ausbildungsfragen aufwenden können. Dadurch ergeben sich wesentlich ungünstigere Voraussetzungen für Lernortkooperation als in Großbetrieben. Basierend auf der zuvor dargestellten Problemanalyse zur Lernortkooperation in der Ausbildung von Mechatronikern/Mechatronikerinnen wurde in einem Workshop mit allen am Projekt beteiligten

Ausbildern/Ausbilderinnen und Lehrkräften versucht, geeignete Maßnahmen zur Erreichung der Projektziele zu identifizieren.

Im Einzelnen wurden folgende lernortkooperative Maßnahmen vorgestellt und erläutert: ein Strukturmodell zur Umsetzung lernortkooperativer Fortbildungen; die Einführung von Praktika für Lehrkräfte und Ausbilder/-innen; die Entwicklung von Lern- und Arbeitsaufgaben im Rahmen eines Ausbildungslogbuchs; der kooperative Einsatz von Lehr-Lern-Software zur Beförderung des selbstgesteuerten Lernens von Auszubildenden. Die 20 anwesenden Lehrkräfte und Ausbilder/-innen diskutierten die Umsetzbarkeit und den Wert der einzelnen Maßnahmen und nahmen eine Priorisierung der einzelnen Konzepte vor.

Dabei erhielt das Strukturmodell zur Umsetzung lernortkooperativer Fortbildungen die höchste Priorität und wurde als erste umzusetzende Maßnahme festgelegt. Bevor jedoch auf das Strukturmodell zur Umsetzung lernortkooperativer Fortbildungen eingegangen wird, erfolgt die Darstellung der Ergebnisse einer schriftlichen Befragung von Auszubildenden im Beruf Mechatroniker/-in an der Projektschule, in der versucht wurde, zu klären, ob die Wahrnehmung der Lehrkräfte und Ausbilder/-innen einer als problemlos eingeschätzten Lernortkooperation auch von den Auszubildenden geteilt wird.

3.3 Befragung von Auszubildenden der Mechatronik zur Lernortkooperation

Insgesamt wurden 226 Auszubildende des Ausbildungsberufs „Mechatroniker/-in" gebeten, die wahrgenommene Kooperation ihres Ausbildungsbetriebs mit der berufsbildenden Schule schriftlich zu bewerten. Diese 226 Auszubildenden stellen 83 % der insgesamt 274 Auszubildenden dar, die aktuell in elf Klassen der Berufsschule unterrichtet und in annähernd 50 Betrieben ausgebildet werden. Der Fragebogen wurde in einer Industriemechaniker-Klasse getestet, Änderungsvorschläge wurden übernommen. Die Befragungen wurden in der Schule während des Unterrichts durchgeführt, manuell in SPSS eingegeben und mit Hilfe einer deskriptiven Statistik ausgewertet. Insgesamt sollten die Auszubildenden 61 Items beantworten, die in Anlehnung an die zuvor zitierten Studien[3] formuliert worden sind. Jedes Item sollte mithilfe einer vierstufigen Ratingskala von „trifft voll zu" (1) bis „trifft nicht zu" (4) bewertet werden. Zur vereinfachten Darstellung der Befragungsergebnisse wurden die Skalen „trifft voll zu" und „trifft überwiegend zu" sowie die Skalen „trifft weniger zu" und „trifft nicht zu" zusammengefasst.

3.3.1 Forschungshypothesen und ausgewählte Ergebnisse der Befragung

Erkenntnisleitend für die Gestaltung der Untersuchung waren u. a. folgende Forschungshypothesen:

---

[3] Theoretisch und empirisch fundiert wurde der Fragebogen durch die Analyse von Ergebnissen und Erfahrungen aus 28 Modellversuchen, die im Rahmen des BLK-Programms „Kooperation der Lernorte in der beruflichen Bildung (KOLIBRI)" im Zeitraum von 1999 bis 2004 umgesetzt wurden (vgl. Diesner, Euler, Walzik & Wilbers 2004, S. 2). Zusätzlich boten repräsentative Studien des Bundesinstituts für Berufsbildung (BiBB) aus den 1990ern (vgl. Pätzold & Walden 1999, S. 133 ff.) und aus dem Jahr 2008 grundlegende empirische Ergebnisse (vgl. Beicht, Krewerth, Eberhard & Granato 2009, S. 1).

Lernortkooperative Fortbildungen

- Die Lernorte Schule und Betrieb werden von den Auszubildenden unterschiedlich bewertet.
- Die Lernortkooperation wird von den Auszubildenden weniger positiv beurteilt als von Lehrkräften und Ausbildern/Ausbilderinnen.
- Wahrgenommene Lernortkooperation korreliert positiv mit ausgewählten Items zur Lernsituation der Auszubildenden.

Um die erste Forschungshypothese beantworten zu können, hat man zunächst die Lernorte Schule und Betrieb getrennt voneinander beurteilen lassen. Die Abbildungen zur Einschätzung der beiden Lernorte verdeutlichen, dass die Auszubildenden den betrieblichen Lernort deutlich positiver bewerten (vgl. Abbildung 1 und Abbildung 2).

81 bis 87 % der Befragten stimmen „überwiegend" bis „voll" den Aussagen zu, dass im Betrieb ein angenehmes Lernklima herrscht (88 %), sie gut auf die Zwischen- und Abschlussprüfung vorbereitet werden (84 %) und bei Problemen in der Ausbildung Unterstützung bei ihren Ausbildern/Ausbilderinnen finden (81 %). Eine deutliche Mehrheit der Auszubildenden ist folglich mit den betrieblichen Ausbildungsbedingungen zufrieden, lediglich 12 bis 16 % der Befragten teilen diese Einschätzung nicht.

Einziges Manko in diesem Kontext scheint zu sein, dass etwa ein Drittel der Befragten (35 %) im Betrieb nicht die Möglichkeiten (Computerarbeitsplätze oder Räume) hat, bei Bedarf schulische Aufgaben im Betrieb zu erledigen, was notwendig wäre, um z. B. lernortkooperative Lern- und Arbeitsaufgaben bearbeiten zu können.

Der Lernort Schule wird im Gegensatz zum Lernort Betrieb weniger positiv beurteilt (vgl. Abbildung 2). Eine Ausnahme bildet die Einschätzung der sehr guten technischen Ausstattung der Schule, die von fast 76 % der Schüler/-innen bestätigt wird. Im Hinblick auf die Items „In der Schule werde ich gut auf die Zwischen- oder Abschlussprüfung vorbereitet" (59 % Zustimmung) und „In der Klasse herrscht ein angenehmes Lernklima" (58 % Zustimmung) fehlt zu diesem Item – im Vergleich zur Beurteilung der Betriebe – die Zustimmung von über 25 % der Auszubildenden.

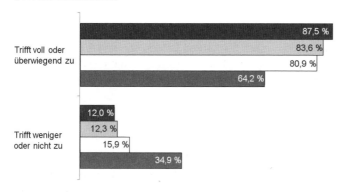

■ Im Betrieb herrscht ein angenehmes Ausbildungsklima (n = 224)

☐ Im Betrieb werde ich gut auf die Zwischen- oder Abschlussprüfung vorbereitet (n = 210)

☐ Bei Problemen in meiner Ausbildung habe ich genug Unterstützung von meinen Ausbildern/Ausbilderinnen (n = 219)

■ Im Betrieb habe ich die Möglichkeit (PC und Räume) schulische Aufgaben zu erledigen (n = 224)

Abbildung 1: Beurteilung des Lernorts Betrieb

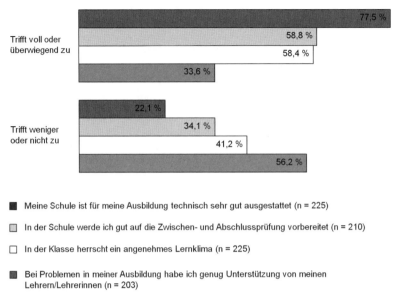

- ■ Meine Schule ist für meine Ausbildung technisch sehr gut ausgestattet (n = 225)
- ☐ In der Schule werde ich gut auf die Zwischen- und Abschlussprüfung vorbereitet (n = 210)
- ☐ In der Klasse herrscht ein angenehmes Lernklima (n = 225)
- ■ Bei Problemen in meiner Ausbildung habe ich genug Unterstützung von meinen Lehrern/Lehrerinnen (n = 203)

Abbildung 2: Beurteilung des Lernorts Schule

Wie bereits ausgeführt, handelt es sich bei der geringen Zustimmung zum Lernort Schule um ein empirisch gut abgesichertes Phänomen, das sicher auch darauf zurückzuführen ist, dass im Laufe der Schulzeit eine gewisse Schulmüdigkeit einsetzt, wodurch die Motivation am Lernort Schule im Durchschnitt von Jahr zu Jahr absinkt (vgl. Krapp & Weidenmann 2006, S. 234). Die Auszubildenden im dualen System verbringen zudem den Großteil der Ausbildungszeit im Betrieb, und so ist es naheliegend, dass ihnen die praktische Ausbildung wichtiger erscheint als der Berufsschulunterricht. Besonders beachtlich ist allerdings die Einschätzung von mehr als 56 % der Befragten, dass sie sich nicht genug von ihren Lehrkräften unterstützt fühlen.

Zusammenfassend ist festzustellen, dass der Lernort Betrieb von den Auszubildenden erwartungsgemäß positiver beurteilt wird als der Lernort Schule. Damit lässt sich die erste Forschungshypothese bestätigen. Mit Ausnahme der wahrgenommenen unzureichenden Betreuung durch die Lehrkräfte zeigen sich jedoch annähernd 60 % der Befragten zufrieden mit der Prüfungsvorbereitung durch die Schule sowie dem Lernklima, und mehr als drei Viertel schätzten die sehr gute technische Ausstattung an der Schule.

- Einschätzung der Lernortkooperation

Um festzustellen, ob die zweite Forschungshypothese bestätigt werden kann, wird im Folgenden dargelegt, wie sich die Zusammenarbeit der Lehrkräfte und Ausbilder/-innen aus Sicht der Auszubildenden darstellt. Zur Beurteilung der Lernortkooperation sollen die Auszubildenden zu drei Items Stellung nehmen (siehe Abbildung 3).

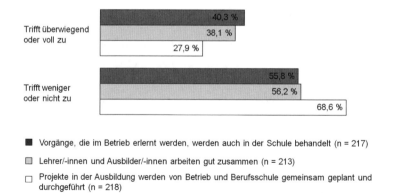

- ■ Vorgänge, die im Betrieb erlernt werden, werden auch in der Schule behandelt (n = 217)
- ▨ Lehrer/-innen und Ausbilder/-innen arbeiten gut zusammen (n = 213)
- ☐ Projekte in der Ausbildung werden von Betrieb und Berufsschule gemeinsam geplant und durchgeführt (n = 218)

Abbildung 3: Einschätzung der Kooperation zwischen Betrieb und der berufsbildenden Schule

Die drei Items lassen sich zu einer konsistenten Lernortkooperationsskala mit einer Reliabilität von α = 0,82 (Cronbachs Alpha) zusammenfassen. Wie in Abbildung 3 dargestellt, bewerten die befragten Auszubildenden die Kooperation der beiden Lernorte nicht so positiv, wie dies nach Aussagen der Lehrkräfte und Ausbilder/-innen zu erwarten gewesen wäre. Zwar stimmen immerhin fast 40 % der Auszubildenden den Aussagen überwiegend bis völlig zu, dass Vorgänge, die im Betrieb erlernt werden, auch in der Schule behandelt werden und dass Lehrer/-innen und Ausbilder/-innen gut zusammenarbeiten. 56 % der Befragten können diesen Items jedoch nur wenig bzw. nicht beipflichten. Auf noch geringere Zustimmung trifft das Item „Projekte in der Ausbildung werden von Betrieb und Berufsschule gemeinsam geplant und durchgeführt". Lediglich 28 % sehen die lernortkooperative Projektumsetzung als überwiegend bis voll gegeben an, und 69 % lehnen dieses Item ab (siehe Abbildung 3). Noch anschaulicher wird die Wahrnehmung der Auszubildenden über alle drei Items hinweg durch Abbildung 4 verdeutlicht.

Für die Zustimmung der Auszubildenden zu den Antwortvorgaben jedes einzelnen Items (siehe Abbildung 3) sind maximal 4 Punkte vergeben worden (trifft voll zu = 1 Punkt bis trifft nicht zu = 4 Punkte), aus denen ein Punkte-Score mit maximal 12 Punkten berechnet wurde:

- 1–3 Punkte: Die Auszubildenden nehmen Lernortkooperation über alle drei Items hinweg im Durchschnitt sehr intensiv wahr.
- 4–6 Punkte: Die Auszubildenden nehmen Lernortkooperation über alle drei Items hinweg im Durchschnitt eher intensiv wahr.
- 7–9 Punkte: Die Auszubildenden nehmen Lernortkooperation über alle drei Items hinweg im Durchschnitt wenig intensiv wahr.
- 10–12 Punkte: Die Auszubildenden nehmen Lernortkooperation über alle drei Items hinweg im Durchschnitt nicht wahr.

Zur vereinfachten Darstellung der Befragungsergebnisse wurden die Skalen „intensiv wahrgenommene Lernortkooperation" und „eher intensiv wahrgenommene Lernortkooperation" sowie die Skalen „weniger intensiv wahrgenommene Lernortkooperation" und „keine wahrgenommene Lernortkooperation" zusammengefasst (siehe Abbildung 4). Dadurch wird deutlich, dass nur 27 % der Auszubildenden eine intensive bis eher intensive Lernortkooperation konstatieren, während 66 % die Lernortkooperation weniger intensiv bzw. als nicht vorhanden wahrnehmen.

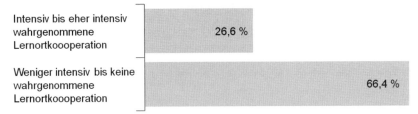

Abbildung 4: Score zur Intensität der wahrgenommenen Lernortkooperation (n = 226)

Zusammenfassend ist festzuhalten, dass die Lernortkooperation zwischen Betrieb und Schule von den Auszubildenden als unzureichend wahrgenommen wird. Diese Einschätzung steht im Widerspruch zu den Aussagen der Lehrkräfte und Ausbilder/-innen. Damit ist die zweite Forschungshypothese bestätigt.

- Wahrgenommene Lernortkooperation und Lernsituation der Auszubildenden

Um Lernortkooperation zu initiieren und zu institutionalisieren, bedarf es offensichtlich großer Anstrengungen, weshalb sich die Frage stellt, ob sich die Lernsituation der Auszubildenden tatsächlich verbessert, wenn Lernortkooperation praktiziert wird, oder ob gute Ausbildungsarbeit am jeweiligen Lernort auch ohne Kooperation zu einer positiveren Lernsituation für Auszubildende führt. Um dieser Frage nachzugehen, wurde überprüft, inwieweit der Score zur wahrgenommenen Intensität der Lernortkooperation mit Aspekten zur Lernsituation von Auszubildenden korreliert (siehe dritte Forschungshypothese).

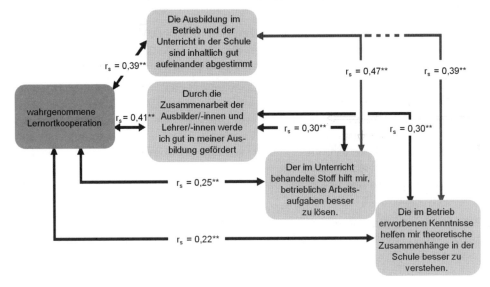

Abbildung 5: Zusammenhang Lernortkooperation und Lernsituation der Auszubildenden

Die Auswertung der Befragung der Auszubildenden – die hier nur auszugsweise dargestellt werden kann – zeigt, dass sich Auszubildende, die eine intensive Lernortkooperation wahrnehmen, zum einen auch eine gute inhaltliche Abstimmung der Ausbildung im Betrieb mit dem Unterricht in der Berufsschule feststellen (rs = 0,39**) und sich zum anderen durch die Zusammenarbeit der Ausbilder/-innen und Lehrkräfte gut in ihrer Ausbildung gefördert fühlen (rs = 0,41**).

Die Wahrnehmung einer guten inhaltlichen Abstimmung und die gemeinsame Förderung der Auszubildenden durch Ausbilder/-innen und Lehrkräfte korreliert deutlich mit der Zustimmung zur Aussage „Der im Unterricht behandelte Stoff hilft mir, betriebliche Arbeitsaufgaben besser zu lösen" (rs = 0,47**, rs = 0,30**) und der Bestätigung des Items „Die im Betrieb erworbenen Kenntnisse helfen mir, theoretische Zusammenhänge in der Schule besser zu verstehen" (rs = 0,39**, rs = 0,30**) (siehe Abbildung 5). Die festgestellten Korrelationen sind durchgängig auf einem Niveau von 0,01 signifikant. Auf Grundlage dieser Daten wird die Hypothese bestätigt, dass Lernortkooperation in der dualen Ausbildung den Auszubildenden hilft, schulisches und betriebliches Wissen und Können miteinander zu verknüpfen und somit die berufliche Handlungskompetenz zu fördern. Wird Lernortkooperation wenig oder nicht wahrgenommen, fällt es den befragten Schülern/Schülerinnen nach eigener Einschätzung schwerer, den Unterrichtsstoff und betriebliche Ausbildungsinhalte aufeinander zu beziehen.

- Fachliche Kompetenzeinschätzung der Lehrkräfte und Ausbilder/-innen

Um Anhaltspunkte für mögliche Fortbildungsbedarfe für Lehrkräfte und Ausbilder/-innen zu ermitteln, wurden die Auszubildenden auch gebeten, die fachliche Kompetenz der Lehrkräfte und Ausbilder/-innen einzuschätzen. Dazu sollten die Auszubildenden zu folgender Aussage Stellung nehmen: „Manchmal habe ich auf einem Wissensgebiet der Mechatronik mehr Ahnung als meine Lehrer/-innen bzw. Ausbilder/-innen."

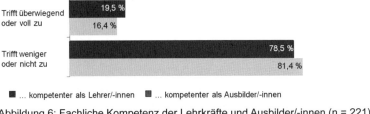

Abbildung 6: Fachliche Kompetenz der Lehrkräfte und Ausbilder/-innen (n = 221)

Wie Abbildung 6 verdeutlicht, schlossen sich nur etwa ein Fünftel der Auszubildenden der oben angegebenen Aussage an, während annähernd 80 % dieser Aussage weniger bis nicht zustimmten. Damit dokumentiert sich eine relativ hohe Wertschätzung der fachlichen Kompetenz von Lehrkräften und Ausbildern/Ausbilderinnen.

3.3.2 Zusammenfassung

Erwartungsgemäß werden die Lernorte und die zwischen ihnen stattfindenden Kooperationen von den Auszubildenden der Mechatronik unterschiedlich beurteilt. Den Lernort Betrieb schätzen sie deutlich positiver ein als die Berufsschule, was vermutlich mit dem quantitativen Anteil beider Lernorte an der Ausbildung und der höheren Bewertung der praktischen Ausbildung gegenüber der theoretischen Ausbildung in der Berufsschule zusammenhängt. Auch die in der Literatur häufig zitierte tendenziell unterschiedliche Beurteilung der Lernortkooperation durch Lehrkräfte und Ausbilder/-innen einerseits und durch die Auszubildenden andererseits wird durch unsere Ergebnisse bestätigt. Überdies dokumentieren die Ergebnisse einen positiven Zusammenhang zwischen der wahrgenommenen Lernortkooperation und der Beurteilung der eigenen Lernsituation. Allerdings nehmen nur 27 % der Jugendlichen eine intensive oder eher intensive Kooperation zwischen ihrem Betrieb und der Berufsschule wahr. Die fachliche Kompetenz der Ausbilder/-innen und Lehrkräfte wird hingegen hoch bewertet.

3.4 Verbesserung der Kooperation durch lernortkooperative Fortbildungen

Obwohl die betroffenen Lehrkräfte und Ausbilder/-innen ihre Kooperation deutlich positiv sehen, gibt es ein Interesse auf beiden Seiten, die Zusammenarbeit durch gemeinsame Fortbildungsveranstaltungen zu vertiefen. Dieses Interesse ist darauf gerichtet, Defizite in fachlich-mechatronischen und didaktisch-methodischen Bereichen gemeinsam abzubauen. Bei der Identifizierung und Konzipierung von Fortbildungsveranstaltungen haben wir uns auf den Modellversuch QLIB bezogen, der das Ziel hatte, Strategien und Maßnahmen der kooperativen und kontinuierlichen Qualifizierung von Lehrpersonal in Berufen mit hoher Innovationsgeschwindigkeit zu erforschen (vgl. Sailmann & Schurbohm 2004, S. 114 ff.). Fortbildungsangebote der Kultusministerien bzw. nachgeordneter Schulbehörden richten sich v. a. an Lehrkräfte. Veranstaltungen, die auch für Ausbilder/-innen geöffnet sind, gibt es in der Regel nicht. Andererseits qualifizieren sich Ausbilder/-innen in Fortbildungsveranstaltungen, bei denen Lehrkräfte nicht einbezogen sind. Um diese Defizite abzubauen, sollen lernortkooperative Fortbildungen organisiert werden, die dem Bedarf von Lehrkräften und Ausbildern/Ausbilderinnen im Ausbildungsberuf „Mechatroniker/-in" gleichermaßen entsprechen und die die Lernortkooperation fördern sollen.

3.4.1 Ermittlung des Fortbildungsbedarfs in unserem Modellversuch

In dem bereits erwähnten Workshop mit elf Lehrkräften und Ausbildungsverantwortlichen aus 10 Ausbildungsbetrieben wurde das Fortbildungskonzept aus dem Modellversuch QLIB allen Beteiligten des Modellversuchs vorgestellt und als Orientierung für das Vorgehen beschlossen (siehe Abbildung 7). Es wurde eine Projektplanungsgruppe eingerichtet, die die Fortbildungsplanung übernahm und Fortbildungsveranstaltungen mit fachlicher und didaktisch-methodischer Orientierung konzipierte.

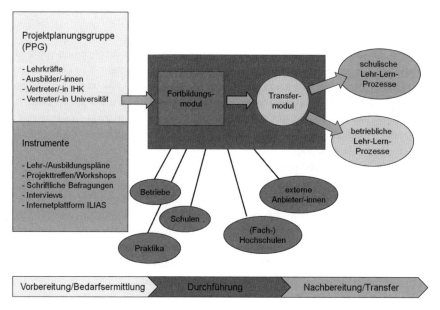

Abbildung 7: Fortbildungskonzept (vgl. Deinböck, Sailmann, Traub & Zöller 2004, S. 28)

Um den aktuellen Fortbildungsbedarf der Akteure/Akteurinnen dieses Modellversuchs zu ermitteln, wurde eine Onlinebefragung bei den Projektbeteiligten durchgeführt. Dabei sollten die Lehrkräfte und Ausbilder/-innen in einem ersten Schritt ihre eigenen Kenntnisse im Hinblick auf vorgegebene Themenbereiche (z. B. Automatisierungstechnik, Elektrotechnik, Informationstechnik oder Metalltechnik) einschätzen. In einem zweiten Schritt wurde die Relevanz der Inhalte für den Ausbildungsberuf nachgefragt und auf einer Skala von 1 (sehr hoch) bis 3 (weniger hoch) vom schulischen und betrieblichen Ausbildungspersonal eingeschätzt. In einem dritten und letzten Schritt wurde erhoben, welche Schwerpunkte die Fortbildung vermitteln solle: grundlegende fachliche Kenntnisse, Anwendung des Themas in betriebspraktischen Situationen oder didaktische Umsetzung des Themas in der Ausbildung.

An der mithilfe der Lehr-Lern-Plattform „ILIAS" durchgeführten Befragung nahmen lediglich 13 der aktuell 23 an dem Modellversuch beteiligten Lehrkräfte und Ausbilder/-innen teil. Diese geringe Beteiligung dokumentiert die immer noch große Distanz der Lehrkräfte und Ausbilder/-innen bei der Nutzung digitaler Medien (vgl. Eder 2009, S. 174 ff.).

Die deutliche Mehrheit der an der Befragung beteiligten Personen präferiert Fortbildungen zu den Fachthemen Hydraulik und SPS (speicherprogrammierbare Steuerung). Diese Fachgebiete wurden als relevant für den Ausbildungsberuf gekennzeichnet, die aber nicht von allen Betroffenen angemessen unterrichtet bzw. in der Praxis vermittelt werden können. Deshalb sollen die Fortbildungen einen fachlichen und einen didaktisch-methodischen Schwerpunkt umfassen, d. h., es sollen die fachlichen Inhalte und ihre Vermittlung in Schule und Betrieb thematisiert werden.

3.4.2 Durchführung der Fortbildungsveranstaltungen

Entsprechend der Zielsetzung der Fortbildungen, das jeweilige Thema fachlich und seine didaktische Umsetzung in Schule und Betrieb zu vermitteln, wäre eine integrative Behandlung beider Aspekte wünschenswert. Da aber in beiden Themengebieten v. a. auch ein ausgeprägtes fachliches Fortbildungsinteresse besteht, wurde festgelegt, die beiden Aspekte in den Veranstaltungen nicht integrativ, sondern additiv zu behandeln. An zwei Tagen werden die fachlichen Inhalte thematisiert und an einem Tag ihre didaktisch-methodische Vermittlung im Unterricht bzw. in der Ausbildung.

Ein an dem Modellversuch beteiligter Großbetrieb war bereit, einen 2-tägigen Kurs zum Thema „Grundlagen der Hydraulik" anzubieten, an dem vier Ausbilder/-innen und vier Lehrkräfte – die Zahl ergab sich aus der Anzahl der Laborplätze – teilnehmen konnten. Dieser Kurs wurde einmal wiederholt, sodass insgesamt 16 Lehrkräfte und Ausbilder/-innen fortgebildet wurden. Diese Weiterbildung wird für alle 16 bisherigen Teilnehmer/-innen durch einen dritten Fortbildungstag zum Thema „Didaktisch-methodische Umsetzung der Grundlagen der Hydraulik" in Schule und Betrieb abgeschlossen. Eine Evaluation der gesamten Veranstaltung erfolgt im Anschluss an den abschließenden Fortbildungstag.

4 Fazit

Lernortkooperation, so wurde eingangs festgestellt, ist eine zentrale Bedingung für die erfolgreiche Arbeit im dualen System der Berufsausbildung. Um Lernortkooperation effektiv und effizient realisieren zu können, bedarf es entsprechender Voraussetzungen auf der Makroebene (z. B. Gesetze oder Verordnungen), der Mesoebene (z. B. Schulen, Betriebe, Kammern oder Schulaufsicht) und auf der Mikroebene (z. B. Lehrkräfte, Ausbilder/-innen, Eltern oder Schüler/-innen), die bisher auf allen Ebenen nur unzureichend gegeben sind. Lernortkooperation auf der Mikroebene in der Ausbildung des Berufs „Mechatroniker/-in" sieht sich insofern besonderen Voraussetzungen gegenüber, als es für diesen Beruf bisher kaum adäquat ausgebildete Lehrkräfte und Ausbilder/-innen gibt, d. h., diese verfügen entweder über eine Ausbildung in der Elektrotechnik, Mechanik oder Informationstechnik, nicht aber im Fachgebiet „Mechatronik".

Diese Bedingungen haben ausgewählte Industrie- und Handwerksbetriebe, eine berufsbildende Schule im Raum Hannover, die Industrie- und Handelskammer Hannover und das Institut für Berufspädagogik und Erwachsenenbildung der Leibniz Universität Hannover veranlasst, einen Modellversuch zu gestalten, bei dem alle betroffenen Lehrkräfte und Ausbilder/-innen im Fachgebiet „Mechatronik" gemeinsam zumindest so weit fortgebildet werden sollen, dass sie den Auszubildenden die für diesen Beruf erforderliche berufliche Handlungskompetenz vermitteln können. Dieses Ziel soll durch lernortkooperative Fortbildungen im fachlichen und didaktisch-methodischen Bereich realisiert werden. Die bisher im Modellversuch gemachten Erfahrungen rechtfertigen die vorsichtige Annahme, dass dieses Ziel in den noch verbleibenden 2 Jahren des Modellversuchs erreicht werden kann.

Literaturverzeichnis

BBiG – Berufsbildungsgesetz (2005): Bonn: Bundesministerium für Bildung und Forschung (Stand 23.03.2005).

BbS-VO – Verordnung über berufsbildende Schulen (2009): Hannover: Niedersächsisches Kultusministerium (Stand 10.06.2009).

Beicht, Ursula, Krewerth, Andreas, Eberhard, Verena & Granato, Mona (2009): Viel Licht – aber auch Schatten. Qualität dualer Berufsausbildung in Deutschland aus Sicht der Auszubildenden. (BiBB-Report, Heft 9). Bonn: Bundesinstitut für Berufsbildung.

Berger, Klaus (1999): Lernortkooperation aus der Sicht der Auszubildenden. In: Pätzold, Günter & Walden, Günter (Hrsg.): Lernortkooperation – Stand und Perspektiven. Bielefeld: Bertelsmann, S. 173–196.

Brandes, Harald (1999): Einstellungen von Ausbildern und Berufsschullehrern. In: Pätzold, Günter & Walden, Günter (Hrsg.): Lernortkooperation – Stand und Perspektiven. Bielefeld: Bertelsmann, S. 157–172.

Brüsemeister, Thomas (2008): Bildungssoziologie – Einführung in Perspektiven und Probleme. Wiesbaden: Verlag für Sozialwissenschaften.

Deinböck, August, Sailmann, Gerald, Traub, Edgar & Zöller, Arnulf (2004): Das QLIB-Strukturmodell für eine innovative Fortbildungsorganisation. In: Sailmann, Gerald & Schulz, Reinhard (Hrsg.): Zeitnah qualifizieren – Kooperative Fortbildungskonzepte als Antwort auf neue Qualifizierungsbedarfe bei beruflichem Ausbildungspersonal. Bielefeld: Bertelsmann, S. 25–36.

Deutscher Ausschuss für das Erziehungs- und Bildungswesen (1966): Gutachten über das berufliche Ausbildungs- und Schulwesen vom 10.07.1964. In: Deutscher Ausschuss für das Erziehungs- und Bildungswesen (Hrsg.): Empfehlungen und Gutachten, 1953–1965, zusammengestellt von Bohnenkamp, Henrik, Dirks, Walter & Knab, Doris. Stuttgart: o. V., S. 416–515.

Diesner, Ilona, Euler, Dieter, Walzik, Sebastian & Wilbers, Karl (2004): Kooperation der Lernorte in der beruflichen Bildung (KOLIBRI). (Abschlussbericht des Programmträgers zum BLK-Programm, Heft 114 der Materialien zur Bildungsplanung und zur Forschungsförderung, hrsg. von der Bund-Länder-Kommission für Bildungsplanung und Forschungsförderung (BLK). Bonn und St. Gallen: Bundesinstitut für Berufsbildung und Institut für Wirtschaftspädagogik an der Universität St. Gallen.

Drinkhut, Vera & Schlottau, Walter (2006): Ausbildungspartnerschaften fördern die Einführung neu(geordnet)er Berufe – Ergebnisse als Fallstudien in innovativen Branchen. In: Berufsbildung in Wissenschaft und Praxis 35, Heft 4, S. 16–20.

EB-BbS – Ergänzende Bestimmungen für das berufsbildende Schulwesen (2009): Hannover: Niedersächsisches Kultusministerium (Stand 10.06.2009).

Eder, Alexandra (2009): Integration digitaler Medien an berufsbildenden Schulen aus Sicht der Lehrkräfte. Göttingen: Sierke.

Euler, Dieter (2004): Lernortkooperation – eine unendliche Geschichte? In: Euler, Dieter (Hrsg.): Handbuch der Lernortkooperation. Band 1: theoretische Fundierungen. Bielefeld: Bertelsmann, S. 12–24.

Fend, Helmut (2008): Schule gestalten. Systemsteuerung, Schulentwicklung und Unterrichtsqualität. Wiesbaden: Verlag für Sozialwissenschaften.

HmbSG – Hamburgisches Schulgesetz (2010 [1997]): Hamburg: Behörde für Bildung und Sport (Stand 12.12.2010).

Krapp, Andreas & Weidenmann, Bernd (2006): Pädagogische Psychologie. 5. Auflage. Weinheim und Basel: Beltz.

KMK – Kultusministerkonferenz (2007; Hrsg.): Handreichung für die Erarbeitung von Rahmenlehrplänen der Kultusministerkonferenz für den berufsbezogenen Unterricht in der Berufsschule und ihre Abstimmung mit Ausbildungsordnungen des Bundes für anerkannte Ausbildungsberufe. Bonn: Sekretariat der Kultusministerkonferenz.

KMK – Kultusministerkonferenz (2010; Hrsg.): Rahmenlehrplan für den Ausbildungsberuf Vermessungstechniker/Vermessungstechnikerin (Beschluss der Kultusministerkonferenz vom 25.03.2010). Bonn: Sekretariat der Kultusministerkonferenz.

Lipsmeier, Antonius (2004): Lernortkooperation – eine Schimäre mit berufsbildungspolitischer Suggestivkraft! In: Euler, Dieter (Hrsg.): Handbuch der Lernortkooperation. Band 1: theoretische Fundierungen. Bielefeld: Bertelsmann, S. 60–76.

NSchG – Niedersächsisches Schulgesetz (2010): Hannover: Niedersächsisches Kultusministerium (Stand 29.06.2011).

Pätzold, Günter (1997): Lernortkooperation – wie ließe sich die Zusammenhangslosigkeit der Lernorte überwinden? In: Euler, Dieter & Sloane, Peter F. E. (Hrsg.): Duales System im Umbruch. Pfaffenweiler: Centaurus, S. 121–142.

Pätzold, Günter & Walden, Günter (1999): Lernortkooperation – Stand und Perspektiven. Bielefeld: Bertelsmann.

Sailmann, Gerald & Schurbohm, Silke (2004): Ermittlung von Fortbildungsbedarf mittels Online-Fragebogen. In: Sailmann, Gerald & Schulz, Reinhard (Hrsg.): Zeitnah qualifizieren – Kooperative Fortbildungskonzepte als Antwort auf neue Qualifizierungsbedarfe bei beruflichem Ausbildungspersonal. Bielefeld: Bertelsmann, S. 113–127.

Schmidt, Hermann (2004): Kooperation in der Berufsbildung – ein deutsches Spezifikum? In: Euler, Dieter (Hrsg.): Handbuch der Lernortkooperation. Band 1: theoretische Fundierungen. Bielefeld: Bertelsmann, S. 60–76.

Walden, Günter (1999): Verhaltensmuster und Bestimmungsgründe der Kooperation von Ausbildern und Berufsschullehrern. In: Pätzold, Günter & Walden, Günter (Hrsg.): Lernortkooperation – Stand und Perspektiven. Bielefeld: Bertelsmann, S. 133–156.

Internetquellen:

BiBB – Bundesinstitut für Berufsbildung (2010): Datenreport zum Berufsbildungsbericht 2010; http://datenreport.bibb.de [05.10.2010].

BMBF – Bundesministerium für Bildung und Forschung (2002; Hrsg.): Mechatroniker/Mechatronikerin – Umsetzungshilfen für die Abschlussprüfung; http://www.bmbf.de/pub/mechatroniker.pdf [24.09.2010].

BMBF – Bundesministerium für Bildung und Forschung (2005a; Hrsg.): Die Reform der beruflichen Bildung – Gegenüberstellung des Berufsbildungsgesetzes 2005 und des Berufsbildungsgesetzes 1969 – Materialien zur Reform der beruflichen Bildung; http://www.bmbf.de/pub/begruendung_BBiG_einzelvorschriften.pdf [03.03.2009].

BMBF – Bundesministerium für Bildung und Forschung (2005b; Hrsg.): Die Reform der beruflichen Bildung – Berufsbildungsgesetz 2005 – Materialien zur Reform der beruflichen Bildung; http://www.bmbf.de/pub [02.07.2008].

BMBF – Bundesministerium für Bildung und Forschung (2010): Berufsbildungsbericht 2010; http://www.bmbf.de/de/berufsbildungsbericht.php [05.10.2010].

Greinert, Wolf-Dietrich (2005): Berufliche Breitenausbildung in Europa. Die geschichtliche Entwicklung der klassischen Ausbildungsmodelle im 19. Jahrhundert und ihre Vorbildfunktion. Cedefop Panorama series; http://www2.trainingvillage.gr/etv/publication/download/panorama/5157_de.pdf [01.01.2011].

Karl Wilbers
Universität Erlangen-Nürnberg

Überfachliche Kompetenzen im Fachunterricht beruflicher Schulen fördern

1 Überfachliche Kompetenzen als Herausforderung im Fachunterricht 281
2 Verständnis überfachlicher Kompetenzen 281
3 Schritte der Förderung überfachlicher Kompetenzen 289
   3.1   Schritt 1: Überfachliche Kompetenz kooperativ modellieren 289
   3.2   Schritt 2: Assessment entwickeln und durchführen 290
   3.3   Schritt 3: Profiling vornehmen 292
   3.4   Schritt 4: Kompetenzentwicklung planen und integrieren 293
   3.5   Schritt 5: Kompetenz entwickeln 295
   3.6   Schritt 6: Kompetenzerwerb evaluieren und dokumentieren 299
4 Kleine Dinge, die große Anstrengungen brauchen 301
Literaturverzeichnis 301

1 Überfachliche Kompetenzen als Herausforderung im Fachunterricht

Die steigende Rolle überfachlicher Kompetenzen, etwa der Lern- oder Selbstkompetenz der Lernenden, wird immer wieder betont. Die Förderung dieser überfachlichen Kompetenzen konzentriert sich hingegen häufig auf Gefäße außerhalb des Fachunterrichts, etwa Methodenwochen oder Outdoorübungen. In diesem Beitrag wird erwogen, wie eine Förderung überfachlicher Kompetenzen im Fachunterricht erfolgen kann. Dazu wird zunächst das zugrundeliegende Verständnis überfachlicher Kompetenzen präzisiert. Anschließend wird ein sechsstufiges Modell zur Förderung vorgestellt.

2 Verständnis überfachlicher Kompetenzen

Kompetenz ist eine Disposition, die dem Individuum ermöglicht, variable Situationen selbstständig, erfolgreich und verantwortungsvoll zu gestalten.[1] Die Strukturierung von Kompetenz,

---

[1] Die Definition folgt in wesentlichen Zügen der Definition von Weinert (2001), der unter Kompetenzen „die beim Individuum verfügbaren oder durch sie erlernbaren kognitiven Fähigkeiten und Fertigkeiten, um bestimmte Probleme zu lösen, sowie die damit verbundenen motivationalen, volitionalen und sozialen Bereitschaften und Fähigkeiten, um die Problemlösungen in variablen Situationen erfolgreich und verantwortungsvoll nutzen zu können" (S. 27 f.) versteht. Im Sprachgebrauch der Philosophie und der Psychologie ist Kompetenz eine „Disposition". Das Gegenteil von Dispositionen sind manifeste Eigenschaften, d. h. solche, die sich direkt beobachten lassen. Dispositionen

auch im schulischen Alltag, erfolgt mithilfe von Kompetenzmodellen. Ein Kompetenzmodell stellt eine zweidimensionale Struktur von Kompetenz dar. In einer ersten Dimension („horizontal") bietet ein Kompetenzmodell eine Vorstellung zu den verschiedenen Dimensionen der Kompetenz, etwa die Unterscheidung von Fach-, Lern-, Sozial- und Selbstkompetenz. In einer zweiten Dimension („vertikal") bietet ein Kompetenzmodell eine Vorstellung zu verschiedenen Intensitätsstufen, Entwicklungsphasen oder Ausprägungsgraden.

In Wissenschaft und Praxis findet sich eine Fülle von Kompetenzmodellen. Beispielhaft angeführt seien der Europäische Qualifikationsrahmen, der Deutsche Qualifikationsrahmen sowie das Erpenbeck-Modell.

Modell	Modellierungs-gegenstand	Horizontale Struktur (Dimensionen)	Vertikale Struktur
DQR	Handlungskompetenz	• Fachkompetenz (Fertigkeiten, Wissen) • Personale Kompetenz (Selbstkompetenz, Sozialkompetenz)	6 Ebenen
Erpenbeck	Handlungskompetenz	• Fach- und Methodenkompetenz • Personale Kompetenz • Sozial-kommunikative Kompetenz • Aktivitäts- und Handlungskompetenz	Nicht explizit ausdifferenziert
In diesem Artikel	Kompetenz	• Fachkompetenz • Lernkompetenz • Sozialkompetenz • Selbstkompetenz • Sprachkompetenz (quer)	Nicht explizit ausdifferenziert

Abbildung 1: Kompetenzen in zwei verschiedenen Modellen

---

sind keineswegs auf die Sozialwissenschaften begrenzt, sondern kommen auch in der Naturwissenschaft vor. „Zerbrechlich" ist beispielsweise eine Disposition von Glas. Ich weiß, dass Glas zerbrechlich ist, aber es ist dem Glas nicht anzusehen. Erst wenn ich einen Test mache, etwa mit dem Hammer auf das Glas schlage, wird offensichtlich, dass Glas zerbrechlich ist. In der Psychologie werden „Dispositionen" auch als „Konstrukte", „Faktoren" oder „latente Variablen" bezeichnet. Für die Philosophie vgl. Stegmüller & Varga Kibéd (1970), für die Psychologie bzw. die Sozialwissenschaft vgl. Bortz & Döring (2009). In der Didaktik erfreut sich der Kompetenzbegriff inzwischen hoher Beliebtheit, ist aber vergleichsweise jung. Alternative Begriffe wie „Bildung" oder „Qualifikation" schienen abgegriffen, sodass die pädagogische Forschung und Praxis auf eine Begriffsbildung aus einem ganz anderen Gebiet zurückgreifen. Sie wird heute auf den Linguisten Noam Chomsky (1988) zurückgeführt. Dieser erläutert: „Wir machen somit eine grundlegende Unterscheidung zwischen Sprachkompetenz („Competence"; die Kenntnis des Sprecher-Hörers von seiner Sprache) und Sprachverwendung („Performance"; der aktuelle Gebrauch der Sprache in konkreten Situationen)." (ebenda, S. 13) Der Ansatz von Chomsky hat eine Tragweite, die weit über die Linguistik im engeren Sinne hinausgeht. Zur philosophischen Bedeutung siehe Stegmüller (1987).

- EQF/DQR: Zwei prominente Beispiele sind der Europäische Qualifikationsrahmen EQF (European Qualifications Framework) des Europäischen Parlaments und Europäischen Rats (EP & ER 2008) sowie der Deutsche Qualifikationsrahmen (AK-DQR 2009). Beide Kompetenzmodelle, EQF und DQR, haben eine vertikale Struktur (Niveaus) und horizontale Struktur (Dimensionen). Hinsichtlich der horizontalen Struktur, also der Dimensionen bzw. des zugrunde liegenden Kompetenzbegriffs, weicht der DQR vom EQF ab. Mit dieser Abweichung will der DQR nach der Formulierung des Arbeitskreises Deutscher Qualifikationsrahmen (ebenda) die „Besonderheiten des deutschen Bildungssystems berücksichtigen und zur angemessenen Bewertung und zur Vergleichbarkeit deutscher Qualifikationen in Europa beitragen." (ebenda, S. 3) Kompetenz bezeichnet im Entwurf des DQR „die Fähigkeit und Bereitschaft, Kenntnisse, Fertigkeiten sowie persönliche, soziale und methodische Fähigkeiten in Arbeits- oder Lernsituationen und für die berufliche und persönliche Entwicklung zu nutzen." (ebenda) Kompetenz wird explizit als Handlungskompetenz begriffen. (Handlungs-)Kompetenz wird unterteilt in eine Fachkompetenz und eine personale Kompetenz. Methodenkompetenz wird als „integraler Bestandteil dieser Dimensionen" (ebenda, S. 13) verstanden und definiert als die „Fähigkeit, an Regeln orientiert zu handeln. Dazu kann auch die reflektierte Auswahl und Entwicklung von Methoden gehören." (ebenda) Kompetenz bzw. Handlungskompetenz wird im DQR als Obergriff zu Fachkompetenz und personaler Kompetenz bzw. Humankompetenz verstanden.

- Erpenbeck-Modell: Ein weiteres Kompetenzmodell, das v. a. in der Personalentwicklung in Unternehmen Aufmerksamkeit erfahren hat, ist das Kompetenzmodell der Gruppe um Erpenbeck. Kompetenz ist in diesem Ansatz eine Disposition zu einem selbstorganisierten Handeln. Kompetenzen werden als Selbstorganisationsdispositionen verstanden. Als grundlegende Kompetenzen („Key Competences") werden personale Kompetenzen, Aktivitäts- und Handlungskompetenzen, Fach- und Methodenkompetenzen sowie sozial-kommunikative Kompetenzen unterschieden (vgl. Erpenbeck 2004a und 2004b; Erpenbeck & Rosenstiel 2003).

Welches dieser Modelle ist – als Grundlage für die Förderung in Schulen – das „richtige"? Welches das „beste"? Wissenschaftstheoretisch betrachtet sind Kompetenzmodelle eine besondere Form von Modellen. Modelle zeichnen sich nach den Analysen von Stachowiak (1973) durch das Abbildungsmerkmal, das Verkürzungsmerkmal sowie ein pragmatisches Merkmal aus. In Kompetenzmodellen findet sich das Abbildungsmerkmal: Kompetenzmodelle sind nicht die Kompetenz selbst, sie bilden die Struktur von Kompetenz ab. Kompetenzmodelle verkürzen: Sie lassen als Modelle Aspekte der Kompetenz weg und heben andere Aspekte hervor. Nach dem pragmatischen Merkmal ist die Sinnhaftigkeit einer Modellierung immer relativ zu dem mit dem Modell verfolgten Zweck: Ein Plan des Verkehrsverbundes Nürnberg modelliert die Streckenführung in Nürnberg und ist damit eine sehr gute Hilfe, wenn eine Person das Ziel verfolgt, vom Punkt A in Nürnberg zum Punkt B zu kommen. Den Umgang mit Kompetenzen unterstützt dieser Plan hingegen nicht. In Deutschland wird zurzeit eine intensive Diskussion um die Modellierung von Kompetenzen geführt. Diese Bestrebungen zielen darauf, einen internationalen Leistungsvergleich in der Berufsbildung – analog der PISA-Leistungsstudie für die allgemeinbildenden Schulen – zu ermöglichen bzw. vorzubereiten (vgl. Baethge & Achtenhagen 2009; Baethge, Achtenhagen, Arends, Babic & Baethge-Kinsky 2006). Zur internationalen Messung der Kompetenzen von Auszubildenden setzt dieser Ansatz auf computerunterstützte Simulationsaufgaben. In der Machbarkeitsstudie wurde beispielsweise eine webbasierte Unternehmenssimulation eingesetzt (vgl. Achtenhagen & Winther 2009). Ein Kompetenzmodell mag für den Einsatz in einem aufwendigen, wissenschaftlich angelegten internationalen Leistungsvergleich passend sein. Ob es sich damit „automatisch" für den alltäglichen Einsatz in Schulen eignet, mag bezweifelt werden.

Für den Einsatz in der Schule sind Kompetenzmodelle, die sich auf die Aufzählung der Dimensionen beschränken, zu grobkörnig. Gerade für die Förderung im Fachunterricht ist es notwendig, die Dimensionen weiter in Teildimensionen aufzuspalten und auch diese weiter auszudifferenzieren. Der Fachunterricht ist – per definitionem – ein Unterricht, bei dem die fachlichen Lernziele überwiegen. Überfachliche Lernziele werden in diesem Gefäß nur in „kleinen Portionen" gefördert. Soll dies systematisch geschehen, ist es notwendig, die Dimensionen systematisch weiter zu unterteilen. In diesem Beitrag wird von folgenden Dimensionen ausgegangen: Sozialkompetenz, Lernkompetenz, Selbstkompetenz sowie Sprachkompetenz.

Sozialkompetenz ist eine kognitive und affektive Disposition, die dem Individuum ermöglicht, variable sozial-kommunikative Situationen selbstständig, erfolgreich und verantwortungsvoll zu gestalten. Die Begriffe „Sozialkompetenz", „kommunikative Kompetenz", „moralische Kompetenz" und „moralische Urteilsfähigkeit" spannen eine recht undurchsichtige und unverbundene Forschungs- und Entwicklungslandschaft auf. Alleine in der deutschsprachigen Wirtschaftspädagogik setzen sich mehrere Gruppen mit Sozialkompetenz und moralischer Kompetenz auseinander: Die Gruppe um Beck an der Uni Mainz[2] sowie die Gruppe um Euler in St. Gallen[3]. International gehört der Begriff „Social Skills" zu einem größeren Wortfeld mit „Interpersonal Skills", „Interpersonal Competence", „Social Competence" oder „Communication Competence", und auch hier ist die Landschaft bunt (vgl. Segrin & Givertz 2003). Die Spanne der Ansätze zur Förderung der Sozialkompetenz und moralischer Kompetenz reicht von Modellen mit einfachen Kompetenzen, die sich mit vergleichsweise wenig Problemen in den Schulalltag integrieren lassen, bis hin zu aufwendigen Modellen, deren Integration in den Schulalltag schwierig, wenn nicht gar unmöglich ist.

Sozialkompetenz ist mit sozial-kommunikativen Situationen, mit Kommunikation verbunden. Kommunikation ist mehr als der reine Austausch von Informationen auf einer Sachebene. Es ist das Verdienst von Friedemann Schulz von Thun, 1981 bereits vorhandene Modelle aus der Linguistik zu einem einfachen, weitverbreiteten Modell der vier Ohren, der vier Schnäbel bzw. des Kommunikationsquadrates verdichtet zu haben.[4] Dieses Modell ist Teil der populären Buchserie „Miteinander reden" (Schulz von Thun 2008a, 2008b und 2008c).

Im Zentrum einer sozial-kommunikativen Situation stehen hier, wie bei Schulz von Thun ausgearbeitet, das Artikulieren mit den vier Schnäbeln und das Interpretieren mit den vier Ohren: Das Artikulieren verlangt, sich auf der Sachebene zu äußern (Sachebene), sich über die Beziehung zum Gegenüber zu äußern (Beziehungsebene), sich in der Situation selbst

---

[2] Vgl. zum Beispiel Beck (2010); Beck, Bienengräber & Parche-Kawik (2000); Beck, Bienengräber, Mitulla & Parche-Kawik (2001); Beck, Brütting, Lüdecke-Plümer, Minnameier, Schirmer & Schmid (1996).

[3] Vgl. zum Beispiel Bauer-Klebl, Euler & Hahn (2000); Euler (2004 und 2009); Euler & Reemtsma-Theis (1999).

[4] Die Darstellung in diesem Kapitel orientiert sich an den erwähnten drei Bänden „Miteinander reden" von Schulz von Thun (2008a, 2008b und 2008c). Dies gilt auch für das Autobeispiel bei Schulz von Thun (2008a, S. 25ff.) und das Resi-Beispiel von Schulz von Thun (2008a, S. 45ff.).

kundzugeben (Selbstkundgabe) sowie die Absichten auszudrücken (Appellebene). Das Interpretieren verlangt es, auf der Sachebene aktiv zuzuhören und zu interpretieren (Sachebene), die Beziehung zum Gegenüber zu interpretieren (Beziehungsebene), die Kundgabe in der Situation zu analysieren (Selbstkundgabe) sowie die Absicht des Kommunikationspartners/ der Kommunikationspartnerin zu analysieren (Appellebene). Während des Artikulierens und Interpretierens erfolgt eine Einschätzung der sozial-kommunikativen Situation. Dies verlangt in affektiver Hinsicht, dass Lernende bereit sind, über die eigene Kommunikation und die eigenen Handlungen nachzudenken und die Umstände und Fakten der Situation zu beachten. Die Bewertung erfolgt nach eigenen Werten, die dazu entwickelt und organisiert werden müssen. Unter Umständen muss der/die Lernende dann die eigene sozial-kommunikative Situation zum Thema machen. Der/Die Lernende schwebt gleichsam wie ein Engel aus sich heraus, betrachtet sich und kommuniziert über diese Situation.

Lernkompetenz wird hier verstanden als eine kognitive und affektive Disposition, die dem Individuum ermöglicht, variable Lernsituationen selbstständig, erfolgreich und verantwortungsvoll zu gestalten. Der Begriff „Lernkompetenz" wird in der Literatur in verschiedenen Disziplinen erörtert. Eine umfassende Erörterung von Lernkompetenzen wird in der pädagogischen Psychologie unter dem Stichwort „Lernstrategien" geführt.[5] Von Wild, Schiefele & Winteler (1992) wurde der LIST (Inventar zur Erfassung von Lernstrategien im Studium) entwickelt und zur Verfügung gestellt.[6] Im LIST-Ansatz werden drei verschiedene Klassen von Strategien unterschieden. Sie werden hier als drei Teilkompetenzen begriffen: kognitive Lernprozesse, interne und externe Ressourcen nutzen sowie metakognitive Prozesse.

Selbstkompetenz wird hier verstanden als eine kognitive und affektive Disposition, die dem Individuum ermöglicht, variable Situationen der Selbstthematisierung selbstständig, erfolgreich und verantwortungsvoll zu gestalten. Angesprochen ist damit zunächst das Selbstkonzept. Wild, Hofer & Pekrun (2001) halten es für sinnvoll, „das Selbstkonzept als eine Gedächtnisstruktur zu definieren, die alle selbstbezogenen Informationen einer Person enthält. Hierunter fällt auch das Wissen über die persönlichen Vorlieben, Einstellungen und Überzeugungen, wenngleich die affektiv-evaluativen Komponenten des individuellen ‚Selbst' meist unter dem Begriff des Selbstwertgefühls oder auch des Selbstvertrauens behandelt werden." (S. 228) „Selbstkonzept" („Self-concept") und „Selbstwertgefühl" („Self-esteem") werden oft ähnlich verwendet. Das Selbstkonzept ist jedoch kognitiv, beispielsweise mein Wissen über meine Kompetenzen, die mich als gut auszeichnen. Das Selbstwertgefühl ist hingegen affektiv, beispielsweise der Stolz, ein guter Kaufmann/eine gute Kauffrau oder ein guter Techniker/ eine gute Technikerin zu sein (vgl. Woolfolk 2004, S. 71). Selbstkonzept und Selbstwertgefühl werden hier zusammen als Selbstkompetenz verstanden. Selbstkompetenz wird im Sinne eines Selbstmanagements verstanden. Es setzt die Existenz langfristiger Ziele voraus. Das Individuum beurteilt den eigenen Entwicklungsstand auf der Folie dieser Ziele, entwirft so ein Bild seiner persönlichen Stärken und Schwächen und plant schließlich die eigene (Weiter-) Entwicklung.

---

[5] Ein bekannter Ansatz für den angelsächsischen Bereich wurde von Weinstein & Mayer 1986 vorgelegt. Für den deutschsprachigen Raum ist v. a. auf die Veröffentlichung „Lern- und Denkstrategien" von Mandl & Friedrich (1992) hinzuweisen.

[6] Der LIST wurde ursprünglich von Wild, Schiefele & Winteler (1992) zur Erhebung von Lernstrategien im Studium entwickelt. Eine ausführliche Erörterung wurde von Wild (2000) vorgenommen. An der letzten Veröffentlichung orientiert sich meine Darstellung.

Das bislang unterlegte Kompetenzmodell kennt vier Dimensionen: Fach-, Lern-, Sozial- und Selbstkompetenz. Die letzten drei Dimensionen, also die Lern-, Sozial- und Selbstkompetenz, werden auch vereinfachend als „überfachliche Kompetenzen (im engeren Sinne)" bezeichnet. Darüber hinaus wird in diesem Beitrag die sprachliche Kompetenz berücksichtigt. Die sprachliche Kompetenz (Sprachkompetenz) wird in unseren Nürnberger Arbeiten als eine wichtige Zielsetzung beruflicher Bildung und eine Bedingung für den täglichen Unterricht begriffen. Die sprachliche Kompetenz liegt – bildlich gesprochen – quer zu den hier vorgestellten vier Kompetenzdimensionen. Das soll heißen: Keine der erwähnten Dimensionen ist ohne Sprachlichkeit bzw. ohne sprachliche Kompetenz denkbar. Offensichtlich ist dies für Sozialkompetenz. Dies gilt jedoch auch für die anderen Kompetenzen, ja für Kompetenz schlechthin. Der Einfachheit halber werden die Trias von Lern-, Sozial- und Selbstkompetenz und die sprachliche Kompetenz gemeinsam als „überfachliche Kompetenz (im weiteren Sinne)" angesprochen. Diese Sprechweise vereinfacht die Dinge, steht jedoch in der Gefahr, die Besonderheit der sprachlichen Kompetenz zu unterschlagen.

Die Sprache ist für die Lernenden ein Medium alltäglicher Kommunikation, ein Symbol der Zusammengehörigkeit, ein Treiber der Identitätsentwicklung und ein bedeutsamer Faktor der kognitiven Leistung und Entwicklung (vgl. Kimmelmann 2010, S. 434 ff.). Die Förderung der sprachlichen Kompetenz ist zunächst Aufgabe des Sprachunterrichts, also etwa des Faches „Deutsch" oder „Englisch". Unabhängig davon ist jeder Unterricht – also auch jeder Fachunterricht – immer schon ein Sprachunterricht (ebenda, S. 442). Die Sprache ist nämlich das – unverzichtbare – Medium der Kommunikation im Unterricht. Jede Lehrkraft fördert oder hemmt damit die sprachliche Entwicklung der Lernenden, und zwar bewusst oder unbewusst. In den letzten Jahren ist darüber hinaus – sowohl in der Wissenschaft als auch in der Politik – herausgestellt worden, dass die sprachliche Förderung der Schüler/-innen einen besonderen Stellenwert erlangen sollte, nämlich auch im Fachunterricht. Dies gilt sowohl für Lernende mit Migrationshintergrund, auf die sich die Literatur häufig konzentriert, als auch für Lernende ohne Migrationshintergrund, die mit ungünstigen sprachlichen Voraussetzungen am Schulunterricht teilnehmen. Fachunterricht ist demnach sprachsensibel zu gestalten (vgl. Ohm, Kuhn & Funk 2007). Für die schulische Leistung der Schüler/-innen in der Klasse ist dabei weniger die Alltags-Sprachkompetenz wichtig, sondern eine bildungssprachliche Kompetenz (vgl. Gogolin 2007): Aktuelle „Forschungsergebnisse begründeten die Annahme, dass nicht das Verfügen über eine ‚allgemeine', für alltägliche Kommunikation taugliche Sprachkompetenz für den schulischen Erfolg entscheidend ist, sondern der Besitz eben jener spezifischen sprachlichen Fähigkeiten, die wir als ‚Bildungssprache' bezeichnen." (Gogolin 2007, S. 28 und 2009) Lehrkräfte, Schulbücher, Prüfungsaufgaben und Ähnliches sprechen nämlich eine besondere Sprache, die vom Alltag abweicht: In der Bildungssprache dominiert das Schriftliche, eine komplexe Zusammenstellung von textlichen und grafischen Elementen, eine sehr hohe Informationsdichte und eine hohe Abkopplung von konkreten Situationen. Gogolin (2007) zeigt, dass sich der Sprachgebrauch in der Schule immer weiter vom Sprachgebrauch im Alltag unterscheidet. Hinzu kommen fachsprachliche Unterschiede. Daher spricht Kimmelmann (2010) von „Berufsbildungssprache". Für die sprachliche Kompetenz werden verschiedene Kompetenzmodelle vorgeschlagen. Hier wird eine weitverbreitete Systematik aufgegriffen, die die sprachliche Kompetenz in zwei Teilkompetenzen zerlegt (vgl. Jude & Klieme 2007).

Die folgende Übersicht fasst die vorgenommene Unterteilung der Kompetenzen zusammen.

Dimension	Teilkompetenz	Teil-Teil-Kompetenz
Lernkompetenz	Kognitive Lernprozesse	Organisieren
		Elaborieren
		Kritisches Prüfen
		Wiederholen
	Interne und externe Ressourcen nutzen	Interne Ressourcen nutzen: Anstrengen, Aufmerksam sein, Zeit managen
		Externe Ressourcen nutzen: Arbeits-/Lernplatz gestalten, Informationsquellen nutzen, Lernen mit Mitlernenden
	Metakognitive Prozesse	Das eigene Lernen planen
		Das eigene Lernen überwachen
		Das eigene Lernen regulieren
	Mit Makromethoden umgehen	Mit handlungsorientierten Methoden des Unterrichts umgehen
		Mit traditionellen Methoden des Unterrichts umgehen
Sozialkompetenz	Artikulieren	Sich auf der Sachebene äußern (Sachebene)
		Sich über die Beziehung zum Gegenüber äußern (Beziehungsebene)
		Sich in der Situation selbst kundgeben (Selbstkundgabe)
		Absichten ausdrücken (Appellebene)
	Interpretieren	Auf der Sachebene aktiv zuhören und interpretieren (Sachebene)
		Beziehung zum Gegenüber interpretieren (Beziehungsebene)
		Selbstkundgabe in der Äußerung interpretieren (Selbstkundgabe)
		Absichten interpretieren (Appellebene)
	Situation einschätzen	Umstände und Fakten der Situation beachten
		Werte, die das eigene Handeln, inklusive des kommunikativen Handelns, bestimmen und entwickeln

Sozialkompetenz	Metakommunikation	Äußerungen über die sozial-kommunikative Situation artikulieren
		Äußerungen über die sozial-kommunikative Situation interpretieren
Selbstkompetenz	Eigene Ziele entwickeln	System langfristiger Ziele haben
		Bereit sein, über eigene langfristige Ziele nachzudenken
		Wissen, wie eigene Ziele entwickelt werden können
	Eigenen Entwicklungsstand einschätzen	Eigenen Stand auf der Folie eines Systems langfristiger Ziele diagnostizieren
		Bereit sein, den eigenen Stand auf der Folie eines Systems langfristiger Ziele zu diagnostizieren
		Wissen, wie der eigene Stand auf der Folie eines Systems langfristiger Ziele diagnostiziert werden kann
	Eigene Stärken und Schwächen abbilden	Bild der persönlichen Stärken und Schwächen haben
		Bereit sein, ein Bild der eigenen Stärken und Schwächen zu entwickeln
		Wissen, wie die eigenen Stärken und Schwächen analysiert werden können
	Eigene Entwicklung planen	Bild der eigenen (Weiter-)Entwicklung haben
		Bereit sein, ein Bild der eigenen (Weiter-)Entwicklung zu entwerfen
		Wissen, wie ein Bild der eigenen (Weiter-)Entwicklung entworfen werden kann
Sprach-kompetenz	Rezipieren	Lesen (bzw. Leseverstehen)
		Hören (bzw. Hörverstehen)
	Produzieren	Schreiben
		Sprechen

Abbildung 2: Systematisierung überfachlicher Kompetenzen

3 Schritte der Förderung überfachlicher Kompetenzen

Die Förderung überfachlicher Kompetenzen im Fachunterricht vollzieht sich über mehrere Schritte. Die Förderung überfachlicher Kompetenzen im Fachunterricht selbst setzt auf kleine sogenannte Förderatome im Fachunterricht. Die Entwicklung bzw. die Implementierung dieser Förderung ist jedoch ein komplexes Unterrichtsentwicklungsprojekt, das sich in mehreren Schritten vollzieht.[7]

3.1 Schritt 1: Überfachliche Kompetenz kooperativ modellieren

Im ersten Schritt werden die infrage kommenden Kompetenzen im Kollegium bzw. in einer größeren Projektgruppe aus Lehrkräften kooperativ modelliert. Die Lehrkraft in der Schule oder der pädagogische Professional im Unternehmen sieht sich hier mit einer Fülle unterschiedlicher Modelle – wie dem gerade vorgelegten – konfrontiert. Für die Förderung von überfachlichen Kompetenzen ist unter dem Aspekt der Schulentwicklung die Frage nach der Korrespondenz mit wissenschaftlichen Kompetenzmodellen nicht so zentral: Entscheidender dürfte sein, dass eine gemeinsame Vorstellung im Kollegium die Schulentwicklung voranzutreiben vermag. Die kooperative Modellierung der Kompetenzen im Kollegium hat hier die Funktion, die gemeinsamen Anstrengungen normativ auszurichten. Eine Vision, die nicht nur Papier ist, muss nämlich durch die Reflexion einer großen Zahl von Menschen entstehen. Die Hauptaufgabe bei der Entwicklung einer Vision ist die Förderung des Diskurses (vgl. Senge 2008, S. 345 ff.). Wissenschaftliche Modelle, wie etwa die weiter vorne wiedergegebene Systematisierung, können hier als ein Steinbruch verwendet werden, aus dem die Schule jeweils individuell ein Modell im Kollegium entwickelt. Eine „schnelle", diskursarme Übernahme eines vermeintlich überlegenen wissenschaftlichen Modells mag hier sogar innovationsunfreundlich wirken.

---

[7] Das hier vorgeschlagene Modell nimmt Konzepte aus dem betrieblichen Kompetenzmanagement, dem Fallmanagement und der individuellen Förderung bzw. der Förderplanarbeit auf. Im betrieblichen Kompetenzmanagement bilden die Diagnose und die Bestimmung von Sollprofilen den Ausgangspunkt für die weiteren Arbeiten Erpenbecks (2004a und 2004b), Kolmerers (2010) und Wiests (2010). In der Diskussion um die berufliche Bildung von benachteiligten Jugendlichen bzw. von Jugendlichen mit besonderem Förderbedarf spielt die individuelle Förderplanung eine große Rolle (BMBF 2006). Im Fallmanagement (Case-Management) ist das Profiling eine Grundlage für die Entwicklung von individuellen Förderplänen. In der Praxis existieren eine Fülle von Förderplanschemata – siehe Mutzeck (2007). Typische Elemente eines Förderplans sind die Beschreibung des Iststandes, die Schwerpunkte der Förderbereiche samt Zielsetzungen, die Rahmenbedingungen der Förderung (personell, materiell, organisatorisch), die Fördermaßnahmen sowie die Evaluationsergebnisse und Schlussfolgerungen für die Weiterentwicklung – siehe Schob & Jainz (2004). Individuelle Förderpläne oder auch „individuelle Entwicklungspläne" oder „individuelle Bildungs- und Erziehungspläne" sind v. a. aus der Sonderpädagogik bekannt – siehe Sander (2007). In den USA werden individuelle Förderpläne als „IEP" für „Individualized Education Plan" bezeichnet. Siehe dazu auch die Erfahrungen und Konzepte im Projekt „InLab" von Kremer & Frehe (2010); siehe auch Zoyke (2009 und 2010).

Das Kompetenzmodell muss im Regelfall weiter ausdifferenziert werden. Die Teilkompetenzen und ihre weitere Unterteilung können durch den Rückgriff auf Situationsmodelle präzisiert werden.[8] Bei der weiteren Ausdifferenzierung einer Kompetenzdimension erfolgt dabei ein Bezug auf eine spezifische Situation. Eine solche Situation zur weiteren Präzisierung von Lernkompetenz ist beispielsweise das Lernen in Gruppen, eine sozial-kommunikative Situation ist beispielsweise die Verkaufssituation. Für die Präzisierung der Kompetenzen auf dieser Stufe sind zwei Dinge erforderlich. Es bedarf zunächst einer Auflistung der Situationen, die vom Kollegium bzw. von übergreifenden Vorgaben, etwa Lehrplänen, als relevant betrachtet werden. Beispiele für solche Situationen des Lernens sind: Das Lernen in Gruppen, das Lernen beim Frontalunterricht, das Lernen in Einzelarbeit, das Lernen mit modernen Medien, das Lernen mit Schulbüchern, das (Weiter-)Lernen im Einzelhandel usw. Zweitens sind weitere Informationen zur Situation selbst notwendig. Dazu braucht es ein Situationsmodell. Dies ist im einfachsten Fall ein Phasenmodell, beispielsweise ein Modell zum Verlauf des Lernens in Gruppen, des Lernens mit Schulbüchern und so fort. Als Hilfsmittel bietet sich eine Kompetenzpräzisierungsmatrix an. In den Zeilen stehen die Teilkompetenzen aus dem Kompetenzmodell und in den Spalten die Phasen der betrachteten Situation. In den Zellen steht dann eine Spezifizierung der Kompetenz für eine spezifische Phase der betrachteten Situation.

Die Modellierung der Kompetenzen in der Schule führt zu einem schulinternen Kompetenzmodell. Dieses Modell kann je nach der Heterogenität der Schule für einzelne Abteilungen, Berufe oder Jahrgangsklassen spezifiziert werden.

3.2 Schritt 2: Assessment entwickeln und durchführen

Im zweiten Schritt erfolgt das Assessment. Assessment bedeutet hier die Erhebung von Daten, um didaktische Entscheidungen zu begründen (vgl. Stiggins 2005, S. 5). Assessment vollzieht sich – entsprechend den Grundformen der empirischen Sozialforschung – als Befragen, Beobachten oder Sammeln von bereits bestehenden Daten. Assessment wird hier als Oberbegriff für eine Reihe ähnlicher Aktivitäten verstanden.[9] Das wissenschaftliche Testen

---

[8] Das mehrstufige Präzisieren der Kompetenzen wird hier für alle betrachteten Kompetenzen vorgeschlagen, d. h. Lern-, Sozial- und Selbstkompetenz. Diese Vorstellung hat mehrere Hintergründe. In den Arbeiten zu Lernkompetenz nach dem WLI-Ansatz ergänzt Metzger (2000) immer wieder Modellsituationen, die sich jedoch streng genommen nicht aus dem Metzger vorgelegten Grundmodell ableiten lassen. Diese Situationen variieren und entspringen offensichtlich dem Bedürfnis, für bestimmte Fälle in die Tiefe zu gehen. Eine ausdifferenzierte Vorgehensweise findet sich auch in den Arbeiten zur Sozialkompetenz der Gruppe um Euler (vgl. etwa 2004). Dieser Ansatz geht mehrstufig vor und arbeitet mit einem spezifischen Situationsmodell.

[9] Der Begriff „Assessment" wird hier als Oberbegriff für „Messung", „Prüfung", „Testung" oder „Diagnostik" gewählt. Die Wahl des englischsprachigen Begriffes ist letztlich eine Verlegenheitslösung. Ich folge hier der begrifflichen Festlegung von Stiggins: "Assessment is the process of gathering evidence of student learning to inform instructional decisions." (2005, S. 5) Begrifflich verwandt ist der Begriff der Diagnostik: „Das Wort Diagnostik geht zurück auf das griechische Verb ‚diagignoskein', das unterschiedliche Aspekte eines kognitiven Vorganges bezeichnet, vom Erkennen bis zum Beschließen. Das Verb bedeutet (1) genau kennenlernen, (2) entscheiden und (3) beschließen oder sich entscheiden [...] Diese drei Grundbedeutungen lassen vielfältige Assoziationen an Leistungen anklingen, die vom Psychologen als Diagnostiker erwartet werden: etwa, dass er menschliches Verhalten ‚gründlich kennenlernt', um bei Störungen zum Zwecke einer Abhilfe ‚Entscheidungen' oder gar ‚Beschlüsse' anzubieten." (Fisseni 1997, S. 3) Eine Sonderform der Diagnostik ist die psychologische Diagnostik: „Psychologische Diagnostik ist der Einsatz festgelegter Testverfahren

ist eine Sonderform des Assessments. „Ein Test ist ein wissenschaftliches Routineverfahren zur Untersuchung eines oder mehrerer empirisch abgrenzbarer Persönlichkeitsmerkmale mit dem Ziel einer möglichst quantitativen Aussage über den relativen Grad der individuellen Merkmalsausprägung." (Lienert & Raatz 1998, S. 1) Die wissenschaftliche Konstruktion von Tests ist ein umfangreicher und aufwendiger Prozess, der von der Anforderungsanalyse bis zur Eichung reicht (vgl. Bühner 2010). Unter schulischen Normalbedingungen scheidet eine solche Konstruktion schuleigener Instrumente aus. Alternativ können bereits existierende Instrumente genutzt werden. Der Rückgriff auf wissenschaftliche Tests führt jedoch im Schulalltag regelmäßig zu weiteren Problemen.

- Mangelhafte Validität: Der vorliegende Test wird oft nicht zu dem in der Schule diskursiv festgelegten Modell passen. Daher sollten wissenschaftliche Modelle im Steinbruch des ersten Arbeitsschrittes, des Modellierens, einen besonderen Stellenwert genießen. Wissenschaftliche Testverfahren folgen immer dem zugrunde gelegten Modell. Bei der Diskussion um das Modell in der Schule erscheint es ratsam, sich auch von den verfügbaren Instrumenten und den dort zugrundegelegten Dimensionen leiten zu lassen.

- Mangelnde Verfügbarkeit: Viele Tests sind für „normale" Lehrkräfte nicht zu beziehen. So weist etwa die deutsche Testzentrale darauf hin, dass die „diagnostische Anwendung von Testverfahren grundsätzlich nur in der Hand eines/einer in seinem/ihrem Fachgebiet qualifizierten Diplom-Psychologen/-Psychologin bzw. unter dessen/deren Supervision sinnvoll und verantwortbar ist. Der Missbrauch von Testverfahren zwingt zu diesem kontrollierten Vertrieb." (http://www.testzentrale.de) Ob diese Befürchtung gerechtfertigt ist, welche Kompetenz das Abarbeiten von Manuals wirklich verlangt und ob es sich nicht einfach um eine professionspolitisch motivierte Monopolisierung handelt, kann hier nicht vertiefend diskutiert werden.

- Mangelhafte Ökonomie: Viele Tests sind v. a. zur wissenschaftlichen Diagnose entwickelt worden. Der prinzipielle Konflikt zwischen Validität und Ökonomie wird dabei zugunsten der Validität gelöst. Eine Möglichkeit, mit dem Problem der Ökonomie umzugehen, ist die Verwendung oder die Konstruktion von Kurzfassungen der Tests.

- Mangelhafte Umweltpassung: Einige Tests lassen sich in der Berufsbildung nur schwer einpassen. So werden Besonderheiten des Lehrens und Lernens in beruflichen Schulen, etwa der Teilzeitunterricht, nicht hinreichend berücksichtigt. Auch andere Details, etwa die

---

zur Bewertung von Fähigkeiten, Verhaltensweisen und Persönlichkeitseigenschaften von Personen." (Zimbardo & Gerrig 2004, S. 399) Die psychologische Diagnostik wird von der pädagogischen abgegrenzt: „Pädagogische Diagnostik ist das Insgesamt von Erkenntnisbemühungen im Dienste aktueller pädagogischer Entscheidungen." (Klauer 1978, S. 5) Pädagogische Diagnostik nach Ingenkamp (1988, S. 11): „Pädagogische Diagnostik soll sowohl individuelles Lernen optimieren als auch im gesellschaftlichen Interesse Lernergebnisse feststellen und den Übergang in verschiedene Lerngruppen, Kurse oder Bildungswege oder nach vorgegebenen Kriterien verbessern. Zur Erreichung dieser Ziele werden diagnostische Tätigkeiten ausgeübt, mit deren Hilfe bei Individuen und den in einer Gruppe Lernenden Voraussetzungen und Bedingungen planmäßiger Lehr- und Lernprozesse ermittelt, Lernprozesse analysiert und Lernergebnisse festgestellt werden. Unter diagnostischer Tätigkeit wird dabei ein Vorgehen verstanden, in dem (mit oder ohne diagnostische Instrumente) unter Beachtung wissenschaftlicher Gütekriterien beobachtet und befragt wird, die Beobachtungs- und Befragungsergebnisse interpretiert und mitgeteilt werden, um ein Verhalten zu beschreiben und/oder Gründe für dieses Verhalten zu erläutern und/oder zukünftiges Verhalten vorherzusagen."

Anrede der Testteilnehmenden in den Items, können zu Schwierigkeiten führen. Lehrkräften bleibt hier oft nur die Möglichkeit, die Tests anzupassen, also mit Blick auf die besonderen Bedürfnisse zu adaptieren.

- Urheberrechtsprobleme: Einige Testverfahren können nicht frei verwendet werden, sondern führen für die Schulen zu spezifischen, oft nicht tragbaren Kosten. So kostet beispielsweise der LASSI-HS (Learning and Study Strategies Inventory – High School Version) in der Papier- und Bleistiftversion zurzeit bei der Abnahme unter 100 Exemplaren 3 US-Dollar pro Stück. Die deutschsprachige Anpassung, der Fragebogen „WLI" („Wie lerne ich") kann nur in Zusammenhang mit einem Buch erworben werden und darf nicht frei eingesetzt werden. Die Schule kann hier auf freie Instrumente zurückgreifen. So steht beispielsweise als Alternative zur Erfassung der Lernkompetenz das Inventar „LIST" (LIST: Inventar zur Erfassung von Lernstrategien im Studium) im Internet zur Verfügung. Dieser Bogen muss allerdings adaptiert werden.

Assessment ist in Schulen mit einigen Einschränkungen versehen: Assessment in Schulen ist traditionell eine Angelegenheit, die stark in der Hoheit einzelner Lehrkräfte liegt, die wenig technikgestützt abläuft, über die wenig Austausch in der Schule betrieben wird und deren Ergebnisse selten einem systematischen Diskurs zugeführt werden. Erhellend finde ich hier einen Blick in die Medizin. In der Medizin gibt es umfangreiche Lehrbücher und Leitfäden zur medizinischen Dokumentation (vgl. Leiner, Gaus, Haux, Knaup-Gregori & Pfeifer 2006, S. 3 ff.). Die Dokumentation verfolgt in der Medizin das allgemeine Ziel, die richtige Information bzw. das richtige Wissen zum richtigen Zeitpunkt am richtigen Ort den richtigen Personen in der richtigen Form zur Verfügung zu stellen. Die Dokumentation dient der Unterstützung der Patienten/-Patientinnenversorgung, dem Erfüllen rechtlicher Vorschriften, der Unterstützung des Qualitätsmanagements, der klinisch-wissenschaftlichen Forschung sowie der klinischen Aus- und Fortbildung (ebenda). In der Medizin würde der – in Schulen durchaus übliche – Verweis auf datenschutzrechtliche Vorschriften, die die Behandlung und die Forschung behindern, als grotesk eingestuft. Im Zentrum der medizinischen Dokumentation steht die Krankenakte: „Die Krankenakte umfasst alle Daten und Dokumente, die im Zusammenhang mit der medizinischen Versorgung eines Patienten an einer Einrichtung [...] erstellt werden." (ebenda, S. 69) Häufig ist dabei eine Kombination von konventioneller und elektronischer Krankenakte, die mehrere Teildokumentationen umfasst. In der Medizin würde eine Therapie ohne eine klare Diagnose gegen das Berufsethos des Mediziners/der Medizinerin verstoßen. Ein Mediziner/Eine Medizinerin, der/die einer ausführlichen Diagnose aus dem Weg geht und „vorsichtshalber" ein Arzneimittel mit einem breiten Wirkspektrum verschreibt, wird auch vom Laien/von der Laiin als nicht ethisch korrekt eingestuft.

3.3 Schritt 3: Profiling vornehmen

Im dritten Schritt erfolgt das Profiling. Beim Profiling werden die Kompetenzprofile der Lernenden erstellt. Das Profiling ist ein zentraler Handlungsschritt im Case-Management (vgl. Nagy & Werner 2008, S. 216). Die im Assessment gesammelten Daten werden zunächst ausgewertet, und es wird ein Istprofil entwickelt. Dabei wird beispielsweise bei Verwendung eines standardisierten Tests berichtet, in welchen Teilkompetenzen (Subskalen) Lernende günstige und ungünstige Werte erreicht haben. Die Entscheidung, was „günstig" und was "ungünstig" ist, bedarf eines normativen Referenzpunktes. Gerade in Schulen scheint hier die Logik von „höher – besser – schneller" vorzuherrschen. In betrieblichen Lernumwelten wird hingegen deutlich häufiger mit angestrebten Kompetenzprofilen („Sollprofil") gearbeitet. Aus dem Assessment, der empirischen Arbeit allein, aus dem Testen allein, lässt sich kein Förderbedarf „ableiten". Es bedarf vielmehr eines normativen, bildungstheoretischen Diskurses darüber, was bei der in Rede stehenden Zielgruppe das anzustrebende Soll-Profil ist. Erst aus der Diskrepanz zwischen normativem Referenzpunkt und empirisch ermitteltem „Ist" ergibt sich der Förderbedarf. Bei der Profilierung lassen sich verschiedene soziale Bezugsgruppen nutzen und verschiedene Formen von Profilen bestimmen.

- Generalisiertes Förderprofil: Bei einem generalisierten Förderprofil werden die Daten über die gesamte Zielgruppe ausgewertet. Ein generalisiertes Förderprofil ermittelt für die Gesamtgruppe, also etwa eine Klasse oder einen Jahrgang, typische Stärken und Schwächen bezüglich der überfachlichen Kompetenz. Ein generalisiertes Förderprofil wird benötigt, um die Kompetenzentwicklung der gesamten Gruppe passgenau zu planen.

- Gruppiertes Förderprofil: Bei einem gruppierten Förderprofil wird der Grundgedanke der statistischen Clusteranalyse aufgegriffen. Die Lernenden werden so in Gruppen (Cluster) eingeteilt, dass die Lernenden, die einer Gruppe zugeordnet werden, ein möglichst ähnliches Kompetenzprofil aufweisen, während gleichzeitig die Lernenden in unterschiedlichen Gruppen deutlich voneinander verschieden sind. Gruppierte Förderprofile dienen der Isolierung von Gruppen, die später getrennt gefördert werden.

- Individualisiertes Förderprofil: Bei einem individualisierten Förderprofil wird für jeden der einzelnen Lernenden ein individuelles Profil entwickelt, das eine Grundlage für die individualisierte Kompetenzentwicklung darstellt.

Wünschenswert wäre eine gleichzeitige Arbeit mit allen drei Förderprofilen. Die Arbeit mit individualisierten Förderprofilen kommt pädagogischem Denken besonders nahe, wie es sich in dem Grundsatz „Lernende dort abholen, wo sie stehen" niederschlägt. Damit hat die Arbeit mit individualisierten Förderprofilen eine besondere pädagogische Dignität. Gleichzeitig macht die Arbeit mit individualisierten Profilen nur Sinn, wenn solche Profile zur Grundlage individualisierter Förderung werden. Dies ist jedoch aufwendig und steht dem klassischen Verständnis von Schule als Form industrialisierten Lernens entgegen: In Schulen werden Lernangelegenheiten aus dem Alltag ausgelagert und die damit verbundenen Dysfunktionalitäten in Kauf genommen, um ökonomisch Skaleneffekte realisieren zu können. Daher bietet es sich in schulischen Lernumwelten an – soweit immer möglich – einen besonderen Förderbedarf auch auf Ebene der gesamten Zielgruppe, also etwa einer Jahrgangsstufe, und einzelner Gruppen zu befriedigen.

3.4 Schritt 4: Kompetenzentwicklung planen und integrieren

Überfachliche Kompetenzen lassen sich in der Schule auf ganz verschiedenen Wegen fördern. Schon immer haben engagierte Lehrkräfte die Entwicklung der überfachlichen Kompetenzen unterstützt. Häufig erfolgt eine solche Förderung en passant, wenn sich für die Lehrkraft die Notwendigkeit bzw. der Bedarf und die Möglichkeit ergeben. Eine solche Enpassant-Förderung überfachlicher Kompetenzen bleibt eine vornehme Aufgabe jeder Lehrkraft. Eine systematische Förderung überfachlicher Kompetenzen im Fachunterricht kann jedoch nicht bei der En-passant-Förderung stehen bleiben. In schulischen Lernwelten lassen sich die verschiedenen Ansätze zur Förderung nach ihrem Verhältnis zum Fachunterricht und nach dem zugrundegelegten Förderprofil bzw. nach der Bezugsgruppe unterscheiden.[10]

Bezugsgruppe	Zugrundegelegtes Förderprofil	Verhältnis zum Fachunterricht		
		Fachunterricht	Eigenständiges Fach	Außerhalb des gefächerten Unterrichts
Klasse	Generalisiertes Förderprofil	Förderatome	Förderpflichtfach	Förderinsel (Pflicht)
Gruppen	Gruppiertes Förderprofil	Förderatome (für einzelne Gruppen)	Förderpflichtfächer (pro Förderprofil)	Förderinsel (Wahl nach Profil)
Individuum	Individualisiertes Förderprofil	Förderatome (für Individuen)	Fach „Individuelle Förderung"	Individuelle Förderplanarbeit

Abbildung 3: Schulische Integration der Förderung überfachlicher Kompetenzen

Außerhalb des gefächerten Unterrichts werden Förderinseln vorgesehen.[11] Die in Schulen übliche Verteilungsplanung erfolgt mithilfe einer Tabelle, die in den Zeilen die Kalenderwochen und in den Spalten die Fächer bzw. in Deutschland die Lernfelder aufführt. Bei der Verankerung von Förderinseln werden in der Verteilungsplanung didaktische Zeitgefäße jenseits des Fachunterrichts vorgesehen, die der Entwicklung der anvisierten überfachlichen Kompetenzen dienen. So mag eine im Schuljahr vorgesehene Lernmethodenwoche der Förderung der Lernkompetenz oder ein Outdoor-Event der Entwicklung der Sozial- und Selbstkompetenz dienen. Der Fachunterricht wird durch Förderinseln unterbrochen. Eine solche Förderinsel kann sich verpflichtend an die gesamte Klasse richten. Alternativ kann die Konstruktion von Förderinseln eine pädagogische Antwort auf die unterschiedlichen Profile der Gruppen in der Klasse sein. Für eine Gruppe mag beispielsweise ein Angebot im Zeitmanagement, für eine andere Gruppe ein Angebot im Präsentieren aufgrund des ermittelten Profils relevant sein. Im Extremfall kann auch das individuelle Förderprofil der Förderung außerhalb des gefächerten Unterrichts zugrundegelegt werden. Aus Gründen der Ökonomie bieten sich individualisierte Maßnahmen nur dann an, wenn den spezifischen Förderbedarfen nicht auf Klassen- oder Gruppenebene begegnet werden kann.

Eine weitere Möglichkeit der Integration in den schulischen Betrieb ist die Einrichtung von Förderfächern. Fächer stellen „historisch gewordene, inhaltlich zugleich abgegrenzte als auch aufgrund bestimmter Zielsetzungen verknüpfte Aufgabenfelder institutionalisierter Lehre" (Bracht 1986, S. 425) dar. In diesem Sinne sind auch die Lernfelder in Deutschland Fächer, obwohl sie genau als Alternative zum „Fachunterricht" angetreten sind. Typisch an

---

[10] Die Differenzierung nimmt hier die Unterscheidung von direkter und indirekter Förderung aus der Diskussion um Lernstrategien auf – siehe Friedrich & Mandl (1992, S. 29 ff.).
[11] Der Begriff der Förderinsel nimmt eine Figur von Dubs (2011) auf.

einer gefächerten Lehre ist im Gegensatz zu Inseln die regelmäßige, meist wöchentliche Verankerung im Kanon der Schule. So kann ein Fach, ein freiwilliger oder verpflichtender Kurs „Lernen lernen" der Entwicklung von Lernkompetenzen an der Schule dienen. Derartige Fächer werden neben dem gängigen Fachunterricht eingerichtet, d. h., in der Verteilungsplanung wird eine neue Spalte für ein neues Fach eingeführt.

Ein Beispiel ist das Fach „Persönlichkeitsbildung und soziale Kompetenz" im Lehrplan der Handelsakademie aus dem Jahr 2004 in Österreich. Ein weiteres Beispiel ist die individuelle Förderung im Berufseinstiegsjahr (BEJ) in Baden-Württemberg. Die Stundentafel im BEJ sieht im Umfang von zwei bis fünf Stunden das Fach „Individuelle Förderung" vor. Das Berufseinstiegsjahr ist eine recht junge berufliche Schulform, die sich an Jugendliche mit Hauptschulabschluss ohne Ausbildungsplatz richtet, die keine weiterführende Schule besuchen können. Im ersten Schritt erfolgt im BEJ die Förderdiagnose. Dazu wird im BEJ wie im BVJ das Instrument „Kompetenzanalyse Profil AC" eingesetzt. Die Daten werden im nächsten Schritt ausgewertet, und es wird ein Kompetenzbericht bzw. -profil erstellt. Im anschließenden Schritt wird mit jedem/jeder Lernenden ein individueller Förderplan aufgebaut, der schriftlich als Zielvereinbarung fixiert wird. Im vierten Schritt erfolgt die eigentliche Förderarbeit in der Schule. Im fünften und letzten Schritt erfolgt die Bewertung der Maßnahmen. Auf dieser Basis werden die Förderpläne unter Umständen neu gestaltet (vgl. KM-BW 2008).

Als eine weitere Variante der schulischen Integration soll hier „Förderatome im Fachunterricht" genannt werden. Dabei werden relativ kleine Sequenzen zur Förderung überfachlicher Kompetenzen in den Fachunterricht integriert. Das wichtigste Hilfsmittel zur systematischen Integration solcher Förderatome in den Fachunterricht ist die Reihenplanung, zum Beispiel als Jahresplanung. Im einfachsten Fall wird eine traditionelle Grobplanung „verlängert", d. h., es werden zusätzliche Spalten für die zu fördernden überfachlichen Kompetenzen vorgesehen. In den Zellen dieser Spalten stehen dann die Förderatome, die im jeweiligen Fachunterricht gefördert werden sollen. Allerdings ersetzt – im Gegensatz zu Förderfächern – der Zelleneintrag keinen Eintrag in anderen Spalten.

Häufig dürfte eine Verbindung mehrerer Integrationsmöglichkeiten relevant sein. In jedem Fall sollte auch die Förderung im Fachunterricht berücksichtigt werden. In Schulen kann sonst schnell der Eindruck aufkommen, die „normale" „Fach"-Lehrkraft könne die Förderung überfachlicher Kompetenzen an „Experten/Expertinnen" – nämlich an Lehrkräfte in den Förderinseln und den Förderfächern – „delegieren".

3.5 Schritt 5: Kompetenz entwickeln

Im fünften Schritt werden die Kompetenzen entwickelt. Bei der Entwicklung der überfachlichen Kompetenzen der Lernenden dominieren in der Literatur regelmäßig die Methoden außerhalb des Fachunterrichts, also in Förderinseln und -fächern. So stehen beispielsweise bei der Entwicklung von Sozialkompetenz folgende Methoden im Vordergrund: Sozialkompetenztraining (vgl. Bauer 2007; Euler 2009; Segrin & Givertz 2003), Methoden moralischer Bildung (vgl. Blatt & Kohlberg 1975; Lind 2003, S. 79), Service-Learning (vgl. Sliwka 2004; Wilbers 2004) und Erlebnispädagogik (vgl. Heckmair & Michl 2008; Michl 2009). Diese Methoden hebeln oft den normalen Klassenunterricht aus, sind recht gut erforscht, aber oft nur schwer unter Normalbedingungen implementierbar. So stellt sich m. E. die Frage, wie solch intensive Förderansätze durch Methoden im Fachunterricht ergänzt werden können. Die Darstellung für alle hier erwähnten Kompetenzen würde den hier gegebenen Rahmen sprengen. Ich gehe daher exemplarisch auf die Förderung sprachlicher Kompetenz im Fachunterricht ein.

Eine umfassende sprachliche Förderung der Lerner/-innen im Fachunterricht müsste sich an allen vier bereits genannten Bereichen orientieren, d. h. am Sprechen, am Schreiben, am Hörverstehen und am Leseverstehen. Eine besondere Rolle spielen dabei das Schreiben und das Leseverstehen: Die „Bildungssprache" (Gogolin 2009) bzw. die „Berufsbildungssprache" (Kimmelmann 2010, S. 434 ff.) orientiert sich nämlich stark am Schriftsprachlichen. Diese Berufsbildungssprache, die etwa in Fachtexten und Lehrbüchern verwendet wird, weist sich durch eine Reihe von Eigentümlichkeiten gegenüber der Alltagssprache aus, ist aber gleichzeitig für den Bildungserfolg entscheidend. In der aktuellen Diskussion um den sprachsensiblen Fachunterricht wird daher ein besonderes Gewicht auf das Leseverstehen und das Schreiben gelegt (vgl. ebenda), also auf den schriftsprachlichen Umgang.

Bezüglich der Förderung des Leseverstehens ist zunächst auf die 5-Gang-Lesetechnik hinzuweisen. Das Lernen mit Texten ist eine Situation, für die die aufgeführten Teilkompetenzen der Lernkompetenz präzisiert werden können. Grundlegend ist dabei ein Situationsmodell, das, wie in diesem Fall, ein Modell des Leseprozesses[12] ist. Die 5-Gang-Lesetechnik sieht den folgenden Ablauf vor: „Lesen vorbereiten", „Text überfliegen", „Abschnitt gründlich und kritisch lesen", „Abschnitt zusammenfassen" sowie „Text wiederholen und zusammenfassen".

- Gang 1 (Lesen vorbereiten): Zu Beginn des Leseprozesses sollte sich der Lerner/die Lernerin bewusst die Koordinaten der Situation vor Augen führen. Dazu gehören die Fragen, warum der Text, mit welchem Ergebnis, in welcher Zeit und wo gelesen wird. Dies verlangt eine Klärung des Leseziels, der Textart, des erwünschten Ergebnisses, eines – nicht zu groß gewählten – Zeitrahmens und der Bereitstellung des erforderlichen Arbeitsmaterials, beispielsweise zum Markieren von Texten (vgl. Metzger 2000, S. 83 f.).

- Gang 2 (Text überfliegen): Vor dem eigentlichen Lesen sollte der Text überflogen werden. In der angelsächsischen Literatur hat sich dazu der Begriff „Speedy Reading" eingebürgert. Dabei soll der Leser/die Leserin die „Geografie" des Materials erfassen. Bei längeren Texten bzw. Textpassagen werden zunächst das Inhaltsverzeichnis und die Gliederung des Textes erfasst. Wenn vorhanden, werden Lernziele und Zusammenfassungen vor und nach dem Text gelesen, bei Textpassagen wird auf die Einbettung der Textpassage in den Gesamttext geachtet. Der Text wird durchgeblättert, um die Struktur zu erfassen. Gegebenenfalls werden einzelne Abschnitte angelesen. Weitere Hilfsmittel, die in wissenschaftlichen Werken genutzt werden können, wie ein Index, ein Klappentext oder eine Bibliografie, liegen in Schulbüchern nicht vor. Gelegentlich können Schriftschnitte, also fette oder kursive Schrift, oder Textfarben weitere Hilfen auf der Suche nach der Struktur des Textes sein (vgl. Booth, Colomb & Williams 2003, S. 106 f.).

- Gang 3 (Abschnitt gründlich und kritisch lesen): Im nächsten Schritt soll das durch das Überfliegen erworbene erste Textverständnis weiter ausgebaut werden. Im Gegensatz zum Überfliegen wird das Lesetempo gesenkt, und es erfolgt eine kritische Auseinandersetzung mit dem Text. Der Text wird jetzt in Abschnitten bzw. in Etappen bearbeitet: Erst

---

[12] Vgl. Booth, Colomb & Williams (2003); Burchert & Sohr (2005); Felbinger & Mikula (2005); Metzger (2000, S. 75 ff.). Zur 5-Gang-Methode siehe auch Endres (2008, S. 65 ff.) und Klippert (2004, S. 99).

wird der Text gelesen, dann wird gedanklich der Inhalt wiedergegeben und zusammengefasst, gegebenenfalls wiederholt, und dann wird zur nächsten Etappe übergegangen. Das Lesen zielt auf ein Verständnis, d. h., der Lerner/die Lernerin muss das eigene Lernen – hier: den Erfolg des Lesens bzw. die Anwendung der kognitiven Strategien beim Lesen – überwachen und regulativ in den Lernprozess eingreifen.

- Gang 4 (Abschnitt zusammenfassen): Die Notizen werden nicht direkt parallel zum Lesen angefertigt, sondern am Ende jeder Leseetappe. Am Rand des Buches werden, falls dies erlaubt ist (sonst in einer Mitschrift), die Hauptgedanken in Schlüssel- oder Stichwörtern, offene Fragen und eigene Anmerkungen angebracht. Dabei lohnt sich für häufige Leser/-innen die Arbeit mit einem persönlichen Notationssystem für Notizen, beispielsweise „!" für „wichtig", „?" für „Frage", „D" für „Definition", „Z" für Zusammenfassung oder „B" für Beispiel. Im Text werden parallel zu den Notizen am Ende einer Leseetappe Textteile – sparsam – markiert oder unterstrichen. Das Markieren ist übersichtlicher als das Unterstreichen und sollte sparsam verwendet werden, d. h., die Markierungen umfassen weniger als 10 % des Textes. Sie erfolgen mit maximal vier Farben (vgl. Metzger 2000, S. 87f.). Notizen haben eine doppelte Funktion: Sie bilden einen externen Speicher, und das Notizenmachen ist eine Gelegenheit, Lernkompetenz zu beanspruchen und zu trainieren. In der Literatur wird auch von der Produkt- und Prozessfunktion von Notizen gesprochen (vgl. Steiner 2006, S. 175).

- Gang 5 (Text wiederholen und zusammenfassen): Nachdem der ganze Text oder bei längeren Texten größere Textteile, zum Beispiel Kapitel, kritisch und gründlich etappenweise gelesen wurden, wird der Leseprozess abschließend nachbereitet. Dazu wird der gesamte Text unter Nutzung der angebrachten Hilfen erneut überflogen und in Gedanken werden entsprechende Fragen beantwortet, insbesondere: „Worum geht es?", „Was sind die Hauptgedanken?" und „Was ist offen, was habe ich nicht verstanden?". Anschließend werden eventuell vorhandene Aufgaben und Übungen am Ende des Textes bearbeitet. Am Ende steht eine – kurze – eigene Zusammenfassung des Textes in textlicher oder in grafischer Form, zum Beispiel als Concept-Map. Bei längeren Texten ist ein regelmäßiges Wiederholen der vorhergehenden Textpassagen notwendig (vgl. Metzger 2000, S. 88f.).

Einzelne Gänge dieser Lesetechnik lassen sich als Förderatome im Fachunterricht integrieren. Die Gänge werden dann in der Verteilungsplanung über einen längeren Zeitraum verankert. Neben der 5-Gang-Lesetechnik werden in der Literatur weitere Maßnahmen zur Förderung des Leseverstehens im Fachunterricht vorgeschlagen (vgl. Leisen 2006b; Ohm, Kuhn & Funk 2007):

- Textvorentlastung: Texte können von der Lehrkraft sprachlich vorentlastet werden. Dazu bietet sich das der Textarbeit vorausgehende Lehrgespräch, eine Aufarbeitung der Alltagserfahrung der Lerner/-innen oder ein bildlicher Einstieg an (vgl. Ohm, Kühn & Funk 2007, S. 115 ff.).

- Fragen zum Text beantworten: Die Lerner/-innen erhalten einen Text und sollen daraufhin von der Lehrkraft vorgegebene Fragen zum Text beantworten. Dies soll die Auseinandersetzung mit dem Text fördern. Der Schwierigkeitsgrad kann von der Lehrkraft gut angepasst werden, und die Auswertung der Fragen kann auch in Partner/-innen-Arbeit erfolgen.

- Fragen an den Text stellen: Die Lerner/-innen sollen selbst eine vorgegebene Zahl von Fragen formulieren, auf die der Text eine Antwort gibt. Die so formulierten Fragen werden dann auch vom Lerner/von der Lernerin beantwortet.
- Text strukturieren: Die Lernenden werden aufgefordert, einen Text in sinnvoll erscheinende Abschnitte zu gliedern und diesen Textteilen eine Überschrift zuzuordnen. Diese Aufgabe lässt sich bei schlecht strukturierten Texten einsetzen und beansprucht in besonderer Weise die Abstraktionsfähigkeit der Lerner/-innen.
- Farborientiertes Markieren der Begriffe: Die Lerner/-innen werden aufgefordert, die Fachnomen, Fachverben und Adjektive in verschiedenen Farben zu markieren.
- Darstellungsform wechseln: Die Lerner/-innen werden angehalten, den Text in eine andere Darstellungsform zu bringen, zum Beispiel in eine Mindmap. In der Wahl der Darstellungsform ist der Lerner/die Lernerin frei oder sie wird vorgegeben. Im letzten Fall besteht auch die Möglichkeit, die Darstellung schon vorab zu strukturieren. Diese Transformation verlangt eine intensive Auseinandersetzung mit dem Text. Hilfreich ist dabei das vorhergehende farborientierte Markieren der wichtigsten Begriffe. Es handelt sich mithin um eine Organisationsstrategie.
- Expandieren des Textes: Viele Fachtexte sind bereits so stark verdichtet, dass es – Anfängern/Anfängerinnen wie Experten/Expertinnen – schwerfällt, den Text weiter zu verdichten. Beim Expandieren wird der Text – im gegenteiligen Vorgehen – durch Beispiele und eigene Erläuterungen weiter ausgedehnt. Es handelt sich um eine Strategie der Elaboration.
- Textvergleich: Beim Textvergleich werden verschiedene Texte verglichen, beispielsweise Texte zum gleichen Thema aus verschiedenen Lehrbüchern. Durch den Vergleich werden gegebenenfalls Verstehenslücken ausgeglichen, und die Auseinandersetzung mit der formalen Struktur des Textes wird gefördert.
- Hilfsmittel: Die Arbeit mit Hilfsmitteln, etwa dem Duden oder einem Fremdwörterbuch, sollte an der Schule ein Thema sein.

Auch diese Methoden zur Förderung des Leseverstehens lassen sich als Förderatome im Fachunterricht verankern. Das Lesen ist eine rezeptive Form der schriftsprachlichen Auseinandersetzung. Dem steht die Förderung des Schreibens als produktive schriftsprachliche Form gegenüber. Das Schreiben im Unterricht hat eine Reihe von Vorzügen, die über die Förderung der Schreibkompetenz hinausgehen: Beim Schreiben kommt der Lerner/die Lernerin zu neuen Ideen, es führt ihn/sie zu einer vertieften Auseinandersetzung, schafft Bewusstsein und Präzision, es fördert die Konzentration auf das Wesentliche, das Schreiben schafft Differenzierungsmöglichkeiten im Unterricht und fördert das selbstgesteuerte Lernen (vgl. Leisen 2006a). Gegenstand des Schreibens im Unterricht können verschiedene Schreibprodukte sein (ebenda).

- Schreibprodukte mit Sachbezug: Schreibprodukte mit Sachbezug sind vom Lerner/von der Lernerin erstellte eigene kurze schriftliche Formulierungen, beispielsweise die Formulierung einer Hypothese. Umfangreichere Beschreibungen und Erklärungen erläutern hingegen komplexere Sachverhalte. Eine Hochform eines Schreibproduktes mit Sachbezug ist die Hausarbeit.

- Schreibprodukte mit Adressatenbezug: Lerner/-innen werden aufgefordert, einen erlernten Sachverhalt einer fiktiven Person, etwa der jüngeren Schwester, darzustellen.
- Schreibprodukte mit Ichbezug: Die Lerner/-innen werden gebeten, über sich selbst in kreativer Weise oder in Form eines Erfahrungsberichts zu schreiben.

Wie es schon für das eigenständige Erstellen von Notizen – also einer spezifischen Textform – erläutert wurde, sollte das selbstständige Schreiben im Fachunterricht stufenweise entwickelt werden (vgl. Leisen 2006a).

- Schreiben nach Textmuster: Beim Schreiben nach einem Textmuster wird ein Text nach dem Muster eines vorgegebenen Beispiels angefertigt.
- Schreiben mit Schreibhilfe: Beim Schreiben mit Schreibhilfe wird eine andere Darstellungsform der Inhaltsstruktur, also etwa eine Tabelle oder eine Mindmap, vorgegeben und als Strukturierungshilfe für den Text genutzt.
- Systematisches Schreiben: Beim systematischen Schreiben werden die einzelnen Teilschritte bis zu einem fertigen Text von der Lehrkraft vorgegeben und vom Lerner/von der Lernerin schrittweise „abgearbeitet".
- Optimierendes Schreiben: Beim optimierenden Schreiben verfasst der Lerner/die Lernerin einen Text, erhält von einem Mitlerner/einer Mitlernerin oder der Lehrkraft eine Rückmeldung und erstellt anschließend eine überarbeitete Fassung des Textes.
- Zusammentragendes Schreiben: Aus verschiedenen Texten wird der eigene Gedankengang entwickelt und in Form eines Textes dargestellt.
- Kooperatives Schreiben: Zunächst wird der Text in einer Gruppen- oder Partner/-innen-Arbeit erstellt, anschließend in einer Schreibkonferenz beraten und dann schließlich in einen Abschlusstext überführt.
- Assoziatives Schreiben: Beim assoziativen Schreiben werden auf der Basis nicht linearer Notizen und Gedankensammlungen eine Gliederung und anschließend ein Text erstellt.
- „Drauflosschreiben": Beim „Drauflosschreiben" wird ein Text nach einer kurzen Phase des Überlegens vom Lerner/von der Lernerin verfasst.

Der Unterricht mit Förderatomen zur Entwicklung der sprachlichen Kompetenz ist ein sprachsensibler Fachunterricht (vgl. Leisen 2010). Sprachsensibler Fachunterricht bedeutet auch die Reflexion, welche dieser Kompetenzbereiche im Unterricht durch die eingesetzten Unterrichtsmethoden gefördert werden: Traditioneller Unterricht steht in der Gefahr, sich zu stark auf das Hörverstehen zu konzentrieren und zu wenig Raum für das Schreiben, das Leseverstehen und das Sprechen zu geben. Auch der traditionelle Unterricht sollte unter dieser Perspektive v. a. Raum für das Sprechen eröffnen.

3.6 Schritt 6: Kompetenzerwerb evaluieren und dokumentieren

Der Förderung schließt sich die Evaluation des Lernerfolgs und gegebenenfalls die Dokumentation der Lernanstrengungen bzw. des Lernerfolgs an. Grundsätzlich stehen dabei alle Formen des Assessments (vgl. Stiggins 2005) zur Verfügung. Erpenbeck wirft dabei die Frage auf, ob die Verfahren der Kompetenzmessung überhaupt – wie so oft als selbstverständlich vorausgesetzt – nach den klassischen Gütekriterien für Persönlichkeits- und Eignungstests beurteilt werden können (Erpenbeck 2009, S. 32). Das „Handbuch Kompetenzmessung" (Erpenbeck & Rosenstiel 2003) gibt einen umfassenden Überblick über spezifische Verfahren. Dabei lassen sich eine Fülle von Verfahren (vgl. Erpenbeck 2009) unterscheiden, nämlich quantitative Messungen (Kompetenztests), qualitative Charakterisierungen (Kompetenzpass), vergleichende Beschreibungen (Kompetenzbiografie), simulative Abbildungen (Kompetenzsimulation) und beobachtende Erfassungen (Kompetenzsituation).

Die Dokumentation kann auf verschiedenen Wegen erfolgen (vgl. Annen 2009; Strauch, Jütten & Mania 2009). Eine erste Form der Dokumentation ist die Zertifizierung. Eine Zertifizierung ist eine Fremdbeurteilung der Person durch ein klar umrissenes Verfahren. Der Begriff „Zertifikat" wird höchst unterschiedlich verwendet. Hier wird die Zertifizierung im Sinne der Norm DIN EN ISO/IEC 17024:2003 verstanden. Diese Norm erläutert die allgemeinen Anforderungen an Stellen, die Personen zertifizieren. Der Zertifizierungsprozess umfasst „alle Tätigkeiten, mit denen eine Zertifizierungsstelle nachweist, dass eine Person die festgelegten Kompetenzanforderungen erfüllt, eingeschlossen Antragstellung, Bewertung, Entscheidung über die Zertifizierung, Überwachung und Rezertifizierung sowie die Benutzung von Zertifikaten und Logos/Zeichen." (DIN EN ISO/IEC 17024:2003, 3.3) Die europäische Norm formuliert u. a. grundlegende Anforderungen, Anforderungen bezüglich der organisatorischen Struktur, der Entwicklung und Aufrechterhaltung eines Zertifizierungsprogramms, des Managementsystems.

Der Zertifizierung liegt eine Prüfung zugrunde. Prüfungen sind „typische Strategien der Informationssammlung und -verarbeitung für Entscheidungen über die Vergabe von Zertifikaten." (Reisse 1999, S. 322) „Prüfungsverfahren sind die im Allgemeinen durch Rechtsnormen festgelegten Vorgehensweisen (das „Wie"), mit denen bei Prüfungen Informationen über die Kompetenz der Prüfungsteilnehmer gewonnen und auf dieser Grundlage Zertifikate vergeben werden." (ebenda, S. 333) Insbesondere wenn es um die Vergabe von Zertifikaten ohne vorgängig formale Lernprozesse geht, also um die Ermittlung und Anerkennung von Kompetenzen, die informal oder nicht formal erworben wurden, wird dieser Schritt auch als „Validierung (von Kompetenzen)" bezeichnet (vgl. Cedefop 2008).

Eine zweite Form der Dokumentation ist die Fremdbeurteilung ohne Zertifikat bzw. Zertifizierung mit anschließender Dokumentation. Der hohe Anspruch der erwähnten Norm DIN EN ISO/IEC 17024:2003 wird bei dieser Form der Fremdbeurteilung nicht erfüllt. So liegt hier beispielsweise kein rechtlich belastbares Evaluierungs-, Beschwerde- oder Rezertifizierungsverfahren vor. Die Dokumentation erfolgt häufig in Form einer Bescheinigung.

Eine dritte Form der Dokumentation ist die Selbstbeurteilung durch die Lerner/-innen selbst. Die Dokumentation kann vom Lerner/von der Lernerin frei oder nach einer spezifischen Struktur gestaltet werden, etwa beim Europäischen Bildungspass. Die Selbstbeurteilung kann von einem Dritten überprüft und gegengezeichnet werden (deklarative Methode) (vgl. Cedefop 2008, S. 24). Eine besondere Form der Selbstbeurteilung bzw. -dokumentation ist das Portfolio (vgl. ebenda). Wird es elektronisch geführt, liegt ein „E-Portfolio" vor (vgl. Jahn, Trager & Wilbers 2010). Ein E-Portfolio ist eine „digitale Sammlung von ‚mit Geschick gemachten Arbeiten' (= lat. Artefakte) einer Person, die dadurch das Produkt (Lernergebnisse) und den Prozess (Lernpfad/Wachstum) ihrer Kompetenzentwicklung in einer bestimmten Zeitspanne und für bestimmte Zwecke dokumentieren und veranschaulichen möchte." (Hilzensauer & Hornung-Prähauser 2005, S. 4) Die Arbeit mit E-Portfolios erfolgt nach dem

Modell der Salzburg Research Group in fünf Schritten: 1. Klärung der Zielsetzung und Kontext für die digitale Portfolioarbeit, 2. Sammeln, Auswählen und Verknüpfen von E-Portfolio-Artefakten mit Lernziel, 3. Reflektieren und Steuern des Lernprozesses, 4. Präsentieren und Weitergeben der E-Portfolio-Artefakte sowie 5. Bewerten und Evaluieren von Lernprozessen/ Kompetenzaufbau (vgl. ebenda).

Die Dokumentation kann bei der Fremd- und Selbstbeurteilung nach einer vorgegebenen Struktur erfolgen. In der Praxis werden dazu Kompetenzpässe verwendet, die inzwischen in Betrieben in großer Vielfalt verwendet werden (vgl. Kucher & Wehinger 2010).

4 Kleine Dinge, die große Anstrengungen brauchen

Die Förderung überfachlicher Kompetenzen im Fachunterricht setzt auf Förderatome, also kleine Sequenzen im Fachunterricht. Die Entwicklung solcher Atome ist jedoch ein großes Schulentwicklungsprojekt. Es beginnt mit der kooperativen Modellierung der Kompetenzen, der sich das Assessment und das Profiling anschließen. Diese sind die Grundlage für die Planung und Integration in den schulischen Betrieb. Nach der „eigentlichen" Entwicklung der Kompetenzen steht noch Evaluation und gegebenenfalls die Dokumentation der erworbenen Kompetenzen an.

Die Verankerung der Förderung überfachlicher Kompetenzen ist in der Schule eine komplexe Schulentwicklungsaufgabe, die der Bewältigung mehrerer Schritte bedarf. Ein modellhaftes Beispiel für eine solche Entwicklung erfolgte im Innovationsnetzwerk in Hamburg (vgl. http://www.ibw.uni-hamburg.de). In diesem Projekt wird auch deutlich: Die Förderung im Fachunterricht verlangt von der Lehrkraft und der Forschung einen langen Atem.

Literaturverzeichnis

Achtenhagen, Frank & Winther, Esther (2009): Konstruktvalidität von Simulationsaufgaben: Computerunterstützte Messung berufsfachlicher Kompetenzen am Beispiel der Ausbildung von Industriekaufleuten. (Bericht an das Ministerium für Bildung und Forschung). Göttingen: o.V.

AK-DQR – Arbeitskreis Deutscher Qualifikationsrahmen (2009): Diskussionsvorschlag eines Deutschen Qualifikationsrahmens für lebenslanges Lernen. o.O.: Arbeitskreis Deutscher Qualifikationsrahmen.

Annen, Silvia (2009): Europäische versus nationale Verfahren der Kompetenzermittlung: Eine Beurteilung aus pädagogischer und ökonomischer Perspektive. In: Münk, Dieter & Severing, Eckart (Hrsg.): Theorie und Praxis der Kompetenzfeststellung im Betrieb. Status quo und Entwicklungsbedarf. Bielefeld: Bertelsmann, S. 205–220.

Baethge, Martin & Achtenhagen, Frank (2009): Die Machbarkeit eines internationalen Large-Scale-Assessment in der beruflichen Bildung: Feasibility Study VET-LSA. In: Zeitschrift für Berufs- und Wirtschaftspädagogik 105, Heft 4, S. 492–520.

Baethge, Martin, Achtenhagen, Frank, Arends, Lena, Babic, Edwin & Baethge-Kinsky, Volker (2006): Berufsbildungs-PISA: Machbarkeitsstudie. Stuttgart: Steiner.

Bauer, Mathilde (2007): Trainings sozialer Kompetenzen: Konzepte und Anwendungsgebiete. In: Hinsch, Rüdiger & Pfingsten, Ulrich (Hrsg.): Gruppentraining sozialer Kompetenzen. Grundlagen, Durchführung, Anwendungsbeispiele. 5. Auflage. Weinheim: Beltz, S. 73–89.

Bauer-Klebl, Annette, Euler, Dieter & Hahn, Angela (2000): Förderung von Sozialkompetenzen durch Formen des dialogorientierten Lehrgesprächs. In: Wirtschaft und Erziehung 52, Heft 3, S. 104–108.

Beck, Klaus (2010). Moralisches Lernen – Selbstorganisiert? Zur Förderung der Urteilskompetenz in „offenen" Lernumgebungen. In: Seifried, Jürgen, Wuttke, Eveline, Nickolaus, Reinhold & Sloane, Peter F. (Hrsg.): Lehr-Lern-Forschung in der kaufmännischen Berufsbildung. Ergebnisse und Gestaltungsaufgaben. (Beiheft 23 der Zeitschrift für Berufs- und Wirtschaftspädagogik). Stuttgart: Steiner, S. 137–153.

Beck, Klaus, Bienengräber, Thomas & Parche-Kawik, Kirsten (2000): Entwicklungsbedingungen kaufmännischer Berufsmoral: Befunde zur beruflichen Primärsozialisation und Implikationen für die Weiterbildung. In: Harteis, Christian, Heid, Helmut & Kraft, Susanne (Hrsg.): Kompendium Weiterbildung. Aspekte und Perspektiven betrieblicher Personal- und Organisationsentwicklung. Opladen: Leske + Budrich, S. 191–207.

Beck, Klaus, Bienengräber, Thomas, Mitulla, Claudia & Parche-Kawik, Kirsten (2001): Progression, Stagnation, Regression – Zur Entwicklung der moralischen Urteilskompetenz während der kaufmännischen Berufsausbildung. In: Beck, Klaus & Krumm, Volker (Hrsg.): Lehren und Lernen in der beruflichen Erstausbildung. Grundlagen einer modernen kaufmännischen Berufsqualifizierung. Opladen: Leske + Budrich, S. 139–161.

Beck, Klaus, Brütting, Bernhard, Lüdecke-Plümer, Sigrid, Minnameier, Gerhard, Schirmer, Ute & Schmid, Sabine N. (1996): Zur Entwicklung moralischer Urteilskompetenz in der kaufmännischen Erstausbildung. Empirische Befunde und praktische Probleme. In: Beck, Klaus & Heid, Helmut (Hrsg.): Lehr-Lern-Prozesse in der kaufmännischen Erstausbildung. Wissenserwerb, Motivierungsgeschehen und Handlungskompetenzen. Stuttgart: Steiner, S. 187–206.

Blatt, Moshe M. & Kohlberg, Lawrence (1975): The Effects of Classroom Moral Discussion upon Children's Level of Moral Judgment. In: Journal of Moral Education 4, No. 2, pp. 129–161.

BMBF – Bundesministerium für Bildung und Forschung (2006): Bausteine zur nachhaltigen Gestaltung einer individualisierten beruflichen Integrationsförderung junger Menschen: Ergebnisse der Entwicklungsplattform 3 „Individuelle Förderung". Bonn: Bundesministerium für Bildung und Forschung.

Booth, Wayne C., Colomb, Gregory G. & Williams, Joseph M. (2003): The craft of research. Chicago: University of Chicago Press.

Bortz, Jürgen & Döring, Nicola (2009): Forschungsmethoden und Evaluation. 4. Auflage. Heidelberg: Springer.

Bracht, Ulla (1986): Fach – Fächerkanon. In: Haller, Hans D., Hanisch, Thomas & Lenzen, Dieter (Hrsg.): Ziele und Inhalte der Erziehung und des Unterrichts. (Enzyklopädie Erziehungswissenschaft, Band 3). Stuttgart: Klett-Cotta, S. 419–426.

Bühner, Markus (2010): Einführung in die Test- und Fragebogenkonstruktion. 2. Auflage. München: Pearson Studium.

Burchert, Heiko & Sohr, Sven (2005): Praxis des wissenschaftlichen Arbeitens. Eine anwendungsorientierte Einführung. München: Oldenbourg.

Cedefop (2008): Validierung nicht-formalen und informellen Lernens in Europa. Luxemburg: Amt für Amtliche Veröffentlichungen der Europäischen Gemeinschaften.

Chomsky, Noam (1988): Aspekte der Syntax. Frankfurt am Main: Suhrkamp.

Dubs, Rolf (2011): Die Bedeutung der wirtschaftlichen Bildung in der Demokratie. In: Ludwig, Luise, Luckas, Helga, Hamburger, Franz & Aufenanger, Stefan (Hrsg.): Bildung in der Demokratie. Tendenzen – Diskurse – Praktiken. Opladen: Budrich, S. 191–206.

Endres, Wolfgang (2008): So macht Lernen Spaß. Praktische Lerntipps für Schülerinnen und Schüler. 21. Auflage. Weinheim: Beltz.

EP – Europäisches Parlament & ER – Europäischer Rat (2008): Empfehlung des Europäischen Parlaments und des Rates vom 23. April 2008 zur Einrichtung des Europäischen Qualifikationsrahmens für lebenslanges Lernen: 2008/C 111/01. o. O.: o. V.

Erpenbeck, John (2004a): Was bleibt? Kompetenzmessung als Wirksamkeitsnachweis von E-Learning. In: Hohenstein, Andreas & Wilbers, Karl (Hrsg.): Handbuch E-Learning (Kap. 6.6). Köln: Deutscher Wirtschaftsdienst, S. 1–16.

Erpenbeck, John (2004b): Was kommt? Kompetenzentwicklung als Prüfstein von E-Learning. In: Hohenstein, Andreas & Wilbers, Karl (Hrsg.): Handbuch E-Learning (Kap. 6.7). Köln: Deutscher Wirtschaftsdienst, S. 1–21.

Erpenbeck, John (2009): Kompetente Kompetenzerfassung in Beruf und Betrieb. In: Münk, Dieter & Severing, Eckart (Hrsg.): Theorie und Praxis der Kompetenzfeststellung im Betrieb. Status quo und Entwicklungsbedarf. Bielefeld: Bertelsmann, S. 17–44.

Erpenbeck, John & Rosenstiel, Lutz von (2003; Hrsg.): Handbuch Kompetenzmessung. Stuttgart: Schäffer-Poeschel.

Euler, Dieter (2004): Sozialkompetenzen bestimmen, fördern und prüfen. Grundfragen und theoretische Fundierung. Sozialkompetenzen in Theorie und Praxis. St. Gallen: Institut für Wirtschaftspädagogik.

Euler, Dieter (2009; Hrsg.): Sozialkompetenzen in der beruflichen Bildung. Didaktische Förderung und Prüfung. Bern: Haupt.

Euler, Dieter & Reemtsma-Theis, Monika (1999): Sozialkompetenzen? Über die Klärung einer didaktischen Zielkategorie. In: Zeitschrift für Berufs- und Wirtschaftspädagogik 95, Heft 2, S. 168–198.

Felbinger, Andrea & Mikula, Regina (2005): Der Umgang mit Fachliteratur: Vom forschenden Lesen zur wissenschaftlichen Textproduktion. In: Stigler, Hubert & Reicher, Hannelore (Hrsg.): Praxisbuch Empirische Sozialforschung in den Erziehungs- und Bildungswissenschaften. Innsbruck, Wien und Bozen: Studienverlag, S. 24–35.

Fisseni, Hermann J. (1997): Lehrbuch der psychologischen Diagnostik. 2. Auflage. Göttingen, Bern, Toronto und Seattle: Hogrefe.

Friedrich, Helmut F. & Mandl, Heinz (1992): Lern- und Denkstrategien – ein Problemaufriß. In: Mandl, Heinz & Friedrich, Helmut F. (Hrsg.): Lern- und Denkstrategien. Analyse und Intervention. Göttingen: Hogrefe, S. 3–54.

Gogolin, Ingrid (2007): Institutionelle Übergänge als Schlüsselsituationen für mehrsprachige Kinder. München: Deutsches Jugendinstitut e.V.

Gogolin, Ingrid (2009): Über (sprachliche) Bildung zu Beruf: Sind bessere Berufsbildungs-Chancen für junge Menschen mit Migrationshintergrund auch in Deutschland möglich? In: Kimmelmann, Nicole (Hrsg.): Berufliche Bildung in der Einwanderungsgesellschaft. Diversity als Herausforderung für Organisationen, Lehrkräfte und Ausbildende. Aachen: Shaker, S. 54–65.

Heckmair, Bernd & Michl, Werner (2008): Erleben und Lernen. Einführung in die Erlebnispädagogik. 6. Auflage. München: Reinhardt.

Ingenkamp, Karlheinz (1988): Lehrbuch der pädagogischen Diagnostik. Weinheim: Beltz.

Jude, Nina & Klieme, Eckhard (2007): Sprachliche Kompetenz aus Sicht der pädagogisch-psychologischen Diagnostik. In: Beck, Bärbel & Klieme, Eckhard (Hrsg.): Sprachliche Kompetenzen. Konzepte und Messung. DESI-Studie (Deutsch Englisch Schülerleistungen International). Weinheim: Beltz, S. 9–22.

Kimmelmann, Nicole (2010): Cultural Diversity als Herausforderung der beruflichen Bildung. Standards für die Aus- und Weiterbildung von pädagogischen Professionals als Bestandteil des Diversity Management. Aachen: Shaker.

Klauer, Karl J. (1978): Perspektiven der Pädagogischen Diagnostik. In: Klauer, Karl J. (Hrsg.): Handbuch der pädagogischen Diagnostik. (Band 1). Düsseldorf: Schwann, S. 3–14.

Klippert, Heinz (2004): Methoden-Training. Übungsbausteine für den Unterricht: Beltz Praxis. 14. Auflage. Weinheim: Beltz.

KM-BW – Ministerium für Kultus, Jugend und Sport Baden-Württemberg (2008): Berufliche Schulen: Individuelle Förderung im Berufseinstiegsjahr. Handreichung. Stuttgart: Ministerium für Kultus, Jugend und Sport Baden-Württemberg.

Kolmerer, Helmut (2010): Das Kompetenzmanagementsystem bei AXA Deutschland. In: Hohenstein, Andreas & Wilbers, Karl (Hrsg.): Handbuch E-Learning (Kap. 6.6.1.). Köln: Deutscher Wirtschaftsdienst, S. 1–2.

Kremer, H.-Hugo & Frehe, Petra (2010): Individuelle Förderung – aber wie?: Einblicke in das Innovationsprojekt InLab. In: Wirtschaft und Erziehung 62, Heft 12, S. 395–398.

Kucher, Katharina & Wehinger, Frank (2010): Kompetenzpässe. Überblick und Ansatzpunkte für ihren betrieblichen Einsatz. In: Loebe, Herbert & Severing, Eckart (Hrsg.): Kompetenzpässe in der betrieblichen Praxis. Mitarbeiterkompetenzen sichtbar machen. Bielefeld: Bertelsmann, S. 51–86.

Leiner, Florian, Gaus, Wilhelm, Haux, Reinhold, Knaup-Gregori, Petra & Pfeifer, Karl P. (2006): Medizinische Dokumentation. Grundlagen einer qualitätsgesicherten integrierten Krankenversorgung. 5. Auflage. Stuttgart: Schattauer.

Leisen, Josef (2006a): Ein Sachtext – Zehn Strategien zur Bearbeitung von Sachtexten. In: Naturwissenschaften im Unterricht – Physik, Heft 5, S. 12–23.

Leisen, Josef (2006b): Lesekompetenz im naturwissenschaftlichen Unterricht. In: Naturwissenschaften im Unterricht – Physik, Heft 5, S. 4–9.

Leisen, Josef (2010): Handbuch Sprachförderung im Fach. Sprachsensibler Fachunterricht in der Praxis. Bonn: Varus.

Lienert, Gustav A. & Raatz, Ulrich (1998): Testaufbau und Testanalyse. 6. Auflage. Weinheim: Beltz.

Lind, Georg (2003): Moral ist lehrbar. Handbuch zur Theorie und Praxis moralischer und demokratischer Bildung. München: Oldenbourg.

Mandl, Heinz & Friedrich, Helmut F. (1992; Hrsg.): Lern- und Denkstrategien. Analyse und Intervention. Göttingen: Hogrefe.

Metzger, Christoph (2000): Wie lerne ich: WLI-Schule. 3. Auflage. Aarau: Sauerländer.

Michl, Werner (2009): Erlebnispädagogik. München: Reinhardt.

Mutzeck, Wolfgang (2007): Förderplanschemata und abschließende Bemerkungen. In: Mutzeck, Wolfgang, Melzer, Conny & Sander, Alfred (Hrsg.): Förderplanung. Grundlagen – Methoden – Alternativen. Weinheim: Beltz, S. 251–259.

Nagy, Michael & Werner, Walter (2008): Job Center und Fallmanagement: Herzstücke der Arbeitsmarktreformen. In: Egle, Franz & Nagy, Michael (Hrsg.): Arbeitsmarktintegration. Grundsicherung – Fallmanagement – Zeitarbeit – Arbeitsvermittlung. 2. Auflage. Wiesbaden: Gabler, S. 259–353.

Ohm, Udo, Kuhn, Christian & Funk, Hermann (2007): Sprachtraining für Fachunterricht und Beruf. Fachtexte knacken – mit Fachsprache arbeiten. Münster: Waxmann.

Reisse, Wilfried (1999): Prüfungs- und Berechtigungswesen. In: Kaiser, Franz J. & Pätzold, Günter (Hrsg.): Wörterbuch Berufs- und Wirtschaftspädagogik. Bad Heilbrunn und Hamburg: Klinkhardt, S. 332–333.

Sander, Alfred (2007): Zur Theorie und Praxis individueller Förderpläne für Kinder mit sonderpädagogischem Bedarf. In: Mutzeck, Wolfgang, Melzer, Conny & Sander, Alfred (Hrsg.): Förderplanung. Grundlagen – Methoden – Alternativen. Weinheim: Beltz, S. 14–33.

Schob, Claudia & Jainz, Angelika (2004): Förderplan – Förderplanung. In: Mutzeck, Wolfgang & Jogschies, Peter (Hrsg.): Neue Entwicklungen in der Förderdiagnostik. Grundlagen und praktische Umsetzungen. Weinheim: Beltz, S. 289–291.

Schulz von Thun, Friedemann (2008a): Miteinander reden. Störungen und Klärungen. (Band 1). 46. Auflage. Reinbek bei Hamburg: Rowohlt.

Schulz von Thun, Friedemann (2008b): Miteinander reden. Stile, Werte und Persönlichkeitsentwicklung. (Band 2). 29. Auflage. Reinbek bei Hamburg: Rowohlt.

Schulz von Thun, Friedemann (2008c): Miteinander reden. Das „Innere Team" und situationsgerechte Kommunikation. (Band 3). 17. Auflage. Reinbek bei Hamburg: Rowohlt.

Segrin, Chris & Givertz, Michelle (2003): Methods of Social Skills Training and Development. In: Greene, John O. & Burleson, Brant R. (Eds.): Handbook of communication and social interaction skills. Mahwah: Erlbaum, pp. 135–176.

Senge, Peter M. (2008): Die fünfte Disziplin: Kunst und Praxis der lernenden Organisation. Stuttgart: Schäffer-Poeschel.

Sliwka, Anne (2004): Schulen als Quellen des Sozialkapitals einer Gesellschaft. Die Verbindung von „Service" und „Learning". In: Wilbers, Karl (Hrsg.): Das Sozialkapital von Schulen. Die Bedeutung von Netzwerken, gemeinsamen Normen und Vertrauen für die Arbeit von und in Schulen. Bielefeld: Bertelsmann, S. 91–108.

Stachowiak, Herbert (1973): Allgemeine Modelltheorie. Wien und New York: Springer.

Stegmüller, Wolfgang (1987): Hauptströmungen der Gegenwartsphilosophie. (Band 2). 8. Auflage. Stuttgart: Kröner.

Stegmüller, Wolfgang & Varga Kibéd, Matthias von (1970): Probleme und Resultate der Wissenschaftstheorie und analytischen Philosophie. (Studienausgabe). Berlin: Springer.

Steiner, Gerhard (2006): Lernen und Wissenserwerb. In: Krapp, Andreas & Weidenmann, Bernd (Hrsg.): Pädagogische Psychologie. Ein Lehrbuch. 5. Auflage. Weinheim: Beltz, S. 137–202.

Stiggins, Richard J. (2005): Student-Involved Assessment for Learning. 4. Auflage. Upper Saddle River: Pearson.

Strauch, Anne, Jütten, Stefanie & Mania, Ewelina (2009): Kompetenzerfassung in der Weiterbildung. Instrumente und Methoden situativ anwenden. Bielefeld: Bertelsmann.

Weinert, Franz E. (2001; Hrsg.). Leistungsmessung in Schulen. Weinheim und Basel: Beltz.

Weinstein, Claire E. & Mayer, Richard E. (1986): The Teaching of Learning Strategies. In: Wittrock, Merlin C. (Ed.): Handbook of Research on Teaching. New York: Macmillian, pp. 315–327.

Wiest, Bernd (2010): Aufbau eines Kompetenzmanagements im Kundenservice. In: Hohenstein, Andreas & Wilbers, Karl (Hrsg.): Handbuch E-Learning (Kap. 6.7.2). Köln: Deutscher Wirtschaftsdienst, S. 1–3.

Wilbers, Karl (2004): Schule und Sozialkapital. Eine Übersicht über den erziehungswissenschaftlichen Diskurs zum Konzept Sozialkapital unter besonderer Berücksichtigung der Berufsbildung. In: Wilbers, Karl (Hrsg.): Das Sozialkapital von Schulen. Die Bedeutung von Netzwerken, gemeinsamen Normen und Vertrauen für die Arbeit von und in Schulen. Bielefeld: Bertelsmann, S. 25–43.

Wild, Klaus-Peter (2000): Lernstrategien im Studium. Strukturen und Bedingungen. Münster: Waxmann.

Wild, Klaus-Peter, Schiefele, Ulrich & Winteler, Adolf (1992): LIST: Ein Verfahren zur Erfassung von Lernstrategien im Studium. München: Lehrstuhl für Empirische Pädagogik und Pädagogische Psychologie.

Wild, Elke, Hofer, Manfred & Pekrun, Reinhard (2001): Psychologie des Lerners. In: Krapp, Andreas & Weidenmann, Bernd (Hrsg.): Pädagogische Psychologie. Weinheim: Beltz, S. 207–270.

Woolfolk, Anita (2004): Educational Psychology. 9. Auflage. Boston: Pearson.

Zimbardo, Philip G. & Gerrig, Richard J. (2004): Psychologie. 16. Auflage. München: Pearson.

Zoyke, Andrea (2009): Aktuelles Stichwort: Individuelle Förderung. In: Kölner Zeitschrift für Wirtschaft und Pädagogik 24, Heft 47, S. 95–114.

Zoyke, Andrea (2010): Qualitätskompass Individuelle Förderung: Grundidee und Leitlinien zur Gestaltung von Förder- und Entwicklungsprozessen. Paderborn: Universität Paderborn.

Internetquellen:

Deutsche Testzentrale (o. J.): Bezugsmöglichkeiten für Testverfahren; http://www.testzentrale.de/infocenter/bezugsmoeglichkeiten-fuer-testverfahren.

Hilzensauer, Wolf & Hornung-Prähauser, Veronika (2005): ePortfolio: Methode und Werkzeug für kompetenzbasiertes Lernen; http://edumedia.salzburgresearch.at/images/stories/EduMedia/Studienzentrum/eportfolio_srfg.pdf.

Innovationsnetzwerk der Universität Hamburg (o. J.): http://www.ibw.uni-hamburg.de.

Jahn, Dirk, Trager, Bernhard & Wilbers, Karl (2010): Einsatz von E-Portfolios bei der Qualifizierung pädagogischer Professionals in restriktiven Settings. In: Medienpädagogik, Heft 18; http://www.medienpaed.com/18/jahn1005.pdf, S. 1–21.

IV.
Kompetenzerfassung und -entwicklung in der Praxis und bei ausgewählten Zielgruppen

Katharina Mallich / Ernst Domayer / Karin Gutiérrez-Lobos
Erkennen, Einschätzen und Bewerten von Kandidaten-/Kandidatinnenkompetenzen in Berufungsverfahren an Universitäten 311

Bernhard Wolfschütz / Bernhard Wöss
Expedition Führung
Strategische Führungs- und Führungskräfteentwicklung am Beispiel der Oberbank AG 327

Susanne Lanzerstorfer / Andrea Ristl / Barbara M. Weber
Managemententwicklung bei BIS mit dem Programm „Nachhaltig leistungsfähig" 343

Gerhard Hochreiter / Friedrich Zehetner
Kompetenzmanagement als ein Schlüssel zur High-Performance-Kultur
Mit einem Praxisbeispiel der Fritz Holter Gesellschaft m.b.H. Wels 369

Claudia Stingl / Marcel Braumann
Das Kompetenzmodell als Teil des Performance-Managements bei Deloitte 385

Roland Beranek / Martin Fenzl
Die BMD-Fachkarriere in Schulung und Support 395

Martin Barth / Harald Dietinger / Rainer Griessl / Kurt Winter
Kompetenzen in einer Fachgewerkschaft 403

Yasmin Kavossi
Was nützt eine Zertifizierung der Kompetenz, wenn sie niemand kennt? 417

Karl Straßer
Gruppencoaching für Manager/-innen in der Energie AG Oberösterreich
Ein Instrument zur Professionalisierung der Führungskompetenz 433

Hans-Joachim Müller
Didaktische Transformationen zur Gestaltung kompetenzorientierter
Lehr- und Prüfungsarrangements 447

Helmut Ernst / Gisela Westhoff
Flexible Aus- und Weiterbildungskonzepte: Kompetenzentwicklung im
Spannungsfeld von Berufsfähigkeit und Unternehmensorientierung 475

Katharina Mallich / Ernst Domayer / Karin Gutiérrez-Lobos
Medizinische Universität Wien / OSB Wien Consulting GmbH / Medizinische Universität Wien

Erkennen, Einschätzen und Bewerten von Kandidaten-/Kandidatinnenkompetenzen in Berufungsverfahren an Universitäten

1 Einleitung	311
2 Bedeutung der Potenzialeinschätzung	312
3 Methoden der Potenzialeinschätzung	315
3.1 Voraussetzungen für die Einschätzung von Personen	315
3.2 Methoden der Beurteilung	316
4 Erfassung überfachlicher Schlüsselkompetenzen	317
4.1 Schlüsselkompetenzen bei der Personalauswahl	318
4.2 Relevante Schlüsselkompetenzen von Professoren/Professorinnen	321
4.3 „Step by Step" an der MedUni Wien	322
5 Zusammenfassung und Ausblick	324
Literaturverzeichnis	324

1   Einleitung

Die Personalauswahl als wesentlicher Bestandteil des Personalmanagements bestimmt den Erfolg einer Organisation in entscheidendem Maße mit. Dabei unterscheiden sich die Methoden der Personalauswahl je nach Branche, Organisation und Job, um den es geht. Auswahlverfahren sind allerdings nicht in jedem Fall gleichermaßen einsetzbar. In Experten-/Expertinnenorganisationen wie Universitäten, Forschungseinrichtungen und Krankenhäusern sind beispielsweise Assessment-Center weniger üblich als in der Privatwirtschaft. An Universitäten sind in der Regel eigene Verfahren der Personalauswahl im Einsatz. Auch innerhalb einer Universität ist es nicht üblich bzw. auch nicht sinnvoll, ein und dieselben Auswahlverfahren für alle bestehenden Personengruppen (Verwaltungsmitarbeiter/-innen, technische Assistenten/ Assistentinnen, Universitätsassistenten/-assistentinnen, Professoren/Professorinnen etc.) anzuwenden, da die Anforderungen an die zu besetzenden Stellen unterschiedlich sind.

Der vorliegende Beitrag beschäftigt sich insbesondere mit der Auswahl von künftigen Professoren/Professorinnen im Rahmen von Berufungsverfahren, die im Universitätsgesetz 2002 in den §§ 98 und 99 geregelt sind, und legt einen Fokus auf das Erkennen und Bewerten überfachlicher Qualifikationen von Kandidaten/Kandidatinnen, wie etwa sozialer Kompetenzen, Managementfähigkeiten und Führungsverantwortung.

2 Bedeutung der Potenzialeinschätzung

Der Einfluss der Personalauswahl auf den Erfolg einer Organisation ist ein ganz entscheidender, denn Mitarbeiter/-innen mit zum Unternehmen passenden Eigenschaften und entsprechenden – nicht nur fachlichen, sondern auch überfachlichen – Qualifikationen sind in ihrem Arbeitsumfeld in der Regel besser integriert, zufriedener und (intrinsisch) motiviert, wirken am Unternehmenserfolg verstärkt mit, tragen damit zum Erfolg der Organisation bei und können auch ihre eigene Kreativität besser entfalten. Eine professionelle Personalauswahl unterstützt weiters darin, in der Psychologie gut bekannte und vielfach untersuchte Beurteilungsfehler im Rahmen von Bewerbungsgesprächen zu vermeiden, wie zum Beispiel die Effekte des ersten Eindrucks, Überstrahlungseffekte, Vorurteile, Ähnlichkeitseffekte und Reihenfolgeeffekte. Darüber hinaus wird in professionell geführten, standardisierten sowie objektiven Bewerbungssituationen die Chancengleichheit von Bewerbern/Bewerberinnen in entscheidendem Maße erhöht.

Insbesondere in Experten-/Expertinnenorganisationen wie Hochschulen, Krankenhäusern, Schulen, Forschungseinrichtungen, die sich durch Mitarbeiter/-innen mit einem sehr hohen Experten-/Expertinnenstatus in ihrem Leistungsgebiet/Fach auszeichnen, wird es oft als schwierig betrachtet, Personalauswahl, Personalentwicklung sowie Führungskräfteentwicklung zu etablieren. Die Experten/Expertinnen in derartigen Organisationen nehmen sich, so Faustenhammer (2007, S. 4), oft keine Zeit für Führung oder verschwenden Ressourcen, was vielfach zu einem schlechten Arbeitsklima, Unzufriedenheit und Frustration führt. Konsequenz kann schlussendlich das Ausscheiden aus der Organisation sein. „[…] Krankenhäuser betrachten Organisation als Plattform und als Dienstleistung für die eigenen professionellen Anforderungen. Sie soll die entsprechenden personellen, finanziellen und räumlichen Ressourcen bereitstellen. So gesehen ‚führt' die Profession die Führung, Führung als eine Art eigene Disziplin, die über den fachlich-operativen Prozessen steht, wie dies in Wirtschaftsunternehmen realisiert ist, existiert kaum oder nur im Ansatz." (Domayer 2010, S. 51)

Die Personalauswahl ist daher „die bedeutendste Maßnahme zur Veränderung der Führungs- und Kommunikationskultur. Die meisten Experten-/Expertinnenorganisationen überprüfen bei der Aufnahme die Expertise und die Hingabe an das Fach. Andere Werte oder Verhaltensweisen werden meistens nicht überprüft." (Faustenhammer 2007, S. 12) In einer Experten-/Expertinnenorganisation wie einer Universität bzw. einem Krankenhaus werden Mitarbeiter/-innen vielfach vorrangig aufgrund ihrer fachlichen Höchstleistungen in die Organisation geholt oder erhalten Führungsverantwortung. Doch liegt – so Domayer (2010, S. 51) – die Tatsache, dass gute Fachkräfte nicht unbedingt auch gute Führungskräfte sein müssen, auf der Hand. Bei der Personalauswahl ist es daher von entscheidender Bedeutung, nicht nur fachliche, sondern auch überfachliche Kompetenzen ins Anforderungsprofil aufzunehmen und in Bewerbungsgesprächen entsprechend zu erheben.

An Universitäten werden Personalentscheidungen bei Professoren/Professorinnen im Rahmen von Berufungsverfahren getroffen. Berufungen tragen damit entscheidend zum Ansehen und zum Renommee eines Lehrstuhls, einer Organisationseinheit und der Universität bei. Das Berufungsverfahren gilt als zentrales hochschulinternes Steuerungsinstrument bei der Rekrutierung von Professoren/Professorinnen. „Da die berufenen Hochschullehrer/-innen die fachliche Ausrichtung und das Renommee einer Hochschule prägen, ist das Berufungsverfahren zugleich ein Instrument der Qualitätssicherung in Forschung und Lehre." (Zimmermann 2006, S. 2) „Mit der Berufung auf eine Professur wird regelmäßig eine wesentliche Entscheidung über die Zukunft und die Rolle eines Faches an einer Hochschule getroffen. Die jeweilige Gewichtung und Ausrichtung von Forschung und Lehre, die Erfolge in diesen Bereichen und ihre Sichtbarkeit, das Renommee einer Disziplin und der Hochschule insgesamt sowie interdisziplinäre Synergien sind nicht von den Personen zu trennen, die nach ihrer Berufung oft langfristig eine Stelle besetzen." (Schmitt, Arnhold & Rüde 2004, S. 3)

Berufungsverfahren an Universitäten finden in Österreich gemäß den §§ 98 und 99 Universitätsgesetz 2002, Novelle 2009 (Karl & Standeker 2009), statt. Darin ist unter anderem geregelt, dass die fachliche Widmung von Universitätsprofessoren/-professorinnen im Entwicklungsplan einer Universität festzulegen ist (§ 98[1]). Die im Senat der Universität vertretenen Universitätsprofessoren/-professorinnen haben Gutachter/-innen zur Beurteilung der Bewerbungsunterlagen der Kandidaten/Kandidatinnen zu bestellen (§ 98[3]), weiters ist es Aufgabe des Senats eine Berufungskommission einzusetzen (§ 98[4]) sowie vor Zustellung der Bewerbungsunterlagen an die Gutachter/-innen zu prüfen, ob die vorliegenden Bewerbungen die Ausschreibungskriterien erfüllen (§ 98[5]). Den geeigneten Kandidaten/Kandidatinnen ist zu ermöglichen, dass sich diese dem Fachbereich sowie dem fachlich nahestehenden Bereich präsentieren können. Dies erfolgt in der Regel in Form eines Probevortrags, in welchem fachliche Leistungen dargestellt werden. Weiters werden die Kandidaten/Kandidatinnen in einem anschließenden Hearing zu verschiedenen Aspekten (wie z. B. zur beruflichen (Weiter-)Entwicklung, zu Zielen, zu Einstellungen hinsichtlich Mitarbeiter/-innen-Führung und -Förderung) von den Mitgliedern der Berufungskommission befragt. Darüber hinaus steht es Universitäten frei, weitere Instrumente der Potenzialeinschätzung einzusetzen, um ein möglichst breites Spektrum an Eindrücken zum Kandidaten/zur Kandidatin zu erhalten und so in weiterer Folge die Qualität der Berufungsverfahren zu erhöhen bzw. zu sichern. In § 98(7) ist geregelt, dass die Berufungskommission einen Besetzungsvorschlag zu erstellen und dem Rektor/der Rektorin zu übermitteln hat. Die Auswahlentscheidung trifft schließlich der Rektor/die Rektorin (§ 98[8]). In Abbildung 1 ist eine vereinfachte Darstellung des Ablaufs von Berufungsverfahren in Österreich zu finden, die auch einige der Maßnahmen darstellt, die an der Medizinischen Universität (MedUni) Wien bei der Durchführung von Berufungsverfahren Eingang gefunden haben. (Eine detailliert beschriebene Darstellung zu Berufungsverfahren ist in Mallich, Steinböck & Gutiérrez-Lobos 2010 zu finden.)

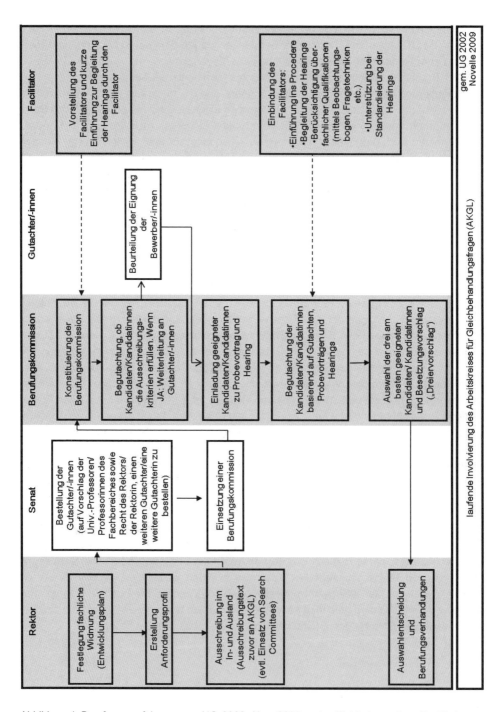

Abbildung 1: Berufungsverfahren gem. UG 2002, Nov. 2009, unter Einbindung eines Facilitators an der Medizinischen Universität Wien

3 Methoden der Potenzialeinschätzung

„In Hinblick auf die Gestaltung des Berufungsverfahrens sollte der Pool der eingesetzten Instrumente so gestaltet sein, dass alle relevanten Anforderungen auch tatsächlich beobachtbar sind. [...] Ein solches professionelles Personalmanagement beginnt mit einer systematischen Auswahl der Professoren." (Voigt & Richthofen 2007, S. 31)

3.1 Voraussetzungen für die Einschätzung von Personen

Allzu rasch erfolgt der Blick auf die Person mit der Bemühung, deren Eigenheiten und Charakteristika zu erfassen. Übersehen wird vielfach, dass es nicht um das Erkennen von Personen geht, sondern um das Einschätzen von Passungen zu den Anforderungen an eine bestimmte Stelle bzw. Funktion. Wie lassen sich diese Anforderungen professionell erfassen?

Allgemeine Stellenbeschreibungen leisten diesbezüglich wenig, es geht darum, sich mit der bestimmten Stelle intensiver, quasi organisationsanalytisch auseinanderzusetzen. Für die Erstellung eines möglichst umfassenden Anforderungsprofils können bestimmte Leitfragen dienen, wie sie im Folgenden dargestellt sind:

- Welche Aufgabenschwerpunkte sind zu erledigen?
- Welche Entscheidungen sind von dieser Funktion/Position aus unbedingt zu treffen?
- Was/Wer sind die wichtigsten Lieferanten/Lieferantinnen und Abnehmer/-innen dieser Leistung(en)?
- Welche Widersprüche sind von dieser Funktion/Position aus zu bewältigen?
- An welchen markanten Situationen und deren Bewältigung wird der Erfolg dieser Stelle gemessen? (Critical Incidents)
- In welches kommunikative Netz ist die Funktion eingebunden?

In Kürze gesagt geht es darum, die Rolle zu erfassen: Was kommt auf eine Person zu? Was wird vom Umfeld/von anderen erwartet? Welche kritischen Situationen werden auf einen Rollenträger/eine Rollenträgerin zukommen? Etc. Dann erst kann man sich der Frage zuwenden: Was muss eine Person idealerweise können, um diesen Anforderungen gerecht zu werden? Über welche Kompetenzen muss sie verfügen? Als Veranschaulichung dafür die Darstellung zur „Logik der Potenzialeinschätzung" (siehe Abbildung 2).

Das Wissen um solche Kompetenzen ist in Organisationen vielfach nur intuitiv/implizit vorhanden. Man hat es „im Gespür", was verlangt wird, aber es gibt kein gemeinsames Bild bzw. Verständnis in der Organisation, keine von den Organisationsmitgliedern geteilte Grundlage für eine Einschätzung. Insofern ist es wichtig, Anforderungen an Bewerber/-innen und erwartete Kompetenzen explizit zu machen, um diese im Sinne eines „Shared Commitment" als gemeinsame Grundlage verwenden zu können. Beliebigkeiten in der Bewertung der Anforderungen und Kompetenzen werden dadurch ausgeschaltet. Beobachter/-innen bzw. Assessoren/Assessorinnen erhalten einen gemeinsamen Referenzrahmen für ihre Beurteilungen und Einschätzungen. Dieser Rahmen sollte mit Hilfe einer professionellen Personalentwicklung und der Führungs-/Management-Ebene erarbeitet werden bzw. abgestimmt sein.

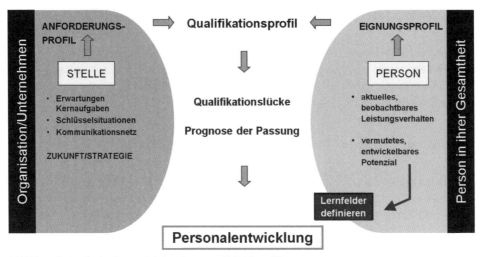

Abbildung 2: Logik der Potenzialeinschätzung (OSB©, o. J.)

3.2 Methoden der Beurteilung

Jede Organisation muss aufgrund ihrer Geschichte/Kultur und aufgrund gesetzlicher Rahmenbedingungen ihren eigenen Weg bezüglich dieses Themas finden. Was in ein bestimmtes Unternehmen passt, eignet sich unter Umständen nicht für eine öffentliche oder universitäre Institution. Zu beachten ist auch die Frage der Akzeptanz eines Verfahrens: Werden Ergebnisse mitgetragen oder gibt es Skepsis bzw. Ablehnung? Die Herausforderung besteht in der Optimierung etablierter und vorgegebener Verfahren und in der Ausschöpfung von Freiräumen, die es auch an Universitäten gibt. Allgemein lassen sich unter anderem folgende Methoden der Potenzialeinschätzung inklusive ihrer „Trefferquoten" hinsichtlich der Vorhersage des beruflichen Erfolgs von Mitarbeitern/Mitarbeiterinnen unterscheiden (siehe Abbildung 3).

Als allgemeine Prinzipien lässt sich Folgendes für effiziente Verfahren festhalten:

- Mehrfachprinzip: Mehrere Personen sind in die Einschätzung involviert und es gibt mehrere Quellen der Einschätzung. Das könnten z. B. Interviews, Verhaltensbeobachtungen, Selbstpräsentationen und psychometrische Tests etwa in Form eines Methodenmix sein.

- Hat die Organisation ein Konzept, wie sie zu Einschätzungen und Entscheidungen kommt, und lassen sich die zugrunde liegenden Annahmen diskutieren bzw. hinterfragen? Dazu gehört auch ein Konzept über die entsprechenden Kommunikationssituationen, das Setting, in dem der Einschätzungsprozess stattfinden soll.

- Verfügen die Personen (des Gremiums), die eine Einschätzung verantworten, über bestimmte Qualifikationen oder ist diese Frage ausgeklammert? Dazu gehört einerseits die eigene Rolle im Prozess (wie verhalte ich mich als Assessor/Assessorin, was vermeide ich etc.), aber auch eine gewisse Grundlage in der Fragetechnik (wie sie in Kapitel 4.3 im Workshop für Berufungskommissionsmitglieder beschrieben wird). Verfügt man über Grundkenntnisse der systemischen Fragetechnik und der Beobachtung?

- Besteht ein gemeinsamer Bewusstseinsstand über die grundlegenden Fehler, die bei Einschätzungen unvermeidlich sind (z. B. Vorurteilseffekte, selektive Wahrnehmung und Sympathie-Effekt etc.), verfügen die Personen über ein gewisses Maß an Selbstreflexion diesbezüglich und kann diese Reflexion auch gemeinsam mit den Mitgliedern eines Auswahlgremiums besprochen werden?
- Sind die beteiligten Personen (ist das Gremium) arbeitsfähig in dem Sinne, dass es keine versteckten Koalitionen oder Machtspiele gibt, dass eigene Einschätzungen hinterfragt werden können und dass es zu kreativen Konsenslösungen kommen kann? Dies lässt sich als Prozessreflexion zusammenfassen.

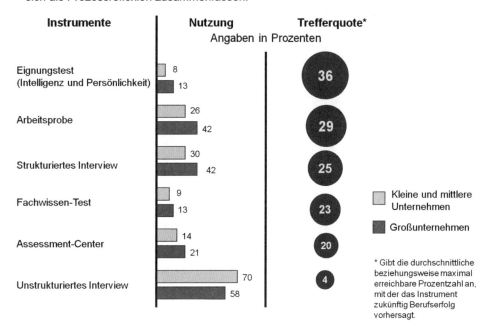

Abbildung 3: Instrumente der Potenzialeinschätzung, deren Nutzungshäufigkeit und Vorhersagekraft von Berufserfolg (vgl. Nachtwei & Schermuly 2009, S. 8)

4 Erfassung überfachlicher Schlüsselkompetenzen

Auch wenn Eignungstests laut Nachtwei und Schermuly (2009, S. 8) den Berufserfolg zu 36 % vorhersagen (vgl. auch Abbildung 3), ist dabei dennoch keine Aussage über Qualifikationen, welche über die fachlichen Kenntnisse hinausgehen, möglich. Überfachliche Qualifikationen wie Führungskompetenzen, Sozialkompetenz, Managementfähigkeiten etc. sind für die Erfüllung von Führungsaufgaben maßgeblich relevant und daher bei der Personalauswahl, wie in den folgenden Kapiteln beschrieben, zu berücksichtigen.

4.1 Schlüsselkompetenzen bei der Personalauswahl

Auch wenn die bewährte Klassifikation von Persönlichkeitseigenschaften in Dispositionen (Verhaltensbereitschaften), Fähigkeiten und Fertigkeiten eine Grundlage psychologisch-diagnostischer Verfahren darstellt, sind sogenannte Schlüsselqualifikationen aufgrund der Geschwindigkeit des Wissenszuwachses und einer verkürzten Lebensdauer fachlicher Kompetenzen eine hilfreiche Kategorisierung von Persönlichkeitsmerkmalen (vgl. Eilles-Matthiessen, Hage, Janssen & Osterholz 2002).

Was ist nun unter den Begriffen „Schlüsselqualifikation" bzw. „Kompetenz" zu verstehen? „Kompetenzen kennzeichnen die Fähigkeiten eines Menschen, eines Teams, eines Unternehmens, einer Organisation, in Situationen mit unsicherem Ausgang sicher zu handeln. […] Kompetenzen lassen sich somit als Dispositionen (Fähigkeiten, Möglichkeiten, Bereitschaften …) zu einem solchen selbstorganisierten Handeln definieren." (Heyse 2007, S. 21) Darüber hinaus vertreten Eilles-Matthiessen, Hage, Janssen & Osterholz (2002, S. 13) die Auffassung, dass „Schlüsselqualifikationen einen wichtigen und nützlichen Zugang zur Bewältigung der vielfältigen Anforderungen eines modernen Personalmanagements leisten können und daher im Spannungsfeld zwischen Wissenschaft und Praxis einer verstärkten (systematischen) Betrachtung bedürfen." Schlüsselqualifikationen werden daher definiert als „Merkmale, die zur Bewältigung von gegenwärtigen oder zukünftigen beruflichen Anforderungen, welche über eine aktuelle Position oder Tätigkeit hinausgehen, bedeutsam sind." (ebenda)

Dabei wird zunächst zwischen Anforderungsfeldern wie Basisanforderungen, Anforderungen im Umgang mit anderen und Anforderungen für spezielle Situationen unterschieden. Diese Anforderungsfelder wiederum sind in unterschiedliche Bereiche wie interkulturelle Kompetenzen, Motivation, Genderkompetenzen, kommunikative Kompetenzen und Handlungskompetenzen gegliedert. Schlüsselqualifikationen wie beispielsweise Konzentrationsvermögen, Entscheidungfähigkeit und Zuhören werden benötigt, um die angesprochenen Bereiche/Kompetenzen zu erfüllen. Abbildung 4 gibt einen Eindruck wieder, wie Anforderungsfelder, Kompetenzen und Qualifikationen miteinander in Beziehung stehen.

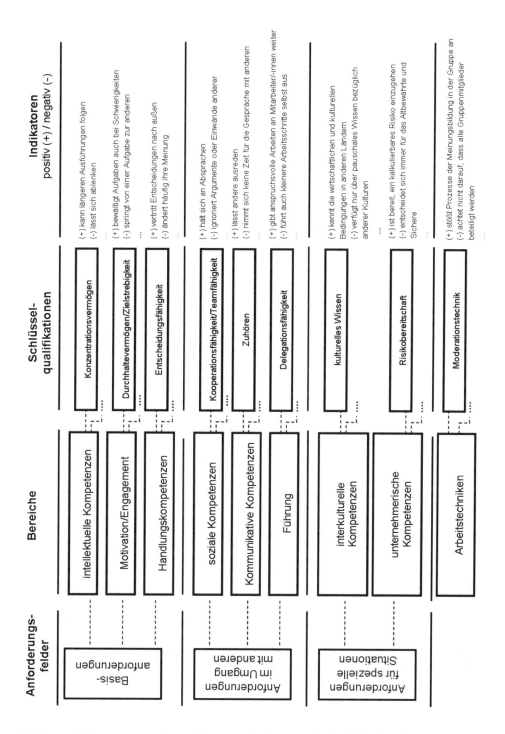

Abbildung 4: Die Landschaft der Schlüsselqualifikationen – ein Überblick (vgl. Eilles-Matthiessen, Hage, Janssen & Osterholz 2002, S. 28)

Zur Erfassung beruflich relevanter Kompetenzen wurden verschiedene Verfahren entwickelt, von denen beispielsweise KODE®X eines ist, mit dem nicht nur qualitativ, sondern auch quantitativ Kompetenzen erfasst werden können. Es umfasst 120 Teilkompetenzen, die in die folgenden vier Grundkompetenzen unterteilt sind:

- Personelle Kompetenz
- Aktivitäts- und Handlungskompetenz
- Fach- und Methodenkompetenz
- Sozial-kommunikative Kompetenz

Aus der Kombination dieser vier Grundkompetenzen ergibt sich ein Kompetenzatlas, der in Abbildung 5 dargestellt ist.

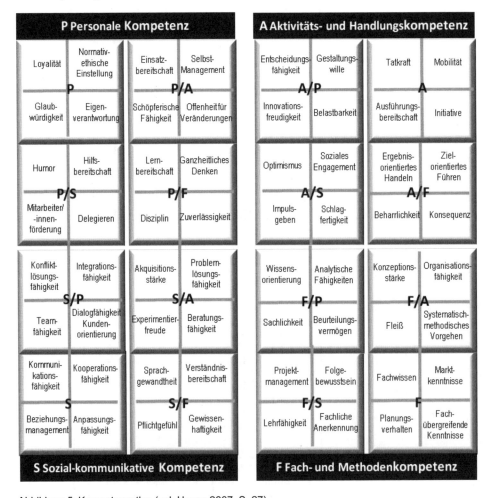

Abbildung 5: Kompetenzatlas (vgl. Heyse 2007, S. 27)

An der Medizinischen Universität Wien spielen Kompetenzbereiche bei der Auswahl von Professoren/Professorinnen eine wesentliche Rolle, wobei diese Kompetenzen operationalisiert wurden und Schlüsselqualifikationen enthalten.

4.2 Relevante Schlüsselkompetenzen von Professoren/Professorinnen

„Die Kompetenz einer Hochschule ist geprägt durch die Kompetenzen ihrer Professorinnen und Professoren. Die strategischen Ziele der Hochschule bzw. des Fachbereichs geben die Anforderungen für die ausgeschriebene Stelle vor." (Stelzer-Rothe 2006, S. 33) Das Kompetenzprofil von Professoren/Professorinnen ist daher breit gestreut. Die Anforderungen sind mannigfaltig. Vielfach ist in den Entwicklungsplänen der Universitäten bereits die strategische Ausrichtung einer Professur enthalten, weiters haben verschiedenste Stakeholder die unterschiedlichsten Vorstellungen über jene Aufgaben, die von einem Professor/einer Professorin zu erfüllen sind. Um nur einige zu nennen, sei hier beispielsweise auf die sogenannte „Tripartite Mission" der MedUni Wien verwiesen, die von Professoren/Professorinnen die Einbindung in Forschung, Lehre und Patienten-/Patientinnenbetreuung erwartet. Darüber hinaus wird die Mitarbeit in der Verwaltung, die Qualitätssicherung, die Förderung von Nachwuchswissenschaftern/-wissenschafterinnen und weiteren Mitarbeitern/Mitarbeiterinnen, die Einbindung in die Scientific Community und vieles mehr gefordert. Stelzer-Rothe (ebenda) zufolge sollten Bewerber/-innen mindestens über Schlüsselqualifikationen wie hochgradige Lernbereitschaft und Lernfähigkeit, stabile intrinsische Motivation sowie soziale Kompetenz verfügen. Brendel, Eggensperger & Glathe (2006, S. 24) formulieren unter anderem Kompetenzen zur Steuerung von nachhaltigen Lehr- und Lernprozessen sowie zur Steuerung von sozialen Prozessen, halten Rollenklarheit für eine erforderliche Stärke sowie auch Führungskompetenz und Innovationskompetenz. Und auch Domayer (2010, S. 56) konstatiert: „Das kompetente Wahrnehmen von Fachfunktionen oder von komplexen Führungsfunktionen sind zwei unterschiedliche Anforderungen, sozusagen Jobs, die unterschiedliche Begabungen, Interessen und Motivationslagen erfordern."

Um Potenziale mit einiger Wahrscheinlichkeit gut einschätzen zu können, sollten in Anlehnung an Vater & Kötter (1998) folgende Verhaltensdimensionen betrachtet werden:

- Umgang mit Nähe und Distanz; Fähigkeit, auf Menschen zuzugehen, bei situationsadäquat angemessener Distanz
- Empathie bei gleichzeitigem Achten auf die Organisationserfordernisse
- Umgang mit Unsicherheit und Nichtwissen bei Entscheidungsfindungen
- Balance finden zwischen Komplexität reduzieren und Routinen verflüssigen
- Fähigkeit im Gestalten und Handhaben von Teamsituationen
- Gesprächssituationen anlassbezogen gestalten können
- Reflektierter Umgang mit der eigenen Autorität

Welche Schlüsselqualifikationen an der Medizinischen Universität Wien als relevant erachtet werden und wie die Diskussion darüber erfolgte, ist im folgenden Kapitel angeführt.

4.3 „Step by Step" an der MedUni Wien

Um Maßnahmen der Personalentwicklung in Experten-/Expertinnenorganisationen zu etablieren, fasst Faustenhammer (2007, S. 11 f.) unter anderem Grundsätze zusammen wie „Vorhandene Stärken erkennen, nutzen und stärken", „Um Unterstützung werben, nicht anordnen", „Gewohnheiten mit kleinen Schritten ändern" sowie „Schwerpunkte setzen und mit Geduld und Nachdruck an ihnen arbeiten". In diesem Sinne wurde an der Medizinischen Universität Wien zunächst eine Steuergruppe von der Vizerektorin für Personalentwicklung und Frauenförderung einberufen, die sich aus Vertretern/Vertreterinnen verschiedener Gremien (Betriebsrat, Arbeitskreis für Gleichbehandlungsfragen, Senat) sowie Abteilungen und Schlüsselpersonen (Personalentwicklung, GenderMainstreaming, Organisationseinheitsleiter/-innen etc.) zusammensetzte. In einem ersten Schritt wurde im Rahmen von Literaturrecherchen (vgl. Eilles-Matthiessen, Hage, Janssen & Osterholz 2002; Heyse 2007) eine Reihe von Kompetenzen erfasst, die für Personen mit Leitungsverantwortung als wesentlich erachtet wurden. In einem weiteren Schritt wurden diese Kompetenzen operationalisiert und mit Beispielen versehen, und im Vorfeld wurden Fragen formuliert, wie die entsprechend operationalisierten Kompetenzen bei Hearings erfragt werden könnten. Gemeinsam mit der Steuergruppe wurde erarbeitet, welche der möglichen Kompetenzbereiche für einen an der MedUni Wien tätigen Professor/eine dort tätige Professorin mit Führungsverantwortung – unter Berücksichtigung der Rolle als Professor/-in an einer Medizinischen Universität, die von Multifunktionalität, Komplexität, Wissenschaftsmanagement, Förderung des wissenschaftlichen Nachwuchses, Integration von Lehre, Forschung und Patienten-/Patientinnenversorgung sowie Steuerungskompetenz geprägt ist – hochgradig relevant sind.

Die an der MedUni Wien als bedeutsam wahrgenommenen Kompetenzen (samt Definition) sind:

- Führungskompetenz/Leadership-Kompetenz: Fähigkeit, Personen und Aufgaben einer Organisationseinheit ressourcenbewusst auf Ziele hin auszurichten und Mitarbeiter/-innen so zu motivieren und einzusetzen, dass diese Ziele erreicht werden können
- Sozialkompetenz: Fähigkeit, tragfähige Beziehungen zu Mitarbeitenden, Partnern/Partnerinnen, Studierenden etc. aufzubauen und diese situationsgerecht zu gestalten
- Selbstkompetenz (Selfmanagement): Fähigkeit, seine eigene Person steuern zu können sowie selbstverantwortlich, flexibel und effektiv einen Beitrag zur Aufgabenerfüllung der Organisation zu leisten
- Didaktische Kompetenz: Fähigkeit, sich in Schrift, Sprache, Mimik und Gestik situations- und adressatengerecht zu verhalten
- Genderkompetenz und Frauenförderung: Fähigkeit, relevante Geschlechteraspekte zu erkennen und gleichstellungsorientiert zu bearbeiten
- Offene/Organisationsspezifische Kompetenzen: für die MedUni Wien weitere wesentliche Aspekte

Diese Kompetenzen sind in einem Kompetenzkatalog angeführt und in weiterer Folge untergliedert in beispielhafte „relevante Aspekte". Dass es sich um beispielhafte Aspekte handelt, soll den Anwendern/Anwenderinnen (das sind in der Regel Mitglieder von Berufungskommissionen) deutlich machen, dass der Kompetenzkatalog kein umfassendes und unveränderbares Instrument darstellt, sondern eine Möglichkeit bietet, je nach Anforderungsprofil jene

Aspekte speziell zu berücksichtigen und in standardisierter Art und Weise zu hinterfragen, die für die entsprechende Professur von besonderer Bedeutung sind. Die erwähnten Kompetenzen sind in einem Beobachtungsbogen zusammengefasst, der während der Hearings als eine Art „Gedankenstütze" herangezogen werden kann, für das Notieren von Kommentaren fungiert und als Instrument für eine standardisierte Befragung dienen kann. Der Beobachtungsbogen ist unter http://www.meduniwien.ac.at abrufbar.

Einen weiteren wesentlichen Teil stellen die Workshops zur Personalbeurteilung dar, die an der MedUni Wien angeboten werden und speziell für Mitglieder von Berufungskommissionen ins Leben gerufen wurden. Die Workshops bauen auf dem Kompetenzkatalog auf und vermitteln Wissen sowie Fragetechniken, die es den Mitgliedern der Berufungskommissionen ermöglichen sollen, sich einen möglichst umfassenden Eindruck über die überfachlichen Qualifikationen von Bewerbern/Bewerberinnen zu verschaffen. Die Unterscheidung zwischen „Eindruck" – „Beobachtung" – „Einschätzung" spielt dabei eine wesentliche Rolle. Zusätzlich zum Basisworkshop besteht ein Praxisworkshop, der die Situation in Hearings simuliert und in dem das Stellen von Fragen zur Erfassung überfachlicher Qualifikationen praxisnah erprobt werden kann.

Die fachlichen Kompetenzen von Bewerbern/Bewerberinnen werden wie üblich in Curricula Vitae seitens der Kandidaten/Kandidatinnen dargestellt. Der besseren Vergleichbarkeit wegen wurde an der MedUni Wien darüber hinaus ein Fact-Sheet erstellt, das fachliche Kompetenzbereiche überblicksartig gliedert und kompakt darstellt. Als weiterer Baustein in der Auswahl von Professoren/Professorinnen an der MedUni Wien spielt die Begleitung der Hearings durch einen externen Facilitator eine Rolle. Dieser unterstützt zum einen den Vorsitzenden/die Vorsitzende einer Berufungskommission bezüglich der Einhaltung von Rahmenbedingungen (wie z. B. gleiche Dauer der Präsentationen der Kandidaten/Kandidatinnen) und ist zum anderen für die Sicherstellung gleicher Bedingungen für alle Kandidaten/Kandidatinnen mitverantwortlich. Darüber hinaus unterstützt er – nicht nur durch die Abhaltung der oben angeführten Vorbereitungsworkshops – bei der Optimierung von Fragetechniken, die ein offenes und situatives Antworten der Kandidaten/Kandidatinnen auf Fragen erlauben sollen.

Die abschließende Evaluierung der Hearings ist ein weiterer Schritt in Richtung Qualitätssicherung von Berufungsverfahren. Erste Evaluierungsergebnisse zeigten, dass Mitglieder von Berufungskommissionen, die vorab am Workshop „Erkennen, Einschätzen und Bewerten von Kandidaten-/Kandidatinnenkompetenzen" teilnahmen, die eingesetzten Instrumente während der Hearings (z. B. Beobachtungsbogen und Begleitung durch Facilitator) besser bewerteten als jene, die am Vorbereitungsworkshop nicht teilnahmen. Daraus kann geschlossen werden, dass die Einführung durch den Facilitator im Rahmen der Workshops ein besseres Verständnis für den Einsatz der Instrumente fördert, die Teilnehmer/-innen sozusagen vorab eingeschult werden, um während der Hearings selbst bereits gut vorbereitet agieren zu können. In den Workshops werden die Instrumente demnach so vorgestellt und erprobt, dass die Kommissionsmitglieder diese während der Hearings autonom einsetzen können. Jene, die an den Workshops nicht teilnahmen, scheinen sich der Möglichkeiten der Handhabung weniger bewusst zu sein. Weiters fiel bei den Evaluierungen auf, dass die Anwesenheit und Mitwirkung des Facilitators während der Hearings – unabhängig davon, ob die Kommissionsmitglieder am Vorbereitungsworkshop teilnahmen oder nicht – generell als unterstützend erachtet werden.

5 Zusammenfassung und Ausblick

Die dargestellten Instrumente leisten an der Medizinischen Universität Wien einen Beitrag zu einer Optimierung und Professionalisierung von Berufungsverfahren. Den Evaluierungsergebnissen zufolge scheinen sowohl die Vorbereitungsworkshops als auch die Begleitung der Hearings durch den externen Facilitator einen positiven Einfluss auf die Erhöhung der Transparenz und Standardisierung von Berufungsverfahren zu haben. Zu erwähnen ist, dass die Einführung derartiger qualitätssichernder Maßnahmen nur schrittweise erfolgen kann. Eine Gesamteinführung aller Instrumente ohne vorausgehende Information und Einbindung von Schlüsselpersonen führt eher zu Widerstand als zum Erfolg. Umsetzungsrelevant sind daher – so ist aus den Erfahrungen an der MedUni Wien zu schließen – die Involvierung von Schlüsselpersonen (z.B. Senat), die Diskussion der Vorhaben in gemeinsamen Sitzungen, die entsprechende Vorinformation der Vorsitzenden und Mitglieder von Berufungskommissionen, die zeitgerechte Vorstellung des Facilitators und die Transparenz über die qualitätssichernden Vorhaben.

In einem weiteren Schritt der Analyse und Verbesserung der qualitätssichernden Verfahren an der MedUni Wien ist zukünftig noch verstärkt das Anforderungsprofil für den neuen Stelleninhaber/die neue Stelleninhaberin zu berücksichtigen. Hierfür sollte gemeinsam mit der Berufungskommission zeitlich vorgelagert zu den Hearings das Anforderungsprofil besprochen und konkretisiert werden, und es sollten Aspekte hervorgehoben werden, die für die spezifische Position relevant sind.

Literaturverzeichnis

Brendel, Sabine, Eggensperger, Petra & Glathe, Anette (2006): Das Kompetenzprofil von HochschullehrerInnen. Eine Analyse des Bedarfs aus Sicht von Lehrenden und Veranstaltenden. In: Zeitschrift für Hochschulentwicklung 1, Heft 2, (preprint Version), S. 1–29.

Domayer, Ernst (2010): Führung ist nicht gleich Führung. Unterschiedliche Schwerpunkte der Führung im Krankenhaus und im Wirtschaftsunternehmen. In: Mallich, Katharina & Gutiérrez-Lobos, Karin (Hrsg.): Die Zukunft des akademischen Personalmanagements. Wien: Facultas, S. 48–57.

Eilles-Matthiessen, Claudia, Hage, Natalija el, Janssen, Susanne & Osterholz, Antje (2002): Schlüsselqualifikationen in Personalauswahl und Personalentwicklung. Ein Arbeitsbuch für die Praxis. Bern: Huber.

Faustenhammer, Alfred (2007): Expertenorganisationen – eine Herausforderung für Personalentwickler. In: Laske, Stephan, Orthey, Astrid & Schmid, Michael J. (Hrsg.): PersonalEntwickeln. Das aktuelle Nachschlagewerk für Praktiker. (110. Erg.-Lfg., 7.31.). Köln: Kluwer, S. 1–24.

Heyse, Volker (2007): Strategien – Kompetenzanforderungen – Potenzialanalyse. In: Heyse, Volker & Erpenbeck, John (Hrsg.): Kompetenzmanagement. Methoden, Vorgehen, KODE® und KODE®X im Praxistest. Münster: Waxmann, S. 11–180.

Karl, Beatrix & Standeker, Elke (2009): Universitätsgesetz 2002 idF der Novelle 2009. Wien: nwV.

Mallich, Katharina, Steinböck, Sandra & Gutiérrez-Lobos, Karin (2010): Die Zukunft des akademischen Personalmanagements – Professionalisierung von Berufungsverfahren hinsichtlich überfachlicher Qualifikationen. In: Personal- und Organisationsentwicklung in Einrichtungen der Lehre und Forschung 5. Ein Forum für Führungskräfte, Moderatoren, Trainer, Programm-Organisatoren, Heft 4, S. 90–97.

Nachtwei, Jens & Schermuly, Carsten C. (2009): Acht Mythen über Eignungstests. In: Harvard Business Manager, Heft 4, S. 6–9.

Schmitt, Tassilo, Arnhold, Nina & Rüde, Magnus (2004): Berufungsverfahren im internationalen Vergleich. (Arbeitspapier Nr. 53 des Centrums für Hochschulentwicklung). Gütersloh: Centrum für Hochschulentwicklung.

Stelzer-Rothe, Thomas (2006): Die Berufung von Professorinnen und Professoren an Fachhochschulen als strategische Aufgabe. In: Die Neue Hochschule 47, Heft 4–5, S. 32–35.

Vater, Gudrun & Kötter, Wolfgang (1998): Von der definierten Laufbahn zum individuell gestalteten Karrieremuster. In: Krainz, Ewald E. & Simsa, Ruth (Hrsg.): Die Zukunft kommt, wohin geht die Wirtschaft. Wiesbaden: Gabler, S. 202–214.

Voigt, Ina & Richthofen, Anja von (2007): Weiterentwicklung der Berufungsverfahren an Hochschulen. In: Personal- und Organisationsentwicklung 2, Heft 2, S. 30–34.

Zimmermann, Karin (2006): Berufungsverfahren zwischen Affiliation und Human Resources. Auf dem Weg in ein „Akademisches Personalmanagement"? In: Zeitschrift für Hochschulentwicklung 1, Heft 2, (preprint-Version), S. 1–10.

Internetquelle:

Medizinische Universität Wien: Berufungsverfahren; http://www.meduniwien.ac.at/homepage_relaunch/index.php?id=1352 [19.07.2011].

Bernhard Wolfschütz / Bernhard Wöss
Oberbank AG

Expedition Führung
Strategische Führungs- und Führungskräfteentwicklung am Beispiel der Oberbank AG

1	Einleitung	327
2	Führung entwickeln	328
2.1	Definieren und Aktivieren	329
2.2	Trainieren	331
2.2.1	Management versus Leadership	331
2.2.2	Führungskräfte-Ausbildung in der Oberbank	332
2.3	Evaluieren und Bewerten	335
2.3.1	Leistungsbeurteilung allgemein	335
2.3.2	Evaluierung und Bewertung von Führungskompetenzen in der Oberbank	336
3	Resümee und Ausblick	339
	Literaturverzeichnis	340

1   Einleitung

Es ist Frühsommer 2009, die weltweite Wirtschafts- und Finanzkrise und ihre Auswirkungen auf alle Bereiche unternehmerischer Tätigkeiten, v. a. auch auf den Bankensektor, haben ihren Höhepunkt erreicht. Der Vorstand der Oberbank diskutiert und steuert gemeinsam mit den maßgeblichen Topmanagern/Topmanagerinnen aus den Bereichen Controlling, Treasury, Kreditmanagement, Vertrieb, Organisation und Personal regelmäßig und in besonders kurzen Abständen die laufende Geschäftsentwicklung. Die Sitzung vom 8. Juni 2009 verläuft entspannt, ein deutliches Volumens- und Ertragswachstum stehen einer nur mäßigen, kontrollierten Risikoentwicklung gegenüber. Die kumulierten Zahlen beweisen eindrucksvoll: Das solide Geschäftsmodell der Bank bewährt sich gerade in dieser schwierigen Zeit besonders gut.

In der Detailbetrachtung zeigen sich jedoch Auffälligkeiten: Einzelne Vertriebseinheiten fallen seit Jahresbeginn – sowohl was Erträge als auch was Risiko betrifft – hinter die gewohnten Ergebnisse ab, andere wiederum übertreffen ihre bisherigen Leistungen deutlich. Es entsteht eine angeregte, fruchtbare Diskussion über die Ursachen dieses „Phänomens" sowie über mögliche Einfluss- und Steuerungsmöglichkeiten für die Zukunft. Wo sollte man den Hebel ansetzen?

Die Achtsamkeit des Topmanagements sowie die Sensibilität für „schwache Anzeichen" (vgl. Weick & Sutcliffe 2007, S. 15 f.) führten in der Analyse zu einem Thema, das ein „Dauerbrenner" in allen Unternehmen und Organisationen ist, nämlich zum Thema „Führung". Es zeigte sich, dass in besonderen Zeiten der Qualitätsanspruch an „Führung" ebenfalls ein besonderer ist. Es sind dann nicht allein die Produkte oder Preise, die technische Infrastruktur und Prozesse oder die Aufbauorganisation eines Unternehmens, sondern v. a. auch scheinbar „weiche" Faktoren in Gestalt der Führungskräfte in den einzelnen Einheiten, die ein gewisses „Auseinanderdriften" der Ergebnisse verursachen. Egal ob „gute" oder „schlechte" Führung: Sie erzeugt immer Wirksamkeit.

Das HR-Management erhielt den Auftrag, am System „Führung" der Oberbank zu arbeiten und dieses weiter zu professionalisieren. Es ging darum, für neuralgische Positionen entlang der Oberbank-Werte, im Rahmen der Bankstrategie und unter Einbeziehung vorhandener Steuerungskreisläufe (v. a. Vertriebssteuerung und MbO) Führungsgrundsätze zu entwickeln, diese zu implementieren und zu trainieren sowie permanent – auch im Hinblick auf ihre Wirksamkeit – zu evaluieren. Teilweise wurde damit in der Oberbank auch unbekanntes Neuland betreten, eine Expedition wurde zusammengestellt und startete unter dem Titel „Führung entwickeln" am 22. Juni 2009 mit dem Treffen einer ersten Arbeitsgruppe.

2 Führung entwickeln

„Wie beginnen?" lautete die Frage, und es war rasch klar, dass eine einseitige, technisch und inhaltlich innerhalb einer Projektgruppe sicher machbare Entwicklung und Implementierung (i. S. eines Bombenwurfs) eines „neuen" Führungssystems nicht geeignet war, eine reife, durch jahrzehntelange Konstanz geprägte Kultur, Ablauforganisation und Praxis nachhaltig zu verändern. Organisationale Veränderungen, die letztlich auch auf persönliche (Verhaltens-) Veränderungen abzielen und die nicht von wesentlichen Stakeholdern mitgetragen werden, führen eher zu nicht erwünschter Demotivation und somit zum „Lustverlust" und Leistungsrückgang (vgl. Cube 1998, S. 11 f.). Es lag ein gutes Stück Kultur- und Organisationsentwicklung vor dem Expeditionsteam, und diese konnte nur durch einen iterativen Prozess erfolgen und musste betroffene Organisationsmitglieder beteiligen.

Eine derartige Expedition bedarf auch, zumindest zur Verabschiedung von Meta-Entscheidungen, jedenfalls der Einbindung des Topmanagements. Es ist absolut erfolgskritisch für das Thema Führung, dass die Geschäftsführung an der Entwicklung der maßgeblichen Rahmenbedingungen unmittelbar teilnimmt. Die Landkarte des Expeditionsteams enthielt anfangs noch viele weiße Flecken und stellte sich bald grob wie folgt dar:

Abbildung 1: Führung entwickeln – der Prozess

2.1 Definieren und Aktivieren

Was ist Führung? Oder besser gesagt: Was ist Führung im Verständnis und als „Maßanzug" der Oberbank? Eine Definition zu treffen scheint fast unmöglich. Deren Vielfalt in der Wissenschaft (von Drath über Jago und Northouse bis Stodgill und Yukl) spiegelt die Heterogenität der Theorien wider, die die Führungsforschung hervorgebracht hat (vgl. Walenta & Kirchler 2011, S. 10). Besser ist es, nach der Bedeutung von „Führung" zu fragen. Mit Seliger (2008, S. 33) bestehen die beiden zentralen Aufgaben von Führung in „Verbindung" und „Entscheidung". Darin liegt der Sinn von Führung. Führung ist aber niemals Selbstzweck, Führung muss wirksam sein! Und wirkungsvolle Führung erzielt immer auch Ergebnisse.

Vor dem Hintergrund der folgenden Grundsatzgedanken fand im Juli 2009 die 2-tägige Oberbank-Sommerakademie unter Teilnahme des Gesamtvorstandes sowie der ersten Managementebene (insgesamt 25 Teilnehmer/-innen) unter dem Thema „Führung entwickeln" statt:

- Führung ist zunächst und vor allem auch eine besondere Haltung, eine Art des Denkens, ein „Mindset".
- Gut gemanagte, erfolgreiche Unternehmen haben eine kritische Masse an Führungskräften mit solchen „Mindsets".
- Diese „Mindsets" können auch erlernt und entwickelt werden.
- Führungsentwicklung/Führungskräfteentwicklung hat eine sehr große Hebelwirkung auf den Einzelnen und die gesamte Organisation.

Gemeinsam wurden die Eckpfeiler dessen, was Führung in der Oberbank ausmacht, unter externer Moderation in mehreren Runden diskutiert, in World-Cafés verdichtet und letztendlich in jeweils 5 Dimensionen – abhängig von der Führungsverantwortung in Vertriebsbereichen oder zentralen Abteilungen – wie folgt verabschiedet:

Vertrieb	Zentrale
Verkauf	**Operative Verantwortung** • Operative Verantwortung • Operationelle Risiken managen
Risiko • Risikoergebnis gestalten • Kreditrisiken gestionieren • Operationelle Risiken managen	**Kundenorientierung** • In Bezug auf externe Kunden/Kundinnen • In Bezug auf interne Kunden/Kundinnen
Fachkompetenz • Lernen und Entwicklung	
Führung • Führen ist Leadership • Führen ist steuern	
Werte – Oberbank-Geist • Vorbildfunktion – Werte leben • Werte vermitteln und einfordern	

Abbildung 2: MbO-Leistungsstandards für Führungskräfte

Mit diesen Standards wurden Qualitätskriterien festgelegt, die Orientierung und Klarheit über die Anforderungen an Oberbank-Führungskräfte geben. Sie bilden gleichsam auch die Messlatte für eine Leistungsbeurteilung und Potenzialeinschätzung.

Das Expeditionsteam erhielt im Anschluss an die Sommerakademie den Auftrag, jeden der Standards in seinen Ausprägungen zu definieren, die dafür messbaren bzw. beobachtbaren Kriterien festzulegen und die Implementierung in der Organisation durchzuführen. Bedeutend in diesem Zusammenhang war, dass „nur" einer der definierten Leistungsstandards für Führungskräfte auch „Führung" ist: Das Bild einer Oberbank-Führungskraft gleicht mehr einem „Playing Captain", der gleichermaßen auch i. S. eines Vorbilds andere wesentliche Eigenschaften haben und v. a. auch Träger der Oberbank-Werte sein muss. Der Standard „Führung" wiederum wurde in den Ausprägungen Leadership und Management definiert: Mitarbeiter/-innen bringen nur dann Höchstleistungen und begeistern die Kunden/Kundinnen, wenn sie Anhänger/-innen ihres Unternehmens sind. Um dieses Engagement zu wecken, müssen Führungskräfte beides beherrschen, emotionales Leadership und rationales Management (vgl. Morhart & Jenewein 2010, S. 29). Gerade beim Leistungsstandard „Führung" in seinen beiden Ausprägungen waren die Formulierungen sowie die Definition der – hier fast ausschließlich beobachtbaren – Kriterien besonders herausfordernd, aber der Mühe wert (siehe nachfolgende Abbildung).

Führen ist Leadership

Führen bedeutet, richtungsweisend auf eigenes und fremdes Verhalten und Handeln einzuwirken, um gesetzte Ziele zu verwirklichen. Es geht darum, Mitarbeiter/-innen für diese Ziele zu begeistern und auf dem Weg zum gemeinsamen Erfolg mitzunehmen.

Die Oberbank-Führungskraft

- gibt ihren Mitarbeitern/Mitarbeiterinnen Orientierung und pflegt eine Kultur des gegenseitigen Feedbacks,
- sorgt in ihrem Verantwortungsbereich für Chancengleichheit im Sinne des Verhaltenskodex der Oberbank,
- entwickelt und fördert laufend die eigenen Fähigkeiten und die ihrer Mitarbeiter/-innen,
- kommuniziert und informiert häufig, offen, ehrlich, zielkonform und zeitnah, auch in schwierigen Situationen,
- tritt sich selbst und den Mitarbeitern/Mitarbeiterinnen mit Realität und Disziplin gegenüber,
- ist sozial kompetent, empathisch und resonant (i. S. v. „mitfühlend" und „mitschwingend"),
- vermittelt den Sinn und Zweck der eigenen und der unternehmerischen Entscheidungen und Handlungen,
- trifft mutig Entscheidungen und handelt danach,
- macht die Oberbank-Kultur nach innen und außen hin erlebbar und
- ist Vorbild in ihrer Funktion und ist sich dieser Verantwortung bewusst.

Aufgrund dieser Haltung und Qualitäten

- kennen alle Mitarbeiter/-innen ihren „Auftrag" und Sinn und Zweck ihrer Aufgaben,
- wissen Mitarbeiter/-innen und Führungskraft, wie sie sich gegenseitig wahrnehmen,
- kennt und benennt die Führungskraft die Stärken und Schwächen der Mitarbeiter/-innen,
- sind Gruppen und Teams divers zusammengesetzt,
- liegen positive Ergebnisse und Feedbacks bezüglich Chancengleichheit, z. B. im Rahmen einer Mitarbeiter/-innen-Befragung vor,
- gibt es keine Beschwerden beim zentralen Beschwerdemanagement,
- liegen aktuelle Ausbildungs- und Entwicklungspläne für die Führungskraft selbst und die Mitarbeiter/-innen vor,
- finden regelmäßige Besprechungen, Kommunikationszirkel etc. statt, deren Ergebnisse dokumentiert sind,
- herrscht ein positives und produktives Arbeitsklima,
- bestehen eine günstige Fluktuationsrate und eine geringe Krankenstandsquote (über einen angemessenen Zeitraum),
- werden schwierige Situationen frühzeitig erkannt und konsequent abgearbeitet,
- funktioniert die organisatorische Einheit auch reibungslos in Abwesenheit der Führungskraft.

Abbildung 3: Auszug aus MbO-Leistungsstandards für Führungskräfte

„Keep it smart and simple!" war die Devise bei der Ausformulierung aller Leistungsstandards. Die Ergebnisse der Projektgruppe wurden wiederum in mehreren Runden mit wesentlichen Führungskräften des Unternehmens und dem Topmanagement sozusagen „Bottom up" abgestimmt und auf ihre Tauglichkeit überprüft, sodass bereits vor Einführung und Aktivierung eine breite Anzahl an Stakeholdern mit den Inhalten einigermaßen vertraut war und sogar an der Entwicklung mitgearbeitet hatte. Die Leistungsstandards für Führungskräfte waren das Werk vieler, vereinter Kräfte. Das Endprodukt Ende Oktober 2009 waren zwei großzügig und übersichtlich gestaltete Broschüren, eben die Leistungsstandards für Führungskräfte im Vertrieb sowie in der Zentrale.

Für die letztendliche Einführung und „Inkraftsetzung" der Leistungsstandards eignete sich das seit Jahren etablierte MbO-System der Oberbank besonders gut. Kaskadenartig werden ab Dezember eines Jahres „Top down" in Kick-off-Veranstaltungen und darauffolgenden MbO-Gesprächen u. a. alle wesentlichen Maßnahmen und Steuerungselemente eines kommenden Geschäftsjahres besprochen und in Zielvereinbarungen gegossen – was lag näher, als alle rund 350 Führungskräfte der Oberbank auf diesem Weg zu erreichen?

Anfang Dezember 2009 erfolgte die Vorstellung der Leistungsstandards für Führungskräfte in der „Spitzenveranstaltung", dem MbO-Kick-off des Vorstands. Zu diesem Zeitpunkt waren die Inhalte fast allen Teilnehmern/Teilnehmerinnen (der gesamten ersten Führungsebene der Bank) aufgrund der Einbindung in der Erarbeitung kein Neuland mehr, und es gab keine Überraschungen. In dieser Veranstaltung wurden die Teilnehmer/-innen v. a. dazu befähigt, die Leistungsstandards ihrerseits in den von ihnen verantworteten Organisationseinheiten im Rahmen ihrer Kick-off-Veranstaltungen einzuführen, als Botschafter/-innen und Akteure/Akteurinnen gleichermaßen. Dazu erhielten sie auch das nötige Handwerkszeug in Form einer „Tool-Box Leistungsstandards", und es waren bereits zuvor maßgebliche FAQ zum Thema ausformuliert und veröffentlicht. Erfolgskritisch für die Implementierung war auch die Entscheidung, im „Jahr 1" der Leistungsstandards darüber im Rahmen der MbO-Gespräche zwischen Führungskräften „nur" strukturiert zu reden, sich quasi mit den Inhalten vertraut zu machen, Sinn und Nutzen zu vermitteln und sie als mögliche Quellen für MbO-Zielvereinbarungen des kommenden Jahres zu nützen.

2.2 Trainieren

Nach Festlegung der Standards für Führungskräfte der Oberbank setzt sich dieses Kapitel im Folgenden nochmals kurz damit auseinander, was „Führung" in der Oberbank bedeutet, da es im Rahmen von Ausbildungsveranstaltungen maßgeblich darum ging, den Standard „Führung" zu trainieren und „Werte" zu vermitteln. Folglich wird auf die Führungskräfte-Ausbildung in der Oberbank eingegangen.

2.2.1 Management versus Leadership

Wie bereits zuvor dargelegt, unterscheidet das Unternehmen beim Begriff „Führung" zwischen „Management" und „Leadership". Diese beiden oft synonym gebrauchten Wörter beschreiben aber eine unterschiedliche Art von Führung. So versteht man unter „Management" die Steuerung von Systemen und Organisationen; bei „Leadership" liegt das Augenmerk hingegen auf der Fokussierung von Menschen und diese durch Visionen und Motivation zu leiten (vgl. Neuberger 2002, S. 48f.). Eine etwas andere Art der Unterscheidung findet man bei Peter F. Drucker: "Management is doing things right; leadership is doing the right thing." (zitiert nach Manzeschke & Nagel 2006, S. 10; vgl. Drucker 2002, S. 229ff.) Innerhalb dieses Führungsverständnisses ist es wichtig, auf das richtige Verhältnis zwischen Management („So viel wie nötig, so wenig wie möglich.") und Leadership („Je mehr, desto besser.") zu achten (vgl. Morhart & Jenewein 2010, S. 32).

Weiters drängt sich den Autoren beim Thema „Führung trainieren" unweigerlich die Frage auf, ob Führung an sich überhaupt erlernbar ist. Dabei kann zunächst auf die Eigenschaftstheorie verwiesen werden (vgl. Lindstädt 2004, S. 34; Neuberger 2002, S. 223f.). Diese stellt die führende Person in den Mittelpunkt und schreibt alleine der Person und deren Persönlichkeitsmerkmalen Führungserfolg oder -misserfolg zu. Demnach gibt es bestimmte Eigenschaften im Menschen, die manche zu Führern und andere zu Geführten machen. Folglich würde man als Führungskraft geboren und Führung an sich wäre nicht lernbar.

Entgegen der Eigenschaftstheorie herrscht in der Oberbank aber ganz klar die Meinung vor, dass Führung erlernbar ist. Dieser Ansatz findet in der Literatur z.B. durch Erpenbeck & Rosenstiel (2005, S. 39ff.) Unterstützung. Sie geben klar zu erkennen, dass strikt zwischen Persönlichkeit und Kompetenz unterschieden werden muss. So können Kompetenzen im Gegensatz zur Persönlichkeit auch etwa im Rahmen von Schulungen trainiert und entwickelt werden. Führung basiert demnach auf erfolgreicher Beherrschung und Anwendung von Führungskompetenzen. In diese Denkrichtung fügt sich auch die „Theorie des Geführtwerdens" ein. Diese stellt nicht alleine die Führungskraft, sondern vielmehr die wechselseitige Beziehung zwischen Führungskraft und Mitarbeiter/-in sowie Einflüsse, die darauf einwirken, in den Mittelpunkt (vgl. Neuberger 1994, S. 177ff.) und gibt so zu erkennen, dass erfolgreiche Führung nicht nur von Persönlichkeitsmerkmalen der Führungskraft abhängig gemacht werden kann, sondern auch erlernbar ist. Bei Drucker (1996, S. 1) findet man diesen Ansatz sehr pointiert: "[…] there may be 'born leaders', but there surely are far too few to depend on them. Leadership must be learned and can be learned. […] But […] 'leadership personality', 'leadership style' and 'leadership traits' do not exist."

2.2.2 Führungskräfte-Ausbildung in der Oberbank

Nachdem das bisherige Führungskräfte-Training bereits seit ca. 10 Jahren bestand und nicht mehr allen Anforderungen und Erwartungen gerecht wurde, war es nur folgerichtig, ab dem Frühjahr 2010 auch eine passende Ausbildungsschiene zu entwickeln. Diese sollte unter Berücksichtigung der eben dargestellten theoretischen Hintergründe konzipiert werden. Entscheidendes Kriterium bei der Konzepterstellung war, dass die bereits definierten MbO-Leistungsstandards für Führungskräfte die Basis und somit den inhaltlichen Rahmen und gedanklichen Unterbau bilden sollten. Für die Entwicklung eines ersten Konzepts suchte das Expeditionsteam professionelle Unterstützung, weshalb hierfür eine Ausschreibung an mehrere Bildungsinstitute erfolgte. Oberste Prämisse dabei war, eine für die Oberbank maßgeschneiderte, angepasste und den Anforderungen entsprechende Ausbildungsreihe zu entwickeln. Die Möglichkeit, ein beliebiges bestehendes Konzept einzukaufen und ohne Berücksichtigung der Oberbank-Spezifika dem Unternehmen überzustülpen, war kein Thema: „Customized – nicht von der Stange!" war die Devise. Konkrete Anforderungen des Unternehmens waren, eine Ausbildungsschiene zu konzipieren, die wieder den aktuellen und zukünftigen Herausforderungen an Führungskräfte entspricht und im Sinne einer zielgruppenspezifischen Architektur gestaltet ist. Weiters galt es, die zuvor erstellten und im Unternehmen eingeführten MbO-Leistungsstandards für Führungskräfte als inhaltlichen Rahmen zu berücksichtigen. Dies trägt langfristig gesehen zu einem durchgängigen Führungsverständnis aller Oberbank-Führungskräfte bei. Letztendlich war auch die Integration des Prinzips „lebenslanges Lernen" ein Ziel des neuen Konzepts.

Die Basis für diese Ausschreibung wurde im Rahmen einer Konzeptionsphase von einem verkleinerten Expeditionsteam und wieder unter Einbeziehung des Vorstandes erarbeitet. Hierbei diskutierte man u.a. die unterschiedlichen Zielgruppen und Anspruchsniveaus und entschied sich bereits in dieser frühen Phase für eine dreistufige Segmentierung nach dem Kriterium der Hierarchieebene. Der Grund dafür liegt in der Überzeugung, dass die Ansprüche von und Anforderungen an Führungskräfte auch mit der Hierarchieebene variieren. Nach Ausschreibung und Erhalt der Konzeptentwürfe legte man sich im Zuge eines Auswahlprozesses auf das Konzept fest, das den Vorstellungen und Bedürfnissen der Bank am besten gerecht wurde. Ende Juli 2010 wurde dieses dem Vorstand und der gesamten ersten Führungsebene wiederum im Rahmen der Oberbank-Sommerakademie vorgestellt, und gleichzeitig wurde der grobe Rahmen für die weitere Vorgehensweise abgestimmt. Diese Art der Herangehensweise hatte den Vorteil, dass Änderungswünsche schon in einer frühen Phase der Entwicklung mit aufgenommen und eingearbeitet werden konnten. Darüber hinaus wurden wesentliche Eckpfeiler eingeschlagen, wodurch man sehr zeitnah mit der konkreten inhaltlichen Projektarbeit beginnen konnte.

Entscheidend war außerdem, die „richtigen" Mitglieder für diese neue Projektgruppe zu nominieren. Aufgrund der Tragweite des Projekts wurden daher Führungskräfte der ersten Ebene, deren Grundhaltungen die Gesamtbank widerspiegeln, eingebunden. Ab September 2010 begann die Projektgruppe in Zusammenarbeit mit dem ausgewählten Bildungsinstitut die Feinplanung. Mit Dezember 2010 erfolgten bereits erste Schritte der Umsetzung. Nachfolgend wird die neue Oberbank Führungskräfte-Akademie dargestellt:

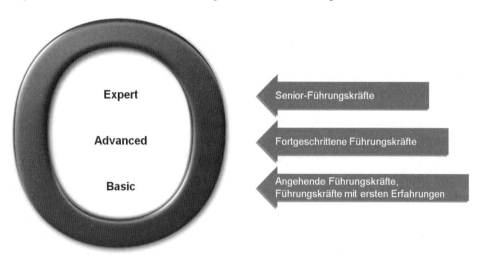

Abbildung 4: Architektur Führungskräfte-Akademie

Wie aus Abbildung 4 ersichtlich ist, besteht die Führungskräfte-Akademie aus drei Ebenen mit jeweils unterschiedlichem Inhalt. Die Grundlage bilden jedoch stets die drei Schlüsselkompetenzen (Fach-, soziale und konzeptionelle Kompetenz), die eine erfolgreiche Gestaltung und Bewältigung der Führungsfunktion sicherstellen. Über diese Gliederung wird auch die Zielgruppensegmentierung vorgenommen.

So liegt der Schwerpunkt im Rahmen der curricular aufgebauten Ausbildungsreihe „Basic" in der Vermittlung und im Training von Führungsgrundlagen sowie in den Bereichen Selbst- bzw. soziale Kompetenz. Die Inhalte, die sich auf „Ich"-, „Du"- und „Wir"-Aspekte von Führung beziehen, werden innerhalb von sechs Modulen in einem Zeitrahmen von ca. 1,5 Jahren vermittelt.

Im Zuge der Ebene „Advanced" liegt das Hauptaugenmerk neben Vermittlung und Training der Kompetenzen – u. a. zu den Themen Steuerung und Strategie – insbesondere in der Reflexion und Kompetenzvertiefung. Gegliedert ist diese Reihe in sieben Module, verteilt auf ca. zwei Jahre. Idealerweise werden zwei Reihen beinahe parallel gestartet, wobei die Teilnehmer/-innen-Gruppe lediglich beim ersten und letzten Modul gleich ist. Bei den restlichen Modulen besteht Auswahlmöglichkeit hinsichtlich des Termins. Dies bietet den Teilnehmern/Teilnehmerinnen neben der erhöhten Flexibilität auch eine bessere Vernetzung innerhalb der Oberbank.

Mit der Ausbildungsreihe „Expert" werden Top-Führungskräfte des Unternehmens angesprochen, weshalb auch der Aufbau ein etwas anderer ist. Die Teilnehmer/-innen beschäftigen sich innerhalb von insgesamt drei Seminartagen einerseits mit sich als Führungskraft selbst und erhalten die Gelegenheit zur Selbstreflexion. Andererseits findet eine aktive Auseinandersetzung mit für die Oberbank zukunftsträchtigen Themen (i. S. v. Chancen, Bedrohungen und Dringlichkeiten) statt. In weiterer Folge kommt es in Zusammenarbeit mit einem Topexperten/einer Topexpertin zu einer Vertiefung und Konzeptionierung eines ausgewählten Themas. Daraus werden nach Abstimmung mit dem Vorstand und der ersten Führungsebene bedeutsame Projekte zur Bearbeitung abgeleitet. Letztendlich leisten die Teilnehmer/-innen damit einen wesentlichen Beitrag für die künftige Entwicklung des Unternehmens.

Über alle Ebenen hinweg wird wie beabsichtigt auch das Prinzip „lebenslanges Lernen" umgesetzt. Im Rahmen der ersten beiden Reihen dadurch, dass sich die Teilnehmer/-innen nach Abschluss der Ausbildungsreihe alle 1 bis 2 Jahre wieder im Rahmen eines Moduls mit dem Thema Führung auseinandersetzen. Den Top-Führungskräften des Unternehmens steht es nach erstmaliger Absolvierung frei – und es liegt somit in deren Selbstverantwortung –, sich in den Folgejahren immer wieder für eine Ausbildungsreihe „Expert" anzumelden. Darüber hinaus steht allen Führungskräften in der Oberbank das interne und weiterführende Angebot an Ausbildungen und Seminaren im fachlichen und/oder persönlichen Bereich zur Verfügung. Durch ein zusätzliches Trainingsmodul kommt das Unternehmen im Rahmen dieser neuen Führungskräfte-Akademie einem dringlichen Ruf, insbesondere der Vertriebseinheiten, nach. Ein speziell konzipiertes Seminar deckt die Bedürfnisse von Führungskräften im Vertriebsbereich im Hinblick auf die erfolgreiche Steuerung ihrer Geschäftsstelle in der Oberbank ab.

Die Durchgängigkeit der Ausbildungsgrundsätze über die gesamte Führungskräfte-Ausbildung hinweg wird durch eine gemeinsam mit dem begleitenden Institut vorgenommene Auswahl an Trainern/Trainerinnen und einem intensivem Briefing dieser Trainer/-innen gewährleistet. Einzelne davon sind in allen Ebenen der Ausbildungsschienen vertreten und sichern somit die durchgängige Vermittlung der Oberbank-Führungsgrundsätze sowie der

Unternehmenskultur und -werte. Diese genaue Anpassung der gesamten Führungskräfte-Ausbildung ermöglicht eine optimale Befriedigung der speziellen und einzigartigen Bedürfnisse der Bank. Dies wäre wohl, zumindest nicht in diesem Ausmaß, bei Zukauf eines Standard-Führungskräfteprogramms nicht möglich gewesen und soll an dieser Stelle die Bedeutung der individuellen Konzeptionierung für Unternehmen verdeutlichen.

Nach der Phase der Konzeptionierung und Feinplanung ging es in einem nächsten Schritt um die Implementierung und Umsetzung. Dabei war für das Unternehmen wichtig, aus den zu Beginn gesammelten Erfahrungen und erhaltenen Feedbacks weiter lernen und – wenn nötig – Abstimmungen in inhaltlicher und/oder organisatorischer Hinsicht vornehmen zu können. Daher legte man fest, jeweils die erste Ausbildungsreihe der Ebenen „Basic" und „Advanced" als Pilotgruppe zu starten. Um daraus möglichst konstruktives Feedback zu erhalten, war es für das Unternehmen auch hier entscheidend, die „richtigen" Teilnehmer/-innen auszuwählen und eine professionelle Evaluierung jedes einzelnen Moduls zu gewährleisten.

Vor Einführung war es außerdem nötig, sich u. a. mit folgenden Fragen auseinanderzusetzen:

- Dürfen bzw. sollen bestehende Führungskräfte ebenfalls eine dieser Ausbildungsreihen absolvieren? Wenn ja, bei welcher Ausbildungsreihe steigen sie ein?
- Dürfen bestehende Führungskräfte eine Ausbildungsreihe absolvieren, deren Zielgruppe sie per Definition nicht angehören?
- Werden bei Bedarf Einzelseminare aus dem Curriculum angeboten?
- Was ist – aufgrund des curricularen Aufbaus – die Folge bei Abwesenheit eines Teilnehmers/einer Teilnehmerin bei einem Seminar?

Mit Dezember 2010 konnte erfolgreich die Pilotgruppe „Basic" gestartet und somit die Vermittlung und das Training der definierten Kompetenzen begonnen werden.

2.3 Evaluieren und Bewerten

Wie auch aus Abbildung 1 ersichtlich ist, ist es für das Unternehmen erfolgskritisch, nicht mit der Phase der Kompetenzvermittlung zu enden. Darüber hinaus ist es unabdingbar, die Umsetzungs- und Anwendungsfähigkeiten der Führungskräfte zu evaluieren und zu bewerten, um so Informationen sowohl über die Qualität der Führungskräfte-Ausbildung als auch der Führungskräfte selbst zu erlangen. Dieser Thematik widmet sich das folgende Kapitel, wobei zunächst auf theoretische Grundlagen eingegangen wird, die das Unternehmen u. a. bei ihren Überlegungen mit einbezog.

2.3.1 Leistungsbeurteilung allgemein

Geht man nach Crisand, Kramer & Schöne (2003, S. 63ff.) so wird auch aus wissenschaftlicher Sicht einem Leistungsbeurteilungs- bzw. -bewertungssystem[1] Nutzen zugesprochen. Dieser, der vor Einführung vom Unternehmen her klar zu definieren ist, kann in unterschiedlichen Be-

---

[1] An dieser Stelle wird darauf hingewiesen, dass nach wissenschaftlicher Definition zwischen den Begriffen „Beurteilung" und „Bewertung" unterschieden wird (vgl. Becker 2003, S. 161 ff.). In der Oberbank und auch in diesem Beitrag werden diese jedoch synonym verwendet.

reichen liegen. Grundvoraussetzung für ein „erfolgreiches" Leistungsbewertungssystem liegt aber immer in der Akzeptanz der Beteiligten und der Praktikabilität des Systems. Darauf zielen auch Havranek & Mauhart (2008, S. 113) ab, wenn sie Unternehmen davor warnen, „die Flucht ins System" anzutreten. Sind diese Bedingungen jedoch gegeben, so können daraus z. B. Vorteile wie erhöhte Transparenz hinsichtlich der Bewertungen oder Nachvollziehbarkeit von Entscheidungen resultieren. Weitere Vorteile für Mitarbeiter/-innen, Vorgesetzte und das Unternehmen finden sich ebenfalls bei Crisand, Kramer & Schöne (2003, S. 21 ff.), auf die an dieser Stelle lediglich verwiesen werden soll.

Denjenigen, die sich mit dieser Thematik auseinandersetzen, sollte aber stets bewusst sein, dass auch ohne System zu jedem Augenblick bewertet wird (vgl. ebenda, S. 21). Darüber hinaus wäre es fatal, bei einem Bewertungssystem und den dabei erfassten Bewertungen völlige Objektivität vorauszusetzen. Denn das, so findet man bei einigen Autoren/Autorinnen Bestätigung, gibt es nicht, da stets subjektive Eindrücke die Bewertung beeinflussen (vgl. etwa Becker 2003, S. 149 ff.; Crisand, Kramer & Schöne 2003, S. 17 ff.; Pfläging 2006, S. 24). Demnach ist „nicht ‚Vermeidung von Beurteilungsfehlern' [...] das Ziel, sondern der verantwortungsvolle Umgang mit subjektiven Einflüssen auf die Wahrnehmung von Mitarbeitern und ihrem Verhalten/ihrer Leistung." (Crisand, Kramer & Schöne 2003, S. 18; vgl. auch Becker 2003, S. 208 ff.). Oder wie es Havranek & Mauhart (2008, S. 113) auf den Punkt bringen: „Leistungsbeurteilung ist keine exakte Wissenschaft. Es geht darum, Unterschiede wahrzunehmen, zu begründen und zu argumentieren."

2.3.2 Evaluierung und Bewertung von Führungskompetenzen in der Oberbank

Aufbauend auf dem zuvor – nur auszugsweise – dargestellten Grundverständnis setzte sich ein dafür neuerlich installiertes Expeditionsteam unter Projektleitung der Abteilung Personal mit der Entwicklung und Einführung eines Bewertungssystems für Führungskräfte auseinander. Bevor nun der weitere Prozess erläutert wird, soll erwähnt werden, dass dieses System zur Bewertung und Evaluierung hinsichtlich aller Ansprüche und Leistungsstandards an Oberbank-Führungskräfte konzipiert wurde. Der Fokus des Systems sollte demnach nicht nur auf der Bewertung von Führungskompetenzen im engeren Sinn liegen.

Für diese Expedition wurde ebenfalls im Rahmen der Sommerakademie 2010 der Startschuss vonseiten des Vorstandes mit dem Ziel, Führung in der Oberbank sichtbarer und nachvollziehbarer zu gestalten, erteilt. Ein Element daraus war, ein geeignetes Bewertungsinstrument auszuarbeiten, das dem Unternehmen eine gewisse Orientierungs- sowie Steuerungshilfe ist und aus dem sich Rückschlüsse auf die Führungsqualität der Oberbank-Führungskräfte ziehen lassen. Diese erhaltenen Informationen sind als Grundlage für etwaige Diskussionen heranzuziehen, um darauf aufbauend geeignete Maßnahmen zur weiteren Entwicklung und Förderung der Führungskräfte vereinbaren zu können. Damit legte die Projektgruppe von Beginn an fest, dass nicht Belohnung und Bestrafung die Konsequenz einer Bewertung ist, sondern vielmehr die gemeinsame Zukunftsgestaltung. Genau darin ist auch der Nutzen dieses Projekts für alle Beteiligten zu sehen.

In einem nächsten Schritt setzte man sich im Hinblick auf die Aussage Stahls (2009, S. 200) damit auseinander, ob Leistung i. S. v. Output tatsächlich das einzige Bewertungskriterium sein sollte. Diese Herangehensweise erschien der Projektgruppe jedoch zu „einfach". Außerdem war man überzeugt, dass dadurch nicht immer eine korrekte, sondern eine scheinbare Wahrheit bzw. eine die Umstände nicht einbeziehende Bewertung entstünde. Die Bewertung von Führungskräften je Leistungsstandard baut in der Oberbank somit auf folgenden Kriterien auf:

- Leistung i. S. v. Output,
- persönlicher Leistungsbeitrag der Führungskraft sowie
- Wirksamkeit der Führungskraft im Hinblick auf die von ihr verantwortete Organisationseinheit.

Diese Herangehensweise im Zuge der Bewertungen gibt Raum für Interpretationen und Begründungen und somit einen gewissen Platz für Subjektivität. Dies stellt zwar keine Vereinfachung der Bewertung an sich dar, macht diese aber umfassender und beruht gleichzeitig auf dem vorherrschenden Verständnis der Oberbank (siehe Kapitel 2.3.1).

Nachdem bereits sowohl das Grobziel eines Bewertungsinstruments als auch die Frage, was bewertet werden soll, geklärt war, bewegte in weiterer Folge insbesondere die Diskussion des „Wie" hinsichtlich der Bewertung. Dabei entschied man sich aus einer Vielzahl an Bewertungsmöglichkeiten für ein Einstufungsverfahren[2], das es mit dem bestehenden Zielvereinbarungssystem MbO zu harmonisieren galt. Die konkrete Definition der Skala gestaltete sich schwierig, was angesichts der kontroversen Beiträge in der Literatur nicht verwundert. So wird beispielsweise angegeben, dass es keine ideale Skala gibt, jedoch wird gleichzeitig eine Fünferskala empfohlen (vgl. Crisand, Kramer & Schöne 2003, S. 35). Dieser Empfehlung steht eine gerade Anzahl an Skalenpunkten gegenüber, die den Vorteil mit sich bringt, der Neigung vieler Bewerter/-innen, nämlich „im Mittelwert Zuflucht zu suchen", entgegenzutreten (vgl. Becker 2003, S. 309). Letztendlich wählte man eine Viererskala (siehe Abbildung 5) und gab den bewertenden Personen im Unternehmen, indem diese Werte mit Farben unterlegt wurden, zusätzliche Unterstützung und fand sich damit bei Ausführungen von Havranek & Mauhart (2008, S. 114) wieder. Darüber hinaus wurde neben der verbalen Beschreibung je Skalenpunkt eine weitere Orientierungshilfe zur Bewertungszuordnung erarbeitet.

Die Kriterien des LS werden ungenügend bzw. zu mangelhaft erfüllt.	Die Kriterien des LS werden annehmbar erfüllt.	Die Kriterien des LS werden zufriedenstellend erfüllt.	Die Kriterien des LS werden deutlich erfüllt oder übertroffen.

Abbildung 5: Bewertungsskala

Anschließend galt es vor Einführung des Systems abzuklären, wer bewertet und v. a. auch wann bewertet wird. Dabei war klar, dass die Bewertung die direkt übergeordnete Führungskraft bzw. der Gesprächspartner/die Gesprächspartnerin im MbO vornimmt. Daraus abgeleitet wurde festgesetzt, dass einmal pro Jahr – im Rahmen des MbO-Gesprächs – die Bewertung der Oberbank-Führungskräfte entlang der Leistungsstandards vorzunehmen ist (vgl. Crisand, Kramer & Schöne 2003, S. 67) und in einer dafür entwickelten Webapplikation festzuhalten ist. Beide Gesprächspartner/-innen gehen jeweils mit ihrer Einschätzung in Bezug auf die Erfüllung der Leistungsstandards für Führungskräfte in dieses Gespräch, bei dem es zu einem Abgleich zwischen Selbst- und Fremdbild kommt. Dies bedeutet jedoch nicht, dass

---

[2] Nähere Hinweise zu unterschiedlichen Bewertungsmöglichkeiten findet der Leser/die Leserin z. B. in Becker (2003, S. 284 ff.) und Crisand, Kramer & Schöne (2003, S. 23 ff.).

die Bewertung verhandlungs- bzw. übereinstimmungsfähig wäre – letztendlich wird sie von der übergeordneten Führungskraft bestimmt. Sie sollte aber unbedingt begründet und dem Gegenüber verständlich gemacht werden. Außerdem sind, wie von Beginn an gefordert, bei jeder Bewertung – egal ob eine Leistung mit rot, gelb, grün oder violett bewertet wird – geeignete Maßnahmen abzuleiten. Zur Unterstützung der Führungskräfte wurden daher mögliche, exemplarisch angeführte Maßnahmen je Skala ausgearbeitet. Denn nur durch eine Maßnahmenvereinbarung zusätzlich zur Bewertung ist nach Überzeugung des Unternehmens gewährleistet, „gute" Führungskräfte auf deren Niveau zu halten bzw. zu fördern sowie Führungskräfte, bei denen gewisse Handlungsbedarfe aufgezeigt wurden, in diesen Gebieten weiterzuentwickeln und zu unterstützen.

Sowohl für das Unternehmen als Ganzes als auch für die Personalabteilung im Speziellen ist es entscheidend, einen Gesamtüberblick bzw. -eindruck über „Führung in der Oberbank" zu erhalten. Denn daraus können für die Zukunft maßgebliche Handlungsstrategien entwickelt werden, die in weiterer Folge mitentscheidend für den Unternehmenserfolg sein werden. Diesen Überblick erhält zunächst die Personalabteilung im Rahmen der sogenannten „HR-Checks", die einmal pro Jahr ein Gespräch zwischen der Leitung jeder Organisationseinheit und Vertretern/Vertreterinnen der Personalabteilung darstellen. Hierbei werden alle Bewertungen – diese werden in den MbO-Gesprächen vorgenommen – je Organisationseinheit betrachtet und gegebenenfalls diskutiert. Die Personalabteilung steht hier zunächst als Sparringspartner/-in zur Verfügung, die versucht, bewussten und auch unbewussten Beurteilungsverfälschungen[3] entgegenzuwirken, und bringt sich mit ihrer Profession maßgeblich hinsichtlich der weiteren Maßnahmenvereinbarungen ein bzw. bietet ihre Unterstützung an. Die Bewertung an sich kann und soll im Rahmen des HR-Checks nicht mehr abgeändert werden. Mögliche unterschiedliche Sichtweisen, die Bewertungen betreffend, werden lediglich dokumentiert. In aggregierter Form werden Ergebnisse, Rückschlüsse und abgeleitete Schlussfolgerungen auch an den Vorstand weitergeleitet und besprochen. Dabei soll es keinesfalls zu einem Vergleich der Organisationseinheiten untereinander kommen, weshalb der Umgang mit Berechtigungsstrukturen und der Datenverteilung als hochsensibel anzusehen ist. Der gesamte Bewertungsprozess wird in Abbildung 7 übersichtlich dargestellt.

Vor Einführung dieses Bewertungssystems fand auch hier im November 2010 zunächst eine Diskussion mit dem Vorstand und der gesamten ersten Führungsebene statt. Dabei beschäftigte die Beteiligten vordergründig der Umstand, dass durch die Dokumentation der Bewertung durch eine Webapplikation ein wesentlicher Grundsatz des MbO, nämlich absolute Vertraulichkeit zwischen den Gesprächspartnern/-partnerinnen, als nicht mehr (in dem Maße) erfüllt angesehen wurde. Dieser Einwand stimmt jedoch nur bedingt, denkt man an die theoretischen Ausführungen. Der Aspekt der Vertraulichkeit wird zwar durch die technische Umsetzung etwas aufgeweicht. Man darf bei dieser Diskussion aber nie außer Acht lassen, dass auch ohne Bewertungssystem ständig bewertet wurde und wird und schon immer eine Kommunikation nach „oben" über diese Bewertungen (in Form von Eindrucksschilderungen von Führungskräften über deren zugeordnete Führungskräfte) stattfand. So gesehen wird eine bestehende hausinterne Vorgehensweise lediglich offiziell legitimiert, transparenter gestaltet und mit „Spielregeln" versehen. Aus diesem Grund wurde man sich darüber einig, das Bewertungssystem nicht umzugestalten und es mit Dezember 2010 im Unternehmen

---

[3] Nähere Informationen zu möglichen Arten von bewussten Beurteilungsverfälschungen sind bei Crisand, Kramer & Schöne (2003, S. 20) zu finden.

einzuführen. Die Auseinandersetzung war aber entscheidend dafür, die Bedenken der ersten Führungsebene auszuräumen – immerhin stellen sie maßgebliche Erfolgsfaktoren hinsichtlich der Akzeptanz des Bewertungssystems dar.

Diese Darstellung zeigt auf, dass mit einem Bewertungssystem meist nicht nur Vorteile verbunden sind und bei jedem von ihnen – unter Berücksichtigung des Unternehmens, in dem es eingesetzt wird, und der Mitarbeiter/-innen, die damit arbeiten – gewisse Grenzen aufgezeigt werden (vgl. Becker 2003, S. 334 ff.). Letzten Endes ist es entscheidend, dass die Vorteile die Nachteile übertreffen und in der Gesamtheit ein Mehrwert für das Unternehmen und auch für jeden einzelnen Anwender/jede einzelne Anwenderin entsteht.

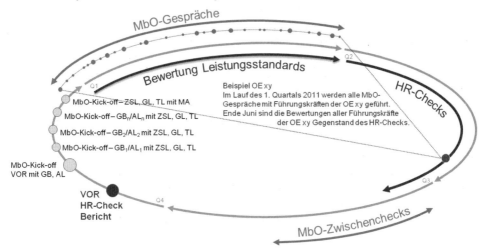

Abbildung 7: MbO-Prozess in der Oberbank und HR-Check

3 Resümee und Ausblick

Dieser Beitrag zeigt die Entwicklung von Führung in der Oberbank über drei Schritte. Zunächst wurden Leistungsstandards für Führungskräfte definiert und im Unternehmen eingeführt. Darauf aufbauend konzipierte man einerseits eine neue Führungskräfte-Akademie, innerhalb derer die geforderten Kompetenzen vermittelt und trainiert werden. Gleichzeitig führte man ein System ein, um diese evaluieren und bewerten zu können.

Im Rahmen dieser Entwicklungen sind rückblickend gesehen insbesondere folgende zwei Umstände als erfolgskritisch anzusehen: Zum einen prägte den Erfolg dieses Projekts die Einbeziehung der professionellen Unterstützung eines externen Beraters. Dieser gewährleistete v. a. die Qualität des Prozessverlaufs und schuf gleichzeitig optimale Rahmenbedingungen für die darauffolgende Umsetzungs- bzw. Implementierungsphase. Darüber hinaus bestand für das Unternehmen der Vorteil in den wertvollen Ratschlägen und Denkanstößen sowie in der kritischen und reflektierten Meinungsäußerung in Diskussionen. Dadurch konnten zum Teil neue Wege für das Unternehmen beschritten werden. Weiters waren für den Erfolg die Einbindung der Unternehmensführung sowie der Entscheidungsträger/-innen und Meinungsbildner/-innen vonseiten der ersten Führungsebene über den gesamten Entwicklungsprozess hinweg maßgeblich verantwortlich. Denn nur dadurch gelang es, (die meisten)

Kritiker/-innen aus dem Unternehmen zu überzeugen und genügend Unterstützer/-innen für eine erfolgreiche Implementierung zu gewinnen.

Letztendlich kann man den Erfolg des Ganzen („Führung entwickeln") aber erst nach Implementierung der beiden Teilprojekte „Führungskräfte-Akademie" und „Bewertung MbO-Leistungsstandards für Führungskräfte" beurteilen. Der Teilbereich „Einführung MbO-Leistungsstandards für Führungskräfte" hingegen kann bereits positiv bewertet werden. So stellte das Unternehmen die Entwicklung und Notwendigkeit von Qualitätskriterien für Führungskräfte völlig zu Recht außer Frage, da sich im Zuge der Finanz- und Wirtschaftskrise deutlich herauskristallisierte, dass die Qualität der Führung (der Führungskräfte) in einem Unternehmen für dessen Erfolg essenziell ist. Weiters ist positiv anzumerken, dass nach Implementierung der Standards zunächst noch keine Bewertung entlang dieser erfolgte und man den Führungskräften Zeit gab, sich mit diesen Standards auseinanderzusetzen. Aus heutiger Sicht wurde jedoch die angesprochene Notwendigkeit und der Grundnutzen dieser Leistungsstandards zu wenig kommuniziert, weshalb es im Unternehmen – natürlich – auch Kritiker/-innen gibt.

Nach den ersten Monaten zeigt sich ein Bild, das die neue Ausbildung sehr positiv darstellt. Im kommenden Jahr wird es in dieser Hinsicht von Bedeutung sein, das kritische Feedback der Pilotgruppen-Teilnehmer/-innen zu evaluieren und in die Überarbeitung einzelner Teilbereiche der Führungskräfte-Akademie einfließen zu lassen. Dem Thema „Bewertung MbO-Leistungsstandards" wird teilweise, wie erwartet, mit Skepsis begegnet. Nach Meinung der Autoren liegt der Grund u. a. in der generellen Sorge, bewertet zu werden. Darüber hinaus ist die Skepsis vermutlich darin begründet, dass der konkrete Nutzen für die Führungskräfte bis dato noch nicht zur Gänze (siehe HR-Check) erlebbar war. In dieser Hinsicht hätte eine intensivere Sinn- und Nutzenvermittlung – wie in diesem Beitrag erläutert – sowie Aufklärung der Betroffenen erfolgen können. Dadurch hätte bestimmt nicht alle, aber zumindest ein Großteil der Skepsis beseitigt werden können. Es wird entscheidend sein, die Sorgen und Anliegen aufzugreifen und insbesondere in den folgenden HR-Checks kritisch zu reflektieren. Gegebenenfalls sind als Ausfluss dieser Diskussionen Teile, wie z. B. die Skala oder die verbale Beschreibung je Skalenpunkt, zu überarbeiten. Im Verlauf dieses Jahres wird daher weiterhin Überzeugungsarbeit sowie auch die Vermittlung des Nutzens für jeden Einzelnen/jede Einzelne nötig sein.

Das Expeditionsteam der Oberbank bewegte sich in der Vergangenheit – bildlich gesprochen – auf teils unergründeten Wegen und vorbei an gefährlich abschüssigem Terrain sicher vorwärts. Die Prüfungen dieses ersten Abschnitts wurden erfolgreich gemeistert, das Zwischenlager wurde ohne Verletzungen oder Schäden erreicht, und die ersten gewonnenen Erkenntnisse wurden reflektiert. Im Rahmen der Expedition „Führung" warten aber schon wieder neue Abenteuer und Herausforderungen, die es zu meistern gilt. Das Expeditionsteam wird seine Reise bald fortsetzen.

Literaturverzeichnis

Becker, Fred G. (2003): Grundlagen betrieblicher Leistungsbeurteilungen. 4. Auflage. Stuttgart: Schäffer-Poeschel.

Crisand, Ekkehard, Kramer, Sabine & Schöne, Martin (2003): Personalbeurteilungssysteme. Ziele – Instrumente – Gestaltung. 3. Auflage. Heidelberg: Sauer.

Cube, Felix von (1998): Lust an Leistung. Die Naturgesetze der Führung. 8. Auflage. München: Piper.

Drucker, Peter F. (2002): Was ist Management? – Das Beste aus 50 Jahren. 5. Auflage. Berlin: Econ Ullstein List.

Erpenbeck, John & Rosenstiel, Lutz von (2005): Kompetenz: Modische Worthülse oder innovatives Konzept? In: Wirtschaftspsychologie Aktuell, Heft 3, S. 39–42.

Havranek, Christian & Mauhart, Julian (2008): Gehalt und Leistung managen. Die unternehmerische Gestaltung von Gehaltssystemen. Wien: Linde.

Lindstädt, Hagen (2004): Unterschiede in Effektivität, Variabilität und Intensitätsdrift von Führungsstilen. Eine empirische Untersuchung auf Basis des Modells von Hersey/Blanchard. In: Kossbiel, Hugo & Spengler, Thomas (Hrsg.): Modellgestützte Personalentscheidung. 8 Auflage. München: Hampp, S. 33–50.

Manzeschke, Arne & Nagel, Eckhard (2006): Leadership in sozialen Organisationen. Zur Organisation der Organisation von Macht. In: Zeitschrift für Wirtschafts- und Unternehmensethik 7, Heft 1, S. 9–26.

Morhart, Felicitas & Jenewein, Wolfgang (2010): Was gute Führung ausmacht. In: Harvard Business manager, Heft 11, S. 29–40.

Neuberger, Oswald (1994): Führen und geführt werden. 4. Auflage. Stuttgart: Enke.

Neuberger, Oswald (2002): Führen und führen lassen. Ansätze, Ergebnisse und Kritik der Führungsforschung. 6. Auflage. Stuttgart: Lucius und Lucius.

Pfläging, Niels (2006): Führen mit flexiblen Zielen. „Beyond Budgeting" als Alternative zur Führung per Weisung und Kontrolle. In: Detecon Management Report, Heft 3, S. 22–27.

Seliger, Ruth (2008): Das Dschungelbuch der Führung. Ein Navigationssystem für Führungskräfte. 1. Auflage. Heidelberg: Carl-Auer.

Stahl, Heinz K. (2009): Human Resource Management. (Skriptum zum Lehrgang General Management der LIMAK-JKU Business School). Linz: o. V.

Walenta, Christa & Kirchler, Erich (2011): Führung. Wien: Facultas.

Weick, Karl E. & Sutcliffe, Kathleen M. (2007): Das Unerwartete managen. Wie Unternehmen aus Extremsituationen lernen. 2. Auflage. Stuttgart: Klett-Cotta.

Internetquelle:

Drucker, Peter F. (1996): Not enough generals were killed. Foreword in: The Drucker Foundation (Ed.): The leader of the future; http://www.drghoreishi.com/doc/2ndLead.pdf [25.01.2011].

Susanne Lanzerstorfer / Andrea Ristl / Barbara M. Weber
Bilfinger Berger Industrial Services GmbH / Autonom Talent® Consulting GmbH

Managemententwicklung bei BIS mit dem Programm „Nachhaltig leistungsfähig"

1 Bilfinger Berger Industrial Services Group 344
   1.1 Chancen, systematisch genutzt 344
   1.2 Strategischer Partner der Kunden/Kundinnen 345
   1.3 Richtungsweisende Unternehmensgrundsätze 346
2 Personalentwicklung in der BIS Group 346
   2.1 BIS Academy 347
   2.2 Modulare Weiterbildung 348
   2.3 Networks sorgen für Know-how-Transfer 349
3 Nachhaltig leistungsfähig 349
4 Individuelle Förderung der Entwicklung und Veränderung 353
   4.1 Zunahme von physischen und psychischen Erkrankungen 353
      4.1.1 Stress und Burnout verhindern Talent- und Potenzialentfaltung 353
      4.1.2 Primäre Präventionsmaßnahmen: Gesundheit erhalten – Burnout verhindern 354
   4.2 Die Bedeutung der Herzratenvariabilität im Personalmanagement 355
      4.2.1 Das Wechselspiel: Anspannung (Sympathikus) – Entspannung (Parasympathikus) 355
      4.2.2 Funktionsweise der Herzratenvariabilitätsmessung 357
      4.2.3 Wesentliche Anwendungsmöglichkeiten der Herzratenvariabilität 358
   4.3 Die AUTONOM-TALENT®-Methode: Talente messen, erkennen und gestalten 359
      4.3.1 Talenterkennung und Talentprofil 360
      4.3.2 Erkennen von biopsychosozialen Zusammenhängen, Potenzialen und Stress 363
      4.3.3 Interventionen zur Freisetzung von Talenten, Potenzialen und Ressourcen 363
      4.3.4 Sicherung der Produktivität und Zukunftsfähigkeit von Organisationen 364
      4.3.5 Senkung der Ausfallskosten 365
5 Fazit 365
Literaturverzeichnis 366

Susanne Lanzerstorfer / Andrea Ristl / Barbara M. Weber

1 Bilfinger Berger Industrial Services Group

Seit einigen Jahren etabliert sich der Industrieservice zunehmend als eigenständige Branche. Die Bilfinger Berger Industrial Services GmbH (BIS Group; vgl. http://www.bis.bilfinger.com) ist an dieser Entwicklung entscheidend beteiligt. Das innerhalb der Multi Service Group Bilfinger Berger als eigenständiger Teilkonzern geführte Unternehmen, das auf eine mehr als 100-jährige Geschichte zurückblickt, hat neue Maßstäbe in puncto Leistungsspektrum, Internationalisierung, Wachstum und Ertragsstärke gesetzt. Heute ist die BIS Group in der europäischen Prozessindustrie der führende Anbieter von industriellen Dienstleistungen und hat eine starke Marktstellung bei Großprojekten. Das Unternehmen ist mit mehr als 28 000 Mitarbeitern/Mitarbeiterinnen in Europa und Nordamerika an über 100 Standorten präsent und erzielt ein Leistungsvolumen von rund drei Milliarden Euro pro Jahr.

Hervorgegangen aus der Rheinhold & Mahla AG, deren Historie bis ins Jahr 1887 zurückreicht, zählt die BIS Group mit Hauptsitz in München zu den Pionieren im Markt der industriellen Dienstleistung. Das Unternehmen hat sich frühzeitig an steigenden Anforderungen der Kunden/Kundinnen in sich verändernden Märkten ausgerichtet. Seit 2002 gehört die Unternehmensgruppe zur Multi Service Group Bilfinger Berger SE mit Sitz in Mannheim. Zu der Zeit hatte Rheinhold & Mahla den Wandel zum europäischen Industriedienstleister bereits in Angriff genommen. Unter dem Zeichen des Lambdas avancierte das Unternehmen mit einer außergewöhnlich hohen Wachstumsdynamik und ausgeprägten Integrationskultur zum führenden Industrieservice-Unternehmen in der deutschen und europäischen Prozessindustrie.

Die 2004 gestartete Solutions-Kampagne brachte die strategische Positionierung als Lösungsanbieter auf den Punkt. Hinter dem bis heute gültigen Slogan „Solutions for Industrial Services" steht der Anspruch, durch lösungsorientierten Industrieservice die Verfügbarkeit von Industrieanlagen und damit die Produktivität der Kunden/Kundinnen zu steigern und ihre Kostenstruktur zu optimieren. Mit dieser Vision und ihrer offensiven Umsetzung trug die BIS Group wie kaum ein zweiter Industriedienstleister dazu bei, dass der Industrieservice als eigenständige Branche an Profil gewonnen hat.

1.1 Chancen, systematisch genutzt

Mit der Positionierung als Lösungsanbieter fokussierte das Unternehmen frühzeitig auf umfassende Dienstleistungspakete für Neubau, Modernisierung, Erweiterung und Instandhaltung von Anlagen der Prozessindustrie, was nach der Jahrtausendwende unter schwierigen wirtschaftlichen Rahmenbedingungen in Europa weitsichtig war. Eine schwache Konjunktur, Osterweiterung und Globalisierung führten zu Kostendruck und Produktionsverlagerungen. In der Folge wurden die für den Industrieservice relevanten Wartungsstandards gesenkt sowie Investitionen und Budgets gekürzt. Zunehmend aber verlagerte die produzierende Industrie auch verstärkt ihren Instandhaltungsbedarf auf externe Dienstleister/-innen mit umfassender Lösungskompetenz. Zugleich stiegen die Nachfrage nach gebündelten Leistungen und der Bedarf international agierender Kunden/Kundinnen an international ausgerichteten Servicepartnern/-partnerinnen.

Die Chancen dieser Entwicklung, die weiter anhält, hat die BIS Group systematisch mit dem Aufbau einer leistungsfähigen Organisation genutzt. Als besondere Stärke der Gruppe zählt dabei die Dezentralität mit einem hohen Maß an unternehmerischer Verantwortung in den operativen Einheiten. Sie ist die Grundlage einer Unternehmenskultur, die sich im Selbstverständnis als „Konzern der Mittelständler" manifestiert. So zeichnet sich die Gruppe gleichermaßen durch die Standards eines Konzerns und die Kunden-/Kundinnennähe und Dienstleistungsorientierung eines Mittelständlers aus. Zugleich wird die Internationalisierung weiter forciert und das Leistungsportfolio durch strategische Akquisitionen kontinuierlich erweitert.

Exemplarisch dafür stehen Übernahme und Integration des österreichischen Industrie- und Kraftwerksdienstleisters MCE mit Hauptsitz in Linz. Dieser bringt in Zeiten des Fachkräftemangels nicht nur zusätzliche personelle Kapazitäten und wertvolle Kompetenzen in die BIS Group ein. Vielmehr verfügt die Gruppe mit den früheren MCE-Gesellschaften im Unternehmensverbund jetzt auch in Österreich über eine hohe Marktdurchdringung und gewinnt als Lösungsanbieter und strategischer Partner ihrer Kunden/Kundinnen in Prozessindustrie und Energiewirtschaft weiter an Profil. Dies spiegelt sich auch in der operativen Weiterentwicklung der BIS Group wider. Die drei geografisch ausgerichteten Divisionen Central Europe, die neben der DACH-Region auch die Gesellschaften in Benelux einschließt, Northern & Eastern Europe sowie Western Europe & International mit dem Schwerpunkt Nordamerika konzentrieren sich auf umfassenden Industrieservice mit Fokus auf Instandhaltung. Zusätzlich etabliert wurde die international agierende Division Plant Technologies. Sie ist mit mehr als 4 000 Beschäftigten auf weitreichende Engineering- und Montageleistungen der Industrieanlagentechnik spezialisiert.

1.2 Strategischer Partner der Kunden/Kundinnen

Durch die Fokussierung auf Errichtung und Instandhaltung von Industrieanlagen sowie Anlagen der Energieerzeugung und -verteilung setzt die BIS Group klare Schwerpunkte. Sie gewährleistet dadurch eine hohe Branchenkompetenz und eine ausgeprägte Kunden-/Kundinnenorientierung. Die Branchensegmente sind Raffinerien, Chemie/Petrochemie, Pharmaindustrie, Kraftwerke/Energieerzeugung und -verteilung, Offshore-Industrie, Gasförderung und -verarbeitung, Aluminium- und Stahlindustrie, Nahrungsmittelindustrie, Papierindustrie sowie Maschinen- und Anlagenbau. In diesen Märkten hat sich das Unternehmen als Servicepartner der ersten Wahl profiliert. Es bündelt komplementäre Gewerke und verknüpft Planungs-, Management- und Ausführungskompetenzen bis hin zu Full-Service-Konzepten in der Instandhaltung und Komplettlösungen im Projektgeschäft. Die BIS Group hat sich so erfolgreich als strategischer Partner der Kunden/Kundinnen positioniert.

Das breite Leistungsspektrum, das die BIS Group heute abdeckt, kann überwiegend aus eigenen Ressourcen bedarfsgerecht zusammengestellt werden. Die Leistungen erstrecken sich auf den gesamten Lebenszyklus einer Anlage und reichen von Analyse und Beratung über Neubau, Betrieb und Erweiterung bis hin zu Modernisierung sowie Um- und Rückbau. Sie beinhalten Engineering, Konstruktion und Fertigung und umfassen Montage und Inbetriebnahme, Ersatzteilversorgung, Planung sowie Ausführung von Revisionen/Stillständen und Instandhaltung bis hin zu Anlagendemontagen und -umzügen.

Bei Instandhaltungsservices beherrscht die BIS Group die gesamte Bandbreite der industriellen Dienstleistungen, darunter Rohrleitungsbau/Mechanik sowie EMSR- und Maschinentechnik. Hinzu kommen die Gewerke Gerüstbau, Isolierung und Korrosionsschutz. Der Bereich Technical Noise Control bezieht sich auf Ansaug- und Abgassysteme für Gasturbinen, Schallschutzhauben für Turbinen und Aggregate sowie Schalldämpfer und Filteranlagen. Die Serviceleistungen werden nach bedarfsorientierten Modellen angeboten. Sie reichen von Einzel- und Rahmenverträgen, Leistungsbündelung und Koordinierung der Ressourcen über Maincontracting bis hin zu Full-Service-Instandhaltungsverträgen mit garantierter Anlagenverfügbarkeit.

1.3 Richtungsweisende Unternehmensgrundsätze

Die durch das dezentrale Organisationsmodell mit mehr als 100 Standorten und einer Vielzahl zusätzlicher Betriebsstätten bestehende Netzwerkstruktur ermöglicht bei dem nach Art und Umfang häufig schwankenden Bedarf an Industrieservices ein flexibles Ressourcenmanagement. Großprojekte sind oft internationale Projekte und integrieren auf Zeit zahlreiche Beschäftigte unterschiedlicher nationaler Herkunft. Hohe Vorgaben hinsichtlich Sicherheit und Qualität setzen dabei die Standards für professionelles Projektmanagement und die Anforderungen an die Projektteams insgesamt. Dafür stehen Unternehmensgrundsätze, die als Wertesystem für die BIS Group Positionsbestimmung und Richtungsentscheidung sind.

Wesentliche Handlungsfelder belegen die Glaubwürdigkeit des Wertesystems. Dazu gehört HSEQ, sprich: Gesundheitsschutz, Arbeitssicherheit, Umweltschutz und Qualitätssicherung. Hier stehen die Verantwortung für die Beschäftigten und die Sicherheit des Arbeitsumfelds im Vordergrund. Zugleich ist eine gute Sicherheits- und Qualitätsbilanz, wie sie die BIS Group auszeichnet, ein wesentliches Entscheidungskriterium bei der Auftragsvergabe. Dazu gehört auch Corporate Compliance. „Zero Tolerance" lautet unmissverständlich die Vorgabe des Managements. Dies unterstreicht nachhaltig die Verbindlichkeit der Verhaltensgrundsätze und ergänzenden Richtlinien.

Das dritte wesentliche Handlungsfeld ist die Mitarbeiter/-innen-Orientierung. Durch nachhaltig hohe Investitionen in Ausbildung und Personalentwicklung, durch die Beteiligung am Unternehmenserfolg und die Unterstützung der individuellen Zukunftssicherung wird garantiert, dass alle Mitarbeiter/-innen auf den gemeinsamen Erfolg stolz sein können und sich mit dem Unternehmen identifizieren. Auf diese Weise stärkt die BIS Group die Attraktivität als Arbeitgeber, was angesichts der Wachstumsdynamik der Branche an Bedeutung gewinnt. Insbesondere in der Aus- und Weiterbildung sieht das Unternehmen einen der wichtigsten Beiträge, die es aus seiner gesellschaftlichen Verantwortung heraus leisten kann. Mit ihrem Verständnis professioneller Personalentwicklung setzt die BIS Group in der noch jungen Branche des Industrieservice Maßstäbe.

2 Personalentwicklung in der BIS Group

Qualifizierte Mitarbeiter/-innen sind eine wichtige Voraussetzung, weiteres Wachstum auch personell mit guten Teams verwirklichen zu können. Eine erfolgreiche Unternehmensentwicklung ist daher eng gekoppelt mit einer strategisch ausgerichteten Personalentwicklung. Dies gilt für die Aus- und Weiterbildung von Führungskräften ebenso wie für die gewerblichen Mitarbeiter/-innen. Entsprechend hoch ist der Anspruch der BIS Group, das Qualifizierungsportfolio kontinuierlich weiterzuentwickeln. Investitionen in die Beschäftigten sind Ausdruck sozialer Verantwortung und ein wesentlicher Beitrag zur Zukunftssicherung des Unternehmens.

2.1 BIS Academy

Dabei werden mit der BIS Academy immer wieder neue Akzente gesetzt. Die virtuelle Aus- und Weiterbildungsakademie bündelt seit 2008 alle Maßnahmen zur Personalentwicklung in der Gruppe und stellt das gesamte Qualifizierungsangebot in Form eines Hauses dar. Die Visualisierung ist damit klar und übersichtlich und stellt den Bezug zu den Zielgruppen fokussiert heraus. Für einen hohen Wiedererkennungswert aller Aktivitäten sorgt die einheitliche Signet-Familie, mit der sich die virtuelle Akademie präsentiert. Das Logo der BIS Academy dient, als Trademark geschützt, der Qualitätssicherung in der Aus- und Weiterbildung und unterstreicht Nutzen sowie Alleinstellung der BIS-Qualifizierungsmaßnahmen im Markt.

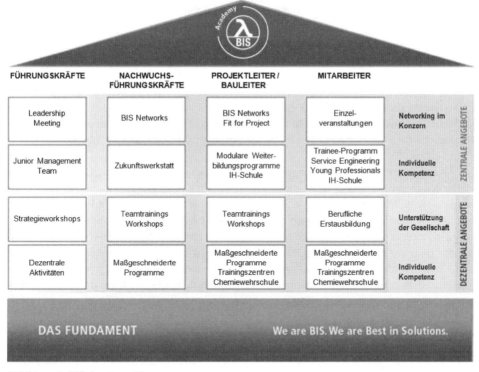

Abbildung 1: BIS-Academy-Haus

Die neuen MCE-Gesellschaften im BIS-Unternehmensverbund sind in Österreich wichtige Arbeitgeber und gefragte Ausbildungsunternehmen. Darüber hinaus stärken die bisherigen Aktivitäten der ehemaligen MCE im Bereich Personalentwicklung die BIS Academy und geben ihr einen zusätzlichen Kompetenzschub.

2.2 Modulare Weiterbildung

Inhaltlich wird das Leistungsspektrum der BIS Academy fortlaufend erweitert. Modular aufgebaute Qualifizierungsprogramme sowohl für das Instandhaltungs- als auch das Projektgeschäft tragen dem Bedarf der operativen Gesellschaften Rechnung und gewährleisten BIS-Standards. Gemeinsam mit dem Zentralbereich Technical Support/HSEQ werden zertifizierte Weiterbildungslehrgänge entwickelt, die konkret auf die marktspezifischen Anforderungen abgestimmt sind und BIS-Standards gewährleisten. So ging beispielsweise in enger Zusammenarbeit mit einer operativen Gesellschaft im Südwesten Deutschlands 2009 im Rahmen eines Pilotprojekts mit dem „BIS Maintainer" der erste modulare Weiterbildungslehrgang an den Start. Er setzt sich aus sechs Modulen zusammen, die aufeinander aufbauen und Fach-, Methoden- sowie soziale Kompetenzen der Teilnehmer/-innen erweitern. Der BIS Maintainer wird rund 18 Monate dauern und ist richtungsweisend für weitere zielgruppenorientierte modulare Weiterbildungslehrgänge.

Neben dem Geschäft in Rahmenverträgen gewinnt das Projektgeschäft in der BIS Group, besonders auch in der neuen Division Plant Technologies, zunehmend an Bedeutung. Um auch hier dem hohen Qualitätsanspruch gerecht zu werden, bietet die BIS Academy Projektmanagern/-managerinnen und Mitarbeitern/Mitarbeiterinnen in Projekten ein bedarfsorientiertes Angebot. Unter der Überschrift „Fit for Project" werden diese Maßnahmen zusammengefasst, mit den operativen Bedarfsträgern/-trägerinnen abgesprochen und kontinuierlich weiterentwickelt. Für nachhaltige Kompetenzsteigerung sorgen auch maßgeschneiderte Personalentwicklungsprogramme. Ein Erfolgsbeispiel ist FRUCIT. Diese Maßnahme ist adressiert an verschiedene Führungsebenen im Finance-Sektor. Ziel ist es, sowohl die fachlichen als auch die sozialen Kompetenzen langfristig und nachhaltig zu erhöhen und den Nachwuchs für Führungsaufgaben in der BIS-Holding und den Beteiligungsgesellschaften vorzubereiten.

Nachwuchsförderung hat von jeher in der BIS Group hohes Gewicht. Dazu zählen das Junior Management Team „JMT" zur Qualifizierung der High Potentials, das im Jahr 2010 zusammen mit Nachwuchskräften aus der ehemaligen MCE in die nächste Runde gegangen ist, das Trainee-Programm, das sich als idealer Berufseinstieg für Absolventen/Absolventinnen von Hochschulen und Fachhochschulen etabliert hat, und die erfolgreiche Partnerschaft mit der Berufsakademie (BA) Sachsen in Leipzig. Mehrere BA-Studierende haben bereits ihre Karriere in der BIS Group gestartet. Das Unternehmen leistet nicht nur finanzielle Unterstützung, sondern ist auch maßgeblich an der inhaltlichen Entwicklung der neuen Vertiefungsrichtung „Instandhaltung verfahrenstechnischer Anlagen" beteiligt.

Gerade im Zuge des demografischen Wandels ist die Mitarbeiter/-innen-Orientierung für die Zukunfts- und Wettbewerbsfähigkeit eines Unternehmens von hoher Bedeutung. Dabei gilt es, Motivation, Leistungsfähigkeit und Gesundheit der Mitarbeiter/-innen bis zum Übergang ins Rentenalter zu erhalten. Die Personalentwicklung der BIS Group hat bereits 2007 ein Demografieprojekt aufgesetzt, in dessen Verlauf Maßnahmen identifiziert und eingeführt wurden, mit denen das Unternehmen gezielt der Veränderung der Bevölkerungsstruktur begegnen kann. Sie beinhalten neben der Nachwuchsförderung und dem Gesundheitsmanagement auch die persönliche Altersvorsorge der BIS-Mitarbeiter/-innen.

Beleg für die starke Verankerung der Personalentwicklung in den BIS-Beteiligungsgesellschaften sind Programme, die aus den BIS-Gesellschaften heraus initiiert wurden, beispielsweise das FFM-Programm „Fit for Managing"/„Fit for Market". Mit diesen durch die

Personalentwicklung begleiteten Programmen vermittelt eine der großen deutschen BIS-Gesellschaften ihren Fach- und Führungskräften verstärkt Know-how rund um Kommunikation, Management, Projektmanagement und Vertrieb. Die Aus- und Weiterbildungszentren für gewerbliche Mitarbeiter/-innen in Großbritannien, Norwegen und Polen sind ebenfalls Ausdruck der starken Eigeninitiative der operativen Einheiten im Bereich Personalentwicklung.

2.3 Networks sorgen für Know-how-Transfer

Die klare Nutzenorientierung des „BIS Competence Committees" setzt sich in den BIS Networks fort. Die BIS Networks als wesentlicher Bestandteil der BIS Academy stehen als Plattform für den gesellschafts- und länderübergreifenden Informations- und Erfahrungsaustausch sowie Best-Practise-Sharing innerhalb der BIS Group. In der Bündelung der Stärken sowohl der dezentralen Struktur als auch zentraler Unterstützungsfunktionen sind sie zum Erfolgsmodell geworden.

In den mittlerweile 14 themenspezifischen Netzwerken mit rund 250 Mitarbeitern/Mitarbeiterinnen der BIS-Gruppe wird fachliche Expertise mit messbaren Ergebnissen in konkrete Projekte umgesetzt. Darüber hinaus sind die BIS Networks ein ideales Instrument zur Integration der neu akquirierten Gesellschaften, besonders auch der bisherigen MCE. So wird der Teilnehmer/-innen-Kreis der BIS Networks um neue Kollegen/Kolleginnen erweitert. Dies treibt den fachlichen Austausch ebenso wie den Aufbau tragfähiger sozialer Netzwerke weiter voran.

3 Nachhaltig leistungsfähig

Die BIS-Personalentwicklung hat auch den Anspruch, Topmanager/-innen in ihrer Aufgabenumsetzung und Weiterentwicklung zu unterstützen. Im Herbst 2010 startete bei BIS das AUTONOM-TALENT®-Projekt „Nachhaltig leistungsfähig". Ausgangssituation war, dass aufgrund von Akquisitionen, internen Umstrukturierungen und einer angespannten Wirtschaftslage neben dem grundsätzlich hohen Leistungsniveau und der vorhandenen Leistungsbereitschaft zusätzliche Anforderungen an das Management herangetragen wurden. Durch eine Vielzahl neuer Aufgaben (Integration von Unternehmen, Sonderprojekte etc.), ein Mehr an Aufgaben in gleicher Zeit und einer hohen Veränderungsgeschwindigkeit im Unternehmen stieg die zusätzliche Arbeitsbelastung im Tagesgeschäft substanziell an, und für die Auseinandersetzung mit den eigenen Grenzen und Potenzialen blieb kaum mehr Raum und Zeit. Um dem Thema „Wie schaffe ich es als Führungskraft, in wirtschaftlich turbulenten Zeiten mit erhöhter Arbeitsbelastung physisch und psychisch nachhaltig leistungsfähig zu bleiben?" mehr Aufmerksamkeit zu schenken, wurde das AUTONOM-TALENT®-Stress- und -Ressourcenmanagement-Projekt „Nachhaltig leistungsfähig" ins Leben gerufen.

Ziel des Projekts ist die Optimierung des proaktiven Ressourcenmanagements und eine Bewusstseinsbildung zum aktiven und ressourcenschonenden Umgang mit Belastungssituationen im Unternehmen. Durch die Teilnahme aller relevanten Geschäftsführer/-innen zweier Divisionen war von Beginn an Vorbildwirkung gegeben, das Thema bekam einen anderen Stellenwert. Die Leistungsfähigkeit dieser Führungskräfte sollte nachhaltig gesichert und ein bewussterer Umgang mit Belastung und Stress innerhalb der Organisation gefördert werden.

Gezielte Interventionen, die auf Basis einer objektiven Messung durchgeführt wurden, sollen maßgeblich zu einer nachhaltigen Sicherung der Geschäftsfähigkeit der Divisionen beitragen.

Das Projektteam besteht aus der Projektleitung, dem Projektmanagement und fünf Trainern/Trainerinnen und Coachs. Im Rahmen einer Strategietagung im September 2010 fand der Kick-off des Projekts statt. Die Teilnehmer/-innen bekamen Informationen über die Zielsetzung und über das Programm an sich. Die Freiwilligkeit der Teilnahme am Projekt wurde sichergestellt. Zusätzlich wurden durch moderierte Kleingruppenpräsentationen die Termine für die 24-Stunden-HRV-Messungen, die Feedbackgespräche, die Coachings und Workshops organisiert sowie Detailinformationen zur Methode und zu den Datenschutzbestimmungen gegeben. Abbildung 2 stellt den zeitlichen Überblick des Projekts dar.

	<= 7 Monate =>						
	Jahr 1				Jahr 2		
	Sept.	Okt.	Nov.	Dez.	Jan.	Feb.	Mär.
Kick-off	x						
24-h-HRV-Messungen (M1)	M1 M1	M1 M1					
Feedbacks (FB)		FB FB FB	FB FB				
Workshops (WS)			WS WS		WS WS		
Coachings (C)			C C C		C C C		
Wiederholungsmessung (M2)						M2 M2	
Evaluierung/Abschluss-WS							x

Abbildung 2: Projektplan „Nachhaltig leistungsfähig" (vgl. AUTONOM TALENT® 2010)

Im Detail war der Projektablauf derart ausgestaltet, dass jede Führungskraft eine 24-Stunden-HRV-Messung im Zeitraum zwischen September und Oktober 2010 in Anspruch nahm. Die HRV-Messung sollte an einem typischen Arbeitstag stattfinden (der Rekorder ist so klein, dass er während der 24 Stunden nicht sichtbar getragen werden kann). Zwischen Oktober und November 2010 fanden die Einzelfeedbacks im Ausmaß von zwei Stunden für jeden Teilnehmer/jede Teilnehmerin statt. Im Feedback wurde von einem AUTONOM-TALENT®-Berater/einer AUTONOM-TALENT®-Beraterin zusammen mit dem jeweiligen Teilnehmer/der jeweiligen Teilnehmerin ein konkreter, individueller Entwicklungsplan erarbeitet.

Mitte und etwas zeitversetzt Ende November 2010 bis Ende Jänner 2011 liefen Workshops und Coachings. Je nach zeitlicher Möglichkeit konnten sich die Teilnehmer/-innen für einen von vier Workshopterminen und einen Coachingtermin entscheiden. Im Workshop lernten die Teilnehmer/-innen die Zusammenhänge von Energieressourcen, mentaler Stärke und Leistungsfähigkeit kennen, und es wurden neueste Erkenntnisse und erfolgreiche Methoden zur Steigerung des persönlichen Energielevels vorgestellt. Im Rahmen des Einzelcoachings wurden die im Feedback definierten Ziele evaluiert und gegebenenfalls angepasst. Prämisse der AUTONOM-TALENT®-Trainer/-innen und -Coachs während der Projekte ist eine wertschätzende Begegnung und die konsequente Ausrichtung auf Ressourcen und Lösungen sowie die Betonung des eigenverantwortlichen Handelns. Vor allem im Coaching entstand dadurch eine vertrauensvolle Arbeitsbeziehung, die eine effiziente und effektive Prozessgestaltung im Einklang mit den übergeordneten Interessen und Zielen ermöglichte. Die Selbstreflexionsfähigkeit wurde trainiert.

Im Anschluss an das Interventionsprogramm folgen eine Wiederholungsmessung sowie eine Abschlussveranstaltung. Die Wiederholungsmessung dient zur persönlichen Evaluierung der Entwicklungsschritte während der vergangenen Monate. Im Feedback werden die Ergebnisse der Erst- und Wiederholungsmessung gegenübergestellt und es wird über mögliche Veränderungen reflektiert. Als Ziel der Abschlussveranstaltung ist eine gemeinsame Auseinandersetzung mit dem Thema im Allgemeinen und den Ergebnissen im Besonderen geplant. Während Feedback und Coaching im Einzelsetting und Workshops in Gruppen mit maximal zehn Teilnehmern/Teilnehmerinnen stattfanden, erfolgt die Abschlussveranstaltung im Plenum. Dabei werden auf anonymisierter Basis und auf der Gesamtgruppenebene einzelne Indikatoren, wie beispielsweise Stressindex, Total Power oder Erholungsfähigkeit (siehe Abbildung 3) sowie das Gruppentalentprofil präsentiert (siehe Abbildung 4). Zusätzlich erfolgt jeweils eine Benchmark mit anderen Firmen und Branchen. Im Anschluss daran setzen sich die Teilnehmer/-innen in Gruppen mit Fragestellungen wie „Was konkret bedeutet das Ergebnis für mich?" oder „Unser Resümee aus den Ergebnissen?" auseinander.

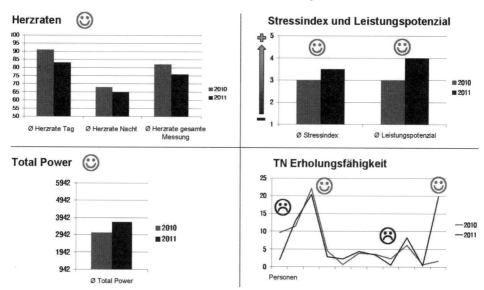

Abbildung 3: Herzraten, Stressindex, Leistungspotenzial, Total Power und Erholungsfähigkeit (vgl. AUTONOM TALENT® 2010)

Abbildung 3 zeigt exemplarisch das durchschnittliche Ergebnis der Herzraten, des Stressindexes und des Leistungspotenzials sowie der Total Power der MCE-Pilotgruppe im Vergleich von Jänner 2010 bis Oktober 2010. Das Chart der Erholungsfähigkeit stellt anonymisierte Einzelergebnisse dar. Aus dieser Abbildung ist ersichtlich, dass sich die Herzraten (sowohl am Tag als auch in der Nacht und über die gesamten 24 Stunden) senkten. Besonders positiv auffallend ist die Absenkung der Herzrate am Tag. Da im Jahr 2010 der Wert mit 91 Herzschlägen pro Minute deutlich über dem Richtwert 74–85 lag – ein Indikator für eine erhöhte Stressbelastung –, reduzierte sich bei der Wiederholungsmessung im Jahr 2011 die durchschnittliche Herzrate am Tag auf 83 Schläge pro Minute. Diese Absenkung der Herzraten spiegelte sich auch im Stressindex, der sich von 3 im Jahr 2010 auf 3,5 im Jahr 2011 positiv entwickelte und einem erhöhten Leistungspotenzial (Indexerhöhung von 3 im Jahr 2010 auf 4 im Jahr 2011) wider. Vor allem die Erhöhung des Leistungspotenzials lässt auf das Lösen von Anspannung und die bessere Verarbeitung von Stressoren schließen. Zusätzlich stieg die durchschnittliche Total Power von etwa 3000 Punkten im Jahr 2010 auf knapp 4000 Punkte im Jahr 2011. Die Total Power beschreibt die Gesamtenergie bzw. Gesamtleistung. Die Grafik der Erholungsfähigkeit zeigt den Vergleich von Werten von einzelnen anonymisierten Personen. Die Erholungsfähigkeit ist ein Maß dafür, wie gut Personen abschalten und Stress verarbeiten können. Werte unter 10 Prozent weisen auf eine verminderte Erholungsfähigkeit hin und Werte über 10 Prozent lassen darauf schließen, dass Personen mit Stress relativ gut umgehen können, wobei zur Interpretation der Erholungsfähigkeit auch hier Alter und Lebensstil berücksichtigt werden müssen.

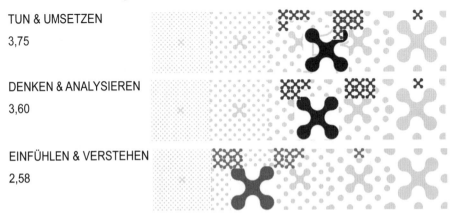

TUN & UMSETZEN
3,75

DENKEN & ANALYSIEREN
3,60

EINFÜHLEN & VERSTEHEN
2,58

Abbildung 4: „Gruppentalentprofil" aus MCE-Pilotversuch (vgl. AUTONOM TALENT® 2010)

Das Gruppentalentprofil spiegelt ein „klassisches Manager/-innen-Profil" wider: Es zeichnet sich durch eine starke Mitte und kaum Extreme aus. „Tun & Umsetzen" ist am stärksten, „Denken & Analysieren" ist stark und „Einfühlen & Verstehen" ist gut ausgeprägt. Es zeigt deutlich, dass es darum geht, Dinge voranzutreiben, Entscheidungen zu treffen, Handlungen zu setzen. Ganz nach dem Motto „Mit Köpfchen und der nötigen Brise Empathie/Kreativität stark umsetzungs-/handlungsorientiert". Vorsicht ist dahingehend geboten, dass gerade im „Tun & Umsetzen" starke Personengruppen häufig „vergessen", auf sich und ihre Mitarbeiter/-innen zu achten. Daher sind für diese Personengruppe Rahmenbedingungen und unmittelbare, konkrete (Gesundheits- und Führungs-)Angebote wichtig, die sie bei ihrer Arbeit positiv unterstützen und die ihre Leistungsfähigkeit nachhaltig sichern.

Zusammenfassend kann festgehalten werden, dass im Durchschnitt bei den Teilnehmern/Teilnehmerinnen der MCE-Pilotgruppe eine erkennbare Verbesserung ihres Stress- und Ressourcenmanagements erfolgte. Nicht zuletzt durch die Auseinandersetzung mit der eigenen Leistungsfähigkeit und den eigenen Talenten in Einzel- und Gruppensettings sowie einer professionellen externen Begleitung über die letzten Monate hinweg.

4 Individuelle Förderung der Entwicklung und Veränderung

In den klassischen Talentmanagement-Programmen geht es um die Identifizierung und Entwicklung von Einzelpersonen und ihren Talenten und Kompetenzen. Ziel dabei ist es, die Kompetenzen und Talente von Mitarbeitern/Mitarbeiterinnen in Leistung und Gewinn des Unternehmens umzuwandeln und dadurch die Wettbewerbsfähigkeit und den Erfolg des Unternehmens langfristig zu sichern. Als Talente werden besondere Fähigkeiten, die sich aufgrund von genetischen Dispositionen, frühkindlicher Prägung und Umwelteinflüssen herausgebildet haben, bezeichnet. Werden diese Talente durch Fertigkeiten und Kenntnisse gefördert und verfeinert, können sie spezifische Stärken eines Menschen bilden und produktiv im Leistungsprozess des Unternehmens eingesetzt werden. (vgl. Weber 2009, S. 29f.)

Nachteil der klassischen Talentmanagement-Programme ist, dass im Zeitalter von Stress, Zeit- und Leistungsdruck sowie Burnout der ausschließliche Fokus auf Fähigkeiten und Talente (Burnout trifft am häufigsten Leistungsträger/-innen mit hohen Idealen und Hang zum Perfektionismus [vgl. Geyerhofer & Unterholzer 2008, S. 181]) zu einseitig ist. Da die körperliche Leistungsfähigkeit ausgeblendet wird, fehlt häufig diese zentrale ganzheitliche Betrachtung bei der Förderung und Entwicklung von Nachwuchsführungskräften.

Im Folgenden wird neben der Darstellung der Wichtigkeit der ganzheitlichen Sichtweise – nicht zuletzt aufgrund der Zunahme von psychischen und physischen Erkrankungen in den letzten Jahren (vgl. Mayrhofer 2010) – auf die Herzratenvariabilität (HRV) und deren Bedeutung im Personalmanagement als Indikator für Talent-, Stress- und Ressourcenerkennung eingegangen. Ein Beratungsunternehmen, das sich auf ganzheitliches Talent- und Ressourcenmanagement spezialisiert hat, ist die AUTONOM TALENT® Consulting GmbH. AUTONOM TALENT® erhebt mit seiner innovativen Methode rasch und objektiv Potenziale von Menschen in Unternehmen. Auf Basis einer individuellen Analyse werden der aktuelle Stand der körperlichen Leistungsfähigkeit (Stressindex, biologisches Alter etc.) sowie persönliche Talente und Kompetenzen aufgezeigt, und es wird ein auf das Ergebnis abgestimmtes Interventionsprogramm, das gezielte Entwicklung und Veränderung ermöglicht, angeboten.

4.1 Zunahme von physischen und psychischen Erkrankungen

In einem globalisierten und schnelllebigen Wirtschaftsumfeld sowie in turbulenten Zeiten nach einer Weltwirtschaftskrise werden Mitarbeiter/-innen und Führungskräfte mit Leistungsanforderungen konfrontiert, die häufig über ihre körperliche, psychische und mentale Belastungsgrenze hinausgehen. Der Anspruch in diesen turbulenten Zeiten, sich selbst und andere gut zu führen, stellt daher im Entwicklungs- und Veränderungsmanagement eine besondere Herausforderung dar – emotionsgeladene Auseinandersetzungen, Sinnkrisen, psychischer Stress und Konflikte sind häufig die Folge.

4.1.1 Stress und Burnout verhindern Talent- und Potenzialentfaltung

Im aktuellen Arbeitsgesundheitsmonitor der Arbeiterkammer Oberösterreich (AK OÖ) in Zusammenarbeit mit dem Institut für empirische Sozialforschung GmbH (IFES) wurde, wenig überraschend, festgehalten, dass sich 64 Prozent der Arbeitnehmer/-innen aufgrund des ständig steigenden Leistungsdrucks und der aktuellen Wirtschaftskrise stark überlastet fühlen. 48 Prozent der befragten Arbeitnehmer/-innen gaben an, dass mindestens zwei psychische Belastungsfaktoren auf sie zutreffen, und bei 32 Prozent seien es sogar drei oder mehr Faktoren. Als Folge davon fühlen sich 48 Prozent der Befragten psychisch erschöpft, und 39 Prozent seien unfähig, vom Job abzuschalten. (vgl. Raml 2010, S. 10ff.)

In einer aktuellen Umfrage von Marketagent.com wurden die Ursachen für Stress am Arbeitsplatz erhoben: Stressauslöser seien hohe Arbeitslast (47 Prozent), Termindruck (50 Prozent) und interne Ungerechtigkeiten (30 Prozent). Die Angst vor Jobverlust gaben trotz Krisenjahr 2009 nur 11 Prozent als Stressgrund an. Statistika erfragte: „In welchen Symptomen äußert sich zu viel Stress?" 75 Prozent der Befragten gaben „allgemeine Gesundheit" an, 58 Prozent „Nervosität", 55 Prozent „Verspannungen", 50 Prozent sagten „Schlafstörungen", 45 Prozent „Lustlosigkeit", 40 Prozent „Kopfschmerzen", 35 Prozent „Hyperaktivität" und 30 Prozent „Magenschmerzen".

Während die klassischen Arbeitsunfälle seit Jahren zurückgehen, sind psychisch bedingte Krankenstände im Vormarsch: „Während Krankenstände aufgrund körperlicher Erkrankungen zwischen 2007 und 2009 einen Anstieg von zehn Prozent verzeichneten, betrug die Steigerung bei den psychischen Diagnosen 22 Prozent. Dazu dauerten die Krankenstände der 78 000 Betroffenen im Durchschnitt 40 Tage und damit fast viermal so lang wie bei den körperlich Erkrankten (11 Tage). Dass hier eine Kategorie von Langfristkrankenständen so rasch steigt, spiegelt sich nicht überraschend auch in dauerhafter Arbeitsunfähigkeit wieder: Jede dritte Frühpensionierung beruht mittlerweile auf psychischen Diagnosen." (Hauptverband der Österreichischen Sozialversicherungsträger 2011)

Laut World Health Organization (WHO) ist „Gesundheit […] der Zustand des vollständigen, körperlichen, geistigen und sozialen Wohlbefindens und nicht nur des Freiseins von Krankheit und Gebrechen." (1946, S. 1) Nach dieser Definition von Gesundheit ist es wenig verwunderlich, dass die WHO Stress kürzlich zur größten Gesundheitsgefahr des 21. Jahrhunderts erklärte. Auch wenn unterschiedliche Aspekte der Definition von Gesundheit zu hinterfragen sind, weist die WHO „Gesundheit" als ein Konstrukt aus, das die biopsychosoziale Integrität (körperliche Unversehrtheit) des Menschen berücksichtigt.

4.1.2 Primäre Präventionsmaßnahmen: Gesundheit erhalten – Burnout verhindern

Insbesondere vor dem Hintergrund dieser Herausforderungen im Zusammenhang mit den zunehmenden psychischen Belastungen von Mitarbeitern/Mitarbeiterinnen sowie hinsichtlich des demografischen Wandels mit einer immer älter werdenden Bevölkerung, einem höheren Pensionseintrittsalter und der bewegungsarmen Arbeits- und Freizeitgestaltung sind in erster Linie primäre Präventionsstrategien (gesellschaftliche, organisationale und individuelle Maßnahmen, die Gesundheit erhalten und Burnout verhindern – wie beispielsweise die persönliche Lebensweise der Mitarbeitenden oder Arbeitsbedingungen) gefragt. Dabei setzen ganzheitliche präventive Ansätze, die auch im Personalmanagement zur Anwendung kommen, voraus, dass individuelle Belastungen, Beanspruchungen und Beanspruchungsfolgen erhoben und dargestellt werden.

Beispielsweise gelingen Person-Job-Fit-Modelle nur, wenn Art und Intensität physischer und psychischer Beanspruchungen im realen oder zumindest möglichst realitätsnahen Setting ermittelt werden können. Auch individuelle Entwicklungs- und Trainingsprogramme können im Bedarfsfalle mithilfe physiologischer Kenngrößen gesteuert und evaluiert werden. Um diesen und vergleichbaren Anforderungen gerecht zu werden, braucht ein biopsychosozialer Forschungsansatz einfach zu messende, nicht invasive und verlässliche Beanspruchungsparameter. Eine gut geeignete und wissenschaftlich umfassend abgesicherte Methode ist die Herzratenvariabilität (Heart Rate Variability, HRV).

4.2 Die Bedeutung der Herzratenvariabilität im Personalmanagement

Die Bedeutung der Herzratenvariabilität als physiologisch wichtiges Maß ist seit 1915 bekannt. Je komplexer medizinisch-physiologische Sachverhalte sind, desto wichtiger ist die Identifizierung und Entwicklung geeigneter Messinstrumente und Kenngrößen für die Quantifizierung und Qualifizierung des Zustands eines dynamischen Systems. Wang Shuhe (ein chinesischer Arzt, 3. Jh. nach Chr.) schrieb: *„Wenn der Herzschlag so regelmäßig wie das Klopfen des Spechts oder das Tröpfeln des Regens auf dem Dach wird, wird der Patient innerhalb von vier Tagen sterben."* (Mück 2011) Das menschliche Herz war somit, historisch betrachtet, schon damals das Organ, das den allgemeinen Gesundheitszustand des Menschen widerspiegelte (vgl. Eller-Berndl 2010, S. 10).

Im Laufe des 20. Jahrhunderts fand, wie geschichtlich belegt ist, die erste wissenschaftliche Untersuchung zur Herzratenvariabilität und zu bestimmten Parametern des autonomen Nervensystems (ANS) statt. Dabei wurden nicht nur die Funktion des ANS sowie die Zusammenhänge zwischen ANS und physiologischen Zuständen untersucht, sondern es wurde auch explizit festgehalten, dass die HRV ein geeignetes Instrumentarium ist, um die Wechselwirkungen zwischen ANS und körperlicher Gesundheit abzubilden und festzustellen. (vgl. ebenda, S. 10 ff.)

4.2.1 Das Wechselspiel: Anspannung (Sympathikus) – Entspannung (Parasympathikus)

Die Herzratenvariabilität ist die Möglichkeit des Herzens zur Variation des zeitlichen Abstandes von zwei aufeinanderfolgenden Herzschlägen und somit die Fähigkeit, sich flexibel an die ständig wechselnden Herausforderungen anzupassen. Je flexibler und anpassungsfähiger das Herz ist, das bedeutet, je unterschiedlicher die Zeitabstände zwischen einem Herzschlag zum nächsten (genauer: von einer Herzzacke zur nächsten) sind, umso fitter ist das Herz, der Mensch (vgl. Eller-Berndl 2010, S. 21 ff.). Ganz vereinfacht gesagt: Je größer die Variabilität ist, umso biologisch jünger und leistungsfähiger sind Personen. Diese Unregelmäßigkeit des Herzschlages hängt vom Wechselspiel Sympathikus und Parasympathikus ab.

Der menschliche Organismus ist tagtäglich einer Vielzahl von sich ständig verändernden, mehr oder weniger starken Umweltanforderungen und -belastungen physikalischer und psychosozialer Natur ausgesetzt. Um dennoch das Überleben und die Funktionsfähigkeit des Organismus sicherzustellen, bedarf es sowohl der Fähigkeit, sich auf die Anforderungen akuter Belastungsphasen einzustellen, als auch der Fähigkeit, sich nach Abklingen von Belastungsphasen in einen entspannten Ruhezustand zu versetzen und sich zu regenerieren. Das heißt, es geht um das Zusammenspiel zwischen Anspannung (Leistungsfähigkeit/-bereitschaft) und Entspannung (Erholung). Wird der Körper durch das ANS in Leistungsbereitschaft versetzt (erweiterte Pupillen, schnellerer Pulsschlag etc.), wird von sympathischer Aktivierung gesprochen – der Sympathikus tritt in den Vordergrund. Das Pendant zur sympathischen Aktivierung ist die parasympathische Aktivierung. Der Parasympathikus sorgt dafür, dass sich der Herzschlag verlangsamt und Entspannung und Regeneration stattfinden kann.

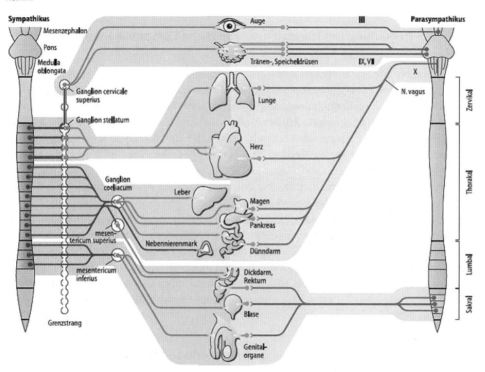

Abbildung 5: Einflüsse von Sympathikus und Parasympathikus auf die Organe (Silbernagl & Despopoulos 2007, S. 80f.)

Die Variation des Herzschlags hängt vom Wechselspiel des Sympathikus und Parasympathikus, die gemeinsam mit dem endokrinen (hormonellen) System das ANS bilden, ab. Das ANS regelt die lebenswichtigen Funktionen des Kreislaufes, der Atmung, der Verdauung, des Stoffwechsels, der Körpertemperatur, der Drüsensekretion und der Fortpflanzung. Da wir kaum eine willentliche Kontrolle über diese Prozesse haben, wird das vegetative Nervensystem auch autonomes Nervensystem (ANS) genannt. Sympathikus und Parasympathikus sind Teile des ANS und bilden ein komplexes Steuerungssystem, wobei der Sympathikus bei Kampf- und Fluchtreaktionen, wie bereits erwähnt, für die Leistungsbereitschaft/-fähigkeit sorgt, während der Parasympathikus für die Erholungs- und Regenerationsfähigkeit des Körpers verantwortlich ist.

Das Wechselspiel zwischen sympathischer und parasympathischer Aktivierung ist für eine gesunde physische und psychische Balance zentral. Geht diese Balance verloren (beispielsweise durch Rückgang der parasympathischen Aktivierung wie bei Stress oder Traumata), kommt es folglich zu Funktionsstörungen des ANS. Dies hat weitreichende pathophysiologische Auswirkungen auf Gesundheit, Leistungsfähigkeit und Wohlbefinden eines

Individuums. Tatsächlich sind Störungen der autonom-nervösen Regulationsfähigkeit unmittelbar mit einer Vielzahl von somatischen und psychosomatischen Erkrankungen wie auch von psychischen Störungen verbunden: mit Herzarrhythmien, arteriosklerotischen und thrombotischen Gefäßveränderungen, Bluthochdruck, Diabetes, Reizmagen, Fibromyalgie, Kopfschmerz, Schwindel und orthostatischen Belastungsstörungen bis hin zu chronischer Müdigkeit, Burnout, depressiver Verstimmung, Angst- und Panikstörungen sowie verschiedenen somatoformen Störungen.

Einen Überblick über einige Auswirkungen der Sympathikus-/Parasympathikuserregung sind in folgender Abbildung aufgelistet:

Symptome der Sympathikuserregung	Symptome der Parasympathikuserregung
• Weite Pupillen • Gesteigerte Herzfrequenz • Gesteigerte Atemfrequenz • Gehemmte Verdauung • Blutgefäße verengen sich • Vergrößerung der Bronchien • Geringere Unregelmäßigkeiten des Herzens (Varianz)	• Kleine Pupillen • Niedrige Herzfrequenz • Niedrige Atemfrequenz • Verdauung angeregt • Blutgefäße erweitern sich • Verkleinerung der Bronchien • Häufigere Unregelmäßigkeiten des Herzens

Abbildung 6: Symptome der Sympathikus-/Parasympathikuserregung

Ein weiterer zentraler Einflussfaktor bezüglich der Herzschlagfolge ist die Atmung. Da Atem- und Kreislaufzentrum im Hirnstamm eng beieinanderliegen, werden bei der Einatmung die sympathischen Neurone (Nervenzellen mit Zellkörper, Synapsen, Axon [Achsenzylinder der Neurone] und Dendriten [baumartige Fortsätze – hier enden die Nervenfasern an den Nervenzellen]), die zum Herzen führen, immer mit erregt. Das heißt, bei starker Einatmung wird auch der Herzschlag schneller. Beim Ausatmen sinkt die Herzfrequenz wieder ab. Dieses Phänomen wird respiratorische Sinusarrhythmie (RSA) genannt. Wird die Atemfrequenz auf etwa sechs Atemzüge pro Minute (Taktatmung) gesenkt, kommt es zu einer deutlichen Steigerung der Varianz, und der Parasympathikuseinfluss nimmt zu.

Zur Messung und Identifikation von Atmung und der (Dis-)Balance von sympathischer und parasympathischer Aktivierung wurde eine Methode gesucht, die in der Lage ist, eine quantitative Analyse und Beschreibung des Funktionszustandes des ANS, seiner beiden Teilsysteme Sympathikus und Parasympathikus sowie der Atmung, bei Gesunden wie auch bei Kranken zu ermöglichen.

4.2.2 Funktionsweise der Herzratenvariabilitätsmessung

Das Verfahren, das den oben genannten Anforderungen zurzeit am besten entspricht, ist die Analyse der Herzratenvariabilität. Die HRV-Analyse ist ein expandierendes Verfahren, das in der Medizin, im Sport und in der Wirtschaft weltweit Akzeptanz als quantitatives Verfahren zur Charakterisierung der autonom-nervösen Regulationsprozesse gefunden hat. Die Interpretation der HRV ermöglicht, neben den direkten Bezügen zum Herzen auch eine Bewertung des mentalen, psycho-physiologischen An- und Entspannungszustandes des Organismus vorzunehmen. Voraussetzung für das Erkennen der HRV ist die Messung mit einem Elektrokardiogramm (EKG). Das EKG ist ein schmerzloses, nicht eingreifendes (nicht invasives), jederzeit wiederholbares und fast überall durchführbares Untersuchungsverfahren. Aus dem EKG können Herzrhythmus sowie Herzfrequenz erhoben und daraus kann die Sympathikus- und Parasympathikusverteilung bestimmt werden. Das EKG verwendet eine automatische Herzschlagerkennung (R-Zacken-Erkennung). Der Algorithmus erkennt die R-Zacken anhand des Überschreitens eines einstellbaren Schwellenwertes. Schematisch kann die Datengewinnung wie folgt dargestellt werden:

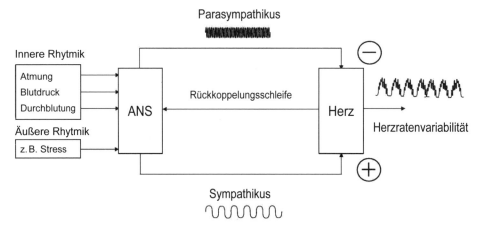

Abbildung 7: Datengewinnung Herzratenvariabilität (vgl. AUTONOM TALENT® 2010)

4.2.3 Wesentliche Anwendungsmöglichkeiten der Herzratenvariabilität

Zentrale Anwendungsbereiche der HRV sind der klinische Bereich, die rehabilitative Medizin, der Sport- und Fitness-Bereich sowie das Stressmanagement und das Personalmanagement.

- Klinische und rehabilitative Medizin: Im klinischen und rehabilitativen Bereich dient die HRV zur Vorhersage des Risikos für Erkrankungen des Herz-Kreislauf-Systems, wie beispielsweise Herzinfarkt und plötzlicher Herztod, sowie zur Beurteilung der Auswirkungen von Rehabilitationsmaßnahmen nach einem Herzinfarkt. Darüber hinaus wird sie zur frühzeitigen Erkennung des Gefährdungsrisikos für diabetische Neuropathie sowie zur Kontrolle des Therapieverlaufs bei psychophysiologischen Behandlungen mit Betablockern, Antiarrhythmika, Diuretika und blutdrucksenkenden Mitteln und zur Vorhersage der Überlebenswahrscheinlichkeit von Patienten/Patientinnen nach schweren Hirninfarkten und -blutungen eingesetzt.

- Sport- und Fitnessbereich: Gerade im Sport ist der Wechsel zwischen Leistungs- und Erholungsfähigkeit für einen optimalen Trainingserfolg ausschlaggebend. Daher erstreckt sich der Einsatz der HRV im Sport beispielsweise von der Messung des Trainingserfolgs bei Leistungssportlern/-sportlerinnen, über die Kontrolle der Auswirkung eines Belastungstrainings und die Kontrolle der Belastungsintensität zur Vermeidung von Übertraining sowie über die Anpassung der Trainingsintensität an die individuelle Belastungsfähigkeit bis hin zur Erhöhung der Trainingsmotivation durch Verlaufskontrolle.
- Stressmanagement: Zunehmende Bekanntheit erfuhr die HRV in den letzten Jahren durch die Möglichkeit der Erfassung der individuellen Stressbelastung und -resistenz. Im Rahmen der Stressmedizin und Psychophysiologie dient die HRV in erster Linie als Kontrollparameter bei körperlicher Beanspruchung, zur Kontrolle der Auswirkungen eines veränderten Lebensstils (z. B. durch Stress, Rauchen, Alkohol und Medikamente) sowie zur Erfassung von Gefährdungen aufgrund altersbedingter Veränderungen.
- Personalmanagement: Die HRV-Messung eignet sich dafür, Belastungslevel, Anspannung und Überlastung zu einem Zeitpunkt aufzuzeigen, in dem sich Personen zwar nicht wohl, aber auch noch nicht krank fühlen. Gerade Fach- und Führungskräfte sind einen gewissen Belastungslevel „gewohnt". Ob dieser Belastungslevel zu einer chronischen Überbelastung und letztlich in ein Burnout führt, wird in der verbliebenen Erholungsfähigkeit und vorhandenen Gesamtenergie des Körpers sichtbar. Dies gilt für den sportlichen genauso wie für den beruflichen Bereich. Zentrale Anwendungsbereiche der HRV im Personalmanagement sind daher die Arbeitsmedizin, die Gesundheitsförderung, die Personalentwicklung und das Talentmanagement. Wobei in der Personalentwicklung und im Talentmanagement die Programme von AUTONOM TALENT® Pionierarbeit (vgl. Ristl 2007) darstellen. Gestützt durch gemeinsame Forschungsprojekte (vgl. Australian Research Council 2008 und 2010) mit der Queensland University of Technology (QUT) in Brisbane ist es AUTONOM TALENT® gelungen, beruflich individuelle Talente, Ressourcen, Potenziale sowie die körperliche Leistungsfähigkeit von Personen in entsprechenden Interventionsprogrammen umzusetzen und damit Veränderungen zu initiieren.

4.3 Die AUTONOM-TALENT®-Methode: Talente messen, erkennen und gestalten

AUTONOM TALENT® ist ein Beratungsunternehmen mit Schwerpunkt im Talent- und Ressourcenmanagement. Die AUTONOM-TALENT®-Methode beruht auf wissenschaftlichen Grundlagen und den drei Säulen: Messen, Erkennen und Gestalten (vgl. Abbildung 8).

Die Methode ist interdisziplinär (an den Programmen arbeiten Experten/Expertinnen aus den Bereichen systemische Beratung, Wirtschaftscoaching, Personal- und Unternehmensberatung, Psychologie, Sport- und Ernährungswissenschaften sowie Energiepsychologie und Körpertherapie) und dient der Erhebung und Entwicklung des Status der körperlichen und mentalen Leistungsfähigkeit sowie der individuellen Talente. Die Leistungsbereiche von AUTONOM TALENT® sind Talent- und Leistungscoaching, Stress- und Ressourcenmanagement, Change-Management, Management-Development, Outplacement und Newplacement.

Abbildung 8: Dreischritt: Messen – Erkennen – Gestalten (vgl. AUTONOM TALENT® 2010)

Basis der Arbeit von AUTONOM TALENT® ist eine 24-Stunden-HRV-Messung, die mit einem kleinen, mobilen Rekorder während eines typischen Arbeitstages stattfindet (messen). Die Ergebnisse der Messung werden in einem Report mit aussagekräftigen Bildern dargestellt. Der Ergebnisreport enthält neben dem Status der aktuellen Leistungsfähigkeit mit den Parametern wie beispielsweise Schlafqualität, biologisches Alter, Stressindex oder Leistungspotenzial auch ein Talentprofil. Das Talentprofil umfasst drei Basistalente, die sich jeweils aus fünf Kompetenzbereichen zusammensetzen. In einem persönlichen Ergebnisfeedback (einem vertraulichen Vieraugengespräch) mit einem AUTONOM-TALENT®-Berater/einer AUTONOM-TALENT®-Beraterin werden die Ergebnisse detailliert besprochen und Entwicklungsmöglichkeiten aufgezeigt (Erkennen). Das Talentprofil, der Leistungsstatus und das Ergebnisfeedback sind Ausgangspunkte für individuelle Coaching- und Entwicklungsprogramme (Gestalten).

4.3.1 Talenterkennung und Talentprofil

Im Zuge der 24-Stunden-HRV-Messung werden neben dem aktuellen Stand der Leistungsfähigkeit auch drei beruflich relevante Talente erhoben. Die Ausprägung der Talente ergibt sich je nach Aktivierung eines bestimmten Frequenzbereiches. Bei AUTONOM TALENT® wird davon ausgegangen, dass das Talentprofil eines Menschen weitgehend stabil ist. Wenn auch einschneidende Lebenserfahrungen oder Entwicklungsprozesse zu grundlegenden Veränderungen führen können, charakterisieren die Talente uns im Allgemeinen dauerhaft. So werden neugierige Kinder auch als Jugendliche und Erwachsene eher offen und interessiert durchs Leben gehen, und Heranwachsende, die gerne planen und organisieren, werden dies auch als Erwachsene eher tun. Daher legen die Talente nicht fest, welcher Beruf passend ist oder wie erfolgreich jemand sein wird, sondern das Talentprofil zeigt auf, wo herausragende Stärken und Potenziale liegen, was leichter oder schwerer erlernt werden kann, und letzten Endes ermöglichen uns die Talente auch, in bestimmten Bereichen herausragende Leistungen zu erbringen.

Die Ausprägungen der einzelnen Talente sind individuell verschieden und werden bei AUTONOM TALENT® in einem Talentprofil zusammengefasst dargestellt:

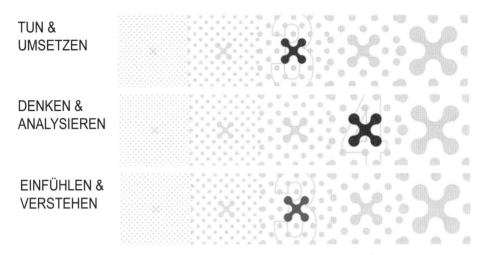

TUN & UMSETZEN

DENKEN & ANALYSIEREN

EINFÜHLEN & VERSTEHEN

Abbildung 9: Das Talentprofil (vgl. AUTONOM TALENT® 2010)

Bei AUTONOM TALENT® werden drei Basistalente erhoben:

- Tun & Umsetzen,
- Denken & Analysieren und
- Einfühlen & Verstehen.

Während das Talent „Tun & Umsetzen" das Potenzial für willentliches, unmittelbares und zielgerichtetes Handeln und den Wunsch, gestaltend einzugreifen, um mit kalkuliertem Risiko sichtbare Ergebnisse zu erreichen, beschreibt, steht im Talent „Denken & Analysieren" das kognitive, analytische Verstehen im Vordergrund. Das Talent „Einfühlen & Verstehen" beschreibt das Potenzial, auf Anhieb stimmige Entscheidungen treffen zu können, ohne die zugrunde liegenden Zusammenhänge explizit verstehen zu müssen, und zeichnet sich durch große Offenheit für neue Erfahrungen, Kreativität und Einfühlungsvermögen sowie die Fähigkeit, komplexe Sachverhalte in Sekundenbruchteilen zu erfassen, aus. Die Übersetzung der Talente in den beruflichen Alltag erfolgt durch Kompetenzen, die in besonderem Maße mit den Talenten verbunden sind. Kompetenzen sind Fertigkeiten, die durch Training und Erfahrung erlernt und vertieft wurden.

Talente	Kompetenzen
TUN & UMSETZEN	Risikobereitschaft, Leistungsvermögen, Prioritäten setzen, Durchsetzungsstärke, Übernahme von (Selbst-)Verantwortung
DENKEN & ANALYSIEREN	Analytisches Denkvermögen, Konsequenz, Planen, Problemlösungsfähigkeit, Prozessverständnis
EINFÜHLEN & VERSTEHEN	Emotionalität, Empathie, Kreativität, Offenheit, Sensitivität

Abbildung 10: Talente und Kompetenzen (vgl. AUTONOM TALENT® 2010)

Je stärker ein Talent zwischen 1 und 5 ausgeprägt ist, umso eher stehen die damit einhergehenden Kompetenzen im Berufsalltag zur Verfügung. So bedeutet beispielsweise eine Talentausprägung von 1, dass das jeweilige Talent sehr schwach ausgeprägt ist und die betreffenden Kompetenzen kaum eingesetzt werden – wohingegen eine Talentausprägung von 3 dafür spricht, dass das jeweilige Talent durchschnittlich ausgeprägt ist und die betreffenden Qualitäten häufig eingesetzt werden. Es sind auch die Kompetenzen (wie beispielsweise „Prioritäten setzen" oder „Risikobereitschaft"), an denen in Trainings, Workshops oder Coachings konkret gearbeitet werden kann. Daher wird das Talentprofil in ein Kompetenzprofil „übersetzt" und je nach Zielsetzung des Projekts mit einem Selbsteinschätzungsbogen oder einer Vorgesetztenbeurteilung kombiniert.

TUN & UMSETZEN
3,0

TUN & UMSETZEN bedeutet bewusstes, willentliches und zielgerichtetes Handeln. Im Talent TUN & UMSETZEN greift der Mensch gestaltend in sein Umfeld ein ...

Kompetenz: Risikobereitschaft

Ihr Kompetenzprofil	1	2	3	4	5	6	7	8	9	10
Selbsteinschätzung	1	2	3	4	5	6	7	8	9	10

Sie kalkulieren Entscheidungen sehr genau und bevorzugen vorsichtige Entscheidungsprozesse ...

Sie sind von dem, was Sie tun, überzeugt und treffen gerne schnelle Entscheidungen ...

Abbildung 11: Talent-/Kompetenzprofil mit kombinierter Selbsteinschätzung (vgl. AUTONOM TALENT® 2010)

Das AUTONOM-TALENT®-Talentprofil soll eine Basis für Selbsterkenntnis, Persönlichkeitsentwicklung und Entwicklungspläne bieten und stellt gemeinsam mit dem aktuellen Stand der körperlichen Leistungsfähigkeit ein ganzheitliches Konzept für Personalentwicklungsmaßnahmen dar. Ziel von AUTONOM-TALENT®-Programmen ist es, die individuelle biopsychosoziale Balance zu finden, um langfristig in allen Bereichen leistungsfähig zu bleiben. Konkret geht es darum, berufliche Talente und Ressourcen zu identifizieren, Leistungsträger/-innen zu entwickeln, das Bewusstsein für eine eigenverantwortliche, positive Gestaltung von Lebens- und Arbeitszeit zu stärken sowie das Engagement und die Mitarbeiter/-innen-Bindung zu erhöhen und gleichzeitig Ausfallskosten zu senken.

4.3.2 Erkennen von biopsychosozialen Zusammenhängen, Potenzialen und Stress

Im Zuge von Kick-off-Veranstaltungen, der HRV-Messung und des Ergebnisfeedbacks erfolgt eine Auseinandersetzung mit den Themen Anspannung, Entspannung, Belastung, Erholung, Stress, Workload und den persönlichen Talenten sowie Fähigkeiten. Es werden Zusammenhänge sichtbar, erläutert und reflektiert, wie beispielsweise dass Spannung und Belastung sich sowohl physisch als auch psychisch festsetzen (dargestellt durch Stressindex und Leistungspotenzial).

Auswertung und Analyse der 24-Stunden-HRV-Messung erfolgen durch einen AUTONOM-TALENT®-Berater/eine AUTONOM-TALENT®-Beraterin. In einem detaillierten Ergebnisfeedback werden die Messergebnisse in einem Vieraugengespräch genau erläutert und in ein individuelles Talentprofil übersetzt. Mit den Parametern Leistungspotenzial, Burnout-Risiko und biologisches Alter wird der aktuelle Status der Leistungsfähigkeit beschrieben, und es wird ein Talentprofil erstellt. Diese Parameter werden aus den Messdaten mit einem computerbasierten Experten-/Expertinnensystem ermittelt und sind Ausgangspunkt für weiterführende Maßnahmen zur Talententwicklung und zur nachhaltigen Sicherung der körperlichen Leistungsfähigkeit. Da es neben dem „Erkennen" vor allem darum geht, Wissen um Regenerationsmechanismen, gesunderhaltende, energiesteigernde Maßnahmen, Talente und deren Bedeutung zu vermitteln und aktiv umzusetzen, werden gezielte, auf den Messergebnissen aufbauende Gestaltungselemente sowohl auf individueller (Lebensstil, Reduktion von Belastungssituationen, Senkung des Stresslevels etc.) als auch auf organisationaler Ebene (Unternehmenskultur, Bewusstsein/Sensibilisierung für das Thema Talent- und Ressourcenmanagement) reflektiert und in ein Interventionsprogramm übergeführt.

4.3.3 Interventionen zur Freisetzung von Talenten, Potenzialen und Ressourcen

Die Balance zwischen der richtigen Leistungs- und Erholungsfähigkeit, also Anspannung und Entspannung, und dem Einsatz der Talente variiert je nach geforderter Aufgabe. Da ein aktives Stress-, Energie- und Talentmanagement vor allem ein individuelles Wahrnehmungstraining (Bewusstsein) darstellt, bedarf es einer kontinuierlichen Auseinandersetzung mit sich selbst und mit dem Thema. Dazu hat AUTONOM TALENT® ein Interventionsprogramm gestaltet, das individuell auf die Ergebnisse der Messung abgestimmt wird.

Basierend auf dem Talentprofil und dem Status der Leistungsfähigkeit werden die Teilnehmer/-innen bei der Planung und Umsetzung von gezielten Maßnahmen zur Optimierung ihrer Potenziale unterstützt. Spezielle Coaching- (Talent- und Leistungscoaching-) und Entwicklungsprogramme (Workshop-Programme) werden von einem AUTONOM-TALENT®-Experten-/Expertinnenteam aus den Bereichen systemische Beratung, Wirtschaftscoaching, Personal- und Unternehmensberatung, Psychologie, Sportwissenschaften sowie Körpertherapie (Atmung, Ernährung und Bewegung) angeboten. Umfangreiche Dokumentations- und Arbeitsunterlagen sowie ein professionelles Projektmanagement begleiten zusätzlich die individuelle und organisationale Zielerreichung. Ein sich daraus ergebendes zusätzliches Nutzen-Charakteristikum ist, dass durch den Fokus auf die nachhaltige Sicherung der Leistungsfähigkeit von Führungs- und Schlüsselkräften gleichzeitig die Produktivität sowie die Zukunfts- und Wettbewerbsfähigkeit von Organisationen gesichert und erhöht wird.

4.3.4 Sicherung der Produktivität und Zukunftsfähigkeit von Organisationen

Primäres Ziel in der Zusammenarbeit mit Unternehmen ist die Sicherung der Produktivität und Zukunftsfähigkeit. Dazu bedarf es qualifizierter, motivierter und leistungsfähiger Mitarbeiter/-innen. Im engen Zusammenhang damit und mit den AUTONOM-TALENT®-Programmen stehen Employability (Arbeitsfähigkeit) und Sustainability (Nachhaltigkeit):

- Employability beschreibt, inwieweit Mitarbeiter/-innen aufgrund ihres Wissens, ihrer Fähigkeiten, Talente und Kompetenzen in der Lage sind, (neue) Aufgaben und/oder Jobs zu übernehmen (vgl. Oelsnitz, Stein & Hahmann 2007, S. 228). Es geht somit um die Zukunftssicherung von Arbeitnehmern/Arbeitnehmerinnen durch Erhalt ihrer Arbeits- und Leistungsfähigkeit. Sich gesund und arbeitsfähig zu erhalten, ist jedoch in erster Linie die Verantwortung jedes Mitarbeiters/jeder Mitarbeiterin. Während bei Employability der einzelne Mitarbeiter/die einzelne Mitarbeiterin zur Sicherung der eigenen Marktfähigkeit für die laufende „Aktualisierung" seines/ihres Kompetenzportfolios selbstverantwortlich ist, kommt den Unternehmen die Aufgabe und Verantwortung zu, die Mitarbeiter/-innen bei der Aufgabe, marktfähig zu werden und zu bleiben, bestmöglich zu unterstützen (vgl. Vater 2003, S. 249). Es geht darum, unternehmensseitig förderliche Rahmenbedingungen (Unternehmenskultur) und Möglichkeiten zur nachhaltigen Sicherung der Leistungsfähigkeit zu bieten, wie beispielsweise durch die AUTONOM-TALENT®-Programme, die durch die 24-Stunden-HRV-Messung eine objektive Ausgangsbasis liefern, sowie Reflexion und Veränderungs- sowie Entwicklungsbereitschaft fördern. Im engen Zusammenhang mit Employability steht der optimale Einsatz der Talente. Der Anspruch von Unternehmen hinsichtlich Leistung (möglichst hoch und Preis möglichst niedrig) wird auch in Zukunft weiter steigen. Es werden jene Unternehmen erfolgreich sein, deren bestqualifizierte und höchst motivierte Mitarbeiter/-innen auch die Möglichkeit bekommen, ihr Wissen und ihre Fähigkeiten im Unternehmen tatsächlich anwenden zu können. Vor allem Führungskräfte, die entsprechend ihrer Stärken und Kompetenzen eingesetzt sind, erbringen eine höhere Leistung, sind engagierter und leistungsfähiger. Dies gilt auch für die optimale Einbindung von älteren Mitarbeitern/Mitarbeiterinnen.
- Sustainability (Nachhaltigkeit): Das Konzept der nachhaltigen Entwicklung entstand in den 1970er-Jahren und hat als Grundgedanken, den Wohlstand und die Lebensqualität von Individuen zu steigern, ohne dabei Entwicklungschancen und den Lebensstandard nachfolgender Generationen zu beeinträchtigen. Bezogen auf Unternehmen bedeutet Sustainability die Zukunftssicherung der Organisation durch Ausbau der Wettbewerbsfähigkeit

unter Berücksichtigung eines möglichst schonenden, aber effizienten Einsatzes von ökologischen und sozialen Ressourcen (vgl. Figge & Hahn 2004, S. 127 f.). Geschäftsführer/ -innen und Vorstandsmitglieder sind dazu verpflichtet, ihr Unternehmen wettbewerbsfähig zu machen bzw. zu halten. In Zeiten des globalisierten Wettbewerbs bedeutet das unter anderem, möglichst niedrige Kosten bei möglichst hoher Leistung zu erzielen. Nachhaltige Produktivität und Innovation benötigen leistungsfähige und motivierte Mitarbeiter/-innen. Eine „leistungsfördernde Balance" zwischen Leistungsfähigkeit und Leistungserbringung zu schaffen, ist eine Herausforderung und Verantwortung des gesamten Unternehmens.

4.3.5 Senkung der Ausfallskosten

Geht die Balance zwischen Anspannung und Entspannung bei Mitarbeitern/Mitarbeiterinnen verloren, stehen Stress, Druck und Leistungsabfall im Vordergrund. Unfälle häufen sich, Krankenstände und Burnout steigen rapide an, Ausfallskosten werden erhöht – nicht zuletzt auch deshalb, weil sich die Krankenstandsdauer von Arbeitnehmern/Arbeitnehmerinnen in Österreich bei psychischen Erkrankungen auf durchschnittlich 40 Tage beläuft, während die durchschnittliche Krankenstandsdauer 11 Tage beträgt (vgl. Hauptverband der Österreichischen Sozialversicherungsträger 2011). Bei Burnout kann die Ausfallszeit mehrere Monate sein.

Zusätzlich zeigen demografische Daten (vgl. Statistik Austria 2010), dass sich der Altersdurchschnitt der Mitarbeiter/-innen in Zukunft deutlich erhöhen wird. Folge ist, dass nur jene Unternehmen konkurrenzfähig bleiben, die rechtzeitig gesundheitsfördernde integrative Maßnahmen in die Unternehmenspolitik aufnehmen und erfolgreich umsetzen. Durch die ganzheitliche Betrachtung – sowohl die körperliche Leistungsfähigkeit als auch individuelle Talente und Potenziale werden in die AUTONOM-TALENT®-Projekte integriert – gelingt es, zentrale Hebel für Veränderungen zu identifizieren und nachhaltig Umsetzungs- und Veränderungsprogramme erfolgreich zu initiieren. Wie dies erfolgreich erreicht werden kann, hat das Anwendungsbeispiel bei Bilfinger Berger Industrial Services bzw. MCE gezeigt.

5 Fazit

Die wichtigsten Bausteine zum Erfolg liegen in uns selbst. Die Unternehmen haben erkannt, dass der Weg zum Erfolg zunächst über Einzelpersonen bzw. Talente geht, die ihr Handeln auf gemeinsame Unternehmensziele ausrichten. Um handlungsfähig zu bleiben, bedarf es trotz Stresses, Zeit- und Leistungsdrucks einer permanenten Auseinandersetzung mit sich selbst, mit seinen eigenen Grenzen, Talenten, Potenzialen und Ressourcen. Die Sensibilisierung für einen verantwortungsvollen, nachhaltigen Umgang mit sich selbst ist bereits sehr fortgeschritten. Es ist bekannt, dass Personen, die ihre Talente identifizieren und Stressoren bewusst erkennen und entschärfen, ihre Ressourcen optimaler einsetzen, eine höhere Leistung erbringen, motivierter und ausgeglichener sind. Das Burnout-Risiko sinkt, und nicht nur das Unternehmen, sondern die gesamte Gesellschaft kann (Ausfall-)Kosten und Krankenstände vermeiden – Produktivität und Zufriedenheit steigen.

AUTONOM TALENT® setzt sich bewusst und intensiv wissenschaftlich mit den Themen Stress-, Talent- und Ressourcenmanagement auseinander und bietet mit der AUTONOM-

TALENT®-Methode „Messen – Erkennen – Gestalten" ein fokussiertes, ganzheitliches Programm zur nachhaltigen Sicherung der körperlichen und mentalen Leistungsfähigkeit von Mitarbeitern/Mitarbeiterinnen an. Im Zuge einer sehr regen und intensiven Forschungsarbeit, unter anderem mit der Queensland University of Technology in Brisbane, Australien, ist es AUTONOM TALENT® auf Basis einer 24-Stunden-HRV-Messung gelungen, ein auf die Leistungsfähigkeit und die beruflichen Talente abgestimmtes Interventionsprogramm – mit einem raschen Return-on-Investment – zu entwickeln. Auf Basis dieser ganzheitlichen Erhebung (körperliche Leistungsfähigkeit, Talente, Stressoren, Potenziale und Ressourcen) werden Coaching- und Workshopprogramme zur individuellen Förderung der Entwicklung und Veränderung konzipiert und von einem Experten-/Expertinnenteam begleitet.

Die Ziele der Programme sind, neben dem Erkennen von biopsychosozialen Zusammenhängen, auch die Ableitung von konkreten Interventionen und Empfehlungen zur Freisetzung der eigenen beruflichen Talente, Potenziale und Ressourcen, um nicht nur persönlich davon zu profitieren, sondern auch um die Produktivität und Zukunftsfähigkeit von Organisationen langfristig zu sichern.

Aktuell und im Rahmen eines weiteren Linkage-Grant-Projekts plant und arbeitet BIS bereits gemeinsam mit AUTONOM TALENT® und der Queensland University of Technology an einem weiteren Projekt. Ziel des internationalen Projekts ist die Weiterentwicklung und Feinadjustierung des Interventionsprogramms speziell zur nachhaltigen Sicherung der Leistungsfähigkeit von Schlüssel- und Nachwuchsführungskräften.

Literaturverzeichnis

Eller-Berndl, Doris (2010): Herzratenvariabilität. Wien: Verlagshaus der Ärzte.

Figge, Franz & Hahn, Tobias (2004): Sustainable Value Added – Ein neues Maß an Nachhaltigkeitsbeitrag von Unternehmen am Beispiel von Henkel KGaA. In: Vierteljahreshefte zur Wirtschaftsforschung 73, S. 126–141.

Geyerhofer, Stefan & Unterholzer, Carmen (2008): Burnout aus systemischer Sicht. In: systeme 22, Heft 2, S. 177–200.

Oelsnitz, Dietrich von der, Stein, Volker & Hahmann, Martin (2007): Der Talente-Krieg. Personalstrategie und Bildung im globalen Kampf um Hochqualifizierte. Bern, Stuttgart und Wien: Haupt.

Ristl, Andrea (2007): Identifikation von beruflichen Talenten aus einer 24h-HRV Messung. (Unveröffentlichter Beitrag zur Darstellung der Methode; Einreichung Patentamt). o. O.: o. V.

Silbernagl, Stefan & Despopoulos, Agamemnon (2007): Taschenatlas der Physiologie. Stuttgart: Thieme.

Weber, Barbara M. (2009): Talent Management. Inhalte, Instrumente und Abgrenzungen. Saarbrücken: VDM Müller.

Internetquellen:

Australian Research Council (2008 und 2010): Linkage Grant; http://www.arc.gov.au/.

Bilfinger Berger Industrial Services GmbH: http://www.bis.bilfinger.com.

Hauptverband der Österreichischen Sozialversicherungsträger (2011): Psychische Erkrankungen: Hohe Wachstumsdynamik in Österreich. Presseaussendung vom 17.6.2011; http://www.hauptverband.at/portal27/portal/hvbportal/channel_content/cmsWindow?action=2&p_menuid=58264&p_tabid=2&p_pubid=648931 [26.7.2011].

Mayrhofer, Ruth (2010): Die „Achillesferse der Leistungsträger". In: Österreichische Ärztezeitung, Heft 1/2; http://www.aerztezeitung.at/archiv/oeaez-2010/oeaez-12-25012010/burnout-praeventionskampagne-der-aerztekammer-wien.html [25.2.2011].

Mück, Herbert (2011): Die Geschichte der HRV; http://www.hrv24.de/HRV-Geschichte.htm [26.7.2011].

Raml, Reinhard (2010): Ein Gesundes Maß an Arbeitszeit. Ergebnisse aus dem Österreichischen Arbeitsgesundheitsmonitor; http://www.arbeiterkammer.com/bilder/d131/AZTagung_Raml.pdf [27.11.2010].

Statistik Austria (2010): Bevölkerungsprognose 2010; http://www.statistik.at/web_de/statistiken/bevoelkerung/demographische_prognosen/bevoelkerungsprognosen/027331.html [26.7.2011].

Vater, Gudrun (2003): War for talents!?; http://www.osb-i.com/fileadmin/user_upload/Forschungsfelder/FF_GVa_War_for_talents.pdf [22.11.2010].

World Health Organisation (1946): Verfassung der Weltgesundheitsorganisation; http://www.api.or.at/sp/download/whodoc/who%20verfassung%201946.pdf [26.7.2011].

Firmendokumente:

AUTONOM TALENT® Consulting GmbH: Diverse Materialien.

Bilfinger Berger Industrial Services GmbH: Diverse Materialien, wie etwa Unternehmensgrundsätze und Firmenbroschüren.

Gerhard Hochreiter / Fritz Zehetner
Beratergruppe Neuwaldegg / SIZE Prozess® und TOP im JOB GmbH

Kompetenzmanagement als ein Schlüssel zur High-Performance-Kultur
Mit einem Praxisbeispiel der Fritz Holter Gesellschaft m. b. H. Wels

1 Einleitung 369
2 High-Performance-Kulturen – was zeichnet sie aus? 370
3 Kompetenzmanagement als ein Schlüssel zur „High-Performance-Kultur" 371
4 Generelle Ziele von Kompetenzmessung im Bereich „People Capabilities" 372
5 Eindimensionales Bild durch das bloße Messen von Kompetenzen 373
6 Fokus SIZE Prozess®: Stärken, Begabungen und Talente
   als Basis für die meisten Kompetenzen 374
7 SIZE Prozess®-Persönlichkeits- und -Kommunikationsmodell 375
8 SIZE Prozess® als duales Messverfahren 376
9 Praxisbeispiel 378
   9.1 Ausgangssituation 378
   9.2 Systematik des Vorgehens: Einführung von Kompetenzmanagement
        über ein überschaubares Pilotprojekt 378
   9.3 Qualitative Überprüfung und Ergänzung der Messergebnisse 380
   9.4 Gezielte Lern- und Entwicklungsprogramme mit Unterstützung
        der Personalentwicklung 381
10 Zusammenfassung 382
Literaturverzeichnis 383

1 Einleitung

Die Zukunft ist unsere größte Herausforderung. Im Zeitalter weltweiter Vernetzung, miteinander verschmelzender Märkte und schwindender Grenzen bestimmen Veränderungen und Anpassungen immer mehr unser Leben. Unternehmen stehen heute vielfachen Anforderungen wie knappen Zeitressourcen, widersprüchlichen Interessen verschiedenster Anspruchsgruppen, internationalem Aktionsradius sowie einem stetig steigenden Kommunikations-, Koordinations- und Entscheidungsbedarf – teilweise auch virtuell – gegenüber.

Das Wissen, die Kenntnisse sowie die Fähigkeiten der Mitarbeiter/-innen und auch die Kompetenzen der Organisation selbst laufend zu erweitern, ist für Unternehmen ein zentraler Wettbewerbsfaktor. „High Performance Culture" bedeutet, sich nicht mit dem Status quo zufriedenzugeben, sondern die Messlatte immer wieder höherzulegen. Wie im Spitzensport geht es darum, sich laufend zu verbessern, um eine Top-Performance und sehr gute Ergebnisse zu erzielen. Organisationsstrukturen und Führungskulturen sind am besten so angelegt, dass Können, Wollen, Sollen und Dürfen möglichst oft zusammenfallen. So entsteht „High Performance" – und das stärkt die Wettbewerbsposition des Unternehmens. Eine High-Performance-Kultur zu gestalten, heißt für uns, sich darauf zu konzentrieren, diesen unterschiedlichen Anforderungen gerecht zu werden und Potenziale der Mitarbeiter/-innen optimal zu nutzen.

Dies bedeutet Arbeit an folgenden Fragen, um die zukünftig benötigten Kompetenzen vorausschauend zu entwickeln:

- Wie müssen wir Organisationsprozesse, Know-how, Strukturen, Abstimmungs- und Kommunikationsprozesse passend gestalten („Organisational Capabilities")?
- Was müssen die Personen jetzt und zukünftig können („People Capabilities")?
- Wie ist ein Succession-Planning (Karriere und Nachfolge) mit Blick auf nötige Kompetenzen daher zu gestalten?

2 High-Performance-Kulturen – was zeichnet sie aus?

Wer Erfolg haben will, muss seinen Mitarbeitern/Mitarbeiterinnen mehr Handlungsfreiheit verschaffen, andernfalls erntet man lediglich mehr Bürokratie – oder die Einengung führt bis hin zur inneren Kündigung. Führung in diesem Sinne bedeutet nicht, nur Anweisungen zu geben und Vorschriften zu machen, sondern sie besteht vor allem darin, den Mitarbeitern/Mitarbeiterinnen die Freiheit und den Raum zum Handeln zu gewähren und ihnen zu ermöglichen, selbstverantwortlich zu denken und im Sinne des Ganzen zu handeln. Jim Collins beschreibt in seinen Büchern eine „Kultur der Disziplin" als einen zentralen Erfolgsfaktor für dauerhaften Erfolg und nennt dabei zwei Pole: Einerseits erfordert sie Menschen, die sich an ein konsistentes System halten; andererseits gibt sie diesen Menschen dann alle Freiheit und Verantwortung innerhalb dieses vorgegebenen Rahmens.

Wir bezeichnen ein solches Vorgehen als das Kreieren und Gestalten einer „High-Performance-Kultur". High-Performance-Kulturen gestalten sich aus unserer Sicht rund um vier Qualitäten:

- Fördern der Kompetenzen einer Organisation

Es geht hier um die Ausgestaltung von „Organisational Capabilities", die es Unternehmen ermöglichen, komplexe und von der Strategie abgeleitete Anforderungen zu bewältigen. Der Fokus liegt darauf, laufend an neuen und passenden Strukturen, Koordinations- und Kommunikationsformen zu arbeiten, um den widersprüchlichen Anforderungen des Umfeldes gerecht zu werden.

- Personen als ein zentrales Asset – „Each one is unique – but foster a similar set of behaviors within your organisation"

Jede Person ist einzigartig und hat spezifische Stärken und Kompetenzen. Kompetenzmanagement aus unserer Sicht ist Arbeit am fokussierten Einsatz dieser Fähigkeiten, um der jeweiligen Rolle in der Organisation ausreichend Kraft zu geben. Und: Gleichzeitig geht es darum, ein von der Strategie abgeleitetes Set an zukunftsfähigen Kompetenzen und Verhaltensweisen zu fordern und fördern. Ansatzpunkte für die Optimierung bestehen einerseits beim „Wissen, Können, Wollen" der Personen und andererseits an der Nahtstelle Person/Unternehmung: dem „Dürfen und Sollen".

- Leadership – von Personen und als Systemleistung

Leadership meint auf der einen Seite das Gestalten und Kreieren einer High-Performance-Kultur durch Vorbildwirkung und Konsequenz der Führungskräfte. Auf der anderen Seite ist „Leadership" – aus unserer Sicht – insbesondere aber die Gestaltung jener Systemleistung, die a) sicherstellt, dass Entscheidungen getroffen und Interaktionen gestaltet werden, und die b) vorgibt, wie dies zu geschehen hat. Als „System Führung" bezeichnen wir das wirksame Zusammenspiel von Rollen, Prozessen und Strukturen der Führung – also von Zielsystemen, Rollendefinitionen, Performance-Messung, Entlohnung etc.

- Fokus auf High Performance legen

Jim Collins – „From Good to Great" – nutzt hierfür folgende Metapher (2001, S. 30f.): „Stellen Sie sich ein großes, schweres Schwungrad vor, 10 Meter im Durchmesser, einen halben Meter stark und mehrere Tonnen schwer. Sie drücken und drücken und es passiert zunächst nichts. Sie drücken weiter, die ersten Millimeter an Bewegung werden sichtbar. Und Sie brauchen Kraft, um weiter zu drehen und zu drücken, die ersten Zentimeter, die erste Umdrehung, und dann geht es immer schneller, sodass die Masse in Bewegung kommt. Irgendwann dreht sich das Rad von allein. Wenn Sie keine Unwuchten oder Gegenbewegungen hineinbringen, können Sie es kaum noch stoppen. Welche Umdrehung, welcher Druck war nun verantwortlich?"

Die Entfaltung der Fähigkeiten (Personen und Organisation) in Richtung High Performance kann in Unternehmen nur in Koppelung mit den spezifischen Strategien, Strukturen und der typischen Kultur erfolgen – erst eine stimmige Koppelung schafft Zeit- und Effektivitätsvorteile. In der konkreten Führungspraxis fließen die Anreize des Systems Leadership und die Anforderungen des Geschäfts zusammen. Dazu braucht es ein passendes Performance-System, das hilft, die wichtigsten Entwicklungen des Umfeldes und die wichtigsten Kennzahlen im Blick zu halten und auf dieser Basis immer wieder Entscheidungen zu treffen.

3 Kompetenzmanagement als ein Schlüssel zur „High-Performance-Kultur"

Viele Unternehmen – von internationalen Playern bis zu Klein- und Mittelunternehmen – haben sich auf die Fahnen geschrieben, ihre meist internationale Marktposition auszubauen und sich weiter sehr gut zu positionieren, dies alles in einem sich laufend wandelnden und komplexer werdenden Umfeld. Diese veränderten Anforderungen ernst zu nehmen, heißt: zu wissen, dass das übliche Management zu kurz greift. Es braucht eine andere Form, unsere Unternehmen zu gestalten. Patentrezepte und Alltagswissen von gestern passen nicht mehr zu den komplexen Anforderungen. Die zentralen Fragen sind: Wie können wir ein Umfeld gestalten, in dem Menschen außergewöhnliche Dinge anpacken und umsetzen, eine Kultur schaffen, in der die Bereitschaft zu permanentem Wandel und neuem Denken selbstverständlich ist?

Förster & Kreuz beschreiben in ihrem Buch „Nur Tote bleiben liegen" (2010) folgendes Verhalten beim Dreh eines Filmes (S. 73): „'Sobald die Dreharbeiten beginnen', sagt die Filmproduzentin Kathleen Kennedy, 'tritt man als Produzentin einen Schritt zurück und sieht einfach, wohin der Film sich entwickelt. Ein Film ist etwas Organisches, Lebendiges, Atmendes.

Man kann ihn nicht auf dem Papier festlegen, sondern er wandelt sich ständig. Der kreative Prozess geht während der Dreharbeiten einfach weiter und da entstehen manchmal die besten Ideen. Trotzdem braucht es da jemanden, der eine in sich stimmige Vision hat, einen Blick auf den Film als Ganzes und nicht nur auf einzelne Teile davon.'"

Unserer Überzeugung nach ist es genau dieser Blick auf das große Ganze, der Führungskräfte, die diesen haben, in Zukunft qualifiziert, eine Führungsrolle einnehmen zu dürfen. Eine Unternehmensentwicklung hin zu einer „High-Performance-Kultur" greift dieses Bild auf. Unternehmensentwicklung heißt dann, die Organisation unter Berücksichtigung ihrer Identität professionell zu gestalten – in den Aspekten Kultur, Führung und Steuerung, Change-Management und Strategie – und dabei auch Emotionen und Interessenlagen Raum zu geben. Und: Damit die Durchführung in der Unternehmenspraxis auch gelingen kann, braucht es Kompetenzmanagement als einen Schlüssel dafür. Kompetenzmanagement hat die Aufgabe, Kompetenzen – „People Capabilities" und „Organisational Capabilities" – zu definieren und weiterzuentwickeln. Damit sollen Unternehmen mit zukünftigen Anforderungen, abgeleitet aus den strategischen Unternehmenszielen, besser umgehen können. Diejenigen „Core Competencies", die in Zukunft von hoher Bedeutung sein werden, werden konsequenterweise in alle Instrumente des „System Leadership" integriert.

Eine „High-Performance-Organisation" zu gestalten, meint dann, Kompetenzen maßgeschneidert an die Strategie des Unternehmens anzupassen. Die Anforderungen des Unternehmens, seiner relevanten Stakeholder und die Fähigkeiten der Mitarbeiter/-innen sind möglichst deckungsgleich zu gestalten, um die Wettbewerbsfähigkeit des Unternehmens nachhaltig zu sichern und zu verbessern.

Als Aufgaben eines Kompetenzmanagements lassen sich also festhalten:

- Von der Strategie die nötigen Kompetenzen ableiten – „People Capabilities" und „Organisational Capabilities"
- Sowohl Mitarbeiter/-innen-Kompetenzen als auch Unternehmenskompetenzen beschreiben
- Kompetenzen transparent und verfügbar machen
- Optimale Nutzung der vorhandenen Kompetenzen
- Anpassung und Entwicklung von neuen Kompetenzen

4 Generelle Ziele von Kompetenzmessung im Bereich „People Capabilities"

Kompetenz ist die Fähigkeit, situationsadäquat im Rahmen der organisationalen Vorgaben zu handeln. Kompetenz beschreibt die Relation zwischen den an eine Person oder Gruppe herangetragenen oder selbst gestalteten Anforderungen und ihren Fähigkeiten bzw. Potenzialen, diesen Anforderungen gerecht zu werden (vgl. North & Reinhardt 2005, S. 29). Kompetenz meint in diesem Zusammenhang das Handlungsvermögen eines Mitarbeiters/einer Mitarbeiterin. Er/Sie sollte in der Lage sein, die Herausforderungen im Zusammenhang mit seinen/ihren Kernaufgaben selbstständig zu lösen sowie Maßnahmen eigenverantwortlich zu planen. Kompetenz lässt sich daher nur bei der Bewältigung einer konkreten Handlungssituation beobachten und beschreiben.

Ein Beispiel: Die Berufsgruppe „Verkäufer/-innen" ist mit unterschiedlichen Kunden-/Kundinnenpersönlichkeiten konfrontiert, mit deren individuellen Erwartungen, Wünschen und Bedürfnissen. Kaum ein Kunde/eine Kundin ist mit einem/einer anderen vergleichbar. Das stellt Verkäufer/-innen im Kunden-/Kundinnenkontakt, beim Erfüllen von individuellen Bedürfnissen und Problemen und in der Gestaltung des Kaufabschlusses immer wieder vor neue Herausforderungen. Ihre Kompetenz zeigt sich darin, wie sie sich situativ auf immer wieder neue Kunden-/Kundinnenpersönlichkeiten einstellen und wie sie ihr fachliches Wissen individuell so einsetzen, dass ihre Kunden/Kundinnen zufrieden sind und kaufen.

Kompetenz ist demnach mehr als fachliches Wissen, methodische Fertigkeit (wie z. B. im Verkauf Frage-, Argumentations-, Einwand- oder Abschlusstechnik) und Qualifikation. Sie ist die Fähigkeit zur Selbstorganisation, die erforderlich ist, um ständig neue Herausforderungen im Verkauf erfolgreich zu bewältigen (vgl. hierzu auch Erpenbeck & Rosenstiel 2007). Ein Ziel von Kompetenzmanagement ist es, Mitarbeiter/-innen-Potenziale zu erkennen und erfolgreich zu nutzen. Dabei geht es keineswegs nur explizit um das Wissen der Mitarbeiter/-innen, sondern um ihre Begabungen und Talente, ihre Kompetenzen und Potenziale. Dazu ist eine Auseinandersetzung mit aktuellen und zukünftig benötigten Mitarbeiter/-innen-Kompetenzen – abgestimmt mit den strategischen Zielen des Unternehmens – unbedingt erforderlich.

5 Eindimensionales Bild durch das bloße Messen von Kompetenzen

Wir gehen davon aus, dass die meisten Kompetenzen auch durch Persönlichkeitsmerkmale beeinflusst werden. Kompetenzen werden erst durch das Beobachten des Verhaltens von Personen in bestimmten Situationen sichtbar. Einseitiges Messen von Kompetenzen, die in Zahlen fassbar gemacht werden, suggeriert zumeist eine Beurteilungssicherheit, die zumeist nicht gegeben ist. Das, was bei der einseitigen Messung von Kompetenzen oft unberücksichtigt bleibt, ist ein tieferes Verständnis der Persönlichkeit mit ihren Begabungen und Talenten und ebenso auch das Erkennen möglicher Stress- und Misserfolgsmuster. Es mangelt dadurch an Erkenntnissen für wichtige Einsichten, ob und wie Kompetenzen bei Mitarbeitern/Mitarbeiterinnen individuell überhaupt aufgebaut werden können. Ebenso fehlt es oft an Wissen, welche individuellen Rahmenbedingungen gegeben sein müssen, damit aus vorhandenen Potenzialen Leistung entstehen kann. Erst wenn auch diese Informationen in geeigneter Form (einfach, leicht verständlich und umsetzbar) zur Verfügung stehen und Führungskräfte selbst die Kompetenz aufgebaut haben, Vertrauen in die Unterschiedlichkeit ihrer Mitarbeiter/-innen zu haben, diese zu nutzen, und die verschiedenen Persönlichkeiten zu hohen Leistungen zu führen, können andauernde Wettbewerbsvorsprünge erreicht werden.

Wir setzen auf die duale Methodik von SIZE Prozess® als modernes Messverfahren, mit dem einfach und unkompliziert Persönlichkeitsfaktoren und Kompetenzen getrennt erfasst werden können. Beide Ergebnisse können dann gegenübergestellt und in qualitativen Gesprächen (z. B. Mitarbeiter/-innen-Gespräch) überprüft und ergänzt werden. In dieser Form ist es sehr gut möglich, Kompetenzen zu ermitteln und darauf aufbauend die Kompetenzen der Mitarbeiter/-innen gezielt weiterzuentwickeln.

6 Fokus SIZE Prozess®: Stärken, Begabungen und Talente als Basis für die meisten Kompetenzen

Basis für Kompetenzen sind aus unserer Sicht Stärken und Begabungen. Werden sie nachhaltig produktiv genutzt, können sie als Talente bezeichnet werden. Es handelt sich dabei um wiederkehrende nachhaltige Denk-, Gefühls- und Verhaltensmuster, die in der Persönlichkeitsstruktur individuell angelegt sind und die sich zum Aufbau von Kompetenzen produktiv einsetzen lassen. Der Schwerpunkt liegt auf dem Wort „wiederkehrend". Begabung liegt in dem, was eine Person gerne und häufig, also gewohnheitsmäßig tut (vgl. Buckingham & Coffman 2001, S. 64). Jede Person betrachtet sich und ihre Umwelt selektiv – gleichsam durch eine mentale Wahrnehmungsbrille vor der Realität. Diese liefert ihr ein allgemeines und gut strukturiertes Wahrnehmungs-, Denk-, Gefühls- und Handlungsschema. Es kann als innere Landkarte verstanden werden, die bestimmt, welche inneren und äußeren Gegebenheiten eine Person wahrnimmt, als relevant betrachtet und zu Handlungen verarbeitet (vgl. Hagehülsmann & Hagehülsmann 1998, S. 15).

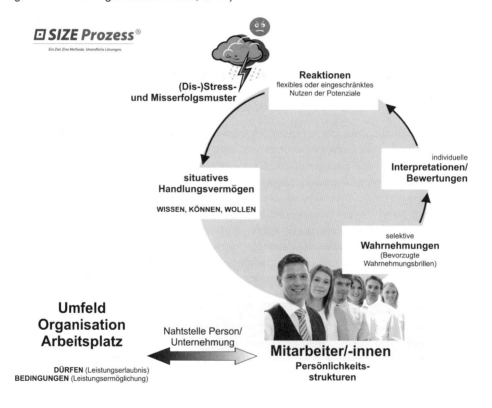

Abbildung 1: Modell der inneren Landkarte

Wenn jemand aus einer inneren Motivation heraus logisch denkt und organisiert handelt, ist das ebenso ein Talent, wie das Mitfühlend-und-sensibel-Sein für die Bedürfnisse anderer Menschen. Scheinbare Schwächen einer Persönlichkeit können zum Talent werden, wenn sie effektiv eingesetzt werden. So kann misstrauisches Kontrollieren zu einem Talent werden, wenn es konstruktiv für genaues Denken oder achtsames Beobachten (z.B. im Management oder in juristischen Berufen) eingesetzt wird. Diese Stärken und Begabungen, die zu Talenten werden können, sind Bestandteile von verschiedenen Persönlichkeitsstilen. Sie sind das Ergebnis genetischer Veranlagungen sowie früher Kindheitserlebnisse einer Person (vgl. Joines & Stewart 2008, S. 18). Diese Stärken und Begabungen sind im späteren Leben nicht beliebig reproduzierbar und zum Aufbau von Kompetenzen nicht antrainierbar.

7 SIZE Prozess®-Persönlichkeits- und -Kommunikationsmodell

Das SIZE Prozess®-Persönlichkeits- und -Kommunikationsmodell wurde von 2000 bis 2004 von Hannes Sieber und Fritz Zehetner auf Basis der wissenschaftlichen Erkenntnisse der Transaktionsanalyse Eric Bernes' (1961) und seiner Nachfolger, der Bioenergetik nach Alexander Lowen und Ron Kurtz und der klassischen psychologischen Persönlichkeitskonzepte entwickelt (vgl. hier exemplarisch auch Hennig & Pelz 1997). Seit 2004 wird das SIZE Prozess®-Modell von Fritz Zehetner laufend in Zusammenarbeit mit verschiedenen Experten/Expertinnen[1] über die verschiedensten Praxisprojekte und die daraus gewonnenen Erfahrungen innovativ weiterentwickelt.

Abbildung 2: SIZE Prozess®-Persönlichkeits- und -Kommunikationsmodell (Zehetner 2007, S. 36)

---

[1] Wie z.B. Dr. Gerhard Hochreiter von der Beratergruppe Neuwaldegg (siehe hierzu auch Exner, Exner & Hochreiter 2009).

Das SIZE Prozess®-Persönlichkeits- und -Kommunikationsmodell eignet sich nicht nur für das zuverlässige Erstellen eines Persönlichkeitsprofils, sondern erweist sich als äußerst effizient und hilfreich beim gezielten Aufbau vor allem von personalen und sozial-kommunikativen Kompetenzen. Es wird erfolgreich in Coachings, Trainings und Entwicklungsprozessen von Führungskräften, Mitarbeitern/Mitarbeiterinnen und Teams eingesetzt.

8 SIZE Prozess® als duales Messverfahren

Persönlichkeit und Kompetenzen müssen voneinander unterschieden werden. Aus einem Persönlichkeitsprofil können nicht seriös Kompetenzen abgeleitet werden, zugleich können aus dem Kompetenzprofil auch keine Rückschlüsse auf Persönlichkeitseigenschaften, Wertestruktur, das persönliche Antriebssystem, Stress und Misserfolgsmuster gezogen werden. Da wir davon ausgehen, dass die meisten Kompetenzen auch durch Persönlichkeitseigenschaften beeinflusst werden, ist ein Erfassen beider Profile für das gezielte Aufbauen von Kompetenzen erforderlich.

- SIZE Prozess®-Persönlichkeitsprofil
    - Ablauf des Messprozesses
    Mit einem Online-Persönlichkeits-Fragebogen (Zeitaufwand 15–20 Minuten) wird auf Basis des SIZE Prozess®-Persönlichkeits- und -Kommunikationsmodells ein aussagekräftiges und leicht verständliches Persönlichkeitsprofil erstellt.
    Grundlage dafür ist ein über mehrere Jahre von Fritz Zehetner mit Unterstützung von Thomas Werani (Johannes Kepler Universität Linz) entwickelter psychologischer Fragebogen. Dieser umfasst neben der Selbst- und Fremdeinschätzungsmöglichkeit (180° oder 360°) auch die Erfassung der Team- oder Organisationspersönlichkeit als soziales System.
    - Zielstellung
        - Beschreibt die Begabungen, Stärken, Talente, Persönlichkeitsanteile, Verhaltensmuster und bevorzugte Zugänge zu Aufgaben und Problemlösungen von einzelnen Menschen, Teams und Organisationen, die für den Aufbau von Kompetenzen erfolgreich genutzt werden können (vgl. Zehetner 2007).
        - Trägt dazu bei, zu einem tieferen Verständnis der eigenen Persönlichkeit und der eigenen Kontakt-, Kommunikations- und Stressmuster zu gelangen.
        - Gibt Einblick in die Wertestruktur und das persönliche Antriebssystem über psychische Bedürfnisse und Motivatoren.
        - Zeigt leicht verständlich Potenziale und Lern- und Entwicklungsfelder auf.
    - Einschätzung der Gütekriterien
    In einer 2010 durchgeführten Evaluierung wurde die Gesamtgüte des SIZE Prozess®-Messinstruments als hoch klassifiziert. Dieses Resultat ist statistisch gut abgesichert, da zur Skalenprüfung erstens nicht nur Verfahren der ersten, sondern auch der zweiten Generation, die als anspruchsvoller gelten, eingesetzt wurden und zweitens der Prüfung eine breite Datenbasis (n=751) zugrunde liegt.

- Was kann damit erreicht werden?
  - Beobachten, Beschreiben, Verstehen der menschlichen Persönlichkeit.
  - Unterstützung, das Potenzial der eigenen Persönlichkeit oder von Teams zu erkennen, zu entwickeln und auszuschöpfen.
  - Grundlage für Coachings und Supervisionen, Trainings- und Beratungsprozesse mit dem Ziel, die eigenen Talente und Potenziale effektiv zu nutzen und Kompetenzen (z. B. personale und sozial-kommunikative) gezielt aufzubauen.
  - Schaffung von Voraussetzungen für eine hochwertige und leistungsorientierte Führungsarbeit, unter der aus individuellem Mitarbeiter/-innen-Potenzial Leistung entstehen kann.
  - Hilfestellung, um effektiver zu kommunizieren.
  - Möglichkeit, zwischenmenschliche Kommunikation zu beschreiben und zu erklären.
  - Förderung interner und externer sozialer Beziehungen zwischen Individuen und sozialen Systemen.

- SIZE Prozess®-Kompetenzprofil
  - Ablauf des Messprozesses

    Das Verfahren wird in sieben Schritten durchgeführt:
    - Identifikation der Funktionen
    - Sammlung der Kernaufgaben
    - Beschreibung der Kompetenzen aus einem Kompetenzkatalog
    - Festlegung der Sollausprägung je Kompetenz
    - Selbst- und Fremdeinstufung (z. B. Vorgesetzter/Vorgesetzte, Kollege/Kollegin, Mitarbeiter/-in, Kunde/Kundin…) der Kompetenzen, die anhand beobachtbarer Verhaltensweisen (Indikatoren zu tatsächlichem Handeln) beschrieben sind
    - Beurteilung in einem persönlichen Gespräch mit dem Mitarbeiter/der Mitarbeiterin (z. B. im Mitarbeiter/-innen-Gespräch)

    Vernetzung mit dem Persönlichkeitsprofil:
    - Ableiten von Individual- und Gesamtmaßnahmen, mit denen Kompetenzen gezielt aufgebaut werden
    - Schaffung von Rahmenbedingungen unter denen aus Talenten Kompetenzen entstehen können
  - Zielstellung
    - Liefert ein strukturiertes Abbild des Kompetenzportfolios eines Mitarbeiters/einer Mitarbeiterin. Im Kompetenzprofil werden sowohl aktuelle Kompetenzen (Istprofil) als auch zukünftig benötigte Kompetenzen (Sollprofil) abgebildet.
    - Schafft die Möglichkeit, einen Einzel- und Gesamtüberblick über vorhandene und fehlende Kompetenzen im Unternehmen zu bekommen.
    - Bei unternehmensweiter Einführung ist eine geeignete Softwarelösung zur Speicherung, Visualisierung und Auswertung erforderlich, die bei SIZE Prozess® als webbasierte Lösung zur Verfügung steht.
    - Eine externe Online-Auswertung ist ebenfalls möglich.

- Einschätzung der Gütekriterien
  Durch die vielfältigen Anwendungen (Ist-/Sollkompetenzen, Tätigkeitsfelder, organisatorische Rahmenbedingungen) ist eine zuverlässige Abschätzung testatischer Gütekriterien nicht möglich und auch nicht erforderlich.
- Was kann damit erreicht werden?
  - Beschreiben, Transparentmachen, Transfer, Nutzung und Entwicklung von Mitarbeiter/-innen-Kompetenzen mit dem Ziel, strategische Unternehmensziele sicherzustellen (vgl. North & Reinhardt 2005).
  - Kompetentes Besetzen von Arbeitsplätzen, Teams und Projekten.

9 Praxisbeispiel

Im Folgenden wird die Einführung von Kompetenzmanagement im österreichischen Sanitär- und Heizungs-Großhandelsunternehmen Fritz Holter Gesellschaft m.b.H in Wels vorgestellt.

9.1 Ausgangssituation

Das Unternehmen hat über 500 Mitarbeiter/-innen an acht Standorten in Österreich und ist der größte in Familienbesitz befindliche Sanitär- und Heizungsgroßhändler. Auf einer Ausstellungsfläche von 7 350 m^2 liefern fünf Schauräume den Besuchern/Besucherinnen einen einzigartigen Einblick in die Möglichkeiten moderner Badgestaltung. Das breite sowie tiefe Sortiment besteht aus ca. 33 000 Lagerartikeln und etwa 100 000 Beschaffungsartikeln pro Jahr, die direkt weitertransportiert oder an einem der 70 000 Lagerplätze aufbewahrt werden – überdies werden 3,5 Mio. Kommissionierpositionen jährlich gehandelt. Das Motto des Unternehmens lautet: Wir arbeiten nicht mit Angestellten, sondern mit Menschen. Das Unternehmen geht individuell auf die Mitarbeiter/-innen ein und entwickelt gezielt vielfältige Ausbildungsprogramme, die sowohl die Persönlichkeit des/der Einzelnen als auch den Fachbereich berücksichtigen.

In den letzten Jahren wurden – inklusive der Unternehmensleitung – viele Führungskräfte mit dem SIZE Prozess®-Persönlichkeitsmodell ausgebildet und zertifiziert. 2010 wird als Folge eines strategischen Projekts, Kompetenzmanagement in einem ersten Pilotprojekt im Bereich Schauraumverkauf eingeführt und umgesetzt.

9.2 Systematik des Vorgehens: Einführung von Kompetenzmanagement über ein überschaubares Pilotprojekt

Als Ziele des Pilotprojekts wurden festgelegt:

- Gezielter Aufbau von künftig benötigten Kompetenzen im Bereich Schauraumverkauf (ca. 60 Personen in allen österreichischen Schauräumen), im Hinblick auf die strategischen Ziele des Unternehmens.
- Erkennen, Erfassen und Nutzen von Mitarbeiter/-innen-Potenzialen sowie gezielter Aufbau von erforderlichen Mitarbeiter/-innen-Kompetenzen.

- Sozial-kommunikative und personelle Kompetenzen sollen dazu beitragen, die fachlichen und methodischen Kompetenzen so umzusetzen, das daraus Wettbewerbsvorteile erhalten bzw. ausgebaut werden.

Das SIZE Prozess®-Persönlichkeitsprofil (sowie das dahinterliegende Persönlichkeits- und Kommunikationsmodell) und das SIZE Prozess®-Kompetenzprofil sollen als Grundlage für die gezielte Weiterbildung der Schauraumverkaufsmannschaft dienen.

- Einbeziehung der Unternehmensleitung

Erster Schritt war das Überprüfen, ob im „System Leadership" das Sollen und Dürfen in den jeweiligen Prozessen zu den von der Strategie abgeleiteten „Organisational Capabilities" passen. Dem Sanitär- und Heizungs-Großhandelsunternehmen Fritz Holter Gesellschaft m.b.H in Wels war es wichtig, die MbO-Ziele der Manager/-innen an die gewollten Kompetenzen anzupassen. Die Initiative zum Pilotprojekt kam vom innovativen Geschäftsbereichsleiter, die Entscheidung für Kompetenzmanagement von der vorausschauenden und strategisch planenden Unternehmensleitung. Das signalisierte den betroffenen Mitarbeitern/Mitarbeiterinnen, dass sie hinter dem Ziel und dem Zweck des Projekts stehen.

- Entwicklung eines individuellen Kompetenzmodells

In einem Beratungsprojekt wurde für das Unternehmen ein maßgeschneidertes Kompetenzmodell erstellt. Dazu wurden zunächst im Pilotprojekt mit dem Geschäftsbereichsleiter die künftig wichtigsten Kernaufgaben für die ausgewählte Funktionsgruppe herausgearbeitet. Das Ergebnis wurde von ihm mit der Unternehmensleitung abgestimmt und freigegeben.

- Einbeziehung der Mitarbeiter/-innen

Nachdem die Kernaufgaben für die Funktion definiert worden waren, wurden die dazu nötigen Kompetenzen festgelegt. Um Akzeptanz und den Willen zur Umsetzung zu schaffen, wurden die Mitarbeiter/-innen und ihre Führungskräfte (Schauraumleiter/-innen) an diesem Prozess beteiligt. Sie sollten so die Möglichkeit bekommen, die Einschätzung und Entwicklung ihrer eigenen Kompetenzen selbst zu beeinflussen und zu steuern. Es war auch das Ziel, Vertrauen bei den Mitarbeitern/Mitarbeiterinnen aufzubauen, dass ihre Kompetenzprofile nicht missbräuchlich verwendet werden (vgl. North & Reinhardt 2005, S. 134).

In einem Workshop wurde jede Kernaufgabe mit nachstehenden Fragen durchgegangen und beantwortet. Für diese Aufgabe stand im Workshop ein von SIZE Prozess® entwickelter Online-Kompetenzkatalog zur Verfügung, der diese Arbeit erleichterte und auch wesentlich beschleunigte.

- Welche fachlichen und methodischen Kompetenzen sind für die Erledigung der einzelnen Kernaufgaben notwendig?
- Auf welche sozial-kommunikativen Kompetenzen kommt es an?

Bei der Ausarbeitung wurde darauf Wert gelegt, dass die Beschreibung von Kernaufgaben und Kompetenzen nicht auserte und neben den Kompetenzen beobachtbares Verhalten als Indikator beschrieben wurde. Um sprachliche und gedankliche Klarheit zu erreichen und einen semantischen Wirrwarr zu vermeiden, wurde darauf geachtet, dass die Beschreibungen möglichst nicht auf Einstellungen, Präferenzen oder Motivationslagen abzielten (Einstellung zu Veränderungen, Innovationsfähigkeit, Verantwortungsbereitschaft ...), sondern auf tatsächliches, beobachtbares Handeln (z. B.: „Geht aktiv auf Gesprächspartner zu.").

Kernaufgaben
Auflistung der 4–6 wichtigsten Kernaufgaben

Fachliche Kompetenz

Fachwissen

Diese Aussage trifft überhaupt nicht zu — trifft voll und ganz zu
0 1 2 3 4 5 6

Besitzt die zur Aufgabenbewältigung nötigen Produkt- und Sortimentskenntnisse.
...

Methodische Kompetenz

Verkaufsgespräch

Diese Aussage trifft überhaupt nicht zu — trifft voll und ganz zu
0 1 2 3 4 5 6

Bereitet sich gezielt auf die Abschlusspräsentationen und auf die Verhandlungen vor.
...

Sozial-kommunikative Kompetenz

Kontakt- und Kommunikationsfähigkeit

Diese Aussage trifft überhaupt nicht zu — trifft voll und ganz zu
0 1 2 3 4 5 6

Stellt sich mit dem eigenen Kommunikationsstil rasch auf unterschiedliche Kunden-/Kundinnenpersönlichkeiten ein.
...

Abbildung 3: Festlegen der Kompetenzen im Funktionsprofil

Nach der Beschreibung der Kompetenzen wurde fixiert, in welchem Ausmaß die jeweilige Kompetenz erfüllt werden muss, damit diese Funktion in der gewünschten Qualität ausgefüllt wird. Hier hatte SIZE Prozess® mehrere Skalierungsmöglichkeiten zur Verfügung gestellt, ehe man sich für eine Skalierung von 0 bis 6 entschied.

- Ermittlung von Persönlichkeitsprofil und Qualifizierungsbedarf

In einem weiteren Arbeitsgang wurden sowohl das Persönlichkeitsprofil der einzelnen Mitarbeiter/-innen als auch das Kompetenzprofil zur Messung der Istkompetenzen in einem SIZE Prozess®-Onlinefragebogen in Form einer Selbst- und Fremdeinschätzung vertraulich durchgeführt. Im Kompetenzprofil wurden sowohl die Sollanforderungen als auch die durch eine Selbst- und Fremdeinschätzung erhobene Istausprägung der Kompetenzen übersichtlich dargestellt.

9.3 Qualitative Überprüfung und Ergänzung der Messergebnisse

Die qualitative Überprüfung der Messergebnisse erfolgte in einem Mitarbeiter/-innen-Gespräch. In einem vertraulichen Gespräch wurden durch in SIZE Prozess® entsprechend ausgebildete Führungskräfte die Persönlichkeitsprofile – im Zusammenhang mit den Talenten und persönlichen Potenzialen – im Zuge eines Mitarbeiter/-innen-Gesprächs besprochen. Dieses Profil ermöglichte den Personen, mehr über sich selbst zu erfahren, Möglichkeiten zu einer Verbesserung der Zusammenarbeit zu finden sowie die Qualität der Kommunikation miteinander und mit Kunden/Kundinnen zu steigern. Im Gespräch wurden Stärken, Potenziale sowie persönliche Entwicklungsmöglichkeiten herausgearbeitet. Ebenso wurden die gesondert ausgewerteten Kompetenzprofile mit den Mitarbeitern/Mitarbeiterinnen besprochen.

Als Basis für das Gespräch dienten unter anderem folgende Fragen:

- Welche Persönlichkeitsstile geben derzeit die Stärken und Talente vor?
- Welche psychologischen Bedürfnisse und Motivatoren sind derzeit für Arbeitszufriedenheit und Leistung besonders relevant?
- Wo liegen im Zusammenhang mit dem Persönlichkeitsprofil (unabhängig vom Ergebnis des Kompetenzprofils) mögliche Lern- und Entwicklungspotenziale?
- Was demotiviert Sie derzeit bei Ihrer Arbeit?
- Welche vorhandenen Begabungen und Talente, Fähigkeiten und Fertigkeiten können Sie derzeit nicht einsetzen?
- Welche würden Sie künftig gerne einsetzen?
- Wie beurteilen Sie das Ergebnis der Soll-Ist-Analyse der Kompetenzen?
    - Bei welchen Anforderungen liegen Soll und Ist auseinander?
    - Wo besteht Handlungsbedarf?
    - Welche Unterstützung soll/kann gegeben werden, um fehlende Kompetenzen gezielt aufzubauen?
    - In welchem Zeitraum und wie soll das erreicht werden?

9.4 Gezielte Lern- und Entwicklungsprogramme mit Unterstützung der Personalentwicklung

Im nächsten Schritt wurde mit der SIZE Prozess®-Software eine GAP-Analyse durchgeführt. Dazu wurden die Sollanforderungen mit den erhobenen Istausprägungen der Kompetenzen aller 60 Mitarbeiter/-innen verglichen. Die Abweichungen bildeten unter anderem die Grundlage für die Erarbeitung von gezielten Maßnahmen der Personalentwicklung zum Aufbau von Kompetenzen.

Es folgten zielgerichtete Personalentwicklungsmaßnahmen. Als eine der ersten Maßnahmen wurde ein exakt auf die fehlenden Kompetenzen ausgerichtetes Vertriebstraining entwickelt und umgesetzt. Speziell für den Aufbau von neuen personalen und sozial-kommunikativen Kompetenzen wurde das SIZE Prozess®-Persönlichkeits- und -Kommunikationsmodell eingesetzt.

Nachfolgend wird der nach einem Jahr vom Geschäftsbereichs- und Schauraumleiter Wels abgefasste Erfahrungsbericht für die Personalentwicklung des Unternehmens (der Bericht wurde von der Personalabteilung freundlicherweise zur Verfügung gestellt) wiedergegeben:

- Zu Beginn stand im Jahr 2009 die SIZE Prozess®-Ausbildungsreihe für Schauraumverkäufer. Schon nach wenigen Stunden waren viele Mitarbeiter voller Begeisterung, da es sich, wie man schnell erkannt hat, nicht um ein „Verkaufsseminar" im herkömmlichen Sinn gehandelt hat.

- Das Interesse, etwas über das eigene Persönlichkeitsprofil zu erfahren, war enorm. Bereits in der Pause wurde rege über alle möglichen Kollegen und Kunden diskutiert.
- Weiters wurde diese Begeisterung zu diesem Thema rasch auf die Kollegen und Kolleginnen übertragen, welche noch nicht an der Reihe zu diesen Seminaren waren. Es entstand das Motto: www.willichauchhaben.at.
- Nachdem alle Ausstellungsverkäufer diese 3-teilige Seminarreihe absolviert hatten, haben wir rasch erkannt, dass sämtliche Mitarbeiter in den Ausstellungen (d. h. Mitarbeiter am Telefon, Empfang bzw. auch Backoffice) diese Ausbildung auch unbedingt brauchen, und haben das auch im Herbst 2010 entsprechend nachgeholt.
- Darüber hinaus stellte sich für uns die Frage, wo kann man strategisch diese gesamtheitliche Thematik im täglichen Beratungs- und Verkaufsprozess zur Anwendung bringen. Dieser Schritt, so denken wir, war einer der wichtigsten, da ansonsten der erste „Hype" verpufft wäre.
- Aufgebaut auf SIZE Prozess® entstanden:
  - Neue Beratungsformulare
  - Sujet-Deckblätter für 3-D-Pläne (angepasst an die jeweiligen Kundenpersönlichkeiten)
  - Abgestimmte Wasserzeichen für Angebotsdesigner (derzeit noch in Arbeit)
  - Eine der tollsten Entwicklungen, die sich durch diese gesamtheitliche Ausbildung ergeben hat, ist, dass Kunden, die zu uns in den Schauraum kommen und am Empfang Informationen oder auch einen Termin bei einem Kollegen wollen, dem/der dafür persönlich anschlussfähigen Kollegen/Kollegin zugeteilt werden.
- Abschließend bleibt für uns zu erwähnen, dass das tägliche Arbeiten mit SIZE Prozess® einem stetigen Lern- und Trainingsprozess unterliegt, dies aber nicht nur unheimlich viel Spaß macht, sondern auch mit Sicherheit einen enormen Wettbewerbsvorteil bringt.

10 Zusammenfassung

Eine „High-Performance-Organisation" zu gestalten heißt, die zukünftig nötigen Kompetenzen immer wieder an sich veränderte Begebenheiten anpassen zu können. Wie Buckingham & Coffman in ihrem Buch „Erfolgreiche Führung gegen alle Regeln" (2001) beschreiben, finden sehr gute Manager/-innen für jede Aufgabe den passenden Mitarbeiter/die passende Mitarbeiterin und helfen ihm/ihr, seine/ihre Kompetenzen und Stärken – die Autoren sprechen von Talenten – besser zu entwickeln und Wege zu finden, seine/ihre Schwächen zu umgehen. Wir meinen, dass Kompetenzmessung und Kompetenzmanagement dazu den Schlüssel in die Hand gibt.

Gerade im Praxisprojekt des Sanitär- und Heizungs-Großhandelsunternehmens Fritz Holter Gesellschaft m.b.H. in Wels zeigte sich, dass mehrere Faktoren für den Erfolg dieses Projektes von besonderer Bedeutung waren:

- Den betrieblichen Rahmenbedingungen wurden für die Einführung von Kompetenzmanagement ein besonderes Augenmerk geschenkt. Es stellte sich dabei als Vorteil heraus, dass viele Führungskräfte – inklusive Unternehmensleitung – bereits im Vorfeld mit dem SIZE Prozess®-Modell ausgebildet und zertifiziert waren und dass es externe Beratung und Begleitung bei der Einführung von Kompetenzmanagement gab.

- Eine Führungskraft (Geschäftsbereichsleiter Schauraumverkauf) war innovativ und mutig genug, die Verantwortung für das erste Pilotprojekt zu übernehmen und erfolgreich voranzutreiben.
- Vom Start weg hatten sich alle Beteiligten darüber verständigt, was im Pilotprojekt erreicht werden solle und könne.
- Die Führungskräfte trafen in einem Mitarbeiter/-innen-Gespräch, auf Basis der Persönlichkeits- und Kompetenzprofile, mit den Mitarbeitern/Mitarbeiterinnen Vereinbarungen zu Mitarbeiter/-innen-Einsatz und -Entwicklung. Dadurch wurde Motivation für darauf folgende Entwicklungsmaßnahmen erreicht.
- Mit einem überschaubaren Projekt wurde begonnen und erst in einem späteren Schritt (in diesem Fall ein Jahr später) fand eine Anpassung und Optimierung des ersten Konzeptes statt. Erste Erkenntnisse bei der Einführung von Kompetenzmanagement konnten als Lerngrundlage für die Ausdehnung des Konzepts auf weitere Unternehmensbereiche genutzt werden.
- Für den Aufbau personeller und sozial-kommunikativer Kompetenzen stand ein leicht verständliches und rasch umsetzbares Persönlichkeits- und Kommunikationsmodell zur Verfügung, das die Ergebnisse aus dem Persönlichkeitsprofil leicht verständlich und nachvollziehbar machte. Zudem konnte das Modell auch Antworten darauf geben, wie der Transfer in den Alltag gut gelingen konnte.
- Als einer der wichtigsten Schritte stellten sich strategische Maßnahmen der Führungskräfte (siehe schriftlicher Erfahrungsbericht der Schauraumleitung) im täglichen Beratungs- und Verkaufsprozess heraus. Damit wurde der Lerntransfer von Seminarinhalten zum Aufbau von Kompetenzen entscheidend unterstützt.
- Auch das Personalmanagement – gestützt durch die Initiative der zuständigen Personalentwicklerin – begann, zielgerichtet durch differenzierte und individuelle Entwicklungsmaßnahmen zu steuern und damit die Aus- und Weiterbildung für den Aufbau von Kompetenzen weiter zu professionalisieren. Ebenso übernahm die Personalentwicklung eine Art Monitoring-Funktion, mit der die schrittweise Umsetzung von Kompetenzmanagement durch die Führungskräfte gefördert, beobachtet und bei Bedarf unterstützt wird.

Alle diese Faktoren trugen aus unserer Sicht dazu bei, dass mit dem Pilotprojekt ein Nutzen für die Arbeit aller (Unternehmen, Führungskräfte und Mitarbeiter/-innen) entstehen konnte, der aus heutiger Sicht zu weiteren Wettbewerbsvorteilen des Unternehmens führen wird.

Literaturverzeichnis

Berne, Eric (1961): Transactional Analysis in Psychotherapy. New York: Ballantine Book.

Buckingham, Marcus & Coffman, Curt (2001): Erfolgreiche Führung gegen alle Regeln. Frankfurt: Campus.

Collins, Jim (2001): From Good to Great. Why Some Companies Make the Leap ... and Others Don't. New York: Harper Business.

Erpenbeck, John & Rosenstiel, Lutz von (2007): Handbuch Kompetenzmessung. Erkennen, verstehen und bewerten von Kompetenzen in der betrieblichen, pädagogischen und psychologischen Praxis. 2. Auflage. Stuttgart: Schäffer-Poeschel.

Exner, Alexander, Exner, Hella & Hochreiter, Gerhard (2009): Selbststeuerung von Unternehmen. Das Konzept der Beratergruppe Neuwaldegg. Wien und Frankfurt: Campus.

Förster, Anja & Kreuz, Peter (2010): Nur Tote bleiben liegen. Entfesseln Sie das lebendige Potenzial in Ihrem Unternehmen. Frankfurt: Campus.

Hagehülsmann, Ute & Hagehülsmann, Heinrich (1998): Der Mensch im Spannungsfeld seiner Organisation. Paderborn: Junfermann.

Hennig, Gudrun & Pelz, Georg (1997): Transaktionsanalyse. Lehrbuch für Therapie und Beratung. Freiburg: Herder.

Joines, Vann & Stewart, Ian (2008): Die Transaktionsanalyse. Eine neue Einführung in die Transaktionsanalyse. Freiburg: Herder.

North, Klaus & Reinhardt, Kai (2005): Kompetenzmanagement in der Praxis. Wiesbaden: Gabler.

Zehetner, Fritz (2007): Talente erkennen und nutzen! Potenziale aktivieren! Marchtrenk: TOP im JOB.

Claudia Stingl / Marcel Braumann
Deloitte Österreich

Das Kompetenzmodell als Teil des Performance-Managements bei Deloitte

1 Aufbau des Artikels 385
2 Das Unternehmen Deloitte 385
3 Ausgangssituation 386
4 Die Zielsetzung 387
5 Die Arbeitsphasen bei der Bearbeitung des Kompetenzmodells 388
6 Grundlagen zum methodischen Vorgehen 389
7 Das Ergebnis nach der Einführung des Kompetenzmodells 390
    7.1 Das Kompetenzmodell 390
    7.2 Die Integration in den Jahreszyklus 392
8 Resümee i. S. v. kritischen Erfolgsfaktoren und Qualitätsstandards 392
9 Ausblick 393
Literaturverzeichnis 394

1 Aufbau des Artikels

Die ersten Abschnitte des Beitrags betrachten die Ausgangssituation und Zielsetzung bei der Einführung des Kompetenzmodells aufgrund der lokalen und globalen Organisationsstruktur von Deloitte. Der Schwerpunkt liegt ab Kapitel 5 auf der Darstellung des Einführungsprozesses, der konzeptionellen Beschreibung des Deloitte-Kompetenzmodells und der Integration des Modells in den Jahreszyklus von Deloitte Österreich. Das Ziel dieser Kapitel war weniger eine detaillierte Beschreibung der Kompetenzen im Modell, sondern vielmehr einen Beitrag durch die beispielhafte Darstellung der Implementierung eines Kompetenzmodells zu leisten. Abschließend werden die Erfahrungen mit kritischen Erfolgsfaktoren und notwendigen Qualitätsstandards zusammengefasst.

2 Das Unternehmen Deloitte

Deloitte ist mit dem abgelaufenen Geschäftsjahr erstmals sowohl beim Umsatz als auch bei der Mitarbeiter/-innen-Stärke das international führende Prüfungs- und Beratungsunternehmen. 81 % der größten Unternehmen weltweit (Fortune Top 500) sind Kunden von Deloitte. Das weltweite Netzwerk von Deloitte umfasst 170 000 Mitarbeiter/-innen in 140 Ländern.

In Österreich sind insgesamt etwa 900 Mitarbeiter/-innen in Wien sowie in den Niederlassungen Graz, Innsbruck, Linz, Salzburg und St. Pölten tätig. Mehr als 80 Berater/-innen setzen Consulting-Projekte um. In der täglichen Projektarbeit greifen die Berater/-innen auf die internationale Kompetenz von Deloitte zurück. Für den Kunden/die Kundin ist damit die höchste Aktualität der eingesetzten Methoden sichergestellt.

Als einzige der „Big Four", der derzeit größten Wirtschaftsprüfungs- und Beratungsunternehmen, bietet Deloitte Strategie- und Organisationsberatung, Human Resources, Financial Advisory mit CFO und CIO Services als integrierte Beratungsleistung an. Das integrierte Dienstleistungspaket umfasst Governance-, Strategie-, Prozess- sowie Organisationsstrukturthemen und spannt sich weiter über Human Resources und Financial Advisory, Risk- und Forensic-Themen bis hin zu Leistungen im Finanz-, Controlling- und IT-Bereich. Der entscheidende Mehrwert von Deloitte liegt in der Integration der Services und der Nutzung der unterschiedlichen Perspektiven und Erfahrungen aus den Praxen der diversen Länder.

Deloitte Österreich ist ein von österreichischen Partnern/Partnerinnen aus dem Bereich Wirtschaftsprüfung, Steuerberatung und Unternehmensberatung gegründetes und unabhängiges österreichisches Unternehmen. Im Verbund mit den Expertisen internationaler Schwesterorganisationen und dem Austausch von international standardisierten Methoden erfolgt ein intensiver Know-how- und Ressourcenaustausch sowie die virtuelle Zusammenführung von Competence-Centers sowohl in fachlicher als auch industriespezifischer Fokussierung. Dies ermöglicht die Kombination der Zusammenführung von heimischer Wirtschaftskultur mit internationalem Know-how in einer für den Kunden/die Kundin optimalen Mischung („Think global – act local").

Die interne Human-Resources-Abteilung bei Deloitte Österreich ist nach dem Business-Partner-innen-Modell strukturiert und steuert die Personalarbeit der österreichischen Organisation. Die HR-Strategie folgt der Unternehmensstrategie von Deloitte Österreich, die auch die internationale Strategie unterstützt. Die internationale Organisation von Deloitte bietet allen Mitgliedsgesellschaften State-of-the-Art-Methoden im Human-Resources-Management und stellt diese den Mitgliedsgesellschaften zur Verfügung. Die Mitgliedsgesellschaften haben in der Umsetzung Freiraum, Methoden und Prozesse müssen aber vorgegebenen hohen Qualitätsstandards genügen. Deloitte Österreich hat dadurch die Möglichkeit, auf „Best-Practice-Methoden" zuzugreifen und diese nach Bedarf für die eigene Gesellschaft zu adaptieren und umzusetzen. Zusätzlich steht der internen Human-Resources-Abteilung das Know-how und die hohe Expertise des Beratungszweiges Human Capital zur Verfügung. In enger Zusammenarbeit und Vernetzung dieser beiden Bereiche wird das gemeinsame Know-how genützt und ausgetauscht.

3 Ausgangssituation

Bei Deloitte Österreich waren bereits seit mehreren Jahren Stellenbeschreibungen mit beiliegenden Ausbildungskonzepten sowohl für alle Qualifikationsstufen entlang der definierten Karrierewege in den Fachbereichen sowie für die internen Funktionen vorhanden. Diese und ein etabliertes jährliches Mitarbeiter/-innen-Gespräch waren die Basis für die Beurteilung und Entwicklung der Mitarbeiter/-innen und damit Grundlage des Performance-Managements.

Deloitte International hat im Jahr 2009 ein umfassendes, modernes und ganzheitliches Kompetenzmodell entwickelt, das zum Ziel hat, die Deloitte-Organisation in allen Ländern fit für die Erreichung der zukünftigen Zielsetzungen und Herausforderungen zu machen. Dieses Kompetenzmodell soll die Basis für die Durchführung eines hochqualitativen Performance-Managements liefern und auch als effektiver Teil des Risikomanagements die Organisation leiten und gemäß der Vision „To be the standard of excellence, the first choice for clients und people" weiterentwickeln. In Österreich hatte die letzte Überarbeitung der Instrumente „Stellenbeschreibungen" und „Mitarbeiter/-innen-Gespräch" im Jahr 2004 stattgefunden. Die Instrumente waren aufgrund der raschen wirtschaftlichen Entwicklungen und Veränderungen der Rahmenbedingungen des Geschäfts nicht mehr in allen Bereichen zeitgemäß. Diesen Umstand und die Initiative von Deloitte International haben wir daher zum Anlass genommen, unsere bestehenden Instrumente im Performance-Management zu evaluieren und zu überprüfen, inwieweit das internationale Modell für unsere österreichische Gesellschaft anzuwenden ist.

4 Die Zielsetzung

Mit der Einführung des neuen Kompetenzmodells und einem gesamtheitlichen Jahreszyklus für das Performance-Management hat Deloitte Österreich im Wesentlichen folgende Ziele verfolgt:

- Die Stärkung des Faktors „Talent Attraction and Retention". Dies sind erfolgskritische Faktoren für das Vorankommen des Unternehmens, insbesondere in einem „People-Business", wie es Deloitte als Dienstleistungsunternehmen ist. Dieses Vorhaben wird durch folgende Aspekte gestützt:
  - Die Personalentwicklung und die Karrierewege haben einen sehr hohen Stellenwert bei den Mitarbeitern/Mitarbeiterinnen.
  - Personalentwicklung ist die Grundlage für die Geschäftsentwicklung und weiteres Wachstum.
- Ein Kompetenzmodell leitet eine Organisation, dies ist wesentlich für die Bewältigung zukünftiger Herausforderungen und die Weiterentwicklung der Organisation. Das neue Kompetenzmodell gibt die richtige Richtung vor.
- Als „Nr. 1 Professional Services Firm" ist es unser Anspruch, auch in internen Prozessen und Instrumenten den „State of the Art" zu wahren und den Anforderungen unserer Mitarbeiter/-innen zu genügen.
- Nicht zuletzt haben wir damit auch die Anforderung der Internationalen Organisation von Deloitte, ein State-of-the-Art-Performance-Management-System umzusetzen, erfüllt. Dies bietet nun auch die Basis für einen verstärkten Einsatz von Mitarbeitern/Mitarbeiterinnen auf internationaler Ebene und erhöht deren interne und internationale Mobilität.

5 Die Arbeitsphasen bei der Bearbeitung des Kompetenzmodells

Im September 2009 wurde das Kernprojektteam zur Überarbeitung des Performance-Managements konstituiert. Das Kernprojektteam bestand aus folgenden Mitarbeitern/Mitarbeiterinnen:

- Partnerin für Human Resources (Geschäftsführungsrolle)
- Human-Resources-Managerin (Projektleiterin)
- Human-Resources-Mitarbeiterin (Projektmitarbeiterin)
- Partnerin für Talent-Management, Human Capital (Fachexperten-/Fachexpertinnenrolle)

Im Projekt-Kick-off wurde folgender Projektplan erarbeitet und in der Folge auch umgesetzt:

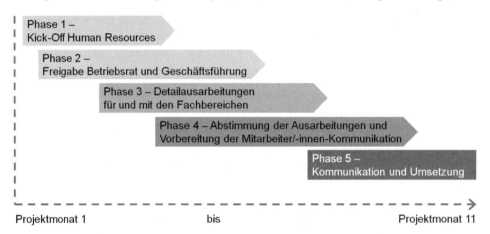

Abbildung 1: Ablauf der Arbeitsphasen

- Phase 1 – Kick-off Human Resources

Im ersten Schritt wurde die Istsituation erhoben und das vorgeschlagene Kompetenzmodell von Deloitte International auf die Anwendung in Österreich überprüft. In mehreren Telefonkonferenzen mit dem internationalen Projektteam von Deloitte wurde Wissen über das neue Modell aufgebaut. Dieses wurde durch Austausch mit anderen Deloitte-Ländern, die bereits Erfahrung mit dem neuen Modell hatten, vertieft. Nach einer umfassenden Analysephase wurde vom Projektteam beschlossen, das internationale Modell in der bestehenden Form zu übernehmen und in Österreich umzusetzen.

- Phase 2 – Freigabe Betriebsrat und Geschäftsführung

In der nächsten Phase wurde der Gesamtvorschlag der erweiterten Human-Resources-Geschäftsführung und dem Betriebsrat vorgestellt und von diesen abgenommen. Das Modell wurde exemplarisch für einen Fachbereich (Wirtschaftsprüfung) erarbeitet und der Geschäftsführung von Deloitte Österreich präsentiert. Im Februar 2010 erfolgten die Freigabe und der Auftrag zur Umsetzung des neuen Performance-Managements seitens des Geschäftsführungsgremiums.

- Phase 3 – Detailausarbeitungen für und mit den Fachbereichen

Daraufhin wurde ausgewählten Vertretern/Vertreterinnen aller Fachbereiche (Wirtschaftsprüfung, Steuerberatung, Unternehmensberatung, Financial Advisory und interne Services) das Konzept vorgestellt. Das Kernprojektteam hatte zu diesem Zeitpunkt bereits für alle Fachbereiche konkrete Vorschläge zu den neuen Stellenbeschreibungen anhand des neuen Kompetenzmodells erarbeitet. Die Aufgabe der Fachbereiche war nun, diese zu überprüfen und für den Fachbereich zu überarbeiten und zu vervollständigen. Zusätzlich sollten die Vertreter/-innen der Fachbereiche das neue Modell auch in den Führungskreisen ihres Fachbereichs kommunizieren und darstellen.

- Phase 4 – Abstimmung der Ausarbeitungen und Vorbereitung der Mitarbeiter/-innen-Kommunikation

Die Ergebnisse der Fachbereiche wurden anschließend vom Kernprojektteam ganzheitlich zusammengeführt und geprüft. Danach wurden die neuen Stellenbeschreibungen vom Kernprojektteam erstellt. Neben den Stellenbeschreibungen wurde auch das Instrument des Mitarbeiter/-innen-Gesprächs an das neue Modell angepasst und ein gesamthafter Jahreszyklus für das Performance-Management entwickelt.

- Phase 5 – Kommunikation und Umsetzung

Mit Beginn des neuen Geschäftsjahres wurde das neue Performance-Management umgesetzt. Die Führungskräfte wurden dazu im Rahmen einer Geschäftsführungstagung über das neue Modell informiert. Die Kommunikation an die Mitarbeiter/-innen erfolgte primär über Informationsfolder, eine umfassende Darstellung im Intranet sowie in den Abteilungsmeetings direkt durch die jeweiligen Führungskräfte.

6 Grundlagen zum methodischen Vorgehen

Die Basis für das Vorgehen bildeten grundsätzlich die strategischen Zielrichtungen aus der Talent-Management-Strategie von Deloitte. Der Begriff des Talent-Managements kann als strategischer und unternehmerischer Ansatz des gezielten Ressourcen- und Kompetenzaufbaues und -einsatzes beschrieben werden. Talent-Management ist eine Steuerungsaufgabe, die die Unternehmensstrategie dadurch unterstützt, dass die Personen mit den passenden Fähigkeiten zur richtigen Zeit in der richtigen Funktion in der Organisation tätig sind. (vgl. Teuchmann 2010, S. 301 f.) Die Basis für die Erarbeitung und Verknüpfung des Kompetenzmodells bilden die bereits vorhandenen Berufsbilder (Job-Familys) von Deloitte. Der Job-Family-Ansatz ist eine mögliche Methodik, um zu einer Clusterung nach Zielgruppen im Unternehmen zu kommen. Havranek & Mauhart (2010, S. 52) definieren den Begriff der Berufsbilder wie folgt: Diese „beschreiben auf einer abstrakten Ebene Gemeinsamkeiten von Arbeitsplätzen in unterschiedlichen Bereichen des Unternehmens. Dadurch erleichtern sie die Vergleichbarkeit von Jobs mit ähnlichen Merkmalen quer über die gesamte Organisation. Allgemeine Kriterien beschreiben die typischen Merkmale der Funktionen, Verantwortungen und notwendige Flexibilitätsgrade für die Auftragserfüllung."

Auf den Kompetenzbegriff wird in diesem Artikel nur allgemein im Rahmen des Modells eingegangen, als Orientierung liegen aber die folgenden Definitionen zugrunde: Kompetenzen sind die Kombination von Wissen, Fertigkeiten und Fähigkeiten, beeinflusst von individuellen Einstellungen und Werten, die:

- erwünschtes Verhalten fördern,
- mit Arbeitsleistung in Zusammenhang stehen,
- mit anerkannten Standards beurteilt werden können und
- durch eine fortlaufende Entwicklung verbessert werden. (vgl. exemplarisch dazu auch Erpenbeck & Rosenstiel 2005 und 2007; Heyse & Erpenbeck 1999 und 2004 sowie Heyse, Erpenbeck & Max 2004)

„Kompetenzen lenken die Aufmerksamkeit des Mitarbeiters auf die zentralen Werte der Organisation, verdeutlichen, was die Top Performance ausmacht und ermöglichen dem Mitarbeiter, seinen eigenen Karriereweg selbstständig zu planen und zu verfolgen." (Kennedy & Grogan Dresser 2005, S. 22)

7 Das Ergebnis nach der Einführung des Kompetenzmodells

Die Grundlage des neuen Performance-Managements von Deloitte ist ein umfassendes Kompetenzmodell. Dieses definiert die wesentlichen fachübergreifenden Schlüsselanforderungen und ist mit den Karrierestufen des Karrieremodells analytisch verknüpft. Es beinhaltet alle Kompetenzen und Grundwerte, die für den Erfolg der Organisation erforderlich sind.

7.1 Das Kompetenzmodell

Das „Competency Wheel" enthält 12 Kernkompetenzen, die dazu beitragen sollen, erfolgreich Werte in den Bereichen Klienten/Klientinnen und Mitarbeiter/-innen aufzubauen und folgende gemeinsame Ziele zu erreichen:

- Providing exceptional service to our clients
- Developing our talents
- Growing our firm and its brand

Alle Kompetenzen sind ausführlich beschrieben und in einem Standardformat dargestellt, das drei Elemente hat:

- Den Namen der Kompetenz, gefolgt von ihrer Definition.
- Der erwartete Grad der Beherrschung (Proficiency-Level) der Kompetenz. Jede Kompetenz kann in drei Proficiency-Levels beherrscht werden:
  – Foundation: Die Kompetenz wird vom Mitarbeiter/von der Mitarbeiterin in den Grundlagen beherrscht.
  – Advanced: Der Mitarbeiter/Die Mitarbeiterin zeigt in der Kompetenz bereits eine höhere Fertigkeit, die er/sie durch Weiterentwicklung und Erfahrung erreicht hat.
  – Mastery: Die Kompetenz wird vom Mitarbeiter/von der Mitarbeiterin bereits in einer Vorbildrolle demonstriert. Der Experten-/Expertinnenlevel in der Kompetenz ist erreicht.

Das Kompetenzmodell bei Deloitte

- Verhaltensweisen, die im Detail beschreiben, welches Verhalten Mitarbeiter/-innen zeigen sollen, bzw. die eine beobachtbare Beschreibung darüber liefern, wie Mitarbeiter/-innen handeln sollen, um die Kompetenz entsprechend zu beherrschen.

Die 12 Kernkompetenzen gelten für alle Mitarbeiter/-innen auf allen Ebenen und in allen Bereichen, wobei der Grad der Kompetenzbeherrschung entsprechend der Karrierestufen variiert. Jede Kompetenz ermöglicht eine Weiterentwicklung in Wissen, Können und Verhalten und ist die Grundlage für die berufliche Laufbahn der Mitarbeiter/-innen und persönliche Weiterentwicklung in allen Kompetenzen. Zusätzlich dazu können die Fachbereiche sogenannte „spezielle Kompetenzen" bei Bedarf definieren, die dann ausschließlich für bestimmte Fachbereiche gelten. Die speziellen Kompetenzen folgen derselben Logik wie die Kernkompetenzen. Der Grad der Beherrschung ist auch hier abhängig von der jeweiligen Funktion (Karrierestufe) innerhalb der Serviceline.

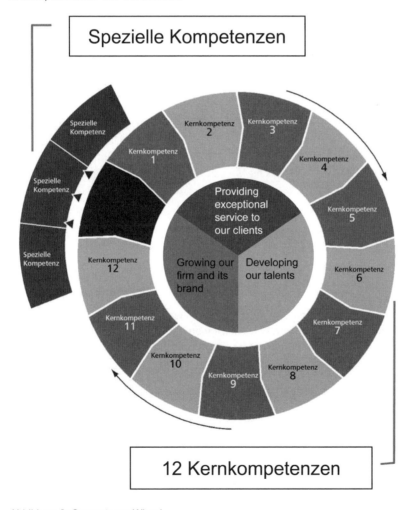

Abbildung 2: Competency Wheel

7.2 Die Integration in den Jahreszyklus

Das Kompetenzmodell ist die Grundlage aller Stellenbeschreibungen und ist mit dem Mitarbeiter/-innen-Gespräch und den Talent-Management-Prozessen von Deloitte Österreich eng verknüpft. In sogenannten „Talent Round Tables" tauschen sich die Führungskräfte eines Geschäftsbereichs im Vorfeld der Mitarbeiter/-innen-Gespräche über besondere Talente im Mitarbeiter/-innen-Kreis aus. Damit soll sichergestellt sein, dass alle mit nachvollziehbaren Überlegungen in die Mitarbeiter/-innen-Gesprächsrunde gehen.

* Führungskräfte/Partner/-innen
** Mitarbeiter/-innen und Führungskräfte/Partner/-innen

Abbildung 3: Der Jahreszyklus

Das Mitarbeiter/-innen-Gespräch beinhaltet das Vereinbaren von Arbeits- und Entwicklungszielen sowie Lernschritten und ermöglicht so Führungskräften und Mitarbeitern/Mitarbeiterinnen ein differenziertes Feedback und eine auf Leistung und Kompetenz beruhende Entwicklung. Der Mid-Year-Review, etwa sechs Monate nach dem Jahresgespräch, dient zur Zwischenabstimmung innerhalb der Jahresperiode.

Der Nutzen des jährlichen Prozesses kann wie folgt zusammengefasst werden:

- Es gelingt frühzeitig, Talente auf Mitarbeiter/-innen-Seite zu erkennen und systematisch zu fördern.
- Mitarbeiter/-innen können dort eingesetzt werden, wo sie ihre besonderen Stärken haben.
- Die Strategien des Geschäftsbereiches können operationalisiert und in individuellen Zielen umgesetzt werden.
- Der Beitrag jedes/jeder Einzelnen zur Gesamtstrategie wird definiert.
- Es gibt Klarheit und Orientierung für Mitarbeiter/-innen und Management.
- Engagement und Motivation wird durch Transparenz gestärkt.

8 Resümee i. S. v. kritischen Erfolgsfaktoren und Qualitätsstandards

Als kritische Erfolgsfaktoren für die Gestaltung und Implementierung eines Kompetenzmodells können zusammengefasst folgende genannt werden:

- Das Commitment und den vollen Support seitens der Geschäftsführung zur Ausarbeitung und zur Umsetzung des Kompetenzmodells sicherzustellen.

- Das Kompetenzmodell so zu entwickeln, dass es die Reife der Organisation berücksichtigt und dieser entspricht.
- Ein Grundkonzept in Bezug auf die Kompetenzen vorzugeben, aber sich durch die Methoden von speziellen Kompetenzen die notwendige Flexibilität für die Anforderungen der unterschiedlichen Unternehmensbereiche zu behalten.
- Verschiedenste Tools und Strukturen zur Verfügung zu stellen, um die Akzeptanz und Benutzer/-innen-Freundlichkeit zu gewährleisten.
- Für die erfolgreiche Einführung des Modells sind das aktive Engagement der Stakeholder, intensive Kommunikation und Trainingsangebote zur Förderung des Verständnisses wichtig.
- Die abschließende Gestaltung einer attraktiven Mitarbeiter/-innen-Information und die Darstellung im Intranet fördern die Transparenz des Modells und der Kommunikationswege.

Überdies ist es wichtig, entsprechende Qualitätsstandards im laufenden Betrieb zu beachten und bei Bedarf Anpassungen oder Maßnahmen festzulegen:

- Kompetenzen sollen auf die jeweilige Kultur, Vision, Werthaltung und Strategie einer Organisation zugeschnitten werden.
- Kompetenzmodelle sollen sich auf die erfolgskritischen Kompetenzen, die die Leistung innerhalb einer Organisation, Funktion oder Rolle steuern, beziehen.
- Kompetenzmodelle sollen eine Grundlage für die Messung von laufender Leistung und für klare Ziele zukünftiger Entwicklung bieten.
- Beschreibung und Operationalisierung der Kompetenzen sollen für das Business verständlich und anwendbar sein.
- Kompetenzmodelle sind nicht statisch und sollten in periodischen Abständen überprüft und adaptiert werden.

9 Ausblick

Einzelne definierte Kompetenzen bildeten bereits vor der Einführung des Kompetenzmodells die Basis für die Inhalte der Ausbildungskonzepte. In der Folge ist es nun unter anderem ein wichtiges Ziel, die Learning-Strategie mit dem neuen Kompetenzmodell zu verschränken. Als Ergebnis soll ein Set an Methoden pro Kompetenz generiert werden, das in unterschiedlichen Streams und Ausbildungsmodulen berücksichtigt wird und entsprechend der Karrierestufe definiert ist. Das Kompetenzmodell kann aber überdies in Zukunft die Grundlage für viele weitere HR-Aktivitäten bilden. Beispielhaft können folgende genannt werden:

- Ein gezielter Einsatz im Prozess des Recruitings von neuen Mitarbeitern/Mitarbeiterinnen, im Sinne von Definition und Einschätzung des erwarteten Grades der Beherrschung für die gesuchte Funktion bzw. Karrierestufe.
- Die Kompetenzen können in der strategischen Personalbedarfsplanung unterstützen, nicht nur den quantitativen Teil zu planen, sondern auch proaktiv auf die notwendigen qualitativen Anforderungen und Kompetenzen der nächsten Planungsperiode einzugehen.

Literaturverzeichnis

Erpenbeck, John & Rosenstiel, Lutz von (2005): Kompetenz: Modische Worthülse oder innovatives Konzept? In: Wirtschaftspsychologie aktuell, Heft 3, S. 39–42.

Erpenbeck, John & Rosenstiel, Lutz von (2007; Hrsg.): Handbuch Kompetenzmessung. Erkennen, verstehen und bewerten von Kompetenzen in der betrieblichen, pädagogischen und psychologischen Praxis. 2. Auflage. Stuttgart: Schäffer-Poeschel.

Havranek, Christian & Mauhart, Julian (2010): Gehalt und Leistung managen. Die unternehmerische Gestaltung von Gehaltssystemen. 2. Auflage. Wien: Linde.

Heyse, Volker & Erpenbeck, John (1999): Die Kompetenzbiographie. Strategien der Kompetenzentwicklung durch selbst organisiertes Lernen und multimediale Kommunikation. Münster: Waxmann.

Heyse, Volker & Erpenbeck, John (2004): Kompetenztraining. Stuttgart: Schäffer-Poeschel.

Heyse, Volker, Erpenbeck, John & Max, Horst (2004; Hrsg.): Kompetenzen erkennen, bilanzieren, entwickeln. Münster, New York, Berlin und München: Waxmann.

Kennedy, Peter W. & Grogan Dresser, Sandy (2005): Creating a Competency-Based Workplace. In: Benefits & Compensation Digest 42, No. 2, pp. 20–23.

Teuchmann, Katja (2010): Talent-Management. In: Niedermair, Gerhard (Hrsg.): Qualitätsentwicklung in der beruflichen Bildung. Ansprüche und Realitäten. Linz: Trauner, S. 301–315.

Roland Beranek / Martin Fenzl
BMD Systemhaus GmbH

Die BMD-Fachkarriere in Schulung und Support

1 Einleitung 395
2 Das BMD-Karrieresystem der Supportabteilung 396
3 Die Fachkarriere im Bereich „Hotline-Support" 397
4 Die Fachkarriere im Bereich „Softwaretraining im Außendienst" 398
5 Persönliche, soziale und methodische Kompetenzen – die Kompetenzmatrix 399
6 Schlussfolgerung 402
Literaturverzeichnis 402

1   Einleitung

Die BMD Systemhaus GmbH wurde 1972 unter der damaligen Firmierung „Büromaschinen für Datenerfassung und Aufbereitung Vertriebs GmbH" gegründet. Der Unternehmenszweck waren der Verkauf und die Vermietung von Bürocomputern und Peripherie sowie die Erstellung von Software. Im Laufe der Zeit hat sich der Schwerpunkt von Hardwareverkauf zu Softwareentwicklung und Softwareverkauf respektive -vermietung verlagert.

Der Unternehmensschwerpunkt liegt heute in folgenden Bereichen:

- Business-Software-Erzeugung bzw. Gesamtlösungen für Steuerberater/-innen, Wirtschaftsbetriebe und Non-Profit-Organisationen
- Technik: Beratung bei Hardwarelösungen, technische Beratungen/Planungen (Serverlandschaften usw.) sowie Installation und Wartung
- Wartung der Softwarelösungen: Gesetzliche Wartungen, Weiterentwicklung, Neuentwicklungen und Individualentwicklungen für Kunden/Kundinnen
- Dienstleistung: Hotline/Support, Fernwartung, Schulungen via Internet, Präsenzschulungen, Fach- und Programmseminare der BMD-Akademie, Informationsveranstaltungen und Projektmanagement

In diesem Beitrag gehen wir speziell auf das Entwickeln, Messen und Bewerten von Kompetenzen der Schulungs- und Hotline-Abteilung näher ein. Die Belegschaft der Sparte Dienstleistung der BMD Systemhaus GmbH entwickelte sich seit 1991 von einem hauptberuflichen Mitarbeiter zu mittlerweile 150 Mitarbeitern/Mitarbeiterinnen.

Die Hauptbereiche gliedern sich in

- Hotline/Support,
- Softwaretraining im Außendienst und
- Akademietrainer/-innen.

Innerhalb dieser Bereiche ist die Supportabteilung in unterschiedliche – nachstehend angeführte – Fachbereiche gegliedert, die als Gruppen im Organigramm dargestellt sind:

- Support für Finanzbuchhaltung und Controlling
- Support für Lohnverrechnung und Zeiterfassung
- Support für Bilanzierung, Anlagen und Steuern
- Support für CRM, Leistungserfassung und Honorarabrechnung
- Support für Warenwirtschaft und Produktionsplanungssysteme

2 Das BMD-Karrieresystem der Supportabteilung

Die unterschiedlichen Tätigkeitsbereiche innerhalb dieser oben genannten Fachgruppen benötigen grundsätzlich gemeinsame und auch unterschiedliche Kompetenzen[1] als Voraussetzung für ein professionelles Auftreten am Markt und seriöse kompetente Betreuung der Kunden/Kundinnen. Dem trägt die BMD mit einem – mit externer Unterstützung entwickelten – Karrieresystem innerhalb der Abteilung Rechnung (siehe Abbildung 1). Ein System, das einerseits das Senioritätsprinzip und andererseits die Qualifikation der Mitarbeiter/-innen betrachtet.

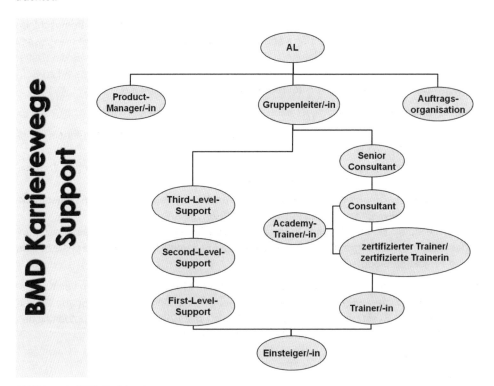

Abbildung 1: BMD-Fachkarriere

---

[1] Aus der Fülle von Literatur zum Themenkomplex „Kompetenzen" siehe beispielsweise Erpenbeck & Rosenstiel 2007 sowie Heyse & Erpenbeck 2004 und 2007.

Grundsätzlich untergliedert sich die Fachkarriere im Support in zwei Bereiche. Es sind dies der Hotline-Support und die Berater/-innen- bzw. Schulungstätigkeit im Außendienst. Eine zusätzliche Projektkarriere innerhalb der BMD hat zwar eine Schnittmenge mit der Fachkarriere im Support, ist jedoch an sich firmenweit geregelt.

Im ersten Schritt unterscheiden sich die Karrierestufen einmal grundsätzlich von den Kenntnissen im Bereich der Programmfunktionen im eigenen Fachbereich bzw. in den angrenzenden Fachbereichen. Entsprechend den Arbeitsfeldern der Fachkarrieren und den zugrunde liegenden Prozessen sind die notwendigen Qualifikationen für die einzelnen Karrierestufen festgelegt. Das Dienstverhältnis im Support bei BMD beginnt mit einer umfassenden Einschulungsphase. Die Schwerpunkte dieser Ausbildung und deren laufende Überprüfung werden später noch ausführlicher beschrieben.

3 Die Fachkarriere im Bereich „Hotline-Support"

Der Karriereweg im Hotline-Support (siehe Abbildung 2) beginnt auf der ersten Stufe mit dem First-Level-Support. Der gute Umgang mit Kunden/Kundinnen am Telefon und ein breites fachliches Wissen innerhalb des Fachbereichs sind die notwendigen Kompetenzen. Als wesentliche Ausbildungen dazu dienen eine externe Telefonschulung und das Erlangen des Programmwissens. In speziellen Fachbereichen kommen dazu noch Fachausbildungen wie etwa die Buchhalter/-innen-Prüfung.

Der Second-Level-Support beschäftigt sich mit den schwierigeren fachlichen Problemstellungen der Kunden/Kundinnen, manchmal auch mit Reklamationsgesprächen. Entsprechend wurde das Design der Rolle vorgenommen. Auf dem Weg zu dieser Fachkarriere werden vordergründig Kompetenzen wie Beschwerdemanagement, vertiefendes Programmwissen und eine Verbreiterung der fachlichen Kompetenzen forciert.

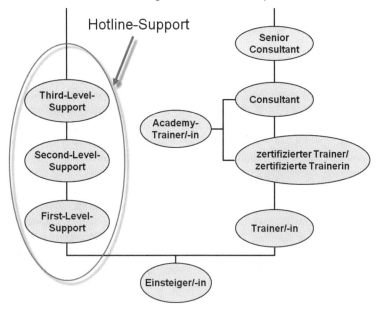

Abbildung 2: Fachkarriere Hotline-Support

Die höchste Karrierestufe im Hotline-Support stellt der Third Level dar. Diese Fachkarriere ist im Supportprozess die letzte Instanz und beschäftigt sich als solche mit der Lösung komplexer Problemstellungen. Dies bedarf einerseits einer außerordentlich breiten Programmkenntnis sowie auch eines entsprechenden technischen Verständnisses. Des Weiteren braucht man in dieser Fachkarriere außerordentliche analytische Fähigkeiten sowie ein hohes Maß an Kreativität bei der Lösungsfindung.

4 Die Fachkarriere im Bereich „Softwaretraining im Außendienst"

Der Karrierepfad „Softwaretraining im Außendienst" (siehe Abbildung 3) ist grundsätzlich an jenen im Hotline-Support angelehnt. Dieses Design steht hauptsächlich damit in Zusammenhang, dass ein Großteil der Mitarbeiter/-innen zwar zum überwiegenden Teil einer Fachkarriere zugeordnet werden kann, jedoch mitunter auch Tätigkeiten der jeweils entsprechenden Karrierestufe des anderen Pfades wahrnehmen kann. Das stellt im Sinne der Kompetenzentwicklung eine besondere Herausforderung für die Führungskräfte dar.

So entspricht die Karrierestufe Trainer/-in jener des First-Level-Supports, sie enthält jedoch eine zusätzliche Ausbildung mit dem Thema „Richtig schulen und trainieren im Außendienst", in der die wichtigsten Grundkenntnisse zur Erwachsenenbildung vermittelt werden. Aufgrund der Außenwirkung von Schulungen wird in diesem Bereich speziell am Beginn noch sehr viel mit Coaching durch Mitarbeiter/-innen höherer Fachkarrieren gearbeitet.

Um sich zu einem zertifizierten Trainer/einer zertifizierten Trainerin zu entwickeln, ist eine Reihe von kompetenzerweiternden Ausbildungen notwendig, die sich hauptsächlich im Bereich der methodischen und persönlichen Kompetenzen befinden. Es wird hier neben der fachlichen Qualifikation vermehrtes Augenmerk auf den Werkzeugkoffer zur Kunden-/Kundinnenbegeisterung gelegt. Hauptsächliches Tätigkeitsgebiet ist aufgrund der tiefen Programmkenntnisse der Fachabteilung das Abhalten von Fachschulungen für Key-User/-innen und normale Anwender/-innen.

Bei den höheren Fachkarrieren im Bereich Softwaretraining geht die Entwicklung hin zum Consulting. Hauptziel dieser Fachkarrieren ist die optimale Beratung der Kunden/Kundinnen, primär sind sie zu unterscheiden durch das breite auf das BMD-Programm bezogene Wissen. Zur Entwicklung der beratenden Kompetenzen wird den Mitarbeitern/Mitarbeiterinnen eine Reihe von Ausbildungen ermöglicht, die von speziellen Lerntypentrainings bis zu einem/einer vom „Projektmanagement Austria" zertifizierten Projektleiter/-in reichen. Dadurch und gepaart mit dem breiten BMD-Verständnis werden exzellente Voraussetzungen für qualitativ hochwertiges Consulting nachhaltig sichergestellt.

Bei den bisher behandelten Fachkarrieren handelt es sich vor allem um jene Mitarbeiter/-innen, die in Kontakt zu einem Kunden/einer Kundin stehen. Dies verlangt eine andere Ausprägung von Kompetenzen, als dies im Bereich der Aus- und Weiterbildungsakademie der Fall ist. Aus dem Pool von zertifizierten Trainern/Trainerinnen und Consultants werden auch hauptsächlich die Akademietrainer/-innen rekrutiert. Das Abhalten von Seminaren mit unterschiedlichen Teilnehmern/Teilnehmerinnen aus verschiedenen Unternehmen und mit differenzierten Erwartungen an die besuchte Veranstaltung verlangt noch einmal spezielle

Kompetenzen. Akademietrainer/-innen erhalten zur Kompetenzentwicklung noch einmal zusätzlich eine Reihe von Ausbildungen. Vor allem ist es aber von entscheidender Bedeutung, diese Kompetenzen ständig auf dem hohen Niveau zu halten.

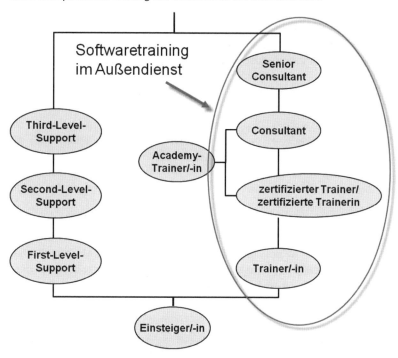

Abbildung 3: Fachkarriere „Softwaretraining im Außendienst"

5 Persönliche, soziale und methodische Kompetenzen – die Kompetenzmatrix

Bei BMD werden die notwendigen Kompetenzen der Mitarbeiter/-innen in 3 Bereiche nach Notwendigkeit eingeteilt:

- Persönliche Kompetenzen: Auftreten, Lernbereitschaft, Sprachliches Ausdrucksvermögen, Kreativität usw.
- Soziale Kompetenzen: Umgang mit Kunden/Kundinnen, Konfliktfähigkeit, Kunden-/Kundinnenorientierung usw.
- Methodenkompetenzen: Fachwissen, Lösen von Problemen, Entwicklung von Ideen usw.

Die Herausforderung für die Führungskräfte der BMD-Akademie ist natürlich das Entwickeln der notwendigen und aktuell benötigten Kompetenzen sowie das nachhaltige Messen und ständige Bewerten. Den Löwenanteil dabei nimmt natürlich das Entwickeln von notwendigen, im Moment gebrauchten und nachhaltigen Kompetenzen der Mitarbeiter/-innen in Anspruch. Unter dem Motto „Es wird von Natur aus kein BMD-Außendienst- und -Akademie-Trainer/

keine BMD-Außendienst- und -Akademie-Trainerin, der/die mit allen notwendigen Kompetenzen ausgestattet ist, geboren" ist eine gewisse Herausforderung für die Führungskräfte sowie Mitarbeiter/-innen gegeben.

Die persönlichen Kompetenzen sind nach unserem Verständnis zu einem bestimmten Teil nicht trainierbar – diese werden je nach Persönlichkeit des Menschen bereits mitgebracht. Auftreten, sprachliches Ausdrucksvermögen usw. sind Talente respektive Fähigkeiten, die vom Kunden/von der Kundin vorausgesetzt werden, jedoch nicht selbstverständlich sind. Als praktische Beispiele seien an dieser Stelle das Halten einer flammenden Rede oder eines Vortrags vor mehreren Hundert Zuhörern/Zuhörerinnen genannt. Diese Gabe ist nur zu einem gewissen Teil trainierbar, jedoch trotzdem forder- und förderbar. Werden Talente erkannt, so sind diese richtig einzusetzen. Diese Kompetenzen sind vor allem im Bereich der BMD-Aus- und Weiterbildungsakademie gefragt. Kunden/Kundinnen mit jeder Faser des Herzens „zu fesseln", zu motivieren und zu überzeugen und zudem noch Inhalte zu vermitteln ist die Kunst der Stunde! Hier werden BMD-Akademie-Trainer/-innen in den Bereichen Präsentationstechnik, Körpersprache, Methoden usw. ausreichend und dauerhaft ausgebildet bzw. trainiert.

Soziale Kompetenzen hingegen sind schon einfacher an- und erlernbar. Der Umgang mit Kunden/Kundinnen, Kunden-/Kundinnenorientierung etc. sind Grundwerte der BMD-Außendienstmitarbeiter/-innen. Jeder Mitarbeiter/Jede Mitarbeiterin soll so ein Markenbotschafter/eine Markenbotschafterin bzw. ein Umsatzbeschleuniger/eine Umsatzbeschleunigerin werden. Diese Grundeinstellung ist ein absolutes und unverrückbares Muss eines BMD-Trainers/einer BMD-Trainerin. Das Ziel lautet unter anderem, dass jeder Kunde/jede Kundin so betreut und behandelt werden soll, dass dieser/diese jederzeit bereit ist, eine Empfehlung für BMD abzugeben.

Die Methodenkompetenz ist unseres Erachtens die am ehesten zu erlernende bzw. erarbeitende Komponente. Fachwissen – in unserem Fall Programmwissen sowie großteils Gesetzesmaterie – zu erlernen ist in unserer Branche die Basis für den beruflichen Erfolg. Diese Fähigkeiten sind grundsätzlich auch am leichtesten zu entwickeln bzw. auch zu messen. Drei Monate nach Dienstbeginn und dementsprechender (dualer) Ausbildung werden diese Kompetenzen und Fähigkeiten erhoben. Programmwissen ist mit Zahlen, Daten und Fakten beleg- und messbar. Ziel dieser Überprüfung, die nach positivem Bestehen mit einem Zertifikat ausgezeichnet wird, ist unter anderem auch die Feststellung, wo Mitarbeiter/-innen noch gefördert werden müssen und sollen. Um die Methodenkompetenz nachhaltig zu festigen und aufrechtzuerhalten, werden im Dreijahresrhythmus Rezertifizierungen durchgeführt. Diese Maßnahme fordert und fördert Mitarbeiter/-innen und sichert gleichzeitig die fachliche Qualität, die Grundvoraussetzung des uns selbst gesetzten hohen Anspruches gegenüber unseren Kunden/Kundinnen ist.

Eine wesentliche Frage ist, in welchem Bereich – nämlich Hotline/Support, Softwaretraining im Außendienst und Akademietrainer/-innen – welche Ausprägungen der Kompetenzbereiche benötigt werden. Um dies klar, transparent und eindeutig festzuhalten, wurde die BMD-Kompetenzmatrix erstellt (siehe Abbildung 4). Nach Schulnotensystem abgestimmt werden notwendige und benötigte Kompetenzen bewertet.

Die BMD-Fachkarriere in Schulung und Support

	Karriere/Tätigkeit	Grundwert	Einsteiger/-in	First-Level-Support	Trainer/-in	Second-Level-Support	Zertifizierter Trainer/zertifizierte Trainerin	Consultant	Product-Manager/-in	Gruppenleiter/-in	Academy-Trainer/-in
Methodische Kompetenzen	Dokumentieren und Schreiben	3	3	3	3	1	1	1	1	3	1
	Entscheidungsfindung							3	3	3	
	Kreative Entwicklung von Strategien							3	3	3	
	Lösungskompetenz			3	3	1	1	3	1	1	3
	Moderation				5		3	3	3	3	3
	Projektmanagement				5		3	3			
	Umgang mit Wissen	5	5	3	3	3	3	3	1	3	5
	Rhetorik	5	5	3	3	3	3	3	1	1	1
	Selbstorganisation	5	5	3	3	3	3	3	3	3	5
	Trainieren			5	3	3	1	3	3	5	1
	IT-Know-how + Affinität	3	3	3	1	1	1	1	1	3	1
	Fachwissen (BMD)		5	3	1	1	1	3	1	3	1
Persönliche Kompetenzen	Auftreten	3	3	3	3	3	1	1	1	1	1
	Frustrationstoleranz	5	3	1	1	1	3	3	3	1	5
	Loyalität	3	3	3	3	3	3	3	3	3	3
	Lernbereitschaft	3	3	3	3	3	3	3	1	3	3
	Kreativität		5	3	3	3	1	1	3	3	
	Konzentrationsfähigkeit	3	3	3	3	3	3	3	3	3	3
	Ganzheitliches Denken	5	5	3	3	3	3	1	1	1	3
	Motivation	3	3	3	3	3	3	3	1	1	1
	Offenheit	5	5	3	3	3	3	3	3	3	3
	Persönliche Fitness	5	5	5	5	3	3	3	3	3	3
	Pünktlichkeit	3	3	3	1	3	1	1	1	1	1
	Selbstreflexion	5	5	5	3	3	3	3	3	1	3
	Sprachliches Ausdrucksvermögen	3	3	1	1	1	1	1	1	1	1
	Umgang mit Ressourcen	5	5	5	3	3	3	3	3	3	3
	Work-Life-Balance	5	5	5	5	3	3	3	3	3	3
Soziale Kompetenzen	Kommunikation	3	3	3	3	3	1	1	1	1	1
	Kommunikation am Telefon	5	5	1	1	1	3	3	3	3	5
	Kontaktfreudigkeit	3	3	1	1	1	1	1	1	1	1
	Kritikfähigkeit	5	3	1	1	1	3	3	3	3	3
	Kunden-/Kundinnenorientierung	5	5	3	3	3	3	3	1	3	3
	MA-Führung					5		3	3	1	
	Planen und Organisieren			5	3	5	3	1	3	1	3
	Teamfähigkeit	5	5	3	3	3	3	1	1	1	5
	Umgang mit Kunden/Kundinnen	5	5	3	3	3	1	1	1	1	1
	Umgang mit Gruppen							3		1	3
	Umgang mit Chancen und Risiken							3	3	3	
	Umgang mit Konflikten	5	5	3	3	3	3	3	3	1	5
	Verhandlungsgeschick			5	5	5	3	3	3	3	

Abbildung 4: Kompetenzmatrix

6 Schlussfolgerung

Mitarbeiter/-innen fördern und fordern, Kompetenzen entwickeln, transparent messen und fair bewerten sind der Garant für Zufriedenheit und hohen Nutzen für alle Beteiligten. Kompetenz- sowie Personalentwicklung im BMD-Support ist (im wissenschaftlichen Sinne) ein Teilbereich der Personalwirtschaft, den wir jedoch nicht isoliert, sondern immer im Sinne des großen Ganzen betrachten. Ziel der gesamten Personalwirtschaft ist es, Mitarbeitern/Mitarbeiterinnen einen dauerhaften Anreiz zu geben, für die BMD Systemhaus GmbH motiviert und leistungsstark tätig zu sein. Zudem wirken sich die nach KODE® (vgl. beispielsweise Heyse, Erpenbeck & Max 2004) ausgerichteten Grundkompetenzen wie Personale Kompetenz, Aktivitäts-/Handlungskompetenz, Fach-/Methodenkompetenz und Sozial-kommunikative Kompetenz wesentlich auf unsere Dienstleistungstätigkeiten nachhaltig positiv aus.

Literaturverzeichnis

Erpenbeck, John & Rosenstiel, Lutz von (2007; Hrsg.): Handbuch Kompetenzmessung. Erkennen, verstehen und bewerten von Kompetenzen in der betrieblichen, pädagogischen und psychologischen Praxis. 2. Auflage. Stuttgart: Schäffer-Poeschel.

Heyse, Volker & Erpenbeck, John (2004): Kompetenztraining. Stuttgart: Schäffer-Poeschel.

Heyse, Volker & Erpenbeck, John (2007; Hrsg.): Kompetenzmanagement. Methoden, Vorgehen, KODE® und KODE®X im Praxistest. Münster: Waxmann.

Heyse, Volker, Erpenbeck, John & Max, Horst (2004; Hrsg.): Kompetenzen erkennen, bilanzieren, entwickeln. Münster, New York, Berlin und München: Waxmann.

Martin Barth / Harald Dietinger / Rainer Griessl / Kurt Winter

Arbeiterkammer OÖ. / Gewerkschaft Bau-Holz OÖ. / BUAK Wien / Gewerkschaft Bau-Holz OÖ.

Kompetenzen in einer Fachgewerkschaft

1 Einleitung 403
2 Sozialpartnerschaft und ihre (gesetzlichen) Grundlagen 404
    2.1   Die österreichische Sozialpartnerschaft 404
    2.2   Exkurs: Die Bauarbeiter-Urlaubs- und Abfertigungskasse (BUAK) ... 405
3 Der Betriebsrat 406
    3.1   Aufgaben und Rollenverständnisse von Betriebsräten/-rätinnen 406
        3.1.1   Zum Spektrum der Aufgaben 406
        3.1.2   Eine Kernaufgabe – die Organisation des Teams 407
        3.1.3   Rollenverständnisse 408
    3.2   Ganzheitliche Ausrichtung der Betriebsratsarbeit 409
4 Kompetenzen von Betriebsräten/-rätinnen und Funktionären/
Funktionärinnen der GBH Oberösterreich 410
    4.1   Kompetenzbereich „Arbeitsrecht" 410
    4.2   Kompetenzbereich „Betriebswirtschaft und Branchen-Know-how" ... 411
    4.3   Kompetenzbereich „Soziale Fähigkeiten" 412
5 Teamentwicklung 413
    5.1   Schlüsselfaktoren der Teamarbeit 413
    5.2   Projekt Teamentwicklung der GBH OÖ 414
6 Schlusswort 415
Literaturverzeichnis 415

1 Einleitung

Der vorliegende Beitrag zeigt nach einem ersten historischen Rückblick auf die österreichische Sozialpartnerschaft im Besonderen die Rahmenbedingungen und konkreten Aufgaben des Betriebsrats und der gewerkschaftlichen Funktionärs-/Funktionärinnenebene auf. Anhand dieser Vielfalt an Tätigkeiten und Rollen wird skizziert, wie die fachliche und persönlich-soziale Eignung für gewerkschaftliche und betriebsrätliche Arbeit beobachtet und qualifiziert gemessen werden kann. Unterstützt durch das Führungsinstrument „Mitarbeiter/-innen-Gespräch" wird als entscheidender Kulturfaktor der fachgewerkschaftlichen Zusammenarbeit die Kommunikation auf Ebene der Gewerkschaftsorgane, der Betriebe und der einzelnen Gewerkschaftsmitglieder als beständig aktiver, mitgestaltender und mitentscheidender Faktor deutlich.

2 Sozialpartnerschaft und ihre (gesetzlichen) Grundlagen

Der Begriff Sozialpartnerschaft bezeichnet ein kooperatives Verhältnis von Arbeitgeber/-innen- und Arbeitnehmer/-innen-Verbänden (Sozialpartnern) mit dem Ziel, Interessengegensätze durch Konsenspolitik zu lösen und offene Konflikte einzudämmen (vgl. http://de.wikipedia.org/wiki/Sozialpartner und http://www.sozialpartner.at).

2.1 Die österreichische Sozialpartnerschaft

Österreich verfügt über ein besonders ausgeprägtes System der Zusammenarbeit der großen wirtschaftlichen Interessenverbände mit der Regierung (vgl. Jakl 2011). Dieses System der Wirtschafts- und Sozialpartnerschaft, zumeist kurz als „Sozialpartnerschaft" bezeichnet, beruht auf dem Prinzip der Freiwilligkeit: Das historisch gewachsene Zusammenwirken der Interessenverbände ist weitestgehend informell. Die Sozialpartnerschaft beschränkt sich nicht auf die Regulierung von Arbeitsbeziehungen – Kollektivverträge werden in aller Regel von der jeweiligen Unterorganisation, auf Arbeitnehmer/-innen-Seite vom Österreichischen Gewerkschaftsbund und auf Arbeitgeber/-innen-Seite von der Wirtschaftskammer, abgeschlossen (vgl. Klose 1970; Pellar & Schmid 2008; Weber 2010). Nach Schätzungen sind 90 bis 95 Prozent der in der Privatwirtschaft beschäftigten Arbeitnehmer/ -innen von einem Kollektivvertrag erfasst. Die österreichische Besonderheit liegt darin, dass sich die Sozialpartnerschaft darüber hinaus auf praktisch alle Gebiete der Wirtschafts- und Sozialpolitik erstreckt (vgl. Pribyl 1991).

Die vier großen Interessenverbände – Österreichischer Gewerkschaftsbund (ÖGB), Wirtschaftskammer Österreich (WKÖ), Bundesarbeitskammer (BAK) und Landwirtschaftskammer Österreich (LK) – sind nicht bloß Interessenvertretungen im engeren Sinne, also Kollektivvertragspartner und Lobbyorganisationen mit Serviceleistungen für ihre Mitglieder, sondern sie sind darüber hinaus in vielfältiger Weise im politischen System Österreichs verankert:

- in der Gesetzgebung (Recht auf Begutachtung von Gesetzesvorlagen, Recht zur Einbringung von Vorschlägen in gesetzgebenden Körperschaften, Recht zur Formulierung von Gesetzesentwürfen im zentralen Interessenbereich der Sozialpartner),
- in der Verwaltung (in Kommissionen, Beiräten und Ausschüssen auf Bundes- und Landesebene, etwa im Lehrlingswesen), in Aus- und Weiterbildung (LABAB – Landesbeirat für Ausbildung und Beschäftigung; EWB – Erwachsenenbildung; Bildungskonto), bei der Kontrolle von Arbeitsbedingungen (AI – Arbeitsinspektion), in Wettbewerbspolitik und Kartellwesen, Arbeitsmarktpolitik (AMS – Arbeitsmarktservice), Konsumenten-/Konsumentinnenpolitik und in Förderungseinrichtungen (d. s. FFG – Forschungsförderungsgesellschaft; AWS – Austria Wirtschaftsservice; ÖROK – Österreichische Raumordnungskonferenz und Grundverkehrskommission; Oberösterreichischer Verkehrsverbund, Regionalvereinsausschüsse),
- in der Gerichtsbarkeit (Erbringen von Vorschlägen für die Ernennung von Laienrichtern/ -richterinnen bei Arbeits- und Sozialgerichten, und Stellen von Beisitzern/Beisitzerinnen im Kartellgericht) sowie

- in der Sozialpolitik (Sozialversicherung) – hier besteht ein wichtiger Tätigkeitsbereich der Verbände in der Entsendung von Vertretern/Vertreterinnen in die Pensions-, Kranken- und Unfallversicherungen, die als öffentlich-rechtliche Selbstverwaltungskörperschaften organisiert sind. (vgl. Huget 2007)

2.2 Exkurs: Die Bauarbeiter-Urlaubs- und Abfertigungskasse (BUAK)

Für den Baubereich und die GBH ist die Bauarbeiter-Urlaubs- und Abfertigungskasse (BUAK) von besonderer Bedeutung. Diese ist eine öffentlich-rechtliche Körperschaft, die in Selbstverwaltung paritätisch von den Sozialpartnern des Baubereichs verwaltet wird. Die vom Geltungsbereich des Bauarbeiter-Urlaubs- und Abfertigungsgesetzes (BUAG) erfassten Arbeitnehmer/-innen fallen in die Zuständigkeit der GBH. Die gesamte Entwicklung der BUAK wurde wesentlich von der GBH bestimmt. Inhaltlich deckt die BUAK – wie sich aus der geschichtlichen Entwicklung ablesen lässt – kontinuierlich ein umfangreicheres Aufgabenspektrum ab. Neben dem Sachbereich Urlaub (Urlaubsentgeltverrechnung für Naturalurlaub, Urlaubsgeld, Urlaubszuschuss), dem Sachbereich Abfertigung (Abfertigung Alt und Beitragseinhebung für Abfertigung Neu), dem Sachbereich Schlechtwetterentschädigung (Refundierung von ausbezahlten Schlechtwetterentschädigungen an Arbeitgeber/-innen) und dem Sachbereich Winterfeiertagsvergütung (Refundierung von Winterfeiertagskosten an Arbeitgeber/-innen, die ihre Arbeitnehmer/-innen durchbeschäftigen; Auszahlung der Winterfeiertagsvergütung an Arbeitnehmer/-innen, die nicht durchbeschäftigt werden) verwaltet die BUAK eine kollektivvertragliche Schichturlaubsregelung und hebt für die Arbeitgeber/-innen-Seite die Ausbildungsumlage (finanzieller Ausgleich zwischen Betrieben, die Lehrlinge ausbilden, und solchen, die das nicht tun) ein.

Die BUAK stellt für alle Arbeitnehmer/-innen der Bauwirtschaft eine einheitliche Auszahlung der sich aus den Aufgaben ergebenden Leistungen sicher. Die durch Außendienstmitarbeiter/-innen der BUAK durchgeführten Betriebskontrollen gewährleisten, dass für alle Arbeitnehmer/-innen in der Branche möglichst einheitliche Standards gelten (für die Arbeitgeber/-innen bringt dies den Vorteil, dass sie sicher sein können, dass auch andere Baubetriebe mit den gleichen Leistungen belastet werden). Die BUAK wird als öffentliche Einrichtung zuallererst von den Bauarbeitern/Bauarbeiterinnen benötigt. Die Identifikation der Arbeitnehmer/-innen und Betriebsräte/-rätinnen in der Bauwirtschaft mit ihrer Institution BUAK ist immer noch sehr hoch. Die BUAK versucht dies durch Referenten/Referentinnen, die für Kurse der GBH zur Verfügung gestellt werden, zu unterstützen.

Trotz natürlich bestehender Differenzen kann für die Bauwirtschaft immer noch von einer funktionierenden Sozialpartnerschaft gesprochen werden. Zielsetzung muss sein, dass die Sozialpartnerschaft nicht dazu dient, im System liegende Interessengegensätze zu verschleiern, indem etwa Zuwanderer/Zuwanderinnen oder Migranten/Migrantinnen als Schuldige für Probleme am Arbeitsmarkt ausgemacht werden, sondern Lösungen zu suchen, die allen Beschäftigten der Bauwirtschaft Fortschritte bringen. Mit einer BUAG-Novelle im Jahr 2009 wurde die Möglichkeit für die BUAK geschaffen, in einem gewissen Umfang Kontrollen der Lohnzahlungen durchzuführen. Mit dem Lohn- und Sozialdumping-Bekämpfungs-Gesetz, in das die BUAK mit eingebunden ist, wird erstmals in Österreich eine tatsächliche Lohnkontrolle mit Sanktionen bei Unterschreitungen der Mindestlöhne geschaffen. Dies ist ein beachtlicher sozialpolitischer Fortschritt. Die Einhaltung von Mindestlohnbestimmungen ist damit nicht mehr Privatangelegenheit, sondern im öffentlichen Interesse. Um diese Bestimmungen mit Leben zu erfüllen (und inhaltlich weiter auszubauen), wird es der Zusammenarbeit von Betriebsräten, GBH, AK und BUAK bedürfen.

3 Der Betriebsrat

Ein Betriebsrat ist eine institutionalisierte Arbeitnehmer/-innen-Vertretung in Betrieben, Unternehmen und Konzernen. In Österreich ist der Betriebsrat das auf Grundlage des Arbeitsverfassungsgesetzes von den Arbeitnehmern/Arbeitnehmerinnen eines Betriebes (mit mindestens 5 ständigen Arbeitnehmern/Arbeitnehmerinnen) gewählte Organ zur Vertretung der Arbeitnehmer/-innen-Interessen durch Mitwirkung und Mitbestimmung an spezifizierten betrieblichen Entscheidungen. Otto Bauer, der Wegbereiter dieses Gesetzes, und Ferdinand Hanusch, der Gründer der Arbeiterkammern, verfolgten die Intention einer wirtschaftlichen Mitbestimmung von Beschäftigten in den Betrieben, in Kooperation mit Eigentümern/Eigentümerinnen und Geschäftsleitungen. (vgl. Haberl 2010)

Erstmals mit dem „Gesetz über die Errichtung von Betriebsräten" vom 15.5.1919 gab die Erste Republik den österreichischen Betriebsräten einen gesetzlichen Status, der mit dem „Betriebsrätegesetz" vom 28.3.1947 fortgeschrieben wurde und heute im Arbeitsverfassungsgesetz vom 14.12.1973 (am 16.1.1974 in Kraft getreten) die aktuelle Rechtsgrundlage für die Befugnisse des österreichischen Betriebsrats (§§ 50–122) sowie des Europäischen Betriebsrats (§§ 171–203) bildet. Letzte Änderungen erfolgten ab 1.1.2011. Der Betriebsrat verfügt heute über abgestufte Mitwirkungsrechte in sozialen, personellen, kulturellen und wirtschaftlichen Angelegenheiten. (vgl. Olscher 2003)

3.1 Aufgaben und Rollenverständnisse von Betriebsräten/-rätinnen

Zentrale Bedeutung bei der betrieblichen Interessenvertretung kommt den gewählten Organen der Belegschaft eines Betriebes zu. Als deren Sprecher/-innen vertreten Betriebsrat und Jugendvertrauensrat bzw. Personalvertretung die Beschäftigten in allen Fragen, die sich unmittelbar aus der betrieblichen Arbeitswelt ergeben. Im öffentlichen Dienst kommt die Aufgabe der betrieblichen Interessenvertretung den Personalvertretungen zu, deren Kompetenzen im jeweiligen Personalvertretungsrecht festgelegt sind. Das betriebsrätliche Spektrum reicht von Betriebsräten/-rätinnen in Klein- und Mittelbetrieben bis zu Euro-Betriebsräten/-rätinnen in internationalen Konzernen, von Jugendvertrauensräten/-rätinnen, die Spezialisten/Spezialistinnen für die Anliegen und Probleme von jugendlichen Arbeitnehmern/Arbeitnehmerinnen und Lehrlingen sind, bis zu Behindertenvertrauenspersonen in Betrieben, die beeinträchtigte Kollegen/Kolleginnen beschäftigen.

3.1.1 Zum Spektrum der Aufgaben

Mindestens so groß wie das Spektrum verschiedener Betriebsratsformen ist das Aufgabenspektrum der Betriebsräte/-rätinnen. Sie sind Partner/-innen der Arbeitnehmer/-innen in ihrem Betrieb und ihrer Fachgewerkschaft in allen betriebsübergreifenden Belangen. Die Basis für eine starke Vertretung sind die mehr als 1,4 Millionen gewerkschaftlich organisierten Arbeitnehmer/-innen. Das gilt auch für den Betriebsrat. Je mehr Mitglieder im Betrieb organisiert sind, desto stärker ist seine Position. Betriebsräte/-rätinnen haben eine gute Kenntnis des eigenen Betriebs. Mithilfe konkreter Handlungswerkzeuge auf dem Gebiet des Arbeits- und Sozialrechts, der betrieblichen Arbeitszeit- und Entgeltpolitik bis hin zur arbeitnehmer/-innen-orientierten Gestaltung von Sozialplänen, zeigt betriebsrätliches Handeln Weitsicht und Ausgewogenheit der Interessen. (vgl. Haberl 2010)

Die Aufgaben der Betriebsratskörperschaft:

- Verhandelt Betriebsvereinbarungen
- Sorgt für die Einhaltung der Kollektivverträge und der Betriebsvereinbarungen
- Macht Vorschläge zur Verbesserung der Arbeitsbedingungen und der Sicherheit
- Hat Mitspracherecht bei der Gestaltung der Arbeitsplätze
- Hat das Recht auf Mitsprache bei Personal- und Wirtschaftsangelegenheiten
- Hat das Recht, zu Kündigungen und Entlassungen Stellung zu nehmen und diese bei Gericht anzufechten
- Kann Versetzungen (unter bestimmten Voraussetzungen) verhindern
- Muss über alle die Arbeitnehmer/-innen betreffenden Angelegenheiten informiert werden

Die Lösung arbeitnehmerspezifischer Probleme bzw. Fragen erfolgt (stark vereinfacht) in einem Dreischritt:

- Klärung der rechtlichen Situation und Grundlage.
- Klärung des konsensorientierten Verhaltens und Vorgehens gegenüber dem Gesprächspartner/der Gesprächspartnerin (dem Geschäftsführer/der Geschäftsführerin) in dieser Situation.
- Klärung des konfliktorientierten Verhaltens und Vorgehens.

3.1.2 Eine Kernaufgabe – die Organisation des Teams

Bei der Organisation des Betriebsratsteams sind alle Phasen der Betriebsratstätigkeit wichtig und sind aktiv zu behandeln. Die Organisation des Betriebsratsteams beginnt bereits bei der Gestaltung einer Liste für die Betriebsratswahl (Phase 1). Zu beachten sind die Unterschiede, ob man auf ein bestehendes Team aufbauen kann oder eine völlig neue Liste zusammenstellen muss. Wenn man auf ein bestehendes Team aufsetzen kann, ist es zum Teil einfacher, zum Teil auch schwieriger. Einfacher, weil weniger Rekrutierung erforderlich ist, schwieriger, weil man mehr persönliche Rahmenbedingungen (seitens der aktiven Betriebsräte/-rätinnen) berücksichtigen muss. Bei der Zusammenstellung einer Liste sollten schon die Aspekte der Konstituierung (sachliche und räumliche Anforderungen – siehe unten) vorweggenommen werden. Ein ganz wesentlicher Faktor ist die bewusste Berücksichtigung von Netzwerken innerhalb der Belegschaft und die Möglichkeit des Zuganges zu diesen Netzwerken. Damit sind Multiplikatoreffekte zu erzielen, die schon bei der Wahl, aber auch bei der laufenden Betriebsratsarbeit die Kommunikation zwischen Betriebsrat und Belegschaft wesentlich vereinfachen können.

    Die zweite wichtige Phase ist die Konstituierung nach der Wahl. Unabhängig von der Anzahl der Listen, aus denen sich eine Körperschaft zusammensetzt, sollten sich die gewählten Mandatare/Mandatarinnen zu einem Team zusammenfinden, das die Arbeit für die Belegschaft und nicht fraktionelle Rivalitäten in den Vordergrund stellt. Dabei sind neben den formalen Erfordernissen (Vorsitzender/Vorsitzende, Schriftführer/-in, Kassier/-in) folgende Gesichtspunkte von entscheidender Bedeutung:

- Abdeckung aller sachlichen Anforderungen durch Definition von Zuständigkeiten für die wesentlichen Themen, für die anlassbezogene Beratung
- Abdeckung aller räumlichen Anforderungen durch Zuordnung der einzelnen Mandatare/ Mandatarinnen für bestimmte Mitarbeiter/-innen-Gruppen, für die persönliche Betreuung

Hilfreich dabei ist die Arbeit in Ausschüssen. Es hat sich bewährt, die Betriebsratsarbeit in Form von Ausschüssen abzuwickeln. Ausschüsse können sowohl geschäftsführend als auch nicht geschäftsführend organisiert sein (geschäftsführende Ausschüsse – also beschlussfähige – müssen in einer Betriebsrats-Geschäftsordnung festgelegt werden). Empfehlenswert sind nicht geschäftsführende Ausschüsse. Sie bereiten Entscheidungen vor, können Verhandlungen führen, sind aber nicht beschlussfähig. Beschlüsse müssen von der ganzen Körperschaft gefasst werden. Beispiele für Ausschüsse sind: Datenausschuss (alle Angelegenheiten des Datenschutzes usw.), Ausschuss für Arbeitnehmer/-innen-Schutz, Bildungsausschuss oder Ausschuss für Information und Medien.

Die dritte wesentliche Phase ist die laufende Arbeit während einer Funktionsperiode. Ein Team muss gepflegt werden. Neben vielen persönlichen Kontakten mit den Betriebsräten/ -rätinnen sollten die Vorsitzenden auch im Rahmen von Betriebsratssitzungen, Betriebsratsklausuren, formalisierten Einzelgesprächen und diversen Aktivitäten ein großes Augenmerk auf den Zusammenhalt des Betriebsratsteams legen. Eine besondere Herausforderung dabei ist die Motivierung und Aktivierung von in ihrer Funktion eher passiv agierenden Betriebsratsmitgliedern.

Ein Schlüssel zu erfolgreicher Betriebsratsarbeit ist auch die Organisation der Ausbildung. Diese sollte sich an den innerhalb der Körperschaft übernommenen Aufgaben orientieren und in Einzelgesprächen festgelegt und vereinbart werden. Schulungen verhelfen nicht nur zu besseren (z.B. arbeitsrechtlichen) Kenntnissen und Kompetenzen[1], sondern führen durch die vielfältigen Kontakte mit anderen Betriebsräten/-rätinnen auch zu einer entscheidenden Erweiterung des eigenen betrieblichen Horizonts.

3.1.3 Rollenverständnisse

Laut gedacht, könnten die Gedanken eines Betriebsrats/einer Betriebsrätin sein: „Ich bin bereit zum Konsens, ich bewahre mir in der Vertretung Einzelner den Blick auf das Ganze, aber im Ernstfall vertrete ich ausschließlich die Interessen der Mitarbeiterinnen und Mitarbeiter!" Dabei muss bedacht werden, dass die Unternehmenskulturen, in denen Betriebsräte/-rätinnen tätig sind, in einer großen Bandbreite liegen: vom konzilianten Familienunternehmen über autoritäre Führungsstile bis hin zu den von Kennzahlen gesteuerten Multis in unserer globalisierten Wirtschaftswelt. Angesichts dieser unterschiedlichen Rahmenbedingungen wird deutlich, welche Vielfalt an Anforderungen und Eignungskriterien auf Betriebsräte/-rätinnen zukommen. Hier wird nun der Versuch verschiedener Rollenbeschreibungen unternommen:

---

[1] In diesem Zusammenhang sei auf folgende 2 Literaturstellen hingewiesen: Heyse & Erpenbeck 2009 und Hülshoff 1996.

Der Betriebsrat/Die Betriebsrätin ...

- als persönlicher Berater/als persönliche Beraterin
- Es gibt eine Fülle von Themen und Gebieten der fachlichen Beratung durch Betriebsräte/-rätinnen. Dazu gehören beispielsweise der Arbeitnehmer/-innen-Schutz, die persönliche und berufliche Gesundheit (Gesundheitsvorsorge und -förderung), Rechtsberatung, soziale Themen, wie Kommunikation, Verhandeln, Kontakt und Ausdruck, Öffentlichkeitsarbeit sowie Lobbying.
- als Führungspersönlichkeit
Betriebsräte/-rätinnen leisten einen wichtigen Beitrag im Bereich der kooperativen Führung, der Selbst- und Fremdverantwortung, bringen Mut und Verlässlichkeit im Umgang mit Kollegen/Kolleginnen inner- und außerhalb der betrieblichen Belegschaften ein.
- als wirtschafts- und gewerkschaftspolitischer Denker bzw. Denkerin
Betriebsräte/-rätinnen denken und handeln in übergeordneten Systemen und Netzwerken (Gesundheits-, Sozialversicherungspolitik, staatliche Budget- und Steuerpolitik, öffentliche Leistungen, Co-Management/Kollektivvertrag usw.) oft weit über den Betrieb hinaus.
- als interessenpolitischer Visionär/interessenpolitische Visionärin, Umsetzer/Umsetzerin und Interessenvertreter/-in
- als (sozial)partnerschaftliches Vorbild, Zeuge/Zeugin (inter)nationaler arbeits- und sozialpolitischer Errungenschaften, Kenner/-in politischer Systeme (der Bundesverfassung, der Gesetzgebung und Vollziehung, der politischen Bildung, des Modells der Sozialpartnerschaft in Österreich usw.)
- als Jugendarbeiter/-in und integratives Bindeglied der Generationen und Kulturen (Jugendvertrauensrat/-rätin, Behindertenvertrauensperson usw.)
- als (Team-)Entwickler/-in in einem Kollegialorgan und methodenkompetenter „Organizer"/methodenkompetente „Organizerin" (Integration, Aufgabenteilung, Migration, betriebsrätliche Projekte usw.)

3.2 Ganzheitliche Ausrichtung der Betriebsratsarbeit

Etliche Betriebsräte/-rätinnen klagen über eine Überforderung, die auch durch eine zunehmende Komplexität der Aufgaben bedingt ist. Während dem Management für die Strategieentwicklung und -umsetzung eine Unzahl von Experten/Expertinnen und Beratern/Beraterinnen zur Verfügung steht, verfügen Betriebsräte/-rätinnen nur über beschränkte Ressourcen. Für Betriebsräte/-rätinnen gibt es gerade einmal drei Wochen Bildungsfreistellung innerhalb einer Funktionsperiode, für Ersatzbetriebsräte/-rätinnen ist diesbezüglich gar nichts vorgesehen, obwohl es Bemühungen gibt, sie verstärkt in die Interessenvertretung einzubeziehen, um die Arbeit auf mehrere Köpfe verteilen zu können.

Die Ausbildungsangebote selbst umfassen eine große Bandbreite, die von arbeits- und sozialrechtlichen Themen über Volks- und Betriebswirtschaft bis hin zur Vermittlung sogenannter „Soft Skills" reicht. Anbieter/Anbieterinnen sind vor allem die Fachgewerkschaften, der Verband Österreichischer Gewerkschaftlicher Bildung und die Arbeiterkammern. Seitens der Betriebsräte/-rätinnen wird – typisch für eine berufsbegleitende Ausbildung – eine möglichst praxisnahe Gestaltung gefordert. Hilfreich könnten Praxisbeispiele sein, die bereits im Vorfeld gesammelt, verteilt und studiert werden sollten. Möglichst homogene Gruppen sollten gewährleisten, dass wirklich die einen von den anderen lernen können. Hochgeschätzt wird die Unterstützung und Beratung von Arbeiterkammern und Gewerkschaften in arbeitsrechtlichen und betriebswirtschaftlichen Belangen (Kollektivverträge, Betriebsvereinbarungen, Bilanzanalyse/Wirtschaftsgespräch zwischen Geschäftsführung und Betriebsräten/-rätinnen, Prozessberatung u. Ä.).

Der umfassendste Ansatz einer solchen Begleitung könnte folgenden Stufenaufbau haben:

- Trendbeobachtung/Szenarioanalyse: Betriebsräte/-rätinnen und Gewerkschaft bereiten sich auch prophylaktisch auf Situationen vor und haben die Möglichkeit, sich darüber auszutauschen.
- Strategieentwicklung: Die Anliegen der Belegschaft müssen – beispielsweise über Befragungen – erhoben und in Verhandlungen so umgesetzt werden, dass diese Vereinbarungen dann auch halten. Beginnend mit der Strategieentwicklung soll der gesamte Verhandlungsprozess, unterstützt durch Coaching, immer wieder reflektiert werden.
- Nachbearbeitung: Auch nach einem Verhandlungsabschluss sollte es Gelegenheit zur Aufarbeitung und zur Reflexion geben.

Essenziell ist die Erfahrungsweitergabe: Es gibt wenig Literatur über Betriebsratserfahrungen; dazu soll eine Datenbank aufgebaut werden, damit voneinander gelernt werden kann (vgl. WIGBIT).

4 Kompetenzen von Betriebsräten/-rätinnen und Funktionären/Funktionärinnen der GBH Oberösterreich

Stellt man heute die Frage nach dem Qualifikationsprofil für den Beruf „Betriebsrat/-rätin und Gewerkschaftssekretär/-in", so stellt sich rasch heraus, dass zunehmend auch hier „Generalisten/Generalistinnen" gefragt sind, die mit den modernsten Managementtechniken vertraut sind, insbesondere auch jenen Eignungsfaktoren, die im Anschluss angeführt sind. Abhängig von der Teamstruktur und der Aufgabenverteilung in der Betriebsratskörperschaft wird die Anforderung an das Wissen unterschiedlich sein. Die Abstufung kann vom „Allrounder"/von der „Allrounderin" bis zum/zur auf einige Themen fokussierten Betriebsrat bzw. Betriebsrätin reichen.

Von größter Bedeutung ist das Wissen über die relevanten Themenbereiche und die Kenntnis darüber, mit welchen internen und externen Ressourcen welche Themen abgedeckt werden können. Die wichtigsten Voraussetzungen sind wohl der Überblick über die rechtlichen Grundlagen und die Best-Practice-Beispiele, also über Problemlösungen, die sich anderswo schon bewährt haben. Bei den Soft Skills spielt Prozess-Know-how bezüglich der Herangehensweise an komplexe Problemstellungen eine überragende Rolle. Dennoch: Ein gewisses Maß an Grundwissen ist für jeden Betriebsrat/jede Betriebsrätin erforderlich, das sich vor allem auf folgende drei Kompetenzbereiche bezieht:

4.1 Kompetenzbereich „Arbeitsrecht"

Die zentralen Komponenten des Arbeitsrechts sind das Arbeitsvertragsrecht, das Arbeitsverfassungsrecht und der Arbeitsschutz. Es gibt eine Vielzahl unterschiedlicher Rechtsquellen, die im Stufenbau hierarchisch gegliedert sind (Europarecht, Verfassungsrecht, zwingendes Gesetzesrecht, Kollektivvertrag, Satzung, Betriebsvereinbarung, Arbeitsvertrag und dispositives Gesetzesrecht). Für den Betriebsrat und die Gewerkschaftsfunktionäre/-funktionärinnen besonders wichtig ist das Arbeitsverfassungsgesetz, das die Zusammenarbeit von Arbeitgeber/Arbeitgeberin und der von den Arbeitnehmern/Arbeitnehmerinnen gewählten betrieblichen Interessenvertretung regelt.

4.2 Kompetenzbereich „Betriebswirtschaft und Branchen-Know-how"

Ziel der Betriebswirtschaft ist die Beschreibung und Erklärung betrieblicher Prozesse mit dem Ziel einer Optimierung der Input-Output-Relation durch die Unterstützung der entsprechenden Entscheidungsprozesse. Dabei wird auch mit betriebswirtschaftlichen Kennzahlen operiert, und eine zentrale Aufgabe des Betriebsrats muss sein, diese Kennzahlen richtig zu interpretieren. Auch wenn im Zeitalter der Globalisierung die Aussagekraft vieler dieser Parameter weniger zuverlässig sind als früher, so handelt es sich dabei noch immer um Messgrößen, die einen wichtigen Bereich der Chancen- und Gefahrenabschätzung darstellen.

Die Betriebswirtschaftslehre ist ein umfangreiches und komplexes Gebiet, das sich in zwei Hauptbereiche – die Allgemeine Betriebswirtschaftslehre und die Spezielle Betriebswirtschaftslehre – gliedert, wobei Letztere zwei Ansätze kennt:

- die Analyse aller relevanten Funktionsbereiche, bezogen auf jeweils spezifische Branchen (z. B. Bankbetriebslehre, Betriebswirtschaftslehre des Tourismus oder Betriebswirtschaftslehre des Gesundheitswesens) und
- die Fokussierung auf einzelne Funktionsbereiche in Betrieben, unabhängig von der jeweiligen Branche.

Es versteht sich von selbst, dass gerade bei betriebswirtschaftlichen und managementtechnischen Anforderungen der Ressourcenvorsprung der Arbeitgeber/-innen-Seite nur schwer aus eigener Kraft kompensiert werden kann. Umso wichtiger ist es, auf externe Hilfestellungen zurückzugreifen, wobei sich Expertise und Ausbildungen insbesondere in den einzelnen Arbeiterkammern finden und in der Arbeiterkammer Oberösterreich die Abteilung Consult sich um eine umfassende Betreuung von Betriebsratskörperschaften und Fachgewerkschaften in Oberösterreich kümmert (vgl. AK-Bericht 2009, S. 74 ff.). Neben der Kenntnis der arbeitsrechtlichen und bilanzwirtschaftlichen Grundregeln ist das Wissen über die Entwicklung der eigenen Branche ganz wesentlich für eine vorausschauende, aktiv angelegte Betriebsratsarbeit. Im Falle der GBH denken die Funktionäre/Funktionärinnen in interessenpolitischen Visionen. Gemeinsame Ziele und Bilder der Zukunft, Ideen zu einer besseren gewerkschaftlichen Zusammenarbeit mit Betriebsräten/-rätinnen und Belegschaften (zum Beispiel: ältere Arbeitnehmer/-innen länger gesund in Beschäftigung halten zu können, neue Arbeitsformen zu finden) sind von Interesse. Das Bild, lediglich Terrain zu verteidigen und Mitglieder zu halten, reicht nicht. Das größte Know-how über die aktuellen Ereignisse und Entwicklungen in den einzelnen Branchen bieten also die zuständigen Sekretäre/Sekretärinnen der Fachgewerkschaften.

4.3 Kompetenzbereich „Soziale Fähigkeiten"

Soziale Fähigkeiten zählen wohl zu den Schlüsselkompetenzen von Betriebsräten/-rätinnen und Funktionären/Funktionärinnen. Generell versteht man darunter die Fähigkeiten, mit Verschiedenartigkeit in pluralistischen Gesellschaften zurechtzukommen, kooperativ mit seinem Umfeld umzugehen, d. h. sich mit anderen kreativ auseinander- und zusammenzusetzen, sich gruppen- und beziehungsorientiert zu verhalten. (vgl. etwa Scheicher 2009, S. 331) Dabei sind kommunikative Fähigkeiten (wie etwa Konfliktfähigkeit und Verhandlungsgeschick) und Teamfähigkeit zwei zentrale Säulen im Arbeitsfeld von Betriebsräten/-rätinnen und Funktionären/Funktionärinnen.

- Kommunikative Fähigkeiten

Diese Fähigkeiten zeigen sich in einem konstruktiven Umgang mit dem Umfeld, mit Kollegen/Kolleginnen, Funktionären/Funktionärinnen und Kunden/Kundinnen (im weiten Sinn). Exemplarisch wird an dieser Stelle im Besonderen auf die Kompetenzen „Konfliktfähigkeit" und „Verhandlungsgeschick" eingegangen.

Konfliktfähigkeit bedeutet, Konflikte konstruktiv zu bewältigen. Konfliktfähigkeit bedeutet auch, Konflikte rechtzeitig zu erkennen, diese offen, direkt und fair auszutragen; wenn die Situation dies nicht ermöglicht, sie gegebenenfalls zu vermeiden oder mit ihnen leben zu lernen. (vgl. beispielsweise Molnar 2009, S. 181 ff.; Schelberger 2009, S. 129 ff.) Hierzu gehört die Fähigkeit, den Eskalationsgrad und die Art von Konflikten einschätzen zu können, ihren Kontext zu berücksichtigen und die eigenen wie die fremden Beiträge zu realisieren (vgl. etwa die Eskalationsstufen nach Glasl 2004, S. 233 ff.; vgl. auch Jiranek & Edmüller 2008). Konfliktfähigkeit ist eine Haltung und ein Tun, die sowohl der Konfliktscheu als auch der Streitlust eine aktive und rücksichtsvolle Konfliktaustragung gegenüberstellt. Bei einer konsequenten Konfliktverarbeitung sollte jeweils der privat erscheinende Konflikt auf seine gesellschaftspolitische Relevanz überprüft werden. Als Voraussetzung für eine solche Konfliktfähigkeitsdefinition gilt das Verständnis, dass Menschen immer in speziellen gesellschaftlichen Verhältnissen leben und von diesen geprägt sind. Es gilt daher, die soziologischen wie die psychologischen Aspekte in ihren Zusammenhängen sowie in den Konturen ihrer jeweiligen Relevanz zu beurteilen.

Beobachtungs- bzw. Messkriterien dazu sind:
- „Kann abweichende Meinung klar artikulieren"
- „Ist fähig, sich abzugrenzen"
- „Zeigt Widersprüche auf"
- „Bleibt ruhig, zeigt zügiges Vorgehen"
- „Ist in der Sprache klar und unumwunden"
- „Ist ergebnisorientiert"

Verhandlungsgeschick zu besitzen bedeutet die Kompetenz, in Gesprächen und Verhandlungen vorteilhafte Ergebnisse für die zu vertretenden Menschen bzw. Interessen zu erzielen, auf andere offen und unvoreingenommen zugehen zu können sowie Kontakte knüpfen und aufbauen zu können.[2] Beherrschtes Auftreten in allen, auch in konfliktgeladenen Situationen, ist ein Pluspunkt in Verhandlungen.

---

[2] Exemplarisch wird an dieser Stelle auf das Harvard Konzept verwiesen (vgl. Fisher, Ury & Patton 2000).

Beobachtungs- bzw. Messkriterien dazu sind:
- „Bleibt ruhig und sachlich am Thema, am Prozess dran"
- „Gliedert die Fragestellung"
- „Arbeitet Probleme systematisch ab, logische Vorgangsweise, ist auch gegen Ende sorgfältig und genau"
- „Erscheint zielstrebig"
- „Setzt Prioritäten"
- „Formuliert übersichtliche Darstellung"
- „Lässt Arbeitstechniken erkennen"
- „Lässt keine Leistungsschwankungen erkennen"
- „Wirkt selbstbewusst"
- „Bringt Vorschläge und Standpunkte überzeugend und glaubwürdig ein"
- „Stellt Querverbindungen her"
- „Ist auf den Gesprächspartner/die Gesprächspartnerin bezogen"
- „Formuliert klares Konzept"
- „Weckt Interesse"
- „Hat stimmige Körpersprache"

- Teamfähigkeit

Betriebsratsarbeit bedeutet auch, gemeinsam mit Kollegen/Kolleginnen zu abgestimmten Interessen zu kommen und in gemeinsamer Stärke die Interessen zu vertreten. Diese Zusammenarbeit erfordert von jedem/jeder Einzelnen Kooperationsfähigkeiten (vgl. hier etwa Haeske 2008 und Scheicher 2009, S. 316ff.). So bedeutet es manchmal, einen Kompromiss zu finden zwischen dem persönlichen Engagement sowie den eigenen Prioritäten und der Gruppe mit ihren Zielen. Teamfähigkeit bedeutet auch das Teilen der Führung in Gruppen.

5 Teamentwicklung

Insbesondere neu gewählte Betriebsräte/-rätinnen stehen vor der Herausforderung, sich in kurzer Zeit als Team zu formieren. Es gilt dabei herauszufinden, wer sich für welche Aufgabe am besten eignet, sowie ein gemeinsames Verständnis von Teamarbeit und teamübergreifender Zusammenarbeit gemeinsam zu entwickeln. Um das zu klären, braucht es eine sorgfältige Diagnose des Teamaufbaus. Darüber hinaus sollen verbindliche Spielregeln ein intensives „Wirgefühl" und eine „gemeinsame Sprache" schaffen. Effiziente Aufgabenverteilung und klare Entscheidungsstrukturen können so zu einem besseren Klima und stärkerer Identifikation der Betriebsratsmitglieder mit ihrer Funktion und ihren Aufgaben beitragen.

5.1 Schlüsselfaktoren der Teamarbeit

Von einem Team kann man sprechen, wenn folgende Merkmale anzutreffen sind (vgl. hierzu aus der Fülle von Literatur Antoni 2000 und Haeske 2008):
- Klare Identität
- Verbindliche Regeln und gemeinsame Vorgehensweisen und Strategien

- Gemeinsame, herausfordernde, aber realistische Ziele
- Ausreichender Handlungsspielraum
- Gemeinsame Erfolge und Leistungen
- Klare Strukturen und ausreichende Ressourcen (Zeit, Geld, personell)
- Klare Aufgabenteilung und Rollenzuordnung
- Offene Kommunikation und Besprechungsprozesse

Welche Fragen Betriebsratsteams zu Beginn ihrer Zusammenarbeit klären sollten:

- Was sind unsere gemeinsamen Werte?
- Wie definieren wir unsere verbindlichen Spielregeln für unsere Zusammenarbeit?
- Welche Ziele und Strategien verfolgen wir?
- Wie verstehen wir unsere Informations- und Kommunikationskultur?
- Wie organisieren wir unsere Arbeit im Betriebsrat?
- Wie reflektieren und bewerten wir die Qualität unserer Arbeit?
- Was ist konkret zu tun?

Aus unterschiedlichen Erfahrungen hat sich gezeigt, dass sowohl die Teambuilding-Phase (vgl. beispielsweise Tuckman 1965, S. 384 ff.) als auch in weiterer Folge die Entwicklung von Teams durch ausgebildete Teamsupervisoren/-supervisorinnen oder Organisationsentwickler/-innen sinnvollerweise begleitet werden sollte, da diese unbefangen sind und einen unvoreingenommenen Blick auf das Team bzw. die Organisation haben können.

Die Betriebsratsarbeit findet zwischen der Definition eigener Gestaltungs- und Handlungsräume und den Erfordernissen der Reaktion auf Vorgaben des Arbeitgebers/der Arbeitgeberin statt. In Teamklausuren sollte zumindest einmal jährlich festgelegt werden, wo einerseits eigene Akzente gesetzt werden können und wo andererseits mit Vorgaben der Arbeitgeber/-innen-Seite zu rechnen ist. Damit ist ein erster Raster für Zielentwicklungen der Betriebsratskörperschaften geschaffen. Dieses Schwanken zwischen Selbstbestimmung und Fremdbestimmung unterscheidet die Zielfindung und Zielerreichung im Rahmen der Betriebsratsarbeit von anderen Organisationseinheiten: Die Erreichung der Ziele ist ganz einfach sehr stark auch davon abhängig, ob der Arbeitgeber/die Arbeitgeberin mitspielt oder nicht. Nicht, dass Betriebsräte/-rätinnen völlig machtlos wären. Ihre Macht gründet sich aber nicht auf eine explizite Verfügungsgewalt, sondern setzt sich höchst diffizil aus Fachkompetenz, Geschick und – ganz wichtig – Macht im Sinne von Rückhalt in der Belegschaft, in der Gewerkschaft und gegebenenfalls in der Politik zusammen. (vgl. WIGBIT o. J.; gedifo-Projektgruppe 2010)

5.2 Projekt Teamentwicklung der GBH OÖ

Die GBH OÖ führte in den Jahren 2009/10 ein umfangreiches Teamentwicklungsprojekt durch. Ziel des Teamentwicklungsprojektes „GBH-Teamentwicklung für die Landesorganisation und Betriebsräte/-rätinnen" war die Stärkung der Mitgliederzahl, die Verbesserung der Zusammenarbeit in der Gruppe und in ausgewählten Betriebsratskörperschaften aus dem gesamten Raum Oberösterreichs. In den beiden Jahren wurden etwa 20 Teamentwicklungsklausuren durchgeführt. Der Erfolg innerhalb der Betriebsratskörperschaften und innerhalb des GBH-Teams zeigte sich durch die gute Zusammenarbeit innerhalb der Projekt- und Steuerungsgruppe, der Betriebsratsteams und der gesamten GBH-Landesorganisation.

Im Sinne der Vorbildfunktion der GBH-Landesorganisation gegenüber den Betriebsratskörperschaften in ganz Oberösterreich gab sie sich das Ziel vor, die Gesprächs- und Kommunikationsprozesse, die Konfliktlösung in der Gruppe und die Führung bzw. Steuerung der Leistungen der Gruppe der GBH-Landesorganisation zu überprüfen. Dies hatte unmittelbare Auswirkungen auf die personelle Besetzung der Landesorganisation, auf die Regelkommunikation sowie deren Organisation und bewirkt zudem die (Wieder-)Einführung des Mitarbeiter/-innen-Gesprächs. Hier sollte künftig ausführliches Feedback zwischen Führungskraft und Mitarbeiter/-in zur Leistungserbringung, zur Erreichung der Jahresziele der Landesorganisation und zu den künftigen Erwartungen der Führungskraft an die Mitarbeiter/-innen und umgekehrt (der Mitarbeiter/-innen an die Führung) ermöglicht und verstärkt werden.

6 Schlusswort

Der Beitrag zeigt die Diversität und Vielfalt der gewerkschaftlichen Anforderungen und Tätigkeiten anhand der interessenpolitischen und betrieblichen Aufgaben der Funktionäre/Funktionärinnen und der Beschäftigten der Gewerkschaft Bau-Holz Oberösterreich auf. Die Anforderungen an erfolgreiches Denken und Handeln ändern sich laufend und können im engen Zusammenspiel meist einfacher und auch besser gelöst werden. In diesem Geist des Miteinanders setzt die Gewerkschaft Bau-Holz Oberösterreich auch künftig auf die sozialpartnerschaftliche Kooperation, die Weiterentwicklung sozial- und interessenpolitischer Errungenschaften und Werte sowie die Kompetenzentwicklung.

Literaturverzeichnis

Antoni, Conny H. (2000): Teamarbeit gestalten. Grundlagen, Analysen, Lösungen. Weinheim und Basel: Beltz.

Arbeiterkammer OÖ (2009): AK-Jahresbericht. Linz: Arbeiterkammer OÖ.

Fisher, Roger, Ury, William & Patton, Bruce (2000): Das Harvard-Konzept. Sachgerecht verhandeln – erfolgreich verhandeln. 21. Auflage. Frankfurt am Main: Campus.

gedifo-Projektgruppe (2010): Managementinstrumente für die Betriebsratsarbeit. o. O.: o. V.

Glasl, Friedrich (2004): Konfliktmanagement. Ein Handbuch für Führungskräfte, Beraterinnen und Berater. Bern, Stuttgart und Wien: Haupt.

Haberl, Walter (2010): Interview vom 23.11.2010.

Haeske, Udo (2008): Team- und Konfliktmanagement. Teams erfolgreich leiten, Konflikte konstruktiv lösen. 3. Auflage. Berlin: Cornelsen.

Heyse, Volker & Erpenbeck, John (2009): Kompetenztraining. Stuttgart: Schäffer-Poeschel.

Huget, Holger (2007): Demokratisierung der EU: Normative Demokratietheorie und Governance-Praxis im europäischen Mehrebenensystem. Wiesbaden: Verlag für Sozialwissenschaften.

Hülshoff, Theo (1996): Das Handlungskompetenzmodell. In: WSB intern. Zeitschrift für betriebliche Weiterbildung 17, Heft 2, S. 37–45.

Jiranek, Heinz & Edmüller, Andreas (2008): Konfliktmanagement. Konflikte vorbeugen, sie erkennen und lösen. 2. Auflage. München: Jokers.

Klose, Alfred (1970): Ein Weg zur Sozialpartnerschaft. Das österreichische Modell. Wien: Verlag für Geschichte und Politik.

Molnar, Sandra (2009): Konfliktkompetenz. In: Rimser, Markus (Hrsg.): Skills für Trainer. Das Train-the-Trainer-Handbuch mit Grundlagen, Übungs- und Reflexionseinheiten für Trainer, Berater, Pädagogen und Dozenten. 2. Auflage. Münster: Ökotopia, S. 181–206.

Olscher, Werner (2003): Betriebsrat, deine Rechte – ein Handbuch für die Praxis. (Band 2). 5. Auflage. Wien: ÖGB.

Pellar, Brigitte & Schmid, Sonja (2008): Eine andere Geschichte Österreichs. Gewerkschaft, soziale Verantwortung und menschliche Politik. Wien: ÖGB.

Pribyl, Herbert (1991): Sozialpartnerschaft in Österreich. Wien: Schendl.

Scheicher, Helga (2009): Soziale Kompetenz. In: Rimser, Markus (Hrsg.): Skills für Trainer. Das Train-the-Trainer-Handbuch mit Grundlagen, Übungs- und Reflexionseinheiten für Trainer, Berater, Pädagogen und Dozenten. 2. Auflage. Münster: Ökotopia, S. 316–340.

Schelberger, Wolfgang (2009): Kommunikative Kompetenz. In: Rimser, Markus (Hrsg.): Skills für Trainer. Das Train-the-Trainer-Handbuch mit Grundlagen, Übungs- und Reflexionseinheiten für Trainer, Berater, Pädagogen und Dozenten. 2. Auflage. Münster: Ökotopia, S. 129–160.

Tuckman, Bruce W. (1965): Developmental sequence in small groups. In: Psychological Bulletin 63, No. 6, pp. 384–399.

Weber, Petra (2010): Gescheiterte Sozialpartnerschaft – Gefährdete Republik? Industrielle Beziehungen, Arbeitskämpfe und der Sozialstaat. Deutschland und Frankreich im Vergleich (1918–1933/39). Oldenbourg: München.

Internetquellen:

Die Sozialpartner Österreich: http://www.sozialpartner.at/.

Jakl, Michaela (2011): Die österreichische Sozialpartnerschaft – „was ist das?"; http://www.sozialpartner.at/sozialpartner/Sozialpartnerschaft_mission_de.pdf [16.03.2011].

WIGBIT (WIKI für gewerkschaftliche Bildungsarbeit); http://wigbit.oegbverlag.at/index.php/WIGBIT: Portal.

Wikipedia: http://de.wikipedia.org/wiki/Sozialpartner.

Yasmin Kavossi
Raiffeisenakademie Wien

Was nützt eine Zertifizierung der Kompetenz, wenn sie niemand kennt?

1 Einleitung	417
2 Implementierung eines adäquaten Kompetenzmanagements erfordert Vielfalt	419
2.1 Kompetenz und Qualifikation	419
2.2 Vom Wissen zur Kompetenz	420
3 Akkreditierungsfähigkeit von Kompetenzen im Rahmen der Zertifizierung von Personen	423
3.1 Anforderungen eines Zertifizierungsprogrammes	423
3.2 Akkreditierte Kompetenzzertifikate für die Praxis	423
4 Zertifizierung kann Kompetenzen und Qualifikationen vereinen	424
4.1 Zertifizierung schafft nachhaltigen Nutzen	424
4.2 Zertifizierung – Akzeptanz und Praxisbezug	425
5 Das Zertifikat als Qualitätssiegel im Bankensektor	425
5.1 Etablierte und transparente Standards in der Ausbildung	425
5.2 Umsetzung und Weiterentwicklung bei den Zertifizierungsanbietern/-anbieterinnen	426
6 Zwei Zertifizierungsbeispiele aus der Praxis	427
6.1 rak-Lehrgang zum Diplom. Finanzberater/zur Diplom. Finanzberaterin	427
6.2 rak-Lehrgang zum Diplom. Kommerzkundenbetreuer/zur Diplom. Kommerzkundenbetreuerin	429
6.3 Rezertifizierung und kontinuierliche Lehrgangsgestaltung	430
7 Schlussfolgerungen	430
Literaturverzeichnis	432

1 Einleitung

In Wissenschaft und Praxis wird das Kompetenzkonzept aktuell breit diskutiert. International werden Kompetenzrahmen (z. B. Europäischer Qualifikationsrahmen) für unterschiedliche Zielgruppen entwickelt und erprobt. In vielen europäischen Ländern werden Bildungsstandards, Lehrpläne, Zertifizierungen, aber auch Ziele von diversen Reformprojekten zunehmend in Form von Kompetenzen formuliert. Kompetenzraster dienen dabei häufig als eine mögliche Evaluationsart. Auch Hochschulen fokussieren in den neuen Studiengängen auf Kompetenzen und formulieren entsprechende Profile als Orientierungsrahmen für die Studierenden. Im Rahmen der Personalentwicklung gewinnen Kompetenzaufbau und Kompetenzmanagement an Bildungseinrichtungen als Kernprozess für Innovation und Entwicklung zudem an Bedeutung.

Eine daran gekoppelte Entwicklung ist die Etablierung von berufs- und branchenspezifischen Zertifizierungen. Gerade in den letzten Jahren wurden vielfach in der gleichen Branche ähnlich klingende Zertifizierungen parallel am Markt positioniert. Ein Wildwuchs an Zertifizierungen fern von jeglicher Transparenz und messbarer Qualität war und ist die Folge. Anhand der Bankenbranche kann festgehalten werden, dass die Qualität der Zertifizierung von der Akzeptanz am Markt und auch von der Akzeptanz des Zertifizierers/der Zertifiziererin selbst abhängt. Als Beispiel kann hier der „Diplom.Finanzberater"/die „Diplom.Finanzberaterin" genannt werden – eine Zertifizierung von der Bankwissenschaftlichen Gesellschaft (BWG), die sich im österreichischen Bankensektor etabliert hat. Auch die Raiffeisenakademie (rak), als Bildungsinstitut für Raiffeisen in Österreich, bietet diese zertifizierte Ausbildung in Kooperation mit der BWG für die Zielgruppe der Privatkundenbetreuer/-innen an. Darauf aufbauend kann die internationale Zertifizierung zum Certified Financial Planner (CFP) genannt werden, die ihre Ursprünge im amerikanischen Raum hat. Diese Zertifizierungen haben sich in der Bankenbranche und damit in der Finanzdienstleistungsszene durchgesetzt. Für den Kunden/die Kundin gelten sie als Qualitätskriterium.

Fasst man nun die beiden Kernthemen Kompetenzmanagement und Zertifizierung im Bildungsbereich zusammen, so ergeben sich mit Blick auf die Entwicklungen in Organisationen unter anderem folgende Fragen:

- Was bedeutet Kompetenzorientierung?
- Was ist daran anders oder neu und welcher Mehrwert ist in Bildungs- und Laufbahnprozessen zu erwarten? Wo liegt der persönliche, wo der institutionelle Nutzen?
- Was genau sind Kompetenzen?
- Wie können diese entwickelt, nachgewiesen und gemessen werden? Was bedeutet das für Bildungseinrichtungen, was für die berufliche Aus- und Weiterbildung?
- Inwiefern unterstützt Kompetenzorientierung die Entwicklung und Innovation in Unternehmen?
- Wie können Kompetenzentwicklung und Kompetenzmanagement für Veränderungsprozesse in Bildungseinrichtungen genutzt werden? Wie kann durch kompetenzorientierte Bildungskonzepte ein Mehrwert auch für die nachgelagerte Arbeit in Unternehmen entstehen? Was bedeutet das für die Personalführung und -entwicklung? Wie kann man Arbeiten und Lernen verbinden?
- Wie lässt sich der Wert einer Zertifizierung messen?
- Welche Zertifizierungen haben in der jeweiligen Branche einen nachhaltigen Nutzen für Mitarbeiter/-innen als Auszubildende, für Unternehmen und für Kunden/Kundinnen?

Hierbei handelt es sich um Fragen, die zukünftig eine der Herausforderungen für Bildung, Politik und Gesellschaft darstellen werden. Die laufende Einflechtung von spezifischen Kompetenzen in der Formulierung von Bildungsstandards, in der Konzeptionierung von Bildungsprogrammen und in weiterer Folge in der Schaffung von allgemein gültigen Zertifizierungsstandards – all das sind naheliegende und notwendige Handlungsschritte, um eine Transformation des Gelernten in die tägliche Berufspraxis zu schaffen und eine berufliche Handlungskompetenz zu ermöglichen. Dabei stehen Nutzen und Wirksamkeit von Kompetenzorientierung sowohl auf individueller als auch auf institutioneller Ebene im Fokus.

2 Implementierung eines adäquaten Kompetenzmanagements erfordert Vielfalt

Um Kompetenzmanagement langfristig und erfolgreich im Unternehmen zu implementieren und in weiterer Folge zu etablieren, müssen mehrere grundlegende Voraussetzungen bedacht und in den Prozess mit einbezogen werden. Die Implementierung eines adäquaten Kompetenzmanagements erfordert Selbstmanagement, Qualifikation, Wissen und langfristige Professionalisierung in einem gelebten Veränderungsprozess. Im Folgenden sollen die einzelnen Parameter näher erläutert werden.

2.1 Kompetenz und Qualifikation

Laut Heyse & Erpenbeck (2007, S. 25) fokussiert Kompetenzmanagement neben den spezifischen Qualifikationen zunehmend auch die Themen Lernfähigkeit und -bereitschaft, die Anpassungsfähigkeit an veränderte Anforderungen, die Fähigkeit zum selbstorganisierten Lernen und Arbeiten sowie die umfassenderen sozialkommunikativen Voraussetzungen. Doch was unterscheidet „qualifizierte" von „kompetenten" Mitarbeitern/Mitarbeiterinnen? Folgt man den Beschreibungen der Fachliteratur, so geht der Kompetenzbegriff weit über den der Qualifikation hinaus. Während Qualifikationen durch Prüfungen und Abschlüsse dokumentierbar sind, lassen sich Kompetenzen wie Fleiß oder Glaubwürdigkeit nicht zertifizieren. Qualifikationen sind darauf angelegt, vorgegebene und standardisierte Anforderungen zu erfüllen. Kompetenzen hingegen befähigen einen Mitarbeiter/eine Mitarbeiterin, Probleme selbstorganisiert zu lösen. Da selbstständiges und flexibles Denken und Handeln in den Betrieben zunehmend gefragt sind, werden auch die Kompetenzen der Mitarbeiter/-innen immer wichtiger – und es liegt nahe, diese zu managen.

Nach Heyse & Erpenbeck (ebenda, S. 35) sind Kompetenzen die komplexen, zum Teil verdeckten, Potenziale – und somit das „Können" und „Könnte". Es wird deutlich, dass in allen Organisationen Kompetenzen eine zunehmende Rolle spielen, denn immer weniger ist ausschließlich der Fachexperte/die Fachexpertin gefragt. Das Beherrschen der fachlichen und methodischen Voraussetzungen für die Arbeit nimmt in der Bedeutung natürlich nicht ab, gilt aber – beispielsweise bei Rekrutierungen und Beförderungen – als selbstverständlich und vorausgesetzt. Kompetenz lässt sich als eine Fähigkeit definieren, ein komplexes Bedürfnis zu befriedigen oder eine komplexe Tätigkeit auszuführen bzw. eine komplexe Aufgabe zu bewältigen. Kompetenz ist dabei mehr als die Summe der aktivierten Ressourcen. Ressourcen sind: Temperament, Begabungen, kulturspezifische Erfahrungen, Interessen, Motive, implizites und explizites Wissen, Fakten- bzw. lexikalisches Wissen, Fertigkeiten, Erfahrung in ähnlichen Situationen, physische Ressourcen (z.B. Kraft, Schnelligkeit, Geschicklichkeit), soziale Ressourcen, Zugänge zu Wissen und Erfahrung (vgl. Patzelt 2009, S. 5). Kompetenzen umschließen die komplexen Erfahrungen, das Wissen und die Fähigkeit, Werte und Ideale einer Person oder von Gruppen (vgl. Heyse & Erpenbeck 2007, S. 7). Ein Erkennen, Erweitern und Kombinieren von Kompetenzen kann mehr Flexibilität im Denken und Handeln eröffnen. Des Weiteren schließen Kompetenzen Fertigkeiten, Wissen und Qualifikationen ein, lassen sich aber nicht darauf reduzieren. Im Folgenden soll daher auf die Ableitung vom Wissen zur Kompetenz eingegangen werden.

2.2 Vom Wissen zur Kompetenz

Menschliches Wissen ist implizit, es ist handlungsorientiert, es stützt sich auf Regeln, es ist individuell, und es ändert sich ständig. Weil das Wort Wissen viele Bedeutungen hat, ist es häufig nicht zweckmäßig, diesen Begriff zu verwenden. Selbst wenn Wissen dynamisch ist, was am besten durch ein Verb wie „wissen" beschrieben wird, so stellt ein Substantiv häufig eine praktischere Bedeutung dar. Angesichts der Beachtung, die das Wort Kompetenz neuerdings gefunden hat, ist es vielleicht der treffendste Ausdruck. Kompetenz stellt folglich dynamisches, handlungsorientiertes und individuelles Wissen dar. Implizites Wissen ist jedoch nur ein Aspekt von Kompetenz, zu der auch die folgenden Elemente gehören (vgl. Sveiby 1998, S. 63):

- Fähigkeiten: Die Kunst, zu „wissen, wie ...", beinhaltet ein praktisches Können – körperlich und geistig – und wird hauptsächlich durch Training und Praxis erworben. Sie beinhaltet die Kenntnis von Verfahrensregeln und die Fähigkeit zur Kommunikation.
- Erfahrung: Sie wird hauptsächlich durch Nachdenken über frühere Fehler und Erfolge erworben.
- Werturteile: Das sind Auffassungen, die der/die Einzelne für richtig hält. Sie wirken wie bewusste und unbewusste Filter für den Wissensprozess jedes Individuums.
- Soziales Beziehungsgeflecht: Es besteht aus den Beziehungen des/der Einzelnen zu anderen Menschen in einer bestimmten Umgebung und Kultur, die durch Tradition vermittelt wird.

Kompetenz unterscheidet sich demnach von reinem Wissen durch seinen stärkeren Bezug zur Praxis. Kompetenz ist anwendungsorientierter als das vergleichsweise abstrakte Wissen und schenkt den kommunikativen und sozialen Fähigkeiten mehr Aufmerksamkeit. Der Übergang von Wissen zu Kompetenz ist fließend und überschneidet sich in vielen Bereichen. Mit Weiterbildungsangeboten können Kompetenzen vermittelt werden, was oft in der Praxis nicht umgesetzt wird. Stattdessen werden damit häufig nur Fertigkeiten, Informationswissen oder Qualifikationen vermittelt. Dafür gibt es methodisch ausgefeilte und bildungspolitisch abgesicherte Handlungspfade. Die Folge davon ist, dass Kompetenzen nur in wenigen Formen und in wenigen Bereichen vermittelt werden.

Je komplexer und dynamischer Markt, Wirtschaft und Politik werden, desto unsicherer sind alle Voraussagen. Entscheidungs- und Handlungsprozesse müssen in Ungewissheit getroffen werden. Dazu werden zunehmend besondere Fähigkeiten benötigt: Selbstorganisations-Fähigkeiten. Kompetenzen sind – wie bereits erwähnt – die komplexen Potenziale (vgl. Heyse & Erpenbeck 2007, S. 35). Durch diese Entwicklung entstehen in Firmen Kompetenzlücken, die unnötige Risiken erzeugen (vgl. Reiss & Schoon 1999, S. 30). Gezielte Investitionen in Weiterbildung werden erschwert, da nur teilweise bekannt ist, welchem Mitarbeiter/ welcher Mitarbeiterin welche Kompetenzen für die Geschäftsprozesse fehlen. Diesem Problem kann mit einem prozessorientierten Kompetenzmanagement entgegengewirkt werden. Ein Blick auf die berufliche Praxis zeigt, dass dauerhafte Spitzenleistungen nur möglich sind, wenn sich Unternehmen dafür entscheiden, Mitarbeiter/-innen zu rekrutieren, die bereits über ein ausgewogenes Kompetenzprofil verfügen oder bereit sind, kompetenzorientiertes Training zum Bestandteil ihres Führungsinstrumentariums zu machen (vgl. Kellner & Bosch 2004, S. 3).

Veränderungsprozesse in Organisationen sind verbunden mit neuen Herausforderungen für Vorgesetzte und Mitarbeiter/-innen. In Zeiten des Wandels ist es entscheidend, ein Bewusstsein für die eigenen Stärken und das persönliche Potenzial zu entwickeln und für eine kontinuierliche Professionalisierung zu sorgen. Kompetenzorientierung kann diesen Selbststeuerungsprozess unterstützen. Mögliche nachhaltige Veränderungen und langfristige Auswirkungen auf die Aus- und Weiterbildung, auf individuelle Lernprozesse sowie den Umgang mit belastenden Stresssituationen kann eine positive Folge davon sein. Eine erste Ableitung aus dieser Kompetenzorientierung ist die Etablierung einer Lernkultur. Die Lernkultur der Kompetenzentwicklung orientiert sich an Kompetenzen der Lernenden. Ziel ist es, keine isolierten Kenntnisse zu vermitteln, sondern anwendungsfähiges Wissen und ganzheitliches Können aufzubauen, das reflexive und selbstregulative Prozesse einschließt. Ein neuer Typus des/der Arbeitenden wird nicht nur über veränderte Kompetenzen verfügen, sondern er wird diese Kompetenzen auch auf eine veränderte Art des Lernens erwerben. Dabei wird die Selbstorganisation des Individuums für den Erfolg des veränderten Lernens eine wichtige Rolle einnehmen (vgl. Kirchhöfer 2004, S. 109). Um Kompetenzentwicklung sichtbar zu machen, braucht es Instrumente zur Selbst- und Fremdeinschätzung, wie z. B. einen Kompetenzraster. Dieser nimmt eine Skalierung der Kompetenzerwartungen vor bzw. zeigt den Kompetenzaufbau anhand verschiedener Niveaus auf.

Im Fokus steht die Frage, wie die Lernkultur der Kompetenzentwicklung auf die eigene berufliche Praxis übertragen werden kann. In der beruflichen Praxis spielt das informelle Lernen eine wesentliche Rolle. „Learning by Doing" oder ein Mentor, der einen durch einen kontinuierlichen Lernprozess begleitet – Beispiele, die zeigen, dass der Arbeitsplatz ein Ort der Kompetenzentwicklung bei entsprechender organisatorischer und gelebter Etablierung sein kann. Informelles Lernen ist dadurch gekennzeichnet, dass es außerhalb organisierter Lehr-Lern-Situationen stattfindet. Dennoch können auch für diese Lernprozesse günstige Bedingungen geschaffen werden. Eine zentrale Frage ist daher, unter welchen Voraussetzungen der Arbeitsalltag zur lernförderlichen Umgebung für die Erweiterung beruflicher Handlungskompetenzen wird. Es ist daher von Relevanz, das informelle Lernen in Bezug auf die eigene Arbeitssituation zu reflektieren. Dies regt dazu an, die eigene Institution nicht nur als Ort des Lehrens und (organisierten) Lernens, sondern auch als Ort des Arbeitens und (informellen) Lernens zu denken.

Lernende Organisationen sind durch eine Kultur des „lebenslangen Lernens" einerseits und durch eine systemische Führungspraxis andererseits gekennzeichnet. In der Betrachtung dieser beiden Aspekte in der Praxis werden vielfältigere Möglichkeiten des Lernens eröffnet. Neben der herkömmlichen Seminargestaltung sind auch die Lernprozesse am Arbeitsplatz in der Interaktion mit den Kollegen/Kolleginnen eine ergänzende Lernmöglichkeit. Führungskräfte übernehmen in der Gestaltung dieser Lernsituationen eine wichtige Funktion. Lernende Organisationen stellen somit neuartige Anforderungen an das Führen und Geführtwerden. Beides ist durch eine Unternehmenskultur gekennzeichnet, in der Führungskräfte auch selbst vermehrt dafür zuständig sind, die Wirksamkeit der Organisation mitzuformen und auch zu lenken. Wie bereits erwähnt, geht es also um das Prinzip des „lebensbegleitenden Lernens" – die Erweiterung des Bewusstseins für die eigenen Möglichkeiten, um ein Selbstkonzept zu entwerfen. In weiterer Folge kann damit eine Erweiterung der Handlungskompetenz geschaffen werden, um auch eine langfristige Selbststeuerung zu initiieren. Letztendlich soll dies in die Erweiterung der beruflichen Flexibilität münden, die Mobilität erhöhen und eine nachhaltige Arbeitsmarktfähigkeit schaffen.

Sowohl Innovationen als auch Kompetenzen entstehen im Austausch mit der sozialen Umwelt. In informellen Lernprozessen gibt es auch Platz für die Entwicklung von Innovationen. Innovations- und Kompetenzmanagement in Organisationen ergänzen einander und werden daher häufig in Unternehmen gekoppelt. Neues wird erst dann zur Innovation, wenn es Nutzer/-innen akzeptieren und als nützlich wahrnehmen. Kompetenzen entstehen als Problemlösefähigkeiten, die der Person von anderen zugeschrieben werden. Innovationen entwickeln sich dort, wo auch die entsprechenden Kompetenzen zugeordnet werden.

Abschließend sollen nochmals die wichtigsten Kriterien des formulierten Terminus „Kompetenzmanagement" im Kontext einer möglichen Einführung in Unternehmen und im Speziellen in Bildungseinrichtungen zusammengefasst werden:

- Kompetenzmanagement fungiert vielfach als wichtiges Instrument der Bildungsplanung. In vielen Unternehmen sind die Mittel für Qualifizierung knapp. Gleichzeitig wächst die Bedeutung einer Qualifizierung der Mitarbeiter/-innen für heutige und zukünftige Anforderungen. Umso mehr stellt sich die Frage der gezielten Qualifizierung im Sinne der spezifischen Aufgabenerfüllung einer Verwaltung und auch des einzelnen Mitarbeiters/der einzelnen Mitarbeiterin. Kompetenzmanagement ist ein Personalentwicklungsinstrument und zielt darauf ab, die aktuell vorhandenen Kompetenzen zu erheben, um daraus den Qualifizierungs- und Bildungsbedarf strukturiert ableiten zu können. Dies führt zu einer effizienteren und gezielteren Kompetenzentwicklung. Kompetenzmanagement schafft erhöhte Transparenz über künftige Anforderungen („Wer muss was können?"), identifiziert interne Wissensträger/-innen und schafft die Vermittlung von Wissen durch interne Referenten/Referentinnen sowie die zielgerichtete Auswahl und Durchführung von Qualifizierungsmaßnahmen.
- In der Folge soll anhand eines praktischen Beispiels aus der Bankenbranche gezeigt werden, auf welche Anforderungen es im Fall eines Kundenberaters/einer Kundenberaterin im Gespräch mit dem Kunden/der Kundin ankommt und inwieweit die erworbenen Kompetenzen in der Praxis effektiv eingesetzt werden können. Demnach reicht es nicht aus, wenn ein Kundenberater/eine Kundenberaterin ausschließlich über erworbenes Fachwissen verfügt. Vielmehr geht es darum, dass er/sie in der Lage ist, das Wissen im jeweiligen individuellen Kunden-/Kundinnenfall adäquat und bedarfsorientiert einsetzen zu können. Es ist zum Beispiel wichtig, über die Spezifizierung von verschiedenen Wertpapieren Bescheid zu wissen. Für das Kunden-/Kundinnengespräch ist das jedoch nur dann verwertbar, wenn der Kundenberater/die Kundenberaterin in der Lage ist, den individuellen Kunden-/Kundinnennutzen der jeweiligen Wertpapiere für den Kunden/die Kundin transparent zu machen. Folglich geht es darum, ob der Kundenberater/die Kundenberaterin neben dem Wissen auch über die nötige Kompetenz im jeweiligen Kunden-/Kundinnenfall verfügt, um so das Vertrauen des Kunden/der Kundin zu gewinnen. Auf die zertifizierte Ausbildung zum Diplom. Finanzberater/zur Diplom. Finanzberaterin übertragen bedeutet dies einen erhöhten Anspruch in Richtung Kompetenzvermittlung für die Praxis. Der Fokus auf die erforderlichen Kompetenzen für die Praxis muss sich bereits in der Methode des Lehrganges, aber auch in der Gestaltung der Prüfung widerspiegeln. Es geht dabei nicht ausschließlich um das Abfragen von theoretischem Wissen, sondern vielmehr um die Vernetzung komplexer Fallbeispiele in Anlehnung an die Praxis. Nur so kann der jeweilige Absolvent/die jeweilige Absolventin des Lehrganges aus der Zertifizierung einen Mehrwert für die Kunden-/Kundinnenarbeit und letztlich auch für den Kunden/die Kundin ziehen.

3 Akkreditierungsfähigkeit von Kompetenzen im Rahmen der Zertifizierung von Personen

Im folgenden Kapitel soll auf den Wandel der Akkreditierung von Kompetenzen und die darauf folgenden Zertifizierungsmöglichkeiten von Personen eingegangen werden. Als Grundlage dafür wurde der Leitfaden des Bundesministeriums für Wirtschaft, Familie und Jugend herangezogen (vgl. BMWFJ 2010).

3.1 Anforderungen eines Zertifizierungsprogrammes

Mit der Annahme der EN ISO/IEC 17024 als internationale Norm anstelle der bis 1.4.2005 gültigen EN 45013 ist ein wesentlicher Wandel in der Zertifizierung von Personen eingetreten. Trotz vorgegebener Zielsetzung der Norm, Voraussetzungen für die gegenseitige Anerkennung auf Basis der Vergleichbarkeit zu schaffen, ist die EN ISO/IEC 17024 aufgrund ihres liberalen Ansatzes von diesem Ziel abgerückt. So enthielt die EN 45013 die Norm, auf Basis derer die Kompetenz einer Person festzustellen war. Demgegenüber beinhaltet die EN ISO/IEC 17024 den Passus, dass eine Person die Anforderungen eines Zertifizierungsprogrammes zu erfüllen hat und dass die Entwicklung neuer Zertifizierungsprogramme auf die zunehmende Geschwindigkeit technischer Innovationen auch den zunehmenden Spezialisierungsbedarf des Personals mit ihren Inhalten abdecken soll, um so Unterschiede in der Ausbildung zu ersetzen und dadurch den globalen Arbeitsmarkt zu erleichtern.

In weiterer Folge sollen Zertifizierungsprogramme auf die jeweiligen Bedürfnisse von Interessenten/Interessentinnen oder Branchen genau abgestimmt werden, wodurch Personen für diese speziellen Bedürfnisse zertifiziert werden können. Dieser Ansatz entspricht jedoch nicht dem eigentlichen Ziel der Akkreditierung, wo es primär um die gegenseitige Anerkennung von Kompetenzen/Befähigungen auf Basis von anerkannten Normen geht.

3.2 Akkreditierte Kompetenzzertifikate für die Praxis

Die Trennung von Ausbildung und Zertifizierung ist kein gänzlich neuer Ansatz, auch die EN 45013 legte bereits dieses Konzept fest. Trotzdem nimmt in vielen Zertifizierungssystemen die Ausbildung/Schulung, nicht zuletzt durch Tradition begründet, eine zentrale Rolle ein, von der ausgehend der gesamte Zertifizierungsprozess mitbestimmt wird. Die Kenntnisse, die im Rahmen der Zertifizierung Prüfungsgegenstand sind, werden durch das in der Ausbildung/Schulung vermittelte Wissen bestimmt. Bezieht sich die Bewertung der Kompetenz jedoch nicht auf anerkannte Normen, kann das vermittelte Wissen nicht als abgesichert oder dem Stande der Technik entsprechend qualifiziert werden. Ein wesentlicher Aspekt von akkreditierten Kompetenzzertifikaten ist, dass erworbenes Wissen und erworbene Fähigkeiten in der Praxis angewandt und umgesetzt werden können. Um dieser Erwartungshaltung gerecht werden zu können, sind im Zuge der Prüfung/Evaluierung reale Situationen vorzusehen, anhand derer die Kompetenz beurteilt werden kann.

Der vom Bundesministerium für Wirtschaft, Familie und Jugend erstellte Leitfaden versucht eine genaue terminologische Abgrenzung einer Zertifizierung vorzunehmen. Zum einen soll demnach eine Zertifizierung normativen Charakter beinhalten, zum anderen soll bei der Entwicklung von neuen Zertifizierungsprogrammen die zunehmende Geschwindigkeit technischer Innovationen und die stetig steigende Spezialisierung des Personals berücksichtigt werden, wodurch vielleicht Unterschiede in Ausbildung und Schulung kompensiert werden können. Die Zertifizierung würde hier Branchen, Tätigkeitsbereiche sowie berufliche Schwerpunktfelder betreffen.

Zukünftig sollten Zertifizierungen und im Spezifischen damit auch akkreditierte Kompetenzzertifikate zwei Schwerpunkte beinhalten. Es bedarf sowohl normativer Standards, um internationale Vergleiche leichter zu ermöglichen, als auch des zentralen Kernaspekts, dass erworbenes Wissen und erworbene Fähigkeiten in der Praxis angewandt und umgesetzt werden können. Als Zugangsvoraussetzung zur Zertifizierung ist jedenfalls eine einschlägige berufliche Tätigkeit auf dem Gebiet, auf dem die Zertifizierung angestrebt wird, festzulegen. Nur so kann die Zertifizierung zukünftig langfristig einen sichtbaren und tragenden Nutzen für Unternehmen und für den globalen Arbeitsmarkt bedeuten.

4 Zertifizierung kann Kompetenzen und Qualifikationen vereinen

Im Folgenden soll versucht werden, konkrete Nutzenaspekte von Zertifizierungen für die berufliche Praxis zu erfassen.

4.1 Zertifizierung schafft nachhaltigen Nutzen

Eine vorhandene Zertifizierung schafft Standardisierung und macht die vorhandenen Fähigkeiten und Kompetenzen transparent. Eine unabhängige Stelle bestätigt, dass ein Produkt, eine Dienstleistung oder eine Person geprüft wurde, die Anforderungen der entsprechenden Norm erfüllt und ihre Qualität einer ständigen Überwachung unterliegt. Mit der Zertifizierung können Qualitätskriterien, Standards und Transparenz vereint werden. Vor allem in Kunden-/Kundinnenbeziehungen kann dies Vertrauen schaffen, da eine Zertifizierung auch indirekt eine Signalwirkung für bestehende Qualitätskriterien der Produkte und Dienstleistungen aufweist. Eine externe Zertifizierung wird oftmals von Kunden/Kundinnen, Verbänden oder Vereinigungen gefordert, um überhaupt eine stabile Kunden-/Kundinnenbeziehung herzustellen oder aufrechtzuerhalten.

Trotz der bestehenden Transparenz, unter anderem durch vorgegebene Normen und standardisierte Ausbildungswege, gibt es einige wichtige Aspekte, die den Erfolg bzw. die Qualität einer Zertifizierung beeinflussen können. So ist eine Zertifizierung nicht immer nur das Ergebnis oder der Output, sondern stellt vielmehr auch den Weg und die Möglichkeit zum Ausbau der eigenen Kompetenzentwicklung dar. Daher muss dieser Weg im Inhalt und in der Methode anspruchsvoll sein. Es geht nicht ausschließlich um sogenanntes „angesaugtes" Wissen oder um ausschließlich eingesetzte computerunterstützte Multiple-Choice-Tests, die häufig kaum Raum geben für die Transformation in die berufliche Praxis. Eine Zertifizierung muss im Idealfall so ausgerichtet sein, dass das Tun und Handeln sowie die tatsächliche und mögliche Anwendung in der Praxis im Vordergrund stehen.

4.2 Zertifizierung – Akzeptanz und Praxisbezug

Der Erfolg des Unternehmens wird häufig daran gemessen, inwieweit die Mitarbeiter/-innen in der Lage sind, im beruflichen Alltag die Probleme eigenständig zu lösen. Überträgt man diesen Gedanken auf das Zertifizierungskonzept, so müssen klare – aus der Berufs- und Branchenpraxis abgeleitete – Kompetenzformate einfließen. Eine zertifizierte Ausbildung verlangt dabei neben standardisierten Qualifikationsparametern auch ausreichend Raum für praktische Umsetzungswege. Diese können zum Beispiel durch Workshops, Trainings, Unternehmenssimulationen und Fallbeispiele in die Ausbildung eingeflochten werden. Eine professionelle Zertifizierung vereint somit Kompetenz und Qualifikation, setzt Wissen voraus und impliziert es.

Ein wichtiger Faktor ist der Zertifizierer/die Zertifiziererin und die Zertifizierungsumsetzung selbst. Die Zertifizierung ist immer nur so gut, als sie Akzeptanz bei ihren Abnehmern/Abnehmerinnen, bei ihrer Zielgruppe, Branche und letztlich auch beim Kunden/bei der Kundin selbst findet. Der Unterschied ist häufig gravierend und kann damit über den Erfolg und über die jeweilige Stellung am Markt einen wesentlichen Einfluss nehmen.

Wann ist das Zertifikat sinnvoll und wann ist es Nutzen stiftend? Wie zertifiziere ich und welche Anspruchskriterien werden festgelegt? Zertifiziere ich jemanden, der nur über theoretisches Fachwissen verfügt, oder versuche ich den Fokus auf die jeweiligen branchenspezifischen Kompetenzen zu legen, um den Praxisfokus wieder hervorzuheben? Ein Zertifizierer/Eine Zertifiziererin muss sicherstellen, dass es kompetente Menschen gibt, die alle Ausbildungsmodule auch sinnvoll für ihre berufliche Praxis einsetzen und auch verwerten können. Nur so kann eine Breitenwirkung entstehen, die sich auch im entsprechenden Kunden-/Kundinnenvertrauen widerspiegeln kann, sofern das Zertifikat als Sicherheits-, Qualitäts- und Gütesiegel angesehen wird.

5 Das Zertifikat als Qualitätssiegel im Bankensektor

Die Anerkennung von Fortbildung im Zusammenhang mit Studiengängen, Bologna-Prozess, Credit Points, akademischer Weiterbildung für Mitarbeiter/-innen und Führungskräfte in einer modernen, sich wandelnden Arbeitswelt unter dem Aspekt des „lebenslangen Lernens" – Schlagwörter, die im Bildungsbereich eine immer bedeutendere Rolle spielen. Das folgende Kapitel beleuchtet den Stellenwert der Zertifizierung im Bankensektor.

5.1 Etablierte und transparente Standards in der Ausbildung

Viele Berufszweige – so auch der Bankensektor – befinden sich aufgrund rechtlicher Änderungen, besonderer wirtschaftlicher Rahmenbedingungen und neuer Informationstechnologien im Wandel, den besonders Mitarbeiter/-innen mit ihrem Wissen und ihren Fähigkeiten als maßgebliche Unternehmensressource entscheidend mitgestalten. Um den wachsenden Anforderungen gerecht werden zu können, bedarf es der ständigen Weiterentwicklung personeller Ressourcen. Nach der Ausbildung bzw. dem Studium bilden sich daher viele

Mitarbeiter/-innen regelmäßig bei verschiedenen öffentlichen und privaten Trägern/Trägerinnen weiter, sodass individuelle Bildungsbiografien entstehen. An der nebenberuflichen Weiterbildung haben die Hochschulen leider noch einen vergleichsweise geringen Anteil. Dem wirken akademische Angebote entgegen, die neben dem Job erfolgreich absolviert werden können und bei denen bereits erworbenes Wissen Berücksichtigung findet.

Auch im Bankensektor hat (nicht zuletzt durch die Finanzkrise) das Thema fundierte, transparente und qualitativ hochwertige Aus- und Weiterbildung an Prägnanz gewonnen. Eine entsprechende Professionalisierung in der Kunden-/Kundinnenberatung wird vom Kunden/von der Kundin erwartet. Etablierte Standards werden bereits in den Ausbildungsschienen verlangt und tragen zu einem Aufbau einer Vertrauensbasis zwischen dem Kunden/der Kundin und der Bank bei. Objektive und produktneutrale Finanzberatung kann in dynamischen und turbulenten Marktzeiten sowie angesichts der steigenden Komplexität der Produkte eine strategisch wichtige Rolle hinsichtlich der Kunden-/Kundinnenakzeptanz einnehmen. Ein dafür ausgerichtetes, national und auch international anerkanntes Zertifikat ist eine Möglichkeit, das Vertrauen des Kunden/der Kundin wiederzugewinnen. Es geht hier um gut durchdachte Ausbildungswege, die gemeinsam mit Fachexperten/-expertinnen aus dem Bankensektor konzipiert werden und die nicht in sogenannten „Schnellsiedekursen" abgehandelt werden. Das Qualitätssiegel der jeweiligen Zertifizierung ist ein ausschlaggebendes Kriterium für die Akzeptanz im Bankensektor.

5.2 Umsetzung und Weiterentwicklung bei den Zertifizierungsanbietern/-anbieterinnen

Der im Jahr 2000 gegründete „Österreichische Verband Financial Planners" ist eine gemeinnützige, professionelle Zertifizierungs- und Regulierungsorganisation. Er ist nicht nur im gesamten Finanzdienstleistungsbereich wie dem der Banken, Versicherungen und freien Finanzberater/-innen etabliert, sondern auch bei Rechtsberufen, in der Wissenschaft und vor allem in den Medien. Ziel des Österreichischen Verbandes Financial Planners ist die Etablierung und Förderung der höchsten Standards in Finanzberatung und Finanzplanung in Österreich. Der Verband möchte auch die Konsumenten/Konsumentinnen ermutigen, Finanzberater/-innen als eine verantwortungsbewusste Berufsgruppe zu sehen, deren oberstes Ziel das Wohlergehen der Kunden/Kundinnen und der Öffentlichkeit ist, indem sie sich höchstmöglichen Kompetenz- und Ethikstandards unterwirft (vgl. Pressetext 2010).

Die bisher in Österreich angebotene nationale Zertifizierung „Diplom.Finanzberater/-in" ist nunmehr als „EFA Standard" (European Financial Advisor Standard) akkreditiert worden. Damit wird das rein nationale Zertifikat zur europaweit anerkannten Lizenz. Österreich ist das jüngste Mitgliedsland der EFPA (European Financial Planning Association), das den EFA Standard einführt und unterstützt. Dies unterstreicht auch den Stellenwert der Lizenz EFA für Österreich und Europa. Otto Lucius, Vorsitzender des Österreichischen Verbandes Financial Planners, unterstreicht den hohen Stellenwert der gesetzten Standards in der Zertifizierung, in dem er sagt, dass nur höchste Standards zum Nutzen der Kunden/Kundinnen sind und der Beitritt zur EFPA und die Etablierung des Standards EFA den Kunden/Kundinnen noch mehr Nutzen bringen werden (vgl. Lucius, zitiert nach Fondsprofessionell 2010).

Karl Paulhart, Leiter der rak, hat das Potenzial dieses Zertifizierungskonzeptes im Bankensektor erkannt und es für die rak nutzbar gemacht. Nach einem intensiven Akkreditierungsvorgang seitens der BankAkademie (BAK) und des Österreichischen Verbandes Financial Planners bietet die rak seit 2005 den Lehrgang zum Diplom. Finanzberater/zur Diplom. Finanzberaterin an. Alle erfolgreichen Absolventen/Absolventinnen können die Zertifizierung beantragen und sind dann berechtigt, den Titel Diplom. Finanzberater/-in (rak) und die europaweit gültige Lizenz EFA zu führen. Wie für alle Diplom. Finanzberater/-innen ist diese Zertifizierung zeitlich limitiert und muss alle drei Jahre verlängert werden. Dies ist nur möglich, wenn ein Mindestmaß an professioneller Weiterbildung (Continuing Professional Development) nachgewiesen wird. Als besondere Maßnahme zum Schutz von Konsumenten/Konsumentinnen sind sämtliche Diplom. Finanzberater/-innen in einem öffentlichen Register geführt, das unter www.cfp.at abgerufen werden kann.

6 Zwei Zertifizierungsbeispiele aus der Praxis

Die Raiffeisenakademie (rak) ist das Bildungsinstitut für den gesamten österreichischen Raiffeisensektor und versteht sich damit als Impulsgeberin und Beraterin im Bereich Lernen und Entwicklung. Neben einem vielfältigen Angebot an maßgeschneiderten Bildungsprodukten werden auch 2 übersektorale zertifizierte Lehrgänge in der Fachkarriere angeboten. Als Kooperationspartnerin fungiert die BWG, die als einzige unabhängige und übersektorale wissenschaftliche Gesellschaft im Bankenbereich in Österreich agiert. Die rak hat mit diesen übersektoralen zertifizierten Lehrgängen auf sektorspezifische Gegebenheiten reagiert und damit einen hohen Zertifizierungsstandard im Bankenbereich Österreichs etabliert. Im folgenden Kapitel sollen die beiden rak-Lehrgänge, die als oberste zertifizierte Ausbildungsschienen im Raiffeisensektor gelten, näher erläutert werden.

6.1 rak-Lehrgang zum Diplom. Finanzberater/zur Diplom. Finanzberaterin

Der Lehrgang zum Diplom. Finanzberater/zur Diplom. Finanzberaterin – er richtet sich an Betreuer/-innen gehobener Privatkunden/-kundinnen und Wertpapierspezialisten/-spezialistinnen – wird von Experten/Expertinnen verschiedener Altersgruppen genutzt. Die Gestaltung basiert auf der Überzeugung, dass Lernen und Arbeiten eine Einheit bilden müssen und daher nicht getrennt betrachtet werden dürfen: Denn erst die tatsächliche Anwendung des erworbenen Wissens sichert nachhaltig den angestrebten Erfolg. Um das hohe Niveau der Ausbildung sicherzustellen, sind klare Einstiegsvoraussetzungen definiert: Neben der erfolgreichen Absolvierung der rak-Fachausbildung zum Privatkundenbetreuer/zur Privatkundenbetreuerin (ehemals Fachausbildung „Veranlagen") und der Teilnahme an Produkt- und Verkaufsseminaren auf Landesebene müssen Interessenten/Interessentinnen eine mindestens dreijährige Erfahrung in der Vermögensberatung aufweisen. Es geht dabei nicht nur um das Fachwissen, sondern um die Kompetenzen, die durch die gesammelten praktischen Erfahrungen in der Kunden-/Kundinnenberatung erworben worden sind.

In der folgenden Abbildung soll eine Übersicht über die Lehrgangsinhalte sowie die jeweiligen Nutzenaspekte in Bezug auf das Wissen, auf die praktische Anwendung und auf die Akzeptanz zusammengefasst dargestellt werden:

Lehrgangsinhalte	Nutzen in Bezug auf			Zusatznutzen
	Wissen	An-wendung	Ak-zeptanz	
Volkswirtschaftslehre	x	x	x	Vertiefung der Kenntnisse der wichtigsten Märkte
Fundamente und technische Aktienanalyse	x	x	x	
Rechtsgrundlagen und Beraterhaftung	x	x	x	
Finanzmarkt- und Portfoliotheorie	x	x	x	
Steuern	x	x	x	
Stiftungsrecht	x	x	x	
Kreditmanagement	x	x	x	
Fondsmanagement	x	x	x	Produktkompetenz im Veranlagungsbereich
Zertifikate	x	x	x	Produktkompetenz im Veranlagungsbereich
Grundlagen der Finanzplanung	x	x	x	Genaues Prozedere der Finanzplanung. Ein klares Signal für den ganzheitlichen und unabhängigen Beratungsansatz
Management von Risken	x	x	x	Fähigkeit zur exakten Einschätzung von Risiko und Ertrag
Kommunikation im Vertrieb	x	x	x	Konzeption eines Beratungsmanagements mit allen notwendigen organisatorischen Rahmenbedingungen
Präsentationstechnik	x	x	x	
Vorsorgewohnungen	x	x	x	
Immobilienmanagement	x	x	x	
Beteiligungsmanagement	x	x	x	
Privates und betriebliches Vorsorgemanagement	x	x	x	
Finanzmathematik	x	x	x	

In der Folge sollen abschließend noch die Nutzenaspekte aufgezählt werden, welche über dem gesamten zertifizierten Lehrgang stehen:
- Nach erfolgreichem Abschluss des Lehrganges erhält man ein Zertifikat und den Titel Diplom. Finanzberater/-in sowie die europaweit gültige EFA-Lizenz vom Österreichischen Verband Financial Planners; dieser Titel ist die Vorstufe zum international anerkannten Zertifikat CFP (Certified Financial Planner)
- Ein klares Signal für den ganzheitlichen und unabhängigen Beratungsansatz
- Kontinuität und Perfektion durch laufende Qualifikation – ein Gütesiegel für Kunden/Kundinnen
- Etablierung einer verantwortungsbewussten Berufsgruppe in der Finanzberater/-innen-Branche durch die Einhaltung höchstmöglicher Kompetenz- und Ethikstandards – gerade nach der Finanzkrise ein unabdingbarer Bedarf, um das Vertrauen der Kunden zurückzugewinnen

Abbildung 1: Überblick – rak-Lehrgang zum Diplom. Finanzberater/zur Diplom. Finanzberaterin

6.2 rak-Lehrgang zum Diplom. Kommerzkundenbetreuer/ zur Diplom. Kommerzkundenbetreuerin

Nicht zuletzt durch die Finanzkrise haben Kommerzkunden/-kundinnen höhere Ansprüche an ihren Bankberater/ihre Bankberaterin. Nach den guten Erfahrungen der rak mit externen Zertifizierungspartnern/-partnerinnen in Verbindung mit dem Diplom. Finanzberater/der Diplom. Finanzberaterin wurde daher die parallele Ausbildungsschiene für erfahrene Kommerzkundenbetreuer/-innen geschaffen. Damit ist Raiffeisen einmal mehr Vorreiter in der übersektoralen Zertifizierung, diesmal zum Nutzen seiner Kommerzkunden/-kundinnen.

In der folgenden Abbildung soll ein Überblick über die Lehrgangsinhalte und die jeweiligen Nutzenkomponenten gegeben werden:

Lehrgangsinhalte	Nutzen in Bezug auf			Zusatznutzen
	Wissen	An-wendung	Ak-zeptanz	
Marktumfeld in der Kommerzkunden/-kundinnenbetreuung, Vertrieb	x	x	x	Übersicht über Zinsen, Währungen, Kunden-/Kundinnenkalkulation, Geschäftsfeldanalyse
Steuerfragen in der KK-Betreuung	x	x	x	Übersicht u. a. über Ust, Est, KöSt, Umgründungen
Erfolgsplan/Liquiditätsplan/Planbilanz als Basis für die Kreditentscheidung	x	x	x	
Ausgewählte Themenbereiche zum Kredit- und Bankrecht	x	x	x	Themen basierend auf aktuellen gerichtlichen Entscheidungen
Management von Krediten in der Krise	x	x	x	Risiko-Früherkennung und Vorgangsweise bei sanierungsbedürftigen Kreditengagements
Kapitalanlage im Unternehmen	x	x	x	Sinnvolle Veranlagungsformen kurz- und langfristiger Liquiditätsüberschüsse
Projektfinanzierung	x	x	x	Risikoanalyse und Tragfähigkeit der Projektfinanzierung im privaten Wohnbau und im Vermietungsbereich
Businessplan-Unternehmenssimulation	x	x	x	In einer computerunterstützten Simulation wird ein Unternehmen geführt; dabei sind verschiedene Auswirkungen betriebswirtschaftlicher Entscheidungen zu bearbeiten.

In der Folge sollen abschließend noch die Nutzenaspekte aufgezählt werden, welche über dem gesamten zertifizierten Lehrgang stehen:
- Erweiterung der fachlichen Kompetenz und Erwerb eines Werkzeugkastens, um das Kommerzkunden-/-kundinnengeschäft der Bank neu positionieren zu können
- Anhand von Praxisfällen werden die Kompetenzen perfektioniert, um die Erwartungen und Bedürfnisse der Kunden/Kundinnen zu erkennen und geeignete Lösungen vorzuschlagen
- Schärfung des Verständnisses für das betriebs- und volkswirtschaftliche Umfeld der Unternehmen
- Nach erfolgreichem Abschluss des Lehrganges erhalten die Teilnehmer/-innen ein Zertifikat und den Titel Diplom. Kommerzkundenbetreuer/-in vom Österreichischen Verband Financial Planners

Abbildung 2: Überblick – rak-Lehrgang zum Diplom. Kommerzkundenbetreuer/zur Diplom. Kommerzkundenbetreuerin

Diese Ausbildung richtet sich an Kommerzkundenbetreuer/-innen der Raiffeisenbankengruppe, die „mittelgroße" Kunden/Kundinnen betreuen (Umsatz ca. 2 bis 15 Mio. Euro).

Voraussetzungen für den Lehrgangsbesuch sind:

- Die erfolgreiche Absolvierung der Fachausbildung Kommerzkundenbetreuer/-in
- Eine mindestens 5-jährige Praxiserfahrung in der selbstständigen Betreuung von Kommerzkunden/-kundinnen
- Die erfolgreiche Absolvierung von Produkt- und Verkaufsseminaren auf Landesebene

6.3 Rezertifizierung und kontinuierliche Lehrgangsgestaltung

Bei beiden Lehrgängen wird die Lizenz jeweils auf drei Jahre vergeben, und sie wird nur durch eine verbindliche Weiterbildung in Form der Rezertifizierung nach einer dreijährigen Periode verlängert. Durch die kontinuierliche Weiterbildung und Aktualisierung des Wissensstandes soll gewährleistet werden, dass sowohl Privat- als auch Kommerzkundenbetreuer/-innen, die die zertifizierten Lehrgänge besucht haben, mit den häufig wechselnden Rahmenbedingungen am Markt adäquat umgehen können.

Die größte Herausforderung liegt in der Gestaltung der Lehrgänge, da hier versucht wird, abgestimmt auf die vorliegenden Marktgegebenheiten, laufende Anpassungen und Aktualisierungen in den Lehrgangsinhalten, aber auch in der Methode vorzunehmen. Dabei werden u. a. kontinuierliche Auswertungen der Teilnehmer/-innen-Feedbacks vorgenommen. Die laufenden Qualitätsanpassungen in der Kunden-/Kundinnenberatung und die Dynamik am Markt spiegeln sich so auch in den kontinuierlichen Anpassungen der Lehrgangsformate. Ferner wird der Fokus vor allem auf den Praxisbezug gelegt, um zu gewährleisten, dass die Absolventen/Absolventinnen ein gutes Rüstzeug für eine individuelle Kunden-/Kundinnenberatung erhalten. Die Wissenschaftlichkeit soll in der Ausbildung nicht ausgeblendet werden, ist aber aufgrund der Zielsetzung sekundär zu betrachten. Per 12.3.2010 gab es im gesamten Raiffeisensektor 278 zertifizierte Diplom.Finanzberater/-innen (vgl. www.cfp.at). Das Interesse an diesem zertifizierten Lehrgang lässt nicht nach, so auch beim parallel geführten rak-Lehrgang zum Diplom.Kommerzkundenbetreuer/zur Diplom.Kommerzkundenbetreuerin, der 2009 mit 15 Teilnehmern/Teilnehmerinnen pilotiert wurde.

7 Schlussfolgerungen

Nach der anfänglichen Auseinandersetzung mit dem Terminus „Kompetenz" kann resümierend festgehalten werden, dass Kompetenzen Fähigkeiten zur Selbstorganisation sind. Sie schließen Wissen, Qualifikation, Werte und Normen ein und versetzen diese in ein verfügbares Setting (vgl. Heyse & Erpenbeck 2007, S. 31). Durch die dynamischen Märkte, sich rasch ändernden strukturellen Rahmenbedingungen, offenen Problem- und Entscheidungssituationen und komplexen Systeme wird der kontinuierliche Aufbau von Kompetenzen in Unternehmen immer wichtiger. Auf dieser Basis muss ein langfristiges und adäquates Kompetenzmanagement in den jeweiligen Unternehmen implementiert werden. Eine erfolgreiche Etablierung ist nur dann möglich, wenn die Implementierung die unterschiedlichen Unternehmensspezifika berücksichtigt und in Form eines gelebten Veränderungsprozesses umgesetzt wird. Selbstmanagement, Qualifikation und Wissen müssen als wichtige strategische Bestandteile wahrgenommen und so auch als Bindeglied in das Kompetenzmanagement integriert werden.

Es ist davon auszugehen, dass die Akkreditierungsfähigkeit von Kompetenzen zukünftig in den Bildungskonzepten der Unternehmen, Bildungsinstitutionen, Fachhochschulen sowie im universitären Sektor an Bedeutung steigen wird. Nicht zuletzt spielt hier der zunehmende Globalisierungsfaktor eine Rolle, der sich auch auf den erhöhten Bedarf nach international gültigen Bildungs- und Zertifizierungsstandards auswirkt. Innerhalb neuer Zertifizierungsprogramme muss eine Balance gefunden werden, die sowohl den normativen Charakter, aber auch immer mehr die unterschiedlichen Branchen und beruflichen Tätigkeitsbereiche berücksichtigt. Neben der Standardisierung kann so auch gewährleistet werden, dass jenes erworbene Wissen über die Zertifizierung auch in der beruflichen Praxis eingesetzt werden kann.

Im Bankensektor hat man nicht zuletzt durch die Finanzkrise diesen Bedarf an Transparenz hinsichtlich der Qualifikation der Kundenberater/-innen erkannt. Standardisierte und international anerkannte Zertifizierungsstandards fungieren so als Gütesiegel und sollen nachhaltig als Garant für gut ausgebildete Kundenberater/-innen stehen. Die Zertifizierungsprogramme müssen sowohl länderspezifische Inhalte als auch internationale Bankenspezifika aufweisen. Ferner können Zertifizierungen auch im rechtlichen Bereich schlagend werdenden Beratungshaftungen vorbeugen. Vordefinierte Kompetenzprofile müssen laufend an die sich ändernden Marktbedingungen angepasst werden – die Dynamik der globalen Wirtschaft muss auch in einem gelebten Kompetenzmanagement stets berücksichtigt werden –, ein laufendes Anpassen und Rückkoppeln muss folgen, um so sicherzustellen, dass die Zertifizierungsprogramme die realen Bedingungen der Branche widerspiegeln. Auch im Raiffeisensektor hat man die Notwendigkeit zertifizierter Bildungsstandards erkannt und sowohl im Veranlagungs- als auch im Finanzierungsbereich zwei übersektorale zertifizierte Ausbildungsschienen durch die rak österreichweit über alle Bundesländer etabliert.

Letztendlich ist jedoch entscheidend, wie die einzelnen Zertifizierungsprogramme konzipiert werden und inwieweit die darin enthaltenen Kompetenzraster auf die jeweilige Branche abgestimmt sind. Damit kann auch die anfänglich gestellte Frage, die wie folgt lautete, beantwortet werden: „Was nützt eine Zertifizierung der Kompetenz, wenn sie niemand kennt?" Die Qualität der Inhalte, die laufende Anpassung der Lehrinhalte an die Marktbedingungen, der Bekanntheitsgrad und die Etablierung der jeweiligen Zertifizierungsinstitution werden beim Erfolg und bei der Akzeptanz des Zertifikates eine maßgebliche Rolle spielen. Zukünftig werden genau diese genannten Parameter bei der großen Auswahl am Markt bestehender Zertifizierungsprogramme entscheidend sein. Die Auszubildenden werden bei der Selektion ihrer Ausbildung noch strikter vorgehen, um langfristig ihren persönlichen Wettbewerbsvorteil durch ihre Zertifizierung zu sichern. Dieser Qualitätsanspruch muss folglich von den Bildungsanbietern/-anbieterinnen über alle Branchen und Institutionen verstanden werden – nur so kann gewährleistet werden, dass die Zertifizierung das bietet, was sie immer verspricht: eine qualitativ hochwertige Ausbildung, die durch Normen und Standards international und branchenspezifisch vergleichbar ist und so für alle Interessenvertreter/-innen (Shareholder und Stakeholder) ein transparentes Bild über die Kompetenzen der Zertifikatsträger/-innen widerspiegelt.

Literaturverzeichnis

Heyse, Volker & Erpenbeck, John (2007): Kompetenzmanagement. Methoden, Vorgehen, KODE® und KODE®X im Praxistest. Münster: Waxmann.

Kellner, Herbert & Bosch, Peter (2004): Performance Shaping. Innovative Strategien für mehr Trainingseffizienz. Offenbach: Gabal.

Kirchhöfer, Dieter (2004): Lernende Kompetenzentwicklung. Entgrenzung in der Gesellschaft, Bildung, Arbeit, Lernen – Lehren, Institution, Region – lernende Region, Lernkultur. Berlin: Arbeitsgemeinschaft Betriebliche Weiterbildungsforschung e.V.

Reiss, Konrad & Schoon, Dieter (1999): Kompetenzlücken im Unternehmen ermitteln und beseitigen: Fähigkeiten an Geschäftsprozessen ausrichten – Kompetenzatlas erstellen. In: Frankfurter Allgemeine Zeitung, Nr. 230, S. 30.

Sveiby, Karl E. (1998): Wissenskapital – Das unentdeckte Vermögen: Immaterielle Unternehmenswerte aufspüren, messen und steigern. Landsberg/Lech: Moderne Industrie.

Internetquellen:

BMWFJ – Bundesministerium für Wirtschaft, Familie und Jugend (2010): Leitfaden L03 V03/2010 – Akkreditierungsfähigkeit von Kompetenzen im Rahmen der Zertifizierung von Personen; http://www.bmwfj.gv.at/TechnikUndVermessung/Akkreditierung/Documents/Leitfaden%20L03%20Akkreditierungsfähigkeit%20von%20Kompetenzen%20von%20Personen_V3.pdf [20.10.2010].

Fondsprofessionell (2010): Österreichischer Verband Financial Planners schließt Abkommen mit EFPA; http://www.fondsprofessionell.at/redsys/newsText.php?sid=665904&showForumForm=1&PrintPage=1 [23.10.2010].

Österreichischer Verband Financial Planners (2010): http://www.cfp.at [11.11.2010].

Patzelt, Peter-Christian (2009): QRC-Sondernewsletter zum Jahreskongress 2009: Was zeichnet einen guten Coach aus? http://alumni.business-coaches-ihk.de/Freigegebene%20Dokumente/QRC_Sondernewsletter_Kongress_2009.pdf [25.10.2010].

Pressetext (2010): http://www.pressetext.com/news/20100118007 [20.10.2010].

Karl Straßer
Energie AG Oberösterreich

Gruppencoaching für Manager/-innen in der Energie AG Oberösterreich
Ein Instrument zur Professionalisierung der Führungskompetenz

1 Einleitung – das Unternehmen Energie AG 433
2 Konzernleitbild – von der gemeinsamen Konzernidentität über Führungsinstrumente bis zum Gruppencoaching 433
3 Personalentwicklung als Basis unternehmerischen Handels 434
4 Vorbereitende Schritte zur Einführung des Gruppencoachings 435
5 Warum diese Form des Coachings? 435
6 Implementierungsschritte 436
7 Zum Setting des Gruppencoachings 437
    7.1 Zielsetzungen seitens der Energie AG 437
    7.2 Warum Gruppen- und nicht Einzelcoaching? 438
    7.3 Rahmenbedingungen 438
8 Themenlandschaft 438
9 Evaluierung in mehrfacher Hinsicht 440
10 Thesen für die Zukunft des Gruppencoachings 444
Literaturverzeichnis 445

1 Einleitung – das Unternehmen Energie AG

Die Energie AG Oberösterreich ist der führende oberösterreichische Infrastrukturkonzern mit Tochterunternehmen und Beteiligungen im Kerngeschäft Energie, Entsorgung und Wasser. Der Bereich Energie umfasst Strom, Gas und Wärme. Der Konzern verfolgt konsequent eine Wachstumsstrategie mit dem Ziel, in Österreich und weiteren Ländern Zentral- und Osteuropas ein wichtiger Anbieter von Infrastrukturleistungen in den Kerngeschäften Energie, Entsorgung, Wasser und Datendienste zu sein. Die Annahme oder Festigung der Nummer-1-Position des Marktführers oder jene des ersten Herausforderers in den vom Konzern festgelegten Marktgebieten stellt für alle Geschäftsbereiche die wesentliche Zielvorgabe dar. Wenn auch die Energie AG zunehmend im internationalen Umfeld wächst, positioniert sie sich dabei aber klar als ein oberösterreichisches Unternehmen.

2 Konzernleitbild – von der gemeinsamen Konzernidentität über Führungsinstrumente bis zum Gruppencoaching

Vision, Mission und Leitbild (inkl. unternehmenspolitischer Grundsätze) stellen die oberste Hierarchie der strategischen Unternehmensplanung dar. Sie bilden die Basis und Orientierung für die tägliche Zusammenarbeit im Konzern sowie mit allen Steakholdern. Sämtliche Tochtergesellschaften und Organisationseinheiten leiten ihre organisationsspezifischen Grundsätze und Leitbilder aus dem Konzernleitbild der Energie AG ab. Für die Zusammenarbeit der Mitarbeiter/-innen wurden entsprechende Spielregeln definiert.

Die Führungsinstrumente und -modelle sowie die Personalentwicklungsgrundsätze sind in der Konzernrichtlinie über das Personalführungsmodell im Konzern der Energie AG Oberösterreich vom 12.03.2007 festgeschrieben. Darin ist unmissverständlich festgehalten, worauf ein Konzernführungsmodell der Energie AG im Wesentlichen beruht: auf einer wertschätzenden Führung mit vertrauensvollem Umgang und gegenseitiger Achtung von Mitarbeitern/Mitarbeiterinnen und Führungskräften, einem funktionierenden Management-by-Objective-System (MbO) sowie der partizipativen Führung als Anerkennung der Mitarbeiter/-innen und der Einbeziehung ihres Wissens in die Entscheidungsüberlegungen. Ein weiterer Grundpfeiler sind das strukturierte Mitarbeiter/-innen-Gespräch, die Leistungsorientierung, aufbauend auf einem leistungsorientierten Entlohnungsmodell, in dem die strategischen Vorgaben des Konzerns heruntergebrochen werden auf die einzelnen Führungsebenen mit der Vorgabe der wertschätzenden Führung, der offenen Kommunikation und Informationsweitergabe sowie einer gemeinsamen, länderübergreifenden Konzernidentität. Schließlich rundet eine Corporate Social Responsibility samt einer gut gelebten Unternehmenskultur das Leitbild ab. Das im Jahr 2003 implementierte Gruppencoaching bildet in der neuen Konzernstruktur seit dem Jahr 2006 eine ideale Ergänzung für die Entwicklung der Führungskompetenz.

3 Personalentwicklung als Basis unternehmerischen Handels

Seit mehr als 30 Jahren gehört das Thema Führungskräfte- und Mitarbeiter/-innen-Entwicklung zu den wichtigsten strategischen Themen im Unternehmen. Eine umfassende Personalentwicklungsstrategie muss „die personale Zukunftssicherung im Unternehmen betreiben." (vgl. Stiefel 1996, S. 29) Seit sich die Energie AG mit 01.10.2006 als Konzern neu aufgestellt hat, wird diesem Thema ein noch stärkeres Augenmerk geschenkt. Der Führungsauftrag in der Energie AG lautet schließlich: Die Manager/-innen und Führungskräfte haben dafür zu sorgen, dass gewöhnliche Menschen außergewöhnliche Leistungen erbringen können und wollen! Damit wird zum Ausdruck gebracht, wie wichtig es ist, im Sinne der Führungsgrundsätze nach Fredmund Malik (2000) darauf zu achten, dass das Klima der Motivation, vor allem aber auch der Selbstmotivation der Führungskräfte und der Mitarbeiter/-innen möglichst hoch ist.

Was meint Motivation? Doch nichts anderes, als dass Mitarbeiter/-innen bereit sind, mehr zu tun, als sie tun müssten – und das auch noch gerne tun. Ausgehend von der Grundphilosophie, dass nur eine fest verankerte Führungskompetenz auch den entsprechenden Führungserfolg mit sich bringt, wurden im Laufe der Jahre die Instrumente der Erweiterung dieser Führungskompetenz immer mehr verfeinert, und schließlich fand im Jahr 2003 das Gruppencoaching für Manager/-innen in der Energie AG seinen Beginn. Welchen enormen Beitrag eine starke Führungskompetenz für den Führungserfolg bringt, veranschaulicht das folgende Schaubild.

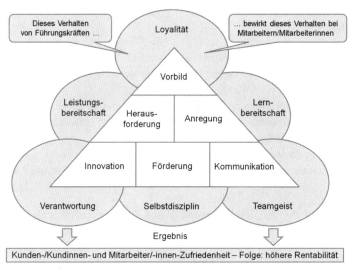

Abbildung 1: Führungskompetenz und -erfolg (vgl. Pelz & Dolles o. J.)

4 Vorbereitende Schritte zur Einführung des Gruppencoachings

Im Rahmen laufender Rücksprachen mit dem Vorstand der Energie AG über Personalentwicklungsthemen war es mir ein Anliegen, einer zuweilen aufkommenden „Edukationsresistenz" von Führungskräften dadurch entgegenzuwirken, dass sie mit einem ganz anderen Modell an ihrer eigenen Entwicklung und an der ihrer Mitarbeiter/-innen mit Spaß und Freude arbeiten sollten. Mein konkreter Vorschlag an den Vorstand lautete daher:

- Einführung eines „Gruppencoachings für alle Abteilungsleiter/-innen" in der Energie AG
- Rahmenbedingungen:
  - Treffen: viermal im Jahr zu je vier Stunden, bevorzugt am Nachmittag bis in den Abend hinein, sodass auch ein gemeinsamer, gemütlicher Ausklang denkbar ist.
  - Ort: sollte je nach Gruppe Linz oder Gmunden, im oder besser außer Haus, sein.
  - Gruppenaufteilung: in verschiedenen, selbst wählbaren Gruppen (Maßgabe für die Einteilung wäre z. B. unterschiedlicher Bereich, Interessen, Vertrauen und Wohlfühlen).

5 Warum diese Form des Coachings?

Coaching ist in unserem Verständnis eine besondere Form der professionellen Begleitung, Beratung und Unterstützung von Menschen in verantwortungsvollen Aufgaben (vgl. etwa auch Backhausen & Thommen 2004, Berg & Jong 2003, Piotrowski 2004 und Vogelauer 1998). Führungskräfte, die Veränderungs- und Entwicklungsprozesse gestalten sollen, finden im Coaching einen starken Rückhalt und die Möglichkeit, Aufgaben, Rollen, aber auch Hindernisse zu reflektieren und mit ihren eigenen Ressourcen unter Anleitung des externen

Coaches zu bearbeiten. Beweggründe für die zukünftige Realisierung eines Grupencoachings lassen sich festhalten:

- Die von Führungskräften immer wieder geäußerten Probleme bei Entscheidungsfindungen im Umgang mit Mitarbeitern/Mitarbeiterinnen, v. a. auch hinsichtlich eines optimierten Zeitmanagements,
- Durchblick bei immer größeren Veränderungen (Change-Management) im Haus durch den Einfluss von externen Beratern/Beraterinnen, die an der laufenden Umstrukturierung des Unternehmens maßgeblich beteiligt waren,
- die Anforderungen in Richtung Stress und psychischer Belastung
- und schließlich auch verschiedenste Anfragen nach einem sogenannten bezahlten Einzelcoaching.

Diese Aspekte brachten mich auf die Idee, dem Vorstand dieses Gruppencoaching als Personalentwicklungsmaßnahme für Führungskräfte vorzuschlagen. Führungskräfte sollten die Möglichkeit haben, ihre konkreten Themen des Führungsalltags zu besprechen, zu reflektieren und zu klären. Die Begleitung sollten externe Coaches, nämlich bewährte Managementtrainer/-innen mit einem systemischen Ansatz sein (vgl. zum systemischen Konzept etwa auch König & Volmer 2003 und Steinkellner 2005). Mit der ganzen Kraft der Erfahrung in der Personalentwicklung und überzeugt, dass diese Maßnahme ein wichtiger Meilenstein in der Weiterentwicklung der Führungskultur sein sollte, versuchte ich den Vorstand von meiner Idee zu überzeugen. Schließlich gab der Vorstand Ende Januar 2003 grünes Licht zur Umsetzung dieser Idee in der Personalentwicklung. Aus einer Vielzahl bewährter Managementtrainer/-innen wurden schließlich sechs Coaches ausgewählt (drei Männer und drei Frauen).

6   Implementierungsschritte

Ein derartiges Modell eines Gruppencoachings war aber nach grundsätzlicher Genehmigung nicht einfach in ein paar Wochen installiert, sondern der Einführung und der Motivationsarbeit, die zu leisten war, um die Führungskräfte für dieses Projekt zu gewinnen, schloss sich ein fast halbjähriger Diskussions- und Überzeugungsprozess an. Ich habe mich bemüht, mit jedem der damals 35 Manager/-innen im Unternehmen mehrfach Gespräche zu führen, um den Boden für dieses grundlegend neue Modell zu bereiten.

Auf Skepsis stieß in den vorbereitenden Gesprächen mit den Führungskräften vor allem das hochgesteckte Ziel, zu einem echten „Gruppencoaching" in einer selbst gewählten Gruppe zu kommen, d. h. daran zu glauben, dass die Ressourcen der einzelnen Gruppenmitglieder vertrauensvoll geöffnet werden können und unter Anleitung des externen Coaches jeder sich so einbringt, dass die mitgebrachten und aufgeworfenen Themen der einzelnen Teilnehmer/-innen einer zufriedenstellenden Lösung zugeführt werden können. Es war für mich als Mentor und Träger der Idee, diese Art des Coachings zu wählen und den Führungskräften nicht ein Einzelcoaching je nach Situation anzubieten, ein entscheidender Aspekt, wie sehr sich die einzelnen Manager/-innen in ihrer Gruppe darauf einlassen werden, ihre eigenen Probleme und Anliegen aus dem konkreten Führungsalltag einzubringen und zu bearbeiten. Das bedeutet im Klartext: Wie sehr sie in der Lage sein werden, sich Schwächen und Führungsmängel auch einzugestehen und wie hoch ihre Bereitschaft sein wird, im Kontext des Coachings aktiv nach Lösungen zu suchen. Daher war es mein Fokus und Anliegen in den Gesprächen mit den Führungskräften, meine ganze berufliche Erfahrung und mein Vertrauen in die Führungskräfte in den Gesprächen überzeugend hervorzuheben, sodass die Führungskräfte an sich selbst und an diese enorme Chance glauben konnten. Nach monatelangen Gesprächen war ich selber sehr erstaunt, dass von damals 35 Führungskräften über 98 % eine positive, schriftliche Rückmeldung abgaben, am Startmeeting und am Gruppenfindungsprozess am 11. 06. 2003 mitzumachen.

Es war wichtig, den Führungskräften deutlich vor Augen zu führen, dass hier eine Chance für ein völlig neues Lernen und eine völlig neue Aneignung einer Kompetenz, den Alltag des Führens zu bewältigen, vor ihnen lag. In diesem Startworkshop im Seminar- und Erholungshaus der Energie AG in Strobl am Wolfgangsee sollte eine Initialzündung erfolgen, die das Projekt, das vorerst einmal auf zwei Jahre angelegt war, beleben sollte. Und so kam es auch. Allein schon das Ambiente am See und der würdige Abschluss mit einer gemeinsamen Bootsfahrt bildeten einen herrlichen Rahmen, und in der inhaltlichen Arbeit am Nachmittag setzte sich der positive Geist weiter durch. In der großen Runde und in den Gruppen ging es um die Thematik, was dieses Gruppencoaching sein solle, welche Ziele man anstrebe und welche Erwartungen denn die Teilnehmer/-innen im Hinblick auf diese neue Art des Führungslernens hätten. Vor allem, was das Coaching leisten solle und was es nicht leisten könne. Jedenfalls solle es auch zu einer gelungenen Kommunikation der Führungskräfte untereinander und mit ihren Mitarbeitern/Mitarbeiterinnen beitragen (vgl. Birkenbihl 2007, S. 16).

7 Zum Setting des Gruppencoachings

Es seien nun einige wichtige Ziele und Hauptaspekte dargestellt, was dieses Coaching für die Führungskräfte sein soll. Diese Aspekte wurden mit den Führungskräften entwickelt: Zum einen soll es eine professionelle Begleitung bei der Lösung von Fragen aus dem Führungsalltag sein, eine Möglichkeit, sich als Führungskraft weiterzuentwickeln, und es soll zum anderen eine Auszeit vom operativen Alltag und eine optimale Unterstützung im Alltag des Führens sein. Das heißt voneinander und miteinander lernen im Gruppenkontext, in dem jeder seinen/jede ihren Teil zur Lösung einbringt. Was das Gruppencoaching nicht sein soll und auch nicht leisten will: es ist weder ein „Zwang" zur Veränderung noch ein Ort zum „Wehklagen", weder eine Therapie noch ein Outing, weder eine Gehirnwäsche noch ein Seelenstriptease. Jeder Coach/Jede Coachin arbeitet mit seiner/ihrer Gruppe praxisorientiert und gegenwartsbezogen. Weiters findet eine umsetzungsrelevante Begleitung und Beratung in und durch die Gruppe statt. Der berufliche Kontext steht im Vordergrund.

7.1 Zielsetzungen seitens der Energie AG

- Themen des Führungsalltages reflektieren
- Emotionale Entlastung schaffen
- Erfahrungsaustausch zu Grundsätzen und Werkzeugen moderner Führung
- Betonung des interdisziplinären Aspektes
- Gemeinsame Klammer über den Konzern (Konzernkultur)

- Unterstützung bei der Bewältigung der Rolle als Führungskraft: Rollenerwartungen, Rollenbilder
- Neue Herausforderungen besser bewältigen: z. B. „gesund führen"
- Leistungssteigerung durch Steigerung der sozialen Kompetenz
- Vertrauensvoller Umgang, kollegiale Beratung auch außerhalb der Coachingrunde

7.2 Warum Gruppen- und nicht Einzelcoaching?

Wir wollten eine Vertrauensbildung für das interdisziplinäre betriebliche Zusammenwirken der Geschäftsbereiche, das gemeinsame Führungsverständnis kräftigen, der Individualisierung entgegenwirken und das Veränderungsmanagement und die gemeinsame Motivation verstärken. Zugegeben, auch aus Kostengründen wollten wir dem Gruppencoaching den Vorrang geben.

7.3 Rahmenbedingungen

Zu den erwähnten Rahmenbedingungen (siehe Punkt 4) kommen noch die persönlichen Rahmenbedingungen:

- Absolute Vertraulichkeit
- Eigenverantwortlichkeit der Gruppe: Termineinteilung und Themenauswahl
- Verbindliche Teilnahme: Wer sich auf die Gruppe einlässt, verpflichtet sich, diesem Gruppencoaching und den Terminen absolute Priorität zu geben.

Die Zielgruppe hat sich inzwischen erweitert. Neben den Abteilungsleitern/Abteilungsleiterinnen wurden nun seit der Konzernbildung auch Geschäftsführer/-innen und Prokuristen/Prokuristinnen der Energie AG Oberösterreich österreichweit eingeladen. Damit ist die Anzahl von 35 Teilnehmern/Teilnehmerinnen auf 65 angewachsen.

8 Themenlandschaft

Die Themenlandschaft im Gruppencoaching bewegte sich nach dem Rücklauf und den Evaluierungen (2005 und 2009) in den einzelnen Gruppen mit den Coaches wie folgt: Die nun im Wesentlichen angeführten Themen sind aus Vertraulichkeitsgründen nur generell formuliert und sollen die dahinterstehende persönliche Fragestellung, die der einzelne Coachingteilnehmer/die einzelne Coachingteilnehmerin in die Runde und in die Gruppe mitgebracht hat, nur andeuten. Um es konkret zu sagen, wenn als Themenbeispiel angeführt wird „Delegieren, loslassen, aber wie?", dann versteckte sich hinter der Frage eine ganz konkrete Situation der Führungskraft, die sie im Coaching als ihre mitgebrachte Fragestellung in die Runde einbringen möchte, nämlich: „Was soll ich tun, ich kann so schwer interessante Aufgaben an Mitarbeiter/-innen abgeben. Ich traue ihnen oft die Lösungskompetenz nicht zu, es ist mir zu viel Arbeit, anderen zu erklären, was zu tun ist, da kann ich es ohnehin gleich selber tun ..."

Weitere Themenbeispiele:

- Kann man Mitarbeiter/-innen überhaupt motivieren?
- Meine Rolle – meine Werte
- Life-Balance: Wie gelingt das?
- Umgang mit Widerständen
- Konkretes Burnout-Erlebnis
- Konfliktkultur: Wie entwickeln?
- Informationstransfer an Mitarbeiter/-innen
- Lob und Anerkennung: Was unterscheidet sie?
- Gestern Kollege/Kollegin – heute plötzlich Führungskraft

Hier soll nun fragmentarisch ein konkretes Fallbeispiel aus der Coachingrunde erwähnt werden, nämlich: „Wie kann ich Chef/-in und Coach zugleich sein?" An diesem Beispiel wollten wir die besondere Brisanz dieses Themas aufzeigen und uns über das Rollenbild des Führens und des Coachens austauschen und gleichzeitig in einer schematischen Darstellung die Diskussionsergebnisse festhalten.

Abbildung 2: 1. Stufe – Führungsrolle in der Hierarchie wahrnehmen (im Rahmen eines Gruppencoachings erarbeitet)

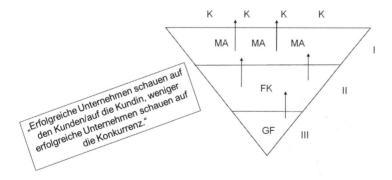

Abbildung 3: 2. Stufe – Mitarbeiter/-innen entwickeln und fördern (im Rahmen eines Gruppencoachings erarbeitet)

Karl Straßer

- Maßnahmen für den Mitarbeiter/die Mitarbeiterin setzen, die ihn/sie in der Leistungserfüllung zum Kunden/zur Kundin hin unterstützen! Diese Maßnahmen stehen im Kontext mit dem Unternehmen.
- Grenze der Mitarbeiter/-innen-Entwicklung durch die Führungskraft ist dort, wo es um die ganz persönliche, menschliche Entwicklung (Beziehung, Ehe, Selbstentfaltung etc.) des Mitarbeiters/der Mitarbeiterin geht.
- Ohne gebeten zu werden, darf die Führungskraft dazu keine Tipps oder Hinweise geben.

Abbildung 4: Was ist an Aufgaben in diesem Fall zu tun?

9 Evaluierung in mehrfacher Hinsicht

In den Jahren 2005, 2007 und 2009 kam es zu Treffen der Coaches mit den Auftraggebern/Auftraggeberinnen, mit dem Ziel, die Themen zu evaluieren. Themenschwerpunkte waren:

- Welche Themen bewegen die Führungskräfte?
- Was sieht die einzelne Gruppe als größten Gewinn an?
- Welche „Unternehmenskultur" wurde bisher sichtbar?
- Evaluierung der bisherigen Coachingtreffen, bezogen auf Inhalte

Als Rückmeldungen der Teilnehmer/-innen lassen sich beispielhaft festhalten:

- „Wir haben in der Gruppe rasch Vertrauen gefunden und reden über das, was uns wirklich bewegt."
- „Jeder kommt mit seiner Frage und wird wahrgenommen."
- „Ich sehe, das ist für mich eine echte Kraftquelle!"
- „Gruppencoaching ist hilfreich, entlastend, es kommen die Themen zur Sprache, die wirklich anstehen!"

Darüber hinaus wurde das Gruppencoaching im Zuge einer Masterthese von Hans Zeinhofer (2006) evaluiert. Diese Arbeit wurde bei der Führungskräftekonferenz von 11.–12.05.2006 in Strobl vor den Führungskräften präsentiert und diskutiert. Nachfolgend werden einige Studienergebnisse präsentiert (siehe Abbildung 5–10).

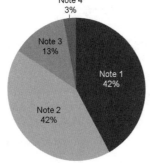

Abbildung 5: Schulnotenbewertung: Note 1,76 (vgl. Zeinhofer 2006, S. 58)

Gruppencoaching für Manager/-innen

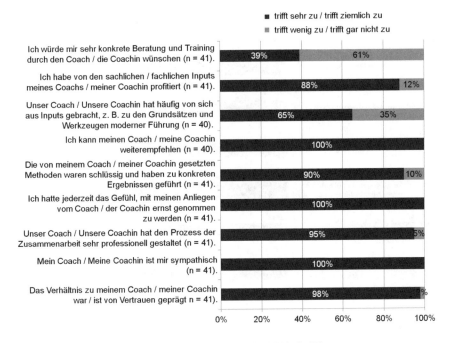

Abbildung 6: Beurteilung des Coaches (vgl. Zeinhofer 2006, S. 63)

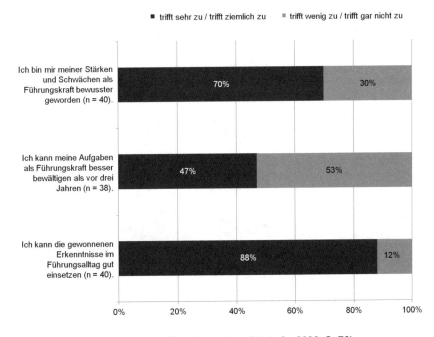

Abbildung 7: Veränderung auf kognitiver Ebene (vgl. Zeinhofer 2006, S. 76)

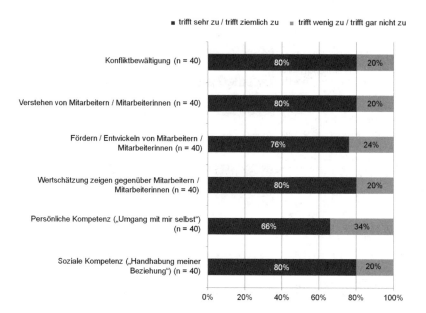

Abbildung 8: Veränderung im Verhalten (vgl. Zeinhofer 2006, S. 79)

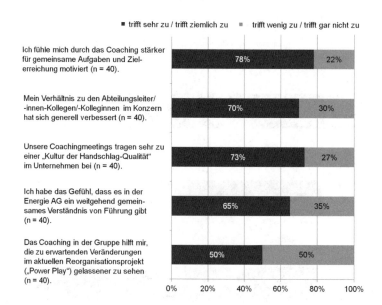

Abbildung 9: Unternehmenskultur (vgl. Zeinhofer 2006, S. 113)

Gruppencoaching für Manager/-innen

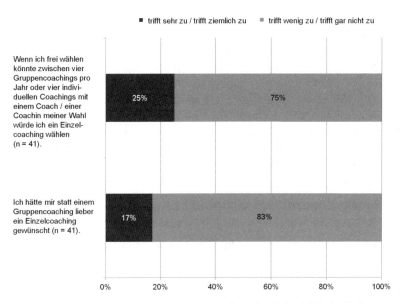

Abbildung 10: Einzel- versus Gruppencoaching (vgl. Zeinhofer 2006, S. 120)

Zeinhofer (2006) resümiert: „Am Beispiel dieses Führungskräftecoaching-Konzeptes der Energie AG wurden die Wirkeffekte von Gruppencoaching evaluiert. Es kann mit dieser Evaluierung auch gezeigt werden, dass einerseits die aus dem Einzelcoaching für Führungskräfte bekannten Effekte auch in einem Gruppensetting weitgehend gemessen werden können und gleichzeitig auch erfüllt werden: Reflexion und Verbesserung von Führungskompetenz oder auch die positiven Effekte auf der kognitiven, unternehmenskulturellen und verhaltensbezogenen Ebene. [...] Andererseits ermöglicht diese Settinggruppe, trotz eher manchmal skeptischer Meinungen in der Literatur, eine Reihe zusätzlicher fördernder Effekte: Es kommt zu einem gegenseitigen Coachen der Führungskräfte, zum Andocken an ein großes, unternehmensweites Ideen- und Erfahrungshandeln. Das Setting wirkt gegen Vereinsamung in der Führung bzw. die Führungskräfte verspüren auch das Gefühl eines Rückhalts, einer Offenheit, spüren Vertrauen und Commitment-Fähigkeit. Das ist wichtig für eine positive, robuste Unternehmenskultur. Die am Programm beteiligten Führungskräfte nehmen in ihren Beziehungen zu den Kollegen/Kolleginnen, wie aus der Untersuchung sichtbar wird, deutliche Verbesserungen wahr. Das Coaching-Programm wird also von allen Beteiligten (von Auftraggebern/Auftraggeberinnen, Coaches und Führungskräften) eindeutig als nützlich und den jeweiligen Zielsetzungen entsprechend qualifiziert. Die Evaluierung hat so gut wie keine offensichtlichen Optimierungspotenziale aufzeigen können. Hemmende Faktoren der Effizienz treten in geringer Intensität auf, sodass der Schluss mit Bezug auf dieses Konzept naheliegt, dass ein Gruppencoaching von Führungskräften, wenn die Rahmenbedingungen wie etwa eine gute Unternehmenskultur und wenig Konkurrenzdenken unter den Führungskräften vorhanden ist, einerseits Kosteneffizienz zeigt und andererseits auch im Bezug auf seine Wirkung effektiver sein kann als ein klassisches Einzelcoaching für Führungskräfte. Mit diesem Gruppencoaching besitzt die Energie AG einen praxisrelevanten Erfahrungsaustausch für ihre Führungskräfte, fördert die Offenheit, die Führungskräfte fühlen sich im Coaching wesentlich unterstützt, und es kann von einer Erfolgsstory, einem Vorzeigemodell für die Energie AG für weitere Jahre gesprochen werden. Damit erscheint auch eine mittelfristige Fortsetzung als sinnvoll. Die Neuformierung der Gruppen als Prinzip sollte beibehalten werden, ein flankierendes Angebot des Einzelcoachings sollte möglich sein und somit auch eine Personalentwicklungsstrategie eines Unternehmens, an der ‚alle Mitarbeiter für Lernen und Entwicklung angesprochen werden, bei dem sich auch die oberste Spitze von der Personalentwicklung nicht ausnimmt' (Stiefel 1996, S. 30)."

10 Thesen für die Zukunft des Gruppencoachings

- Ohne vertrauensvolle Gespräche gibt es keine Führungskräfteentwicklung in der Energie AG.
- Wer gut führen will, muss lernen, sich selbst zu führen, und muss für Anregungen von außen empfänglich sein.
- Die Offenheit, seinen eigenen Schwächen in die Augen sehen und die Bereitschaft, an der eigenen Kommunikationsfähigkeit zu arbeiten, bringen einen echten Turnaround für eine lernwillige Führungskraft.
- Gruppencoaching fördert die Fähigkeit, neue Themen der Führung als Themen der jeweiligen Führungskraft zu erkennen und daran arbeiten zu wollen.
- Emotionale Entlastung schafft niemand mit und für sich allein. Die Führungspower wächst im Dialog mit dem Du des Kollegen/der Kollegin.
- Neue Herausforderungen schaffen unsere Führungskräfte in der Energie AG nur im intensiven Austausch von Meinungen und Lösungsansätzen (z. B. Was bedeutet „gesund führen"?)
- Wenn Rollenbilder und -erwartungen in ungezwungener Atmosphäre diskutiert werden können, hält das anschließende Commitment lange an.
- Unternehmenskultur kann man niemals befehlen, sie wächst wie eine Pflanze am meisten durch jene Führungskräfte, die sie regelmäßig mit ihrer belebenden Art, mit anderen Menschen umzugehen, düngen.
- Konflikte sind in Unternehmen tägliche Realität: Wer aber gelernt hat, im ständigen Dialog mit Kollegen/Kolleginnen aus dem Führungskreis darüber zu reflektieren und sich auszutauschen, bewältigt die eigenen Konflikte mit einer ganz anderen lebendigen Energie.
- Laufende Hinweise, Übungen und Beispiele im Coaching, wie es denn gelingen könnte, nicht in die „Erschöpfungszustände" ständig eilender Führungskräfte zu kommen, sind wie Balsam für die Seele.
- Es ist eine besondere Kraftquelle, mit Kollegen/Kolleginnen in einem so wertvollen Erfahrungsaustausch zu sein und von deren Erkenntnissen, Siegen und Niederlagen zu profitieren.

Ende 2010 startete neuerlich für einen Zeitraum von drei Jahren der vierte Coachingdurchgang in neuer Zusammensetzung in den einzelnen Gruppen und mit „neuen", von den Führungskräften ausgewählten Coaches. In diesem Workshop, bei dem nahezu alle Coachingteilnehmer/-innen anwesend waren, wurde mit einer den Teilnehmern/Teilnehmerinnen inzwischen innewohnenden Klarheit und Selbstverständlichkeit die Offenheit sichtbar, sich auf neue Gruppenmitglieder einzulassen und dem neuen Coach einen ungeahnten Vertrauensvorsprung zu schenken. Dieser Vorgang ist jedes Mal eine deutliche und fast berührende Bestätigung, dass sich das Abenteuer „Gruppencoaching für Manager/-innen in der Energie AG" bislang gelohnt hat und eine noch lange und erfolgreiche Zeit verdient!

Literaturverzeichnis

Backhausen, Wilhelm & Thommen, Jean-Paul (2004): Coaching. Durch systemisches Denken zu innovativer Personalentwicklung. Wiesbaden: Gabler.

Berg, Insoo K. & Jong, Peter de (2003): Lösungen (er-)finden. Das Werkstattbuch der lösungsorientierten Kurztherapie. 5. Auflage. Dortmund: Modernes Lernen Borgmann.

Birkenbihl, Vera F. (2007): Kommunikationstraining. Zwischenmenschliche Beziehungen erfolgreich gestalten. 29. Auflage. Heidelberg: Moderne Verlagsgesellschaft.

König, Eckhard & Volmer, Gerda (2003): Systemisches Coaching. Handbuch für Führungskräfte, Berater und Trainer. Weinheim: Beltz.

Malik, Fredmund (2000): Führen – Leisten – Leben. Wirksames Management für eine neue Zeit. München: Deutsche Verlags-Anstalt.

Pelz, Waldemar & Dolles, Harald (o. J.): Führung und Innovation bei mittelständischen Weltmarktführern. Ausgewählte Ergebnisse einer Studie an der German Graduate School of Business and Law (GGS) über Weltmarktführer aus der Region Heilbronn-Franken. Bad Soden am Taunus: o. V.

Piotrowski, Sabine (2004): Forschungsbericht „Bedeutung und Einsatz von Coaching in der Personalentwicklung". Wien: Privatuniversität für Management.

Steinkellner, Peter (2005): Systemische Intervention in der Mitarbeiterführung. Heidelberg: Carl-Auer.

Stiefel, Rolf T. (1996): Lektionen für die Chefetage. Stuttgart: Schäffer-Poeschel und Klett-Cotta.

Vogelauer, Werner (1998): Coaching-Praxis. Wien: Manz.

Zeinhofer, Hans (2006): Ergebnisse und Wirkung von Gruppencoaching – Evaluierung eines Führungskräftecoaching-Konzeptes bei der Energie AG Oberösterreich. (Masterthese). o. O.: o. V.

Hans-Joachim Müller
Technische Universität Kaiserslautern

Didaktische Transformationen zur Gestaltung kompetenzorientierter Lehr- und Prüfungsarrangements

1 Einleitung	447
2 Aktuelle Rahmenbedingungen beruflicher Bildung	448
3 Kompetenzen – was ist neu?	449
4 Eine kompetenzorientierte Konzeption der didaktischen Gestaltung beruflicher Lernprozesse	451
5 Didaktische Transformationen zur kompetenzorientierten didaktischen Gestaltung beruflicher Bildung	454
5.1 Curriculare Vorgaben entschlüsseln: das „Planungs-6-Eck"	454
5.2 Kompetenzen produktisieren	457
5.3 Selbstschließungsstruktur entwerfen	459
5.4 Lernaufgabe ausformulieren	462
6 Fazit und Konsequenzen für kompetenzorientiertes Prüfen	465
Literaturverzeichnis	468

1 Einleitung

Bildungspolitik vollzieht sich national und international heute im Wesentlichen im Medium der (Bildungs-)Standards. Deren am „Output" orientierter Blick beurteilt die Qualität von Bildungsangeboten vorrangig anhand der Lernergebnisse, d. h. derjenigen Kompetenzen, über die Lernende tatsächlich verfügen. Kompetenzen gewinnen damit nicht nur als curriculare und didaktische Kategorie an Bedeutung. Die Aufgabe, Kompetenzen – statt nur Wissen – zu entwickeln, zu messen und zu bewerten, stellt auch das Lehrpersonal in der beruflichen Aus- und Weiterbildung vor didaktische Herausforderungen von nicht unerheblicher Komplexität. Deshalb verwundert es nicht, dass nicht nur Berufsanfänger/-innen, sondern auch erfahrene Lehrende – überraschenderweise selbst Hochschullehrer/-innen bei der Umsetzung des Bologna-Prozesses – am professionellen Vollzug der dazu notwendigen didaktischen Transformationen keineswegs selten scheitern.

Was aber macht den didaktischen Umgang mit Kompetenzen so schwierig? Als „vergleichsweise komplex" kann die Aufgabe der kompetenzorientierten didaktischen Gestaltung deshalb bezeichnet werden, weil diese gegenüber der eher fachsystematisch und vorrangig am Wissensaufbau ausgerichteten traditionellen „Abbild-Didaktik" dem Lehr- und Prüfungspersonal eine Reihe zusätzlicher didaktischer Transformationen abverlangt. Denn wenn Lehre und Prüfungen, die nicht nur Wissen, sondern auch Können und nicht nur Denken, sondern auch Handeln in seinem praktischen Vollzug zum Gegenstand haben sollen, – zumindest aber simulieren sollen, dann ist dafür eine didaktische Gestaltung notwendig, die zusätzlich – und sogar vorrangig (!) – die handlungssystematische Wissensanwendung in Form berufstypischer Handlungsvollzüge thematisiert. Und diese „Zweigleisigkeit" der didaktischen Gestaltung sollte zudem auch noch „ausbalanciert" auf die jeweiligen Referenzprozesse stattfinden. Für die Lehrenden und Prüfenden stellen sich deshalb vorrangig solche Fragen wie:

- Welche didaktischen Transformationen sind überhaupt mit den Vorgaben der jeweiligen Curricula und Prüfungsordnungen durchzuführen, um zu solchen kompetenzorientierten Lehrangeboten und Prüfungen zu gelangen?
- Welche Werkzeuge können ihnen helfen, diese Transformationen professionell zu realisieren?

Aufgezeigt werden hier erste Antworten vor dem Hintergrund zweier Projekte: dem vom Bundesinstitut für Berufsbildung (BiBB) Bonn geförderten Projekt „Umsetzung der prozessorientierten Berufsbildung und handlungsorientierter Prüfungen in industriellen Produktionsberufen", an dem Ausbildungsbetriebe und Berufsschulen aus fünf Bundesländern teilnahmen, und der Umsetzung des auf zehn Kernkompetenzen des Berufsfelds „Schule" ausgerichteten „Mainzer Reformmodells" der Lehrer/-innen-Ausbildung, das bereits in der Bachelor-Phase kompetenzbezogene Lehrveranstaltungen und Modulprüfungen vorsieht.

Aus dem Blickwinkel der beruflichen Aus- und Weiterbildung fragt der folgende Beitrag zunächst nach dem „Neuen" am Konzept der Kompetenzen und auch danach, wie Kompetenzen entwickelt werden können. In einem zweiten Schritt werden die didaktischen Transformationen betrachtet, die notwendig sind, um auf der Grundlage der in Ausbildungsordnungen, Lehrplänen und Prüfungsordnungen gebräuchlichen curricularen Vorgaben kompetenzorientierte Lernszenarios zu gestalten, bevor drittens Werkzeuge vorgestellt und erläutert werden, mit denen diese didaktischen Transaktionen vom Aus- und Weiterbildungspersonal vollzogen werden können. Abschließend wird deren Übertragung auf die Konstruktion von Prüfungsaufgaben – auch exemplarisch – aufgezeigt.

2 Aktuelle Rahmenbedingungen beruflicher Bildung

Schon seit einigen Jahren verändert der Bedeutungsgewinn des bildungspolitischen Prinzips der „Kompetenzorientierung" im internationalen Diskurs auch die Strukturen von Aus- und Weiterbildung. Die damit verbundene am „Outcome" orientierte Sichtweise nimmt viel stärker als je zuvor die Ergebnisse von Lernprozessen in den Blick, d. h. das, was jemand tatsächlich kann, statt wie gewohnt den „Input" von Lernprozessen, d. h. die Themen, die Inhalte und die damit vergebenen Titel. Für die berufliche Aus- und Weiterbildung wird daher ein Lernen gefordert, das zum einen auf Arbeits- und Geschäftsprozesse bezogen ist, also ein Lernen an berufstypischen Aufgaben darstellt. Zum anderen erfordert Kompetenzentwicklung ein ganzheitliches Lernen in komplexen Handlungszusammenhängen, das besonders die Prinzipien der Selbststeuerung und Selbstevaluation betont. Ausdrücklich wird dieses „Handeln im betrieblichen Gesamtzusammenhang" von den seit 2005 erlassenen „prozessorientierten" Ausbildungsordnungen gefordert. Diese definieren „gestaltungsoffene" Berufe und eröffnen den

Ausbildungsbetrieben didaktisch größere „Flexibilitätsspielräume". Eine mögliche Antwort auf diese Herausforderungen kann in den neuen didaktisch-methodischen Konzepten gesehen werden, die die Lernenden in jene lebendigen Lernszenarios stellen, die einen verlockenden Cocktail aus offen-herausfordernden wie fördernd-anleitenden Bestandteilen bilden.

Blickt man auf die verschiedenen Studien und deren Versuche, das Tätigkeitsfeld des Personals in der beruflichen Aus- und Weiterbildung durch gemeinsame Standards, d. h. als „Maßstäbe für den Ausprägungsgrad von Kompetenzen" (KMK 2004, S. 282) beispielsweise in Form von Qualifikationsrahmen zu formulieren (vgl. z. B. BiBB 2007; Volmari, Helakorpi & Frimod 2009), so kann dieses Tätigkeitsfeld aktuell aus einer Vielzahl breit angelegter und äußerst vielschichtiger Kernprozesse und Kernaufgaben beschrieben werden. Die didaktische Planung und Durchführung kompetenzorientierter Lerneinheiten stellen in diesen Entscheidungs- und Handlungszusammenhängen eine komplexe Herausforderung mit vielfältigen Anforderungsdimensionen dar. Erschwert wird diese Aufgabe durch die Tatsache, dass u. a. bedingt durch die Reintegration von Aus- und Weiterbildungsprozessen in die betrieblichen Wertschöpfungsketten einerseits betriebliche Ausbildungskapazitäten angebaut wurden und andererseits immer mehr betriebliche Fachkräfte als nebenberufliche Aus- und Weiterbildner/-innen tätig werden. So gibt es in vielen Unternehmen kaum noch Hauptverantwortliche für die Ausbildung. Es liegt beispielsweise in Deutschland die Relation zwischen der Anzahl der hauptberuflichen geprüften Ausbilder/-innen und den ausbildenden Fachkräften bei ca. 750 000 zu 4–5 Millionen (vgl. Zedler 2009). Dieses mehrheitlich eher fachlich als pädagogisch-didaktisch qualifizierte Aus- und Weiterbildungspersonal scheint aber eher dazu zu neigen, die Aufgaben der didaktischen Gestaltung mit den herkömmlichen Techniken und Instrumenten der wissensorientierten Abbild-Didaktik lösen zu wollen. Deshalb stellt sich – neben der Frage nach Professionalisierung dieses Aus- und Weiterbildungspersonals für die Gestaltung lebendiger kompetenzorientierter Lernszenarios – auch die Frage nach praktikablen Werkzeugen für die Hand der Aus- und Weiterbildner/-innen, mit denen diese pädagogisch-didaktischen Herausforderungen bewältigt werden können.

3 Kompetenzen – was ist neu?

Blickt man auf den berufspädagogischen Diskurs um das Konzept der Kompetenzen, so scheint dieses direkt an die Schlüsselqualifikationsdebatte der 1980er-Jahre anzuschließen. Besonders die Weiterführung der ganzheitlichen Sicht, die auch die außerfachlichen Dimensionen beruflicher Bildung einschließt, trug sicherlich dazu bei, dass der Begriff der „selbstständigen Handlungskompetenz" seit dem Jahre 2005 im nivellierten Berufsbildungsgesetz (BBiG 2005, § 1, Abs. 3 und 4) auch in allen neuen Ausbildungs- und Prüfungsordnungen als Ziel der beruflichen Aus- und Weiterbildung genannt wird. Schließlich bilden „Kompetenzen" eine der drei Deskriptoren der Niveaustufen im „Europäischen Qualifikationsrahmen" (EQF 2008) und können bildungspolitisch deshalb als eine Schlüsselkategorie zur Herstellung des europäischen Bildungsraums eingestuft werden. Dort wird Kompetenz definiert als „nachgewiesene Fähigkeit, Kenntnisse, Fertigkeiten sowie persönliche, soziale und methodische Fähigkeiten in Arbeits- und Lernsituationen und für die berufliche und/oder persönliche Entwicklung zu nutzen.

Mit dieser Ausdifferenzierung der Kompetenzdimensionen grenzt sich die Europäische Kommission im Jahre 2005 deutlich gegenüber dem traditionell deutschen Verständnis von beruflicher Handlungskompetenz ab. Denn spätestens seit der Schlüsselqualifikationsdebatte der 80er-Jahre wurde auch in der Berufsbildung der Begriff der selbstständigen beruflichen Handlungskompetenz basierend auf dem pädagogisch-anthropologischen Ansatz von Heinrich Roth (1971, S. 16 ff.) in Form des Viersäulenmodells, bestehend aus „Selbstkompetenz, Sachkompetenz, Methodenkompetenz und Sozialkompetenz" (Müller 1995 und 2006a; Reetz 2006; Schelten 1991) kategorisiert.

Demgegenüber definiert Weinert (2001, S. 27 f.) aus einer lern- und entwicklungstheoretischen Perspektive „Kompetenz" als „die bei Individuen verfügbaren oder durch sie erlernbaren kognitiven Fähigkeiten und Fertigkeiten, um bestimmte Probleme zu lösen, sowie die damit verbundenen motivationalen, volitionalen und sozialen Bereitschaften und Fähigkeiten, um die Problemlösungen in variablen Situationen erfolgreich und verantwortungsvoll nutzen zu können." Aus der Sicht der berufswissenschaftlichen Expertiseforschung definieren Rauner & Bremer (2004, S. 151): „Kompetenz beschreibt ein Niveau, bis zu dem sich etwas entwickelt hat, ohne jedoch dieses ‚etwas' begrifflich zu tangieren [...] Das bedeutet, dass der Kompetenzbegriff keine wirkliche Verallgemeinerung der von ihm belegten Sache leistet, er stellt keine Abstraktion dar, sondern lediglich eine normative geladene Markierung innerhalb eines recht anschaulichen Abstands, der zweidimensional überall und generell, ja fast trivial zwischen laienhafter Ambition und expertisereichem Spezialistentum besteht, ohne dasjenige begrifflich zu erfassen, das als Ausdruck von Kompetenz ausgewiesen wird." Aus einer vom Selbstorganisationskonzept geprägten Sichtweise definieren Erpenbeck & Rosenstiel (2003, S. X–XI) Kompetenz als: „Dispositionen selbstorganisierten Handelns". Diese „selbstmotivierten Interaktionen sind nur in ihrer Anwendung" sichtbar, d. h. „in der Performanz zu erkennen".

Betrachtet man die Vielzahl der in der Literatur vorliegenden Definitions- und Erklärungsversuche des Konstrukts „Kompetenz", so erscheinen für deren Entwicklung und Diagnose insbesondere drei Besonderheiten bedeutsam:

- Entgrenzung

Gemeint ist insbesondere eine Bedeutungserweiterung über das Fachwissen hinaus um Methoden, Sozial- und Individual- bzw. Personalkompetenzen. Diese Anerkennung der subjektiven Potenziale kann als Ergebnis eines Perspektivwechsels von der objekt- zur subjektwissenschaftlichen Betrachtung von Lernen und Bildung (vgl. Arnold 2009, S. 125) bewertet werden und schließt auch die Anerkennung der Emotionsgebundenheit von Kompetenzen mit ein (vgl. Arnold 2005 und 2008; Chiompi 1999; Damasio 2005; Goleman, Boyatzis & McKee 2002).

- Konstrukt der Selbstwirksamkeit

Kompetenzentwicklung scheint kaum „von außen her" möglich, d. h. durch Intervention erzeugbar, sondern scheint als ein Konstrukt der Selbstwirksamkeit („Self-efficacy", vgl. Bandura 1995) – also eines bewusst selbst verursachten Gelingens – und als zentrale Triebkraft eines herausfordernden Lernens (vgl. Deci & Ryan 1993; Jerusalem & Hopf 2002; Schwarzer & Jerusalem 2002) vom Individuum „selbstorganisiert" hervorgebracht zu werden (vgl. Erpenbeck & Rosenstiel 2003, S. X). Außerdem wird die traditionelle Annahme, dass fachsystematisches Wissen berufliche Kompetenzentwicklung begründet, durch Erkenntnisse aus der Expertiseforschung und der berufswissenschaftlichen Qualifikationsforschung in dieser Eindeutigkeit als eine „intellektualistische Legende" (vgl. Neuweg 1998, S. 13; Rauner & Bremer 2004; Ryle 1949 [1969]) infrage gestellt. Als maßgebliche Faktoren, die Kompetenzentwicklung zu beeinflussen scheinen, lassen sich deshalb aktuell benennen:

- herausfordernde Lernszenarios, die eine Identifikation mit der zukünftigen Facharbeiter/-innen-Rolle ermöglichen (vgl. Rauner 2005, S. 388);
- das „Bearbeiten charakteristischer Arbeitszusammenhänge" (ebenda, S. 156) – in Anlehnung an das Havighurst's Konzept der „Entwicklungsaufgaben" (vgl. Havighurst 1972) – in denen vor einem spezifischen Kontext und einer konkreten Anforderungssituation Kompetenzen selbstregulativ entwickelt werden können;
- Faktoren wie „direktes Praktizieren" (Wahl 2005, S. 34) und der Umgang mit der „Objektwelt beruflichen Handelns" (Rauner & Bremer 2004, S. 153);
- die „Produktisierung" (Müller 2006b, S. 43 ff.) komplexer Kompetenzen und ihrer Facetten, was einen „permanenten Entwicklungs- und Verbesserungsprozess" (Rauner 2005, S. 388) der Produkte als materialisierte Kompetenzen in Wechselwirkung mit einer individuellen Kompetenzentwicklung auslösen kann.

- Zweiseitigkeit

Kompetenzen scheinen durch zweierlei Seiten beschreibbar zu sein: durch eine innere, implizite Potenzialseite, die sich aus kognitiven und emotionalen Leistungsdispositionen und Verhaltenspotenzialen eines selbstorganisierten Handelns zusammensetzt und in Relation zur zweiten Seite als universell, subjektiv und implizit, d.h. nicht beobachtbar beschrieben werden kann. Die zweite, äußere und handlungsbezogene Seite der Performanz dagegen kann als domänenspezifisch-kontextbezogen und aufgrund ihrer Realisation in Form konkreter Handlungen und Leistungsergebnisse als explizit, d.h. beobachtbar und bewertbar bezeichnet werden.

4 Eine kompetenzorientierte Konzeption der didaktischen Gestaltung beruflicher Lernprozesse

Aus diesem – zugegebenermaßen noch bruchstückhaften – Wissen über die Besonderheiten des Konstrukts der Kompetenzen lassen sich für eine Neuausrichtung der didaktischen Gestaltung der Berufsbildung mit dem Ziel einer nachhaltigen Kompetenzentwicklung einige grundsätzliche Schlussfolgerungen ziehen. Reduziert auf die groben Kategorien des Mehr oder Weniger scheinen folgende Orientierungshinweise für eine kompetenzorientierte Berufsbildungsdidaktik in Relation zur konventionellen Berufsbildungspraxis möglich:

In geringerem Maße sollte die didaktische Gestaltung kompetenzorientierter Aus- und Weiterbildung ausgerichtet sein auf:

- vorrangig fachsystematisch strukturierte Themen und Fächer wegen der Gefahr der Entwicklung „trägen Wissens" (vgl. Mandl, Gruber & Renkl 1993, S. 64 f.),

- das Praktizieren einer „Abbild-Didaktik", in der vornehmlich „Wissen als Ziel" thematisiert wird und die sich einer erfahrungsfernen didaktischen Sequenzierung bedient, in der die Theorie als vorbereitende Qualifizierung in einer Vorlaufrolle gegenüber dem praktischen Tun thematisiert wird.

In stärkerem Maße sollte die didaktische Konzeptionalität beruflicher Aus- und Weiterbildung stattdessen ausgerichtet sein auf:

- konkrete Aufgaben- und berufstypische Situationen,
- eine Anwendungsdidaktik, in der „Wissen als Werkzeug" (gemäß eines konstruktivistisch-instrumentellen Wissensverständnisses) angewendet wird und
- eine erfahrungsnahe didaktische Sequenzierung, in der die Theorie in einer „Nachlaufrolle" gegenüber dem praktischen Anwenden und Erleben aufgeordnet wird.

Gestützt und flankiert werden diese Forderungen durch die kognitionstheoretischen Zuflüsse, die für die Gestaltung von handlungsorientierten Lehr-Lern-Arrangements statt des traditionellen symbolischen Kognitionsmodells das „situierte Kognitionsmodell" („Situated Cognition", Lave & Wenger 1991) nahelegen. Die Grundüberlegungen dieses Modells umschreiben Reinmann-Rothmeier & Mandl (1999) mit den Worten: „Das Denken und Handeln eines Individuums lässt sich nur im Kontext verstehen. Lernen ist stets situiert. Wissen wird durch das wahrnehmende Subjekt konstruiert. Das Wissen einer Gesellschaft stellt immer geteiltes Wissen dar." (ebenda, S. 22) Daraus leiten sie 5 Prozessmerkmale für ein „nachhaltiges Lernen" (ebenda, S. 37 ff.) ab:

Prozessmerkmale für nachhaltiges Lernen	
Aktiv	Die Lerner/-innen dürfen eine aktive Rolle spielen und an dem, was oder wie sie es tun, Interesse haben oder entwickeln, d. h., sie sind motiviert.
Selbstgesteuert	Eine Selbststeuerung und Selbstevaluation des Lernprozesses muss – je nach Lernsituation – möglich sein.
Konstruktiv	Wissen wird nicht nur konsumiert, sondern kontext- und aufgabenbezogen konstruiert. Dazu müssen der Wissens- und Erfahrungshintergrund der Lernenden berücksichtigt werden und Interpretationen stattfinden können. Lernen ist situativ, da es in einem spezifischen Kontext abläuft.
Situativ	Eine Einbindung des Gelernten in Lebens-, Transfer- und Anwendungssituationen soll ständig erfolgen können (Situierung des Lernens).
Sozial	Lernen ist ein sozialer Prozess, daher muss es als interaktives Geschehen stattfinden und den soziokulturellen Hintergrund der Lernenden berücksichtigen. Es soll in einem sozialen Kooperationszusammenhang beim Lernen stehen.

Abbildung 1: Kognitionstheoretische Zuflüsse zur Theorie des Lernens (vgl. Mandel, Kopp & Dvorak 2005; Reinmann-Rothmeier & Mandl 1999, S. 37 ff.; Riedel 2001, S. 81)

Als eine Option für eine solche Didaktisierung von Kompetenzen bietet sich ein konstruktivistisch ausgerichtetes Lernparadigma an. Um den oben skizzierten Bedingungen erfolgreicher Kompetenzentwicklung zu genügen, sollten drei Leitprinzipien umgesetzt werden:

- Selbsterschließung

Dieses Prinzip berücksichtigt die subjekttheoretische Konzipierung der Lernenden. Diese gelten dabei einerseits als autopoietische, also selbstreferenziell geschlossene Systeme, und sie stellen andererseits aber auch perturbierbare, d.h. durch Umweltveränderungen in ihren strukturellen Kopplungen störbare und mithin veränderbare Systeme dar. Daraus resultiert gleichzeitig ein neuer Lernbegriff, der Lernen weniger erzeugungsdidaktisch vom Lehren her, sondern als aktive und selbstorganisierte Aneignung durch eine kontext-/aufgabenbezogene Konstruktion von Wissen und Können begreift. In diesem Verständnis von Lernen wird die didaktische Sequenzierung der Wissens- und Könnensentwicklung deshalb nicht von einer vorgegebenen Objektwelt her geplant, sondern von den Möglichkeiten der Lernenden, sich diese Objektwelt in einer „handlungsorientierten Didaktik" zu erschließen, d.h. durch selbstgesteuerte Aneignungsaktivitäten, die von „situativen Lernaufgaben" (Müller 2006b, S. 43ff.) angestoßen und in Gang gehalten werden.

- Selbstwirksamkeit

Um dieses von Albert Bandura in den 1980er-Jahren entwickelte Prinzip für die Lernenden erlebbar umzusetzen, gilt es, die zu entwickelnden Kompetenzen sowie das dazu notwendige handlungsregulierende Wissen zu situieren, also in Übungen und Anwendungen didaktisch so zu übersetzen, dass die Lernenden erleben, dass sie das, was sie neu erlernen sollen, bereits jetzt, nämlich während des Lernprozesses, tatsächlich erfolgreich tun. Weil dabei das neu anzueignende Wissen instrumentalisiert wird, erleben die Lernenden ihre eigene Produktivität und Problemlösungsfähigkeit – besonders als Kooperationserfahrung mit anderen Lernenden. Eine wichtige Hilfe stellt dabei die Dokumentation der Lernprozesse und Lernergebnisse in Form materialer Produkte dar. Insbesondere setzt diese Produktisierung der jeweils aktuellen Kompetenzen der Lernenden eine Art Katalysatormechanismus in Gang, bei dem der jeweils aktuelle Reifegrad der Produkte – der gleichzeitig den Kompetenzlevel der Lernenden dokumentiert – den Anstoß zu einem „permanenten Entwicklungs- und Verbesserungsprozess" (Rauner 2005, S. 388) liefert, in dessen Verlauf nicht nur die Produkte, sondern auch die Kompetenzen der Lernenden in einem Wechselwirkungsverhältnis weiterentwickelt werden können.

- Selbstevaluation

Selbstreflexions- und Selbstevaluationsfähigkeit zählen nicht nur zu den wichtigsten Voraussetzungen von Selbstlernfähigkeit und Lernerautonomie in selbstgesteuerten Lernprozessen. Als die Fähigkeit zur Einschätzung der eigenen Leistungsfähigkeit in Bezug auf sachbezogene – statt soziale – Bezugsnormen wurde Selbstevaluation bereits im Jahre 1975 von Malcolm Knowles in die Diskussion von selbstorganisiertem Lernen eingebracht: „In its broadest meaning, self-directed learning describes a process in which individuals take the initiative, with or without the help of others, in diagnosing their learning needs, formulating learning goals, identifying human and material resources for learning, choosing and implementing appropriate learning strategies, and evaluating learning outcomes." (Knowles 1975, S. 18) Seit dem Jahre 2000 wurde mit der „Lissabon-Strategie" auch das Prinzip der Selbstevaluation als Instrument zur Förderung des „Unternehmergeistes" (mit Blick auf die Bewältigung der Anforderungen der Arbeitswelt) auch in den Maßnahmenkatalog zur Modernisierung der Bildungssysteme auf dem Weg zur Herstellung eines europäischen Bildungsraums aufgenommen, mit dem langfristigen Ziel, Europa zum „wettbewerbsfähigsten und dynamischsten wissensbasierten Wirtschaftsraum der Welt zu machen" (http://www.europarl.europa.eu). Die Funktionen und deren Umsetzung bringt Heinz Novak auf die kurze Formel: „Gezielte Förderung von Eigenverantwortung, Selbstständigkeit, Selbststeuerung und Selbstorganisation des Lernens mit den ersten integrierten Selbstreflexions- und Selbstevaluationsschleifen." (Novak 2004, S. 41) Deshalb können kurze Feedbackschleifen, die aus der Selbstformulierung von Qualitätskriterien und der Selbstbewertung der Lernergebnisse bestehen, als integrative Bestandteile konstruktivistischer didaktischer Inszenierungen angesehen werden.

5 Didaktische Transformationen zur kompetenzorientierten didaktischen Gestaltung beruflicher Bildung

Der Umsetzung dieses Konzepts mithilfe der Konstruktion von didaktischen Transformationen zur didaktischen Gestaltung von kompetenzorientierten Lerneinheiten kann somit folgende zentrale Annahme zugrunde gelegt werden:

> Hypothese 1
>
> Wenn Kompetenzentwicklung – wegen der Gefahr, lediglich träges Wissen aufzubauen – weniger durch einen systematischen Wissensaufbau auf der Potenzialseite und stattdessen mehr durch das selbstgesteuerte Bearbeiten charakteristischer Arbeitszusammenhänge – d. h. über aufgabenbezogenes Handeln der Lerner/-innen auf der Performanzseite der Kompetenzen – möglich erscheint, ...
>
> ... dann sollte eine auf Kompetenzentwicklung ausgerichtete didaktische Gestaltung primär von solchen Lerner/-innen-Aktivitäten her geplant werden, die auf solche Aufgabenstellungen ausgerichtet sind.

5.1 Curriculare Vorgaben entschlüsseln: das „Planungs-6-Eck"

Geht man außerdem davon aus, dass die curricularen Vorgaben für die didaktische Gestaltung in Form von Lehrplänen, Lernfeldern, Ausbildungsordnungen und ähnlichen didaktischen Basisdokumenten als Ausgangspunkt des Planungsprozesses angemessen berücksichtigt werden sollten, so stellt sich für die Konstruktion der ersten didaktischen Transformation die

Frage: Wie, bzw. anhand welcher didaktischer Kategorien können die curricularen Vorgaben eines Lernszenarios handlungsbezogen ausdifferenziert werden?

Als Antwort auf diese Frage bieten sich zunächst solche klassischen Kategorien wie z. B. die fünf Grundfragen der „didaktischen Analyse" (Klafki 1975) an, die detailliert nach dem „allgemeinen Sinn- und Sachzusammenhang", der „Gegenwartsbedeutung", der „Zukunftsbedeutung", der „Struktur" und der „medialen Zugänglichkeit" des Themas bzw. Lerngegenstands fragen und dabei dessen kategorialen Bildungsgehalt fokussieren. Befragt man die curricularen Vorgaben – statt von den Lernobjekten her – stattdessen von den Möglichkeiten der Lernenden her und richtet den Blick dabei auf deren potenzielle Aneignungsaktivitäten, gewinnen etwas andere Kategorien an Bedeutung. Als „produktiv", um die mehr oder weniger deutlich kompetenzorientierten Planungsvorgaben in solche didaktischen Eckdaten zu transformieren, die eine kompetenzorientierte weitere didaktische Planung ermöglichen, haben sich in der praktischen Erprobung insbesondere sechs didaktische Kategorien erwiesen. Denn auch didaktisch „nichtqualifizierte" Berufsausbildungspraktiker/-innen beurteilten die folgenden Kategorien als „hilfreich" und „funktional", um die Freiheitsgrade bzw. die verschiedenen Möglichkeiten für selbsterschließendes Lernerhandeln offenzulegen:

- Handlungsbezüge des Themas, d. h. solche themenbezogenen berufspraktischen Aufgabenstellungen bzw. Verwendungssituationen, mit denen sich Lerner/-innen identifizieren können.
- Kompetenzen, d. h. solche komplexen beruflichen Fähigkeiten, die zur situations- und aufgabengerechten Bearbeitung dieser Aufgabenstellungen gebraucht werden und von den Teilnehmern/Teilnehmerinnen neu erlernt werden müssen.
- Handlungsrelevante Wissenselemente, die als handlungsregulierendes Wissen zur sachgerechten Bearbeitung dieser Aufgaben tatsächlich angewendet werden.
- Medien/Materialien, d. h. Gegenstände, Texte, Abbildungen oder Beispiele, die die inneren Strukturen des Themas beschreiben und/oder erklären.
- Lerner/-innen-Aktivitäten, d. h. solche Such- und Erschließungsaktivitäten, mit denen die Lernenden den Bearbeitungsweg für die berufspraktischen Aufgabenstellungen bzw. Verwendungssituationen (und deren Facetten) finden, strukturieren, anwenden bzw. simulieren und material dokumentieren.
- Produkte, d. h. solche Gegenstände, die den Lernprozess und die Lernergebnisse dokumentieren und dabei die Performanz der Kompetenz materialisieren.

Aus diesen Suchkategorien setzt sich das „Planungs-6-Eck" als erstes Werkzeug zur didaktischen Transformation von curricularen in kompetenzbezogene Eckdaten eines Lernszenarios zusammen. Zur Veranschaulichung seiner Funktionsweise dient hier ein Anwendungsbeispiel aus dem Beruf des Produktionsmechanikers/der Produktionsmechanikerin (siehe Abbildung 2):

Werkzeug 1: „Planungs-6-Eck" zur handlungsbezogenen Ausdifferenzierung curricularer Vorgaben in kompetenzbezogene didaktische Eckdaten		
Beispiel: BBS Fachtheoretischer Unterricht Thema: Qualitätskontrolle des Flächengewichts (FG) durch Flächengewichtsbestimmung (FGB)	1. Verwendungskontexte des Themas: betrieblicher Arbeits- und Geschäftsprozess: Flächenerzeugung Kernprozess: Weberei Subprozess: Durchführung von qualitätssichernden Maßnahmen (QS) Szenario: Bei den letzten Produktionen der Qualität XY wurden Flächengewichtsunterschiede festgestellt. Ermitteln, prüfen und dokumentieren Sie das Flächengewicht an der Maschine XY	
6. Handlungsregulierendes Wissen über Erkennungsmerkmale von Flächengewichtsdifferenzen, Vermeidungsmaßnahmen, über sachgerechtes Vorgehen bei der FGB, Regeln der Formulierung eines Arbeitsablaufplans Definitionen: Flächengewicht, Flächengewichtsdifferenzen beim Weben Berechnungsregel: Flächengewicht	Lernen in antizipierten Situationen Leitprinzipien: • Antizipation der „Akteur-/Akteurinperspektive" • Lernen durch Selbermachen	2. Kompetenzen Flächengewichtsbestimmung (FGB) von Gewebeflächen theoriegeleitet planen, durchführen und dokumentieren
5. Handlungsprodukte Ursachen-Wirkungs-Gegenmaßnahmen-Diagramm von Flächengewichtsabweichungen Checkliste: Was ist bei der Flächengewichtsbestimmung zu beachten – und warum? Tabelle: Mögliche Fehler bei der Flächengewichtsermittlung und Maßnahmen zu deren Vermeidung Kernprodukt: Arbeitsablaufplan zur Flächengewichtsermittlung		3. Medien Wissensquellen: Fachliteratur, Arbeitsprozesse in der Weberei
4. Lerner/-innen-Aktivitäten Ursachen, Wirkungen und Gegenmaßnahmen von Flächengewichtsabweichungen sammeln und tabellarisch dokumentieren Kritische Variablen der FGB und Begründungen sammeln, zuordnen und auflisten Arbeitsschritte sammeln, strukturieren und ausformulieren		
© Hans-Joachim Müller – TU-Kaiserslautern		

Abbildung 2: Planungs-6-Eck: Ausdifferenzierung und wechselseitige Abstimmung der didaktischen Eckdaten handlungsorientierter Lernszenarios (Arbeitsergebnis eines vom Autor geleiteten Seminars)

5.2 Kompetenzen produktisieren

Nach diesem ersten Schritt der Transformation von curricularen Vorgaben in Eckdaten eines didaktischen Gestaltungsspielraums stellt sich für die zweite zu vollziehende didaktische Transformation zunächst die Frage: Wie können die im „Planungs-6-Eck" grob skizzierten komplexen beruflichen Handlungskompetenzen didaktisch modelliert werden? Da Kompetenzen zwar im Vollzug einer Handlung realisiert werden, erhebliche Bestandteile dieses Handelns sich jedoch implizit, nämlich unsichtbar in Form von Denkoperationen (z. B. durch logische Umstrukturierung) vollziehen, bietet es sich an, die Lerneraktivitäten, die zur Annäherung und zum teilweisen oder vollständigen Vollzug der Kompetenz durchgeführt werden, mithilfe der dabei hergestellten materialen Lernergebnisse bzw. Produkte, zu konkretisieren. Dieser Überlegung liegt die folgende Hypothese zugrunde:

Hypothese 2

Wenn Kompetenzen anhand ihrer Performanz (d. h. ihrer Realisation in spezifischen Verwendungssituationen) beobachtbar werden, ...

... dann können die im Lernfeld bei der Realisation (bzw. Simulation/planerischen Aufordnung) der zu erlernenden Kompetenz hergestellten Handlungsprodukte diese nicht nur konkret-materiell sichtbar machen, sondern auch dokumentieren, also didaktisch „beschreiben".

Die oben formulierte Frage kann somit präzisiert werden: Wie können die komplexen inneren Wissens- und Könnensfacetten von Kompetenzen „produktisiert", d. h. in Handlungsprodukte didaktisch transformiert werden?

Produktisierung meint dabei die didaktische Spiegelung der inneren Prozesse, Bestandteile, Strukturen und Muster kompetenten Berufshandelns auf einer materialen (äußeren) Projektionsfläche, den Handlungsprodukten, und basiert auf drei Annahmen:

- Sinnlich wahrnehmbare Rückmeldungen der Lerner/-innen-Ergebnisse über Lernfortschritte in selbstgesteuerten Lernprozessen stärken die Selbstwirksamkeitserfahrungen der Lerner/-innen und liefern ihnen Anstöße zu einer kontinuierlichen und permanenten Kompetenzentwicklung.
- Die Performanz von Kompetenzen kann als Handlungsprodukt „abgebildet", d. h. dokumentiert werden.
- Handlungsprodukte können – analog zu den Kriterien der „didaktischen Reduktion" (Grüner 1967) – beispielsweise nach ihrer Komplexität und dem Ausmaß, in dem die verschiedenen Kompetenzfacetten abgedeckt werden, unterschieden und strukturiert werden.

Für diese zweite didaktische Transformation hat sich als Werkzeug die folgende Dokumentations- und Strukturierungsmatrix in der Praxis bewährt:

Grad der Komplexität	Thema: Qualitätssicherungsmaßnahmen, hier: Flächengewichtsbestimmung (FG-B) Ausbildungsberuf: Maschinen und Anlagenführer/-in – Textiltechnik (2-jährig)		
Komplexitätsstufe 4		Ermitteltes Flächengewicht auf der Basis der entnommenen Proben und begründeter Bewertung der Prüfungsergebnisse	Checkliste: Was ist bei der Bewertung von Prüfergebnissen des FG zu beachten?
Komplexitätsstufe 3	Beschriftetes Schaubild: kritische Variablen des Flächengewichts und deren Wirkungsmechanismen (Auswirkungen) bei der Weiterverarbeitung (z. B. Beschichtung) textiler Flächen	Fehlervermeidungstabelle, zweispaltig: Spalte 1: mögliche Fehler, die bei der Flächengewichtsermittlung gemacht werden können (mindestens 5) Spalte 2: Maßnahmen, die helfen, diese Fehler zu vermeiden	Messer am Probenschneidgerät ausbauen und Ersatzmesser neu positionieren
Komplexitätsstufe 2	Qualitätskriterien und Strategien (Regeln) der Formulierung von Arbeitsablaufplänen	Arbeitsablaufplan: Flächengewichtsermittlung Ursachen-Wirkung-Gegenmaßnahmen-Matrix: dreispaltige Tabelle: Spalte1: typische Ursachen von Flächengewichtsdifferenzen (mindestens 3) Spalte 2: mögliche weitere Erkennungsmerkmale der Flächengewichtsdifferenzen Spalte 3: Vermeidungsmaßnahmen	Arbeitsablaufplan: Messerwechsel an einem Probenschneidgerät zur Flächengewichtsbestimmung
Komplexitätsstufe 1	Beschreibungen/Definitionen: Textile Flächengebilde Flächengewicht Formel zur Berechnung des Flächengewichts	Checkliste: Was ist bei der Flächengewichtsermittlung zu beachten – und warum? (Eventuell Tabelle, zweispaltig)	Problemtabelle: zweispaltig Spalte 1: besondere Anforderungen beim Messerwechsel Spalte 2: Lösungen/ Tricks beim Messerwechsel
Horizontale Kompetenzabdeckung	Potenzialseite: Bedeutungen, Beschreibungen und Erklärungen von Wirkungsmechanismen	Performanz-Seite: Kern-Kompetenzen: Breite, kontextbezogene Kompetenzanwendungen	Performanzseite: exemplarische, auf speziellen Anwendungskontext verengte Kompetenzfacetten
© Hans-Joachim Müller – TU-Kaiserslautern			

Abbildung 3: Beispiel für die Anwendung von Transformationswerkzeug 2: Ausdifferenzierung der (Handlungs-)Produkte nach Komplexitätsgrad und der Breite des Anwendungsspektrums (Arbeitsergebnis eines vom Autor geleiteten Seminars)

Im Gegensatz zu Lerner/-innen-Aktivitäten, die die Kompetenzen vom Input und vom Prozess her modellieren, dokumentieren Produkte diese Kompetenzen nicht nur für den Moment ihrer Realisation, sondern auf Dauer und eignen sich lernpsychologisch dadurch viel besser als beharrlicher Impulsgeber für weitere Verbesserungen der Produktqualität und damit auch des bereits erreichten Kompetenzlevels der Lernenden.

- Balanceproblem

Ein besonderes Problem stellt sich bei der Auswahl der bei diesem Transformationsschritt ausdifferenzierten Produktideen. Wenn mithilfe des Ausführens und Erlebens von Aneignungsaktivitäten die Lernenden berufliches Können entwickeln sollen, dann gilt es nicht nur Können, sondern auch Wissen und nicht nur Handeln, sondern auch das dazugehörige Denken in seiner praktischen Umsetzung zu vollziehen, zumindest zu simulieren. Wenn aber dieses Lerner/-innen-Handeln vorrangig durch das Herstellen von Produkten bestimmt wird, dann sollten diese Produkte nicht nur die handlungssystematisch strukturierte Akteursicht der Performanzseite von Kompetenzen, sondern gleichermaßen deren universellere, weil situationsunspezifische und aufgabenunabhängige Potenzialseite mit dem fachsystematischen Anordnen und Aufbauen von Wissen berücksichtigen. Für die Endauswahl der letztlich in die didaktische Inszenierung von selbstreflexiven Erfahrungen der Lernenden aufzunehmenden Produkte folgt daraus, dass eine „Ausbalancierung" (vgl. Müller 2010, S. 84ff., insbesondere S. 95f.) zwischen performanz- und potenzialbezogenen Produkten angestrebt werden sollte.

5.3 Selbstschließungsstruktur entwerfen

Das Tableau der letztendlich ausgewählten Produkte liefert – zusammen mit den im „Planungs-6-Eck" bereits grob vorstrukturierten Lerner/-innen-Aktivitäten – die Ausgangsdaten für die dritte didaktische Transformation, die Vorstrukturierung der Selbstschließungsstruktur. Diese soll den Lernenden einen optionalen Pfad offerieren, auf dem die ausgewählten Produkte die Meilensteine und damit die Orientierungspunkte für die Aneignungsaktivitäten darstellen. Damit diese Selbststeuerung auch eigenverantwortlich verwirklicht werden kann, bedarf es aber auch konkreter Rückkoppelungsinformationen über die tatsächlich erreichten Reifegrade der Produkte. Diese sagen nicht nur etwas über den aktuellen Kompetenzlevel der Lernenden aus, gleichzeitig weisen sie auch auf Fehler, Irrtümer, Ungenauigkeiten und Lücken der Produkte hin und können dadurch einen algorithmischen, d. h. selbstkorrigierenden Charakter des Selbstschließungspfads „mit Lösungsgarantie" bereitstellen. Die Frage an die dritte didaktische Transformation lautet deshalb: Wie können die Aneignungsaktivitäten für ein selbstgesteuertes Lernen „selbstkorrigierend" vorstrukturiert werden? Dies scheint entlang einer Abfolge aus Zwischen- und Teilprodukten möglich, die für die Lernenden als Meilensteine selbstgesteuerter Kompetenzentwicklung dienen und die verschiedenen Kompetenzfacetten schrittweise weiterentwickeln bzw. zusammenführen. Die Begründungshypothese für den dritten didaktischen Transformationsschritt lautet deshalb:

> **Hypothese 3**
>
> Wenn Lernende in selbstgesteuerten Lernprozessen wohldefinierte Handlungsprodukte material herstellen, ...
> ... dann richtet sich deren Aufmerksamkeit und intensive gedankliche Auseinandersetzung vorrangig auf die Strukturen, Bestandteile, Entstehungsschritte und Qualitätsmerkmale dieser Produkte.

Dieser Konstruktionsmechanismus einer Selbsterschließungsstruktur durch die Auswahl und Anordnung der Lernaktivitäten auf einem selbstkorrigierenden Aneignungspfad folgt zweierlei Annahmen:

- Annahme 1: Wenn den Lernern/Lernerinnen das selbstgesteuerte Lernen von neuem Wissen und Können durch eine Selbsterschließungsstruktur erleichtert werden soll, dann können die zu erlernenden Teilkompetenzen und Wissenselemente in einen „selbstkorrigierenden" Handlungszusammenhang aus Arbeitsschritten integriert werden, die als „Aneignungsaktivitäten" der Lernenden dieses Wissen und Können selbstorganisiert zu erschließen helfen.
- Annahme 2: Wenn Aneignungsaktivitäten produktisiert werden, dann werden Selbstwirksamkeitserfahrungen im Umgang mit neuem Wissen und neuen Aufgaben ermöglicht, die die Eigenverantwortung und Selbstständigkeit der Lernenden stärken.

Analog zum „2-Seiten-Modell" der Kompetenz kann daraus eine „2-Perspektiven-Matrix" als Kombination der Akteur- und der Beobachter-(=Theorie-)Sicht auf die Aneignungsaktivitäten, Produkte und Wissensbasis konstruiert werden, die als didaktisches Transformationswerkzeug die logische Umstrukturierung und Zuordnung der Erkenntnisobjekte, Denk- und Handlungsoperationen, Ergebnisse und des dabei verwendeten handlungsregulierenden Wissens leistet. Deren Struktur scheint algorithmisch, d. h. sie bietet den Lernenden – auch dann, wenn ihre Selbststeuerungskräfte versiegen oder versagen – eine Art Lösungsgarantie. Die folgende Abbildung 4 zeigt die Anwendung einer solchen „2-Perspektiven-Matrix" am Beispiel einer weniger komplexen Kompetenz.

Tool 3: Sequenzierung einer handlungslogischen Selbsterschließungsstruktur in der 2-Perspektiven-Matrix (SE-Algorithmus)				
Arbeitsschritte des Arbeitsablaufs:				**Wissensbasis: Lerninhalte**
Nr.	Ausgangsmaterial, Wissensquellen	Selbsterschließungsaktivität der Azubis und Tools*	Zwischen-/ Endprodukte	Aufgabenrelevante Wissenselemente: Wissen über: ...
1.1	Betrifft Fachkräfte vor Ort, Fachliteratur, Arbeitsprozesse Weberei	Beobachten, befragen, sammeln von Infos über FG-Differenzen	Liste der typischen Ursachen	... Flächengewichtsdifferenzen beim Weben
1.2	Ausbildner vor Ort, Fachliteratur, Arbeitsprozesse in der Weberei	Beobachten, befragen, sammeln: Merkmale von FG-Differenzen	Liste: Erkennungsmerkmale von Flächengewichtsdifferenzen	... Erkennungsmerkmale: Flächengewichtsdifferenzen

1.3	Ausbildner vor Ort, Fachliteratur, Arbeitsprozesse in der Weberei	Infos sammeln: beobachten, befragen: Vermeidungsmaßnahmen	3-spaltige Tabelle	… Vermeidungsmaßnahmen
2.1	Betrifft Fachkräfte, Fachliteratur, Web-Prozesse und Teilprodukt 1	Sammeln von Infos über sachgerechtes Vorgehen bei der FGB	Liste mit wichtigen Infos	… über sachgerechtes Vorgehen bei der FGB
2.2	Liste mit wichtigen Infos	Formulieren von Regeln und Q-Kriterien	Checkliste: zu beachtende Regeln und Qualitätskriterien	… über sachgerechtes Vorgehen bei der FGB
3.1	Vorprodukte 1 und 2; Ausbildner vor Ort, Fachliteratur, Webprozesse	Infos zu sachgerechtem Vorgehen handlungslogisch ordnen	Arbeitsablaufplan: Flächengewichtsermittlung	… Regeln der Formulierung eines Arbeitsablaufplans
4.1	Vorprodukte 1, 2 und 3; betrifft Fachkräfte, Literatur, Web-Prozesse	Fehler sammeln und auflisten	Spalte 1: mögliche Fehler, die bei der FGB unterlaufen können	… mögliche Fehler, die bei der FGB unterlaufen können
4.2	Vorprodukte 1, 2 und 3; Fachkräfte vor Ort, Fachliteratur, Web-Prozesse und Spalte 1	Sammeln von Maßnahmen, die helfen, diese Fehler zu vermeiden	Spalte 2: Fehlervermeidungsmaßnahmen – Fehlervermeidungstabelle	… Maßnahmen, die helfen, diese Fehler zu vermeiden
5.1	Vorprodukte 1, 2, 3 und 4; betrifft Fachkräfte, Literatur, Webprozesse	Produktprobe mit Kreisschneider ausschneiden	Mindestens 3 ausgeschnittene Proben	… Handhabung Kreisschneider
5.2	Ausgeschnittene Proben	Probe wiegen	Gewicht der Probe	… Handhabung Waage
5.3	Gewicht der Probe	Flächengewicht errechnen	Flächengewicht	Formeln, EDV-Handhabung
5.4	Flächengewicht	Ergebnis dokumentieren	Prüfprotokoll gem. Kunden-/Kundinnenanforderungen und Qualitätsprotokoll	… Handhabung von Kunden-/Kundinnenvorgaben zur Toleranz
5.5	Prüfergebnis	Über O.-K.-Kriterien (Kunden-/Kundinnenanforderungen, Qualitätsprotokoll) entscheiden	Bewertete Prüfungsergebnisse und Begründung	… Verwendung des Prüfprotokolls
6.1	Zwischenprodukte 1–5	Prozess der FGE mit aufgabenspezifischen Unterlagen dokumentieren	Prüfprotokoll	… Regeln der Prozessdokumentation
© Hans-Joachim Müller – TU-Kaiserslautern				

* Werkzeuge: evtl. verwendete Anlagen/Betriebsmittel und Werkzeuge/Vorrichtungen benennen

Abbildung 4: Selbstschließungsstruktur – Planungswerkzeug „2-Perspektiven-Matrix" mit Anwendungsbeispiel (Arbeitsergebnis eines vom Autor geleiteten Seminars)

5.4 Lernaufgabe ausformulieren

Auf dieser Grundlage kann die vierte und letzte didaktische Transformation mit dem Ziel der Ausformulierung einer Selbsterschließungsanweisung für die Lernenden in Form einer Lernaufgabe konzipiert werden. Der Konstruktion eines Werkzeugs zur Ausformulierung solcher Lernaufgaben liegen mehrere Annahmen zugrunde:

- Lernende können pädagogisch als autopoietische Systeme konzeptioniert werden, die einerseits durch die selbstreferenzielle Geschlossenheit ihrer kognitiven und emotionalen Strukturen direkten Interventionen als nicht zugänglich gelten, andererseits aber als mit ihrer Umwelt strukturell gekoppelt gelten, d. h. auf Umweltveränderungen reagieren und durch Umweltveränderungen perturbierbar, also störbar sind.
- Leistungserstellende Handlungen fördern als Aneignungsaktivitäten das Erschließen neuen Wissens und die Entwicklung neuer Fähigkeiten.
- Man lernt Handlungen dadurch, dass man tut, was man erst lernen soll („pädagogisches Paradoxon", vgl. Bauer, Brater, Büchele, Dufter-Weis & Munz 2007, S. 30).
- Wenn Selbststeuerung angestoßen und in Gang gehalten werden soll, dann bedarf es dazu nicht nur eines verlockenden und herausfordernden Freiraums, sondern auch eines auf die Lernenden und ihre biografischen Erfahrungs- und Verwertungshintergründe abgestimmten Maßes an Fremdsteuerung.
- Die Produktisierung der Zwischen-/Teilergebnisse im Selbsterschließungsprozess liefert den Anstoß zu einem „permanenten Entwicklungs- und Verbesserungsprozess" (Rauner 2005, S. 388) der Lerner/-innen – und der Lernergebnisse.

Daraus lässt sich folgende Hypothese für die Konstruktion von Lernaufgaben ableiten:

Hypothese 4

Wenn Selbststeuerung beim Lernen stattfinden soll, ...

... dann bedarf es dazu nicht nur eines Denk- und Handlungsfreiraums in Form zugangs- und ergebnisoffener Aufgabenstellungen, sondern auch eines gewissen Maßes an Fremdsteuerung, welches einerseits vom berufsbiografischen Erfahrungs- und Verwertungshintergrund der Lernenden und andererseits von den in der jeweiligen Situation aktualisierbaren Selbststeuerungskräften abhängt.

Die operative Umsetzung dieser Hypothese und der zugrunde liegenden Annahmen kann durch eine didaktische Transformation in zwei Schritten vollzogen werden:

- 1. Schritt: Durch Umformulierung der fiktiven Abfolge der Arbeitsschritte des Arbeitsablaufs (der SE-Struktur) in handlungsanleitende Selbsterschließungsanweisungen an die Lernenden: Lern-/Arbeitsaufgabe.
- 2. Schritt: Durch die Integration einer Selbstevaluationsschleife, die von den Lernenden vor dem Bearbeiten der wichtigsten Produkte die selbstständige Formulierung eigener sachlicher Bezugsnormen als Qualitätskriterien mindestens eines der Produkte und nach der

Produktherstellung die selbstverantwortliche Bewertung ihrer Arbeits- und Lernergebnisse fordert (zur Begründung der Förderung der Selbstevaluationsfähigkeit vgl. EQF 2008).

Die folgende Abbildung 5 zeigt ein für diese didaktische Transformation anwendbares Planungswerkzeug, das sich in Ausbildungsbetrieben und berufsbildenden Schulen als praktikabel und zielführend erwiesen hat.

Thema:	Gemäß curricularer Vorgaben, z. B. einer Prüfungsordnung
Didaktische Leitfrage:	Schlägt die Brücke von der Theorie zur Praxis
Anwendungskontext:	Zum Beispiel Szenario, Ereignis, Auftrag/Aufgabe
Einstiegsanweisung:	Didaktische Funktion: „Informieren", d. h. die Lernenden mit Material und Ausgangssituation vertraut machen
Bewertungskriterien:	Konstituieren die Meta-Ebene der Selbstbeobachtung und Selbstevaluation
Abfolge der Erschließungsanweisungen:	Selbstschließungsanweisungen 1. ... ... n ... : Bieten „Geländer" auf dem Selbstschließungspfad
Schlussanweisung:	Diese ist didaktisch zentriert auf das End-Produkt als materialisierte Form des zu erlernenden zentralen Erklärungszusammenhangs
Selbstevaluation:	Soll-Ist-Abgleich zu Punkt 5: realisiert die Selbstevaluation; z. B.: Kontrollieren und bewerten Sie Ihre Arbeitsergebnisse ... anhand der oben (unter 5) formulierten Bewertungskriterien ... und überarbeiten Sie diese gegebenenfalls!
© Hans-Joachim Müller – TU-Kaiserslautern	

Abbildung 5: Planungswerkzeug für eine Lernaufgabe (Arbeitsergebnis eines vom Autor geleiteten Seminars)

Ähnlich wie beim Umgang mit dem weiter oben skizzierten Balanceproblem bei der Auswahl der letztlich im Lernprozess herzustellenden Produkte erscheint hier bei der (unter Pkt. 6) zu leistenden Formulierung der Abfolge der Erschließungsanweisungen von den Lehrenden eine didaktisch dosierte Gratwanderung zwischen solchen Erschließungsanweisungen gefordert, die den Kompetenzerwerb durch das „Einfordern der zu fördernden Kompetenzen ermöglichen", und solchen Erschließungsanweisungen, die vorwiegend „förderliche Lernprozesse zu Kompetenzerwerb" (Schmit, Peters, Schlump & Kiper 2010, S. 219) anstoßen und begleiten.

In Anwendung auf die bereits oben aufbereitete Kompetenz der Bestimmung eines textilen Flächengewichts als eine Maßnahme der Qualitätssicherung in der Produktion ermöglicht dieses Planungswerkzeug die Ausformulierung einer Lernaufgabe in etwa folgender Weise:

Hans-Joachim Müller

Thema: Flächengewichtsbestimmung (FGB)			
Leitfrage: Welches textile Wissen ermöglicht es, das Flächengewicht zu bestimmen und zu entscheiden, ob sich das Flächengewicht innerhalb der zulässigen Toleranz befindet?			
Szenario, Ereignis und Arbeitsauftrag: Sie sind (Maschinen- und Anlagenführer/-in (MAF-T) in der Weberei. Zu Ihren üblichen Aufgaben gehört auch die Überprüfung der Qualität und die Qualitätssicherung (QS) der hergestellten Produkte. Bei dem Anfahren einer Partie muss nach 100 lfm das Flächengewicht ermittelt und gemäß Kunden-/Kundeninnenanforderungen bewertet werden. Dieser Arbeitsauftrag fällt automatisch in Ihren Zuständigkeitsbereich.			
Einstiegsanweisung: Sammeln Sie Infos zum Begriff des Flächengewichts und seiner Bedeutung als Kunden-/Kundinnenanforderung, formulieren Sie typische Kunden-/Kundinnenvorgaben und eine Beschreibung/Definition des Begriffs!			
Formulieren Sie Bewertungskriterien, die aus Ihrer Sicht ein Arbeitsablaufplan erfüllen sollte!			
Folgeanweisungen: • Beobachten, befragen, sammeln Sie Infos über Flächengewichtsdifferenzen beim Weben und erstellen Sie eine Liste der typischen Ursachen! • Beobachten und befragen Sie, sammeln Sie Infos über Erkennungsmerkmale von Flächengewichtsdifferenzen beim Weben und erstellen Sie eine Liste mit Erkennungsmerkmalen von Flächengewichtsdifferenzen beim Weben! • Beobachten und befragen Sie, sammeln Sie Infos über Vermeidungsmaßnahmen und ordnen Sie diese den Ursachen in der Tabelle zu! (Spalte 3) • Sammeln Sie Infos über sachgerechtes Vorgehen bei der Flächengewichtsbestimmung (FGB) und listen Sie diese auf! • Formulieren Sie Regeln und Qualitätskriterien und formulieren Sie eine Checkliste: Regeln und Qualitätskriterien, die bei der FGB zu beachten sind! • Ordnen Sie die Infos über sachgerechtes Vorgehen bei der FGB „handlungslogisch" in Form eines Arbeitsablaufplans! • Sammeln Sie mögliche Fehler bei der FGB und listen Sie diese auf! • Sammeln Sie Maßnahmen, die helfen, diese Fehler zu vermeiden, und erstellen Sie eine Fehlervermeidungstabelle! • Schneiden Sie eine Produktprobe mit Kreisschneider aus!			
• Wiegen Sie die Probe! • Errechnen Sie das Flächengewicht und dokumentieren Sie das Ergebnis! • Entscheiden Sie anhand der oben formulierten Kunden-/Kundeninnenanforderungen/Qualitätsstandards/Qualitätskriterien ob ein O.-K.-Produkt vorliegt!			
Schlussanweisung: Dokumentieren Sie die Durchführung der Aufgabe der FGB mit aufgabenspezifischen Unterlagen!			
Selbstevaluation: Bewerten Sie Ihren Arbeitsablaufplan zur FGB anhand der oben formulierten Qualitätskriterien und nehmen Sie eventuell Verbesserungen/Ergänzungen vor!			
Lernorte: Produktion	Visualisierungsmedien: Plakat und Pinnwand	Abgabetermin:	Präsentationstermin:
© Hans-Joachim Müller – TU-Kaiserslautern			

Abbildung 6: Planungswerkzeug für eine Lernaufgabe – mit Anwendungsbeispiel (Arbeitsergebnis eines vom Autor geleiteten Seminars)

6 Fazit und Konsequenzen für kompetenzorientiertes Prüfen

Durch eine produktbezogene didaktische Modellierung beruflicher Handlungskompetenzen scheint in vier didaktischen Transformationsschritten die Konstruktion solcher Lernaufgaben möglich, die als Selbsterschließungswerkzeuge ein selbstgesteuertes Lernen anstoßen und flankierend in Gang halten. Bezieht man diese Überlegungen auf die Gestaltung von Prüfungen, so scheinen solche Produkte, wie sie hier bei der didaktischen Gestaltung zur Modellierung der Potenzial- sowie der Performanzseite der Kompetenz konstruiert werden, in ihrem jeweils realisierten Perfektionsgrad nicht nur den Fortschritt in der Kompetenzentwicklung der Lerner/-innen, sondern auch den erreichten Kompetenzlevel widerzuspiegeln. Im Gegensatz zu Kompetenzen, die als reales Lerner/-innen-Handeln sichtbar werden, dokumentieren diese produktisierten Handlungsergebnisse die dabei aktivierten und handlungsrelevant gewordenen Kompetenzen auf Dauer und auf eine bewertbare Weise. Als die vergleichsweise kritischste Variable gilt dabei die Vollständigkeit, mit der nicht nur die verschiedenen Kompetenzfacetten, sondern auch die unterschiedlichen Stufen der erreichbaren Kompetenzniveaus produktisiert werden können. Als entscheidend hierfür haben sich in den praktischen Erprobungen die drei Variablen „kompetenzrelevante Produktbestandteile", „qualitative und quantitative Produktmerkmale" und „sachbezogene Qualitätskriterien" erwiesen. Ein Planungswerkzeug für kompetenzorientierte Prüfungsaufgaben müsste deshalb sowohl diese Anforderungen an die Konstruktionsmerkmale von Produkten genauso berücksichtigen wie die Kontextgebundenheit von Kompetenzen und die Vorgaben der jeweiligen Prüfungsordnungen. Die folgende Abbildung 6 zeigt ein solches Planungswerkzeug in der Anwendung auf die bereits oben didaktisch aufgeordnete Kompetenz zur Konstruktion einer Prüfungsaufgabe.

Planungswerkzeug für handlungsorientierte Prüfungen für Ausbildungsberufe mit prozessorientierten Ausbildungsordnungen			
Prüfungsart:	Zwischen-/	X	Zuständige Stelle:
	Abschlussprüfung		Ausbildungsberuf: Maschinen- und Anlagenführer/-in Textil (MAF-Textil)
1. Thema (gemäß Ausbildungs- und Prüfungsordnung):			Qualitätskontrolle, hier Flächengewichtsbestimmung
2. Szenario (betriebliche Standardsituation: exemplarische betriebliche Situationsbeschreibung):			Nach Ihrer Facharbeiter/-innen-Prüfung als Maschinen- und Anlagenführer/-innen (MAF) wird Ihnen die Funktion eines Maschinenführers/einer Maschinenführerin in einem Textilbetrieb übertragen
2.1 Branchen-/Unternehmenshintergrund; Umfang und Leistungsverknüpfungen der Prozesskette: Kernprozess/Subprozess			Einer der Kernprozesse Ihres Unternehmens stellt die Flächenerzeugung (Weberei) dar; dort sind Sie derzeit beschäftigt

2.2 Betriebsübliche Arbeitsaufgaben (im Verantwortungs-/Zuständigkeitsbereich des Mitarbeiters/der Mitarbeiterin):	Zu Ihren üblichen Aufgaben in Ihrem Verantwortungs- und Zuständigkeitsbereich gehört – neben fachgerechter Bedienung und Überwachung der Prozesskette – auch die Qualitätskontrolle
2.3 Ereignis: konkreter betriebstypischer Vorfall, aus dem ein Arbeitsauftrag an den Mitarbeiter/die Mitarbeiterin (MA) resultiert	Für einen Kunden-/Kundinnenauftrag muss ein eng definiertes Flächengewicht eingehalten und dokumentiert werden. Bei der Probenentnahme erweist sich, dass am Probenschneidgerät das Messer stumpf ist und gewechselt werden muss. Sie erhalten deshalb den Arbeitsauftrag, das Messer zu wechseln und das Flächengewicht gemäß DIN-ISO-Norm 53-854 zu bestimmen und zu dokumentieren

Praktische Prüfung	Zeitvorgaben (max.): 180 Min.	Bewertung
1. Thema der praktischen Prüfung:	Positionieren und Anwenden von Prüfmitteln; hier: Messerwechsel am Probenschneidgerät zur Flächengewichtsbestimmung	Summe: 100 Punkte
2. Praktische Aufgabe (typische Arbeitsaufträge, die aus dem Szenario/Ereignis resultieren):	Wechseln Sie das Messer am Probenschneidgerät und bestimmen und dokumentieren Sie das Flächengewicht gemäß DIN-ISO-Norm 5d3-854 und Kunden-/Kundinnenspezifikation!	Max. 80 Punkte; Aufteilung siehe 3.
3. Spezifikation der Prüfungsleistungen: im Einzelnen zu liefernde Teil- bzw. Endprodukte	1. Ausgewechselte und exakt neu positionierte Messer am Probenschneidgerät	Max. 30 Punkte
	2. Dokumentation der Überprüfung der ordnungsgemäßen Positionierung der gewechselten Messer am Probenschneidgerät mit praxisbezogenen Unterlagen	Max. 20 Punkte
	3. Prüfprotokoll über: dokumentiertes Flächengewicht	Max. 30 Punkte
4. Wichtige Bestandteile/Qualitätsmerkmale der Prüfungsleistungen (d. h. der Teil-/Endprodukte):	Zu 1. Einsatzfähigkeit des Probenschneidgeräts Zu 2. ordnungsgemäße Positionierung der gewechselten Messer am Probenschneidgerät Zu 3. Dokumentation mit praxisbezogenen Unterlagen	

5. Darüber ein Fachgespräch führen:	Welche besonderen Schwierigkeiten hatte die Aufgabe? Wie bin ich konkret vorgegangen? Wie habe ich die Ergebnisse bewertet?	Max. 20 Punkte

Schriftliche Prüfung	Zeitvorgaben (max.) 60 Min.	Bewertung
1. Handlungsorientierte Aufgaben (die sich auf praxisbezogene Fälle beziehen und aus dem Szenario/Ereignis resultieren):	Erstellen Sie: 1. einen Arbeitsablaufplan und 2. eine Checkliste für den Messerwechsel	Max. 60 Punkte Aufteilung siehe unter 2.
2. Spezifikation der Prüfungsleistungen: Im Einzelnen zu liefernde Teil- bzw. Endprodukte.	Erstellen Sie: 1. einen Arbeitsablaufplan für den Messerwechsel 2. eine Checkliste: Was ist beim Messerwechsel zu beachten?	Max. 30 Punkte Max. 30 Punkte
3. Wichtige Bestandteile/Qualitätsmerkmale der Prüfungsleistungen (d.h. der Teil-/Endprodukte)	Zu 1. Im Arbeitsablaufplan sollen alle 6 Stufen der vollständigen Handlung bearbeitet werden Zu 2. Die Checkliste sollte mindestens drei kritische Variablen benennen und dazu jeweils eine handlungsanleitende Regel zum sachgerechten Bearbeiten enthalten	
4. Persönliche betriebsspezifische Konkretisierungen: Formulieren Sie vor Ihrem persönlichen Branchen- und Unternehmenshintergrund zusätzliche Rahmendaten/Annahmen der Aufgabenstellung (z.B. zur technischen Ausstattung), die Sie der Bearbeitung der Aufgaben zugrunde legen wollen!		Max. 5 Punkte
5. Selbstevaluation:		Max. 20 Punkte, davon:
Mindestens drei Qualitätskriterien einer zentralen Prüfungsleistung formulieren	Formulieren Sie mindestens drei Qualitätsmerkmale, die ein „guter" Arbeitsablaufplan erfüllen sollte!	Max. 10 Punkte
Schriftliche/praktische Prüfungsleistung mit diesen Qualitätskriterien bewerten	Bewerten Sie Ihren fertig erstellten Arbeitsablaufplans anhand der von Ihnen formulierten Qualitätskriterien!	Max. 5 Punkte
Verbesserungs- bzw. Änderungsvorschläge formulieren	Formulieren Sie dazu passende Verbesserungsvorschläge für den von Ihnen erstellten Arbeitsablaufplan!	Max. 5 Punkte

6. Offene/halb-offene Aufgaben/Fragen		Max. 20 Punkte, davon:
6.1 Offene Aufgaben/Fragen: wenn z. B. Zusammenhangswissen, Methodenwissen oder Gestaltungshandeln gegenüber komplexen Gegenständen gefordert wird	1. Welche Auswirkungen haben stumpfe Messer auf die Probennahme?	Max. 4 Punkte
	2. Wie muss das Probenschneidgerät nach der Probennahme ordnungsgemäß abgesichert werden – und warum?	Max. 4 Punkte
	3. Warum gibt es Toleranzgrenzen?	Max. 4 Punkte
6.2 Halboffene Aufgaben/Fragen: wenn z. B. Wissen/Können mit eindeutigem Ergebnis (z. B. eine Vorschubgeschwindigkeit berechnen) gefordert wird	1. Definieren Sie den Begriff „textile Flächengebilde"!	Max. 4 Punkte
	2. Zeigen Sie an einem Beispiel, wie (d. h. nach welcher Formel) das „Flächengewicht" errechnet wird!	Max. 4 Punkte
© Hans-Joachim Müller – TU-Kaiserslautern		

Abbildung 7: Planungswerkzeug für eine kompetenzorientierte Prüfungsaufgabe – mit Anwendungsbeispiel

Neben der nach wie vor offenen Frage nach der Validität von subjektiven Kognitionspotenzialen für reales Berufshandeln kann zumindest vorläufig als Fazit formuliert werden: Wenn berufliche Kompetenzen nicht praktisch, d. h. durch das Bearbeiten realer berufstypischer Aufgaben geprüft werden können und gleichzeitig der Verwertbarkeit beruflicher Kompetenzen eine hohe Priorität eingeräumt wird, dann sollten die als Prüfungsleistungen geforderten Produkte in erster Linie, d. h. überwiegend, die Performanz-Seite der zu prüfenden Kompetenzen erfassen und dokumentieren.

Literaturverzeichnis

Arnold, Rolf (2005): Die emotionale Konstruktion der Wirklichkeit. Baltmannsweiler: Schneider Verlag Hohengehren.

Arnold, Rolf (2008): „Ich fühle, also führe ich". Führung im Lichte eines emotionalen Konstruktivismus. In: Arnold, Rolf & Holzapfel, Günther (Hrsg.): Emotion und Lernen. Die vergessenen Gefühle der (Erwachsenen-)Pädagogik. Baltmannsweiler: Schneider Verlag Hohengehren, S. 325–341.

Arnold, Rolf (2009): Die administrative Konstruktion der Bildungswissenschaften – Oder: Über die Traditionsvergessenheit opportunistischer Pädagogik. In: PÄD-Forum 37, Heft 3, S. 125–126.

Bandura, Albert (1995): Self-efficacy in Chancing Societies. Cambridge: Cambridge University Press.

Bauer, Hans G., Brater, Michael, Büchele, Ute, Dufter-Weis, Angelika & Munz, Claudia (2007): Lern(prozess)begleitung in der Ausbildung. Wie man Lernende begleiten und Lernprozesse gestalten kann. München: Bertelsmann.

BBiG – Berufsbildungsgesetz (2005): Bonn: Bundesministerium für Bildung und Forschung. (Stand: 23.03.2005).

Chiompi, Luc (1999): Die emotionalen Grundlagen des Denkens. Entwurf einer fraktalen Affektlogik. Göttingen: Vandenhoeck und Ruprecht.

Damasio, Antonio R. (2005): Der Spinoza-Effekt. Wie Gefühle unser Leben bestimmen. Berlin: List.

Deci, Edward L. & Ryan, Richard M. (1993): Die Selbstbestimmungstheorie der Motivation und ihre Bedeutung für die Pädagogik. In: Zeitschrift für Pädagogik 39, Heft 2, S. 223–238.

EQF – European Qualifications Framework (2008): EU-Rat: Empfehlungen des Europäischen Parlaments und des Rates vom 23. April 2008 zur Einrichtung des Europäischen Qualifikationsrahmens für lebenslanges Lernen. In: Amtsblatt der Europäischen Union, DE, C111 vom 06.05.2008, S. 1–7.

Erpenbeck, John & Rosenstiel, Lutz von (2003; Hrsg.): Handbuch der Kompetenzmessung. Erkennen, Verstehen und Bewerten von Kompetenzen in der betrieblichen, pädagogischen und psychologischen Praxis. Stuttgart: Schäffer-Poeschel.

Goleman, Daniel, Boyatzis, Richard & McKee, Annie (2002): Emotionale Führung. München: Econ.

Grüner, Gustav (1967): Die didaktische Reduktion als Kernstück der Didaktik. In: Die deutsche Schule 59, Heft 7/8, S. 414–430.

Havighurst, Robert J. (1972): Development Tasks and Education. New York: McKay.

Jerusalem, Matthias & Hopf, Diether (2002): Selbstwirksamkeit und Motivationsprozesse in Bildungsinstitutionen. In: Zeitschrift für Pädagogik. (Beiheft 44). S. 28–53.

Klafki, Wolfgang (1975): Didaktische Analyse als Kern der Unterrichtsvorbereitung. In: Die Deutsche Schule, Heft 10, S. 5–32.

KMK – Sekretariat der Ständigen Konferenz der Kultusminister der Länder in der Bundesrepublik Deutschland (2004): Standards für die Lehrerbildung: Bildungswissenschaften. Beschluss der Kultusministerkonferenz vom 16.12.2004. In: Zeitschrift für Pädagogik 51, Heft 2, S. 280–290.

Knowles, Malcolm (1975): Self-directed learning. A guide for Learners and Teachers. New York: Association Press.

Lave, Jean & Wenger, Etienne (1991): Situated learning. Legitimate peripheral participation. New York: Cambridge University Press.

Mandl, Heinz, Gruber, Hans & Renkl, Alexander (1993): Das träge Wissen. In: Psychologie heute 20, Heft 9, S. 64–69.

Müller, Hans-Joachim (1995): Schlüsselqualifikationen – Die evolutionäre Tiefenstruktur beruflicher Qualifikationen. In: Geißler, Harald, Behrmann, Detlev, Petersen, Jendrik (Hrsg.): Lean Management und Personalentwicklung. Frankfurt am Main: Lang, S. 319–337.

Müller, Hans-Joachim (2006a): Erschließen durch Versprachlichen. Zur Didaktisierung von Schlüsselqualifikationen im Kontext des handlungs- und erfahrungsorientierten Lernens. In: Arnold, Rolf & Müller, Hans-Joachim (Hrsg.): Kompetenzentwicklung durch Schlüsselqualifizierung. (Band 20 der Reihe: Grundlagen der Berufs- und Erwachsenenbildung). Baltmannsweiler: Schneider Verlag Hohengehren, S. 89–140.

Müller, Hans-Joachim (2006b): Handlungsorientierte Prüfungen in der beruflichen Fortbildung. Eine subjekt- und arbeitsprozessorientierte Konzeption für die Konstruktion situationsbezogener Prüfungsmodule am Beispiel der Textilwirtschaft. Bielefeld: Bertelsmann.

Müller, Hans-Joachim (2010): Lernaufgaben – und der Aufbau des Wissens. In: Kiper, Hanna, Meints, Waltraud, Peters, Sebastian, Schlump, Stephanie & Schmit, Stefan (2010; Hrsg.): Lernaufgaben und Lernmaterialien im kompetenzorientierten Unterricht. Stuttgart: Kohlhammer, S. 84–100.

Neuweg, Georg H. (1998): Wissen und Können. Zur berufspädagogischen Bedeutung psychologischer und didaktischer Kategorienfehler. In: Zeitschrift für Berufs- und Wirtschaftspädagogik 94, Heft 1, S. 1–22.

Novak, Hermann (2004): Selbstreflexion und Selbstevaluation zwischen Anpassung und Emanzipation. In: Holz, Heinz, Novak, Hermann & Schemme, Dorothea (Hrsg.): Selbstevaluation in der Berufsausbildung. Konzept – Praxis – Grenzen – Handlungsbedarfe – Instrumente. (Band 269 der Berichte zur beruflichen Bildung; herausgegeben von BiBB Bonn). Bielefeld: Bertelsmann, S. 29–50.

Rauner, Felix (2005): Handbuch Berufsbildungsforschung. Bielefeld: Bertelsmann.

Rauner, Felix & Bremer, Rainer (2004): Bildung im Medium beruflicher Arbeitsprozesse. Die berufspädagogische Entschlüsselung beruflicher Kompetenzen im Konflikt zwischen bildungstheoretischer Normierung und Praxisaffirmation. In: Zeitschrift für Pädagogik 50, Heft 2, S. 149–161.

Reetz, Lothar (2006): Schlüsselqualifikationen aus bildungstheoretischer Sicht – in der berufs- und wirtschaftspädagogischen Diskussion. In: Arnold, Rolf & Müller, Hans-Joachim (Hrsg.): Kompetenzentwicklung durch Schlüsselqualifizierung. (Band 20 der Reihe: Grundlagen der Berufs- und Erwachsenenbildung). Baltmannsweiler: Schneider Verlag Hohengehren, S. 39–54.

Reinmann-Rothmeier, Gabi & Mandl, Heinz (1999): Unterrichten und Lernumgebungen gestalten. (Forschungsbericht Nr. 60 des Instituts für Pädagogische Psychologie und Empirische Pädagogik der Ludwig-Maximilians-Universität). München: Ludwig-Maximilians-Universität.

Riedel, Alfred (2001): Technischer handlungsorientierter Unterricht in der Berufsschule. In: Kremer, H.-Hugo & Sloane, Peter (Hrsg.): Konstruktion, Implementation und Evaluation komplexer Lehr-Lern-Arrangements. Paderborn: Eusl, S. 75–106.

Roth, Heinrich (1971): Pädagogische Anthropologie. Band II: Entwicklung und Erziehung. Hannover, Berlin, Darmstadt und Dortmund: Schroedel.

Ryle, Gilbert (1949 [1969]): The Concept of Mind. Der Begriff des Geistes. (Aus dem Englischen übersetzt von Kurt Baier). Stuttgart: Reclam.

Schelten, Andreas (1991): Einführung in die Berufspädagogik. Stuttgart: Steiner.

Schmit, Stefan, Peters, Sebastian, Schlump, Stephanie & Kiper, Hanna (2010): Wege zu einem kompetenzorientierten Unterricht durch die Gestaltung von Lernaufgaben – Perspektiven für die (Fach)Didaktiken. In: Kiper, Hanna, Meints, Waltraut, Peters, Sebastian, Schlump, Stephanie & Schmit, Stefan (Hrsg.): Lernaufgaben und Lernmaterialien im kompetenzorientierten Unterricht. Stuttgart: Kohlhammer, S. 211–223.

Schwarzer, Ralf & Jerusalem, Matthias (2002): Das Konzept der Selbstwirksamkeit. In: Jerusalem, Matthias & Hopf, Dieter (Hrsg.): Selbstwirksamkeit und Motivationsprozesse in Bildungsinstitutionen. In: Zeitschrift für Pädagogik, Beiheft 44, S. 28–53.

Wahl, Diethelm (2005): Lernumgebungen erfolgreich gestalten. Vom regen Wissen zum kompetenten Handeln. Bad Heilbrunn: Klinkhardt.

Weinert, Franz E. (2001): Vergleichende Leistungsmessung in Schulen – eine umstrittene Selbstverständlichkeit. In: Weinert, Franz E. (Hrsg.): Leistungsmessungen in Schulen. Weinheim: Beltz, S. 17–31.

Zedler, Reinhard (2009): Ausbilderqualifizierung als vernachlässigtes Thema. Vortrag auf der 1. Arbeitstagung TTnetDE Bonn am 18.–19.03.2009. In: Personalwirtschaft 37, Heft 11, S. 14–15.

Internetquellen:

BiBB – Bundesinstitut für Berufsbildung (2007): Qualifikationsrahmen für das betriebliche Aus- und Weiterbildungspersonal; http://www.bibb.de/dokumente/pdf/Mueller_ttnet_lehrpersonal.ppt [12.10.2010].

Europäischer Rat (2000): Summit vom Gipfeltreffen am 23.–24.03.2000, Lissabon; http://www.europarl.europa.eu/summits/lis1_de.htm [12.08.2011].

Mandel, Heinz, Kopp, Brigitta & Dvorak, Susanne (2005): Aktuelle theoretische Ansätze und empirische Befunde im Bereich der Lehr-Lern-Forschung – Schwerpunkte Erwachsenenbildung; http://www.die-bonn.de/esprid/dokumente/doc-2004/mandl04_01.pdf [12.08.2011].

Volmari, Kristiina, Helakorpi, Seppo & Frimod, Rasmus (2009; Eds.): Competence framework for VET-Professions. A Handbook for practitioners. Sastamala: Finnish National Board of Education and editors; http://www.oph.fi/download/111332_Competence_framework_for_VET_professions.pdf [12.08.2011].

Helmut Ernst / Gisela Westhoff
Schweriner Ausbildungszentrum e.V. / Bundesinstitut für Berufsbildung

Flexible Aus- und Weiterbildungskonzepte: Kompetenzentwicklung im Spannungsfeld von Berufsfähigkeit und Unternehmensorientierung

1 Einleitung 473
2 Arbeitsschwerpunkte des Modellversuchsprogramms
　„Flexibilitätsspielräume für die Aus- und Weiterbildung" 474
3 Kompetenz und Qualifikation in den Modellversuchen – Kriterien
　zur Bewertung 476
4 Gemeinsame Begriffsfindung als Arbeitsgrundlage 477
5 Ergebnisse einer Selbstevaluation im Modellversuchsprogramm „Flexibilität" 478
6 Kompetenzentwicklung in einem modernen Bildungsträger am Beispiel
　des Schweriner Ausbildungszentrums 480
7 Fazit 486
Literaturverzeichnis 487

1 Einleitung

In den Jahren 2002 bis 2009 wurden in den Modellversuchen des Programms „Flexibilitätsspielräume für die Aus- und Weiterbildung" neue Konzepte, Ansätze und Instrumente zur Kompetenzentwicklung in der beruflichen Bildung in Forschungs- und Entwicklungsprozessen erarbeitet. Es handelt sich dabei um 28 deutschlandweit agierende Projekte, die auch länderübergreifende Elemente enthalten, z. B. eine Zusammenarbeit mit dem Zukunftszentrum Tirol in Österreich, den Austausch mit Skolverket in Schweden und die Einbeziehung von Erfahrungen aus Dänemark und den Niederlanden. Die Gestaltungsoffenheit in den Berufen des dualen Systems in Deutschland existiert seit 1997 und ist seitdem in allen neuen und neu geordneten Berufen Bestandteil der Curricula. Diese Neuorientierung bietet die Grundlage dafür, innovative Ansätze wie die Kompetenzbildung einzusetzen. Zur Verankerung der Gestaltungsoffenheit mit den weitreichenden Möglichkeiten in der alltäglichen Praxis der beruflichen Bildung bedurfte es ergänzender Strategien wie des Modellversuchsprogramms „Flexibilität". Der folgende Beitrag stellt ausgewählte Ergebnisse dieser Arbeiten im Kontext der aktuellen Kompetenzdebatte dar, und zwar auf der Ebene des Programms, in dem die einzelnen Modellversuche vernetzt waren, und an einem konkreten Modellversuchsbeispiel mit seinen Verknüpfungen im Hinblick auf die Verstetigung des Erreichten und den Transfer.

Helmut Ernst / Gisela Westhoff

2 Arbeitsschwerpunkte des Modellversuchsprogramms „Flexibilitätsspielräume für die Aus- und Weiterbildung"

Das „Reformprojekt Berufliche Bildung" (BMBF 1998, S. 2f.) aus dem Jahr 1997 hat die Voraussetzungen für die gestaltungsoffenen Ausbildungsberufe geschaffen – aus damaliger und heutiger Sicht ein entscheidender Schritt zur Modernisierung der beruflichen Bildung. Die Gestaltungsoffenheit als eine Variante der Flexibilisierung in der Berufsbildung sollte es einerseits den Betrieben erleichtern, die Aus- und Weiterbildung stärker in die Geschäftsabläufe zu integrieren. Andererseits sollten die Menschen in der Aus- und Weiterbildung umfassender dabei unterstützt werden, mit den Wechselprozessen des gesellschaftlichen Wandels angemessen umgehen zu lernen. Im Konsens zwischen Sozialparteien und Gesetzgeber wurden Wahlpflichtbereiche mit Elementen zur eigenen Gestaltung seitens der Betriebe in die Ausbildungsordnungen aufgenommen. Dabei war die Integration der Ausbildung in die Geschäftsprozesse der Unternehmen – das Lernen am Arbeitsplatz – ein wesentliches didaktisches Prinzip. Mit dieser neuen Ausrichtung an der alltäglichen Praxis war ein Paradigmenwechsel in der beruflichen Bildung verbunden. (vgl. z.B. Sauter 2002, S. 3ff.)

Die Politik, die Praxis und die gesamte Fachöffentlichkeit stellten fest, dass diese Innovation, der prinzipielle Wechsel, eine qualifizierte Begleitung erforderte. Das Instrument „Modellversuche" mit dem „Dreiklang" aus Praxis, wissenschaftlicher Begleitung/fachlicher Betreuung und der Verbindung mit der Politik leistete hierzu einen wichtigen Beitrag. Das Bundesinstitut für Berufsbildung (BIBB) stellte sich diesen Herausforderungen, indem es gemeinsam mit dem Bundesministerium für Bildung und Forschung (BMBF) als fördernde Institution das Modellversuchsprogramm „Flexibilitätsspielräume für die Aus- und Weiterbildung in kleinen und mittleren Unternehmen" auflegte[1]. Im Zeitraum der Förderung dieses Modellversuchsprogramms (2002–2010) wurde auch das Berufsbildungsgesetz (BBiG 2005) novelliert, mit dem Ziel, das duale System den gegenwärtigen und zukünftigen Anforderungen stärker angleichen zu können. Folglich wurden auch die Modellversuche weiterhin als ein besonderes Forschungs- und Entwicklungsinstrument fortgeschrieben (§ 90 sowie eine knappe Charakterisierung des Instruments). Eine weitere wichtige Neuerung ist die Einbindung der deutschen Berufsbildung in den europäischen Kontext[2] sowie die Stärkung der kontinuierlichen Anpassung der Ausbildungsinhalte an neue gesellschaftliche, soziale, bildungspolitische und wirtschaftliche Anforderungen. Dabei bildet das handlungs- und geschäftsprozessgerichtete Lernen eine zentrale Orientierung. Weitere Hinweise für diesen kontinuierlichen Erneuerungsprozess liegen in der Betonung der Kompetenzfeststellung und Kompetenzbildung als breitem Ansatz der beruflichen Aus- und Weiterbildung (Jugendliche, Beschäftigte, Ausbildungspersonal). Das externe Bildungsmanagement stellt in diesen Prozessen eine wichtige Klammer dar, indem es die unterschiedlichen Lernorte, die handelnden Personen und die unterschiedlichen Institutionen miteinander verbindet. Dieses Vorgehen hat sich in der Berufsbildung bewährt. Es wurde in den Modellversuchen zur Flexibilität erneut erprobt und in unterschiedlichen Kontexten weiterentwickelt und etabliert.[3]

---

[1] Die Förderung von Modellversuchen in der beruflichen Bildung sind in § 90 BBiG verankert.
[2] Das neue BBiG enthält eine „Europaklausel" (§ 31).
[3] Unter http://www.bibb.de/flexibilitaet (Zemlin & Albrecht 2007) sind verschiedene Beispiele der Modellversuche dieses Programms zu finden, in denen externes Bildungsmanagement im Zentrum stand; vgl. auch die Ausführungen zum Schweriner Ausbildungszentrum in diesem Beitrag.

Flexible Aus- und Weiterbildungskonzepte

Die Standorte der Modellversuche waren deutschlandweit verteilt (siehe Abbildung 1). Im Rahmen der Arbeiten zur Kompetenzbildung wurde ergänzend eine Kooperation mit dem Zukunftszentrum Tirol in Österreich abgeschlossen. Somit wurde aus der Zusammenarbeit der einzelnen Modellversuche innerhalb des Programms eine erste europäische Vernetzung gebildet, die um einen Austausch mit den Dänemark, Niederlanden und Schweden im Rahmen der Abschlusskonferenz bereichert werden konnte. Das international besetzte Podiumsgespräch zur „Flexibilität und Gestaltungsoffenheit aus europäischer Sicht" auf der Konferenz ist ein wichtiges Beispiel für diese Aktivitäten (vgl. http://www.bibb.de).

Abbildung 1: Standorte der Modellversuche des Programms „Flexibilitätsspielräume für die Aus- und Weiterbildung"[4]

Das Modellversuchsprogramm „Flexibilitätsspielräume für die Aus- und Weiterbildung" war auf folgende zentralen Ziele ausgerichtet, die sowohl in den Einzelprojekten als auch im Programm insgesamt durch den Austausch der Projekte untereinander und darüber hinaus mit anderen Kontexten der Berufsbildung, in Diskussionen und Publikationen bearbeitet wurden:

- Flexibilität und Gestaltungsoffenheit in der beruflichen Bildung als Antwort auf den wirtschaftlichen Wandel durch Modellversuche begleiten,
- Innovationen in der Berufsbildung (Praxis, Politik, Wissenschaft) aufspüren und festigen,

---

[4] Bei den Modellversuchen handelt es sich grundsätzlich zwar um eine auf Deutschland bezogene Förderung, eine Kooperation über die Landesgrenzen hinaus ist jedoch ausdrücklich erwünscht und entspricht auch den neuen im BBiG des Jahres 2005 verankerten Zielen. Die Karte weist somit Innsbruck als Standort des Kooperationsprojektes aus, insbesondere zum Thema Kompetenzentwicklung.

- Kompetenzentwicklung als eine zentrale Aufgabe der beruflichen Bildung durch Forschung und Umsetzung der Ergebnisse verankern,
- neue Konzepte und Angebote für KMU entwickeln, erproben, evaluieren und verbreiten,
- Einbeziehung von Praxis, Wissenschaft und Politik in den Forschungs- und Entwicklungsprozess sowie
- Transfer und Verstetigung der Ergebnisse als gemeinsame Aufgabe der Partner/-innen.

Es hat sich gezeigt, dass die Arbeit in Modellversuchen geeignet ist, das Thema „Kompetenzbildung in der beruflichen Bildung" zu erforschen und Konzepte mit der Praxis zu entwickeln und zu etablieren.

3 Kompetenz und Qualifikation in den Modellversuchen – Kriterien zur Bewertung

Für den Erfahrungs- und Informationsaustausch zu den Arbeiten zur Gestaltungsoffenheit der Modellversuche wurde ein Programmarbeitskreis (Kurztitel „Flexibilität") als gemeinsames Diskussionsforum der Einzelprojekte gebildet. Hier wurden die Ziele, Strategien und Ergebnisse ausgetauscht, deren Umsetzung und Transfer sichergestellt. So wurde auch das Thema Kompetenzbildung und Kompetenzfeststellung behandelt, das nach einer Umfrage im Kreise der Modellversuchsträger/-innen von einem Großteil der Modellversuche in ihrer Arbeit fokussiert wurde. (vgl. Westhoff 2007a, S. 28 ff.) Die verwendeten Kompetenzansätze[5] zeigten deutliche Unterschiede, vor allem deshalb, weil sie in diversen Kontexten (beispielsweise in der Berufsausbildung oder in der Organisationsentwicklung) verwendet werden. Daraus ergeben sich auch die unterschiedlichen Definitionen (vgl. Westhoff 2006b und 2007a; http://www.bibb.de). Sie reichen von der etablierten Untergliederung in personale, methodische, soziale und professionelle Kompetenzen bis hin zu differenziertesten Spezifizierungen und sind auch auf die unterschiedlichen Anforderungen innerhalb einer bestimmten Arbeitsumgebung zurückzuführen. Dabei geht es auch maßgeblich darum, aktuelle (und sich ändernde) situative Anforderungen an „kompetentes Handeln" zu beschreiben. „Die" Kompetenz existiert also nicht, stattdessen beschreibt dieser Begriff zum einen verschiedene und sich ständig ändernde Anforderungen, die durch entsprechend angepasstes Handeln – bzw. veränderte Handlungsstrategien – zu bewältigen sind. Davon gibt die breite Palette der in den Modellprojekten aufscheinenden Kompetenzbegriffe einen Eindruck und belegt im Ergebnis der Arbeiten die These, wonach es die endgültige Definition von „Kompetenz" nicht geben wird. (vgl. Erpenbeck & Heyse 1999, S. 50)

---

[5] „Bevor eine nähere Umschreibung und Klärung des Kompetenzbegriffes vorgenommen wird, muss darauf hingewiesen werden, dass der Terminus Kompetenz keineswegs einheitlich definiert ist und sich dessen Auslegung – je nach fachlichem bzw. wissenschaftlichem Kontext – deutlich unterscheiden kann. Darüber hinaus findet der Begriff in den letzten Jahren – insbesondere in den Bereichen ‚Bildung' und ‚Beschäftigung' – eine geradezu inflationäre Verwendung, was die Schnittmenge der unterschiedlichen Deutungsvarianten keineswegs verkleinert, sondern vielmehr zu einem Definitionspluralismus geführt hat." (Enggruber & Bleck 2005)

4 Gemeinsame Begriffsfindung als Arbeitsgrundlage

Im Arbeitskreis „Flexibilität" wurde ein gemeinsames Verständnis für eine Definition des Kompetenzbegriffs, der sich als Arbeitsgrundlage eignete, gefunden. Eine Annäherung geschah durch eine Abgrenzung vom Begriff der „Qualifikation". Danach umfassen Kompetenzen auch das in formalen Ausbildungsgängen (z. B. in der Schule, der beruflichen Aus- oder Weiterbildung) erworbene Wissen und Können, das in der „Qualifikation", beispielsweise einem Berufsabschluss, bescheinigt wird. Darin ist jedoch nur eine Teilmenge der Kompetenzen des/der Einzelnen enthalten.

Erpenbeck & Sauer stellen bereits im Jahr 2000 fest, dass ein Perspektivenwechsel vom Qualifikations- zum Kompetenzbegriff vonnöten sei, als „Reaktion auf die zunehmende Dynamik, Komplexität und Unvorhersehbarkeit heutiger wirtschaftlicher und politischer Prozesse", mit dem eine Entwicklung vom fremd- zum selbstorganisierten Aktionsgrad der Arbeit zu vollziehen sei (S. 289 ff.). Enggruber & Bleck (2005, S. 8) stellen in Anlehnung an diese Einschätzung fest:

- „Qualifikation bezeichnet das Arbeitsvermögen eines Menschen, das sich aus der Summe der für die Ausübung einer bestimmten Berufstätigkeit notwendigen Fertigkeiten, Fähigkeiten und Wissensbestände zusammensetzt. Sie lässt sich ihrem Zweck entsprechend definieren und im Sinne von Leistungsparametern überprüfen.
- Kompetenz beschreibt die Fähigkeiten oder Dispositionen des Menschen, die ihn in die Lage versetzen, ein Handlungsziel in gegebenen Situationen aufgrund von Erfahrung, Können und Wissen selbstorganisiert zu erreichen. Sie ist nicht direkt überprüfbar, sondern nur aus der Realisierung der Dispositionen zu erschließen – insbesondere bei der kreativen Bewältigung neuer, nicht routinemäßiger Anforderungen. Das Interesse an Kompetenz ist eher subjektzentriert." (ebenda)

Kompetenzen umfassen somit auch informell erworbene Fähigkeiten, Fertigkeiten und Kenntnisse. Hinzu kommen Persönlichkeitsmerkmale und Eigenschaften des/der Einzelnen – insgesamt gesehen die Voraussetzung für das Individuum, erfolgreich zu handeln. Erpenbeck & Rosenstiel (2003) definieren als „Kompetenz", was jemanden in die Lage versetzt, ein Handlungsziel in gegebenen Situationen aufgrund von Erfahrung, Wissen und Können selbstorganisiert zu erreichen. (S. X). Diese sogenannte „Handlungskompetenz" wird zumeist in fachliche, soziale, personale und methodische Kompetenzen unterschieden. Weitergeführt wird nach Enggruber & Bleck (2005) die „Disposition, die in den vier Kompetenzkategorien erlangten Werte, Erkenntnisse und Verhaltensweisen im beruflichen und im persönlichen Lebensbereich anzuwenden sowie zielorientiert umzusetzen", als „individuelle Handlungskompetenz" gefasst. (S. 10 ff.)

Die Kultusministerkonferenz (KMK) in Deutschland hat 2007 auf der Basis dieser Diskussion „Handlungskompetenz" als die Bereitschaft und Befähigung des/der Einzelnen verstanden, „sich in beruflichen, gesellschaftlichen und privaten Situationen sachgerecht durchdacht sowie individuell und sozial verantwortlich zu verhalten." (S. 10) Auch hier sind die oben angeführten Dimensionen aufzufinden, zudem wird der Aspekt der transversalen Kompetenzen berücksichtigt: Handlungskompetenz untergliedert sich in die Dimensionen Fach-, Human- und Sozialkompetenz (Abbildung 2), diesen gemeinsam sind die Querschnittsdimensionen kommunikative Kompetenz sowie Methoden- und Lernkompetenz.

Fachkompetenz	Humankompetenz	Sozialkompetenz
Bereitschaft und Befähigung, auf der Grundlage fachlichen Wissens und Könnens Aufgaben und Probleme zielorientiert, sachgerecht, methodengeleitet und selbstständig zu lösen und das Ergebnis zu beurteilen.	Bereitschaft und Befähigung, als individuelle Persönlichkeit die Entwicklungschancen, Anforderungen und Einschränkungen in Familie, Beruf und öffentlichem Leben zu klären, zu durchdenken und zu beurteilen, eigene Begabungen zu entfalten sowie Lebenspläne zu fassen und fortzuentwickeln. […]	Bereitschaft und Befähigung, soziale Beziehungen zu leben und zu gestalten, Zuwendungen und Spannungen zu erfassen und zu verstehen sowie sich mit anderen rational und verantwortungsbewusst auseinanderzusetzen und zu verständigen. Hierzu gehört insbesondere auch die Entwicklung sozialer Verantwortung und Solidarität.

Abbildung 2: Kompetenzdimensionen der Kultusministerkonferenz (vgl. KMK 2007, S. 10)

Niveauindikator			
Anforderungsstruktur			
Fachkompetenz		Personale Kompetenz	
Wissen	Fertigkeiten	Sozialkompetenz	Selbstkompetenz
Tiefe und Breite	Instrumentelle und systemische Fertigkeiten, Beurteilungsfähigkeit	Team-/Führungsfähigkeit, Mitgestaltung und Kommunikation	Selbständigkeit/ Verantwortung, Reflexivität und Lernkompetenz

Abbildung 3: Strukturmodell des DQR (vgl. http://www.deutscherqualifikationsrahmen.de)

5 Ergebnisse einer Selbstevaluation im Modellversuchsprogramm „Flexibilität"

Die Aufteilung der KMK fand in den Diskussionen des Modellversuchsarbeitskreises „Flexibilität" als Orientierung für die Strukturierung der Ergebnisse und deren Weiterentwicklung in den Modellversuchen eine hohe Akzeptanz, insbesondere deshalb, weil sie auch mit dem Blick auf Europa und im Zusammenhang mit der Entwicklung des Europäischen Qualifikationsrahmens gangbar ist. Sie diente somit als Minimalkonsens in der Analyse, Dokumentation und Bewertung der Arbeitsergebnisse, zumal bis heute keine umfassende konsensfähige Definition von „Kompetenz" in Sicht ist, die entscheidend über die „Minimaldefinition" des vom Cedefop[6] entwickelten Glossars zur Terminologie der beruflichen Bildung in Europa hinausgeht. Bei der Heterogenität der beruflichen Aus- und Weiterbildung ist das nicht anders zu erwarten und könnte auch zu einer Einschränkung der Vielfalt führen, die zur Bewältigung der Handlungsanforderungen der Institutionen und der Individuen notwendig ist. Die Anlehnung an die Definition der KMK und das Strukturmodell des DQR (siehe Abbildung 3) dienten somit als Minimalkonsens und als Grundlage für die Arbeiten zur Kompetenzentwicklung des Arbeitskreises „Flexibilität". Im Zentrum steht dabei die Handlungskompetenz, die sich untergliedert in

- Fachkompetenz,
- Sozialkompetenz,
- Personalkompetenz,
- Methodenkompetenz und
- Lernkompetenz.

Bezogen auf die allgemeine Diskussion wurde im Arbeitskreis des Programms als erstes Fazit festgestellt: Kompetenz ist mehr als Qualifikation – schließt diese aber ein. Daran knüpfte sich die Arbeit an einem Kriterienraster an, mit dessen Hilfe 2008/2009 eine Selbstevaluation durchgeführt werden sollte, um die gemeinsamen Arbeiten zu dokumentieren und auszuwerten. An dieser Umfrage beteiligten sich 20 Modellversuche. Die Kriterien wurden für die Erhebung in Verfahren zur Kompetenzfeststellung und Kompetenzentwicklung gegliedert (Abbildung 4). An diesen Entwicklungen waren alle Modellversuchsakteure/-akteurinnen beteiligt. Ein wichtiger Meilenstein hierzu war die gemeinsame Konferenz in Innsbruck im Herbst 2007 zum Thema „Kompetenzentwicklung in Modellversuchen zur Gestaltungsoffenheit und Flexibilität" (vgl. www.bibb.de – Veranstaltungsdokumentationen). Die Selbstevaluation, als Umfrage bei den Modellversuchen organisiert, wurde nach der Vorbereitung auf der Tagung in Innsbruck gestartet. Abbildung 4 zeigt die verwendeten Kriterien.

Als Ergebnisse der Selbstevaluation zur Kompetenzfeststellung und Kompetenzentwicklung konnten folgende in den Modellversuchen unter wissenschaftlicher Begleitung in der Praxis erforschte, erprobte, evaluierte und verbreitete Verfahren ermittelt werden:

- Kompetenzenbilanzen/Kompetenzwerkstätten
- Potenzialanalysen
- Bedarfsermittlungen
- Kompetenzworkshops
- Seminare
- Selbstlerninstrumente (z. B. strategische Planung, Erstellung von Anforderungsprofilen, Dokumentation)
- Bereitstellung von Lernorganisationssystemen
- Erstellung von Zertifikaten
- Umsetzung verschiedener Konzepte (Feststellung und Bildung) in unterschiedlichen Kontexten
- Kompetenzpass (Erstellung und Erprobung)

---

[6] Competence: Ability to apply knowledge, know-how and skills in a habitual or changing situation (vgl. http://www.cedefop.europa.eu).

Perspektive	Kompetenz-feststellung	Kompetenz-entwicklung
Kriterien		
Name des Modellversuchs		
Handlungskompetenz		
Fachkompetenz		
Sozialkompetenz		
Personalkompetenz		
Methodenkompetenz		
Lernkompetenz		
Adressat/-in		
Organisation		
Individuum		
Vorrangige/r Nutzer/-in des Verfahrens		
...		
Bildungs-/Lebens-/Erwerbsphase		
...		
Durchführungsart		

Abbildung 4: Kriterienraster (Matrix) zur Selbstevaluation der Kompetenzentwicklung im Modellversuchsprogramm Flexibilität

Die für diese Verfahren erarbeiteten neuen Instrumente und Tools haben sich als weiterführend bei der Entwicklung der Kompetenzansätze zur Flexibilität und Gestaltungsoffenheit herausgestellt. Sie haben sich ausgewirkt auf

- neue Kompetenzfeststellungs- und Kompetenzbildungskonzepte,
- Konzepte für externes Bildungsmanagement,
- Online- und Lernmodule,
- Lern- und Arbeitskonzepte im Handwerk,
- Angebote für ausbildende Fachkräfte,
- Module für berufliche Zusatzqualifikationen sowie den
- Austausch von Lern- und Arbeitskonzepten im europäischen Kontext.

6 Kompetenzentwicklung in einem modernen Bildungsträger am Beispiel des Schweriner Ausbildungszentrums

Berufliche Bildungsträger/-innen, die erfolgreich am Bildungsmarkt agieren, haben in den letzten Jahren tief greifende Wandlungsprozesse vollzogen und sich dabei zu sogenannten „Bildungsdienstleistern/-dienstleisterinnen" weiterentwickelt. Diese Entwicklung ist für das Fortbestehen unausweichlich, denn die Kunden/Kundinnen der Bildungseinrichtungen, insbesondere die kleinen und mittleren Unternehmen (KMU) der Region brauchen vor allem Unterstützung, um technisch-organisatorische Änderungen zu vollziehen, neue Arbeitsorganisationsformen einzubeziehen, die moderne Informations- und Kommunikationstechnik anzuwenden, neue Qualifizierungsstrategien zu entwickeln und umzusetzen und dabei eine hohe Aus- und Weiterbildungsqualität zu sichern.

Die Veränderungen in den politischen, wirtschaftlichen und demografischen Strukturen stellen neue Ansprüche an Aus- und Weiterbildungsprozesse und an das individuelle und betriebliche Lernen. Die betrieblichen Forderungen nach Flexibilität, Gestaltungsoffenheit, Handlungs- und Geschäftsprozessorientierung sind eng verbunden mit der Suche nach einem neuen Verständnis von Lernen im Unternehmen und nach einer neuen Lernkultur. Bisherige Konzepte betrieblichen und außerbetrieblichen Lehrens und Lernens in der Berufsbildung sind deutlich an ihre Grenzen gestoßen. Daher haben sich insbesondere im letzten Jahrzehnt zunehmend neue arbeitsbezogene, kompetenzbasierte und kooperative Lernformen etabliert, die vor allem die Kompetenzentwicklung im Sinne einer umfassenden Handlungskompetenz in den Mittelpunkt rücken.

Der Übergang zu kompetenzorientiertem Lernen in der Berufsbildung ist eng verbunden mit einer Kompetenzentwicklung im Bildungsdienstleister/in der Bildungsdienstleisterin selbst. Folgende Kompetenzen stehen dabei im Mittelpunkt:

- Konsequente Ausprägung einer kunden-/kundinnenorientierten Aus- und Weiterbildung,
- Entwicklung von externem Aus- und Weiterbildungsmanagement.

Die erste Säule, die Kunden-/Kundinnenorientierung als Kompetenz des Bildungsdienstleisters/der Bildungsdienstleisterin, schließt vor allem folgende Faktoren ein:

- Kontinuität der Betreuung der Kunden/Kundinnen durch das Bildungsunternehmen,
- Komplexität und Systematik der Analyse der Unternehmenssituation beim Kunden/bei der Kundin,
- Integration des Kunden/der Kundin in das Erarbeiten der Bildungs- und Betreuungskonzeption,
- Komplexität der Leistungen für den Kunden/die Kundin unter Nutzung von Kooperationsnetzen,
- Kontinuität der gemeinsamen Evaluation der Bildungsdienstleistungen, die letztlich zu einer Verstetigung der Zusammenarbeit führt.

Die Kunden-/Kundinnenorientierung besteht damit nicht aus einzelnen einmaligen Kontakten, sondern sie basiert auf einem durchgängigen und einheitlichen System von Aktivitäten der gemeinsamen vertrauensvollen Zusammenarbeit zwischen gleichberechtigten Partnern/Partnerinnen. Diese kunden-/kundinnenorientierte Arbeit ist im Qualitätssicherungssystem zu verankern und kontinuierlich weiterzuentwickeln. Einen maßgeblichen Beitrag leistete dazu der BIBB-Modellversuch EPOS („Entwicklung innovativer Potenziale in der gestaltungsoffenen Berufsausbildung durch den Einsatz eines Service-Aus- und -Weiterbildners/einer Service-Aus- und-Weiterbildnerin in kleinen und mittleren Unternehmen").

Die zweite Säule, die Herausbildung von externem Aus- und Weiterbildungsmanagement, wurde vor allem in dem BIBB-Modellversuch EPOS entwickelt, um kleinen und mittleren Unternehmen die Möglichkeit zu geben, ihren Nachwuchs selbst auszubilden. Dabei sollten an Lernorten in der Produktion Lernprozesse initiiert werden, die sich verstärkt an aktuellen technischen, organisatorischen und sozialen Erfordernissen moderner Arbeitssysteme orientieren und somit auf den betrieblichen Arbeitsplatz vorbereiten.

Ziele und Inhalte lassen sich wie folgt zusammenfassen:

- Flexibilisierung der betrieblichen Ausbildung durch Nutzung der Spielräume einer gestaltungsoffenen Berufsausbildung,
- Ermittlung innovativer Potenziale einer gestaltungsoffenen Berufsausbildung für die vorgesehenen betrieblichen Arbeitsplätze,
- Weiterentwicklung der Dienstleistung im externen Bildungsmanagement durch den Einsatz von Service-Aus- und -Weiterbildnern/-Weiterbildnerinnen,
- Neubestimmung der Rolle des externen Bildungsunternehmens auch zur Sicherung der beruflichen außerbetrieblichen Anforderungen,
- Implementierung einer „berufspädagogischen Vor-Ort-Kompetenz" in den beteiligten Unternehmen.

Externes Aus- und Weiterbildungsmanagement zeichnet sich durch besondere Flexibilität, starke Praxisnähe und Kunden-/Kundinnenorientierung aus. Als die ersten Modelle Mitte der 90er-Jahre im Norden Deutschlands entstanden, ging es ursprünglich darum, der großen Ausbildungsplatznot zu begegnen und vor allem den KMU Unterstützungsstrukturen anzubieten, mit denen sie neue bzw. zusätzliche Ausbildungsplätze schaffen konnten. Gesprochen wurde in dieser Phase von externem Ausbildungsmanagement, obwohl auch hier schon Elemente des Weiterbildungsmanagements insbesondere bei der Fortbildung des betrieblichen berufspädagogischen Personals in den Managementprozess integriert waren.

Heute hat sich das Handlungsfeld des externen Ausbildungsmanagements über die schlichte Hilfsfunktion bei der Schaffung von betrieblichen Ausbildungsplätzen hinaus insbesondere seitens moderner Bildungsdienstleister/-innen wesentlich erweitert, und externes Aus- und Weiterbildungsmanagement ist aus unserer Berufsbildungslandschaft nicht mehr wegzudenken. In diesem Sinne ist es eine spezifische Form der Lernortkooperation in der Berufsbildung, die arbeitsteilig vor allem Bildungsdienstleistern/-dienstleisterinnen eine besondere Verantwortung bei der Ausgestaltung einer handlungs- und geschäftsprozessorientierten betrieblichen Aus- und Weiterbildung zuweist.

Die in innovativen Bildungsdienstleistern/-dienstleisterinnen entwickelten neuen Handlungsmuster, insbesondere die neue Bildungsdienstleistung für KMU, tragen zur Weiterentwicklung der Bildungspraxis bei. Sie entstehen in einem kontinuierlichen Dialog der Partner/-innen in der Berufsbildung, wobei die Ausgestaltung der beruflichen Erstausbildung im dualen System den Kern dieser Prozesse bildet. Der Ausgangspunkt der berufspädagogischen Gestaltungsprojekte ist für die Bildungsdienstleister/-innen als Träger solcher innovativen Ansätze in der Aus- und Weiterbildung die als unzureichend eingeschätzte Praxis und der konkrete bzw. latent vorhandene Veränderungsbedarf.

Gegenwärtig rücken v. a. folgende Probleme in den Fokus eines modernen externen Aus- und Weiterbildungsmanagements:

- die Umsetzung der neuen gestaltungsoffenen Ausbildungsordnungen,
- die Erschließung der betrieblichen Arbeitsplätze als Lernplätze,
- die Gestaltung eines kompetenzbasierten, handlungs- und geschäftsprozessorientierten Lernprozesses und
- die Nutzung von Flexibilitätsspielräumen in der Berufsausbildung von KMU und der Rolle, die Bildungsdienstleister/-innen in diesem Prozess einzunehmen haben, und immer stärker auch

- die Gewinnung von Auszubildenden für die angesichts des demografischen Wandels nur sehr schwer besetzbaren offenen betrieblichen Ausbildungsplätze.

Der Anstoß für das Entstehen der neuen Modelle ging von den Betroffenen im berufspädagogischen Alltag aus: den Geschäftsführern/Geschäftsführerinnen, Ausbildnern/Ausbildnerinnen und ausbildenden Fachkräften, also den Menschen, die in diesem Bereich leben und arbeiten. Sie brauchten Lösungen für die Umsetzung der neuen gestaltungsoffenen Ausbildungsordnungen unmittelbar in der Praxis von KMU. In einem gemeinsamen Lernprozess der Akteure/Akteurinnen werden Problemlösungen für die Umsetzung der neuen gestaltungsoffenen Ausbildungsordnungen und für das handlungs- und geschäftsprozessorientierte Lernen unmittelbar am betrieblichen Arbeitsplatz entwickelt, erprobt und nachhaltig in der Berufsbildungspraxis implementiert. Kompetenzentwicklung und Kompetenzfeststellung sind von diesen Prozessen nicht zu lösen.

Vor allem aber muss sich der Anbieter/die Anbieterin des externen Aus- und Weiterbildungsmanagements auf die Akteure/Akteurinnen vor Ort, die Aus- und Weiterbildner/-innen und die Aus- und Fortzubildenden, einlassen und stützen. Sie sind Träger/-innen der Erfahrungen, sie kennen die Probleme, haben den Wunsch, am eigenen Problem zu lernen. Ihre Einschätzung und der Transfer neuer Erkenntnisse in die tägliche berufspädagogische Arbeit entscheiden letztlich über die Annahme und Akzeptanz von Innovationen. Der Erfolg dieser neu entstehenden Modelle misst sich zum einen daran, wie es gelingt, Innovationspotenziale in der Praxis zu fördern und zu entwickeln, die eigene Berufsbildungspraxis voranzubringen und damit zur Weiterentwicklung der Bildungspraxis vor allem in der Region beizutragen, zum anderen misst sie sich gleichzeitig daran, den Wirkzusammenhang bestimmter pädagogischer Faktoren und Variablen zu untersuchen und zu erproben und auf diese Weise Effektivität und Effizienz der Ausbildung zu erhöhen.

Externes Ausbildungsmanagement zeichnet sich durch besondere Flexibilität, starke Praxisnähe und Kunden-/Kundinnenorientierung aus. Diese Bildungsdienstleistungen decken unterschiedliche betriebliche Bedarfe ab. Im Mittelpunkt ihrer Arbeit steht die Einrichtung, Gestaltung und Bewertung von Lernorten in der Produktion sowie die Qualifizierung der ausbildenden Fachkräfte und Ausbildungsbeauftragten der Betriebe. Ein solches Bildungsangebot macht es insbesondere kleinen und mittleren Unternehmen möglich, die Potenziale gestaltungsoffener Ausbildung als Personalentwicklungsstrategie zu nutzen und einen kompetenten Mitarbeiter/-innen-Stamm aufzubauen. Externes Ausbildungsmanagement in seiner flexiblen Handhabung hat eine hohe Akzeptanz in den Unternehmen gefunden. Es hat sich gezeigt, dass die Modelle bei gegebener Anpassung an die konkreten betrieblichen Bedingungen gut auf andere Betriebe übertragen werden können.

Die Besonderheit, die sich im Zusammenhang mit dem Übergang zum externen Ausbildungsmanagement im Schweriner Ausbildungszentrum herausgebildet hat, ist der Einsatz von Service-Aus- und -Weiterbildnern/-Weiterbildnerinnen. Will man den Lernort Betrieb in seinen Vorzügen voll entfalten, bedarf es entsprechender „berufspädagogischer Vor-Ort-Kompetenz", d. h., es sind solche Lernmethoden, Lernverfahren und Lernhilfen zu entwickeln bzw. zu modifizieren, die sich einerseits konkret auf das arbeitsplatzbezogene Lernen im Unternehmen und andererseits auf die lernförderliche Gestaltung von Arbeit, Technik und Arbeitsorganisation nicht nur betriebswirtschaftlich, sondern auch pädagogisch orientieren. Vor allem mit dem Einsatz von Service-Aus- und -Weiterbildnern/-Weiterbildnerinnen wurde eine neue Bildungsdienstleistung geschaffen, die Betriebe dazu anregt und befähigt, ihren Nachwuchs zunehmend selbst auszubilden.

Was Betriebe vor allem benötigen, ist ein „Rundumservice" von der Gewinnung geeigneter Auszubildender über die Ausbildungsplanung, die prozess- und gestaltungsorientierte Organisation der Ausbildung unmittelbar am betrieblichen Arbeitsplatz, die Vorbereitung auf die neuen Prüfungen bis hin zur Integration in die betriebliche Praxis. Damit wird eine neue Qualität bei der Entwicklung von Vertrauensketten erreicht, die vor allem im Modell der Service-Aus- und -Weiterbildung zum Ausdruck kommt. Durch die Serviceleistungen des Bildungsdienstleisters/der Bildungsdienstleisterin wird eine an Geschäftsprozessen des Betriebes orientierte Aus- und Weiterbildung maßgeblich unterstützt. Mit den Service-Aus- und -Weiterbildnern/-Weiterbildnerinnen verfolgt das Schweriner Ausbildungszentrum das Ziel, an Lernorten in der Produktion Lernprozesse zu initiieren, die sich verstärkt an aktuellen technischen, organisatorischen und sozialen Erfordernissen moderner Arbeitssysteme orientieren und den Betrieben die Möglichkeit eröffnen, die Potenziale der gestaltungsoffenen und flexiblen Ausbildungsordnungen voll auszuschöpfen.

Besonders mit dem Einsatz von Service-Aus- und -Weiterbildnern/-Weiterbildnerinnen wurde eine neue Bildungsdienstleistung geschaffen, die Betriebe dazu anregt und befähigt, ihren Nachwuchs selbst auszubilden. Im Mittelpunkt der Arbeit dieser Servicekräfte steht die Einrichtung, Gestaltung und Bewertung von Lernorten in den Unternehmen sowie die Qualifizierung der ausbildenden Fachkräfte und Ausbildungsbeauftragten der Betriebe. Hierdurch wird zum einen die Ausbildung im dualen System auch für Kleinunternehmen attraktiver gemacht, zum anderen eine Entwicklung in Gang gesetzt, die gewährleistet, dass sich die betriebliche Aus- und Weiterbildung zunehmend an den aktuellen Anforderungen der Arbeitsrealität ausrichten kann und so spürbar zum betrieblichen Wertschöpfungsprozess beiträgt. Fasst man diese Überlegungen des Einsatzes von Service-Aus- und -Weiterbildnern/-Weiterbildnerinnen hinsichtlich des Zusammenhanges von herausfordernden, entwicklungsförderlichen und betrieblichen Arbeitsaufgaben mit beruflichem Lernen zusammen, so ergibt sich daraus die zu entwickelnde berufliche Kompetenz und berufliche Identität eines Service-Aus- und -Weiterbildners/einer Service-Aus- und Weiterbildnerin an der Schnittstelle zwischen den Lernorten „überbetriebliches Ausbildungszentrum" und „Ausbildungsbetrieb".

Das Verhältnis von betrieblichem und überbetrieblichem Lernen wird im Sinne der stärkeren Orientierung auf den betrieblichen Arbeitsplatz neu bestimmt. Prozess- und gestaltungsorientierte Betriebsaufgaben werden verstärkt zur Flexibilisierung der Aus- und Weiterbildung genutzt. Gegenwärtig zeichnet sich folgendes Kompetenzprofil der Service-Aus- und -Weiterbildner/-Weiterbildnerinnen ab:

Die Service-Aus- und -Weiterbildner/-innen

- übernehmen Aufgaben der betrieblichen Personalentwicklung von der Bedarfsermittlung über die Auswahl der Auszubildenden bis hin zur Evaluation,
- beraten das Management der Unternehmen und unterstützen es aufgabenbezogen beim Aufbau einer prozess- und gestaltungsorientierten Aus- und Weiterbildung,

- demonstrieren durch unmittelbare Unterstützung des betrieblichen Aus- und Weiterbildungsprozesses neue Methoden der Aus- und Weiterbildung und befähigen somit ausbildende Fachkräfte, die Flexibilitätsspielräume der neuen gestaltungsoffenen Ausbildungsordnungen zu nutzen,
- befähigen das Unternehmen zur betriebsbezogenen Umsetzung und Erschließung der Potenziale gestaltungsoffener Ausbildungsordnungen und tragen zur Entwicklung einer pädagogischen Kompetenz in KMU und damit zum Verständnis vom Lernort „Arbeitsplatz" bei,
- demonstrieren in ihrer betrieblichen Tätigkeit moderne Formen und Methoden der Qualifizierung am Arbeitsplatz,
- ergründen das vorhandene pädagogische Wissen im Unternehmen selbst und bringen dieses in das kooperative Wissensmanagement der vom Bildungsunternehmen geschaffenen Wissensplattform ein,
- vertreten ihr Bildungsunternehmen in der Öffentlichkeit und an ihrem zeitweiligen Arbeitsort und haben somit eine Vorbildfunktion,
- integrieren den Service-Aus- und -Weiterbildner/die Service-Aus- und -Weiterbildnerin in die Aufbau- und Ablauforganisation des Unternehmens und entwickeln mithilfe des Managements des Bildungsdienstleisters/der Bildungsdienstleisterin dieses Prinzip zu einer selbsttragenden Dienstleistung,
- übertragen ihre Erfahrungen bei der Umsetzung gestaltungsoffener Ausbildungsordnungen auf die Arbeit mit anderen KMU und
- befähigen die betrieblichen Fachkräfte, die als ausbildende Fachkräfte bzw. Ausbildungsbeauftragte in der Firma wirken und zunehmend eigene Personalentwicklungsaufgaben übernehmen.

Gegenwärtig zeichnen sich fünf Phasen ab, die die Kompetenz der Service-Aus- und -Weiterbildner/-Weiterbildnerinnen kennzeichnen:

- Erste Phase: Beratungskompetenz (Beratung der betrieblichen Geschäftsleitung über arbeitsplatzbezogene Aus- und Weiterbildungsprozesse).

Ergebnisse: Schaffen einer Vertrauensbasis, Erreichen einer prozess- und gestaltungsorientierten Aus- und Weiterbildung.

- Zweite Phase: Analysekompetenz

Ergebnisse: Ermittlung des konkreten Aus- und Weiterbildungsbedarfs, Auswahl des geeigneten Berufes bzw. der notwendigen Weiterbildungsmaßnahmen, Festlegungen zu entwicklungsförderlichen und betrieblichen Arbeitsaufgaben.

- Dritte Phase: Dienstleistungs- und Servicekompetenz (Unterstützung des Unternehmens bei der Auswahl geeigneter Auszubildender, Planung der kooperativen Ausbildung unter Nutzung der Flexibilitätsspielräume).

Ergebnisse: Einstellung betrieblicher Auszubildender, Entwicklung gestaltungsoffener betrieblicher Ausbildungspläne.

- Vierte Phase: Aus- und Weiterbildungskompetenz.

Ergebnisse: kreative, betriebsbezogene Umsetzung der Ausbildungsordnung. Gestaltung einer kooperativen Aus- und Weiterbildung mit dem betrieblichen Arbeits- und Lernplatz als Kern.

- Fünfte Phase: Evaluationskompetenz – Nachbetreuung und nachhaltige Etablierung einer selbsttragenden Service-Aus- und -Weiterbildung.

Ergebnisse: Schrittweise Rücknahme der Vor-Ort-Betreuung zugunsten einer mehr beratenden und anleitenden Funktion, damit Etablierung der Service-Aus- und -Weiterbildung als eine selbsttragende Dienstleistung. Verknüpfen der Ausbildung mit betrieblichen Weiterbildungsprozessen, z. B. durch Nachbetreuen und Angebote für Zusatzqualifikationen. Aufbau und Pflege eines Informationsdienstes (auf der Basis der Multimediaplattform).

Zusammengenommen bedeutet dies, dass die berufliche Bildung mit dem Einsatz von Service-Aus- und -Weiterbildnern/-Weiterbildnerinnen in den Unternehmen eine deutliche Aufwertung erfahren hat – bedingt durch den technisch-ökonomischen Wandel. Das Lernen am Arbeitsplatz bildet den Kern der Service-Aus- und -Weiterbildung. In der gegenwärtigen Arbeit der Service-Aus- und -Weiterbildner/-innen kristallisiert sich die Befähigung der ausbildenden Fachkräfte in den Betrieben zu einem Schwerpunkt heraus. Ein wesentlicher Grund besteht darin, dass das Servicemodell von einer partiellen Vor-Ort-Kompetenz ausgeht und große Anteile der betrieblichen Ausbildung unter Anleitung der ausbildenden Fachkräfte erfolgen. Vor allem Konzepte wie „Lernen in der Arbeit", „arbeitsplatzbezogenes Lernen" und „arbeitsimmanente Qualifizierung" – zentrale Elemente der gestaltungsoffenen und flexiblen Aus- und Weiterbildung – sind wichtige Wege zur Kompetenzentwicklung und -erweiterung der Service-Aus- und -Weiterbildner/-Weiterbildnerinnen und der ausbildenden Fachkräfte in den Unternehmen. Die Kompetenzfelder der ausbildenden Fachkräfte in den Betrieben und der Service-Aus- und -Weiterbildner/-innen durchdringen sich gegenseitig. Beide treffen im Unternehmen aufeinander, um die Aus- und Weiterbildung gemeinsam zu gestalten und die pädagogischen Prozesse im Unternehmen zu führen.

7 Fazit

Angesichts der im Zuge technologischer und organisatorischer Entwicklungen kaum mehr in Aus- und Weiterbildungszentren zu simulierenden Aufgaben und Anforderungen sowie der daraus resultierenden Transferprobleme eröffnet die Nutzung einer prozess- und gestaltungsorientierten Berufsaus- und Weiterbildung in den Unternehmen eine Erfolg versprechende Perspektive für das Unternehmen und gleichsam für den Bildungsdienstleister/die Bildungsdienstleisterin selbst. Das Interesse von Unternehmen an Aus- und Weiterbildungsangeboten, die das Lernen im Betrieb integrieren, verstärkt sich. Damit ist ein unaufhaltsamer Bedeutungszuwachs des „Lernortes Arbeitsplatz" als Motor einer zukunftsorientierten Berufsbildung zu verzeichnen. Der in den BIBB-Modellversuchen eingeschlagene Weg der Entwicklung innovativer Potenziale ist die konsequente Antwort auf den technisch-ökonomischen Wandel und verdient jede weitere Unterstützung.

Die Leitideen Kompetenzentwicklung, Gestaltungsoffenheit, Flexibilisierung und externes Ausbildungsmanagement haben die Kooperation zwischen den Unternehmen und den Bildungsdienstleistern/-dienstleisterinnen maßgeblich gefördert und dem Thema Aus- und

Weiterbildung eine hohe Aufmerksamkeit in den unternehmerischen Innovationsprozessen und der Bildungsforschung beschert. Die BIBB-Modellversuche des Programms haben innovative Lösungen in den Regionen gefördert und hervorgebracht sowie über die Schaffung von betrieblichen Beispielen und veränderten Personal- und Organisationsstrukturen in Bildungsunternehmen und vor allem in KMU selbst Anstöße und Anregungen dafür gegeben, wie das neue Verständnis von flexibler, kompetenzbasierter und gestaltungsoffener Berufsbildung in Deutschland sein könnte.

Literaturverzeichnis

BBiG – Berufsbildungsgesetz (2005): Bonn: Bundesministerium für Bildung und Forschung (Stand 23.03.2005).

BMBF – Bundesministerium für Bildung, Wissenschaft, Forschung und Technologie (1998): Berufsbildungsbericht 1998. Bonn: Bundesministerium für Bildung, Wissenschaft, Forschung und Technologie, S. 3–9.

Ernst, Helmut (2008): Gestaltungsoffene Berufsbildung und ihre Folgen – eine Herausforderung für die berufspädagogische Handlungsforschung (Beispiel BIBB-Modellversuch EPOS). In: BIBB (Hrsg.): Zukunft berufliche Bildung. Potenziale mobilisieren – Veränderungen gestalten. 5. BIBB-Fachkongress 2007 – Ergebnisse und Ausblicke. Bonn: BIBB, S. 1–10.

Erpenbeck, John & Heyse, Volker (1999): Die Kompetenzbiographie. Strategien der Kompetenzentwicklung durch selbstorganisiertes Lernen und multimediale Kommunikation. Münster, New York, München und Berlin: Waxmann.

Erpenbeck, John & Sauer, Johannes (2000): Das Forschungs- und Entwicklungsprogramm „Lernkultur Kompetenzentwicklung". In: Arbeitsgemeinschaft Qualifikations-Entwicklungs-Management (Hrsg.): Kompetenzentwicklung 2000: Lernen im Wandel – Wandel durch Lernen. Münster: Waxmann, S. 289–335.

Erpenbeck, John & Rosenstiel, Lutz von (2003): Einführung. In: Erpenbeck, John & Rosenstiel, Lutz von (Hrsg.): Handbuch Kompetenzmessung. Erkennen, verstehen und bewerten von Kompetenzen in der betrieblichen, pädagogischen und psychologischen Praxis. Stuttgart: Schäffer-Poeschel, S. IX–XL.

Sauter, Edgar (2002): Ein neues Paradigma für die Konstruktion von Berufsbildern. In: WSI-Mitteilungen 5, Heft 1, S. 3–9.

Westhoff, Gisela (2006a): Flexibilitätsspielräume für die Aus- und Weiterbildung: ein Modellversuchsprogramm im Kontext gestaltungsoffener Berufsbildung. In: Westhoff, Gisela (Hrsg.): Gestaltung der Flexibilitätsspielräume in der Berufsbildung. Ausbildende Fachkräfte und selbstorganisiertes Lernen. Konstanz: Christiani, S. 14–22.

Westhoff, Gisela (2006b; Hrsg.): Gestaltung der Flexibilitätsspielräume in der Berufsbildung. Ausbildende Fachkräfte und selbst organisiertes Lernen. Konstanz: Christiani.

Westhoff, Gisela (2007a): Neue Ansätze der Kompetenzentwicklung. Ergebnisse aus Modellversuchen im Programm Flexibilitätsspielräume. In: Berufsbildung in Wissenschaft und Praxis 36, Heft 6, S. 28–32.

Westhoff, Gisela (2007b): Service-Aus- und Weiterbildner – Entwicklung eines neuen Profils im BIBB-Modellversuch EPOS. In: SAZ (Hrsg.): Zukunftssicherung durch qualifizierten Nachwuchs. Schwerin: SAZ e. V., S. 8–12.

Westhoff, Gisela (2008; Hrsg.): Gestaltung der Flexibilitätsspielräume in der Berufsbildung: Gestaltungsoffene Aus- und Weiterbildung durch Handlungsforschung fördern. Konstanz: Christiani.

Internetquellen:

BiBB – Bundesinstitut für Berufsbildung Bonn; http://www.bibb.de.

Cedefop – European Centre for the Development of Vocational Training: Terminology of European education and training policy. A selection of 100 key terms; http://www.cedefop.europa.eu/EN/publications/13125.aspx [31.03.2011].

DQR – Der Deutsche Qualifikationsrahmen für lebenslanges Lernen (o. J.): Vorgehen in der nächsten Erarbeitungsphase der DQR-Entwicklung (Phase II) – Leitfaden; http://www.deutscherqualifikationsrahmen.de/SITEFORUM [31.03.2011].

Enggruber, Ruth & Bleck, Christian (2005): Modelle der Kompetenzfeststellung im beschäftigungs- und bildungstheoretischen Diskurs – unter besonderer Berücksichtigung von Gender Mainstreaming. Equal Gemeinschaftsinitiative. Entwicklungspartnerschaft „Arbeitsplätze für junge Menschen in der Sozialwirtschaft"; http://www.equal-sachsen-sozialwirtschaft.de/download/Modelle_gesamt.pdf [31.03.2011].

KMK – Kultusministerkonferenz (2007): Handreichungen für die Erarbeitung von Rahmenplänen der Kultusministerkonferenz für den berufsbezogenen Unterricht in der Berufsschule und ihre Abstimmung mit den Ausbildungsordnungen des Bundes für anerkannte Ausbildungsberufe; http://www.kmk.org/doc/publ/handreich.pdf [31.03.2011].

Zemlin, Petra & Albrecht, Peter (2007): Modularisierung in der gestaltungsoffenen Ausbildung – Chancen und Grenzen. Ergebnisse des Workshops 1. (Tagungsdokumentation vom 15./16.05.2007; Duisburg); http://www.bibb.de/flexibilitaet [31.03.2011].

V.
Messung und Validierung beruflicher Kompetenzen

Markus Hirschmann / Hans Gruber / Stefan Degner
Beiträge der Expertiseforschung zur Kompetenzmessung 491

Frank Achtenhagen / Esther Winther
Kompetenzmessung im beruflichen Bereich – Notwendigkeiten
und Möglichkeiten eines internationalen Vergleichs 505

Volker Bank / Sam F. Schaal
Feststellung betrieblichen Weiterbildungsbedarfs als Messung
vorhandener und fehlender Kompetenzen 523

Reinhold Nickolaus / Stephan Abele / Tobias Gschwendtner
Valide Kompetenzabschätzungen als eine notwendige Basis zur
Effektbeurteilung beruflicher Bildungsmaßnahmen – Wege und Irrwege 537

Heidi Möller / Arthur Drexler
Bildungscontrolling: das Innsbrucker Modell zur Evaluation von
Coachingausbildungen 555

Fritz Schermer
Das Matrix-Verfahren – ein Beitrag zur Professionalisierung
der Kompetenzdiagnostik 563

Sandra Bohlinger
Anerkennung und Validierung von Lernergebnissen und
Berufserfahrung im internationalen Vergleich 581

Markus Hirschmann / Hans Gruber / Stefan Degner
Universität Regensburg

Beiträge der Expertiseforschung zur Kompetenzmessung

1 Einleitung 491
2 Grundzüge der Expertiseforschung 492
3 Kompetenzbegriff und Kompetenzerwerb 493
4 Verknüpfung zwischen Expertiseforschung und Kompetenzforschung 494
    4.1   Berufliche Handlungskompetenz 494
    4.2   Expertiseentwicklung und Deliberate Practice 495
5 Expertise und Kompetenzmessung 497
    5.1   Expertiseforschung in der Musik 497
    5.2   Expertiseforschung in der Medizin 498
    5.3   Expertiseforschung in der Hochschullehre 499
6 Zusammenfassung 500
Literaturverzeichnis 501

1   Einleitung

Kompetenzforschung setzt sich mit der Beschreibung und Messung kompetenter Leistung von Personen in bestimmten Tätigkeitsbereichen auseinander. Die wissenschaftliche Forschung versucht hierbei, nicht nur nationale, sondern insbesondere internationale Bewertungskriterien für Kompetenz zu elaborieren. So ist beispielsweise die OECD dabei, mit ihrem „Programme for the International Assessment of Adult Competencies" (PIAAC) bis spätestens 2011/2012 eine weltweite Kompetenzerhebung bei Erwachsenen durchzuführen (vgl. Schleicher 2008, S. 630ff.), um ein international vergleichbares Messinstrument für Kompetenzen zu entwickeln. Ein ähnliches Ziel verfolgt auch die EU mit ihrem „European Qualification Framework (EFQ)" (vgl. Europäische Kommision 2008, S. 3ff.).

Zur Erklärung von Kompetenz wird häufig auf Kompetenzmodelle zurückgegriffen. Diese versuchen, spezifische Leistungsmerkmale von Personen zu beschreiben. Durch den Bezug auf die Handlungsfähigkeit von Personen in spezifischen Situationen wird hier insbesondere auf das Konzept der beruflichen Handlungskompetenz eingegangen. Konsequenterweise werden in diesem Forschungsparadigma also Berufstätige betrachtet, die nicht nur einmal erfolgreich handeln können, sondern dauerhaft und nicht zufällig. Dies ist Gegenstand der Expertiseforschung, die der herausragenden Leistungsfähigkeit von Experten/Expertinnen nachspürt und diese zu erklären versucht. Höchstleistungen werden gemeinhin nur von sehr wenigen Personen erreicht, was dazu führt, dass in der empirischen Expertiseforschung fast zwangsläufig eine Fokussierung auf Individuen stattfindet. Im kontrastiven Vergleich von Experten/Expertinnen und Novizen/Novizinnen kann die Kompetenz erfolgreicher Berufstätiger elaboriert werden, und aus den gewonnenen Erkenntnissen können Möglichkeiten zur Kompetenzentwicklung aufgezeichnet werden.

2 Grundzüge der Expertiseforschung

Eine Begriffsdefinition von Expertise hat mit der Schwierigkeit zu kämpfen, dass unterschiedliche Konzeptionen von Expertise existieren, die eine übereinstimmende Definition lediglich auf einem abstrakten Niveau zulassen. Dies ist auch der Grund, warum in vielen Arbeiten zu diesem Thema die zugrunde gelegte Definition von Expertise nicht explizit angegeben, sondern indirekt über die empirische Operationalisierung festgelegt wird. Häufig findet eine Versuchsgruppeneinteilung im Sinne eines kontrastiven Vergleichs zwischen Experten/Expertinnen und Novizen/Novizinnen statt. Durch die kontrastive Gegenüberstellung von Personen sollen interindividuelle Unterschiede deutlicher herausgearbeitet und somit leichter analysierbar gemacht werden. Durch den Vergleich zwischen Experten/Expertinnen und Novizen/Novizinnen können Erkenntnisse über Unterschiede und Ähnlichkeiten in kognitiven Strukturen und Informationsverarbeitungsprozessen ermittelt werden. Die am weitesten verbreitete Definition eines Experten/einer Expertin beschreibt diesen/diese als eine Person, die auf einem bestimmten Gebiet (Domäne) dauerhaft, also nicht zufällig und nicht nur ein einziges Mal, herausragende Leistung erbringt (vgl. Gruber 2010, S. 183). Ein Novize/Eine Novizin hingegen ist, wie der Begriff bereits impliziert, ein „Neuling" auf diesem Gebiet. Er/Sie besitzt demzufolge noch keine spezifischen Erfahrungen und weist somit nur geringe Leistungsfähigkeit auf.

Expertise bezeichnet also die herausragende Leistungsfähigkeit von Personen auf einem bestimmten Gebiet. Der Schwerpunkt der Expertiseforschung liegt darauf, diese überdurchschnittlich hohe Leistungsfähigkeit zu erklären. Dafür werden drei Forschungsstränge verbunden: Erstens wird versucht, die der Informationsverarbeitung von Experten/Expertinnen zugrunde liegenden kognitiven Strukturen und Mechanismen zu modellieren. Zweitens werden Prozesse des Erwerbs dieser Strukturen und Mechanismen beschrieben und drittens instruktionale Möglichkeiten zur Förderung dieser Erwerbsprozesse analysiert. Ihren Ursprung findet die Expertiseforschung durch ihre kognitive Ausrichtung vor allem in der allgemeinen Psychologie. Bis heute hat sie sowohl in der pädagogischen Psychologie als auch in der empirischen Pädagogik immer mehr an Bedeutung gewonnen, da in beiden Disziplinen die Untersuchung von herausragender menschlicher Leistung, der Bedingungen ihres Zustandekommens sowie der Möglichkeiten zur instruktionalen Unterstützung ihres Entstehens ein zentrales Anliegen ist.

Ein wichtiges und in zahlreichen empirischen Studien repliziertes Ergebnis der Expertiseforschung stellt die überragende Gedächtnisleistung von Experten/Expertinnen dar. Studien in unterschiedlichen Domänen konnten zeigen, dass es Experten/Expertinnen offenbar gelingt, selbst bei nur sehr kurz dargebotenen Informationen schnell semantisch bedeutsame Muster zu erkennen. Diese musterbasierte Gedächtnisleistung von Experten/Expertinnen wird vor allem durch Unterschiede in der Organisation und Speicherung von Wissen erklärt. Zugleich zeigen Erkenntnisse der Expertiseforschung, dass die überragende Leistungsfähigkeit von Experten/Expertinnen nicht auf generellen Fähigkeiten beruht. Expertise ist somit nicht domänenübergreifend generalisierbar, sondern immer an eine bestimmte Domäne gebunden.

3 Kompetenzbegriff und Kompetenzerwerb

Nähert man sich dem Kompetenzverständnis von einer erziehungswissenschaftlichen Position, ist die Beschreibung der Ziele schulischer und beruflicher Bildung zentral. Der Kompetenzbegriff fokussiert dabei auf das Verhältnis von akademisch-wissenschaftsbezogenen, situativ-handlungsbezogenen und auf die Persönlichkeitsentfaltung bezogenen Bildungsbegriffen (vgl. Klieme & Hartig 2007, S. 12). Unterschiedliche Zielsetzungen in der Kompetenzdebatte führten in der Vergangenheit zu verschiedenen Kompetenzdefinitionen. Einen guten Überblick über verschiedenartige Kompetenzdefinitionen liefern beispielsweise Weinert (2001, S. 45 ff.) und Sevsay-Tegethoff (2004, S. 271 ff.). All diesen Definitionen ist das Verständnis gemein, dass Kompetenzen mehr umfassen als eine bloße Ansammlung von Fähigkeiten, Wissen und Qualifikationen. Weinert (2001, S. 49 f.) betont, dass der Kompetenzbegriff nicht nur individuell verfügbare und erlernbare kognitive Fähigkeiten und Fertigkeiten umschreibt, sondern zugleich auch die damit verbundenen motivationalen, volitionalen und sozialen Bereitschaften und Fähigkeiten. Kompetenzerwerb kann somit nicht als reine Akkumulation von Wissen aufgefasst werden. Kompetenzentwicklung besitzt einerseits stets einen spezifischen Handlungsbezug und ist andererseits nicht auf den reinen Erwerb umfangreichen deklarativen Wissens beschränkt. Dieser Handlungsbezug muss auch in der Kompetenzmessung Berücksichtigung finden.

Kompetente Personen müssen fähig sein, erworbenes Wissen in authentischen Problemsituationen anwenden zu können. Dass dies nicht immer der Fall ist, zeigen Studien, in denen nachgewiesen wurde, dass gelerntes Wissen häufig träges Wissen bleibt und nicht in einen Handlungsbezug transferiert werden kann (vgl. Renkl 1996, S. 79 ff.). Somit rückt die effektive Anwendung von Wissen, also das „Können" (vgl. Hacker 1992, S. 13 ff.), stärker in den Fokus der Kompetenzforschung. Kompetenzen treten immer dann offensichtlich zutage, wenn beim Zusammentreffen situativer Erfordernisse, Volitionen etc. Personen ökonomisch handeln können (vgl. Jung 2010, S. 10 f.). Connell, Sheridan & Gardner (2003, S. 142) heben dies explizit hervor, indem sie in ihrer Kompetenzdefinition von „realised abilities" sprechen. Auch Weinert (2001, S. 59 f.) stellt den Kontextbezug von Kompetenzen gesondert heraus. Dementsprechend müssen Kompetenzen als kontextspezifische kognitive Leistungsdispositionen verstanden werden, die sich in bestimmten Domänen funktional auf Situationen und Anforderungen beziehen, wobei es beim Kompetenzerwerb zu einem Prozess des situationsabhängigen Reorganisierens und Integrierens von Wissensstrukturen kommt (vgl. Gruber, Mack & Ziegler 1999, S. 9 f.).

Berufliche Handlungs- und Leistungsdispositionen werden häufig unter Zuhilfenahme von Rahmenmodellen erklärt (z.B. Webler 2004, S. 74 ff.). Von diesen greifen viele auf das aus der Kompetenzdebatte entstandene und in der Berufs- und Wirtschaftspädagogik weitverbreitete Kompetenzmodell zurück, das zwischen Fach-, Methoden- und sozialer Kompetenz sowie meist auch einer Selbstkompetenz als vierte Komponente unterscheidet. Für Arnold (2002, S. 31 f.) beispielsweise bezeichnet Kompetenz das Handlungsvermögen einer Person, das überfachliche Fähigkeiten – Methodenkompetenz, Sozialkompetenz, Personalkompetenz oder Schlüsselkompetenz – ebenso mit einbezieht wie fachliches Wissen und Können. In einer stärker kognitiv geprägten Auffassung von Kompetenz kann diese deklarativem und prozeduralem Wissen gleichgesetzt werden, das Individuen zu erfolgreichem Verhalten und Handeln befähigt (vgl. Csápo 2004, S. 45 ff.).

4 Verknüpfung zwischen Expertiseforschung und Kompetenzforschung

Kompetenz ergibt sich somit aus dem Zusammenspiel verschiedener Kompetenzarten. Zwar wurden für unterschiedliche Domänen unterschiedliche Bezeichnungen für diese Kompetenzkomponenten geprägt, dennoch stimmen sie in ihrer Beschreibung weitgehend überein. Die zuvor angeführten Kompetenzmodelle sind allerdings nicht ohne Weiteres mit dem aktuellen Erkenntnisstand der Expertiseforschung vereinbar. Problematisch ist bereits die unzureichende bzw. meist fehlende inhaltliche Abgrenzung zwischen Fach- und Methodenkompetenz. Darüber hinaus ist es schwierig, mit den Kompetenzmodellen die Domänenspezifität von Expertiseperformanz hinreichend abzubilden. So konnten Ergebnisse der Expertiseforschung zeigen, dass generische Methodenkompetenzen – wie z. B. Problemlösekompetenz – nicht zur Erklärung von Leistungsunterschieden dienen können, da die überragende Leistungsfähigkeit der Experten/Expertinnen allein auf ihre Expertisedomäne beschränkt war. Folglich müssen Kompetenzen – falls sie zur Erklärung von Expertise beitragen sollen – in Bezug auf eine bestimmte Domäne analysiert werden. Einen möglichen Zugang bietet das Konzept beruflicher Handlungskompetenz.

Kompetenzen können also durch „Erfahrung in relevanten Anforderungssituationen erworben, durch Training oder andere äußere Interventionen beeinflusst und durch langjährige Praxis möglicherweise zur Expertise in der jeweiligen Domäne ausgebaut werden" (vgl. Klieme & Hartig 2007, S. 17). Ergebnisse der Expertiseforschung deuten darauf hin, dass die Entstehung von Expertise eine mindestens zehnjährige Praxis voraussetzt (vgl. Ericsson & Lehmann 1996, S. 278). Experten/Expertinnen verfügen dabei nicht nur über relevantes Wissen, sondern sind in der Lage, reale Anforderungssituationen effektiv zu bewältigen. Ihre Handlungsfähigkeit erweisen sie also nicht einmalig oder vielleicht sogar nur zufällig, sondern andauernd.

4.1 Berufliche Handlungskompetenz

Berufliche Handlungskompetenz erfordert selbstständiges und selbstverantwortliches Handeln am Arbeitsplatz in einer bestimmten Domäne. Hierdurch ergibt sich die berufliche Handlungskompetenz als subjektbezogene, wissensbasierte, domänenbezogene, häufig mehrdimensionale, lern- und erfahrungsabhängige Leistungsdisposition. Kauffeld & Grote (2002, S. 32) verstehen unter beruflicher Handlungskompetenz alle Fähigkeiten, Fertigkeiten, Denkmethoden und Wissensmethoden des Menschen, die ihn befähigen, selbstorganisiert, situationsbedingt, zielgerichtet und verantwortungsbewusst Probleme und Aufgaben zu bewältigen und ihn somit handlungs- und reaktionsfähig machen. Tramm & Rebmann (1999, S. 239) verweisen in ihrer Definition von Handlungskompetenz auf zwei zentrale Teilkomponenten, 1) die Fähigkeit zur angemessenen Situationswahrnehmung und 2) die Fähigkeit zum gedanklichen Problemlösen und zur vorausschauenden Handlungsorganisation. Mit dem Begriff der Situationswahrnehmung umschreiben sie die Fähigkeit zur inneren Modellierung von Handlungssituationen und Systemzusammenhängen, während Handlungsorganisation einen schrittweisen und zielgerichteten Transfer einer Situation auf eine neue Situation umfasst.

Hierbei wirken verfügbare Handlungsroutinen, also Handlungsprogramme für bekannte ähnliche Problemsituationen, ebenso unterstützend wie Fertigkeiten zur Handlungsausführung.
Neben dem Kompetenzmodell von Weinert (2001, S. 59f.), das Kompetenz ebenfalls in einem engen Kontextbezug definiert, ermöglicht das Modell von Nickolaus, Gschwendtner & Knöll (2006, S. 210ff.) eine weitere domänenspezifische Ausdifferenzierung des Kompetenzkonstrukts. Spezifiziert auf die Domäne der Elektrotechnik unterscheiden Nickolaus, Gschwendtner & Knöll (ebenda, S. 211ff.) aufeinander aufbauende Kompetenzstufen bezüglich unterschiedlicher Wissensstrukturen. Bezogen auf das deklarative Wissen nennen sie drei – bezogen auf das prozedurale Wissen vier – unterschiedliche Kompetenzstufen, wobei die jeweils höhere Kompetenzstufe einem höheren Komplexitätsgrad des Systemverständnisses und/oder der Regelanwendung entspricht.

Ein weiteres spezifiziertes Rahmenmodell der Handlungskompetenz stammt von Stark, Graf, Renkl, Gruber & Mandl (1995, S. 292). Dieses Modell definiert Handlungskompetenz in einer bestimmten Domäne als „die Fähigkeit, die in dieser Domäne gestellten Anforderungen erfolgreich zu bewältigen. Dabei sollen sowohl wiederkehrende Anforderungen möglichst ökonomisch erledigt werden können als auch neu auftauchende Probleme keine unüberwindbaren Hindernisse darstellen." (vgl. ebenda, S. 291) Experten/Expertinnen sind Personen, die diese Fähigkeit in besonderem Maße besitzen. Für Handlungskompetenz sind drei Voraussetzungen immanent: das Bestehen von Handlungsroutinen, die Verfügbarkeit mentaler Modelle sowie ein umfangreiches Sachwissen. Handlungsroutinen müssen aufgebaut werden, um wiederkehrende Anforderungen möglichst ohne größeren Informationsverarbeitungsaufwand erledigen zu können. Bei neuartigen beruflichen Anforderungen sind für eine effektive Bewältigung mentale Modelle vonnöten. Hierzu müssen Berufstätige in der Lage sein, den Kontextbezug ihres Wissens zu reduzieren. Durch die Konstruktion mentaler Modelle und das daran anschließende Abspielen und Evaluieren „mentaler Simulationen" gelingt es Experten/Expertinnen, eine angemessene Handlungsauswahl zur Bewältigung bisher unbekannter Probleme zu generieren. Für die Konstruktion und Modifikation mentaler Modelle ist wiederum hinreichendes Sachwissen, aus dem sowohl die Bedeutung der einzelnen Komponenten als auch ihre Beziehungen untereinander hervorgehen, notwendig. Rehrl & Gruber (2007, S. 251ff.) erweiterten das Modell von Stark, Graf, Renkl, Gruber & Mandl (1995, S. 292) um eine weitere Komponente – die Einbindung in soziale Netzwerke.

Die Expertiseforschung ermöglicht es somit z.B. durch den kontrastiven Ansatz, also den Vergleich von Experten/Expertinnen und Novizen/Novizinnen, die Kompetenz erfolgreicher Berufstätiger präzise zu beschreiben und dadurch „Wege zum Können" für den Novizen/die Novizin auf seinem/ihrem Weg zur Experten-/Expertinnenschaft aufzuzeigen.

4.2 Expertiseentwicklung und Deliberate Practice

Die Entwicklung vom Novizen/von der Novizin zum Experten/zur Expertin kann nur durch eine intensive, langjährige Auseinandersetzung mit den spezifischen Anforderungen einer bestimmten Domäne erreicht werden, während der es zu Veränderungen in den Gedächtnis- und Wissensstrukturen des Individuums kommt. Hierfür spielen Erfahrungen, die in der aktiven Teilnahme an episodischen Erlebnissen von hoher subjektiver Bedeutung gemacht werden, eine zentrale Rolle, da diese zu einem aktiven Prozess der Wissensgenerierung und Wissensreorganisation beitragen.

Markus Hirschmann / Hans Gruber / Stefan Degner

Der Zusammenhang von Trainingsaktivitäten und der Qualität der Performanz wurde erstmals von Ericsson, Krampe & Tesch-Römer (1993, S. 365 ff.) bei Musikern/Musikerinnen der klassischen Musik empirisch untersucht. Musiker/-innen, die in ihrer Vergangenheit mehr Zeit in Deliberate Practice investiert hatten, zeigten bessere musikalische Leistungen als ihre Kollegen/Kolleginnen, die zwar gleich viel Zeit mit musikalischen Aktivitäten verbrachten, dabei aber einen geringeren Anteil in Deliberate Practice investierten.

Unter Deliberate Practice werden strukturierte, zielorientierte Aktivitäten zusammengefasst, deren ausdrückliches Ziel die Steigerung der eigenen Performanz ist. Geübt werden dabei diejenigen Bereiche, die das Individuum noch nicht beherrscht. Insofern unterscheidet sich Deliberate Practice von Arbeit oder Spielen, beides Aktivitäten, bei denen das Individuum zwar mit neuen Situationen konfrontiert werden kann, es aber nicht zu einer Extraktion und gesonderten Übung kommt. Deliberate Practice greift – mithilfe eines Trainers/einer Trainerin oder eines Lehrers/einer Lehrerin – genau diese Bereiche des „Nichtkönnens" auf, definiert geeignete Einzelübungen und kontrolliert den Erfolg. Dem Lehrer/Der Lehrerin bzw. dem Trainer/der Trainerin kommt dabei eine besonders wichtige Rolle zu, da er/sie als Fach-Experte/-Expertin über Wissen bezüglich der Anforderungen und benötigten Kompetenzen in einer Domäne verfügt und als Didaktik-Experte/-Expertin sich in ihm/ihr das kumulierte Wissen der Domäne über die geeignete Vermittlung domänenspezifischer Inhalte und Kompetenzen sammelt. Dies wird besonders bei traditionsreichen Domänen wie zum Beispiel dem Geigenspiel deutlich, wo über Jahrhunderte hinweg Wissen über effektive Lehre angesammelt wurde. In musikalischen Domänen, bei denen der Instrumentalunterricht bereits im Kindesalter begonnen wird, ist den Eltern eine große Bedeutung als Supervisoren/Supervisorinnen des Übens beizumessen (vgl. Lehmann & Gruber 2006, S. 457 f.). Aktivitäten zielgerichteten Übens sind weiter dadurch charakterisiert, dass sie von Experten/Expertinnen der Domäne als wichtig zur Verbesserung der Performanz angesehen werden. Deliberate Practice wird als konzentrationsintensiv und deshalb anstrengend und intrinsisch wenig motivierend empfunden. Somit steht der instrumentelle Charakter des Übens als „notwendiges Übel" zur Leistungssteigerung im Vordergrund. Der hohe mentale und oft auch körperliche Aufwand beim zielgerichteten Üben beschränkt die darin investierbare Zeit auf vier bis fünf Stunden täglich, da es ansonsten zu kontraproduktiver Erschöpfung und Burnout kommen kann. Diese Zeitspanne von 4 bis 5 Stunden täglich stellt somit das Maximum einer im Allgemeinen 10 Jahre andauernden intensiven Beschäftigung mit der Domäne dar und kann in Stoßzeiten kontinuierlich gesteigert werden.

Zusammenfassend werden Kompetenzentwicklung und Expertiseerwerb als Entwicklungsprozess im Kontinuum zwischen dem Novizen/der Novizin und dem Experten/der Expertin beschrieben. Zwischen den beiden Extrempolen Experte/Expertin und Novize/Novizin werden häufig weitere qualitative Stadien mit angeführt. Dreyfus & Dreyfus (1986, S. 19 ff.) etwa beschreiben die Entwicklung eines Novizen/einer Novizin zum Experten/zur Expertin als ein 5-stufiges Stadium mit den Ausprägungen Novice, Advanced Beginner, Competent, Proficient und Expert. Häufig wird aber auf ein 3-stufiges Entwicklungsmodell zurückgegriffen. So sehen Boshuizen & Schmidt (1992, S. 167 ff.) „Semi-Experten/-Expertinnen" als ein wesentliches Stadium der Fortgeschrittenheit im Expertiseerwerb. Auch Degner, Lehmann & Gruber (2003, S. 385) definieren Semi-Experten/-Expertinnen hinsichtlich ihrer Performanz als weitere Expertisegruppe zwischen Experten/Expertinnen und Novizen/Novizinnen. Im kontrastiven Vergleich dieser unterschiedlichen Expertisestufen wird in der Expertiseforschung versucht, der Kompetenz- und Expertiseentwicklung nachzuspüren und diese zu erklären.

5 Expertise und Kompetenzmessung

Fasst man die Erkenntnisse der Expertiseforschung zusammen, kann man für Experten/Expertinnen konstatieren, dass sie über ein extensiveres deklaratives und prozedurales Wissen verfügen als Novizen/Novizinnen, dass ihr Wissen besser organisiert ist und dass sie über automatisierte Verbindungen zwischen der Problemwahrnehmung und dem zugehörigen Handeln verfügen. In dem Kontinuum zwischen Novizen/Novizinnen und Experten/Expertinnen kann Kompetenzentwicklung nachgezeichnet werden. Es basiert auf dem Argument, dass prinzipiell jeder Mensch Experte/Expertin in einer bestimmten Domäne werden kann, wenn er/sie sich langjährig, intensiv und zielgerichtet mit einem Gegenstandsbereich beschäftigt. Für ein besseres Verständnis dieses Entwicklungsprozesses – der Ausbildung und Entwicklung von Kompetenzen – ist ein reliables Bild des Experten/der Expertin und der damit zu erreichenden experten-/expertinnenhaften Leistungsmerkmale notwendig. Diese sollen im Folgenden anhand dreier unterschiedlicher Domänen – Musik, Medizin und Hochschullehre – beispielhaft veranschaulicht werden.

5.1 Expertiseforschung in der Musik

Die mit dem Erwerb von musikalischer Expertise assoziierten Prozesse sind langwierig und anstrengend. Zudem sind viele Beispiele bekannt, dass Personen trotz intensiver Übung keinen hohen Expertisegrad erlangten. Dies wird in der Expertiseforschung nicht auf mangelnde Begabung zurückgeführt, sondern auf mangelnde Qualität von Übungs- und Lernprozessen. Im Modell der Deliberate Practice argumentierten Ericsson, Krampe, & Tesch-Römer (1993, S. 366f.), dass nicht jede beliebige Form von Übung bei genügender Quantität zu Expertise führt, sondern dass Übung gezielt um der Verbesserung willen eingesetzt werden muss. Deliberate Practice ist für die Lernenden daher oft nicht motivierend, weswegen Lehrer/-innen, Trainer/-innen, Meister/-innen o. Ä. eine wichtige Rolle spielen. Die Relevanz der Einbettung in „Communities of Experts" wird hier offensichtlich.

Gruber, Degner & Lehmann (2004, S. 225 ff.) analysierten die (Lern-)Karrieren hervorragender Jazzgitarristen/-gitarristinnen in einem Vergleich zweier Gruppen von Berufsmusikern/-musikerinnen (Spitzenmusikern/-musikerinnen und Studierenden von Musikhochschulen, also Experten/Expertinnen und Semi-Experten/-Expertinnen). Unter Einsatz intensiver biografischer Interviews wurden alle vorangehenden Phasen der Expertiseentwicklung sowie Merkmale und Determinanten des Übens analysiert. In Bezug auf Deliberate Practice war das Ausmaß des Übens in verschiedenen Phasen der Karriere relevant (vgl. Degner, Lehmann & Gruber 2003, S. 59ff.). In der Phase, in der das Gitarrenspiel begonnen wurde, unterschieden sich Experten/Expertinnen und Semi-Experten/-Expertinnen nicht bedeutend voneinander, sie übten etwa 4 bis 5 Stunden wöchentlich. Als die Entscheidung zur Musiker/-innen-Berufskarriere fiel, übten Experten/Expertinnen etwas mehr (20 Stunden im Vergleich zu 15 Stunden der Semi-Experten/-Expertinnen); als die Musiker/-innen begannen, Jazz zu spielen, stieg bei den Experten/Expertinnen die Übungszeit deutlich an (auf 27 Stunden; bei Semi-Experten/-Expertinnen blieb es bei 16 Stunden). Eine Kulmination war dann in der Zeit des Studiums zu beobachten: Experten/Expertinnen übten im Schnitt in dieser Phase 43 Stunden pro Woche, bei Semi-Experten/-Expertinnen blieb das Niveau gleich (17 Stunden). Auch im Jazz – bei dem musikalische Formen (wie Improvisation) besonderes Gewicht beigemessen wird – ist das Phänomen des „talentierten Künstlers"/der „talentierten Künstlerin" offenkundig mit massivem Übungsaufwand konfundiert. Der hohe quantitative Übungsaufwand ging mit hoher qualitativer Elaboriertheit des Übens einher, was als charakteristisch für das Deliberate-Practice-Konzept angenommen wird. Tätigkeiten wie das „Gezielt-alleine-Üben", „Stundennehmen" oder „Mit-anderen-gemeinsam-Üben" gewannen zunehmend an Bedeutung.

5.2 Expertiseforschung in der Medizin

Aus dem Kontrast zwischen Personengruppen unterschiedlichen Expertisegrades wurden Vorstellungen über die intraindividuelle Kompetenzentwicklung abgeleitet und empirisch überprüft. Das Augenmerk wurde hierbei bislang zumeist auf qualitative Veränderungen der Wissensbasis bei zunehmendem Expertisegrad gerichtet. Auffälligerweise wurden die häufigsten einschlägigen Untersuchungen bei Versuchspersonen aus der Medizin sowie der Psychotherapie und Beratung (vgl. Strasser & Gruber 2003, S. 387 ff.) durchgeführt. Ausgangspunkt vieler Arbeiten war die Beobachtung von Lesgold (vgl. 1984, S. 39 ff.) bei Ärzten/Ärztinnen in der Röntgendiagnostik, dass Kompetenzentwicklung keineswegs linear, sondern u-förmig verläuft. Offenbar ereignen sich qualitative Veränderungen, die zwischenzeitlich sogar für ein Absinken der Leistungsstärke sorgen. Lesgold (ebenda, S. 51 f.) führte dies darauf zurück, dass die diagnostische Tätigkeit eines Radiologen/einer Radiologin, die zu großen Teilen aus dem Erkennen komplizierter Muster in visuellen Darstellungen (Röntgenaufnahmen) besteht, die viel irrelevante Information enthalten, sowohl biomedizinisches deklaratives Wissen als auch klinisches Erfahrungswissen erfordert. Zu Beginn der beruflichen Entwicklung basieren die Wahrnehmung der Muster und die diagnostischen Entscheidungen vornehmlich auf biomedizinischem Wissen. Beim Übergang zu Diagnosemethoden, die vornehmlich das klinische Wissen nutzen, kommt es zwischenzeitlich zu Reibungsverlusten, die so lange anhalten, bis neue Routinen und Heuristiken aufgebaut sind.

Boshuizen & Schmidt (1992, S. 175 ff.) leiten aus ihren Studien das Modell der Enkapsulierung ab, in dem erklärt wird, auf welche Weise und weshalb sich das Wissen von Ärzten/Ärztinnen im Verlauf der Expertiseentwicklung verändert. Sie erkannten – wiederum in kontrastiven Querschnittstudien –, dass Ärzte/Ärztinnen mit zunehmender Erfahrung immer weniger expliziten Bezug auf biomedizinisches Wissen beim Erstellen von Diagnosen nahmen. Hingegen profitierten sie im Gegensatz zu Novizen/Novizinnen dann besonders, wenn zusätzliche Kontextinformation über den Patienten/die Patientin verfügbar war. Experten/Expertinnen hatten ihr Wissen offenbar umgewandelt und unter generalisierten, fallbezogenen Schemata repräsentiert. Das biomedizinische Wissen war in das klinische Erfahrungswissen integriert und wurde daher allenfalls noch in enkapsulierter Form genutzt. Ein expliziter Rückgriff auf das biomedizinische Wissen war für erfahrene Ärzte/Ärztinnen normalerweise nicht mehr erforderlich; er ist aber bei Bedarf, etwa bei besonders schwierigen Patienten/Patientinnen oder komplizierten oder ungewöhnlichen Krankheitskombinationen, durchaus möglich. Die an zahlreichen Fällen gewonnene Erfahrung sorgt also nach dem Modell von Boshuizen & Schmidt (ebenda, S. 154 ff.) zu einer Umwandlung des ursprünglich deklarativen Wissens in generalisierte, fallbezogene Wissensformen (illness scripts). Experten/Expertinnen verbinden damit Wissen über Patienten/Patientinnen bzw. Fälle unmittelbar mit Wissen über Symptome und Beschwerden.

Mit dem Bedeutungszuwachs an bildgebenden Diagnoseverfahren in der Medizin wie beispielsweise der funktionalen Magnetresonanztomografie (fMRI) oder der Positronen-Emissions-Tomografie (PET) wird in der aktuellen Expertiseforschung bei Ärzten/Ärztinnen der Fokus wieder stärker auf visuelle Wahrnehmungs- und Informationsverarbeitungsleistungen gelegt. Detaillierte Aufzeichnungen der Augenbewegungen bei der Betrachtung von PET-Bildern können beispielsweise Aufschluss über visuelle Prozesse und kognitive Schlussfolgerungen in der Diagnosefindung geben. Annahmen basierend auf der Pattern-Recognition-Theorie (vgl. Chase & Simon 1973, S. 59ff.), dass besonders informationsrelevante Regionen in den Bildern von Experten/Expertinnen mit mehr Aufmerksamkeit und damit länger betrachtet werden als von Novizen/Novizinnen, konnten in Studien validiert werden (vgl. Manning, Ethell, Donovan & Crawford 2006, S. 138ff.). In einer jüngsten Studie von Gruber, Wedekind, Körber, Dietl & Marienhagen (2010) zur Expertiseentwicklung in PET-Diagnosen wurden 51 Personen unterschiedlichen Expertisegrads – differenziert in Ärzte/Ärztinnen, fortgeschrittene Studierende der Medizin, Anfänger/-innen des Medizinstudiums sowie Laien/Laiinnen – bei der Betrachtung von PET-Bildern miteinander verglichen. Allen Versuchspersonen wurden in einminütigem Abstand 30 PET-Bilder präsentiert. Anhand einer Tastenwahl wurde die Reaktionszeit bis zur Entscheidung gemessen, ob die präsentierten Bilder klinisch relevante Informationen enthalten oder nicht. Neben der Reaktionszeit wurden zusätzlich bei der Betrachtung der Bilder die Augenbewegungen aufgezeichnet. Die Ergebnisse der Studie zeigten signifikante Gruppenunterschiede in der zeitlichen sowie räumlichen Fixierung. Sowohl die räumliche als auch die zeitliche Fixierung nahmen bei den Versuchsteilnehmern/-teilnehmerinnen mit zunehmender Expertise ab. Experten/Expertinnen erkannten somit schneller relevante Informationsbereiche in den dargebotenen Bildern als Novizen/Novizinnen.

Analoge Befunde liegen auch in der Domäne Sport vor. Savelsbergh, Kamp, Williams & Ward (2002, S. 283) konnten in ihrer Studie zeigen, dass Torhüter der zweiten niederländischen Profifußballliga beim Elfmeterschießen zu sichereren Prognosen über Schusshöhe und -richtung fähig sind als Torhüter niedrigerer Fußballligen. Die Profitorhüter fixierten hier das Standbein des Elfmeterschützens signifikant länger als die Torhüter der Vergleichsgruppen.

5.3 Expertiseforschung in der Hochschullehre

Im Gegensatz zu den Domänen Musik und Medizin besteht in der Erklärung von Lehrexpertise derzeit weniger Konsens über operationalisierbare Kompetenzen von Lehrexperten/-expertinnen. Ein zentrales Problem stellt hier die situations-, kontext- und kulturspezifische Eigenart von Lehrexpertise dar. Während mit allgemeinen Kriterien relativ einfach beschrieben werden kann, was Lehrende in einer Lehrsituation tun, stellen die Rahmenbedingungen und Voraussetzungen für erfolgreiche Lehre eine größere Hürde dar. Neben dem eigentlichen Fachwissen und didaktischem Handeln müssen Lehrende auch über die Dynamik im Unterrichtsraum sowie über die Heterogenität der Lernenden reflektieren (vgl. Hugener, Krammer & Pauli 2008, S. 47ff.). Erfolgreiche Lerntätigkeiten beruhen somit nicht alleine auf den Fähigkeiten der Lehrenden, vielmehr sind andere Akteure/Akteurinnen im Lernumfeld, Eltern, Lebensmilieu, institutionale Rahmenbedingungen, Bezugspersonen der Lernenden sowie die Lernenden selbst mitverantwortlich für ein erfolgreiches Lernen.

Die Wissenschaft versucht, sich Lehrexpertise durch die theoretische und empirische Fundierung „professioneller Kompetenz" oder „Standards" (vgl. Baumert & Kunter 2006, S. 478ff.) zu nähern. Personenstandards beschreiben professionelle Kompetenzen von Lehrkräften, die diese benötigen, um den beruflichen Anforderungen gewachsen zu sein; sie basieren auf mehrdimensionalen Kompetenzmodellen. Den einzelnen Dimensionen wiederum können unterschiedliche Niveaus zugeordnet werden, die Ausdruck des Ausprägungsgrads der jeweiligen Kompetenz sind. Die unterschiedlichen Niveaus zeichnen gemäß dem Experten-/Expertinnenparadigma die Entwicklung der Professionalität der Lehrenden nach.

Das Verständnis von Lehrexpertise beruht auf der Annahme, dass eine erfolgreiche Lerntätigkeit auf Wissen und Können fußt, das in der Ausbildung sowohl in theoretischen als auch praktischen Phasen implementiert und in der späteren Berufserfahrung weiterentwickelt wird (vgl. Ethell & McMeniman 2000, S. 90ff.). Befunde bisheriger Expertisestudien bestätigen Expertisecharakteristika, die sich auch in anderen Domänen wiederfinden. So zeichnet sich Lehrexpertise beispielsweise durch einen großen Erfahrungsschatz, effizientes Problemlösen sowie durch vertiefte domänenspezifische Einsichten aus. Lehrexperten/-expertinnen unterscheiden sich von Lehranfängern/-anfängerinnen aufgrund ihrer schnelleren Reaktionsfähigkeit, ihrer Individualisierung von Reaktionen, ihrer besseren Wahrnehmung der Unterrichtssituation und ihrer akkurateren Repräsentation von Problemen. Sie verfügen über Automatismen und Routinen, um wiederkehrende Aufgaben effizient bewältigen und dabei pädagogische Probleme sensibler lösen zu können. (vgl. Ropo 2004, S. 163ff.)

Trotz der Transferierbarkeit von Expertisebefunden aus anderen Domänen auf die Hochschullehre und deren Validierung in aktuellen Studien zu Lehrexpertise bleibt zu bedenken, dass die jeweils kritischen Qualitätsmerkmale experten-/expertinnenhaften Handelns an bestimmte Rahmenbedingungen gebunden sind und deshalb instabil sein können (vgl. Bromme 2008, S. 161f.). Weiterführende Studien sind somit notwendig, um Lehrexpertise exakter entschlüsseln und Möglichkeiten zur Kompetenzentwicklung von Lehrenden aufzeigen zu können.

6 Zusammenfassung

In diesem Beitrag wurden die Grundzüge der Expertise- und Kompetenzforschung sowie deren Verknüpfung thematisiert, und anhand dreier Domänen wurden beispielhaft zentrale Befunde der Expertiseforschung dargestellt. Häufig wird argumentiert, dass nur in gut definierten Domänen wie Medizin, Sport und spezifischen Berufsbildern ein empirischer Zugang zur Kompetenzbeschreibung und -bewertung möglich sei. Schlecht definierte Domänen, wie z. B. Hochschullehre, die sich durch kontroverse Ziele, vielfältige Handlungsoptionen und unscharfe Qualitätskriterien auszeichnen, würden sich einer eindeutigen Operationalisierung relevanter Leistungsmerkmale entziehen. Letztendlich ist dieses Problem aber in jeder Domäne gegenwärtig. Professionelle Leistung ist domänenübergreifend stets komplex, vielfältig und muss sich permanent wechselnden Bedingungen anpassen. Für Kompetenzentwicklung sowie für deren Messung ist es zentral, messbare Leistungskriterien zu bestimmen. Expertiseforschung ist hierzu ein vortreffliches Mittel. Sie ermöglicht eine Untersuchung herausragender menschlicher Leistung, der Bedingungen ihres Zustandekommens sowie der Möglichkeiten instruktionaler Unterstützung ihres Entstehens. Dadurch erlaubt Expertiseforschung eine klarere empirische Erfassung von Kompetenzen und bereichert somit die Kompetenzmessung. Die Messbarkeit des Expertisegrads bei einzelnen Tätigkeiten wiederum ermöglicht gezieltes Verbessern und Üben im Beruf und bietet vielfältige instruktionale Ansätze zur Kompetenzentwicklung.

Literaturverzeichnis

Arnold, Rolf (2002): Von der Bildung zur Kompetenzentwicklung. Anmerkungen zu einem erwachsenenpädagogischen Perspektivenwechsel. In: Nuissl, Eckhard, Schiersmann, Christiane & Siebert, Horst (Hrsg.): Kompetenzentwicklung statt Bildungsziele? (Literatur- und Forschungsreport Weiterbildung, Nr. 49). Bielefeld: Bertelsmann, S. 26–38.

Baumert, Jürgen & Kunter, Mareike (2006): Stichwort: Professionelle Kompetenz von Lehrkräften. In: Zeitschrift für Erziehungswissenschaft 9, Heft 4, S. 469–520.

Boshuizen, Henny P. A. & Schmidt, Henk G. (1992): On the role of biomedical knowledge in clinical reasoning by experts, intermediates, and novices. In: Cognitive Science 16, No. 2, pp. 153–184.

Bromme, Rainer (2008): Lehrexpertise. In: Schneider, Wolfgang & Hasselhorn, Marcus (Hrsg.): Handbuch der pädagogischen Psychologie. Göttingen: Hogrefe, S. 159–167.

Chase, William G. & Simon, Herbert A. (1973): Perception in chess. In: Cognitive Psychology 4, pp. 55–81.

Connell, Michael W., Sheridan, Kimberly & Gardner, Howard (2003): On abilities and domains. In: Sternberg, Robert J. & Grigorenko, Elena L. (Eds.): The psychology of abilities, competencies, and expertise. Cambridge: Cambridge University Press, pp. 126–155.

Csápo, Benő (2004): Knowledge and competencies. In: Letschert, Jos, Bron, Jeroen & Hooghoff, Hans (Eds.): The integrated person. How curriculum development relates to new competencies. Enschede: CIDRE, pp. 35–50.

Degner, Stefan, Lehmann, Andreas C. & Gruber, Hans (2003): Expert learning in the domain of jazz guitar music. In: Kopiez, Reinhard, Lehmann, Andreas C., Wolther, Irving & Wolf, Christian (Eds.): Proceedings of the 5th Triennial ESCOM Conference. Hannover: University of Music and Drama, pp. 384–388.

Dreyfus, Hubert L. & Dreyfus, Stuart E. (1986): Mind over machine. The power of human intuition and expertise in the era of computer. New York: Free Press.

Ericsson, K. Anders & Lehmann, Andreas C. (1996): Expert and exceptional performance. Evidence of maximal adaption to task constraints. In: Annual Review of Psychology 47, pp. 273–305.

Ericsson, K. Anders, Krampe, Ralf T. & Tesch-Römer, Clemens (1993): The role of deliberate practice in the acquisition of expert performance. In: Psychological Review 100, No. 3, pp. 363–406.

Ethell, Ruth G. & McMeniman, Marilyn M. (2000): Unlocking the knowledge in action of an expert practitioner. In: Journal of Teacher Education 51, No. 2, pp. 87–101.

Europäische Kommission (2008): Der europäische Qualifikationsrahmen für lebenslanges Lernen. Luxemburg: Amt für amtliche Veröffentlichungen der Europäischen Gemeinschaften.

Gruber, Hans (2010): Expertise. In: Rost, Detlef H. (Hrsg.): Handwörterbuch Pädagogische Psychologie. 4. Auflage. Weinheim: Beltz, S. 183–189.

Gruber, Hans, Mack, Wolfgang & Ziegler, Albert (1999): Wissen und Denken: Eine problematische Beziehung. In: Gruber, Hans, Mack, Wolfgang & Ziegler, Albert (Hrsg.): Wissen und Denken. Versuche einer theoretischen Integration. Wiesbaden: Deutscher Universitäts-Verlag, S. 7–16.

Gruber, Hans, Degner, Stefan & Lehmann, Andreas C. (2004): Why do some commit themselves in deliberate practice for many years – and so many do not? Understanding the development of professionalism in music. In: Radovan, Marko & Dordević, Neda (Eds.): Current issues in adult learning and motivation. Ljubljana: Slovenian Institute for Adult Education, pp. 222–235.

Gruber, Hans, Wedekind, Christian, Körber, Bernd, Dietl, Barbara & Marienhagen, Jörg (2010): Analysis of the nature of expertise in PET diagnosis and its acquisition. (Vortrag auf der 5. EARLI SIG Learning and Professional Development Konferenz in München). Regensburg: o. V.

Hacker, Winfried (1992): Expertenkönnen. Erkennen und Vermitteln. Göttingen: Hogrefe.

Hugener, Isabelle, Krammer, Kathrin & Pauli, Christine (2008): Kompetenzen der Lehrpersonen im Umgang mit Heterogenität: Differenzierungsmaßnahmen im Mathematikunterricht. In: Gläser-Zikuda, Michaela & Seifried, Jürgen (Hrsg.): Lehrerexpertise – Analyse und Bedeutung unterrichtlichen Handelns. Münster: Waxmann, S. 47–66.

Jung, Eberhard (2010): Kompetenzerwerb: Grundlagen, Didaktik, Überprüfbarkeit. München: Oldenbourg.

Kauffeld, Simone & Grote, Sven (2002): Kompetenz – ein strategischer Wettbewerbsfaktor. In: Personal 54, Heft 11, S. 30–32.

Klieme, Eckhard & Hartig, Johannes (2007): Kompetenzkonzepte in den Sozialwissenschaften und im erziehungswissenschaftlichen Diskurs. In: Zeitschrift für Erziehungswissenschaft, Sonderheft 8, S. 11–29.

Lehmann, Andreas & Gruber, Hans (2006): Music. In: Ericsson, K. Anders, Charness, Neil, Feltovich, Paul J. & Hoffman, Robert R. (Eds.): Handbook on expertise and expert performance. Cambridge: Cambridge University Press, pp. 457–470.

Lesgold, Alan M. (1984): Acquiring expertise. In: Anderson, John R. & Kosslyn, Stephen M. (Eds.): Tutorials in learning and memory. San Francisco: Freeman, pp. 31–60.

Manning, David, Ethell, Susan, Donovan, Tim & Crawford, Trevor (2006): How do radiologists do it? The influence of experience and training on searching for chest nodules. In: Radiography 12, No. 2, pp. 134–142.

Nickolaus, Reinhold, Gschwendtner, Tobias & Knöll, Bernd (2006): Handlungsorientierte Unterrichtskonzepte als Schlüssel zur Bewältigung problemhaltiger Aufgaben. In: Minnameier, Gerhard & Wuttke, Eveline (Hrsg.): Berufs- und wirtschaftspädagogische Grundlagenforschung. Lehr-Lern-Prozesse und Kompetenzdiagnostik. (Festschrift für Klaus Beck). Frankfurt: Lang, S. 209–225.

Rehrl, Monika & Gruber, Hans (2007): Netzwerkanalysen in der Pädagogik – Ein Überblick über Methode und Anwendung. In: Zeitschrift für Pädagogik 53, Heft 2, S. 237–258.

Renkl, Alexander (1996): Träges Wissen: Wenn Erlerntes nicht genutzt wird. In: Psychologische Rundschau 47, Heft 2, S. 78–92.

Ropo, Eero (2004): Teacher expertise. Empirical findings on expert teachers and teacher development. In: Boshuizen, Henny P. A., Bromme, Rainer & Gruber, Hans (Eds.): Professional learning: Gaps and transitions on the way from novice to expert. Dordrecht: Kluwer, pp. 159–179.

Savelsbergh, Geert J. P., Kamp, John van der, Williams, Mark A. & Ward, Paul (2002): Visual search, anticipation and expertise in soccer goalkeepers. In: Journal of Sport Sciences 20, No. 3, pp. 279–287.

Schleicher, Andreas (2008): PIAAC: A new strategy for assessing adult competencies. In: International Review of Education 54, No. 5–6, pp. 627–650.

Sevsay-Tegethoff, Nese (2004): Ein anderer Blick auf Kompetenzen. In: Böhle, Fritz, Pfeiffer, Sabine & Sevsay-Tegethoff, Nese (Hrsg.): Die Bewältigung des Unplanbaren. Wiesbaden: Verlag für Sozialwissenschaften, S. 267–286.

Stark, Robin, Graf, Markus, Renkl, Alexander, Gruber, Hans & Mandl, Heinz (1995): Förderung von Handlungskompetenz durch geleitetes Problemlösen und multiple Lernkontexte. In: Zeitschrift für Entwicklungspsychologie und Pädagogische Psychologie 27, Heft 4, S. 289–312.

Strasser, Josef & Gruber, Hans (2003): Kompetenzerwerb in der Beratung. Eine kritische Analyse des Forschungsstands. In: Psychologie in Erziehung und Unterricht 50, Heft 4, S. 381–399.

Tramm, Tade & Rebmann, Karin (1999): Veränderungen von Handelslehrern unter dem Signum handlungsorientierter Curricula. In: Sembill, Detlef, Klauser, Fritz & John, Ernst G. (Hrsg.): Professionalisierung kaufmännischer Berufsbildung: Beiträge zur Öffnung der Wirtschaftspädagogik für die Anforderungen des 21. Jahrhunderts. (Festschrift zum 60. Geburtstag von Frank Achtenhagen). Frankfurt: Lang, S. 231–260.

Webler, Wolff-Dietrich (2004): Lehrkompetenz – über eine komplexe Kombination aus Wissen, Ethik, Handlungsfähigkeit und Praxisentwicklung. In: Welbers, Ulrich (Hrsg.): Hochschuldidaktische Aus- und Weiterbildung. Grundlagen – Handlungsformen – Kooperationen. Bielefeld: Bertelsmann, S. 53–82.

Weinert, Franz E. (2001): Concepts of competence: A conceptual clarification. In: Rychen, Dominique S. & Hersh Salganik, Laura (Eds.): Defining and selecting key competencies: Theoretical and conceptual foundations. Seattle: Hogrefe, pp. 45–65.

Frank Achtenhagen / Esther Winther
Georg-August-Universität Göttingen / Universität Paderborn

Kompetenzmessung im beruflichen Bereich – Notwendigkeiten und Möglichkeiten eines internationalen Vergleichs

1 Zur Notwendigkeit einer Kompetenzmessung 505
2 Kompetenzmessung im internationalen Vergleich 506
3 Innovative Testverfahren und Modellierung von berufsfachlicher Kompetenz
  am Beispiel der Ausbildung von Industriekaufleuten 508
4 Schlussfolgerungen 519
Literaturverzeichnis 520

1 Zur Notwendigkeit einer Kompetenzmessung

Sowohl die aktuelle Bildungspolitik als auch die wissenschaftliche Diskussion behandeln an zentraler Stelle die Frage nach der Effizienz von Maßnahmen im Bildungsbereich sowie gleichzeitig die nach dem Sinn der getroffenen Maßnahmen generell und nach dem Sinn, überhaupt Effizienz als Kriterium zu wählen. Grenzt man die Problematik im Hinblick auf das Handeln von Lehrkräften oder Ausbildern/Ausbilderinnen ein, so lassen sich – im Weiteren für den kaufmännisch-verwaltenden Bereich der Berufsbildung ausgeführt – verschiedene Handlungsebenen unterscheiden (vgl. Weber & Achtenhagen 2009, S. 483):

- Gestaltung der Rahmenbedingungen von Unterricht (z. B. die Organisation des Berufsschulunterrichts in Blockform)
- Gestaltung von Unterrichtskonzepten (z. B. Abfolge der Lernfelder)
- Gestaltung von Unterrichtseinheiten (z. B. als computergestützte komplexe Lehr-Lern-Arrangements)
- Gestaltung von Lehr-Lern-Situationen (z. B. Lehrer/-innen-Steuerung; selbstorganisiertes Lernen der Schüler/-innen bzw. der Auszubildenden)

Die einzelnen Handlungen auf jeder dieser Ebenen – die sich in vergleichbarer Weise für den schulischen und betrieblichen Bereich der Ausbildung bestimmen lassen – können unter verschiedenen Forschungsfragen weiter ausdifferenziert werden. Hier erfolgt eine Eingrenzung auf Fragen der Diagnostik als ein zentrales Mittel, die Effizienz von Handlungen in der beruflichen Aus- und Weiterbildung zu erfassen. Vor allem soll es um Probleme der Leistungserfassung – als Output bzw. Outcome – gehen. Diese Sichtweise macht nur dann Sinn, wenn sie nicht einseitig auf punktuell erbrachte Lernergebnisse bezogen ist, sondern gleichzeitig die zugrunde liegenden Lernprozesse und Curricula zusammen mit einer Verknüpfung eines summativen und formativen Assessments einbeziehet (vgl. Shavelson 2009; Winther 2010).

Ziel der Leistungserfassung ist es dabei, Facetten einer berufsfachlichen Kompetenz zu ermitteln, mit deren Hilfe sich Rückschlüsse auf zugrunde liegende Fähigkeiten und Fertigkeiten, aber auch auf institutionelle Bedingungen ziehen lassen – was wiederum voraussetzt, Einflüsse auf den verschiedenen Handlungsebenen simultan zu erfassen. Nur so lassen sich die erworbenen Kompetenzen angemessen beurteilen.

2   Kompetenzmessung im internationalen Vergleich

Erste Vorstellungen zur Behandlung des Kompetenzkonzepts im beruflichen Bereich sind in Baethge, Achtenhagen, Arends, Babic, Baethge-Kinsky & Weber (2006) – gerade auch im Hinblick auf den internationalen Forschungsstand – diskutiert worden. Diese Überlegungen wurden dahingehend zugespitzt, sie in Anlehnung an die Vorgehensweise der internationalen Schulleistungsstudien im allgemeinen Bildungsbereich zu operationalisieren. Es geht damit um das Messen, welche Kompetenzen junge Menschen in ihrer beruflichen Ausbildung in den verschiedenen Ländern erwerben können, und die Feststellung, wie sich die Messergebnisse mit den mikro- und makrostrukturellen Bedingungen, unter denen die Kompetenzen erworben, genutzt und verwendet werden, verknüpfen lassen. Anders formuliert: Es geht um die Klärung des Zusammenhangs zwischen den in der Ausbildung erworbenen Kompetenzen einerseits und den Arbeits- und Arbeitsmarkteffekten für Individuen und Unternehmen andererseits.

Auf der Grundlage dieser ersten Studie zum VET-LSA wurden durch das deutsche Bundesministerium für Bildung und Forschung drei Folgeaufträge zum curricularen Abgleich sowie zur Umsetzung innovativer Testverfahren und der Modellierung berufsfachlicher Kompetenzen erteilt:

- Studien zum curricularen Abgleich (vgl. Baethge & Arends 2009) in den Bereichen
  - Carmechatronics (vgl. Müller & Schelten 2009)
  - Electricians (vgl. Nickolaus & Geißel 2009)
  - Business and Administration (vgl. Breuer, Hillen & Winther 2009)
  - Social and Health Care (vgl. Bals & Wittmann 2009)
- Die Validität von Simulationsaufgaben am Beispiel der Diagnosekompetenz von Kfz-Mechatronikern/-Mechatronikerinnen (Nickolaus, Gschwendtner & Abele 2009)
- Konstruktvalidität von Simulationsaufgaben: computergestützte Messung berufsfachlicher Kompetenz am Beispiel der Ausbildung von Industriekaufleuten (Achtenhagen & Winther 2009)[1]

Für den kaufmännisch-verwaltenden Bereich (Business and Administration) haben sechs Länder an einem curricularen Abgleich im weiten Sinne mitgearbeitet (in Klammern jeweils die Zahl der beteiligten Experten/Expertinnen je Land):

- Dänemark (n = 8)
- Finnland (n = 9)
- Schweiz (n = 8)
- Deutschland (n = 7)
- Österreich (n = 12)
- Slowenien (n = 28)

---

[1] Die Studie wurde im Auftrag des Bundesministeriums für Bildung und Forschung durchgeführt (K350600). Wir danken für die überaus konstruktive Mitarbeit, ihr Engagement und ihren großen Einsatz Frau Assessorin Dipl.-Hdl. Frauke Johanna Niemann sowie Björn Huchthausen, Olga Litwin, Anna Osenbrück, Ina Philipp, Ingo Reusch und Melanie Schmidt.

Kompetenzmessung im beruflichen Bereich

Mithilfe ausgewählter Instrumente wie ISCED, EQF, ISCO und O*NET wurden von den Experten/Expertinnen berufliche Arbeitssituationen identifiziert, klassifiziert, bewertet und auf Workshops abgeglichen. Es ergaben sich vor allem die folgenden „occupational tasks" (vgl. Breuer, Hillen & Winther 2009):

- Analyze/monitor sales records, trends and economic conditions
- Research/evaluate suppliers
- Respond to customer/supplier inquiries about order status, changes, cancellations
- Set up cost monitoring and reporting systems/procedures
- Review files, records, other documents to obtain information to respond to requests
- Prepare invoices, reports, memos, letters, financial statements, other documents
- Monitor and follow applicable laws and regulations
- Supervise the work of office, administrative, or customer service employees
- Collaborate with other departments as necessary

Abbildung 1 zeigt, wie diese ausgewählten Tätigkeiten von den jeweiligen nationalen Experten/Expertinnen im Hinblick auf ihre Relevanz eingeschätzt wurden.

Occupational Task	How relevant is the task on average to the performance of jobs in the field of "Business and Administration"? (1 = not relevant; 2 = somewhat relevant; 3 = relevant; 4 = very relevant; 5 = extremely relevant)							
	Austria	Denmark	Finland	Germany	Slovenia	Switzerland	Mean	SD
Analyze/monitor sales records, trends and economic conditions	2,8	2,5	3,3	4,2	3,8	3,3	3,3	0,5
Research/evaluate suppliers	4,3	2,9	3,7	4,6	4	4	3,9	0,4
Respond to customer/ supplier inquiries	5	4,3	4,9	4,6	4,1	5	4,6	0,3
Set up cost monitoring and reporting systems	1	3	2	3,1	3,7	1,2	2,3	0,9
Review files, records, other documents	4	4,4	5	4,4	3,6	5	4,4	0,4
Prepare invoices, reports, memos, other documents	4,8	4,8	4,9	4,4	4,3	5	4,7	0,2
Monitor and follow applicable laws and regulations	3,4	2,7	3,4	4	4,2	5	3,8	0,6
Supervise the work of office, administration	3,3	3,6	1,7	3,2	3,6	2,5	3	0,6
Collaborate with other departments as necessary	3,7	4,4	3,9	4,9	4,1	4	4,1	0,3

Abbildung 1: Relevanz beruflicher Tätigkeiten im Bereich Business and Administration (Mittelwerte der Länder) (vgl. Breuer, Hillen & Winther 2009, S. 97)

Die Urteile weisen international eine hohe Konkordanz auf (Kendall´s W = 0,630; Chi-Square = 30,248; df = 8; p < ,001). Dabei ragen insbesondere drei Tätigkeiten hervor, die in allen beteiligten Ländern von großer Relevanz sind:

- Bearbeitung von Kunden-/Kundinnen- sowie Lieferanten-/Lieferantinnenanfragen und entsprechenden Aufträgen
- Analyse von spezifischen Dokumenten der Auftragsabwicklung
- Erstellen spezifischer Dokumente für die Auftragsabwicklung

Damit ergibt sich für den kaufmännischen Bereich, dass für alle beteiligten Länder die Frage der Geschäftsprozesse – und dabei vor allem der Wertschöpfungsbereich mit Einkauf und Vertrieb – zentral ist. Fragen des Rechnungswesens und Personalbereichs sind dagegen wegen der rechtlichen Spezialfragen für den internationalen Vergleich von eher nachgeordneter Bedeutung. Interessant sind die in Abbildung 1 zu sehenden großen Abweichungen bei der Relevanzeinschätzung der Kostenanalyse (Tätigkeit 4): Hier werden kulturelle Traditionen sichtbar, nach denen in einigen Ländern dieser Bereich nicht für die Berufsausbildung, sondern für eine Hochschulbildung reserviert ist.

3 Innovative Testverfahren und Modellierung von berufsfachlicher Kompetenz am Beispiel der Ausbildung von Industriekaufleuten

Die zentrale Frage im Hinblick auf ein internationales VET-LSA lautet, wie sich das Konstrukt „berufsfachliche Kompetenz" in eine messbare Form übersetzen lässt, d.h., wie sich für den kaufmännisch-verwaltenden Bereich Aufgabenformate entwickeln lassen, mit deren Hilfe das Konstrukt „berufsfachliche Kompetenz" objektiv, reliabel und valide erfasst werden kann. Als übergeordnete Zielsetzungen werden dabei gesetzt:

- ein systemisches Verständnis von unternehmerischen Prozessen und
- ein entsprechendes selbstständiges und selbstverantwortetes Handeln in diesen Prozessen.

Winther hat hierfür ein theoretisch begründetes, fachdidaktisch ausgearbeitetes und empirisch prüfbares Kompetenzmodell entwickelt (vgl. Winther 2010; Winther & Achtenhagen 2008 und 2009). Abbildung 2 fasst die Hauptdimensionen zusammen. In der hier gewählten Darstellung wird der Zusammenhang von übergeordneten Kompetenzdimensionen und spezifischen Inhaltsbereichen thematisiert. Übergeordnete Überlegungen betreffen Aufteilungen des Kompetenzkonzepts in eine domänenverbundene und eine domänenspezifische Kompetenz. Mit der Betonung der domänenverbundenen Kompetenz wird dem Sachverhalt Rechnung getragen, dass beispielsweise für die Lösung betriebswirtschaftlicher Aufgaben sowohl sprachliche als auch mathematische Fähigkeiten (in den allgemeinen PISA-Studien als Literalität gefasst) erforderlich sind. Für die kaufmännische Sachbearbeitung, z.B. mit ERP-Systemen, treten noch technische Fähigkeiten hinzu. Winther (2010) zeigt, dass sich domänenverbundene und domänenspezifische Fähigkeiten und Fertigkeiten voneinander trennen lassen. Wie die Übergänge zur Domänenspezifität verlaufen, ist zurzeit noch eine offene Forschungsfrage. Für die Erfassung der domänenspezifischen Kompetenz mithilfe des Konstrukts der berufsfachlichen Kompetenz werden zwei Unterscheidungen getroffen:

So wird unter einer verstehensbasierten Kompetenz das systemische Verstehen von Arbeits- und Geschäftsprozessen und unter einer handlungsbasierten Kompetenz ein entsprechendes selbstständiges und selbstverantwortetes Handeln in diesen Prozessen verstanden.

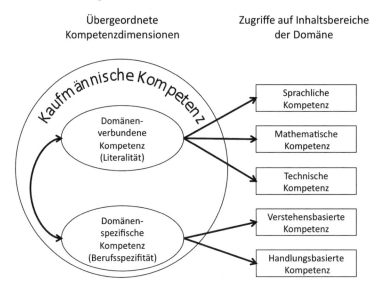

Abbildung 2: Modell der kaufmännischen Kompetenz (vgl. Winther 2010, S. 252)

Vergleicht man diese Aufteilung mit der in Deutschland gängigen Aufschlüsselung des Konzepts der beruflichen Handlungskompetenz in Sach-, Methoden-, Sozial- und Selbstkompetenz (vgl. auch Baethge, Achtenhagen, Arends, Babic, Baethge-Kinsky & Weber 2006, S. 52), lassen sich die folgenden Zuordnungen vornehmen:

- Bei unseren Messungen geht es um den Umgang mit betriebswirtschaftlichen Konzepten und unternehmerischen Prozessen – vor allem Wertschöpfungs- und Steuerungsprozessen. Damit ist zentral die Sachkompetenz angesprochen.
- Für die betrieblichen Handlungen ist der Umgang mit der gegebenen technischen Ausstattung maßgeblich: Als Methodenkompetenz ist hier die Handhabung von Unternehmenssoftware und Datenbanken sowie von Büroanwendungen wie Textverarbeitung und Tabellenkalkulation gegeben.
- Im Hinblick auf externale Prozesse sind Höflichkeit und Professionalität für die Beziehungen zu Kunden/Kundinnen und Lieferanten/Lieferantinnen gefordert (Sozialkompetenz), im Hinblick auf den Arbeitseinsatz insgesamt das Einbringen motivationaler und volitionaler Ressourcen (Selbstkompetenz). Dabei sind Messungen in diesen Bereichen um den Einsatz weiterer standardisierter Testinventare zu ergänzen (vgl. Baethge, Achtenhagen, Arends, Babic, Baethge-Kinsky & Weber 2006).

Wie haben wir die Aufgaben zur Messung der berufsfachlichen Kompetenz von angehenden Industriekaufleuten modelliert? Ausgewählt wurden – was auch durch den internationalen Vergleich gedeckt ist – die Bereiche von betrieblichen Wertschöpfungs- (Beschaffung; Vertrieb) und Steuerungsprozessen (Arbeitsvorbereitung, insbesondere Maschinenstundensatzkalkulation). Dabei kam es entscheidend darauf an, betriebliche Arbeitssituationen authentisch abzubilden (vgl. Achtenhagen & Weber 2003). Die Aufgaben sind auf reale Arbeitssituationen (z. B. Verhandlungen), reale Geschäftsprozesse mit ihrer Sequenzierung (z. B. konkrete Abwicklung einer Bestellung – unter Einbau von Störungen) sowie reale kaufmännische Entscheidungen (z. B. Ermittlung eines Liefertermins) bezogen. Im Hinblick auf die Durchführung eines VET-LSA ging es um die Frage, wie „Authentizität" zu sichern wäre – vor allem darum, ob „betriebsspezifisch" oder „berufstypisch" zu erheben wäre.

Für eine betriebsspezifische Prüfung, d. h. eine Leistungsfeststellung in der jeweiligen Arbeitssituation, stellen sich Fragen der Durchführbarkeit, wozu Probleme der Vertraulichkeit von Daten (z. B. bezüglich der Preisgestaltung), der Spezifika der jeweiligen betrieblichen ERP-Systeme oder der Rückübersetzung in eine Berufstypik träten. Zentral zu klären wären danach Fragen, welche und wie viele betriebliche Situationen auszuwählen wären, wie als wichtig angesehene Arbeitssituationen zum Prüfungszeitpunkt bereitstehen müssten oder ob sich der Prüfungszeitpunkt umgekehrt nach dem Arbeitsanfall zu richten hätte, wie das Anforderungsniveau der Arbeitssituationen zu bestimmen wäre, wie Hilfen auszuschalten wären und wie die Durchführung durch externe Prüfer/-innen justiziabel kontrolliert würde. Es ist deutlich, dass diese Probleme zu ihrer Bewältigung einen kaum bewältigbaren Aufwand erforderten. Für die Aufgabengestaltung ging es von daher darum, zu prüfen, inwieweit betriebsspezifische Anforderungen sich berufstypisch aufbereiten ließen.

Die Grundlagen sowie Vorarbeiten für diese Formulierung authentischer berufstypischer Testaufgaben waren vielfältig. Von daher erfolgte in einem ersten Schritt eine Fülle von Analysen:

- Auswertung amtlicher Vorgaben; Analyse von Lernmaterialien, Lehrbüchern
- Gezielte Beobachtungen an Sachbearbeiter/-innen-Plätzen
- Auswertungen der Berichtshefte von Auszubildenden
- Gespräche mit Angestellten, Vertretern/Vertreterinnen der Fach- und Personalabteilungen, Betriebsräten/-rätinnen

Daran schlossen sich im Hinblick auf die Prozesse der berufstypischen Aufarbeitung weitere Schritte an:

- Gespräche mit Schulleitern/-leiterinnen und Fachleitern/-leiterinnen
- Gespräche mit Vertretern/Vertreterinnen der AkA (Aufgabenstelle für kaufmännische Abschluss- und Zwischenprüfungen, Nürnberg) und der Industrie- und Handelskammern
- Kooperation mit Wissenschaftlern/Wissenschaftlerinnen mit fachdidaktischer und psychometrischer Expertise

Die Simulation wurde in Zusammenarbeit mit der Novelis Deutschland GmbH erstellt, ein weltweit operierendes Unternehmen, dessen Produkte (Aluminiumwalzprodukte) sich durch eine kurze Stückliste auszeichnen und zugleich von weltweit bekannten Brands wie Nivea und Coca-Cola genutzt werden. In der Kooperation mit diesem Unternehmen konnte ein umfangreicher Datenkranz modelliert werden.

Den Auszubildenden steht zur Aufgabenbearbeitung die webbasierte Testumgebung ALUSIM zur Verfügung (Abbildung 3). Die Testumgebung ALUSIM enthält

- eine allgemeine Einführung in die Unternehmensstruktur (einschließlich der Unternehmenshistorie),
- einen animierten Schreibtisch sowie

- ein animiertes Sideboard, über das die webbasierten Situationen gesteuert werden, und
- allgemeine Zusammenstellungen zur geschäftlichen Lage des Unternehmens.

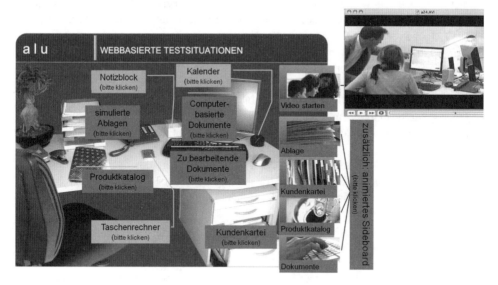

Abbildung 3: User-Interface der Testumgebung ALUSIM (vgl. Winther 2010, S. 215)

Insgesamt sind die Testitems auf drei Unternehmensprozesse und neun Arbeitssituationen hin entwickelt.

Test-situationen	Betriebliche Wertschöpfungsprozesse		Betriebliche Steuerungsprozesse
	Vertriebsprozesse	Beschaffungs-prozesse	Arbeits-vorbereitung
Test-aufgaben	• Systemeingabe eines Kunden-/Kundinnenauftrags • Kunden-/Kundinnenauftrag verfolgen und entsprechend handeln • Absatzentwicklung darstellen	• Erstellung von Lieferanten-/Lieferantinnenanfragen • Entscheidung zur Lieferanten-/Lieferantinnenauswahl • Systemeingabe einer Bestellung • Bestellung verfolgen und auf Störung entsprechend handeln	• Kalkulation von Maschinenstundensätzen • Entwicklung von Maschinenstundensätzen (mittelfristige Preiskalkulation)

Abbildung 4: Modellierte Testsituationen und -aufgaben

Die Arbeitssituationen innerhalb der einzelnen Unternehmensprozesse sind wie folgt zu bearbeiten:

- Die einzelne Arbeitssituation wird mit einem Videoclip eingeleitet, der eine Bürosituation zeigt. Dieser Videoclip bezeichnet die zu lösende berufliche Anforderungssituation und gibt z. T. Hinweise, was zu tun sei. Für jeden Bereich existieren mehrere solcher Videoclips, die in ihrer Abfolge den Sequenzcharakter der Geschäftsprozesse verdeutlichen.
- Die Aufgaben sehen z. B. vor, dass ein eingegangenes Dokument zu bearbeiten ist, indem es in das ERP-System der ALUSIM einzugeben, über Informationen aus Produkt-, Kunden-/Kundinnen- oder Lieferanten-/Lieferantinnendateien anzureichern oder in eine Antwort an einen Kunden/eine Kundin oder einen Lieferanten/eine Lieferantin oder eine Anfrage an eine andere Unternehmensabteilung umzusetzen ist.
- Für die Bearbeitung dieser Aufgaben stehen über den webbasierten Schreibtisch die Informationen, aber auch die Kommunikationsmedien, wie Fax, Brief oder E-Mail, zur Verfügung.
- Die Lösung der Aufgabe ist in einem Dokument festzuhalten, das nach der erfolgten Bearbeitung unter der Codenummer des/der jeweiligen Auszubildenden an die Webzentrale abgeschickt wird. Die Sammlung aller Dokumente erfolgt durch die Projektleitung.
- Zur Ermittlung der berufsfachlichen Kompetenz sind in der Simulation ALUSIM zwei verschiedene Testbereiche implementiert: die beruflichen Simulationsaufgaben zur Abbildung handlungsbasierter Kompetenz und aus den Simulationsaufgaben abgeleitete, eher schulbezogene Anwendungsaufgaben zur Messung verstehensbasierter Kompetenz. Zusätzlich zu den Aufgaben zur Ermittlung der beruflichen Handlungskompetenz waren den Auszubildenden noch Fragen zu ihrer Biografie sowie der Ausbildungsinstitution vorgegeben.

Ein Beispiel aus dem Testbereich Vertrieb: In der ersten Videosequenz wird der/die Auszubildende gebeten, in das ERP-System der ALUSIM (siehe Abbildung 5) die Daten einer Bestellung, die per Fax eingegangen sind (siehe Abbildung 6), einzugeben und den Versandtermin der Kundin mitzuteilen.

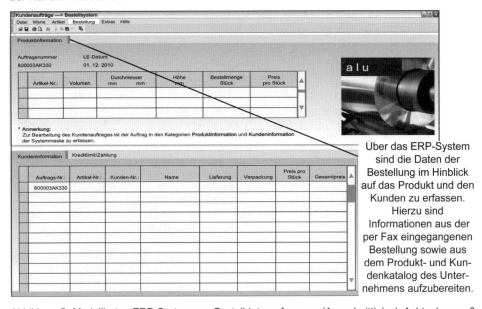

Abbildung 5: Modelliertes ERP-System zur Bestelldatenerfassung (Ausschnitt) (vgl. Achtenhagen & Winther 2009, S. 20)

01 / 12 2010 MI 08:10 FAX +49 351 9885031 FACT Dosiertechnik IP   001/001

FACT Dosiertechnik GmbH   01099 Dresden
                                                     Königsbrücker Str. 103
                                                     E-Mail: kontakt@fact-dosier.de

FACT Dosiertechnik GmbH, Königsbrücker Str. 103, 01099 Dresden

ALUSIM GmbH
Herrn Heiner Kolbe
Goethestraße 33
34119 Kassel

EINGEGANGEN
01. Dez. 2010

FACT
Dosiertechnik
GmbH

Ihr Zeichen, Ihre Nachricht vom	Unser Zeichen, unsere Nachricht vom	Telefon, Name 0351 9885-	Datum
Ko, 01.10.2010	Glü	030, Margot Glüsing	01.12.2010

Bestellung

Sehr geehrter Herr Kolbe,

unter Berücksichtigung Ihrer für uns neuen Konditionen möchten wir gerne 5.000 x Artikel - Nr. 230330 Aluminiumkartuschen zum nächstmöglichen Liefertermin bestellen.

Mit freundlichen Grüßen

FACT Dosiertechnik GmbH

Margot Glüsing

Geschäftsführer: Dr. Bernd Schnelle
Handelsregister: Amtsgericht Dresden, HRB 03392

Konten: Commerzbank Dresden
Konto-Nr. 8131266, BLZ 850 400 00
Sparkasse Dresden
Konto-Nr. 003 020 99, BLZ 850 503 00

Abbildung 6: Bestellung einer Kundin per Fax (vgl. Achtenhagen & Winther 2009, S. 21)

Ein zweiter Videoclip handelt von einer E-Mail aus der Produktionsabteilung, in der mitgeteilt wird, dass der Produktionstermin für die von der Kundin bestellte Ware nicht eingehalten werden könne. Der/Die Auszubildende erhält die Aufgabe, anhand des ERP-Systems den neuen Termin zu bestimmen und die Kundin entsprechend zu benachrichtigen. Die Aufgabenlösung besteht hier in der Information der Kundin; dabei wird bei der Bewertung der Lösung auch sozial-kompetentes Verhalten mit erfasst: die Gestaltung der Nachricht sowie die Art der Begründung.

Insgesamt wurden die Aufgaben bei 264 Auszubildenden in sieben kaufmännischen Schulen in drei Bundesländern getestet. Die Auszubildenden befanden sich im 3. Ausbildungsjahr für Industriekaufleute.

Die ausgesuchten Schulen wurden zunächst telefonisch um eine Mitarbeit gebeten; da generell eine sofortige positive Reaktion durch die Schulleitungen gegeben war, erhielten die Schulen dann die Beschreibung des Vorhabens sowie der technischen Anforderungen für die webbasierte Erhebung. Die Teilnahme wurde durch Kollegialbeschluss befürwortet und der Erhebungstermin festgelegt. Die Schulen informierten die Ausbildungsbetriebe über das Vorhaben, die ihrerseits ihre Zustimmung gaben. Nur ein einziger Auszubildender (von allen beteiligten Schulen) durfte nicht teilnehmen. Für jede untersuchte Klasse in einer Schule führten durchgängig zwei Projektmitarbeiter/-innen die Untersuchung durch, sodass eine Datenerfassung mit einer hohen Durchführungsobjektivität gegeben war. Die Anreise erfolgte an jeder Schule um 7:45 Uhr. Dann wurden die erforderlichen Installationen und Einstellungen in den Computerräumen der Schulen vorgenommen und überprüft, sodass mit der 3. Unterrichtsstunde die Erhebungen beginnen konnten. Diese dauerten zwischen vier und fünf Zeitstunden. Alle Auszubildenden konnten ihre Aufgaben ohne Zeitrestriktion bearbeiten.

Die Erhebung wurde mit einer Erklärung zu den Zielen der Untersuchung und der Bitte um engagierte Mitarbeit eingeleitet. Danach erfolgte eine Einführung in die Technik der Aufgabenbearbeitung anhand einer PowerPoint-Präsentation; zugleich wurde zusammen mit Codenummern den Auszubildenden eine schriftliche Anleitung ausgehändigt. Aufgrund der Belastung des Schulnetzes durch das Herunterladen der Videoclips mussten diese auf dem Desktop des jeweiligen Schüler-/Schülerinnenarbeitsplatzes hinterlegt werden. Das komplizierte war das Arbeiten mit dem Testprogramm, stellte aber für die Auszubildenden kein Problem dar, die bezogen auf den Umgang mit dem Computer und dem Programm durchgängig eine hohe Methodenkompetenz besaßen. Einzelne Schwierigkeiten in der Testbearbeitung betrafen das Aufrufen von Bildschirmmasken; diese konnten aber sehr schnell geklärt bzw. proaktiv durch die Projektmitglieder behandelt werden, da sie immer wieder auftraten. Hier wären im Programm einige kleinere Änderungen vorzunehmen, die nicht die Anwendung selbst, wohl aber ihren Komfort betreffen.

Alle Schulen stellten für die Zeit der Untersuchung ihre Experten/Expertinnen für die EDV-Anlage ab, um schulbedingte Probleme mit den Rechnern sofort lösen zu können. Insgesamt lässt sich festhalten, dass ALUSIM problemlos lief und von den Auszubildenden einwandfrei bedient werden konnte. Für alle Erhebungen war festzustellen, dass die Auszubildenden engagiert arbeiteten.

Die Lösungen zu den Arbeitssituationen wurden von den Auszubildenden jeweils unter dem ausgehändigten Passwort an die Webzentrale gesandt. Dort wurden sie zu einem File für jeden Auszubildenden/jede Auszubildende zusammengefasst. Dieses File wurde dann von den Projektmitgliedern codiert und in eine Datenmatrix überführt. Die Festlegung der Codierung erfolgte über einen detaillierten Codeplan, der zunächst an einem ersten Datenset von fünf Codierern, die dann später auch paarweise die Codierung übernahmen, unabhängig voneinander erprobt wurde. Die aufgetretenen (minimalen) Abweichungen wurden in einer gemeinsamen Sitzung geklärt; die Codeanweisungen erwiesen sich als höchst reliabel. In der Folge wurden dann alle Datensätze zweimal unabhängig voneinander codiert. Wenige Abweichungen ließen sich auf Tippfehler zurückführen.

Im Hinblick auf die Anforderungen eines Large-Scale-Assessments in der beruflichen Bildung basieren die Auswertungen der Studie zur Messung berufsfachlicher Kompetenz auf den Modellen der Item-Response-Theorie (IRT). Die Vorteile der IRT kommen insbesondere dann zur Geltung, wenn eine möglichst große Zahl von Testaufgaben, die verschiedene Personeneigenschaften im Sinne von Kompetenzprofilen erfassen sollen, möglichst vielen Testpersonen vorgelegt werden können. Im Rahmen des geplanten VET-LSA beziehen sich Testaufgaben nicht nur auf Items zur Messung beruflicher Handlungsfähigkeiten; es werden zusätzliche Testitems enthalten sein müssen, die insbesondere im Hinblick auf Konzepte des Selbst und auf die individuelle Entwicklung ergänzende Informationen bereitstellen können. Die Modelle der IRT – insbesondere die aus der Rasch-Familie – weisen Eigenschaften auf, die für eine Kompetenzmessung unter der Bedingung eines internationalen Vergleichs unabdingbar sind. Vor dem Hintergrund dieser Überlegungen ist auch die Expertise von Rost im Rahmen der Machbarkeitsstudie „Berufsbildungs-PISA" zu lesen (vgl. Rost 2006). In dieser Expertise kommt Rost aufgrund der zu erwartenden Testparameter – Längsschnittdesign, Verlinkung der Teilstichproben sowie Effekte auf die Itemschwierigkeiten – zu dem Ergebnis, den Einsatz von IRT-Modellen für die Messung berufsbezogener Kompetenzen zu präferieren.

Es sind insbesondere zwei Eigenschaften, die die Verwendung von IRT-Modellen sinnvoll erscheinen lassen (vgl. Winther 2010):

- IRT-Modelle erlauben es, Personen- und Itemparameter parallel zu skalieren. Das Antwortverhalten auf ein Testitem wird dadurch ausschließlich durch die Itemschwierigkeit und die Personenfähigkeit bestimmt. Damit liegen mit IRT-Modellen der Rasch-Familie komplette Verhaltensmodelle vor, die für die Person und für das Testitem durch differenzierte Parameter zu beschreiben sind. Diese Separabilität von Personen- und Itemmerkmalen hat zur Folge, dass die Aussagen über die Personen, die einen Test bearbeitet haben, und über die Items dieses Tests nur von den Merkmalen der Personen und Items abhängen, nicht jedoch von den Methoden, mit denen diese Merkmale gemessen worden sind.
- Personen- und Itemparameter sind unabhängige Variablen, die separat geschätzt werden können, d.h., dass die Personenparameter von der Stichprobe der Items und die Itemparameter von der Stichprobe der Personen unabhängig sind. Nur so sind Vergleiche zwischen Personen sowie Vergleiche zwischen Items zulässig (Stichprobenunabhängigkeit). Die Personenparameter sind demnach unabhängig 1) von den Items, mit denen sie gemessen worden sind, und 2) von den Merkmalen anderer Personen; die Itemparameter sind hingegen unabhängig 1) vom Antwortverhalten der Personen und 2) von den Merkmalen anderer Items des Tests.

Für die Praxis von Tests bedeutet dies, dass Unterschiede zwischen den Leistungsfähigkeiten von Personen ohne Störfaktoren geschätzt werden können und dass für eine reliable Festlegung der Personenfähigkeit nur Ausschnitte der latenten Variablen abgebildet werden müssen. Für die vorliegende Studie lässt sich folglich aus den drei verschiedenen Testbereichen „Vertrieb", „Einkauf" und „Arbeitsvorbereitung" ein reliabler und stabiler Schätzer der Kompetenz unter der Bedingung ermitteln, dass die einzelnen Testbereiche durch unterschiedlich schwierige Testitems valide repräsentiert sind. Im Umkehrschluss ließe sich folglich im Hinblick auf ein international vergleichendes VET-LSA die Kompetenz eines/einer Auszubildenden über einen einzigen betrieblichen Bereich erfassen, wenn dieser die Kompetenzskala in ausreichender Breite definiert.

Die Gesamtheit der getesteten Auszubildenden, denen vollständige Anonymität zugesichert worden ist – sowohl was ihre Schulen als auch ihre Betriebe betrifft –, ist zu 56,5 % weiblich; 83,4 % befinden sich im Alter zwischen 20 und 23 Jahren; 43,1 % besitzen die allgemeine Hochschulreife, 40,5 % die Fachhochschulreife, 10,7 % den Sekundarabschluss I; in Betrieben mit bis zu 50 Beschäftigten lernen 6,1 %, mit bis zu 500 Beschäftigten 38,2 %, mit bis zu 2 500 Beschäftigten 27,1 %, mit mehr als 2 500 Beschäftigten 24,8 %; vertreten sind vor allem Betriebe der Metallverarbeitung (19,9 %), der Chemie (10,8 %) und der Holzverarbeitung (10,1 %).

Bei der Kompetenzmessung wurde vom Vorliegen zweier Fähigkeitsstrukturen ausgegangen, die als handlungsbasierte bzw. als verstehensbasierte Kompetenz bezeichnet werden können. Abbildung 7 zeigt die entsprechende Verteilung der Items.

	Vertriebsprozess	Beschaffungsprozess	Steuerungprozess	Total
Items zur handlungsbasierten Kompetenz	12	18	4	34
Items zur verstehensbasierten Kompetenz	12	11	3	26
Total	24	29	7	60

Abbildung 7: Verteilung der Testitems (vgl. Winther 2010, S. 222)

Die Auswertung im Hinblick auf die Dimensionalität der Testitems erfolgte mithilfe des Multidimensional Random Coefficients Multinomial Logit Model (vgl. Adams, Wilson & Wang 1997; Wilson 2005); gerechnet wurde mit dem Programm ConQuest (vgl. Wu, Adams, Wilson & Haldane 2007; für eine detaillierte Ergebnisdarstellung vgl. Winther 2010). Das Ergebnis zeigt eine empirische Trennbarkeit der beiden Fähigkeitsstrukturen „handlungsbasiert" und „verstehensbasiert" (Likelihood-Ratio-Test; Chi-Square = 101,91; df = 3; p < 0,001). Übertragen auf die Messung berufsfachlicher Kompetenz macht dieses Ergebnis deutlich, dass mit der Testumgebung ALUSIM zwei signifikant voneinander verschiedene latente Dimensionen gemessen werden können: die Fähigkeit, Arbeits- und Geschäftsprozesse systemisch zu verstehen, sowie die Fähigkeit, in diesen Prozessen entsprechend selbstständig und selbstverantwortet zu handeln. Oder anders formuliert: Zur Bewältigung der betriebsbezogenen Aufgaben werden von den Auszubildenden andere Fähigkeitsstrukturen eingesetzt als zur Bewältigung der stärker auf das Curriculum bezogenen Anwendungsaufgaben. Zieht man zusätzlich zum Signifikanzwert die Korrelation zwischen den latenten Dimensionen zur Beurteilung der Effektstärke heran, so korrelieren verstehensbasierte und handlungsbasierte Kompetenz mit r = 0,587 (Kovarianz = 0,300). Diese Korrelation ist nach dem gegenwärtigen Diskussionsstand zur IRT als gering genug anzusehen, sodass von einer stabilen zweidimensionalen Kompetenzstruktur im domänenspezifischen Bereich ausgegangen werden kann. Das Ergebnis mit den entsprechenden Personen- und Itemparametern für die beiden Dimensionen ist in Abbildung 8 abgetragen (vgl. auch Wilson 2005).

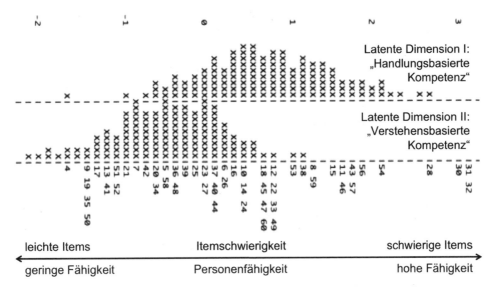

Abbildung 8: Wright Maps zur Abbildung der Schätzer der Item- und Personenparameter (vgl. Winther 2010, S. 229)

Abbildung 8 zeigt die Verteilung der Probanden/Probandinnen auf den beiden Dimensionen berufsfachlicher Kompetenz. Für beide Kompetenzdimensionen liegen sowohl sehr leichte als auch sehr schwierige Items vor. Die Anzahl der Items im Bereich der mittleren Schwierigkeitsgrade sowie die dargestellten Verteilungen der Personenparameter deuten auf eine angemessene Diskrimination zwischen den Testpersonen hin. Gerade in diesem Zusammenhang werden die Vorteile von Modellen der IRT besonders deutlich: Dadurch, dass die Itemparameter und die Personenparameter auf einer gemeinsamen Skala, der Logit-Skala, transformiert werden, ist das Testverhalten der Personen direkt ersichtlich. Ihr Mittelwert für die Verteilung der handlungsbasierten Kompetenz beträgt 0,750. Dieser Wert besagt, dass Items, die einen ebensolchen Schwierigkeitsparameter aufweisen, mit einer Wahrscheinlichkeit von 50 % gelöst werden können. Verfügt eine Person über einen höheren Fähigkeitsparameter, nimmt die Lösungswahrscheinlichkeit zu. Umgekehrt gilt, dass bei Items, die leichter als 0,750 sind, im Mittel eine höhere Wahrscheinlichkeit als $p=0,5$ besteht, diese Items richtig lösen zu können. Die verstehensbasierte Kompetenz der Auszubildenden ist im Mittel niedriger ausgeprägt. Der Mittelwert der Verteilung beträgt −0,481. Dies besagt, dass Items mit einem höheren Schwierigkeitsgrad im Mittel mit einer geringeren Wahrscheinlichkeit als $p=0,5$ gelöst werden können.

In weiteren Analysen wurden von Winther (2010) in Anlehnung an Wilson (2005) und Hartig (2007) Prädiktoren der Itemschwierigkeiten bestimmt, um zu einer Modellierung von beruflichen Kompetenzstufen zu gelangen: anhand des Anforderungsgehalts im kognitiven Bereich, anhand der inhaltlichen Komplexität sowie anhand der Modellierungsleistung, die für die angemessene Erfassung der situativen Anforderungen erforderlich ist.

Bewertung (vierstufige Likert-Skala)	Funktionale Modellierung	Inhaltliche Komplexität	Art der kognitiven Taxonomierung
4	Herausragende Modellierungsleistung	Wissenschaftliche Prozeduren	Nutzen und Anwenden
3	Umfangreiche Modellierungsleistung	Theoriekonstruktion	Analysieren und Validieren
2	Teilweise Modellierungsleistung	Systemkohärenzen	Elaborieren und Verstehen
1	Inkorrekte/fehlende Modellierungsleistung	Isolierte Lern-/ Wissensinhalte	Abfragen und Wiedergeben
Anmerkung: 4 = höchste Komplexitätsstufe; 1 = geringste Komplexitätsstufe			

Abbildung 9: Komplexitätsmerkmale von Anforderungssituationen (vgl. Winther 2010, S. 235)

Mithilfe einer Regressionsanalyse, in die als unabhängige Variablen die Einschätzungen anhand der genannten Kriterien für jedes Item und als abhängige Variable die jeweiligen Itemschwierigkeiten eingingen, ergab sich bei einer Varianzaufklärung von 75 % das folgende Bild (Abbildung 10):

Kompetenzstufe	Stufen- schwelle	Anteil der Auszubildenden auf den Stufen der handlungsbasierten Kompetenz (in %)	Anteil der Auszubildenden auf den Stufen der verstehensbasierten Kompetenz (in %)
Unter Kompetenzstufe I	-1,479	3,10	35,50
Kompetenzstufe I: kaufmännisches Grund- und Regelwissen	-0,723	19,50	42,70
Kompetenzstufe II: kaufmännisches Handlungswissen	0,117	52,70	21,40
Kompetenzstufe III: kaufmännisches Analysewissen	1,410	23,30	0,40
Kompetenzstufe IV: kaufmännisches Entscheidungswissen	3,538	1,50	–

Abbildung 10: Kompetenzstufen mit prozentualer Verteilung der Auszubildenden (vgl. Winther 2010, S. 238)

Winther (2010) kann zeigen, dass sich die Kompetenzstufe II, kaufmännisches Handlungswissen, als Mindestanspruch des Arbeitsmarktes an die Leistungsfähigkeit der Absolventen/Absolventinnen des dualen Systems interpretieren lässt. Wird dieser Setzung gefolgt, ist hervorzuheben, dass für die Dimension der handlungsbasierten Kompetenz 77,5 % der Auszubildenden im dritten Ausbildungsjahr diese oder eine höhere Kompetenzstufe erreichen; im Bereich der verstehensbasierten Kompetenz erfüllen jedoch 78,2 % der Auszubildenden diesen Anspruch nicht adäquat.

Zu diesem Ergebnis seien zwei Kommentare abgegeben:

- Es ist durchaus erfreulich, dass bereits ein halbes Jahr vor der Abschlussprüfung ein so hoher Prozentsatz der Auszubildenden eine handlungsbasierte Kompetenz zeigt, wie sie von der Wirtschaft (über die entsprechenden Vorgaben) gefordert wird. Für die Kompetenzstufe II ist definiert, dass die Auszubildenden mit betriebswirtschaftlichen Konzepten umgehen können, eine hohe Adaptationsfähigkeit aufweisen und damit auf wechselnde betriebliche Anforderungssituationen angemessen ohne weitgehende Hilfe so reagieren, dass anwendbare Lösungen entstehen (vgl. Winther 2010). Ein Beispiel: Die Auszubildenden erfahren über die entsprechenden Simulationsaufgaben im Testbereich „Vertriebsprozesse", dass die ALUSIM GmbH aufgrund des schwierigen Marktumfeldes versucht, durch eine halbjährliche Erstellung individueller Preislisten für die wichtigsten Kunden/Kundinnen Preisvorteile direkt an den Kunden/die Kundin weiterzugeben, um so die Absatzzahlen zu sichern. Die Auszubildenden erfahren weiter, dass die individuellen Preislisten jeweils zum Oktober und April jeden Jahres an die ausgewählten Kunden/Kundinnen zusammen mit einer Übersicht der angebotenen Industrieprodukte versendet werden und dass auf Basis dieser versendeten Preislisten am Mittwoch, 1.12.2010, eine Bestellung per Fax eingegangen ist. Die Auszubildenden sind im Folgenden aufgefordert, diese Bestellung unter Nutzung des ERP-Systems zu bearbeiten. Die besondere Schwierigkeit liegt darin, den richtigen Preis für die bestellte Ware im Rahmen dieser Werbemaßnahme zu ermitteln. Der besondere Vorteil der hier vorgenommenen Kompetenzmessung besteht darin, individuell die persönliche Leistung auf die Items zu beziehen, die nicht gelöst wurden – was prinzipiell neue Ansätze eines Mastery-Learnings eröffnet (vgl. Achtenhagen, Bendorf & Reinkensmeier 2000), indem gezielt die Defizite bearbeitet werden können.
- Die Ergebnisse für den Bereich der verstehensbasierten Kompetenz sind vergleichbar mit denen der ULME III-Studie (vgl. Lehmann & Seeber 2007; Seeber 2008). Die Leistungsschwächen beziehen sich dabei insbesondere auf Testaufgaben, die das Verstehen und Interpretieren ökonomischer Beziehungen zum Inhalt haben (vgl. Lehmann & Seeber 2007, S. 140). Auch für unsere Studie zeigt sich, dass ein Großteil der Auszubildenden (nämlich 42,7 %) zwar über ein kaufmännisches Grund- und Regelwissen verfügt, das jedoch zu unflexibel ausgebildet ist, um es variabel im Rahmen beruflicher Anforderungssituationen einsetzen zu können.

4 Schlussfolgerungen

Die Studie bestätigt uns in unserer Auffassung, dass mit technologiebasierter Messung verschiedene berufsfachliche Kompetenzstrukturen valide und reliabel erfasst werden können.

Darüber hinaus lässt sich eine Reihe von Hinweisen auf eine mögliche Förderung der Ausbildung zum Industriekaufmann/zur Industriekauffrau im weiten Sinne gewinnen:

- Es wird gezeigt, wie sich das Konzept berufliche Handlungskompetenz für den kaufmännisch-verwaltenden Bereich so operationalisieren lässt, dass es einer empirischen Überprüfung zugänglich wird. Wir sehen das als Fortschritt gegenüber vielfältigen verbal gehaltenen Interpretationsversuchen.
- Mithilfe unseres Vorschlages ist es möglich, berufliche Handlungen und fachspezifische Verstehensprozesse unter einer Kompetenzperspektive zu erfassen.
- Vorhandene Testverfahren und Testinhalte lassen sich validieren.
- Das von uns entwickelte Testverfahren vermag Anregungen für die Gestaltung der kaufmännischen Zwischen- und Abschlussprüfungen zu geben. (Es bestehen bereits Kontakte zur AkA.)
- Das vorgelegte Testformat kann als Grundlage genommen werden, Blue Prints für die Testentwicklung zu konstruieren.
- Vielleicht am wichtigsten ist aber, dass das gewählte Verfahren es gestattet, sowohl personen- als auch inhaltsbezogen Stärken wie Schwächen von Lehr- und Lernprozessen im kaufmännisch-verwaltenden Bereich aufzudecken – und dann gezielt Maßnahmen zu ihrer Stützung bzw. Behebung zu entwickeln und einzusetzen.

Literaturverzeichnis

Achtenhagen, Frank & Weber, Susanne (2003): „Authentizität" in der Gestaltung beruflicher Lernumgebungen. In: Bredow, Antje, Dobischat, Rolf & Rottmann, Joachim (Hrsg.): Berufs- und Wirtschaftspädagogik von A–Z. Baltmannsweiler: Schneider Verlag Hohengehren, S. 185–199.

Achtenhagen, Frank, Bendorf, Michael & Reinkensmeier, Sandra (2000): Mastery Learning mit Hilfe eines multimedial repräsentierten Modellunternehmens in der Ausbildung von Industriekaufleuten. In: Wirtschaft und Erziehung 52, Heft 7/8, S. 264–268.

Adams, Raymond J., Wilson, Mark, & Wang, Wen-Chung (1997): The Multidimensional Random Coefficients Multinomial Logit Model. In: Applied Psychological Measurement 21, No. 1, pp. 1–23.

Baethge, Martin & Arends, Lena (2009; Eds.): Feasibility Study VET-LSA. A comparative analysis of occupational profiles and VET programmes in 8 European countries. – International Report. (Vocational Training Research Volume 8). Bonn und Berlin: Bertelsmann.

Baethge, Martin, Achtenhagen, Frank, Arends, Lena, Babic, Edwin, Baethge-Kinsky, Volker & Weber, Susanne (2006): Berufsbildungs-PISA – Machbarkeitsstudie. Stuttgart: Steiner.

Bals, Thomas & Wittmann, Eveline (2009): Social and health care. In: Baethge, Martin & Arends, Lena (Eds.): Feasibility Study VET-LSA. A comparative analysis of occupational profiles and VET programmes in 8 European countries – International Report. (Vocational Training Research Volume 8). Bonn und Berlin: Bertelsmann, pp. 85–98.

Breuer, Klaus, Hillen, Stefanie & Winther, Esther (2009): Business and administration. In: Baethge, Martin & Arends, Lena (Eds.): Feasibility Study VET-LSA. A comparative analysis of occupational profiles and VET programmes in 8 European countries – International Report. (Vocational Training Research Volume 8). Bonn und Berlin: Bertelsmann, pp. 71–84.

Hartig, Johannes (2007): Skalierung und Definition von Kompetenzniveaus. In: Beck, Bärbel & Klieme, Eckhard (Hrsg.): Sprachliche Kompetenzen. Konzepte und Messung. DESI-Studie. Weinheim: Beltz, S. 83–99.

Lehmann, Rainer & Seeber, Susan (2007; Hrsg.): ULME III. Untersuchung von Leistungen, Motivation und Einstellungen der Schülerinnen und Schüler in den Abschlussklassen der Berufsschulen. Hamburg: HIBB.

Müller, Markus & Schelten, Andreas (2009): Carmechatronics. In: Baethge, Martin & Arends, Lena (Eds.): Feasibility Study VET-LSA. A comparative analysis of occupational profiles and VET programmes in 8 European countries – International Report. (Vocational Training Research Volume 8). Bonn und Berlin: Bertelsmann, pp. 33–47.

Nickolaus, Reinhold & Geißel, Bernd (2009): Electricians. In: Baethge, Martin & Arends, Lena (Eds.): Feasibility Study VET-LSA. A comparative analysis of occupational profiles and VET programmes in 8 European countries – International Report. (Vocational Training Research Volume 8). Bonn und Berlin: Bertelsmann, pp. 48–70.

Rost, Jürgen (2006): Zum Einsatz der Item-Response-Theorie für die Messung berufsbezogener Kompetenzen im Rahmen der Studie „Berufsbildungs-PISA". In: Baethge, Martin, Achtenhagen, Frank, Arends, Lena, Babic, Edwin, Baethge-Kinsky, Volker & Weber, Susanne (Hrsg.): Berufsbildungs-PISA – Machbarkeitsstudie. Stuttgart: Steiner, S. XXIV–XXVII.

Seeber, Susan (2008): Ansätze zur Modellierung beruflicher Fachkompetenz in kaufmännischen Ausbildungsberufen. In: Zeitschrift für Berufs- und Wirtschaftspädagogik 104, Heft 1, S. 74–97.

Shavelson, Richard J. (2009): Reflections on the Assessment of Job Performance and Competence. In: Oser, Fritz K., Renold, Ursula, John, Ernst G., Winther, Esther & Weber, Susanne (Eds.): VET Boost: Towards a Theory of Professional Competencies. Essays in Honor of Frank Achtenhagen. Rotterdam und Taipei: Sense, pp. 39–54.

Weber, Susanne & Achtenhagen, Frank (2009): Forschungs- und evidenzbasierte Lehrerbildung. In: Zlatkin-Troitschanskaia, Olga, Beck, Klaus, Sembill, Detlef, Nickolaus, Reinhold & Mulder, Regina (Hrsg.): Lehrprofessionalität. Bedingungen, Genese, Wirkungen und ihre Messung. Weinheim und Basel: Beltz, S. 477–487.

Wilson, Mark (2005): Constructing Measures: An Item Response Modeling Approach. Mahwah: Erlbaum.

Winther, Esther (2010): Kompetenzmessung in der beruflichen Bildung. Bielefeld: Bertelsmann.

Winther, Esther & Achtenhagen, Frank (2008): Kompetenzstrukturmodell für die kaufmännische Bildung. In: Zeitschrift für Berufs- und Wirtschaftspädagogik 104, Heft 4, S. 511–538.

Winther, Esther & Achtenhagen, Frank (2009): Skalen und Stufen kaufmännischer Kompetenz. In: Zeitschrift für Berufs- und Wirtschaftspädagogik 105, Heft 4, S. 521–556.

Wu, Margaret L., Adams, Ray J., Wilson, Mark & Haldane, Sam A. (2007): Acer Conquest. Version 2.0. Generalised Item Response Software. Camberwell: Acer Press.

Internetquellen:

Achtenhagen, Frank & Winther, Esther (2009): Konstruktvalidität von Simulationsaufgaben: Computergestützte Messung berufsfachlicher Kompetenz – am Beispiel der Ausbildung von Industriekaufleuten. Bericht an das Bundesministerium für Bildung und Forschung; http://www.bmbf.de/pubRD/Endbericht_BMBF09.pdf.

Nickolaus, Reinhold, Gschwendtner, Tobias & Abele, Stephan (2009): Die Validität von Simulationsaufgaben am Beispiel der Diagnosekompetenz von Kfz-Mechatronikern. Vorstudie zur Validität von Simulationsaufgaben im Rahmen eines VET-LSA. Abschlussbericht für das Bundesministerium für Bildung und Forschung zum Projekt; http://www.bmbf.de/pubRD/Abschluss-Bericht_Druckfassung.pdf.

Volker Bank / Sam F. Schaal
Technische Universität Chemnitz

Feststellung betrieblichen Weiterbildungsbedarfs als Messung vorhandener und fehlender Kompetenzen

1 Einleitung 523
2 Weiterbildungsbedarfsermittlung als Kompetenzmessung 524
    2.1   Zum Begriff der Kompetenz 524
    2.2   Zugänge einer Bedarfsanalyse 525
    2.3   Prognose als Ausgangspunkt der Kompetenzmessung 525
3 Transformation der Prognose in ein Messinstrument 526
    3.1   Von der Prognose zur Handlungsanforderung 526
    3.2   Von der Handlungsanforderung zur Kompetenzmessung 528
    3.3   Einsatz von Likert-Skalen zur Messung der vorhandenen Kompetenzen 529
4 Diskussion und Ausblick 532
Literaturverzeichnis 533

1   Einleitung

"You can't control what you can't measure" – nur das Messbare lässt sich steuern (DeMarco 1982, S. 3). Neben der Ermittlung der Anforderungen, die eine bestimmte Stelle im Unternehmen mit sich bringt, birgt jedoch vor allem die Feststellung des Weiterbildungsbedarfs mehrere Probleme, denn im Wesentlichen handelt es sich dabei um latente Variablen der Mitarbeiter/-innen. Besondere Aufmerksamkeit wird aktuell der Ermittlung von Kompetenzen gewidmet (vgl. stellvertretend für eine Vielzahl von Kompetenzmessungsansätzen den Sammelband von Erpenbeck & Rosenstiel 2007 sowie Gnahs 2010). Bei der Ermittlung von latenter Kompetenz entsteht aber eine Reihe von Problemen – sowohl in der Modellierung als auch in der Durchführung der Messung (vgl. Bank 2000, S. 55; Bank 2005a, S. 5). Ein Verfahren zum Messen latenter Dimensionen, das ganz bewusst die subjektive Ausprägung bei der betreffenden Person erfassen will, ist die nach Rensis Likert benannte Likert-Skala (vgl. Anderson 1990, S. 334; vgl. die Entwicklung der grundlegenden Überlegungen zu dieser Messskala bei Likert 1932). In diesem Beitrag wird ein Verfahren zur Kompetenzmessung vorgeschlagen, das lernzieltheoretische Überlegungen zum Weiterbildungsbedarf mit Likert-Skalen kombiniert.

Volker Bank / Sam F. Schaal

2 Weiterbildungsbedarfsermittlung als Kompetenzmessung

Soll der betriebliche Weiterbildungsbedarf durch die Feststellung von Kompetenzen ermittelt werden, sind zunächst die begrifflichen und prozessualen Konzeptionen von Kompetenz und Bedarfsbestimmung zu klären. Da eine Analyse des betrieblichen Bildungsbedarfs vorzugsweise eine zukunftsbezogene Aufgabe sein sollte, tritt das Problem der Prognose hinzu.

2.1 Zum Begriff der Kompetenz

Zur begrifflichen Klärung des zu messenden Konstrukts „Kompetenz" und die damit einhergehende Schwierigkeit bei dessen Messung sei zunächst auf die ursprüngliche begriffliche Systematik Chomskys zurückgegriffen. Dieser grenzte in der Linguistik die Kompetenz als ein latentes Sprachvermögen von der tatsächlich wahrnehmbaren Performanz bei der Artikulation ab (vgl. Chomsky 1965). Die Kompetenz zum Umgang mit einer Sprache (Grammatik, Orthografie, Wortschatz etc.) kann damit deutlich höher sein als die tatsächlich gezeigte Performanz. Bereits hier kann festgestellt werden, dass dieser Aspekt der ursprünglichen Bedeutung auch heute noch in den unzähligen Kompetenzbegriffen mitschwingt, bei denen von einem kompetenten Mitarbeiter/einer kompetenten Mitarbeiterin mehr erwartet wird, als nur in einer konkreten Situation zu handeln. Diese Bedeutung enthält eher der Qualifikationsbegriff (vgl. für die erste Diskussion der Qualifikation als Bildungssurrogat Robinsohn 1967, S. 45. Ein umfassender Versuch, die seither formulierten Qualifikationsdefinitionen zu erfassen, findet sich in der Habilitationsschrift von Seitz 1988, S. 39 ff.), der häufig zur Abgrenzung der Kompetenz herangezogen wird. „Qualifikation" als die am Arbeitsplatz und jedenfalls als die in einem funktionalen Zusammenhang abgefragte Größe sowie „Kompetenz" als eine individuelle Variable des Leistungsangebotes werden dabei i.d.R. in ein konkurrierendes Verhältnis gesetzt. Vielversprechender ist es u.E. hingegen, diese beiden Begriffe im Sinne eines Inklusionskonzeptes zu verstehen, bei dem die Qualifikation von der Kompetenz eingeschlossen wird (vgl. Bank 2005b). Hieraus ergeben sich verschiedene Schnittmengenbereiche mit unterschiedlichen ökonomischen Interpretationen.

Soweit der produktive Prozess keinen wesentlichen Störungen unterworfen ist, ist die Annahme, dass die Qualifikation eine Teilmenge der Kompetenz darstellt, in ökonomischer Sicht nicht ganz befriedigend, aber annehmbar. Hier wird weniger abgefragt, als ohne zusätzliche Kosten möglich wäre, und daher wird dieser schwach ineffiziente Zustand in der einschlägigen Literatur als „Überqualifikation" bezeichnet (vgl. dazu Bank 1997, S. 67, 79 und passim, sowie die dort verarbeitete Literatur). Aus ökonomischer Sicht darf der Zustand, dass die Kompetenz nicht in der Lage ist, die abgefragten Qualifikationen zu decken, eigentlich gar nicht eintreten, denn hier fallen nicht nur Opportunitätskosten, sondern echte zusätzliche Kosten an (Nachbearbeitung, Ausschuss etc.).

Kompetenz und Performanz sind ihrerseits in einem Inklusionsverhältnis zu sehen, wobei abermals das theoretische Ideal in der Gleichheit liegt, die Realität aber von Versehen und Irrtümern geprägt ist, weshalb die Performanz fast immer als echte Teilmenge der Kompetenz aufzufassen ist.

2.2 Zugänge einer Bedarfsanalyse

Die Bestimmung des Weiterbildungsbedarfs kann grundsätzlich in reaktiver oder proaktiver Form geschehen. Zum einen kann bei bereits eingetretenen Problemen ein Vergleich von Anforderungsstruktur und Qualifikationsstruktur des Mitarbeiters/der Mitarbeiterin darüber Aufschluss geben, wo gegebenenfalls ein Bedarf besteht. Zum anderen – und das ist aus ökonomischer Sicht die bessere Alternative – können, vor dem Eintreten von Fehlern im Geschäftsbetrieb, die zukünftig zu erwartenden Anforderungen mit dem aktuellen Profil des Mitarbeiters/der Mitarbeiterin verglichen werden, um diesen/diese entsprechend auf veränderte oder neue Aufgaben vorzubereiten. Während akute Mängel evident sind und der Qualifikationsbedarf sich aus den aktuellen Stellenanforderungen und Aufgaben ableiten lässt, stellt die Prognose zukünftig benötigter Kompetenzen eine Herausforderung eigener Qualität dar. Die aktuelle, jetzt gerade qualifikationsähnlich in einem definierten Zusammenhang abgefragte Kompetenz ist im Grunde uninteressant. Geht man davon aus, dass sich der Arbeitsmarkt dynamisch weiterentwickelt, und unterstellt man ferner, dass Weiterbildungsprozesse Zeit brauchen, dann kann es nur darum gehen, die Kompetenz zukünftiger Perioden in Betracht zu ziehen. Damit ergibt sich indes unhintergehbar ein Prognoseproblem, auf das es nunmehr den Blick zu richten gilt. Bevor also Kompetenzen beim Mitarbeiter/bei der Mitarbeiterin diagnostiziert – also gemessen – werden können, muss zunächst ermittelt werden, welche möglichen Entwicklungen in der Zukunft eintreten.

2.3 Prognose als Ausgangspunkt der Kompetenzmessung

Es stellt sich also das Problem der Vorhersage innovativer Entwicklungen, seien es – wie die Innovationstheorie zu unterscheiden pflegt – Produktinnovationen oder Prozessinnovationen (vgl. Hauschildt 1993, S. 9f.). Dieses zu lösen freilich kann nicht als Teil des wirtschaftsdidaktischen Aufgabenfeldes verstanden werden, sondern es stellt ein technologisches bzw. organisationstheoretisches Prognoseproblem dar (bezüglich der möglichen Inventionen) oder aber ein soziologisches Prognoseproblem hinsichtlich der innovativen Durchsetzung der Invention; (zur Unterscheidung und zum Zusammenhang von „Invention" und „Innovation" vgl. ebenda, S. 16ff.). Ebenso möglich ist die Verwendung von Sickermodellen (vgl. Bank 2009).

Das naheliegendste Prognoseverfahren ist die funktional-deterministische Extrapolation. Hier geht es jedoch ausdrücklich um innovative Zusammenhänge, die sich der funktional-deterministischen Bearbeitung entziehen (dazu insgesamt die Schrift von Godet 1977).

Damit bleiben zwei Hauptgruppen von Prognoseverfahren: solche, die cum grano salis als einfache Stimulus-Response-Verfahren zu klassifizieren sind, sowie solche, die methodisch einfacher als mehrstufige oder rückgekoppelte Verfahren zu beschreiben wären. Zu den einfacheren Verfahren sind beispielsweise Brainstorming-Techniken oder Experten-/Expertinnenbefragungen zu nennen. Das damit verfolgte Ziel ist es, dezentral vorhandenes Wissen oder entsprechende Erwartungen abzurufen. Das Ergebnis solcher Verfahren ist eine Zustandsaussage hinsichtlich einer bestimmten Technik oder eines organisationalen Zusammenhangs zu einem bestimmten zukünftigen Zeitpunkt.

Zu den methodisch aufwendigeren Verfahren gehört zweifellos das sogenannte Delphi-Verfahren (vgl. Wechsler 1978, S. 23ff.). Mit diesem Verfahren sucht man eine Konvergenz in den Aussagen der Befragten dadurch zu erreichen, dass man die Befragungsergebnisse wiederholt an die Befragten zurückkoppelt. Das Ergebnis dieses Verfahrens ist eine einfache, gegebenenfalls bedingte Struktur der Aussage, wie etwa:

„Im Jahre 2020 ist mit einer Verbreitung von Web 2.0 von 80 % aller verfügbaren Webseiten zu rechnen." oder
„Unter der Annahme einer gleichmäßigen Entwicklung wie in den vergangenen Jahren ist im Jahre 2020 mit einer Verbreitung von Web 2.0 von 80 % aller verfügbaren Webseiten zu rechnen."

Ein weiteres aufwendigeres Prognoseverfahren ist die bereits bei Alexander 1996 für didaktische Zwecke interpretierte Szenariotechnik, die das BATELLE-Institut in den Achtzigerjahren in die Diskussion eingebracht hat.[1] Anders als bei der Delphi-Prognose akzeptiert man mit dem Szenarioverfahren eine Divergenz in den Aussagen, doch fordert man eine Konsistenz in den Annahmen (daher „Szenarien"). Im Ergebnis erhält man neben einer Status-quo-Analyse mindestens 3 Aussagen, eine Art Null- oder Normalvorstellung, eine Aussage unter der Annahme einer optimalen Entwicklung und eine Aussage unter der Annahme der schlechtestmöglichen Entwicklung.

Würde man sich beispielsweise im Sinne einer „Nachhersage" für die Entwicklung der Web-2.0-Anwendungen in das Jahr 2005 zurückversetzen, so müsste der Zustand folgendermaßen beschrieben werden: „Erste dynamische Websites mit interaktiven Inhalten tauchen auf." Die Minimalprognose für die Verbreitung von Web-2.0-Anwendungen im Internet im Jahre 2010 wäre wenigstens in einer Closed-Shop-Entwicklung zu sehen; die Nutzung von Web 2.0 im Vergleich zum Jahr 2005 bliebe experten-/expertinnenhaft und im Wesentlichen auf den gleichen oder nur unwesentlich vergrößerten Nutzerkreis begrenzt. Als Maximalhypothese wäre möglich gewesen, dass alle Webinhalte den Web-2.0-Prinzipien entsprechen und alle statischen Websites eingestellt sind. Die Nullalternative hätte wahrscheinlich eine etwas moderatere Nutzung als die tatsächlich eingetretene vorhergesagt.

3 Transformation der Prognose in ein Messinstrument

Nun liegt nach erfolgreicher Prognose eine Vorhersage in Form einer Zustandsbeschreibung vor. Es ist jedoch als ein erster Transformationsschritt die daraus abzuleitende Handlungsforderung zu bestimmen, bevor ein Bedarf an Kompetenzen beschrieben werden kann.

3.1 Von der Prognose zur Handlungsanforderung

Die Überführung in Handlungsanforderungen bedeutet, dass inhaltliche Kategorien mit Verhaltenskategorien zu sogenannten I˚V-Systemen verknüpft werden müssen (vgl. diese Verbindung von Inhaltskategorien mit Verhaltenskategorien in der didaktischen Literatur zunächst

---

[1] Allerdings gibt es etwas ältere Quellen, die bereits die Konzeption der Szenariotechnik beschreiben. Vgl. die Definition des Szenarios bei Godet (1977, S. 87): „Ensemble formé par la description d'une situation future et du cheminement des événements qui permettent de passer de la situation origine a la situation future ... Il faudrait ajouter *que cet ensemble d'événements doit présenter une certaine cohérence.*" Im Original ohne Hervorhebung.

bei Tyler 1964). Im eben eingebrachten Beispiel des Web 2.0 ließen sich beispielsweise die in Abbildung 1 dargestellten Inhalte und dazugehörigen Verhaltensweisen beschreiben.

I	V
Mit Hardware	umgehen können
Mit Breitbandmodems	umgehen können
Das Zehnfingersystem	beherrschen
Social Media	nutzen können, z. B.:
• Twitterbeiträge	schreiben
• Wikibeiträge	recherchieren
• Doodleabfragen	erstellen
• RSS-Feeds	abonnieren
Datensicherheit	beachten

Abbildung 1: Verknüpfung von Inhalts- und Verhaltensdimension

Dabei erweisen sich einige Handlungsanforderungen als dem Grunde nach neu (z. B. mit Breitbandmodems umgehen können, RSS-Feeds abonnieren), andere dagegen nur als dem Ausmaß nach anders (wie etwa die Datensicherheit erheblich wichtiger geworden ist). Ein anderes Ausmaß kann bedeuten, dass die Handlungsanforderung schwerer einzulösen sein mag oder dass ihr eine größere Priorität gegenüber anderen Handlungsanforderungen einzuräumen ist. Hinzu käme eine lebensweltliche Situation (z. B. ein spezifischer Arbeitsplatz), in der diese Verknüpfung zum Einsatz kommt, sodass sich formal für alle möglichen Handlungsanforderungen ergibt (vgl. Bank 2005b):

$I \circ V \,|\, Sit$

$\circ$ = wird verknüpft mit

$|$ = unter der Bedingung von

Für die hier infrage stehenden Kompetenzen ist die Beschreibung einer fest umrissenen Situation, in der das Verhalten über den Inhalt operiert, allerdings unnötig. Ein derart enger Verwertungszusammenhang wäre vielmehr dem Qualifikationsbegriff zuzuordnen (vgl. ebenda 2005b, S. 183f.). Entsprechend wären die I°V-Kombinationen an jedem beliebigen Arbeitsplatz, sei es am Desktoprechner im Telefonvertrieb der Firma A oder auch am Laptop im Außendienst der Firma B, einzufordern.[2]

Werden nun alle zukünftigen (prognostizierten) Kombinationen von I°V zusammengestellt, ergibt sich das (zukünftige) Anforderungsprofil einer bestimmten Stelle im Unternehmen. Diese Zusammenstellung der benötigten Kompetenzen kann als Soll-Struktur der Stelle bezeichnet werden. Die erforderliche Ausprägung könnte dann als der mindestens zu

---

[2] Es mag auf den ersten Blick verwundern, dass hier Kenntnisse von Web 2.0 Anwendungen als Arbeitsplatzanforderungen diskutiert werden. Es gibt jedoch zur Nutzung und Verbreitung dieser Anwendungen im Arbeitskontext bereits eine rege Diskussion, die über reine Programmiererstellen hinaus reicht; vgl. u. a. Hauptmann, Gerlach & Böhringer 2010.

erfüllende Anteil aller aufgestellten I°V-Kombinationen dargestellt werden. Dies hätte zur Folge, dass nicht alle, sondern nur 75% der o.g. Web-2.0-Anwendungen beherrscht werden müssten. Mithilfe dieser Variablen ist der wesentliche Schritt zu einer möglichen Operationalisierung getan. Es gilt nun, den Grad der Erfüllung der Anforderungen beim/bei der betroffenen Beschäftigten zu ermitteln. Das Ergebnis dieser Messung kann als Ist-Struktur bezeichnet werden. Aus einem Vergleich dieser Strukturen, wie er etwa in der Personalwirtschaft mithilfe sogenannter Soll-Ist-Profile erfolgt, ergibt sich dann gegebenenfalls ein Bildungsbedarf in Form fehlender Kompetenzen (vgl. auch „Anforderungsprofil" respektive „Fähigkeitsprofil" in der personalwirtschaftlichen Literatur; hier Scholz 2000, S. 309 ff. und S. 505 ff.).

3.2 Von der Handlungsanforderung zur Kompetenzmessung

Der hier problematisierte Begriff des Bildungsbedarfs ist operativ nur als Lernbedarf zu begreifen. Es braucht, wie oben angesprochen, einer Differenzenbildung zwischen dem, was eine bestimmte Stelle im Unternehmen funktional einfordert (Soll), und dem, was ein Individuum diesem als Leistungspotenzial kompetent entgegenstellt (Ist). Dabei können die für eine Stelle relevanten Kompetenzen als einzeln zu messende Dimensionen betrachtet werden.

Für die Ermittlung eines Bildungsbedarfs ist der Zugriff über Soll-Ist-Profile allerdings unbefriedigend, da eine Reihe redundanter Informationen mit dargestellt wird, hingegen didaktisch bedeutsame Informationen nicht deutlich und damit in aller Regel nicht hinreichend beachtet werden. Bei dem 4-D-Chart handelt es sich um ein Radar-Chart und stellt hierzu eine bessere Alternative dar (vgl. Bank 2000, S. 64 f.).

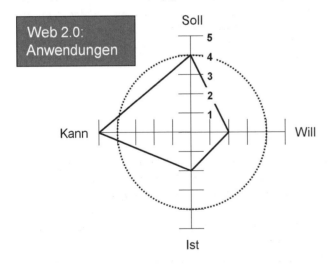

Abbildung 2: Radar-Chart für den Kompetenzbereich Web-2.0-Anwendungen (vgl. Bank 2000, S. 64)

Neben der Soll- und Ist-Struktur werden auch die affektive Dimension (Will-Struktur) bezüglich einer Bildungsmaßnahme sowie als begrenzender Faktor das Potenzial (Kann-Struktur) des Teilnehmers/der Teilnehmerin mit dargestellt. Diese Darstellung erleichtert die Interpretation im Hinblick auf die didaktische Gestaltung einer Weiterbildungsmaßnahme sehr: Während die traditionelle Soll-Ist-Analyse hier auf ein Informationsdefizit schließen lässt, ermöglichen die Bedarfsanalyse unter Berücksichtigung spezifischer anthropogener Bedingungen (vgl. diese als Bedingungsfeld didaktischen Handelns bei Heimann 1962, S. 422 ff.) sowie zusätzlich zur kognitiven oder psychomotorischen Performanz die Analyse der affektiven Dimension eine klare Aussage hinsichtlich der effektiven Gestaltung der Bildungsmaßnahme. Diese Einteilung entspricht jener von Lernzielen, wie sie Bloom 1956 sowie Bloom, Krathwohl & Masia 1964 vornahmen. Am obigen Beispiel betrachtet, würde das in Abbildung 2 vorliegende Radar-Chart aufzeigen, dass die Stelle eine höhere Kompetenz im Umgang mit Web-2.0-Technologien verlangt (Soll), als der/die Beschäftigte aktuell aufweist (Ist). Zudem ist ersichtlich, dass der beschränkende Faktor einer zur Behebung dieses Defizits veranstalteten Bildungsmaßnahme nicht im Potenzial (Kann) des Mitarbeiters/der Mitarbeiterin liegt, sondern in einer unzureichenden Bereitschaft (Will), sich in diesem Kompetenzbereich weiterzubilden.

Das Radar-Chart ist durch diesen Aufbau eine übersichtliche Darstellungsform. Es fasst in ähnlicher Weise wie aggregierte Merkmalsausprägungen in einem Soll-Ist-Profil die in Abbildung 2 einzeln prognostizierten Kompetenzen zu einem Kompetenzbereich zusammen und es stellt diesen Prognosen die aktuelle Ausprägung der Kompetenzen beim/bei der Beschäftigten gegenüber. Zudem werden jene Faktoren mit repräsentiert, die eine erfolgreiche Durchführung einer Bildungsmaßnahme zur Verbesserung dieser Kompetenzen voraussetzt. Somit können Aussagen bezüglich des Weiterbildungsbedarfs bei bestimmten Kompetenzen getroffen werden, die auf der Grundlage des Soll-Ist-Kann-Will-Vergleichs erfolgen. Durch Verwendung relativer Werte (Prozent) ergibt sich ein Gesamtbild im Radar-Chart, das eine Vergleichbarkeit der Dimensionen im Hinblick auf das untersuchte Lernziel erlaubt. Die Vergleichbarkeit der Dimensionen setzt Kommensurabilität voraus. Dazu ist die Messung mit einem für jede Dimension gleichartig skalierten Messinstrument nötig, wie es nachfolgend skizziert wird.

3.3 Einsatz von Likert-Skalen zur Messung der vorhandenen Kompetenzen

Zur Messung der Kompetenzen müssen diese zunächst in ein Messinstrument überführt werden. Eine Möglichkeit, die Ausprägung dieser latenten Dimensionen zu skalieren und zu messen, stellen sogenannte Likert-Skalen dar. Likert überprüfte eine Anzahl von Aussagen hinsichtlich einer zu untersuchenden Dimension – vor allem latenter Dimensionen wie bestimmter Einstellungen – auf ihre Trennschärfe, um so Messbatterien für die jeweilige latente Größe zu konstruieren (vgl. Likert 1932).

Hierzu wird zunächst eine größere Anzahl von Fragen bzw. Aussagen (Statements) erarbeitet, von denen vermutet wird, dass sie zu der zu untersuchenden Dimension in einer bestimmten Ausprägung einen Bezug haben (vgl. Atteslander 2006, S. 222). Zu diesen Statements werden fünf Antwortmöglichkeiten (sogenannte Anker) vorgegeben, die es dem/der Befragten erlauben, in fünf Abstufungen zwischen einem Pol der Zustimmung und einem Pol der Ablehnung zum Statement Stellung zu nehmen. Im Urfragebogen von Likert waren insgesamt drei Antworttypen enthalten: 1) Ja/Nein-Antworten, 2) Mehrfachauswahlantworten mit unterschiedlichen Aussagen zum gegebenen Statement und 3) jenes fünfstufige Rating (vgl. Likert 1932, S. 14f.), das die heute überwiegend gebräuchliche Anwendung bei einer Likert-Skalierung darstellt. Den Antworten werden hiernach Zahlenwerte zugeordnet, um für jeden Befragten einen Summenwert, der die Ausprägung der erfassten Dimension anzeigt, ermitteln zu können. Jedes Item muss so formuliert sein, dass klar zwischen zwei konkurrierenden Positionen gewählt werden muss. Durch Überprüfung dieser Statements auf Trennschärfe an einer (Teil-)Population kann für jede Dimension eine Reihe von Statements gewonnen werden, die die entsprechende Ausprägung bei Befragten reliabel anzeigt.

Die Übertragung dieses Verfahrens auf die Messung von Kompetenzen und deren Darstellung in einem 4-D-Chart ist schematisch in Abbildung 3 dargestellt.

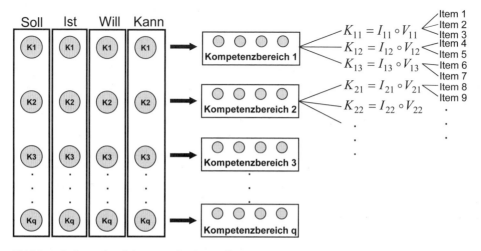

Abbildung 3: Operationalisierungsschema zur Kompetenzmessung (vgl. Bank & Schaal 2010, S. 7)

Die einzelnen Stellenanforderungen als zu ermittelnde Kompetenzbereiche können anhand der prognostizierten Variablen I und V operationalisiert werden. Das heißt, die prognostizierten Anforderungen finden sich hier als verbalisierte Lernziele wieder. Das wiederum bedeutet, die verglichenen Strukturen können durch Kombinationen der Art I°V repräsentiert werden. Dadurch können kognitive, affektive und psychomotorische Kompetenzen des Weiterbildungsbedarfs im Einzelnen betrachtet werden. Jede Inhalts-Verhaltens-Kombination muss dann in mehrere Items überführt werden, wovon jedes die Kombination verbal beschreiben und zu einer Stellungnahme durch den Befragten/die Befragte auffordern muss. Alle Items, die aus den Inhalts-Verhaltens-Kombinationen eines Kompetenzbereiches formuliert werden, bilden so die Itembatterie zur Erfassung dieses Bereiches.

Einige Beispiel-Items zur Ermittlung der Ist- und der Kann-Dimension des Kompetenzbereichs „Web-2.0-Anwendungen" finden sich in Abbildung 4 und 5. Hier wurde zur Veranschaulichung ein fünfstufiges Rating mit verbalen Antwortalternativen gewählt, wobei andere Formate, wie siebenstufige Ratings, ebenso denkbar wären (vgl. zum Effekt verschieden langer Ratingstufen u. a. Beal & Dawson 2007, S. 661). In Abbildung 4 müsste die Zuordnung von Zahlenwerten zu den einzelnen Antworten bei den Items zwei und fünf aufgrund ihrer negativen Formulierung umgekehrt zu den übrigen erfolgen.

> 1) Bei Verbindungsproblemen Ihres Modems führen Sie eine erste Fehlerdiagnose selbst durch.
>
> ☐ Stimme voll und ganz zu   ☐ Stimme eher zu   ☐ Teilweise zutreffend   ☐ Stimme eher nicht zu   ☐ Stimme überhaupt nicht zu
>
> 2) Zur Terminabstimmung nutzen Sie vorrangig E-Mails.
> 3) Zur breiten Kommunikation kurzer Nachrichten nutzen Sie häufig Twitter.
> 4) Für aktuelle Nachrichten nutzen Sie überwiegend die Abonnementfunktion (RSS-Feed) Ihres Webbrowsers.
> 5) Erste Informationen zu einem neuen Themengebiet beschaffen Sie sich am schnellsten mit Fachliteratur aus der Bibliothek.

Abbildung 4: Mögliche Items zur Erfassung der Ist-Dimension im Bereich Web 2.0

Die hier aufgelisteten Items bedürfen allerdings zunächst einer Überprüfung auf Trennschärfe, bevor sie tatsächlich zur Feststellung eines möglichen Weiterbildungsbedarfs in der Kompetenzdimension „Web-2.0-Anwendungen" eingesetzt werden können. Ob die Abfrage mündlich oder schriftlich erfolgt, ist eine Entscheidung auf Grundlage der methodischen Vor- und Nachteile, da in beiden Fällen der gleiche, stark strukturierte Frageleitfaden mit geschlossenen Fragen eingesetzt wird.

Aus dem Antwortverhalten betreffend die einzelnen Items lässt sich ein Summenwert des Mitarbeiters/der Mitarbeiterin über alle beantworteten Items bilden. Ein Vergleich mit dem vorher als Kriterium festgelegten Soll-Wert ergibt dann eine relative (prozentuale) Ausprägung dieser Kompetenz beim Mitarbeiter/bei der Mitarbeiterin. Der Prozentwert kann dann als vergleichbare Größe in das Radar-Chart übertragen werden. Damit kann dieses Verfahren – bezogen auf die strukturellen Dimensionen des Radar-Charts – zur Messung der Ausprägungen auf der Ist-Dimension Anwendung finden. Die Ausprägungen der Soll-Dimension ergeben sich aus der Transformation der Prognoseergebnisse in Handlungsanforderungen wie oben beschrieben, wobei stellenabhängige Abstufungen vom Maximalwert (100 %) möglich und sinnvoll sind.

Die Ermittlung einer Dimension „Kann" gibt ergänzend Auskunft darüber, ob der Mitarbeiter/die Mitarbeiterin überhaupt das Potenzial aufweist, um entsprechende Kompetenzen zu entwickeln. Die Kann-Dimension stellt als potenzielles Handlungsvermögen insofern einen besonderen Fall dar, weil sie sich einer direkten Messung in Form einer Befragung oder punktuellen Beobachtung des/der Beschäftigten entzieht: Im Augenblick der Messung liegt ja die entsprechende Ist-Größe unterhalb der Sollanforderung. Ersatzweise könnten Kollegen/Kolleginnen, Mitarbeiter/-innen oder Vorgesetzte im Sinne einer Mitarbeiter/-innen-Beurteilung eine Beantwortung von Rating-Items vornehmen. Je nach Sachlage wäre auch eine Festlegung der Kann-Ausprägung aufgrund von vorhandenen Formalqualifikationen oder früher schon erfolgreich absolvierten Weiterbildungen möglich.

Zudem ist es sehr sinnvoll, zu überprüfen, ob und inwieweit überhaupt eine Weiterbildungsbereitschaft beim jeweiligen Mitarbeiter/bei der jeweiligen Mitarbeiterin vorliegt. Die Dimension „Will", als eine direkte Einstellungsmessung im Sinne Likerts, kann ebenfalls über mehrstufige Rating-Items ermittelt werden. Beispiel-Items zur Feststellung der Will-Dimension zum Kompetenzbereich Web 2.0 finden sich in Abbildung 5.

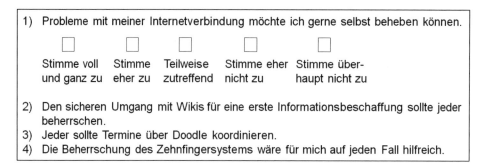

Abbildung 5: Mögliche Items zur Erfassung der Will-Dimension im Bereich Web 2.0

4 Diskussion und Ausblick

Das hier vorgeschlagene Verfahren zur Messung von Kompetenzen als Weiterbildungsbedarfsermittlung ist ein zyklischer Ablauf, bei dem ein Radar-Chart den strukturierten Anfangs- und zugleich den übersichtlichen Endpunkt der Messung darstellt. Die oben vorgeschlagene Vorgehensweise zur Betrachtung einzelner Kompetenzbereiche, unterteilt in vier relevante Dimensionen, und deren Ermittlung mithilfe von Prognoseverfahren und Rating-Items im Sinne Likerts stellt einen methodisch effektiven Leitfaden zur Konstruktion eines Messinstrumentes dar. Besonders für die Ermittlung der Ist-Dimension und Will-Dimension kann konstatiert werden, dass eine Likert-Skala aus theoretischer Sicht und das hier vorgeschlagene Verfahren zur Bildungsbedarfsermittlung deutlich tragfähiger und besser fundiert sind als die Vielzahl der in der Literatur vorfindbaren praxeologischen Ansätze, wie sie überblicksweise bei Bank (1997, S. 69 ff.) dargestellt sind. Es gibt in der Praxis so gut wie keine Bedarfsermittlungsverfahren mit wissenschaftlich zufriedenstellend angelegten Messkonzepten. Unabhängig davon, ob letztlich ein 4-D-Chart zur Darstellung der Kompetenzbereiche genutzt wird, sichert der Zugang über im Vorfeld getestete Rating-Skalen aus messtheoretischer Sicht die Validität, Reliabilität und auch Objektivität als wesentliche Kriterien für Effizienz und Effektivität einer Kompetenzmessung.

Soweit der Aspekt der Praktikabilität betroffen ist, muss jedoch festgestellt werden, dass das Verfahren sehr extensiv ist. Dies liegt zum einen am Aufwand der eingesetzten Prognoseverfahren für die Soll-Dimension und zum anderen am Erfordernis der Validierung der einzusetzenden Skala bei der Messung der Ist- und Kann-Dimension. Infolgedessen ist die Praktikabilität des oben beschriebenen Verfahrens für ein einzelnes Unternehmen als begrenzt einzuschätzen. Sowohl der kaskadische Effekt bei der Operationalisierung der zu messenden Kompetenzen als auch die für eine Validierung der Items nötige Fallzahl sind für kleine und mittelständische Unternehmen kaum zu bewältigen (vgl. Bank & Schaal 2010, S. 13 f.).

Spätestens dann aber, wenn die Ermittlung fehlender Kompetenzen mehr Kosten verursacht als die Besetzung von Positionen mit nicht hundertprozentig kompetenten Beschäftigten, verfehlt die Messung jedes ökonomische Effizienzkriterium. Es scheint daher aus didaktischer wie ökonomischer Sicht lohnenswert, sich verstärkt an einem ohnehin endoffenen Konstrukt zu orientieren und folglich bei den Beschäftigten – so weit es geht – im Rahmen von Erstausbildung und Weiterbildung „Bildung" als Zielkonstrukt des Lehrens und Lernens anzuregen oder zu ermöglichen, denn letztlich unterstützt sie die Bewältigung sich ständig verändernder Anforderungen, ohne dass auf diese neuen Gegebenheiten permanent vorbereitet werden muss.

Literaturverzeichnis

Anderson, Lorin W. (1990): Likert Scales. In: Wahlberg, Herbert J. & Haertel, Geneva D. (Eds.): The international encyclopedia of educational evaluation. Oxford: Pergamon, pp. 334–335.

Alexander, Peter-Jörg (1996): Szenario-Technik als Beitrag zur Prognoseproblematik in der wirtschaftsberuflichen Curriculumdiskussion. (Wirtschafts-, berufs- und sozialpädagogische Texte, Band 26). Köln: Botermann.

Atteslander, Peter (2006): Methoden der empirischen Sozialforschung. 11. Auflage. Berlin: Schmidt.

Bank, Volker (1997): Controlling in der betrieblichen Weiterbildung. Über die freiwillige Selbstbeschränkung auf ein zweckrationales Management quasi-deterministischer Strukturen. (Wirtschafts-, berufs- und sozialpädagogische Texte, Band 27). Köln: Botermann.

Bank, Volker (2000): Bedarfs- und Zielcontrolling. In: Seeber, Susan, Krekel, Elisabeth M. & Buer, Jürgen van (Hrsg.): Bildungscontrolling. Ansätze und kritische Diskussionen zur Effizienzsteigerung von Bildungsarbeit. Frankfurt am Main: Lang, S. 51–70.

Bank, Volker (2005b): Qualifikation, Schlüsselqualifikation, Kompetenz, Bildung: Begriffliche Rekonstruktion und bildungsökonomische Konsequenzen. In: Bank, Volker (Hrsg.): Vom Wert der Bildung. Bildungsökonomie in wirtschaftspädagogischer Perspektive neu gedacht. Bern: Haupt.

Bloom, Benjamin S. (1956): Taxonomy of Educational Objectives. The Classification of Educational Goals. (Handbook I: Cognitive Domain). New York: McKay.

Bloom, Benjamin S., Krathwohl, David R. & Masia, Bertram B. (1964): Taxonomy of Educational Objectives. The Classification of Educational Goals. (Handbook II: Affective Domain). New York: McKay.

Chomsky, Noam (1965): Aspects of the Theory of Syntax. Cambridge: M.I.T.

DeMarco, Tom (1982): Controlling software projects. Management, Measurement & Estimation. Englewood Cliffs: Yourdon.

Erpenbeck, John & Rosenstiel, Lutz von (2007): Handbuch Kompetenzmessung. Erkennen, Verstehen und Bewerten von Kompetenzen in der betrieblichen, pädagogischen und psychologischen Praxis. Stuttgart: Schäffer-Poeschel.

Gnahs, Dieter (2010; Hrsg.): Kompetenzen – Erwerb, Erfassung, Instrumente. (Reihe: Studientexte für Erwachsenenbildung). 2. Auflage. Bielefeld: Bertelsmann.

Godet, Michel (1977): Crise de la prévision, essor de la prospective. Exemples et méthodes. Paris: Presses Universitaires de France.

Hauptmann, Stefan, Gerlach, Lutz & Böhringer, Martin (2010): What are you doing im Elfenbeinturm? – Microblogging im universitären Einsatz – Erfahrungen aus zwei Pilotprojekten. In: Schumann, Matthias, Kolbe, Lutz M., Breitner, Michael H. & Frerichs, Arne (Hrsg.): Multikonferenz Wirtschaftsinformatik 2010. Göttingen: Universitätsverlag, S. 293–295.

Hauschildt, Jürgen (1993): Innovationsmanagement. München: Vahlen.

Heimann, Paul (1962): Didaktik als Theorie und Lehre. In: Die Deutsche Schule 54, Heft 9, S. 407–427.

Likert, Rensis (1932): A technique for the measurement of attitudes. In: Archives of Psychology, No. 140, pp. 1–55.

Robinsohn, Saul B. (1967): Bildungsreform als Revision des Curriculum. Neuwied und Berlin: Luchterhand.

Scholz, Christian (2000): Personalmanagement. Informationsorientierte und verhaltenstheoretische Grundlagen. 5. Auflage. München: Vahlen.

Seitz, Hans (1988): Entwicklung der Qualifikationsanforderungen in kaufmännischen Berufen – Konsequenzen für das kaufmännische Bildungswesen. Zürich: Verlag des Schweizerischen Kaufmännischen Verbandes.

Tyler, Ralph W. (1964): Some persistent questions on the defining of objectives. In: Lindvall, Carl M. (Ed.): Defining educational objectives. A Report of the Regional Commission on Educational Coordination and the Learning Research and Development Center. Pittsburgh: University of Pittsburgh Press, pp. 77–83.

Wechsler, Wolfgang (1978): Delphi Methode. Gestaltung und Potential für betriebliche Prognoseprozesse. München: Florentz.

Internetquellen:

Bank, Volker (2005a): Der Betrieb im erfahrungswissenschaftlichen Erkenntnisinteresse der Berufs- und Wirtschaftspädagogik. In: bwp@, Ausgabe 9; http://www.bwpat.de/ausgabe9/bank_bwpat9.pdf [20.08.2010].

Bank, Volker (2009): Innovation und Wandel in diskret strukturierten Systemen: Ein Sickermodell. (Berichte aus der Berufs- und Wirtschaftspädagogik. Papers and Proceedings in Vocationomics, Nr. 4). Chemnitz: Technische Universität; http://nbn-resolving.de/urn:nbn:de:bsz:ch1-200901634 [01.11.2010].

Bank, Volker & Schaal, Sam (2010): Zum Einsatz von Likert-Skalen im betrieblichen Bildungscontrolling. Vorüberlegungen zur theoretischen Aussagekraft und praktischen Umsetzbarkeit. (Berichte aus der Berufs- und Wirtschaftspädagogik. Papers and Proceedings in Vocationomics, Nr. 7). Chemnitz: Technische Universität; http://nbn-resolving.de/urn:nbn:de:bsz:ch1-qucosa-60888 [01.11.2010].

Beal, Daniel J. & Dawson, Jeremy F. (2007): On the Use of Likert-Type Scales in Multilevel Data. Influence on Aggregate Variables. In: Organizational Research Methods 10, No. 4, pp. 657–672; http://orm.sagepub.com/cgi/content/abstract/10/4/657 [01.11.2010].

Reinhold Nickolaus / Stephan Abele / Tobias Gschwendtner
Universität Stuttgart

Valide Kompetenzabschätzungen als eine notwendige Basis zur Effektbeurteilung beruflicher Bildungsmaßnahmen – Wege und Irrwege

1 Vorbemerkungen 537
2 Gängige Ansätze zur Abschätzung beruflicher Kompetenz (-Aspekte) und
  ihre Eignung zur Generierung valider Aussagen 538
3 Ausgewählte Erkenntnisse zu Kompetenzstruktur- und Niveaumodellen und
  Implikationen für die valide Abschätzung beruflicher Fachkompetenz 540
  3.1 Strukturmodelle 541
  3.2 Niveaumodelle 545
4 Annäherungen an die valide Erfassung fachlicher Problemlösefähigkeit ... 546
5 Probleme reliablen Messens im Bereich fachlicher Problemlösefähigkeit ... 549
6 Ausblick 550
Literaturverzeichnis 550

1 Vorbemerkungen

Prinzipiell gibt es zahlreiche Möglichkeiten, die Effekte beruflicher Bildungsmaßnahmen abzuschätzen. Neben der Erfassung von Kompetenzausprägungen wäre es beispielsweise denkbar, eher sekundäre Erfolgsfaktoren wie z. B. Abbruch- bzw. Absolventen-/Absolventinnenquoten, Übergänge in Beschäftigung bzw. die Akzeptanz bestimmter Abschlüsse heranzuziehen oder auch Erlebnisqualitäten der Adressaten/Adressatinnen und Lehrenden in den Blick zu nehmen. In der Regel oder zumindest z. T. dürften sowohl die sekundären Erfolgsfaktoren als auch Erlebnisqualitäten Zusammenhänge mit der Kompetenzentwicklung aufweisen. Die Kompetenzentwicklung ist wohl das zentrale Ziel aller beruflichen Bildungsmaßnahmen. Wie sich die erworbenen Kompetenzen verwerten lassen, ist primär auch von den Bedingungen außerhalb der pädagogischen Handlungsprogramme abhängig, weshalb sekundäre Indikatoren nur bedingt geeignet sind, deren Effekte befriedigend abzuschätzen. Sekundäre Effektindikatoren sind allerdings häufig leichter zu erfassen, als dies bei Kompetenzen – zumal beruflichen Handlungskompetenzen in einem umfassenderen Verständnis – gegeben ist.

In der beruflichen Bildungspraxis wurden in den letzten Jahren zahlreiche Aktivitäten entfaltet, um berufliche Handlungskompetenzen zu messen. Nicht zuletzt Bemühungen, Prüfungen stärker am Anspruch auszurichten, Kompetenzen in umfassenderem Sinne zu erfassen, hatten deutliche Modifikationen der Prüfungspraxis zur Folge (vgl. Reetz & Hewlet 2008). Beim gegenwärtigen Forschungsstand scheint es allerdings nicht aussichtsreich, den

Anspruch einzulösen, berufliche Handlungskompetenz in einem umfassenderen Sinne valide und reliabel zu erfassen. Eine Annäherung an die valide Abschätzung von Kompetenzen ist vermutlich nur dann Erfolg versprechend, wenn zunächst für zentrale Kompetenzaspekte valide Tests entwickelt werden und der Anspruch auf eine umfassende valide Abschätzung beruflicher Handlungskompetenz zunächst zurückgestellt wird. Im Bereich der beruflichen Bildung ist es naheliegend, diese Annäherung zuerst im Bereich der Fachkompetenz zu betreiben, wozu in den letzten Jahren auch zahlreiche Arbeiten vorgelegt wurden. Das gilt einerseits für Arbeiten, die im Bereich der beruflichen Bildung versuchen, die Potenziale der Item-Response-Theorie bezogen auf ausgewählte Kompetenzfacetten wie die Fachkompetenz zu nutzen (vgl. z. B. Geißel 2008; Gschwendtner 2008; Gschwendtner, Abele & Nickolaus 2009; Lehmann & Seeber 2007; Nickolaus, Gschwendtner & Geißel 2008; Seeber 2008 und 2009; Winther 2010; Winther & Achtenhagen 2009a), andererseits für Versuche, trotz der gravierenden und ungelösten konzeptionellen und messtechnischen Probleme, eine umfassende Abschätzung beruflicher Handlungskompetenzen und der darin eingelagerten Fachkompetenz auf der Basis klassischer Testtheorie vorzunehmen (vgl. z. B. Haasler & Erdwien 2009; Rauner, Haasler, Heinemann & Grollmann 2009).

Im Folgenden werden primär am Beispiel des Kfz-Bereichs die Herausforderungen, Ansätze und Perspektiven einer validen Abschätzung fachlicher Kompetenzen diskutiert, wobei auch deutlich werden wird, dass sich manche der thematisierten Probleme generell, d. h. auch in anderen Domänen bzw. Berufen, stellen. Dazu gehen wir 1) auf gängige Ansätze zur Abschätzung beruflicher Kompetenzen und deren Qualität ein, stellen 2) ausgewählte Erkenntnisse zu Kompetenzstruktur- und Niveaumodellen vor, zeigen 3) Potenziale computergestützter Testverfahren auf, reflektieren 4) Probleme reliablen Messens im Bereich fachlicher Problemlösefähigkeit, die in diesem Feld besonders virulent sind, und geben abschließend einen kleinen Ausblick auf künftige Forschungsaufgaben.

2 Gängige Ansätze zur Abschätzung beruflicher Kompetenz (-Aspekte) und ihre Eignung zur Generierung valider Aussagen

In der beruflichen Bildung wird ein relativ breites Spektrum an Verfahren eingesetzt, um Aussagen zu Kompetenzausprägungen zu gewinnen. Relativ weitverbreitet – insbesondere in der beruflichen Weiterbildung, aber auch in der Berufsbildungsforschung – sind Selbsteinschätzungen, die allerdings mit erheblichen Objektivitätsproblemen behaftet und somit für valide Kompetenzabschätzungen unbrauchbar sind. Gestützt wird diese Aussage u. a. durch Analysen zu Zusammenhängen zwischen Selbsteinschätzungen und Fremdeinschätzungen oder auch durch anhand von Tests gewonnene Daten (vgl. z. B. Verstege 2007, S. 234; Vollmers & Kindervater 2010). Vollmers & Kindervater (2010, S. 525) berichten z. B. bezogen auf eine eigene Untersuchung im Bereich von Berufsbildungswerken von Korrelationen von 0,0 bis 0,4 zwischen Selbst- und Fremdeinschätzungen, je nach Anforderungskontext, im Mittel erreichen die Korrelationen den Wert von 0,2. Denkbar wäre, dass diese schwachen Zusammenhänge durch die spezifische Klientel in den Berufsbildungswerken verursacht sind, deren Schwächen nicht nur bezogen auf ihren kognitiven Fähigkeitserwerb, sondern auch bei Selbsteinschätzungen eigener Fähigkeiten bedeutsam werden. Ein Blick in das Segment der Fach- und Führungskräfte, zu dem inzwischen zahlreiche Studien vorliegen, die einen Vergleich von Selbst- und Fremdurteilen zulassen, bestätigt jedoch das von Vollmers & Kindervater gezeichnete Bild. So ermittelte Heidemeier (2005, S. 40 im Rückgriff auf 96 Studien zu Zusammenhängen des Selbst- und Fremdbildes hinsichtlich des Sozialverhaltens einen mittleren Korrelationswert von 0,22. Bemerkenswert, aber auch erwartungskonform scheint in diesem Zusammenhang der Befund Versteges (2007, S. 300 ff.), der bei Nutzung von Selbsteinschätzungen völlig andere Erklärungsmodelle für die Kompetenzentwicklung generierte, als bei Nutzung testbasierter Daten als Kriteriumsvariable. So gehen beispielsweise für die Erklärung der testbasiert erhobenen Medienkompetenz sprachliche Fähigkeiten als gewichtige Prädiktoren ein, nicht jedoch bei den über Selbsteinschätzungen erhobenen Daten. Vor diesem Hintergrund scheint der in der beruflichen Bildung, insbesondere auch im Weiterbildungsbereich, weitverbreitete Rückgriff auf Selbstauskünfte revisionsbedürftig. Die Erfassung von Kompetenzen über Selbsteinschätzungen sind damit u. E. als Irrweg klassifizierbar, da im Mittel nur von einer gemeinsamen Varianz der Selbsteinschätzungen mit Fremdeinschätzungen von 4–5 % auszugehen ist und ohne fallspezifische Validierung kein höherer Zusammenhang unterstellt werden kann.

Weitverbreitet sind sowohl in der Bildungspraxis als auch in der Berufsbildungsforschung (kriterienorientierte) Experten-/Expertinneneinschätzungen, die z. T. auf der Basis standardisierter Anforderungen, z. T. auch auf der Basis realer Arbeitsprozesse gewonnen werden. Insbesondere der letzte Typus, der in spezifischer Form z. T. auch im Prüfungsgeschehen bei „betrieblichen Aufgaben" als Teil der Facharbeiter/-innen-Prüfungen zum Einsatz kommt, wird den Gütekriterien validen Testens keinesfalls gerecht. Dafür sprechen auch fragwürdige Verteilungen von Prüfungsergebnissen in manchen Berufen, die durch massive Häufungen sehr guter und guter Noten gekennzeichnet sind (vgl. Bosch 2009). Die Problematik wird durch die beiden Abbildungen 1 und 2 illustriert, die bezogen auf deutsche Verhältnisse zugleich deutlich machen, dass unterschiedliche Prüfungsformen, die parallel genutzt werden, mit deutlich unterschiedlichen Chancen verbunden sind, gute Leistungsergebnisse bescheinigt zu bekommen.

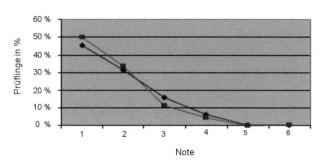

Abbildung 1: Prüfungsergebnisse in den neu geordneten Metallberufen, Sommer 2008 (Bosch 2009)

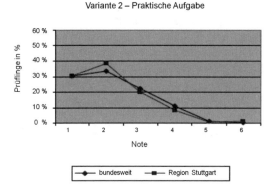

Abbildung 2: Prüfungsergebnisse in den neu geordneten Metallberufen, Sommer 2008 (Bosch 2009)

In betrieblichen Kontexten scheinen z. T. auch Mildeeffekte einer objektiven Einschätzung entgegenzustehen (Abele 2011). Aber auch kriterienorientierte Experten-/Expertinneneinschätzungen, die auf der Basis von standardisierten Aufgaben zustande kommen und eine hohe Interraterreliabilität aufweisen können, können v. a. in jenen Fällen, in denen man den Ratern Urteile abverlangt, die nur begrenzt operationalisierbar sind, auf gemeinsamen Misskonzepten beruhen. Auf breiter Ebene finden auch Paper-Pencil-Tests Verwendung, die nach den vorliegenden Erkenntnissen v. a. geeignet sein dürften, deklarative und spezifische Ausschnitte prozeduralen Wissens verlässlich abzuschätzen. Erhebliche Zweifel scheinen allerdings angebracht, auf diese Weise Kompetenzaspekte wie Fehleranalysefähigkeit oder allgemeine fachliche Problemlösefähigkeit in beruflichen Kontexten adäquat zu erfassen. Ideal wären dazu zweifellos Aufgabenstellungen, die reale Anforderungen widerspiegeln bzw. reale Arbeitsaufgaben selbst, wobei sich allerdings das Problem stellt, dass sich bei der Konfrontation mit nur wenigen komplexen Aufgaben erhebliche Reliabilitätsprobleme einstellen, die Ausweitung der Aufgaben bzw. Testzeiten an Grenzen stößt und die Schaffung standardisierter Anforderungssituationen erhebliche Umsetzungsprobleme bereitet. Vor diesem Hintergrund scheinen zumindest für wichtige Segmente die im Rahmen der Vorstudien zu einem Berufsbildungs-PISA entwickelten und einer kritischen Validitätsprüfung unterzogenen computerbasierten Simulationen realer Arbeitsaufgaben (Abele, Achtenhagen, Gschwendtner, Nickolaus & Winther 2009; Gschwendtner, Abele & Nickolaus 2009; Nickolaus, Gschwendtner & Abele 2009; Winther & Achtenhagen 2009a) ein weiterverfolgenswerter Weg.

3 Ausgewählte Erkenntnisse zu Kompetenzstruktur- und Niveaumodellen und Implikationen für die valide Abschätzung beruflicher Fachkompetenz

Den im Folgenden referierten Studien zu Kompetenzstruktur- und Kompetenzniveaumodellen lag in der Regel ein Kompetenzverständnis im Anschluss an Klieme & Leutner (2005) zugrunde, das durch eine Konzentration auf kontextspezifische kognitive Dispositionen gekennzeichnet und funktional auf bestimmte Klassen von Situationen und Anforderungen in bestimmten

Domänen bezogen ist. Bereitschaften, wie sie in holistischen Modellen, wie z.B. jenem der deutschen Kultusministerkonferenz inkludiert sind, wurden im Sinne einer Komplexitätsreduktion zunächst ausgegrenzt bzw. einer separaten Erfassung überlassen. Dafür waren primär pragmatische Überlegungen leitend, da es beim gegenwärtigen Kenntnisstand nicht Erfolg versprechend scheint, umfassende Kompetenzabschätzungen, die das gesamte Konstrukt der beruflichen Handlungskompetenz abdecken, reliabel und valide vorzunehmen.

3.1 Strukturmodelle

Über die verschiedenen Domänen hinweg kristallisiert sich im Hinblick auf die Kompetenzstruktur zumindest eine zweidimensionale Struktur beruflicher Fachkompetenz heraus, die durch das relevante Wissen als erste Dimension und die Fähigkeit, dieses Wissen in wechselnden, auch problemhaltigen Situationen anzuwenden (fachliche Problemlösefähigkeit), als zweite Dimension beschrieben werden können (vgl. Achtenhagen & Winther 2009; Gschwendtner 2008; Gschwendtner, Abele & Nickolaus 2009). Inkonsistent ist die Befundlage zu Ausdifferenzierungen des Wissens, das in einem Teil der Studien eindimensional modelliert wird (vgl. Geißel 2008; Gschwendtner 2008; Lehmann & Seeber 2007; Nickolaus, Gschwendtner & Geißel 2008), in anderen hingegen mehrdimensional (vgl. Gschwendtner 2011; Seeber 2008; Winther & Achtenhagen 2009a und 2009b), wobei allerdings zu berücksichtigen bleibt, dass ein Teil der Modellierungen post hoc erfolgte. Bemerkenswert scheint, dass sich bisher das deklarative und prozedurale Wissen nicht als je eigene Dimensionen bestätigen lassen. Möglicherweise ist das auch auf Operationalisierungsprobleme zurückzuführen, da die Ausprägung prozeduralen Wissens in der Regel nicht losgelöst von deklarativen Wissensbeständen erhoben werden kann.

Dort, wo sich mehrdimensionale Modelle des Fachwissens eindimensionalen Modellen überlegen erweisen, ist zum gegenwärtigen Zeitpunkt noch keine durchgängige Systematik erkennbar, die domänenübergreifend strukturbildend ist. So ergibt sich beispielsweise im kaufmännischen Bereich bei Seeber (2009) ein zweidimensionales Modell, das mit den Subdimensionen „betriebs- und volkswirtschaftliche Aspekte" und „wertschöpfungsbezogene Anforderungen" aufgespannt wird. Winther & Achtenhagen (2009a und b) referieren hingegen ein zweidimensionales Modell der Fachkompetenz mit den Subdimensionen verstehensbasierter und handlungsbasierter Kompetenz, wobei Letztere in die Subdimensionen Wertschöpfungsprozesse und Steuerungsprozesse ausdifferenziert wird.

Im gewerblich-technischen Bereich ergaben sich bisher primär eindimensionale Modellierungen des Fachwissens.[1] Vereinzelt deutet sich allerdings an, dass sich zu Beginn der Ausbildung noch eine bessere Passung eines zweidimensionalen Modells ergibt, wie z.B. bei den Kfz-Mechatronikern/-Mechatronikerinnen, bei denen die elektrotechnischen und metalltechnischen Leistungsdispositionen erst im Verlauf des ersten Ausbildungsjahres zu verschmelzen scheinen (vgl. Gschwendtner 2008). In einem aktuell laufenden Projekt[2], in dem bei der Testkonstruktion zur Erfassung des Fachwissens am Ende der Ausbildung versucht

---

[1] Das gilt z.B. sowohl für die Modellierungen im Rahmen von ULME III (vgl. Lehmann & Seeber 2007) als auch die ersten Modellierungen im Kfz- und Elektrobereich (vgl. Gschwendtner 2008; Geißel 2008; Nickolaus, Gschwendtner & Geißel 2008).

[2] Kompetenzmodellierung und Kompetenzentwicklung in der gewerblich-technischen Ausbildung (DFG NI/ 606/6-1).

wurde, das gesamte Wissensspektrum abzudecken, ergibt sich allerdings auch im Kfz-Bereich eine mehrdimensionale Modellierung (vgl. Gschwendtner 2011). Diese Mehrdimensionalitäten wurden konfirmatorisch geprüft, d. h., die Dimensionen wurden im Vorfeld generiert. Dabei lassen sich Annahmen zur Mehrdimensionalität in unterschiedlichen Perspektiven entwickeln.

Becker (2009) vermutet beispielsweise, dass sich bezogen auf Kernarbeitsprozesse je eigene Dimensionen[3] ergeben, die er für Kfz-Mechatroniker/-innen in Service-, Diagnose-, Instandhaltungs- und Installationsaufgaben sieht. Denkbar wären ebenso Ausdifferenzierungen nach Arbeitsbereichen bezogen auf technologische Gegenstandsfelder, im Kfz-Bereich z. B. ausdifferenziert in Motor und Abgasanlage, elektronische und elektrotechnische Systeme, Komfort- und Sicherheitssysteme, Kraftübertragung und Fahrwerk, Bremsen, Lenkung oder nach den zum Einsatz kommenden Arbeitsmitteln wie z. B. elektronischen Prüfmitteln, Experten-/Expertinnensystemen, mechanischen Arbeits- und Prüfmitteln, schriftlichen Leitfäden und Checklisten (vgl. z. B. Gschwendtner 2011). Quer dazu liegen die oben thematisierten psychologischen Dimensionen des Fachwissens und der fachspezifischen Problemlösefähigkeit als Fähigkeit, dieses Wissen in wechselnden, auch unvertrauten Situationen adäquat einsetzen zu können. Im Kfz-Bereich kommen, wie vermutlich in vielen gewerblich-technischen Bereichen, mit großer Wahrscheinlichkeit motorische Fähigkeiten hinzu, die allerdings nicht in allen Anforderungskontexten leistungsrelevant werden. Zumindest in stark kognitionslastigen Anforderungssituationen wie der Fehlerdiagnose im Kfz- und Elektrobereich können die nahezu identischen Leistungen in simulierten und realen Anforderungssituationen (Abele, Achtenhagen, Gschwendtner, Nickolaus & Winther 2009; Gschwendtner, Abele & Nickolaus 2009; Nickolaus, Gschwendtner & Abele 2009) so interpretiert werden, dass die in den realen Anforderungssituationen zusätzlich zu erbringenden motorischen Leistungen für das Gesamtergebnis nicht leistungsrelevant werden, was darauf zurückzuführen sein dürfte, dass die notwendigen manuellen Fertigkeiten von (nahezu) allen Probanden/Probandinnen hinreichend beherrscht werden. Ob dies auch in anderen Anforderungsbereichen gilt, ist ungeklärt und bei manchen Anforderungen, wie anspruchsvollen Montagearbeiten, eher unwahrscheinlich.

Bezogen auf das Fachwissen ergab sich im Kfz-Bereich[4] in der gegenwärtig laufenden und oben bereits erwähnten Studie eher überraschend eine mehrdimensionale Struktur des Fachwissens, bestehend aus den Subdimensionen Service, Motor, Motormanagement, Start – Strom – Beleuchtung, Kraftübertragung und Fahrwerk. Abbildung 3 gibt einen Überblick zu den latenten Interkorrelationen zwischen den Subdimensionen, die lediglich für Motorenmanagement und Start – Strom – Beleuchtung eine Größenordnung erreichen, die für eine gemeinsame Skalierung sprechen. Modellvergleichstests stützen die fünf- bzw. sechsdimensionale Struktur zusätzlich.

---

[3] Der Terminus „Dimension" wird von Becker (2009) in diesem Kontext im Sinne empirisch abgrenzbarer Aufgabenfelder verwendet; ob sich diese Aufgabenfelder auch testtheoretischer Perspektive als Dimensionen bestätigen, ist offen.

[4] Für die in die gleiche Untersuchung einbezogenen Elektroniker/-innen für Energie- und Gebäudetechnik ergab sich am Ende der Ausbildung ebenfalls eine mehrdimensionale Struktur des Fachwissens.

Valide Kompetenzabschätzungen

	2)	3)	4)	5)	6)
1) Service	.75	.63	.68	.45	.74
2) Motor		.73	.74	.60	.63
3) Motormanagement			.87	.32	.53
4) Start – Strom – Beleuchtung				.50	.73
5) Kraftübertragung					.73
6) Fahrwerk					

Tabelle 1: Latente Korrelationen zwischen den Subdimensionen des Fachwissens

Im Hinblick auf eine valide Abschätzung der Fachkompetenz hat dieser Befund eine substanzielle Erweiterung des Messaufwands zur Folge, da je Subdimension in der Regel etwa 20 Items für eine reliable Erfassung notwendig sind. Spannend scheint in einer modellierungs- und messtechnischen Perspektive die Frage, ob sich die hier für das Fachwissen dokumentierte Ausdifferenzierung des Strukturmodells auch auf der Ebene der Wissensanwendung in realen Anforderungskontexten widerspiegelt. Des Weiteren stellt sich die Frage nach den Ursachen der Mehrdimensionalität. Während für die Unterscheidung des Fachwissens und der Fähigkeit, dieses Fachwissen anzuwenden, unterschiedliche kognitive und gegebenenfalls auch manuelle Fähigkeiten verantwortlich sein dürften, sprechen klassenspezifische Analysen zu den erzielten Leistungen in den einzelnen Subdimensionen des Fachwissens für die Vermutung, dass nicht zuletzt klassenspezifisch differente Curricula mit ursächlich sind (vgl. Abbildung 3 und Abbildung 4).

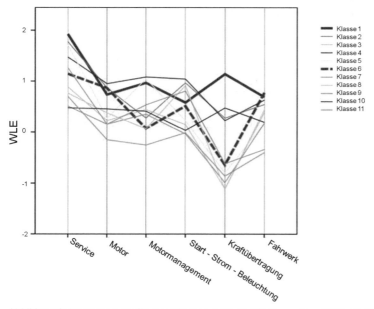

Abbildung 3: Kompetenzprofile der Klassen 1 bis 11 (Gschwendtner 2011, S. 66)

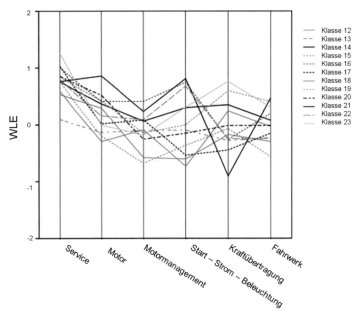

Abbildung 4: Kompetenzprofile der Klassen 12 bis 23 (Gschwendtner 2011, S. 67)

Deutlich wird aus diesen klassenspezifisch stark unterschiedlichen Leistungsprofilen, dass curriculare Gewichtungen höchst unterschiedlich vorgenommen werden und das Ergebnis der Mehrdimensionalität z. T. auch durch diese unterschiedlichen Schwerpunktsetzungen zustande kommt. Gestützt wird diese Vermutung durch die Ergebnisse zur Strukturmodellierung bei Ausschluss jener Klassen, die primär für stark alternierende Ergebnisse in den Subdimensionen verantwortlich sind.

Vor diesem Hintergrund erscheint der obige Befund zur Mehrdimensionalität des Fachwissens in einem neuen Licht. Wenn unterschiedliche curriculare Gewichtungen neben den kognitiven Eingangsvoraussetzungen (Nickolaus, Rosendahl, Gschwendtner, Geißel & Straka 2010; Seeber & Lehmann 2011), die zentralen Prädiktoren der erbrachten Leistungen darstellen, ist in einer längerfristigen Perspektive davon auszugehen, dass die realen Anforderungen am Arbeitsplatz bzw. die zu deren Bewältigung notwendigen Fähigkeiten strukturrelevant werden. Zu prüfen wäre, ob sich die obige, primär an Gegenstandsfeldern orientierte Struktur der Subdimensionen auch noch bei erfahrenen Facharbeitern/Facharbeiterinnen bzw. Meisterschülern/-schülerinnen als profilbildend erweist oder aber bei dieser Personengruppe eine an den Arbeitsprozessen orientierte Modellierung eine bessere Passung erbringt. Relevant ist in diesem Kontext auch die noch ungeklärte Frage nach der Relation des gegenstands- und arbeitsprozessbezogenen Wissens. Da sich in der gleichen Studie auch für die Elektroniker/-innen für Energie- und Gebäudetechnik am Ende der Ausbildung eine mehrdimensionale Struktur des Fachwissens ergibt, liegt die Vermutung nahe, dass mit zunehmender Ausbildungsdauer die unterschiedlichen Erfahrungsräume der Auszubildenden sowohl für die Herausbildung von Kompetenzstrukturen als auch der erreichten Kompetenzniveaus bedeutsam werden. Dass die betrieblichen Erfahrungskontexte erhebliche Varianzen aufweisen, ist im Handwerk durch die stark auftragsgebundenen Handlungsbedingungen begünstigt. Im schulischen Bereich öffnen die im Zuge der Implementation des Lernfeldkonzepts generierten inhaltsoffenen Lehrpläne ähnliche Spielräume.

In einer didaktischen Perspektive deuten die oben präsentierten Ergebnisse zu den in den Klassen stark schwankenden Leistungen in den Subdimensionen auf die hohe Relevanz curricularer Schwerpunktsetzungen für die Kompetenzentwicklung hin. In den bisherigen Erklärungsmodellen fand dies wohl vor allem deshalb keinen Niederschlag, da die curricularen Gewichte nicht systematisch kontrolliert bzw. bei der Analyse berücksichtigt wurden. Künftige Untersuchungen sollten u. E. so angelegt werden, dass dieses Defizit überwunden werden kann. Für Vergleichsstudien, gegebenenfalls auch internationale Vergleichsstudien, zu erzielende Kompetenzausprägungen ergibt sich aus der obigen Befundlage auch die Konsequenz, relativ große Stichproben zu ziehen und nach Möglichkeit die curricularen Gewichtungen innerhalb der verschiedenen pädagogischen Handlungsprogramme zu kontrollieren.

3.2 Niveaumodelle

Die Arbeiten zur Niveaumodellierung sind bisher noch weniger weit fortgeschritten als jene zur Strukturmodellierung. Als relevante Schwierigkeitsmerkmale der Aufgaben, die zu den bisher primär post hoc erfolgten Niveaumodellierungen herangezogen wurden, erwiesen sich im gewerblich-technischen Bereich – zum Teil auch domänenübergreifend – die Vernetztheit des Wissens, die Bloom'sche Taxonomie, der Vertrautheitsgrad aus der Sekundarstufe I und die curriculare Absicherung in der Sekundarstufe II. Substanzielle Korrelationen ergaben sich z. T. auch für die Modellierungsnotwendigkeit und die Anzahl der Lösungsschritte (vgl. Geißel 2008; Gschwendtner 2008; Nickolaus, Gschwendtner & Geißel 2008). Bemerkenswert scheinen dabei auch Parallelen zu den Schwierigkeitsprädiktoren, die im kaufmännischen Bereich identifiziert wurden (vgl. Winther & Achtenhagen 2009a und 2009b), die ebenfalls Modellierungsleistungen, Aspekte der Bloom'schen Taxonomie und die inhaltliche Komplexität umfassen. Seeber (2007) identifizierte bei Einzelhandelskaufleuten neben dem Anspruch an das „Verständnis fachlicher Zusammenhänge" und der Notwendigkeit der Aktivierung abstrakt-begrifflichen Wissens auch die Anwendung mathematischer Kenntnisse als relevante Schwierigkeitsindikatoren. Inwieweit mathematische Anforderungen strukturell oder auch als Schwierigkeitsmerkmale relevant werden, dürfte auch davon abhängig sein, wie sehr die Bewältigung beruflicher Anforderungen mathematische Fähigkeiten voraussetzt. Bestätigung findet diese Annahme z. B. bei Winther & Achtenhagen (2008), die mathematische Fähigkeiten für Rechnungswesen/Controlling, nicht jedoch für betriebswirtschaftliche Inhalte als erklärungsrelevant ausweisen.

Eine eher grobe Abschätzung zu den berufsspezifischen mathematischen Anforderungen lassen die Ergebnisse der IAB/BIBB-Erhebungen zu, nach denen in den Bauberufen auf Facharbeiter/-innen-Niveau weit häufiger mathematische Anforderungen relevant sind als z. B. bei Kfz-Mechatronikern/-Mechatronikerinnen (Parmentier 2001). Die deutlich unterdurchschnittlichen mathematischen Anforderungen bei Kfz-Mechatronikern/-Mechatronikerinnen könnten mit verantwortlich sein für die bisher für diesen Beruf fehlgeschlagenen Versuche, diese als modellierungsrelevant für die Fachkompetenz auszuweisen. Theoretisch wäre allerdings auch denkbar, dass zum Zeitpunkt der Erhebung fachliche und mathematische Fähigkeiten bereits „verschmolzen" waren und aus diesem Grund eindimensionale Modelle den besseren Modellfit aufwiesen.

Die im Rückgriff auf die oben angeführten Schwierigkeitsmerkmale generierten Niveaumodelle und die Analysen zu den erreichten Leistungsniveaus dokumentieren nahezu durchgängig deutliche Diskrepanzen zwischen curricularen Ansprüchen und den tatsächlich gezeigten Leistungen (vgl. Geißel 2008; Gschwendtner 2008; Lehmann & Seeber 2007; Nickolaus, Gschwendtner & Geißel 2008). Dies gilt sowohl für Tests am Ende der Ausbildung als auch für Testzeitpunkte am Ende des ersten Ausbildungsjahres. Längsschnittliche Niveaumodellierungen liegen bisher noch kaum vor. Als Herausforderung erweist sich dabei nicht zuletzt die Entwicklung sensitiver Items. Erste Analysen im Rahmen des bereits erwähnten gegenwärtig laufenden Projektes deuten darauf hin, dass in Zeiten eines systematischen Kompetenzaufbaus, wie sie die Berufsausbildung darstellt, längere Zeiträume zwischen den Testzeitpunkten für die Generierung sensitiver Items problematisch werden können. Wir vermuten, dass Tests in Abständen von ein bis eineinhalb Jahren notwendig werden, um Entwicklungen befriedigend beschreiben zu können. Neben Wissens- bzw. Kompetenzzuwächsen ist in Teilsegmenten auch mit Regressionen zu rechnen (vgl. auch Nickolaus & Ziegler 2005).

Befriedigende längsschnittliche Modellierungen können vermutlich erst in den nächsten Jahren bzw. Jahrzehnten generiert werden, denn neben der Sensitivitätsproblematik stehen wir vor der Herausforderung, die Schwierigkeitsindikatoren nicht nur post hoc zu identifizieren, sondern systematisch zu variieren, was angesichts der Anzahl der (potenziellen) Schwierigkeitsindikatoren und realisierbaren Testzeiten erhebliche Stichprobenumfänge und/ oder systematisch aufeinander aufbauende Studien erfordert. Festhalten können wir im Hinblick auf die Erfassung des Fachwissens, dass zwar noch erhebliche Entwicklungsarbeit zu leisten ist, die generierten Tests jedoch durchaus brauchbar sind, um Abschätzungen der Fachkompetenz weit elaborierter vornehmen zu können, als dies auf der Basis klassischer Testtheorie bisher der Fall war. Zugleich erweist sich auch in diesem Feld das Paper-Pencil-Format als zweckdienlich.

4 Annäherungen an die valide Erfassung fachlicher Problemlösefähigkeit

Annäherungen an eine valide Erfassung fachlicher Problemlösefähigkeit stehen 1) vor dem Problem, inhaltliche Validität zu sichern und, sofern nicht mit realen Aufgabenzuschnitten gearbeitet wird, 2) vor der Herausforderung, kriterienbezogene Validität zu gewährleisten. Der Rückgriff auf reale Aufgabenzuschnitte scheint vor allem deshalb kaum gangbar, da damit erhebliche Probleme der Standardisierung der Anforderungen verbunden sind, die zwar theoretisch, aus Kostengründen jedoch kaum praktisch überwindbar sein dürften. Vor diesem Hintergrund wurde im Kontext einer Machbarkeitsstudie zu einem VET-LSA geprüft, ob über Simulationen technischer Systeme standardisierte und zugleich in hohem Grade authentische Anforderungssituationen geschaffen werden können, die valide Abschätzungen fachlicher Problemlösefähigkeit ermöglichen. Realisiert wurde dies am Beispiel von Kfz-Mechatronikern/-Mechatronikerinnen[5], deren Arbeitsfeld, bedingt durch technologiebedingte Standardisierungen, auch internationale Vergleichsstudien zulässt (vgl. Baethge & Arends 2009). Innerhalb dieses Berufs erweisen sich insbesondere Fehlerdiagnoseaufgaben als be-

---

[5] Inzwischen liegen auch für elektrotechnische und informationstechnische Berufe Simulationen vor, für Mechatroniker/-innen werden gegenwärtig einschlägige Entwicklungen vorangetrieben.

sonders herausfordernd und damit auch als leistungsrelevant. Zugleich ist dieses Aufgabensegment für Simulationen leichter zugänglich als Tätigkeitssegmente, in denen besonders manuelle Fähigkeiten leistungskritisch sind, wie z. B. bei Schweißarbeiten.

Vor diesem Hintergrund wurden zunächst in enger Kooperation mit Experten/Expertinnen Simulationen zur Fehlerdiagnose generiert, in denen der Motor, das Motormanagement und die Beleuchtungsanlage eines Kfz sowie das für die Fehlerdiagnose an modernen Kraftfahrzeugen verfügbare Experten-/Expertinnensystem authentisch nachgebildet wurden (vgl. Gschwendtner, Abele & Nickolaus 2009; Nickolaus, Gschwendtner & Abele 2009). Während die inhaltliche Validität durch die mit Experten/Expertinnen abgestimmte Auswahl der Aufgabenzuschnitte und die enge Orientierung an den realen Handlungsvollzügen gesichert wurde, war bezogen auf die kriterienorientierte Validität zu prüfen, ob die Abschätzung der Kompetenzausprägungen auf Basis der simulierten Anforderungskontexte (näherungsweise) zu gleichen Ergebnissen führt wie die Konfrontation mit den realen Aufgabenzuschnitten.

Ohne hier aus Raumgründen näher auf das Untersuchungsdesign einzugehen (vgl. dazu Gschwendtner, Abele & Nickolaus 2009), werden im Folgenden die zentralen Ergebnisse dieser Validitätsstudie skizziert. Der erste zentrale Befund lautet, dass die Fehleranalyse in authentisch simulierten Systemen die gleichen Fähigkeiten erfordern wie jene in realen Systemen (vgl. Abbildung 5–8). Geprüft wurde diese Aussage auf der Basis von konfirmatorischen Faktorenanalysen, die zeigen, dass das eindimensionale Modell (Abbildung 5), in dem die simulierten (S2–S8) und realen Anforderungskontexte (R1–R7) gemeinsam modelliert wurden, besser auf die Daten passt als das zweidimensionale Modell (Abbildung 6).

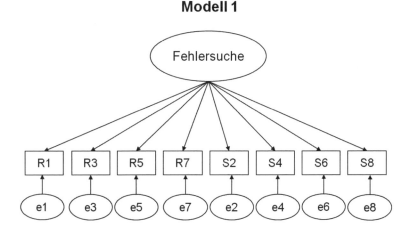

Abbildung 5: Eindimensionales Modell

Modell 2

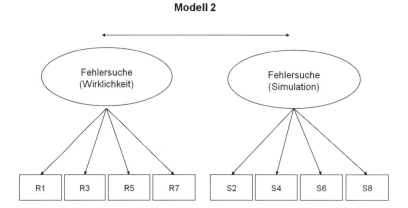

Abbildung 6: Zweidimensionales Modell

Zudem korrelieren im zweidimensionalen Modell die Leistungen in den simulierten und realen Anforderungskontexten latent mit 0.98, und die Ladungen der einzelnen Items auf dem latenten Faktor sind weitgehend homogen und ausreichend hoch (vgl. Abbildung 7).

Modell	x^2	df	$p(x^2)$	TLI	CFI	RMSA
1	13.46	14	.49	1.00	1.00	.00
2	13.06	13	.44	1.00	1.00	.01

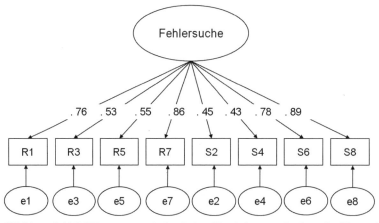

Abbildung 7: Validität von computerbasierten Simulationen – Analyse der Dimensionalität (Gruppe 1)

Prüft man ergänzend, ob auch das Leistungsniveau vergleichbar abgeschätzt wird, so bestätigt sich dies in 6 von 8 Fällen (vgl. Abbildung 8).

Valide Kompetenzabschätzungen

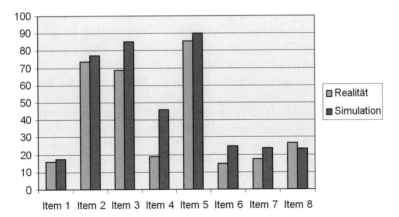

Abbildung 8: Analyse der Itemschwierigkeiten mit Lösungshäufigkeiten (Abele & Gschwendtner 2010, S. 16)

Ergänzende Analysen zeigen Möglichkeiten auf, die Leistungsdifferenzen im Falle der Items 3 und 4 ebenfalls deutlich zu reduzieren. Damit erweisen sich solche Simulationen in diesem Anforderungskontext als probates Mittel, sowohl valide als auch aufwandsgünstig Kompetenzausprägungen abzuschätzen.

5 Probleme reliablen Messens im Bereich fachlicher Problemlösefähigkeit

Für die Gewinnung von reliablen Kompetenzabschätzungen sind je Subdimension, überschlägig kalkuliert, ca. 20 Items erforderlich. Im Bereich fachlicher Problemlösefähigkeit konzentrierten sich die Arbeiten bisher entweder primär auf analytische Aufgabenzuschnitte (wie z. B. bei der in Abschnitt 4 skizzierten Studie) oder auf eher konstruktive Aufgabenstellungen, wie z. B. in den einschlägigen Arbeiten des ITB (vgl. z. B. Rauner, Haasler, Heinemann & Grollmann 2009). Die Anzahl der Items genügt im Bereich des Problemlösens in allen Arbeiten den Ansprüchen bisher nicht bzw. nur bedingt. Mit zwei komplexen Aufgaben, wie z. B. im Projekt KOMET (vgl. Haasler & Erdwien 2009) sind keine reliablen Kompetenzabschätzungen zu erwarten, aber auch mit acht komplexen Aufgaben, wie z. B. in der eigenen Validitätsstudie im Kfz-Bereich befriedigen die erzielten Reliabilitätswerte (0.56–0.6) noch nicht (vgl. Gschwendtner, Abele & Nickolaus 2009). Da die Testzeit, die bei den komplexen Aufgaben im Kfz-Bereich bei vier Stunden lag, aus verschiedenen Gründen nicht beliebig erweiterbar ist, stellt sich die Frage, welche Möglichkeiten bestehen, einerseits die Reliabilität zu erhöhen und andererseits zugleich eine hinreichende inhaltliche Breite und damit auch Validität zu gewährleisten.

Denkbar ist der Ansatz, über Partial Credits zum Ziel zu kommen, wobei Interaktionen zwischen Impulsen, die durch zusätzliche Teilaufgaben gegeben werden, und dem Problemlöseverhalten problematisch werden können. Lösbar scheint dieses Problem am ehesten über computergestützte Testformen, die Optionen eröffnen, erreichte Zwischenleistungen „abzugreifen". Paper-Pencil-Formate scheinen dafür nur unter bestimmten Bedingungen geeignet, da deren Bearbeitung, je nach Gestaltung, andere Fähigkeiten abzufordern scheint, als reale Anforderungssituationen. Erfahrungen im elektrotechnischen Bereich zeigen allerdings, dass durch eine spezifische Gestaltung der Items, insbesondere über die Variation der Komplexität, eine gemeinsame Skalierung möglich wird. Die Komplexität der Aufgaben wird dann nicht nur relevant für die Schwierigkeit der Aufgaben, sondern ebenso für deren dimensionale Zuordnung.

Denkbar wären auch Formen adaptiven Testens sowohl zur Lösung des Reliabilitäts- als auch des Validitätsproblems, wobei allerdings im Vorfeld erhebliche Aufwände entstehen würden. Eine weitere Option stellt die Generierung von Aufgaben mit kürzeren Bearbeitungszeiten dar. Künftige Arbeiten werden zeigen, wie diese Problematik bei Einhaltung vertretbarer Testzeiten bewältigt werden kann.

6 Ausblick

Für die weiteren Arbeiten ist es notwendig, die oben aufgeworfenen Fragen systematisch zu bearbeiten. Sowohl im Hinblick auf die Strukturmodellierung als auch die Niveaumodellierung kann inzwischen zwar an substanziellen Vorarbeiten angeknüpft werden, aber der Anspruch validen Testens ist bisher nur bezogen auf Kompetenzausschnitte und einzelne Berufe näherungsweise einzulösen. Insbesondere die Generierung längsschnittlich angelegter Niveaumodelle bedarf wohl auch einer etwas längeren Entwicklungszeit, die sich jedoch in jedem Fall lohnen dürfte, da damit zugleich erstmals genauere Beschreibungen der Kompetenzentwicklung möglich würden.

Angesichts der Komplexität der Materie bedarf es eines kohärenten Forschungsprogramms, um diese Aufgaben zu bewältigen. Eine Herausforderung stellt auch die Reliabilitätsproblematik im Bereich fachlicher Problemlösefähigkeit dar. Auch wenn es gelingt, diese Probleme für einzelne Subdimensionen zu überwinden, was wir begründet unterstellen, könnten für den Fall, dass sich mehrdimensionale Modelle auch im Anwendungsbereich bestätigen sollten, die notwendigen Testzeiten für die Erfassung aller Subdimensionen der Fachkompetenz ein akzeptables Maß überschreiten. Zu fragen ist in diesem Kontext allerdings auch, welchen Zwecken die jeweilige Messung dient. So stellt eine Individualdiagnostik z. B. völlig andere Anforderungen als der Vergleich der im Mittel erreichten Kompetenzstände verschiedener Gruppen (vgl. Seeber & Nickolaus 2010).

Gegebenenfalls scheinen je nach Zwecksetzung auch Beschränkungen auf besonders bedeutsame Kompetenzbereiche vertretbar. So dürfte beispielsweise die Fehleranalysefähigkeit bei Kfz-Mechatronikern/-Mechatronikerinnen wesentlich leistungskritischer sein als die Bewältigung von Routineaufgaben im Servicebereich.

Literaturverzeichnis

Abele, Stephan (2011): Hängt die prognostische Validität eignungsdiagnostischer Verfahren von der Operationalisierung des Ausbildungserfolgs ab? In: Nickolaus, Reinhold & Pätzold, Günter (Hrsg.): Lehr-Lernforschung in der gewerblich-technischen Berufsbildung. (Beiheft 25 der Zeitschrift für Berufs- und Wirtschaftspädagogik). Stuttgart: Steiner, S. 13–36.

Abele, Stephan & Gschwendtner, Tobias (2010): Die computerbasierte Erfassung beruflicher Handlungskompetenz: Konzepte, Möglichkeiten, Perspektiven am Beispiel der Kfz-Mechatronik. In: Berufsbildung in Wissenschaft und Praxis 35, Heft 1, S. 14–17.

Baethge, Martin & Arends, Lena (2009): Feasibility Study VET-LSA. A comparative analysis of occupational profiles and VET programmes in 8 European countries – International Report. (Vocational Training Research Volume 8). Bonn und Berlin: Bertelsmann.

Becker, Matthias (2009): Kompetenzmodell zur Erfassung beruflicher Kompetenz im Berufsfeld Fahrzeugtechnik. In: Fenzl, Claudia, Spöttl, Georg, Howe, Falk & Becker, Matthias (Hrsg.): Berufsarbeit von morgen in gewerblich-technischen Domänen. Forschungsansätze und Ausbildungskonzepte für die berufliche Bildung. Bielefeld: Bertelsmann, S. 233–238.

Bosch, Andrea (2009): Zahlen, Daten und Fakten zum Variantenmodell (unveröffentlichte Präsentation der IHK Region Stuttgart). Stuttgart: o.V.

Geißel, Bernd (2008): Ein Kompetenzmodell für die elektrotechnische Grundbildung: Kriteriumsorientierte Interpretation von Leistungsdaten. In: Nickolaus, Reinhold & Schanz, Heinrich (Hrsg.): Didaktik gewerblich-technischer Berufsbildung. Hohengehren: Schneider, S. 121–142.

Gschwendtner, Tobias (2008): Ein Kompetenzmodell für die kraftfahrzeugtechnische Grundbildung. In: Nickolaus, Reinhold & Schanz, Heinrich (Hrsg.): Didaktik gewerblich-technischer Berufsbildung. Hohengehren: Schneider, S. 103–119.

Gschwendtner, Tobias (2011): Die Ausbildung zum Kraftfahrzeugmechatroniker im Längsschnitt. Analysen zur Struktur von Fachkompetenz am Ende der Ausbildung und Erklärung von Fachkompetenzentwicklungen über die Ausbildungszeit. In: Nickolaus, Reinhold & Pätzold, Günter (Hrsg.): Lehr-Lern-Forschung in der gewerblich-technischen Berufsbildung – Ergebnisse und Gestaltungsaufgaben. (Beiheft 25 der Zeitschrift für Berufs- und Wirtschaftspädagogik). Stuttgart: Steiner, S. 55–76.

Gschwendtner, Tobias, Abele, Stephan & Nickolaus, Reinhold (2009): Computersimulierte Arbeitsproben. Eine Validierungsstudie am Beispiel der Fehlerdiagnoseleistung von KFZ-Mechatronikern. In: Zeitschrift für Berufs- und Wirtschaftspädagogik 105, Heft 4, S. 557–578.

Haasler, Bernd & Erdwien, Birgitt (2009): Vorbereitung und Durchführung der Untersuchung. In: Rauner, Felix, Haasler, Bernd, Heinemann, Lars & Grollmann, Philipp (2009): Berufliche Kompetenzen messen: Das Projekt KOMET der Bundesländer Bremen und Hessen. Zwischenbericht der wissenschaftlichen Begleitung. o.O.: o.V S. 142–173.

Klieme, Eckhard & Leutner, Detlev (2005): Kompetenzmodelle zur Erfassung individueller Lernergebnisse und zur Bilanzierung von Bildungsprozessen. Antrag an die DFG zur Einrichtung eines Schwerpunktprogramms. Frankfurt am Main und Essen: o.V.

Lehmann, Rainer & Seeber, Susan (2007): Untersuchungen von Leistungen, Motivation und Einstellungen der Schülerinnen und Schüler in den Abschlussklassen der Berufsschulklassen der Berufsschulen (ULME III). Hamburg: Behörde für Bildung und Sport.

Nickolaus, Reinhold & Ziegler, Birgit (2005): Der Lernerfolg schwächerer Schüler in der beruflichen Ausbildung im Kontext methodischer Entscheidungen. In: Gonon, Philipp, Klauser, Fritz, Nickolaus, Reinhold & Huisinga, Richard (Hrsg.): Kompetenz, Kognition und neue Konzepte der beruflichen Bildung. Wiesbaden: Verlag für Sozialwissenschaften, S. 161–175.

Nickolaus, Reinhold, Gschwendtner, Tobias & Geißel, Bernd (2008): Entwicklung und Modellierung beruflicher Fachkompetenz in der gewerblich-technischen Grundbildung. In: Zeitschrift für Berufs- und Wirtschaftspädagogik 104, Heft 1, S. 48–73.

Nickolaus, Reinhold, Rosendahl, Johannes, Gschwendtner, Tobias, Geißel, Bernd & Straka, Gerald A. (2010): Erklärungsmodelle zur Kompetenz- und Motivationsentwicklung bei Bankkaufleuten, Kfz-Mechatronikern und Elektronikern. In: Seifried, Jürgen, Wuttke, Eveline, Nickolaus, Reinhold & Sloane, Peter F. E. (Hrsg.): Lehr-Lernforschung in der kaufmännischen Berufsausbildung – Ergebnisse und Gestaltungsaufgaben. (Beiheft 23 der Zeitschrift für Berufs- und Wirtschaftspädagogik). Stuttgart: Steiner, S. 73–87.

Parmentier, Klaus (2001): Fachkräfte in anerkannten Ausbildungsberufen – Verbleib nach der Ausbildung, Tätigkeitsschwerpunkte, Kenntnisse und Anforderungen am Arbeitsplatz. In: Dostal, Werner, Parmentier, Klaus, Plicht, Hannelore, Rauch, Angela & Schreyer, Franziska (Hrsg.): Wandel der Erwerbsarbeit: Qualifikationsverwertung in sich verändernden Arbeitsstrukturen. (Beiträge zur Arbeitsmarkt- und Berufsforschung, Nr. 246). Nürnberg: Bundesanstalt für Arbeit, S. 31–70.

Rauner, Felix, Haasler, Bernd, Heinemann, Lars & Grollmann, Philipp (2009; Hrsg.): Messen beruflicher Kompetenzen. Band I: Grundlagen und Konzeption des KOMET-Projektes. 2. Auflage. Münster: LIT.

Reetz, Lothar & Hewlett, Clive (2008): Das Prüferhandbuch. Eine Handreichung zur Prüfungspraxis in der beruflichen Bildung. Hamburg: b+r.

Seeber, Susan (2007): Zur Anforderungsstruktur eines Fachleistungstests für Auszubildende des Berufs Einzelhandelskaufmann/Einzelhandelskauffrau. In: Münck, Dieter, Buer, Jürgen van, Breuer, Klaus & Deißinger, Thomas (Hrsg.): Hundert Jahre kaufmännische Ausbildung in Berlin. (Schriftenreihe der Sektion Berufs- und Wirtschaftspädagogik der DGfE). Opladen: Budrich, S. 184–193.

Seeber, Susan (2008): Ansätze zur Modellierung beruflicher Fachkompetenz in kaufmännischen Ausbildungsberufen. In: Zeitschrift für Berufs- und Wirtschaftspädagogik 104, Heft 1, S. 74–97.

Seeber, Susan (2009): Ökonomisches Verständnis. In: Lehmann, Rainer & Hoffmann, Ellen (Hrsg.): BELLA: Berliner Erhebung der Lernausgangslagen arbeitsrelevanter Basiskompetenzen von Schülerinnen und Schülern mit Förderbedarf „Lernen". Münster: Waxmann, S. 197–208.

Seeber, Susan & Lehmann, Rainer (2011): Determinanten der Fachkompetenz in ausgewählten gewerblich-technischen Berufen. In: Nickolaus, Reinhold & Pätzold, Günter (Hrsg.): Lehr-Lernforschung in der gewerblich-technischen Berufsbildung. (Beiheft 25 der Zeitschrift für Berufs- und Wirtschaftspädagogik). Stuttgart: Steiner, S. 95–111.

Seeber, Susan & Nickolaus, Reinhold (2010): Kompetenz, Kompetenzmodelle und Kompetenzentwicklung in der beruflichen Bildung. In: Nickolaus, Reinhold, Pätzold, Günter, Reinisch, Holger & Tramm, Tade (Hrsg.): Handbuch Berufs- und Wirtschaftspädagogik. Bad Heilbrunn: Klinkhardt, S. 247–262.

Verstege, Raphael (2007): Berufliche Medienkompetenz und selbstorganisiertes Lernen. Konzeption und empirische Analyse internetbezogener Lernprojekte in der betrieblichen Ausbildung. (Dissertation). Hohenheim: o. V.

Vollmers, Burkhard & Kindervater, Angela (2010): Sozialkompetenzen in simulierten Berufssituationen von Auszubildenden mit Lernschwierigkeiten: Ein empirischer Vergleich von Beobachtungsurteilen und Selbsteinschätzungen im Modellversuch VAmB. In: Zeitschrift für Berufs- und Wirtschaftspädagogik 106, Heft 4, S. 517–533.

Winther, Esther (2010): Kompetenzmessung in der beruflichen Bildung. (Habilitationsschrift). Bielefeld: Bertelsmann.

Winther, Esther & Achtenhagen, Frank (2008): Kompetenzstrukturmodell für die kaufmännische Bildung. In: Zeitschrift für Berufs- und Wirtschaftspädagogik 104, Heft 4, S. 511–538.

Winther, Esther & Achtenhagen, Frank (2009a): Skalen und Stufen kaufmännischer Kompetenz. In: Zeitschrift für Berufs- und Wirtschaftspädagogik 105, Heft 4, S. 521–556.

Winther, Esther & Achtenhagen, Frank (2009b): Measurement of Vocational Competencies – A Contribution to an International Large-Scale-Assessment on Vocational Education and Training. In: Empirical Research in Vocational Education and Training 1, pp. 88–106.

Internetquellen:

Abele, Stephan, Achtenhagen, Frank, Gschwendtner, Tobis, Nickolaus, Reinhold & Winther, Esther (2009): Die Messung beruflicher Fachkompetenz im Rahmen eines Large Scale Assessments im Bereich beruflicher Bildung (VET-LSA) – Vorstudien zur Validität von Simulationsaufgaben; http://www.bmbf.de/pub/Kurzfassung_Abschlussbericht.pdf [04.10.2010].

Achtenhagen, Frank & Winther, Esther (2009): Konstruktvalidität von Simulationsaufgaben: Computergestützte Messung berufsfachlicher Kompetenz – am Beispiel der Ausbildung von Industriekaufleuten. Bericht an das Bundesministerium für Bildung und Forschung; http://www.bmbf.de/pub/Endbericht_BMBF09.pdf [04.10.2010].

Heidemeier, Heike (2005): Self and supervisor ratings of job-performance: Meta-analyses and a process model of rater convergence. (Dissertation); http://www.opus.ub.uni-erlangen.de/opus/volltexte/2005/170/pdf/Heidemeier_Diss_Mai_2005.pdf [25.10.2010].

Nickolaus, Reinhold, Gschwendtner, Tobias & Abele, Stephan (2009): Abschlussbericht für das Bundesministerium für Bildung und Forschung zum Projekt: Die Validität von Simulationsaufgaben am Beispiel der Diagnosekompetenz von Kfz-Mechatronikern – Vorstudie zur Validität von Simulationsaufgaben im Rahmen eines VET-LSA; http://www.bmbf.de/pub/Abschluss-Bericht_Druckfassung.pdf [20.10.2010].

Heidi Möller / Arthur Drexler
Universität Kassel / Leopold-Franzens-Universität Innsbruck

Bildungscontrolling: das Innsbrucker Modell zur Evaluation von Coachingausbildungen

1 Einleitung 555
2 Die Coachinglehrgänge 557
3 Das Evaluationsdesign 558
4 Die Instrumente 558
5 Ergebnisse und Interpretation 560
6 Resümee 561
Literaturverzeichnis 562

1 Einleitung

In Zeiten des proklamierten Lifelong Learnings (LLL) treffen Erwachsene über ihre Lebensspanne hinweg Entscheidungen für Weiterbildung. Es geht für sie meistens darum, ihre Employability zu erhalten, Karriereplateaus zu überwinden (vgl. Möller & Volkmer 2005, S. 7) und ihre Karrierechancen zu erweitern. Dabei wird dem Bildungscontrolling auf dem Weiterbildungsmarkt zunehmend Bedeutung zukommen. „Bildungscontrolling dient der Zielsetzung, der Planung, der Steuerung und Kontrolle von Bildungsmaßnahmen. Bildungscontrolling stellt einen ganzen Kanon von Konzepten, Methoden und Instrumenten aus unterschiedlichen wissenschaftlichen Disziplinen zur Verfügung. Häufig sind die gesuchten Lösungen nicht so offensichtlich wie die Frage nach der Effektivität eines Verkaufstrainings für ein Unternehmen. Bildungscontrolling verlangt neben profunden methodischen Kenntnissen auch ein kreatives Vorgehen. Dies macht Bildungscontrolling für Praktiker oft schwer handhabbar." (Gust 2005, S. 53)

Dabei lässt sich Bildungscontrolling als ein zutiefst interdisziplinäres Vorgehen beschreiben. Bildungsprofis, Controller/-innen und Personaler/-innen müssen sich dieser Aufgabe gemeinsam annehmen und haben Perspektiven zum Nachweis der Effektivität und Effizienz von Weiterbildungsmaßnahmen zu wählen. Eine Evaluation von Weiterbildungsmaßnahmen ohne eine ökonomische Fundierung macht dabei ebenso wenig Sinn, wie ein Controlling ohne pädagogische Kompetenz keine Akzeptanz schafft, und ohne personalwirtschaftliche Perspektiven landen wir im schlimmsten Fall beim blinden Aktionismus (vgl. Weiß 2005, S. 35).

Weiterbildung im organisationalen Kontext muss stets auf die strategischen Ziele eines Unternehmens abgestimmt sein und darf eben kein Bonbon für loyale Mitarbeiter/-innen sein. Die Unternehmen legen den Bedarf fest, formulieren Lernzielkataloge und evaluieren diese. Die Kompetenzerweiterung der Mitarbeiter/-innen stellt hier einen strategischen Wettbewerbsfaktor dar. Der Weg zur „Lernenden Organisation" erfolgt über den Weg der kontinuierlichen Weiterentwicklung ihrer Mitglieder. Effektivitätsmessungen zur Wirksamkeit von

Weiterbildungen finden aber nur in etwa 10 % der Unternehmen statt (vgl. Gust 2005, S. 54) aus pragmatischen und Kostengründen zumeist in Großbetrieben. Weiterbildungsanbieter/ -innen selbst, aber auch KMU und sogar die Universitäten, als Horte der Bildung, vernachlässigen derartige Zugänge zum Bildungscontrolling.

Weiterbildung auf der individuellen Ebene – jenseits organisationaler systematischer Personalentwicklung – für den Arbeitskraftunternehmer/die Arbeitskraftunternehmerin (vgl. Voß & Pongratz 1998) sollte sich unseres Erachtens ebenso am Return of Investment (ROI) orientieren. Weiterbildungsteilnehmer/-innen wollen zukünftig Orientierung darüber:

- ob sich das Arbeitslosigkeitsrisiko durch den Besuch eben dieser Weiterbildung reduziert,
- ob die Weiterbildung zu Einkommenszuwächsen im Laufe des Erwerbslebens führen wird,
- ob sich diese oft privat getragenen Kosten in der Gegenüberstellung mit dem Lebenseinkommen rentieren werden –
- kurzum: ob in der Weiterbildungspackung das drin ist, was draufsteht.

Wir alle wissen, wie schwierig die Frage nach Ursachen und Wirkungen an dieser Stelle zu beantworten ist und wie methodologisch schwierig sich die Antworten auf diese durchaus berechtigten Fragen von Bildungskunden/-kundinnen darstellen. Ebenso wissen wir, wie unüberschaubar der Weiterbildungsmarkt für Nichtinsider/-innen geworden ist, sodass eine Beratung darüber, welche Weiterbildung welche Qualitäten in welchem Preis-Leistungs-Verhältnis bietet, selbst für Experten/Expertinnen eine wahre Herausforderung ist. Stiftung Warentest oder auch die Zeitschrift Finanztest stellen sich seit Neuestem diesen Fragen im Trainings- und Weiterbildungsbereich.

Arbeitsmärkte sind in einem ständigen Wandel, und LLL gilt als Rezept für die Erhaltung der persönlichen Employability und für individuelle Kompetenzentwicklungen. Diesem Umstand entsprechend hat sich ein unüberschaubarer Markt an Aus- und Weiterbildungsangeboten entfaltet, deren Qualität sehr unterschiedlich sein kann. Nicht nur in Zeiten begrenzter Ressourcen ist daher eine Art „Bildungscontrolling" bzw. eine fundierte Bewertung von angestrebten Bildungseffekten wünschenswert. Bei 98 % der Weiterbildungsveranstaltungen (vgl. Gust 2005, S. 54) finden wir bereits Ansätze zur Evaluation. Es werden Fragebögen verteilt, die nach den Trainern/Trainerinnen und deren Didaktik fragen, die das Seminarhotel bewerten lassen, die Kursunterlagen gewichten, Lehrinhalte und deren Vorbereitung abfragen. Die auf diese Weise erhobenen Daten stellen aber keine Evaluation im eigentlichen Sinne dar. Sie sind Zufriedenheitsbekundungen von Teilnehmern/Teilnehmerinnen und als diese haben sie ihren Stellenwert. Die Daten haben keinerlei objektive Aussagekraft bezogen auf den Lernerfolg und die Kompetenzerweiterung von Ausbildungskandidaten/-kandidatinnen.

Ein zweckmäßiges Evaluationsmodell soll hier am Beispiel von zwei Coachinglehrgängen vorgestellt werden, das sich als prototypisch für die Evaluation von Bildungsangeboten erweisen kann, um zu erkennen, ob in der Weiterbildungspackung das drin ist, was draufsteht. Ausgehend von Reinecker & Schindler (2000) wurde die Vermittlung von Coachingkompetenzen in Teilbereiche differenziert und es wurden folgende Evaluationsfragen erarbeitet: Wie verändert sich das theoretische Wissen der Ausbildungskandidaten/-kandidatinnen im Verlauf der Coachingausbildung? Welche Unterschiede an Fähigkeiten und Persönlichkeitsmerkmalen weisen Anfänger/-innen und Absolventen/Absolventinnen auf? Welchen Stellenwert haben subjektive Selbsteinschätzungen der Teilnehmer/-innen im Vergleich mit Ergebnissen, die anhand anderer Verfahren (z. B. psychometrischer Tests) gewonnen wurden?

2   Die Coachinglehrgänge

Die Durchführung der ersten Coachingausbildung an der Universität Innsbruck gab den Anlass für eine Forschungsbegleitung, die die Kompetenzerweiterung der Teilnehmer/-innen in den Fokus nahm. Gleichzeitig wurde auch ein anderer Lehrgang, „Supervision und Coaching", evaluiert, der von Schloss Hofen, einem Vorarlberger Zentrum für Wissenschaft und Weiterbildung, in Zusammenarbeit mit einem Hochschulverbund durchgeführt wurde. Die Absicht war, Bildungseffekte sowohl quantitativ als auch qualitativ zu erfassen und ausgehend von einem Zukunftsbild, was die Sollkompetenzen der ausgebildeten Coachs/der ausgebildeten Coachinnen sein sollen, ein praktikables Evaluationsmodell zu entwickeln.

Der Kurs an der Universität Innsbruck umfasste neun Wochenendblöcke mit insgesamt 190 Arbeitseinheiten. Die Seminare waren thematisch gegliedert und widmeten sich der Gesprächsführung im Coaching, dem Organisationsverständnis, Konfliktthemen, psychoanalytischen Fragestellungen im Coaching, gruppendynamischen Prozessen, dem Einsatz von Tools, Medien u. a. m. Für den positiven Abschluss der Ausbildung wurde eine Fallarbeit bewertet. Der Kurs wurde auch vom Österreichischen Dachverband für Coaching akkreditiert. An dem Coachingkurs nahmen 17 Personen (sechs Männer und elf Frauen) teil. Der Altersmittelwert lag bei 44 Jahren (s = 6,6 Jahre), und die Quellberufe der Teilnehmer/-innen erstreckten sich von Unternehmensberatern/-beraterinnen, Trainern/Trainerinnen und HR-Managern/-Managerinnen über Psychologen/Psychologinnen bzw. Psychotherapeuten/-therapeutinnen bis zu Klinikärzten/-ärztinnen.

Der Lehrgang „Supervision und Coaching" in Schloss Hofen richtete sich an Fachkräfte im Sozial-, Bildungs-, Gesundheits- und Erziehungswesen sowie in Wirtschaftsunternehmen, die mehrjährige Praxis- und Organisationserfahrungen mitbrachten. Die Ausbildung dauerte drei Jahre und fand in 18 Seminaren an 57 Seminartagen statt. Die Teilnehmer/-innen waren während der Weiterbildung bereits als Supervisoren/Supervisorinnen und Coachs/Coachinnen tätig und hatten insgesamt 75 Beratungsstunden zu erbringen. Die Beratungsprozesse wurden mit Lehrsupervision in Form von Einzel- und Gruppensupervision mit einem Gesamtumfang von 70 Stunden begleitet und kontrolliert.

Inhaltliche Schwerpunkte der Ausbildung umfassten Theorie und Praxis von systemischer Supervision und Coaching, Gestaltung der verschiedenen Settings, spezifische Anforderungen wie Konfliktbearbeitung und Prozesssteuerung in Gruppen, Fragen zur Akquisition und zum Dienstleistungsangebot für unterschiedliche Aufträge, Coaching von Führungskräften, Projekt-, Leitbild- und Konzeptberatung. Der Lehrgang wurde mit einer Abschlussarbeit und einem Fachgespräch beendet und führte zum staatlich anerkannten Abschluss als „Akademischer Supervisor und Coach", der auch von der Österreichischen Vereinigung für Supervision (ÖVS) anerkannt wird. An der Evaluation nahmen in Schloss Hofen elf Personen (sechs Männer und fünf Frauen) teil. Der Altersmittelwert lag bei 44,2 Jahren (s = 5,2 Jahre).

Die Teilnahme an den begleitenden Forschungsprojekten erfolgte auf freiwilliger Basis, und die individuellen Ergebnisse hatten keinen Einfluss auf den Fortschritt im Lehrgang. Der Vorteil für die Teilnehmer/-innen an der Beteiligung lag darin, dass sie laufend Rückmeldungen zu den persönlichen Ergebnissen und Lernfortschritten erhielten, die aufgrund des Forschungsdesigns nicht nur auf ihrer subjektiven Selbsteinschätzung beruhten, sondern auch „härtere Fakten" (wie z. B. psychometrische Daten) umfassten.

3 Das Evaluationsdesign

Zur Untersuchung der Bildungseffekte wurden mehrere Messzeitpunkte festgelegt. Es erfolgte eine ausführliche Eingangsmessung, prozessbegleitende Erhebungen und eine Messung am Ende der Ausbildung (siehe Abbildung 1). Im Zuge der Prä- und Postmessungen wurden jeweils die Bereiche diagnostische Kompetenzen, Problemlösekompetenzen, Beziehungsfähigkeit, Fachwissen und Persönlichkeitsstruktur erfasst, zusätzlich wurde in Innsbruck die Ausbildungsmotivation am Beginn erhoben, und nach jedem Seminartermin wurden Selbsteinschätzungen hinsichtlich des Ausbildungsfortschritts durchgeführt, die in Schloss Hofen nur zweimal stattfanden.

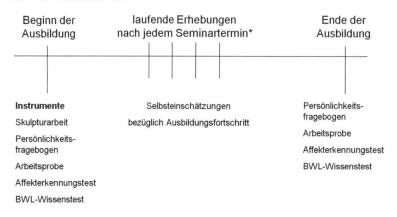

* Gilt nur für den Universitätskurs in Innsbruck, in Schloss Hofen wurden Selbsteinschätzungen nur in der Mitte und am Ende des Kurses eingeholt.

Abbildung 1: Übersicht zu den Messzeitpunkten und Evaluationsinstrumenten

Der Zeitaufwand für die Datenerhebungen betrug am Beginn des Kurses ca. drei Stunden pro Person, für die Selbsteinschätzungen waren jeweils ca. fünf Minuten erforderlich und am Ende der Ausbildung noch einmal eineinhalb Stunden für die Abschlussmessungen. Einige Messungen (z. B. Fragebogenuntersuchung, Arbeitsprobe und Wissenstest) konnten in der Gruppe durchgeführt werden. Die Compliance war hoch, da die Ziele der Evaluation und der Nutzen für die Teilnehmer/-innen (laufendes individuelles Feedback der Evaluationsergebnisse) vorher transparent gemacht wurden.

4 Die Instrumente

Für die Beantwortung der Evaluationsfragen wurden folgende Verfahren eingesetzt:

- Skulpturarbeit zur Motivationsanalyse

Die von Otto Scharmer am Massachusetts Institute of Technology entwickelte Methodik „Sculpting: Four Direction Reflection" dient zur vertieften Analyse der Motivation zur Weiterbildung. Dazu wird eine Tonskulptur geschaffen, die die aktuelle berufliche Situation und die mit dem Wunsch zur Weiterentwicklung verbundenen Möglichkeiten in der Lebens- und Arbeitswelt der Teilnehmer/-innen repräsentiert. Durch einen systematischen Perspektivenwechsel auf die Skulptur stellen sich die Weiterbildungskandidaten/-kandidatinnen im Gespräch mit einem Experten/einer Expertin ihren Ressourcen, Kernkonflikten, Wahrheiten und bislang unerfüllten beruflichen Wünschen.

- Arbeitsprobe: Fallbeispiel

Die Fallkonzeption wurde als zentraler Teil des beraterischen Vorgehens angesehen, weil sich daraus erst ein individueller Beratungsplan ableiten lässt. Man kann also davon ausgehen, dass die Fähigkeiten der (angehenden) Coachs/Coachinnen, Hypothesen und Konzepte zur Problematik der Kunden/Kundinnen zu bilden, für den Outcome essenziell sind. Anhand der schriftlichen Bearbeitung eines Fallbeispiels am Beginn und eines anderen am Ende des Kurses wurden Entwicklungen bei den Personen in Bezug auf Komplexität und Differenziertheit in der Fallkonzeption sichtbar.

- Betriebswirtschaftlicher Wissenstest

Jede Weiterbildung verfolgt nicht nur explizite Ziele, sondern es gibt auch immer einen implizierten Lernplan. Diesen Überlegungen Rechnung tragend erschien es als besonders wichtig, das implizite Lernen von betriebswirtschaftlichen Basiskenntnissen im Rahmen einer Coachingausbildung zu erfassen. Der in Zusammenarbeit mit dem Institut für Strategisches Management, Marketing und Tourismus der Universität Innsbruck konzipierte BWL-Wissenstest in Form eines „betriebswirtschaftlichen Fragebogens" richtete sich an die Ausbildungskandidaten/-kandidatinnen, die mehrheitlich Nichtbetriebswirte/-betriebswirtinnen waren, um implizite Lernfortschritte im Zuge der Ausbildung erkennen zu können.

- Affekterkennung

Der Fähigkeit von Coachs/Coachinnen zur Wahrnehmung emotionaler Prozesse ist bei ihrer Beratungstätigkeit – wie bei jeder Form von sozialer Interaktion – von großer Bedeutung. Zur Messung der Emotionserkennung wurde ein computerunterstütztes Verfahren, das „Facially Expressed Emotion Labeling" (FEEL; Version v.2.2.1) von Kessler, Bayerl, Deighton & Traue (2002) eingesetzt. In diesem Test werden am PC 42 Gesichtsausdrücke zu sechs Grundemotionen (Angst, Freude, Trauer, Ärger, Ekel und Überraschung) im Vergleich mit dem neutralen Ausdruck dargeboten, deren Emotionen erkannt werden müssen.

- Persönlichkeitsfragebogen

Häufig wird von verschiedenen Persönlichkeitsmerkmalen und Eigenschaften ausgegangen, die angehende Coachs/Coachinnen durch die Ausbildung entfalten sollten – empirische Daten darüber, ob und wie sich diese Veränderungen tatsächlich vollziehen, gibt es allerdings kaum. In den beiden Coachinglehrgängen wurden deshalb psychometrische Persönlichkeitsfragebögen eingesetzt:

    – Persönlichkeitstest in Innsbruck: FPI-R

    Das Freiburger Persönlichkeitsinventar (FPI-R) von Fahrenberg, Hampel & Selg (2001), das im deutschen Sprachraum häufig verwendet wird, ist ein faktorenanalytisch und itemmetrisch begründetes Persönlichkeitsmessverfahren, das folgende Skalen beinhaltet: Lebenszufriedenheit, soziale Orientierung, Leistungsorientierung,

Gehemmtheit, Erregbarkeit, Aggressivität, Beanspruchung, körperliche Beschwerden, Gesundheitssorgen, Offenheit, Extraversion und Emotionalität.

– Berufsbezogener Persönlichkeitstest in Schloss Hofen: BIP

Die Anwendung des Bochumer Inventars zur berufsbezogenen Persönlichkeitsbeschreibung (BIP) von Hossiep & Paschen (2003) zielt darauf ab, die Teilnehmer/-innen hinsichtlich ihrer beruflich relevanten Persönlichkeitsmerkmale (z. B. des Arbeitsverhaltens, der beruflichen Orientierung, sozialer Kompetenzen und psychischer Konstitution) zu beschreiben.

- Der individuelle Lernfortschritt: Selbstbild

Erst eine verlaufsorientierte Perspektive ermöglicht es, spezifische Ergebnisse besser auf die Ausbildungsinhalte – d. h. Wirkfaktoren – zurückführen zu können. Aus diesem Grund ist es im Rahmen von Bildungsevaluationen erforderlich, die Outcome-Bewertung um eine engmaschige Erhebung von Prozessdaten zu erweitern. Diesen Überlegungen Rechnung tragend wurden in Innsbruck wiederholt kurze standardisierte Fragebögen (in Schloss Hofen erfolgte dies aus organisatorischen Gründen nur in der Mitte und am Ende des Lehrgangs) an die Ausbildungskandidaten/-kandidatinnen ausgegeben. Neben Fragen zu den Wirkungen der Kursinhalte gab es dort auch Einschätzungen zum Gruppenklima und zur aktuellen eigenen Beratungsqualität als Coach/Coachin.

5 Ergebnisse und Interpretation

Bereits am Beginn der Ausbildung zeigte sich, dass die Teilnehmer/-innen primär an einer persönlichen Weiterentwicklung und beruflichen Veränderung interessiert waren, die sie durch den Kurs zu erreichen versuchten. Damit ist die (intrinsische) Eingangsmotivation mehr durch den erwarteten eigenen Nutzen bestimmt als durch den Erwerb von Kompetenzen, um andere beraten zu können. Ähnliches zeigte sich auch bei angehenden Psychotherapeuten/ -therapeutinnen, die oftmals diese Ausbildung wählten, um über sich selbst etwas zu erfahren (vgl. Heller & Drexler 2002). Die Förderung und Begleitung von anderen Personen spielte erst an zweiter Stelle eine Rolle.

Das Kernstück des Kurses war sicher die Vermittlung von coachingspezifischem Fachwissen. Ob diese gelungen war, wurde anhand der konkreten Fallbearbeitungen ersichtlich. Insbesondere wurde die Fallbearbeitung im Zuge der Ausbildung komplexer und umfassender, und es wurden mehr systemische Ansätze sichtbar. Emotionale Zustände der beteiligten Personen und ihre Beziehungsmuster wurden vermehrt berücksichtigt. Die Lösungsansätze wurden realistischer, prägnanter und stützen sich auf adäquate Ressourcen.

Im Laufe des Coachingkurses in Innsbruck veränderten sich Persönlichkeitsmerkmale wie soziale Orientierung, Leistungsorientierung und Extraversion deutlich, was auf den ersten Blick als merkwürdiges Phänomen gewertet werden könnte. Schließlich werden diese Merkmale weitgehend als zeit- und situationsstabil angenommen. Werden die Persönlichkeitsveränderungen aber im Lichte der Befunde zur erfolgten „Selbsteinschätzung von Veränderungen" (hier wurden starke Effekte in den Bereichen „Selbstreflexion" und „Reflexion der eigenen Beratungsqualität" angegeben) und auf der Basis einer veränderungsförderlichen Eingangsmotivation (siehe oben) betrachtet, wird jedoch deutlich, dass der Kurs veränderte Einstellungen bewirkt haben kann. Als Folge dessen werden die gemessenen Persönlichkeitsveränderungen erklärbar. Inhaltlich haben sich die Persönlichkeitsmerkmale im kursspezifischen Sinn verändert, was als Qualitätsmerkmal zu bewerten ist.

Im Kurs von Schloss Hofen gab es tendenziell Rückläufe bei der Gestaltungsmotivation und beim Selbstbewusstsein der Teilnehmer/-innen, die auf hohem Niveau begonnen hatten, was durch eine erlebte natürliche Begrenzung einer Einflussnahme des Coachs/der Coachin auf das Klienten-/Klientinnensystem im Sinne einer gewachsenen „Bescheidenheit" erklärt werden kann. Eine etwas verbesserte psychophysische Belastbarkeit zeigt hingegen eine zunehmend „gesunde Robustheit" gegenüber Coachingproblemen. Als ein Indiz für den Ausbau an „Soft Skills" im Beratungskontext können die Tendenzen zur verbesserten Affekterkennung in beiden Gruppen gesehen werden, wenngleich die Veränderungen statistisch nicht signifikant waren. Die Verbesserung des betriebswirtschaftlichen Know-hows, die als Effekt eines „impliziten Lernprozesses" erwartet worden war, konnte nicht festgestellt werden.

Die Selbsteinschätzungen der Teilnehmer/-innen standen nach dem gesamten Kurs großteils im Einklang mit den testpsychologischen Befunden. Einerseits dominierten hier die Reflexion der eigenen Persönlichkeit und der eigenen Beratungsqualität sowie die verbesserte Gesprächsführung, die sich mit den Erwartungen vor dem Kurs (z.B. eigene Persönlichkeitsentwicklung) und den erweiterten sozialen Kompetenzen am Ende deckten, und andererseits wurden starke Zuwächse beim Analysieren und Planen von Coaching empfunden, die sich ebenfalls in den „Hard Facts" zeigten. Das eigene Befinden während der Ausbildung und das Gruppenklima wurden als gut empfunden, was als positive Bedingung für einen Ausbildungserfolg gesehen werden kann. Somit können Selbsteinschätzungen, insbesondere wenn sie sich mit adäquaten Items auf spezifische Kursinhalte und nicht nur auf Aspekte der Zufriedenheit beziehen, durchaus zur Dokumentation des Kursgeschehens und zum Controlling der erwarteten Kurseffekte beitragen.

6   Resümee

Bezogen auf die Evaluationsfragen, die am Beginn des Projekts formuliert wurden und die sich mit der Erweiterung des theoretischen Wissens, der Veränderung von Fähigkeiten und Persönlichkeitsmerkmalen und dem Stellenwert der Selbsteinschätzungen der Teilnehmer/-innen befassten, ließen sich nun folgende Antworten geben:

- Die Coachingkurse erweiterten das theoretische Wissen der Teilnehmer/-innen bezüglich der Bearbeitung von coachingspezifischen Fragestellungen. Das betriebswirtschaftliche Know-how änderte sich hingegen nicht.
- Es fanden Persönlichkeitsveränderungen statt, die zum Anforderungsprofil eines Coachs/ einer Coachin passen. Tendenzen einer verbesserten Fähigkeit zur Emotionserkennung ließen sich wahrnehmen.
- Die Selbsteinschätzungen deckten sich weitgehend mit den Ergebnissen der anderen Erhebungsverfahren. Wenn bezüglich der Selbsteinschätzungen aber der Eindruck erweckt wurde, dass sie ein valides Instrument zur Beurteilung der Ausbildungseffekte darstellen, dann kann nur mit Vorbehalt zugestimmt werden. Damit die subjektiven Ergebnisse unterstützend für ein Controlling brauchbar sind, ist es wichtig, dass sich die Fragen auf konkrete Seminarthemen beziehen und wiederholt gestellt werden, damit der Ausbildungsprozess nachvollziehbar wird.

Wie hier gezeigt wurde, erlaubt letztendlich nur ein multimethodischer Zugang, wie er prototypisch für die Coachingausbildungen konzipiert wurde, adäquate Aussagen über die Auswirkungen und Effekte von Aus- und Weiterbildungen und damit in der Folge eine fundierte Qualitätssicherung und -entwicklung.

Literaturverzeichnis

Fahrenberg, Jochen, Hampel, Rainer & Selg, Herbert (2001): Freiburger Persönlichkeitsinventar. Revidierte Fassung (FPI-R). 7. Auflage. Göttingen: Hogrefe.

Gust, Mario (2005): Resultatsorientiertes Bildungscontrolling und Werkzeuge eines strategischen Wissensmanagements. In: Gust, Mario & Weiß, Reinhold (Hrsg.): Praxishandbuch Bildungscontrolling. Bildungscontrolling für exzellente Personalarbeit. München: USP, S. 53–72.

Heller, Sabine & Drexler, Arthur (2002): Studienbezogene Erwartungen und Motive von Propädeutikums-Studierenden und Absolventen des Lehrgangs „Psychotherapeutisches Propädeutikum". In: Psychotherapie Forum 10, Heft 4, S. 209–214.

Hossiep, Rüdiger & Paschen, Michael (2003): BIP. Göttingen: Hogrefe.

Kessler, Henrik, Bayerl, Pierre, Deighton, Russell M. & Traue, Harald C. (2002): Facially Expressed Emotion Labeling (FEEL). In: Verhaltenstherapie und Verhaltensmedizin 23, Heft 3, S. 297–306.

Möller, Heidi & Volkmer, Uwe (2005): Das Karriereplateau. Herausforderungen für Unternehmen, Mitarbeiter/innen und Berater/innen. In: Organisationsberatung, Supervision, Coaching 12, Heft 1, S. 5–20.

Reinecker, Hans & Schindler, Ludwig (2000): Aus- und Weiterbildung. In: Margraf, Jürgen (Hrsg.): Lehrbuch der Verhaltenstherapie. Band 1: Grundlagen, Diagnostik, Verfahren, Rahmenbedingungen. Berlin: Springer, S. 655–662.

Voß, Günter & Pongratz, Hans J. (1998): Der Arbeitskraftunternehmer. Eine neue Grundform der Ware Arbeitskraft? In: Kölner Zeitschrift für Soziologie und Sozialpsychologie 50, Heft 1, S. 131–158.

Weiß, Reinhold (2005): Messung des Messbaren. In: Gust, Mario & Weiß, Reinhold (Hrsg.): Praxishandbuch Bildungscontrolling. Bildungscontrolling für exzellente Personalarbeit. München: USP, S. 31–52.

Fritz Schermer
Mentor GmbH & Co OG

Das Matrix-Verfahren – ein Beitrag zur Professionalisierung der Kompetenzdiagnostik

1 Problemstellung 563
2 Derzeitige Situation in Österreich 564
3 Vorgaben an das Konzept 565
    3.1   Die Fachkompetenz der prozessbegleitenden Person 565
    3.2   Die Rolle der Ankerperson 566
    3.3   Der Methodenmix 566
    3.4   Die individuell flexible Einsetzbarkeit 567
    3.5   Das Problem der Arbeitsbereitschaft/Motivation 567
4 Das Verfahren 568
    4.1   Einladung und Fragestellung 569
    4.2   Modul 1: Biografie und Milieu 570
    4.3   Modul 2: psychometrische Abtestung 572
    4.4   Modul 3: Reflexionsgespräch 573
    4.5   Modul 4: vertiefende Abtestungen 576
    4.6   Modul 5: der Laufbahnplan 578
5 Zusammenfassung 578
Literaturverzeichnis 579

1 Problemstellung

Die Entscheidung für einen bestimmten Beruf ist eine der folgenschwersten für die künftige Lebensqualität, für Gesundheit und Wohlstand. Es mag daher verwundern, wie zufällig sie in der Regel getroffen wird. Häufig spielen sekundäre Motive, Vorurteile und nicht überprüfte Wunschfantasien eine zentrale Rolle für berufliche Entscheidungen. Evident sind die Folgen von Fehlbesetzungen für einen Arbeitgeber/eine Arbeitgeberin: Produktionsmängel, Umsatzausfälle, schleppende Produktentwicklung und Burnout sind quantitativ kaum zu beziffern. Trotzdem geschehen die Personalauswahl und die Personalentwicklung selten aufgrund professioneller Eignungsbeurteilungen.

Besondere Bedeutung erhält die Professionalität von Eignungsfeststellungen dann, wenn diese in gesetzlichem Auftrag als Grundlage für den Einsatz öffentlicher Mittel zur beruflichen Eingliederung dienen. Dies erfolgt etwa durch das Arbeitsmarktservice bei der beruflichen Orientierung Jugendlicher, die den Einstieg in den Arbeitsmarkt noch nicht geschafft haben, bei der Unterstützung von Wiedereinsteigerinnen oder bei der beruflichen Rehabilitation von Menschen mit gesundheitlichen Problemen. Die Pensionsversicherungsanstalt benötigt exakte Verfahren zur Feststellung der Kompetenzen, um seriös zwischen Berufs-

Fritz Schermer

unfähigkeitspension oder beruflicher Rehabilitation entscheiden zu können. Dasselbe gilt für Umschulungen nach Arbeitsunfällen aus Mitteln der Allgemeinen Unfallversicherungsanstalt und die berufliche Integration von Menschen mit Behinderungen durch das Bundessozialamt. Als Grundlage für die Vergabe von öffentlichen Mitteln zur beruflichen Eingliederung bzw. beruflichen Rehabilitation ist eine fundierte Erhebung aller berufsrelevanten Kompetenzen zu fordern, mit Verfahren, die objektiv, normiert und nachweislich treffsicher sind.

2   Derzeitige Situation in Österreich

In Österreich sind keine Normen für die berufliche Eignungsbeurteilung festgelegt. Die o. a. Versicherungen bzw. das Bundessozialamt beauftragen Schulungseinrichtungen mit der Feststellung der beruflichen Eignung. Zur Unterstützung bei der beruflichen Orientierung besteht bereits eine Vielzahl von Angeboten, von Gruppenangeboten bis hin zur individuellen Kompetenzanalyse. Dabei wird mit explorativen Methoden die Selbsteinschätzung der eigenen Fähigkeiten und Neigungen mit der Erfahrung der Trainer/-innen und gegebenenfalls der anderen Gruppenmitglieder zusammengeführt und so ein Karriereplan entwickelt. Der wissenschaftliche Gehalt, Reliabilität und Validität des Ergebnisses werden dabei kaum berücksichtigt.

Das intensivste Angebot zur beruflichen Orientierung stellt im Bundesland Oberösterreich das Berufliche Bildungs- und Rehabilitationszentrum (BBRZ). Die „berufliche Reha-Planung" dauert bis zu 12 Wochen, in denen die Teilnehmer/-innen durchgehend anwesend sind. Dabei erfolgen eine medizinische und psychologische Grundabklärung sowie eine Abklärung des Schulwissens. Weiters werden die technischen und kaufmännischen Fähigkeiten untersucht. Es gibt eine eigene Werkstatt für die technische Erprobung, Erprobung der Feinmotorik u. a. Bei Bedarf wird auch das Arbeitsplatzsimulationssystem ERGOS angewandt, um die körperliche Belastbarkeit zu testen. Aber auch diese sehr intensiven Maßnahmen orientieren sich nicht an DIN 33430 zur berufsbezogenen Eignungsbeurteilung.

Eine eigene Abteilung des BBRZ, die „Berufsdiagnostik Austria", bietet neben medizinischer Abklärung auch psychologische Diagnosen an. Dabei werden die marktüblichen psychometrischen Verfahren angewandt. Mit psychologischen Eignungsuntersuchungen sind im BBRZ ausschließlich klinische Psychologen/Psychologinnen betraut. Ein echtes Fachgutachten über die berufliche Eignung einer Person kann es nur geben, wenn es von einer Profession kommt. Diese ist in Österreich noch immer nicht etabliert. „So ist es den österreichischen Personalentwicklungsträgern beispielsweise bis dato nicht gelungen, ihr berufliches Mandat und ihre berufliche Lizenz in der Gesellschaft zu behaupten und zu institutionalisieren." (Niedermair 2008) Salopp ausgedrückt: Jeder muss in Österreich seine Kompetenzen unter Beweis stellen mit Ausnahme der Kompetenzanalytiker/-innen. Wo es aber keine staatlich anerkannte Profession gibt, kann es auch keine Einklagbarkeit und keine Objektivität bei der Vergabe von Umschulungsgeldern geben.

Während die Professionalisierung der Laufbahnberatung in der Schweiz schon vor Jahren stattfand – es gibt Ausbildungen zum Diplom-Laufbahnbereiter/zur Diplom-Laufbahnbereiterin –, hatte in Deutschland das Arbeitsamt bis in die 90er-Jahre das Monopol auf die Berufsberatung, was eine Professionalisierung behinderte. Seit September 2009 sind zwei Verordnungen in Kraft, mit denen der Beruf des „geprüften Berufspädagogen/der geprüften

Berufspädagogin" eingeführt wurde. Inzwischen wurde auch die Akademie für professionelle Berufsbildung gegründet.[1]

Immer mehr deutsche Firmen orientieren sich an DIN 33430 zur beruflichen Eignungsbeurteilung, nach der sich Personalisten/Personalistinnen auch zertifizieren lassen können. (vgl. dazu exemplarisch Wottawa 2004, S. 203 ff). In Arbeit ist auch eine internationale Norm für alle Verfahren im berufsbezogenen Zusammenhang. „Eine endgültige Entscheidung über die Einführung der neuen ISO-Norm 10667 gilt als sicher und wird für Mitte Dezember erwartet." (Berufsverband Deutscher Psychologinnen und Psychologen e. V. 2011) In Österreich scheinen diese Prozesse noch im Rückstand zu sein. Doch jenseits von Lobbying und Verordnungen sind deutliche Fortschritte erkennbar. An den Universitäten etabliert sich Eignungsdiagnostik in den letzten Jahren immer mehr. Das Matrix-Verfahren will ein Beitrag sein, die wissenschaftlichen Erkenntnisse in die Praxis umzusetzen, deren Nutzen für Arbeitnehmer/-innen und Arbeitgeber/-innen unter Beweis zu stellen und damit Bewusstseinsbildung zu fördern.

3 Vorgaben an das Konzept

Die grobe Vorgabe war, ein Verfahren zu entwickeln, das eine wissenschaftlich fundierte, umfassende und objektive Analyse der beruflichen Kompetenzen und Potenziale liefert. Es soll die Qualität eines Fachgutachtens aufweisen. Das Verfahren orientiert sich streng an den in der DIN 33430 für berufsbezogene Eignungsbeurteilung definierten Qualitätskriterien und -standards (vgl. dazu beispielhaft Westhoff, Hagemeister, Kersting, Lang, Moosbrugger, Reimann & Stemmler 2010). Für die Messung der einzelnen Merkmale kommen jene verfügbaren Instrumente der Eignungsdiagnostik zum Einsatz, die nach neuestem Stand die höchsten Validitäts- und Reliabilitätswerte haben.

3.1 Die Fachkompetenz der prozessbegleitenden Person

Da es in Österreich de jure keine Fachleute für Kompetenzmessungen gibt, fehlt dem Verfahren schon die erste Voraussetzung für das Erstellen eines Fachgutachtens. Dieses scheinbare Dilemma teilt die Eignungsdiagnose mit allen anderen Berufen: Zuerst muss ein Produkt von geeigneten Personen hergestellt werden, das sich dann bewährt, und erst in der Folge kann die professionelle Herstellung des Produktes als Beruf anerkannt werden. Für die Erstellung eines Matrix-Gutachtens werden an die prozessbegleitenden Personen mehrere Anforderungen gestellt.

Die prozessbegleitenden Personen sind psychologisch ausgebildet, verfügen über jahrelange Erfahrung in der Eignungsbeurteilung und haben die Lizenz A zur Durchführung von Eignungsuntersuchungen nach DIN 33430 an der Deutschen Psychologenakademie erworben. Dazu kommt eine spezielle Einschulung für die Durchführung der zur Anwendung kommenden sozialdiagnostischen und psychometrischen Test- und Interviewverfahren. Laufende Intervision zwischen den Prozessbegleitern/-begleiterinnen und Fortbildungen sollen die Weiterentwicklung des Fachwissens gewährleisten. Ebenso wichtig wie das Fachwissen

---

[1] Die aktuellen Ausbildungsangebote sind online zu finden unter www.professionelleberufsbildung.de.

ist die Fähigkeit zur Gesprächsführung. In den empathischen Reflexionsgesprächen wird die Ankerperson aktiver, ja betreibender Bestandteil des Planungsprozesses. Die prozessbegleitende Person ist geschult in Gesprächstechniken, die ein entsprechendes Gesprächsklima entstehen lassen.

3.2 Die Rolle der Ankerperson

Jeder Laufbahnplan ist so zielführend wie das Engagement, mit dem die betroffene Person zu ihm steht. Daher ist eines der Ziele des Verfahrens die maximale Akzeptanz durch die teilnehmende Person. Sie ist nicht passives zu untersuchendes Objekt, sondern wird im Dialog zum Mitbaumeister/zur Mitbaumeisterin des eigenen beruflichen Laufbahnplanes. Die Bezeichnung „Ankerperson" wird von Peter Pantucek (2009b) in der Sozialdiagnostik verwendet, um deren Rolle als das Zentrum eines Netzwerks zu betonen. „Die Bezeichnung KlientIn wäre insofern nicht immer passend, als die Ankerperson in einem Notationssystem oder bei der Anwendung eines diagnostischen Verfahrens nicht notwendigerweise im methodischen Sinne KlientInnenstatus haben muss." (ebenda, S. 329) Personen, die das Matrix-Verfahren durchlaufen, nehmen auf eigenen Wunsch ohne Androhung irgendwelcher Sanktionen am Verfahren teil. Sie entwickeln in jedem Abschnitt der Entstehung das Gutachten konstruktiv mit. Sie haben das Recht auf Einsichtnahme in das fertige Matrix-Gutachten und können jederzeit dessen Vernichtung veranlassen.

3.3 Der Methodenmix

Eine weitere Vorgabe war die Zusammenführung unterschiedlicher theoretischer Ansätze und Methoden zur beruflichen Eignungsfeststellung.

- Theoretische Ansätze
  - Der biografische Ansatz: Dabei wird davon ausgegangen, dass eine Person in der Zukunft ähnlich agieren wird wie in der Vergangenheit. Untersucht werden die Ausbildung und die bisherige berufliche Laufbahn.
  - Verhaltensprognose: Die Verhaltensprognose rechnet damit, dass das Verhalten von Personen einigermaßen konstant bleibt. Durch Verhaltensbeobachtung und Messung von Leistungen und Persönlichkeitsmerkmalen wird das Verhalten einer Person beschreibbar.
  - Der Milieu-Ansatz: Die beruflichen Chancen einer Person hängen auch davon ab, wie sehr sie ihre Ressourcen in ihrem sozialen Umfeld einbringen kann. Untersucht wird das Maß der Einbindung einer Person in die Funktionssysteme ihres Umfeldes.

Diese Ansätze sind zwar recht unterschiedlich, lassen sich aber problemlos einander ergänzend zusammenführen.

- Unterschiedliche diagnostische Professionen
  - Sozialdiagnostik: Ihr Vorteil liegt im prozessorientierten Vorgehen, in dem die Biografie und das Umfeld der zu begleitenden Person berücksichtigt werden. Als Methoden

kommen das explorative Interview und die empathische Gesprächsführung zur Anwendung.
- Psychometrische Methoden wie standardisierter Fragebogen, Messungen und Leistungstests. Sie haben den Vorteil der Exaktheit und der Objektivität, haben aber zwei Nachteile:
  • Sie bilden eine Momentaufnahme der derzeitigen Kompetenzen und Potenziale, die auch von der momentanen Konstitution abhängen und sich in Zukunft ändern können.
  • Die untersuchte Person nimmt die Rolle des beobachteten Objektes ein, über die sich ein Experte/eine Expertin ein Urteil bildet.

Eine Mischung der beiden Ansätze würde jede nur verwässern. Das Matrix-Verfahren ist ein Prozess von drei 2-stündigen Gesprächen zwischen Ankerperson und prozessbegleitender Person. Zwischen diesen Gesprächen wird jeweils ein Termin eingeschoben, zu dem der Teilnehmer/die Teilnehmerin psychometrische Testverfahren absolviert. Deren Ergebnisse bilden den Gesprächsleitfaden für die Weiterentwicklung des Laufbahnplanes. Auf diese Weise gelingt eine Kombination prozessorientierter sozialdiagnostischer Methoden mit Momentaufnahmen von Eigenschaften, Fähigkeiten, Haltungen und Vorlieben. Die psychometrischen Verfahren liefern ein relativ umfassendes Bild eines Istzustandes, der gemeinsam von der getesteten und der prozessbegleitenden Person zu einem Laufbahnplan umgearbeitet wird.

3.4 Die individuell flexible Einsetzbarkeit

Bei den streng standardisierten psychometrischen Tests stellte sich noch das Problem, dass diese ein möglichst umfassendes Profil von beruflich relevanten Merkmalen erfassen sollten, gleichzeitig aber an individuell unterschiedliche Fragestellungen angepasst werden können sollten. Um dies zu gewährleisten, besteht der erste Testblock aus einer für alle Testpersonen gleichbleibenden Testbatterie, der zweite Block hingegen wird individuell, je nach den Fragen, die aus dem Reflexionsgespräch des ersten Blockes offenbleiben, zusammengestellt.

3.5 Das Problem der Arbeitsbereitschaft/Motivation

Vorgabe war, ein Verfahren zu entwickeln, das möglichst umfassend alle berufsrelevanten Merkmale erfasst. Dies impliziert einen Eingriff in die persönliche Sphäre einer Person. Wenn sich jemand um eine Arbeitsstelle bewirbt, ist es einleuchtend, dass er dazu auch Auskunft über seine Kompetenzen erteilen muss. Deutlich problematischer werden Kompetenzmessungen, wenn sie im Auftrag eines Versicherungsträgers/einer Versicherungsträgerin bei Personen angewandt werden, die um Arbeitslosengeld oder Berufsunfähigkeitspension angesucht haben – gewissermaßen aufgrund von Kompetenzmängeln.

Sollten die Untersuchungen allzu niedrige Werte in Dimensionen wie „Motivation", „Zukunftsoptimismus", der „Wichtigkeit, einer Beschäftigung nachzugehen" oder „Gewissenhaftigkeit" ergeben, könnte das im schlimmsten Fall als mangelnde Arbeitswilligkeit ausgelegt werden und damit den Versicherungsträger/die Versicherungsträgerin von seinen/ihren Leistungen entbinden, in Österreich etwa nach dem Arbeitslosenversicherungsgesetz §§ 9 und 10, die die „Zumutbarkeit" einer Arbeitsstelle zu regeln versuchen. Da das Verfahren mit dem

Ziel entwickelt wurde, Menschen bei der Planung ihrer beruflichen Laufbahn zu unterstützen, und sie dabei jeweils als „Ankerpersonen" ins Zentrum des Prozesses gestellt werden sollten, muss vermieden werden, dass es gleichzeitig auch als Instrument missbraucht werden kann, um die Existenzsicherung einer Person zu gefährden.

Die Diskussion dieses Problems wird in Fachkreisen erstaunlich emotional geführt. Peter Pantucek (2010) räumt ein: „natürlich kann es formen lebensgeschichtlich bedingter depravierung (oder lebensstil-wahl) geben, die als ein symptom enthalten, dass die personen eine ‚normale' erwerbstätigkeit für sich eher ausschließen. ob man das ‚diagnostizieren' und dann so in einer stellungnahme festschreiben soll, ist allerdings eine andere frage (eine berufsethische und methodische frage)." Klevenov (2010) verlangt vom Verfahren, sich festzulegen, wessen Ziele es verfolgen soll: „Die des autonomen Subjekts, des mündigen Bürgers? Oder diejenigen abstrakter Subjekte wie die ‚des Unternehmens', ‚des Staates'? Und worin bestehen dann die Konkretisierungen? Eine im engen Sinn definierte Motivation ist dann die Kraft, ein bzw. dieses Ziel anzustreben." Klevenov weist auf methodische Probleme bei der Motivationsforschung ebenso hin wie auf die hohe Bedeutung, die manche Firmen bei der Personalsuche dem Faktor „Gewissenhaftigkeit" zumessen. „Dieser Faktor kennzeichnet angeblich 43 % der deutschen Bevölkerung (es gibt ähnliche Befunde aus den USA) – die übrigen 57 % ‚ticken' aber anders." (ebenda)

Wottawa & Hossiep (1987) beschreiben in den „Grundlagen psychologischer Diagnostik" die Gefahr, dass psychologische Verfahren auch zum Nachteil der untersuchten Personen eingesetzt werden: „Möchte man infolge des Überwiegens anderer Interessen trotzdem die ethisch bedenkliche Verhaltensweise beibehalten, braucht man eine Begründung, die eine beruhigende Rechtfertigung der eigenen Handlungsweise bietet. Leider lassen sich auch dafür diagnostische Instrumentarien einsetzen." (S. 21) Kubinger (1995) unterscheidet in diesem Zusammenhang zwischen „förderungsorientierter Diagnostik" und „Selektionsdiagnostik". Im Mittelpunkt der Diagnostik sollen seiner Ansicht nach die Interessen der Testperson stehen. „Bereits etabliert ist in der Pädagogischen Psychologie die sogenannte ‚förderungsorientierte Diagnostik' als Alternative zur Selektionsdiagnostik, die so aufgebaut ist, dass mit der Diagnose mögliche Fördermaßnahmen unmittelbar gefunden werden." (S. 15) Das Problem wurde – methodisch und ethisch – so gelöst, dass das Matrix-Verfahren durchaus alle Merkmale untersuchen soll, die für die berufliche Laufbahn einer Person relevant sind. Nicht beantwortet werden pauschale Fragestellungen wie etwa nach der „Compliance", „Gewissenhaftigkeit" oder „Motivation", sehr wohl aber werden Motivationsstrukturen aufgezeigt.

Festgelegt wurde weiters, dass nur Personen das Verfahren durchlaufen sollten, wenn

- die Fragestellung des Auftraggebers/der Auftraggeberin schriftlich formuliert und der Ankerperson bekannt ist und
- die Ankerperson auf eigenen Wunsch am Verfahren teilnimmt.
- Zudem wird das fertige Gutachten mit der Ankerperson besprochen, und sie selbst entscheidet, ob es dem Auftraggeber/der Auftraggeberin vorgelegt wird.

4 Das Verfahren

Das Matrix-Verfahren orientiert sich streng an den in DIN 33430 für berufsbezogene Eignungsbeurteilung definierten Qualitätskriterien und -standards einschließlich der dort geforderten Vorgaben für Gültigkeit und Messgenauigkeit. Für die Messung der einzelnen Dimensionen kommen jene verfügbaren Instrumente zum Einsatz, die nach neuestem Stand die höchsten Validitäts- und Reliabilitätswerte haben.

Erhoben werden berufsrelevante

- Milieufaktoren: Einbindung in Funktionssysteme (Arbeitsmarkt, Sozialversicherung, Geldverkehr, Mobilität, Bildungswesen, Informationszugang, Gesundheitswesen, Kommunikation, lebensweltlicher Support), Existenzsicherung, Funktionsfähigkeit
- Biografische Daten und Fachkompetenzen
- Kognitive Fähigkeiten
- Sozialkompetenz (Fähigkeiten im Umgang mit Menschen)
- Interessenfelder
- Arbeitsstil
- Belastbarkeit
- Motivation
- Persönlichkeitsmerkmale

Im Folgenden soll im Besonderen der Ablauf des Verfahrens dargestellt werden. Zum besseren Verständnis werden fallweise Ergebnisse aus einem konkreten Fall angeführt. Unser Fallbeispiel ist ein 22-jähriger Hilfsarbeiter, der aus gesundheitlichen Gründen seine bisherige Tätigkeit am Fließband einer Metallfabrik nicht mehr ausüben kann.

4.1 Einladung und Fragestellung

Mit der Einladung zum ersten Termin erhält die Ankerperson ein Informationsblatt, auf dem das Ziel, der Inhalt und der Ablauf des Verfahrens beschrieben sind. Besonders betont wird darin, dass das Verfahren nur effizient sein kann, wenn die Teilnahme freiwillig ist und die Ankerperson konstruktiv mitarbeitet. Daraufhin teilt der Auftraggeber/die Auftraggeberin der prozessbegleitenden Person den Termin mit und formuliert schriftlich die Fragestellung. Die prozessbegleitende Person schätzt ab, ob das Matrix-Verfahren geeignet ist, die Fragestellung zu beantworten. Ist dies der Fall, beginnt das eigentliche Verfahren. Es läuft zu 5 Terminen ab. Die Module 1, 3 und 5 sind als drei 2-stündige, aufeinander aufbauende Interviews zu verstehen, die durch zwei Blöcke aus psychometrischen Testungen unterbrochen werden.

	Inhalt	Methode
„Modul 1 (2 Stunden)"	Problemanalyse, Biografie, Fachkompetenzen, Milieu,	Presented-Problem-Analyse, Inklusions-Chart, biografisches Interview
„Modul 2 (3 Stunden)"	Stärken, Neigungen, Eigenschaften und Haltungen	psychometrische Testverfahren
„Modul 3 (2 Stunden)"	Reflexion der Testergebnisse	Gespräch nach Leitfaden
„Modul 4 (1–2 Stunden)"	Vertiefende Messung einzelner Potenziale/Kompetenzen	psychometrische Testverfahren
„Modul 5 (2 Stunden)"	Erstellen des Laufbahnplanes	Gespräch nach Leitfaden

Abbildung 1: Die einzelnen Module

Fritz Schermer

4.2 Modul 1: Biografie und Milieu

Einleitend wird das Verfahren erklärt und der Zuweisungskontext erhoben. Es folgt die Auftragsklärung: Ziele, Rahmenbedingungen und Fragestellung werden formuliert.

- Presented-Problem-Analyse

Das präsentierte Problem muss keineswegs mit der Fragestellung des Auftraggebers/der Auftraggeberin übereinstimmen. In vielen Fällen muss es erst geeignet formuliert werden. Peter Pantucek (2005) stellt dazu zwei Vorgaben: „Der Klient muss als Aktor benannt sein und es muss eine schwierige Handlungs- oder Entscheidungssituation des Aktors beschrieben sein."

In unserer Fallgeschichte lautete die Fragestellung der Beraterin des AMS: „Ich ersuche um Abklärung der beruflichen Eignung bzw. im Speziellen der Eignung als EDV-Techniker, Mechatroniker oder Elektroniker." Herr R. (22) präsentiert sein Problem in etwa so: „Wegen meiner Lungenprobleme kann ich nicht auf Dauer am Fließband arbeiten und möchte daher den Beruf wechseln."

- Biografische Analyse

Die Ankerperson erhält die Gelegenheit, subjektiv und assoziativ über ihre bisherige berufliche Laufbahn zu erzählen. Die prozessbegleitende Person versucht, durch eine anerkennende, positiv verstärkende Gesprächsführung eine Atmosphäre des Vertrauens und des Respekts aufzubauen. Es geht bei diesem ersten Interview nicht nur um eine inhaltliche Faktensammlung, sondern insbesondere auch um die Aktivierung der Ankerperson. Als Struktur hat sich das autobiographische Interview nach Fritz Schütze zur „Hervorlockung von Erzählungen" bewährt: Nach der Erzählaufforderung zur Berufskarriere wird die autobiographische Anfangserzählung nicht unterbrochen. Erst nachdem die Ankerperson eine „Erzählkoda" setzt erfolgen Nachfragen. Im dritten Teil des Interviews werden immer wiederkehrende Abläufe und systematische Zusammenhänge im beruflichen Lebenslauf untersucht (vgl. Schütze 1983, S. 285). „Das Erzählen eigenerlebter Geschichten verwickelt in Gestaltschließungs- und Detailierungszwänge, die den Informanten bewegen, auch über Vorgänge und Handlungsmotivationen zu berichten, über die er in der normalen Interviewkommunikation schweigen würde." (Schütze 1976, S. 163)

Im Falle einer komplexen Berufslaufbahn wird der Versicherungsdatenauszug analysiert. Er liefert exakte Auskünfte über Anzahl und Dauer der Dienstverhältnisse, Kontinuität/Flexibilität der Arbeitsinhalte, Krankenstände und arbeitslose Zeiten. Neben der Erhebung der fachlichen Kompetenzen werden Phasen bzw. Arbeitsverhältnisse, etwa in Form einer Verlaufskurve erörtert, und es wird nach Erkennungsmerkmalen gesucht, anhand derer eine Phase positiv oder negativ erlebt wurde. Daraus kann ein erster Eindruck gewonnen werden, welche Kriterien die Ankerperson bei der Wahl einer beruflichen Tätigkeit priorisiert. Eben weil die Analyse des Versicherungsdatenauszuges einen so scharfen Spiegel der tatsächlichen Berufslaufbahn darstellt, wird sie erst dann eingesetzt, wenn ein entsprechend offenes und vertrauensvolles Gesprächsklima hergestellt ist.

- Milieuanalyse: der Inklusions-Chart

Der Inklusions-Chart wurde von Peter Pantucek entwickelt. (vgl. 2009a, S. 219 ff. und 2009b, S. 215 ff.) Er erfasst das Maß der Einbindung in soziale Systeme, das für die Möglichkeiten, die eigene berufliche Laufbahn zu bestimmen, von häufig vernachlässigter Bedeutung ist. In einer übersichtlichen Liste wird der Inklusionsgrad in unterschiedliche Funktionssysteme (z. B. Arbeitsmarkt, Geldverkehr, Information und Mobilität) eingetragen sowie die derzeitige Tendenz, ob sich das Ausmaß der Inklusion zu erhöhen scheint oder ob es zu sinken droht. Daneben werden die Kennzeichen angegeben, aus denen der entsprechende Inkludierungsgrad abgeleitet wurde, und außerdem noch eine eventuell nötige Intervention.

Im zweiten Teil wird die Existenzsicherung eingeschätzt, wobei auch der Anteil der Substitution angegeben wird. *Beispielsweise erhält Herr R. einen Anteil von 50% in den Bereichen „Wohnen" und „Lebensmittel", da er noch bei seinen Eltern wohnt und von ihnen teilweise versorgt wird. Auch hier besteht die Möglichkeit, geplante Interventionen zu vermerken.* Schließlich wird noch die Funktionsfähigkeit in den Bereichen Gesundheit, Bildung/Wissen und Sorgepflichten eingeschätzt, ebenfalls mit Kennzeichen und Interventionen. Zusammenfassend wird zum Schluss das globale Funktionsniveau auf einer 10-stufigen Skala eingeschätzt.

- Unterstützungsbedarf bei der Berufswahl

Mit einem Fragebogen wird erfasst, in welcher Hinsicht die Ankerperson bei der Planung ihrer beruflichen Laufbahn auf fremde Hilfe angewiesen ist bzw. in welchem Ausmaß ihr Empowerment dazu vorhanden ist. Erhoben wird der Unterstützungsbedarf bei der beruflichen Orientierung (Identitätsfindung), beim Treffen einer Entscheidung, bei der Informationsbeschaffung und beim Überwinden von Hindernissen, die einer Berufswahl entgegenstehen. (siehe Abbildung 2).

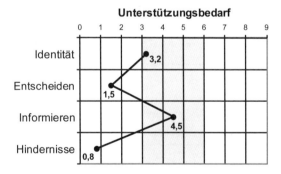

Abbildung 2: Unterstützungsbedarf

Als Nebenprodukt entsteht bei diesem ersten Fragebogen ein erster Eindruck über den Umgang der Ankerperson mit einem Testverfahren. *Herr R. beantwortet die Fragen etwas zögerlich und tendiert zu Entscheidungen in der Mitte der Skala, er entscheidet vorsichtig.*

4.3 Modul 2: psychometrische Abtestung

Beim zweiten Termin ändern sich die Rollen. Die Ankerperson hat keinen Kommunikationspartner/keine Kommunikationspartnerin, sondern reagiert auf die Items, die ihr der Computer vorgibt. Sprache ist nicht mehr Medium eines Dialoges, sondern ausschließlich Ausdrucksmittel. Die Ankerperson kann in den Ablauf nicht steuernd eingreifen. Ergebnis von Modul 2 ist nicht das Ergebnis eines Prozesses, sondern eine Momentaufnahme. Ähnlich einem Röntgenapparat macht der Computer bisher unsichtbare „Innereien" sichtbar. Häufig haben Testpersonen den Eindruck, diese Ergebnisse seien richtiger als die Erkenntnisse aus einem Zwiegespräch, es gehe um das Eigentliche. Die Testbatterie in Modul 2 umfasst 282 Items zu 33 Skalen. Die Tests wurden zusammengestellt unter der Ägide von Prof. Heinrich Wottawa (Ruhr-Universität Bochum). Neben der Abtestung von Leistungsmerkmalen liegt der Schwerpunkt auf der Untersuchung von Persönlichkeitsmerkmalen, da Experten/Expertinnen schätzen, „dass über 90 % der Beschäftigungsverhältnisse, die scheitern, nicht aufgrund von fachlichen oder sonstigen Könnens-Kompetenzen des betreffenden Mitarbeiters beendet werden, (...), sondern wegen Unstimmigkeiten von Merkmalen seiner Persönlichkeit mit den Anforderungsbedingungen der Position" (Sarges & Wottawa 2004, S. VIII). Die Durchführung beansprucht – einschließlich Pausen – etwa 3 Stunden. Abbildung 3 zeigt die Bereiche, die gemessen werden.

Stärken		
Umgang mit Menschen	Verstehen	Einfühlungsvermögen Umgang mit Kritik
	Helfen/Beraten	Problemlösungsbereitschaft Sich nicht entmutigen lassen
	Überzeugen	Überzeugungsvermögen Konsensorientierung
Umgang mit Sprache	Sprachgefühl	Abstraktionsfähigkeit
Umgang mit Zahlen	Rechenfertigkeit (schulisches Rechnen)	
Umgang mit Technik	Mechanisch-technisches Verständnis Räumliche Orientierung	
Analytische Grundlagen	Regeln erkennen Schlussfolgerndes Denken	
Interessen		
Interessenfelder	Interesse an Sozialem Interesse an Verwaltung Interesse an Technik Interesse an Sprache/Kunst Interesse an Analytischem Interesse an Handwerklichem	

Berufsrelevante Eigenschaften		
Motivation	Kontakt	Kontaktfreude Streben nach sozialer Akzeptanz
	Gestaltung	Gestaltungsmotivation Einfluss anderer meiden
	Leistung	Leistungsmotivation Misserfolge meiden
Arbeitsstil	Zielorientierung Sorgfältiges Arbeiten Anspruchsniveau Handlungsorientierung Reaktion auf Misserfolg	
Belastbarkeit	Einsatzbereitschaft Belastungsbereitschaft Vertrauen in eigenen Fähigkeiten	

Abbildung 3: Stärken, Interessen und berufsrelevante Eigenschaften

4.4 Modul 3: Reflexionsgespräch

Inhalt des dritten Termins ist die reflektierende Interpretation der Ergebnisse von Modul 2. Für dieses Gespräch gelten die Anforderungen der DIN 33430 an ein Eignungsinterview. Westhoff & Strobel (2009) verweisen auf Untersuchungsergebnisse, die zeigen, dass Validität von Eignungsinterviews mit dem Grad der Strukturierung wächst, ab einer gewissen Grenze ist allerdings das „Optimum an Strukturierung" erreicht (vgl. Westhoff 2009, S. 27). Als Gesprächsleitfaden dient der etwa 25 Seiten umfassende Ergebnisbericht, in dem beschrieben wird, was jede Skala misst, welchen Prozentrang die Testperson erreicht hat und wie dieser Wert standardmäßig zu interpretieren ist. Dieser Leitfaden gewährleistet einen hohen Grad an Standardisierung und Struktur, ohne die individuellen Antwortmöglichkeiten einzuschränken. Ein standardisiertes Testverfahren wirft nicht nur objektive Antworten über eine Person aus, sondern auch Fragen. Kein Berufseignungsverfahren interpretiert sich von selbst, es dient lediglich als Gesprächsgrundlage. Ebenso notwendig wie die Messgenauigkeit und die Treffsicherheit der Tests sind das Fachwissen der prozessbegleitenden Personen und deren Fähigkeit der Gesprächsführung mit der Ankerperson.

Beispielsweise weist für Herrn R. die Skala „Umgang mit Kritik" einen Wert von 21 aus. Im Ergebnisbericht steht dann:

> **Umgang mit Kritik (offen vs. abwehrend)**
> Diese Dimension erfasst, in welcher Weise der Umgang mit Kritik erlebt und wie darauf reagiert wird. Personen mit einer hohen Ausprägung stehen Kritik offen gegenüber und betrachten diese als Lernchance, durch die das eigene Verhalten erfolgreicher gestaltet werden kann. Personen mit niedrigen Testwerten begegnen Kritik eher mit Skepsis und reagieren auf diese emotional und mit Abwehrverhalten, z.B. wenn sie die Kritik aufgrund des eigenen Erfahrungsschatzes nicht als angemessen ansehen.

Abbildung 4a: Ausschnitt aus dem Ergebnisbericht zu Modul 2

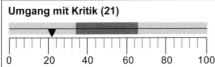

Umgang mit Kritik (21)

Auf Kritik und negatives Feedback durch andere reagieren Sie eher zurückhaltend und ablehnend. Eine Modifizierung Ihrer eigenen Vorhaben oder eine Anpassung an die vorgeschlagenen Alternativen kommt für Sie nur in Einzelfällen in Betracht. Sie neigen eher dazu, sich zu rechtfertigen und die Richtigkeit Ihres Vorgehens darzulegen. Gleichzeitig ist Ihnen die geäußerte Kritik nicht egal und beschäftigt Sie eine ganze Weile. Bei besonders starker Ausprägung (d. h. einem niedrigen Testwert) lässt dies auf eine emotionale Belastung im Umgang mit Kritik schließen.

Abbildung 4b: Ausschnitt aus dem Ergebnisbericht zu Modul 2

Zusätzlich werden im Ergebnisbericht die einzelnen Bereiche – in unserem Beispiel der Bereich „Umgang mit Menschen" – noch zusammenfassend interpretiert:

Zusammenfassung der Ergebnisse im Bereich Umgang mit Menschen
Insgesamt betrachtet zeigen Ihre Ergebnisse im Bereich Umgang mit Menschen Optimierungsbedarf auf. Zwar können Sie Ihren Antworten zufolge Ihre Gesprächspartner/-innen gut beraten. Allerdings fällt es Ihnen manchmal nicht leicht, sich in andere Menschen hineinzuversetzen und im Gespräch überzeugend zu agieren. Da dies jedoch eine wichtige Grundlage zur Gestaltung von Gesprächen und Interaktionen darstellt, gilt es, hier weitere Kompetenzen aufzubauen.

Abbildung 5: Ausschnitt aus dem Ergebnisbericht zu Modul 2 – zusammenfassender Text

Darüber hinaus weist der Ergebnisbericht eine Übersicht über das gesamte Profil aus, und zwar in Form einer Kurve.

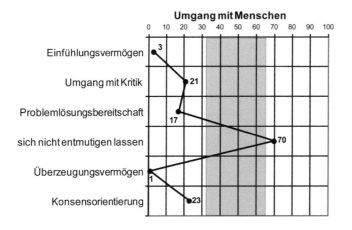

Abbildung 6: Detail aus der Profilübersicht – Ergebnisse für den Bereich „Umgang mit Menschen"

Nachdem die Ankerperson mit der Bedeutung von Prozenträngen vertraut gemacht wurde, wird sie aufgefordert, Auffälligkeiten im Profilüberblick zu suchen. Anhand einiger auffallender Werte wird das Merkmal erklärt, das die entsprechende Dimension misst. Besonders hilfreich sind Fragen nach konkret erlebten Situationen, in denen das beschriebene Merkmal beruflich zur Anwendung kam. Bei niedrigen Werten kann die Frage nach dem Gegenteil Klärung bringen. *In unserem Beispiel wurde etwa gefragt: „Erinnern Sie sich an eine berufliche Situation, in der Sie sich besonders gut in eine andere Person hineinfühlen konnten?"*

Besonders aufschlussreich sind Querverbindungen zwischen den Skalen, beispielsweise der Skala „Umgang mit Kritik" und den hohen Werten bei den vermeidenden Motiven. Auf den ersten Blick widersprüchlich erscheinende Ergebnisse können in der Reflexion zu wertvollen Erkenntnissen führen. Im Laufe des Gespräches werden Stärken herausgearbeitet und Entwicklungsfelder definiert. Eine wesentliche Rolle dabei spielt die Abschätzung einer Zukunftsprognose. Dazu muss das entsprechende Merkmal im lebensgeschichtlichen Kontext betrachtet werden. Beispielsweise kann ein niedriger Wert bei der „Einsatzbereitschaft" tatsächlich auf ein relativ geringes Engagement hinweisen. Aber auch Personen, die bereits jetzt sehr viel leisten, haben oft einen niedrigen Wert in dieser Dimension, da sie nicht bereit sind, noch höheren Einsatz zu zeigen. Im Laufe des Gespräches können bereits erste Tätigkeitsfelder ausgeschlossen werden.

Herr R. kommt rasch zur Erkenntnis, dass er keinen kundenorientierten Beruf wählen sollte. Aber der Umgang mit Menschen, so meint er, sei ja auch im Team und gegenüber Vorgesetzten von Bedeutung. Er vergleicht die Werte mit denen seiner Motivation.

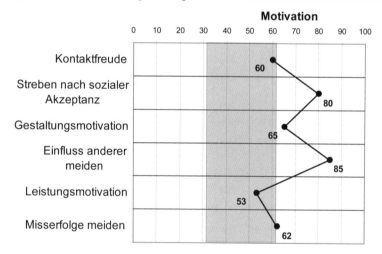

Abbildung 7: Detail aus der Profilübersicht – Ergebnisse für den Bereich „Motivation"

In allen drei gemessenen Motivationsbereichen (Anerkennung, Gestaltung und Leistung) sind die Vermeidungsmotive (Vermeiden von Ablehnung, Fremdbeeinflussung und Misserfolg) signifikant höher als die aufsuchenden Motive (Streben nach Kontakt, Gestaltungsmöglichkeiten und Leistung).

In der Firma, in der Herr R. seit seinem Pflichtschulabschluss vor 6 Jahren gearbeitet hat, hat es kaum Lob und Anerkennung, vielmehr abwertende Kritik und Antreiberei gegeben. Daran habe er sich, so meint er, bestens gewöhnt und sei den Kollegen und Vorgesetzten gleichgültig aus dem Weg gegangen. Damit werden die Werte im Bereich „Umgang mit Menschen" als Entwicklungsfeld erklärt und Herr R. äußert den Wunsch, in einem nächsten Durchgang seine Sozialkompetenzen noch vertieft zu messen.

Auf diese Weise werden die Ergebnisse jeder einzelnen Skala, jedes einzelnen Fragebereiches im Lebenskontext der Ankerperson betrachtet und führen zu einer neuen Sichtweise hinsichtlich der Prioritätensetzung bei der Berufswahl. Deutlich werden im dritten Modul die augenscheinlichen Stärken herausgearbeitet. *Im Falle von Herrn R. sind das vor allem die kognitiven Fähigkeiten, das mechanisch-technische Verständnis und das räumliche Vorstellungsvermögen. Ebenso deutlich können Schwächen evident werden, etwa das mangelnde Überzeugungsvermögen des Herrn R., was etwa von stark kundenorientierten Tätigkeiten abraten lässt.* Andere Faktoren hingegen werfen neue Fragen auf: Handelt es sich dabei um beständige Stärken/Schwächen oder um Potenziale, die unter anderen Umständen und zu anderer Zeit zu ganz anderen Ergebnissen führen könnten? Beispielsweise könnte der von seiner bisherigen Tätigkeit frustrierte Herr R. unter anderen Umständen deutlich höhere Werte in den Skalen „Einfühlungsvermögen", „Anspruchsniveau" oder „Einsatzbereitschaft" erreichen. Um solche Fragen vertieft abzuklären, stehen etwa 100 psychometrische Verfahren zur Verfügung, aus denen für Modul 4 individuell einzelne ausgewählt werden.

Bei Herrn R. lag es auf der Hand, die Sozialkompetenzen genauer zu betrachten. Weiters fielen die undifferenzierten Interessen auf. In den sechs Interessenfeldern schwankten die Werte zwischen 41 und 54, es schien kein Interessenfeld zu geben, das Herrn R. nicht anspricht, aber auch keines, das er besonders anstrebt. Deshalb wurde ins Auge gefasst, seine Neigungen in ihrer Struktur noch eingehender zu untersuchen.

Die reflektierende Interpretation von Testergebnissen, die die Ankerperson mit einer Normstichprobe vergleicht, eignet sich tatsächlich als probate Methode, um zu neuen Erkenntnissen über ihre Kompetenzen und Potenziale zu gelangen. Dies umso mehr, als die untersuchte Person an die Röntgenbildfunktion psychometrischer Testungen glaubt, mit der bisher unsichtbare „Innereien" in vagen Umrissen sichtbar gemacht werden können. Eben dieser Glaube birgt allerdings auch die Gefahr der missbräuchlichen Anwendung. Das zu Papier gebrachte, in Zahlen gefasste Persönlichkeitsprofil kann einerseits zur scharfen Waffe werden, um etwa die Arbeitsunwilligkeit einer Person „nachzuweisen", und kann andererseits auch wie ein Orakel in jede beliebige Richtung gedeutet werden. Nicht zu Unrecht warnt Pantucek vor einer Voodoo-Diagnostik. (vgl. 2009b, S. 299 f.) Für eine seriöse Interpretation ist es nötig, dass die prozessbegleitende Person die Konstrukte genau kennt, die jeder Skala und jedem Skalenbereich zugrunde liegen.

4.5   Modul 4: vertiefende Abtestungen

Modul 4 unterbricht den Planungsprozess ein zweites Mal, um neue Daten zu gewinnen, die für ein weiteres, vertiefendes Gespräch notwendig sind. Es geht darum, offene Fragen zu klären, insbesondere auch darum, entwicklungsfähige Potenziale von schwer auszumerzenden Kompetenzmängeln zu unterscheiden. Dazu werden diesmal je nach individuellem Aufklärungsbedarf spezifische Testverfahren eingesetzt. Das bedeutet in vielen Fällen, dass Verfahren eingesetzt werden, die noch nie im Konzert mit der erprobten Testbatterie mitgespielt haben. Beispielsweise liegen dem Neigungsstruktur-Test ganz andere Konstrukte zugrunde als den im obligatorischen Modul 2 verwendeten Holland-Skalen. Als Gesprächsgrundlage hat dies durchaus seinen konstruktiven Wert, da eine andere Perspektive im Hinblick auf die Problemstellung eingenommen werden muss. Das zweite Verfahren kritisiert gewissermaßen das erste. Dazu ist es besonders wichtig, dass die prozessbegleitende Person den Konstruktunterschied zwischen zwei gut geeigneten Tests genau kennt. Im besten Fall ergibt sich eine neue Perspektive im Zusammenhang mit dem in Modul 3 festgestellten Problem.

Beispiele für eine vertiefte Untersuchung der Neigungsstruktur sind in den Abbildungen 8 und 9 ersichtlich.

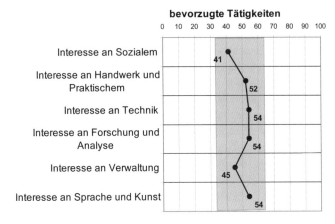

Abbildung 8: Interessen aus Modul 2

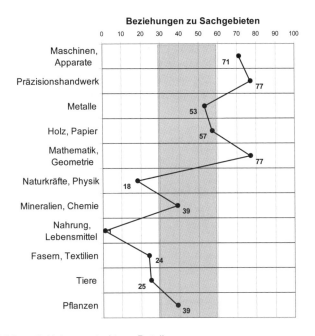

Abbildung 9: Neigungsstruktur – Detail

4.6 Modul 5: der Laufbahnplan

Beim letzten Termin werden die Ergebnisse aus Modul 4 besprochen und die relevanten Erkenntnisse, die während des gesamten Prozesses gewonnen wurden, werden zu einem Laufbahnplan zusammengefasst. Die Ankerperson listet zunächst jene Stärken, Potenziale und Entwicklungsfelder auf, die sie für die wichtigsten hält. Danach weist die prozessbegleitende Person noch einmal auf andere Aspekte hin, die eventuell übersehen wurden. Daraus ergibt sich ein Gesamtbild.

Für Herrn R. war die wichtigste Erkenntnis, dass er seine vorher recht diffusen Interessen fokussieren konnte. Er ist aufgrund seiner Fähigkeiten für einen technischen Beruf sehr gut geeignet. Aus den Neigungsstrukturen wissen wir, dass ihm das Image des Berufes wichtig ist, er wird also eine Ausbildung machen. Dies wird ihm erleichtert, weil ihn seine Eltern dabei unterstützen und das Arbeitsmarktservice für die Dauer einer Ausbildung einen Beitrag zur Deckung seines Lebensunterhaltes leistet. Da Herr R. ein Haus erben wird, ist es ihm sehr wichtig, seine berufliche Laufbahn im regionalen Arbeitsmarkt fortzusetzen. Einen hohen Wert hat für ihn wegen seiner hohen Anerkennungsmotivation das Betriebsklima. Dafür ist er bereit, bei der Lohnhöhe Abstriche zu machen.

Der Laufbahnplan ist dann gelungen, wenn er der Ankerperson als umsetzbar erscheint. Sie hat neue Erkenntnisse über ihre Potenziale und Kompetenzen gewonnen und hat konkrete Vorstellungen, wie sie diese in ihr Milieu (Umfeld) und in ihrer Biografie einbauen kann. Matrix ist aber nicht nur ein Diagnoseverfahren, sondern wirkt auch – als Nebeneffekt – bewusstseinsbildend auf die Ankerperson. Es werden Potenziale bewusst gemacht, und das Vertrauen in die Gestaltbarkeit der eigenen Zukunft wird gestärkt. In einer Rückmeldung beschreibt eine Absolventin des Verfahrens dieses Phänomen wie folgt: „Allein die Tatsache, den Matrix-Test zu machen, hat meine Einstellung zu meinem Beruf verändert. Das Testergebnis – das meiner Meinung nach meine tatsächlichen Fähigkeiten und Schwächen erstaunlich genau beschrieben hat – vor sich zu sehen, beeinflusst bereits meine Herangehensweise an Herausforderungen im Berufsleben. Die ausführlichen Gespräche mit dem Testleiter konnten meine Fragen bei der Berufswahl beantworten, lieferten mir aber auch viele Lösungsstrategien und neue Denkansätze."

5 Zusammenfassung

Das Matrix-Verfahren entspricht der DIN 33430 für berufsbezogene Eignungsbeurteilungen. Auch die Qualifikation der prozessbegleitenden Personen entspricht dieser Norm. Der Ergebnisbericht des Verfahrens hat die Qualität eines Fachgutachtens.

Einzigartig am Matrix-Verfahren ist

- die mehrdimensionale Auswertung, bei der die Ergebnisse verschiedener Tests miteinander in Beziehung gesetzt werden;
- die Kombination prozessorientierter sozialdiagnostischer Methoden mit Momentaufnahmen von Eigenschaften, Fähigkeiten und Vorlieben; die Rollenverschiebung der untersuchten Person zur „Ankerperson", die im Dialog zum Mitbaumeister/zur Mitbaumeisterin des eigenen Laufbahnplanes wird. Dadurch wird die maximale Akzeptanz des Planes durch die betroffene Person erreicht.

Das Matrix-Verfahren empfiehlt sich für die Einsatzfelder der beruflichen Laufbahnplanung und der Personalauswahl, es eignet sich als Basis für Maßnahmen zur Personalentwicklung, als Grundlage für berufliche Rehabilitation oder auch zur Erhöhung der Treffsicherheit bei den Zuweisungen zu AMS-Maßnahmen.

Literaturverzeichnis

Kubinger, Klaus D. (1995): Einführung in die Psychologische Diagnostik. Weinheim: Beltz.

Pantucek, Peter (2009a): Die erweiterte Inklusions-Chart IC2. Ein breit einsetzbares Instrument der Lebenslageeinschätzung. In: Pantucek, Peter & Röh, Dieter (Hrsg.): Perspektiven Sozialer Diagnostik. Über den Stand der Entwicklung von Verfahren und Standards. (Soziale Arbeit – Social Issues, Band 5). Wien: LIT, S. 219–231.

Pantucek, Peter (2009b): Soziale Diagnostik. Verfahren für die Praxis Sozialer Arbeit. Wien, Köln und Weimar: Böhlau.

Sarges, Werner & Wottawa, Heinrich (2004): Handbuch wirtschaftspsychologischer Testverfahren. Band I: Personalpsychologische Instrumente. 2. Auflage. Lengerich: Pabst.

Schütze, Fritz (1976): Zur Hervorlockung und Analyse von Erzählungen thematisch relevanter Geschichten im Rahmen soziologischer Feldforschung – dargestellt an einem Projekt zur Erforschung von kommunalen Machtstrukturen. In: Arbeitsgruppe Bielefelder Soziologen (Hrsg.): Kommunikative Sozialforschung. München: Fink, S. 159–260.

Schütze, Fritz (1983): Biografieforschung und narratives Interview. In: Neue Praxis 13, Heft 3, S. 283–293.

Westhoff, Karl (2009; Hrsg.): Das Entscheidungsorientierte Gespräch (EOG) als Eignungsinterview. Lengerich: Papst.

Westhoff, Karl, Hagemeister, Carmen, Kersting, Martin, Lang, Fredi, Moosbrugger, Helfried, Reimann, Gerd & Stemmler, Gerhard (2010; Hrsg.): Grundwissen für die berufsbezogene Eignungsbeurteilung nach DIN 33430. 3. Auflage. Lengerich: Papst.

Westhoff, Karl & Strobel, Anja (2009): Leitfadenkonstruktion. In: Westhoff, Karl (Hrsg.): Das Entscheidungsorientierte Gespräch (EOG) als Eignungsinterview. Lengerich: Papst, S. 79–86.

Wottawa, Heinrich (2004): Mögliche Reaktionen von Unternehmen auf die DIN 33430. In: Hornke, Lutz & Winterfeld, Ulrich (Hrsg.): Eignungsbeurteilungen auf dem Prüfstand: DIN 33430 zur Qualitätssicherung. (Herausgegeben für den Berufsverband Deutscher Psychologinnen und Psychologen und die Deutsche Gesellschaft für Psychologie). Heidelberg und Berlin: Spektrum, S. 203–219.

Wottawa, Heinrich & Hossiep, Rüdiger (1987): Grundlagen psychologischer Diagnostik. Eine Einführung. Göttingen, Toronto und Zürich: Hogrefe.

Internetquellen:

Akademie für professionelle Berufsbildung: http://www.professionelleberufsbildung.de/.

Berufsverband Deutscher Psychologinnen und Psychologen e.V. (2011): Wichtiges Signal von SAP. Pressemitteilung Nr. 07/11 vom 20.05.2011; http://bdp-verband.de/bpd/presse/2011/07_sap.html.

Niedermair, Gerhard (2008): Abstract zu Beitrag „PersonalentwicklerInnen in Österreich: Berufskultur oder Profession?" In: bwp@-Spezial 3; http://www.bwpat.de/ATspezial/niedermair_atspezial.pdf.

Pantucek, Peter (2005): Presented-Problem-Analyse (PPA); http://www.pantucek.com/diagnose/mat/ppa.pdf.

Korrespondenz:

Klevenov, Gert-Holger (Institut für Arbeitsmarkt- und Berufsforschung Nürnberg): E-Mail an den Verfasser am 14.8.2010.

Pantucek, Peter (Sozialakademie St. Pölten): E-Mail an den Verfasser am 10.8.2010.

Sandra Bohlinger
Universität Osnabrück

Anerkennung und Validierung von Lernergebnissen und Berufserfahrung im internationalen Vergleich

1 Einleitung 581
2 Lebenslanges Lernen und dessen Anerkennung 581
3 Die Validierungsdebatte in Europa 583
    3.1 Nationale Ansätze der Validierung von Lernergebnissen 584
    3.2 Einheit durch Vielfalt 587
4 Der Blick nach Nordamerika: Kanada und die USA 588
    4.1 Prior Learning Assessment and Recognition in Kanada 588
    4.2 Validierung und Anerkennung in den USA 589
5 Trotz aller Vielfalt: ähnliche Herausforderungen und Problemlagen 591
Literaturverzeichnis 593

1 Einleitung

Die Validierung von Lernergebnissen gewinnt im Kontext nationaler und internationaler Diskussionen seit Jahren an Bedeutung. Weltweit werden in vielen Ländern seit rund drei Jahrzehnten Verfahren entwickelt, die sowohl die Mobilität von Arbeitskräften als auch die Transparenz und Vergleichbarkeit von Abschlüssen und Erlerntem unterstützen sollen. Der Beitrag gibt einen internationalen Überblick über Validierungsansätze mit dem Ziel, Herausforderungen, Chancen und Grenzen der bildungs- und arbeitsmarktpolitisch motivierten Entwicklungen aus bildungswissenschaftlicher Perspektive zu skizzieren und zukünftige Handlungs- und Forschungsfelder aufzuzeigen.

2 Lebenslanges Lernen und dessen Anerkennung

Die Wissensgesellschaft und das Informationszeitalter haben weitreichende Konsequenzen für die Inhalte und Formen dessen, was Individuen lernen. Aus der einstigen Idee der einmaligen (Aus-)Bildung für den dauerhaften Eintritt in den Arbeitsmarkt und stabile Beschäftigungsverhältnisse sind unsichere und vielfältigste Verbindungen zwischen Lern- und Arbeitsprozessen über die gesamte Lebensspanne geworden. In allen Gesellschaften weltweit finden sich daher Ansätze zur Förderung und Anerkennung lebenslangen Lernens. Das Ziel „Education for All" bezieht sich dabei gleichermaßen auf Kinder, Jugendliche und Erwachsene, Beschäftigung, soziale Inklusion und Teilhabe an der Gesellschaft über den gesamten Lebensverlauf. Für die Förderung des so verstandenen lebenslangen Lernens ergeben sich zwei Herausforderungen: erstens die Anerkennung des Gelernten für den Zugang zu formalen Qualifikationen, dem Arbeitsmarkt oder beruflichen Berechtigungen und zweitens die (formale) Darstellung von individuellen Kompetenzen und ihre gesellschaftliche Wertschätzung.

Um dieser Herausforderung zu begegnen, wurden und werden in vielen Ländern zahlreiche Initiativen und Instrumente mit dem Ziel entwickelt, Lernen unabhängig davon zu erfassen und zu zertifizieren, wo und wie es erworben wird (vgl. Bjørnåvold & Colardyn 2004; Dyson & Keating 2005; Nelissen 2007; Souto Otero, McCoshan & Junge 2005; Souto Otero, McCoshan, Junge & Winter 2005; Souto Otero, Hawley & Nevala 2008). Sowohl aus politischer als auch aus wissenschaftlicher Sicht ist eine der zentralen Fragen dabei die Sicherstellung der – wie auch immer zu definierenden – „angemessenen" Verbindung zwischen dem Erlernten außerhalb und innerhalb formaler Bildungs- und Qualifikationswege. Die Antworten auf diese Frage variieren von Land zu Land und sind eng mit der Frage nach den jeweiligen Zuständigkeiten und mit dem Verständnis von Lernen und Erlerntem (Lernergebnissen, Kompetenzen, Fertigkeiten, Kenntnissen etc.) verbunden. Ohne auf letzteren Aspekt näher eingehen zu wollen (vgl. ausführlich z. B. Bohlinger 2008; Colardyn 1996; Mulder, Weigel & Collins 2004; Winterton, Delamare-Le Deist & Stringfellow 2006), sei darauf hingewiesen, dass im Hinblick auf die genauen Kompetenzen und Lernergebnisse, die anerkannt werden sollen, ebenso wenig Einigkeit herrscht wie bezüglich der konkreten Bezeichnung für den Anerkennungsprozess. Obwohl grundlegende Übereinstimmung darin herrscht, dass es sich bei dem Prozess der Validierung um den Prozess der Identifizierung, Bewertung und Anerkennung von Erlerntem handelt – unabhängig davon, wie es erworben wurde –, finden sich gleichwertige Schlagwörter wie „Recognition of Prior Learning", „Prior Learning Assessment and Recognition" oder „Validation of Learning Outcomes". Hinzu kommt, dass für gängige Begriffe dessen, was anerkannt werden soll (Prior Learning, Experimental Learning) kaum angemessene deutsche Übersetzungen existieren (früher erworbenes Lernen, vorgängig erworbenes Lernen).

Vor diesem Hintergrund und mit Blick auf die Komplexität der Thematik zielt der Beitrag darauf ab, einen Überblick über Validierungsansätze und -strategien in Europa und Nordamerika zu geben. Diese beiden (Teil-)Kontinente werden ausgewählt, weil sie sehr unterschiedliche Bildungsstrukturen, Lernverständnisse und Erfahrungen mit der Validierung haben und dennoch mit ähnlichen Herausforderungen konfrontiert sind. Dabei geht es nicht um eine Bewertung der Länder, sondern um die Skizzierung nationaler und regionaler Handlungsfelder und Entwicklungslinien, die aufgrund der derzeitigen Daten- und Dokumentenlage sowie der Heterogenität des Verständnisses von Lernformen, Lernergebnissen und von Bildung (Bildungssystemen) Vorrang vor vergleichenden Beurteilungen hat. Mit aller gebotenen Vorsicht wird dennoch versucht, Gemeinsamkeiten und Unterschiede in der Entwicklung von Validierungsansätzen und -systemen zu identifizieren und künftige Forschungs- und Handlungsfelder aufzuzeigen.

Der Beitrag basiert sowohl auf einzelstaatlichen Untersuchungen und Projektberichten als auch auf den Länder- und Vergleichsstudien der OECD, der UNESCO und der ILO, den jährlichen Konsultationen der Generaldirektion Bildung und Kultur der Europäischen Kommission mit den Ländern, den im zweijährigen Turnus durchgeführten Policy-Reports des Cedefop sowie den unregelmäßig erhobenen European-Inventory-Studien, die von wechselnden Autoren/Autorinnen bzw. Institutionen durchgeführt werden.

3 Die Validierungsdebatte in Europa

Auf europäischer Ebene gewinnt die Validierungsdebatte vor allem im Zuge der Förderung des lebenslangen Lernens an Bedeutung. In vielen Ländern der Europäischen Union wurden seit Beginn der 1990er-Jahre Ansätze und Verfahren mit der Intention entwickelt, die Mobilität von Arbeitskräften sowie die Transparenz und Vergleichbarkeit von Abschlüssen zu unterstützen. Hintergrund dieser Entwicklungen ist das rechtlich und politisch verankerte Ziel, einen gemeinsamen europäischen Bildungsraum zu schaffen und die Wettbewerbsfähigkeit des europäischen Wirtschaftsraums zu stärken. Zugleich ist die europapolitische Diskussion eng verbunden mit der von der Europäischen Kommission genutzten Differenzierung zwischen formalem, nonformalem und informellem Lernen. Vor allem das Lernen außerhalb institutionalisierter Lernprozesse sowie Lernergebnisse, die ohne Qualifikationsziel und oft beiläufig, unbeabsichtigt und in alltäglichen, sozialen und/oder persönlichen Kontexten erworben wurden, sollen anerkannt und zertifiziert werden, um sie am Arbeitsmarkt zu nutzen, die individuelle Beschäftigungsfähigkeit zu fördern und die Wettbewerbsfähigkeit Europas zu stärken. Unter Lernergebnissen werden dabei vor allem Kenntnisse, Fähigkeiten, Fertigkeiten und Kompetenzen verstanden, im weiteren Sinne aber auch Verantwortungsbereitschaft, Autonomie und Werthaltungen (vgl. European Parliament and the Council of the European Union 2008).

In diesem Kontext beziehen sich vor allem drei europapolitische Instrumente auf eine stärkere Ausrichtung an Lernergebnissen: Dies sind neben dem Europäischen Qualifikationsrahmen (EQF – European Qualifications Framework) die Leistungspunktesysteme für die Hochschulbildung (ECTS – European Credit Transfer System) und für die berufliche Bildung (ECVET – European Credit System for Vocational Education and Training) sowie die Europassdokumente (Europäischer Lebenslauf, Sprachenpass, Mobilitätspass, Diploma Supplement, Zeugniserläuterung). Sie werden zudem vom Europäischen Referenzrahmen für die Qualitätssicherung in der beruflichen Bildung (EQARF – The European Quality Assurance Reference Framework for Vocational Education and Training) sowie von den Europäischen Richtlinien für die Validierung informellen und nonformalen Lernens (European Guidelines for Validating Non-formal and Informal Learning) flankiert.

Eine einheitliche „europäische" Vorgehensweise existiert dabei weder bei der Validierung von Lernergebnissen noch bei der nationalen Umsetzung von Qualifikationsrahmen, Leistungspunktesystemen und dem Einsatz der Europassdokumente. Vielmehr beruht der Einsatz der Instrumente aufgrund des Subsidiaritätsprinzips auf Freiwilligkeit; die nationale Umsetzung der Richtlinien und der europäischen Entwicklungen werden aber durch die freiwillige Teilnahmebereitschaft der Länder, die regelmäßige Berichterstattung gegenüber den Nachbarländern und den supranationalen Organen sowie durch die Veröffentlichung der Entwicklungen im Ländervergleich gefördert – und zwar nicht nur indirekt durch die Selbstverpflichtung der Mitgliedstaaten, sondern auch durch öffentliche Rankings in den Jahresberichten der europäischen Organe und den Wunsch, im Vergleich zu den Nachbarländern bessere Ergebnisse zu liefern (vgl. Bohlinger 2008; Chalmers & Lodge 2003; Schmid & Kull 2004).

3.1 Nationale Ansätze der Validierung von Lernergebnissen

Während die Akteure auf supranationaler Ebene um die Entwicklung eines möglichst kohärenten politischen Rahmens bemüht sind, der allerdings an kein konkretes Bildungs- und Beschäftigungssystem gebunden ist, besteht die größte Herausforderung für die Länder darin, eine Passung des jeweiligen nationalen Bildungs- bzw. Beschäftigungssystems mit nationalen Strategien für die Förderung des lebenslangen Lernens, mit der Validierung von Lernergebnissen, der Durchlässigkeit und Mobilität sowie nicht zuletzt mit anderen nationalen Bildungs- und Beschäftigungssystemen zu gewährleisten. Es ist daher nicht verwunderlich, dass die Länder bei der Realisierung ihrer Validierungsstrategien und der Lernergebnisorientierung ganz unterschiedliche Wege gehen:

- Länder wie Finnland, Norwegen, Rumänien und Ungarn favorisieren die Nutzung von Lernergebnissen als Basis der Bewertung von Lernleistungen.
- Bulgarien, Finnland, Griechenland, Italien, Norwegen, Österreich, Rumänien und Ungarn setzen vor allem auf die Entwicklung berufsbildender Qualifikationen auf der Basis von Lernergebnissen.
- Dänemark, Estland und Island fokussieren auf die Überarbeitung rechtlicher Grundlagen, da diese Länder bereits über eine ausgeprägte Lernergebnisorientierung verfügen.
- Länder, die bereits Qualifikationsrahmen (England, Irland und Schottland) bzw. -register (Frankreich, Spanien) implementiert haben, richten ihren Fokus auf die Anerkennung nonformalen und informellen Lernens (vgl. Souto Otero, McCoshan & Junge 2005; Souto Otero, Hawley & Nevala 2008).

In allen Ländern lassen sich zudem ähnliche Entwicklungsschritte finden, die nicht nur die Realisierung der Lernergebnisorientierung sicherstellen, sondern auch die Einführung bzw. Reform von Qualifikationsrahmen und Mechanismen zur Validierung von Lernergebnissen unterstützen. Dazu gehören z. B. die Schaffung rechtlicher Grundlagen (Österreich, Ungarn), die Förderung gegenseitigen Vertrauens ohne bindende Kontrollmechanismen (Belgien, Rumänien, Slowenien und Zypern) oder die Entwicklung gemeinsamer Prinzipien und Mechanismen für die Validierung informellen und nonformalen Lernens (Griechenland, Island, Malta, Niederlande, Österreich, Rumänien und Zypern). Eng damit verknüpft ist die Entwicklung von Bildungs-, Kompetenz- und Beschäftigungsstandards. Dies lässt sich besonders deutlich anhand der Bildungsreformen in den osteuropäischen Mitgliedstaaten erkennen: So hat z. B. Rumänien 2008/2009 rund 300 Beschäftigungsstandards entwickelt, die auf ein nationales System für die Validierung nonformalen und informellen Lernens abgestimmt sind, das im gleichen Zeitraum entwickelt wurde (vgl. Human Resource Development Centre 2008).

Abgesehen davon gilt die Öffnung von Bildungsgängen für Individuen, die nicht über die formalen Zugangsvoraussetzungen, wohl aber über die benötigten Kenntnisse und Kompetenzen verfügen, in den meisten europäischen Ländern als bedeutender Beitrag zur Realisierung der Lernergebnisorientierung. Mit Blick auf die Hochschul- und Berufsbildungssysteme lassen sich mehrere Bereiche erkennen, in denen die Mitgliedstaaten diese vorantreiben. Dazu gehört die Möglichkeit der Teilnahme an regulären Abschlussprüfungen, ohne den dazugehörigen formalen Bildungsgang durchlaufen zu haben (Deutschland, Frankreich, Litauen und Österreich). Auch wenn diese Verfahren je nach Land erheblich differieren, ist die Teilnahme an den Prüfungen grundsätzlich von der vorher durchzuführenden Bewertung der vorhandenen Kompetenzen, Kenntnisse und Berufserfahrung durch eine zuständige Stelle abhängig.

Dazu gehört weiterhin die Zugangserweiterung zu Lern- und Bildungsgängen durch die Integration nonformalen und informellen Lernens als regulärer Bestandteil von Bildungsgängen. So kann in Dänemark die berufliche Ausbildung verkürzt werden, wenn Auszubildende ein entsprechendes Verfahren zur Kompetenzvalidierung vor Ausbildungsbeginn durchlaufen. In Malta und Schweden sind zudem nonformales und informelles Lernen feste Bestandteile formaler Bildungsgänge. Dabei werden arbeitsplatzintegriertes Lernen (Schweden) und ehrenamtliche Tätigkeiten (Malta) auf den formalen Bildungsgangabschluss mithilfe von Leistungspunkten angerechnet (Mendes 2008; Souto Otero, McCoshan & Junge 2005; Souto Otero, McCoshan, Junge & Winter 2005). Darüber hinaus lassen sich in einigen Ländern einheitliche und national anerkannte Validierungssysteme finden (Dänemark, Finnland, Niederlande und Norwegen). Mehrheitlich existieren in den Ländern jedoch regionale bzw. sektorale Ansätze, deren Reichweite, Wirksamkeit und Beitrag zur flächendeckenden Realisierung der Lernergebnisorientierung (noch) unklar sind. Dies gilt vor allem für England, Nordirland, Schottland und Wales, die trotz der Erfahrung von mehr als drei Jahrzehnten mit der Anerkennung von Lernergebnissen auf ein nationales Validierungssystem verzichten und sich alternativ auf nationale Qualifikationsrahmen verständigt haben. Die Ausgestaltung und Durchführung von Validierungsverfahren obliegt in diesen Ländern den jeweiligen Bildungsinstitutionen und den „Approved Centres", also den zuständigen Stellen, die die individuellen Anerkennungsanträge auf der Basis von tätigkeitsbasierten Kompetenzstandards für anerkannte Berufe (NVQs/SVQs[1]) vergleichen.

Zudem sind sowohl im Vergleich zwischen den europäischen Ländern als auch innerhalb der Länder die Verfahren zur Anerkennung und Validierung von Lernergebnissen sehr unterschiedlich: So sind in Norwegen und Schweden informell und nonformal erworbene Kompetenzen per Gesetz formal erworbenen Lernergebnissen gleichgesetzt. Insbesondere Norwegen verfügt über eine jahrzehntelange Tradition der Anerkennung von Prior Learning und hat bereits 1952 mit dem Vocational Training Act die Möglichkeit geschaffen, Berufserfahrung als Zulassungsvoraussetzung für die Abschlussprüfung in Berufen zu nutzen. In Folge des 1999 bis 2003 durchgeführten „Realkompetanseprojektet" und der Kompetenzreform existiert mittlerweile ein nationales System für die Anerkennung von Lernergebnissen (Recognition and Validation of Prior Learning); dabei wurde auch der individuelle Anspruch auf die Validierung im Norwegian Education Act rechtlich verankert (vgl. Duvekot, Schuur & Paulusse 2005; Nilsen Mohn 2007; OECD 2010; VOX 2002). Hierbei werden für die Bewertung des Gelernten unterschiedliche Referenzpunkte genutzt wie etwa nationale bzw. Hochschulcurricula, Tätigkeitsbeschreibungen, Arbeitsaufgaben, Branchen- und Zertifizierungsanforderungen sowie internationale Standards. Es existiert sogar ein eigens für ehrenamtliche Tätigkeiten entwickelter Referenzrahmen (vgl. The Royal Norwegian Ministry of Education and Research 2006).

In Frankreich existiert zwar kein nationales Validierungssystem, doch baut das Land seit Jahrzehnten konsequent die Möglichkeit aus, durch alternative Lernwege berufliche Qualifikationen zu erlangen. Mit der Validation des Acquis Professionnels können Personen seit 1985 auch ohne entsprechenden Schulabschluss zu einem Hochschulstudium zugelassen werden. Voraussetzung dafür sind ein bestimmter Umfang an Weiterbildungsteilnahme und

---

[1] National Vocational Qualifications/Scottish Vocational Qualifications.

Berufserfahrung. Seit 1992 können zudem nonformal und informell erworbene Lernergebnisse auch auf den Erwerb des Hochschulabschlusses selbst angerechnet werden. Zudem wurde mit der Validation des Acquis de l'Éxperience (VAE) 2002 das Recht für jede Person geschaffen, ihre persönlichen und beruflichen Erfahrungen anerkennen zu lassen und einen offiziellen Abschluss zu erhalten. Voraussetzung dafür ist eine mindestens dreijährige bezahlte oder unbezahlte oder freiwillige Arbeitstätigkeit (vgl. Méhaut & Lecourt 2009).

Auch Dänemark verfügt über mehrjährige Erfahrung mit der Validierung von Kompetenzen. Seit 2007 existiert eine gesetzliche Regelung für die Anerkennung von Prior Learning, die fast alle Bildungsbereiche abdeckt, i.e. die Sekundarstufe II (allgemeinbildend und berufsbildend), den Tertiär- und den Quartärbereich. Die Validierung ist dabei sowohl auf die Zulassung zu einem Bildungsgang als auch auf die (Teil-)Anerkennung für einen Abschluss anwendbar. Die Validierung wird dabei maßgeblich vom National Knowledge Centre for Validation of Prior Learning (Nationalt Videncenter for Realkompetencevurderinger – NVR) gestaltet und durchgeführt (vgl. Danish Ministry of Education 2008). Die Entwicklung von Standards in Kooperation mit den Stakeholdern und Sozialpartnern, damit verbunden die Entwicklung von standardisierten Validierungsprozessen und der Qualifikation der Validierenden, bilden dabei den Tätigkeitsschwerpunkt des NVR.

In anderen Ländern wie etwa Deutschland oder Österreich existiert dagegen keine formal-rechtliche Gleichstellung. Vielmehr gibt es hier eine Reihe von Ausnahmeregelungen für die Zulassung zu einem Bildungsgang bzw. die Anrechnung von Kompetenzen auf eine formale Qualifikation. Beispiele dafür sind die Zulassung zu Berufsabschluss- bzw. Schulabschlussprüfungen. In Deutschland gehören dazu etwa die „Externenprüfung" nach dem Berufsbildungsgesetz und der Handwerksordnung, also die Zulassung von Personen zu beruflichen Abschlussprüfungen, ohne die formale Ausbildung durchlaufen zu haben, oder die Zulassung zur Abschlussprüfung an allgemeinbildenden Schulen (dritter Bildungsweg) sowie die Begabtenprüfung für die Zulassung zu einem Studium ohne Hochschulreife (vgl. Geldermann, Seidel & Severing 2009; Gutschow 2010). In Österreich besteht die Möglichkeit der Teilnahme an einer Lehrabschlussprüfung und der Anerkennung der Ausbildung, auch ohne die formale Ausbildung absolviert zu haben. Nach der Novelle der Gewerbeordnung 2002 kann die Berechtigung für einige Gewerbe auch an Stelle von Zeugnissen durch einen „individuellen Befähigungsnachweis" vergeben werden. „Externisten-/Externistinnenprüfungen" bieten die Möglichkeit der Teilnahme an Berufsreifeprüfungen und Studienberechtigungsprüfungen, wobei nonformales Lernen hier als Alternative zu formalem Lernen anerkannt wird (vgl. Schlögl & Sturm 2005; Schneeberger & Petanovitsch 2005). In beiden Ländern existieren zahlreiche Projekte und Diskussionen zur Anerkennung nonformalen und informellen Lernens. Unklar ist in beiden Ländern, wie nonformales und informelles Lernen in die Entwicklung der nationalen Qualifikationsrahmen eingebunden werden wird.

Eng verbunden mit der formellen Anerkennung sind die Fragen nach den Methoden der Erfassung und Bewertung von Lernergebnissen sowie die Bedeutung der Validierung in Relation zu formalen Qualifikationen (vgl. Bohlinger 2009; Bouder, Dauty, Kirsch & Lemistre 2009; Colardyn 1996; Evans 2000). Auch hier lassen sich weder einheitliche Vorgehensweisen noch ähnliche Trends erkennen; vielmehr finden sich hinsichtlich der Methoden unterschiedlichste Kombinationen von Selbst- und/oder Fremdbeschreibung, (traditionelle) Prüfungen, Beobachtungen, Simulationen, Fachgespräche, Arbeitsproben und Assessment-Center. Quer dazu liegen verschiedenste Formen der summativen und/oder formativen Ergebnisbewertung (Bjørnåvold & Colardyn 2004). Allerdings ist der Trend zu Portfolios eindeutig; sie dienen der systematischen Darstellung von formalen Qualifikationen sowie von beruflichen, persönlichen und sozialen Erfahrungen und damit der Darstellung von Kompetenzen. In einigen Ländern wie England, Frankreich, Irland, Portugal oder Schottland gelten Portfolios als fester Bestandteil von Validierungsverfahren. Auf europäischer Ebene basiert der Europass auf dem gleichen Prinzip, wird allerdings nur auf freiwilliger Basis genutzt.

3.2 Einheit durch Vielfalt

Anhand dieser Vielfalt zeigt sich sehr deutlich das Spannungsfeld zwischen dem Wunsch nach der Schaffung eines verbindlichen und vergleichbaren Validierungssystems einerseits und der Aufrechterhaltung der nationalen und methodologischen Vielfalt andererseits. Darüber hinaus ist in der Mehrheit der Länder derzeit eine deutliche Unsicherheit im Umgang mit der Anerkennung nonformalen und informellen Lernens zu erkennen: Traditionelle Qualifikationswege und Prüfungsformen müssen im Hinblick auf ihre Wertigkeit gegenüber Lernformen außerhalb des formalen Bildungs- und Qualifikationssystems infrage gestellt werden und führen oft zu einer sehr kritischen Annäherung an die Thematik, bei der die Etablierung von Rechtsgrundlagen und gesellschaftlich anerkannten Validierungsinstrumenten noch aussteht.

Die Unitas multiplex zeigt sich aber auch anhand der mehrheitlich noch fehlenden Erfahrung mit Validierungsansätzen und -instrumenten. Dies schlägt sich u. a. in den weitgehend fehlenden Evaluationen der Ansätze, in der unklaren Relation zwischen informellem bzw. nonformalem Lernen und formalen Qualifikationen sowie in der Unklarheit über die Akzeptanz von Validierungsansätzen und -ergebnissen nieder. Gemeinsam ist allen Ländern zudem, dass sie die Bedeutung der Thematik anerkannt haben, wenngleich sie unterschiedliche Schlussfolgerungen daraus ziehen: So gibt es

- Länder, die wenig Erfahrung mit Validierungsansätzen haben, aber die Thematik in ihre nationalen Strategien für lebenslanges Lernen integriert haben (z. B. Bulgarien, Griechenland und Zypern),
- Länder, die in kurzer Zeit sehr viele Strategien, Regelungen und Projekte initiiert haben (z. B. Malta, Polen, Slowenien und Ungarn),
- Länder, die die Bedeutung der Thematik erkannt haben, sie aber mit Zurückhaltung betrachten, da sie nur schwerlich mit den vorhandenen (Berufs-)Bildungsstrukturen in Übereinstimmung zu bringen sind (Deutschland, Liechtenstein und Österreich),
- Länder, die aufgrund von Arbeitsmarktbedarfen und hohen Immigrationsquoten seit Jahren auf „Bottom-up Approaches" zurückgreifen, ohne dabei nationale Validierungssysteme zu entwickeln (England, Irland, Schottland und Wales) sowie
- Länder, die nationale Validierungssysteme haben (z. B. Belgien, Dänemark, Finnland, Norwegen und Portugal) bzw. derzeit einführen (z. B. Estland, Lettland, Litauen, Island und Spanien).

Grundlegende Aspekte, die die europäischen Länder einen, sind einerseits ihr gemeinsamer politischer Rahmen und andererseits – bei der Mehrheit der Länder – ein nationales (Berufs-) Bildungssystem, das als zentraler Bezugspunkt für alle Validierungsaktivitäten gilt. Genau diese Merkmale finden sich in Nordamerika nicht, und dennoch gehören Kanada und die USA zu den Ländern mit der längsten Tradition bezüglich der Validierung von Kompetenzen.

4 Der Blick nach Nordamerika: Kanada und die USA

Vorab ist anzumerken, dass es weder in Kanada noch in den USA ein landesweit einheitliches (Berufs-)Bildungssystem gibt. Vielmehr sind die jeweiligen Bundesstaaten (USA) bzw. Provinzen und Territorien (Kanada) für die regionalen Bildungssysteme zuständig. In keinem der Länder existieren daher nationale Qualifikationsrahmen, landesweit einheitliche Curricula oder Standards für den Bildungsbereich, und es gibt nur sehr wenige Standards für den Beschäftigungsbereich, die von nationalen Stellen entwickelt worden sind. Dennoch haben beide Länder langjährige Erfahrung mit der Anerkennung von Prior Learning und haben eine Reihe von Richtlinien, Empfehlungen, Verfahren, Instrumenten und Standards – meist unterhalb der ordnungspolitischen Ebene – entwickelt.

4.1 Prior Learning Assessment and Recognition in Kanada

In Kanada bezeichnet das Stichwort PLAR – Prior Learning Assessment and Recognition – eine ganze Reihe von Validierungsaktivitäten, i. e.

- die Anerkennung von Qualifikationen (Assessment of Credentials),
- die Anerkennung von Kompetenzen als Teil formaler Bildungsgänge durch die Vergabe von Leistungspunkten (the Granting of Credit based on Equivalent of Competencies) sowie
- die Anerkennung informellen/nonformalen Lernens und von Berufserfahrung (Assessment of Experimental Learning). (vgl. SLFDB 2003)

Erste Ansätze zur Anerkennung von Prior Learning entstanden in Kanada in den 1980er-Jahren in Winnipeg/Mantioba im Rahmen der Ausbildung von Erziehern/Erzieherinnen, Krankenpflegern/-pflegerinnen und Zahnarzthelfern/-helferinnen – drei Berufe, die in Kanada auf College-Ebene angesiedelt sind und traditionell von Studierenden mit mehrjähriger Praxiserfahrung nachgefragt werden.[2] Nahezu zeitgleich entstand in Quebec ein Validierungsrahmen für die gesamte Provinz, deren Entwicklung maßgeblich vom Canadian Department of Manpower and Immigration unterstützt und finanziert wurde. Dieser Rahmen diente als Vorbild für weitere Validierungsansätze und -rahmen, die in den folgenden Jahren in allen zehn Provinzen und drei Territorien Kanadas eingeführt wurden (vgl. Blower 2000). Im gesamten Land gilt die Anerkennung von Prior and Experimental Learning seither als ein zentrales Ziel, um die Qualifikationsbedarfe des Landes zu decken. Dies gilt umso mehr, als Kanada sein Humankapital traditionell zu großen Teilen über Immigranten/Immigrantinnen abdeckt.

Trotz fehlender landesweit einheitlicher Vorgaben existieren zahlreiche Kompetenz- und Beschäftigungsstandards für einzelne Berufe bzw. Sektoren. Diese werden von (meist größeren) Unternehmen und Wirtschaftsorganisationen, teilweise aber auch von zuständigen Stellen bzw. Behörden entwickelt und mehrheitlich auf der Basis eines Handelsabkommens (Agreement on Internal Trade) zwischen den Territorien und den Provinzen landesweit anerkannt (vgl. Blower 2000; Day & Zakos 2000).

---

[2] Alle drei Berufe sind nur sehr bedingt mit den Ausbildungsberufen im deutschsprachigen Raum zu vergleichen.

Obwohl die Ein- und Durchführung von Validierungsansätzen den Provinzen und Territorien überlassen bleibt, gibt es dennoch einige nationale Initiativen. Dazu gehören die 1997 vom Canadian Labour Force Development entwickelten vierzehn Richtlinien für die Entwicklung von Validierungsansätzen in Kanada. Diese Richtlinien hatten im Übrigen auch Vorbildfunktion für die Europäischen Richtlinien für die Validierung nonformalen und informellen Lernens (vgl. Cedefop 2009). Weitere Richtlinien wurden vom Provincial Assessment Committee entwickelt und unterstützen die Territorien und Provinzen bei der Entwicklung ihrer eigenen Validierungsansätze. Eine zentrale Rolle bei all diesen Entwicklungen übernehmen zwei Einrichtungen: Zum einen ist vor allem das kanadische Community-College-System ein bedeutender Akteur im Bereich der beruflichen (Aus-)Bildung bei der Entwicklung von Validierungsansätzen. Zum anderen unterstützt vor allem das Human Resources Development Canada (HRDC), eine der wenigen national tätigen Stellen im Validierungsbereich, nicht nur die Entwicklung und Implementierung der regionalen Validierungsansätze, sondern arbeitet auch mit den Provinzen und Territorien bei der Entwicklung von Forschungsfragen und -programmen zusammen (vgl. Provincial Assessment Committee 1998). Heute finden sich die etabliertesten provinzübergreifenden Validierungsansätze in der Aus- bzw. Weiterbildung von Geburtshelfern/-helferinnen, Erziehern/Erzieherinnen[3] und bei Hydro Canada, einem Weltmarktführer der Aluminiumherstellung und -verarbeitung, Energiehersteller und gleichzeitig einer der größten Arbeitgeber in Kanada.

Obwohl Kanada immer wieder als Referenz für europäische Entwicklungen im Validierungsbereich herangezogen wird, wird die Situation im eigenen Land durchaus kritisch betrachtet. Hier werden – ähnlich wie in den europäischen Ländern und den USA – die fehlenden gemeinsamen Begrifflichkeiten, die unzureichende Koordination der regionalen Aktivitäten aufgrund der fehlenden nationalen (finanziellen) Unterstützung, die mangelnde Vergleichbarkeit und Übertragbarkeit der Validierungsansätze und -ergebnisse und die unzureichende Ausrichtung an den wichtigsten Zielgruppen Kanadas (Immigranten/Immigrantinnen, First Nations People und älteren Arbeitnehmern/Arbeitnehmerinnen) moniert. Conrad, die sich ausführlich mit der Genese und dem Stand der Validierungsaktivitäten Kanadas befasst, stellt dazu pointiert fest: "PLAR practitioners, differentiating among themselves according to location of practice (university, college, industry, literacy) continue to struggle to speak to each other using the same language. On the language front, prior learning practitioners stumble over their own nomenclature, spending endless hours in discussion trying to get it straight. The most basic example is the fact that prior learning is still referred to as both PLA and PLAR in various circles."[4] (Conrad 2008, S. 105)

4.2 Validierung und Anerkennung in den USA

Ein ähnlich uneinheitliches Bild ergibt sich für die USA. Auch hier existieren unterschiedliche Begriffe für die Validierung von Lernergebnissen wie etwa „Accreditation of Prior Learning" oder „Prior Learning Assessment"; sie alle basieren jedoch auf einer gemeinsamen Definition von Validierung, i.e.: "a method whereby learning gained through an individual's life experience is considered as credit toward a college degree program. As this learning can come from a variety of sources, including work, hobbies, military service and family responsibilities,

---

[3] Genauer: Erziehung von Kindern und Jugendlichen mit besonderem Förderbedarf.
[4] PLA steht für Prior Learning Assessment, PLAR für Prior Learning Assessment and Recognition.

this credit may be given depending on the criteria established by the PLA-offering institution. Prior Learning Assessment can be administered through exams, portfolios or curriculum evaluation" (ACE 2001, S. 20).

Bereits 1974 wurde der landesweit tätige Educational Testing Service mit der Aufgabe der Entwicklung alternativer Zugänge zu Bildungsgängen und Qualifikationen eingerichtet. Der Einrichtung dieser Institution war eine mehrjährige Diskussion über den Wert informellen und nonformalen Lernens vorausgegangen, die in der Einrichtung der Carnegie Commission mündete, die in ihrem Abschlussbericht von 1973 unter dem Stichwort „Less Time, more Options" Vorschläge für die Verbreiterung des Zugangs zu allen Lernformen formulierte. Heute besteht das zentrale Tätigkeitsfeld des Educational Testing Service und des maßgeblich an der Einrichtung des Service beteiligten American Council of Education vor allem in der Anerkennung von Lernergebnissen für ein Collegestudium, während Anerkennungen für berufsbildende Abschlüsse unter- bzw. außerhalb des Collegeniveaus deutlich seltener durchgeführt werden. Dabei kann die mit der Vergabe von Leistungspunkten verbundene Validierung grundlegend drei Zwecken dienen, i. e. dem Zugang zu einem Collegestudium, der Anerkennung von Lernergebnissen als Teil des Studiums oder der Anerkennung für den Zugang zu einem Beruf (vgl. Dyson & Keating 2005, S. 51).

Bei der Anrechnung von Lernergebnissen als Teil eines Studiums ist die maximale Anzahl der Credits, die durch Validierung erbracht werden können, allerdings begrenzt: So können von den notwendigen 124 Credit-Hours[5], die für ein Bachelorstudium notwendig sind, maximal 30 durch Anerkennung erbracht werden. Während die Anzahl der zu erbringenden Credits einheitlich geregelt ist, gilt dies nicht für die Validierungsverfahren selbst. Hier existiert eine Vielzahl von Einrichtungen und Ansätzen, zu deren bekanntesten der College Credit Recommendation Service gehört. Er wird auch als ACE Credit System bezeichnet, da er durch Unterstützung des American Council of Education entstanden ist. Seine Aufgabe besteht in der Anerkennung von Berufserfahrung und beruflicher Aus- und Weiterbildung für ein Collegestudium. Zudem können Credits für Lernergebnisse vergeben werden, die im Rahmen von Militärdienst erworben wurden. Auch diese Aufgabe wird vom ACE Credit System übernommen; alternativ können Militärangehörige an den Prüfungen des Defense Activity for Nontraditional Support (DANTES) teilnehmen, um ihre Lernergebnisse validieren zu lassen (vgl. ACE 2009; Fjortoft & Zgarrick 2001). Parallel dazu existiert für nicht militärische Zwecke das College Level Examination Program (CLEP), durch das Studierende die Möglichkeit erhalten, ihre Lernergebnisse auf dem Niveau ihres angestrebten Bachelorabschlusses bereits während der Studienzeit unter Beweis zu stellen. Zudem werden die Erstellung von Portfolios von vielen Colleges und Universitäten als Anerkennung von Berufserfahrung und lebenslangem Lernen verstanden. Die Portfolios werden allerdings nur zu einem sehr geringen Teil (und teilweise gar nicht) auf die für den Collegeabschluss notwendigen Credit-Hours angerechnet und sind üblicherweise nicht auf andere Colleges bzw. Universitäten übertragbar.

Insgesamt liegt eines der zentralen Probleme bei der Validierung in den USA in den Curricula der Colleges (bzw. Universitäten). Da diese in der Regel nicht anhand von Lernergebnissen beschrieben werden, ist oft weder für die Studienbewerber/-innen noch für die Validierungsinstitutionen ersichtlich, woran sich Antragsteller/-innen bei ihrer Bewerbung orientieren sollen. Zugleich reduziert dieses Problem die Möglichkeiten der Übertragbarkeit von Validierungsergebnissen beachtlich (vgl. Dyson & Keating 2005). Ähnlich wie in den

---

[5] Diese entsprechen hinsichtlich ihrer Berechnung nicht den in Europa üblichen Leistungspunkten.

europäischen Ländern lässt sich allerdings seit Jahren eine weitreichende Debatte über die Einführung von Standards und lernergebnisorientierten Curricula beobachten, die bezüglich ihrer Umsetzung in die Praxis jedoch noch nicht weit vorangeschritten ist (vgl. Evans 2000; Uhalde, Seltzer, Tate & Klein-Collins 2003).

5 Trotz aller Vielfalt: ähnliche Herausforderungen und Problemlagen

Versucht man die Erfahrungen und Entwicklungen der Länder miteinander zu vergleichen, so fällt zunächst – wie so oft bei international vergleichenden Studien – auf, dass nur wenige konkrete Untersuchungen und Datenmaterial existieren, die über die Beschreibung einzelner Projekte und Validierungsmethoden bzw. -ansätze hinausreichen. Auch der Versuch, Länder anhand ihres „Fortschritts" hinsichtlich der Validierungsbemühungen zu klassifizieren, ist spätestens dann zum Scheitern verurteilt, wenn die Vergleiche über (Teil-)Kontinente und/ oder Sprachgemeinschaften hinausreichen. Solche Ansätze sind in den vergangenen Jahren vor allem vom Cedefop (2007) und von der OECD (2007), aber auch im Rahmen von Länderstudien (vgl. Duvekot, Scanlon, Charraud, Schuur, Coughlan, Nilsen Mohn, Paulusse & Klarus 2007; Feutrie 2007) vorgelegt worden, sind aber nicht zuletzt deshalb wenig aussichtsreich, weil die Hierarchisierung der Länder einerseits auf der Beschreibung einer Momentaufnahme basiert und andererseits unterstellt wird, es gäbe einen erstrebenswerten Endzustand, der meist nicht näher definiert wird. Solche Ansätze scheitern aber auch daran, dass einige Länder wie die USA oder Kanada kein nationales Bildungssystem haben und der Vergleich mit anderen Ländern daher zwangsläufig fragmentarisch, exemplarisch und deskriptiv bleiben muss. Sinnvoller erscheint es, nicht das Land selbst als Vergleichsmaßstab zu nutzen, sondern einzelne Aspekte der Validierungsaktivitäten, also etwa die genutzten Validierungsinstrumente, den Ablauf der Verfahren, Zielgruppen, der Zweck der Validierung, die Bündelung von Ansätzen zu regionalen, sektoralen oder nationalen Validierungssystemen, die beteiligten Akteure oder Forschungsaktivitäten und -desiderata. Mit Blick auf derartige Aspekte lassen sich trotz aller Vielfalt in der Tat einige grundlegende Gemeinsamkeiten sowie Forschungs- und Handlungsdesiderata erkennen. Dazu gehört zunächst, dass die Motive für den Einsatz von Validierungsverfahren – trotz unterschiedlicher Priorität – über alle Länder und Kontinente hinweg sehr ähnlich sind, und zwar hinsichtlich der Verbesserung

- des Zugangs zum Arbeitsmarkt und zu Lern- und Qualifikationswegen,
- der Integration von Immigranten/Immigrantinnen,
- der Durchlässigkeit und Mobilität innerhalb und zwischen Bildungssystemen und Arbeitsmärkten,
- der sozialen Kohäsion bzw. der sozialen Inklusion sowie der Effektivität von Humankapitalinvestitionen und
- der Deckung des (qualifizierten) Arbeitskräftebedarfs.

Dazu gehört weiterhin, dass sich die (nationalen, regionalen und sektoralen) Validierungssysteme und -verfahren an einer Vorgehensweise orientieren, die (idealerweise) aus sechs Elementen besteht, wobei es in der Praxis durchaus zu Überschneidungen oder dem Auslassen einzelner Elemente kommen kann:

- Rechtsgrundlage
- Information und Beratung
- Bilanzierung vorhandener Kompetenzen (selbstständig und/oder begleitet)
- Fremdbeurteilung durch ein fachkundiges Gremium
- Anrechnung/Bescheinigung (Zertifizierung) durch eine zuständige Stelle, d. h.:
  - Bescheinigung ohne Anrechnung
  - Bescheinigung mit vollständiger/teilweiser Anrechnung bzw. Anerkennung
  - Teilprüfung oder Zulassung zur regulären Prüfung
  - Bescheinigung mit Zulassung zu einer beruflichen Tätigkeit
- Evaluation und Weiterentwicklung des Validierungsverfahrens

Während die Rechtsgrundlage in den Ländern sehr heterogen ist und mehrheitlich nicht in Form eines individuellen Rechts auf die Anerkennung existiert, lassen sich die Elemente 3–5 in nahezu allen Ländern identifizieren, gleichwohl die Fremdbeurteilung und die Anrechnung in der Praxis oft zu einem Schritt zusammengefasst werden. Auch bezüglich der konkret genutzten Methoden zur Kompetenzerfassung ergibt sich kein eindeutiges Bild: Hierzu gehören neben Portfolios gleichermaßen Fachgespräche, schriftliche/mündliche Tests, Arbeitsproben, Fachgespräche und Arbeitsplatzbeobachtungen, die in unterschiedlichsten Kombinationen eingesetzt werden. Dabei ist weniger entscheidend, welches Instrument eingesetzt wird, als vielmehr wie und von wem es eingesetzt wird: Als unverzichtbar ist hier eine wissenschaftliche Fundierung des Instruments, eine nachvollziehbare Dokumentation des Erfassungsablaufs und der Ergebnisse sowie einheitliche und transparente Anforderungen an die Validierenden selbst. Das gilt nicht nur für Validierungsprozesse, die von zuständigen Stellen und Institutionen durchgeführt werden, sondern besonders für unternehmensnahe Validierungen, deren Aufgabe meist gleichzeitig mit einer gezielten Personalentwicklung verbunden ist (vgl. ACE 2009; Day & Zakos 2000; Niedermair 2008).

Unklar ist dabei, ob eine langjährige einschlägige Berufserfahrung von Validierenden ausreicht, um solche Verfahren durchzuführen, oder ob sie darüber hinaus gezielte Weiterbildungen bzw. Kompetenzen benötigen, die z. B. auf Beobachtungen, Fachgespräche, Simulationen und deren Bewertung vorbereiten. Einen besonderen Stellenwert nehmen dabei Qualifikationen und Berufserfahrungen ein, die im Ausland erworben wurden, weil sie mindestens Grundkenntnisse verschiedener Bildungssysteme und Arbeitsmärkte erfordern. Sowohl für die Forschung als auch für die Anwendungspraxis stellt sich hier die Frage, welche Weiterbildungsinhalte für Validierende am besten geeignet sind und wer diese konzipieren, anbieten und evaluieren sollte.

Aus bildungspolitischer Perspektive sollte künftig die Rolle der Öffentlichkeitsarbeit und der Förderung regelmäßiger Evaluation der Verfahren einen größeren Stellenwert erhalten. Beide Aspekte erweisen sich im internationalen Vergleich als Schwachstellen, da ihre Bedeutung zwar erkannt wird, aber entsprechende Schritte nach wie vor ausstehen: So ist selbst bei solchen Verfahren, die bereits seit Jahren im Einsatz sind, kaum etwas über die Qualität und den Verbleib derjenigen bekannt, die ein Validierungsverfahren durchlaufen haben. Weiterhin sind regelmäßige Evaluationen über Teilnehmende, Anwendungsprobleme, Teilnahmehemmnisse, Akzeptanz und die öffentliche Verbreitung vonnöten, um zuverlässige Aussagen über die Kosten-Nutzen-Relation und die Wirksamkeit der Verfahren treffen zu können. Gerade zum Wirksamkeitsaspekt liegen bislang kaum Studien vor.

Hinzu kommt, dass aus bildungswissenschaftlicher Perspektive kritisch hinterfragt werden muss, inwieweit es sich bei dem politisch dominierten Thema überhaupt um ein Forschungsfeld handeln kann. Anders formuliert: Da es sich bei der Anerkennung von Prior Learning in vielerlei Hinsicht um einen pragmatischen Prozess handelt, der vor allem von politischen Interessen geleitet wird, ist fraglich, welche Rolle der Bildungs- und Arbeitsmarktforschung hierbei zukommen kann. Dies gilt umso mehr, als die Bildungs- und Lernforschung längst gezeigt hat, dass die unterschiedliche Wertigkeit von verschiedenen Lernformen (formal, nonformal, informell, berufsbezogen, arbeitsprozessorientiert etc.) per se wissenschaftlich nicht begründbar ist (vgl. ausführlich Billett 2002; Colley, Hodkinson & Malcom 2003; Parasuraman, Mason, Tippelt & Hellwig 2007).

Trotz dieser Unklarheit gibt es mehrere Forschungsdesiderata, die Aufgabe einer interdisziplinären und international vergleichenden Forschung wären und dabei zugleich die bildungspolitischen Aktivitäten unterstützen könnten. Dazu gehört erstens die Frage nach dem Verständnis, der Wertschätzung und der (gesellschaftlichen) Wertigkeit unterschiedlicher Lernformen und -ergebnisse. Zweitens ist in diesem Kontext nach den Zielgruppen der Validierung zu fragen, also inwiefern und unter welchen Bedingungen die Validierungsmöglichkeiten von welchen Akteuren und individuellen Lernenden angenommen oder abgelehnt werden. In diesen Kontext gehört auch die Frage, ob in einem Land oder einer Region die Validierung eher als Chance für gering Qualifizierte oder als weitverbreiteter und anerkannter Zugang zu Abschlüssen und Bildungsgängen gilt. Drittens gehört dazu die Frage der konkreten Erfassung und Bewertung der Lernergebnisse – eine Frage, die mit dem Verweis auf ihre generell hohe Bedeutung in der Bildungswissenschaft gerne übergangen wird. Und viertens stellt sich die Frage nach Finanzierungsmodellen und der Erfassung der Wirksamkeit von Validierungsansätzen. Obgleich die meisten dieser Fragen auch zum bildungspolitischen Bereich gehören, erscheint eine gemeinsame und je nach Kompetenzbereich akzentuierte Bearbeitung erfolgversprechender als bei getrennter Bearbeitung.

Trotz aller Vielfalt ist insgesamt deutlich erkennbar, dass alle Länder dem Thema hohe Bedeutung beimessen und Initiativen zur Realisierung der Lernergebnisorientierung und zur Anerkennung des Prior Learning initiiert, intensiviert oder reformiert haben. Bis zu einem wissenschaftlich etablierten Thema, das sich auf flächendeckende, regelmäßige und vergleichbare Daten stützen und so den politisch-gesellschaftlichen Prozess der Validierung von Lernergebnissen wissenschaftlich unterstützen kann, ist es allerdings noch ein weiter Weg.

Literaturverzeichnis

ACE – American Council on Education (2001): Bridges of Opportunity. A History of the Center for Adult Learning and Educational Credentials. Washington: GED Testing Service.

ACE – American Council on Education (2009): Technical Manual: 2002 Series GED Tests. Washington: GED Testing Service.

Billett, Stephen (2002): Critiquing workplace learning discourses: participation and continuity at work. In: Studies in the Education of Adults 34, No. 1, pp. 56–67.

Bjørnåvold, Jens & Colardyn, Danielle (2004): Validation of formal, non-formal and informal learning: policy and practices in EU member states. In: European Journal of Education 39, No. 1, pp. 69–89.

Blower, Deborah (2000): Canada: The story of prior learning assessment and recognition. In: Evans, Norman (Ed.): Experimental learning around the world. London and Philadelphia: Kingsley, pp. 83–102.

Bohlinger, Sandra (2008): Kompetenzentwicklung für Europa. Wirksamkeit europäischer Politikstrategien zur Förderung von Kompetenzen in der beruflichen Bildung. Opladen und Farmington Hills: Budrich.

Bohlinger, Sandra (2009): Bildungspolitische Implikationen informellen Lernens. In: Bildungsforschung 6, Heft 1, S. 1–14.

Bouder, Annie, Dauty, Françoise, Kirsch, Jean-Louis & Lemistre, Philippe (2009): Readability of qualifications: a question as old as Europe. In: Cedefop (Ed.): Modernising vocational education and training. Fourth report on vocational training research in Europe. Luxembourg: Office for Official Publications of the European Communities, pp. 89–140.

Carnegie Commission on Higher Education (1973): Less time, more options. Education beyond the high school: a special report and recommendations by the Carnegie Commission on Higher Education. New York and London: McGraw-Hill.

Cedefop – the European Centre for the Development of Vocational Training (2007): Validation of non-formal and informal learning in Europe. A snapshot. Luxembourg: Office for Official Publications of the European Communities.

Cedefop – the European Centre for the Development of Vocational Training (2009): European Guidelines for validating non-formal and informal learning. Luxembourg: Office for Official Publications of the European Communities.

Chalmers, Damian & Lodge, Martin (2003): The Open Method of Co-ordination and the European Welfare State. ESRC Centre for Analysis of Risk and Regulation. (Discussion Paper No. 11). London: o. V.

Colardyn, Danielle (1996): La gestion des compétences. Perspectives internationales. Paris: PUF.

Colley, Helen, Hodkinson, Phil & Malcom, Janice (2003): Informality and formality in learning: a report for the Learning and Skills Research Centre. Leeds: University of Leeds.

Conrad, Diane (2008): Revisiting the Recognition of Prior Learning (RPL). A reflective inquiry into RPL practice in Canada. In: Canadian Journal of University Continuing Education 34, No. 2, pp. 89–110.

Danish Ministry of Education, Department of Adult Vocational Training Education, Office of lifelong learning (2008): National actions for promoting recognition of prior learning. Kopenhagen: Danish Ministry of Education.

Day, Malcom & Zakos, Paul (2000): Developing benchmarks for prior learning assessment and recognition – practitioner perspectives. Belleville and Ontario: Canadian Association for Prior Learning Assessment.

Duvekot, Ruud, Schuur, Kees & Paulusse, Jos (2005): The unfinished story of VPL – Valuation and Validation of Prior learning in Europe's learning cultures. Utrecht: o. V.

Duvekot, Ruud, Scanlon, Greg, Charraud, Anne-Marie, Schuur, Kees, Coughlan, Dermot, Nilsen Mohn, Torild, Paulusse, Jos & Klarus, Ruud (2007): Managing European Diversity in Lifelong Learning. The many perspectives of the valuation of prior learning in the European workplace. Amsterdam: HAN University, Foundation EC-VPL.

Dyson, Choe & Keating, Jack (2005): Recognition of prior learning. Policy and practice for skills learned at work. (Skills Working Paper No. 21). Geneva: International Labour Office.

European Parliament and the Council of the European Union (2008): Recommendation of the European Parliament and of the Council of 23. April 2008 on the establishment of the European Qualifications Framework for lifelong learning, PE-CONS 3662/07. Brussels: European Parliament and the Council of the European Union.

Evans, Norman (2000): AP(E)L: Why? Where? How? Setting the international scene. In: Evans, Norman (Ed.): Experiental learning around the world. Employability and the global economy. London and Philadelphia: Jessica Kingsley Publishers, pp. 15–30.

Fjortoft, Nancy F. & Zgarrick, David P. (2001): Survey of prior learning assessment practices in pharmacy education. In: American Journal of Pharmaceutical Education 65, No. 1, pp. 44–52.

Geldermann, Brigitte, Seidel, Sabine & Severing, Eckhard (2009): Rahmenbedingungen zur Anerkennung informell erworbener Kompetenzen. Bielefeld: Bertelsmann.

Gutschow, Katrin (2010): Anerkennung von nicht formal und informell erworbenen Kompetenzen. (Wissenschaftliches Diskussionspapier des BIBB, Heft 118). Bonn: Bibb.

Human Resource Development Centre (2008): National ReferNet report on progress in the policy priority areas for Vocational Education and Training. Sofia: Human Resource Development Centre.

Méhaut, Philippe & Lecourt, Anne-Juliette (2009): Accreditation of prior experimental learning in France: an evolving system with national characteristics. In: European Journal of Vocational Training 48, No. 3, pp. 48–72.

Mulder, Martin, Weigel, Tanja & Collins, Karen (2004): The concept of competence in the development of vocational education and training in selected EU member states. In: Journal of Vocational Education and Training 59, No. 1, pp. 67–88.

Nilsen Mohn, Torild (2007): Valuation and validation of non-formal and informal learning in Norway – experiences and challenges 2007. Birmingham: VOX.

OECD (2007): Propositions for a typology of recognition systems. RNFIL-Third Meeting of National Representatives and International Organisations. Paris: OECD.

OECD (2010): Recognition of non-formal and informal learning. Country Practices. Paris: OECD.

Parasuraman, Raja, Mason, George, Tippelt, Rudolf & Hellwig, Liet (2007): Brain, cognition and learning in adulthood. In: OECD (Ed.): Understanding the brain: the birth of a learning science. Paris: OECD, pp. 211–238.

Provincial Assessment Committee (1998): General guiding principles for good practice in the assessment of foreign credentials. Toronto and Ontario: o. V.

Schlögl, Peter & Sturm, Michael (2005): Berücksichtigung non-formal und informell erworbener Kompetenzen in Österreich. In: Grundlagen der Weiterbildung, Heft 2, S. 32–37.

Schmid, Günther & Kull, Silke (2004): Die Europäische Beschäftigungsstrategie. Anmerkungen zur Methode der offenen Koordinierung. (WZB discussion paper). Berlin: o. V.

Schneeberger, Arthur & Petanovitsch, Alexander (2005): Anerkennung von Berufserfahrung und Vorkenntnissen in der Aus- und Weiterbildung und im Hochschulzugang: Analyse europäischer Ansätze zur Anrechnung und deren Relevanz für Österreich. (IBW-Schriftenreihe). Wien: ibw.

SLFDB – Saskatchewan Labour Force Development Board (2003): Provincial framework for the recognition of prior learning. Saskatchewan: SLFDB.

Souto Otero, Manuel, McCoshan, Andrew & Junge, Kerstin (2005): European Inventory on Validation of non-formal and informal learning. Birmingham: o. V.

Souto Otero, Manuel, McCoshan, Andrew, Junge, Kerstin & Winter, James (2005): A European inventory on validation of non-formal and informal learning overview of findings. Birmingham: o. V.

Souto Otero, Manuel, Hawley, Jo & Nevala, Anne-Mari (2008): European Inventory on Validation of non-formal and informal learning. 2007 Update. Birmingham: o. V.

The Royal Norwegian Ministry of Education and Research (2006): OECD Thematic Review on Recognition of non-formal and informal learning Country Background Report. Oslo and Paris: The Royal Norwegian Ministry of Education and Research/OECD.

Uhalde, Ray, Seltzer, Marlene, Tate, Pamela & Klein-Collins, Rebecca (2003): Towards a national workforce education and training policy. Washington: National Center for Education and the Economy.

Winterton, Jonathan, Delamare-Le Deist, Françoise & Stringfellow, Emma (2006): Typology of knowledge, skills and competences: Clarification of the concept and prototype. Luxembourg: Office for Official Publications of the European Communities.

Internetquellen:

Feutrie, Michel (2007): Validation of non-formal and informal learning in Europe: comparative approaches, challenges and possibilities. Communication at the conference on recognition of prior learning „Nordic-Baltic Experiences and European Perspectives". Copenhagen; http://www.nordvux.net/page/489/keynotesandpresentations.htm [26.05.2011].

Mendes, Shawn (2008): VET policy report Sweden 2008. Progress in the policy priority areas for vocational education and training. Cedefop – European Centre for the Development of Vocational Training; http://libserver.cedefop.europa.eu/vetelib/eu/pub/cedefop/policyreport/2008_PR_SW.pdf [26.05.2011].

Nelissen, Emmy (2007): Sweden. In: Souto Otero, Manuel, Hawley, Jo & Nevala, Anne-Mari (Eds.): European Inventory on Validation of Informal and Non-formal Learning. 2007 Update. A final report to DG Education and Culture of the EuropeanCommission. Birmingham: Ecotec; http://www.uk.ecorys.com/europeaninventory/publications/inventory/EuropeanInventory.pdf, pp. 586–602 [26.05.2011].

Niedermair, Gerhard (2008): PersonalentwicklerInnen in Österreich: Berufskultur oder Profession? In: bwp@-Spezial 3 zum Thema „Berufs- und Wirtschaftspädagogik in Österreich. Oder: Wer „macht" die berufliche Bildung in AT?"; http://www.bwpat.de/ATspezial/niedermair_atspezial.shtml [26.05.2011].

VOX – The Norwegian Institute for Adult Education (2002): Validation of non-formal and informal learning in Norway. The Realkompetanse Project 1999–2002. Kopenhagen; http://www.cedefop.europa.eu/etv/Information_resources/EuropeanInventory/publications/policy/VOX_norway_valid_non-f_inf_learn.pdf [26.05.2011].

Die Autoren/Autorinnen

Abele, Stephan; Dipl.-Gwl.; Wissenschaftlicher Mitarbeiter am Institut für Erziehungswissenschaften und Psychologie der Universität Stuttgart, Geschwister-Scholl-Straße 24D, D-70174 Stuttgart.

Achtenhagen, Frank; Univ.-Prof. (em.) Dr. Dr. h. c. mult.; Universitätsprofessor für Wirtschaftspädagogik und Direktor des Seminars für Wirtschaftspädagogik an der Georg-August-Universität Göttingen (Emeritierung 2007), Platz der Göttinger Sieben 5, D-37073 Göttingen.

Aschauer, Anneliese; Mag.[a]; Psychologische Praxis & Coaching, Persönlichkeits- und Unternehmensentwicklung, Ferihumerstraße 27/2/14, A-4020 Linz.

Bank, Volker; Univ.-Prof. Dr.; Inhaber der Professur für Berufs- und Wirtschaftspädagogik am Institut für Pädagogik und Philosophie der Technischen Universität Chemnitz, Reichenhainer Straße 41, D-09126 Chemnitz.

Barth, Martin; Mag.; Berater im Kompetenzzentrum betriebliche Interessenvertretung/Betriebsratsberatung der Arbeiterkammer Oberösterreich, Volksgartenstraße 40, A-4020 Linz.

Beranek, Roland; CMC; Leiter Training & BMD-Akademie der BMD-Systemhaus GmbH, Sierningerstraße 190, A-4400 Steyr.

Bohlinger, Sandra; Univ.-Prof.[in] Dr.[in] M.A.; Leiterin des Arbeitsbereichs Berufspädagogik im Fachgebiet Berufs- und Wirtschaftspädagogik des Instituts für Erziehungswissenschaft der Universität Osnabrück, Katharinenstraße 24, D-49078 Osnabrück.

Braumann, Marcel; Mag.; Consultant Human Capital der Deloitte Consulting GmbH, Renngasse 1, A-1010 Wien.

Buchmann, Ulrike; Univ.-Prof.[in] Dr.[in]; Inhaberin der Professur für Berufs- und Wirtschaftspädagogik im Department Erziehungswissenschaft und Psychologie der Universität Siegen, Adolf-Reichwein-Straße 2, D-57068 Siegen.

Büchter, Karin; Univ.-Prof.[in], Dr.[in]; Inhaberin der Professur für Berufs- und Betriebspädagogik an der Helmut-Schmidt-Universität Hamburg, Holstenhofweg 85, D-22043 Hamburg.

Degner, Stefan; Wissenschaftlicher Mitarbeiter am Lehrstuhl für Pädagogik III (Lehr-Lern-Forschung) der Universität Regensburg, Universitätsstraße 31, D-93053 Regensburg.

Dietinger, Harald; Landesgeschäftsführer Gewerkschaft Bau-Holz Oberösterreich, Weingartshofstraße 2, A-4020 Linz.

Domayer, Ernst; Dr.; Berater und Partner der osb Wien Consulting GmbH, Volksgartenstraße 3, A-1010 Wien.

Drexler, Arthur; Ass.-Prof. Mag. Dr.; Wissenschaftlicher Mitarbeiter am Institut für Psychosoziale Intervention und Kommunikationsforschung, Schöpfstraße 3, A-6020 Innsbruck.

Ebner, Hermann G.; Univ.-Prof. Dr.; Leiter des Lehrstuhls für Wirtschaftspädagogik an der Universität Mannheim, D-68161 Mannheim.

Eder, Alexandra; Dipl.-Berufspädagogin Dr.[in]; Wissenschaftliche Mitarbeiterin am Institut für Berufspädagogik und Erwachsenenbildung der Leibniz-Universität-Hannover, Schloßwender Straße 1, D-30159 Hannover.

Ernst, Helmut; Prof. Dr.; Leiter Forschung und Entwicklung des Schweriner Ausbildungszentrums e. V. und Professor für Kommunikationstheorie an der Hochschule Wismar, Am alten Dorf 20, D-19071 Herren Steinfeld.

Euler, Dieter; Univ.-Prof. Dr.; Direktor des Instituts für Wirtschaftspädagogik an der Universität St. Gallen, Dufourstraße 40A, CH-9000 St. Gallen.

Fenzl, Martin; MBA; Stellvertretender Abteilungsleiter für Support und Schulung der BMD-Systemhaus GmbH, Sierningerstraße 190, A-4400 Steyr.

Griessl, Rainer; Mag.; Direktor der Bauarbeiter-Urlaubs- und Abfertigungskasse und Geschäftsführer der BUAK Betriebliche Vorsorgekasse, Kliebergasse 1A, A-1050 Wien.

Gruber, Hans; Univ.-Prof. Dr.; Leiter des Lehrstuhls für Pädagogik III (Lehr-Lern-Forschung) der Universität Regensburg, Universitätsstraße 31, D-93053 Regensburg.

Gschwendtner, Tobias; Dipl.-Gwl.; Wissenschaftlicher Mitarbeiter am Institut für Erziehungswissenschaften und Psychologie der Universität Stuttgart, Geschwister-Scholl-Straße 24D, D-70174 Stuttgart.

Gutiérrez-Lobos, Karin; Univ.-Prof.[in] Dr.[in]; Vizerektorin für Lehre, Personalentwicklung, Gender und Diversity an der Medizinischen Universität Wien, Spitalgasse 23, A-1090 Wien.

Hirschmann, Markus; Wissenschaftlicher Mitarbeiter am Lehrstuhl für Pädagogik III (Lehr-Lern-Forschung) der Universität Regensburg, Universitätsstraße 31, D-93053 Regensburg.

Hochreiter, Gerhard; Dr.; Geschäftsführender Gesellschafter der Beratergruppe Neuwaldegg, Gesellschaft für Unternehmensberatung und Organisationsentwicklung GmbH, Gregor-Mendel-Straße 35, A-1190 Wien.

Hofmuth, Matthias; Dipl.-Hdl.; Wissenschaftlicher Mitarbeiter am Institut für Wirtschaftspädagogik der Ludwig-Maximilians-Universität München, Ludwigstraße 28, D-80539 München.

Kavossi, Yasmin; Mag.[a] (FH) M.A.; Bildungsmanagerin an der Raiffeisenakademie Wien, Steingasse 11–13, A-1030 Wien.

Lanzerstorfer, Susanne; Mag.[a]; Stellvertretende Leiterin der Personalentwicklung bei der Bilfinger Berger Industrial Services GmbH, Lunzerstraße 64, A-4031 Linz.

Mallich, Katharina; Dr.[in] MSc; Leiterin der Stabstelle Personalentwicklung der Medizinischen Universität Wien, Spitalgasse 23, A-1090 Wien.

Meyer, Rita; Univ.-Prof.[in] Dr.[in]; Inhaberin der Professur für berufliche und betriebliche Weiterbildung an der Universität Trier, Universitätsring 15, D-54296 Trier.

Möller, Heidi; Univ.-Prof.[in] Dr.[in]; Direktorin des Instituts 3 für Soziale Therapie, Supervision, Coaching und Organisationsberatung der Universität Kassel, Arnold-Bode-Straße 10, D-34127 Kassel.

Müller, Hans-Joachim; Dipl.-Hdl. Dr.; Akademischer Direktor im Fachgebiet Berufs- und Erwachsenenpädagogik der Technischen Universität Kaiserslautern, Gottlieb-Daimler-Straße 47, D-67663 Kaiserslautern.

Nickolaus, Reinhold; Univ.-Prof. Dr.; Direktor des Instituts für Erziehungswissenschaften und Psychologie der Universität Stuttgart, Geschwister-Scholl-Straße 24D, D-70174 Stuttgart.

Niedermair, Gerhard; Univ.-Prof. Mag. Dr.; Leiter der Abteilung für Berufs- und Betriebspädagogik am Institut für Pädagogik und Psychologie der Johannes Kepler Universität Linz, Altenberger Straße 69, A-4040 Linz.

Oberneder, Josef; MAS MSc MBA; Leiter der Abteilung Personalentwicklung am Magistrat Linz, Hauptplatz 1, A-4010 Linz.

Rebmann, Karin; Univ.-Prof.[in] Dr.[in]; Leiterin des Fachgebietes Berufs- und Wirtschaftspädagogik im Department für Wirtschafts- und Rechtswissenschaften der Carl von Ossietzky Universität Oldenburg, Ammerländer Heerstraße 114–118, D-26129 Oldenburg.

Ristl, Andrea; Mag.[a]; Geschäftsführerin der Autonom Talent® Consulting GmbH, Mariahilfer Straße 54/15, A-1070 Wien.

Rosenstiel, Lutz von; Univ.-Prof. (em.) Dr. Dr. h.c.; Lehrstuhl für Organisations- und Wirtschaftspsychologie an der Ludwig-Maximilians-Universität München, Leopoldstraße 13, D-80802 München und Lehrstuhl für Psychologie an der Universität Hohenheim, D-70593 Stuttgart.

Rütters, Klaus; Univ.-Prof. Dipl.-Ing. Dr.; Vorstand des Instituts für Berufspädagogik und Erwachsenenbildung der Leibniz-Universität Hannover, Schloßwender Straße 1, D-30159 Hannover.

Schaal, Sam F.; Dipl.-Hdl. Dipl.-Kfm.; Mitarbeiter am Lehrstuhl für Berufs- und Wirtschaftspädagogik des Instituts für Pädagogik und Psychologie der Technischen Universität Chemnitz, Reichenhainer Straße 41, D-09126 Chemnitz.

Schermer, Fritz; Dr.; Mitarbeiter der Mentor GmbH & Co OG, Schererstraße 18, A-4020 Linz.

Schlömer, Tobias; Dr.; Akademischer Rat im Fachgebiet Berufs- und Wirtschaftspädagogik des Departments für Wirtschafts- und Rechtswissenschaften der Carl von Ossietzky Universität Oldenburg, Ammerländer Heerstraße 114–118, D-26129 Oldenburg.

Schrittesser, Ilse; Univ.-Prof.[in] Mag.[a] Dr.[in]; Leiterin des Instituts für LehrerInnenbildung und Schulforschung der Universität Innsbruck, Innrain 52, A-6020 Innsbruck.

Slepcevic-Zach, Peter; Mag. Dr.; Wissenschaftlicher Mitarbeiter am Institut für Wirtschaftspädagogik der Karl-Franzens-Universität Graz, Universitätsstraße 15, A-8010 Graz.

Stingl, Claudia; Mag.[a]; Human Resources Managerin bei der Deloitte Consulting GmbH, Renngasse 1, A-1010 Wien.

Stock, Michaela; Univ.-Prof.[in] Mag.[a] Dr.[in]; Leiterin des Instituts für Wirtschaftspädagogik der Karl-Franzens-Universität Graz, Universitätsstraße 15, A-8010 Graz.

Straßer, Karl; Dr.; Geschäftsführer der Energie AG Oberösterreich Personal Services GmbH, Böhmerwaldstraße 3, A-4020 Linz.

Weber, Barbara M.; M.A.; Projektmanagerin bei der Autonom Talent® Consulting GmbH, Mariahilfer Straße 54/15, A-1070 Wien.

Weber, Susanne; Univ.-Prof.[in] Dr.[in]; Leiterin des Lehrstuhls und Vorstand des Instituts für Wirtschaftspädagogik der Ludwig-Maximilians-Universität München, Ludwigstraße 28, D-80539 München.

Westhoff, Gisela; Dipl.-Päd.[in]; Wissenschaftliche Direktorin im AB 3.3 – Entwicklungsprogramme / Modellversuche / Innovation und Transfer – am Bundesinstitut für Berufsbildung, Robert-Schuman-Platz 3, D-53175 Bonn.

Wilbers, Karl; Univ.-Prof. Dr.; Leiter des Lehrstuhls für Wirtschaftspädagogik und Personalentwicklung im Fachbereich Wirtschaftswissenschaften der Friedrich-Alexander-Universität Erlangen-Nürnberg, Lange Gasse 20, D-90403 Nürnberg.

Winter, Kurt; Regionalsekretär Mühlviertel Ost und Fachsekretär Jugend der Gewerkschaft Bau-Holz Oberösterreich, Weingartshofstraße 2, A-4020 Linz.

Winther, Esther; Univ.-Prof.[in] Dr.[in]; Inhaberin der Professur für Wirtschaftspädagogik an der Fakultät für Wirtschaftswissenschaften der Universität Paderborn, Warburger Straße 100, D-33098 Paderborn.

Wittwer, Wolfgang; Univ.-Prof. (em.) Dipl.-Soz. Dr.; Universitätsprofessor für Pädagogik (mit dem Schwerpunkt Berufsbildung) an der Universität Bielefeld und Leiter der Gesellschaft für Innovationen im Bildungswesen, Pienzenauerstraße 25, D-81679 München.

Wolfschütz, Bernhard; Mag. MBA; Stellvertretender Leiter der Abteilung Personal der Oberbank AG, Untere Donaulände 28, A-4020 Linz.

Wöss, Bernhard; Mag.; Mitarbeiter in der Abteilung Personal der Oberbank AG, Untere Donaulände 28, A-4020 Linz.

Zehetner, Fritz; Inhaber und Geschäftsführer von Size Prozess® sowie geschäftsführender Gesellschafter der Top im Job GmbH, Maria-Theresia Straße 53, A-4600 Wels.

Zielke, Tobias; Wissenschaftlicher Mitarbeiter im Fachgebiet Berufs- und Wirtschaftspädagogik des Departments Erziehungswissenschaft und Psychologie der Universität Siegen, Adolf-Reichwein-Straße 2, D-57068 Siegen.

Training in der Bildungsgesellschaft

Im vorliegenden Band 4 der Schriftenreihe für Berufs- und Betriebspädagogik stellen Trainer/-innen aus Deutschland, Österreich und der Schweiz moderne, professionelle und an internationalen Standards orientierte (methodisch-didaktische) Trainingskonzeptionen vor.

Die Darstellung dieser aus unterschiedlichen fachlichen Domänen stammenden Trainingskonzepte will den Lesern/Leserinnen einesteils einen Überblick über bereits erfolgreich umgesetzte Trainingsdesigns und vielseitige Impulse für die Erstellung eigener Konzepte geben, anderenteils können sich Interessierte am Markt der Erwachsenenbildung und Weiterbildung orientieren. Die hier präsentierten Konzepte geben einen detaillierten Einblick in die professionelle Kompetenz der Praxisexperten/-expertinnen. Im Besonderen wird deren profunde, auf die jeweilige Zielgruppe abgestimmte Arbeitsweise deutlich.

Wie die einzelnen Beiträge offenbaren, beschränkt sich die Tätigkeit von Trainer/-innen im quartären Bildungsbereich keineswegs auf die reine Informationsweitergabe und Wissensvermittlung in Form von Lehrvorträgen, Referaten, Präsentationen und Instruktionen. Es wird deutlich, dass heute Trainer/-innen die wichtige und komplexe Aufgabe haben, anspruchsvolle Bildungsräume und holistische Lernarrangements zu realisieren, innerhalb derer Menschen gerne lernen, Kompetenzen entwickeln, Fähigkeiten einüben und Erfahrungen sammeln.

Schriftenreihe für Berufs- und Betriebspädagogik – bbp – Band 4

GERHARD NIEDERMAIR
(HG.)
Training in der Bildungsgesellschaft
Praxiserprobte Konzepte

1. Aufl. 2010, 432 Seiten, 17 x 24 cm, Hardcover,
ISBN 978-3-85499-705-4,
Art. Nr. 20 171 041,
EUR 45,50.

Der Herausgeber
PROF. DR. GERHARD NIEDERMAIR
Außerordentlicher Universitätsprofessor am Institut für Pädagogik und Psychologie der Johannes Kepler Universität Linz.
Leiter der Abteilung für Berufs- und Betriebspädagogik. Arbeits- und Forschungsschwerpunkte: Betriebspädagogik, berufliche Bildung, Personalentwicklung, Erwachsenenbildung, Training, Biografie- und Professionsforschung.

Aktuelle Trends in der beruflichen Aus- und Weiterbildung

Schriftenreihe für Berufs- und Betriebspädagogik – bbp – Band 5

Demografische Veränderungen, der fortschreitende Strukturwandel, der zunehmend schärfer werdende Wettbewerb auf dem Arbeitsmarkt, die Forderung nach Nachhaltigkeit und der massiv steigende Kostendruck in den Organisationen stellen die berufliche Aus- und Weiterbildung vor gravierende Herausforderungen. In welchen Bereichen der beruflichen Aus- und Weiterbildung sind Spurwechsel erforderlich? Wo ist Neu- beziehungsweise Umorientierung nötig? Welche innovativen Ansätze und Modelle sind erkennbar?

Die Autoren/Autorinnen identifizieren, charakterisieren, präsentieren und diskutieren in ihren instruktiven und reflexiven Artikeln neue Entwicklungstendenzen, spannende Ideen, intelligente Praxisansätze sowie zukunftsweisende Konzeptionen und loten im Rahmen des lifelong learning wertschöpfende Potenziale für künftige Aufgaben aus, die damit sowohl ein plastisches Spiegelbild der Theorie- und Praxisentwicklung der beruflichen Bildungsarbeit in unserer postmodernen Gesellschaft bieten, als auch einen aufschlussreichen Trendbarometer aktueller Aus- und Weiterbildungsperspektiven darstellen.

Die thematisch facettenreiche Textsammlung wendet sich an mehrere Adressaten-/Adressatinnenkreise: Zum einen sind berufliche Aus- und Weiterbildungsakteure/-akteurinnen aus Praxis, Wissenschaft und Politik angesprochen, zum anderen Leser/-innen, die Interesse an spannenden Fragen zu künftigen Entwicklungen und Gestaltungsoptionen in der beruflichen und betrieblichen Aus- und Weiterbildungslandschaft haben.

GERHARD NIEDERMAIR (HG.)
Aktuelle Trends in der beruflichen Aus- und Weiterbildung
Impulse, Perspektiven und Reflexionen

1. Aufl. 2011, 476 Seiten, 17 x 24 cm, Hardcover,
ISBN 978-3-85499-838-9,
Art. Nr. 20 171 051,
EUR 48,50.

Der Herausgeber
PROF. DR. GERHARD NIEDERMAIR
Außerordentlicher Universitätsprofessor am Institut für Pädagogik und Psychologie der Johannes Kepler Universität Linz.
Leiter der Abteilung für Berufs- und Betriebspädagogik. Arbeits- und Forschungsschwerpunkte: Betriebspädagogik, berufliche Bildung, Personalentwicklung, Erwachsenenbildung, Training, Biografie- und Professionsforschung.